L

Fré

REGIE

Star

Patrice EVEN ... et Maud GHISOLFI

PRODUCTION ✆ **01 53 69 70 12**
Lydie ABATE, Joëlle CHALOPIN et La Onzième Heure

SITE INTERNET ✆ **01 53 69 65 35** *Stéphan SZEREMETA*

RELATIONS PRESSE ✆ **01 53 69 70 19** *Jean-Mary MARCHAL*

PHOTOTHEQUE ✆ **01 53 69 65 68** *Sylvie GRANAL*

LE GUIDE DE L'AQUITAINE

Bordeaux

Retrouvez-nous sur internet
petitfute.com

Edition 2002

NOUVELLES ÉDITIONS DE L'UNIVERSITÉ© LE PETIT FUTÉ AQUITAINE

Crédits photos : © CDT de la Dordogne - Périgueux, OT de Lalinde, OT de Sarlat et Périgord Noir, Ot Les Eyziers, OT Riberac, OT Montignac, OT Bergerac, OT Bugue, OT Piegut, OT Belvès, OT Terrasson (J. de Givry), SI la Roque Gageac, Ot Beaumont du Périgord, SI St-Aulaye, CDT de la Gironde (Lamarque, Le Fur, Cronenberger, Narbeburu, D'Auzac), S. Szeremeta, G. Saint-Jean, OT Bordeaux (Lamarque, Saint-Jean, Sanson, Cellier, Cronenberger), CDT Landes (PNRLG, Chenais), J.L. Tastet, J. Granal, JP Labourdette, Mairie de Dax, CDT Lot et Garonne (JM, JJB), CDT Agen (Jacquard, Mace), M. Esquérré, J.J? brochard, Tourisme Aquitain, S. Huste Mairie de Pau, Agence de Tourisme du Pays Basque (Delpal, Séguinard, P. Oteiza, CRTA, Laplace, Vezia), C. Mailleret, Amarel, DR, Biarrizt Tourisme, OT Saint-Palais,O. Morelle, OT Guethéry, OT Hendaye, S. Savignard

Cartographie : Philippe Paraire

ISBN - 2746904446

Imprimé en France par Aubin Imprimeur Poitiers/Ligugé (L 62861)

Prolongez vos envies
d'évasion sur
LOISIRSOUTDOOR.com
Le site des loisirs en plein air
Lipton
Ice Tea
Le partenaire de vos loisirs de plein air

Editorial

Ue guide n'est pas un incunable à ranger précieusement sur le rayon le plus élevé d'une bibliothèque. Sa vocation est d'être trimbalé, coincé dans une poche, glissé dans une boîte à gant avec la carte de la région, traîné de campings en chambres d'hôtes, annoté, souligné, marqué, corné. Les Petits Futés ne sont pas faits pour rester au salon.

Il ne poursuit d'autre but que d'apporter une aide efficace et pratique, tout en éveillant la curiosité du voyageur. En ce sens il s'adresse aussi bien au flâneur, qui trouvera tous les repères voulus pour construire chaque étape selon ses préférences, comme à l'automobiliste pressé, qui pourra découvrir en version condensée l'essentiel de ce qu'il faut voir dans une ville ou aux abords immédiats de son itinéraire, tout en programmant au mieux ses haltes de repos et de gastronomie.

Les régions de France sont notre patrimoine et notre fierté touristique. Nos voisins aiment les découvrir dans leur diversité, alors que nous-même avons tendance à concentrer nos habitudes de vacances dans l'une seulement d'entre elles. Pire encore, notre désir d'exotisme nous pousse parfois à négliger notre propre région, dont le Petit Futé nous apprend qu'elle contient des trésors, que nous avons jusque là ignorés ou tout simplement dont nous n'avons jamais entendu parler.

Parcourez la région avec le Petit Futé : ce guide contient tout ce que vous avez vu, et tout ce que vous n'aviez pas encore vu. Bonne route !

La collection Petit Futé Régions s'enrichit régulièrement de nouveaux titres, pour couvrir aujourd'hui près de 90% du territoire, déclinant ainsi le Guide France, auxiliaire indispensable du voyageur. Cette réalisation n'aurait pas pu être menée à bien sans les aides précieuses que nous avons reçues des instances régionales et départementales, Comités départementaux de tourisme et Comités régionaux, associations diverses, qui ont bien compris l'intérêt de notre démarche. Remercions également, et principalement, les Offices de tourisme et Syndicats d'initiative, dont beaucoup nous ont renseignés très efficacement, et que nous avons par ailleurs également rencontrés sur place, anonymement : nombreux sont ceux qui accomplissent un remarquable travail de promotion de leur ville et de leur région, en particulier dans les petites communes.

***Remerciements :** Michèle Latour, Didier Menduni, Sophie Tardieux et Laurent Moujon*

Som

Eglise de Dordogne

PRESENTATION

L'Aquitaine en bref 8
Comment s'y rendre 11
Avant de partir....34
Histoire....38
Abécédaire 40
Gastronomie....43
Enfants du pays....46

DORDOGNE - 77

Périgueux et Périgord blanc 79
Sorges....83
Saint-Astier....86
Sarlat et Périgord noir 90
Les Eyzies....97
Montignac-Lascaux....105
Bergerac et Périgord pourpre....110
Saint-Michel-de-Montaigne 115
Monpazier et le sud-est 117
Brantôme et Périgord vert 120
Thiviers....125
Nontron 130

GIRONDE - 135

Bordeaux et Entre-Deux-Mers 137
La Réole....164
Libournais et Haute-Gironde 176
Blaye 176
Bourg-sur-Gironde 180
Libourne 184
Saint-Emilion 189
Sud-Gironde 198
Langon 198
Bazas 1206
Médoc....212
Pauillac et la route des vins....212
Soulac-sur-Mer....227
Bassin d'Arcachon....235

LANDES - 253

Mont-de-Marsan 255
Dax et le pays d'Orthe....259
Peyrehorade....265
Chalosse, Tursan et Armagnac....268
Saint-Sever....268
La Bastide-d'Armagnac....277
Côte landaise et forêt landaise....281
Capbreton 281
Biscarosse....290
Sabres....295

PRESENTATION

Survol de la région 50
Sur place 52
Sport basque..54
Préhistoire 59
Pour les enfants 63
Le surf 67
Vins d'Aquitaine 72

Pyrénées Atlantiques

LOT-ET-GARONNE - 301

Agen 301
Laroque-Timbaut...............................308
Vallée du Lot...................................313
Villeneuve-sur-Lot 313
Sainte-Livrade-sur-Lot........................320
Guyenne et Haut-Agenais 325
Monflanquin.......................................325
Duras..328
Albret et landes de Gascogne 334
Nérac..334
Casteljaloux.......................................342
Marmandais 350
Marmande 350
Tonneins et Confluent 353

PYRENEES-ATLANTIQUES - 357

Pays basque, côte et Labourd 359
Bayonne 359
Biarritz...369
Saint-Jean-de-Luz...............................384
Cambo-les-Bains................................397
Basse-Navarre et Soule..................407
Saint-Jean-Pied-de-Port.....................407
Mauléon 415
Béarn 421
Pau..421
Orthez 439
Pyrénées béarnaises 450
Arette...450
Accous 453
Laruns 459

Château de Hautefort

AQUITAINE

OCEAN ATLANTIQUE
CHARENTE-MARITIME
CHARENTE
HAUTE-VIENNE
CORREZE
LOT
TARN-ET GARONNE
DORDOGNE
GIRONDE
LOT-ET-GARONNE
PARC REGIONAL DES LANDES DE GASCOGNE
BORDEAUX
PERIGUEUX
AGEN
Bergerac
Libourne
Blaye
Lesparre-Médoc
Arcachon
Langon
Marmande
Villeneuve-sur-Lot
Sarlat
Nontron
Cahors
Soulac-sur-Mer
Le Verdon-sur-Mer
St-Vivien de-Médoc
Montallivet-les-Bains
Hourtin-Plage
Hourtin
Pauillac
St-Laurent-Médoc
Carcans Plage
Carcans
Lacanau-Océan
Lacanau
Castelnau-de-Médoc
St-Médard-en-Jaille
Blanquefort
Lège-Cap-Ferret
Andernos-les-Bains
Audenge
Biganos
Gujan-Mestras
Pyla-sur-Mer
Biscarosse-Plage
Biscarosse
Parentis-en-Born
Mimizan-Plage
Mimizan
Labouheyre
Sabres
Pissos
Sore
Belin-Béliet
St-Symphorien
Villandraut
Bazas
Grignols
Captieux
Houeillès
Casteljaloux
Bouglon
Damazan
Tonneins
le Mas-d'Agenais
Port-Ste-Marie
Prayssas
Castelmoron-sur-Lot
Monclar
Ste-Livrade-sur-Lot
Penne-d'Agenais
Laroque-Timbaut
Tournon-d'Agenais
Fumel
Monflanquin
Cancon
Villeréal
Castillonnès
Monpazier
Villefranche-du-Périgord
Seyches
Miramont-de-Guyenne
Eymet
Duras
Monségur
La Réole
St-Macaire
Cadillac
Podensac
Sauveterre-de-Guyenne
Pellegrue
Targon
Créon
Branne
Castillon-la-Bataille
St-Emilion
Fronsac
Lussac
Villefranche-de-Lonchat
Vélines
Ste-Foy-la-Grande
Sigoulès
La Force
Issigeac
Beaumont
Cadouin
Lalinde
Belvès
Domme
La Roque-Gageac
Beynac et-Cazenac
St-Cyprien
le Bugne
Les Eysies
Salignac-Eyvignes
Montignac
Terrasson-la-Villedieu
Thenon
St-Pierre-de-Chignac
Vergt
Trélissac
St-Astier
Neuvic
Mussidan
Montpon-Ménestérol
Coutras
Guîtres
St-André-de-Cubzac
Bourg
St-Savin
St-Ciers-sur-Gironde
La Roche-Chalais
St-Aulaye
Ribérac
Montagrier
Verteillac
Brantôme
Mareuil
Piégut-Pluviers
St-Pardoux-la-Rivière
Jumilhac-le-Grand
Thiviers
Lanouaille
Excideuil
Savignac-les-Eglises
Hautefort
Gironde
Lac de Carcans
Lac de Lacanau
Bassin d'Arcachon
Lac de Cazaux
Lac de Biscarosse
Isle
Dordogne
Garonne
Lot
COUNTRY GUIDE
le petit futé

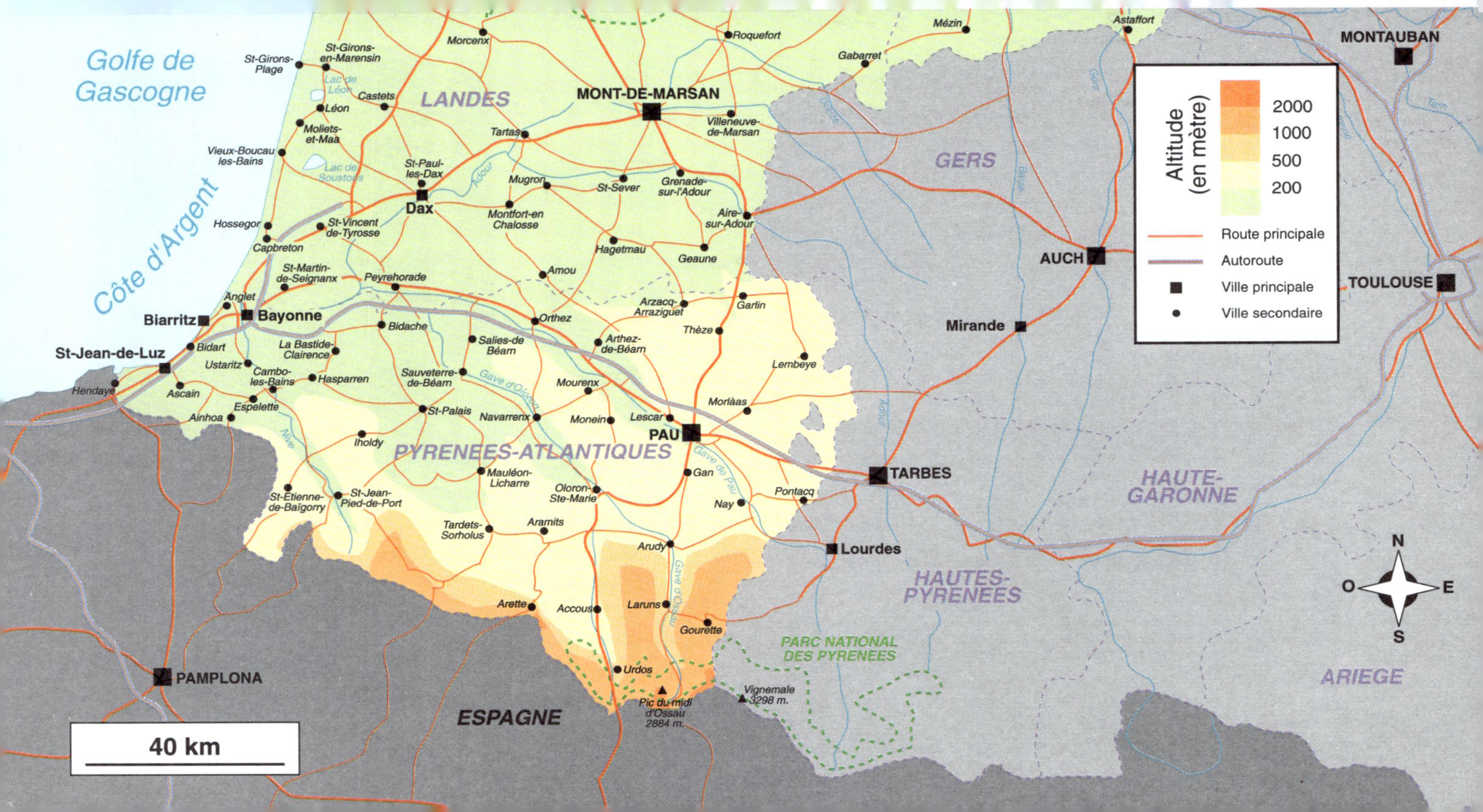
Golfe de Gascogne
Côte d'Argent
LANDES
GERS
PYRENEES-ATLANTIQUES
HAUTE-GARONNE
HAUTES-PYRENEES
ARIEGE
ESPAGNE
PARC NATIONAL DES PYRENEES
MONT-DE-MARSAN
MONTAUBAN
TOULOUSE
AUCH
Mirande
TARBES
Lourdes
PAU
Dax
Bayonne
Biarritz
St-Jean-de-Luz
PAMPLONA
Astaffort
Mézin
Roquefort
Gabarret
Morcenx
St-Girons-Plage
St-Girons-en-Marensin
Lac de Léon
Castets
Léon
Moliets-et-Maa
Vieux-Boucau-les-Bains
Lac de Soustons
St-Paul-les-Dax
Tartas
Villeneuve-de-Marsan
Mugron
St-Sever
Grenade-sur-l'Adour
Aire-sur-Adour
Montfort-en Chalosse
Hossegor
Capbreton
St-Vincent-de-Tyrosse
St-Martin-de-Seignanx
Peyrehorade
Hagetmau
Geaune
Amou
Anglet
Arzacq-Arraziguet
Garlin
Orthez
Bidache
Thèze
Bidart
La Bastide-Clairence
Salies-de-Béarn
Arthez-de-Béarn
Ustaritz
Cambo-les-Bains
Hasparren
Sauveterre-de-Béarn
Lembeye
Hendaye
Ascain
Espelette
Mourenx
Morlàas
Ainhoa
St-Palais
Navarrenx
Monein
Lescar
Iholdy
Mauléon-Licharre
Gan
St-Etienne-de-Baïgorry
St-Jean-Pied-de-Port
Oloron-Ste-Marie
Pontacq
Nay
Tardets-Sorholus
Aramits
Arudy
Arette
Accous
Laruns
Gourette
Urdos
Pic du midi d'Ossau 2884 m.
Vignemale 3298 m.
Adour
Gave d'Oloron
Gave de Pau
Gave d'Ossau
Nive
Gers
Baïse
Tarn
Douze
Altitude (en mètre)
2000
1000
500
200
Route principale
Autoroute
Ville principale
Ville secondaire
N
O
E
S
40 km

Aquitaine en bref *(source : Insee)*

Capitale régionale : Bordeaux
Superficie régionale : 42 035 km^2
Population régionale : 2 907 000 habitants
Densité régionale : 69,2 habitants/km^2

DORDOGNE (24)

Population : 388 000 habitants
Superficie : 9 060 km2
Densité (habitants/km2) : 23,3

GIRONDE (33)

Population : 1 287 000 habitants
Superficie : 10 726 km^2
Densité (habitants/km2) : 120,0

LANDES (40)

Population : 327 000 habitants
Superficie : 9 243 km^2
Densité (habitants/km2) : 35,3

LOT-ET-GARONNE (47)

Population : 305 000 habitants
Superficie : 5 361 km^2
Densité (habitants/km2) : 56,7

PYRENEES-ATLANTIQUES (64)

Population : 600 000 habitants
Superficie : 7 645 km^2
Densité (habitants/km2) : 78,5

Corrida de Bayonne

messagerie
météo
sortir
visiter/voyager
sport en région
pratique
près de chez vous
news
tourisme
expos
événements
magazine de l'argent
cario·fr
Le site pour mieux vivre l'Aquitaine et suivre à chaque instant toute son actualité.
cario.fr, c'est aussi 4 formules d'accès Internet sans engagement dans la durée.
Pour vous informer et vous abonner :
www.cario.fr ou 0 826 100 500
7/7j de 9h à 22h (0,15€ TTC/mn)
L'ADRESSE DU NET POUR TOUTE LA FAMILLE
UNE INNOVATION DE LA 1RE BANQUE POUR LA FAMILLE
L'IMAGINATION DANS LE BON SENS
cario.fr est proposé par CARIO SAS, société du Groupe Crédit Agricole - Capital Social 40 050 € - 91/93 bd Pasteur 75015 Paris - 437 579 766 RCS Paris

Jardin de l'imaginaire à Terrasson

Comment se rendre en Aquitaine

EN AVION

L'Aquitaine possède six aéroports. En Dordogne, Périgueux-Bassillac et Bergerac-Roumanières, en Gironde, Bordeaux, dans les Landes, Biarritz-Anglet, dans le Lot-et-Garonne, celui d'Agen et celui de Toulouse-Blagnac et dans les Pyrénées-Atlantiques, celui de Pau.

Aéroport d'Agen. La Garenne 47000 Agen.

Aéroport de Biarritz-Anglet. 7, esplanade de l'Europe 64600 Anglet ✆ 05 59 43 83 83.

Aéroport de Bergerac-Roumanières. Aérodrome Roumanières 24100 Bergerac ✆ 05 53 22 25 25.

Aéroport de Bordeaux. Sidex 40 33700 Mérignac ✆ 05 56 34 50 50 - E-mail : info@bordeaux.aeroport.fr.

Aéroport de Pau. 64230 Uzein ✆ 05 59 43 83 83.

Aéroport de Périgueux-Bassillac. 24330 Bassillac ✆ 05 53 02 79 70.

Seuls les vols directs sont détaillés ci-dessous. Les prix des billets sont donnés à titre indicatif, aller-retour adulte en classe touriste, dans une fourchette de prix allant du meilleur marché au plein tarif. De nombreuses réductions en fonction de l'âge, du statut ou de la date de réservation sont possibles, se renseigner en agence de voyage.

Compagnie aérienne	Fréquence	Tarifs/Durée
PARIS - BORDEAUX		
AIR FRANCE ✆ 0 820 820 820 3615 code AF Site : www. airfrance. fr	21 vols par jour par jour	De 220,89 € à 357,89 € 1h05
LYON - BORDEAUX		
AIR FRANCE ✆ 0 820 820 820 3615 code AF Site : www. airfrance. fr	5 vols par jour par jour	360,93 € 1h
LILLE - BORDEAUX		
AIR FRANCE ✆ 0 820 820 820 3615 code AF Site : www. airfrance. fr	5 vols par jour par jour	De 280,48 € à 553,48 € 1h30

Comment se rendre en Aquitaine

STRASBOURG - BORDEAUX		
Compagnie aérienne	Fréquence	Tarifs/Durée
AIR FRANCE ✆ 0 820 820 820 3615 code AF Site : www. airfrance. fr	3 vols par jour par jour	De 248,72 € à 639,72 € 1h30
PARIS - BIARRITZ		
AIR FRANCE ✆ 0 802 802 802 3615 et 3616 code AF Site : www. airfrance. fr	9 vols par jour par jour	De 132,48 € à 213,28 € 1h30
LYON - BIARRITZ		
AIR FRANCE ✆ 0 820 820 820 3615 code AF Site : www. airfrance. fr	3 vols par jour en semaine 2 vols le week-end	De 132,48 € à 213,28 € 1h15

Plage d'Hendaye

Comment se rendre en Aquitaine

EN TRAIN

Voici l'ensemble des trajets directs àdestination de plusieurs villes d'Aquitaine. Il existe naturellement de nombreuses autres liaisons province/Aquitaine avec correspondance à Paris ou à Lyon. Les prix des billets sont donnés à titre indicatif, pour un aller simple adulte en deuxième classe, en plein tarif. De nombreuses réductions en fonction de l'âge, du statut ou de la date de réservation sont possibles, se renseigner auprès de la SNCF ✆ 08 36 35 35 35 - Minitel 3615 ou 3616 SNCF - Site : www. sncf. fr - Service bagages tous les jours de 7h à 22h ✆ 0 803 845 845.

AGEN

Gare SNCF. 1, place Rabelais 47000 Agen ✆ 05 53 77 81 67.

Fréquence	Tarif aller	Durée aller
PARIS-MONTPARNASSE > AGEN		
12 départs par jour (via bordeaux)	64 €	4h10

ANGOULEME

Gare SNCF. 4, place de la Gare 16000 Angoulĺme ✆ 05 45 69 61 65

Fréquence	Tarif aller	Durée aller
PARIS-MONTPARNASSE > ANGOULEME		
23 départs par jour	49,20 €	Entre 3h30 et 2h30
LILLE > ANGOULEME		
7 départs par jour	69,80 €	4h30

BIARRITZ

Gare SNCF. 13, impasse Foch 64200 Biarritz ✆ 05 59 24 00 94.

Fréquence	Tarif aller	Durée aller
PARIS-MONTPARNASSE > BIARRITZ		
6 départs par jour	68,60 €	4h50
LYON > BIARRITZ		
Un train Corail de nuit	83,50 €	10h40
LILLE > BIARRITZ		
5 départs par jour mais pas de train direct	95 €	7h30

Comment se rendre en Aquitaine

BORDEAUX		
Gare SNCF. Rue Charles Domercq 33800 Bordeaux ✆ 05 56 33 11 83 - Fax 05 56 33 15 08.		
Fréquence	**Tarif aller**	**Durée aller**
PARIS-MONTPARNASSE > BORDEAUX		
35 allers par jour	56,10 €	Entre 3h et 3h30
LYON > BORDEAUX		
2 départs par jour et un train Corail de nuit	53 €	7h30
LILLE > BORDEAUX		
6 allers par jour	89,90 €	5h
RENNES > BORDEAUX		
Pas de train direct	47,10 €	Entre 5h30 et 8h

Comment se rendre en Aquitaine

PAU		
Gare SNCF. Avenue Jean Biray 64000 Pau ✆ 05 59 98 71 26.		
Fréquence	Tarif aller	Durée aller
PARIS-MONTPARNASSE > PAU		
5 départs par jour et un train Corail de nuit	De 70,40 € à 78,70 €	Entre 5h et 8h

PERIGUEUX		
Gare SNCF. 11, rue Denis Papin 24000 Périgueux ✆ 05 53 06 21 26		
Fréquence	Tarif aller	Durée aller
PARIS-MONTPARNASSE > PERIGUEUX		
Entre 3 et 6 départs par jour	44,40 €	

Pour voyager en train au meilleur prix

Selon votre situation, la SNCF propose une gamme de prix réduits en 1re et 2e classe (se renseigner auprès de la SNCF pour en savoir plus) :

Pour tous : Découverte J30 et J8 ; billet Découverte à Deux ; billet Découverte Séjour.

Pour ceux qui voyagent avec un enfant : billet Découverte Enfant Plus ; carte Enfant Plus.

Pour les jeunes : billet Découverte 12-25 ; carte 12-25.

Pour les plus de 60 ans : billet Découverte Senior ; carte Senior.

Et encore : billet Congé Annuel ; carte Famille Nombreuse.

Se renseigner auprès de la SNCF pour en savoir plus.

airfrance.fr
faire du ciel le plus bel endroit de la terre
AIR FRANCE
NEW YOR
MOSKVA
* EURO RSCG / BETC 552 043 002 RCS Bobigny
Tarifs Tempo. Envolez-vous à petits prix.
Membre de SKYTEAM

Comment se rendre en Aquitaine

EN VOITURE

Depuis Paris

Le moyen le plus simple pour aller à Bordeaux consiste à emprunter l'autoroute A6A en direction de Nantes-Bordeaux, puis à rejoindre l'A10 à Antony. Prendre ensuite la sortie Libourne-Bergerac-Périgueux-Cenon, et enfin la N230 jusqu'à Bordeaux. Depuis l'A10, on accède aux chà teaux de la Loire les plus célèbres (Beaugency, Blois, Chambord, Amboise) puis aux principaux centres urbains et curiosités de la Dordogne (Périgueux, Bergerac), et de la Gironde (Floirac). Les Landes, le Lot-et-Garonne et les Pyrénées-Atlantiques pourront Ítre rejoints depuis Bordeaux.

Si vous souhaitez opter pour une solution plus économique, empruntez la N20 à la sortie de Paris (porte d'Orléans). Elle passe par Orléans et Limoges, où vous prendrez la N21 en direction de Périgueux, Bergerac et Agen.

Arênes de Dax

Depuis Rennes

On suivra la N137, une quatre-voies bien aménagée, qui conduit à Nantes (110 km environ). On empruntera ensuite la N844, direction Bordeaux-La-Roche-sur-Yon, puis l'A83 qui mène à Fontenay-le-Comte, et la N148 jusqu'à Niort.

Comment se rendre en Aquitaine

Depuis Lyon

La solution la plus rapide pour les Lyonnais, reste d'emprunter l'A6 jusqu'à Paris puis de prendre l'autoroute Aquitaine en direction de Bordeaux. Ils pourront également faire le choix de rejoindre Saint-Etienne, par l'A47, puis de remonter vers le nord par l'A72 puis par l'A89, direction Tulle. Ils rejoindront l'A20 à Brive-la-Gaillarde, emprunteront la sortie Périgueux-Montignac-Lascaux, et enfin la N89 en direction d'Atur, puis de Bordeaux.

Quelques services pour rouler futé

Informations routières 24h/24. Conditions nationales et régionales de circulation sur les grands axes, mais aussi des informations saisonnières.

Bison Futé ✆ 08 36 68 20 00. Minitel 3615 Bison Futé ou Route - Internet : bison-fute.equipement.gouv.fr.

Centre d'information des autoroutes ✆ 01 47 05 90 01. Minitel 3615 Autoroute - Site : www. autoroutes.fr.

Covoiturage ou l'autostop : 3615 ALLOSTOP, 3617 OTOSTOP, 3615 POUCE, 3615 TRAJECO...

La Boétie de Sarlat

RMC INFO
partout en France
et dans votre région
RMC
info
AM 216 Khz
104.2
Bordeaux
La radio qui vous donne la parole
PAU 104.3 - MONT-DE-MARSAN 104.5 - BIARRITZ 104.3 - PERIGUEUX 105.9 -
PARIS 103.1 - Lyon 104.2 - Marseille 104.3 - Nice 98.8 - Côte d'Azur 98.5 - Toulouse 104.3 -
Bordeaux 104.2 - Rennes 106 - Tours 107.2 - Orléans 107.3...
Plus d'info sur www.rmcinfo.fr

Comment se rendre en Aquitaine

Bien préparer son itinéraire : 3615 ITI, 3615 KM et 3615 PARTIR... Pour éviter des détours inutiles ou pour établir un budget de voyage, ces services par Minitel vous permettent de définir un itinéraire et de calculer son coût : itinéraire direct, sans péage, par étape et selon votre véhicule (caravane ou non). Enfin, ces services donnent des informations sur le trafic, utiles pour les week-ends chargés.

Et toujours : 3615 METEOFRANCE
3617 METPLUS

Centrales de réservation des principaux loueurs de voitures

ADA ✆ 08 36 68 40 02 - Site internet : www.ada-location.com

EUROPCAR FRANCE ✆ 0 803 352 352 - Internet : www.europcar.fr

AVIS ✆ 0 802 05 05 05 - Internet : www.avis.fr

HERTZ ✆ 01 39 38 38 38 - Internet : www.hertz.fr

BUDGET ✆ 0 800 10 00 01 - Internet : www.budget.fr

RENT A CAR ✆ 08 36 694 695 - Internet : www.rentacar.fr

NATIONAL-CITER ✆ Paris 01 44 38 61 61 ✆ province 0 800 20 21 21 - Internet : www.national.fr

AUTO ESCAPE ✆ 04 90 09 28 28 - Internet : www.autoescape.com.

Comment se rendre en Aquitaine

EN BATEAU

Le tourisme fluvial connaît un bel essor depuis quelques temps, et l'on n'a jamais vu autant de vacanciers sur les canaux. Deux gros avantages, le silence, la beauté des paysages, souvent inaccessibles autrement, et, comme ce qu'offre le vélo, un rythme tout à fait adapté, avec cependant une autonomie moindre du fait du choix limité des itinéraires. Mais attention au prix qui nécessite de trouver des partenaires pour partager les frais.

Les plus petits bateaux peuvent être conduits sans permis spécial. Les aménagements et le confort sont comparables à ceux d'une caravane ou d'un bungalow.

Le bassin du Sud-Ouest offre de nombreuses possibilités de navigation sur la Garonne, la Gironde et la Dordogne.

Campagne des Pyrénées Atlantiques

VNF. Voies Navigables de France. 175, rue Ludovic Boutleux BP820 62408 Béthune ✆ 03 21 63 24 44 - Site : www. vnf. fr Gère, entretient et développe la plupart des canaux, rivières et fleuves navigables de France. Dans le bassin du Sud-Ouest, VNF propose une section de navigation de 131 km sur la Dordogne, de Bergerac au bec d'Ambes et deux sections sur la Garonne : de Buzets à Castets et de Castets au bec d'Ambes, avec sur le canal ; latéral à la Garonne, un tronÁon de Toulouse à Buzet. Enfin, vous pouvez rejoindre la mer en naviguant sur la Gironde à partir du bec d'Ambes. Bureau d'Agen. 107, avenue du Général de Gaulle 47000 Agen 04 ✆ 05 53 47 31 15. Bureau de Langon (Gironde). 12 bis, rue Brège 33210 Langon ✆ 05 56 63 01 13. Bureau du Mas d'Agenais (Lot-et-Garonne). 47430 Le Mas d'Agenais ✆ 05 53 93 60 30. Bureau de Buzet-sur-Baïse. 47160 Buzet-sur-Baïse ✆ 05 53 79 94 72.

Comment se rendre en Aquitaine

Loueurs internationaux et nationaux

CANAUX DE FRANCE PLAISANCE. BP 8 34280 Carnon ✆ 04 67 50 77 00 - Fax 04 67 50 65 27 - Minitel 3615 CF - Site : www. softel. fr Cet organisme regroupe un certain nombre de loueurs indépendants, permettant ainsi un vaste choix sur toute la France (Anjou, Alsace, Bourgogne, Berry, Nivernais, Lot, Aquitaine, Midi-Camargue).

LE PETIT FUTE DU TOURISME FLUVIAL. Toute la France fluviale en 53 itinéraires et tout ce qu'il faut savoir pour naviguer tranquille. Un ouvrage complet pour la plaisance, les adresses des sociétés de location et de promenade, la description minutieuse de chaque tronçon, avec des commentaires touristiques, pratiques et gastronomiques. Dans toutes les librairies.

CROWN BLUE LINE. Le Grand Bassin 11400 Castelnaudary ✆ 04 68 94 52 72 - E-mail : boathols@crown-bluline. com - Site : www. crown-blueline. com. Loueur international implanté dans toute la France. Bateaux : plus de 20 types et modèles différents. Plusieurs croisières vous sont proposées en Aquitaine : « Mas d'Agenais - Castet-en-Dorthe - Condom », « Mas d'Agenais - Montcrabeau - Moissac » et « Mas d'Agenais - Castelnaudary ». Base régionale la plus proche : Le Grand Bassin BP 1201 11492 Castelnaudary ✆ 04 68 94 52 72 - Fax 04 68 94 52 73 - E-mail : boathols@crown-blueline. com.

Comment se rendre en Aquitaine

CONNOISSEURS CRUISERS. Ile Sauzay, rue du Val de Saône 70100 Gray ✆ 03 84 64 95 20 - Fax 03 84 65 26 54. Minitel 3615CONNOISSEUR - Site : www. connoisseurafloat.com Important loueur international, dont la principale base est située en Franche-Comté à Gray (70). Bateaux : type Connoisseur, décliné en 20 modèles différents et Corvette. Connoisseurs suggère deux croisières au départ de Castelmoron sur le Lot et sur la Baïse. Base régionale la plus proche : Connoisseur Cruisers. Route de Fongrave Lalande Bas 47260 Castelmonde sur Lot ✆ 05 53 79 58 17 - Fax 05 53 79 58 20.

LOCABOAT PLAISANCE. Quai du Port au Bois 89300 Joigny ✆ 03 86 91 72 72 Minitel 3615 Pénichette - E-mail : info@locaboat.com Site : www. locaboat-plaisance. fr. Loueur international implanté dans toute la France. Bateaux : Pénichettes 930, 935 , 1100, 1107 et Flying Bridge. Location de bateaux adaptés aux conditions locales de navigation. Egalement, possibilités d'excursions organisées, en individuel ou en groupe. L'escapade proposée par Locaboat en Aquitaine vous mène de Luzech, à Cahors, Bouzies et Saint-Cirq-Lapopie. Base régionale : Cévennes de Caix 46140 Luzech ✆ 05 65 30 71 11.

NICOL'S. Route du Puy-Saint Bonnet 49300 Cholet ✆ 02 41 56 46 56 - Fax 02 41 56 46 47 - E-mail : nicols@nicols. com - Site : www. nicols. com. Loueur international proposant des bateaux Nicols (10 modèles différents), Riviera, Marina. Plusieurs suggestions de croisières pour des parcours au départ de Buzet-sur-Baïse, au confluent du Lot et de la Baïse.

ORGANISATEURS DE VOYAGES

Organisateurs de voyages locaux

Dans chaque département, des agences locales et organisateurs de voyages proposent de découvrir l'Aquitaine et les richesses dont elle regorge : les merveilles souterraines héritées de la Préhistoire, le Périgord pourpre, où le vin et le tabac sont rois, les hauts pins des Landes, la quiétude de la vallée du Lot, les bastides médiévales des Béarnais et des Armagnacs, les saveurs pimentées du Pays basque ou les vagues déchaînées de Biarritz ou d'Hossegor. Le tourisme en Aquitaine est d'une diversité incroyable. Faites confiance à ces équipes, elles connaissent la région comme leur poche.

Comment se rendre en Aquitaine

• Dordogne

HOTELS - CIRCUITS EN FRANCE. 21, rue Toulouse-Lautrec - BP 241 81006 Albi cedex ✆ 05 63 43 09 09 - Fax 05 63 43 09 08 - E-mail : hotels-circuits-France@wanadoo. fr Vallées verdoyantes, villes médiévales, merveilles souterraines, gariottes du Quercy, c'est ce que vous réserve le circuit culture et terroir « Découverte du Lot en Dordogne de Rocamadour à Saint-Cirq-Lapopie. » S'ajoutent à cela des activités gastronomiques ou sportives qui varient avec les saisons. Et pour ne rien manquer de votre immersion culturelle : une soirée de présentation du cabécou (fromage de chèvre), par Camille, paysan du Causse.

Saint-Palais

• Gironde

AIR DU MONDE. 192, rue Fondaudège 33000 Bordeaux ✆ 05 56 81 17 17 - Fax 05 56 79 27 47 - Site : www. airdumonde. com Prenez un bol d'air : Air du Monde est spécialiste du sur mesure pour l'Aquitaine, du week-end sportif ou gastronomique au circuit découverte. A noter celui du Bordelais, avec visites de chà teaux et dégustations de grands crus stimulées par l'intervention d'œnologues confirmés.

Comment se rendre en Aquitaine

ROUTES DU MONDE. 47, rue Charles Domercq 33800 Bordeaux ✆ 05 56 94 30 06 - E-mail : atc-routes.du.monde@wanadoo.fr - Site : www.atc-routesdumonde.com Deux circuits pour découvrir l'Aquitaine : « Images d'Aquitaine » (six jours autour de Bordeaux) et « Le Pays basque et le Béarn » et, pour les amateurs de farniente, deux séjours en hôtel, à Biarritz ou à Carcans-Maubuisson.

• Lot-et-Garonne

MARIE FITON LOISIRS. « La Mangeyre » 47420 Houeillès ✆ 05 53 89 09 14 - E-mail : marie-fiton@mf. loisirs. fr Marie Fiton a tout prévu pour vous transmettre sa passion pour sa région : une balade commentée pour jeter un œil averti sur le patrimoine rural, les bastides et les châteaux qui bordent le Lot, un circuit en VTT ponctué d'animation de jeux traditionnels, et un circuit en minibus à la rencontre des producteurs et artisans locaux.

• Pyrénées-Atlantiques

LA BALAGUERE. Route du Val d'Azun BP 3 65403 Arrens-Marsous Cedex ✆ 0802 022 021 - Fax 05 62 97 43 01 - Site : www. balaguere. com L'équipe de la Balaguère a décidé de vous faire découvrir les Pyrénées à sa façon, c'est à dire dans un esprit d'aventure et de rencontre. Vous pouvez y goûter grâce à une randonnée itinérante en Pays basque qui vous mène de l'Océan au Pic d'Anie. Si toutefois vous préférez la détente, optez pour une semaine de thalassothérapie et de balades vivifiantes autour de Saint-Jean-de-Luz.

COMITE DEPARTEMENTAL DU TOURISME. 4, allée des platanes 64100 Bayonne ✆ 05 59 46 52 52 ou 0820 054 064 - Fax 05 59 52 46 - E-mail : cdt@cg64.com64.com - Site : www. cg64.com Si vous rêver d'une escapade gastronomique dans le Sud-Ouest, voilà une précieuse adresse. Rouge, vert, blanc, les couleurs du Pays basque sont aussi celle d'une cuisine de terroir riche en saveurs : piment d'Espelette, cerise d'Itxassou, ardi gasna… Mais la guilde vous offre aussi des séjours de golf ou de pêche, des circuits de randonnées et une sélection d'hébergements de charme.

Spécialistes nationaux de séjours thématiques

• Culture et civilisation

La Préhistoire, le turbulent Moyen Age et la brillante Renaissance ont fait de l'Aquitaine une terre privilégiée entre toutes, qui concentre des témoignages historiques remarquables et incontournables.

ARTS ET VIE. 251, rue de Vaugirard 75015 Paris ✆ 01 40 43 20 21 - Fax 01 40 43 20 29 - Site : www. artsvie. asso. fr *Métro : Vaugirard.* **A Messanges ✆ 05 58 48 96 00 - A Maubuisson ✆ 05 56 03 97 00.** Pour des vacances qui marient la détente à l'enrichissement culturel : deux résidence Arts et Vie vous accueillent sur la côte aquitaine : à Messanges, au milieu des pins des Landes (et à moins de 3h du nouveau musée Guggenheim de Bilbao) et à Maubuisson au cœur du Médoc.

Comment se rendre en Aquitaine

INTERMEDES. 60, rue La Boétie 75008 Paris ✆ 01 45 61 90 90 - Fax 01 45 61 90 09 - Site : www. intermèdes. com *Métro : Miromesnil.* Dans sa très large gamme de voyages culturels, Intermèdes organise un séjour de 5 jours, « La Dordogne Légendaire », pour poser un œil averti sur les premières expressions artistiques de l'Homme et les richesses architecturales du Moyen Age et de la Renaissance au cœur du Périgord Noir

• Sport et aventure

Sentiers tortueux des Pyrénées, plaines verdoyantes de Gironde, larges étendues des Landes de Gascogne ou déferlantes de la côte basque, chaque paysage d'Aquitaine se prête à une découverte sportive. A vos marques, prêts…

ATALANTE. 10, rue des Carmes 75005 Paris ✆ 01 55 42 81 00 - Fax 01 55 42 81 01 - *Métro : Maubert-Mutualité.* La découverte de la Dordogne au rythme de vos pas. Six jours à travers les vestiges historiques, les châteaux légendaires, les villages typiques, mais aussi la cuisine du pays de l'Or noir. Reposez-vous, pour l'organisation de votre circuit, sur le sérieux de cette poignée d'hommes « baroudeurs invétérés ».

CARNET DE ROUTE. Chamina-Sylva 5-7, avenue d'Italie 63000 Clermont-Ferrand ✆ 04 73 90 94 82 - Fax 04 73 900 500 - Site : www. chamina-sylva. com A Chamina-Sylva, on ne fait que de la randonnée. Et de la manière la plus simple. Ainsi s'ouvrent à vous trois circuits de six jours de marche, la douceur de vivre de l'Armagnac et du Béarn, la forte authenticité du Pays basque et de la Navarre, et, sur le cours de la Dordogne et en table d'hôtes, les délices du Périgord secret des bastides anglaises.

MONTAGNE EVASION. 4, rue des Vosges 88400 Gerardmer ✆ 03 29 63 17 50 - Fax 03 29 63 63 90 - Site : www. montagne-evasion. com Pour découvrir, par la marche, la Terre des Basques façonnée depuis des millénaires par le pastoralisme. Le circuit de randonnée accompagnée est composé de deux segments, le premier allant de Saint-Jean-de-Luz à Roncevaux, le second vous menant à Lescun au départ de Saint-Jean-Pied-de-Port.

• Golf

SPORT AWAY. BP 109 13321 Marseille cedex 16 ✆ 0825 01 3000 ou 04 95 06 12 20 - Fax 04 91 46 79 66 - E-mail : golf@sport-away; com - Site : www. sport-away. com Dessert deux destinations en Aquitaine, Bordeaux et Biarritz, pour vous permettre de driver, putter et pitcher les greens… Avec, en plus, un très grand choix d'hôtels, de clubs, de résidences ou de villas.

• Randonnée équestre

LA BELLE ETOILE. Ferme de la Tanière 95450 Le Perchay ✆ 01 34 66 04 25 ou 06 14 96 75 75 - Site : www. asso-la-belle-etoile. com Au sein du tour de France équestre des Parcs naturels régionaux qu'organise La Belle Etoile, que diriez-vous de trois jours de randonnée gastronomique dans les Landes de Gascogne ?

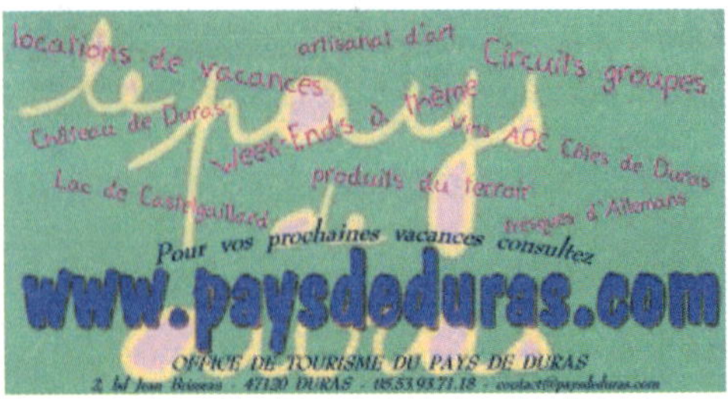

SITES INTERNET FUTES

De plus en plus de sites proposent des produits touristiques soldés ou de dernière minute :

www. anyway. fr,

www. degriftour. fr,

www. promovacances. fr…

Comment se rendre en Aquitaine

LES GENERALISTES

Quelques grands tour-opérateurs nationaux proposent, en plus de leurs prestations habituelles, des circuits ou des séjours en Aquitaine.

Voyagiste	Caractéristiques
FRANTOUR 3 bis villa Thoreton 75537 Paris Cedex ✆ 01 40 60 35 35 Fax 01 40 60 35 60 Site : www.frantour.fr *Métro : Lourmel*	
NOUVELLES FRONTIERES 87, bd de Grenelle 75015 Paris ✆ 0 825 000 825 Minitel 3615 NF Site : www.nouvelles-frontieres.fr *Métro : Bir-Hakeim* Et 15, rue Eguillerie 24000 Périgueux ✆ 05 53 05 17 85.	Une semaine en résidence à Biarritz, dans le paradis des surfeurs et des gastronomes.

Comment se rendre en Aquitaine

Voyagiste	Caractéristiques
VACANCES POUR TOUS Services groupes : 21, rue Saint-Fargeau BP 313 75989 Paris Cedex 20 ✆ 01 43 58 95 85 Fax 01 43 58 95 08 Site : www.laligue.org *Métro : Saint-Fargeau*	Une palette de séjours, balades, week-ends, escapades ou excursions ouverts à tous. A découvrir notamment le village-vacances «Les Brigantins» à Hourtin en Gironde, le club «Les Dunes» à Bombannes et celui des «Violettes» au milieu d'une magnifique pinède landaise.
VIE SAUVAGE 24, rue Vignon 75009 Paris ✆ 01 44 51 08 00 Fax 01 44 51 08 09 Site : www.viesauvage.fr *Métro : Madeleine*	Un voyage ornithologique de sept jours dans les Pyrénées françaises et espagnoles, avec un itinéraire fourni, en Aquitaine, à l'affût des échassiers de passage et des oiseaux de marécages. Avec tout le professionnalisme incombant à une agence de voyages.
VISIT FRANCE 34, rue Fays 94300 Vincennes ✆ 01 58 64 51 51 Fax 01 58 64 51 52 E-mail : visitfrance@visitfrance.fr	Tout un éventail de produits du simple séjour hôtelier au circuit en groupe ou à la carte. Egalement, des séjours à thèmes et des formules week-end en Aquitaine au cœur des plus belles villes de la région.
VOYAGES TERRIEN 1, allée Turenne 44003 Nantes ✆ 02 40 47 93 25 Fax 02 40 35 67 67 E-mail : terrien@wanadoo.fr	Deux circuits complets, au départ de Paris ou de Nantes, à la découverte de l'Aquitaine : un premier séjour en Pays basque à Saint-Pée-sur-Nivelle (étape à Arcachon au retour) et un séjour à Agos-Vidalos, village typique de la Bigorre, avec des excursions et des virées culturelles à Lourdes et à Pau.

RESTAURANT LES TERRASSES DU LAC
Tél. 05 53 94 19 34

RÉSIDENCE FORESTIÈRE LA TAILLADE
Tél. 05 53 93 00 93

CASTELJALOUX

GOLF DE CASTELJALOUX
Tél. 05 53 93 51 60

LES BAINS DE CASTELJALOUX
Tél. 05 53 98 38 96
Venez goûter aux plaisirs de l'eau
OUVERTUR
EN JUILLET

GENERALITES

AVANT DE PARTIR

Fédération Nationale des Comités Départementaux du Tourisme. 280, boulevard Saint-Germain 75005 Paris ✆ 01 44 11 10 20 - Fax 01 45 55 96 66.

I.G.N. 107, rue de la Boëtie 75008 Paris ✆ 01 43 98 80 00 - Fax 01 43 98 85 89.

Fédération Française de Randonnée Pédestre. 14, rue Riquet 75019 Paris ✆ 01 44 89 93 93 - Fax 01 40 35 85 67.

LA REGION A PARIS

Centre Sportif Charles Mourieu (Fronton). 17, av. Edison (13e) ✆ 01 45 83 88 98. Inscription à l'année : 70 €. Cet abonnement donne le droit d'accéder à tous les équipements (douches, vestiaires...). Vente de matériel sur place. Niveau première série (préparation de championnat) le mardi et le vendredi à partir de 19 h. Attention : débutants s'abstenir ces jours-là, les sportifs de haut niveau préfèrent évidemment s'entraîner entre eux !

Fronton-Trinquet de Paris. 8, quai Saint-Exupéry (16e) ✆ 01 40 50 09 25. *Ouvert tous les jours de 7 h à minuit.* L'heure de trinquet est à 25 € (le trinquet est la salle intérieure où l'on joue à la pelote) à partager entre amis. Il est également possible de jouer sur le fronton. Vous pouvez alors acheter une carte pour un montant de 110 € qui vous donne droit à un accès illimité. Sinon, il vous en coûtera 4 €par personne en semaine et 4,80 € le week-end. A noter enfin pour ceux qui font du sport pour le simple plaisir et non pour garder la ligne qu'un restaurant basque avec ses incontournables spécialités (achoa d'Espelette, morue à la biscayenne, zarzuela à commander la veille. Carte 26 €.) est à découvrir sur place. Fermé par de larges baies vitrées, il donne sur le trinquet.

BIBLIOGRAPHIE

Atlas de la Gironde. Ouvrage collectif, Edition Association Géographique Active, 22 €. La Gironde à travers son espace, ses populations et ses villes, son agriculture, ses activités et ses équipements, ses images du passé, cartes à l'appui pour illustrer le tout.

Gironde. Ouvrage collectif, Editions Bonneton, 30 €. Encyclopédie régionale qui allie histoire, art, ethnographie, langue, littérature, économie, milieu naturel...

Le bassin d'Arcachon Mer intérieure. Anne Garat, Editions Aubéron, 45 €. Des textes d'Anne Garat et des photos de Chapin pour comprendre l'identité de la « perle atlantique ».

Randonnées autour de Bordeaux. Julie Daurel, Hélène Lagardères, Emmanuel Daurel, Editions Sud-Ouest, 6,50 €. 22 promenades dans les environs de Bordeaux.

Les grands vignobles Pas à pas. Graves, Sauternes, Barsac, Cérons, Pessac Léognan, J.-Pierre Xiradakis, Alain Aviotte, Rando Editions, 15 €. Itinéraires de promenades à travers ces prestigieux vignobles.

RESTAURANTS

Le Souletin. 6, rue de la Vrillière 75001 Paris ✆ 01 42 61 43 78. *Ouvert de 12 h à 15 h et de 19 h 30 à 22 h 30. Fermé les samedi midi et dimanche. Menu dégustation du Pays basque pour l'ensemble de la table à 31 €. Carte à 30 €.* Ce restaurant, qui tire son nom du pays de Soule, a préservé une partie de son jus d'origine. C'était en effet un bouillon au début du siècle puis, avant de sombrer, un endroit chic et à la mode. Cela lui donne une allure que l'on rencontre rarement dans les auberges du côté de Saint-Jean-Pied-de-Port même si, certains soirs, l'ambiance est chaude et les plats ont l'accent requis. Axua au piment d'Espelette, chiperons à la basquaise, garbure de merlu à la xiberva, ttoro à la kaskarot, gâteau basque maison ; rien ne manque. Selon les jours vous dégusterez en outre poule au pot Henri-IV (mardi), cassoulet maison (jeudi) et paella à la valencienne (vendredi).

Au Bascou. 38, rue de Réaumur 75003 Paris ✆ 01 42 72 69 25. *Ouvert de midi à 14h30 et de 20h à 23h. Fermé dimanche et lundi midi. Carte 37 €.* Le propriétaire, ex-sommelier dans les grandes maisons, connaît son business. Chez lui, la cuisine basque s'efforce de conjuguer l'accent du terroir avec un style de présentation très parisien. Mais l'instabilité en cuisine rend parfois l'exercice difficile. Piperade basquaise, chipirons sautés à la luzienne, morue pilpil, agneau de lait des Pyrénées, axoa de veau comme à Espelette (c'est-à-dire pimenté), bœuf braisé aux anchois, russe au praliné, parfait glacé au touron de Saint-Sébastien mettront Biarritz et Saint-Jean-de-Luz dans votre assiette. Ancien sommelier oblige, le livre de cave ne déçoit pas. Y figurent irouléguy, jurançon, pacherenc-du-vic-bilh et madiran comme régionaux de l'étape. Il y a aussi des vins du Pays basque sud, de Navarre...

La Baracane. 38, rue des Tournelles 75004 Paris ✆ 01 42 71 43 33. *Service du lundi au samedi, sauf samedi midi, de 12h à 14h15 et de 19h à 24 h. Menus de 24,50 à 35 €. Carte 32 €.* C'est le bistrot de l'Oulette, fameux restaurant de terroir près de Bastille, et lui-même, pas loin de la maison mère, un franc représentant de ce chaleureux catalogue des canards gras et confits. Dans la vaste carte de spécialités, la salade quercynoise de gésiers et cœurs de canard, le gâteau de champignons, le cassoulet maison aux confits, l'assortiment d'agneau, la tourtière aux pommes. Service souriant, et remarquable cave, qui déniche le bon marcillac (du domaine Cros), le fronton, le marmandais et même les rares saint-sardos et brulhois.

L'Auberge Basque. 51, rue de Verneuil 75007 Paris ✆ 01 45 48 51 98. *Fermé le week-end. Repas à la carte.* Trois cartes tout au long de l'année : été, printemps et hiver. Cet établissement travaille en effet avec les produits de saison et les clients le savent. Nous vous conseillons de réserver pour déguster ces excellents plats du Sud-Ouest : pipérade au serrano, poêlon de pétoncles, saumon fumé des landes, chipirons à la basquaise sont des plats que vous pourrez savourer dans ce restaurant au décor de pierres où la chistera règne sur les murs, tenu par un Basque qui connaît fort bien le Saint-Germain-des-Prés des années 1960, puisqu'il officiait dans ces années comme barman dans un club très populaire de la rue de l'Echaudée, club aujourd'hui disparu.

Chez Gladines. 30, rue des Cinq-Diamants 75013 Paris ✆ 01 45 80 70 10. *Ouvert de 12h à 15h et de 19h à minuit. Menu déjeuner à 10 €. Carte 20 €.* Une des adresses phares de la Butte-aux-Cailles dans une rue au nom plein de poésie dont l'origine remonte au XIIIe siècle. Peu le savent, mais jusqu'en 1860 le quartier faisait partie de la commune de Gentilly. Le patron étant originaire du Pays basque, l'identité régionale est fièrement affichée avec le drapeau flottant sur la marmite, derrière le comptoir et sur la devanture. La pipérade figure évidemment en bonne place tout comme moult spécialités du pays : chipirons à la biscayenne, thon à la basquaise, etc. Plats qui marchent aussi très fort, les variations sur la patate (au cantal, au jambon, au bleu), qui tiennent au corps, parfaits pour les soirées de troisième mi-temps. Les grappes de jeunes qui aiment bien venir en bordée dans ce rade à l'ambiance parfois très chaude trouvent cette cuisine à l'accent chantant à leur goût malgré sa simplicité évidente. Bruyant en fin de semaine

> CONSEILS PHOTOS KODAK <

BIEN S'EQUIPER LORSQU'ON VOYAGE

- Prévoir un **sac** pour votre appareil photo avec des **piles de rechange**, un **chiffon** pour nettoyer l'objectif et des **pellicules** en nombre suffisant pour vous éviter le souci d'en trouver sur place. Vous aurez bien d'autres choses à faire !
- Aujourd'hui, vous avez le choix entre différents types d'appareils photo : Compact et réflex 135, numérique et APS. La technologie APS s'adapte particulièrement bien aux photos de voyage avec ses 3 formats de prise de vue au choix : classique (10x15 cm), 16/9e (10x18 cm) et panoramique (10x25 cm). De plus, certains appareils comme le Kodak Advantix T700 résistent à la pluie et à la condensation !
- Pensez à prendre des films de différentes sensibilités car vous allez sûrement rencontrer des situations et des conditions d'éclairage variées. Vous pouvez également utiliser un film très polyvalent, tel que Kodak Ultra, qui s'adapte à toutes les conditions : en plein soleil, par une faible luminosité, sur des sujets en mouvement ou immobiles. Il est également particulièrement recommandé lors de prises de vue avec le flash car il permet d'augmenter sa portée.
- Garder vos pellicules dans leur cartouche plastique avant et après utilisation pour une meilleure protection de vos négatifs (contre le sable, la poussière, les écarts de température, l'humidité…).
- Lors de vos voyages en avion, pensez à prendre vos pellicules avec vous dans votre bagage à main. Les Rayons X utilisés pour inspecter les bagages de soute risquent d'endommager vos films. Ils sont beaucoup plus puissants que ceux utilisés pour les bagages à main pour lesquels les pellicules supportent 8 à 10 passages sans se voiler.
- Pensez à prendre un appareil photo jetable en complément de votre équipement :
  - Léger et compact, il peut être emporté partout (escalade, randonnée…) pour prendre des photos même dans les situations les plus risquées !
  - Il existe maintenant des appareils jetables étanches jusqu'à 5 m (Kodak Ultra Sport) particulièrement adaptés pour la plongée, la navigation ou les temps très pluvieux…
  - Entièrement mécaniques, les appareils jetables sont moins sensibles que les appareils électroniques aux très basses températures.

LES ASTUCES POUR REUSSIR SES PHOTOS

Utilisation du flash Ne pas hésiter à utiliser le flash en extérieur pour raviver les couleurs de vos photos et atténuer les ombres sur les visages. Le flash permet également d'augmenter la vitesse d'obturation de votre appareil et donc de figer le mouvement. Il évite ainsi l'effet de flou du sujet en action.

Filtres L'utilisation permanente d'un filtre UV protègera l'objectif de votre appareil des chocs et de la poussière. De plus, lorsque vous photographiez des paysages, il permet de diminuer l'effet du voile atmosphérique et d'augmenter la netteté de votre photo. Vous pouvez aussi utiliser un filtre polarisant, qui vous permettra de diminuer certains reflets dans les vitres et de raviver les couleurs de vos sujets.

Conditions de lumière et de prise de vue Les conditions de lumière sont importantes : préférez la matinée ou la fin de journée. Le soleil bas dans le ciel, créé des ombres profondes qui donnent de la texture aux images. En milieu de journée, le soleil donne au contraire une lumière écrasante qui aplatit l'image.
Si vous voulez prendre des photos à travers une vitre (bus, voiture, avion) :

- Placez vous de préférence du coté de l'ombre, afin d'avoir le soleil derrière vous.
- Approchez l'objectif le plus près possible de la vitre, afin que l'autofocus ne fasse pas la mise au point dessus. Surtout, ne le collez pas à la vitre pour éviter que les vibrations du véhicules ne rendent votre photo floue
- Débrayez votre flash pour éviter de photographier les reflets de l'éclair dans la vitre.

Composition des photos Pour composer vos images, vous pouvez suivre la "loi du tiers", vos photos seront ainsi plus dynamiques. Par exemple : placez la ligne d'horizon au tiers haut ou tiers bas du cadre, ou placez le pic de la montagne au tiers gauche ou tiers droit de l'image. Lorsque vous composez votre cadre, pensez à utiliser un premier plan pour donner de la profondeur à vos images.

Chez Ttotte. 22, rue Falguière 75015 Paris ✆ 01 43 22 34 73. *Fermé le samedi midi. Ouvert de 12h à 14h30 et de 19h30 à 23h. Menus à 15 à 22 €.* Tous les joueurs de rugby ou de pelote basque se retrouvent chez Ttotte, comme au café du village, après leurs matchs pour une troisième mi-temps joyeuse. C'est que Ttotte (Joseph en basque), natif d'Ascain, est un peu un père pour ces rudes gaillards. Le décor est succinct (une paire de chistera, quelques affiches, une grosse pala signée par les vainqueurs du championnat du monde de Biarritz 1997), mais la cuisine a du caractère. Charcuteries en provenance d'Espelette, piperade, chipirons à l'encre, merlu à la cibourienne, pot-au-feu basquaise, demi dorade oyarzun (avec ail, piment, vinaigre), garbure (en hiver), pibales en saison et paella ou cassoulet selon l'humeur du chef. Les plats du jour sont aussi souvent régionaux : anguille en persillade, axoa, etc. Vu l'ambiance chaude et sportive de certains soirs, cet endroit est contre-indiqué aux nez pincés.

Le Troquet. 21, rue François-Bonvin 75015 Paris ✆ 01 45 66 89 00. *Ouvert de 12h à 14h30 et de 19h à 22h. Fermé les dimanche et lundi. Menus déjeuner à 20 à 22 €, et menu carte à 25 €.* Né à Pau de parents basques, Christian Etchebest, Béarnais par accident, a passé une partie de sa vie dans la région de Mauléon. Successivement cuisinier au Crillon, au Miramar à Biarritz, chez les frères Ibarboure à Bidart et au Grand Hôtel de Saint-Jean-de-Luz, Etchebest a repris l'affaire tenue par son oncle et l'a transformée de fond en comble. Sa cuisine, qui puise dans son terroir à travers certains produits, s'évade bien au-delà grâce à des combinaisons de saveurs inspirées. Bien sûr le fromage des Pyrénées et la confiture de cerises noires figurent en permanence sur l'ardoise, où apparaissent aussi l'agneau de même provenance, ainsi que des plats d'inspiration régionale, comme la fine tartelette à l'oignon confit, les aiguillettes de canard poêlées et escalopine de foie gras, ce que personne ne lui reprochera, tant c'est un pur régal, mais les saisons et les autres régions l'inspirent tout autant. Si au déjeuner, on a le choix entre deux entrées et deux plats, le soir, c'est la formule menu dégustation imposée avec soupe, entrée, plat, fromage (lui seul peut être supprimé si on le désire) et dessert. Une adresse gourmande à utiliser plutôt deux fois qu'une. Service tonique.

PRODUITS DU TERROIR

Poujauran. 20, rue Jean Nicot 75007 Paris ✆ 01 47 05 80 88. *Ouvert du mardi au samedi de 8h30 à 20h30.* Artiste boulanger, Jean-Luc Poujauran crée ses pains et ses pâtisseries comme d'autres des œuvres d'art. Dans sa minuscule boulangerie, il pétrit la pâte, cuit à l'ancienne et prépare pour une clientèle venant des quatre coins de Paris sa baguette au levain naturel, son pain spécial noisettes-raisins ou figues et dattes et sa fougasse aux anchois et olives. Quelques-unes de ses spécialités restent toutefois le gâteau basque et les cannelés.

Pierre Oteiza. 13, rue Vignon 75008 Paris ✆ 01 47 42 23 03. *Ouvert du mardi au samedi de 9h30 à 19h.* Avec sa devanture aux armes régionales, produits du Pays Basque en avant, on entre ici chez Pierre Oteiza, Basque pure souche, qui a quitté sa vallée des Aldudes pour venir directement à Paris. Ici, on est certain que les produits viennent en direct de chez les fermiers et artisans de la région. Foies gras, confits, vins sont au rendez-vous et surtout les salaisons, pâtés et plats cuisinés à base de porc basque dont Pierre a relancé l'élevage traditionnel. Il a aussi développé une partie traiteur avec buffet campagnard, cocktail dînatoire et même un espace colis-cadeau.

Patisseries basques

HISTOIRE

« Ce sont les cadets de Gascogne; de Carbon et de Casteljaloux, bretteurs et menteurs sans vergogne, ce sont les cadets de Gascogne » Edmond Rostand chante la fougue gasconne, celle qui poussera de nombreux fringants chevaliers à devenir, comme le d'Artagnan d'Alexandre Dumas, mousquetaires du roi. L'histoire de cette région ne manque pas de panache.

L'Aquitaine est marquée par deux grandes dates: en 1152, Aliénor d'Aquitaine, se fait répudier par Louis VII, roi de France insatisfait de la conduite de son épouse. Ils s'étaient vraiment bouffés le nez pendant leur voyage en Palestine (quelle idée aussi d'emmener les femmes en croisade!) et le roi, qui ne voulait rien entendre de ceux qui essayaient de lui en exposer les conséquences, alla jusqu'au bout de son idée, trouvant un vague prétexte de consanguinité pour faire accepter le divorce.

Jardins de Terrasson, Dordogne

En se débarrassant de sa femme, il venait tout simplement de perdre l'Aquitaine pour trois siècles. Aliénor, en effet, la même année, se consola dans les bras de celui qui allait devenir roi d'Angleterre deux ans plus tard, Henri II Plantagenêt. Il l'épousa, s'adjugeant, dans la foulée, la Guyenne et la Gascogne. Malgré quelques bisbilles, Louis VII eut beau chercher par tous les moyens diplomatiques et juridiques à récupérer ce qu'il estimait être bien du royaume, il ne revit jamais ces terres françaises de son vivant. A sa mort, c'est aussi un roi anglais à panache, Richard Cœur de Lion, qui était duc d'Aquitaine.

Il fallut en fait aux Français exactement 301 ans, émaillés de quelques épisodes cuisants au long d'une guerre qui dura plus de cent ans, pour reconquérir ce territoire. Régulièrement écrasés par les Anglais et leurs archers dans ce long conflit, ils eurent finalement le dessus par la prédominance des armes. A partir du milieu du XVe siècle, ils disposèrent de la puissance de feu de l'artillerie, et contre cela, les Anglais ne pouvaient opposer que leurs charges courageuses et leur « fighting spirit », aussi efficaces qu'un parapluie contre l'arme nucléaire. Le 17 juillet 1453, le chef de l'armée anglaise Talbot perdit la vie, et l'Angleterre un morceau de continent. Il faut d'ailleurs ajouter qu'après trois cents ans de présence anglaise, cette expulsion ne causa pas que du plaisir aux Bordelais, qui s'étaient sans doute habitués à prendre le thé vers cinq heures et, plus prosaïquement, à voir partir vers l'Angleterre, contre monnaie sonnante, ces barriques de vin couvertes d'une feuille verte, un symbole qui s'est transmis jusqu'à nos jours dans la couleur de la fameuse « capsule congé » qui autorise le transport.

Il s'en suivit une longue période de tiraillements entre l'Aquitaine qui traînait les pieds, et le royaume, qui se méfiait à la fois d'un retour anglais et d'une trop grande prise d'autonomie. Lorsque le fils de Jeanne d'Albret, Henri de Navarre, à qui sa mère avait déjà confié la moitié du Sud-Ouest, s'installa sur le trône de France sous le nom d'Henri IV, tout était prêt pour une grande réconciliation qui se concrétiserait au siècle suivant. Le plus célèbre des Béarnais allait déployer son courage et son habileté pour contenir ses ennemis, et rallier les Français à son panache blanc. Le mythe de la poule au pot et des petits-enfants jouant sur son dos aurait le temps de fleurir avec sa barbe.

L'AQUITAINE EN CHIFFRES

Population : 2 907 000 habitants (4,8 % de la population française)
Population par département : Dordogne : 388 000
Gironde : 1 287 000
Landes : 327 000
Lot-et-Garonne : 305 000
Pyrénées-Atlantiques : 600 000
Superficie : 41 308 km²

L'Aquitaine est une région mosaïque, qui s'étend de la Pointe de Grave à l'Espagne avec, pour frontière, les Pyrénées-Atlantiques, dont le nom traduit le mariage contrasté de la mer et de la montagne. Un littoral recherché, avec Biarritz et Saint-Jean-de-Luz, un Pays Basque pittoresque, riche de ses traditions, une montagne méconnue, la Haute-Soule par exemple, et un Béarn fier de ses racines historiques, qui pourrait à lui seul, constituer une région autour de Pau sa capitale.

Les Landes ajoutent à la variété, le soleil et les pins, souvent en bons termes, se propageant jusqu'au Lot-et-Garonne, dont on ne sait s'il est ravi d'être aquitain, mais qui historiquement, avec entre autres, les fiefs d'Albret à Nérac ou Casteljaloux, s'est souvent trouvé dans l'escarcelle béarnaise.

Au nord, bordant l'océan et embouteillant ses châteaux, la Gironde étale son opulence, ses stations suréquipées, Arcachon, Lacanau, pour des vacances familiales et sportives, et regroupe son économie autour de sa mégalopole bordelaise, capitale longtemps britannique, tournée vers le commerce et la communication externe. La Dordogne enfin, avec ce Périgord, dont le répertoire se décline en couleurs, rappelle aux visiteurs des Eyzies et de Lascaux que l'homme de Cro-Magnon nous a tout transmis. Les différentes fractions ne manquent pourtant pas d'avoir un dénominateur commun. Chalosse des Landes et Labourd autour de Bayonne, Périgord vert et Albret, Gabardan et Bas-Adour, autant de pays de cocagne où le (très) bien vivre et la gastronomie passent avant tout.

Si le vignoble y est une affaire sérieuse, c'est qu'il fait partie du mode de vie, comme la chasse à la palombe ou le fronton des villages basques. Cela n'empêche pas d'autres activités, tout aussi respectables, d'avoir tracé leur bonhomme de chemin, comme l'exploitation du gaz par Elf-Aquitaine, à Lacq, le seul gisement de gaz en France, l'exploitation des puits de pétrole à Parentis-en-Born, l'Aérospatiale à Bordeaux, ou Dassault à Anglet. La filière bois est aussi représentée avec la Cellulose du Pin et les Papeteries de Gascogne.

Château Henri IV à Nérac, Lot et Garonne

ABECEDAIRE

BASTIDE

Nom donné aux villes fortifiées, principalement dans le Sud-Ouest. Edifiées au Moyen Age, au début de la guerre de Cent Ans, par l'un ou l'autre camp, elles ont une architecture caractéristique et une place centrale à arcades.

BOURGEOIS

Le nom de « crus bourgeois » a été donné à des vins non classés, de domaines acquis à la fin de la guerre de Cent Ans par les Bourgeois.

CHASSE A LA PALOMBE

Plus qu'une tradition, un rite, une frénésie qu'on appelle « la maladie bleue ». Elle envahit la région, de la Gascogne aux Landes et au Pays Basque, à la fin du mois de septembre, lorsque le beau gibier volant passe au-dessus des cimes rouillées par l'automne en emportant les derniers fruits des chênes et des hêtres. Repu et dodu, niché dans sa palombière, il n'est jamais aussi heureux que ces jours-là, prêt, sans le savoir, au festin du chasseur.

CHISTERA

L'instrument le plus utilisé en Pays Basque est né par hasard en 1856, quand Gantchiki Arotcha joua par hasard avec une pelote dans un panier d'osier de forme ovale et oblongue qui servait à ramasser les fruits. L'engin fut perfectionné au fil du temps pour atteindre sa structure actuelle : charpente en châtaignier pour la solidité, frêne pour les fixations, osier pour les côtes qui lui donnent sa courbure et sa souplesse, et cuir pour l'emballage, la bride et le gant, vissé au contre-bois de frêne.

ECHASSE

Auxiliaire traditionnel des bergers des Landes, qui peuvent ainsi contrôler la situation d'un peu plus haut.

GEMMAGE

Opération commune dans les Landes, qui consiste à inciser les pins pour recueillir la précieuse résine.

GROTTES ET GOUFFRES

Ils sont nombreux dans la région, particulièrement en Dordogne, et constituent un spectacle impressionnant (le gouffre de Proumeyssac est d'ailleurs surnommé la cathédrale de cristal). Au spectacle naturel s'ajoute souvent un émouvant voyage dans la préhistoire : Lascaux, Rouffignac, les Eyzies, autant de sites peuplés par l'homme il y a bien longtemps.

LAMINA

Lutin basque, qui donne un coup de main lors des tâches délicates ou fastidieuses, un peu comme Samantha Stevens, « Ma sorcière bien-aimée », quand elle bouge le nez pour que la vaisselle se fasse toute seule. Seul inconvénient, il faut, en échange, lui donner votre âme.

LEGENDE LANDAISE

Parmi les croyances populaires de la Grande Lande, il y a celle des bœufs qui parlent le soir de Noël, mais qu'il ne faut surtout pas entendre. Dans son « Recueil des Proverbes de la Grande Lande », Félix Arnaudin rapporte qu'un jour de Noël, un homme trop curieux voulut écouter ses bœufs, et s'approchant, il entendit l'une des deux bêtes se demander ce qu'ils allaient faire le lendemain, et l'autre lui répondre qu'ils allaient conduire leur maître au cimetière. Ces paroles furent fatales au cœur du pauvre homme, qui mourut dans la nuit...

MENTEUR

La Fête des menteurs à Moncrabeau est un événement unique : le premier dimanche d'août, les menteurs de tous les pays se réunissent pour une sympathique confrontation, le Concours international de menteries. Les participants rivalisent d'aplomb en racontant une histoire où se mêlent vérités et mensonges, selon l'art de tout bon menteur. Le jury décerne à chaque candidat un poids en sel, déterminant le classement. Le vainqueur est sacré, pour un an, Roi ou Reine des menteurs.

PARCS NATURELS

Le parc national des Pyrénées s'étend sur 50 000 ha et plusieurs départements, dont les Pyrénées-Atlantiques. Il tente de préserver la vingtaine d'ours qui reste dans les Pyrénées, et la faune et la flore particulièrement variées (isards, oiseaux, etc.). Le parc naturel régional des Landes de Gascogne couvre 36 communes sur 2 départements, Gironde et Landes, regroupant 43 964 habitants sur 291 531 km^2.

PAYS BASQUE

Le Pays Basque s'étend largement en France et en Espagne. Labourd, Soule et Basse-Navarre sont les provinces historiques du Pays Basque français. Il comprend ainsi une région fortement touristique, avec la côte atlantique, une région montagneuse, et une partie de la vallée de l'Adour.

POTTOK

En Pays Basque, et plus précisément du côté d'Espelette, les chevaux qui vivent en liberté dans les montagnes.

QUARTIER

Désigne le hameau dépendant d'un bourg, dans le Sud-Ouest.

SPECIALITES BASQUES

Le costume basque ne se résume pas à un simple béret, mais fait référence à une longue tradition, le linge étant le plus souvent marqué des sept rayures représentant les sept provinces basques. Les accessoires traditionnels du berger basque sont la xahakoa, une gourde en peau, et la makila, leur bâton de berger, une canne-épée en néflier qui défriche et coupe en facilitant la marche.

SPORTS BASQUES

Il faut assister au moins une fois à un spectacle de pelote basque. Harmonieuses, spectaculaires, dégageant une grande impression de force et de sérénité, les joutes se déroulent au fronton, ou au trinquet. Certaines manifestations proposent les différentes variantes dans la même session : pelote à main nue, pelote à chistera ou à grand chistera, cesta punta. Il faut aussi voir, si l'on peut, un spectacle de force basque, à Saint-Etienne de Baïgorry, à Espelette ou à Saint-Palais.

TRAINS TOURISTIQUES

Le train de la Rhune effectue un trajet de 4,2 kilomètres à travers cette région qui précède, à 900 mètres d'altitude, les Pyrénées. Le train touristique d'Artouste conduit, à 2 000 mètres d'altitude, du lac de Fabrèges au lac d'Artouste, sur une distance d'environ 20 kilomètres. Enfin, le train du parc naturel régional des Landes de Gascogne se promène à travers le parc régional à partir de Sabres. D'autres encore, de Soulac à la pointe de Grave, autour d'Arcachon, et le long de la Nive.

Petit train touristique d'Artouste, Pyrénées Atlantiques

Guéthary

GASTRONOMIE

PRODUITS

Le **bœuf de Bazas**, et l'**agneau de Pauillac** sont deux grands classiques qui tiennent la première place dans leur catégorie. La mer et les rivières fournissent les **huîtres** du bassin d'Arcachon, les **gravettes** (petites huîtres plus difficiles à trouver), les **fruits de mer**, les **poissons**, et notamment les lamproies, les pibales et les alevins d'anguille, que les Aquitains préparent simplement frits. Les fruits et légumes sont réputés : **fraises** et **noix du Périgord**, **prunes**, **baragagnes** (poireaux sauvages), **asperges** et **champignons**, avec leur reine, la **truffe**, surnommée le « diamant noir ». On la consomme en soupe, en sauce, en omelette ou œufs brouillés. Mais aussi magnifiquement naturelle, sous la cendre, ou simplement crue, saupoudrée d'un peu de sel et poivre. Les Landes sont réputées pour leurs **volailles** (canard, oie, poulet), et, bien sûr pour l'**armagnac**. Le **jambon de Bayonne** est le jambon cru le plus célèbre de France.

PLATS

L'**entrecôte à la bordelaise** : l'entrecôte est accompagnée de moelle de bœuf et cuite à la braise. La **lamproie à la bordelaise** : le grand plat traditionnel, un civet de poisson à l'onctueuse sauce au vin de Bordeaux. Dans la région bordelaise, on mange les **huîtres avec des crépinettes**, petites saucisses grillées, les **crevettes grises à l'anis**, l'**alose à l'oseille** ou à la monnaie-du-pape. On déguste la **garbure béarnaise**, traditionnelle soupe au chou et les spécialités basques : **axoa** (dés de veau mitonnés aux oignons et piments), **ttoro** (soupe de poisson), **piperade** (à la base, pain trempé dans la graisse de porc, avec ail et piments, auquel on a rajouté tomates et œufs) et **tripoxa**, un boudin de veau et/ou de mouton. En Périgord, le **tourin**, les **confits**, les **magrets**, les **omelettes aux cèpes ou aux truffes**.

FROMAGES

L'Aquitaine n'est pas une grande région fromagère, mais les Pyrénées fournissent de bons fromages à pâte cuite, et de savoureuses tommes de brebis.

PATISSERIE

Les desserts sont robustes, et souvent arrosés. Le **clafoutis aux pruneaux** (d'Agen), le **gâteau basque**, le **pastis aux pommes**, le **gâteau russe d'Oloron**, dispensent les calories sans parcimonie. La **tourtière aux pommes** (et/ou aux pruneaux) se fait avec une pâte de type feuilletée, et des pommes mouillées à l'armagnac et à la fleur d'oranger, recouvertes de pâte comme pour une tourte. En viennoiserie/confiserie, les **macarons de Saint-Emilion**, les **sarments au chocolat du Médoc** et les **cannelés de Bordeaux**.

VIN

Un volume ne suffirait pas à décrire les vins de la région. Pour les grands seigneurs bordelais, une encyclopédie serait la bienvenue. Les grands châteaux étant inaccessibles, il faut une connaissance d'expert pour choisir les « bourgeois », ou les simples AOC. En revanche, il est facile de ne pas se tromper, en trouvant, à petits prix, des **côtes-de-blaye**, **côtes-de-castillon**, **côtes-de-bourg** ou **côtes-du-marmandais**. Et encore, **bergerac** et **pécharmant** en Dordogne, **irouléguy**, le fringant vin basque, **tursan**, au nord de Pau, ou **jurançon**.

Le vin de Bordeaux se trouve en bouteilles de 75 cl, en barriques de 225 l, ou en tonneaux de 900 litres, soit l'équivalent de 4 barriques. Les **crus de Médoc** sont classés depuis 1855, les graves depuis 1853, les saint-émilion depuis 1854. Il n'existe pas de classement des **pomerols**, ce qui n'enlève rien à leur prestige et à leur cote, le plus coûteux et le plus recherché des vins de Bordeaux étant l'un d'eux, le **château Pétrus**.

LES SPECIALITES DE LA GIRONDE

Agneau de Pauillac

Il s'agit d'une appellation très contrôlée et qui ne concerne qu'une petite zone autour de Pauillac. Les amateurs de viande d'agneau se pâment devant la finesse et la tendresse de ces petites bêtes nourries exclusivement au lait de la mère durant deux à trois mois. L'origine vient du fait que les troupeaux paissaient l'hiver dans les vignes. Ils désherbaient et enfumaient naturellement le sol. Toutefois, dès le printemps, lorsque les jeunes pousses naissaient, les moutons étaient ramenés à la bergerie. Les petits ne se nourrissaient alors que du lait de leur mère. Cette viande se cuisine en toute simplicité, sans préparation sophistiquée.

Alose

Ce poisson saisonnier (au printemps en rivière) est vraiment une spécialité régionale. La préparation la plus classique consiste à le faire griller. On peut le préparer dans une sauce à l'oseille qui fait fondre les nombreuses arêtes.

Anguilles

Elles viennent de la Garonne et se dégustent simplement fricassées avec de l'ail et du persil. On les mange également petites, sous le nom d'anguillon, ou à l'état presque embryonnaire sous le nom de pibales.

Bœuf de Bazas

Cette appellation s'applique à une viande bovine de très haute qualité. Seulement 72 producteurs ont le droit d'utiliser ce label sur les régions Aquitaine et Midi-Pyrénées. Engraissé à l'ancienne, le bœuf de Bazas doit répondre à un cahier des charges très précis. L'animal est élevé en plein air et abattu à un âge gastronomiquement mûr après une minutieuse période de finition. La région de Bazas est bien sûr le cœur de la production et plusieurs fêtes annuelles célèbrent les plus beaux spécimens de cette race : comme la Promenade des Bœufs Gras à la mi-février.

Bouchon de Bordeaux

Cette gourmandise est un mélange d'amandes broyées et de raisins mi-confits parfumés à la fine Bordeaux et enroulés d'une pâte au beurre. Son inventeur n'est autre de Jacques Pouquet, maître artisan pâtissier-chocolatier installé à Bordeaux depuis 1965 et qui a depuis développé sa gamme.

Canelé

Ce gâteau très ancien a refait surface en 1985 grâce à la Confrérie du Canelé de Bordeaux. Sous ses airs un peu brûlés, il cache un cœur moelleux à souhait. La pâte ressemble à celle des crêpes que l'on parfume de rhum blanc, de fleur d'oranger et de vanille. Mais le canelé reste un mystère tant son secret de cuisson est conservé précieusement, on sait simplement qu'elle exige des moules en cuivre.

Champignons

Il faut bien sûr parler des cèpes. Ce champignon fait l'objet d'un véritable culte et d'une ruée massive dès septembre. Il existe en fait plusieurs cèpes. Celui qui a le pied bien bombé et le chapeau bien foncé est le meilleur. Ils se préparent généralement en fricassée avec de l'ail et du persil. Dans la région, certains ramassent aussi le bidaou qui pousse sous le sable, dans la pignada. D'autres préfèrent les catalans, aussi appelés lactaire délicieux.

Chapons

Les meilleurs chapons girondins viennent de Grignols, dans le Sud-Gironde. Pour obtenir un chapon, il faut castrer le coquelet, l'élever en liberté, le nourrir de maïs et de produits laitiers.

Confit de vin

Cette spécialité bordelaise est une préparation entre la confiture et la ganache qui donne une pâte chocolatée, parfumée au médoc, au sauternes ou au thé.

Créac

C'est l'autre nom des œufs d'esturgeon, et par extension, du caviar. En effet, la Charente-Maritime fut la première à produire du caviar français qu'elle appela créac. Ses voisins girondins ont repris le procédé. Toutefois, la pêche à l'esturgeon est désormais interdite. Ceux vendus sur les étals proviennent de fermes aquacoles, ou expérimentales.

Entrecôte
Préparée à la bordelaise, elle est sans conteste la grande spécialité gastronomique girondine. Taillée dans une viande de bœuf fine et tendre (bœuf de Bazas par exemple), l'entrecôte est ensuite grillée sur les sarments de vignes, relevée aux échalotes ou servie avec une sauce au vin.

Gratons ou grillons
Noms bordelais des rillons, sorte de charcuterie ressemblant à des rillettes grossières avec de gros morceaux de maigre.

Grenier médocain
Cette charcuterie qui ressemble à l'andouille est préparée avec de la panse de porc lavée, nettoyée, roulée, cousue autrefois, puis cuite dans un bouillon plus ou moins relevé. Cette tradition très limitée à la région du Médoc a survécu car on avait gardé l'habitude, dans les exploitations, d'élever un ou deux cochons. Chaque charcutier la prépare aujourd'hui à sa manière, vous en trouverez des salées-poivrées, des farcies, des parfumées au fenouil...

Foie gras
Comme tout le Sud-Ouest, la Gironde produit ses oies et ses canards gras et tous les produits issus de leur transformation : confits, gésiers, terrines, magrets... Les producteurs de » gras » s'ouvrent de plus en plus au tourisme en organisant des visites de leur exploitation avec possibilité d'achat. Vous pouvez également fréquenter les quelques marchés au gras de Gironde (en hiver) et décider de fabriquer vous-même vos conserves. Ne quittez pas la région sans avoir dégusté dans un restaurant un foie frais poêlé avec des pommes.

Huîtres
Elles viennent bien sûr du Bassin où on en élève de plusieurs sortes. La plus goûtée s'appelle la gravette, elle se déguste à la mode bordelaise : avec du pain beurré et des saucisses grillées (les crépinettes), sans oublier le petit vin blanc du pays.

Lamproie
Ce poisson n'a pas franchement une tête d'Adonis, mais les Bordelais se délectent de sa chair lorsqu'elle est cuisinée dans une sauce au vin rouge avec des poireaux. La lamproie à la bordelaise constitue l'un des fleurons de la cuisine locale.

Macarons
Spécialités de Saint-Emilion. Ce biscuit fondant est fait de sucre, d'amandes, et de blanc d'œuf.

Mascarons
Créée fin 96, c'est la dernière-née des friandises bordelaises. Son nom et sa forme évoquent ces faciès hilares ou grimaçants des façades de notre ville et si typiques de l'architecture des XVIe et XVIIIe siècles. Les mascarons marient chocolat, vin de Bordeaux, raisins et noisettes grillées et broyées.

Noisettines du Médoc
Il s'agit d'une délicieuse confiserie préparée avec une grosse noisette enrobée d'un sirop puis d'un caramel chaud fabriquée à Baignan-Médoc.

Palombe
La palombe n'est autre que le pigeon ramier. Les chasseurs du Sud-Ouest vivent une véritable passion à traquer ces oiseaux de passage qui finissent ensuite en salmis ou rôtis.

Praslines
Nées à Blaye, ces délicieuses confiseries n'ont plus de secret pour les gourmands.

Sanquette
Sang de volaille que l'on fait frire et que l'on assaisonne d'ail et de persil.

Sarments du Médoc
Ces confiseries en forme de sarments de vigne sont faites avec du chocolat additionné d'un parfum : menthe, orange, café...

Tourtière
Pâtisserie faite d'une superposition de couches fines de pâte feuilletée que l'on garnit de pommes, de pruneaux ou encore des deux à la fois. L'ensemble est relevé à l'armagnac.

ENFANTS DU PAYS

Alienor d'Aquitaine

Aliénor a tout déclenché par son mariage avec Henri Plantagenêt, roi d'Angleterre deux ans plus tard. Mais après tout, si Louis VII n'avait pas divorcé, il n'y aurait peut-être pas eu de guerre de Cent Ans, et cela manquerait à nos souvenirs d'histoire.

Jeanne d'Albret

Cette farouche protestante imposa le calvinisme dans la région d'Albret, et aussi dans sa famille, ce qui n'empêcha pas son fils Henri de se convertir au catholicisme pour s'appeler Henri IV.

Jean Anouilh

Quand c'est de Labiche, c'est pas de l'Anouilh. Le Bordelais a écrit Antigone, où on ne rit pas, mais aussi *Le Nombril*, plus léger, et *La Répétition ou l'Amour Puni*, son plus grand succès.

Bernadotte

Il fut général d'Empire. Celui qui allait devenir roi de Suède, naquit à Pau en 1763.

Leon Bloy

Ame mystique souvent en proie au doute, sauf en ce qui concerne les bourgeois qu'il ne portait pas vraiment dans son cœur. Ce Périgourdin a écrit une remarquable *Exégèse des Lieux Communs*.

Brantome

De son véritable nom Pierre de Bourdeille, il se rendit célèbre par son ouvrage *Les Dames*, vite transformé par l'éditeur en *Dames Galantes*, il fut un observateur aiguisé du XVIe siècle.

Jean Borotra

Mousquetaires du tennis français des années 30. Né à Biarritz en 1898, il meurt en juillet 1994.

Pauline Carton

La mamie préférée du cinéma français des années 60 est née à Biarritz, quatre ans avant le mousquetaire précédent. Elle a été aussi une des interprètes fétiches de Sacha Guitry.

Yvan Chaval

Ce Bordelais, presque oublié, est pourtant un des plus grands dessinateurs « d'humour » de ce siècle. Désespéré, il a fini, comme son ami Bosc, par quitter ce monde volontairement.

Rene Clement

Rendu célèbre par ses films sur la guerre, *La Bataille du Rail*, *Paris brûle-t-il*, *Le Père Tranquille* et *Jeux Interdits*, ce metteur en scène, né à Bordeaux a également signé quelques policiers bien sentis, comme *Plein Soleil* ou *Le Passager de la Pluie*.

Andre Courreges

Il avait révolutionné la mode des années 60 avec ses noirs et blancs. Il est né à Pau en 1923.

Jacques-Yves Cousteau

Le commandant de la Calypso, est enterré à Saint-André-de-Cubzac, sa ville natale. Il avait parcouru toutes les profondeurs sous-marines du monde, déroulant des kilomètres de films.

Danielle Darrieux

Madame de est une dame de Bordeaux. Son talent lui a permis de tourner avec les plus grands, d'Ophüls à Mankiewicz. Elle est exquise dans *Premier Rendez-Vous*, surprenante dans *L'Affaire Cicéron*, et resplendissante dans *Pot-Bouille*.

Georges Descrieres

Difficile, aujourd'hui, de voir ce sociétaire de la Comédie-Française autrement qu'en Arsène Lupin. Il est né à Bordeaux en 1930. Il a joué également, avec le même bonheur, dans des films aussi divers que *Mon Curé chez les Nudistes* de Robert Thomas, *Ce Soir ou Jamais* de Michel Deville (avec Claude Rich, Anna Karina et Guy Bedos) ou *L'Homme à la Buick* de Gilles Grangier avec Fernandel, Jean-Pierre Marielle et Danielle Darrieux.

Paysage pastoral

Didier deschamps

Né le 15 octobre 1968 à Bayonne, Deschamps restera à jamais comme le premier footballeur français à avoir brandi la Coupe du Monde. Il débute sa carrière en Première Division avec Nantes en 1985, continue à Marseille en 1989, passe un an à Bordeaux puis revient sur la Canebière où, il va s'imposer comme l'un des meilleurs milieux de terrain du monde. Il mène Marseille au titre de champion d'Europe en 1993 et, un an plus tard, rejoint la Juventus de Turin. Il remporte trois titres de champion d'Italie, une coupe d'Italie et une nouvelle Ligue des Champions. En 1999, il part pour Chelsea, un an plus tard, il fait ses valises pour Valence, en Espagne, pour relever un dernier défi avecune carrière qui en a fait le joueur français le plus titré de l'histoire. Il y passe une saison gâchée par une blessure. En mai 2001, il accepte le poste d'entraîneur de l'AS Monaco. Il semble voué à une grande carrière à ce poste.

Pierre Durand

Natif de Saint-Seurin, cet homme distingué, l'est encore davantage à cheval. Avec son petit cheval noir Jappeloup de Luze, il a formé un des couples les plus efficaces de l'équitation, remportant à Séoul, en 88, le titre olympique.

Jean Eustache

Il est venu de Pessac, où il est né en 1938, pour tourner une œuvre étonnante, *La Maman et la Putain*, qui a marqué les années 70.

Armand Fallières

Il est la grande figure de Mézin, en Lot-et-Garonne, puisqu'il fut président de la République de 1906 à 1913.

François Fénelon

Avant d'aller faire des bêtises à Cambrai, François de Salignac de La Mothe-Fénelon commença son itinéraire, en réflexions sur la théologie et sur son époque, dans son château du Périgord.

Alain Giresse

On se souvient de Gigi, ivre de bonheur après le troisième but contre l'Allemagne à Séville. On déplore que le match ne se soit pas terminé là, mais on regrette surtout le milieu de terrain magique que ce Bordelais de Langoiran formait avec ses copains Tigana, Platini et Fernandez. Il n'a pas, pour l'instant, connu les mêmes succès en tant qu'entraîneur.

Henri IV

Représenté dans les manuels scolaires de l'école primaire, à quatre pattes avec ses enfants sur le dos, on pleurait beaucoup de ce que le méchant Ravaillac l'ait estrapassé, même si l'écartèlement du coupable paraissait bien douloureux. Celui qui voulait mettre la poule dans tous les pots, le Vert-Galant qui crut très longtemps (la légende dit « jusqu'à soixante ans », alors qu'il est mort à cinquante-sept), que « la chose » était un os, n'était pas qu'un rigolo, un bon père de famille facétieux. Figures de l'Histoire parmi les plus légendaires, avec son panache blanc, ainsi que son cheval, il fut aussi un stratège politique de première force, au service de son ambition. Pas vraiment agréable avec ses ennemis, il sut s'arranger des querelles religieuses avec opportunisme et un certain cynisme, son « Paris vaut bien une messe » valant son pesant d'hosties.

Jacquou le Croquant

L'action, signée Eugène Leroy, se situe autour du château de l'Herm, près de Rouffignac.

Francis Jammes

« Par le petit garçon, qui meurt près de sa mère, tandis que des enfants s'amusent au parterre... ». C'est le début de *La Prière*, l'un de ces poèmes pathétiques dont le poète pyrénéen s'est fait une spécialité. Né dans les Hautes-Pyrénées, il fut longtemps Orthézien (il habitait à la Maison Major, où il eut ses sept enfants), et se retira à Hasparren où il repose.

Jules Ladoumegue

Il fut l'adversaire le plus combatif de l'invincible Paavo Nurmi. Notre athlète, né à Bordeaux en 1906, fut médaille d'argent du 1 500 à Amsterdam en 1928.

Marie Laforet

Ses grands beaux yeux, qui lui viennent de Soulac, en Gironde, ont fait battre une grosse quantité de cœurs. Elle chantait légèrement, *Ivan, Boris et moi*, et *Les Vendanges de l'Amour*. Elle joue avec le même entrain, la comédie, notamment avec Lautner et Belmondo.

Serge Lama

Il n'est pas né sur une île, le Napoléon de la chansonnette, mais à Bordeaux en 1943. Une pleine charrette de gros et vrais succès populaires, de *Je suis malade* aux *Petites Femmes de Pigalle*. Infatigable, il sort en 2001 un nouvel album, *Feuille à Feuille*, qui connaît un vif succès.

Jean-Michel Larque

Avant de se spécialiser dans le « tout à fait Thierry », Jean-Michel Larqué fit les beaux jours de Saint-Etienne, et marqua notamment d'une reprise de volée dont le Parc des Princes se souvient encore, dans une finale de Coupe de France. Il est né à Bizanos, près de Pau.

Max Linder

L'Etroit Mousquetaire, c'est lui, originaire de Saint-Loubès, dans l'Entre-Deux-Mers : le premier auteur et interprète comique du cinéma, à l'époque du muet. Trouvant la vie moins drôle que le cinéma, il se suicida, avec sa femme, en 1925.

Bixente Lizarazu

Champion du monde de football en 1998 puis d'Europe en 2000 avec l'équipe de France, ce natif du pays basque a débuté sa carrière à Bordeaux avant de faire un court passage à Bilbao. Depuis il joue au Bayern de Münich et s'est définitivement imposé comme l'un des tout meilleurs joueurs au monde. Il a désormais tout gagné avec l'équipe de France, et avec son club en 2001, il a remporté la Ligue des Champions et la Coupe Intercontinentale.

Luis Mariano

Ses incomparables aigus dans *Mexico* résonnent encore dans tous les tympans. Le séducteur basque à la voix d'or repose aujourd'hui avec les siens, au cimetière d'Arcangues.

François Mauriac

Pas toujours facile d'harmoniser la foi et la vie quotidienne. Le petit François de Bordeaux y a très bien réussi, au moins dans ses livres. Il a écrit *Thérèse Desqueyroux,* et a reçu le prix Nobel en 1952.

Montaigne

Les Essais de Michel Eyquem de Montaigne ont été transformés au cours des siècles, pour devenir des références absolues. Ce notable bordelais (il fut conseiller au parlement de Bordeaux) est un maître du doute constructif.

Charles de Montesquieu

Son château de la Brède est une merveille, et on comprend qu'il ait pu s'y épanouir en toute quiétude, et mieux réfléchir à l'*Esprit des Lois.* Il a également livré quelques avis autorisés sur tout le reste de la planète. Ses *Lettres Persanes* valent bien des cartes postales.

Noir Désir

Groupes français au succès constant depuis une dizaine d'années. Discrets au possible, avec une diffusion médiatique qui confine au néant, ces musiciens français ont su au fil des ans séduire un public français de plus en plus large. Collabore à présent avec Manu Chao sur un dernier album qui montre qu'ils savent également se renouveler.

Bernard Palissy

Il serait né à Saint-Avit, en Lot-et-Garonne, vers 1510. Il inventa la céramique (ça, c'est sûr), en brûlant ses meubles, apprenait-on à l'école (ça, c'est moins sûr). Il n'a pas eu la chance de profiter des bienfaits de l'édit de Nantes puisque, arrêté l'année de la promulgation, en 1589 (il était protestant), il mourut à la Bastille peu de temps après.

Maurice Ravel

L'immortel auteur du *Boléro,* né à Ciboure en 1875, ne connut pratiquement que des succès, hormis le Prix de Rome et la guerre de 14, deux compétitions auxquelles il n'eut, pour des motifs divers et malgré sa bonne volonté, pas le droit de concourir. Parmi ses autres œuvres marquantes, *L'Enfant et les Sortilèges* et le *Concerto pour la Main Gauche*.

Jean-Jacques Sempe

Les petits bourgeois ordinaires qui ont de soudaines grosses émotions peuplent l'univers étriqué et vertigineux de Sempé, authentique Bordelais, dans ses dessins au piquant caractéristique. Sempé, c'est aussi, bien entendu, le père du *Petit Nicolas.*

SURVOL DE LA REGION

REPERES

Troisième région française par la superficie, juste derrière le Midi-Pyrénées et la région Rhône-Alpes, l'Aquitaine ne se place en revanche qu'à la sixième place en terme de population. La région possède en effet une longue tradition d'émigration qui, conjuguée à un retard industriel certain, à une agriculture peu productive et à un fort éloignement de Paris, a fait de l'Aquitaine une région assez peu peuplée (moins de 70 habitants/km²).

Capitale régionale : Bordeaux

Départements : Dordogne (24), Gironde (33), Landes (40), Lot-et-Garonne (47), Pyrénées-Atlantiques (64)

Population par département : Dordogne : 388 000 hab., Gironde : 1 287 000 hab., Landes : 327 000 hab., Lot-et-Garonne : 305 000 hab., Pyrénées-Atlantiques : 600 000 hab.

Superficie par département : Dordogne : 9 060 km², Gironde : 10 726 km², Landes : 9 243 km², Lot-et-Garonne : 5 361 km², Pyrénées-Atlantiques : 7 645 km².

Densité par département (hab. km²) : Dordogne : 23,3 ; Gironde : 120,0 ; Landes : 35,3 ; Lot-et-Garonne : 56,7 ; Pyrénées-Atlantiques : 78,5.

Superficie régionale : 42 035 km²

Population régionale : 2 907 000 habitants

Densité régionale : 69,2 hab/km²

TOPOGRAPHIE

La région Aquitaine s'étale sur plus de 300 km du nord au sud et sur 150 km en moyenne d'est en ouest. Le nord-est de la région est occupé par les plateaux du Périgord et de l'Agenais aux sols calcaires recouverts de sables détritiques peu fertiles. L'altitude moyenne de ces plateaux est environ de 200 mètres. A l'ouest de la région, entre l'océan, la Garonne et l'Adour, on trouve l'immense plaine sableuse des Landes, elle aussi peu fertile et surtout mal drainée. Entre l'Adour et la chaîne des Pyrénées s'étendent les collines de Gascogne au relief parfois confus et aux sols assez variés. Enfin, à l'extrême sud, se dresse la chaîne des Pyrénnées.

CLIMAT

La région étant très ouverte aux influences océaniques, le climat est évidemment assez humide, surtout sur la façade ouest des Pyrénées. Ainsi, on relève à Biarritz près de 1 500 mm de précipitations annuelles (contre 1 100 à Brest) ; ces pluies sont étalées sur toute l'année avec tout de même un fort maximum en automne. La durée d'insolation, à Biarritz, est de 1935 heures par an. Plus au nord, à Dax, les précipitations annuelles s'élèvent à 1 233 mm contre 923 à Bordeaux, 947 à Mont-de-Marsan, 1 120 à Pau et 716 à Agen, ville moins arrosée que Bordeaux mais connaissant en revanche une durée d'insolation plus faible que la capitale régionale.

Les basses-terres bénéficient d'étés chauds et sec alors que, dans la région pyrénéenne, on n'est jamais à l'abri d'une longue période instable, même en été, ou de forts coups de froid.

Les seuls cours d'eau importants, la Garonne et l'Adour, sont impropres à la navigation moderne en raison de leur débit très irrégulier. Ils connaissent en effet de fortes crues à la fonte des neiges et, au contraire, sont marqués par un étiage important à la fin de l'été. L'estuaire de la Gironde pose également d'importants problèmes à la circulation des gros tonnages en raison de son fort envasement.

LES VILLES

L'Aquitaine est donc une région peu peuplée (moins de 70 hab./km^2) surtout dans le centre des Landes, dans les zones montagneuses et sur les plateaux du Périgord. Les seules zones de peuplement important, en dehors des grandes agglomérations, sont les vallées et le littoral.

Bordeaux

Capitale régionale, Bordeaux est également, avec 754 000 hab., la plus grande agglomération urbaine d'Aquitaine et la 7e en France, entre Toulouse et Nantes. Déclarée Métropole Française d'Equilibre, Bordeaux est également le principal centre industriel, administratif et tertiaire de la région, et c'est également le premier port aquitain.

Bayonne-Biarritz-Anglet

35e agglomération française avec 179 000 habitants (entre Pau, plus en amont sur l'Adour et Limoges), elle développe de nombreuses activités tant portuaires (pêche et commerce) que balnéaires bien sûr.

ECONOMIE

Pin landais

Agriculture

L'Aquitaine se place à la troisième place française pour la valeur de sa production agricole grâce au vin bien entendu (la région possède le second vignoble de France en termes de superficie derrière le Languedoc-Roussillon) mais aussi grâce au maïs, aux fruits et aux légumes. Pourtant, à cause de l'immense forêt des Landes (la plus grande de France), la surface agricole utile est relativement faible.

Les vergers et les cultures maraîchères sont bien sûr concentrés dans les vallées (Lot, Garonne et Dordogne en particulier) alors que le vignoble se concentre bien entendu entre les vallées de la Dordogne et de la Garonne et jusqu'à l'estuaire de la Gironde. Les environs de Pau (Jurançon et Vin du Béarn) et ceux de Aire-sur-l'Adour (Tursan, Madiran et Pacherenc-du-Vic-Bilh) possèdent également des vignobles qui, bien que moins réputés que ceux du Bordelais, produisent quelques vins très intéressants. Enfin, il faut bien sûr noter l'activité ostréicole importante, centrée sur le bassin d'Arcachon (10 000 tonnes d'huîtres produites chaque année environ).

Industrie

Grâce à la forêt des Landes, l'Aquitaine se place à la première place pour la production de bois. L'agglomération de Bordeaux constitue le principal pôle industriel aquitain grâce en grande partie à l'industrie aéronautique (dans le Médoc) : Dassault, SEP, Aérospatiale, SNPE, CEA-Cesta... sont ainsi implantées dans l'agglomération. Pau Et Bayonne sont les deux autres centres industriels notables.

Le Tertiaire

Au niveau des transports, la fin du XXe siècle a marqué le lent déclin de l'activité portuaire bordelaise, en partie à cause de la fermeture progressive des raffineries. Néanmoins, l'importation de pétrole brut continue.

Bien que l'arrivée du TGV ait été bénéfique pour la région, l'Aquitaine souffre de son éloignement des grands centres de population français et espagnols. Néanmoins, sa position de carrefour entre la péninsule ibérique et le nord de l'Europe lui assure un trafic assez important. De la même façon, cet éloignement des plus grandes agglomérations françaises (et de paris en particulier), est un désavantage pour la fréquentation touristique ; en outre, même en été (et surtout au Pays Basque), les conditions climatiques sont beaucoup plus instables que sur la Côte d'Azur. En revanche, la région dispose d'autres atouts, le patrimoine préhistorique du Périgord, le vignoble bordelais, le Pays Basque et son arrière pays, une tradition gastronomique très forte et quelques stations de ski à l'extrême sud-est de la région.

SUR PLACE

COMITES DEPARTEMENTAUX DU TOURISME

CDT de Dordogne. 25, rue du Pdt Wilson 24009 Périgueux Cedex ✆ 05 53 35 50 24 - Fax 05 53 09 51 41.

CDT de Gironde. 21, cours de l'Intendance 33000 Bordeaux ✆ 05 56 52 61 40 - Fax 05 56 81 09 99.

CDT des Landes. 22, rue Victor Hugo 40012 Mont-de-Marsan ✆ 05 58 06 89 89 - Fax 05 58 06 90 90.

CDT du Lot-et-Garonne. 4, rue André Chénier 47005 Agen Cedex ✆ 05 53 66 14 14 - Fax 05 53 68 25 42.

Mission Touristique des Pyrénées Atlantiques. 22ter, rue Jean-Jacques de Monaix ✆ 05 59 30 01 30 - Fax 05 59 02 52 75.

MEDIAS

Presse

Sud-Ouest. Sud-Ouest est le 2e quotidien régional français. Il est implanté dans 8 départements. C'est le seul quotidien à paraître dans le département des Landes. Il vend en moyenne 50 000 exemplaires par jour pour les deux éditions : 19 A pour Mont-de-Marsan, le Nord des Landes, l'Armagnac, une partie de la Chalosse et le Tursan et le 19 B pour Dax et sa région, le Côte Sud et une partie de la Chalosse. Grâce à son réseau important de correspondants, il est un moyen de communication de proximité essentiel.

La Semaine du Pays Basque. Route de Cambo, Bayonne ✆ 05 59 58 05 05. Le dernier-né des journaux « locaux » s'intéresse à la vie du Pays basque. Cet hebdomadaire, paraissant le vendredi, a réussi à se faire une place grâce à des reportages pertinents. De plus, son approche de l'actualité est globale avec un traitement de l'économie, de la politique, des faits de société et de l'activité culturelle et sportive. Il est imprimé à San Sebastián (Espagne).

Télévision

ETV - France 3 Euskal Herri Pays Basque. 1, rue de Donzac ✆ 05 59 46 33 33. Chaîne de télévision en langue basque qui réalise et diffuse des reportages sur le Pays basque ; l'ETV a enregistré des scores d'audience importants avant les actualités régionales, vers 18 h 55. A noter que le journal régional de France 3, diffusé chaque soir entre 19 h 10 et 19 h 25 environ connaît un succès public : 60 % des foyers, regardant la télévision à cette heure, sont branchés sur les informations régionales. A la mi-journée, est également diffusé un journal télévisé régional (12 h 10) avec des points d'informations locales qui rencontre aussi du succès.

Radios locales

Radio France Pays Basque 101.3 FM - Radio France Landes 100.5 FM. Appartenant à Radio-France, ces deux locales proposent des tranches d'informations locales et départementales. La grille est généraliste avec des matinées occupées par des jeux ; le reste de la journée, beaucoup de rendez-vous de services. Les Basques peuvent capter la radio du département frontalier, les Landes. Ces deux radios diffusent les journaux de 8 h, de 13 h et de 19 h de la rédaction nationale, France Inter.

Europe 2 Côte basque 97.7 FM. « Le meilleur de la musique » tel est le message de cette radio qui diffuse un maximum de musiques françaises. Radio satellite d'Europe 2 Paris. Quelques décrochages locaux pour donner des informations générales, pratiques et informatives sur les rendez-vous culturels.

Radio Anglet 99.0 FM. Comme son nom l'indique, cette radio locale est basée sur la commune d'Anglet. Jeux, divertissements, informations régionales et nationales, sports, météo des plages, circulation et musique sont les éléments de la grille des programmes.

RFM 89.4 FM. Radio nationale qui consacre quelques minutes de son antenne à des informations locales et qui annonce l'agenda culturel de la région.

• Radios en langue basque

Gure Irratia 106.6 - Irulegiko Irratia 91.8 - Xiberoko Botza 88.8 - Mendi Lilia 89.6

THEMES

SPORT BASQUE

La spécificité des sports basques tient principalement à l'identité basque. Certes, on note généralement que ces sports, en particulier tous ceux entrant dans la catégorie de la "force basque" puisent leur inspiration dans la vie quotidienne aux champs, dans les bois, dans les montagnes. Mais cela ne suffirait pas pour expliquer comment les traditions ont été maintenues si vivaces jusqu'à nos jours. C'est bien la forte perception d'une véritable identité qui a permis de transmettre et avec une grande fidélité et un grand attachement ces coutumes, ces jeux, ces sports. S'ajoute à ces données une composante plus particulière du caractère basque : l'esprit de joute, de compétition, de jeu, qui oriente l'esprit basque, avec loyauté et respect des règles, vers la lutte par équipes ou le mano a mano. Se mesurer aux autres, c'est aussi une façon de les respecter et de les aimer.

Chaque village basque a ainsi ses équipes, ses spécialistes selon les catégories de sports. Les meilleurs bûcherons se trouvent ici, les plus forts pour soulever la pierre ou les bidons de lait sont ailleurs, l'équipe la plus soudée pour le tir à la corde est là. Sur les bords de mer, d'autres joutes apparaissent, colorées et spectaculaires, avec les traînières. Enfin, à tout seigneur tout honneur, tout village basque est reconnaissable à son fronton, base du jeu basque, agrémenté et complété, selon les cas, par d'autres murs, d'autres règles et d'autres accessoires.

Pelote basque

Le dernier trait caractéristique expliquant la pérennité des sports basques n'est pas le moindre : ils sont extrêmement spectaculaires et attirent ainsi un flot touristique considérable, notamment au cours des grandes manifestations annuelles, Fêtes de Bayonne ou de Biarritz. Les costumes, la relative simplicité des règles – dans la force basque – l'adresse et la force des concurrents, font le reste. C'est un véritable spectacle qu'il ne faut manquer à aucun prix en se promenant dans la région.

LA PELOTE BASQUE

Quiconque a déjà assisté à une rencontre, au bord du fronton ou à la télévision, peut s'étonner qu'un sport aussi visuel, aussi élégant et chorégraphique, ne soit pas davantage médiatisé. Il arrive parfois, en saison, qu'une chaîne cryptée bien connue nous donne quelques rencontres. Bien filmé, c'est extrêmement spectaculaire, agréable et relativement facile à suivre, et dans tous les cas beaucoup moins ennuyeux que les interminables échanges sur terre battue des rencontres de Roland Garros. Certes, l'audience de la pelote basque, et son terrain d'exercice, en France réduit au sud-Ouest, mais étendu, à l'international, à l'Espagne et à la plupart des pays d'Amérique latine et du Sud, ne permettent pas une diffusion à grande échelle. Les champions ne sont pas connus – mais ceux de pétanque guère plus – hors de leur région d'origine, et le néophyte peut ne pas assimiler toutes les règles en une seule séance. Pourtant, ce qu'on peut en voir est extrêmement parlant : un sport qui réclame des qualités physiques et d'adresse peu communes, également un bon sens tactique et une exemplaire complémentarité dans les rencontres en double. Bref un sport complet, visuel, passionnant. On pourrait presque dire que son seul handicap est qu'il soit "connoté" régionalement, c'est-à-dire basque. Il suffirait de construire quelques frontons dans les Ardennes ou en Bretagne et tout le monde s'y mettrait. Qui, enfant, n'a pas joué des heures entières à faire rebondir, à la main ou avec n'importe quel accessoire, une balle sur un mur ?

Les origines de la pelote basque se perdent dans la nuit des temps. Si l'on sait que Gaintchiki Harotcha inventa le chistera en 1857 pour perfectionner le lancer, on ne sait en revanche depuis combien de siècles les basques expédient la balle sur le mur.

Des écrits la font remonter au moins au XVIIe siècle, voire au XVIe par certaines allusions. Un fait est certain: les frontons se sont multipliés, et étendus à tout le pays, à partir de la deuxième moitié du dix-neuvième siècle. On pourrait schématiser en évoquant les deux grandes familles de jeu: à main nue ou avec un accessoire, sorte de raquette (pala) ou prolongement du bras incurvé (chistera). Mais le terrain et les règles offrent également des diversités. Une chose est commune: la balle (pelote) vient frapper le mur (fronton).

Le terrain

Fronton. Le fronton, c'est la base, le dénominateur commun à toutes les formes de jeux, et chaque village basque possède le sien, bien en vue, au centre, sur la place de la mairie ou de l'église. Le fronton, c'est le terrain d'exercice favori pour petits et grands. A environ 1 m du sol, le fronton est barré par une bande horizontale, généralement matérialisée par une latte métallique, qui marque la limite de validité: si la pelote est expédiée en dessous de cette ligne, elle est considérée comme faute (falta).

Dans les formes les plus simples, le fronton est l'unique surface sur laquelle est expédiée la pelote. Mais il peut être complété par des murs latéraux et arrière. Lorsque le terrain est limité au seul fronton et à l'aire de jeu, il prend le nom de place libre. On peut alors jouer à main nue, avec un chistera.

Mur à gauche, jaï alaï. Le fronton est prolongé par un mur latéral gauche, autorisant ainsi un rebond avant ou après que la pelote a frappé le fronton, ainsi qu'un mur de fond (on peut laisser rebondir la pelote sur le mur de fond avant de la jouer). Le jaï alaï est la forme et la dimension courante de ce terrain pour les compétitions de cesta punta, qui sont celles que l'on peut voir généralement à la télévision.

Trinquet. Le fronton est flanqué de deux murs latéraux et d'un mur de fond qui permettent des rebonds variés, donc des combinaisons et des coups tactiques utilisant ces différentes surfaces. Le mur gauche est en outre équipé d'une galerie oblique et le droit d'une coupe à pan incliné. Sur la droite du mur de face se trouve le chilo (trou). On pratique sur le trinquet principalement à main nue ou avec un accessoire plus simple que le chistera (pala, xare).

Les accessoires

La pelote. L'objet le plus convoité du jeu est en cuir de chèvre, cousu à la main, souple, permettant des rebonds francs, autour d'un noyau de gomme serré par un ensemble de fils de laine.

La pala (raquette). Il s'agit en fait de plaque rudimentaire (pala) qui se décline selon le matériau et l'épaisseur pour donner différents types de rebonds et donc de jeux: paleta (petite pala) en gomme, en cuir; grosse pala, pala corta, pala ancha.

Parmi les variantes de pala, on trouve une raquette plus élaborée: le xare (raquette argentine) qui est muni d'un véritable cordage.

Le chistera. L'instrument traditionnel du pelotari (joueur de pelote) est ce demi-cylindre incurvé, tressé en osier, plus ou moins long selon les jeux. Simple gant (joko garbi), il est utilisé sur le seul fronton. Pour obtenir une plus grande vitesse, utilisant la force maximale du bras et son prolongement, on choisit le grand chistera pour pratiquer notamment la cesta punta.

Les variantes

La forme la plus simple est bien sûr à main nue. Cela demande une grande adresse mais aussi force et endurance car on ne bénéficie pas des effets levier et restitution d'énergie supplémentaire offerts par un accessoire.

C'est ensuite le terrain qui détermine la diversité possible des jeux, avec les rebonds: pelote classique à rebond simple sur le mur, à rebond sur les murs latéraux, cesta punta. Un dénominateur commun: la pelote ne peut rebondir qu'une fois à terre, et elle doit toujours frapper le fronton au-dessus de la bande-limite.

Mais il existe des jeux à un seul rebond dont les règles sont complexes, comme le rebot, jeu par équipes de cinq joueurs se pratiquant en place libre.

La pasaka est une forme particulière de pelote, puisque l'on utilise un filet et deux équipes qui doivent se renvoyer la pelote. Comme au tennis, la pelote expédiée dans le filet est faute. Elle est généralement pratiquée au trinquet et les rebonds augmentent évidemment la variété des coups.

Par souci de modernité et de simplicité plus que par tradition est apparu récemment le frontennis, qui se joue tout simplement avec une raquette de tennis sur un fronton.

LA FORCE BASQUE

Par tradition, les jeunes paysans de chaque village basque avaient l'habitude de se lancer des défis sur des thèmes rustiques : soulever une charrue, courir avec des bidons de laits, des ballots de paille, jouter au tir à la corde : les traditions sont restées, et sont même devenues de véritables sports pratiqués encore aujourd'hui par de nombreux jeunes Basques qui s'affrontent lors de tournois réguliers. Ces différents sports sont réunis sous le titre évocateur de force basque.

Le tir à la corde (soka tira)

Depuis Intervilles et les années 60, le tir à la corde a acquis une renommée nationale. Il demande certes une force maximale, mais l'équipe gagnante n'est pas toujours la plus lourde ou même la plus imposante en force pure : c'est la mieux soudée, et surtout la mieux synchronisée dans l'effort.

Du premier au dernier tireur, la position et le geste varient de quelques centimètres, et l'efficacité du tireur dépend de la position des pieds, des épaules et des bras, puis du geste synchrone. Le vainqueur est celui qui a réussi à faire bouger l'équipe adverse de 4 mètres, c'est-à-dire avoir fait franchir au dernier tireur une ligne fatidique.

La partie se joue généralement en deux manches avec changement de côté.

Avec du bois

Les bûcherons de la forêt d'Iraty sont sans doute les mieux entraînés du monde : quand ils ne sont pas aux travaux forestiers, ils jouent entre eux, et plusieurs disciplines les concernent, selon l'instrument, hache ou scie.

Les **aizkolariak** (bûcherons) pratiquent ainsi l'abattage sur un tronc vertical, que l'on escalade grâce à des planches successives aménagées perpendiculairement au tronc. Le compétiteur doit alors abattre le sommet du tronc au-dessus de lui.

Les **arpanariak** (scieurs) doivent débiter un tronc de diamètre variable (autour de 70 cm) en rondelles, le plus grand nombre possible dans le moins de temps possible. En général, une durée est impartie aux équipes de deux scieurs, qui doivent unir et coordonner leurs efforts pour une efficacité maximale.

Avec des pierres

Le **lever de pierre** (harria) est une discipline typique et spectaculaire de la force basque : il s'agit tout simplement de soulever un gros caillou, sphérique, parallélépipédique, ou même, et plus rarement, cylindrique, le plus lourd possible, et de le porter sur son dos. Les champions approchent les 300 kg. Les Basques ont longtemps eu une réputation de bons tailleurs de pierre et les carrières fournissaient une matière première propice à l'édification des églises et bâtiments régionaux. Il fallait le plus souvent transporter d'abord les pierres à dos d'homme avant de trouver un terrain permettant de faire rouler un véhicule, d'où l'origine de la discipline.

L'**harri altxatzea** (leveur de pierre) n'utilise pas la même technique selon qu'il manipule une pierre ronde (qu'il essaie de faire rouler sur son épaule et son cou) ou rectangulaire (il utilise alors davantage un effet de basculement par déplacement du centre de gravité). Le classement est déterminé, soit par le nombre de levers successifs de la même pierre (le leveur est généralement secondé par deux assistants qui replacent la pierre dans la position propice à être soulevée entre chaque lever), soit par la masse totale soulevée dans un temps déterminé.

Le **lever d'enclume** est aussi une discipline classique de la force basque : il s'agit de soulever une enclume d'environ 20 kg, le plus grand nombre de fois possible, de façon à lui faire toucher une plaque de tôle située au-dessus du compétiteur. Le vainqueur est celui qui touche la tôle le plus grand nombre de fois en un temps déterminé.

Aux champs

Directement issues des travaux champêtres, de nombreuses disciplines combinent la force et la rapidité :

Les faucheurs (ségalaris). Au Pays Basque, vous l'aurez remarqué, l'herbe est plus verte. Résultat d'un climat particulièrement bénéfique pour la pousse, avec des précipitations abondantes et régulières, les prairies sont drues et, bien avant la mécanisation, la seule façon de préparer un champ à la culture était de faucher. Les faucheurs basques sont donc, par tradition, particulièrement bien entraînés. Le principe de cette discipline est donc on ne peut plus simple : il s'agit de faucher la plus grande masse d'herbe possible en un temps imposé.

Le lever de charrette (orga jokoa). Un concours de force très impressionnant. Une charrette d'environ 300 kg, dont le seul appui fixe se trouve au niveau du timon, doit être soulevée. Une fois les roues décollées du sol, le jeu consiste à la faire tourner le plus grand nombre de fois sans faire retomber les roues.

Avec des bottes de paille. Deux variantes sont pratiquées : la première consiste à soulever un ballot de paille d'une cinquantaine de kilos, à l'aide d'une corde, le plus grand nombre de fois possible à une certaine hauteur, dans un temps imparti (lasto altxari). La seconde est tout simplement d'attraper un ballot de paille, plus petit, d'une quinzaine de kilos, avec une fourche, et de le lancer de telle façon à lui faire franchir une barre située à une hauteur déterminée.

Force basque

Les courses

Course au sac (saku lasterka). Les coureurs (zakulariak) s'affrontent sur une distance déterminée en portant sur leur dos un sac très lourd d'environ 80 kg, rempli traditionnellement de maïs. La règle est simple : le vainqueur est celui qui court le plus vite avec son sac. Le sac est généralement équipé de poignées afin de le maintenir plus commodément. La course peut être également pratiquée en relais, le plus souvent de trois coureurs, sur une distance de 100 m environ chacun.

Course aux bidons (untzi lasterketa). Il fallait souvent, dans les fermes, après la traite, transporter les bidons de lait jusqu'au point de ramassage. D'où ce jeu, qui consiste à transporter le bidon (txinga) d'environ 40 kg, sur un parcours donné, sans bien sûr qu'il touche le sol. L'aspect spectaculaire du jeu est qu'il ne s'agit pas d'une véritable course, puisque le temps n'est pas comptabilisé, mais que seule la distance parcourue, jusqu'à épuisement, c'est-à-dire jusqu'à ce que le coureur pose son bidon.

LES TRAINIERES (REGATAS DE TRAINERAS)

Ce type d'épreuve ne concerne bien sûr que les Basques du littoral, à l'opposé de la force basque, totalement d'origine paysanne. Pourtant, là encore, la tradition est lointaine, et donne lieu aujourd'hui à des manifestations spectaculaires et colorées.

Les traînières sont les bateaux à rames qui étaient utilisés jadis par les pêcheurs basques, de chaque côté de la Bidassoa. Afin d'être les premiers à vendre le poisson, une véritable course s'organisait parfois entre les équipages rentrant de la pêche. Ainsi naquirent les premières régates organisées, vers la fin du siècle dernier. C'est aujourd'hui, à l'occasion de fêtes nautiques, l'occasion de joutes amicales, mais très suivies, mettant aux prises des équipages qui ne sont plus vraiment constitués de pêcheurs, mais de forts rameurs, particulièrement bien entraînés. Les régates sont en effet suffisamment nombreuses tout au long de l'année pour que des équipages se forment et s'entraînent, comme des équipes de haut niveau, pour ces compétitions. Elles expliquent notamment la vitalité des clubs d'aviron dans la région bayonnaise (et son célèbre club de l'Aviron Bayonnais où l'on joue aussi un peu au rugby...).

Les bateaux sont aujourd'hui profilés et dans un matériau adéquat (le bois a été remplacé par la fibre de carbone) pour allier souplesse et légèreté. Les rameurs sont aux ordres d'un patron qui donne le rythme, qui les encourage de la voix, et donne aussi la direction à l'aide de la godille.

Les régates se déroulent sur une distance donnée, et voient s'affronter les meilleures équipes de chaque port.

LE CALENDRIER

Les offices de tourisme vous fourniront, pour la saison, les dates de manifestations de ces différentes compétitions, qui s'inscrivent généralement dans le cadre d'une fête folklorique, religieuse ou traditionnelle.

Nous rappelons ici les plus connues :

Mai

Force Basque à Saint-Etienne de Baïgorry

Juillet

Folklore international de Biarritz

Biarritz masters de pelote basque

Aôut

Fêtes de Bayonne. Traditionnelles et très suivies, elles durent cinq jours et montrent toutes les facettes du folklore basque

Gant d'or. Pelote basque à Biarritz.

Septembre

Pelote basque à Bayonne.

PREHISTOIRE

La Vallée de la Vézère qui concentre à elle seule une grande partie des trésors de la préhistoire, vous conduit crescendo vers des paysages marqués de l'empreinte de l'homo-erectus, avec des abris creusés dans les falaises en surplomb de l'eau. C'est un véritable voyage dans le temps, un hymne sauvage dédié à nos origines, berceau des premiers pas de l'humanité, pays de Cro-Magnon.

C'est à partir de Sarlat que débute le circuit des différents sites préhistoriques.

Office du tourisme de Sarlat. Place de la Liberté ✆ 05 53 31 45 45. N'hésitez pas à passer par l'Office du Tourisme, toute l'équipe saura vous renseigner efficacement et vous faire partager son enthousiasme pour la région de Sarlat. La préhistoire n'a plus aucun secret pour elle.

A partir de Sarlat, un parcours d'environ 90 km vous permettra de découvrir tous les aspects de cette période de l'histoire. De l'habitat à l'art rupestre, en passant par les activités domestiques, la chasse, la pêche... Prenez la D704 en direction de Montignac (26 km). C'est par la très célèbre grotte de Lascaux, ou plutôt sa parfaite réplique que s'amorce la visite.

Montignac-Lascaux. En septembre 1940 la grotte ornée de Lascaux est découverte. Celle que l'on surnomme « la chapelle Sixtine de la préhistoire » sera fermée au public en 1963. Les parois de la grotte étaient attaquées par des mousses, résultat des émanations toxiques de gaz carbonique produit par la respiration des visiteurs. Sa réplique exacte verra le jour 200 m plus loin.

Grotte de Lascaux II, le Grand Taureau, Dordogne

Lascaux II (Semitour) 05 53 35 50 10/ (billetterie) 05 53 51 96 23 - Internet: www.perigord.tm.fr. *Ouvert tous les jours de 9h à 19h en saison. Fermé le lundi hors saison. 7,50 €. Visite guidée d'environ 40 minutes.* Réplique fidèle de l'originale, ouverte en 1983. Grâce au talent artistique de Monique Peytral, ce fac-similé restitue, avec une émotion intacte, la salle des Taureaux et le diverticule axial. On se laisse emporter dans le sillage des taureaux noirs, bisons rouges, cerfs, chevaux et bouquetins, peintures polychromes exécutées comme il y a près de 19 000 ans. On ressort à coup sûr différent de ce voyage au cœur du berceau de l'humanité.

Un petit crochet par le site de Régourdou, à deux pas de Lascaux, ravira petits et grands. C'est un passionné, Roger Constant, qui vous contera sa grotte à ciel ouvert. Ici, des squelettes d'ours côtoyaient celui de l'homme, le propriétaire des lieux a choisi d'en élever aussi. Ecoutez-le parler, c'est un plaisir. (Toute l'année, ouvert tous les jours. 3,81 € ✆ 05 53 51 81 23).

Prenez ensuite direction les Eyzies, D706, pour gagner le Centre d'Art Préhistorique du Thot (5 km), constitué de salles d'exposition avec maquettes, photos et films décrivant l'art préhistorique en Périgord. En chemin, arrêt conseillé au Château de Losse et ses jardins.

Centre d'Art Préhistorique du Thot. Thonac ✆ 05 53 50 70 44. *Tous les jours d'avril à septembre, de 9h à 19h.* Ce centre de recherches et d'art préhistorique fait le récit de la réalisation du fac-similé de Lascaux et présente des reproductions des scènes qui n'y sont pas visibles, comme celle du puits. Le public peut s'initier à l'art préhistorique. Le parc animalier donne un aperçu de la faune de l'époque Cro-Magnon : aurochs, bisons, chevaux de Przewalski sont là, bien vivants, tandis que les mammouths sont répliqués au plus juste. On trouve aussi dans le parc des reconstitutions de scènes préhistoriques. Vue sur la vallée de la Vézère.

Toujours direction les Eyzies, mais cette fois en empruntant la D 65, passant par Sergeac. Les Abris Préhistorique et le Musée de Castel Merle (3 km) présentent des habitats groupés le long des falaises.

Abris Préhistoriques et Musée de Castel Merle ✆ **05 53 50 79 70.** *Du 1er juillet au 31 août, de 10h à 19h tous les jours ; de Pâques au 30 juin et du 1er juin au 30 septembre, de 10h à 12h et de 14h à 17h30, sauf le mercredi. Buvette et aire de pique-nique.* L'abri Reverdit livre des sculptures du magdalénien, l'abri Roc d'Acier présente des vestiges d'habitats périgourdins et solutréens, l'abri Labattut propose un atelier de taille de silex et des témoignages de gravures et peintures, enfin l'abri de la Souquette est un bel habitat de chasseurs de l'ère de Cro-Magnon.

Prenez le temps ensuite, de visiter le charmant village de Saint-Léon-sur-Vézère, avec son église romane, le Château de Clérans et le Manoir de la Salle. Le Conquil (3 km), tout proche est un site exceptionnel, sur le tracé du GR36, en surplomb de la Vézère : la grotte du Jugement riche en mystères, le pigeonnier troglodytique du Xe siècle, les salles des réserves et le fort aux systèmes défensifs ingénieux témoignent d'un passé troglodytique : la falaise de 500 mètres fut habitée à la préhistoire et au Moyen Age. Le site offre un superbe panorama sur le village de Saint-Léon.

Sur votre lancée, à quelques km de là une visite s'impose à la falaise de La Roque Saint-Christophe.

Cite Troglodytique de la Roque-Saint-Chirstophe ✆ **05 53 50 70 45.** *Ouverte tous les jours de 10h à 19h en juillet et août (de 10h à 18h hors saison). 5,50 € par adulte, 2,50 € pour les 5-13 ans, 4 € pour les étudiants, de 2,29 à 4 € pour les groupes de plus de 20 personnes.* Ce site classé monument historique a gardé un côté sauvage. La falaise domine la vallée de la Vézère sur 900 mètres et sur 5 étages ; un véritable HLM des temps anciens, en beaucoup plus écolo. La centaine d'abris aménagée dans la roche a permis de mettre à l'abri la population de la préhistoire au Moyen Age : 3000 personnes pouvaient s'y masser. Sur les traces de nos ancêtres, nous découvrons leurs outils, leur artisanat, leur art et leur culte. Le musée de la Roque présente une collection de fossiles et évoque la protohistoire, âge du fer et du bronze. Cet immense fort a servi de rempart aux invasions normandes avant de devenir ce magnifique lieu de visite, frais comme il faut l'été pour occuper un après-midi de liberté... Etang, aire de pique-nique aménagée.

En continuant votre route vers les Eyzies, le Préhisto Parc à Tursac (3 km), ainsi que le village Troglodytique de la Madeleine, vous plongera dans la vie quotidienne des premiers hommes

Préhisto-parc ✆ **05 53 50 73 17.** *Du 1er mars au 11 novembre, de 10h à 18h ; en juillet et août, de 9h30 à 19h. Accès handicapés.* Dans cette vallée qui a vu naître les premiers gestes de l'homme, le Parc reproduit les scènes de la vie quotidienne de l'époque magdalénienne. On assiste par mannequins interposés au dépeçage de rennes, à la chasse au mammouth et au rhinocéros, et à l'apparition des premières sépultures qui marque l'éveil à une spiritualité certaine.

Village Troglodytique de la Madeleine ✆ **05 53 06 92 49.** *Hors saison, de 10h à 17h. Du 15 juin au 30 septembre, de 9h à 18h30.* Ce Village Troglodytique a connu une occupation humaine de -15000 ans à nos jours. Une fois parvenu aux Eyzies (7 km), vous ferez la découverte de cette capitale de la préhistoire. Le village est dominé par la statue d'un Cro-Magnon revu et corrigé. Autour de ce point d'ancrage, de nombreux témoignages de la préhistoire. Le Musée National de la Préhistoire est une première étape idéale avant d'aborder, alentours, l'Abri Pataud, en direction de Périgueux, un des plus grands gisement préhistorique de France, puis, la Grotte du Grand Roc et de Laugerie-Basse.

Musée National de la préhistoire ✆ **05 53 06 45 45.** *Tous les jours sauf le mardi, de 9h à 12h et de 14h à 18h hors saison ; tous les jours de 9h30 à 19h en juillet et août. 3,25 € par adulte, 2,29 € pour les étudiants, gratuit pour les moins de 18 ans. 2,29 € pour tous le dimanche. Visites conférences sur réservation.* Le Musée, aménagé dans les ruines d'un château du XVIe à flanc de falaise, est toujours en travaux d'extension. Mais les visites se poursuivent, pour admirer la plus importante collection paléolithique de France. C'est le passage obligé pour bien situer dans leur contexte les visites des abris situés à proximité, avec la présentation de collections d'outils et d'œuvres d'art préhistorique mis au jour dans les environs. La taille du silex, mais aussi les nombreuses « Vénus » d'Europe sont à l'honneur. La visite passe en revue l'industrie lithique et osseuse, les blocs gravés et sculptés (premier ensemble mondial en la matière), l'art mobilier, les sépultures, la faune préhistorique. Depuis la terrasse du Musée, il faut savourer la vue sur les falaises et le village.

Gisement et musée de l'Abri Pataud ✆ 05 53 06 92 46. *Ouvert tous les jours en saison, fermé le lundi hors saison. Ouvert de fin janvier à décembre. Visite guidée d'environ 1 h. Accès handicapés.* Un drôle de bâtiment à la sortie du village qui présente des outils, objets de parures, œuvres d'art, habitats, restes de gibier, sépultures et ossements de nos ancêtres. Tous ces vestiges sont mis en valeur sur le lieu même des fouilles. La mise en scène avec des coupes stratigraphiques permet de suivre la succession des occupations préhistoriques de -33 000 à -18 000 ans. Un bouquetin sculpté en bas-relief est l'une des plus impressionnantes apparitions de la visite. Les objets originaux exposés et les résultats des travaux des chercheurs permettent de se faire une idée plus précise de l'homme de Cro-Magnon.

Grotte du Grand Roc et Habitats préhistorique de Laugerie-Basse ✆ 05 53 06 92 70. *Ouvertes tous les jours, de février à décembre.* Dans cette falaise sur la Vézère, la Grotte est un chef-d'œuvre naturel qui regorge de cristallisations bizarres et de cristaux de toutes formes ; la vue sur la vallée en prime à la sortie. La fouille des gisements a livré des milliers d'ossements, d'outils de silex et près de 600 objets d'art de l'époque magdalénienne, dont la fameuse vénus impudique. Laugerie-Basse permet d'approcher la vie quotidienne de ce peuple chasseur. Ce site est habité depuis -14 000.

Si le cœur vous en dit, par la D31, en direction de Rouffignac (11 km), faites une halte par les grottes de Rouffignac dont la visite s'effectue en petit train. Sinon, prenez la D31, cette fois-ci vers le Bugue afin de visiter la caverne préhistorique de Bara-Bahaut (10 km).

Grotte de Rouffignac ✆ 05 53 05 41 71. *Ouverte d'avril à octobre, de 9h à 11h30 et de 14h à 18h en saison. Groupes sur RDV de mars à novembre.* A quelques kilomètres du bourg, cette Grotte était déjà visitée au XVᵉ siècle. L'architecture est inhabituelle en raison de nombreuses proéminences de silex et de coupoles naturelles. Compte tenu de la longueur des galeries (plus de 8 km), le parcours se fait en petit train. Ce système a également l'avantage de protéger les parois d'éventuelles dégradations provoquées par trop de visiteurs. En une heure, on voyage parmi les traces de dizaines de millénaires d'occupation animale et humaine. De nombreuses marques de griffes sur les parois sont attribuées à un ours des cavernes. Un ensemble de dessins au trait noir et de gravures du magdalénien représentant des chevaux, bisons et surtout mammouths, est particulièrement remarquable. Mais Rouffignac témoigne aussi de l'histoire de la bêtise humaine : une salle peuplée de croquis dessinés du bout des âges est maculée de graffitis...

Grotte de Bara-Bahau ✆ 05 53 07 27 47. *De fin mars à mi-novembre, de 10h à 12h et de 14h à 17h tous les jours (de 9h à 19h en juillet et août).* Cette vaste grotte-couloir obstruée par un éboulis constitue la plus occidentale des grottes ornées de la vallée de la Vézère. On y découvre une quinzaine de gravures animalières : chevaux, bovinés, bouquetins, cervidés, ours... et quelques signes remontant au magdalénien. C'est l'un des plus vieux sites de la mémoire de l'humanité en termes d'art pariétal, et l'une des rares sources connues de l'histoire de l'art.

En revenant vers les Eyzies par la D703, puis D 706, arrêtez-vous à Saint-Cirq (6 km). Cette cavité découverte en 1951 est célèbre pour une gravure baptisée « Le sorcier ». Il faut y ajouter des gravures animales, essentiellement des chevaux, attribuées au début et milieu du magdalénien.

Par la D47, sur la route de Sarlat (8 km), le Roc de la Cazelle a subi des transformations au fil du temps. Dans le même secteur, la Grotte de Bernifal près de Meyrals, les grottes préhistoriques des Combarelle et de Font de Gaume, regroupent des peintures, gravures et figurations rupestres. Les cabanes du Breuils constituent le plus riche ensemble de cabanes en pierres sèches du Périgord.

Grottes du Roc de Cazelle ✆ 05 53 59 46 09. *Tous les jours de 10h à 18h, en juillet et août de 10h à 20h. Espace pique-nique, parking gratuit.* Ce site classé s'inscrit dans des falaises escarpées entièrement excavées par des grottes, des refuges et des souterrains. Habité depuis la préhistoire, cet ensemble a été aménagé en château fort au Moyen Age, puis réutilisé et transformé en habitation dans les années 1900. La visite se décompose en 4 parties : parc préhistorique à thèmes (reconstitutions de scènes de vie), grottes et abris, cluzeaux et promenades sur la falaise, habitations taillées dans le roc aménagé début XXᵉ siècle.

Grotte de Bernifal ✆ 05 53 29 66 39. Tout près de Meyrals, la Grotte de Bernifal a conservé un aspect général assez proche de celui qu'ont pu connaître les hommes de la préhistoire. Elle rassemble 110 gravures et peintures, noires ou rouges, datées du magdalénien. Des mammouths principalement, mais l'on peut aussi y voir, et c'est très émouvant, des images humaines, mains négatives, et une cinquantaine de signes tectiformes. Un endroit encore un peu à l'écart des grands flux touristiques, pourtant riche de trésors.

Grottes des Combarelles ✆ 05 53 06 90 80. *Tous les jours sauf les mercredis et jours fériés. Horaires identiques à ceux de Font-de-Gaume. Accès limité pour cause de conservation.* Sur la rive gauche de la Beune, cette grotte découverte en 1901 est considérée comme un sanctuaire majeur de la culture magdalénienne (-13000 ans). Elle recèle plus de 600 figurations rupestres, majoritairement gravées : le bestiaire représente une faune très diversifiée. On trouve quelques représentations anthropomorphes et signes tectiformes.

Grotte des Fonts-de-Gaume ✆ 05 53 06 90 80. *Tous les jours sauf les mardis et jours fériés. Du 1er avril au 30 septembre, de 9h à 12h et de 14h à 18h ; du 2 novembre à fin février, de 10h à 12h et de 14h à 17h ; en octobre et mars, de 9h30 à 12h et de 14h à 17h30.* Classée monument historique, cette grotte est la dernière à peintures polychromes encore ouverte au public en Aquitaine. Lorsque Capitan, Breuil et Peyrony découvrirent en 1901 la qualité esthétique de ces œuvres pariétales, ils apportèrent un argument décisif à la reconnaissance de l'art paléolithique. Plus de 200 figurations animales, premiers grands chefs-d'œuvre de l'humanité, ont été répertoriées dans ce réseau long de 120 mètres : 84 bisons sont gravés ou peints (souvent les deux) en couleurs. Ce bestiaire est réparti en 2 périodes stylistiques du magdalénien. Pour les spécialistes, c'est l'un des plus beaux sanctuaires paléolithiques du monde. Prenez le chemin des écoliers par la D 48 qui vous ramènera vers Sarlat. Sur cette route vous rencontrerez le Cap Blanc (6 km), chef-d'œuvre de l'art paléolithique, classé monument historique.

Cap Blanc ✆ 05 53 59 21 74. *Ouvert tous les jours, du 1er avril au 30 octobre de 10h à 12h et de 14h à 18h (de 9h30 à 19h en juillet et août). Groupes sur RDV pendant l'hiver.* Situé dans la vallée de la Beune, Cap Blanc fait face au château de Commarque dans un site contrasté. Il est le fruit du temps passé par des chasseurs devant la falaise. Voilà plus de 15000 ans, ils éprouvèrent le besoin de sculpter des chevaux, des bisons et des rennes de parfois 2 mètres de long. Résultat : une frise monumentale en bas-relief unique en Périgord. Un aménagement offre un panorama de la vie et de l'art sur le site, avec des objets et des images racontant l'aventure des sculpteurs d'alors. Le point de vue extérieur est sublime. Pour rejoindre Sarlat depuis Marquay, vous pouvez arriver par Proissans ou Temniac : le point de vue en surplomb est plutôt agréable.

Entrée de la Grotte Pain mon Pain

POUR LES ENFANT

LA NATURE

Musée de la Spéléologie 24620 les Eyzies ✆ 05 53 35 43 77. *Ouvert du 15 juin au 15 septembre, de 11 h à 18 h sauf le samedi. Entrée 2,29 €.* Dans le fort troglodytique du Roc-de-Tayac, un musée consacré à la spéléo avec l'histoire des pionniers, les techniques d'exploration, le rôle scientifique des spéléologues. Ce Musée est une réalisation bénévole du Club de Périgueux, dans un site qui offre un point de vue fabuleux sur la Vézère.

Jardins de l'Imaginaire 24120 Terrasson ✆ 05 53 50 86 82. *Ouverts tous les jours de 10 h à 19 h 30 en juillet et août, de 10 h à 13 h et de 14 h à 18 h 45 du 1er septembre à mi-octobre, fermés le mardi. 4,76 € par adulte, 2,80 € pour les 12-16 ans.* Sur 6 hectares, une promenade faite d'éléments mythiques et symboliques, à la croisée de l'histoire humaine et des continents du monde, des cycles de la nature et des civilisations.

Jardin Botanique. Place Bardineau 33000 Bordeaux ✆ 05 56 52 18 77. *Ouvert tous les jours de 8 h 30 à 18 h. Entrée gratuite.* Ce jardin recense quelque 5 000 espèces végétales. Egalement centre de recherche scientifique (bibliothèque de 8 000 ouvrages, conférences), le jardin botanique édite un catalogue annuel de graines regroupant 700 références. En collaboration avec l'Association pour la Connaissance du monde végétal, le jardin botanique organise des stages et ateliers destinés notamment aux enfants (8-12 ans).

La Ferme aux Oiseaux 33230 Lagorce ✆ 05 57 49 13 02. Plus de 250 espèces d'oiseaux exotiques du monde entier en semi-liberté dans un parc de 4 ha.

Zoo de Pessac. Rocade sortie n° 12 33600 Pessac ✆ 05 56 36 46 28. Un zoo, avec une faune très éclectique d'Afrique et d'Asie, mais aussi un parc de loisirs entièrement gratuit avec toboggan aquatique géant, piscine à boules et autres attractions.

Chevaux landais, Marais de Saint-Martin

La Ganaderia de Buros. RD 656 40310 Gabaret ✆ 05 58 44 92 50. Elevage de vaches pour la course landaise. Visite sous l'égide de Jean Barrère, écarteur pendant dix ans, et projection vidéo de 1938 vous initiant au noble jeu landais.

La Pinède des singes. Parc Zoologique, route du Lac d'Yrieux 40530 Labenne ✆ 05 59 45 43 66. Balade à la rencontre d'une troupe de singes en liberté dans la forêt.

Les Vallons de Marennes. Marennes 47340 Laroque-Timbault ✆ 05 53 95 97 32. Un musée vivant de la volaille. Vous y verrez plus de 50 races anciennes, oies, canards, faisans, mais pas seulement, puisque vous pourrez admirer chèvres, moutons, cochons noirs et chevaux de trait. Vente des produits de la ferme.

La Falaise aux Vautours 64260 Aste-Béon ✆ 05 59 82 65 49. *Ouvert tous les jours, de début avril à fin septembre. Tarifs adultes : 4,76 €. Tarifs enfants, à partir de 5 ans : 3,25 €.* Un espace original au pied d'une falaise de nidification, pour découvrir la vie des vautours fauves. Vue sur les nids par une caméra télécommandée, avec commentaires d'un guide ornithologique.

Haras national. Avenue du Général Leclerc, Gelos 64000 Pau ✆ 05 59 06 60 57. *Ouvert tous les jours sauf dimanche, de juillet à septembre de 10 h à 12 h et de 14 h à 17 h. Durée visite : 2 h. Tarif : 3,81 €.* Dans le château de Gelos, un des plus beaux dépôts français, notamment réputé pour ses anglo-arabes. Visite guidée toutes les heures.

LES PARCS DE LOISIRS

Aqua Park Junior Land. Route de Bordeaux 24100 Bergerac ✆ 05 53 58 33 00. *Ouvert tous les jours de mai à septembre de 10 h à 1 h du matin (bassins éclairés en soirée).* A 10 minutes de Bergerac, le Park dispose de 4 piscines de 1 000 m² avec toboggan aquatique et accès direct à la rivière pour une promenade en canoë. Sur le site: VTT, minimotos, beach volley, ping-pong et tir à l'arc.

Domaine départemental de Sports et de Loisirs de Bombannes. L'Assanimat 33121 Carcans-Maubuisson ✆ 05 56 03 84 84. A deux pas de la plage, un parc multi-activités: cyclisme (150 kilomètres de pistes), mini golf, location de bateaux, tennis, piscine olympique, bodyboard, aviron, surf, aquagym, fitness, karaté, trampoline, voile, tir à l'arc et bien d'autres encore.

Base de loisirs et Halte nautique 33190 Fontet ✆ 05 56 61 23 81. Les activités à pratiquer sont multiples: baignade dans le lac artificiel, canoë ou aviron sur le canal, aire de jeux, tir à l'arc ou balades sur les chemins de randonnée ou le long du chemin de halage qui borde le canal.

Aqualand. Parc de loisirs de La Hume 33470 Gujan-Mestras ✆ 05 56 66 39 39. De nombreuses animations sur le thème de l'eau, de la piscine à toboggans à l'Indiana Falls (une course-poursuite en bouée monoplace).

Le Dédal'Prune 47320 Granges-sur-Lot ✆ 05 53 84 00 69. 1 500 m² de tours et détours dans un labyrinthe ludique pour découvrir la légende de Dame Prune et du Chevalier Pruneau. Tous les mercredis, visite nocturne du labyrinthe aux flambeaux.

Walibi Aquitaine. Château de Caudouin 47310 Roquefort ✆ 05 53 96 58 32 - Fax 05 53 96 58 47 - Internet: www.sixflagseurope.com. A proximité immédiate d'Agen et de la sortie d'autoroute. Le parc d'attractions qui fêtera ses 10 ans d'existence en 2002 est situé sur 30 hectares de verdure dominés par un superbe château du XVIIIe siècle. Frissonnez et vivez des sensations en dévalant les loopings du boomerang, en essayant les envolées du Fandango ou les descentes du Drakkar. L'excitation est également au rendez-vous sur les flots tumultueux de la Radja River ou dans les nombreux spectacles colorés proposés par le parc. Un spectacle d'otaries se déroule également dans le somptueux décor d'un amphithéâtre gréco-romain où vous assisterez à la représentation acrobatique d'otaries bien malicieuse. Enfin, le restaurant du château vous offre une touche d'atmosphère régionale qui séduira aussi bien les jeunes que les moins jeunes pour une journée de détente inoubliable.

Base de plain air et de loisirs. Route de Biron 64300 Orthez ✆ 05 59 67 08 31. Un cadre de verdure exceptionnel sur 70 hectares: une réserve cynégétique, parcours sportif, lac de 30 ha, plage surveillée, port miniature. De quoi satisfaire amateurs de farniente, de pêche ou les sportifs.

ACTIVITES SPORTIVES

Poney-club de la Grelère 24470 Milhac-de-Nontron ✆ 05 53 56 55 95. Ce centre de vacances et de loisirs pour enfants et adolescents est une très bonne adresse au sein du parc naturel Périgord-Limousin. De bonnes randonnées sont organisées sur les sentiers balisés jusqu'à Brantôme et Bourdeilles.

Les Balzanes. Domaine de Volatour 24270 Payzac ✆ 05 53 62 00 08. Ce centre de tourisme équestre propose des balades à cheval au lever du soleil avec un petit-déjeuner géant ou à la tombée de la nuit avec pique-nique autour d'un feu de camp et une nuit à la belle étoile.

Club de Voile de Lacanau-Guyenne. Club-House de la Grande Escoure 33680 Lacanau-Océan ✆ 05 56 03 05 11. *Ouvert toute l'année.* Une école de voile accessible dès l'âge de 4 ans (formule « Jardin du Lac ») tandis que les « moussaillons » (8-11 ans) partent à la recherche d'un trésor en bateau.

Lacanau Ski Club. Route de l'Océan 33680 Lacanau ✆ 05 56 03 09 01. *Ouvert du 1er avril au 30 septembre.* Un club géré par des champions de haut niveau, fort bien équipé avec deux plans d'eau artificiels avec pistes de slalom et tremplin, pour des formules allant de la journée à la semaine.

Lacanau Surf Club. Maison de la Glisse - Bd de la Plage 33680 Lacanau ✆ 05 56 26 38 84. linitiation ou perfectionnement en surf, bodyboard, longboard, skimboard, adaptés à tous les âges. Le Jardin des Vagues permet aux tout-petits, à partir de 5 ans, de découvrir sans danger la méthode hawaïenne.

Centre de découverte de la vallée du Ciron. Le Pont 33730 Villandraut ✆ 05 56 25 38 65. Ce centre fonctionne toute l'année et organise des stages dès le plus jeune âge, en canoë-kayak lors de descentes libres ou accompagnées, VTT ou cyclotourisme, mais aussi tir à l'arc ou randonnée pédestre.

Hossegor Surf Club. 22, impasse de la Digue Nord 40150 Hossegor ✆ 05 58 43 80 52. Une structure de grande qualité pour la pratique du surf, avec notamment un encadrement de haut niveau. Un club qui forme de nombreux champions.

Poney-club La Cavalière. Quartier Lavie - Chemin de Caumia 64270 Salies-de-Béarn ✆ 05 59 65 07 65. Dans 15 hectares de bois et de prairies, l'enfant sera roi et pourra assimiler par cet apprentissage quasi naturel, en vivant avec le poney, la culture équestre comme la santé du poney, sous la forme de jeux permettant de connaître les différentes disciplines équestres, voire de participer à des compétitions nationales.

PATRIMOINE CULTUREL

Le Périgord et ses vestiges préhistoriques fascine à juste titre les enfants ; voir le thème Préhistoire pour les bonnes adresses.

Village du Bournat 24260 Le Bugue ✆ 05 53 08 41 99. *Ouvert de février à décembre. De 10 h à 19 h de mai à septembre, de 10 h à 17 h hors saison. La visite libre peut durer entre 1 h et 4h. 7,62 € par adulte, 4,76 € par enfant.* Ce Village reconstitue les scènes de la vie rurale et nous transporte dans le Périgord rural des années 1900, vie quotidienne, travail, jeux et fêtes. Nombreuses animations.

Parc de Loisirs Préhistorique. Le Conquil 24290 Saint-Léon-sur-Vézère ✆ 05 53 51 29 03 - Fax 05 53 51 29 04. Un cadre unique pour s'amuser et apprendre de manière ludique l'histoire de nos ancêtres. Le parc s'étend sur 8 ha, avec une immense falaise troglodytique. Visite guidée, ateliers découvertes, animations diverses.

La Ferme des Dinosaures. La Gironnette 24800 Corgnac-sur-L'Isle ✆ 05 53 62 10 33. *Du 16 mai au 9 septembre, ouvert mercredi, samedi et dimanche de 14 h à 18 h. Hors saison sur rendez-vous. Entrée : 2,29 €.* Dans la cour de la ferme de la famille Picaud, on a tout simplement mis au jour les plus belles empreintes de dinosaures de France. On visite le chantier de fouilles et le petit musée qui aide à bien visualiser les grandes étapes de la préhistoire.

Musée des Jouets et Poupées d'antan. Château 24300 Nontron ✆ 05 53 56 20 80. Le château de Nontron, demeure du XVIIIe, abrite entre autres une collection de poupées et jouets : miniatures, jeux de hasard, de société, et même les vraies marionnettes du Bébête Show de TF1.

Atelier-Musée des Tisserands et de la Charentaise 24360 Varaignes ✆ 05 53 56 35 76. Le château abrite un Atelier Musée sur la vie paysanne et locale depuis le XIXe (cuisine, costumes, outils). On peut fabriquer sa propre paire de charentaises et repartir avec, à ses pieds.

Base sous-marine. Bd Alfred Daney 33000 Bordeaux ✆ 05 56 11 11 50. Un site impressionnant construit pendant la dernière Guerre Mondiale. Une mise en scène dynamique et de nombreux bateaux de rêve, sans oublier une expo Plaisance en Aquitaine.

Musée d'Artisanat, Monuments en allumettes et Sciences Naturelles. Lieu-dit Couture 33190 Fontet ✆ 05 56 71 21 17 / 05 56 61 25 83. Une collection originale de monuments réalisés en allumettes : église de Fonte, abbaye de La Réole, cathédrale de Reims (inscrite dans le livre Guiness des Records), maquettes de bateaux, etc.

Le Petit Musée de l'Automate. 3, rue Aristide Briand 33250 Pauillac ✆ 05 56 59 02 45. Ouvert en 1996 au centre de Pauillac, cet étonnant « théâtre de la mécanique » perpétue une vieille tradition française de construction d'automates.

Musée de l'Hydravion. 332, rue Louis Bréguet 40600 Biscarrosse ✆ 05 58 78 00 65. Le musée est un musée historique et international de l'hydraviation puisque Biscarrosse est la capitale mondiale de l'hydraviation : maquettes, archives, film et centre de documentation.

Musée de la Mer. Plateau de l'Atalaye 64200 Biarritz ✆ 05 59 24 02 59. Un des premiers établissements de ce style en France. Bien modernisé, il propose des itinéraires de visites thématiques pour sillonner les différents niveaux.

Musée Grévin. Pavillon de l'Infante, 3, rue Mazarin 64500 Saint-Jean-de-Luz ✆ 05 59 51 24 88. *Tous les jours d'avril à octobre de 10 h à 12 h et de 14 h à 18 h 30. Ouvert tous les week-ends toute l'année et les vacances scolaires de 14 h à 18 h. Tarifs : adultes : 5,56 €, enfants de 6 à 13 ans : 2,50 €.* Vivre et remonter le temps au travers de plus de 50 personnages en cire, grandeur nature. A deux pas de la place Louis-XIV, au pavillon de l'Infante, ce musée fait redécouvrir l'histoire de la région (la signature du traité des Pyrénées, le mariage de Louis XIV, les chasseurs de baleines, les mousquetaires de Mazarin).

Fête médiéval

Ecomusée de la Vallée d'Aspe. Notre-Dame-de-la-Pierre 64490 Sarrance ✆ 05 59 34 55 51. *Tarifs : adulte : 3,81 €, enfants : 2,29 € (gratuit pour les moins de 10 ans). Ouvert du 1er juillet au 15 septembre tous les jours de 10 h à 12 h et de 14 h à 19 h. Hors saison ouvert samedi, dimanche et vacances scolaires de 14 h à 18 h.* Un écomusée, contant la légende de Sarrance, l'omniprésence de l'eau et de la pierre et les fastueux pèlerinages des années 30, fort bien présenté en un véritable son et lumière.

ACTIVITES CULTURELLES ET DE DETENTE

Festival International du Mime. Centre Culturel de la Visitation 24000 Périgueux ✆ 05 53 53 55 17. Le Festival International du Mimese déroule dans la capitale périgourdine les quinze premiers jours d'août. Marcel Marceau, qui a eu des attaches en Périgord, en est le parrain. Durant toute la durée du Festival, des stages sont proposés à la Maison du Mime.

Cap Sciences Hangar. 16, quai des Chartrons 33000 Bordeaux ✆ 05 56 01 07 07. Cap Sciences est un jeune centre d'animation et d'exposition qui a décidé de mettre les sciences à la portée de tous par le biais de grandes expositions thématiques. Autour de celles-ci gravitent un « petit théâtre des sciences et techniques » pour illustrer un épisode scientifique, un kiosque consacré à l'actualité de la recherche, des conférences et des visites scientifiques et de tourisme industriel.

Abbaye des Automates. 4, place de l'Eglise 47320 Clairac ✆ 05 53 79 34 81 - Fax 05 53 84 07 66. Un spectacle animé, voyage au cœur du monde fascinant des automates. 15 scènes sont entièrement sonorisées. Une façon ludique de découvrir la vie des moines au Moyen Age et les événements qui se sont produits à l'Abbaye de Clairac.

LE SURF

LE PRINCIPE

A priori simple : une planche, une vague et zou. Reste à tenir sur la planche, à sentir la vague pour se laisser porter par elle, bref le surf est largement affaire d'entraînement et de feeling. Moyennant quoi, le sentiment de surfer sur la vague, de communier avec elle (à l'origine, le surf est presque une cérémonie religieuse) distille un plaisir unique. Allongé sur sa planche, on va chercher la vague en ramant vers le large. Arrivé au bon endroit, demi-tour et on rame pour ajuster sa vitesse à celle de la vague naissante et être entraîné par elle. Comme vous vous en doutez, c'est déjà tout un art et le plus dur reste à faire : sauter sur la planche et rester debout dessus. Pour cela, quand on sent qu'on a pris la vague, on empoigne la tranche de la planche (on dit le rail) de chaque côté et, d'une poussée franche, on se hisse élégamment sur la planche. Elégamment veut dire directement, sans passer par la case à genoux, qui risque fort de se solder dans l'eau. Pour tourner, un mouvement de la tête, du buste et des genoux dans la bonne direction se traduit par un appui accru sur le rail intérieur au virage et, normalement, ça tourne. En fait, ces sensations sont difficiles à expliquer, rien ne vaut donc l'exemple et les explications directement sur la planche. Profitez de cette période d'apprentissage pour assimiler parfaitement toutes les règles de sécurité : un surf peut faire très très mal. Profitez-en également pour vous familiariser avec le vocabulaire évidemment très américanisé de ce sport (les aerial, roller, take off et autre bottom turn étant assez hermétiques les premiers temps). Sachez que les efforts d'apprentissage seront largement récompensés à la première vague que vous accrocherez proprement.

L'HISTORIQUE

Le surf apparaît aux îles Hawaï (on en trouve trace depuis au moins le XVe siècle) et fait déjà figure de sport noble, puisqu'il s'agirait à l'origine d'une sorte d'épreuve initiatique réservée aux futurs rois. Cette pratique fait partie des éléments de la culture polynésienne qui seront victimes de l'influence des missionnaires colonisateurs (il est associé à la nudité et donc choquant). Le surf disparaît des îles Hawaï durant tout le XIXe siècle, mais réapparaît à l'aube du XXe : en 1907, sur la plage de Waïkiki, l'Outrigger Canoe Club est le premier club de surf au monde. La pratique se développe à Hawaï donc, mais aussi en Californie et en Australie, un développement favorisé dès les années trente par l'apparition des planches en contreplaqué, beaucoup plus légères que les planches en bois massif des pionniers (qui pesaient plus de 70 kg). Ce n'est que dans les années 60 que les fabricants abandonneront définitivement le bois au profit de matériaux comme la fibre de verre.

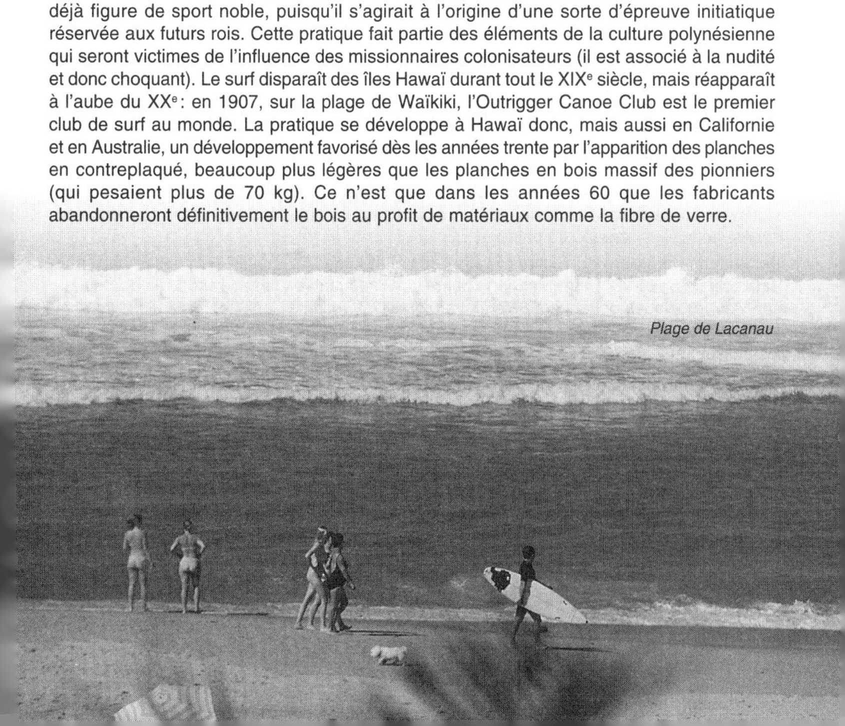

Plage de Lacanau

Dans les années 50, le surf débarque vraiment en France, à la faveur d'un caprice de star: un cinéaste venu en repérage pour un film craque pour les rouleaux de la plage de Biarritz et se fait envoyer ses planches de surf de Californie. Nous sommes en 1956 et sa prestation ne passe pas inaperçue. Les pionniers du surf français prennent la vague et en 1959, créent le premier club de surf français, le Waïkiki Surf Club. En 1964, apparaissent le premier surf shop de France et la Fédération Française de Surfing. On n'a pas fini de parler des vagues de la côte atlantique.

LES LIEUX INCONTOURNABLES

C'est sur la côte atlantique que se concentrent les spots de surf en France. Le Pays Basque et la Côte d'Argent notamment font partie des sites reconnus pour la qualité des vagues. C'est la zone la plus réputée de France pour la pratique du surf (Biarritz, Hossegor, Lacanau).

LE MATERIEL

Le choix de la planche est avant tout dicté par la taille et le poids. Ensuite, c'est une question de niveau et de qualité de vague. Il est plus facile évidemment de conserver son équilibre sur une planche bien large, mais elle sera moins performante. Les planches les plus abordables par un débutant sont les malibus et mini-malibus, du fait de leur largeur (55 cm) qui leur confère une bonne stabilité. Ces planches sont relativement longues (2,75 m pour la malibu, 2,50 pour la mini). Un bon compromis lorsqu'on maîtrise les bases est la planche dite évolutive, qui permet, comme son nom l'indique, de progresser en conservant le même matériel. Cette planche est à la fois plus étroite et plus courte que les malibus (2,10 m de long et 50 cm de large). Viennent ensuite des planches de plus en plus performantes et légères, mais plus difficiles à manier sur le plan technique (shortboard, gun, etc.). Pour le reste de l'équipement, on appréciera une combinaison dès que la température de l'eau est un peu fraîche; elle ne doit surtout pas entraver les mouvements du surfeur.

CONTACT

Fédération Française de Surf. 30, impasse de la Digue Nord - BP 28 40150 Hossegor ✆ 05 58 43 55 88 - Fax 05 58 43 60 57.

LES MEILLEURS ENDROITS POUR PRATIQUER LE SURF EN AQUITAINE

Les côtes du Medoc Bleu

Le dénominateur commun est l'eau: l'eau de la Gironde, celle de l'Océan et celle des lacs. C'est le Médoc Bleu, avec ses paysages insolites et ses airs de bout du monde. Restée sauvage, cette région compte plusieurs secteurs naturels sauvegardés où l'amateur de faune et de flore vient découvrir des espèces rares. Le sable, la forêt, les polders, les marais, les vignes se succèdent avec charme et sont autant de points de découvertes, de farniente, de sports, de loisirs, de jeux, de balades...

Points forts. Le phare de Richard à Jau-Dignac-et-Loirac, le moulin de Vensac, la ferme aquacole de Saint-Vivien-de-Médoc, le phare de Cordouan au Verdon, l'abbatiale de Soulac-sur-Mer, les plages océanes de Vendays-Montalivet, le lac et les sites naturels d'Hourtin, la maison des Arts et Traditions Populaires de Carcans-Maubuisson, les plages de Lacanau, les églises du Porge et de Sainte-Hélène.

USCH. 5, rue des Ecoles 33990 Hourtin ✆ 05 56 09 17 99. L'avantage de cette structure par rapport à ses concurrentes est qu'elle offre en partenariat avec CAP33 de découvrir le surf, le bodyboard ou le kayak de vague lors de journées portes ouvertes en juillet et août. Pour s'initier et se perfectionner, de nombreuses formules sont à la disposition de tous. L'été, on y organise même de sympathiques et amicaux tournois de tennis et de ping-pong.

Surf sans Frontières. 9, boulevard de la Plage 33680 Lacanau. Ouvert d'avril à novembre. C'est dans la jolie Villa ancienne « Margalex » au 9 boulevard de la plage (0556263614), que les fans de surf et de bodyboard de ce club vous attendent. L'escalier peint en bleu évoque déjà les rouleaux de la grande bleue, que vous pourrez apprivoiser à travers des formules non stop d'avril à novembre, pour tous les âges (club Mousses pour les 5/11 ans) et tous les goûts... Et comme le surf est aussi une histoire d'amis, tout le monde ne manque pas de se retrouver au club house « la Vache qui Rit « pour prendre un repas pas cher, du petit-déjeuner au dîner.

Lacanau Surf Club. 17, bd de la Plage 33680 Lacanau-Océan ✆ 05 56 26 38 84. La référence pour apprendre à surf ou perfectionner sa technique, sur un des premiers spots de France, historiquement comme en qualité. Le Lacanau Surf Club est le plus grand d'Europe et fonctionne depuis 1968. Matériel et encadrement sont de haut niveau.

Surf sans Frontières. 9, boulevard de la Plage 33680 Lacanau-Océan ✆ 05 56 03 05 11 ou 05 56 26 22 80. Ouvert d'avril à novembre. A Surf Sans Frontières, c'est la glisse avant tout ! Et le fun... La méthode est originale et la compétence certaine. Les formules, avec ou sans hébergement, sont adaptées à tous les âges et tous les niveaux. A découvrir en même temps, le partenaire de Surf Sans Frontières : le Surf Shop City. Et contacter Frédéric ou Julien.

Point Glisse. 33115 Pyla sur Mer ✆ 05 56 54 63 14. Lancé à l'été 1998, Point Glisse est ouvert aux enfants à partir de 7 ans. Agréé par la Direction départementale de la Jeunesse et des Sports et encadré par des moniteurs diplômés d'Etat, les enfants peuvent y découvrir en juillet et en août tout au long de la journée, diverses activités : natation, jeux aquatiques, cerf-volant, randonnées en forêt sont au programme. De nombreuses autres activités seront aussi proposées à vos chérubins, avec, entre autres, la possibilité de faire du body-board et du surf en été. Ils n'auront ainsi pas le temps de s'ennuyer. Pour plus de précisions, adressez-vous à l'Office de tourisme où l'on vous répondra gracieusement.

Point Sport Océan. La Salie Nord - Route de Biscarosse 33260 La Teste ✆ 05 56 22 78 72 (en saison) ou 05 56 83 09 27. Une adresse incontournable pour s'initier ou se perfectionner dans les sports de glisse : surf bien sûr, mais aussi body-board ou fun-board. Initiation, stages de 1 à 5 jours.

Les Côtes landaises

Le littoral landais offre des plages immenses, où des kilomètres de vagues viennent s'écraser sur des kilomètres de sable, pour le plus grand bonheur des surfeurs. Les dunes, obstacles naturels fixés à la fin du XVIIIe siècle, protègent cette région de forêts et de lacs.

Biscasurf Club 40600 Biscarrosse ✆ 05 58 78 83 04. *Ouvert d'avril à novembre.* Biscarrosse est un des bons spots de la côte atlantique par la qualité et la régularité de ses vagues. Le club donne des leçons et participe à des stages, ils louent également le matériel.

Capbreton Surf Club. Boulevard François Mitterrand 40130 Capbreton ✆ 05 58 72 33 80. Le Club a ouvert ses portes depuis avril 1997 et ne désemplit pas. Toutes sortes d'options de stages sont offertes. N'hésitez pas à vous renseigner !

Santocha Surf Club. Avenue du Maréchal De Lattre de Tassigny 40130 Capbreton ✆ 05 58 72 48 82. Le spot de Capbreton est très apprécié des surfeurs. Ce club permet d'en profiter au mieux, grâce à une ambiance conviviale et un encadrement de haut niveau. Cré en 1975, le club bénéficie du label Ecole de surf française attribué par la fédération.

Hossegor Surf Club. 22, impasse de la Digue Nord40150 Hossegor ✆ 05 58 43 80 52. Ce club est né en 1994 grâce à 4 anciens clubs prestigieux d'Hossegor et des environs (le Sea Bird, Lou Surfou, Hossegor and Skate Patrol et Littoral Sport). En s'alliant, ils ont créé un nouvel élan à la pratique du surf. L'Hossegor Surf Club est aujourd'hui dirigé par Gérard d'Avezac. Il a voulu aussi créer une structure permettant une pratique sportive liée à l'océan avec un encadrement compétent : cinq moniteurs diplômés d'état et deux détenteurs du brevet fédéral. Le palmarès 97 est brillant : Marie-Pierre Abrail est vice-championne de France. Mickael Picon est vainqueur du circuit professionnel européen (EPSA) 1er de la coupe de France catégorie juniors. Grand vainqueur pro-Junior Capbreton. Si les vagues d'Hossegor se font attendre, grâce à des moyens de transports toujours disponibles, les responsables amènent les surfeurs à les chercher ailleurs, même à l'étranger, au Portugal, aux Caraïbes.

Maeva Surf Club. Avenue de la Côte d'Argent 40200 Mimizan Plage ✆ 05 58 82 44 42. Mimizan est connu pour ses champions de surf et de bodyboard. Alors, si vous aussi vous voulez vous adonner à ces sports, venez faire des stages d'initiation ou de perfectionnement, avec des moniteurs d'Etat, quelque soit votre âge.

Ecole de Surf des Estagnots. Plage des Estagnots 40510 Seignosse ✆ 05 58 43 66 93. *Ouvert du 15 juin à mi-octobre.* Des moniteurs diplômés initient aux joies de la glisse avec surf, longboard, bodyboard. Les stages se font en fonction de l'humeur de l'océan.

Club Multiglisse. Ecole de surf - 1, place de Castille 40510 Seignosse ✆ 05 58 43 30 70. *Fermeture annuelle décembre, janvier, février.* Le club organise à volonté des cours particuliers ou collectifs. Pour tous niveaux, tous âges de l'initiation au perfectionnement. Des stages personnalisés sont possibles avec hébergement. N'hésitez pas à vous renseigner. Multiglisse, c'est un club de surf mais aussi de skate.

Ecole de Surf et de Bodyboard. Plage du Métro 40220 Tarnos ✆ 05 59 64 75 56. *Ouvert d'avril à octobre.* Sur la plage du métro, cette école vous propose de découvrir le plaisir de la glisse en toute sécurité. L'encadrement des cours est assuré par un éducateur sportif diplômé d'Etat et par des moniteurs fédéraux titulaires du brevet national de sécurité et de sauvetage aquatique.

La côte basque

Très belle région où l'on peut à la fois profiter de la mer et de la montagne que l'on peut toutes deux embrasser d'un même regard. Les petits ports de pêche, les surfeurs, les centres de thalassothérapie sont les images d'Epinal d'une côte qui a su rester authentique. Biarritz est un paradis pour les surfeurs, avec notamment la Côte des Basques où tout a commencé pour le surf européen. Autres spots remarquables autour de Biarritz, la plage de Marbella et la Grande Plage.

• Les adresses

Sport Ecume. 19-21, avenue de la Chambre d'Amour 64600 Anglet ✆ 05 59 03 54 67. *Toute l'année.* Devant l'un des meilleurs spots de surf européen, cette école, face à la plage, vous offre un accès direct à la glisse, que vous soyez enfant, adolescent ou adulte. L'encadrement y est de qualité et plusieurs formules sont possibles, et à la fin de votre stage, il y a un passage de test et une remise de diplôme de la FFS. Des stages papoose à partir de 6 ans, proposés par Eric Bourg, du lundi au vendredi, assurent aux jeunes aventuriers la découverte de la glisse en toute sécurité, encadrés par des moniteurs maîtres-nageurs-sauveteurs.

Ecole de Surf Jo Moraïz. 25, av. Edouard VII 64200 Biarritz ✆ 05 59 24 22 09. Fondée par un des pères du surf français, aujourd'hui disparu.

Jeff Hakman. Ecole de Surf Quicksilver - Grande Plage 64200 Biarritz ✆ 05 59 24 34 05/05 59 22 03 12. C'est Patrice Giraud-Vinet qui a en charge cette école qui fonctionne avec des moniteurs diplômés d'Etat sur la Grande Plage de Biarritz. Location de matériel sur place.

Biarritz Surf-Training. 4, impasse Hélène Boucher 64200 Biarritz ✆ 05 59 23 15 31. Philippe Beudin est, depuis une dizaine d'années, le responsable des sports de Biarritz Surf Training -surf, bodyboard, longboard, sur les plages de Biarritz et d'Anglet. Stages tout compris, hébergement et formation.

Lagoondy Surf Camp. 10, rue du Maréchal 64200 Biarritz ✆ 05 59 24 62 86/06 09 74 25 19. Habilités Tourisme par la préfecture des PA, déclarés à la Direction départementale de la Jeunesse et des Sports et labellisés Ecole française de surf par la fédération, ces stages ont été créés par Thomas Gouffrant. L'hébergement se fait dans un camping 4 étoiles de Biarritz, de juin à septembre, chaque semaine et pendant les vacances scolaires, 10 stagiaires s'essayant ou se perfectionnant au surf avec des moniteurs DE.

Les Ours Blancs. 30, avenue de la Milady 64200 Biarritz ✆ 05 59 23 56 75. Surf, bodyboard, longboard, skimboard, bodysurf et kneeboard dans ce club fondé en 1930.

Ecole de Surf Christophe Reinhardt. Villa Askenia - Rue Chuchuenia 64210 Bidart ✆ 05 59 54 78 81. Ce champion au palmarès impressionnant se transforme en saison en moniteur breveté d'Etat, section haut niveau Fédération française de Surf. Il organise des cours de 2 heures de surf dans l'eau avec une équipe solide, mais aussi d'autres activités comme le bodysurf, la pirogue hawaïenne, baptême ou initiation tandem... Possibilité d'hébergement pour les majeurs.

Ecole de Surf Taiba. Centre commercial Zirlinga 64210 Bidart ✆ 05 59 54 83 41/06 81 39 22 71 - Site: www.mninter.net/taiba Outre des cours de surf et de bodyboard, encadrés par des moniteurs diplômés d'Etat, cette école, la première du genre installée dans ce secteur en 1988, propose de s'expatrier au Costa Rica pour quelques jours d'aventure hors du commun, pour les amateurs d'horizons nouveaux, dans la province de Guanacaste sur la côte Pacifique. Logement à Tamarindo, village de pêcheurs. Surf et aussi randonnées pédestres et équestres, pêche au gros, plongée.

Ecole de Surf de Guéthary. Résidence Itxassoan 64210 Guéthary ✆ 05 59 54 81 78/06 08 68 88 54. Pris en charge, avec hébergement sur la côte, les stagiaires pourront s'initier certes au surf avec Christophe Jorly diplômé d'Etat et son équipe, mais aussi pratiquer d'autres activités.

Ecole de Surf Vent d'Est. Rond-Point de la Plage 64700 Hendaye ✆ 05 59 48 14 08 - E-mail: ventdest@aol.com Des stages de surf, bodyboard: adultes 110 €/8 heures, enfants 95€/9 heures.

Fluide Système. 4, rue des Orangers - Port de la Floride 64700 Hendaye ✆ 05 59 20 67 47. Depuis plus de 20 ans, Fluide Système est le partenaire privilégié de vos activités sportives et surfeuses. Avec patience et talent (tous les moniteurs sont diplômés d'Etat et il y a aussi des maîtres-nageurs-sauveteurs), les professionnels donnent des cours individuels de surf, proposent des leçons à des groupes. Possibilité de faire un stage intensif de cinq jours: 2 h le matin et 2 h l'après-midi. Une vraie passion qu'ils savent faire partager en toute simplicité et efficacité.

Ecole de Surf H 20 Rip Curl. 72, rue Gambetta 64500 Saint-Jean-de-Luz ✆ 05 59 26 81 95 - E-mail: h20crichet@hotmail.com Stages initiation-perfectionnement surf: 5 jours pour 2 h par jour 150 €.

Le Spot - Ecole de Surf. 16, rue Gambetta 64500 Saint-Jean-de-Luz ✆ 05 59 26 07 93 / 05 59 26 62 36. *Stage mi-temps, 5 jours, 2 h/jour: 150 € et stage week-end, 4 h: 60 €. Ouvert toute l'année.* Le magasin dédié au sport-roi de la Côte est aussi le siège de l'Ecole de surf du même nom, une école qui se veut ludique. Toutes les spécialités: longboard, bodyboard, bodysurf, skimboard, paddleboard. Dans des cours de 8 élèves, vous travaillerez de site en site, d'Hendaye à Biarritz, selon les vagues, le niveau des élèves...

VINS

Cette année, plutôt que de mettre en avant les vins du Bordelais (vous pourrez de toute façon retrouver un grand nombre de producteurs de Bordeaux dans la partie Gironde de ce guide), nous avons choisi de braquer nos projecteurs sur la production des Pyrénées-Atlantiques, de la Dordogne, du Lot-et-Garonne et même des Landes, représentées ici par un vin de pays des terroirs landais.

PRESENTATION DES VINS AQUITAINS

Comme de nombreuses zones viticoles françaises, les vignobles du sud-ouest ont failli disparaître au XIXe siècle à cause du phylloxéra. Ce patrimoine au long passé a été reconstruit patiemment depuis 1945 et retrouve aujourd'hui qualité et diversité.

Autour de Bergerac, dans le Périgord, une vaste zone, plantée de cépages variés (merlot, cabernet-sauvignon, cabernet-franc, malbec, sémillon, sauvignon, muscadelle), regroupe plusieurs appellations et produit aussi bien des blancs que des rouges : bergerac, côtes de bergerac, pécharmant, monbazillac, haut-montravel...

Un peu plus au sud, en Lot-et-Garonne, les vins des côtes de duras et des côtes du marmandais apportent leur typicité et leur bon rapport qualité-prix. Le marmandais présente au niveau du sol des similitudes avec deux régions bordelaises voisines (entre-deux mers et graves) et produit des rouges très marqués (cépages merlot, cabernet franc, cabernet sauvignon, malbec, etc).

Retour vers Agen et les vignobles de buzet. Ils utilisent le cabernet sauvignon sur sols de galets et le cabernet franc sur sols argilo-calcaires ; il en résulte un vin corsé et charnu, en constante amélioration. Les côtes du brulhois, établies sur un sol argilo-calcaire autour de Donzac, dans la vallée de la Garonne, donnent d'intéressants rouges et rosés en VDQS.

A la limite du Gers et du Béarn, le madiran et le pacherenc du vic bihl sont aussi typés et incontournables. Longtemps l'affaire des moines, le madiran utilise aujourd'hui essentiellement les cépages tannat, qui lui donne tout son caractère, et cabernet. Le pacherenc est quant à lui un vin blanc original, issu du cépage raffiat et hérité d'une longue tradition.

Les côtes de gascogne sont presque exclusivement des vins blancs secs, à boire dans leur jeunesse, issus des cépages colombard, ugni et gros manseng.

Toujours plus à l'ouest, on trouve les appellations jurançon et béarn. Le jurançon utilise des cépages petit manseng, gros manseng et courbu, récoltés en vendanges traditionnelles ou tardives, pour aboutir à des vins blancs, secs ou moelleux, de grande réputation. L'appellation béarn concerne des vins de caractère, francs et agréables, issus de tannat, cabernets franc et sauvignon, petit et gros manseng et le plus rare raffiat de moncade. On y trouve entre autres de jolis rosés.

Le Pays Basque, autour de Saint-Jean-Pied-de-Port et de Saint-Etienne-de-Baïgorry, nou offre l'irouléguy. Les cépages cabernet et tannat sont plantés dans une zone montagneuse où des influences du sud et de l'océan permettent une belle évolution du raisin.

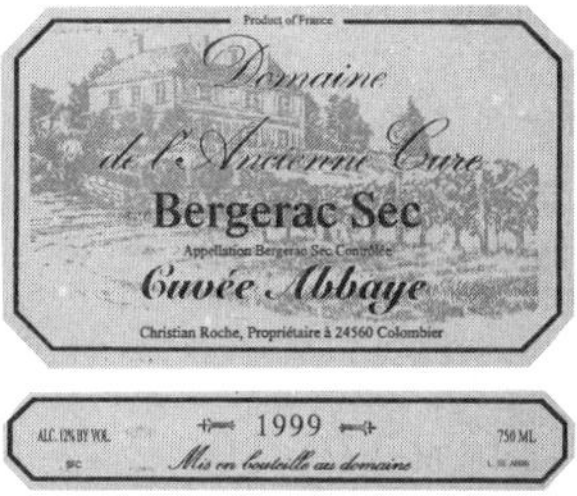

DOMAINE DE L'ANCIENNE CURE
CUVEE ABBAYE BERGERAC SEC BLANC 1999

Tarif départ cave 7,62 €.

La dégustation ► Un des meilleurs blancs de l'appellation, une structure solide, une bouche enjôleuse, le sauvignon bien exprimé.

Autres choix ► Le millésime de l'an prochain.

La propriété ► 35 ha. Sol argilo-calcaire. Cépages : sémillon, sauvignon, muscadelle, merlot, cabernets franc et sauvignon.

Pour commander ► Domaine de l'Ancienne Cure.
24560 Colombier
✆ 05 53 58 27 90 - Fax 05 53 24 83 95.

CLOS DES VERDOTS MOELLEUX
COTES-DE-BERGERAC BLANC 2000

Tarif départ cave 4,88 €.

La dégustation ► Pour la rondeur, les arômes marqués, sur le fruit mûr, la mirabelle.

Autres choix ► Egalement les rouges.

La propriété ► Domaine de 30 ha, sur des sols argilo-limoneux et sablo-limoneux. Cépages : merlot noir, malbec, cabernet franc et sauvignon, sémillon, sauvignon et muscadelle.

Pour commander ► Clos des Verdots
24560 Conne de Labarde
✆ 05 53 58 34 31 - Fax 05 53 57 82 00.

CHATEAU TOUR MONTBRUN BERGERAC
ROUGE 2000

Tarif départ cave 3,81 €.

La dégustation ► Du tout simple rustique, de bonne facture, tanins d'abord rugueux mais bien tournés.

Autres choix ► Château Tour Montbrun, bergerac rosé 2000 à 21 F.

La propriété ► Vignoble de 8 ha, sur un coteau exposé au sud. Le sol est de nature argilo-limono-calcaire. Merlot et cabernet franc.

Pour commander ► Château Tour Montbrun.
Montravel 24230 Montcaret
✆ 05 53 58 66 93 - Fax 05 53 58 66 93.

CHATEAU COURT-LES-MÛTS
COTES-DE-BERGERAC ROUGE 1998

Tarif départ cave 6,55 €.

La dégustation ► Très belle bouteille, racée, construite, avec un fruit persistant, enjôleur.

Autres choix ► Le millésime de l'an prochain.

La propriété ► Un vignoble de 30 ha, sur un terroir d'alluvions et d'éboulis calcaires. Cépages cabernet sauvignon, cabernet franc, merlot noir, malbec, sauvignon, sémillon et ugni.

Pour commander ► Château Court-les-Mûts.
Razac de Saussignac 24240 Sigoulès
✆ 05 53 27 92 17 - Fax 05 53 23 77 21.

BARON D'ARDEUIL BUZET ROUGE 1997

Tarif départ cave 5,79 €.

La dégustation ▶ De la franchise, un vin assez ample et facile, aux tanins bien fondus.

Autres choix ▶ Buzet ch. Balesté rge 96 à 39,20 F.

La propriété ▶ Sols de boulbènes limoneuses, graveleux et argilo-calcaires. Cépages bordelais, avec côt et malbec.

Pour commander ▶ Les Vignerons de Buzet. BP 17
47160 Buzet-sur-Baïse
✆ 05 53 84 74 30 - Fax 05 53 84 74 24.
E-mail : buzet@vignerons-buzet.fr

CHATEAU DU FRANDAT BUZET ROUGE 1998

Tarif départ cave 5,18 €.

La dégustation ▶ Un buzet gai et frondeur, pour tous les jours, bien sur le fruit, bouche qui s'affirme en finale.

Autres choix ▶ En confiance avec le prochain millésime.

La propriété ▶ Domaine de 27 hectares divisé en 8 parcelles, d'âge moyen 20/25 ans. Sol argilo-calcaire.

Pour commander ▶ Château du Frandat.
47600 Nérac
✆ 05 53 65 23 83 - Fax 05 53 97 05 77.

**DOMAINE DES COURS
COTES-DE-DURAS ROUGE 1999**

Tarif départ cave 3,35 €.

La dégustation ▶ Agréable et typique : un duras bien dans le ton, souple et bien travaillé, finale cerise et fruits noirs.

Autres choix ▶ Le millésime de l'an prochain.

La propriété ▶ 17 ha de coteaux argilo-calcaires et argilo-siliceux. Cépages : merlot, cabernet franc, cabernet sauvignon et sauvignon.

Pour commander ▶ Domaine des Cours.
Sainte-Colombe de Duras 47120 Duras
✆ 05 53 83 74 35 - Fax 05 53 83 63 18.

CHATEAU LE RAZ MONTRAVEL BLANC 2000

Tarif départ cave 4,04 €.

La dégustation ▶ Bien plaisant, un fruit confit ample en bouche.

Autres choix ▶ Le millésime de l'an prochain.

La propriété ▶ Vignoble de 70 ha, situé sur des coteaux argilo-calcaires et boulbènes. Cépages : sauvignon, sémillon, muscadelle, merlot, cabernet franc et sauvignon, malbec.

Pour commander ▶ Château Le Raz
24610 Saint-Méard de Gurçon
✆ 05 53 82 48 41 - Fax 05 53 80 07 47.
E-mail : vignobles-barde@le-raz.com

CHANTE COUCOU CLAIRET ELIAN DA ROS COTES-DU-MARMANDAIS ROSE 1999

Tarif départ cave 4,27 €.

La dégustation ► Un rosé expressif, par un des meilleurs producteurs de marmandais.

Autres choix ► Goûtez les cuvées en rouge.

La propriété ► Domaine de 16 ha, sur 6 parcelles. Encépagement en merlot, cabernet franc, cabernet sauvignon, malbec et syrah.

Pour commander ► Domaine Elian Da Ros. Laclotte 47250 Cocumont
✆ 05 53 20 75 22 - Fax 05 53 94 79 29.
E-mail : e-daros@club-internet.fr

CAVE DE COCUMONT TAP D'E PERBOS FUT DE CHENE COTES-DU-MARMANDAIS ROUGE 1998

Tarif départ cave 5,56 €.

La dégustation ► Beaucoup d'ampleur, un plaisir immédiat pour ce marmandais très bien préparé, aux arômes d'olive noire et de pruneau.

Autres choix ► Ch. la Bastide rge 99 à 25 F.

La propriété ► 987 hectares d'un sol argilo-graveleux. Cépages : cot, abouriou, fer servadou, syrah et gamay.

Pour commander ► Cave coopérative de Cocumont 47250 Cocumont
✆ 05 53 94 50 21 - Fax 05 53 94 52 84.

XURI D'ANSA IROULEGUY BLANC 2000

Tarif départ cave 7,32 €.

La dégustation ► Un joli travail, force et finesse, une bouche plaisante et puissante.

Autres choix ► Les terrasses de l'arradoy rouge 1998 à 49 F et la gamme complète d'une cave régulière.

La propriété ► 140 hectares d'un sol fait de grès, d'argile et de calcaire. Cépages : tannat, cabernet franc et cabernet sauvignon.

Pour commander ► Les Vignerons du Pays Basque. CD 15 64430 St Etienne de Baïgorry
✆ 05 59 37 41 33 - Fax 05 59 37 47 76.

CANCAILLAU JURANÇON BLANC 1998

Tarif départ cave 5,95 €.

La dégustation ► Beaucoup d'ampleur, des notes de coing et de pamplemousse, une réussite régulière.

Autres choix ► Jurançon Clos de la Vierge blanc 2000 à 32 F.

La propriété ► 16 ha sur terroir silico-argileux. Cépage : gros manseng. Un domaine exemplaire de son appellation.

Pour commander ► EARL Barrère 64150 Lahourcade
✆ 05 59 60 08 15 - Fax 05 59 60 07 38.

DOMAINE BRU-BACHE CUVEE DES CASTERRASSES JURANÇON SEC BLANC 1999

Tarif départ cave 7,62 €.

La dégustation ▶ Très beau jurançon, expressif, aux arômes complexe, coing légèrement citronné et confit.

Autres choix ▶ La gamme complète.

La propriété ▶ Domaine de 8 ha, sur un terroir argilo-limoneux, exposé au sud/sud-est. Cépages : petit manseng et gros manseng.

Pour commander ▶ Domaine Bru-Baché.
Rue Barada 64360 Monein
✆ 05 59 21 36 34 - Fax 05 59 21 32 67.

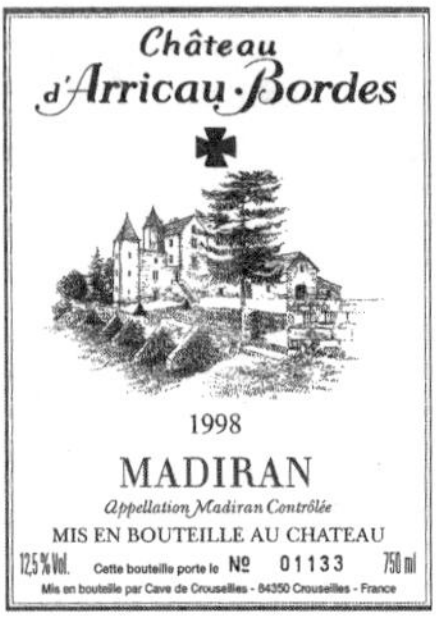

CHATEAU D'ARRICAU-BORDES CROUSEILLES MADIRAN ROUGE 1998

Tarif départ cave 6,86 €.

La dégustation ▶ Bien fait, riche et charpenté, un madiran costaud et expressif.

Autres choix ▶ Crouseilles Folie de roi rouge 1998 à 34 F.

La propriété ▶ 560 ha sur terroirs argilo-calcaires, galets roulés et gravettes. Cépages : tannat, cabernet franc, arrufiac courbu, gros et petit manseng.

Pour commander ▶ Cave de Crouseilles.
64350 Crouseilles
✆ 05 59 68 10 93 - Fax 05 59 68 14 33.

CHATEAU D'AYDIE PACHERENC DU VIC BILH BLANC 1999

Tarif départ cave 7,93 €.

La dégustation ▶ Beaucoup d'allure, des arômes concentrés, sur le fruit, la garrigue, avec une légère minéralité.

Autres choix ▶ Egalement les madirans.

La propriété ▶ 55 ha en 4 parcelles, sur des coteaux argilo-calcaires et argilo-siliceux. Cépages tannat, cabernet franc, cabernet sauvignon, gros manseng et petit manseng.

Pour commander ▶ SARL Pierre Laplace. 64330 Aydie
✆ 05 59 04 08 00 - Fax 05 59 04 08 08.

DOMAINE DE LABALLE VDP DE TERROIRS LANDAIS BLANC 2000

Tarif départ cave 2,67 €.

La dégustation ▶ Tout en naturel et simplicité, évoquant les sables et les pins landais.

Autres choix ▶ Domaine de Laballe, gros manseng, blanc 1999 à 30 F.

La propriété ▶ Une petite propriété de 17 ha dans les sables fauves de la terre landaise. Noël Laudet, revenu sur le domaine familial, a dirigé pendant 16 ans le Château Beychevelle.

Pour commander ▶ Domaine de Laballe. Parlebosq
40310 Gabarret ✆ 05 58 44 33 39 - Fax 05 58 44 92 61.

DORDOGNE

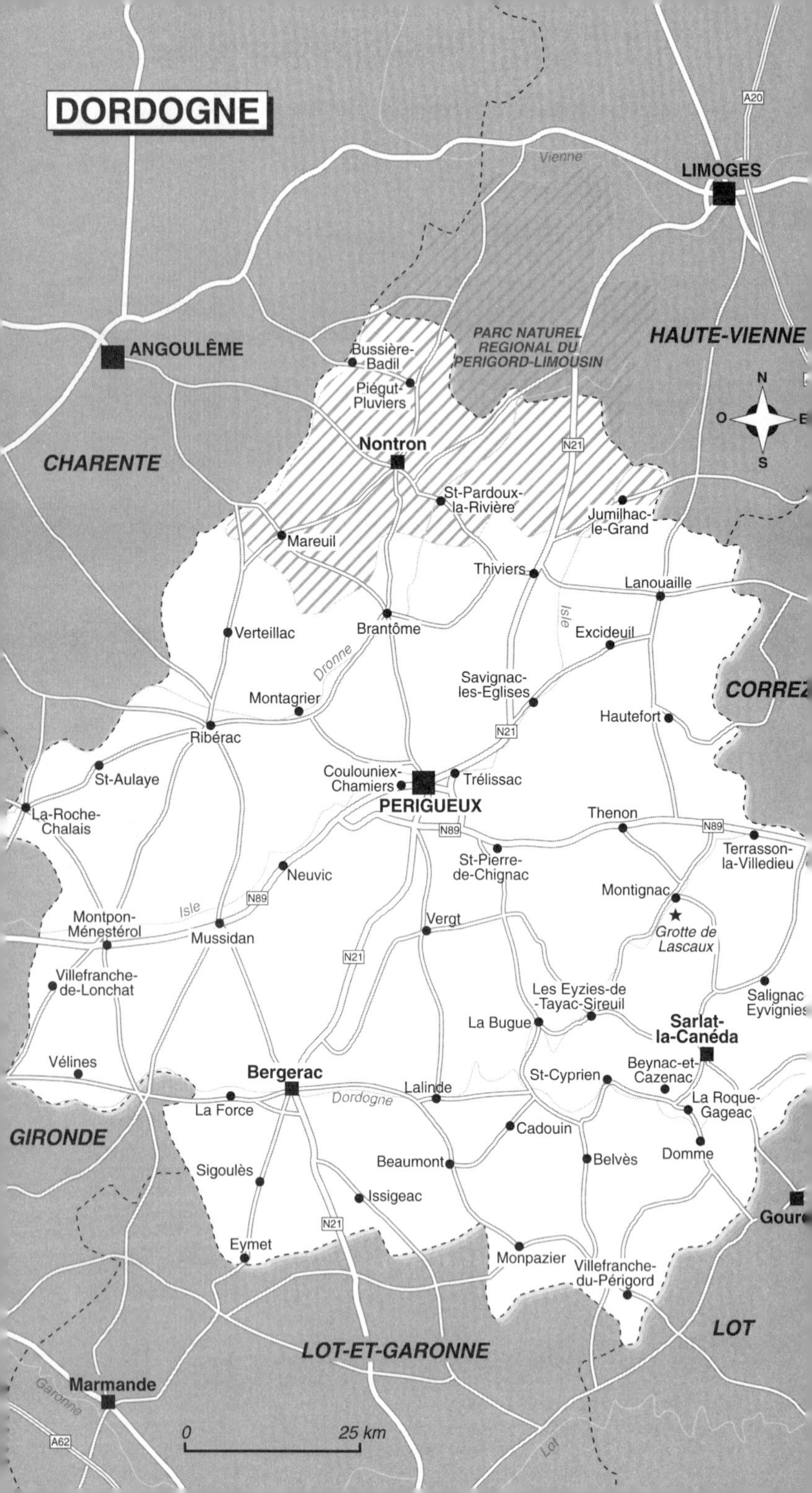
DORDOGNE
A20
Vienne
LIMOGES
PARC NATUREL REGIONAL DU PERIGORD-LIMOUSIN
HAUTE-VIENNE
ANGOULÊME
Bussière-Badil
Piégut-Pluviers
N
O
S
Nontron
N21
CHARENTE
St-Pardoux-la-Rivière
Jumilhac-le-Grand
Mareuil
Thiviers
Lanouaille
Isle
Verteillac
Brantôme
Excideuil
Dronne
Savignac-les-Eglises
Montagrier
Hautefort
Ribérac
N21
St-Aulaye
Coulouniex-Chamiers
Trélissac
PERIGUEUX
La-Roche-Chalais
Thenon
N89
N89
Terrasson-la-Villedieu
St-Pierre-de-Chignac
Neuvic
Montignac
Isle
N89
Grotte de Lascaux
Montpon-Ménestérol
Mussidan
Vergt
N21
Villefranche-de-Lonchat
Les Eyzies-de-Tayac-Sireuil
La Bugue
Sarlat-la-Canéda
Vélines
Bergerac
Beynac-et-Cazenac
St-Cyprien
Lalinde
La Force
Dordogne
La Roque-Gageac
GIRONDE
Cadouin
Beaumont
Belvès
Domme
Sigoulès
Issigeac
N21
Eymet
Monpazier
Villefranche-du-Périgord
LOT
LOT-ET-GARONNE
Marmande
Garonne
A62
0
25 km
Lot

PERIGUEUX
ET LE PERIGORD BLANC

PERIGUEUX

HEBERGEMENT

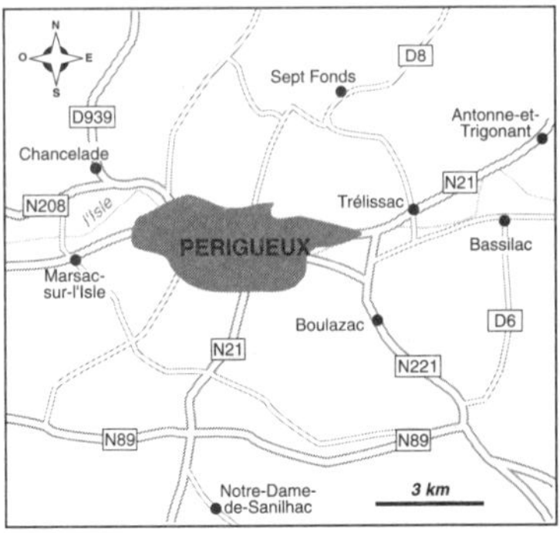

Le Pont de la Beauronne - Chancelade ✆ 05 53 08 42 91. *Fermé dimanche soir et lundi midi. Menus de 11,50 € à 34 €. Menu enfant : 7,60 €. Chambres de 21,50 € à 35 €.* Le foie gras, le confit ou magret sont un régal ainsi que les omelettes aux morilles, aux cèpes, les coquilles Saint-Jacques aux cèpes ou une cassolette de langoustines. La carte des desserts n'est pas mal non plus.

Hôtel Bristol. 37, rue Gaduaud 24000 Périgueux ✆ 05 53 08 75 90. *29 chambres de 53 à 68 €. Petit-déjeuner 6,50 €.* Un hôtel moderne, installé en centre ville. Les chambres sont douillettes, bien agencées et relativement vastes. On appréciera l'accueil courtois.

Château de Lalande 24430 Razac sur L'Isle ✆ 05 53 54 52 30 - Fax 05 53 07 46 67. *Fermeture annuelle du 11 novembre au 15 mars. Fermé le mercredi en basse saison (restaurant). 16 chambres de 50 à 70 €. Menus de 23 à 70 €. Carte 28 €. Petit-déjeuner 7 €.* Un beau manoir périgourdin, avec sa tourelle à mâchicoulis, son parc de 3 ha, ses salons de style et son cadre reposant. Chambres soignées et tranquilles, les plus grandes à l'étage, avec une belle vue sur le parc. Cuisine classique et régionale, omelette aux cèpes, salmis de pigeonneau au coulis de truffes, confit de canard périgourdine.

Campings

Camping Au Fil de l'Eau 24420 Antonne ✆ 05 53 06 17 88. *Ouvert du 15 juin au 15 septembre.* Ce camping une étoile propose 50 emplacements en bord de rivière. Pêche, canotage, terrain de sport, location de vélos. Piscine, tennis et équitation à proximité. Laverie.

RESTAURANTS

L'Accroche Cœur 5, rue du Serment - Périgueux ✆ 05 53 09 82 57. *Hors saison, fermé lundi soir et mardi. Menus de 14,50 € à 26 €.* Denis travaille aussi bien le poisson que les produits du terroir et invente en permanence des petits plats savoureux. Pour la viande, elle vient de la boucherie bio du papa. La pièce de bœuf biologique sauce Périgueux est un régal.

Le Clos Saint-Front 5, rue de la Vertu - Périgueux ✆ 05 53 46 78 58. *Fermé dimanche et lundi. Menu de 13 € à 23 €.* Il est conseillé de réserver. Cette adresse fait partie aujourd'hui des très bonnes tables de la ville. Ils ne travaillent que des produits frais. Leur cuisine est toujours aussi vive, créative et servie avec le sourire par Jérôme. Les plats changent très régulièrement en fonction des saisons. A la belle saison, la terrasse est agréable.

Hercule Poireau 2, rue de la Nation - Périgueux ✆ 05 53 08 90 76. *Ouvert 7 jours sur 7. Formules de 15 € à 18 €. Menus de 26,50 € à 35 €. Menu Enfant : 8 €.* Menu Basses Calories. La cuisine est inventive mais pas compliquée. La recette de base, c'est la sélection rigoureuse et au quotidien des produits sur le marché. Le Rossini de magret est une des spécialités de la maison. Quant au lieu, il est chargé d'histoire puisque l'on se trouve dans une maison du XVIIIe siècle.

Le Rocher de l'Arsault. 15, rue l'Arsault 24000 Périgueux ✆ 05 53 53 54 06. *Menus de 20 à 45 €. Carte 33 €.* Armé de bons sentiments, attiré par le lieu et sa décoration un tantinet bourgeoise, on pénètre dans le Rocher comme en territoire ami. Et là, nulle déception. La cuisine, bourgeoise, sait accommoder produits de la mer et de l'élevage simplement, mais efficacement. Carte des vins à découvrir.

Le Roi Bleu. 2, rue Montaigne 24000 Périgueux ✆ - Fax 05 53 09 43 77. *Menus de 26 à 70 €. Carte 35 €.* Confortablement installé près de la cheminée, on goûtera une cuisine mêlant classicisme et inventivité. Bons produits, cuissons maîtrisées, service agréable sont les qualités de l'établissement, installé en centre ville.

Dans les environs

Le Sorbier RN89 - Razac-sur-l'Isle ✆ 05 53 54 99 60. *Fermé dimanche soir. Menus de 11,50 € à 29 €. Menu enfant 7,50 €.* Le menu à 100 F est impressionnant avec son potage, son médaillon du Périgord, son saumon en civet au vin rouge de Bergerac, spécialité de la maison, ou sa pièce de bœuf, le tout accompagné bien sûr de légumes, fromage et dessert.

POINTS D'INTERET

Office de tourisme. 26, place Francheville 24070 Périgueux ✆ 05 53 53 10 63.

La « capitale » du département qui tire son nom d'un peuple gaulois, les Petrocorii, a formidablement changé d'allure ces dernières années. La place Saint-Louis et sa célèbre maison du Pâtissier représentent tout un symbole de la Renaissance des vieux quartiers. Balançant entre Moyen Age et Renaissance, le cœur de la ville a fait peau neuve en gardant l'émotion intacte. La bousculade n'est pas encore insupportable, si bien que l'on peut flâner dans les ruelles fraîches en prenant le temps de détailler les hôtels de Nervaux, Gamenson, de Fayolle, de Méredieu pour n'en citer que quelques-uns.

En descendant sur les bords de l'Isle, en traversant le pont des Barris, on bénéficie d'une vue intéressante sur la maison des Consuls, la maison Lambert, le moulin du chapitre et la cathédrale. Émergeant de ce rapide parcours dans l'histoire de la ville, Saint-Front la Byzantine est assurément une curiosité. La construction de la cathédrale a débuté au Xe siècle, mais on doit la reconstruction de l'ensemble à l'architecte Abadie, resté célèbre ensuite pour son Sacré-Cœur de Montmartre. Ce lieu tout en contrastes jongle avec ses coupoles dodues au-dehors et prolonge l'envoûtement à l'intérieur, du sublime retable jusqu'au cloître où se trouve le sommet de l'ancien clocher…

La surprise se poursuit en remontant la rue Saint-Front devant la maison des francs-maçons. Il faut aller jusqu'à la Tour Mataguerre, vestige des murailles qui ceinturaient la ville, pour apercevoir au loin l'église de la cité. Une nouvelle table d'orientation en pierre de lave richement illustrée vient d'y être installée. Après y avoir fait étape, on ira jusqu'à la fracture de la Tour de Vésone pour caresser du regard le passé gallo-romain de la ville. Autour des vestiges de la Domus des Bouquets va se construire un musée gallo-romain, dessiné par l'architecte Jean Nouvel.

On fera un crochet par la Porte Normande et le Château-Barrière, qui ouvre une perspective contrastée sur le lycée Jay-de-Beaufort, avant de prendre un peu de repos au Jardin des Arènes, au pied des restes d'un amphithéâtre du Ie siècle après J.-C. Le musée du Périgord, place Tourny, est plus riche qu'on pourrait le supposer : c'est le deuxième de France en matière de préhistoire. Mais l'on peut aussi s'y rendre pour ses antiquités gallo-romaines, ses traces du Moyen Age et les pièces de l'ancienne église Saint-Front.

Musée du Périgord. Allée de Tourny ✆ 05 53 06 40 70. *Ouvert tous les jours de la semaine sauf le mardi du 1er octobre au 31 mars de 10 h à 17 h l'hiver, et du 1er avril au 30 septembre de 11 h à 18 h l'été ; samedi et dimanche de 13 h à 18 h toute l'année.* Le plus riche musée de France, avec Saint-Germain-en-Laye, en ce qui concerne la préhistoire. La période gallo-romaine doit aller dans le futur musée de la Villa des Bouquets conçu par Jean Nouvel. Au fil des salles, on découvre quelques beaux tableaux des XVIIe et XVIIIe siècles. Le XIXe est oublié dans les réserves et le XXe quasiment absent. Le Musée témoigne des activités d'artisanat d'art en Périgord et Limousin, et de nombreuses vitrines présentent des collections d'Afrique et d'Océanie. Véronique Merlin-Anglade, la conservatrice, donne une dynamique au Musée. Une initiative intéressante, Périmuse, permet aux enfants de s'initier à l'art et au patrimoine de façon ludique. Il y a aussi des expositions temporaires, principalement d'artistes périgourdins de grande qualité.

Petit train de Périgueux. Pour visiter la ville sans avoir mal aux pieds et amuser les enfants, un petit train touristique propose le tour de la vieille ville en toute tranquillité avec, en plus, un commentaire historique sur ce que vous voyez tout le long de ce petit voyage qui dure 35 minutes. Le départ se fait cours Montaigne (devant la Société Générale).

Musée militaire. 26, rue des Farges ✆ 05 53 53 47 36. *Ouvert tous les jours d'avril à septembre de 10h à 12h et de 14h à 18h sauf dimanche et jours fériés. Du 1er octobre au 30 décembre de 14h à 18h et sur rendez-vous. Entrée : 3,05 €. Tarifs de groupe pour les écoliers de plus de 10 ans.* Tout petit et ne payant pas vraiment de mine, ce Musée est pourtant d'une richesse militaire exceptionnelle. Il est l'un des plus beaux de France après Saint-Cyr, les Invalides et la Légion Etrangère. Sur trois niveaux, il offre 10000 pièces sur les grandes pages de l'histoire militaire contemporaine en France. On y découvre des souvenirs de Daumesnil ou Bugeaud, un cheveu de Napoléon ou même la tenue du général Roque Joffre qui commanda la division Daguet lors de la guerre du Golfe. Et tout n'est pas exposé…

SHOPPING

Les Boulangeries du Soleil. Rond-point Chanzy. Du vrai pain plein de saveurs comme le pain aux olives qui sent bon le Midi et le soleil. Le pain au kg est excellent mais un peu cher. Pas d'arrière-boutique : le fournil est dans la boulangerie et le spectacle permanent. C'est tout juste si le boulanger ne fait pas la sieste devant vous.

Yves Thiries. 1, place Bugeaud ✆ 05 53 09 83 76. Nelly Boclet n'est pas un chocolatier comme les autres. C'est une artiste qui réalise des objets en chocolat et des dragées multicolores en les adaptant aux différents moments de l'année. Elle peut aussi personnaliser ses créations à la demande. Un travail d'une très grande originalité.

Marché de Périgueux

Le Rlais des Caves. 44, rue Wilson ✆ 05 53 09 75 00. Bruno est un vrai caviste qui connaît aussi bien le vin que le champagne ou le whisky. On y trouve aussi l'excellent château Auzias. C'est aussi une boutique de cadeaux pour ceux qui aiment l'excellence. Il recherche avant tout l'originalité doublée de la qualité. Cette année, il a fait rentrer du champagne Jacquesson et fils, présent sur les plus grandes tables de France et à l'étranger : Ducasse, la Tour d'Argent, Le Doyen, etc.

Produits régionaux

Daniel Bibié. La Ferme du Fraysse - Vergt ✆ 05 53 46 70 05. Daniel Bibié n'élève que des canards et il ne les engraisse qu'au maïs récolté en Périgord. Elevage, gavage, préparation et cuisine, tout est fait sur place dans la pure tradition. Pâtés, grillons, gésiers, aiguillettes, magrets et bien sûr le foie gras son au programme ainsi que sa grande spécialité, le magret de canard fourré au foie gras. Autre particularité, pour 450 F, Daniel prépare le canard entier que vous choisissez et vous fait vos conserves de bloc de foie gras (130 g), pâté de foie gras (200 g), un cou farci (400 g), deux confits (1 aile et 1 cuisse), une boîte de trois gésier et une de grillons (130 g).

La Ferme de Puygauthier. Marsaneix ✆ 05 53 08 87 07. *Ouverte tous les jours, toute l'année.* Pierre Le Chevalier est un exploitant agricole, pas un commerçant. Il vous montre d'abord comment il gave ses canards à l'ancienne, avant de vous conduire à la dégustation. Et tout cela gratuitement. Ses canards gras et foies gras sont préparés dans la pure tradition, mais il n'hésite pas à innover en proposant cette année un succulent marbré de foie gras fait de magret de canard confit et de crème de foie composée de 60 % de foie gras de canard. Il vend aussi des produits du Périgord : vins de Bergerac, miel, confiture, eaux-de-vie, vins de noix, grillons et enchauds de porc, plats cuisinés.

LOISIRS

Garden Karting. D710 - La Douze ✆ 05 53 35 28 55. A 10 minutes de Périgueux, en direction de Sarlat. Sur une piste d'asphalte, on joue au pilote de Formule 1.

Manifestations

Festival International du Mime. Centre Culturel de la Visitation, Périgueux ✆ 05 53 53 55 17. Le Festival International du Mime fait de plus en plus de bruit à Périgueux mais aussi dans toute l'Europe et même au-delà. Il se déroule dans la capitale périgourdine les quinze premiers jours d'août. Les spectacles de rue permettent aux Périgourdins de voir gratuitement ce que représente le mime, une gestuelle apparentée parfois à la danse. Marcel Marceau, qui a eu des attaches en Périgord, en est le parrain. Durant toute la durée du Festival, des stages sont proposés à la Maison du Mime.

Salon de la BD. Mairie de Bassillac ✆ 05 53 54 42 01. La Dordogne a son salon de la BD qui se tient fin novembre ou début décembre dans une petite commune près de Périgueux, Bassillac. Il est organisé par l'Amicale Laïque et ne cesse de croître et embellir. Une quarantaine de dessinateurs connus se retrouvent chaque année avec, en prime, un invité d'honneur qui est toujours un grand de la BD. Un prix du public récompense le meilleur auteur présent et un concours en milieu scolaire désigne les futurs dessinateurs de demain.

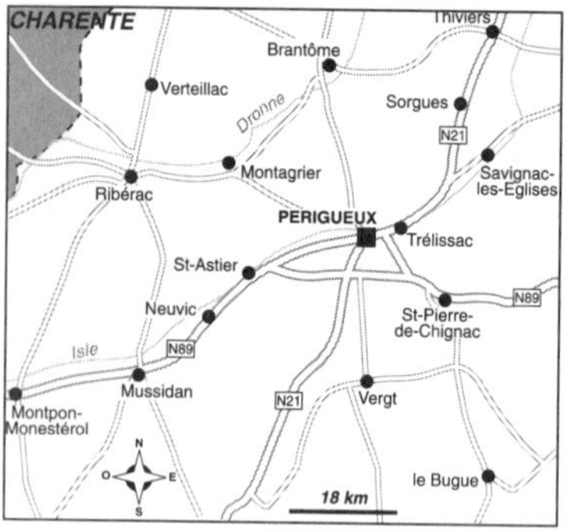

DANS LES ENVIRONS

Antonne

Château des Bories ✆ 05 53 06 00 01. *Du 1er juillet au 30 septembre, tous les jours de 10h à 12h et de 14h à 19h, sinon, sur rendez-vous.* Très visible depuis la N21 en arrivant de Limoges, le Château des Bories est un exemple du plus pur classicisme périgourdin. Il a été construit en 1497 sur les vestiges d'un repaire féodal. Les trois étages sont construits sur de superbes caves voûtées. La cuisine, la plus vieille pièce de la bâtisse et l'une des plus belles cuisines gothiques du Périgord, vaut la visite pour ses deux cheminées qui se font face et pour ses ogives ajustées en palmiers à partir d'une pile centrale. Les héritiers qui l'habitent depuis 1973 se sont lancés dans de lourds travaux.

Forêt de Lanmary

Dans cette forêt domaniale qui s'étend au nord-est de Périgueux, en marchant de piste en piste, on peut passer près du château de Caussade, replié dans une clairière et ceinturé d'une muraille, mais sans avoir le plaisir de le visiter. Cette forêt est sillonnée par de longs chemins qui permettent de trouver un peu de fraîcheur les jours d'été. On peut y faire du VTT, la sueur au front: ça grimpe pas mal. On peut découvrir au sommet des bois un amoncellement de pierres baptisé le trône du roi des Chauzes et, plus loin, un étroit cluzeau dit Borie-Belet. Au hameau des Chauzes, un cimetière mérovingien largement pillé contient une centaine de tombes, dont certaines marquées d'une croix.

Chancelade

Autour de Chancelade, les chemins de randonnée sont très bien indiqués et entretenus. Le hameau des Andrivaux, ancienne commanderie templier en 1139, est un lieu chargé d'inspiration, avec les traces d'une crypte d'église romane et l'un des plus anciens pigeonniers du Périgord. Il y a là de quoi passer des heures très agréables, tout près de Périgueux et déjà loin de tout, dans la verdure et les pierres d'un autre âge.

Abbaye ✆ 05 53 04 86 87. *Tous les jours de 14 h à 19 h en juillet et août et les week-ends, à Pâques et à l'Ascension. Rendez-vous hors saison.* Consacré en 1147, ce lieu a activement participé à la vie intellectuelle de la région avant de souffrir de la guerre de Cent Ans, des guerres de Religion et de la Fronde. C'est l'abbé Alain de Solminihac qui s'est employé à sa reconstruction à partir de 1623 pour porter l'Abbaye au zénith de son influence culturelle. Elle devint un important centre de recherche historique au XVIIIe pour s'évanouir dans les heures sombres de la Révolution. On peut admirer les bâtiments conventuels, disposés de part et d'autre d'un jardin propice à la rêverie... Un cuvier du XVe, une grange et des communs du XVIIe, le logis de l'abbé du XVIIe. A l'extérieur de l'Abbaye, la petite chapelle Saint-Jean, autrefois l'église paroissiale, est un bijou d'art roman qui renferme un tableau du Christ attribué à Georges de la Tour.

SORGES

HEBERGEMENT

Auberge de la Belle Isle 24800 Corgnac-sur-l'Isle ✆ 05 53 62 00 80. *Chambres de 26 à 36 €. Petit-déjeuner 6 €. Menus 11 et 13 €.* A 5 kilomètres de Thiviers sur la route d'Excideuil, une maison de charme installée en pleine campagne. On appréciera les chambres confortables, et le jardin bien entretenu. A la table, c'est une cuisine traditionnelle qui est proposée. Belles présentations, bons produits.

Chambres d'hôtes

L'Enclos. Lieu-dit Pragelier - Dana et Robert Orsteen 24390 Tourtoirac ✆ 05 53 51 11 40 - Fax 05 53 50 37 21. *Fermeture annuelle du 1er octobre au 30 avril. 5 chambres. Carte bancaire non acceptée.* Calme et tranquillité caractérisent cette vieille maison du Périgord pleine de charme à 25 minutes de Périgueux. Un jardin fleuri et un parc de 2 hectares entourent la maison.

Camping

Le Clupeau. Route de Génis 24390 Cherveix-Cubas ✆ 05 53 50 43 21. *Ouvert du 1er juin au 30 septembre.* 33 emplacements avec plein d'avantages: ses places à l'ombre et sa plage en bordure de l'Auvézère. Pour le reste, c'est du camping municipal à petit prix et grand bonheur, avec laverie, tennis, volley, canoë, pétanque, pêche...

RESTAURANTS

Auberge de la Truffe. Le Bourg 24420 Sorges ✆ 05 53 05 02 05 - Fax 05 53 05 39 27. *Fermé le lundi midi toute l'année et dimanche soir du 15 octobre au 15 mars. 26 chambres de 43 à 53,50 €. Menus de 13 à 51 €. Carte 27,50 €. Petit-déjeuner 7 €.* Une plaisante maison de village, avec un décor harmonieux et moderne à dominante bleue, tant dans les chambres qu'au restaurant. Equipement confortable (piscine, sauna) et cuisine généreuse. Possibilité de stages de cuisine.

POINTS D'INTERET

Syndicat d'initiative. Maison de la Truffe 24420 Sorges ✆ 05 53 46 71 43.

La campagne est parfois un peu ingrate sur ces cailloux du Périgord, mais on passe devant de belles bâtisses discrètes. Sorges, c'est surtout la capitale locale de la truffe: un sentier des truffières fort bien balisé explique l'histoire du diamant noir, à travers les chênes et les cabanes de pierres sèches.

Ecomusée de la Truffe ✆ 05 53 05 90 11. *D'avril à juin et de septembre à décembre sauf le lundi, de 10h à 12h et de 14h à 17h; en juillet et août de 9h30 à 12h30 et de 14h30 à 18h30. Les mardis et jeudis en juillet et août: 14h30 visite du musée, 15h30 le sentier de truffières et à 18h un élevage d'oies.* La tuber melanosporum, - nom savant de la truffe -, a longtemps livré des tonnes de saveur sur ce causse. Mais le filon s'est doucement épuisé, et la commune a choisi de partir sur les traces de ce miracle de la nature, avec quelques passionnés qui font vivre l'Ecomusée et le sentier des truffières. La maison de la Truffe est une mine de documentation sur les origines et l'avenir de la truffe, sur la façon de la trouver, de la cultiver et de s'en servir: du cycle de la truffe au fil de l'année aux façons de la conserver et de la cuisiner, on apprend à ne pas confondre la « reine du Périgord » avec ses pâles rivales qui s'incrustent sur le marché.

SHOPPING

Atelier Saint-Isidore. Sorges ✆ 05 53 05 05 39. Derrière l'église, sur la place près de la Poste, Marie Humeau a installé son Atelier de tisserande. Elle peut restaurer tapis et tapisseries mais aussi vous montrer de nombreuses créations, coussins, rideaux et aussi des œuvres de pure décoration. Peu de vêtements, si ce n'est des châles et écharpes. Possibilité de stages.

Ferme de la Garenne. Cherveix-Cubas ✆ 05 53 50 44 34. La famille Personne vous accueille pour vous initier au gavage, à l'histoire du foie gras. On peut aussi se promener au milieu de volailles d'ornements (poules et canards), moutons des Pyrénées, vaches limousines, daims... Vente directe de produits fermiers.

Andrevias. Sorges ✆ 05 53 05 02 42. Isabelle et Guy Meynard élèvent des oies. En plus, ils savent en tirer d'excellents produits qu'ils vendent sur place: foies d'oie entiers truffés, rillettes d'oie, confits, cous d'oie farcis, noix et huile de noix. Visite guidée mardi et vendredi, en juillet et août, à partir de 17h. Ils proposent une dégustation gratuite de leurs produits ainsi qu'un diaporama de l'oison au produit fini. Ferme pédagogique.

LOISIRS

Anes A Chroniques. Tourtoirac ✆ 05 53 50 09 49. *Visites tous les mercredis matin à 10h.* A La Rougerie, on peut louer un âne bâté pour des randonnées libres à la journée (32 €), au week-end (57 €), à la semaine (180 €). Anes A Chroniques, c'est aussi une ferme conservatoire des races menacées de disparition (vaches, moutons, cochons...) et un élevage d'ânes de toutes sortes de robes.

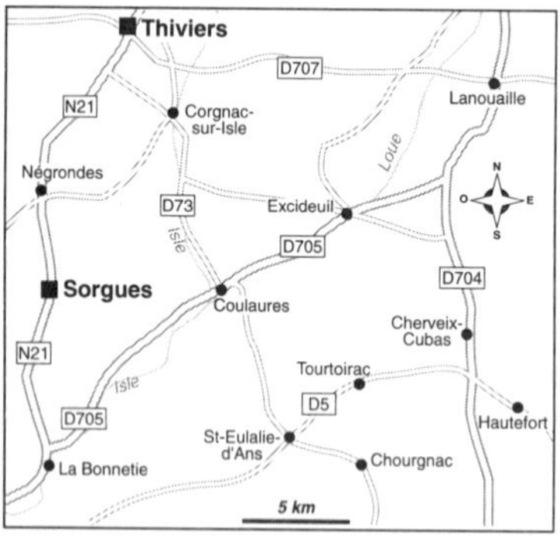

DANS LES ENVIRONS

Cherveix-Cubas

Les rives boisées de l'Auvézère servent de trame à ce village tout en longueur. L'église de Cherveix, du XVIIe, présente un chœur roman, un retable du XVIIIe et un bas-relief de Saint-Roch du XVIIe. Celle de Cubas, du XIIe, est une ancienne chapelle prieurale de moniales. La corniche de têtes sculptées est une vraie bande dessinée... Dans le cimetière, la lanterne des morts du XIIIe est un édifice rare en Dordogne: cette colonne de 6 mètres est dominée par une croix. Pendant que l'on veillait un défunt, on y tenait une lampe allumée.

Chourgnac d'Ans

Bel ensemble de maisons paysannes, et une église romane du XIIIe à clocher mur abritant un autel en bois sculpté polychrome et un retable rustique du XVIIIe.

Une halte pédestre est aménagée dans l'ancienne école; étape sympa pour les randonneurs.

Musée des Rois d'Araucanie ✆ 05 53 51 12 76. *Au lieu-dit La Chèze, sur la route de Thenon, ouvert tous les jours sauf le mardi, de 10h30 à 12h et de 14h30 à 17h30.* Antoine de Tounens, avoué périgourdin né ici en 1825, a embarqué vers la Patagonie où il s'est proclamé roi en 1860 sous le nom d'Orélie-Antoine 1er, avant d'être expulsé par la police chilienne en 1862. Il échouera dans deux tentatives de reconquête. Il est enseveli à Tourtoirac. A partir de cette folle histoire, qui a servi de trame à un roman de Jean Raspail, un musée a été aménagé par ses héritiers spirituels dans sa maison natale, avec insignes royaux, souvenirs et documents officiels.

Corgnac sur l'Isle

La vue sur le village est jolie depuis le pont médiéval à avant-becs triangulaires. L'église à coupole et imposant clocher abrite un retable XVIIe. La forteresse de Laxion, du XVIe, est construite de quatre corps de logis massifs avec une tour carrée portant le souvenir d'un pont-levis. Les tours rondes à mâchicoulis renforcent la sévérité protectrice de l'ensemble (propriété privée).

La Ferme des Dinosaures. La Gironnette ✆ 05 53 62 10 33. *Du 16 mai au 9 septembre, ouvert mercredi, samedi et dimanche de 14h à 18h. Hors saison sur rendez-vous. Entrée: 2,29 €.* La découverte a fait grand bruit à l'automne 1995. Dans la cour de la ferme de la famille Picaud, on a tout simplement mis au jour les plus belles empreintes de dinosaures de France. On visite le chantier de fouilles et le petit musée qui aide à bien visualiser les grandes étapes de la préhistoire.

Hautefort

Village natal d'Eugène Le Roy (1836-1907), auteur du célèbre Jacquou le croquant. Installé au pied du château, presque écrasé par tant de beauté, le bourg parvient pourtant à dévoiler ses propres richesses. Ne pas oublier de déambuler dans les ruelles cachées, agréablement fleuries. Jeter un coup d'œil à la mairie halle.

Château ✆ 05 53 50 51 23. *Fermé du 15 décembre au 17 janvier, du 17 janvier au 28 mars et du 3 novembre au 14 décembre, le dimanche après-midi et aux vacances scolaires de 14h à 18h. Du 28 mars au 11 juillet de 10h à 12h et de 14h à 18h. Du 11 juillet au 30 août de 9h30 à 19h, du 30 août au 11 octobre de 10h à 12h et de 14h à 18h; du 11 octobre au 2 novembre les après-midi. Visite libre du jardin et parc (tarif réduit). Entrée: 5,56 €.* Des origines médiévales par sa position de forteresse; il ramène notre imagination sur le val de Loire par sa rigueur et sa fantaisie, ses courbes et ses lignes. L'aspect actuel date du XVIIe après une restauration importante due à l'architecte Nicolas Rambourg. Le monument a connu bien des tourmentes, dont la plus récente remonte à la nuit du 31 août 1968: une cigarette mal éteinte embrase ce trésor et le renvoie à la situation de chef-d'œuvre en péril, dont M. et Mme de Bastard avaient pourtant réussi à le sortir à partir de 1929. Sans baisser les bras, la baronne, aujourd'hui décédée, a sauvé une fois encore cette splendeur. Jardins à regarder depuis les terrasses: tout est produit sur place. Les artistes paysagers ne font jamais deux fois les mêmes massifs: ensemble d'ifs et de buis taillés, de couleurs calculées, composant une perspective flatteuse pour la bâtisse. Accueille tous les étés un concert du Festival de Musique du Périgord Noir.

Anciens Hospices - Musée de la Médecine ✆ 05 53 51 62 98/05 53 50 40 27. *De juillet à fin septembre, tous les jours de 10h à 19h, d'avril à juin, de 10h à 12h et de 14h à 18h sauf le mardi. Toute l'année pour les groupes sur rendez-vous.* Fondé en 1669 par le marquis de Hautefort pour accueillir les pauvres, le bâtiment s'est développé à partir d'une chapelle circulaire, dans une conception à l'identique du château. Il forme une croix grecque surmontée par un dôme à lanterne. Trois salles de malades se trouvaient alors au rez-de-chaussée et quatre à l'étage. Aujourd'hui, l'édifice a été repensé comme un lieu d'exposition qui réunit des éléments sur l'histoire hospitalière. On visite ainsi une salle commune du XVIIe, une reconstitution d'un des premiers cabinets dentaires et d'une ancienne salle d'hôpital, une exposition thématique témoignant des maladies du poumon, objets et documents anciens à l'appui...

Jardins du Château des Charreaux ✆ 05 53 50 40 81. *Ouverts uniquement les dimanches suivants de 14h30 à 18h30: les 21, 28 mai, 4, 11, 18 et 25 juin et le lundi de Pentecôte.* Des jardins à l'anglaise.

Sainte-Eulalie d'Ans

L'église est à dominante romane par son clocher, ses chapiteaux du XIIe et le portail du XIIIe. Le bourg est vraiment agréable, il est d'ailleurs classé « village pittoresque » ; on peut se promener au fil de l'eau et des cascades vers le moulin. Les charmes de la vallée verdoyante de l'Auvézère et ceux des coteaux secs propices à la truffe s'épousent à ce carrefour. Travail de maréchal-ferrant visible à Saint-Michel. Vestiges du poste d'observation Camp de César. Itinéraire pédestre bien organisé autour de la commune.

L'Auberge de Nicolas - Saint-Pantaly-d'Ans ✆ 05 53 35 49 60. *Fermé en hiver le lundi toute la journée, mardi soir et dimanche soir et une semaine en janvier, en mars et octobre. Menus de 18 € à 27,50 €. Menu Enfant: 7,50 €.* Tous les produits du Périgord sont traités avec délicatesse, y compris dans le menu premier prix. La truffe est la spécialité du chef. Il est aussi un excellent pâtissier, ce qui ne gâte rien. L'été, une terrasse permet de profiter de la vie du village.

SAINT-ASTIER

HEBERGEMENT

Hôtel du Midi. 9, rue Villechanoux 24400 Mussidan ✆ 05 58 81 01 77. *Fermé du vendredi (après le petit-déjeuner) jusqu'au dimanche après-midi (sauf en juillet-août). 9 chambres de 42 à 48 €. Menus de 12 à 22 €. Carte 23 €. Petit-déjeuner 5,80 €.* Une des rares étapes dans le coin, établissement sérieux et traditionnel aux chambres bien tenues. En appoint, une petite restauration le soir pour les résidents. Jardin d'agrément, piscine chauffée.

Campings

Plein Air Neuvicois 24190 Neuvic ✆ 05 53 81 50 77. *Ouvert du 1er juin au 30 octobre.* Il s'agit là d'un camping municipal de 121 emplacements. En bordure de l'Isle, il offre terrain de sport, tennis, baignade canotage, pêche et un programme d'animations.

Le Pontet 24110 Saint-Astier ✆ 05 53 54 14 22. *Ouvert du 1er mai au 30 septembre.* Camping municipal. 100 emplacements à proximité de l'Isle, avec piscine, canotage, programme d'animations, mini golf, terrain de sport, pêche. Tennis tout proche.

RESTAURANTS

Le Lion d'Or. Place de l'Eglise 24110 Manzac sur Vern ✆ 05 53 54 28 09. *Fermeture annuelle février. Fermé le lundi (et dimanche sauf en juillet-août). 7 chambres de 23 à 37 €. Menus de 12,95 à 39 €. Carte 37 €. Petit-déjeuner 6 €.* Dans ce village tranquille adossé à la belle forêt de la Double, le Lion d'Or, avec sa façade rénovée sur la place du marché, est l'étape solide attendue des voyageurs. Des chambres agréables, régulièrement entretenues, une table de tradition où la belle gamme de menus présente l'éventail régional, une atmosphère à la fois distinguée et chaleureuse : cassolette d'escargots de Manzac au fumet de cèpes, assiette de foie gras frais, ris d'agneau confit au monbazillac, flaugnarde aux poires. Et des tarifs qui savent rester modérés.

Auberge de l'Eclade. 24700 Montpon-Ménestrol ✆ 05 53 80 28 64. *Fermeture annuelle du 1er au 25 mars et du 1er au 25 octobre. Fermé le lundi soir, mardi soir, mercredi. Menus de 13,72 à 39,64 €. Carte 34 €.* A 35 kilomètres de Bergerac et à 25 kilomètres de Saint-Emilion, cette auberge propose une salle climatisée. Le cadre est rustique, les murs ayant été récemment refaits en pierres apparentes. Le soir, on peut se détendre au jardin. Les menus sont variés, et la cuisine inventive tout en respectant les recettes du terroir : escalope de foie chaud poêlée, compotée de poires, laquée au miel et raisin noir, brochette de saint-jacques grillée, à la poitrine fumée, jus à l'infusion de gingembre, joue de porc confite sur lit de coco à la coriandre.

Le Relais de Gabillou RN 89 – Sourzac ✆ 05 53 81 01 42. *Fermé le lundi et le mois de janvier. Menus de 13 € à 46 €. Menu enfant à 7,80 €.* En faisant étape ici entre Périgueux et Bordeaux, on y découvre des spécialités comme la lamproie à la bordelaise ou le lièvre à la Royale. Les spécialités du Périgord (foie gras, confit, magret) ne sont pas pour autant délaissées.

La Palombière 7, place de l'Eglise - Saint-Astier ✆ 05 53 04 40 61. *Fermé mardi soir et mercredi. Menus de 10,50 € (en semaine) à 35 €. Menu enfant: 7,50 €.* C'est la bonne adresse pour les amoureux de bonne cuisine. La carte change au gré des saisons tout en conservant ce qui a fait la renommée du lieu, le foie gras. Ils savent le mettre dans tous ses états. L'été, une terrasse de 20 places donne sur l'église.

POINTS D'INTERET

Office de tourisme. Place de la République 24110 Saint-Astier ✆ 05 53 54 13 85.

Eglise ✆ 05 53 54 13 85. *Visite du clocher de mi-juin à mi-septembre, tous les jours à 15 h.* La vue sur l'église, avec l'Isle au premier plan est saisissante. Cette bâtisse du XIe, restaurée au XVe, présente un haut et massif clocher tour. Contreforts, chambre de défense, meurtrières, chemin de ronde, échauguettes et mâchicoulis : l'édifice a tout du château fort. Mais il y a aussi le porche du XVIe, les sculptures romanes en façade, et le mobilier grand siècle à l'intérieur, stalles en noyer du XVIIe, retable du XIXe, et toiles des XVIIe-XVIIIe siècles. Ne pas manquer non plus la crypte du XIe. Dans la foulée, promenade recommandée à la chapelle des Bois, vers l'ermitage du saint qui a donné son nom à la localité.

Fours à Chaux. Saint-Astier est situé sur un terrain géologique particulier, une couche crayeuse pure, qui a permis l'installation d'usines qui extraient et préparent la chaux. Ce qui explique la présence aux alentours de ces curieuses constructions en hauteur. Les usines encore en fonctionnement proposent une visite des carrières gratuite d'1 h 30 le mercredi à 9 h 30 sur rendez-vous d'avril à octobre (✆ 05 53 54 11 25).

SHOPPING

Sellerie. Saint-Astier ✆ 05 53 54 02 46. Jean-Pierre Bontemps est un bon sellier bourrelier, une profession qui tend à disparaître et qui pourtant a un savoir-faire incomparable.

Estudor. Les Moulineaux, Montpon ✆ 05 53 80 61 10. *Ouvert tous les jours du 15 juin au 15 septembre de 10 h à 13 h et de 15 h à 18 h. Fermé les week-ends et jours fériés hors saison.* Cette pisciculture est un peu particulière puisqu'elle élève des esturgeons. Valérie et Laurent Sabeau commercialisent ce poisson sous plusieurs formes : nature, fumé, en beurre et en terrine. Laurent Sabeau a réussi l'exploit de produire du caviar qui, sous l'appellation « caviar d'Aquitaine », est classé parmi les meilleurs du monde. Carrément. Il espère en produire une tonne cette année 2000.

GAEC de la Pérouse. Fouleix ✆ 05 53 54 95 97. Conserves de canard, confitures, élevage de daims.

Marché. Marché fermier le jeudi ; foire le jeudi de l'Ascension ; comice agricole le 4e dimanche de septembre.

LOISIRS

Parc de loisirs de Chandos. Montpon-Ménesterol ✆ 05 53 80 46 11. Baignade et animations au gré de trois plans d'eau installés sur 13 hectares : pédalos, barques, canoës. Piscine. Pêche. Promenade à poney. Jeux pour enfants et aire de pique-nique. Bac sur l'Isle vers l'îlot de Ménestérol.

Paysage périgourdin

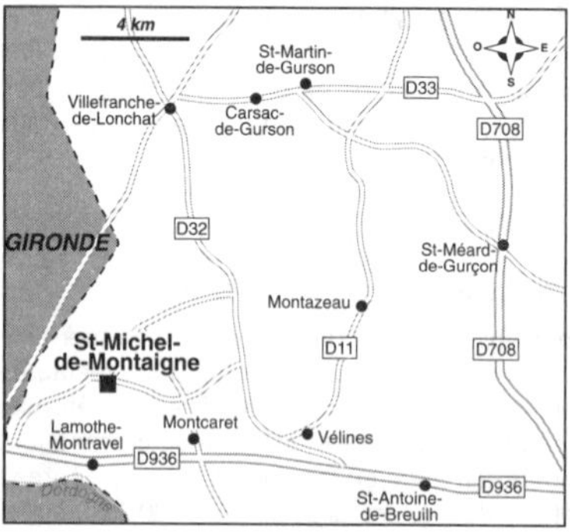

DANS LES ENVIRONS

Echourgnac

On passe devant la gentilhommière de la Devise, perchée sur son coteau à Saint-Barthélemy-de-Bellegarde, puis on s'enfonce dans la Double, vers Saint-Michel-de-Double, et on remonte vers la Trappe de Bonne Espérance. Les moniales ont succédé aux moines cisterciens en 1924. Le village s'anime autour de cette présence pourtant discrète : la Trappe est passée maître dans l'art du fromage. La trentaine de religieuses y demeurant fabrique également des confitures appréciées et invite les visiteurs à assister à la messe de 11 h le dimanche matin, chants grégoriens au programme.

Ferme du Parcot © 05 53 81 99 28. *Visite guidée tous les jours de juin à septembre, de 14h à 18h. Sur rendez-vous hors saison. Sinon, promenade libre sur la propriété.* La Ferme du Parcot, monument historique et site inscrit, fait partie d'un projet de sensibilisation à l'architecture, l'environnement et l'histoire humaine du monde rural. Le Parcot témoigne de la fragilité et de la pauvreté de l'habitat de cette région de la Double, étroitement intégrée au paysage. Pas de pierre ou très peu, plutôt des pans de bois et de la terre. Cette Ferme, qui possède encore une rare galerie couverte, est une forme évoluée de l'architecture locale et permet d'imaginer ce qu'était l'activité agricole alentour il y a encore peu de temps.

Fouleix

Circuit des Moulins. Laissez votre voiture au Moulin de Saint-Pierre, à Fouleix. Cet ancien moulin à farine, transformé en pisciculture en 1957, possédait 8 meules et une boulangerie intégrée (visible sur la façade de la ferme auberge). C'est la première étape de toute une série de moulins, le long du Caudeau et du Fouleix, les deux cours d'eau qui serpentent dans le vallon et se rejoignent dans le bief du Moulin de Saint-Pierre. Le Moulin de la Rode qui possède encore ses 8 meules appartient toujours à la famille du meunier, même s'il a cessé toute production depuis 50 ans. Vient ensuite le Moulin de Galet dont les meules servaient à moudre le maïs et le blé. Le Moulin de l'Etang est en ruines : on y fit de la farine de seigle, de maïs et de blé jusque dans les années 1950. Plus loin, la Fontaine du Paradis est la source du Fouleix. La marche conduit enfin à Fouleix, dont l'église aux fondations romanes a été restaurée aux XVe et XIXe siècles ; le clocher à deux étages se termine par une flèche polygonale.

Jardin de la Brande © 05 53 07 47 85. *Ouvert de mi-juin à mi-novembre du lundi au vendredi de 9h à 12h et de 13h30 à 17h30 ; le samedi de 14h à 18h. Entrée : 3,81 €. Gratuit jusqu'à 18 ans.* Pépiniériste, Philippe Burey associe potager et ornement et a créé un jardin botanique dans le bois. On y accède par un espace très structuré, d'inspiration médiévale où se mêlent plantes ornementales, médicinales et vivrières.

Grignols

Une promenade dans le village s'impose pour les maisons à colombages et la vieille halle.

Château © 05 53 07 17 70/06 82 43 96 64. *Du 1er juillet au 31 août, visite guidée tous les jours de 14h30 à 19h.* Le village est dominé par les restes d'une forteresse militaire du XIIIe, assez impressionnante. Berceau et demeure des comtes Talleyrand-Périgord du XIe au XVe siècle, elle reste leur propriété jusqu'à la fin du XIXe siècle. Mais cette forteresse, après de nombreux sièges, fut anéantie par l'armée du prince de Condé le 20 juin 1652 lors de la Fronde. En 1920, le Château en piteux état risquait de disparaître. Depuis des années les propriétaires s'efforcent de le restaurer. L'édifice conserve des douves creusées dans le roc, des remparts, les chemins de ronde, les courtines, la barbacane, le proche d'entrée du XIVe, une tour polygonale d'escaliers et deux cheminées du XVe, le donjon avec les oubliettes ainsi que sept salles toutes meublées avec des tapisseries, du mobilier du XVe et XIXe et des armes de collection. Le propriétaire, Jan Hoornweg, met également le Château à disposition des troupes de théâtre.

Ecomusée des Arts et Traditions Populaires ✆ 05 53 54 25 99. *D'avril à fin juin et en septembre de 14h à 18h sur rendez-vous sauf dimanche et jours fériés. En juillet et août de 9h à 12h et de 14h à 18h sur rendez-vous sauf dimanche et jours fériés.* Ce petit musée renferme des outils et objets utilisés autrefois dans les campagnes du Périgord. Une façon de retracer la vie quotidienne de nos grands-parents.

Montpon-Ménestérol

La capitale de l'orgue en Aquitaine, grâce à la collection du musicien Francis Chapelet, en présente un fort beau à l'église de Montpon, par exemple, mais aussi dans l'église romane de Ménestérol, église qu'il faut aussi voir pour son portail à chapiteaux sculptés. L'ancienne chartreuse de Vauclaire, occupée par un hôpital psy, possède un cloître et des parties du XVIIe ainsi qu'une chapelle gothique.

Mussidan

La partie la plus ancienne de la ville mérite la flânerie : lever les yeux sur les vieilles pierres ou les colombages.

Musée des Arts et Traditions Populaires ✆ 05 53 81 23 55. *Du 1er juin au 15 septembre de 9h30 à 12h et de 14h à 17h30. Du 15 septembre au 30 novembre et du 1er mars au 30 mai, le week-end de 14h à 17h30.* Installé dans une chartreuse du XVIIIe, le contenu de la collection rassemblée par un médecin de Mussidan, le Dr André Voulgre, mérite une étape. On y retrace la vie au quotidien grâce à différents meubles, objets, alambics, cuivres et étains...

Neuvic-sur-l'isle

Château de Neuvic-sur-l'Isle ✆ 05 53 80 86 65. *Visite toute l'année, sauf les 25 décembre et 1er janvier, de 13h30 à 18h30.* Cette bâtisse du XVIe est faite de deux logis en équerre et de tourelles. Avec ses façades Renaissance et ses hautes toitures, son allure est tout en finesse. La chapelle a été ajoutée au XVIIIe.

Parc Botanique du Château ✆ 05 53 80 86 65. *Visite toute l'année, en semaine de 10h à 12h et de 13h30 à 18h30 ; week-end et jours fériés (sauf les 25 décembre et 1er janvier) de 13h30 à 18h30.* Dès 1720, le château était connu dans tout le Périgord pour son parc, ses rocailles puis ses arbres dont il demeure quelques rares spécimens. Un Parc Botanique a été aménagé par des passionnés de la Société Botanique du Périgord, après une rencontre avec le Syndicat d'Initiative de Neuvic qui voulait organiser une journée des plantes rares au château de Neuvic. Ne pouvait-on rêver meilleur endroit que le parc du château ? L'idée a alors germé de remettre en valeur ces espaces verts, idée qu'encouragea et favorisa la Fondation Hospice des Orphelines, propriétaire des lieux. Une recherche auprès des pépiniéristes collectionneurs a permis de ramener diverses espèces de chênes, différentes variétés de viornes, de cornouillers, de lilas, de roses. Toutes les plantes (environ 1 200) sont étiquetées et disposées harmonieusement en massifs de formes libres. Deux manifestations autour des plantes sont organisées chaque année par la Fondation Hospice des Orphelines et les Amis du Parc : l'une « autour du jardin » le dernier dimanche d'avril, l'autre s'appelle « journée des plantes » le premier dimanche d'octobre. Des pépiniéristes y vendent des végétaux rares et de collection tandis que des artisans d'art exposent leurs œuvres. Une dimension pédagogique s'ajoute à cela puisque l'atelier horticole de l'Institut Médico-Educatif installé dans le château participe à l'entretien, ainsi qu'une dimension sociale puisque le parc sert aussi de support à des actions d'insertion de RMIstes et chômeurs. De plus, depuis deux ans, les activités éducatives de l'I.M.E. réalisent des épouvantails qui sont installés dans le parc et contribuent agréablement à son animation.

Château de Fratteau ✆ 05 53 81 11 02. *Du 10 juillet au 22 août sur rendez-vous.* A la sortie de Neuvic, le Château de Fratteau domine la plaine d'où émerge la prison neuve. Cette bâtisse des XIIe et XVIIe siècles a préservé des ruines de cheminées des XVe et XVIe, et un porche d'entrée voûté du XVIIe. Un cluzeau creusé dans la falaise débouche sur la salle commune du logis. Des artistes potiers animent les lieux.

Saint-Georges-de-Montclar

Château ✆ 05 53 82 41 34. *Tous les jours sur rendez-vous.* On dit que Rabelais vécut dans ce Château. Des fouilles archéologiques sont en cours pour en savoir un peu plus sur ce Château habité, détruit, restauré, incendié, reconstruit, et qui offre un exemple unique des goûts architecturaux à travers les siècles. De plus, son propriétaire est historien et généalogiste : il conduit les visites avec un enthousiasme communicatif.

SARLAT ET LE PERIGORD NOIR

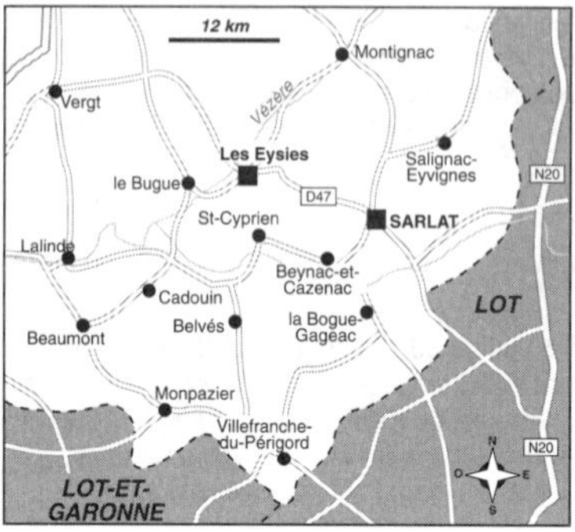

SARLAT

HEBERGEMENT

L'Esplanade. Domme ✆ 05 53 28 31 41. *Fermeture hebdomadaire le lundi hors saison. Congés de novembre à mi-février. 25 chambres de 46 € à 138 €. La demi-pension de 60 € à 105 €. Menus à partir de 27,50 €.* Le site de cet établissement est majestueux. Les chambres sont calmes, admirablement meublées, personnalisées, et les mieux situées offrent une vue plongeante sur la rivière qui coule au bas de la falaise. La cuisine est à base de produits du terroir et de la mer, portés au comble du raffinement.

La Couleuvrine. 1, place de la Bouquerie 24200 Sarlat-la-Caneda ✆ 05 53 59 27 80. *23 chambres de 40 à 53 €. Menus de 19 à 33 €. Carte 29 €. Petit-déjeuner 7 €.* L'établissement porte bien son nom, puisqu'il est installé dans une des tours des anciennes fortifications. Les chambres, confortables et bien agencées, disposent d'un bon niveau d'équipements. Quant à la cuisine, elle n'est pas en reste, oscillant entre terroir et créativité.

L'Abbaye. Saint-Cyprien ✆ 05 53 29 20 48. *Congés de fin octobre à mi-avril. 24 chambres de 55 € à 107 €. Demi-pension à partir de 58 €. Menus à partir de 21 €.* Cette maison de charme offre un cadre reposant et une cuisine de qualité. Les terrasses, le jardin et la piscine forment le triangle de choix de cette bonne adresse traditionnelle.

La Treille. Vitrac ✆ 05 53 28 33 19. *Fermé les lundi et mardi matin hors saison. Congés du 15 février au 15 mars. 8 chambres de 34 € à 38,10 €. Demi-pension à partir de 50,50 €. Menus à partir de 14,50 €.* Proche de Sarlat, cette table est une très bonne adresse offrant une vue agréable sur la rivière. Cuisine créative et soignée, à la fois traditionnelle et inventive, à base de produits régionaux et de saison.

Chambres d'hôtes

La Daille. M. et Mme Derek Brown 24250 Florimont-Gaumiers ✆ 05 53 28 40 71. *Fermeture annuelle de début octobre à fin avril. Fermé le mardi, mercredi et jeudi pour le salon de thé. 3 chambres de 75 à 100 €. Carte bancaire non acceptée.* Au cœur d'un jardin anglais, dans une dépendance d'une superbe vieille ferme quercynoise. Un cadre superbe, notamment le jardin, de l'espace, beaucoup de confort. Possibilité de goûters anglais.

Campings

Camping Perpetuum 24250 Domme ✆ 05 53 28 35 18. *Ouvert du 1er avril au 30 octobre.* En bordure de rivière, ce camping semi-ombragé dispose d'une piscine, d'une base de canoë, d'un programme d'animations, d'un snack, d'une laverie, etc. 120 emplacements et location de mobil-homes.

Le Capeyrou 24220 Beynac ✆ 05 53 29 54 95. *Ouvert du 15 mai au 15 septembre.* Ce camping sis au bord de la Dordogne permet de jeter un œil sur la falaise et le château. Les 100 emplacements ombragés avoisinent piscine, terrain de sport, snack-bar... Pêche, canotage, location de vélos, équitation. Tennis à proximité.

Le Caminel 24200 Sarlat ✆ 05 53 59 37 16. *Ouvert de mars à septembre.* Le camping de Maryse et Christian Audy, offre les avantages de la campagne avec la ville de Sarlat situé à 3,5 km. Avec tout le confort d'un trois étoiles : piscine, jeux d'enfants, animations, etc. Location de mobil-homes, caravanes et chalet.

RESTAURANTS

Restaurant Rossignol. 15, rue Fénelon 24200 Sarlat-la-Caneda ✆ 05 53 31 02 30 - Fax 05 53 31 02 30. *Fermé le jeudi. Menus de 13,60 à 44,21 €. Carte 31 €.* Les années passent et Rossignol reste une référence, et une des rares maisons de cette cité hautement touristique sur laquelle on sait pouvoir compter. Les spécialités périgourdines sont toujours bien traitées, les assiettes généreuses, le service chaleureux. En confiance sur la terrine de foie gras, la caille farcie et l'omelette aux cèpes, et le parfait aux pruneaux, mais ne négligez pas pour autant les poissons, bien traités, selon arrivage.

Le Saint-Albert & Montaigne. Place Pasteur Sarlat ✆ 05 53 31 55 55. *Ouvert toute l'année. Fermé les dimanche soir et lundi hors saison. Plat du jour à 7,50 €, du lundi au samedi. Menus à partir de 17,50 €.* Le Saint-Albert présente au rez-de-chaussée une formule bistrot impeccable : pour 9,90 €, quart de vin compris, on peut déjeuner d'une entrée, d'un plat garni et d'un dessert, et les menus varient souvent. Au restaurant situé à l'étage, on retrouve la cuisine du Périgord authentique avec d'emblée un pot de grillons sur la table.

Le Régent. 6, place de la Liberté Sarlat ✆ 05 53 59 03 91. *Congés de début janvier à mi-février. Fermé le dimanche soir hors saison. Menu à 10,50 € le midi, plat du jour à 6,90 €, menu du Terroir à 16,80 €. Menu enfant à 6,10 €.* Situé face à l'hôtel de Ville, ce bar brasserie dispose d'une terrasse privée fort agréable, très fréquentée aux premiers soleils. Côté restaurant, pour un peu plus de 15 €, on peut accéder aux spécialités : petits choux farcis au foie gras, escalope de foie poêlée au cidre et pommes fruits…

La Rapière. Place de la Cathédrale Sarlat ✆ 05 53 59 03 13. *Congés de mi-janvier à fin février. Fermé le dimanche hors saison. Menus de 13 € à 37 €. Menu enfant à 7,80 €.* Proche de la maison de la Boétie et face à la cathédrale, c'est l'emplacement de rêve pour faire une étape dans un cadre rustique avec cheminée, d'autant que la table est constante et de bon niveau. Gérard Gatinel propose une authentique cuisine périgourdine, à base de produits frais de la région, mais se fait également plaisir avec des spécialités de poissons.

Le Quatre Saisons. 2, côte de Toulouse Sarlat ✆ 05 53 29 48 59. *Ouvert tous les jours, sauf le mercredi hors saison. Menus de 10,40 € à 39,70 €, excellent menu enfant à 7,50 € (œuf cocotte, aiguillettes de canard sauce foie gras, profiteroles chocolat !).* Terrasse intérieure. Située dans une petite rue qui monte depuis la Traverse, la table des Delpech père et fils est toujours savoureuse, l'accueil chaleureux et le cadre soigné.

Ferme-auberge

Ferme-auberge du Port d'Enveaux. Port d'Enveaux 24220 Saint-Vincent de Cosse ✆ 05 53 29 52 15 *Fermeture annuelle d'octobre à Pâques (repas uniquement). 6 chambres de 29 à 32 €. Menus de 14 à 24 €. Carte 16 €. Petit-déjeuner 3,50 €. Carte bancaire non acceptée.* La ferme se situe sur un terrain de 2 hectares au bord de la Dordogne, les chambres ont vue sur le fleuve. Location gratuite de canoë, baignade, jeux d'enfants et pêches sont accessibles sur place. Magret, cassoulet, confit, aiguillettes, voilà ce que vous dégusterez à la table d'hôtes.

Maisond de la Boétie de Sarlat

POINTS D'INTERET

Office de Tourisme. Hôtel de Maleville - place de la Liberté BP 114 24 Sarlat Cedex ✆ 05 53 31 45 45.

La capitale du Périgord noir est installée au creux de collines que l'on nomme « pechs ». Cette cité médiévale a connu dans le cadre du plan Malraux une réhabilitation exemplaire dans les années 1970, opération renforcée par les récents travaux de repavage des rues et d'éclairage au gaz. Un peu malmenée par les touristes au plus fort de l'été, Sarlat retrouve véritablement son souffle et sa splendeur hors saison, laissant apparaître plus pudiquement ses ruelles étroites, ses cours intérieures, ses hôtels particuliers assimilant toutes les époques (fondations médiévales, étages Renaissance, toitures classiques).

Carrefour commerçant sur la route de Saint-Jacques de Compostelle, Sarlat s'est fortement développée à partir du XIIIe et a largement fait les frais de la guerre de Cent Ans. C'est à la reconstruction opérée à partir de 1450 que l'on doit les superbes hôtels gothiques et Renaissance. La fameuse maison de la Boétie, dans laquelle naquit l'éloquent ami de Montaigne, témoigne, en bas, de l'installation d'une échoppe, et aux étages, d'une confortable maison Renaissance avec fenêtres à meneaux et ornements divers autour des lucarnes, et toit de lauzes. Tout près, l'ancien évêché présente des expositions en saison. Il faut l'observer du dehors pour ses fenêtres gothiques et Renaissance, et sa galerie supérieure.

A la fin du siècle dernier, la rue principale a tranché le cœur de la ville médiévale et créé une frontière artificielle entre les rues anciennes. Les quartiers prospères du Moyen Age, admirablement rénovés, sont piétonniers pendant l'été. Les quartiers plus populaires sont en cours de rénovation et méritent également une visite.

Parcours à travers la ville

Comme il se doit, le départ s'effectue devant l'office de tourisme, place de la Liberté. Celui-ci occupe une partie de l'hôtel de Maleville, constitué de trois corps de bâtiments : Renaissance italienne dans la partie en retrait, Renaissance française dans celle qui s'avance. L'entablement de la porte sous terrasse est orné de médaillons représentant Henri IV et Gabrielle d'Estrées.

Ensuite, le passage Henri de Ségogne, l'impasse des Violettes et la place André-Malraux nous entraînent au cœur du quartier rénové, et ce grâce à la loi Malraux du 4 août 1962. De nombreuses maisons des XIIIe, XVe, XVIe siècles ont retrouvé leur éclat : elles se distinguent par leurs constructions à pan de bois, leurs encorbellements et toits de lauzes.

On accède ensuite à la splendide maison natale d'Etienne de la Boétie, datant du XVIe et de pure Renaissance italienne avec ses baies sculptées, encadrées de pilastres à médaillons. La Chambre de Commerce et d'Industrie occupe les locaux, mais on peut accéder au hall où se tiennent régulièrement des expositions de peinture.

En face, la cathédrale Saint-Sacerdos est le fruit d'une reconstruction des XVIe-XVIIe sur une base romane puisque l'église abbatiale primitive date des XIIe-XIVe siècles. Il n'existe aucune unité architecturale, ni au dedans ni au dehors. Le remarquable volume intérieur se compose d'une nef à quatre travées sur croisées d'ogives, d'arêtes collatérales, d'un ancien chevet raccordé à l'ensemble gothique. Pour ajouter à l'aspect hétéroclite, de beaux retables figurent dans les chapelles, des stalles du XVIe dans le chœur, et un buffet d'orgues du XVIe qui supporte un instrument signé Jean-François Lépine, célèbre facteur d'orgues du XVIIIe. Un portail ajouté au XVIIIe ferme la salle inférieure du clocher, voûtée d'arêtes.

En sortant par la porte latérale droite, on accède à une courette où perce la façade est de la salle capitulaire, vestige du cloître disparu dont subsistent trois arcatures brisées moulurées. Sur la gauche, la chapelle Saint-Benoît, dite des Pénitents Bleus, présente une architecture romane pure et dépouillée de tout ornement.

En empruntant le porche, on arrive à la cour des Fontaines : c'est autour de cette eau pure que les moines choisirent de s'établir au VIIIe siècle. La cour des chanoines permet d'admirer la façade sud de la chapelle Saint-Benoît et la surprenante résidence à colombages avec terrasse et encorbellement qui fut la résidence du chapitre au XVe.

Le passage voûté à droite conduit au jardin des enfeus, ancien cimetière où tombeaux romans et gothiques sont creusés dans le mur d'enceinte. On bénéficie en montant vers la lanterne des morts d'une vue d'ensemble sur le chevet de l'église, le clocher joliment coiffé d'une toiture à bulbes, l'ancien cimetière et les superbes toits limitrophes. La lanterne, appelée aussi Tour Saint-Bernard, est un curieux monument du XIIe dont la destination est encore inexpliquée ; peut-être une chapelle funéraire.

En sortant par la petite porte, on prend en face, la rue Sylvain-Cavaillez pour admirer un magnifique balcon en fer forgé sur encorbellements, supporté par des corbeaux de pierre.

L'étroite rue d'Albusse conduit vers l'hôtel de Génis du XVIe restauré au XVIIIe, et sa galerie à balustres surmontée d'un toit en auvent.

Rue Landry, on aperçoit au fond d'un jardin la curieuse façade du Présidial, siège de la justice royale : une large ouverture en arc surbaissé supporte une loggia en plein cintre, surmontée d'un lanternon soutenu par des béquilles de bois, qui devait éclairer l'escalier intérieur.

On prend la rue du Présidial, en laissant sur la droite de belles maisons du XVIIe couvertes de lauzes, pour suivre la rue Fénelon et descendre vers la mairie par cette artère percée au XIXe en admirant des maisons à pignons du XVe et, sur la gauche, un portail du XVIIe encadré de 4 colonnes à fleurs de lys : c'était jusqu'au début de ce siècle l'entrée principale de l'hôtel de ville. Presque en face, une impasse conduit à l'hôtel de Gérard, du XVIe, hélas en triste état...

Bordée de maisons XVIe et XVIIIe, d'une série d'arcades restaurées, la place de Liberté offre une perspective de rêve, avec l'hôtel de Gisson, colossal bâtiment du XVe, véritable château dans la ville, et les restes de l'ancienne église Sainte-Marie. Cette ancienne église paroissiale, d'architecture militaire, a perdu son chevet lors de sa vente parmi les biens nationaux. Restent deux travées voûtées d'ogives, un clocher décoiffé en tour de défense, avec d'excentriques gargouilles.

La rue des Consuls permet d'admirer, sur la gauche, l'hôtel Plamon aussi appelé maison des consuls. Cet édifice des XIVe-XVe-XVIe-XVIIe est l'un des plus remarquables de Sarlat. L'hôtel de Vassal, en face, date du XVe. On trouve en suivant la fontaine Sainte-Marie, l'hôtel de Mirandol puis, après la trompe d'angle, l'hôtel Tapinois de Bétou et son escalier en bois du XVIIe.

En traversant la rue de la République, et en remontant à droite sur 30 m, on contourne sur la gauche l'ancienne porte de l'Endrevie pour trouver ensuite sur la gauche la rue des Armes. Une brèche ouverte dans les anciens remparts, à gauche, précède un étroit escalier conduisant au chemin de ronde. A droite, au fond de la rue, subsistent un ancien corps de garde et des maisons à colombages.

Plus loin, la chapelle des Récollets, également appelée chapelle des Pénitents Blancs, est le dernier vestige du couvent du XVIIe qui occupait alors tout le quartier. Derrière le curieux portail d'esprit baroque, avec deux légères colonnes soutenant deux lourdes volutes en fronton interrompu, on trouve un Musée d'Art et d'Histoire de Sarlat.

Principale artère de la ville jusqu'au XIXe, la rue Jean-Jacques Rousseau permet de longer les anciens remparts jusqu'à l'ancienne abbaye Sainte-Claire, protégée par ses hauts murs. Voilà une façon de boucler la boucle. Mais dans le désordre, au hasard des diverses merveilles de pierre, c'est très bien aussi...

Gorodka - Les Folies Plastiques. La Caneda ✆ 05 53 31 02 00. *Entrée 3,81 €.* Ce lieu à la fois étrange et beau, à l'écart des tumultes touristiques, vous offrira un inoubliable voyage immobile et le plaisir d'une rencontre avec Pierre Shasmoukine, l'artiste qui a rêvé cet espace unique et qui a su se battre pour en faire une réalité. Voilà au moins deux raisons de faire le détour dans les bois de la Canéda pour un périple dans ce monde fascinant, où l'activité créatrice tient du « spectacle plastique » selon la volonté du concepteur de ce monument (encore) vivant. « C'est un géo-concept, une utopie, une idée réalisée dans et avec la matière ». Gorodka a besoin d'être soutenu, car cette aventure est parfois (souvent) difficile à mener pour l'homme qui en a eu l'idée en 1970. Le parcours extérieur mérite deux approches : de jour pour la splendeur générale du lieu, et de nuit pour profiter des créations cinétiques. C'est un espace intérieur extérieur où l'on peut se mettre entre parenthèses magiques avant de revenir à la dure réalité. Moitié russe moitié pure évasion imaginaire, ce village est peuplé d'œuvres d'art exposées dans plusieurs isbas. Car Gorodka s'organise en 5 ateliers : bois, métaux, électricité, plastique, résine et peintures et en 4 galeries Za pour le travail de Shasmoukine sur le lyrisme, et petite galerie pour son travail sur le désir (les galeries consacrées aux œuvres de Shasmoukine méritent qu'on s'y enferme de longues heures), petite galerie des amis avec un invité par an, grande galerie sur l'histoire de Gorodka avec plus de 2 000 textes et photos et aussi 4 parcours : parcours de la libellule et du mirage, parcours du désir et bientôt « l'envol d'amour au pays des 5 sens "... tout un programme !

SHOPPING

Pâtisserie Mertz. Rue de la République Sarlat. D'abord, le plaisir des yeux puis une irrésistible envie d'entrer. Ensuite, l'odeur sucrée quand on pousse la porte. Enfin, une fois les papilles satisfaites, on sait que ce qui est beau ne manque pas d'être bon : les tourtières aux pommes, aux pruneaux, aux noix... sans oublier les nougats et croquants. Rolland Mertz a créé d'excellentes lauzes de Périgord, un mélange de nougatine et d'éclats de noix enrobé de chocolat. L'accueil réservé au client est lui aussi délicieux.

Julien de Savignac. Place Pasteur ✆ 05 53 31 29 20. En face du restaurant le Saint-Albert, près de la Poste, cette cave propose 500 vins de Bergerac et d'autres régions (vrac et bouteilles), 200 whiskies et alcools et produits régionaux. Dégustations proposées. Même maison au Bugue.

Produits régionaux

La Table Périgourdine. 16, place du Peyrou Sarlat ✆ 05 53 28 89 33. Les produits du Périgord y sont concoctés dans le plus pur respect des recettes du terroir : on peut y composer des coffrets dégustation pour offrir. La conserverie est située à Campagnac-les-Quercy et l'on peut aussi s'y rendre directement (✆ 05 53 28 50 18) ou opter pour Internet : www.oda.fr/aa/table-perigourdine

La Ferme du Pech. Marquay ✆ 05 53 29 67 14. Huberte Albié confectionne des produits frais et des conserves à base de foie gras d'oies et de canard, toute l'année durant. Son civet d'oie aux morilles a obtenu la médaille d'or à la Journée de l'Oie de Sarlat en 1995 et son magret fourré au foie gras vous parle copieusement du pays... La boutique d'accueil est ouverte toute l'année, on peut y déguster gracieusement des échantillons de foies. Visite du gavage à 17h30. Vous trouverez aussi les produits de cette ferme sur le marché de Sarlat les mercredis et samedis matins, sur le marché de Saint-Cyprien le dimanche matin.

LOISIRS

Le Bataclan. 31, rue de la République Sarlat ✆ 05 53 28 54 34. C'est le quartier général des Sarladais, qui passent au hasard mais sont sûrs de rencontrer une connaissance à qui parler. Le décor est toujours très cinéma, et c'est vrai que cela va bien au teint de cette cité vedette du grand écran. Une vraie convivialité s'organise autour de la télé les soirs de matchs de foot. Une ambiance sympa au cœur de la Traverse.

Equitation

Centre équestre. Route de Bonnefond ✆ 05 53 59 15 83. A 3 km de Sarlat sur la route de Beynac, le Centre Equestre Fournier Sarlovèze est un club classique qui propose des leçons pour enfants et adultes avec moniteur.

Ferme du Castanet. Beynac ✆ 05 53 29 54 78. Félice et Gilou Pélissier vous accueillent dans leur Ferme équestre pour une découverte du cheval, des promenades équestres et, pourquoi pas, une meilleure connaissance de la vie rurale.

Marché de Sarlat, place de la Liberté

Manifestations

Festival des Jeux du Théâtre. Hôtel Plamon - Rue des Consuls ✆ 05 53 31 10 83. Le Festival des Jeux du Théâtre de Sarlat a pour magnifique écrin la place de la Liberté depuis 1952, mais d'autres lieux ont depuis été mis en valeur pour accueillir les tréteaux du Festival, le Jardin des Enfeus et l'abbaye Sainte-Claire notamment. Ce rendez-vous proposé fin juillet-début août programme, sous la férule de Jean-Paul Tribout, des classiques et des valeurs sûres, mais aussi des auteurs et des troupes plus novateurs.

DANS LES ENVIRONS

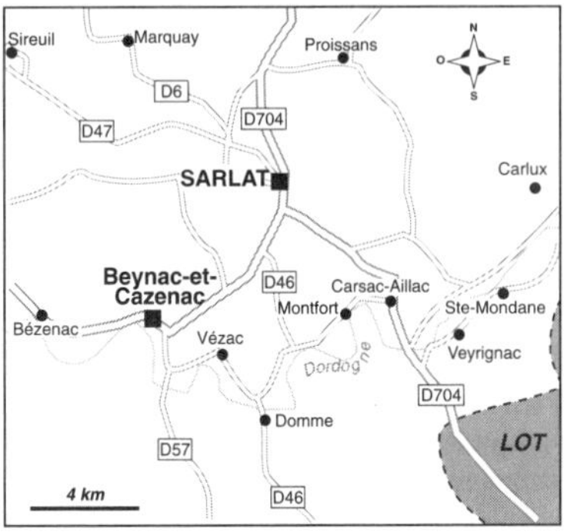

Beynac

Un chemin permet de gagner le château à pied depuis le village, pour mieux savourer les maisons XVe, XVIe et XVIIe : c'est alors un panorama qui se mérite, à la sueur de son front. Il n'en est que plus beau.

Château ✆ 05 53 29 50 40. *L'hiver, de 12h à la tombée du jour. De mars à fin mai de 10h à 18h, de juin à fin septembre de 10h à 18h30, en octobre et novembre de 10h à la tombée du jour 3,05 €.* Bien campé sur sa falaise, dominant la rivière et faisant face à son moyenâgeux ennemi Castelnaud, le Château de Beynac est plutôt du genre intimidant. Parce que sa première version fut démantelée par Simon de Montfort, le château actuel est tel que le seigneur de Beynac le reconstruisit. Il a connu une lente et sûre restauration. Le donjon crénelé est du XIIIe, le corps de bâtiment des XIIIe-XIVe, le manoir seigneurial du XVe. Une double enceinte marque l'entrée de l'ensemble. L'intérieur présente une voûte en berceau brisé dans la salle des états du Périgord et un oratoire orné de fresques gothiques naïves. Un escalier XVIIe conduit au chemin de ronde ; coup d'œil mémorable. Et n'oubliez pas d'aller faire un tour à la magnifique petite chapelle chapeautée de lauzes. Les Visiteurs II, film tourné à Beynac, est déjà oublié alors que le château continue sa traversée des siècles. En sortant, après avoir jeté un œil sur ce haut de village si bien restauré, on peut circuler sur le chemin qui longe le cimetière afin de bénéficier d'un panorama souvent battu par le vent. En prenant le chemin qui descend, on passe devant une drôle de maison dans la falaise, à la fois primitive et futuriste, en tout cas hors du temps.

Parc Archéologique ✆ 05 53 29 51 28. *Du 1er juillet au 15 septembre, de 10h à 19h, sauf le samedi (pique-nique accepté). Visite guidée, possibilité d'activités pédagogiques. 4,76 € par adulte, 3,05 € pour les 6/16 ans.* Ce petit voyage animé au pays des premiers agriculteurs et métallurgistes permet de découvrir la vie quotidienne du néolithique aux Gaulois. Depuis le IIe millénaire avant J.-C., les civilisations se sont succédé sur le site avec notamment un village de la fin de l'âge du bronze (VIIIe avant J.-C.). Le Parc Archéologique reconstitue les fortifications, les habitats de terre et de bois, et les ateliers gaulois (forgeron, potier, taille de silex, jardin) dans un souci pédagogique et d'animation. Un musée est installé dans une tour du XIVe.

Carlux

Château de Veyrignac ✆ 05 53 28 13 56. Ce château classé monument historique a été reconverti en monastère cistercien au XIIIe, sur une base féodale. Un maréchal de Louis XIV l'acheta pour construire le château familial à la fin du XVIIe. Incendié en juin 1944 par un escadron nazi, le bâtiment n'a connu une restauration qu'à partir de 1958, et ce jusqu'en 1979. Un changement de propriétaire le laissa de nouveau inhabité jusqu'en 1986. Le Château abrite un musée d'armes anciennes et armures dans les caves voûtées du XIIIe. Une exposition de personnages historiques en costumes est installée dans l'ancienne chapelle désaffectée.

Index général à la fin de ce guide

Domme

Baptisée « l'Acropole » du Périgord noir, la bastide a été bâtie en 1280 par un Philippe III le Hardi épris de cette situation géographique... Mais l'état des lieux a obligé les architectes à revoir la copie au cordeau de ce type de ville. De la porte des Tours (qui conserve le témoignage poignant des chevaliers du Temple qui y furent emprisonnés début XIVe) jusqu'à à la halle du XVIe, de la Barre au vieux moulin du Roy, la cité tout entière vaut une promenade douce et sportive, entre les beaux jardins parfumés des particuliers. L'hôtel du Gouverneur du XVe abrite la mairie.

Grottes. Place de la Halle ✆ 05 53 31 71 00/09. *Ouvertes de février à mars et de septembre à décembre de 10h15 à 12h et de 14h15 à 17h15. D'avril à juin jusqu'à 18h. De 10h à 19h en juillet et août.* Desservie par un ascenseur panoramique qui permet de profiter d'un grand angle de vue sur la vallée, cette grotte à concrétions, - qui a si bien inspiré le peintre et écrivain François Augiéras -, est mise en valeur par un jeu de lumières qui frappe les colonnades de stalactites et les miroirs d'eau. Présence d'ossements préhistoriques.

Musée des Arts et Traditions Populaires ✆ 05 53 31 71 00. *Ouvert d'avril à juin et de septembre à décembre de 10h30 à 12h30 et de 14h30 à 18h. En saison de 10h30 à 19h.* Reconstitution de la vie dommoise à travers des intérieurs, des collections de meubles, vêtements et outillages divers.

Vallée du Céou

Pour atteindre la bastide de Domme, on peut s'offrir un crochet par la vallée du Céou. Grives, Saint-Pompon et Daglan, villages presque oubliés, sont toujours très authentiques et évoquent déjà le Quercy. Saint-Pompon sommeille près de son église, son château Renaissance et son pont sur le Céou. Daglan a conservé de jolies petites maisons à galeries et s'est fait une spécialité de la découverte des cabanes à pierres sèches, très nombreuses sur son territoire. Saint-Cybranet est devenue une vraie station touristique à l'écart des bousculades, où l'on peut se laisser tenter par les joies d'une descente en canoë.

Marquay-Sireuil

Longtemps abandonné au seul regard de quelques initiés des environs, le site de Commarque est maintenant bien connu et ses premiers amoureux solitaires en souffrent forcément. On s'y aventure à partir de Marquay, puis Sireuil. Le château fort des XIIe-XIIIe, en cours de restauration, apparaît comme un songe : on se croit au bout du monde, dans une lutte que se livreraient pierres et végétation. Essayez de découvrir le pigeonnier avant de repartir. La jolie petite chapelle est, quant à elle, bien visible. La tour de Commarque, jetée sur ses pans de murs, fait face au château de Laussel : cet édifice des XVe-XVIe siècles, revu au XIXe, est perché au-dessus de la vallée de la Beune.

Château de Puymartin ✆ 05 53 59 29 97. *D'avril à juin et de septembre à début novembre, de 10h à 12h et de 14h à 18h. En juillet et août, de 10h à 12h et de 14h à 18h30.* Entre Sarlat et les Eyzies, le Château de Puymartin a conservé son mobilier, ses peintures sur boiseries et ses tapisseries depuis cinq siècles (meubles Renaissance et XVIIIe, tapisserie des Flandres et d'Aubusson). Dominant la vallée de la Beune, ce repaire noble fortifié a été occupé par les Anglais en 1358, racheté par les consuls de Sarlat. Il est devenu possession des Puymartin en 1450.

Cap Blanc ✆ 05 53 59 21 74. *Ouvert tous les jours, du 1er avril au 30 octobre de 10h à 12h et de 14h à 18h (de 9h30 à 19h en juillet et août). Groupes sur RDV pendant l'hiver.* Situé dans la vallée de la Beune, Cap Blanc fait face au château de Commarque dans un site contrasté. Ce chef-d'œuvre de l'art paléolithique, classé monument historique, est le fruit du temps passé par des chasseurs devant la falaise. Voilà plus de 15000 ans, ils éprouvèrent le besoin de sculpter des chevaux, des bisons et des rennes de parfois 2 mètres de long. Résultat : une frise monumentale en bas-relief unique en Périgord. Un aménagement offre un panorama de la vie et de l'art sur le site, avec des objets et des images racontant l'aventure des sculpteurs d'alors. Le point de vue extérieur est sublime. Pour rejoindre Sarlat depuis Marquay, vous pouvez arriver par Proissans ou Temniac : le point de vue en surplomb est plutôt agréable.

Montfort

Après avoir traversé Vitrac les yeux grands ouverts, la direction du château de Montfort s'impose. Il faut auparavant, au fil de la route, admirer le site avec vue plongeante sur le cingle, dans lequel la Dordogne apprivoise la ligne de fuite des peupliers.

Château ✆ 05 53 28 57 80. *D'avril à fin juin et de septembre au 11 novembre, de 10h à 12h et de 14h à 17h30. En juillet et août, de 10h à 18h30. 2,29 € par adulte, gratuit pour les moins de 10 ans.* Seuls le parc et les remparts se visitent. Sur son éperon rocheux, le Château actuel est la 4e reconstruction après une première version rasée en 1214 par Simon de Montfort, une autre lors de la guerre de Cent Ans, une autre encore sous Louis XI et enfin sous Henri IV. Il reste malgré tout des bâtiments des XVᵉ et XVIᵉ, la restauration datant du XIXᵉ. Mais comment diable peut-on accrocher de telles bâtisses aussi à pic ? Si on choisit de glisser en canoë sur la rivière, c'est assurément ce que l'on se dit en se trouvant tout petit au pied de cette merveille...

Sainte-Mondane

Château de Fénelon ✆ 05 53 29 81 45. *Ouvert de janvier à fin mai et du 1er octobre au 31 décembre, de 10h à 12h et de 14h à 18h ; du 1er juin au 30 septembre de 9h30 à 19h.* Cette forteresse des XIVᵉ-XVIIᵉ siècles, classée monument historique, mêle caractère défensif et esthétique Renaissance. C'est l'un des derniers châteaux à avoir pu conserver sa lourde toiture de lauzes. Il abrite encore du mobilier, des armes et armures des XVᵉ-XVIIIᵉ siècles. La forêt qui l'entoure flatte le teint de ce château protégé par une triple enceinte. Son imposante silhouette domine la vallée de la Dordogne, formant un site remarquable. L'archevêque Fénelon (1651-1715), précepteur du duc de Bourgogne et auteur du célèbre Télémaque, y est né ; de nombreuses pièces en témoignent.

Vézac

Parc du Château de Marqueyssac ✆ 05 53 31 36 36. Les jardins du château ont été ouverts au public en 1997, et les Périgourdins eux-mêmes ne se lassent pas de cette visite qui permet de faire le tour d'un éperon rocheux qui domine la Dordogne et sa vallée en offrant une vue à 180° sur Beynac, Fayrac, Castelnaud, la Roque-Gageac et Domme. Dans les odeurs de buis, on peut passer de longues heures à profiter du paysage en faisant des étapes botaniques bien expliquées. Ce Parc, oublié pendant plusieurs années, a été remis en valeur par Kléber Rossillon, à qui l'on doit déjà la renaissance du château de Castelnaud. 6 km d'allées, bordés de 150 000 buis taillés et cyprès, ont été remis en état sur un site de 22 hectares ponctué de labyrinthes, chambres de verdure, chapelles et cabanes de pierres sèches. Le Belvédère est la pièce majeure de cet ensemble.

Ateliers-musée ✆ 05 53 28 35 78. *Tous les jours, de 10h30 à 18h30, d'avril à fin décembre (9h-22h en juillet et août).* La Compagnie Générale Minéraux Bijouterie a ouvert au pied du château de Castelnaud un espace qui retrace une histoire des minéraux allant de la mine à la taille. Formes et couleurs envoûtent la visite au pays des pierres précieuses.

LES EYZIES

HEBERGEMENT

Hôtel du Château. Le bourg 24260 Campagne ✆ 05 53 07 23 50 - Fax 05 53 03 93 69. *Fermeture annuelle du 15 octobre aux Rameaux. 12 chambres de 42 à 51 €. Menus de 18 à 45 €. Carte 27 €. Petit-déjeuner 6 €.* Au cœur du Périgord noir, 12 chambres coquettes et confortables. Cadre de verdure face au superbe château de Campagne. A proximité : pêche, piscine, plage, tennis, golf, randonnées pédestres, équestres, cyclistes, aériennes. Au restaurant, une cuisine alliant tradition et originalité vous sera servie.

Hostellerie du Passeur. Place de la Mairie 24620 Les Eyzies-de-Tayac ✆ 05 53 06 97 13 - Fax 05 53 06 91 63. *Fermeture annuelle du 1er novembre au 1er février. Fermé le mardi midi. 19 chambres de 50 à 85 €. Menus de 21,34 à 35 €. Carte 41,16 €. Petit-déjeuner 6,50 €.* Les chambres de cette ancienne maison bourgeoise située en bordure de rivière ont été entièrement rénovées et décorées avec soin de façon à en faire de petits nids douillets. Modernité et tradition se mélangent agréablement dans la cuisine du chef qui vous proposera peut-être une gourmande aux 3 foies gras de canard ou une poêlée de saint-jacques aux cèpes. Le cadre est charmant.

Hôtel des Roches. 15, avenue de la Forge 24620 Les Eyzies-en-Périgord ✆ 05 53 06 96 59 - Fax 05 53 06 95 54. *Fermeture annuelle du 1er novembre au 13 avril. 41 chambres de 55 à 89 €. Petit-déjeuner 6,50 €.* L'hôtel, situé dans un cadre magnifique au pied des falaises des Eyzies possède 41 chambres bien aménagées et bien équipées. L'endroit est calme et chaleureux. Une grande piscine extérieure ainsi qu'un parc de 5 000 m² vous attendent à l'extérieur.

Manoir de Bellerive - rest. les Délices d'Hortense. Route de Siorac 24480 Le Buisson ✆ 05 53 22 16 16 - Fax 05 53 22 09 05. *Fermeture annuelle du 3 janvier au 28 février. Fermé le lundi, mardi midi (restaurant). 22 chambres de 122 à 206 €. Menus de 37 à 84 €. Carte 80 €. Petit-déjeuner 6,75/11,50 €.* Un fier manoir Napoléon III dans son parc de 4 ha, avec une belle décoration de style. Chambres de grand confort, avec vue sur la Dordogne ou sur le parc. Certaines ont été aménagées dans l'orangerie, déco contemporaine, spacieuses et agréables. Belle table, élégance du décor et aussi élégance dans l'assiette, cuisine de prestige sur de bons produits régionaux : colvert rôti en salade d'herbes, oreillers moelleux au foie gras, dos de bar poêlé sur sa peau et mijoté de légumes en saltimbocca, selle d'agneau en croûte de champignons jus au thym frais.

Hôtel Royal Vézère - Les Trois As. Place de l'Hôtel de Ville 24260 Le Bugue ✆ 05 53 08 41 57 - Fax 05 53 07 16 56. *50 chambres de 52 à 85 €. Menus de 17 à 43 €.* Installé au bord de la Vézère, un établissement séduisant pour un séjour des plus agréables. Chambres confortables et bien agencées, et une cuisine qui n'est pas en reste, audacieuse et maîtrisée.

Chambres d'hôtes

Le Moulin Neuf. Paunat 24510 Sainte-Alvère ✆ 05 53 63 30 18 - Fax 05 53 63 30 55. *Fermeture annuelle 1re semaine d'avril, 2e quinzaine d'octobre et les fêtes de fin d'année. 6 chambres à 57,93 €. Petit-déjeuner 7,62 €. Carte bancaire non acceptée.* Cet ancien moulin typiquement périgourdin est au centre d'une vallée verdoyante comprenant un lac. Les chambres, joliment décorées, disposent de salles de bains très bien équipées. Un salon, récemment redécoré est à disposition des hôtes. La maison est réservée aux non-fumeurs.

Campings

Le Moulin de la Pique 24170 Belvès ✆ 05 53 29 01 15. *Ouvert du 22 avril au 28 octobre. 180 emplacements.* Ce camping se situe en bordure de rivière, avec piscine, et propose des équipements haut de gamme dans un cadre de rêve.

La Nouvelle Croze 24240 Rouffignac ✆ 05 53 05 38 90. *Ouverte du 1er avril au 1er novembre.* Ce camping propose 40 emplacements avec piscine et nombreuses animations.

Le Rocher de la Granelle 24260 Le Bugue ✆ 05 53 07 24 32. *Ouvert du 1er avril au 30 septembre.* 100 emplacements pour ce camping avec piscines et tennis, en bordure de Vézère. Nombreuses animations.

RESTAURANTS

Le Gabarrier. Allas-les-Mines ✆ 05 53 29 22 51. *Fermé le mercredi hors saison. Congés en janvier. Menus à 17,50 € (sauf les samedis et jours fériés) et à partir de 20,60 €. Menu Enfant à 10 €.* Le Gabarrier, avec sa terrasse véranda, est bien connu des Sarladais et attire une clientèle étrangère éprise de tranquillité, de qualité d'accueil et de table.

Auberge de l'Etang Joli. La Combe 24620 Les Eyzies-de-Tayac ✆ 05 53 35 29 87 - Fax 05 53 35 29 87. *Fermé le vendredi soir et samedi (l'hiver, sauf réservation). 6 chambres à 43 € (demi-pension). Menus de 15 à 25 €.* Dans un cadre verdoyant, cette maison familiale constitue une bonne étape. La propriété, traversée par un ruisseau et un étang, est propice au calme et à la détente. Les six chambres, équipées et confortables, donnent sur l'étang. Au restaurant : salade de gésiers à l'huile de noix, terrine de foie gras frais de canard, cassoulet maison au confit, et autres produits maison.

La Métairie. Beyssac 24620 Les Eyzies ✆ 05 53 29 65 32 - Fax 05 53 29 65 30. *Fermeture annuelle du 11 novembre au 9 février. Fermé le lundi (et dimanche soir hors saison). Menus de 10 à 30,50 €. Carte 28 €.* Une ancienne grange bien aménagée, qui servait jadis de mangeoire pour les chevaux. Ce sont les touristes et les habitués qui profitent aujourd'hui de cet intérieur typique et de cette bonne cuisine de tradition à influence régionale.

Laborderie. Le Bourg 24620 Tamniés ✆ 05 53 29 68 59 - Fax 05 53 29 65 31. *40 chambres de 25 à 75 €. Menus de 17 à 40 €. Petit-déjeuner 7 €.* On est d'emblée séduit par le cadre, un vaste parc au sein duquel se loge la piscine. Les chambres sont douillettes et agréablement décorées. Quant à la table, elle sait actualiser les recettes classiques. Bons desserts, service agréable.

Le Prés Gaillardou. La Roque-Gageac ✆ 05 53 59 67 89. *Congés du 10 janvier au 1er février. Fermé le lundi hors saison. Menus de 16,80 € à 33 €. Menu enfant à 7,50 €.* Cette ancienne ferme rénovée, avec pierres apparentes, poutres et cheminées, constitue un cadre très chaleureux abritant une cuisine savoureuse.

POINTS D'INTERET

Office de Tourisme. Place de la Mairie 24620 Les Eyzies-de-Tayac ✆ 05 53 06 97 05.

On circule mieux de part et d'autre de la rivière depuis que le pont a été refait et élargi. Le village des Eyzies est dominé par la statue d'un Cro-Magnon revu et corrigé, et vit sous l'emprise de ses falaises dorées, entre la pierre qui parle d'hier et l'eau de la Vézère qui porte des touristes bien d'aujourd'hui, c'est-à-dire le plus souvent en canoë.

Le proche bourg de Tayac, rattaché aux Eyzies, possède une splendide église fortifiée du XIIe. Le portail est un surprenant mélange gallo-romain et oriental.

Un florilège de grottes et rochers caractérise les environs. Le musée national de la préhistoire est une première étape idéale, qui donne le goût de « creuser » le sujet.

Musée National de la Préhistoire ✆ 05 53 06 45 45. *Tous les jours sauf le mardi, de 9h à 12h et de 14h à 18h hors saison; tous les jours de 9h30 à 19h en juillet et août. 3,20 € par adulte, 2,29 € pour les étudiants, gratuit pour les moins de 18 ans. 2,29 € pour tous le dimanche. Visites conférences sur réservation.* Le Musée, aménagé dans les ruines d'un château du XVIe à flanc de falaise, est toujours en travaux d'extension. Mais les visites se poursuivent, pour admirer la plus importante collection paléolithique de France. C'est le passage obligé pour bien resituer dans leur contexte les visites des abris situés à proximité. Les collections d'outils et d'œuvres d'art préhistorique mis au jour dans les environs y sont présentées dans un souci chronologique et géologique. La taille du silex, mais aussi les nombreuses « Vénus » d'Europe sont à l'honneur. La visite passe en revue l'industrie lithique et osseuse, les blocs gravés et sculptés (premier ensemble mondial en la matière), l'art mobilier, les sépultures, la faune préhistorique. Depuis la terrasse du Musée, il faut savourer la vue sur les falaises et le village.

Abri Pataud ✆ 05 53 06 92 46. *Ouvert tous les jours en saison, fermé le lundi hors saison. Ouvert de fin janvier à décembre. Visite guidée d'environ 1h. Accès handicapés.* C'est un drôle de bâtiment à la sortie du village (direction Périgueux), mais c'est surtout un des plus grands gisements préhistoriques de France. Il présente des outils, objets de parures, œuvres d'art, habitats, restes de gibier, sépultures et ossements de nos ancêtres, qui sont mis en valeur sur le lieu même des fouilles. La mise en scène avec des coupes stratigraphiques permet de suivre la succession des occupations préhistoriques de -33000 à -18000 ans. Un bouquetin sculpté en bas-relief est l'une des plus impressionnantes apparitions de la visite. Les objets originaux exposés et les résultats des travaux des chercheurs permettent de se faire une idée plus précise de Cro-Magnon.

Grotte de Font-de-Gaume ✆ 05 53 06 90 80. *Tous les jours sauf mardi et jours fériés. Du 1er avril au 30 septembre, de 9h à 12h et de 14h à 18h; du 2 novembre à fin février, de 10h à 12h et de 14h à 17h; en octobre et mars, de 9h30 à 12h et de 14h à 17h30.* Classée monument historique, cette Grotte est la dernière à peintures polychromes encore ouverte au public en Aquitaine. Lorsque Capitan, Breuil et Peyrony découvrirent en 1901 la qualité esthétique de ces œuvres pariétales, ils apportèrent un argument décisif à la reconnaissance de l'art paléolithique. Plus de 200 figurations animales, premiers grands chefs-d'œuvre de l'humanité, ont été répertoriées dans ce réseau long de 120 mètres: 84 bisons sont gravés ou peints (souvent les deux) en couleurs. Ce bestiaire est réparti en 2 périodes stylistiques du magdalénien. Pour les spécialistes, c'est l'un des plus beaux sanctuaires paléolithiques du monde.

Grotte des Combarelles ✆ 05 53 06 90 80. *Tous les jours sauf mercredi et jours fériés. Horaires identiques à ceux de Font-de-Gaume. Accès limité pour cause de conservation.* Sur la rive gauche de la Beune, cette Grotte découverte en 1901 est considérée comme un sanctuaire majeur de la culture magdalénienne (-13000 ans). Elle recèle plus de 600 figurations rupestres, majoritairement gravées: le bestiaire représente une faune très diversifiée. On trouve quelques représentations anthropomorphes et signes tectiformes.

Grottes du Grand-Roc Laugerie Basse ✆ 05 53 06 92 70. *Ouvertes tous les jours, de février à décembre.* Dans cette falaise sur la Vézère, la Grotte est un chef-d'œuvre naturel qui regorge de cristallisations bizarres et de cristaux de toutes formes ; la vue sur la vallée en prime à la sortie. La fouille des gisements a livré des milliers d'ossements, d'outils de silex et près de 600 objets d'art de l'époque magdalénienne, dont la fameuse vénus impudique. Laugerie-Basse permet d'approcher la vie quotidienne de ce peuple chasseur. Ce site est habité depuis -14000.

Saint-Cirq ✆ 05 53 07 14 37. *Ouvert toute l'année.* Cette cavité découverte en 1951 se situe entre les Eyzies et le Bugue. Elle est connue pour une gravure célèbre, baptisée Le sorcier. Il faut y ajouter des gravures animales, essentiellement des chevaux, attribuées aux début et milieu du magdalénien.

Grottes du Roc de Cazelle ✆ 05 53 59 46 09. *Tous les jours de 10h à 18h, en juillet et août de 10h à 20h. Espace pique-nique, parking gratuit.* Ce site classé s'inscrit dans des falaises escarpées entièrement excavées par des grottes, des refuges et des souterrains. Habité depuis la préhistoire, cet ensemble a été aménagé en château fort au Moyen Age, puis réutilisé et transformé en habitation dans les années 1900. La visite se décompose en 4 parties : parc préhistorique à thèmes (reconstitutions de scènes de vie), grottes et abris, cluzeaux et promenades sur la falaise, habitations taillées dans le roc aménagé début XXe siècle.

Musée de la Spéléologie ✆ 05 53 35 43 77. *Ouvert du 15 juin au 15 septembre, de 11h à 18h sauf le samedi. 2,29 €.* Dans le fort troglodytique du Roc-de-Tayac, ce Musée est le premier en France à se consacrer à la spéléo avec l'histoire des pionniers, les techniques d'exploration, le rôle scientifique des spéléologues. Le monde souterrain n'aura plus de secrets pour vous à la sortie... Ce Musée est une réalisation bénévole du Club de Périgueux, dans un site qui offre un point de vue fabuleux sur la Vézère.

SHOPPING

Maroquinerie Cabbane Belle Etoile. Tursac ✆ 05 53 06 12 17. Didier Soumah-Valdman crée des articles de maroquinerie, réalisés en cuir de premier choix : sacs, ceintures, objets décoratifs en cuir et céramique.

Michel Fauque. Le Bugue ✆ 05 53 07 22 46. Les vrais bons pâtissiers ne sont pas légion. Pour une halte gourmande, vous pouvez faire confiance à celui-ci, qui donne les jolis noms du pays à ses créations moelleuses et sucrées. Salon de thé.

Foies Gras Pompougnac. Rouffignac ✆ 05 53 51 28 04. Cette bonne adresse vous attend Place de la Mairie : depuis 70 ans, la maison joue l'authentique cuisine périgourdine, qu'il s'agisse de confits ou de foies, de plats cuisinés ou de sauces (également Place d'Armes, à Montignac).

LOISIRS

Canoë

Animation Vézère Canoë. Les Eyzies ✆ 05 53 06 92 92

Montignac ✆ 05 53 06 98 45. Depuis la route de Périgueux aux Eyzies, on peut se lancer pour 4 km pour 6 € par personne et jusqu'à 18 km pour 12,50 € (accès aux sanitaires compris). A Montignac, au nouveau pont, on part pour 8 km ou 18 km. Le grand jeu Montignac-Les Eyzies est à 18 € (30 km). Randonnées guidées sans majoration de prix, avec les conseils d'un cadre technique de la fédération de canoë.

Parcs

La Ferme de Jacquou. La Menuse, Saint-Félix-de-Reilhac. *Ouverte tous les jours d'avril à septembre.* Ce parc animalier et de loisirs présente des espèces rares et en voie de disparition.

Terre des Oiseaux. Route du Buisson ✆ 05 53 07 12 81. *Ouverte de 9h à 18h hors saison et de 9h à 20h en juillet et août.* Ce parc ornithologique présente des oiseaux en semi-liberté et en volières.

DANS LES ENVIRONS

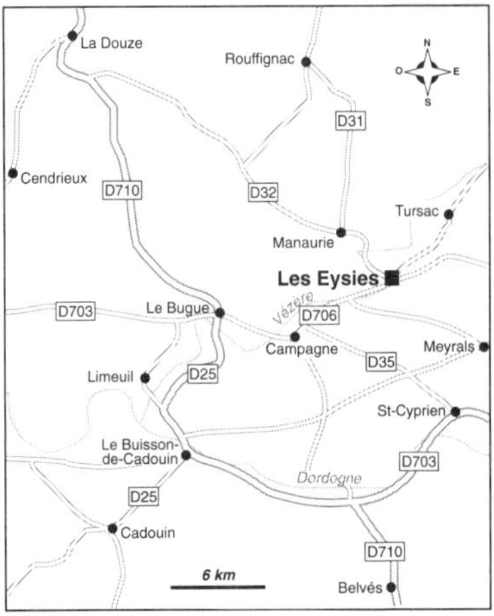

Belvès

Belvès fait partie des « plus beaux villages de France ». Toutes les époques se côtoient dans ce bourg en surplomb qui affiche ses sept « clochers ». Le sous-sol est creusé de souterrains et de cluzeaux. La tour de l'Auditeur du XIIᵉ, la halle de bois du XVᵉ, la maison des Consuls, l'église du XIVᵉ, le beffroi du XVᵉ... autant de motifs pour se promener dans les ruelles paisibles. D'avril à septembre, on peut visiter les abris troglodytiques en s'adressant au syndicat d'initiative. Le pèlerinage à Notre-Dame-de-Capelou, fin août, est couru par les fidèles. L'aéroclub est très actif, tout comme le club VTT. Chaque dernier dimanche d'avril, les marcheurs vraiment très entraînés peuvent s'engager aux Cent kilomètres de Belvès.

Cadouin

L'abbaye de Cadouin vient d'être classée au patrimoine mondial de l'Unesco, ce qui lui confère une notoriété nouvelle et un intérêt non négligeable sur le plan touristique. Mais la commune possède déjà des capacités d'accueil appréciables : 45 chambres d'hôtel, un camping de 40 emplacements et 90 places en auberge de jeunesse.

Cloître et Musée du Pélerinage ✆ 05 53 63 36 28/05 53 35 540 40. *Fermés en janvier. Ouverts de 10h à 12h30 et de 13h30 à 17h30 ou 19h sauf le mardi hors saison. En saison ouverts de 10h à 19h.* Parce qu'elle accueillit en 1117 ce que l'on a longtemps cru être le saint suaire, - linceul ayant enveloppé la dépouille du Christ -, l'abbaye se transforma pour être digne de cet honneur. Même si les guerres de Religion et la Révolution ont laissé quelques balafres, le cloître gothique flamboyant a gardé sa superbe. C'est un espace de quiétude où l'on peut suivre des personnages mi-ange mi-démon à fleur de pierre, et s'évader par la magie d'une porte Renaissance. L'intérieur de l'église fait immédiatement tomber sur le visiteur le voile de l'esprit, celui de l'architecture, de la beauté, de la méditation... enfin, celui que l'on veut y voir.

Musée du Vélocipède ✆ 05 53 63 46 60. *Tous les jours de l'année, de 10h à 19h.* Toute l'histoire des deux roues est résumée dans cet ancien couvent réaménagé par Gérard Buisset. Sa collection est la première du monde en la matière, puisqu'il a acheté environ 600 pièces en 40 ans. Les 80 plus belles pièces sont présentées dans le Musée. L'histoire des deux roues commence avec les draisiennes : celle à tête de boa polychrome or, datant de 1830, dispute le premier prix avec celle à tête de cheval de 1820. L'irrésistible envie s'installe d'essayer ce grand bi de 1869 avec son modèle enfant assorti, ou encore le vélo de course type Paris-Brest de 1860, le modèle anglais de 1892 spécialement étudié pour les facteurs et créé à partir de la sacoche (!), la bicyclette pliante de 1895, la bicyclette avec selle hamac ayant fait la guerre des Boers ; des drôles et des meilleurs...

Campagne

Cave-Champignonnière le Soleillal ✆ 05 53 07 01 03. *Ouverte tous les jours, départ des visites (60 min) de 10h à 17h en juillet et août. De 10h à 11h et de 14h à 16h de Pâques à fin juin et de septembre à mi-octobre. 4,76 € par adulte, 2,29 € par enfant.* Endroit frais et insolite, cette ancienne carrière de pierre vous changera des musées et des sites dédiés à la préhistoire, même si nous restons au cœur de la roche, à 50 m sous terre. Vous y apprendrez tout sur la culture des champignons et pourrez récolter vous-même ceux que vous avez choisi d'acheter.

Village de Belvès

Cendrieux

Musée Napoléon. La Pommerie ✆ 05 53 03 24 03. *Du 1er juillet au 31 août tous les jours de 10h30 à 12h30 et de 14h30 à 18h30 (fermé le 15 août). Du 1er septembre au 30 juin sur rendez-vous pour des groupes de 10 personnes minimum.* Dans le cadre intime de son manoir de la Pommerie, Baudoin de Witt, qui est l'arrière arrière-petit-fils de Jérôme Napoléon, lui-même frère cadet de l'Empereur, a réuni pour la première fois plus de 150 objets répertoriés par la Caisse des monuments historiques. Les nostalgiques de l'Empereur pourront à loisir se plonger dans la vie de leur « idole » à travers des objets, qui vont de la vaisselle à des bustes en passant par des tableaux, mais aussi des bas, des mouchoirs, etc.

Le Bugue

C'est un carrefour touristique important, qui fourmille d'activités et de visites possibles. Le mardi, jour de marché, n'espérez pas passer le pont facilement. Il faut se laisser aller tranquillement à pied, pour profiter de ce festival de couleurs et d'odeurs.

Le moulin restauré est aménagé en syndicat d'initiative, Porte de la Vézère.

Village du Bournat ✆ 05 53 08 41 99. *Ouvert de février à décembre. De 10h à 19h de mai à septembre, de 10h à 17h hors saison. La visite libre peut durer entre 1h et 4h. Accessible aux handicapés. 7,62 € par adulte, 4,76 € par enfant.* Ce Village reconstitue les scènes de la vie rurale et nous transporte dans le Périgord rural des années 1900. L'histoire populaire s'anime sur les bancs de l'école, autour de la ferme et des cultures, des vieux métiers et des artisans (moulin à huile de noix, alambic, locomobile, limonaire, outils, voitures à cheval...), des jouets et de la fête, mais aussi à travers les objets de la vie quotidienne d'alors. De nombreuses animations se succèdent dans le village : artisans en activité, fournée de pain de campagne, forge, fête foraine d'antan...

Aquarium du Périgord Noir ✆ 05 53 07 16 38. *Ouvert 7j/7 de mi-mars à mi-novembre, de 10h à 12h et de 14h à 17h (de 10h à 19h de juin à fin août). 6,50 € par adulte, 5 € pour les 4 / 5 ans ; 5 € par adulte et 3,50 € par jeune dans un groupe de plus de 20 personnes. Accessible aux handicapés.* L'Aquarium du Périgord Noir vient de changer de propriétaire mais savoure le même succès depuis plusieurs années. On peut admirer, au fil d'un parcours à la fois pédagogique et spectaculaire le long de 300 mètres de baies vitrées, des poissons de rivière présentés dans leur élément, en lumière naturelle. Les bassins alternent sur fond d'arbres et de rochers, pour donner d'intéressantes perspectives. Les enfants sont les premiers à tirer profit de cette plongée en eau douce. En juillet et août, à 10h30 et 11h30, on peut assister au repas des poissons.

Jardins d'Arborie ✆ 05 53 08 42 74. *De début mai à mi-juin et de mi-septembre à fin octobre, de 10h à 12h et de 14h30 à 18h. De mi-juin à mi-septembre, de 9h45 à 19h.* Le Périgord est présenté en miniature dans un parc botanique arboretum de 7 000 arbres rares. Cet assemblage de paysages et maisons miniatures met en scène des châteaux et habitats périgourdins au 1/20e dans des compositions de verdure. Ce jardin insolite comprend 600 plantes cactées et 700 arbres et arbustes. La collection de bonsaïs vaut vraiment le déplacement.

Gouffre de Proumeyssac ✆ 05 53 07 27 47. *Ouvert toute l'année sauf en janvier : en février, novembre et décembre, de 14h à 17h ; en mars, avril, mai, septembre, octobre de 9h30 à 12h et de 14h à 17h30. En juin, juillet, août de 9h à 19h. Accès handicapés.* On ne le surnomme pas la cathédrale de cristal pour rien. Cette curiosité de la nature a été sculptée par les ruissellements pendant 15 millions d'années : stalactites et stalagmites jouent d'excentricités, et les concrétions triangulaires nées sur le sol sont uniques au monde. L'œuvre souterraine en évolution permanente est d'autant plus visible depuis que la visite bénéficie d'une véritable mise en scène, éclairage et musique à l'appui.

Grotte de Bara-Bahau ✆ 05 53 07 27 47. *De fin mars à mi-novembre, de 10h à 12h et de 14h à 17h tous les jours (de 9h à 19h en juillet et août).* Cette vaste grotte couloir obstruée par un éboulis constitue la plus occidentale des grottes ornées de la vallée de la Vézère. On y découvre une quinzaine de gravures animalières : chevaux, bovinés, bouquetins, cervidés, ours... et quelques signes attribués au magdalénien. C'est l'un des plus vieux sites de la mémoire de l'humanité en termes d'art pariétal, et l'une des rares sources connues de l'histoire de l'art.

Musée de la Paléontologie et de la Vie Sauvage. 2, rue de la République ✆ 05 53 08 28 10. *Ouvert en juillet et août, de 10h à 13h et de 15h à 19h. 3,81 € par adulte, 2,90 € par enfant; 3,05 € par adulte.* Le Musée de la Paléontologie, composé de 3000 pièces venant pour beaucoup de la région, et celui de la Vie Sauvage, qui compte 1000 pièces rachetées par la ville à une famille de taxidermistes, sont installés en un même lieu, sur la route de Campagne, au bord de la Vézère. De quoi permettre aux enfants, après une approche du monde minéral et fossile, d'apprendre les différentes sortes de plumes et de resituer les oiseaux dans l'imaginaire de l'homme, de contempler des paons, des cervidés, des rongeurs, des ruminants, des caprins... toute une étude de la nature qui incite à mieux la protéger.

Limeuil

Nous sommes ici à la charnière de deux vallées connues et reconnues, la Dordogne et la Vézère. Ce village dégringole le long de la falaise, et se savoure en marchant à la rencontre des trois portes fortifiées restant accrochées à quelques traces de remparts. La charmante petite église romane de Saint-Martin de Limeuil a soufflé ses 800 bougies. Ses proportions, son chœur en cul-de-four, sa charpente impeccable en font un régal pour l'œil. A l'intérieur, la coupole à la croisée de transept et les bribes de fresque valent la visite (de mai à octobre, tous les jours). L'association à qui l'on doit sa restauration y programme des concerts de haute tenue durant l'été.

Jardin-musée ✆ 05 53 63 32 06. *Du 1er juillet au 15 septembre, tous les jours, de 10h à 12h et de 14h30 à 19h. 3,81 € par adulte, 1,52 € par enfant. Visite de groupes, sur rendez-vous.* Il suffit d'aller sur les coteaux, au lieu-dit Maisonnette, pour visiter le Jardin historique des légumes et des fleurs imaginé par Michel et Véronique Guignard sur 2000 m^2. Il permet de découvrir l'évolution des espèces végétales, et de retrouver la trace d'espèces oubliées. Ce Jardin cultivé dans un esprit de perfection, avec appui scientifique, a demandé 12 ans de recherches. Véritable musée à ciel ouvert, il présente les plantes sauvages et domestiques dans les contextes historiques présidant à leur culture. Les six Jardins se suivent sans se ressembler, avec les plantes sauvages comestibles de la préhistoire, les premiers jardins du néolithique, les cultures à l'époque gauloise et gallo-romaine, le jardin des moines du XIIe, l'apport des grandes découvertes de la Renaissance, et un curieux voyage sur les cinq continents en ce qui concerne l'espace contemporain.

Manaurie

Grottes de Carpe Diem ✆ 05 53 06 91 07. *En avril et mai, de 10h à 12h et de 14h à 17h; en juin, juillet, août, de 9h30 à 19h30; en septembre, de 10h à 12h et de 14h à 18h. Fermé le lundi hors saison.* C'est un couloir de 200 m de stalagmites, avec une salle dite de l'Aigle, un baldaquin, une salle de la Vierge, un plafond scintillant, une tulipe... toutes formes aperçues sur ce parcours.

Meyrals

Meyrals mérite le détour, pour le site médiéval du bourg qui a su garder son authenticité, pour ses artistes (atelier de Pascal Magis) et pour la drôle d'animation proposée le 3e dimanche de juillet: un concours d'épouvantails ouvert à tous!

A voir dans ce village de 400 âmes: la superbe église Saint-Eutrope (nef, chœur et abside romans) bénéficie d'un riche environnement, avec le prieuré recouvert de lauzes, l'ancien presbytère, et une maison à colombages qui aurait servi de maladrerie autour du XVIe. Une rue en pisé et une rue pavée, un travail de forgeron donnent un charme particulier au bourg. Sur la place de l'Eglise, le boulanger est connu à des kilomètres à la ronde: son pain de campagne et son pain de Pâques sont divins. On trouve dans les hameaux alentour une foule de sites: grotte de Sous-Grand-Lac, la grotte du Bison, le fort de la Rhonie, le Camp de César (Verteil), la chapelle Saint-Raphaël, des cabanes et bories, le château de la Roque des Péagers...

Grotte de Bernifal ✆ 05 53 29 66 39. Tout près de Meyrals, la Grotte de Bernifal a conservé un aspect général assez proche de celui qu'ont pu connaître les hommes de la préhistoire. Elle rassemble 110 gravures et peintures, noires ou rouges, attribuables au magdalénien. Des mammouths principalement, mais l'on peut aussi y voir, et c'est très émouvant, des images humaines, mains négatives, et une cinquantaine de signes tectiformes. Endroit encore un peu à l'écart des grands flux touristiques, pourtant riche de trésors.

Rouffignac

Le village a été détruit pendant la dernière guerre : seule l'église a heureusement résisté et conserve son magnifique portail Renaissance (1530) à chapiteaux corinthiens. Dans un Périgord essentiellement roman, sa splendeur Renaissance est d'autant plus précieuse. L'intérieur, de style flamboyant, se répartit en trois nefs d'égale hauteur et deux travées. La première est voûtée d'ogives simples, l'autre d'ogives à liernes et tiercerons. Ces voûtes sont supportées par des piles contre lesquelles s'appuient des colonnes ornées de moulures en hélice. Sans chapiteau, elles marquent la naissance des voûtes par un simple bandeau. La tribune occidentale repose sur un culot mouluré Renaissance, mais le chœur est de style roman.

Grotte de Rouffignac ✆ **05 53 05 41 71.** *Ouverte d'avril à octobre, de 9h à 11h30 et de 14h à 18h en saison. Groupes sur RDV de mars à novembre.* A quelques kilomètres du bourg, cette Grotte était déjà visitée au XVe siècle. L'architecture est inhabituelle en raison de nombreuses proéminences de silex et de coupoles naturelles. Compte tenu de la longueur des galeries, plus de 8 km, le parcours se fait en petit train. Ce système a également l'avantage de protéger les parois d'éventuelles dégradations provoquées par trop de visiteurs. En une heure, on voyage parmi les traces de dizaines de millénaires d'occupation animale et humaine. De nombreuses marques de griffes sur les parois sont attribuées à un ours des cavernes. Un ensemble de dessins au trait noir et de gravures du magdalénien représentant des chevaux, bisons et surtout mammouths, est particulièrement remarquable. Mais Rouffignac témoigne aussi de l'histoire de la bêtise humaine : une salle peuplée de croquis dessinés du bout des âges est maculée de graffitis...

Site troglodytique de Belvès

Château de l'Herm ✆ **05 53 05 46 61.** *Sur rendez-vous hors saison. De 10h à 19h dimanche, jours fériés et pendant les vacances scolaires au printemps. De 10h à 19h de début juillet à mi-septembre. 3,60 €.* Dites L'Herm et l'on vous répondra aussitôt comte de Nansac et Jacquou le Croquant... La légende se mêle à la réalité lorsqu'on se trouve au pied de cette ruine, vestige de la Renaissance mangée par la verdure. Construit en 1513 au cœur de la forêt Barade, ce Château a servi de cadre à plusieurs crimes familiaux avant d'être abandonné en 1714. Restent des ruines envoûtantes d'une architecture gothique flamboyant : les tours massives, un portail de première Renaissance s'ouvrant sur un escalier à vis chapeauté d'une voûte en forme de palmier. Reste aussi un triple empilement de cheminées monumentales, comme suspendues au-dessus de nulle part, témoignant d'une splendeur déchue. Assurément, ce Château, bordé de douves, donne plus de mystère encore à la forêt Barade.

Tursac

Préhisto-Parc ✆ **05 53 50 73 17.** *Du 1er mars au 11 novembre, de 10h à 18h ; en juillet et août, de 9h30 à 19h. Accès handicapés.* Dans cette vallée qui a vu naître les premiers gestes de l'homme, le Parc reproduit les scènes de la vie quotidienne de l'époque magdalénienne. On assiste par mannequins interposés au dépeçage de rennes, à la chasse au mammouth et au rhinocéros, à l'apparition des premières sépultures qui marque l'éveil à une spiritualité certaine.

Village troglodytique de la Madeleine ✆ **05 53 06 92 49.** *Hors saison, de 10h à 17h. Du 15 juin au 30 septembre, de 9h à 18h30.* Ce village troglodytique a connu une occupation humaine de -15 000 ans à nos jours.

MONTIGNAC-LASCAUX

HEBERGEMENT

Hôtel Sautet. Route de Montignac 24570 Le Lardin-Saint-Lazare ✆ 05 53 51 45 00 - Fax 05 53 51 45 09. *Fermeture annuelle décembre. Fermé le samedi midi, mardi et vendredi (restaurant, de mai à septembre) et les week-ends hors saison. 29 chambres de 59,50 à 108,20 €. Menus de 13 à 38,10 €. Carte 25 €. Petit-déjeuner 7,60 €.* L'hôtel se trouve au cœur d'un parc de 2 hectares comprenant tennis et piscine et les chambres offrent des équipements modernes de qualité. Au restaurant, la gastronomie traditionnelle du Périgord est à l'honneur : croustillant de foie gras de canard à l'aigre doux, poisson du marché, poitrine de canette grillée à la moutarde violette de Brive.

Hostellerie la Roseraie. 11, place d'Armes 24290 Montignac ✆ 05 53 50 53 92 - Fax 05 53 51 02 23. *Fermeture annuelle du 15 novembre au 15 mars. Fermé les midis en semaine hors saison (restaurant). 14 chambres de 82 à 105 €. Menus de 19 à 30 €. Carte 30 €. Petit-déjeuner 10 €.* Tout près du site préhistorique, une belle maison bourgeoise du XIXe siècle aménagée en confortable hôtellerie, belle piscine et chambres confortables, agréable salon-bibliothèque. Un séjour tout en douceur, mais aussi gourmand, table périgourdine mais aussi cuisine de création, avec le cannelloni de lapin à la crème de persil et ail confit, les pétales de cabillaud et purée de pommes de terre à l'huile d'olive, le duo de magret en tartare et vinaigrette aux noix. Menus bien composés, bonne formule à moins de 20 euros.

Château de la Fleunie 24570 Condat sur Vézère ✆ 05 53 51 32 74 - Fax 05 53 50 58 98. *Fermeture annuelle janvier, février. 33 chambres de 55 à 122 €. Menus de 22 à 43 €. Carte 30 €. Petit-déjeuner 10 €.* Au cœur d'un vaste domaine, ce beau château des XIIe et XVe siècles abrite 33 chambres dont le style respecte la magnificence du lieu. Très spacieuses, elles sont bien équipées et sont la promesse d'un repos au calme. Cet établissement comprend également un parc animalier, une piscine, deux tennis, une salle de remise en forme et d'autres possibilités d'activités. A la table du restaurant, vous pourrez déguster de nombreux plats du terroir aux saveurs délicates.

Le Manoir d'Hautegente 24120 Coly ✆ 05 53 51 68 03 - Fax 05 53 50 38 52. *Fermé lundi, mardi et mercredi midi. 15 chambres de 110 à 280 €. Menus de 23 (midi) à 60 €. Carte 55 €. Petit-déjeuner 12 €.* Cette ancienne forge du XIIIe se situe au cœur du Périgord noir. Une demeure pleine de charme et romantisme. Des chambres personnalisées tournées vers le parc ou la rivière. Une halte exquise côté papille : tempora de rascasse et langoustines légumes vanilles et ananas confits, trilogie de veau et bœuf aux girolles, croquant de chocolat et fruits rouges.

Campings

Le Paradis 24290 Saint-Léon-sur-Vézère ✆ 05 53 50 72 64. *Ouvert du 1er avril au 25 octobre.* 200 emplacements à fleur de falaise, en bordure de Vézère : ce camping n'a pas volé son nom. Piscines, tennis, location de canoë, bon programme d'animations... sans oublier les sites prestigieux alentour.

Le Temps de Vivre 24590 Salignac-Eyvigues ✆ 05 53 28 93 21. *Ouvert du 1er avril au 30 septembre.* Ce camping de 50 emplacements présente l'avantage de l'intimité, tout en étant situé au cœur du Périgord hyper touristique. Autant dire qu'il porte bien son nom. Piscine, terrain de sport, location de vélos, bar. Tennis tout près.

RESTAURANTS

La Vieille Auberge. Le Bourg 24590 Saint-Genies ✆ 05 53 28 90 38. *Fermeture annuelle d'octobre à mars inclus. Fermé le mercredi. Menus de 14,50 à 23 €. Carte 21,50 €.* Dans un très beau village périgourdin, une maison accueillante avec sa jolie terrasse au jardin, et sa typique cuisine régionale : mique au civet de canard, brezolles de veau à la quercinoise, ballottine de dinde au foie gras, cou d'oie farci. Depuis l'an passé, expositions de peinture durant la saison estivale.

Auberge du Peyrol. Les Soles 24290 Sergeac ✆ 05 53 50 72 91. *Fermeture annuelle du 11 novembre au 1er mars. Fermé le lundi (sauf juillet-août). Menus de 11,43 à 33,54 €. Carte 17 €. Carte bancaire non acceptée.* Situé à la campagne avec vue sur la vallée, ce restaurant est abrité par une vieille bâtisse périgourdine restaurée. A 9 kilomètres des grottes de Lascaux, on déguste ici une cuisine faite de spécialités périgourdines, foie gras, omelettes forestières, cèpes, truffes, confit de canard ou d'oie.

Restaurant la Meynardie. La Meynardie 24590 Salignac ✆ 05 53 28 85 98. *Fermeture annuelle décembre, janvier et mi-février. Fermé le mardi et mercredi sauf jours fériés. Menus de 19,06 à 42,69 €. Carte 38,11 €.* Une maison de charme dans la campagne sarladaise, avec son cadre périgourdin, son sol en pisé et sa cheminée de 1603, belle table et atmosphère raffinée, en particulier les soirs d'été, sur la terrasse devant le jardin fleuri. Accueil et service distingué, cuisine de terroir finement actualisée, bons menus. Foie de canard en terrine, brochette de queues de langoustines panées sauce au cidre, magret de canard sauce aux cèpes, cuisse confite et pommes de terre sautées à la graisse d'oie, petits cabécous chauds sur salade.

Ferme-auberge

Ferme-auberge des Vergnes. Le Coderc - Gabillou 24210 Thénon ✆ 05 53 05 50 89 - Fax 05 53 46 64 77. *Fermeture annuelle dernière semaine d'août. Fermé le d'octobre à mai, sauf sur rendez-vous. 1 chambre de 23 à 32 €. Menus de 7 à 24 €. Carte 15 €. Petit-déjeuner 4 €. Carte bancaire non acceptée.* Loin de la pollution et du bruit, les possibilités d'hébergement sont multiples : mobil homes, caravane ou chambre d'hôte à la ferme. Un bassin aquatique borde la salle d'auberge et les spécialités à base d'oie sont un vrai régal : rillettes, magrets, civets, foie gras.

POINTS D'INTERET

Office de tourisme. Place Bertran-de-Born 24290 Montignac-Lascaux ✆ 05 53 51 82 60.

Le destin de ce bourg a basculé en septembre 1940 avec la découverte de la grotte ornée de Lascaux. Mais avant de se précipiter vers sa réplique, on peut prendre le temps (car il en faut parfois, surtout en saison, pour obtenir un billet pour Lascaux II et le Thot) de se laisser porter par le charme de la cité avec des maisons du XIVe, XVe et XVIe éparpillées dans les vieilles rues, ou concentrées sur la belle place d'Armes.

Musée Eugène le Roy ✆ 05 53 51 82 60. *De juin à septembre, de 9h30 à 12h et de 14h à 18h30. Hors saison de 9h30 à 12h et de 14h à 17h30 sauf le dimanche.* Ce Musée installé dans l'ancien hôpital Saint-Jean-l'Evangéliste (XIIIe) rend hommage à l'écrivain mort en 1907 dans la cité, auteur du fameux Jacquou le croquant. Son œuvre y est exposée, ainsi que des objets personnels : mobilier du cabinet de travail, scènes de vieux métiers disparus, photos souvenirs, et personnages en costumes font revivre ses écrits les plus célèbres. Y sont aussi installées une galerie des ressources locales et une salle d'exposition d'outils préhistoriques.

Site du Regourdou ✆ 05 53 51 81 23. *Toute l'année, tous les jours. 3,81 €.* A deux pas de Lascaux, la grotte à ciel ouvert porte le souvenir de la découverte de « l'homme du Régourdou » vieux de 700 siècles et exposé au musée du Périgord. Les objets qui l'entouraient racontent l'époque moustérienne. Et comme des squelettes d'ours côtoyaient celui de l'homme, le propriétaire des lieux a choisi d'en élever aussi. Roger Constant a donc aménagé une petite réserve et un musée. Il faut surtout l'écouter parler.

Lascaux II ✆ (Semitour) 05 53 35 50 10 / (billetterie) 05 53 51 96 23 - Internet : www.perigord.tm.fr. *Ouvert tous les jours de 9h à 19h en saison. Fermé le lundi hors saison. 7,50 €. Visite guidée d'environ 40 minutes* La véritable grotte a été fermée au public en 1963, pour cause de maladie : les parois étaient attaquées par des mousses résultant des émanations de gaz carbonique, c'est-à-dire de la respiration des visiteurs... L'idée de ce trésor assassiné était insupportable à tous : la « chapelle Sixtine de la préhistoire », chère à l'abbé Breuil, a pu renaître sous forme d'une réplique fidèle, en 1983, à 200 mètres de la grotte originale, grâce au talent artistique de Monique Peytral. Le fac-similé restitue, avec une émotion intacte, la salle des Taureaux et le diverticule axial. On se laisse emporter dans le sillage des taureaux noirs, bisons rouges, cerfs, chevaux et bouquetins, peintures polychromes exécutées comme il y a près de 19000 ans. On ressort à coup sûr différent de ce voyage au cœur du berceau de l'humanité.

Château de Losse ✆ **05 53 50 80 08.** *Ouvert de Pâques au 30 septembre, et à la Toussaint, de 11 h à 17 h. Pour les groupes sur demande hors saison. 4,76 €. Visite guidée d'environ 40 minutes* Planté sur un rocher, le Château de Losse a remplacé au XVIe l'ancienne forteresse médiévale. Composé d'un corps de logis avec une tour ronde, il présente une façade sculptée. Il abrite un mobilier et des tapisseries des XVIe-XVIIe siècles (salle des Ecussons, chambre d'apparat, etc.). Bordé de douves d'un côté, le Château s'offre en surplomb à la rivière, derrière sa balustrade. Le jardin en terrasse permet une promenade dans les chambres de verdure.

Château de Sauvebœuf. Aubas ✆ **05 53 51 89 46.** *Ouvert du 15 septembre au 15 octobre.* Ce château du XVIe siècle fait découvrir un extérieur de style Louis XIII, avec des lucarnes classiques et des façades avec baies à petits carreaux, porte en plein cintre.

SHOPPING

Roger Crouzel. Salignac-Eyvigues ✆ **05 53 28 80 23.** C'est un artisan hors pair, dont la réputation du foie gras n'est plus à faire. Même professionnalisme et défense des mêmes valeurs traditionnelles que la maison Arvouet au Buisson (association Foie Gras du Périgord).

LOISIRS

Karting. Salignac ✆ **05 53 29 19 87.** Ouvert tous les jours du 1er avril au 30 novembre, de 14 h à la tombée de la nuit. Piste de 500 m. Locations pour tous, enfants à partir de 8 ans. Tarif de 5,56 à 8 € les 8 minutes selon le moteur.

Festival Musical du Périgord Noir. Montignac ✆ **05 53 51 95 17.** Créé au début des années 1980, il propose de mêler à cette région chargée d'histoire le souffle de la musique de chambre romantique. L'univers baroque épouse l'art roman à l'occasion de deux séquences thématiques réparties en juillet et août. Organisation de master classes. Les églises de Saint-Amand-de-Coly, Plazac, Saint-Léon, Saint-Geniès, Auriac et autres splendeurs romanes de la région sont ainsi mises en musique.

Terrasson. Chaque début juillet, se déroule le festival Les chemins de l'Imaginaire avec troupes, spectacles nocturnes de plein air et parades de rue.

DANS LES ENVIRONS

La Cassagne

Musée Sem ✆ **05 53 51 66 49.** *De la mi-juillet à fin août, de 14 h 30 à 18 h.* La massive grange à dîmes de la Cassagne est paraît-il née dans le giron templier. La salle basse remonte au XIIIe : sa cheminée d'angle témoigne d'une forge. Un large escalier à vis conduit aux niveaux supérieurs, le premier étage ayant connu une transformation au XVIe. Ce bâtiment rural a de belles proportions. Il accueille une collection des caricatures de la Belle Epoque signées du Périgourdin Georges Goursat, plus connu sous le nom de Sem, entre 1884 et 1934. Un bon millier de personnes ont ainsi subi sa plume acérée : une foule d'anonymes, mais aussi des politiques, des militaires, des têtes couronnées, des artistes, demi-mondains et célébrités. Les costumes ont changé, mais la société du spectacle demeure.

Peyzac-le-Moustier

Cité troglodytique de la Roque Saint-Christophe ✆ **05 53 50 70 45.** *Ouverte tous les jours de 10 h à 19 h en juillet et août (de 10 h à 18 h hors saison). 5,50 € par adulte, 2,75 € pour les 5-13 ans.* Ce site classé monument historique a gardé un côté sauvage. La falaise domine la vallée de la Vézère sur 900 mètres et sur 5 étages ; un véritable HLM des temps anciens, en beaucoup plus écolo. La centaine d'abris aménagée dans la roche a permis de mettre à l'abri la population de la préhistoire au Moyen Age : 3 000 personnes pouvaient s'y masser. Sur les traces de nos ancêtres, nous découvrons leurs outils, leur artisanat, leur art et leur culte. Le musée de la Roque présente une collection de fossiles et évoque la protohistoire, âge du fer et du bronze. Cet immense fort a servi de rempart aux invasions normandes avant de devenir ce magnifique lieu de visite, frais comme il faut l'été pour occuper un après-midi de liberté… Etang, aire de pique-nique aménagée.

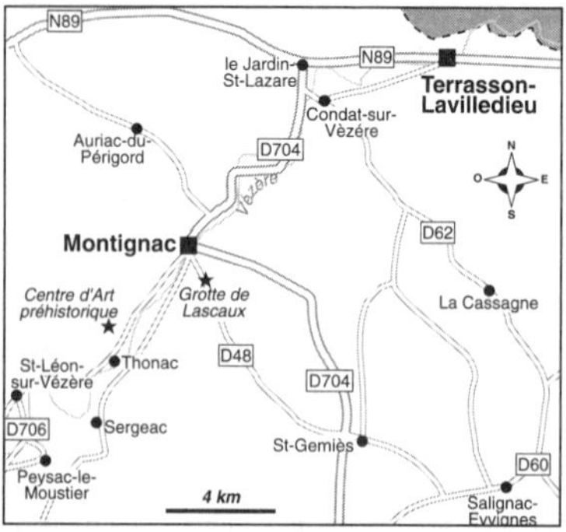

Saint-Genies

C'est un petit bourg aux formes harmonieuses, avec un château et des maisons recouverts de lauzes. La chapelle gothique du Cheylard renferme de précieuses fresques du XIVe avec des personnages en costume médiéval. Tout près, faire un passage dans le joli bourg de la Chapelle-Aubareil, très bien restauré.

Saint-Léon-sur-Vézère

Accroché aux rives de la Vézère, Saint-Léon constitue un vrai délice pour l'œil. Les ruelles convergent vers le cœur du village, où trône l'église romane superbement restaurée. Cet édifice aux proportions harmonieuses était intégré à un prieuré bénédictin du XIIe. Il est à regarder aussi bien de façade que de « dos », avec son abside et ses absidioles. Le clocher carré à deux étages d'arcatures casse joliment la rondeur de cet ensemble couvert de lauzes. La beauté de l'intérieur rivalise avec le premier coup de cœur ressenti au dehors. Le village propose aussi une vue furtive sur le château de la Salle, sur la place, avec un donjon carré du XIVe à mâchicoulis et sur le château de Clérans, au bord de l'eau.

Le Conquil ✆ **05 53 51 29 03.** *Tous les jours, des Rameaux à la Toussaint de 10h à 18h (10h-19h de mai à septembre). Espace pique-nique prévu.* Le Conquil présente la nouveauté d'un parcours découverte de la végétation et des champignons, au fil d'une visite promenade sans limitation de temps. Pour le reste, le Conquil est un site exceptionnel, sur le tracé du GR36, en surplomb de la Vézère : la grotte du Jugement riche en mystères, le pigeonnier troglodytique du Xe siècle, les salles des réserves et le fort aux systèmes défensifs ingénieux témoignent d'un passé troglodytique et d'une falaise de 500 mètres habitée à la préhistoire et au Moyen Age. Le site offre un superbe panorama sur le village de Saint-Léon.

Salignac-Eyvigues

Château de Salignac ✆ **05 53 28 80 06.** Cette bâtisse des XIIIe-XVIe siècles porte le nom d'une très ancienne famille du Périgord. Elle se visite en juillet et août, de 10h30 à 12h et de 14h à 18h sauf le mardi.

Jardin du Manoir d'Eyrignac ✆ **05 53 28 99 71.** *Ouvert tous les jours sans exception. Visite guidée de 45 minutes Expo sur les jardins et salle vidéo. 4,76 €. Possibilité de se restaurer sur place en saison. L'Orangerie est en location pour les réceptions et réunions, avec une vue exceptionnelle sur les jardins.* Le Jardin à la française a été recomposé par Gilles Sermadiras d'après des vestiges du XVIIIe siècle. Patrick Sermadiras, son fils, en a assuré la notoriété. Leurs efforts sont aujourd'hui récompensés car le public se presse pour savourer le bonheur d'une promenade conduite dans les odeurs de buis, au milieu des ifs, des cyprès, des pelouses impeccables, sur fond de manoir en pierre ocrée des XVIIe et XVIIIe siècles. Eyrignac apprivoise la verdure, dompte les couleurs, compose en virtuose l'ordonnancement des parterres et les arabesques végétales. Les bordures de fleurs donnent un air de fantaisie à ce Jardin parfaitement maîtrisé, qui joue avec la géométrie, les lignes et les formes. Cette sculpture vivante, ciselée à la main, s'étale sur 3,5 ha et nécessite 5 000 m^{2} d'eau par an. Ce Jardin taillé sur mesure a reçu le grand prix des jardins de France, décerné par Demeure Historique.

Sergeac

Grotte de Castel-Merle ✆ **05 53 50 79 70.** *Du 1er juillet au 31 août, de 10h à 19h tous les jours ; de Pâques au 30 juin et du 1er juin au 30 septembre, de 10h à 12h et de 14h à 17h30, sauf le mercredi. Buvette et aire de pique-nique.* Ce site préhistorique présente des habitats groupés le long des falaises : l'abri Reverdit livre des sculptures du magdalénien, l'abri Roc d'Acier présente des vestiges d'habitats périgourdins et solutréens, l'abri Labattut propose un atelier de taille de silex et des témoignages de gravures et peintures, enfin l'abri de la Souquette est un bel habitat de chasseurs de l'ère de Cro-Magnon. Il faut ajouter à cela les habitats troglodytiques du Moyen Age, d'où les guetteurs observaient le vallon.

Terrasson

La ville a mené une lutte acharnée contre sa sœur ennemie Montignac lors de la Révolution, mais aussi économiquement par gabares interposées sur la rivière. L'arrivée du chemin de fer, la découverte de gisements de charbon et la naissance de verreries alentour ont contribué à son expansion industrielle. Une importante communauté turque s'est fixée dans le voisinage.

Porte de la Vézère pour ceux qui arrivent par Brive, carrefour du Limousin, du Quercy et du Périgord, Terrasson est un important bassin industriel. Mais la ville s'éveille aussi au tourisme, car ses attraits sont nombreux : la vieille cité accrochée à une butte est joliment chapeautée d'ardoises. De l'abbaye de Saint-Sour détruite lors des guerres de Religion, il ne reste plus que l'église : le clocher mur a transformé l'allure d'origine. Les moines qui occupaient les lieux au XIIe siècle ont lancé la construction du pont à avant-becs qui enjambe encore la Vézère. Une digue et un moulin subsistent encore à ses côtés.

Sur un vaste terrain dominant la ville : les Jardins de l'Imaginaire, création contemporaine, unique en Europe, qui change de visage au fil des saisons.

Les noyeraies importantes dans les environs impliquent l'existence de marchés aux noix très courus à l'automne sur les places de la ville…

Jardins de l'Imaginaire ✆ 05 53 50 86 82. *Ouverts tous les jours de 10 h à 19 h 30 en juillet et août, de 10 h à 13 h et de 14 h à 18 h 45 du 1er septembre à mi-octobre, fermés le mardi. 4,76 € par adulte, 2,85 € pour les 12-16 ans. Visite guidée d'1 h 15 environ.* Le Jardin né au printemps 1996 est une sorte d'arche de Noé végétale, qui offre sur 6 hectares une promenade faite d'éléments mythiques et symboliques, à la croisée de l'histoire humaine et des continents du monde, des cycles de la nature et des civilisations. La roseraie de 2 000 pieds, la collection d'iris, les 5 000 vivaces sont les principaux ingrédients de ce paradis retrouvé, qui propose aussi un jardin d'eau et un bois sacré balisé par cinq fontaines, figurant les principaux fleuves du monde. Des clochettes dans les arbres, une tonnelle odorante, des jardins élémentaires, un théâtre de verdure et des girouettes, des perspectives en terrasses et un topiaire finissent de composer ce paysage de chlorophylle et de rêve.

Thonac

Musée du Thot. Thonac ✆ 05 53 50 70 44. *Tous les jours d'avril à septembre, de 9 h à 19h. 3,81 € par adulte, 2,10 € pour les 7 / 14 ans, gratuit pour les moins de 6 ans.* Ce centre de recherches et d'art préhistorique est constitué de salles d'exposition avec maquettes, photos et films décrivant l'art préhistorique en Périgord, mais aussi à Niaux et Altamira. Récit de la réalisation du fac-similé de Lascaux et reproduction des scènes qui n'y sont pas visibles, comme celle du puits. Le public peut s'initier à l'art préhistorique. Le parc animalier donne un aperçu de la faune de l'époque Cro-Magnon : aurochs, bisons, chevaux de Przewalski sont là, bien vivants, tandis que les mammouths sont répliqués au plus juste. On trouve aussi dans le parc des reconstitutions de scènes préhistoriques. Vue sur la vallée de la Vézère.

Jardin de l'Imaginaire, Terrasson

BERGERAC
ET LE PERIGORD POURPRE

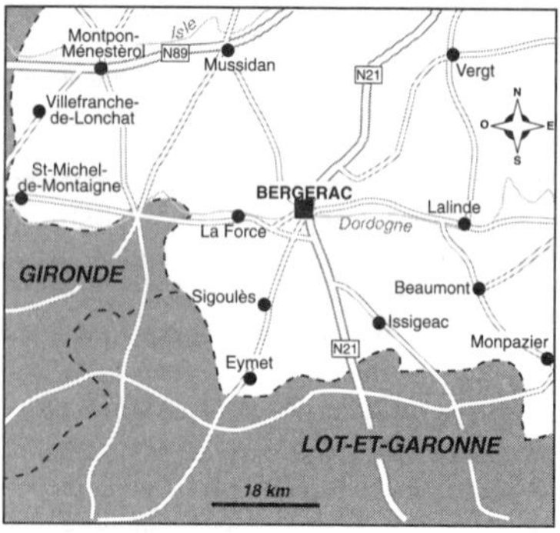

BERGERAC

HEBERGEMENT

Le Relais Saint-Jacques. Place de l'Eglise 24150 Saint-Capraise-de-Lalinde ✆ 05 53 63 47 54 - Fax 05 53 73 33 52. *Fermeture annuelle 2e quinzaine de novembre. Fermé mercredi. 7 chambres de 37 à 46 €. Menus de 15 à 40 €. Carte 30 €. Petit-déjeuner 7 €.* Une maison familiale au décor rustique. Une gentille cuisine à l'accent de terroir: salade de gésiers confits, magret de canard au goût du marché, omelette aux cèpes, lamproie à la bordelaise.

Hôtel-restaurant le Mylord. Route de Bordeaux 24100 Saint-Laurent-des-Vignes ✆ 05 53 27 40 10 - Fax 05 53 27 40 19. *Fermé le dimanche soir hors saison. 8 chambres de 39 à 57 €. Menus de 18 à 46 €. Carte 36,50 €. Petit-déjeuner 7 à 10 €.* Demeure du XVIIIe siècle, cet établissement est entièrement rénové et insonorisé. Huit chambres sont à votre disposition; élégances et confort se marient harmonieusement pour un repos en toute sérénité. L'intérieur dégage une atmosphère intime, et on apprécie ce bel ensemble architectural et ses jardins. Une étape de qualité dont le restaurant est à la hauteur: moussaka de saumon frais au caviar d'aubergines et sa fine salade à l'huile d'olive, choux farcis et sa caille aux arômes du Périgord.

Hôtel La Flambée. 153 av. Pasteur 24100 Bergerac ✆ 05 53 57 52 33. *Fermé samedi midi, dimanche soir, lundi du 15 septembre au 15 juin. 21 chambres de 55 à 72 €. Menus de 15 à 30 €. Carte 45 €. Petit-déjeuner 7 €.* Charme et douceur d'un intérieur harmonieux et bien dessiné. Les chambres sont personnalisées et confortables. La table bien tenue et attrayante: escalope de foie chaud aux morilles, meli-mélo de gambas et saint-jacques, pavé de sandre cuit en cocotte aux aromates et pécharmant, moelleux au chocolat.

Chambres d'hôtes

Château de Lanquais 24150 Lanquais ✆ 05 53 61 24 24 - Fax 05 53 73 20 72. *Fermeture annuelle de novembre à mars. 2 chambres de 76 à 110 €. Petit-déjeuner 7 €. Carte bancaire non acceptée.* Ce magnifique château d'époque médiévale a été largement remanié à la Renaissance. Situé en plein cœur du Périgord, c'est un monument historique classé. Mobilier d'époque, tableaux anciens, sol en parquet, lits à baldaquin et cheminée renaissance, tous les éléments sont là dans les chambres pour vous faire revivre le passé.

Le Cèdre de Floyrac. M. et Mme Bleu - Floyrac 24140 Queyssac ✆ 05 53 61 78 17 - Fax 05 53 74 51 31. *6 chambres de 80 à 110 €. Menus de 29 à 38 €. Carte 33,50 €. Petit-déjeuner 10 €. Carte bancaire non acceptée.* Belle demeure de charme située sur les hauteurs de Queyssac dans un endroit calme au cœur d'un bois de 8 hectares. Suites de 30 à 45 m² de plein pied sur le parc avec terrasse privative. Certaine des suites proposent une cuisine complète. La table d'hôte sert essentiellement des produits du terroir (confit de canard, foie gras, poulet fermier).

Campings

Camping du Château 24500 Eymet ✆ 05 53 23 80 28. *Ouvert du 1er mai au 30 septembre.* Camping municipal de 66 emplacements situé entre le château et la rivière, dans un cadre de verdure, près d'un lac de 120 ha. Le site de Bretou, en bord du Dropt, offre les plaisirs du tennis, de la piscine, de la pelote basque, du foot, du practice de golf, du bicross, du mini golf, de la pêche et du canoë, avec aire de jeux et de pique-nique.

Camping Municipal. Le Bourg 24560 Issigeac ✆ 05 53 58 79 62. *Ouvert du 15 mai au 30 septembre.* C'est un petit endroit douillet qui dispose également de chambres. Sur place, juste à côté du camping, tout pour se détendre : tennis, calèche, équitation, pêche... et la sacro-sainte pétanque !

RESTAURANTS

Les Vieilles Pierres. Route de Marmande 24500 Eymet ✆ 05 53 23 75 99 - Fax 02 53 27 87 14. *Fermeture annuelle 15 jours fin octobre et 15 jours en février. Fermé le dimanche soir (sauf du 14 juillet au 25 août). 9 chambres de 37 à 45 €. Menus de 9,50 à 34 €. Carte 25 €. Petit-déjeuner 5 €.* Un très bel ensemble, corps de grange et maison périgourdine avec un pigeonnier, rénové avec un goût très sûr pour en faire une hôtellerie confortable et charmante dans la campagne, avec tout pour la détente, piscine, parc fleuri et ombragé, terrain de boules, jeux pour enfants. Chambres très tranquilles, bien équipées (TV satellite), salle de restaurant pimpante, néo-rustique et cuisine basée sur le terroir, convenant à la clientèle touristique : salade au saumon fumé, noix de saint-jacques flambées et queues de langoustines, confit de poule à la confiture d'oignons, émincé de magret au poivre vert.

Le Millesime 12, rue du colonel de Chadois - Bergerac 05 53 74 25 41. *Menus de 14 € à 22 €.* Le chef, Daniel Marcillac cuisine au gré des saisons, mais surtout il sait parfaitement harmoniser les prix et la qualité. Et le premier menu est une vraie bonne surprise...

La Tour des Vents - Monbazillac 05 53 58 30 10. *Fermé le lundi en juillet, dimanche soir et lundi hors saison. Menus de 15 € à 45,50 € ; menu végétarien à 16,50 €. Menu enfant : 9,15 €.* Son emplacement et sa cuisine ont fait sa réputation. Sur les coteaux de Monbazillac, une grande salle de restauration vitrée et une belle terrasse, avec une vue panoramique magnifique qui donne sur les vignobles et, au loin, la ville de Bergerac. Pour la cuisine, vous pouvez faire entièrement confiance au chef Marie Rougié qui propose une cuisine de femme de très grande qualité.

Ferme-auberge

Ferme de Letheyrie. Letheyrie 24560 Monmarvès ✆ 05 53 58 70 33 - Fax 05 53 58 76 85. *Fermeture annuelle de septembre à avril. Menu 25 €.* Une petite halte dans cette ferme-auberge, sur le chemin des bastides. Une table accueillante et généreuse où les produits de la ferme sont la matière première : rillettes et gratons de canard, cou farci ou foie gras truffé, confit d'oie pommes sarladaises, dessert régional. A cela s'ajoute apéritif, café et digestif.

POINTS D'INTERET

Office de tourisme. 97, rue Neuve d'Argenson 24100 Bergerac ✆ 05 53 57 03 11.

La ville de Bergerac est née au Moyen Age sur les rives de la Dordogne, à l'embouchure du Caudeau. Dès l'origine, deux ports affirment la vocation marchande de la cité. De cette période, la ville ne conserve quasiment aucun vestige, si ce n'est un pan de mur de l'ancien rempart visible dans les bâtiments récemment rénovés du C.I.V.R.B., le Conseil Interprofessionnel des Vins de la Région de Bergerac. Au XVIe siècle, les idées protestantes conquièrent les terres de « l'intérieur » en remontant la principale voie de communication, la Dordogne ; Bergerac devient une place forte de la Réforme, ce qui lui vaudra les foudres de Richelieu.

Rue de Bergerac

Le vieux Bergerac a été restauré ces dix dernières années, ce qui autorise d'agréables balades à travers les ruelles anciennes. Autour de l'église Saint-Jacques, dont le mobilier sacré de facture moderne vaut le détour, la place Pélissière descend en pente douce vers la place du Dr Cayla sur laquelle s'ouvrent le temple et la place de la Myrpe, sur laquelle se dresse la statue d'un enfant adoptif de Bergerac, Cyrano. Désolé de vous décevoir, mais le héros d'Edmond Rostand, Cyrano de Bergerac n'est pas Périgourdin. Sur cette même place, le Musée de la Batellerie et du Vin mérite une étape. Le très bel hôtel Peyrarède abrite un passionnant Musée du Tabac qui fait de Bergerac une capitale en la matière : l'herbe à Nicot, une des principales cultures de la vallée de la Dordogne, a donné lieu, à Bergerac, à la création d'un centre de formation et d'un centre de recherches uniques en France. Sur le quai Salvette, au pied duquel roulent les eaux de la Dordogne, on jouit d'une belle vue sur les toits anciens, et le vieux pont de briques qui rejoint le quartier de la Madeleine. Aux beaux jours, sur le magnifique plan d'eau naturel, on voit souvent s'entraîner les rameurs du club d'aviron de Bergerac, un des meilleurs de France. Visitez la vieille ville seul ou accompagné, le départ quotidien des visites guidées se fait devant le Cloître des Récollets ; renseignez-vous auprès de l'office de tourisme ✆ 05 53 57 03 11.

Musée du Tabac. Place du Feu ✆ 05 53 63 04 13. *Ouvert du mardi au vendredi de 10h à 12h et de 14h à 18h. Le samedi fermeture à 17h. Le dimanche de 14h30 à 18h30.* Un ascenseur permet la visite aux personnes handicapées. Ce temple du tabac et de la tabaculture présente toute une collection de tabatières, pipes, la fameuse machine à sculpter les pipes de Joseph Dalloz,- il en existe deux exemplaires au monde. Il permet également de réfléchir à la place du tabac dans les sociétés humaines à travers les âges. L'histoire de la ville est surtout représentée par les très belles faïences du XVIIIe fabriquées à l'époque en Bergeracois.

Musée du Vin, de la Tonnellerie et de la Batellerie. 5, rue des Conférences ✆ 05 53 57 80 92. *Ouvert du mardi au vendredi de 10h à 12h et de 14h à 17h30, le samedi de 10h à 12h, le dimanche du 15 mars au 15 novembre de 14h30 à 18h30.* C'est la mémoire régionale réunie en un seul lieu. Le Musée présente et étudie la batellerie ainsi que tous les métiers liés à l'activité fluviale de la Dordogne, sans oublier ce qui a fait la richesse du Bergeracois, le vin et la vigne.

Musée d'Art Sacré ✆ 05 53 57 33 21/05 53 63 40 22. *Ouvert mercredi et dimanche de 15h30 à 18h. L'été jusqu'à fin août, tous les jours sauf le lundi de 15h30 à 18h.* Le bâtiment XVIIe siècle de l'ancienne petite mission abrite le Musée d'Art Sacré. Objets liturgiques, statues de bois doré et polychromes, reliquaires, graduels, lutrins et ornements sacerdotaux sont présentés.

Cloître des Recollets. Maisons des Vins - Quai Salvette ✆ 05 53 63 57 55. *Ouvert de 10h à 13h, de 14h à 18h. Du 15 juin au 30 septembre de 10h à 19h. Fermé de janvier à mars.* Un lieu intéressant qui associe histoire de Bergerac et du vignoble bergeracois. Le cloître date du XVIIe siècle. Entourée de galeries soutenues par d'élégantes colonnades, sa cour intérieure est un heureux mariage d'architectures hétéroclites.

Cour cloître des Recollets

Institut du Tabac. Domaine de la Tour - Route de Sainte-Alvère ✆ 05 53 63 66 00. Ce haut lieu de la recherche scientifique en matière de tabac possède une des plus belles collections du monde des différentes espèces du genre nicotiana. En été, des expositions sont ouvertes au public.

Espace Balla Riva. Creysse ✆ 05 53 23 20 45. *Ouvert de Pâques à la Toussaint de 10h à 12h et de 14h à 18h, les week-ends et jours fériés. De juin à septembre de 10h à 19h. Le reste de l'année sur rendez-vous.* Sur le bord de la Dordogne, la commune de Creysse a aménagé un superbe Espace culturel qui propose un aquarium pour la découverte des poissons d'eau douce et des migrateurs, un musée de la pêche de la préhistoire à nos jours, une exposition de silex du rognon brut aux outils taillés par l'homme ainsi qu'une galerie de peinture et d'artisanat.

SHOPPING

Au Vieux Bergerac. 4, rue Fontaines, Bergerac ✆ 05 53 63 16 39. Chiner en ville est très agréable, d'autant que cet établissement renferme parfois de beaux trésors d'antiquités. Accueil convivial.

Arts-Terres. 24, rue Neuve d'Argenson, Bergerac ✆ 05 53 24 25 00. *Ouverts toute l'année du lundi au samedi.* Caroline Vernet a quitté Lembras pour Bergerac. Des pièces traditionnelles sont présentées, comme des services de table périgourdins, mais aussi des éléments de bureau, des mobiles pour enfants ou encore des jeux anciens.

Ferme de Patrice Gaudin. Issac ✆ 05 53 81 29 94. Ne cherchez pas ailleurs votre huile de table biologique : culture, pressage, mise en bouteille, tout est fait dans les règles chez cet agriculteur biodynamiste qui produit également, selon les mêmes exigences bio, des bovins.

Maison du Périgord Pourpre. Monbazillac ✆ 05 53 58 22 76. *De 10h à 19h, les week-ends et jours fériés (tous les jours de juin à septembre) ; hors saison, de 9h à 12h30 et de 13h30 à 18h30 sauf le mercredi.* Sur le domaine de la Brie, au pied du château de Monbazillac et au cœur du vignoble, cette vitrine du Bergeracois présente des produits fermiers et artisanaux. Exposition vente de produits sélectionnés dans le cadre d'une maison de maître de style bordelais.

La Guilde des Barons du Périgors. Monbazillac ✆ 05 53 63 65 06. *Ouverte du lundi au samedi de 9h à 12h30 et de 14h à 19h.* Sur la route de Mont-de-Marsan, ce magasin est situé dans l'enceinte même de la Cave de Monbazillac. Vous y trouverez ce que la gastronomie en général et le vin en particulier font de beau et de bon. Dégustation permanente.

LOISIRS

Aqua Park Junior Land. Route de Bordeaux, Bergerac ✆ 05 53 58 33 00. *Ouvert tous les jours de mai à septembre de 10h à 1h du matin (bassins éclairés en soirée).* A 10 minutes de Bergerac, le Park dispose de 4 piscines de 1 000 m² avec toboggan aquatique et accès direct à la rivière pour une promenade en canoë. Sur le site : VTT, minimotos, beach volley, ping-pong et tir à l'arc. Solarium, buvette, snack, soirées karaoké.

DANS LES ENVIRONS

Eymet

Fondée en 1270 par le comte de Toulouse, Eymet s'inscrit dans un méandre du Dropt, où l'on peut aller admirer un vénérable pont roman courbé sur des eaux poissonneuses. Les maisons des XVe et XVIe s'organisent autour d'une place à arcades et d'une halle, formant un admirable ensemble architectural dont les maisons à pans de bois et le château fort du XIIIe sont les beautés complices. Eymet, bastide française au plus fort de la guerre, vit aujourd'hui avec une forte présence anglaise.

Musée Archéologique et Historique ✆ 05 53 23 74 95. *Ouvert du 15 juin au 15 septembre de 15h à 18h30 sauf le dimanche.* Musée de paléontologie, d'artisanat et de numismatique situé dans le donjon carré du château.

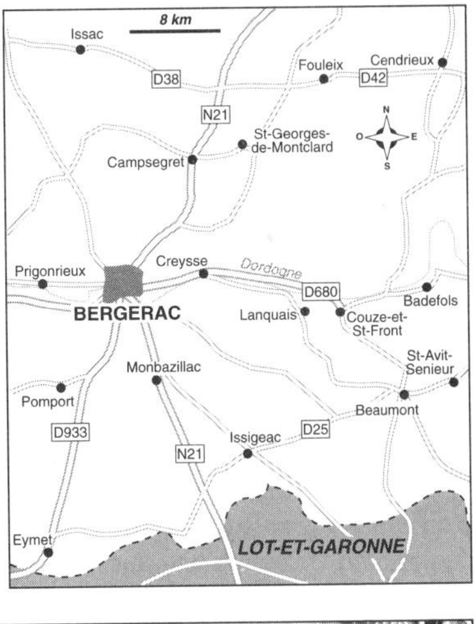

Issac

Château de Montréal © 05 53 81 11 03. *Ouvert du 1er juillet au 30 septembre, tous les jours de 9h30 à 12h30 et de 14h30 à 18h30. Hors saison, groupes sur rendez-vous.* Construit sur l'emplacement d'un ancien château médiéval dont il ne reste que les remparts tronqués et les fossés, ce Château a été modernisé au XVIe pour devenir une agréable demeure Renaissance qui domine la vallée. La chapelle est particulièrement curieuse avec sa forme dissymétrique et la petite tour accolée. A l'intérieur est conservée la « sainte épine », relique qui fut recueillie sur le corps du maréchal anglais Talbot tué à la bataille de Castillon en 1453. On visite également un beau souterrain auquel on accède par un escalier monumental.

Issigeac

Cette cité cossue, édifiée au Moyen Age autour d'une abbaye bénédictine, est devenue siège épiscopal au XVe. Des travaux récents ont permis de découvrir des mosaïques et des sarcophages des époques gallo-romaine et mérovingienne. Ses étroites ruelles, à hautes maisons à colombages et galeries de bois, s'inscrivent dans une enceinte circulaire.

Dans ce labyrinthe, on s'arrêtera devant l'église gothique à clocher porche octogonal et le palais des évêques cher à Fénelon, avec ses hauts pavillons d'angles à tourelles (XVIIe). Dans le bourg, la maison « des têtes » présente des sculptures grotesques et un pan de bois à croisettes. Plus loin, une chartreuse dite la Prévôté, chartreuse du XVIIIe siècle qui présente un pigeonnier coiffé de tuiles plates. La cité abrite une vie artisanale active et organise une foire à la brocante appréciée. Le SI (05 53 58 79 62) est installé dans la splendide maison des Dîmes.

Lanquais

Château © 05 53 61 24 24. *Ouvert tous les jours de mars à novembre de 10h à 19h, en basse saison de 10h à 12h et de 14h30 à 18h30 (fermé le mardi). Tarif : adulte 5,56 €, enfant 2,29 €.* Sur l'autre rive de la Dordogne, le château de Lanquais régente sa forêt domaniale. Tiraillée entre la stature du château fort et la finesse d'un palais Renaissance, cette bâtisse possède de remarquables cheminées de pierre dentelées, un mobilier Louis XIII et des plafonds à la française. Pendant la guerre de Cent Ans, sa situation frontalière le fit appartenir tantôt aux Anglais, tantôt aux Français. A la Renaissance, la belle Isabeau de Limeuil, proche de Catherine de Médicis, y vécut. En août on peut y dormir pour 110 € la nuit ou louer un appartement d'hôtes à 700 € la semaine. Menus gastronomiques à la lueur des chandelles à 33 et 50 €. A voir aussi, dans le village, la halle à colonnes de pierre et la grange à dîmes du XVIe.

Monbazillac

Château © 05 53 63 65 00. *Fermé du 15 janvier au 15 février et le lundi en hiver.* Les horaires sont variables selon la période. Se renseigner pour les visites. Sur les hauteurs, les tours rondes du château veillent au grain... celui sur lequel « la pourriture noble » fait naître le fameux vin liquoreux doré. Ce monument historique classé du XVIe, à mi-chemin entre forteresse et manoir de plaisance, abrite un caveau de dégustation vente, un restaurant, des salles de musée dédiées au vin, aux arts et traditions populaires, aux meubles périgourdins du XVIIe et au protestantisme. Le parc de 4 ha est ouvert au public. On redescend vers Bergerac dans la vallée à travers le vignoble qui dessine rigoureusement le paysage.

Saint-Avit-Sénieur

L'église romane, toujours en cours de restauration, a quasiment perdu une tour dans les bagarres qui l'ont opposée aux Cathares, puis aux Huguenots... Fénelon en a été le prieur en juin 1688. Monument historique, elle vient d'être classée au patrimoine mondial de l'Unesco et pourrait ouvrir au public cet été.

Musée © 05 53 22 32 27. *Ouvert en juillet et août de 13h30 à 19h.* Le matériel archéologique recueilli sur place est exposé dans ce Musée proche de l'église qui possède également une salle consacrée à la géologie.

SAINT-MICHEL-DE-MONTAIGNE ET LA DORDOGNE EN AVAL DE BERGERAC

HEBERGEMENT

Chambres d'hôtes

Château de Gurson 24610 Carsac-de-Gurson ✆ 05 53 80 78 26. *5 chambres de de 28 à 31 €.* La famille Germain-Boudyo produit des vins à déguster à deux pas des ruines du château… (visite et dégustation gratuites). Si la tête vous tourne, restez dans l'une des 5 chambres. Plan d'eau à 500 mètres pour pêche et randonnées.

Brigitte Fried. Fonroque 24230 Montcaret ✆ 05 53 58 65 83 - Fax 05 53 58 60 04. *Fermeture annuelle du 1er décembre aux vacances scolaires de février. Fermé le dimanche (table d'hôtes). 5 chambres à 58 €. Menu à 17 €. Carte bancaire non acceptée.* Cette ancienne ferme fortifiée du XVIe siècle est située dans un parc centenaire en plein cœur du pays de Montaigne. Les 5 chambres ont vue sur le parc et disposent d'un confort moderne. Les menus suivent les saisons.

RESTAURANTS

La Tour des Vents. Monbazillac ✆ 05 53 58 30 10. *Fermé le lundi en juillet, dimanche soir et lundi hors saison. Menus de 15 € à 45,50 € ; menu végétarien à 16,50 €. Menu enfant: 9,15 €.* Son emplacement et sa cuisine ont fait sa réputation. Sur les coteaux de Monbazillac, une grande salle de restauration vitrée et une belle terrasse, avec une vue panoramique magnifique qui donne sur les vignobles et, au loin, la ville de Bergerac. Pour la cuisine, vous pouvez faire entièrement confiance au chef Marie Rougié qui propose une cuisine de femme de très grande qualité.

Au Fil de l'Eau. 3, rue de la Rouquette – Port-Sainte-Foy ✆ 05 53 24 72 60. *Menus de 14,50 € à 21 €. 12 chambres de 37 € à 46 €.* Bonheur et volupté au bord de la Dordogne… La salle du restaurant largement vitrée ouvre sur la rivière, et la terrasse est un vrai plaisir dès les beaux jours. Le chef, cuisine au gré des saisons, mais surtout il sait parfaitement harmoniser les prix et la qualité.

L'Escapade. La Grâce - Port-Sainte-Foy ✆ 05 53 24 22 79. *Fermé décembre et janvier ainsi que le vendredi et le dimanche soir d'octobre à avril. Menus de 14,50 € à 21,50 €. 12 chambres de 36,60 € à 44,20 €.* Chez Les Peyroche on vit au calme, entouré simplement du vignoble bergeracois. C'est le lieu idéal pour se détendre au bord de la piscine et goûter à la cuisine locale.

Ferme-auberge

Ferme-auberge de Jolibois. Jolibois 24610 Saint-Méard-de-Gurçon ✆ 05 53 82 47 02 - Fax 05 53 81 16 32. *Fermeture annuelle du 2 au 15 janvier. Fermé le dimanche soir (et les soirs de semaine du lundi au vendredi). 4 chambres de 57,95 à 64,05 €. Menus de 16,80 à 27,45 €. Carte 20 €. Petit-déjeuner 4,60 €.* Au cœur d'un vignoble de Bergerac, 2 grandes chambres à l'étage et 2 petites au rez-de-chaussée. Cuisine traditionnelle et repas sur réservation: coq au vin, poule au pot, magret grillé au feu de bois.

POINTS D'INTERET

Tour du Château ✆ 05 53 58 60 56. *Fermée entre le 5 janvier et le 18 février. Visite de 9 h 15 à 12 h et de 14 h à 19 h sauf lundi et mardi, en basse saison.* La tour librairie du château qui appartint à Michel de Montaigne parle encore du plaisir que le philosophe prit à écrire ici ses fameux Essais. Dans ce temple de la culture, il prenait soin de garder la tête froide en levant les yeux sur des poutres chargées de maximes latines et grecques. La chapelle, qui présente des fresques restaurées par Pierre Magne, ministre de Napoléon III, correspond à la chambre de l'auteur. Le château d'origine a brûlé en 1885. Il a été reconstruit dans un style néo-Renaissance (privé aujourd'hui). L'église du village à façade saintongeaise affiche la croix des Templiers sous les chapiteaux d'entrée. A l'intérieur, on trouve l'ancienne cloche, un retable et un confessionnal du XVIIIe, un chemin de croix signé Gilbert Privat.

SHOPPING

Gérard Lasserre. Montcaret ✆ 05 53 58 67 08. *Ouvert toute l'année du lundi au samedi de 9h à 12h et de 14h à 19h.* Installé dans le bourg, ce potier d'étain fabrique des copies d'ancien, plats ou chandeliers, restaure des pièces d'hier et crée des splendeurs d'aujourd'hui en mat ou brillant. Son souci est de bien faire du beau, tout en restant accessible.

GAEC de la Lidoire. Les Mandies - Saint-Martin-de-Gurson ✆ 05 53 82 40 44. Michel et Joël Pierre donnent dans le fromage pur brebis: tomme, yaourt, fromage frais. Toujours au lait cru, pâte pressée non cuite. L'affinage se déroule en cave pendant 3 mois: chaque tomme est retournée frottée tous les 2 jours. Vente directe à la ferme et sur les marchés (Bergerac, Ribérac, Sarlat). Visite commentée et dégustation gratuites (y compris en anglais).

LOISIRS

Les Ecuries de Montaigne. Saint-Michel de Montaigne ✆ 05 53 58 34 11. C'est une nouvelle adresse, surtout axée sur la promenade et les rallyes équestres.

Lac de Gurson. Carsac-de-Gurson ✆ 05 53 80 78 88. Sur un domaine de 18 ha, cet étang basé au sud de Vélines est ouvert à la baignade surveillée, avec pédalos et toboggan aquatique de 100 mètres. Golf miniature, promenade à cheval, jeux enfants, buvette et aire de pique-nique.

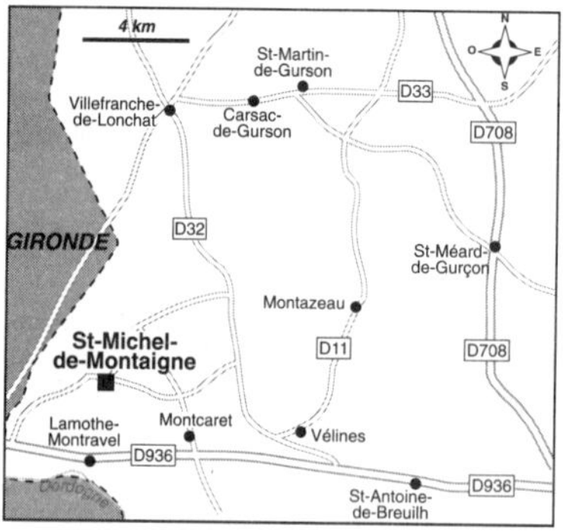

DANS LES ENVIRONS

Carsac-de-Gurson

L'église présente une belle façade saintongeaise. A voir: un autel de bois du XVIIe et un retable provenant de l'abbaye de Plagnac. Promenade sauvage vers le lac protégé d'arbres.

Lamothe-Montravel

Autrefois actif, ce port sur la Dordogne est dominé par la tour du XIIe de l'ancien palais des archevêques, devenu la mairie. Une promenade s'impose tout au long de l'eau.

Montcaret

Depuis les hauteurs de Montcaret, l'horizon est superbement ouvert. Les ruines d'une vaste villa de l'époque de l'empereur Constantin et de thermes gallo-romains occupent le cœur du village. Le site est riche d'un point de vue patrimonial: on trouve trace d'un oppidum celte, des invasions barbares... Une villa du Ier siècle sert de socle à l'église. A l'extérieur, les murs du clocher présentent deux bas-reliefs remarquables, l'un avec Adam et Eve, l'autre avec saint Pierre et saint Front.

Musée ✆ 05 53 58 50 18. *Ouvert tous les jours de l'année, de 10h à 12h et de 14h à 16h d'octobre à fin mars; de 9h à 12h et de 14h à 19h d'avril à fin septembre.* Il explique l'histoire du site. On y découvre une villa gallo-romaine avec des thermes et des mosaïques restaurées ainsi que toute une collection d'objets du paléolithique.

Saint-Martin-de-Gurson

L'église du XIIe, fortifiée au XVe, constitue le centre d'intérêt du village. La façade saintongeaise pullule de sculptures et modillons, formant un bestiaire fantastique. Dans le bourg, il reste de vieilles maisons et une halle de bois remarquable. De l'abbaye de Plagnac, vendue pierre à pierre, il ne reste plus rien. Les vieux moulins éparpillés le long de la Lidoire prêtent à la rêverie.

Vélines

Les Jardins de Sardy ✆ 05 53 27 51 45. *Ouverts tous les jours de Pâques à la Toussaint de 10h à 18h.* Ces jardins ont été créés à la fin des années cinquante, autour d'une architecture XVIIIe. La perspective des bassins d'eau, encadrés par des haies verticales de cyprès, est d'écriture florentine. La rocaille, les massifs de fleurs, les couleurs pastel et les feuillages argentés ont le charme des jardins d'outre-Manche; bucolique et reposant. Un salon de thé peut clore agréablement la visite.

Villefranche-de-Lonchat

On peut entrer dans l'histoire de cette bastide, construite pour le compte d'Edouard 1er d'Angleterre entre Isle et Dordogne, grâce aux restes de remparts et à ceux du château disparu au XVIe. Du coteau, on aperçoit les ruines de Gurson. A Minzac, la chapelle de la Madeleine des Brandes est un beau petit endroit de ferveur, où un pèlerinage se déroule en juillet avec messe en plein air.

Musée d'Histoire Locale ✆ 05 53 80 77 25. *Ouvert du 1er avril au 30 septembre de 10 h à 12 h et de 14 h à 17 h; le reste de l'année sur rendez-vous. Fermé samedi et dimanche.* Le Musée avec la mairie sont installés dans une folle maison Second empire, près de la chapelle Sainte-Anne, au centre du bourg. Il expose des faïences, des portraits et l'histoire des contemporains de Montaigne.

MONPAZIER ET LE SUD-EST

HEBERGEMENT

Le Château. 1, rue de la Tour 24150 Lalinde en Périgord ✆ 05 53 61 01 82 - Fax 05 53 24 74 60. *Fermeture annuelle du 11 novembre au 13 février, et la 3e semaine de septembre. Fermé le lundi midi et mardi midi en juillet août, le lundi le reste de la saison (novembre, février et mars, hôtel fermé le dimanche soir, restaurant dimanche soir et lundi). 7 chambres de 54 à 152,45 €. Menus de 22,30 à 39 €. Carte 43 €. Petit-déjeuner 10,50 €.* Une jolie demeure historique, véritable castel XIII-XIXe surplombant la Dordogne. Chambres confortables ouvrant sur la rivière ou la vallée, déco soignée mélange d'ancien et de moderne, terrasse sur la Dordogne, piscine. La table suit fidèlement la région, avec les foies gras, les viandes à la broche, les manchons de canard aux lentilles vertes.

La Clé des Champs. Fontenilles 24550 Villefranche du Périgord ✆ 05 53 29 95 94 - Fax 05 53 28 42 96. *Fermeture annuelle du 15 octobre au 1er mai. 13 chambres de 39 à 54 €. Menus de 16,77 à 28,20 €. Carte 16,77 €.* Repos et détente assurés dans cette ferme-auberge située sur une butte en plein champ: les chambres, toutes avec salle de bains et télévision ont vue sur la campagne ou sur le jardin avec piscine. Jeux de ping-pong et billard à disposition, location de V.T.T. Côté gastronomie: cuisine à la cheminée et produits de la ferme dans une ambiance médiévale.

Chambres d'hôtes

Rine Marescassier. Ferme de séjour du Petit-Brassac - Labouquerie 24440 Beaumont-du-Périgord ✆ 05 53 22 32 51 - Fax 05 53 22 32 51. *3 chambres de 35 à 48 €. Menu à 14 €. Petit-déjeuner 4 €. Carte bancaire non acceptée.* Sur la route des Bastides, dans une exploitation agricole, maison périgourdine avec 3 chambres. Possibilité de visiter l'exploitation et de prendre un repas composé de produits du terroir.

Château de Regagnac. Montferrand-du-Périgord 24440 Beaumont ✆ 05 53 63 27 02 - Fax 05 53 73 39 08. *5 chambres à 100 €. Menu à 70 €. Carte bancaire non acceptée.* Les vastes chambres tout confort et meublées en style ancien offrent une superbe vue sur les cent hectares de forêt et de prairie que compte le parc du château. Foie gras et confit à la table d'hôtes. Les enfants de moins de 13 ans ne sont pas admis.

Relais de la Vergne. La Vergne 24150 Bayac ✆ 05 53 57 83 16 *5 chambres à 55 €. Menu à 20 €. Carte bancaire non acceptée.* Ancienne maison du XVIIe siècle située dans une propriété de 15 hectares avec jardin et piscine. 5 chambres sont à votre disposition, dont une accessible pour les handicapés. La cuisine est familiale, élaborée à partir de légumes et de produits du jardin.

Campings

Le Moulinal 24540 Biron ✆ 05 53 40 84 60. *Ouvert du 22 avril au 20 septembre.* Ce camping situé près d'un étang propose 288 emplacements et un service très complet. Location de tentes, caravanes, chalets, mobil-homes, bungalows. Restaurant, plats cuisinés. Salle de jeux, piscine, tennis, équitation, discothèque, laverie. Baby et kid clubs. Animateurs pour canoë, escalade, spéléo, VTT, etc.

Le Moulin de David. Gaugeac 24540 Monpazier ✆ 05 53 22 65 25. *Ouvert du 13 mai au 1er septembre.* 160 places au calme avec piscine, plan d'eau, ping-pong, bibliothèque, location de vélos. Restaurant, bar, plats cuisinés, laverie. Location tente, mobil-homes, caravane.

Les Remparts 24440 Beaumont ✆ 05 53 22 40 86. *Ouverts du 1er mai au 30 septembre.* Au milieu des pins, dans un parc aménagé en terrasses, un confort deux étoiles pour ce camping de 60 places. Location de caravanes et mobil-homes. Piscine, tennis, ping-pong, snack, laverie. Tout près, VTT, canoë, randonnée. Soirée avec repas chaque semaine, tournois de pétanque.

La Bastide 24550 Villefranche-du-Périgord ✆ 05 53 28 94 57. Camping avec 55 emplacements sur un hectare. Bar, restaurant, plats cuisinés, laverie, piscine. Canoë, équitation, VTT, animations. Location tente, caravane, mobil-homes. A proximité : tennis et plan d'eau.

RESTAURANTS

Les Peyrouliers. Lieu-dit Les Peyrouliers - Lolme 24540 Monpazier ✆ 05 53 22 66 10. *Fermé le mardi. Menus de 9,91 à 36,59 €. Carte 22,87 €. Carte bancaire non acceptée.* Entre les bastides de Beaumont et de Monpazier, une construction moderne avec sa terrasse ombragée, et une salle néo-rustique avenante, proposant une cuisine régionale et traditionnelle.

Ferme-auberge

Ferme-auberge du Maine - M. et Mme Crespel. Le Maine 24150 Lalinde ✆ 05 53 61 12 99. *Fermeture annuelle du 20 décembre au 20 janvier. 2 chambres 44 €. Menus de 10 à 26 €.* Une belle maison typique du Périgord. Chaleur des poutres, charme des vieilles pierres. On est tout de suite séduit par cette bâtisse chargée d'histoire. A table, des spécialités périgourdines.

POINTS D'INTERET

Office de tourisme. Place des Cornières 24540 Monpazier ✆ 05 53 22 68 59.

Voici l'un des sites majeurs du Périgord, il est à voir absolument. Cette bastide de plan régulier a plus de 700 ans. Elle a traversé le temps, presque intacte depuis le XIIIe siècle, ce qui nous permet de savourer sa place aux arcades irrégulières, sa halle moulue avec les unités de mesure qui servaient au commerce du grain, l'église Saint-Dominique et la maison du Chapitre… Considérée comme un modèle parmi les 300 bastides construites dans le Sud-Ouest, elle développe un parfait plan rectangulaire. Les maisons qui entourent la place des Cornières sont nées entre le Moyen Age et le XVIIe ; 32 immeubles du village sont ainsi classés monuments historiques. Monpazier est le berceau de Jean Galmot, journaliste, écrivain et député de Guyane, ruiné et assassiné par ses adversaires politiques au début de notre siècle.

SHOPPING

Coutellerie. Villefranche-du-Périgord ✆ 05 53 59 50 87. *Ouverte tous les jours de 10 h à 19 h 30. Fermé le lundi.* Georges Erdos fabrique des couteaux forgés, pétris au feu entièrement à la main. Travail sur commande.

Atelier de tannerie. Beaumont-du-Périgord ✆ 05 53 22 30 84. Ouvert sur rendez-vous. Camille Arnal travaille le cuir en douceur.

LOISIRS

Périgord en Calèche. Mazeyrolles ✆ 05 53 29 98 99. Journée bien ficelée : 10 km en calèche, déjeuner champêtre plutôt copieux dans une clairière, dégustation de foie gras et monbazillac, visite commentée de la bastide de Monpazier. Les calèches sont équipées d'auvents.

Index général à la fin de ce guide

DANS LES ENVIRONS

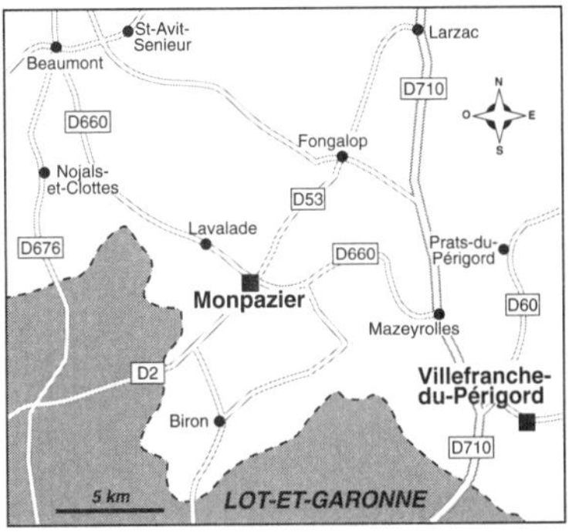

Beaumont

Cette bastide en forme de H, construite en 1272 sur les vœux d'Edouard Ier d'Angleterre, symbolise l'essor urbain du sud-ouest de la France qui permit la naissance d'un nouvel art de vivre. Elle a été considérablement rénovée au fil du temps ; elle conserve néanmoins des maisons des XVe-XVIe siècles, une tour de guet, des vestiges de remparts et la splendide porte de Luzier, dernière des seize portes qui verrouillaient autrefois la cité, et son imposante église fortifiée du XIIIe. La ville s'est fait une spécialité de l'accueil des amateurs de pêche sportive, d'escalade, de randonnées pédestres et cyclistes. Le dolmen de Blanc compte parmi les plus beaux mégalithes du Périgord. Le village de Sainte-Croix-de-Beaumont vaut le détour pour son église romane aux jolies proportions, en pente douce. Cet ancien prieuré des Templiers pointe un très sobre clocher mur. Le village de Montferrand est comme blotti sur son passé médiéval, dans une attitude pittoresque.

Biron

Au pied du château, le village vaut une flânerie, pour sa halle et ses maisons bien mises en valeur. Les nombreux éléments d'architecture médiévale témoignent de l'ancien bourg castral. Remarquer le monument aux morts, récemment transformé par un artiste contemporain allemand, avec la complicité de l'ensemble des habitants.

Château ✆ 05 53 29 50 40. *En saison ouvert tous les jours. Hors saison fermé le mardi. Horaires variables suivant les périodes.* Construit huit siècles durant, cet ensemble de logis, avec sa chapelle, son donjon, et sa cour en terrasse ceinturée de fortifications, offre une vue imprenable sur un paysage sauvage et boisé. La visite permet de savourer ce superbe ensemble architectural, puisqu'une grande variété de styles existe ici, depuis le donjon du XIIe jusqu'aux logis du XVIIIe, sans oublier la chapelle Renaissance. La cour basse, la salle des états et les cuisines voûtées sont remarquables. Ce château fut le siège de l'une des quatre baronnies du Périgord, fief des puissants Gontaut-Biron pendant huit siècles.

Villefranche-du-Périgord

Bien connue pour ses marchés aux cèpes réglementés en saison, cette bastide construite à la croisée du Périgord et du Quercy par Alphonse de Poitiers en 1261 a longtemps eu une vocation marchande. Elle est maintenant située dans une zone un peu à l'écart, mais elle n'en est que plus active. La plus vieille bastide du Périgord laisse voir des maisons du XIIe. Place centrale à arcades, avec une halle aux massives colonnes de pierres.

Maison du Châtaignier, des Marrons et des Champignons ✆ 05 53 29 98 37. *Ouverte toute l'année.* Horaires et jours variables selon la saison. Cet écomusée, situé tout près de la place centrale et du SI, mêle tout ce qui tourne autour des trois productions qui font la réputation du village ; chacune a sa salle réservée. Biologie, écologie et gastronomie pour la châtaigne. Classification des champignons. Histoire et réalité du bois de châtaignier. Collection de champignons en inclusion, exposition des timbres émis dans le monde sur ce thème... Il existe un sentier de nature du châtaignier, entre les lieux-dits Dalot et la Bardamier, en direction de Puy-l'Evêque (fléché) ; un kilomètre et demi pour faire le tour du sujet, au grand air.

Porte de Beaumont du Périgord

BRANTOME
ET LE PERIGORD VERT

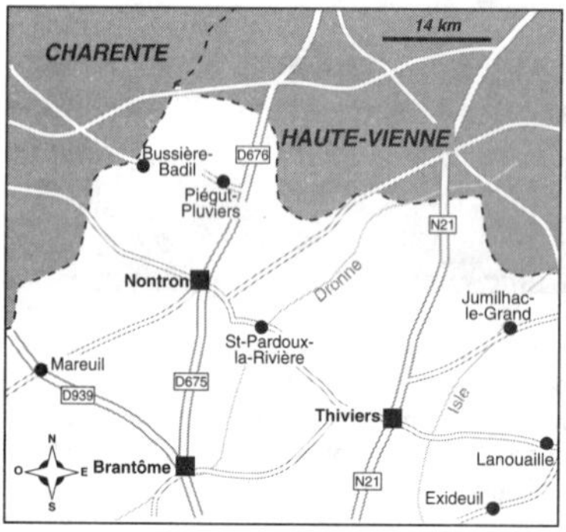

BRANTOME

HEBERGEMENT

Hostellerie les Aiguillons. Beuil 24320 Saint-Martial-Viveyrols ✆ 05 53 91 07 55 - Fax 05 53 91 00 43. *Fermeture annuelle du 1er novembre au 1er avril. Fermé le dimanche soir, lundi, samedi midi hors saison, le midi en saison (restaurant). 7 chambres de 77 à 107 €. Menus de 25 à 76 €. Carte 45 €. Petit-déjeuner 8 €.* Un ensemble de vieilles fermes, restaurées dans la tradition, avec poutres apparentes et grosses pierres. Une déco stylée, dans les chambres, vastes et confortables, donnant sur le parc et la piscine, dans la salle de restaurant précédée d'une balustrade à la vénitienne. Une cuisine de terroir aux accents plus ou moins sophistiqués, avec le parmentier de cuisse de canard confite aux champignons des bois, le filet de truite saumonée au vin de pécharmant, la tatin de turbot aux pommes de terre et méli-mélo d'aubergines, la côte de veau sous la mère et croustillant de cèpes.

Château de la Côte. Biras Bourdeilles 24310 Brantôme ✆ 05 53 03 70 11 - Fax 05 53 03 42 84. *Fermeture annuelle du 15 novembre au 25 décembre et du 5 janvier au 15 mars. Fermé le midi, sauf dimanche et jours fériés. 16 chambres de 67 à 149 €. Menus de 27 à 56 €. Carte 37 €. Petit-déjeuner 10 €.* On se sent porté hors du temps dans ce beau château du XVe siècle. De style renaissance, les boiseries sont omniprésentes et les poutres apparentes et les meubles d'époque lui donnent belle allure. Au cœur d'un joli parc arboré, vous passerez un séjour en toute sérénité dans l'une des 16 chambres au décor romantique. Spacieuses, certaines possèdent un salon et une cheminée. Le restaurant met en avant les produits locaux en les mettant en scène à l'occasion de recettes raffinées : marbré de magret de canard aux pruneaux et à l'Armagnac, ravioles d'escargots au beurre d'orties, mignon de bœuf poêlé, sauce Périgueux et ses légumes braisés.

Hôtel Chabrol-Chez Charbonnel 24310 Brantôme ✆ 05 53 05 70 15. *Fermé dimanche soir et lundi du 1er octobre au 30 juin, sauf les jours fériés. Fermeture annuelle du 15 novembre au 15 décembre. Menus de 25,10 € à 62,50 €. 20 chambres de 39,50 € à 65 €.* Terrasse sur la Drone. Depuis plus de 60 ans, la famille Charbonnel perpétue la tradition culinaire du Périgord. Ses spécialités : le foie gras et les truffes bien sûr mais aussi le poisson, comme l'enroulé de sandre aux truffes. Il concocte également à merveille le pavé de brochet au pécharmant, le navarin de homard aux fruits de mer, le buisson d'écrevisses, le pied de porc et sandre au vinaigre balsamique et le poulet sauté aux oignons. Surtout, gardez une place pour le dessert !

Le Moulin du Pont. Lisle ✆ 05 53 04 51 75. *Ouvert toute l'année. Menus de 10,50 € à 33,50 €. Menu Enfant : 7,50 €. Trois appartements meublés de 15,50 € à 30,50 €.* Cet ancien Moulin à farine a été entièrement restauré et séparé en deux parties. D'un côté, le restaurant avec une terrasse sur la rivière particulièrement agréable, de l'autre une bâtisse qui propose des appartements meublés avec une superbe vue sur la Dronne. Le propriétaire, fait également de l'élevage de truites que l'on retrouve dans l'assiette mais le chef cuisine également le foie gras poêlé aux fruits de la saison.

Index général à la fin de ce guide

Chambres d'hôtes

Ferme de Leyparre. Leyparre 24310 Sencenac Puy de Fourche ✆ 05 53 46 35 28. *3 chambres à 29 €. Menus à partir de 13 €.* A 7 km de Brantôme, la Venise du Périgord, Serge et Régine Lapouge vous offrent dans une vieille ferme d'élevage le calme et les plaisirs de la campagne. Dans la salle à manger rustique ou bien en terrasse, on pourra déguster une cuisine du terroir aguichante.

Les Métairies Hautes. La Rigeardie 24310 Bourdeilles ✆ 05 53 03 78 90 - Fax 05 53 04 56 95. *Fermeture annuelle entre Noël et le jour de l'an. 6 chambres de 41 à 43 €. Carte bancaire non acceptée.* Dans cette ancienne métairie du XVIIIe siècle restaurée, des stages de langue intensifs sont organisés toute l'année. Jardin fleuri, verger et aire de pique-nique vous feront apprécier le calme de la campagne périgourdine.

Simone Boulier. Puycervier 24530 Cantillac ✆ 05 53 05 72 08. *Fermeture annuelle 31 avril, 1er mai et au mois d'octobre. Fermé le mardi. 2 chambres de 24,70 à 28,50 €. Menus de 12,75 à 22,15 €. Petit-déjeuner 3,75 €. Carte bancaire non acceptée.* Vieille maison du XVIIe siècle entièrement rénovée. Jardin fleuri, forêt et moulins font partie du paysage. Les chambres confortables ont été décorées et aménagées avec soin. Simone Boulier prépare des repas savoureux et familiaux pour tous.

Campings

Camping Municipal. Peyrelevade 24310 Brantôme ✆ 05 53 05 75 24. *Ouvert du 1er mai au 30 septembre.* Ce camping 2 étoiles présente l'avantage de se trouver en bord de la rivière. Bon rapport qualité-prix. Laverie.

Camping de Puynadal 24310 Brantôme ✆ 05 53 06 19 66. *Ouvert du 1er avril au 30 septembre.* Situé à l'extérieur de Brantôme sur la route de Périgueux, ce camping équestre de 35 emplacements est dirigé par les Benhamou qui vous reçoivent avec gentillesse. On y trouve des jeux pour les enfants, des poneys, une piscine, des sanitaires de qualité et 5 bungalows en bois tout équipés. Barbecue collectif.

La Drone 24600 Ribérac ✆ 05 53 90 50 08. *Ouvert du 1er juin au 15 septembre.* Les bords de la Dronne accueillent ce camping municipal de 100 emplacements. Terrain de sport, pêche, location de vélo, et tout près la piscine, tennis, équitation, laverie.

Vallée de la Dordogne

■ RESTAURANTS

Bar du Marché. 16, rue Victor Hugo 24310 Brantôme ✆ 05 53 05 80 49. *Ouvert tous les jours en saison, fermé le lundi hors saison. Menus à 10 et 13 €.* Idéalement située face à l'abbaye, la terrasse de cette Brasserie est très prisée. Au programme, des plats simples (entrecôte frites, poule confite, croque monsieur, steak haché) mais aussi quelques spécialités périgourdines : salade périgourdine, confit de canard.

Au Fil de l'Eau. 21, quai Bertin 24310 Brantôme ✆ 05 53 05 73 65. *Fermé lundi soir et mardi hors saison. Menus de 17 à 22 €.* Un bistrot de pêcheurs sur les bords de la Dronne. Dîner sur la terrasse au bord de l'eau est un plaisir, aussi est-il prudent de retenir en pleine saison. La cuisine à la fois simple, raffinée et goûteuse : filet de sandre sauce au vin rouge, filet de perche mais aussi magret de canard…

Le Vieux Frêne - Villetoureix 05 53 91 09 74. *Fermé lundi sauf en été et en octobre. Menus de 10,70 € à 26 €. Menu Enfant : 6,10 €.* Christophe Riquier cuisine très bien les spécialités régionales, mais sa carte est ouverte aux poissons et grillades. Le cadre est rustique, au bord de la rivière, et l'été la terrasse ombragée est ouverte à tous.

POINTS D'INTÉRET

Office de tourisme. Pavillon Renaissance 24310 Brantôme ✆ 05 53 05 80 52.

« La Venise du Périgord », construite dans une boucle de la Dronne qui l'entoure totalement, est l'un des sites les plus agréables du Périgord. Après le pavillon Renaissance, où se trouve le syndicat d'initiative, on franchit un pont coudé du XVIe en profitant bien de la vue des deux côtés, abbaye et moulin à aube, pour aller marcher entre les reposoirs du jardin des moines.

Abbaye ✆ 05 53 05 80 63. *De début février à fin mars et d'octobre à décembre, ouverte de 10h à 12h et de 13h30 à 17h sauf le mardi; d'avril à juin et en septembre de 10h à 12h30 et de 14h à 18h sauf le mardi. En juillet et août de 10h à 19h tous les jours.* L'Abbaye présente un escalier du XVIIe et une charpente en coque de bateau renversée. L'église abbatiale, construite aux XIIe-XIIIe siècles, mélange des bas-reliefs romans et gothiques en pierre et présente deux panneaux de bois polychromes sculptés du XVe.

Clocher. *De début février à fin mars et d'octobre à décembre ouvert de 10h à 12h et de 13h30 à 17h sauf le mardi; d'avril à juin et en septembre de 10h à 12h30 et de 14h à 18h sauf le mardi. En juillet et août de 10h à 19h tous les jours.* On dit que le campanile de l'abbaye bénédictine fondée par Charlemagne est le plus vieux clocher de France. Construit à côté de l'église, comme une tour, il est structuré en cinq étages empilés sous un toit pyramidal.

Musée Ferdinand-Desmoulin. *Même conditions de visite que pour l'abbaye. 0,76 €.* Installé dans l'abbaye, il présente une belle collection de gravures sur os et sculptures préhistoriques : la présence de l'homme sur le site date de cette époque. A noter également, la présence dans ces lieux de peintures médiumniques datant du XIXe siècle.

Musée Rêve et miniatures ✆ 05 53 35 29 00. *D'avril à juin et de septembre au 11 novembre de 14h à 17h/18h sauf le vendredi. En juillet et août de 10h30 à 18h30.* Ce Musée présente six maisons entièrement décorées et meublées jusqu'aux plus infimes détails. Six vitrines proposent de découvrir l'évolution des styles de meubles et de décoration en France du Moyen Age à nos jours. Une douzaine de vitrines s'intéressent aussi aux maisons de nos amis les animaux : chiens, souris, coccinelles, abeilles, etc.

Les Grottes ✆ 05 53 05 80 52. *Tous les jours du 1er juillet au 15 septembre, de 9h à 19h. Hors saison de 10h à 12h et de 14h à 17h, sauf le mardi.3,05 €.* Le parcours historique dans les Grottes situées derrière l'abbaye permet de comprendre le processus de création de la ville. On peut s'y promener du creusé au construit, des abris sous roche à la fontaine Médicis du XVIIe, en passant par la surprenante grotte du Jugement Dernier et son énigmatique bas-relief du Triomphe de la mort du XVIe, la fontaine Saint-Sicaire dont les eaux sont dotées, dit-on, de pouvoirs miraculeux, l'ancienne pisciculture domaniale, le moulin et le colombier des moines... Les alentours de la ville présentent des grottes et fontaines sacrées, des dolmens et menhirs, des cluzeaux et ermitages. On trouve aussi dans les environs des souvenirs celtes et gallo-romains. La région est très riche en pierres couchées ou levées, à Valeuil, Paussac, et Condat...

Château de la Hierce. *Ouvert du 1er juillet au 15 octobre de 11h à 12h pour les groupes et de 14h30 à fin de soirée sauf le vendredi. Les autres mois, visite sur rendez-vous.* A deux pas du centre ville, ce petit Château a été construit sous le règne de François Ier. Le parc qui l'entoure a été aménagé en jardin botanique et rassemble plusieurs centaines d'espèces caractéristiques de la flore de la vallée de la Dronne.

SHOPPING

Atelier Colette Coussy. 4, rue G. Saumande, Brantôme ✆ 05 53 56 04 23. Cette artiste polyvalente expose pendant l'été ses créations : dessins, peintures, céramiques.

Carteaud. 22, rue Victor Hugo, Brantôme ✆ 05 53 05 70 27. Prenez du tout cuisiné en part individuelle ou pour 300 personnes, c'est la même qualité. L'un des meilleurs traiteurs du département qui se déplace loin pour de grosses quantités. Très bon rapport qualité/prix. Les saucissons maison sont excellents, et les conserves tout autant.

LOISIRS

Ecuries de Puynadal. Brantôme ✆ 05 53 06 19 66. C'est une adresse bien agréable avec la possibilité de mettre le cheval en pension. Camping sur place, location de bungalows, piscine l'été, jeux d'enfants. Une bonne adresse pour faire une halte avec son cheval si on veut visiter Brantôme, Bourdeilles et Puyguilhem qui sont très proches par des sentiers balisés. Et en plus l'accueil des Benhamou est agréable.

DANS LES ENVIRONS

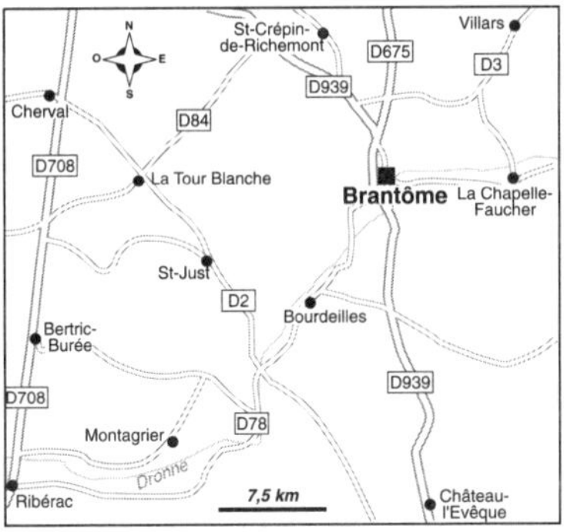

Bourdeilles

Le château où naquit Pierre de Bourdeille dit Brantôme, écrivain, auteur des Dames galantes, domine le village. Les antiquaires installés dans le village méritent une visite.

Château ✆ 05 53 03 73 36. *Du début février au 31 mars et du 16 septembre au 31 décembre, de 10h à 12h30 et de 13h30 à 17h30 sauf le lundi. Du 1er avril au 30 juin et du 6 septembre au 15 octobre, de 10h à 12h30 et de 13h30 à 19h, sauf le lundi. En juillet et août, de 10h à 19h tous les jours. Tarif: 3,20 €.* C'est l'une des quatre baronnies du Périgord. Il ne reste plus rien du tout premier château du XIIe, mais on peut encore jongler entre deux époques: la forteresse des XIIIe-XVe siècles, organisée en deux tours et deux logis, fait pousser son donjon octogonal à 35 mètres de haut; le palais Renaissance a pour joyau la grande salle d'honneur, un salon doré décoré par Ambroise le Noble. Belle collection des XVIe et XVIIe siècles, de style espagnol et bourguignon, composée de cabinets, coffres de corsaire, armures et tapisseries. Les doubles terrasses et la falaise offrent un panorama sur la Dronne, et l'on peut plonger le regard à pic pour apprécier l'adorable moulin seigneurial du XVIIe en forme de bateau, toujours fleuri. Il est posé sur la rivière, près du pont gothique à avant-becs. Exposition temporaire tous les étés. Pour rejoindre Brantôme, prendre la route touristique qui longe la Dronne et ses falaises en surplomb.

Château-l'Evêque

Château ✆ 05 53 04 66 84. *Du 15 juin au 30 août de 10h à 12h et de 14h à 18h.* De la route Périgueux-Angoulême, on a une superbe vue de la façade au levant, qui domine le ruisseau de Mesplier, un affluent de la Beauronne. En cette demeure a été ordonné prêtre saint Vincent de Paul en l'an 1600. Des pavillons, tours carrées et tourelles rondes disparates donnent de la fantaisie aux hautes façades surmontées d'un chemin de ronde à mâchicoulis. Du XIVe siècle à la Révolution, après laquelle il fut vendu comme bien national, le Château était la résidence d'été des évêques de Périgueux. Lors de leur séjour, une bannière annonçait la présence, ce qui faisait dire aux gens du village: « il est dans son château l'évêque! », d'où le nom donné au hameau qui appartint à la commune de Preyssac-d'Agonac jusqu'en 1831. Avec les nouveaux châtelains les jardins et la roseraie ont été réaménagés et embellis. L'intérieur est désormais décoré de meubles, tableaux et objets d'époque.

La Chapelle-Faucher

Château ✆ 05 53 54 81 48. *Ouvert de juillet à fin août, tous les jours de 10h à 12h et de 14h à 18h.* Les ruines du Château, sur la falaise, témoignent d'une histoire houleuse. Entre les deux tours du logis initial construit vers 1205, un corps de logis et une tour d'escalier octogonale ont été reconstruits aux XVe et XVIIe siècles. Détruit par le Prince Noir, qui a aussi assiégé le château de Bourdeilles en 1369, le village a connu l'horreur des guerres de Religion et de la Fronde. Or c'est un incendie dû à la foudre en 1916 qui a réduit les charpentes et les toits à néant. Le Château est néanmoins dans les mains de la même famille depuis 500 ans. On peut monter à Jumilhac-le-Petit, pour un coup d'œil sur la chapelle romane et une maison forte templier.

La Tour-Blanche

C'est un petit village tranquille en dehors de l'époque du festival qui pousse les visiteurs dans un gentil délire d'exploits en tous genres... C'est le lieu de tous les records.

Musée des Records ✆ **05 53 91 11 98.** *Du 1er septembre au 15 juin de 14h30 à 18h sur rendez-vous; en saison de 14h à 18h.* Installé dans la salle polyvalente, ce Musée permet de passer en revue les pitreries des records établis à l'occasion du festival qui a lieu tous les ans au mois d'août.

Musée de la Ferblanterie ✆ **05 53 91 11 98.** *Du 1er septembre au 15 juin de 14h30 à 18h sur rendez-vous; en saison de 14h à 18h.* Ce Musée invite à découvrir plus de 1 000 objets en fer blanc, tôle noire ou galvanisée, témoins de notre passé du XVIIIe à nos jours. Ils ont été remis en état par un collectionneur passionné : anciens instruments de cuisine, chauffage, éclairage de la lampe à huile, bougie acétylène, grilloirs, cafetières, chauffe-bain, boîtes publicitaires... Rigolo et sympa.

Ribérac

Ancienne sous-préfecture, Ribérac est une petite ville active, commerçante, aux ressources culturelles de grande qualité, et située au cœur d'un environnement de rêve, tant sur le plan de la nature que celui de la richesse patrimoniale. Ribérac est la patrie du troubadour Arnaut Daniel, né au XIIe siècle dans le château qui n'existe plus. Celui qu'on considère comme le créateur de la poésie provençale a couru le monde, connu gloire et richesses avant de se faire moine. La collégiale Notre-Dame était à l'origine la chapelle d'un château construit vers l'an mil. L'église a été très endommagée lors des guerres de Religion et de la Révolution. Restaurée à la hâte, elle a finalement retrouvé sa splendeur au XIXe. Sa mise en valeur récente, depuis l'inscription à l'inventaire des monuments historiques en 1978, l'a transformée en salle d'exposition et de concerts. On peut y admirer des peintures réalistes du XVIIe à la lumière des vitraux modernes d'Henri Guérin. De la mi-juin à la mi-septembre, une visite commentée possible tous les après-midi de 14h à 19h intègre l'exposition organisée dans les lieux. Les ruelles qui dégringolent dans la ville permettent de voler des traces architecturales des XVe et XVIe. Sur les hauteurs de Ribérac, la petite église de Faye, du XIIe, affiche un tympan unique en Périgord où deux anges encensent un Christ en majesté. Ce petit édifice laisse encore entrevoir des sculptures rongées par le temps, sur une pierre friable.

Saint-Aulaye

La commune située sur la Route de l'art roman vaut une étape pour son église dédiée à sainte Eulalie, mais encore pour son pont du moulin du VIIIe et les remparts de la bastide. Les chapiteaux de l'église du XIIe de plan cruciforme racontent une histoire dans le chœur. Une croisée d'ogives a remplacé la coupole à la croisée du transept. La façade de style saintongeais est admirable. Le château Renaissance qui abrite aujourd'hui la mairie sert de support aux épisodes d'un son et lumière construit comme un fabliau médiéval, à partir de l'histoire et des légendes du canton ; le spectacle est organisé les fins de semaine, pendant l'été. Comme le plan ne l'indique pas, cette bourgade est une ancienne bastide dont il ne reste que quelques murs. Curieusement, Saint-Aulaye est également attractive durant l'été pour l'originalité de sa plage sur les berges de la Dronne.

Plage de Saint-Aulaye

Musée du Cognac ✆ **05 53 90 81 33.** *En juillet et août de 15h à 17h sauf le lundi. Le week-end hors saison de 15h à 17h. Fermé en février.* Sans doute l'ignoriez-vous, mais Saint-Aulaye se situe sur le territoire de production du cognac et du pineau. On peut visiter le chai, où l'histoire de cet élixir est expliquée en détail, puis suivre toutes les étapes nécessaires à la distillation, avec tous les outils.

Saint-Crépin de Richemont

Château de Richemont ✆ **05 53 05 72 81.** *A 7 km au nord-ouest de Brantôme. Ouvert de mi-juillet à fin août, 10h-12h et 14h-18h. 1,52 €.* Le Château de Pierre de Bourdeille, des XVe-XVIIe siècles, s'épanouit au bout d'une allée. L'épaisse tour carrée joint deux ailes perpendiculaires. Pierre de Bourdeille est enterré dans la chapelle du Château. On peut lire sur sa tombe l'épitaphe qu'il s'était composée : « et, nonobstant toutes ces grandeurs, il n'a jamais eu de repos et de contentement en ce monde ; aussi, une âme généreuse n'en pourrait avoir que dans le ciel. Prie Dieu pour lui ».

Saint-Just

Musée du Ver à Soie. Goumondie ✆ **05 53 90 73 60.** *En juillet et août de 10h30 à 12h30 et de 14h à 18h30. En mai, juin, septembre fermé le lundi.* Vous aimeriez tout apprendre sur l'élevage des vers à soie ? Vous êtes au bon endroit. La magnanerie de Goumondie est un site à vocation pédagogique situé dans une ancienne magnanerie du XVIIe siècle. M. Rabany vous donnera toutes les explications sur son insolite élevage.

THIVIERS

HEBERGEMENT

Le Fin Chapon. 3, place du Château 24160 Excideuil ✆ **05 53 62 42 38.** *Fermé le dimanche soir. 11 chambres de 34 à 40 €. Petit-déjeuner 4,80 €. Menus de 12 à 30 €. Carte 28 €.* Un ancien relais du XVIIIe siècle, au cadre chaleureux. Les chambres sont agréables et bien agencées. La cuisine sait mettre en valeur les produits du terroir. Service courtois.

Hôtel des Voyageurs. La Coquille ✆ **05 53 52 80 13.** *Fermé dimanche soir et lundi midi en hiver ainsi que pendant les vacances de février. Menus de 11,50 € à 32 €. Menu enfant : 8,90 €. 9 chambres de 26 € à 45,80 €. Piscine chauffée.* C'est une bonne étape entre Périgueux et Limoges. Cette table très périgourdine est riche et copieuse, et ses spécialités nombreuses comme la salade de langoustines et ris de veau ou son tournedos Rossini. L'été, on prend plaisir à se reposer à l'ombre des tilleuls.

L'Auberge Gourmande. 1, place Robert Bugeaud 24270 Lanouaille ✆ **05 53 52 32 19.** *Fermeture annuelle en février. Fermé dimanche soir et lundi d'octobre à mai. 13 chambres de 32 à 55 €. Petit-déjeuner 5,56 €. Menus de 10 à 40 €.* On vient ici pour le séjour, dans les chambres douillettes et confortables, ou bien pour déguster une cuisine de saison, aux savoureux produits du terroir. On appréciera dans le premier cas la piscine, et dans le second la terrasse ombragée.

Chambres d'hôtes

Doumarias 24800 St-Pierre-de-Côle ✆ **05 53 62 34 37 - Fax 05 53 62 34 37.** *Fermeture annuelle du 15 octobre au 31 mars. 6 chambres à 44 €. Menus de 14 à €. Petit-déjeuner 4 €. Carte bancaire non acceptée.* Cette maison de maître du XVIe siècle est constituée de 6 chambres toutes équipées de sanitaires privés. Le parc abrite une chapelle du XVIe siècle. Un gîte pour 6 personnes a été aménagé avec piscine privée. Spécialités de la maison : lapin au Monbazillac, cuisses de dinde aux poires et noisettes.

Campings

Camping le Repaire 24800 Thiviers ✆ **05 53 52 69 75.** *Ouvert du 1er mai au 30 septembre. 100 emplacements.* Le camping municipal propose de bonnes conditions de confort. Location de bungalows. Piscine, location de vélos, tennis. Laverie.

RESTAURANTS

Le Relais Saint-Jacques. 2, avenue Ambroise Croizat 24800 Thiviers ✆ 05 53 55 02 81. *L'hiver, ouvert le soir uniquement sur réservation ; ouvert tous les jours en saison. Menus de 9 à 23 €. Carte 14 €.*

Agréable cuisine régionale que l'on goûtera dans l'une des agréables salles à manger.

Auberge la Marmite. Le Bourg 24800 Saint-Pierre-de-Côle ✆ 05 53 52 65 40. *Fermé le jeudi soir hors saison. Menus de 10 à 30 €.* Cuisine périgourdine, mais également savoyarde forment l'essentiel des propositions de La Marmite. Cadre agréable et service souriant.

POINTS D'INTERET

Syndicat d'initiative. Place du Maréchal Foch 24800 Thiviers ✆ 05 53 55 12 50.

De toute sa hauteur, la ville affirme son passé de place forte. Les environs égrènent une ribambelle de manoirs à débusquer : Vaucocour (derrière l'église) et Banceil du XVIe, Limagnes, Bost, Razac, la Filolie... Dans la rue des Huiles, trois demeures valent à elles seules une étape à Thiviers. L'église a perdu ses coupoles mais conserve 8 magnifiques chapiteaux à la croisée du transept, intacts depuis le XIIe. Le syndicat d'initiative organise chaque jour sauf dimanche et lundi pendant l'été une visite guidée du vieux Thiviers de 10h à 11h30 et de 15h à 17h30 (& 05 53 55 12 50).

Maison de l'Oie et du Canard. Place Foch ✆ 05 53 55 12 50. *De janvier à mars et d'octobre à décembre de 10h à 12h et de 15h à 18h sauf dimanche et lundi. D'avril à septembre 9h à 12h15 et de 14h à 18h15.* Ce musée, mis en œuvre par un érudit gastronome, Robert Cruège, chancelier du Docte Collège des Maîtres de la Truffe et du Foie Gras en Périgord, présente l'histoire de l'oie et de son trésor de la préhistoire à nos jours. Le musée est un outil pédagogique et un espace d'information qui explique les actuels cycles d'élevage, les espèces utilisées, et présente quelques recettes de ce savoir-faire...

SHOPPING

Atelier de décorations. Badefols d'Ans ✆ 05 53 51 53 44. André Moulin décore porcelaine et bois et ouvre son atelier l'après-midi du lundi au vendredi.

La Dame Blanche. Saint-Jean-de-Côle ✆ 05 53 62 38 88. *Ouvert de mai à fin septembre, de 10h à 19h.* La galerie artisanale de la Dame Blanche, installée dans une maison à colombages, propose toutes sortes de pièces : vitrail, émaux, terres cuites, grès, soie, cuir, etc.

LOISIRS

Les Jardins Secrets. Jumilhac ✆ 05 53 52 50 07. Ce circuit, qui s'effectue au départ de La Grange, vous promènera dans l'histoire, des Gallo-Romains jusqu'au début de notre siècle sur un fond d'art de vivre.

Les Balzanes. Domaine de Volatour, Payzac ✆ 05 53 62 00 08. Ce centre de tourisme équestre propose des balades à cheval au lever du soleil avec un petit-déjeuner géant ou à la tombée de la nuit avec pique-nique autour d'un feu de camp et une nuit à la belle étoile, des randonnées d'une ou plusieurs journées, de découverte du poney. On prend les chevaux en pension. Il existe aussi un atelier cuir.

Parcours Mouche. Fon Pépy, Saint-Jean-de-Côle ✆ 05 53 62 32 74. *Ouvert en hiver lundi et vendredi de 14h à 18h et le samedi après-midi sur rendez-vous.* Pour les amoureux de la pêche, Christian Fargeot propose un site réservé à la pêche à la mouche dans un réservoir d'eau vive. Nokil intégral (on relâche les poissons), mouche fouettée uniquement, hameçons sans ardillon, épuisette obligatoire. Location de cannes à mouche, initiation à la pêche et au montage de mouche.

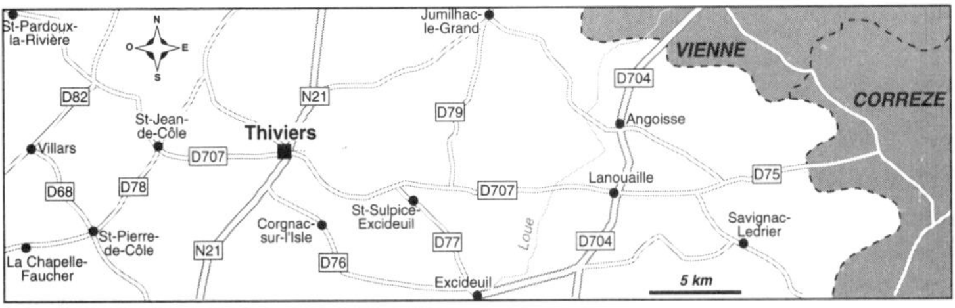

DANS LES ENVIRONS

Excideuil

Entre Périgord et Limousin, Excideuil s'est construite autour du château du XIe, qui reste bien accroché à son piton rocheux. Il a dû repousser les assauts de Richard Cœur de Lion et les tumultes des guerres de Religion, avant de sombrer dans l'abandon au XVIe. La Loue serpente au pied de la ville. Dans le village, la maison du maréchal Bugeaud et la Commanderie sont les plus remarquables. Le syndicat d'initiative vous dira comment découvrir quelques-unes des 123 cabanes de pierres sèches autour d'Excideuil. L'église est un ancien prieuré bénédictin qui n'a conservé de ses origines romanes du XIIe siècle qu'un fragment de portail dans la façade, et se trouve surmontée par un drôle de clocher, reconstruit dans les années 1930 après un incendie... On peut rentrer pour la pietà du XVIe et le retable franciscain du XVIIe. Un circuit de découverte, matérialisé par 30 plaques de céramique émaillée, permet de découvrir le patrimoine de la ville.

Château. *Visite libre de la cour et du chemin de ronde lorsque la porte est ouverte, c'est-à-dire aux heures de travail du personnel municipal.* Forteresse des XIe et XIIe siècles avec une demeure Renaissance, agrandie récemment avec tourelles et fenêtres à meneaux. Deux donjons carrés du XIVe siècle reliés par une courtine. Une promenade d'une demi-heure pour faire le tour du Château.

Jumilhac-le-Grand

Le château de Jumilhac-le-Grand fait partie de la route historique « Route Richard Cœur de Lion », du nom de ce roi qui trouva la mort en assiégeant en 1199 le château de Châlus-Chabrol. Le trajet de cette Route, à l'ouest du Limousin et en bordure des départements de la Charente et de la Dordogne, permettra au touriste allant de château en château de parcourir la campagne limousine et de la voir sous tous ses aspects. Ces vestiges sont les témoignages des luttes incessantes qui eurent lieu entre les ducs d'Aquitaine, devenus par ailleurs rois d'Angleterre, et les rois de France désireux d'étendre leur influence par l'intermédiaire des vicomtes de Limoges, vassaux des premiers mais attirés fortement par les seconds. Les châteaux de Rochechouart, La Vauguyon, Montbrun, Châlus, Lastours, Courbefy, Jumilhac, Coussac, Ségur, constituaient ainsi une barrière fortifiée défendant au sud le vicomté de Limoges.

Château ✆ 05 53 52 42 97. *Du 15 mars au 31 mai et du 1er octobre au 15 novembre samedi, dimanche et jours fériés de 14h à 18h30. Du 1er juin au 30 septembre, de 10h à 18h30 tous les jours. Nocturnes les mardis (juin à septembre) et jeudis en juillet et août, de 21h à 23h. Hors période sur rendez-vous au 05 53 52 58 62.* Cette forteresse du XIIIe, rénovée à la Renaissance, agrandie et agrémentée de jardins en terrasse au XVIIe, possède de hauts toits d'ardoise faits d'une complexité de pointes et d'arêtes, avec des épis de faîtages peuplés de figurines. L'intérieur du château est paré de cheminées monumentales, boiseries et plafonds à la française. Des fresques naïves ont été retrouvées dans la chambre dite aujourd'hui « de la fileuse », en rapport à l'histoire de cette peinture. La cuisine du XVIIe dispose d'une impressionnante batterie de cuivres. Les jardins en terrasse dominent l'Isle, qui n'est ici qu'un torrent au fond d'une gorge rocheuse. L'église toute proche est admirable : le porche archivolte déroule un bandeau sculpté de têtes. Une tour octogonale domine la croisée du transept tandis que le chœur est voûté d'ogives du XIVe. Le retable baroque et la tribune seigneuriale sont inévitables. Les peintures murales ont été récemment restaurées. En montant face au château par l'ancienne place du Foirail, on gagne en se promenant un point de vue géant. On peut visiter un jardin conçu autour du thème de l'or et de l'alchimie.

Musée de l'Or © 05 53 52 55 43. *Du 15 avril au 15 juin et du 15 septembre au 15 octobre de 10h à 12h30 et de 15h à 18h le dimanche. Du 16 juin au 15 septembre, tous les jours de 10h à 12h30 et de 14h30 à 18h30.* Le syndicat d'initiative a ouvert ce Musée dans une cave voûtée du château, se référant à l'histoire de la mine des Fouilloux où nos ancêtres Gaulois extrayaient l'or à ciel ouvert. Extraction, traitement et application du métal précieux.

Lanouaille

Le château de la Durantie, bâti en 1845 par le maréchal Bugeaud et où il se retira après les « 100 jours », est bâti sur le périmètre de la commune. Consultez le syndicat d'initiative pour trouver les cabanes de feuillardiers éparpillées entre Dussac, Sarlande et Sarrazac, dans la forêt de Bellesise. Epaisse forêt où les initiés vont guetter le brame du cerf à l'automne.

Saint-Jean-de-Côle

Ce village médiéval n'a pas volé sa réputation des plus beaux toits de France : les tuiles brunes sont toutes en harmonie. Les pavés et les galets règnent toujours en maître dans les rues et sur la place. On peut se promener sur des sentiers sans âge de part et d'autre de la Côle, enjambée par un superbe pont gothique à avant-becs, au pied des maisons des XIIe et XIVe siècles à pans de bois. L'église de granit gris forme avec la halle un bel ensemble. La coupole de 12 mètres de diamètre, la plus importante de la région, a dû être renforcée par un plancher. Au sud de la nef carrée, une chapelle abrite un enfeu et un gisant du XIVe. A voir aussi, les chapiteaux sculptés et les peintures du XVIIe. L'abbaye attenante est propriété privée.

Fête médiéval

Château de la Marthonie © 05 53 62 30 25. *Tous les jours en juillet et août, de 10h à 12h et de 14h à 19h.* Sur une base du XIIe, le Château de la Marthonie a été rebâti après la guerre de Cent Ans : il alterne aujourd'hui des tours des XVe-XVIe siècles et des bâtiments des XVIIe-XVIIIe siècles. Une galerie à arcades s'ouvre sur une cour d'honneur.

Saint-Pierre-de-Côle

Château de Bruzac © 05 53 03 70 74. *Du 5 au 29 août de 10h à 18h30 sauf lundi, mardi et mercredi.* Entre Saint-Jean et Saint-Pierre de Côle, le Château de Bruzac est une ruine en cours de débroussaillage grâce à la ténacité d'un couple d'archéologues qui en a fait l'acquisition. Ils proposent des visites gonflées de passion. Le château haut, reconstruit au XVe sur des ruines du XIIIe, est composé d'un logis entouré de deux tours rondes. La partie défensive s'élève à 8 mètres sur l'à-pic. Il est regrettable de penser que cette forteresse a résisté au temps et aux guerres pour tomber en ruines depuis seulement 150 ans, et que la population environnante a longtemps puisé dans ce site comme dans une carrière ; les plus belles pierres ont disparu...

Savignac-Ledrier

La forge du XVIIe mérite une vue d'ensemble depuis le village. Cet atelier a tiré sa révérence en 1930, avec une dernière coulée de fonte. Le château domine une boucle de la rivière, où se jouent dans les rapides des compétitions de kayak. L'église romane à clocheton mur abrite une tombe de prieur du Moyen Age et un retable, sans oublier une vierge noire du XVIIe.

Château. Visite extérieure. Avec une tour un peu plus épaisse que l'autre, le corps de logis garde une apparence médiévale malgré deux lucarnes Renaissance sur la toiture.

Ecomusée. Le site des forges Combescot, du nom de la famille qui les possédait et qui appartiennent désormais au département, est en cours de rénovation : des aménagements sont scrupuleusement réalisés pour fixer ce type d'archéologie industrielle dans un environnement touristique.

Villars

Dans le village de Villars, le portail Renaissance de l'église fortifiée Saint-Martial arbore une superbe coquille Saint-Jacques. A l'intérieur, la nef est voûtée d'ogives en étoile et il reste des fresques du XVIIe.

Château de Puyguilhem ✆ 05 53 54 82 18 - Groupes sur réservation au 05 53 35 50 40. *Ouvert de début février au 31 mars et du 1er novembre au 31 décembre, de 10 h à 12 h 30 et de 13 h 30 à 17 h 30 sauf le lundi. Du 1er avril au 30 juin et du 6 septembre au 30 octobre, de 10 h à 12 h 30 et de 13 h 30 à 19 h, sauf le lundi. En juillet et août, de 10 h à 19 h tous les jours.* L'essentiel date du XVIe ; une aile ajoutée au XVIIIe. Une tour parle du Moyen Age, l'autre de l'art gothique. La fin des travaux a été menée sur le modèle des châteaux de la Loire : la décoration du corps de logis, les corniches et les lucarnes, la toiture et les balustrades jouent de délicatesse. La tour polygonale d'escaliers présente de mystérieuses sculptures. L'intérieur est généralement ouvert sur une exposition, mais il faut d'abord entrer pour les cheminées sculptées (dont l'une retrace le mythe d'Hercule), l'escalier d'honneur, le plafond à caissons et la salle des gardes. A l'arrière, le pigeonnier en forme de dôme mérite plus qu'un coup d'œil.

Grotte de Villars ✆ 05 53 54 82 36. *En avril, mai et octobre de 14 h à 18 h 30 ; en juin et septembre, de 10 h à 12 h et de 14 h à 19 h ; 10 h à 19 h en juillet et août.* La Grotte de Villars présente à la fois des concrétions naturelles et une trentaine de peintures du magdalénien ancien, authentifiées par l'abbé Breuil en 1958. Il faut faire la visite dans la fraîcheur de ce contraste, et guetter le superbe cheval bleu, des bouquetins et un homme attaqué par un bison. Espace muséographique sur la géologie et la préhistoire.

Abbaye de Boschaud. Cette abbaye fondée en 1154 par les Cisterciens a connu une révolte des moines contre les abbés au XIIIe, un pillage en 1342, les guerres de Religion et la Fronde. Ruines au XVe, passage en commende puis transformation en ferme en 1791 avant le coup fatal de la Révolution. Le site est entretenu par le Club du Vieux Manoir depuis 1971. On peut parcourir l'église, puis plus loin les traces du cloître, de la salle capitulaire et des bâtiments abbatiaux. Rendez-vous le 15 août dans cette campagne bien cultivée pour la messe qui y est célébrée.

NONTRON

HEBERGEMENT

Grand Hôtel Pelisson. 3, place Agard 24300 Nontron ✆ 05 53 56 11 22 - Fax 05 53 56 59 94. *Fermé le dimanche soir (d'octobre à mai). 23 chambres de 40 à 54 €. Menus de 14 à 43 €. Carte 25 €. Petit-déjeuner 5,50 €.* Cet ancien couvent, puis relais de poste est désormais un hôtel-restaurant qui possède son jardin et sa piscine. Les chambres, récemment refaites, sont bien équipées et décorées dans un style classique pour un repos tout confort. La cuisine, élaborée avec soin, oscille entre tradition et spécialités locales.

Auberge de l'Etang Bleu. L'Etang Bleu 24340 Vieux Mareuil ✆ 05 53 60 92 63 - Fax 05 53 56 33 20. *Fermé le dimanche soir (restaurant, du 15 novembre au 30 avril, sauf jours fériés et dimanche de Pâques). 11 chambres de 45,74 à 56,41 €. Menus de 19 à 50 €. Carte 40 €. Petit-déjeuner 6,87 €.* L'auberge de l'étang bleu est en endroit où l'on se sent bien, presque hors du temps. Dans un parc fleuri et ombragé, ce petit hôtel-restaurant possède beaucoup de charme avec son style rustique. On passe ici un séjour confortable, en toute sérénité dans l'une des 11 chambres. L'ensemble est réellement coquet, et au menu, on vous propose : cèpes du Périgord à la persillade, pavé de sandre au beurre blanc, cuisse de canard confite sauce à l'oseille, filet de bœuf sauce au foie gras.

Hostellerie Saint-Jacques 24470 Saint-Saud-Lacoussière ✆ 05 53 56 97 21 - Fax 05 53 56 91 33. *14 + 2 appartements-chambres de 42 à 115 €. Menus de 19 à 48 €. Carte 50 €. Petit-déjeuner 8 €.* Un cadre agréable pour cet établissement aux équipements complets (piscine, tennis...). Des promesses de séjour agréable donc, la table ne souffrant pas la comparaison, avec une chaleureuse cuisine de terroir. Bons desserts.

Campings

Camping Municipal. Le Stade 24300 Nontron ✆ 05 53 56 02 04. *Ouvert du 1er juin au 15 septembre. 70 emplacements.* Bonne réputation et qualité irréprochable pour un 2 étoiles. Piscine et tennis. Laverie.

RESTAURANTS

Les Remparts. 14, rue Thiers 24300 Nontron ✆ 05 53 56 21 71. *Fermé le dimanche soir sauf sur réservation. Menus de 13 à 18 €. Carte 15 €.* Une maison chaleureuse, qui associe pierres et poutres apparentes. A la table, une cuisine périgourdine traditionnelle associée à des plats plus exotiques.

Ferme-auberge

Ferme-auberge des Jaubertins. Jaubertin 24300 Hautefaye ✆ 05 53 56 04 50 - Fax 05 53 56 04 50. *Fermeture annuelle du 15 décembre au 15 février. Fermé lundi et mardi. Menus de 19 à 24 €.* Ferme-auberge simple et accueillante qui propose une cuisine sensible au terroir à partir de bons produits sélectionnés avec soin par votre hôte.

Ferme-auberge des Forges de la Valade. Les Forges de la Valade 24360 Busserolles ✆ 05 53 56 57 63. *Fermeture annuelle du 15 janvier au 15 février. Fermé le mardi et mercredi. Menus de 16 à 22,10 €. Carte bancaire non acceptée.* Tout près des limites de la Charente, mais déjà en Dordogne, la ferme-auberge de Thérèse, Rémy et Christophe Dubois est baignée par la Tardoire. Dans une ambiance agréable, on dégustera une cuisine du terroir : pintade farcie au pineau, magrets grillés au feu de bois, cuisses de canard au pécharmant.

POINTS D'INTERET

Office de tourisme.5, rue de Verdun 24300 Nontron ✆ 05 53 56 25 50.

La ville est organisée en « étages » : en bas, les quartiers bâtis le long du Bandiat où se trouvaient autrefois les forges et les tanneries, et sur la falaise. Les remparts et les vieilles rues peuvent faire l'objet d'une promenade agréable, depuis la place Paul-Bert où l'ancien château n'a laissé aucun vestige, seulement une vue à n'en plus finir sur la vallée. Des maisons médiévales et des façades à colombages sont visibles çà et là.

La place des Marronniers et sa fontaine, la place des Mobiles et sa maison Renaissance sont de charmantes étapes, tout comme l'église des Cordeliers et l'église Notre-Dame-des-Ronces avec sa crypte. Un pont médiéval, à avant-becs et demi-tour circulaire, enjambe le Bandiat à l'est de la ville, non loin de traces de l'ancienne voie romaine (dans la forêt, vers Roderie de Bord), mais on est également frappé par les importants viaducs construits pour le chemin de fer qui n'a fait, dans cette région, qu'un bref passage.

Le couteau de Nontron

Le couteau de Nontron réunit l'utile et l'agréable et fait la fierté des Nontronnais depuis le XVᵉ siècle. Les mouches qui ornent son manche de buis blond lui ont donné, avec le V qui les accompagne, cette identité repérable entre mille autres. La Coutellerie Nontronnaise se visite en juillet et août sur rendez-vous et toute l'année pour les groupes (✆ 05 53 56 01 55). En août, c'est le grand rassemblement de tout ce que compte le monde de la coutellerie ; la Fête du Couteau réunit une trentaine d'artisans et de forgerons démontrant leur savoir-faire.

Musée des Jouets et Poupées d'antan. Château ✆ 05 53 56 20 80. *Ouvert tous les jours, de 10h à 19h en juillet et août. Tous les jours sauf le mardi, de 10h à 12h et de 14h30 à 18h, de mars à juin et pendant les vacances scolaires (fermé le matin du 28 mars au 30 mai) ; en octobre tous les jours sauf le mardi de 10h à 12h et de 14h30 à 18h sauf le matin et en juin et septembre.* Le château de Nontron, demeure du XVIIIᵉ, abrite entre autres la collection particulière de poupées et jouets constituée par Marie-Camille Monneron. Au fil des salles, vous découvrirez une exceptionnelle maison de poupées aux scènes d'intérieur bourgeois entièrement meublées, et les poupées qui ont fait rêver les petites filles du XVIIIᵉ à nos jours. Pour les garçons, des vitrines magiques où voitures de pompiers côtoient avions, planeurs, soldats, etc. Puis vous découvrirez les mécanismes des jeux de hasard, de chance et d'adresse, avec les petits chevaux, les cubes, les cartes et autres jeux de société. Enfin, le Musée abrite les vraies marionnettes satiriques hilarantes créées pour le Bébête Show de TF1.

Hermès ✆ 05 53 60 86 21. Hermès, symbole de la qualité, est venu ouvrir un atelier de décoration de porcelaine à Nontron. On peut profiter des petits (mais vraiment tout petits) défauts de fabrication dans la boutique ouverte dans le hall de l'entreprise lundi et samedi après-midi, les autres jours - sauf le dimanche - matin et après-midi). Les pièces de second et premier choix sont vendues à un prix très intéressant.

■ SHOPPING

Porcelaine Land. Route de Montbron, Piegut-Pluviers ✆ 05 53 56 41 76. *Ouverte du mardi au samedi, 10h30 à 12h30 et de 14h30 à 18h30, le dimanche après-midi à partir de 15h. Fermée le lundi.* Premier choix déclassé de porcelaine blanche ou décorée. Un millier d'articles exposés vous donneront des idées de cadeau à la portée de votre porte-monnaie. Dans la foulée, l'usine de décoration de porcelaine de Saint-Mathieu (route de Limoges, bien sûr!), 15 km plus loin, vous fera apprécier l'art de la table, et par là même que Porcelaine Land est une bonne affaire...

Coutellerie Nontronnaise. 33, rue Carnot, Nontron ✆ 05 53 56 01 55. Il faut entrer dans le magasin qui vend les fameux couteaux de Nontron, spécialité de la ville depuis le XVᵉ siècle. Ces pièces artisanales, au manche de buis gravé d'un V et trois points, vont du plus grand au plus petit... On peut en placer 12 dans une noisette ! Depuis quelques années, reprise par le fameux Laguiole, l'entreprise nontronnaise connaît une nouvelle jeunesse et un développement important.

Vannerie Nontronnaise. Saint-Martin-le-Pin, Nontron ✆ 05 53 60 59 08. Dominique Livertout fabrique des meubles d'intérieur ou de jardin en pin et châtaignier. Il ne s'agit pas d'ébénisterie classique mais de vannerie où l'on « tisse » de minces lamelles de bois. Coffre à linge : 70 €, paniers autour de 28 €, salon de jardin avec table ronde et deux fauteuils : 400 € environ.

Table des distances page...

LOISIRS

Au Pays de Jumilhac ✆ 05 53 52 55 43. Le SI de Jumilhac propose des fermes et ateliers ouverts tous les après-midi en juillet et août. Circuits à thèmes autour du patrimoine.

Poney-club de la Grelere. Milhac-de-Nontron ✆ 05 53 56 55 95. Ce centre de vacances et de loisirs pour enfants et adolescents est une très bonne adresse au sein du parc naturel Périgord-Limousin. De bonnes randonnées sont organisées sur les sentiers balisés jusqu'à Brantôme et Bourdeilles. Le meilleur accueil est réservé aux enfants.

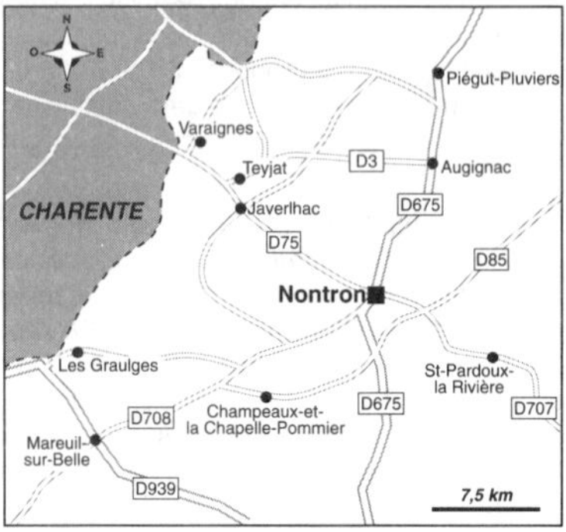

DANS LES ENVIRONS

Champeaux et la Chapelle-Pommier

Château des Bernardières ✆ 05 53 60 38 59. *Ouvert du 1er juillet au 15 septembre de 10 h à 12 h et de 14 h à 18 h, sauf le mardi. Hors saison sur rendez-vous.* Ce Château est construit à flanc de falaise autour d'une tour ronde à mâchicoulis reliée par des courtines à une tour carrée et un portail Henri II. Le donjon de 8 mètres en ruines présente deux cheminées superposées. Un puits de 33 mètres a été creusé dans la cour. Ce lieu vécut des heures mouvementées pendant la guerre de Cent Ans, Du Guesclin le reprit aux Anglais. Les terrasses à balustrades du XVIIe surplombent la Nizonne... mais le jardin à la française qui y était planté n'est plus qu'un souvenir.

Chapelle Saint-Fiacre

Prenez le temps de trouver le village de La Chapelle-Pommier où vous apercevrez une magnifique petite église romane. Un vrai bijou posé sur sa colline, dédié à saint Fiacre, patron des jardiniers.

Javerlhac

L'église Saint-Etienne du XIIIe a été reconstruite au moment où le château se lançait dans des travaux de restauration, au XVe. Elle présente la curiosité de posséder deux nefs, des piliers et chapiteaux anciens, des têtes sculptées à l'intérieur. L'enfeu côté clocher montre deux gisants, celui d'un homme du XVe et d'une femme du XIVe. Le château possède une magnifique tour hexagonale et un escalier à vis restauré, une façade et des ouvertures Renaissance, une tour à mâchicoulis. De l'autre côté du pont, le moulin Martin est équipé d'une roue à aubes du XIVe, en mouvement. Il fabrique encore de l'huile de noix. Sur la commune, l'ancienne manufacture royale de Forge Neuve fabriquait des canons pour l'artillerie navale. Visite sur rendez-vous au ✆ 05 53 56 34 68.

Chapelle d'un ancien prieuré bénédictin, la chapelle Saint-Robert veille sur sa magnifique église romane (classée). Le clocher carré à 3 étages est l'un des plus beaux de la région. L'église dispose d'un portail saintongeais, d'une seule nef, d'une coupole montée sur trompe sur le transept, d'une abside arrondie flanquée de deux absidioles, et de magnifiques chapiteaux sculptés. Sans oublier de superbes peintures murales (église ouverte de 8 h à 19 h). Le château du Logis, sur la Bandiat, a été bâti au XIXe sur l'emplacement d'une ancienne forge dont demeurent quelques vestiges. Un sentier de randonnée conduit à Pierre Virande, un roc en silex orangé de 1 x 2 x 4 mètres qui remue facilement (entre Chenaud et Grand Gilou). Fontaine miraculeuse Sainte-Marguerite, route de Varaignes.

Mareuil-sur-Belle

Belle maison de style néoclassique dans la rue principale du village.

Château ✆ 05 53 60 74 13. *Du 15 mars au 30 juin et du 8 septembre au 16 octobre de 10h à 12h et de 14h à 18h sauf le mardi; du 16 octobre au 2 décembre de 14h à 18h sauf le mardi; du 2 décembre au 15 mars, de 14h à 17h30, le dimanche uniquement; du 1er juillet au 7 septembre, de 10h à 13h et de 14h à 19h.* Mareuil est l'une des quatre baronnies du Périgord. Le château des XIIe-XVe qui fut la propriété de la fameuse famille de Talleyrand disposait d'un système de défense capable de compenser sa situation en plaine... seules les tours et le mur d'enceinte subsistent. La chapelle gothique flamboyant présente une belle cheminée. Les prisons souterraines ne donnent pas envie d'y croupir... Les logis en équerre, joints par un donjon du XVe, présentent du mobilier Louis XV dans les appartements. La visite restitue l'histoire de ce château féodal, de la guerre de Cent Ans à Napoléon, avec des souvenirs napoléoniens uniques en Périgord.

Musée de la Pierre Taillée ✆ 05 53 60 99 85. *D'avril à septembre de 10h à 12h30 et de 15h à 18h30.* On y découvre des outils de pierre du paléolithique au néolithique.

Piegut-Pluviers

Le mercredi matin, le marché déplace les foules. On peut tout simplement aller de la fontaine de dévotion de Pluviers à l'église, où se trouve un admirable retable. Ou flâner au pied du donjon en ruines qu'on distingue à des kilomètres de là: 23 mètres couronnés de mâchicoulis. Il reste aussi quelques murailles de la forteresse détruite par Richard Cœur de Lion.

Saint-Pardoux-la-Rivière

En bordure de rivière, on peut trouver l'une des dernières tanneries végétales de France, une unité qui sait conjuguer tradition et avenir. Elle produit notamment de la sellerie pour les plus grands noms du genre.

Musée de la Carte Postale Ancienne du Périgord ✆ 05 53 60 76 10. *Du 1er avril au 31 octobre de 10h à 12h et de 14h à 18h sauf le lundi. En juillet et août, tous les jours. Hors saison sur rendez-vous. Fermé de novembre à mars.* Henri Brives est un collectionneur passionné qui a accumulé des trésors de papier (30 000 pièces), qu'il présente dans une superbe mise en scène. Dans la première salle, la carte postale est expliquée depuis sa création en 1870. Elle fait son apparition en Périgord en 1898, et elle est présentée dans le Musée à travers des panneaux à thèmes et des panneaux par cantons. Les 557 communes du département ont pratiquement toutes leur place dans cette rétrospective. L'exploration thématique fait revivre les petits métiers disparus, les scènes de la vie rurale, les monuments envolés. A l'étage, deux autres salles exposent des textes et documents sur la Poste, de ses origines à 1920, des outils à main anciens des métiers du bois et un coin cuisine XVIIe restauré. Des affiches anciennes agrémentent toute la visite, ainsi que de vieux journaux et des plans de villes. Le bâtiment qui abrite le Musée date du XVIIe siècle et se trouve à l'intérieur du parc naturel régional Périgord-Limousin.

Teyjat

L'église mérite la visite pour sa nef sud du XIIe avec 4 travées voûtées d'ogives XVIIe, et sa nef nord avec 4 travées voûtées d'ogives des XVIe-XIXe siècles. Sans oublier sa statue de Saint-Roch du XVIIIe et son clocher fléché du XIXe.

Abri de la Mairie ✆ 05 53 35 30 03. *Ouvert en juillet et août tous les jours de 10h à 12h et de 14h à 18h.* Cette superbe grotte ornée située au cœur du village, découverte en 1903 par Denis Peyrony, est longtemps restée fermée et connaît toujours des problèmes de conservation. Ce site, étudié par l'abbé Breuil, date du magdalénien et représente la phase ultime du développement de l'art pariétal animalier avant sa disparition. Une cinquantaine de figures évoquent un bestiaire inhabituel avec des rennes, ours, aurochs, bisons, etc. On a aussi retrouvé sur le site des outils datant de 12 000 ans avant J.-C. L'abri Mège, tout proche, fut occupé au magdalénien.

Musée de la Préhistoire ✆ 05 53 56 30 29/05 53 56 35 76. *Ouvert tous les jours sauf le mardi de 10h à 12h et de 14h à 18h.* Un espace muséographique vient d'ouvrir. Il offre aux visiteurs outre une salle de projection des plus originales plantée dans le rocher, des collections de pierres taillées et d'objets magdaléniens comme un bâton de commandement présent originellement à St-Germain-en-Laye.

Varaignes

L'église des XIIe et XIIIe siècles, rénovée aux XVe et XIXe, présente un chœur roman, des chapelles latérales gothiques, et un portail limousin du XIIe. Le syndicat d'initiative est très actif (✆ 05 53 56 35 76) : depuis 1965, chaque 11 novembre, le village ranime une grande Foire aux Dindons, dont la création remonte à Henri IV. Le dernier dimanche de février, une Journée des Moulins se déroule autour de 7 sites encore en fonctionnement, sur les vallées du Bandiat et de la Tardoire. Une exposition de cet ancestral savoir-faire a lieu à Varaignes, avec concours des meilleurs et plus beaux pains, festival de crêpes de toutes sortes de farines. A la Pentecôte, le Marché International des Tisserands rassemble une trentaine d'artistes et d'artisans tisserands et lissiers.

Château ✆ 05 53 56 35 76/05 53 56 31 31. *De novembre à avril de 14h à 17h sauf pendant les vacances scolaires et le week-end de la Toussaint. De mai à octobre de 10h à 12h et de 14h30 à 18h30.* La population s'est mobilisée pour le restaurer lorsque la mairie l'a acheté en 1965, et a obtenu le 1er prix des chefs-d'œuvre en péril en 1981. Son architecture s'échelonne d'une façade médiévale à une autre Renaissance, du XIIIe au XVIe siècle, avec un donjon à mâchicoulis et une tour polygonale d'escaliers.

Atelier-Musée des Tisserands et de la Charentaise ✆ 05 53 56 35 76. *Du 1er octobre au 31 mai, de 14h à 17h; du 1er juin au 30 septembre de 10h à 12h et de 14h à 18h. Fermé les dimanches matins, 1er nov., 25 déc., 1er janvier et pendant les vacances de Noël.* Le château abrite un Atelier Musée actif du tisserand et un musée des vallées Bandiat-Tardoire, sur la vie paysanne et locale depuis le XIXe (cuisine, costumes, outils). On peut fabriquer sa propre paire de charentaises et repartir avec, à ses pieds.

Pêche dans la Dordogne

GIRONDE

GIRONDE
Saintes
Royan
OCEAN
ATLANTIQUE
CHARENTE-
MARITIME
Pointe de Grave
Le Verdon
sur-Mer
Soulac-
sur-Mer
A10
CHARENTE
St-Vivien
du-Médoc
Montalvet-
les-Bains
Lesparre-
Médoc
St-Ciers-
sur-Gironde
Hourtin-
Plage
Pauillac
Hourtin
N137
Lac de
Carcans
et d'Hourtin
St-Laurent-
Médoc
Blaye
St-Savin
Carcans-
Plage
Carcans
A10
N10
Castelnau-
du-Médoc
Bourg
Guîtres
Coutras
Lacanau-
Océan
Ambès
St-André-
de-Cupzac
Lacanau
Isle
Lac de
Lacanau
N89
Lussac
Garbon-
Blanc
Fronsac
Blanquefort
Libourne
St-Médard-
en-Jelles
St-Emilion
Lège-
Cap-Ferret
BORDEAUX
Castillon-
la-Bataille
Branne
Dordogne
Andernos-
les-Bains
Créon
Targon
Pellegrue
Bassin
d'Arcachon
A62
Arcachon
Audenge
A63
La Brède
N113
Sauveterre-de-
Guyenne
Biganos
Podenzac
Cadillac
Pyla-sur-
Mer
Gujan-
Mestras
PARC NATUREL
REGIONAL DES
LANDES DE GASCOGNE
St-Macaire
Garonne
N113
Langon
Lac de
Cazeaux
A63
Belin-Béliet
Villandraut
A62
Bazas
St-Symphorien
Grignols
Lac de
Biscarosse
Captieux
N134
LANDES
N10
N
O
E
S
0
30 km

BORDEAUX
ET ENTRE DEUX MERS

BORDEAUX ET ENVIRONS

PRATIQUE

Taxi 33 ✆ 05 56 74 95 06. Pourquoi ne pas partir à la découverte de la Gironde dans une berline confortable avec chauffeur ? Rien n'est impossible puisque Taxi 33 ajoute à son service de « taxi classique » un service « circuits touristiques ». Une trentaine de berlines haut de gamme et de véhicules monospaces (jusqu'à 6 personnes), tous climatisés et avec téléphone, sont à votre disposition 365 jours par an, 24h/24 et sur toutes les distances. Vous bénéficiez des services de sympathiques chauffeurs polyglottes (ils parlent anglais, espagnol, allemand ou portugais). Il ne vous reste qu'à faire votre réservation et vous ne vous occupez plus de rien, si ce n'est de votre bien-être.

Stations de taxis. Allées de Tourny ✆ 05 56 48 03 25 • Barrière Judaïque ✆ 05 56 96 09 83 • Barrière du Médoc ✆ 05 56 52 27 69 • Barrière d'Ornano ✆ 05 56 96 09 55 • Barrière de Pessac ✆ 05 56 98 17 18 • Barrière Saint-Médard ✆ 05 56 81 70 98 • Cours Georges-Clemenceau ✆ 05 56 48 00 79 • 117, cours Victor-Hugo ✆ 05 56 52 73 68 • 360, cours de la Somme ✆ 05 56 91 63 55 • Gare Saint-Jean ✆ 05 56 91 48 11 • Place de la Bourse ✆ 05 56 52 46 08 • Place des Martyrs-de-la-Résistance ✆ 05 56 08 28 27 • Place du Nansouty ✆ 05 56 91 64 56 • Place Pey-Berland ✆ 05 56 52 98 47 • Place Picard ✆ 05 57 87 12 53 • Place de la République ✆ 05 56 44 35 61 • Place Stalingrad ✆ 05 56 86 17 28 • Place de la Victoire ✆ 05 56 91 47 05 • 22, quai des Chartrons ✆ 05 56 51 69 57 • Rue Croix-de-Seguey ✆ 05 56 81 70 89 • Rue Révérend-Père-Dieuzaiade ✆ 05 56 96 67 00 • Rue Terres-de-Borde ✆ 05 56 49 12 87 • 239, rue Saint-Genès ✆ 05 56 96 56 07.

Voici la liste de tous les parkings de Bordeaux (cette liste est susceptible d'évoluer puisque les parkings des quais et de Tourny devraient fermer dans 2 ans en raison de l'aménagement des quais et des travaux du tramway). A savoir, les parkings signalés d'un astérisque proposent des formules « soirée tranquille » à 1,52 € de 19 h à 7 h. Les dimanches et jours fériés les prix plafonnent à 0,30 € l'heure toute la journée.

8 mai 1945. Rue Jean-Fleuret ✆ 05 56 96 65 96.

Camille-Jullian. Rue du Pas-Saint-Georges ✆ 05 56 44 59 25.
(6 F /0,91 € de l'heure de 19 h a 7 h ainsi que les dimanches et jours fériés)

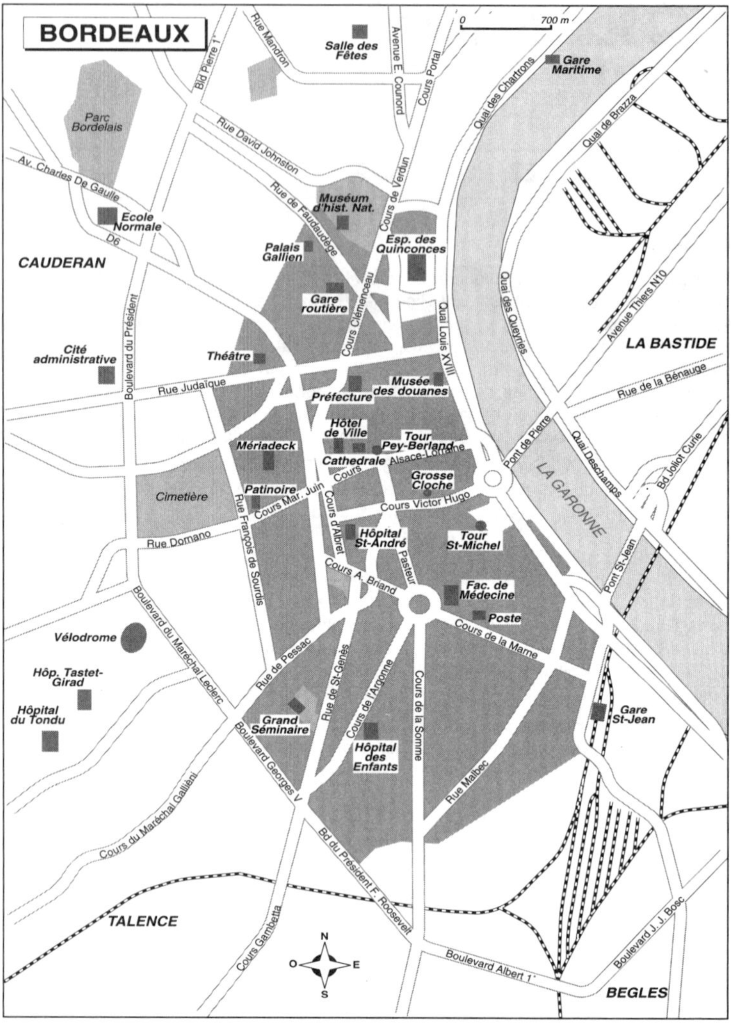

Capucins. Place des Capucins ✆ 05 56 91 23 46.

Centre commercial Meriadeck. Rue Père-Dieuzaiad ✆ 05 56 98 05 06.

Cité mondiale du vin. Quai des Chartrons ✆ 05 56 51 72 16.

Front du Médoc. Rue Robert-Lateulad ✆ 05 56 99 50 00.

Gambetta. Rue Alexis-Millardet ✆ 05 56 81 01 65.

Grands Hommes. Place des Grands-Hommes ✆ 05 56 51 11 76.

Pessac Centre. Rue des Poilus - Pessac ✆ 05 56 45 22 66.

Pey-Berland-Saint-Cristoly*. Place Pey-Berland ✆ 05 56 44 77 43.

Place Victoire. Cours Pasteur ✆ 05 56 94 34 14.

Porte de Bordeaux*. Rue du Général-Larminat ✆ 05 56 93 20 29.

République. Place de la République ✆ 05 56 44 27 89.

Saint-Jean. Rue Saint-Vincent ✆ 05 56 91 71 50.

Saint-Pierre les Quais. Quai Richelieu ✆ 05 56 52 73 03.

Terrasses. Quai Louis-XVIII ✆ 05 56 52 45 54.

Tourny. Allées de Tourny ✆ 05 56 44 70 36.

Victor Hugo. Place Ferme-de-Richemont ✆ 05 56 52 76 03.

Barriere du Médoc. Avenue de la Libération - Le Bouscat ✆ 05 56 08 60 41.

Charles-de-gaulle. Place Charles-de-Gaulle - Mérignac ✆ 05 56 47 00 77.

HEBERGEMENT

Hôtel de Normandie. 7, cours du 30 juillet 33000 Bordeaux ✆ 05 56 52 16 80- Fax 05 56 51 68 91. *100 chambres de 53,36 à 125,01 €. Petit-déjeuner 11,43 €.* Situé face à l'office de tourisme, c'est l'un des plus grands et des plus vastes hôtels du centre-ville. Les chambres sont spacieuses et claires.

Hôtel des Quatre Sœurs. 6, cours du 30 Juillet 33000 Bordeaux ✆ 05 57 81 19 20 - Fax 05 56 01 04 28 - E-mail: 4soeurs@mailcity.com. *Service de réservation online. Hôtel *** et 34 chambres de 50,31 € à 76 €. Petit déjeuner-buffet à volonté à 6 €. Climatisation, TV par câble. Canal Plus dans la salle TV.* Dans un immeuble du XVIIIe qui a conservé beaucoup de cachet, cet hôtel entièrement rénové affiche fièrement sa troisième étoile dernièrement décernée. Il propose vraiment beaucoup de services pour sa catégorie: service pressing, ascenseur, location de voiture ainsi qu'une jaguar de collection pour des balades dans le Médoc. Ce ne sont qu'un échantillon des atouts de cet établissement luxueux où l'on est accueilli 24h sur 24! Ce serait cependant dommage de ne pas profiter de sa situation proche du centre piétonnier et du Grand Théâtre pour visiter un quartier magnifique.

Hôtel de la Presse. 6-8, rue de la Porte Dijeaux 33000 Bordeaux ✆ 05 56 48 53 88 - Fax 05 56 01 05 82. *Fermeture annuelle du 24 décembre au 2 janvier. 27 chambres de 63 à 80 €. Petit-déjeuner 7 €.* Un hôtel installé en centre-ville, sur une voie piétonne. Les chambres sont fonctionnelles et spacieuses, et le service impeccable.

Acanthe Hôtel. 12, rue Saint-Rémi 33000 Bordeaux ✆ 05 56 81 66 58 - Fax 05 56 44 74 41. *20 chambres de 40 à 56 €.* Une situation centrale pour cet établissement. Les chambres sont agréables et bien agencées, et l'accueil est au diapason.

Grand Hôtel Français - Best Western. 12, Rue du Temple 33000 Bordeaux ✆ 05 56 48 10 35 - Fax 05 56 81 76 18. *35 chambres climatisées et insonorisées de 71,65 à 108,24 €. Petit-déjeuner buffet 9,91 €.* Le Grand Hôtel Français, situé au cœur du centre-ville, est une superbe demeure rappelant les fastes du XVIIIe siècle. Charme et distinction, telle est la définition de votre cadre de vie selon le Grand Hôtel Français. Parfaitement insonorisées, les chambres (Confort, Club et Standing) offrent le raffinement d'un confort 3 étoiles avec bureau, penderie, minibar, sèche-cheveux, éponge lustrante, prise modem et même un bloc-notes et stylo. Certaines chambres disposent d'un balcon. Des salons élégants sont aménagés pour les réunions et les moments de détente. Le petit-déjeuner est un buffet continental avec croissants, pains au chocolat, charcuterie, fromage, céréales, avec d'excellents thés servis par un magnifique samovar. A la porte de l'hôtel, la Cathédrale, le Grand Théâtre, les boutiques, les rues piétonnes ainsi que les restaurants même si l'hôtel peut vous servir un plateau repas.

Hôtel Bristol et son annexe. 14ter, place Gambetta 33000 Bordeaux ✆ 05 56 81 85 01- Fax 05 56 51 24 06. *18 chambres et 9 chambres pour l'annexe de 32,01 à 45,73 €. Petit-déjeuner 3,81 € et 5,34 € en chambre.* Au cœur de Bordeaux et à quelques mètres de la place Gambetta, cet hôtel a de quoi séduire avec ses chambres spacieuses et bien équipées avec salle de bains et toilettes privés... Les chambres côté cour offrent plus de calme que les chambres côté rue. A noter: les enseignes lumineuses extérieures de la confortable chambre 112 peuvent gêner un sommeil salvateur. L'annexe de l'hôtel Bristol, ancien hôtel particulier du XVIIIe siècle, se trouve à quelques dizaines de mètres. Il n'y a pas d'ascenseur malgré les 3 étages mais dispose de chambres bien équipées, confortables et joliment décorées. Les petits déjeuners se prennent au Bristol. La réception toujours souriante et charmante, est ouverte jusqu'à 0 h 30, ce qui permet d'arriver très tard.

Hôtel Continental. 10, rue Montesquieu 33000 Bordeaux ✆ 05 56 52 66 00- Fax 05 56 52 77 97. *50 chambres de 51 à 90 € et une suite de 150 à 185 €. Petit-déjeuner 6 €.* L'un des meilleurs hôtels de Bordeaux qui a trouvé refuge dans un ancien hôtel particulier du XVIIIe siécle au cœur du triangle d'or, le quartier des commerces de luxe et à deux pas des cinémas et restaurants. Les chambres sont dites classique ou standing avec style et coloris différents, spacieuses et lumineuses avec un très bon équipement.

Hôtel Gambetta. 66, rue Porte-Dijeaux 33000 Bordeaux ✆ 05 56 51 21 83 - Fax 05 56 81 00 40. *31 chambres de 39,64 à 45,73 €. Petit-déjeuner 5,49 €.* Au centre de Bordeaux, dans l'une des plus sympathiques rues piétonnes de la ville, cet hôtel saura vous séduire. Les chambres, dont les salles de bains viennent d'être refaites à neuf, sont très confortables.

Hôtel La Pelouse. 65, rue Pelouse de Douet 33000 Bordeaux ✆ 05 56 93 17 33 - Fax 05 56 24 66 71. *38 chambres de 39,64 à 50,31 € (remise spéciale long séjour). Petit-déjeuner 5,79 €, 6,86 € en chambre.* Cet hôtel qui vient de changer de propriétaire est situé à quelques minutes du centre-ville mais surtout face au Centre hospitalier de Pellegrin et proche du stade de football Chaban-Delmas et des boulevards. Les chambres sont équipées de double vitrage, salle de bain ou douche (eau chaude garantie), placard et bureau. Coup de cœur pour les chambres 501 et 502 (toilettes privé sur palier) entièrement rénovées qui disposent de deux agréables terrasses avec une vue panoramique sur Bordeaux. Les autres chambres vont subir une cure de rajeunissement pour un meilleur confort et esthétisme. Vous apprécierez les petits déjeuners où il règne une bonne odeur de croissants chauds. L'hôtel offre de multiples services (fax et internet) et un bar est à la disposition de la clientèle.

Hôtel le Chantry. 155, rue Georges Bonnac 33000 Bordeaux ✆ 05 56 24 08 88- Fax 05 56 98 91 72. *40 chambres de 47,26 à 52,59 €. Petit-déjeuner 5,35 €.* Cet hôtel situé en centre-ville dans le quartier Mériadeck bénéficie de nombreux avantages pour un 2 étoiles. Le parking gratuit est assuré au sein de l'hôtel. Les chambres sont très confortables et bien équipées : salle de bains avec douche ou baignoire, double vitrage, Téléphone et TV.

Hôtel Arcantis le Faisan. 28, rue Charles Domercq 33000 Bordeaux ✆ 05 56 91 54 52- Fax 05 56 92 93 93. *62 chambres dont une suite de 36,59 à 68,60 €.* La situation de cet hôtel est remarquable car il est situé sur la nouvelle place piétonne face à la gare. Les chambres sont bien équipées et insonorisées pour un séjour privilégié. Beaucoup d'espaces dans les chambres avec un confort et une hygiène stricte pour les sanitaires privés avec douche ou baignoire. Par temps de pluie, pas besoin de sortir de l'hôtel car il offre la possibilité de dîner en chambre.

Hôtel California. 47, rue Eugène Leroy 33000 Bordeaux ✆ 05 56 33 60 00- Fax 05 56 91 61 90. *17 chambres de 39 à 46 €. Petit-déjeuner 6 €.* A 100 m de la gare, l'Hôtel California dispose de chambres entièrement insonorisées et bien équipées : salle de bains, TV, téléphone. Dès l'arrivée, on trouve dans sa chambre un plateau accueil (café et thé) fort appréciable. La décoration de l'hôtel est accueillante et chaleureuse : couleurs chaudes, moquettes, verrière pour plus de lumière, pierre apparente de l'escalier central. Le soir ceux qui opteront pour le « cocooning » commanderont le plateau TV à 8 € avec plusieurs choix jusqu'à 23 h 15. Des réunions jusqu'à 30 personnes peuvent être organisées.

Hôtel La Boétie. 4, rue de la Boétie 33000 Bordeaux ✆ 05 56 81 76 68. *18 chambres de 20,58 à 38,11 €. Petit-déjeuner 3,05 €.* Situé à proximité de la place Gambetta et de l'Hôtel de Ville, ce petit hôtel démontre un excellent rapport qualité-prix. Toutes les chambres sont équipées de cabine de douche ou baignoire, toilettes, téléphone, télévision. Pas de double vitrage mais la rue est calme. Pouvant accueillir jusqu'à 5 personnes, la plus grande des chambres offre un véritable atout économique aux familles. Les petits déjeuners seront servis au Bristol situé à quelques mètres de là.

Hôtel Clemenceau. 4, cours Georges Clémenceau 33000 Bordeaux ✆ 05 56 52 98 98. *42 chambres de 20,58 € à 38,11 €. Petit-déjeuner 3,05 €.* Avec ses annexes, l'avantage de cet hôtel est d'être en centre ville entre les Allées de Tourny et la place Gambetta : un bon atout qui se manifeste aussi par des prix plus que raisonnables. Les chambres, très correctes, sont équipées du double vitrage, télévision, téléphone, salle de bain privée, toilettes. Une cybersalle « mouette.com » pour les internautes est à disposition des clients (2,29 €/h). Sur réservation, on peut bénéficier d'une place de parking (6,10 €). Le petit-déjeuner sera servi au Studio.

Hôtel Studio-Lafaurie et ses annexes. 26, rue Huguerie 33000 Bordeaux ✆ 05 56 48 00 14. *42 chambres de 20,58 € à 38,11 €. Petit-déjeuner 3,05 €.* Avec ses annexes, l'avantage de cet hôtel est d'être en centre ville entre les Allées de Tourny et la place Gambetta : un bon atout qui se manifeste aussi par des prix plus que raisonnables. Les chambres, très correctes, sont équipées du double vitrage, télévision, téléphone, salle de bain privée, toilettes. Une cybersalle « mouette.com » pour les internautes est à disposition des clients (2,29 €/h). Sur réservation, on peut bénéficier d'une place de parking (6,10 €). Le petit-déjeuner sera servi au Studio.

Hôtel de la Tour Intendance. 14-16, rue de la Vieille Tour 33000 Bordeaux ✆ 05 56 81 46 27 - Fax 05 56 81 60 90. *20 chambres de 41,16 à 51,83 €. Petit-déjeuner 5,34 €.* Hôtel avec ascenseur, situé en centre ville à proximité de la place Gambetta. 20 chambres toutes différentes et équipées au mieux. Garage fermé à votre disposition.

Hôtel Abadie. 127, rue Dubourdieu 33000 Bordeaux ✆/Fax 05 56 91 00 91 - Internet : www.petitfute.com (rubrique Bordeaux « Où dormir » bien et pas cher). *10 chambres tout confort de 29,7 € à 30 €. Petit déjeuner : 3,8€. Animaux acceptés (suplément 3,8 €). Point-phone.* Vraiment un bon rapport qualité/prix pour ce petit hôtel légèrement excentré et au calme (entre barrière de Toulouse et barrière Saint-Genès dont la situation proche des boulevards et la rocade permet d'y accéder sans avoir à traverser la ville). Le centre ville et la gare sont à quelques minutes et bien desservis par les bus. Les chambres sont simples et agréables au style rustique, toutes équipées de douche et toilettes sans oublier la télévision. Cet hôtel dispose d'un bar pour les clients où vous apprécierez les sandwiches variés ou une savoureuse omelette préparée par la maîtresse de maison dans une ambiance très familiale. Elle peut même vous apporter en chambre un plateau repas.

RESTAURANTS

Le Loup. 66, rue du Loup ✆ 05 56 48 20 21 - Internet : www.restaurant-du-loup.com - E-mail : restduloup@aol.com. *Fermé le dimanche et le lundi. Service de 12h à 14h et de 19h30 à 22h. Menu à 20,58 €, 27,44 € et 30,49 € environ à la carte. Climatisation.* Cela fait déjà plusieurs années que Pierre Eric Faure régale de nombreux habitués dans cette atmosphère à la fois raffinée et conviviale. Le franc sourire de Martine Peiffer est un facteur capital à cette ambiance alliant douceur et dynamisme mettant à l'écart tout élément indésirable qui pourrait perturber la dégustation d'une cuisine imaginative et savoureuse. La carte change régulièrement, et régulièrement avec brio, on émoustille ses papilles gustatives avec des plats tels un œuf mollet et frit aux fines lamelles de saumon fumé, crème légère au citron, un dos de cabillaud au ragoût d'artichauts, parfum coriandre, un filet de sandre aux écrevisses safranées ou les macarons de fruits rouges dans leur jus au parfum de violette, mousseline de fromage blanc... Sans oublier les spécialités de foie gras frais ou mi-cuit et le foie frais rôti.

La Brochetaille. 12, rue des Piliers-de-Tutelle 33000 Bordeaux ✆ 05 56 81 00 64. *Ouvert midi et soir, du mardi au samedi. Carte entre 24 € et 30 €.* Si nous ne vous communiquions pas ce restaurant, nous ne serions plus Futés ! Pour qui aime manger de bons produits du terroir mais cuisinés de manière originale, c'est la bonne adresse. Dans un cadre à la fois simple et charmant, Dédé assure le service en salle alors que son épouse réalise en cuisine ou dans la cheminée des prouesses culinaires simples mais ô combien délicieuses. A la carte, nous vous recommandons les escargots, la côte de bœuf ou la carcasse royale et à moins d'avoir un appétit d'ogre, il vaut mieux ne pas prendre d'entrée ! En ce qui concerne la carcasse royale, c'est celle du canard qui est préparée avec du foie gras et du magret le tout cuit dans la cheminée mais pour la savourer pleinement, il ne faut pas avoir peur d'y mettre les doigts. Pour la fin du repas, et si vous n'avez pas de rendez-vous galant après, le camembert sous la braise avec pain grillé à l'ail est un régal. S'il vous reste encore un peu de place, la carte des desserts devrait vous convenir.

Frog et Rosif 23, rue Ausone ✆ 05 56 48 55 85. *Ouvert tous les jours de 17h30 à 2h. Happy hour de 17h30 à 20h30.* Ce gigantesque pub-restaurant à l'ambiance musicale farouchement pop-rock n'est vraiment pas banal puisqu'il brasse lui-même, et sur place, les 5 bières qu'il sert à la pression. Trois cuves installées au beau milieu de la salle, sans compter la chambre froide et la salle de fermentation attenantes au pub, certifient cette fabrication artisanale. Le Frog & Rosbif va jusqu'à pousser le souci d'authenticité en important d'Angleterre le houblon, le malt et la levure. Il n'y a finalement que l'eau qui ne vient pas d'outre-manche.

Et pour ceux qui sont intéressés par le processus d'élaboration des différents nectars (blonde, ambrée, rousse, blanche et brune), un panneau explicatif est accroché au-dessus d'un immense bar. A côté de ces bières à déguster, l'équipe au fort accent british propose également des bières en bouteilles (Netoilettesastle, Becks, etc.) ainsi que des cocktails. Mais l'autre spécialité de ce pub à ne pas manquer, c'est le cheeseburger cuisiné avec de la vraie viande, du vrai fromage et accompagné de belles frites dignes de ce nom. La carte est un mélange anglo-sud-américain sur laquelle figurent également l'inévitable chili con carne, le fish and chips, le chicken quesadillas, ainsi que des salades, plats dont les prix varient entre 6,86 € et 9,15 € et signalons que le service ne prend fin qu'à 1 h du matin. Enfin, les soirs de matches, les amateurs de foot et de rugby verront se dérouler sous leurs yeux un écran géant pour une retransmission grandeur nature.

Le Jardin des Gastronomes. 1, place Saint-Pierre ✆ 05 57 85 90 35. *Carte 13,50 €.* Un vrai bon plan pour les petits budgets, mais aussi pour les autres. Ouvert depuis quelques années, le Jardin des Gastronomes fait terrasse comble, il faut dire que le prix attractif de la formule pour le soir ne peut laisser indifférent. Puis l'accueil chaleureux agrémenté d'un vrai sourire laissant présager par avance l'attention qui est portée au service décide les hésitants, d'ailleurs à peine installés, un kir (gratuit) de bienvenue confirme cette première impression. Mais la bonne surprise est à venir car même si le choix est un peu restreint, en tout cas pour le plat de résistance, la cuisine est une réussite, en toute simplicité c'est bon. De plus, la carte des vins permet d'accompagner harmonieusement le repas pour des prix raisonnables, et pour les amateurs, plus rare une carte des eaux est à disposition. Le tout, dans un cadre des plus agréables, puisqu'il s'agit d'une des plus belles places de Bordeaux.

L'Estacade. Quai de Queyries 33100 Bordeaux ✆ 05 57 54 02 50 - Fax 05 57 54 02 51. *Fermeture annuelle Noël et jour de l'an. Menu à 13,57 €. Carte 30 €.* Sur les quais, une table simple et accessible qui travaille bien ses assiettes de la mer, améliore sans cesse son cadre intérieur et régale ses habitués avec le risotto aux gambas ou la morue à l'aïoli.

Le Loup. 66, rue du Loup ✆ 05 56 48 20 21 - Internet: www.restaurant-du-loup.com - E-mail: restduloup@aol.com. *Fermé le dimanche et le lundi. Service de 12 h à 14 h et de 19 h 30 à 22 h. Menu à 20,58€, 27,44 € et 30,49 € environ à la carte. Climatisation.* Cela fait déjà plusieurs années que Pierre Eric Faure régale de nombreux habitués dans cette atmosphère à la fois raffinée et conviviale. Le franc sourire de Martine Peiffer est un facteur capital à cette ambiance alliant douceur et dynamisme mettant à l'écart tout élément indésirable qui pourrait perturber la dégustation d'une cuisine imaginative et savoureuse. La carte change régulièrement, et régulièrement avec brio, on émoustille ses papilles gustatives avec des plats tels un œuf mollet et frit aux fines lamelles de saumon fumé, crème légère au citron, un dos de cabillaud au ragoût d'artichauts, parfum coriandre, un filet de sandre aux écrevisses safranées ou les macarons de fruits rouges dans leur jus au parfum de violette, mousseline de fromage blanc... Sans oublier les spécialités de foie gras frais ou mi-cuit et le foie frais rôti.

Le Parlement des Graves. 9, rue du Parlement-Sainte-Catherine 33000 Bordeaux ✆ 05 56 51 68 54. *Fermé le dimanche midi du 1er juin à septembre. Menus de 9,45 à 24,39 €. Carte 24,39 €.* Dire qu'on tient ici la meilleure table de la rue serait lui rendre un faible hommage encore. Désormais bien assise dans le panorama bordelais gourmand, l'adresse s'attache à continuer de mériter sa réputation. Ainsi la savoureuse cuisine de terroir (mais de mer aussi) continue-t-elle de tenir ses promesses: parillada de poissons, fricassée d'escargots aux cèpes, escalope de foie gras aux pommes ou aux raisins, entrecôte bordelaise aux cèpes et gratin de fruits au sabayon de sauternes... Mais le Parlement est aussi (et surtout pour certains) un grand spécialiste des vins de Graves qu'il décline en vins de propriétaires comme en grands crus classés. Pour que toutes les délices puissent là s'accorder.

Virgin Café. 10, place Gambetta 33000 Bordeaux ✆ 05 56 44 26 72. *Formule déjeuner 11,43 €. Carte 19,06 €.* C'est au dernier étage du magasin qu'est installé le très élégant Virgin Café. Rien à voir toutefois avec une cafétéria ou un coin bistrot improvisé pour désaltérer la clientèle de passage. Les choses ont été bien faites. Et pas seulement au niveau du cadre. Si elle comprend des salades et des petits en-cas, la carte dévoile en effet de vrais plats aussi réussis que leur nom peut le laisser croire: tian de saumon frais mariné, salade végétarienne, souris d'agneau parfumée au pistou, jambonette de volaille confite, etc. Les beaux jours se disputent la superbe terrasse panoramique ouverte cette année sur le toit; des soirées événementielles voient se suivre musiciens et expos d'art. L'ensemble est à découvrir.

Le Café Français. 5, place Pey-Berland 33000 Bordeaux ✆ 05 56 52 96 69. *Fermé le dimanche soir. Menu à 18,29 €. Carte 24,39 €.* Adresse bordelaise classique s'il en est, le Café Français perpétue sans faillir la tradition réjouissante de la grande brasserie début de siècle. Le cadre 1900 dispute à la vaste terrasse la préférence des clients. Mais la vue sur la cathédrale est un atout difficile à battre aux beaux jours. C'est où qu'on soit cependant, qu'on bénéficie du service preste et souriant. Aucun grain de sable pour enrouer la parfaite machine. Le meilleur résidant bien sûr dans l'assiette : expression parfaitement maîtrisée d'une cuisine traditionnelle et régionale basée sur d'impeccables produits frais. L'occasion de (re) découvrir dans leurs meilleures versions les plats les plus typiques de notre gastronomie de brasserie : tartare haché minute préparé devant le client, pot au feu, tête de veau entière, morue sautée à la bordelaise, lamproie, choucroute spéciale, alose en saison et autres succulentes pâtisseries maison.

Café Louis. Place de la Comédie 33000 Bordeaux ✆ 05 56 44 07 00. *Carte 22,87 à 30,49 €.* Lustres, dorures, colonnes, décors peints de Burguet, tapis et cuirs rouges, bois précieux vernis... Magnifiquement restaurée, la brasserie du Grand-Théâtre s'est enfin rouverte au public. Il n'a pas fallu plus de quelques semaines aux Bordelais pour réinvestir ce lieu d'exception voulu pourtant démocratique. Les tarifs en effet pratiqués là sont, en dépit du niveau relevé, toujours calculés au plus juste. On a souhaité ne pas réserver la cuisine de Patrick Huguenny (ex second de Francis Garcia au Chapon Fin) à une élite argentée. A côté d'une carte qui change avec les saisons, des suggestions quotidiennes font ainsi leur apparition sur les tables. L'occasion de se régaler d'une terrine de foie gras au Loupiac, d'un cœur de rumsteck, d'une paupiette de saumon et de vermicelles aux légumes, d'un sauté de porc caramélisé aux épices douces, d'un bar rôti aux petits oignons, d'une mousse de chocolat blanc ou d'un feuilleté aux pommes. La carte des vins fait bien sûr honneur à ces fines spécialités, achevant de donner à l'adresse un supplément d'âme gourmande.

Le Chapon Fin. 5, rue Montesquieu 33000 Bordeaux ✆ 05 56 79 10 10. *Fermé le dimanche et le lundi. Service de 12h30 à 14h et de 19h30 à 21h45. Menus : 25,92 € (midi), 42,68 € (le soir), 73,17 € (le soir). Carte 68,60 €.* Nouvelle direction pour ce grand tenant de la gastronomie, qui a été repris par Thierry Marx, du restaurant du château Cordeillan-Bagès à Pauillac, avec en cuisine le meilleur ouvrier de France 2000, Franck Ferigutti. L'étonnement commencera peut-être par l'insolite rocaille Belle Epoque qui donne au restaurant ce style hors du commun, judicieusement complété par les plantes naturelles et la splendide verrière. A nouvelle direction, nouvelle carte, et donc une raison supplémentaire d'aller passer un excellent moment gastronomique « d'épices et de saveurs ». Le menu du midi est renouvelé chaque semaine, et en soirée, celui à 42,68 € ouvre la danse avec ses cannellonis de saumon aux herbes tendres et jus de crustacés au basilic frais, puis son canon d'agneau soubisé, moelleuse polenta aux champignons et jus de romarin, les fromages de Jean d'Alos et la rissole tout chocolat, griottine de Fougerolles au marasquin et son sorbet. Egalement une très belle carte (bar rôti sur peau à l'huile de cèpes, paupiette d'aubergine et raviolis croustillants, selle d'agneau de lait de Pauillac farcie à la tomate et ravioles « au vert » de légumes à la ricotta) et une cave ad hoc.

Restaurant Salon de Thé du musée. 39, rue Bouffard 33000 Bordeaux ✆ 05 56 52 60 49. *Ouvert tous les midis sauf le dimanche et le soir sur réservation à partir de 10 personnes. Salon de thé jusqu'à 18h sauf le mardi. Menu: 12,2 €. Menu gourmand: 20,6 €. Carte: 18,3 € environ.* C'est dans l'enceinte du Musée des Arts Décoratifs que vous trouverez ce charmant restaurant. Les petites tables disposées dans la cour du musée sont rapidement occupées dès qu'un rayon de soleil pointe le bout de son nez. Trouver un tel calme en plein centre ville est plutôt rare, ceci explique peut-être cela! C'est presque un luxe. Carole, qui a été l'élève de Maïté Garcia, est aux fourneaux et élabore une cuisine très fine, originale et aux saveurs subtiles. Salade de melon, saumon à la vanille, canard aux pêches, terrine du musée, flan exotique et les succulentes tartes aux fruits de saison... c'est frais, c'est délicieux et c'est tout aussi sympathique que l'accueil. En hiver, Carole élabore un menu Gourmand comprenant une entrée, un plat et un dessert accompagné d'un verre de vin: au menu, terrine de foie gras mi-cuit avec une salade, cuisse de canard et assiette gourmande. L'adresse est à connaître autant pour sa situation que sa cuisine.

La Cheminée Royale. 56, rue St-Rémi 33000 Bordeaux ✆ 05 56 52 00 52. *Fermé le dimanche et lundi midi. Dernière commande 23h. Menus à 8,99 € et 12,04 € (midi), 10,52 à 25,76 €. Carte 19,82 €.* Dans un cadre chaleureux, la Cheminée Royale vous propose une cuisine traditionnelle avec surtout une prédilection pour les grillades au charbon de bois. Une bonne odeur envahit la salle car elles sont préparées devant vous dans l'une des cheminées qui trônent à proximité du bar. La côte ou le pavé de bœuf au foie gras, les différentes brochettes ou les poissons seront satisfaire votre appétit car les assiettes sont bien garnies et accompagnées de petits légumes. Un choix de menus vous est proposé avec le premier menu du soir à 69 F (jusqu'à 21 h), mais votre sélection se portera très vite vers les autres menus... N'oublions pas les salades variées et copieuses. En entrant, jetez un œil sur la vitrine d'exposition des vins de Bordeaux et autres appellations à des prix raisonnables pour accompagner votre repas. La table tient toutes ses promesses avec un service agréable et presque « Royale"!

Chris'Teas. 16, passage Sarget33000 Bordeaux ✆ 05 56 81 29 86. *Formules 7,48 et 9,62 €.* Comment n'être pas purement conquis du délicieux raffinement de ce petit salon de thé. Le passage Saget se prête à la mise en scène en violine et orange et nous transporte hors du temps. Aucun détail ne semble échapper à une maîtresse des lieux parfaite dans son rôle. Qu'on s'arrête seulement le temps d'un thé nature (Ceylan, Indes, Chine fumé ou non, île de Formose, thé vert, Kenya, Japon...), d'un mélange aromatisé, d'une infusion ou d'un chocolat, ou qu'on choisisse la pause plus roborative du déjeuner

Le Café Gourmand. 3, rue Buffon 33000 Bordeaux ✆ 05 56 79 23 85 - Fax 05 56 52 03 45. *Fermé le dimanche et lundi midi. Carte 23 €.* Huîtres, salades et petits plats bistrot dans une ambiance soutenue, au rez-de-chaussée comme à l'étage. Assiettes bien présentées sur de bonnes idées: macaronade au foie gras et aux cèpes, jambonneau de porcelet caramélisé au miel de sauge, confit, agneau de lait de Pauillac jus persillé.

Le Buhan. 28, rue Buhan 33000 Bordeaux ✆ 05 56 52 80 60 - Fax 05 56 52 80 86. *Fermeture annuelle une semaine durant les vacances de février et du 1er au 20 août. Fermé le dimanche et lundi. Menus de 24,50 à 43 €. Carte 38 €.* Dans une rue calme des vieux quartiers, une table distinguée, au cadre élégant, qui propose une gastronomie intéressante à tarifs attractifs: terrine de caille et cèpes au confit d'oignons, mousseline d'omble chevalier au beurre blanc, tournedos de canard au foie gras frais, fondant chocolat au havane. Service de bon niveau, cave bien composée.

Restaurant le Croc Loup. 35, rue du Loup 33000 Bordeaux ✆ 05 56 44 21 19. *Fermeture annuelle août. Fermé le dimanche, lundi. Menus de 12,04 à 27,44 €.* Simplicité et bonne ambiance dans cette agréable salle aux tons pastel saumon et gris, jolie table et sympathique cuisine actuelle à prix étudiés. Le menu complet à 23 € aligne les spécialités du chef, les ravioles de seiche à la coriandre, la salade de casserons à la provençale, le tian de baliste et son émulsion au poivron doux, la gigolette de volaille aux cèpes et au foie gras, le mille-feuille chocolat et sauce grains de café.

Restaurant Didier Gélineau. 26, rue du Pas Saint-Georges 33000 Bordeaux ✆ 05 56 52 84 25 - Fax 05 56 51 93 25. *Fermeture annuelle 15 jours en août. Fermé le samedi midi, dimanche et lundi matin. Menus de 20 à 49 €. Carte 50 €.* Dans le vieux Bordeaux, dans le quartier Saint-Pierre, Marylène et Didier Gélineau se font une joie de vous accueillir dans leur restaurant. Dans une ambiance conviviale et un décor chaleureux, on trouve ici une cuisine qui fait la part belle aux produits du sud-ouest et l'on apprécie la petite touche fantaisiste que leur apporte Didier Gélineau : raviole de foie gras servie chaud à l'oignon rouge confit, pigeonneau fermier rôti en coque noisette, truffe noire marbrée en feuille de chou et serrano.

Restaurant l'Alhambra. 111bis, rue Judaïque 33000 Bordeaux ✆ 05 56 96 06 91 - Fax 05 56 98 00 52. *Fermeture annuelle du 25 juillet au 20 août. Fermé le samedi midi, dimanche, lundi midi. Menus de 17 à 36 €. Carte 46 €.* Un peu excentré dans une très longue rue partant du centre ville, l'Alhambra est une de ces tables un peu secrètes dont les initiés se repassent l'adresse. Une cuisine fine, un très joli cadre, art déco pour une des salles, jardin printanier pour l'autre, un service et une table raffinés, et un chef qui sait exprimer le terroir avec délicatesse : ragoût de crêtes et rognons de coq aux champignons des bois, queues de langoustines rôties à la vinaigrette d'herbes folles, pigeon fermier rôti et désossé à l'ail en chemise, poire rôtie au caramel d'épices.

Restaurant l'Oiseau Bleu. 65, cours de Verdun 33000 Bordeaux ✆ 05 56 81 09 39 - Fax 05 56 81 09 39. *Fermeture annuelle du 1er au 8 janvier et du 1er au 20 août. Fermé le samedi midi et dimanche. Menus de 17 à 54 €. Carte 32,50 €.* Cette table récemment reprise par Sophie et Frédéric Lafon fait déjà bien parler d'elle dans le paysage gastronomique bordelais : fine cuisine de marché, assez mode mais attrayante, saveurs justes bien mises en valeur, le chef a la main sûre et l'esprit vagabond, allant chercher, ça et là, l'herbe ou l'épice adéquates, sans oublier de se recentrer sur la région : chipirons poêlés à l'ail sur gaspacho glacé, morue fraîche purée à l'ail et jus de viande, tournedos de magret de canard aux girolles polenta moelleuse aux olives, pêche rafraîchie à l'anis glace vanille. Joli décor et jolie cave bien conseillée par l'épouse du chef, avec des grands crus à prix intéressants.

Restaurant Jean Ramet. 7-8, place Jean Jaurès 33000 Bordeaux ✆ 05 56 44 12 51 - Fax 05 56 52 19 80. *Fermeture annuelle 1re semaine de janvier et 3 semaines au mois d'août. Fermé le dimanche et lundi. Menus de 28 à 56 €. Carte 55 €.* Une des très bonnes tables bordelaises, dans le cadre d'un immeuble XVIIIe restauré et ravalé. Malgré la notoriété du chef, les tarifs restent plutôt engageants, à travers des menus bien ciblés. La carte évolue selon les saisons, produits parfaits dans une réalisation toujours juste : feuilletés d'huîtres tièdes à la nage au caviar d'Aquitaine, panaché de poissons aux épices…

Restaurant La Tupina. 6, rue Porte de la Monnaie 33000 Bordeaux ✆ 05 56 91 56 37 - Fax 05 56 31 92 11. *Menus de 15,24 à 44,97 €. Carte 47,50 €.* Un des plus célèbres restaurants bordelais, grâce en particulier à son patron, Jean-Pierre Xiradakis, qui a su rallier durant toutes ces années tout ce que la ville compte de bons vivants. C'est la table de campagne en pleine ville comme on peut la rêver, produits d'exception travaillés simplement, comme dans le temps, avec générosité et savoir-faire : terrine de foie gras mi-cuit au gros sel, épaule d'agneau confite, assortiment de desserts grand-mère.

Les Chais d'Haussmann. 61, avenue du Baron-Haussmann 33000 Bordeaux ✆ 05 56 21 58 74 - Fax 05 56 21 58 48. *Fermeture annuelle deux semaines fin août et en septembre. Fermé le dimanche soir et le lundi. Dernière commande : 21 h 30. Menus : 9,15 (enfant), 14,48 € (le midi sauf week-end et fériés), 21,34 €, 36,59 € (menu carte). Terrasse. Parking privé.* Qu'on se le dise, voilà une de nos meilleures découvertes ! Depuis janvier 1999, Laurent Poumeyrau a investi les cuisines à l'arrière d'une salle claire et contemporaine aux tons dégradés de crème et rehaussés de peintures modernes. A l'élégance du cadre répond celle d'une cuisine gastronomique qui suit de près les saisons, et qui nous a enchantés par son très bon rapport qualité/prix. Aux menus (dans le 21,34 € : crème safranée de la mer, magret de canard aux quatre épices, fromage et dessert) s'ajoute une alléchante carte de saison, avec le millefeuille de homard et d'artichaut à la vinaigrette d'agrumes, la noisette d'agneau roulée au pistou et poêlée de légumes au basilic, le demi-pigeon aux deux pommes et verjus de chasselas, et les poissons en direct des criées de Royan, Bordeaux, La Rochelle ou Boulogne. Dès les beaux jours, on profitera de la terrasse ombragée et du grand jardin arboré.

Dans les environs

Fleur de Houblon. 5, rue Louis-de-Funès 33140 Villenave d'Ornon ✆ 05 57 35 98 47. *Rives d'Arcins (sortie 20) - Parking Méga CGR. Ouvert tous les jours. Dernière commande : 22 h 30 en semaine, 23 h le week-end. Menus de 7,47 à 17,53 €, carte : 15,24 €. Terrasse. Accueil groupes.* Flammeküeche, choucroute, jarret de porc... la cuisine traditionnelle alsacienne est à l'honneur dans ce récent établissement de la proche périphérie de Bordeaux. Mais le nom « Fleur de Houblon » évoque sans doute des gourmandises moins solides. On ne s'étonne donc pas d'apprendre qu'une fabrique de bière artisanale se cache aussi sous l'enseigne. Il convient, dès lors, de découvrir la microbrasserie avec ses bières blanches, ambrées, blondes et spéciales (dont la Girondine), confectionnées là sous vos yeux. Deux immenses terrasses dont une montée sur caillebotis avec tables et chaises en teck ajoutent à l'attrait du lieu aux beaux jours pour un dépaysement et détente. Les salons XIXe peuvent recevoir les groupes de 15 à 35 personnes et tous les jeudis, un repas concert est organisé.

Etche Ona. 15-17, rue du Chevalier de la Barre 33130 Bègles ✆ 05 56 85 95 14 - Fax 05 56 85 95 14. *Fermeture annuelle 15 jours en août et une semaine après Noël. Fermé le dimanche soir et lundi. Menus de 14 à 26,68 €. Carte 27 €.* Tradition de tous les terroirs en terre béglaise, salle conviviale ouverte sur une accueillante terrasse sous les arbres. Des assiettes généreuses, un service souriant, les gros appétits se régalent avec la choucroute de la mer, la morue à la nantaise, la lamproie à la bordelaise et le tournedos de charolais Rossini.

Le Cohé. 8, avenue Cohé 33600 Pessac ✆ 05 56 45 73 72 - Fax 05 56 45 96 39. *Fermeture annuelle du 5 août au 5 septembre. Fermé le dimanche soir et lundi. Menus de 14,50 à 53,35 €. Carte 42 €.* Jolie table dans un décor contemporain soigné, grandes nappes blanches en perle de satin couverts en argent et verres en cristal, beaux luminaires récemment changés. La cuisine bourgeoise est elle aussi élégante, belles manières et présentations étudiées : œufs pochés au fumet de cèpes et purée de pommes de terre, symphonie de poissons et crustacés au corail d'oursin, parmentier de canard confit au coulis de myrtilles, déclinaison de fruits rouges à la crème de gingembre.

Auberge du Marais. 22, route de Latresne 33270 Bouliac ✆ 05 56 20 52 17 - Fax 05 56 20 98 06. *Fermeture annuelle du 15 février au 3 mars et du 16 août au 6 septembre. Fermé le dimanche soir et mercredi. Menus de 12,96 à 41,16 €. Carte 33 €.* Une terrasse et un jardin accueillants pour célébrer la douceur de vivre autour des produits de saison à la mode régionale, les poissons de l'arrivage, la lamproie à la bordelaise, les gibiers en automne et en hiver. Des menus tous intéressants, dès la première formule à 13 €, avec la moruette au beurre persillé, le boudin aux pommes ou les tricandilles persillade. Du bon traditionnel, solide et bien fait, accueil charmant.

Le Mérigamme. 6, place Jean Jaurès - Mérignac-Capeyron ✆ 05 56 97 46 55. *Fermé le dimanche et le lundi. Menus de 9,15 € à 12,20 €. Carte 18,29 €.* Le nom si poétique de ce restaurant lui vient tout droit du Conservatoire de musique tout proche, mais ici les gammes se font en cuisine, avec comme chef d'orchestre Daniel De Angelis, qui nous propose chaque jour des plats renouvelés, à découvrir dans les formules (pour 9,15 € : entrée + plat ou plat + dessert ou plat + café + vin) ou à la carte, autour d'une cuisine traditionnelle de spécialités, à l'image des anguilles persillade ou des côtelettes de canard grillées aux framboises.

Le Saint-James. 3, place Camille Hostein 33270 Bouliac ✆ 05 57 97 06 00 - Fax 05 56 20 92 58. *Fermeture annuelle janvier (restaurant). Fermé le lundi et mardi (sauf en juin-juillet). 15 chambres de 152,45 à 282,03 €. Menus de 38,11 à 70,13 €. Carte 76,22 €. Petit-déjeuner 15,24/18,29 €.* C'est une histoire d'amour entre un chef surdoué, Jean-Marie Amat, et une ville, Bordeaux. Le feu follet qui naguère enflamma le Cours de l'Intendance a agrandi son domaine, s'est posé dans un village calme au-dessus du lac et propose un véritable complexe à choix multiples, du grand vaisseau amiral construit par Jean Nouvel, architecture avant-gardiste finalement très douce, chambres au raffinement exceptionnel, avec jacuzzi et chaîne B ✆ 0, prestations de Relais et Châteaux, avec sauna, piscine chauffée toute l'année, vue sur la ville et la Garonne, jusqu'aux dépendances pour manger très bien et très convivial, le Bistroy, littéralement assiégé à chaque service pour son rapport qualité-prix attractif, et le Café de l'Espérance, ancien café de village transformé en rôtisserie, et depuis peu la Maison du Fleuve. L'esprit du chef est partout, mais c'est au restaurant gastronomique, dans une très belle salle évoquant un couvent, que l'on se recueille devant une cuisine toujours au sommet, sachant colorer les plaisirs régionaux de fulgurances personnelles : terrine de foie gras de canard mi-cuit aux noisettes et cru en sashimi, petit homard rôti aux pommes de terre et gousses d'ail, pigeon rôti aux épices et pastilla de cuisses.

La Réserve. 74, avenue de Bourgailh 33600 Pessac ✆ 05 57 26 58 28- Fax 05 57 26 58 00. *Fermeture annuelle pendant la semaine de Noël. Menus de 16,77 à 44,21 €. Carte 39,64 €. 22 chambres de 53,36 à 99,09 €.* Le cadre enchanteur de la Réserve (parc centenaire, lac aux cygnes, piscine, tennis...) n'a pas su voler la star à la table qui reste depuis des lustres la vraie vedette des lieux. C'est que la cuisine gastronomique de Pierre Burgat a eu le temps depuis 1963 de se tailler sa réputation. Le chef ne compte plus étoiles ni gratifications. Il s'attache simplement à satisfaire la gourmandise raffinée de ses visiteurs. Ses moyens pour le faire se nomment oeufs pochés vigneronne aux petits lardons et foie gras, saint-jacques poêlés sur verdure et chipirons à la provençale, lamproie bordelaise « comme avant », tournedos Rossini ou noix de saint-jacques caramélisées au safran... Quant aux chambres, classées trois étoiles, elles ont un vrai cachet et jouissent des meilleurs équipements : téléphone direct, climatisation, TV satellite, Jacuzzi, etc.

POINTS D'INTERET

Office de tourisme. 12, cours du 30 Juillet 33080 Bordeaux ✆ 05 56 00 66 00. *Ouvert tous les jours, de 9h à 19h, le dimanche de 9h45 à 16h30 hors saison et en période estivale jusqu'à 20h en semaine et jusqu'à 19h le dimanche.* Des milliers de visiteurs transitent chaque année par ce point d'information incontournable. Les visites guidées de Bordeaux, la liste des musées, les manifestations culturelles, les monuments, les restaurants... bref tout ce qui a trait au tourisme de la ville est enregistré à l'Office du tourisme.

La découverte de la Gironde passe obligatoirement par Bordeaux et les communes qui l'entourent. Il ne s'agit pas toujours de villes-champignons sans histoire, leur passé est parfois d'une grande richesse comme Blanquefort et son château médiéval par exemple. Mais on n'a pas toujours envie d'aller faire du tourisme en banlieue et c'est un tort. Lorsque l'on a deux heures à tuer un dimanche après-midi, c'est la bonne distance pour aller se mettre au vert. Quant à Bordeaux, inutile de faire les présentations. L'antique Burdigala ne compte plus ses atouts. En enregistrant le plus important secteur sauvegardé médiéval du XVIIIe siècle et la plus grande façade néoclassique d'Europe, elle a de quoi plaire aux amoureux des vieilles pierres. Le touriste averti que vous êtes ne manquera pas de lever le nez le plus souvent possible pour admirer des balcons ou des façades qui ne sont pas répertoriées ici, il faudrait considérablement augmenter la pagination de ce guide. Le charme de Bordeaux vient sans doute de la diversité et de l'harmonie qui règnent dans chaque quartier. L'influence du XVIIIe siècle, extrêmement forte tout autour du Grand-Théâtre, contraste avec les ruelles étroites de Saint-Pierre. On s'enfonce plus encore dans le passé en allant vers le quartier Saint-Eloi, puis l'on revient vers des siècles plus proches en traversant la place Pey-Berland pour pénétrer dans l'ultra-modernisme du quartier Mériadeck. Chaque secteur a su heureusement conserver son caractère et une unité qui fait la cohérence de l'ensemble. Enfin, Bordeaux s'attache, depuis quelques années, à valoriser son passé de ville portuaire et à faire revivre sa tradition maritime en ouvrant la base sous-marine et en voyant arriver sur les quais le croiseur Colbert. Heureux événement pour les uns, calamité pour les autres (notamment pour ceux qui avaient jusque-là une belle vue sur la Garonne), ce géant métallique vient témoigner de la vie en mer au quotidien.

Les Chartrons

S'il doit son nom au couvent des Chartreux qui s'y était établi fin XIVe siècle, le faubourg des Chartrons doit sa richesse au commerce du vin. Ce quartier est devenu un haut lieu du négoce étranger (Anglais, Européens du Nord) que les privilèges des bourgeois de la ville avaient repoussé dans cette zone insalubre encore envahie par les marais de la Palu. Le flamand Conrad Gaussen l'assécha au XVIIe siècle et une longue file de maisons à pignons fut bâtie face aux quais. Deux maisons dites « hollandaises » restent les seuls vestiges de cette période. L'essor du commerce du vin et des échanges avec les colonies, au XVIIIe siècle, entraîne un enrichissement du quartier. De grosses demeures bourgeoises y ont été érigées. A l'emplacement de l'ancien château Trompette furent construits au XIXe siècle les Entrepôts Lainé et la place des Quinconces. Beaucoup plus récente, la Cité Mondiale, conçue par Michel Pétuaud-Letang, est un bâtiment ultramoderne qui s'intègre avec une certaine harmonie à ce quartier ancien. Ouverte en 1991, la Cité Mondiale est progressivement devenue un centre de congrès.

Cap Sciences. Hangar 16 - Quai des Chartrons 33000 Bordeaux ✆ 05 56 01 07 07 - Fax 05 57 85 93 81 - E-mail : cap-sciences@wanadoo.fr *Ouvert du mardi au vendredi de 14 h à 18 h, samedi et dimanche de 13 h à 19 h. Fermé lundi et jours fériés. Entrée : 5,36 €, étudiants, scolaires 3,81 €, gratuit pour les moins de 5 ans. Possibilité de visites commentées. Parking gratuit : entrée face au cours du Médoc.* Avis aux amateurs et à tous les curieux : ce très intelligent centre d'animation et d'exposition met les sciences à la portée de tous par le biais de grandes expositions thématiques. Autour de celles-ci gravitent un « petit théâtre des sciences et techniques » pour illustrer un épisode scientifique, un kiosque consacré à l'actualité de la recherche, des conférences, des visites scientifiques et de tourisme industriel ainsi que des ateliers pour enfants. A découvrir jusqu'au 9 décembre 2001 : « Planète numérique », avant que Cap sciences ne rejoigne son nouveau port d'attache au bout des quais, à l'entrée des bassins à flots.

LES MUSEES DE BORDEAUX GRATIS !

Un franc succès : à Bordeaux, l'entrée dans les musées est offerte les 1ers dimanches de chaque mois ! Huit musées bordelais sont concernés par la mesure. A ceci s'ajoute la gratuité tout au long de l'année pour les moins de 18 ans, les scolaires et les étudiants à titre individuel ou en groupe avec leurs accompagnateurs. Bénéficient de cette très démocratique mesure le CAPC, musée d'Art contemporain, le Centre Jean-Moulin, le Jardin botanique, le musée d'Aquitaine, le musée des Arts décoratifs, le musée des Beaux-Arts, le musée Goupil et le Muséum d'histoire naturelle. Dans la foulée, on a harmonisé les horaires et les tarifs de ces mêmes musées.

Musée des Chartrons. 41, rue Borie ✆ 05 57 87 50 60 - Fax 05 56 79 10 98 - Internet: www.platine.com/le-musee-des-chartrons/index.html. *Ouvert du lundi au vendredi de 14 h à 18 h. Fermé samedi, dimanche et jours fériés. Visite guidée simple, visite guidée avec initiation à la dégustation sur rendez-vous.* Cet hôtel particulier a pour singularité de posséder des chais en hauteur, seul exemple de la sorte aux Chartrons. Il appartenait à Francis Burke, un négociant irlandais qui exerçait ses activités au XVIIIe siècle. C'est en 1989 que le musée s'y installe avec une belle collection de bouteilles « estampées » - dont certaines datent du XVIIe siècle -, les premières étiquettes lithographiées en série, des pochoirs de métal destinés à marquer les caisses et les fonds de barriques, de belles histoires sur le vin et ses trajets autour du monde... Vous pourrez même acheter à la boutique du musée des bouteilles « bouillotte » originales du XVIIIe siècle.

Le jardin public

Le quartier porte le même nom que le bel écrin de verdure de 11 hectares qui agrémente le cœur de Bordeaux. Le jardin public est ouvert tous les jours de 7 h à 21 h et est entouré de plusieurs entrées (cours de Verdun, place Longchamps, rue de la Course, rue Duplessy...). Au XVIIIe siècle, l'intendant Tourny décida la création de ce jardin digne de Bordeaux, ville royale. Il fut d'abord dessiné à la française puis transformé à l'anglaise sous Napoléon III. Depuis 1855, le jardin public accueille le Muséum d'histoire naturelle et le jardin botanique. Le quartier abrite aussi, rue du Docteur-Albert-Barreau, les ruines du Palais Gallien, un amphithéâtre classé monument historique et construit au début du IIIe siècle par l'empereur Gallien.

Jardin Botanique. Place Bardineau ✆ 05 56 52 18 77. C'est en 1629 qu'un jardin botanique fut créé pour la première fois à Bordeaux. Après maintes vicissitudes et plusieurs déménagements, il trouve sa place définitive en 1858 au cœur du jardin public. Il recense quelque 5 000 espèces végétales auxquelles vient se greffer une bibliothèque riche d'environ 8 000 ouvrages et d'herbiers constitués de plus de 300 000 planches. Egalement centre de recherche scientifique, le jardin botanique édite un catalogue annuel de graines regroupant 700 références. En collaboration avec l'Association pour la Connaissance du monde végétal, le jardin botanique organise également nombre de conférences, stages et ateliers destinés aux enfants (8-12 ans) comme aux adultes.

Museum d'Histoire Naturelle. 5, place Bardineau ✆ 05 56 48 29 86. Aménagé dans l'Hôtel Lisleferme, le muséum possède d'importantes collections de zoologie, malacologie, paléontologie et minéralogie. Une salle est même totalement consacrée à la grotte préhistorique de Pair-Non-Pair située sur la commune girondine de Prignac et Marcamps. Vous découvrez des spécimens du monde animal, ainsi que leur évolution à travers les âges, des 5 continents et des divers océans. Régulièrement des expositions temporaires, ludiques et éducatives viennent compléter la visite.

Les Quinconces

Ici, vous ne pourrez pas manquer la place des Quinconces, c'est la plus grande place d'Europe. Elle est ornée d'un imposant monument érigé entre 1894 et 1902 pour honorer la mémoire des députés de la Révolution, c'est le monument des Girondins. Démantelés sous l'occupation allemande, les bronzes de la fontaine furent sauvés des fonderies germaniques grâce aux résistants. Le Triomphe de la République et le Triomphe de la Concorde ont été restaurés et mis en eau en 1983. La visite de la place et du monument aux Girondins est assurée toute l'année à 10 h, rendez-vous à l'Office de tourisme.

Le Triangle

Ce quartier est ainsi nommé du fait de la figure géométrique formée par le cours de l'Intendance, le cours Clemenceau et les allées de Tourny. Toute cette zone de Bordeaux forme un superbe ensemble architectural du XVIIIe siècle. Un nom est rattaché à ce quartier: celui de Victor Louis. Nombre d'hôtels particuliers ont été édifiés sous son impulsion, la plus belle de ses réalisations étant bien sûr le Grand-Théâtre. La plus importante concentration de bâtiments Victor Louis se trouve cours du Chapeau-Rouge, on appelle ce secteur « l'îlot Victor Louis » qui compte, entre autres, l'Hôtel de Saige au n° 25, l'Hôtel Journu au n° 3 ou l'Hôtel Boyer-Fonfrède (1, place Jean Jaurès). L'aménagement du Triangle, ou quartier des Grands-Hommes, remonte en majeure partie aux années révolutionnaires, lorsque les biens du clergé furent saisis. D'importants travaux furent réalisés autour de l'actuelle place des Grands Hommes d'où rayonnent des rues aux noms caractéristiques de l'époque (Rousseau, Voltaire, Montesquieu).

Allées de Tourny. Elles ont été aménagées en 1745 par l'intendant de Tourny. Cette promenade présente une belle enfilade de façades élevées entre 1745 et 1760. Au n° 37, le bel Hôtel Meyer hébergea le poète allemand Hölderlin qui y écrivit un poème sur Bordeaux.

Eglise Notre-Dame. Place du Chapelet ✆ 05 56 00 66 00. Elle fut construite vers 1700 comme la chapelle du couvent des Dominicains. Son étonnante façade baroque restaurée en 1980, s'oppose au décor très simple de l'intérieur. Le regard s'arrête surtout sur d'intéressantes toiles du XVIIIe siècle, des ferronneries du XVIIe, des confessionnaux en bois sculpté, le décor en trompe-l'œil dans les chapelles et le grand orgue du facteur Schmitt de 1775.

Grand Théâtre. Place de la Comédie ✆ 05 56 00 85 95. Il fut construit à la suite d'un incendie qui ravagea l'ancienne salle de spectacles. Victor Louis conçut cet édifice entre 1773 et 1780. Le Grand-Théâtre de Bordeaux constitue l'une des plus belles bâtisses XVIIIe du genre en Europe. Il dresse majestueusement son péristyle à l'antique surmonté par 12 statues de muses et de déesses. La salle de spectacle est magnifiquement décorée de dorures et elle vient d'être superbement restaurée.

Hôtel de Roly. 1-5, place de la Comédie. Face au Grand-Théâtre se dresse le prestigieux Hôtel du comte de Roly. Erigé vers 1780 d'après les plans de Victor Louis, il a été récemment restauré, ce qui met en évidence l'accord parfait des volumes et leurs justes proportions.

Maison Gobineau. 1, cours du 30 Juillet. Cet hôtel fut construit en 1786 et 1789 par Charles Durand sur les plans de Victor Louis pour le conseiller du Parlement : T.-J. Gobineau. Fermant l'angle des allées de Tourny, il est occupé aujourd'hui par le Conseil interprofessionnel du Vin de Bordeaux.

Passage Sarget. 19, cours de l'Intendance. En remontant le cours de l'Intendance, il faut admirer plusieurs hôtels particuliers : Pichon dont le premier étage date du XVIIe siècle (au n° 4), Acquart érigé au XVIIIe siècle par Emile Combes (au n° 5), de Verthamon construit en 1829 (au n° 13). Le passage Sarget, passage couvert, fut ouvert au public en 1878.

Quartier Saint-Seurin

Basilique Saint-Seurin et le site paléochrétien. Place des Martyrs de la Résistance ✆ 05 56 00 66 00. Cette église est fort ancienne, le porche et la crypte remontent au XIe siècle, le chevet et le transept au XIIe, la chapelle Notre-Dame-de-la-Rose date du XVe siècle de même que la chaire épiscopale, de très beaux albâtres et des stalles sculptées. Mais, ce site est occupé depuis beaucoup plus longtemps. En effet, des fouilles commencées au début du siècle ont permis de mettre au jour une vaste nécropole chrétienne ainsi que des traces de construction d'un édifice religieux. Dans la nécropole, les sépultures étaient superposées du IVe au XVIIIe siècle. La visite de ce site permet de découvrir de très riches vestiges de l'Antiquité, plusieurs salles, des tombeaux décorés de fresques, de nombreux sarcophages et amphores...

Quartier Saint-Pierre

Nous sommes ici dans un quartier historique de Bordeaux, ouvert directement sur le port. Saint Pierre est d'ailleurs le patron des pêcheurs, des marins et de tous ceux qui s'aventurent sur les mers. En 1832, on découvrit, sous la place Saint-Pierre, une magnifique statue d'Hercule en bronze, aujourd'hui exposée au musée d'Aquitaine. Elle devait décorer l'entrée du port gallo-romain situé alors à l'embouchure de la Devèze. Le quartier fut bâti au XIIe siècle, lorsque le port fut transféré plus au sud, mais il a conservé ses activités artisanale et commerciale comme en témoignent les noms des rues : des Bahutiers, des Argentiers, du Chai-des-Farines...

Les intendants Boucher et Tourny firent tomber la muraille médiévale au XVIIIe siècle et aménagèrent la place Royale (de la Bourse), la rue Royale (Fernand-Philippart) et la place du Marché-Royal (du Parlement) en hommage au roi Louis XV. Ce quartier a été superbement rénové et conserve avec bonheur sa tradition marchande. Vous y admirerez l'église Saint-Rémi (rue Jouannet), édifice religieux du XVIe siècle désaffecté depuis longtemps et qui sert de dépôt pour le musée d'Aquitaine, et la maison à pignon du XVIe siècle (49, rue des Bahutiers).

Eglise Saint-Pierre. Place Saint-Pierre. Elle fut construite aux XVe et XVIe siècles à l'emplacement de l'ancien port gallo-romain. Elle a été restaurée au XIXe siècle et possède notamment une abside XVe, de belles voûtes au chœur, une Vierge en bois du XVIIe et deux toiles, l'une représentant saint Pierre recevant les clés du ciel (Nantiac 1664) et l'autre saint Pierre délivré de la prison (Léon Pallière).

Maison natale François Mauriac. 86, rue du Pas-Saint-Georges. Une plaque souvenir rappelle que François Mauriac est né dans cette maison le 11 octobre 1885. Ses parents y résidèrent de 1885 à 1887, ils vécurent ensuite au 7, rue Duffour-Dubergier (1887-1894), au 1 de la rue Vital-Carles (1894-1899) et au 22 de la rue Margaux (jusqu'en 1903).

Musée des Douanes. 1, place de la Bourse ✆ 05 56 52 45 47. Installé sur la place de la Bourse ce musée a investi l'ancien magasin de dédouanement de l'Hôtel des Fermes du Roi édifié entre 1735 et 1738. Sous les magnifiques voûtes, défilent les grandes étapes historiques de l'administration douanière française. Plus loin, sont retracées les multiples missions et activités de ces services douaniers trop méconnus. Documents d'archives, uniformes et armes, maquettes, instruments de travail et de saisies - dont la grande balance de l'Hôtel des Fermes (1783) - mobilier (en particulier un secrétaire à cylindre Louis XVI) et œuvres d'art (un Claude Monet notamment) sont ainsi présentés.

Place de la Bourse. C'est l'ancienne place Royale dessinée par l'architecte du roi Louis XV, Jacques Gabriel. Elle est inaugurée en 1755. La fontaine des Trois Grâces (1869) s'élève sur l'emplacement de la statue du souverain, démantelée sous la Révolution. Les maisons construites sur les quais offrent une superbe perspective, un alignement homogène d'arcades, d'étages et de toitures d'ardoises.

Place du Parlement. En prenant la rue Fernand-Philippart, ancienne rue du Marché-Royal, percée entre 1750 et 1775, vous apercevrez la belle enfilade de maisons Louis XV, notamment au n° 16 où le joli balcon de la maison d'angle conserve un charme pittoresque. Arrivé sur l'ancienne place du Marché-Royal, il est difficile de ne pas s'émerveiller devant ces splendides façades à décors d'agrafes et de mascarons. Elle fut aménagée vers 1760 alors que sa remarquable fontaine date de 1867. Ses quatre mascarons laissent échapper des filets d'eau et ornent la base d'une composition de style néo-Louis XV.

Porte Cailhau. Place du Palais ✆ 05 56 00 66 00. A la fois arc de triomphe et ouvrage défensif, la porte Cailhau a été érigée entre 1493 et 1496 pour commémorer la victoire de Charles VIII à Fornoue en Italie. En édifiant cette porte, les jurats voulaient donner à la ville une entrée monumentale et célébrer la monarchie, idée et conception nouvelles à cette époque. Comme certains châtelets de la fin du Moyen Age, la porte s'élève sur trois étages sur un plan ovale. Elle présente des techniques défensives classiques : deux vantaux de bois au rez-de-chaussée, un assommoir et une herse, un étage destiné au logement de la garnison et un couronnement de mâchicoulis à créneaux et batailleries. Même si l'ennemi avait franchi la porte d'entrée et le premier étage de la tour, il restait soumis aux tirs. La place du Palais abritait autrefois le palais de l'Ombrière, imposante demeure royale détruite au début du XIXe siècle pour vétusté. Quatre tours dominaient la ville, dont la tour du Roi et la tour de l'Arbalesteyre. Aujourd'hui, du haut de la tour on bénéficie toujours d'un beau panorama sur la ville et son fleuve.

Quartiers de l'Hôtel de Ville et de Mériadeck

Le quartier de l'Hôtel-de-Ville s'est bâti entre le XVIIIe siècle (Hôtel de Ville, maisons style Louis XVI autour de la rue Bouffard) et le XIXe siècle avec la destruction partielle du fort du Hâ dont les ruines imposantes sont toujours visibles, la construction de l'hôpital Saint-André en 1833 puis celle du palais de justice un peu plus tard. Les amateurs d'architecture viennent aujourd'hui y admirer l'étonnant nouveau palais de justice construit par Richard Rogers en 1998. Mériadeck n'était qu'un vaste marais que le cardinal François de Sourdis décide d'assécher au début du XVIIe siècle. Les échoppes, habitations typiques du Bordeaux ouvrier et artisan, y fleurissent au XIXe siècle. Ce n'est qu'en 1955 que la municipalité décide la rénovation totale du quartier. En 1963, la rénovation devient restructuration et le quartier deviendra le « centre administratif et d'affaires ». Administrations, services, commerces, hôtels et équipements sportifs le composent aujourd'hui.

Cathédrale Saint-André. Place Pey-Berland ✆ 05 56 52 68 10/05 56 00 66 00. Il existait certainement une église primitive très ancienne mais, faute de fouilles, il est impossible de dater précisément l'édifice. La façade occidentale, partie la plus ancienne de la cathédrale, date du XIe siècle. Son mur en petit appareil est le seul vestige de la vieille église. La vaste nef unique a été réalisée au XIIe siècle. A l'origine, elle était divisée en travées carrées et couvertes sans doute d'une charpente. Au XIIIe siècle, les murs de la nef ont été modifiés, le nombre de travées doublé et les anciens murs réhaussés. Ces importants travaux ont également conduit au percement de la porte Royale en 1250, une pure merveille dans le style gothique français. Les statues sont remarquables par l'art de la draperie et la finesse des visages. Vers 1360, le chœur et le transept furent achevés grâce aux subsides de l'archevêque Bertrand de Goth devenu pape en 1305. La cathédrale fut fortement endommagée lors d'un incendie en 1787 et, à la Révolution, elle servit de grange à foin et à fourrage. Elle a été restaurée par Louis Combes en 1804, puis au XXe sous la direction des Monuments Historiques.

Centre National Jean Moulin. Place Jean Moulin ✆ 05 56 79 66 00. Ce centre fut transféré en 1981 dans l'ancien immeuble, rénové, de la Caisse d'Epargne. Conçu sur trois niveaux, le Centre national Jean-Moulin présente des collections consacrées à la Deuxième Guerre mondiale, à la résistance, à la déportation et aux Forces Françaises Libres. Un hommage particulier y est rendu à Jean Moulin avec la reconstitution de son bureau clandestin à Nice, ses œuvres picturales originales et des objets lui ayant appartenu.

Cathédrale de Bordeaux

Eglise Saint-Bruno et Cimetière de la Chartreuse. Le cardinal François de Sourdis décida de la construction de l'église Saint-Bruno en 1599. Il fit alors assécher le marais pour ériger l'édifice et, quelques années plus tard, décida de le relier à son palais (alors contre la cathédrale Saint-André) en créant un vaste espace planté d'arbres et de prairies dont une partie était ouverte au public. La façade de l'église s'inspire du style italien et, à l'intérieur, on peut admirer deux statues, une de la Vierge réalisée par Bernini père et l'autre de l'archange Gabriel par Bernini fils. Le cimetière de la Chartreuse fut inauguré en 1806 et accueille plusieurs personnages importants tels que les peintres Goya et Lacour, le père Chaminade (fondateur de deux congrégations enseignantes) ou Flora Tristan, socialiste et féministe en même temps que grand-mère de Gauguin.

Musée des Arts Décoratifs. 39, rue Bouffard 33000 Bordeaux ✆ 05 56 00 72 50. *Fermé mardi et jours fériés. Ouvert de 11h à 18h et de 14h à 18h le week-end. tarifs: 3,81 € et 5,34 €.* Dans ses salons lambrissés sont présentées des collections de peintures, de sculptures, de meubles, de céramiques, de verreries, d'orfèvreries et de ferronneries des XVIIIe et XIXe siècles auxquelles viennent s'ajouter d'élégantes expositions temporaires. La collection de faïence stannifère française du XVIIIe siècle, la collection de faïence fine bordelaise et environ 500 miniatures sur ivoire et sur papier valent particulièrement le coup d'œil. La visite peut se poursuivre lors de cours d'initiation aux arts décoratifs ou se terminer agréablement au salon de thé installé dans la cour du musée. N'oubliez pas de remarquer le bâtiment qui l'abrite. C'est l'hôtel Lalande, une très belle demeure construite en 1779 par l'architecte Etienne Laclotte.

Musée des Beaux Arts. 20, cours d'Albret ✆ 05 56 10 17 18. Créé en 1801 par Bonaparte, le musée des Beaux-Arts est installé dans les deux ailes du jardin de la Mairie construites en 1875 par l'architecte Charles Burguet. Au fil des années, les collections n'ont cessé de s'élargir et atteignent aujourd'hui 2 575 peintures, 504 sculptures et 2 836 dessins. Depuis 1995 et la rénovation de l'aile sud, le musée a doublé ses capacités d'exposition. Les visites débutent par l'aile sud, où sont réunies les œuvres des écoles européenne et française du XVIe au XVIIIe siècle (Titien, Rubens, Bruegel de Velours...), et se terminent par l'aile nord où sont concentrées les œuvres des XIXe et XXe siècles (Delacroix, Matisse, Picasso...). On y découvre notamment deux célèbres peintres bordelais, André Lhote et Albert Marquet, ainsi que des grands formats comme l'immense « A chacun sa chimère » de 6,47 m de long d'Henri Martin. Les expositions temporaires sont toujours présentées à la Galerie des Beaux-Arts, place du Colonel-Raynal, à deux pas du musée (mêmes horaires que le musée ✆ 05 56 95 51 60).

Palais Rohan. Hôtel de Ville - Place Pey-Berland ✆ 05 56 00 66 00. L'archevêché se tenait depuis le Moyen Age contre la cathédrale Saint-André. En 1771, Ferdinand-Maximilien Mériadec de Rohan entreprend la construction d'un nouveau palais. Il en confie la charge à Joseph Etienne tout d'abord puis à Bonfin, architecte de la ville. Conçu sur le modèle de l'Hôtel « entre cour et jardin », cet édifice marque, avec le Grand-Théâtre, l'introduction du néo-classicisme à Bordeaux.

Tour Pey-Berland. Place Pey-Berland ✆ 05 56 81 83 75/05 56 00 66 00. Cet édifice gothique flamboyant fut érigé entre 1440 et 1466. C'est en fait le clocher de la cathédrale. Tronquée par une tempête en 1667, la flèche fut reconstruite et couronnée en 1863 par la statue de Notre-Dame-d'Aquitaine. C'est en 1869 que le bourdon de huit tonnes, Ferdinand-André, fut monté. Du sommet de la tour s'offre une superbe vue sur la ville, sur son fleuve et sur le chevet de la cathédrale Saint-André.

Quartier Sainte-Eulalie

Situé à l'angle sud-ouest du rempart médiéval, le quartier est centré autour de son église paroissiale qui était le point de départ vers l'Espagne, vers Compostelle. Le quartier reste très riche en vestiges historiques et archéologiques car il fut peu modifié. Il était le quartier des artisans (maîtres maçons, tanneurs, marchands d'huile, charpentiers...), mais aussi celui où on relevait la plus grande concentration de couvents et autres édifices religieux. On y trouvait donc la présence des Grands Carmes, des Augustins, des religieuses Annonciades, des Feuillants, des religieuses de Notre-Dame, des Ursulines, des Madelonnettes, des Visitandines, des Minimes...

Eglise Réformée de Bordeaux - Temple du Hâ ✆ 05 56 52 60 47. L'église réformée de Bordeaux compte cinq paroisses. Le temple du Hâ fut construit en 1616 par les libéralités du conseiller Rosséguy de Lancre et du couvent des sœurs de Notre-Dame dont il dépendait. Pendant la Révolution, cet édifice servit de magasin pour la troupe, ce n'est qu'en 1805 qu'il fut attribué à l'église réformée par décret impérial.

Eglise Sainte-Eulalie. Place Sainte-Eulalie. Près de l'hôpital Saint-André, cette église gothique fut érigée aux XIIe et XIIIe siècles. Ses grilles de clôture datent du XVIIIe siècle et elle renferme un très beau lutrin et de nombreux tableaux. La patronne de l'église, Eulalie, était une jeune vierge qui fut martyrisée en 304 à Mérida. Son culte et ses reliques avaient été amenés par de pieux voyageurs revenant d'Espagne et de Compostelle.

Musée d'Aquitaine. 20, cours Pasteur ✆ 05 56 01 51 00. *Fermé le lundi et jours fériés. Ouvert de 11 h à 18 h. Visites guidées le mercredi à 12 h 30 et sur rendez-vous. Plein tarif 3,81 € et 5,34 €.* Installé dans l'ancienne faculté des Lettres et des Sciences, construite au XIXe siècle sur l'emplacement du couvent des Feuillants où Michel de Montaigne fut enterré en 1592, ce musée est l'un des plus grands de province. Chaque année, plus de 150 000 visiteurs parcourent ses 28 000 m^2 consacrés à l'histoire et à l'ethnologie régionale, qu'il retrace de la préhistoire à nos jours. Le musée possède aussi de belles pièces égyptiennes, méditerranéennes, africaines, océaniennes et esquimaudes et réalise des expositions temporaires remarquablement montées. Le musée compte différentes sections scientifiques, des services de restauration, un laboratoire photographique, un service d'animation, une bibliothèque et une librairie.

Musée Goupil. 20, cours Pasteur ✆ 05 56 01 69 40. *Visites sur rendez-vous.* Installé à côté de son grand frère, le musée d'Aquitaine. Il présente une vaste collection permanente de l'imagerie industrielle durant un siècle d'activités : photographies et estampes de la fin du XIXe siècle, ouvrages illustrés, cuivres gravés, et archives qui proviennent de la Maison Goupil, éditeur et imprimeur à Paris au XIXe siècle, dont le fonds a été acheté par un négociant bordelais. Ce fonds représente un siècle d'activité à l'échelle internationale et témoigne de l'histoire des techniques de multiplication de l'image.

Quartier Saint-Eloi

Ce quartier est délimité par le cours Alsace-Lorraine ouvert entre 1865 et 1869 et le cours Victor-Hugo qui n'étaient autres que les anciens fossés de l'Hôtel de Ville. Ces derniers furent aménagés en promenade publique en 1708. Le quartier Saint-Eloi a connu un véritable développement au XIIe siècle, un réveil qui a suivi celui des campagnes. Avec l'essor du négoce et des échanges méditerranéens, ce bourg neuf trouve une organisation communale et religieuse très particulière. Cette autonomie entraîne la création de structures propres : un marché en 1155 qui se tenait place Lafargue, l'Hôtel de Ville bâti en 1297, l'hôpital Saint-Jacques en 1175 et la fondation des paroisses de Sainte-Colombe et de Saint-Eloi en 1159. A la même époque, les plus riches familles de bourgeois prennent le pouvoir, ce sont les Jurats. Mais, bientôt, de terribles rivalités entraînent des conflits entre ces familles dominantes.

Dans le parc public...

Eglise Saint-Eloi. Rue Saint-James. Cette église des XIIe et XIIIe siècles possède un plan irrégulier du fait qu'elle était ceinturée par les remparts de la ville au nord, les fossés au sud et le beffroi à l'ouest. C'est dans cette église que les nouveaux jurats venaient prêter serment sur la Bible. Elle est fermée au public.

Grosse Cloche. Rue Saint-James. Cette porte est l'ancien beffroi de l'Hôtel de Ville, haut de 41 m. Rare monument de l'époque médiévale que Bordeaux ait su garder, elle fut érigée au XIIIe siècle pour la base et au XVe siècle pour la partie haute. Cette bâtisse a connu une longue et houleuse histoire, ses cloches prévenaient de toutes les catastrophes, elle fut transformée en prison. Ses derniers hôtes restent les pigeons qui la fréquentent par milliers. Elle demeure néanmoins le monument le plus photographié de la ville.

Maison de Jeanne Lartigue. Impasse Rue Neuve. Jeanne Lartigue était l'épouse du philosophe bordelais Montesquieu. Sa maison familiale à galeries superposées date du XVIe siècle. Dans la même impasse se trouve la plus ancienne maison de Bordeaux. Elle date du XIVe siècle.

Maison de Montaigne. 23-25, rue de la Rousselle. Ici s'élevait au XVIe siècle la maison familiale du philosophe Michel de Montaigne (1533-1592), maire de Bordeaux de 1581 à 1585. Il ne reste plus aujourd'hui qu'une chapelle familiale à l'intérieur du garage. Montaigne y vécut au moins jusqu'en 1570 où il céda sa place de conseiller du Parlement. Dans le musée d'Aquitaine, ancienne faculté, vous pourrez voir un monument funéraire avec gisant élevé par sa veuve en 1600.

Place Sainte-Colombe. Elle a gardé la configuration de l'édifice religieux qui l'occupait. Ce dernier s'est écroulé à la fin du XVIIe siècle et les riverains ont acheté son emplacement pour interdire toute nouvelle construction à l'exclusion d'une croix ou d'une fontaine.

Quartiers Saint-Michel et du Mirail

Au cœur du quartier Saint-Michel, au milieu de la vaste place centrale, se dresse l'édifice dédié à l'archange. Vivant et coloré, ce bourg de la ville évoque, à chaque coin de rue, son passé. Les gabares à fonds plats chargées de bois du Quercy, du Rouergue et de la Gascogne, jetaient l'ancre au bas de Saint-Michel, débarquaient le bois qui alimentait les ateliers des charpentiers de la rue Carpenteyre, des tonneliers de la rue de la Fusterie. Le fer était travaillé par les forgerons et les armuriers de la rue des Faures. Le sel, entreposé au quai des Salinières, servait aux sècheries de poisson et de viande de la rue de la Rousselle. Artisans, matelots de tous pays, portefaix, badauds, bourgeois se côtoyaient et se disputaient. On chantait, on buvait dans les nombreux cabarets qui servaient à « pot et à pinte », on jouait aux cartes. Une tradition de vie qui s'est perpétuée au fil des siècles. A l'occasion de votre balade dans le quartier, vous observerez une jolie maison à colombages du XVIe siècle au n° 12 de la rue Pilet, un bel ensemble d'immeubles XVIIIe place Camille-Pelletan ainsi que cours Victor-Hugo (du n° 25 au n° 51) et une curieuse maison Renaissance des environs de 1530 (au n° 31 de la rue de la Fusterie). En remontant vers la rue du Mirail, plusieurs bâtisses se révèlent imposantes. Ce quartier du Mirail était compris entre deux enceintes de la ville (XIIIe et XIVe siècles). Un hospice et une chapelle y existaient au XIIe siècle, ces bâtiments entrèrent en possession des Jésuites au XVIe siècle, puis furent transformés en théâtre à la Révolution. La chapelle fut reconstruite en 1887 et sert aujourd'hui de garage (n° 10), les Jésuites occupaient le collège de la Madeleine, devenu lycée Montaigne en 1873. A voir également plusieurs hôtels particuliers remarquables : l'Hôtel d'Estrade au n° 22, de Puységur au n° 36, Leberthon (actuel Crédit Municipal), de Razac au n° 43 et d'intéressantes maisons de marchands du XVIIIe siècle (aux numéros 54 et 56) notamment.

Basilique Saint-Michel. Place Canteloup ✆ 05 56 94 30 50. Cette église gothique fut érigée à la fin du XIVe siècle et sa décoration intérieure mérite réellement une visite. Elle fut financée par des bourgeois, mais surtout par des métiers qui construisaient ou entretenaient des chapelles. Ainsi, quatorze chapelles latérales bordent les bas-côtés. Parmi les corporations représentées, on peut citer les couvreurs, les charpentiers, ainsi que les merciers, les marins, les mesureurs de sel, les marchands et les pèlerins de Saint-Jacques-de-Compostelle. Comme à la cathédrale Saint-André, le clocher est indépendant de l'église. Cette flèche fut construite entre 1472 et 1492 sur l'ancien charnier du cimetière. Elle mesure 114 m de haut et de son sommet on a un superbe panorama sur la ville et son fleuve.

Quartier Sainte-Croix

C'était autrefois un faubourg populeux où se concentraient petites industries et artisanat : cordiers qui tressaient le chanvre, cordonniers qui travaillaient les cuirs du Bazadais, potiers... A la fin du XVIe siècle d'importantes raffineries de sucre s'étaient implantées ici. En 1755 l'intendant Tourny y fit construire l'important hôtel de la Frappe de la Monnaie (4, place Léon-Duguit). Les officiers de la Monnaie avaient élu domicile dans de belles maisons style XVIIIe siècle que l'on peut encore voir rues Porte-de-la-Monnaie, Carpenteyre et Saint-Benoît. Remarquez également le château Descas (1881-1893), quai de Paludate, vestige de l'hôpital de la Manufacture du début du XVIIe siècle.

Eglise Sainte-Croix. Place Pierre Renaudel ✆ 05 56 94 30 50. Entièrement rénovée depuis peu, l'église romane Sainte-Croix était jadis rattachée à l'abbaye bénédictine (transformée en école des Beaux-Arts). Bâtie à la fin du XIe et au début du XIIe siècle, elle possède une belle façade romane de type saintongeais, un superbe portail du XIIIe et renferme une belle collection de tableaux des XVIIe et XVIIIe siècles. Il faut jeter un œil au grand orgue de Don Bedos du XVIIIe siècle entièrement restauré en 1997 par Pascal Quoirin. En juillet et août, des concerts sont donnés en cette abbatiale.

Musée de l'Imprimerie. 10, rue Fort Louis ✆ 05 56 92 61 17. La machine à remonter le temps qu'est le musée de l'Imprimerie a ouvert ses portes en 1987 et chacun peut y admirer d'étonnantes machines anciennes. Trois secteurs sont organisés pour fonctionner devant le public : la typographie, la lithographie et la reliure.

Quartier du Lac

La Base Sous-Marine. Boulevard Alfred-Daney 33000 Bordeaux ✆ 05 56 11 11 50. *Tarifs : 1,52 € en tarif réduit et 3,05 € en tarif plein. Visite du toit : 1,52 € supplémentaires. Gratuit jusqu'à 18 ans.* Ce mastodonte militaire italo-germanique de la dernière guerre, imposant et déroutant, est situé dans le quartier de Bacalan. Un bâtiment qui vaut à lui seul le détour et qui a fort heureusement été récemment sorti de l'oubli après des années d'immobilisme. Imaginez : 300 mètres de long, 160 mètres de large et 600 000 mètres carrés de béton dont la construction a nécessité 19 mois de travaux pour 6 000 personnes afin d'abriter 15 sous-marins. Aujourd'hui, la base sous-marine est un lieu d'échange artistique (arts plastiques, théâtre, danse, musique). On y propose à la visite des collections permanentes sur le nautisme et un parcours historique du bâtiment allant jusqu'au toit avec projection de films et bornes interactives.

Marchés des Grands Hommes

Sur la rive droite

Le quartier de la Bastide, sur la rive droite de la Garonne, est en pleine mutation. En débouchant du pont de Pierre, l'ancienne gare d'Orléans a été transformée en cinéma multiplex. Sur les berges du fleuve, des restaurants-guinguettes poussent depuis l'an dernier.

Eglise Sainte-Marie. 62, avenue Thiers ✆ 05 56 86 20 59. Pour admirer cet édifice construit en 1880 par Paul Abadie, il faudra vous rendre sur la rive droite. L'église abrite des orgues récemment rénovées, qui sont prétextes à des concerts programmés une fois par mois. Dans la foulée, allez donc admirer l'architecture alsacienne assez originale de la Maison Cantonale (rue de Nuits) que certains nomment plus

SHOPPING

Badie. 60-62, allées de Tourny ✆ 05 56 52 23 72/05 56 52 15 66. L'assurance de trouver de la qualité, une sélection sans risque, des conseils avisés, une présentation soignée, des petits et des grands vins français avec en tête les bordeaux... Badie, avec ses deux boutiques, l'une consacrée aux champagnes et l'autre aux vins et spiritueux, demeure un grand classique incontournable à Bordeaux.

Village Notre-Dame. 61-67, rue Notre-Dame ✆ 05 56 52 66 13. C'est la première galerie régionale d'antiquités. Elle réunit sur un immense espace de deux étages une trentaine d'antiquaires proposant un panel très complet de meubles, tous styles et toutes époques. Comparativement, les petits objets sont en minorité même si, ici et là, traînent quelques verres et bibelots. Signalons aussi la présence d'un spécialiste de produits d'entretien et de restauration, de très bons produits vendus avec de précieux conseils. A certaines périodes certains désertent le lieu pour exposer dans différents salons régionaux, le village est alors un peu dépouillé.

PETITS ET GRANDS MARCHES DE BORDEAUX

Marché des Capucins, place des Capucins, tous les jours, sauf dimanches et fêtes de minuit à 12 h 30 • Marché des Chartrons, place des Chartrons, tous les jours, sauf dimanche et lundi de 6 h à 13 h • Marché des Grands-Hommes, place des Grands-Hommes, tous les jours, sauf le dimanche de 7 h à 19 h • Marché biologique des Quinconces, quais Bas-des-Quinconces, tous les jeudis de 5 h à 17 h • Marché Saint-Michel, place Saint-Michel, tous les lundis jusqu'à 18 h, le mardi et le samedi jusqu'à 13 h • Marché à la brocante à Saint-Michel le matin du lundi au vendredi et le dimanche matin • Marché Victor-Hugo, cours Victor-Hugo, tous les jours de 6 h à 14 h • Marché des Quais, entre la Cité Mondiale et le croiseur Colbert, tous les dimanches de 7 h à 17 h • Marché Bacalan, aux Aubiers, à Saint-Seurin (biologique) le vendredi de 7 h à 13 h.

Le Passage Saint-Michel. 14-15, place Canteloup ✆ 05 56 92 14 76. Prenez un ancien entrepôt 1900 où l'on fabriquait au siècle dernier des flacons de vanille et de fleur d'oranger et transformez-le en grand village de brocanteurs et d'artisans. Vu comme ça, ça a l'air tout simple, mais il fallait tout de même prendre le pari et être un peu fou et carrément passionné pour créer le passage Saint-Michel. Les 1 600 m² d'exposition répartis sur trois niveaux ont été exploités au maximum et concentrent 45 brocanteurs et artisans qui ont su sauvegarder l'atmosphère si typique du quartier. Entre décor en trompe-l'œil et escaliers fatigués, on déambule dans ce dédale d'objets à petits prix, de petit mobilier à rafraîchir, d'armoires décapées et repeintes, de meubles Art Déco impeccables, de babioles à détourner... c'est une joyeuse caverne d'Ali Baba. On peut même grignoter sur place dans la brasserie-salon de thé qui s'est ouverte au milieu des antiquités.

BXO 14 passage Sarget 33000 Bordeaux ✆ 05 56 51 78 86. *Ouvert le lundi de 13h à 19h et du mardi au samedi de 10h à 19h.* Sur un registre un peu haut de gamme, certes, BXO parvient à dénicher une foule de choses pas encore vues partout ailleurs. Les lampes se signent ici Elisabeth de Seneville tandis qu'en invitée vedette, Agatha Ruiz de la Prada décline sa petite collection d'objets (carnets, serre-livres, etc.). Au hasard des incursions, on s'amuse des housses à vêtements acidulées en non-tissé, on convoite les bijoux, s'étonne de la forme originale des sucriers ; et se réjouit, en sus, de pouvoir trouver à bas prix de petites attentions charmantes. Le 1er étage est réservé à la porcelaine de Limoges dans une charte de couleurs étendues.

La Cour de Joséphine. 26, rue des Remparts 33000 Bordeaux ✆ 05 56 44 16 77. Murs patinés et meubles en fer forgé forment le ravissant décor de cette boutique-atelier. La jeune créatrice a laissé Paris, capitale de la mode pour venir s'installer à Bordeaux tout en conservant son point de vente parisien à l'Espace Créateur des Halles. Avec elle, elle a emmené quelques amis stylistes qui travaillent à garnir les portants de jolies pièces originales (6 à 7 collections par saison). Pour cette rentrée, venez découvrir les tailleurs romantiques aux coupes rétro ou les autres modèles originaux aux détails forts et variés (dans tous les sens du terme). Les prix gardent une remarquable humilité... tout ce qu'on aime.

Jean d'Alos. 4, rue Montesquieu ✆ 05 56 44 29 66. Ce fromager affineur a acquis une telle réputation sur la place bordelaise que les grands restaurateurs qui se fournissent chez lui ne manquent pas de préciser sur leur carte : « fromages de Jean d'Alos ». Une consécration méritée qui rallie l'ensemble des amoureux des fromages. La saveur des produits traditionnels sélectionnés et affinés par Jean d'Alos, de mémoire de papilles, demeure exceptionnelle. De fabrication essentiellement fermière ou artisanale, 98 % des fromages sont au lait cru (pourvu que ça dure...). On en vient à imaginer des repas tout fromage. Rêve que le service traiteur peut d'ailleurs parfaitement réaliser.

Gastronomie des Pyrénées. 12, cours Portal ✆ 05 56 52 87 59. Cailles cuisinées aux raisins, garbure au confit de canard, poularde à l'estragon, tête de veau aux poivrons, civet de canard au vin de Madiran, cassoulet périgourdin, confit d'oie, foie gras... les spécialités les plus gourmandes de la région sont réunies dans cet antre de la gastronomie. Le Périgord, le Pays Basque et les Pyrénées, plus particulièrement, dévoilent des appâts auxquels les gourmets ne tenteront même pas de résister. Chaque jour de l'année ou presque emporte son lot de nouveaux plats cuisinés. Mais la liste des produits « bruts » est immense aussi. De la charcuterie apéritive au fromage, rien ne manque, ni les jus de fruits, ni les liqueurs et les digestifs, ni les vins, ni même les coulis de fruits ou les confitures... Le sourire et l'accueil sont aussi larges que les suggestions gourmandes. Un plaisir !

L'Esprit Girondins. 77, rue Sainte-Catherine 33000 Bordeaux ✆ 05 57 14 23 90. La boutique officielle du club des Girondins de Bordeaux s'est offert 140 m² d'exposition en plein milieu de la rue Sainte-Catherine (entre Saint-Projet et le Grand Théâtre pour être précis). Deux niveaux expriment leur passion pour les marine-et-blanc, déclinant en intégralité la collection officielle : écharpes, casquettes, shorts, coupe-vents, chaussettes, et autres maillots marqués au nom des joueurs. On peut bien entendu aussi se procurer sur place les billets d'entrée aux matches.

LOISIRS

Parc floral. En cumulant les superficies du parc floral, du bois de Bordeaux et du Lac, ce sont 300 hectares de verdure aux portes de la ville. De plus, des installations sportives permettent de pratiquer des activités à prix intéressants. Le parc floral s'étend sur 25 hectares. Il a été créé en 1992, à l'occasion des Floralies internationales. Vous y verrez les reconstitutions des milieux naturels régionaux dont un torrent pyrénéen, de superbes espèces d'iris, de pivoines, une magnifique roseraie de roses anciennes et une intéressante collection de vignes.

Jardin de l'Hôtel de Ville. 20, cours d'Albret. Ce parc d'un hectare est bien ordonné, rafraîchissant, tout à la fois ombre et soleil. Aux marches du palais Rohan, il est bordé par le musée des Beaux-Arts.

Cinémas

Le Trianon Jean Vigo. 6, rue Franklin ✆ 05 56 44 35 17. *Places 4,57 €, tarif réduit lundi et mercredi 8,81 €, tarif réduit pour étudiants et enfants, carte jeune, adhérent Fnac, demandeurs d'emploi, carte senior et carte famille nombreuse tous les jours. Cinérécrés 3,05 €. Carte Jean-Vigo à 22,87 € donnant droit à six entrées non nominatives.* Films d'auteurs, cycles de réalisateurs, et vieux classiques composent la programmation de celle qui fut longtemps la seule salle Art et Essais de Bordeaux. Une salle unique voit se relayer les films projetés en séances multiples chaque semaine. De nombreux films sont également destinés aux enfants.

Utopia Saint-Simon. 5, place Camille-Julian ✆ 05 56 52 00 03. *Prix des places 5,03 € en plein tarif, 3,05 € la première séance de la journée, et 39,64 € les dix places non nominatives et non limitées dans le temps.* Le concept Utopia et sa gazette gratuite géniale ont trouvé leur public. L'ancienne église Saint-Siméon, entièrement restaurée, offre un cadre extraordinaire qui mérite à lui seul que l'on se déplace. Elle abrite 5 salles d'une capacité totale de 550 spectateurs environ ainsi qu'un jardin intérieur mais surtout une programmation qui ne cède vraiment rien à la facilité. On peut y venir sans idée précise, les films qui sont à l'affiche ont très souvent beaucoup à donner. Il convient de guetter les cycles thématiques régulièrement programmés. Petite touche finale, l'Utopia s'est doté d'un café-brasserie qui propose notamment de copieux sandwich.

CGR francais. 9, rue Montesquieu ✆ 05 56 44 11 87/08 36 68 04 45 - Minitel : 3615 CGR. Architecturalement c'est sûrement l'un des plus beaux et des plus majestueux. Entre ses immenses colonnes se glissent les affiches des nouveautés. La programmation reste dominée par les films d'action et à gros budgets. Ses 14 salles, équipées de massifs fauteuils rouges, ont des airs d'ancien théâtre, mais l'écran géant dans la grande salle et le son numérique rappellent aux nostalgiques qu'ici on ne badine pas avec la qualité de projection.

MEGA CGR. 7, avenue du Septième-Art - Villenave-d'Ornon ✆ 08 36 68 04 45 - Minitel : 3615 CGR. Depuis son ouverture, il connaît un vif succès. Il faut avouer que ce multiplexe cinématographique réserve pas mal d'avantages à ses clients son numérique et Dolby stéréo, 15 salles climatisées, 3 250 places super confortables, 6 guichets informatisés avec pré-vente de tickets à la journée, un mur d'images où défileront des bandes-annonces et des reportages, des avant-premières régulières programmées et ouvertes au grand public, 5 séances quotidiennes à heures fixes un comptoir confiserie, un espace jeux vidéo... Bref, c'est le cinéma où confort, accueil et stationnement sans souci sont les maîtres mots.

Mégarama. 7, quai des Queyries ✆ 08 36 69 33 17. La gare d'Orléans, non loin du pont de pierre, côté rive droite, a trouvé un second souffle. Ce sont quelque 3 000 fauteuils que l'ancienne gare d'Orléans, non loin du pont de pierre, rive droite, abrite répartis sur 17 salles (toutes équipées du Dolby Digital ou du son EX avec 6 pistes sonores pour les plus importantes) dont la plus grande peut accueillir près de 500 spectateurs. Une véritable ruche humaine qui, les jours d'affluence, n'est pas sans rappeler l'époque où l'on venait y prendre le train. Le Mégarama offre par ailleurs plusieurs services annexes : un salon avec 2 bars (confiseries, petite restauration, boissons fraîches), un espace jeu indépendant, un distributeur (carte bancaire) ainsi qu'un parking de 500 places en permanence surveillé.

Gaumont. 9, cours Georges-Clemenceau ✆ 08 36 68 75 55 - Minitel : 3615 GAUMONT. Le Gaumont, c'est dix salles équipées en Dolby stéréo dont 2 salles Gaumont Rama avec son numérique. La programmation sait se diversifier avec les dernières sorties grand public, les films d'auteurs et des vieux films. Pour peu qu'on soit un peu cinéphile, on a tout intérêt à prendre la carte d'abonnement valable deux mois cinq places pour 30 €.

UGC Cinécité. 13-15, rue Georges-Bonnac ✆ 08 36 68 68 58. C'est le cinéma nouvelle génération, le cinéma du futur car on ne vient pas simplement ici pour « se faire une toile ». Dans une déco contemporaine au goût sûr, l'UGC Cinécité offre toute une série de services annexes aussi agréables qu'originaux pour un cinéma deux « ciné délices » offrant pop-corn et autres friandises, un « ciné café » central et élégant où l'on trouve de quoi se restaurer entre deux séances, un coin cosy avec fauteuils pour attendre la prochaine séance en regardant les bandes-annonces sur les murs d'images, un lieu d'exposition, le tout sur 800 m². Les cinéphiles se réjouissent surtout du bon nombre de caisses qui réduit les files d'attente mais plus que tout des 15 salles où, hors les sorties nationales et autres grosses productions se retrouvent souvent des films en VO et plus occasionnellement des cycles d'auteurs.

SORTIR

Terrasses de Café

After Five. 98, rue Amédée Saint-Germain ✆ 05 56 94 24 66. Voilà ce qu'on appelle un véritable after. Les amateurs de techno-latino et de house, mais aussi tous les autres noctambules, seront heureux d'apprendre que lorsque la nuit est finie, et que l'on a écumé tous les bars, elle ne l'est pas vraiment tout à fait puisque l'on peut encore compter sur cet endroit. Un cadre chaleureux, feutré et intime, tout est réuni pour bien conclure la nuit.

La Distillerie. 96-97, quai de Paludate ✆ 05 56 49 59 49. Murs à carreaux écossais, antique appareil à distiller, tables hautes et tabourets, écran géant, tonneaux... La Distillerie offre un cachet aéré où les whiskies et bières tiennent une place de choix. Sans chercher à masquer une attirance assez « scottish », la carte présente 65 whiskies différents venants des Highlands ou d'Islay et un choix international de 35 bières en bouteille. Le précieux liquide se consomme aussi en version pression au mètre. Avant d'éteindre là des soifs légendaires, on peut débuter sympathiquement la soirée au restaurant de l'étage où nos camarades d'Outre-Manche ont aussi la vedette avec notamment le typiquement « excellent » Angus Dundee.

Le Café Populaire. 1, Rue Kléber ✆ 05 56 94 39 06. *Ouvert du mardi au samedi de 20h à 2h. Café 1,52 €, demi 2,3 €, Menu Express 15 € (plat, dessert, café), Menu du Pop 19,8 € (entrée, plat, dessert, vin).* Il y avait déjà un bar populaire à cet endroit il y a 40 ans. Inutile de vous dire qu'à l'époque la clientèle était sensiblement différente. Aujourd'hui, derrière le comptoir ovale, s'agite une équipe dynamique prête à vous étourdir dans une folle ambiance jusqu'au bout de la nuit. Le Café Populaire est toujours pris d'assaut par une horde de joyeux fêtards. Ici on boit, on mange (le soir seulement), on danse et on sympathise au-delà des générations, au son de la musique française. Une fois par mois, le Café Populaire organise des soirées à thème. L'endroit idéal pour passer une agréable soirée... Et si vous êtes amateur de foot et que vous avez beaucoup de chance, vous reconnaîtrez sans doute le célèbre footballeur et propriétaire de cet endroit festif, Lilian Laslandes.

L'Aztecal. 61, rue du Pas-Saint-Georges ✆ 05 56 44 50 18. *Ouvert du mardi au samedi, de 23h à 5h. Whisky à 5,34 €, demi à 3,81 €.* L'Aztécal qui fut l'un des premiers à lancer sur Bordeaux la vogue latino offre aussi une jolie palette musicale plus branchée. Les rythmes chaloupés, bien qu'étant toujours présents, se sont piqués de sonorités house et côtoient le disco et le reggae. De nouveaux luminaires à l'accent oriental donnent d'une touche voyages lointains à cette discothèque qui a toujours su entretenir, grâce à une équipe super sympa, une ambiance singulière, à des années lumières des boîtes-usines, qui voient défiler chaque soir leurs flots d'inconnus. On n'a pas touché à l'essentiel l'atmosphère, vraiment festive et conviviale du lieu.

Le Mambo-complexe Le Rétro. 13, place de Stalingrad ✆ 05 56 86 09 93/05 56 86 57 16. *Ouvert du mercredi au dimanche à partir de 20h30. Carte 22,87 €.* Le concept du Mambo (une table et une piste de danse réunies dans la même enceinte) remporte tant de succès qu'il est vivement conseillé de réserver sa table 3 ou 4 jours avant, voire une semaine avant pour la soirée du samedi. Côté cuisine, on donne dans la gastronomie traditionnelle de bonne qualité avec des plats tels que les salades landaises ou gasconnes, le pavé de bœuf, le magret et autres spécialités régionales typiques. Côté danse, tous les rythmes festifs sont au rendez-vous et entraînent jusqu'à l'aube, dîneurs mais aussi simples danseurs venus rejoindre les premiers. Les dîneurs auront l'avantage de garder leur table aussi longtemps qu'ils le désirent et de ne payer ni le vestiaire, ni l'accès à la piste de danse. Le Mambo, c'est aussi thé dansant le mercredi et jeudi à 15h30. Les solitaires désirants liés amitié (voire plus si affinité), se rendront inévitablement aux soirées « club des célibataires » le jeudi.

Les Coulisses. 35, place Gambetta 33000 Bordeaux ✆ 05 56 81 71 38. *Ouvert du lundi au samedi de 22h à 2h.* Lorsqu'on rentre dans ce piano-bar climatisé, situé au premier étage d'un bel immeuble, on est subjugué par la décoration aux tons crème, élaborée dans le style colonial qui est particulièrement soignée. Ici et là, des photos d'acteurs sont accrochées aux murs. Sur le sol recouvert de jonc de mer reposent des canapés en cuir brun. Evidemment, c'est une femme élégante qui est la maîtresse de cet établissement raffiné. Elle en a choisi chaque objet avec attention, non seulement pour son propre plaisir mais plus encore pour une clientèle féminine et masculine qui ne verra aucun inconvénient à se détendre dans un cadre intimiste et stylé. La carte des consommations va de pair: champagne haut de gamme (Don Pérignon, Louis Roderer, Cristal, etc.), alcools nobles (cognac, whisky, etc.) auxquels on peut ajouter un petit choix de cigares (Davidoff, Montecristo, etc). La coupe de champagne est à 10,6 € et les alcools à 9,15€ sauf les jours de spectacles (humoriste, travestis, chanteur, etc.).

Le Port de la Lune. 59, quai de Paludate 33000 Bordeaux ✆ 05 56 49 15 55. *Ouvert tous les jours jusqu'à 2h du matin. Plat du jour 9€, casse-croûte du Port 16 €. Carte: 23 €.* Incontournable, cette adresse l'est d'abord sans doute aux amateurs de jazz. Année après année, Le Port de la Lune, en effet, s'est imposé comme l'antre double de la musique et de la cuisine bistrot. Cette dernière d'ailleurs est si réussie qu'on peut fort bien faire le trajet pour elle seule. Jamais les produits du terroir servis au gré des saisons et des marchés, ne servent de faire-valoir au reste. Et l'on se régale souvent de l'assiette pot-au-feu, des tendrons de veau aux oignons, du merluchon à l'espagnole, des huîtres, du foie gras, de la lamproie à la bordelaise, de l'alose ou des anguilles persillade. La carte des vins, bien sûr, honore aussi la région et, plus original, une carte des eaux lui fait presque de la concurrence en déclinant une vingtaine de « crus » différents.

Oxford Arms. 9, place des Martyrs de la Résistance 33000 Bordeaux ✆ 05 56 51 41 48 *Ouvert tous les jours de 10h30 à 2h, sauf dimanche. Happy hours de 18h à 19h. Demi à partir de 1,72 €, café 0,77 €, Irish coffee 3,83 €. Plat du jour à 4,58 €, formule le midi à 4,77 € et 9,15 €, menu enfant 4,29 €.* A deux pas de la place Gambetta et des cinémas, ce pub anglais au cadre original possède la même ambiance chaleureuse que celle de son grand frère le Cambridge Arms situé aux Chartrons (voir par ailleurs). Le traditionnel et célèbre « fish and chips », le chili con carné, le chicken and mushrooms pie ainsi qu'un simple sandwich pourront s'accompagner d'une bière irlandaise (Guinness), écossaise (Tennents) ou anglaise (Netoilettesastle) ; il n'y a que l'embarras du choix. L'Oxford possède également de bons whiskies (Oban, Westhigland, Craggmore, Talisker, etc.) dont on pourra à ses risques et périls, mesurer les effets en jouant aux fléchettes ou bien encore en dansant lors des soirées concerts organisées deux fois par mois le vendredi et lors des soirées à thème (Halloween, Saint-Patrick, Saint-Andrew, etc.). Ambiance garantie. Ne manquez pas tous les jeudis soir, la soirée » fish and chips » à 9,15 € comprenant le plat avec une pint. Le mercredi, c'est le quiz et les concerts acoustiques. « Bottoms up ».

Pollux Envoie du Bois. 48, quai de Paludate 33000 Bordeaux ✆ 05 56 49 36 93. C'est le lieu jeune et branché des quais qui ne désemplit pas et ne peut que séduire par sa folie baroque. Quand le plafond ne descend pas, c'est le bar qui se fait la malle avec votre verre et fend une foule compacte et joyeuse. Au Pollux, le délire n'est pas seulement possible, il est voulu et orchestré par une musique des années 80 très à la mode, on n'échappe pas à Capitaine Flamme, un canon à neige, des pluies de confettis, un assemblage de couleurs très voyantes et une cage suspendue ouverte aux danseurs délurés. Difficile de résister à cette ambiance unique dans laquelle on entre en laissant à l'entrée préjugés et mauvaise humeur. D'ailleurs, ce qui fait aussi le succès de l'endroit, c'est le parti pris de la direction de surveiller efficacement le déroulement de la soirée pour raccompagner gentiment les fâcheux jusqu'à la porte.

The Cambridge Arms. 27, rue Rode 33000 Bordeaux ✆ 05 56 51 19 22 - Internet: www.cambridge-pub.com. *Ouvert tous les jours de 11h à 2h et le dimanche de 17h à 2h. Demi 1,72 €. Plat du jour 4,58 €. Carte 12 €.* Au coeur des Chartrons, vous découvrirez cet authentique pub anglais à la décoration très originale où vous admirerez les drapeaux tapissant le plafond et les divers objets insolites. Vous apprécierez le midi la formule lunch 9,90 € accompagnée de bières irlandaises, écossaises ou anglaises, les copieuses salades 3,82 €, sans oublier le traditionnel «fish and chips» ou le chicken and mushroom pie. Pour le dessert, l'apple crumble est recommandé. Entre 17h et 20h, la soirée apéritif dans une ambiance celtique commence avec parfois des promotions sur les bières et peut se poursuivre par un concert ou un match de fléchettes. En été, vous profiterez de l'agréable terrasse. You are welcome!

Vin

Ecole du Vin du CIVB. 1, cours du 30-Juillet 33000 Boordeaux ✆ 05 56 00 22 66. Face à l'Office de Tourisme, l'Ecole du Vin du CIVB (Conseil Interprofessionnel du Vin de Bordeaux) vous permet de vous initier à la dégustation et de découvrir l'univers des vins de Bordeaux grâce à des stages de 2 heures (pendant l'été) à 6 jours (différents niveaux), voire en cours de soir (3 modules possibles). Certains de ces stages en journée existent en anglais et en allemand. Il est possible de demander (réservations en semaine de 8h30 à 17h30) à ce qu'ils soient organisés en d'autres langues. Pour les stages de 2 heures qui sont programmés en été, la réservation du matin pour l'après-midi est possible.

Maison des Bordeaux et Bordeaux Supérieurs - Planète Bordeaux ✆ 05 57 97 19 20. *Ouvert hors saison du lundi au vendredi de 9h30 à 12h30 et de 13h30 à 17h, de juin à septembre du lundi au vendredi de 9h30 à 17h, le samedi de 10h à 18h. Tarifs (Planète Bordeaux Espaces 1 à 4): 3,05 €, entrée gratuite pour les espaces 5 et 6.* Unique en Gironde et à une trentaine de minutes de Bordeaux, cette vitrine moderne du vin de bordeaux mérite le détour à plus d'un titre. 6 étapes sont à parcourir pour un voyage multisensoriel dans le monde du vin de bordeaux, entre la vigne et les paysages (diaporama interactif sur 4 écrans), le travail du vigneron (film animé sur grand écran), les techniques viticoles (maquette animée de l'ensemble d'une exploitation), la production de vin (son et lumière dans un cuvier reconstitué), les sens et les couleurs, et enfin la dégustation, dans un espace de vente appelé «la cave aux mille châteaux», doublé d'une boutique d'objets liés au vin. Cette maison n'a pas qu'une activité pédagogique, son rôle est aussi d'agréer les vins pour leur octroyer ou non l'appellation bordeaux ou Bordeaux-Supérieur...

DANS LES ENVIRONS

Bègles

Bègles se singularise par son église des XIVe-XVIe siècles, son ancienne piscine classée monument historique pour son décor de mosaïques (actuellement fermée en attendant une reconversion), les ruines d'un aqueduc antique, son château des Francs du XVIe siècle où Charles IX séjourna en 1565 et surtout par son site de la Création Franche.

Site de la Création franche. 58, avenue du Maréchal De Lattre de Tassigny ✆ 05 56 85 81 73. Paradoxalement, ce site dédié à l'art brut est plus connu à l'étranger que par les Bordelais. Pourtant, sa visite ne peut pas vous laisser indifférent. Vous aimerez ou vous détesterez mais vous ne resterez pas insensible. A l'extérieur, de grands totems colorés vous mettent dans l'ambiance. A l'intérieur, vous parcourez les petits dédales à la découverte des œuvres tourmentées ou naïves mais toujours insolites et inventives. Ne manquez pas «Les jardiniers de la mémoire», le grand rendez-vous annuel du site qui s'étend de septembre à décembre.

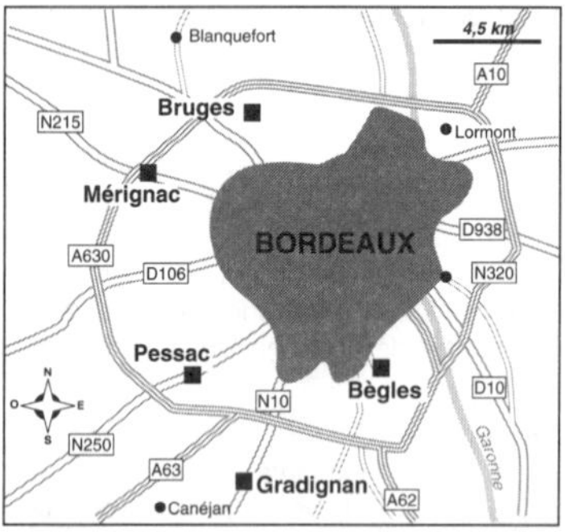

Blanquefort

Blanquefort compte plusieurs châteaux, mais le plus imposant et le plus intéressant reste le château médiéval en ruine. Le château de Duras existe de façon certaine depuis le XIe siècle et fut reconstruit au XIIIe siècle. Il constitue aujourd'hui l'un des meilleurs exemples de l'architecture militaire médiévale. Il fut d'ailleurs le premier château du Moyen Age à être classé monument historique en 1862.

Bruges

Etonnement, surprise, au milieu des installations urbaines, sillonnés par un maillage de fils électriques, les marais de Bruges forment une oasis parfaitement bien préservée.

Réserve Naturelle le Baron ✆ 05 56 57 09 89. Classés Réserve Naturelle, les marais de Bruges s'étendaient sur plus d'un millier d'hectares. Aujourd'hui, il reste un îlot de 262 hectares qu'une flore et une faune variées semblent, contre toute logique, affectionner particulièrement. Un sentier de découverte avec postes d'observation a été réalisé pour permettre de les admirer. Vous découvrirez ainsi les diverses formations végétales : joncs, roseaux, iris des marais... dans les prairies humides et les bords de fossés ; aulnes, frênes, églantiers... dans les boisements et haies arborescentes ; lentilles d'eau, potamots, jussies... dans les jalles et divers plans d'eau. Vous pourrez également regarder, sans les déranger, des espèces animales parfois rares comme ces visons d'Europe, une espèce en voie de régression. Reptiles et amphibiens sont bien représentés avec en tête les grenouilles de Perez, les grenouilles agiles et surtout la tortue d'eau répondant au doux nom de cistude d'Europe. Et il y a surtout de nombreux oiseaux puisque la réserve est située sur l'un des axes migratoires les plus importants d'Europe. Plus de 180 espèces ont ainsi été observées. Vous en verrez au moins une lors de votre balade et croiserez sûrement les nouveaux arrivants : deux couples de cigognes.

Gradignan

En bordure de la RN10, vous pouvez faire halte à l'ancien prieuré de Cayac. Les ruines permettent de deviner encore la façade de l'église avec son portail, deux portes feintes et deux autres portes, l'ensemble datant du XIIIe siècle. La municipalité s'attache à valoriser ce site et un parc offre une agréable balade à deux pas de la ville. On peut également s'arrêter longuement au château Tauzia bâti à la fin du XVIIIe siècle. Cette chartreuse au goût raffiné fut agrandie au XIXe siècle.

Ecomusée de la Vigne et du Vin. Domaine du Sabatey - 238, cours du Général de Gaulle ✆ 05 56 89 00 79. Voilà une bien belle et nouvelle opportunité pour découvrir le fascinant monde du vin. Dans la pittoresque vieille ferme du Sabatey, cadre idéal, 400 pièces et outils traditionnels sont réunis, certains remontent même au XVIIIe siècle. De l'humble gueille de bonde à l'ébullioscope, il n'y a pas à tergiverser, les outils de nos grands-pères étaient vraiment ingénieux et parfois très insolites. La vigne, sa culture, ses maladies, le vin, les œnologues, les sécateurs, les porte-greffes... rien ne vous échappera, pas même la dégustation du Château Poumey, dernier cru classé de Gradignan que la mairie a eu l'heureuse idée de sauvegarder. Vinifié par le Château Pape Clément, il appartient à l'appellation Pessac-Léognan et peut même s'acheter au musée (environ 6,10 € la bouteille). Une bonne manière de conclure une visite si enrichissante.

Lormont

Le village ancien de Lormont se caractérise par son église Saint-Martin, une église gothique du XVe siècle consacrée en 1451 par l'archevêque de Bordeaux Pey-Berland et inscrite aujourd'hui à l'inventaire des Monuments Historiques. Même si la propriété est privée depuis 1793, le château de Lormont, dit du Prince Noir, mérite un coup d'œil. Actuellement à l'abandon, il attend d'être reconverti en PC de circulation routière. Le château fut successivement ducal (1060 à 1154) et royal (1154 à 1453) avant d'appartenir aux archevêques de Bordeaux de 1453 à 1793. L'ensemble de l'ermitage Sainte-Catherine avec sa chapelle, sa salle souterraine voûtée et sa longue galerie, les vieilles maisons des XVIe et XVIIe siècles, la vue sur Bordeaux et ses environs sont autant d'autres atouts pour cette commune.

Musée du Vieux Lormont. 1, rue de la République ✆ 05 56 06 35 60. Ce musée à l'ancienne créé en 1973 est une vraie caverne d'Ali Baba. Il compte un atelier-réserve, une pièce d'archives, une bibliothèque généalogique et 9 salles d'expositions évoquant la vie quotidienne du passé. Des fossiles d'animaux de l'ère tertiaire aux deux guerres mondiales, on découvre que Lormont fut un haut lieu de construction navale, on redécouvre des métiers oubliés et disparus, on admire l'atelier de ferblantier, des cuisines et des objets anciens... C'est en vous adressant au musée que vous pourrez bénéficier d'une visite commentée de l'église Saint-Martin.

Mérignac

Mérignac compte plusieurs œuvres architecturales d'intérêt, comme la tour de Veyrines des XIIIe-XIVe siècles ou l'église romane où sont organisées des expositions artistiques. Un endroit particulier invite à la balade, il s'agit du parc Bourran. Au cœur de ce parc très ancien, s'élève le château de Bourran, ancienne Ecole Normale. Racheté en 1945 par le Conseil Général, cet espace vert est ouvert au public. Visites libres tous les jours d'octobre à mars de 8 h à 18 h 30, d'avril à septembre jusqu'à 19 h 30.

Pessac

L'architecte Le Corbusier y a construit une cité ouvrière en 1926 sur un concept architectural très novateur : le quartier Furgès. Le site est désormais inscrit et se visite gratuitement toute l'année du mardi au samedi de 10 h à 12 h et de 15 h à 18 h, le dimanche de 15 h à 19 h sauf du 22 décembre au 2 janvier et certains jours fériés (✆ 05 56 36 56 46). Vous vous arrêterez également au château Pape-Clément (il a appartenu à Bertrand de Got, pape Clément V au XIVe siècle) et au château Haut-Brion (XVe-XVIIe siècles), deux superbes bâtisses et deux producteurs de vins de grand renom de l'appellation Pessac-Léognan. Un splendide moulin et un énorme réservoir à eau enjambent le Peugue.

Château Haut-Brion. 133, avenue Jean Jaurès, Pessac ✆ 05 56 00 29 30. *Visite et dégustation du lundi au vendredi de 8 h à 11 h et de 13 h 30 à 16 h 30, le vendredi 13 h 30 à 15 h 30.* C'est en 1533 que Jean de Pontac se porte acquéreur de la maison noble de Haut-Brion et en 1549 qu'il entreprend la construction du château. Puis, au fil des années et des propriétaires, le domaine ne cesse de s'agrandir et de s'embellir. Depuis 1935, la superbe demeure appartient à la famille de Clarence Dillon qui a poursuivi l'aménagement des chais, des jardins et du château. La visite, de près d'une heure, est fort bien orchestrée, gratuite et se termine logiquement par la dégustation de ce Pessac-Léognan, Premier Grand Cru classé en 1855.

LA REOLE ET L'ENTRE-DEUX-MERS

Entre Dordogne et Garonne, cette langue de terre renferme des trésors architecturaux. Abbayes, bastides, châteaux, églises, retracent l'histoire dominée par une forte présence anglaise durant la période médiévale. La région est également marquée par la vigne et le vin. Avec les blancs secs d'Entre-deux-Mers, les bordeaux et bordeaux supérieurs rouges et les premières côtes de Bordeaux, avec les moelleux de Sainte-Croix-du-Mont ou de Loupiac, Sainte-Foy-Bordeaux...

HEBERGEMENT

Hôtel-restaurant du Château de la Tour. D10 33410 Cadillac © 05 56 76 92 00 - Fax 05 56 62 11 59. *Fermeture annuelle 10 jours à Noël (restaurant). Fermé du vendredi soir au dimanche soir inclus, du 1er novembre au 31 mars. 32 chambres de 60 à 90 €. Menus de 15 à 52 €. Carte 26,70 €. Petit-déjeuner 10 €.* Entourée d'un parc de 3,5 ha arboré et ceinturé d'une rivière, une construction moderne pour le calme et la détente, avec sa jolie piscine, ses équipements de qualité, dans un style néo-rustique assurant confort et agrément. Chambres climatisées, avec mini-bar et sèche-cheveux, cuisine actuelle dans la vaste salle de restaurant, ravioles de homard au beurre d'orange, saumon au miel mille fleurs, mignardise du boucher au jus de romarin. Installations séminaires.

Chambres d'hôtes

Domaine les Massiots. Mme Bareille 33190 Lamothe Landerron © 05 56 61 71 76 - Fax 05 56 61 71 76. *6 chambres de 41,92 à 43,45 €.* La demeure de Mme Bareille se situe au cœur du vignoble bordelais, plus particulièrement dans la zone de production de l'entre-deux-mers. Particulièrement bien équipée puisqu'on y trouve parc et piscine, les 6 chambres comportent toutes salle de bains et toilettes. Il est même possible de louer une suite.

La Tuilerie 33190 Noaillac © 05 56 71 05 51 - Fax 05 56 71 05 51. *Fermeture annuelle du 20 février au 5 mars et la dernière semaine d'août. 5 chambres à 52 €. Menu à 20 €. Carte bancaire non acceptée.* Ambiance chaleureuse et paisible dans cette ferme de Gironde tenue par Claire et Antoine Laborde. Grand jardin clôturé, jeux pour enfants, petite piscine et barbecues sont là pour agrémenter votre passage. Au menu : gigots, magrets, lapins farcis, poulets à la ficelle, entrecôtes, aloses.

Château de Broustaret. SCEA Guillot de Suduiraut 33410 Rions © 05 56 62 96 97 - Fax 05 56 62 96 97. *Fermeture annuelle du 1er novembre au 1er avril. 5 chambres de 40 à 45 €. Carte bancaire non acceptée.* Cette grande demeure de la fin du XIXe siècle domine une propriété viticole et offre une vue dégagée sur les vignes, les lacs et les bois. Une cuisine avec coin repas est à disposition exclusive des hôtes.

De Quillacq Jacqueline et Patrick. L'Oiseau 33540 Saint-Hilaire-du-Bois © 05 56 71 58 68. *3 chambres de 43 à 57 €. Menu à 15 €. Carte bancaire non acceptée.* Cette belle maison des XVIII et XIXe siècles, entièrement rénovée et située au cœur des vignes, propose 3 chambres avec sanitaires privés et sortie indépendante. La table d'hôte offre une cuisine familiale et variée.

La Lézardière. Boimier 33540 Saint-Martin-de Lerm © 05 56 71 30 12 - Fax 05 56 71 30 12. *Fermeture annuelle du 4 novembre au 15 mars. 4 chambres à 55 €. Menu à 18 €. Carte bancaire non acceptée.* Aménagées dans une ancienne métairie du XVIIe siècle, les chambres d'hôte donnent sur un parc avec piscine et jeux pour enfants et adultes (pétanque, ping-pong, etc.). La demeure abrite un salon réservé aux hôtes et une bibliothèque. Les chambres 2 et 3 sont les anciennes étables de la métairie. Située au cœur du vignoble bordelais, à proximité d'anciennes bastides et de moulins foritifés, la table d'hôte offre quelques spécialités régionales (confit de canard, porc aux pruneaux et gibelotte de lapin) à déguster sur place.

Château le Vert. Route d'Escoussans 33760 Arbis © 05 56 23 91 49 - Fax 05 56 23 91 49. *4 chambres de 60 à 92 €. Carte bancaire non acceptée.* A égale distance de Sauternes et de Saint-Emilion, entouré de vignes et de prairies, se dresse le château vert. Cette demeure du XIXe siècle est située en pleine campagne dans un parc arboré de 2 hectares. Chaque chambre, baptisée du nom d'un peintre a été ornée de ses œuvres. Pour la détente, n'hésitez pas à aller faire un tour du côté de la salle de billard ou de la piscine.

RESTAURANTS

L'Entrée Jardin. Bord de Garonne, 27, avenue du Pont - Cadillac ✆ 05 56 76 96 96. *Fermé le dimanche soir et le lundi. Fermé le jeudi soir du 1er novembre au 30 avril. Menus : 7,32 € (enfant), 10,21 € (du mardi au vendredi midi), 18 €, 28,97 €. Terrasse. Jardin.* Superbe ! Que dire d'autre de ce restaurant, anciennement installé dans le centre de la cité, et qui a sauté le pas en venant se poser en bordure de la Garonne, près de la passerelle métallique. Là, dans une succession de salles plus joliment décorées les unes que les autres (pierres apparentes, parquet cérusé, lampes modernes...), on passera un fort bon moment gastronomique, bien calé dans sa grande chaise en rotin, avec une table dressée avec soin et de belles napes épaisses d'inspuration asiatique. On y découvrira une cuisine de marché, sachant adroitement mêler les saveurs sans choquer le palais. La formule à 18 € est une réussite, autour de la terrine de brochet et de champignons, d'un fondant pavé de bœuf au vin des Premières Côtes et d'une crème brûlée. Et la carte recèle bien d'autres trésors : filet de bar au gingembre, croustillant de colvert rôti en cocotte et ses coings, tourte d'esturgeon aux épinards et jus au corail d'oursin, pavé de biche aux poires et échalotes confites, maraîchère de turbot poêlé senteur d'anis... A découvrir assurément !

Le Moulin de Flaujagues. Bassanne (direction aérodrome - Auros) ✆ 05 56 71 08 62. *Fermeture annuelle en octobre. Fermé le dimanche soir et le lundi. Menus : 20 €, 24,4 €, 39,7 €. Terrasse.* Ce sera un plaisir que de traverser la Garonne par le pont métallique afin de se rendre dans ce restaurant de campagne, à quelques kilomètres de La Réole. C'est dans un moulin du XVIIe siècle que Pierre et Juliette Defay, respectivement un ancien violoniste et une ancienne danseuse d'Opéra, ont élu leur domicile gastronomique, pour le plaisir de nos papilles et au fil d'une carte qui change avec les saisons, notamment lors de l'arrivée des légumes du jardin. Dans la salle rustique et confortable et aux pierres apparentes ou sur la très belle terrasse, on liera connaissance avec la cuisine inventive du maître des lieux : pétoncles en salades de pâtes et chantilly safranée, petites courgettes rondes farcies, filets de rouget à la crème de basilic, pavé de merlu au jus de persil, magret de canard sauce cassis, gambas au parfum d'Italie suivis de fromages fermiers et de desserts maison.

Le Saint-Martin. Le Port 33550 Langoiran ✆ 05 56 67 02 67. *14 chambres de 36,59 à 42,68 €. Petit-déjeuner 4,57 €. Menus 7,50 € (plat du jour + dessert), 7,62 € (enfants), 10 € (à midi du lundi au vendredi), 15,24 €, 22 €.* Bien placé sur les bords de la Garonne, Le Saint-Martin propose ses chambres simples et confortables (douche, toilettes, cabinet de toilette et téléphone direct, sèche-cheveux, deux chambres avec bains) à ceux qui ont envie de se reposer en ouvrant le matin leurs volets sur le port et le fleuve... On bénéficiera de la même vue dans la grande salle à manger rétro, très claire grâce à ses grandes baies vitrées, et où les tables et chaises bistrot lui donnent un cachet certain. C'est là que se retrouvent les habitués, autour du plat du jour ou du menu ad hoc, qui pour 10 € propose entrée, plat, dessert et vin. Belle formule à 15,24 € (gratin d'avocat au coulis de la mer, aiguillettes de canard à la crème), et cuisine tout aussi alléchante : terrine de foie gras maison, magret de canard aux pommes et au miel, escalope de veau aux morilles, poissons frais. La nouveauté est la rôtisserie avec plats exotiques et buffet d'entrée à volonté et desserts pour 12 €. L'après-midi venu, on réinvestira la salle pour un goûter gourmand (coupes glacées ou gaufre chantilly par exemple), en en profitant pour visiter le nouvel Espace Exposition dont s'est doté l'hôtel et où sont exposés en permanence des artistes locaux. Entre 17 h et 20 h et 7/7 jours, venez profiter des Happy Hours (1 boisson achetée = 1 boisson offerte). Pour continuer votre soirée, ambiance karaoké le vendredi et samedi (sauf en été) où un rhum/caramel à 2,30 € (à boire avec modération) vous sera servi. Retransmission sportive sur grand écran.

POINTS D'INTERET

Office de tourisme. Place de la Libération 33190 La Réole ✆ 05 56 61 13 55. Il propose toute l'année des visites audioguidées (location de baladeurs : 2,29 €, renseignements au 05 56 61 13 55) pour permettre à chacun de suivre à son rythme sa visite pédestre. Par ailleurs, un bateau-promenade, « le Regula », assure des balades sur la Garonne (durée 45 minutes) avec visite commentée de la ville.

Appelée Squirs dans l'Antiquité, La Réole prit le nom de Regula au Xe siècle, en hommage à la Règle de saint Benoît à laquelle se conformaient alors les moines bénédictins. L'ensemble de la ville est superbe et mérite réellement une visite commentée.

Au hasard des rues, vous découvrirez notamment la double porte du Sault, la fontaine et le lavoir de la Marmory (XIIIe siècle), la chapelle du Centre Hospitalier du XVIIIe siècle (méconnue mais superbe), le logis du Parlement (hôtel particulier du XVe siècle appelé manoir du Prince Noir), les maisons médiévales dont certaines à colombages. L'une des plus belles est occupée par la Maison des Arts et du Vin, ses caves sont splendides.

Eglise Saint-Pierre. Bâtie du XIIe au XIIIe siècle, démantelée par les guerres de Religion, elle a été reconstruite en style gothique au XVIIe siècle.

Prieuré bénédictin et son cloître. Les balcons et les grilles furent réalisés par l'excellent ferronnier d'art réolais, Blaise Charlut, au XVIIIe siècle. Le monastère est aujourd'hui occupé par des administrations et vous pouvez vous glisser librement dans les couloirs aux heures d'ouverture, soit de 8h30 à 18h30 environ.

Château des Quat'Sos (quatre tours sœurs). Il s'agit d'une forteresse du XIIIe siècle. Il ne reste que quelques parties en état, les unes ayant été détruites par Richelieu, les autres par les habitants jugeant le château inutile. Voir la tour de la Thomasse, la mieux conservée.

Ancien Hôtel de Ville. Il aurait été construit sur demande de Richard Cœur de Lion, duc d'Aquitaine avant d'être roi d'Angleterre (XIIe siècle). C'est l'un des plus anciens bâtiments civils de France. Rattaché à la Maison des Arts et du Vin, il est généralement visible l'après-midi de 15h à 18h (sous réserve).

Musées de la Réole. RN113 © 05 56 61 29 25. En plein cœur de la ville, l'ancienne Manufacture des Tabacs vous fait découvrir quatre musées sur 5000 m² d'exposition. Le Musée automobile qui abrite une belle collection d'une centaine de véhicules français et étrangers, des origines à nos jours. Le Musée militaire qui retrace différentes scènes de la Seconde Guerre mondiale. Le Musée agricole qui expose tracteurs, moissonneuses, locomobiles et autres curieuses machines. Et le petit dernier, le Musée ferroviaire, vous offre un voyage en train à la découverte de l'histoire du chemin de fer.

Musée Municipal Arts et traditions Populaires. Ce petit musée est installé dans le prieuré, dans l'ancien réfectoire des moines bénédictins. Le cadre est superbe, notamment le carrelage dit « à écailles de poisson ». Vous y verrez des souvenirs du passé de La Réole : vestiges provenant de fouilles archéologiques, dons de Réolais (photos, pièces...), les ferronneries de Charlut et un atelier de tonnellerie. Se renseigner pour les jours d'ouverture.

SHOPPING

L'Osearaie de l'Ile. 3, Métairie-de-l'Isle - Barie © 05 56 61 21 50. *Visite les lundis, jeudis, vendredis et samedis de 10h à 12h et de 15h à 18h. Le dimanche sur rendez-vous. Entrée : 3,05 € à partir de 8 ans.* Osiéricultrice (spécialisée dans la culture de l'osier), Mylène Joumes a ouvert son exploitation aux visites. On y découvre avec intérêt les oseraies (qui ont besoin de beaucoup d'eau) puis les ateliers (tonnellerie et vannerie), l'échelle des crues de la Garonne et le salicetum (collection de saules). L'occasion d'approcher une activité artisanale assez rare aujourd'hui. La visite s'achève par un petit tour dans le hall d'expo-vente où l'on pourra acquérir les créations décoratives ou de vannerie (paniers notamment) réalisées par la maîtresse des lieux.

Entre Deux Miels. Pey-Doucet, Sainte-Foy-la-Longue © 05 56 76 45 85. Anne-Marie et Dominique Villeneuve sont apiculteurs. Avec passion, ils vous feront découvrir leur métier en vous faisant visiter leur ferme apicole. Dans un espace protégé vous assisterez à la ponte de la reine, à la danse des ouvrières, à la récolte du miel et du pollen et à l'extraction du miel au sein de la miellerie. Vous essayerez ensuite d'identifier les différentes fleurs du jardin des plantes mellifères avant de passer à la dégustation de miel et pain d'épices de différentes saveurs... Côté magasin, on retrouve toutes les gammes de miels (acacia, châtaignier, toutes fleurs...), le pain d'épices, mais aussi des produits dérivés tels que bougies, encaustiques, bonbons et autres coffrets cadeaux.

Vin

Maison des Arts et du Vin. Place du Colonel Bouché, La Réole ✆ 05 56 61 10 88. Le bâtiment est une maison à colombages datant du Moyen Age. La cave renferme des bordeaux et bordeaux supérieurs, des rosés et des crémants ainsi, bien sûr, que des vins de l'Entre-deux-Mers. Chaque millésime et chaque cru sont sélectionnés avec soin pour obtenir le meilleur rapport qualité/prix. Au rez-de-chaussée, on pourra acheter des produits de la gastronomie régionale tels que des confits, foies gras, pruneaux et dérivés...

Le Cellier de Graman. 25, route de Créon 33550 Langoiran ✆ 05 56 67 09 06 - Fax 05 56 67 13 34. *Ouvert tous les jours du lundi au dimanche de 9h à 12h et de 14h à 18h.* Voilà plus de 30 ans que le cellier de Graman ravit les amateurs de vins avec ses crus locaux, récoltés et vinifiés pour l'essentiel sur les pentes des Premières-Côtes-de-Bordeaux, mais où l'on découvrira aussi bien d'autres appellations régionales : Bordeaux, Bordeaux Supérieur, Graves, Clairet, Cadillac. De quoi trouver son bonheur d'autant que le magasin est ouvert tous les jours et que les dégustations sont gratuites. Alors n'hésitez pas à venir déguster le millésime 2001, il est excellent ! Egalement d'autres appellations du Bordelais, à des prix intéressants : Saint-Emilion, Saint-Estèphe, Listrac, Moulis, Saint-Julien, Haut-Médoc, Lalande de Pomerol et plein d'idées cadeaux (bouteilles fantaisies, paniers gourmands...).

Cellier de la Bastide. Cave Coopérative de Sauveterre - Sauveterre-de-Guyenne ✆ 05 56 61 55 21. *Ouvert du lundi au samedi de 9h à 12h15 et de 13h30 à 18h15.* Cette coopérative, qui vinifie la production de 137 vignerons adhérents, soit plus de 1 500 ha de vignes et près de 100 000 hectolitres de vins, propose des vins de plusieurs appellations, dont des vins en vrac, des vins de châteaux et des cuvées spéciales issues de vendanges sélectionnées. On y trouvera particulièrement une bonne sélection de blancs secs, avec entre autres le « Sauveterre », un Entres-Deux-Mers 2 000 à 3,25 €, un bordeaux sauvignon 2 000 à 3,45 €, deux vins de châteaux (château Monier la Fraisse, bordeaux sauvignon 2 000 à 3,50 €, et château La Mirandelle, Entres-Deux-Mers 2 000 à 3,45 €) et un Bordeaux-Supérieur moelleux, la cuvée spéciale Athalésie 96, médaille d'argent à Bordeaux (5,65 €). Les vins rouges sont à prix tout aussi attractifs : bordeaux rouge « Sauveterre » 98 à 3,50 €, château de Beaulieu 98 à 3,95 €, château Monier la Fraisse, Bordeaux-Supérieur 99 à 4,20 €, bordeaux barrique 98 à 5,20 €, ou château La Mirandelle, bordeaux 98 à 5,20 €. S'y rajoutent un rosé et des méthodes champenoises, pour un ensemble de vins éclectiques, qu'on n'hésitera pas à venir déguster gratuitement d'autant qu'à l'achat, aucun vin ne dépasse 5,80 € la bouteille.

La Réole

Les Caves de Rauzan - Rauzan ✆ 05 57 84 13 22 - Fax 05 57 84 12 67. *Ouvert du lundi au samedi de 9h à 12h30 et de 14h à 18h. Ouvert tous les jours en juillet et août. Vente et dégustation tous les jours. Visites sur rendez-vous.* Juste avant le bourg, les caves de Rauzan sont installées dans un espace moderne et climatisé, ce qui est bien appréciable pour venir choisir son vin en été. Vinifiant la production de quelque 2 000 ha de vignes, elles commercialisent une vingtaine de crus des appellations Entres-Deux-Mers (blanc sec), bordeaux et Bordeaux-Supérieurs rouges, sous des noms génériques (comte de Rudel, Fleur, Fort de Rauzan et « R » Rauzan, une cuvée élevée en fûts à 5,95 € le 98) ou des vins de châteaux, comme le château Haut-Mazières vieilli en fûts (blanc : 5,03 € le 99), les châteaux Vincy ou Brespey, deux Bordeaux-Supérieurs (4,73 € le 98), le château Haut-Cluzet (vieilli en fûts, 6,86 € le 98), le château Maurine (vieilli en fûts, 5,95 € le 98), le château Taris (3,66 € le 99/2 000) et le château l'Heyrisson (3,81 € le 98). Il y a vraiment l'embarras du choix, aussi il ne faut pas hésiter à demander conseil, d'autant que la gamme débute à 2,74 €, avec un bon bordeaux rouge, le Rudel 98. Egalement du crémant et des vins en vrac : AOC Bordeaux à 2,21 € le litre, AOC Entre-deux-mers à 1,98 € le litre.

Château de Malromé. Saint-André-du-Bois ✆ 05 56 76 44 92 - Fax 05 56 76 46 78. *Visites du 1er avril au 30 juin et du 1er septembre au 30 novembre, les jeudis, vendredis et samedis à 15h, 16h et 17h, les dimanches et jours fériés de 14h à 18h. Du 1er juillet au 31 août, tous les jours de 10h à 12h et de 14h à 18h30. Toute l'année pour les groupes de 20 personnes au moins sur réservation. Entrée: adultes 3,05 €. Vente et dégustation toute l'année de 9h à 12h et de 14h à 17h. Manifestations culturelles régulières.* Demeure familiale du peintre Toulouse-Lautrec, dont on a commémoré l'année passée le centenaire de la mort, le château Malromé, construit au XVIe siècle, a abrité de célèbres personnages dont le maréchal de Saint-Arnaud, bras droit de Napoléon III. En 1883, le château est racheté par la comtesse Adèle de Toulouse-Lautrec, mère du célèbre peintre, laquelle en fut propriétaire jusqu'à sa mort en 1930. L'artiste venait y passer tous les étés, et c'est là qu'il s'éteint le 9 septembre 1901 à l'âge de 37 ans (il repose au cimetière de Verdelais à 2 km de là). La présence de vignes sur le site est ancienne, et la comtesse Adèle exploitait déjà les vignobles qui se trouvaient autour du château. La visite guidée d'une heure environ, permet de découvrir les somptueux intérieurs, entièrement meublés dans le style Second Empire et chaque pièce est décorée de reproductions fidèles d'œuvres du peintre prêtées par le musée Toulouse-Lautrec d'Albi. Depuis 1999, deux nouvelles salles sont ouvertes à la visite: la bibliothèque où un autoportrait de Lautrec a été découvert par hasard à même le mur, et le grand salon à la si belle clarté, où le peintre a réalisé les portraits de sa mère. Juste à côté de la boutique, on goûtera aux divers crus de la propriété, les 25 hectares du vignoble de Malromé produisant des vins rouges et blancs tous vieillis en fûts de chêne français.

LOISIRS

Base de loisirs et Halte nautique, Fontet ✆ 05 56 61 23 81. La base de loisirs de Fontet s'étend sur 8,5 ha près du musée des Allumettes. Les visiteurs de la belle saison y trouvent un point d'arrêt tout désigné le temps d'un pique-nique sur l'aire aménagée (avec barbecue) ou d'un véritable après-midi de vacances. Les activités à pratiquer sont multiples: baignade dans le lac artificiel, canoë ou aviron sur le canal, pêche dans un coin réservé du lac, mais encore tir à l'arc ou balades sur les chemins de randonnée ou le long du chemin de halage qui borde le canal. La base de loisirs comprend aussi une aire de jeux pour les enfants, une aire de service pour les camping-cars et un point de restauration. Côté halte nautique (accès au canal latéral à la Garonne), on trouve un port avec deux pontons d'amarrage. L'ouverture a été réalisée aux dimensions de l'écluse et peut accueillir les bateaux jusqu'à 38 m. Un pavillon d'accueil (avec bar et boutique) enfin, présente des expositions saisonnières. On y vend également des produits régionaux.

Le chemin des ports oubliés. L'Office de tourisme de Cadillac a mis en place un circuit pédestre très original: celui des anciens ports. Autrefois ils animaient agréablement les berges de la Garonne entre Cadillac et Rions. L'itinéraire s'étend sur 4 kilomètres et vous demandera approximativement deux heures. Le parcours est parfois légèrement chaotique (les bords de la Garonne ne sont pas toujours très bien entretenus) mais rien de bien méchant! Le plan de la randonnée, agrémenté d'explications historiques, est disponible à l'Office de tourisme de Cadillac (✆ 05 56 62 12 92).

Equitation

Centre équestre. Route de Monségur ✆ 05 56 61 19 85. Comme la plupart des centres équestres, celui-ci offre plusieurs possibilités: promenades en extérieur, obstacles, instruction sur poneys ou chevaux, stages pour tous les niveaux, accueil de centre de vacances, sorties en compétition, concours, passage d'examens, dressage...

Les Ecuries de Noaillac, Noaillac ✆ 05 56 71 22 17. Si cette école d'équitation propose aussi des balades, c'est surtout des cours (initiation et perfectionnement) qu'elle dispense en préférence. Gaston Bileitczuk (instructeur) et Delphine Strube-Bileitczuk (monitrice) sont installés depuis huit ans sur ce site de 9 hectares où travaillent aujourd'hui 42 chevaux et poneys. Les cavaliers de passage peuvent pratiquer à l'heure ou à la journée. Pour les stages plus longs, l'hébergement sur place est possible (8 places). Sur place, une piste de galop permet notamment les pré-entraînements course. Depuis peu, en outre, les Ecuries de Noaillac organisent des courses d'endurance.

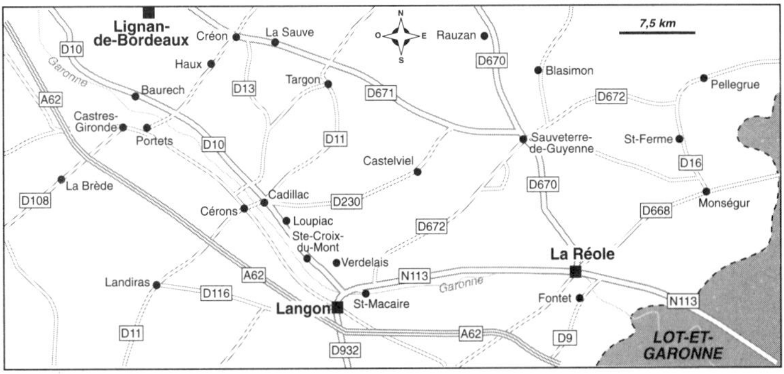

DANS LES ENVIRONS

Cadillac

Bastide fortifiée au XIVe siècle, Cadillac borde la rive droite de la Garonne à une trentaine de kilomètres au sud de Bordeaux. La ville fut fondée en 1280 par Jean de Grailly et de ses fortifications du XIVe, elle conserve de beaux restes, ainsi que son plan intra muros découpé en îlots rectangulaires aérés par des caruets. Le mieux est de laisser sa voiture le long des remparts, sous les platanes, pour faire le tour de la cité à pied, sans manquer d'aller consacrer une visite au très beau château des ducs d'Epernon.

Office de Tourisme du Pays Cadillacais. 8, place de la Libération - Cadillac ✆ 05 56 62 12 92 - Fax 05 56 76 99 72 - E-mail: cadillac.tourisme@wanadoo.fr. *Ouvert 7j/7 du 15 juin au 15 septembre (du lundi au samedi de 9h30 à 12h30 et de 14h à 19h, le dimanche de 9h30 à 12h30 et de 15h à 19h), du 16 septembre au 15 mars du mardi au dimanche matin (et le 1er dimanche du mois toute la journée), du 16 mars au 14 juin du mardi au dimanche (mardi à samedi 9h30-12h30 et 14h-18h, dimanche et fériés 9h30-12h30 et 15h-18h).* L'Office de tourisme propose une visite de la bastide seule pour 1,52 € (enfants de 12 à 20 ans et groupes) et 2,29 € (individuels adultes), une visite jumelée de la bastide et du château pour 4,57 €, ainsi qu'une visite du village fortifié de Rions pour 2,29 €). A disposition sur place, des topo-guides de randonnées balisées en Pays Cadillacais, ainsi que des vélos à louer: demi-journée 7,62 €, journée 11,43 €, 7 jours 42,69 €, forfait week-end: 27,44 €.

Château de Cadillac. Place de la Libérartion - Cadillac ✆ 05 56 62 69 58- Fax 05 56 62 60 73. *Ouvert tous les jours sauf le lundi du 1er octobre au 31 mai de 10h à 13h et de 14h30 à 17h30 (18h le dimanche) Ouvert tous les jours du 1er juin au 30 septembre, de 10h à 18h30). Entrée: 4 €, TR 2 €, groupes 3,5 €. Visite gratuite le 1er dimanche de chaque mois d'octobre à mai inclus.* Son histoire est étroitement liée à celle de Jean-Louis de Nogaret de la Valette, premier duc d'Epernon et personnage ambitieux, qui fut d'abord « mignon » à la cour d'Henri III, puis haut personnage sous Henri IV et Louis XIII. Henri III l'avait fait duc et avait arrangé son mariage avec Marguerite de Foix-Candale, fille du seigneur de Cadillac et unique héritière d'une riche famille. Sous l'impulsion d'Henri IV, il fit alors raser l'ancien château médiéval des Foix pour le remplacer par une somptueuse demeure dont le luxe devait rivaliser avec celui des résidences royales. La première pierre fut posée en 1599 et les travaux se poursuivirent durant trente ans. Endommagé à la Révolution, le château fut transformé en prison pour femmes jusqu'à la fin du XIXe siècle puis en centre d'éducation surveillée pour jeunes filles jusqu'au milieu du XXe siècle, exposition sur place). En partie ruiné par un incendie provoqué par les détenues en 1928, le château de Cadillac est un témoignage précieux (et unique en Gironde) d'une architecture d'apparat du début XVIIe et conserve les vestiges d'un décor intérieur jadis fastueux. La visite de l'intérieur permet de découvrir ses plafonds lambrissés, plusieurs tapisseries et surtout, de magnifiques cheminées monumentales en marbre, richement décorées.

Le Tour des Remparts. En faisant le tour de Cadillac, on verra successivement sa place centrale à arcades, lieu de vie de la cité, ainsi que plusieurs maisons anciennes. En poursuivant la promenade on trouve la tour de l'Oeuille (la porte du même nom a disparu vers 1818), puis le Ruet, un passage insolite, aménagé entre les maisons et le rempart qui faisait jadis le tour de la cité. Plus loin, admirer la porte de la Mer (tournée vers le fleuve), sa haute tour carrée et son échelle de crues. Enfin, la seconde porte qui existe encore (sur les quatre construites), celle de l'Horloge, du XIVe siècle. A une centaine de mètres de cette dernière, on aperçoit un bâtiment néoclassique qui abrite un hôpital psychiatrique.

Castelmoron d'Albret

C'est à quelques kilomètres de Sauveterre-de-Guyenne qu'on trouve cette charmante et minuscule cité, qui n'est autre que le plus petit village de France. Avec 3,5 ha de superficie totale, Castelmoron-d'Albret est en effet à peine plus grand que trois terrains de football ! Bâtie sur un pic rocheux, la cité fortifiée offre un bel ensemble médiéval : restes de remparts, maisons anciennes, tour qui faisait partie du château de Castelmoron, aujourd'hui disparu, une des trois portes d'entrée de la cité. La légende soutient qu'il s'agissait là d'un ancien castrum romain, détruit par les invasions du Ve siècle et reconstruit par des prisonniers Maures au VIIIe siècle... Dans le village, suivre le sentier qui descend depuis la porte d'entrée de la cité, et qui longe des murs couverts de verdure, de fleurs et de plantes de rocaille.

Créon

Ville bastide, Créon a été fondée en 1312 par Amaury III de Craon, sénéchal du roi d'Angleterre en Aquitaine, qui lui donna son nom. Construite selon un système orthogonal particulièrement remarquable, la bastide devint un centre économique important aux portes de Bordeaux. Sa place centrale à arcades (qui posséda une halle jusqu'en 1872) a été préservée sur trois de ses côtés et l'on y voit plusieurs maisons anciennes. L'église du XVe siècle construite dans le style gothique, possède un joli clocher-porche du XVIIe siècle et abrite une belle vierge à l'enfant du XIVe siècle.

Office de tourisme. 7 bis rue du Dr Fauché ✆ 05 56 23 23 00 - Fax 05 56 23 23 44 - E-mail : otcreon@wanadoo.fr. Ouvert 7j/7 du 15 avril au 15 novembre de 09h à 12h30 et de 15h à 18h, ouvert du mardi matin au samedi midi du 16 novembre au 14 avril aux mêmes horaires.

Fontet

Au bord du canal des Deux-Mers, Fontet possède deux châteaux d'intérêt, dont celui du Castéra qui présente une façade XVIIe et celui de Fontet, du XVIIIe siècle. L'église romane du XIIe siècle avec son portail Renaissance en plein cintre encadré de plusieurs tours, est particulièrement jolie. Voir aussi le clocher-pignon du XVe siècle, les chapelles des XIIIe et XVIe siècles formant transept.

Musée d'Artisanat, Monuments en Allumettes et Sciences Naturelles - Lieu-dit Couture ✆ 05 56 71 21 17. *Ouvert du 1er mars au 30 septembre du lundi au samedi de 14h à 18h et le dimanche de 14h à 18h30, du 1er octobre au 28 février le dimanche et jours fériés de 14h à 18h, sur rendez-vous pour les groupes. Entrée : adultes 2,29 €, enfants 0,76 €.* Ce musée est un véritable hommage à la patience et à la minutie : plus de 600 000 allumettes ont été utilisées à ce jour pour réaliser les différentes maquettes et édifices présentés ici, à l'image de la reconstitution de l'église de Fontet (740 heures de travail et 35 000 allumettes), du château fort du XIIe siècle (37 800 allumettes), de l'abbaye des bénédictins de La Réole (150 000 allumettes), et du clou du spectacle : la cathédrale de Reims, inscrite dans le livre Guiness des Records et qui a nécessité pas moins de 350 000 allumettes ! Il faut dire que ses dimensions sont plutôt impressionnantes : 4 m de long, 2 m de large et 2,40 m de haut... Des maquettes de navires militaires ou de croisières (Le Richelieu, Le Titanic, toujours en allumettes) viennent en renfort de ce travail de titan aux doigts de fée effectué par M. Gergeres qui entretient par ailleurs nos rêves d'enfants avec d'autres surprises : collection de minéraux et d'étiquettes de vin, modèles réduits en bois d'outillage agricole des années 30 à 60, et différentes œuvres d'artisans. Un vrai régal pour les enfants comme pour les adultes, qui y entreront sans fumer bien entendu !

La Sauve

Même si La Sauve est réputée pour son abbaye, il faut faire un détour par l'église Saint-Pierre (clés sur demande à la mairie), où l'on verra à l'extérieur son superbe chevet, avec des statues XIIIe grandeur nature et notamment celle de saint Jacques pèlerin. Cette église gothique, érigée au XIIIe siècle, est entourée d'un cimetière planté de cyprès (belle vue sur l'abbaye). Son mobilier est entièrement classé et il faut prêter une attention toute particulière aux peintures murales représentant, entre autres, le Christ en croix entouré de femmes en costumes médiévaux. Noter également un bénitier fait de chapiteaux superposés (XIIe-XIIIe siècles) et un gisant du XIIIe siècle.

Abbaye de la Sauve Majeure ✆ 05 56 23 01 55/05 56 23 38 59. *Ouvert d'octobre à mai de 10h à 13h et de 14h30 à 17h30 (18h le dimanche), de juin à septembre tous les jours de 10h à 18h30. Visite libre avec livret explicatif. Entrée 4 €, tarif réduit 2, 40 €, gratuit pour les - de 18 ans et les chômeurs. Entrée gratuite le 1er dimanche de chaque mois d'octobre à mai. Visite conférence pour individuels et groupes sur réservation. Comptoir du Patrimoine (vente de livres, reproductions d'objets d'art). Expositions au musée lapidaire.* L'abbaye fut fondée par le moine saint Gérard, qui arriva dans cette contrée alors couverte de forêts (la Grande Sauve ou Sylva Major) et y édifia, avec les moines bénédictins, la première abbaye en 1079. Saint Gérard fut accueilli favorablement par Guillaume VIII, duc d'Aquitaine, et réussit à négocier des terres auprès des principaux seigneurs des environs. Transformé et agrandi après sa mort en 1095, l'ensemble fut consacré en 1231. C'était alors une étape très fréquentée sur les chemins de Saint-Jacques-de-Compostelle : de nombreux pèlerins s'y rassemblaient et y faisaient bénir bourdon (gros bâton à crosse) et panetière (musette) avant de poursuivre vers la Galice et la Terre Sainte. En déclin dès le XIVe siècle, une tempête en 1665 puis un tremblement de terre en 1759 l'endommagent considérablement. A la Révolution française, les biens de l'abbaye sont confisqués et dispersés et le lieu devient une prison en 1793 jusqu'à ce que les voûtes s'effondrent et que l'abbaye soit alors utilisée comme carrière de pierres où chacun viendra se servir. Acquis par l'Etat en 1960, la visite permet de découvrir un des plus beaux monuments d'architecture romane d'Aquitaine, avec en prime un joli panorama depuis les 156 marches de la tour. Depuis 2000, on peut également y voir une évocation des jardins du Moyen Age, grâce au travail des élèves de Bepa et Bac pro de la Maison familiale de la Sauve Majeure, qui y ont recréé des parterres d'herbes médicinales, légumes et autres petits arbres fruitiers... A l'entrée de l'abbaye, voir également la maison des vins de l'Entre-Deux-Mers.

Loupiac

Si Loupiac résonne aujourd'hui agréablement aux oreilles et au palais des amateurs de vin moelleux, le site était connu dès l'Antiquité, comme en atteste la découverte des vestiges d'une villa gallo-romaine des IIe et IIIe siècles, qui laisse supposer que le poète Ausone y possédait une résidence. Loupiac possède par ailleurs, une église romane dont le portail remarquable présente quatre voussures décorées reposant sur six colonnettes aux chapiteaux sculptés.

L'abbaye de la Sauve Majeure

Château du Cros - Vignoble Boyer ✆ 05 56 62 99 31 - Fax 05 56 62 12 59. *Visite et dégustation gratuites, en semaine de 8h à 12h et de 14h à 18h, le week-end sur rendez-vous.* Cette propriété familiale de 90 ha regroupe trois vignobles, dont le château du Cros, produisant un bon Loupiac liquoreux (9,80 € le 98) ainsi que du bordeaux rouge et du blanc sec (ce dernier à 4,70 € la bouteille). L'autre intérêt du domaine est le château fort qui le domine du haut du coteau : bâti au XIIIe siècle, il a appartenu à la famille du Cros puis à celle de Ségur. En 1274, Guilhem-Arnaud de Cros avoue le tenir d'Edouard Ier d'Angleterre, comme son prédécesseur Boson de Casau le tenait de Richard Cœur de Lion qui le lui aurait donné en fief en 1196. Classé Monument Historique en 1993, le château fait l'objet d'une réfection et s'il peut se visiter librement, on retiendra la visite guidée organisée chaque année lors des Journées du Patrimoine.

Château du Portail Rouge - Villa Gallo-Romaine ✆ 05 56 62 93 82 - Fax 05 56 62 99 98. *Visite tous les jours sur rendez-vous, et portes ouvertes le dimanche de 14h à 18h. Visite guidée gratuite.* C'est une villa romaine des IIe et IIIe siècles après J.-C. qui a été découverte sur le domaine du château il y a de cela plus de 30 ans. Le père du viticulteur actuel ayant acheté le domaine en 1971, fit construire un bâtiment pour protéger un ensemble de bains (12 m de long sur 8 m de large et 1,40 m de profondeur) reliés par une galerie de mosaïques. Il en reste des traces de murs et d'une piscine dont les bords étaient revêtus de mosaïques décoratives. On y découvrira également les vins du domaine, un Loupiac 98 à 7,62 €, un Cadillac 95 à 6,86 € et un Bordeaux rouge 99 à 4,57 €.

Monségur

Bastide fondée par Eléonore de Provence en 1265, Monségur a conservé sa place couverte et son plan en damier. L'origine de son nom vient de « mons securus », le mont sûr : la cité est en effet perchée sur une colline et un très joli chemin de ronde fait le tour des remparts, offrant une vue plongeante sur la vallée. L'ensemble du bourg est resté pittoresque avec ses anciennes rues, ses maisons à colombages et sa tour du Gouverneur du XVe siècle. Son église Notre-Dame, typique des églises de bastides, date de la fin du XIIIe et présente une harmonie parfaite entre les chapelles gothiques et la nef néo-gothique du XIXe siècle. Voir aussi la très belle halle de verre et de fonte, remarquable exemple de l'architecture métallique du XIXe siècle sous laquelle se déroulent les marchés. Petit musée archéologique à la mairie (gratuit du lundi au vendredi : 9h à 12h et de 14h à 17h).

Office de tourisme. Rue des Victimes ✆ 05 56 61 89 40 - Fax 05 56 61 89 13. Ouvert hors saison le mardi et le vendredi de 9h à 12h et de début juin à fin septembre du mardi au samedi de 9h30 à 12h30 et de 14h à 18h, le dimanche de 9h à 12h et un lundi sur deux de 14h30 à 18h30. Visites guidées de la ville sur rendez-vous 6 semaines à l'avance (05 56 61 82 73) 5,4 € par personne pour 10 à 20 personnes.

Pellegrue

Pellegrue, de « Pela » (de pilare : piller) et « Grua » (les grues) est une bastide du XIIIe siècle juchée sur un éperon rocheux de 112 m d'altitude. Sa situation frontalière avec le Lot-et-Garonne et la Dordogne, en fait un site remarquable entre châteaux, églises et paysages variés. Fondée en 1274 par Henri III, roi d'Angleterre, cette bastide (qui conserva son droit de justice jusqu'à la Révolution) a été conçue selon un plan d'urbanisme établi à partir d'une place carrée et de rues se croisant à angles droits. Au centre de cette place se trouve actuellement une halle métallique du XIXe siècle qui à l'origine était en bois. On remarquera aussi la mairie avec son beffroi muni d'une cloche qui daterait du XIIe siècle. Pellegrue a la particularité de posséder cinq églises : celle Saint-André, située près du centre-bourg, en forme de croix latine avec une coupole d'inspiration byzantine date du XIIIe siècle. Les quatre autres, l'église de Genas, route de Duras, qui date des XIe et XIIe siècles, Saint-Laurent, La Reyre et Vignoles, sont en partie détruites.

Rauzan

Longtemps vouée aux Anglais, Rauzan fut reprise par Duguesclin et redevint définitivement française à la fin de la guerre de Cent Ans. Témoin du passé et de ces guerres médiévales, la forteresse de Rauzan a été bâtie aux XIIIe et XIVe siècles, puis restauré dans le style gothique après la guerre de Cent Ans. Le château mérite la visite pour son enceinte polygonale, son logis gothique et son haut donjon cylindrique (visite du mardi au dimanche de 10h à 12h et de 14h à 18h). Voir également l'église romane, bâtie sur un plan templier (beau portail ouest du XIVe), ainsi que plusieurs maisons anciennes dans le bourg, notamment les maisons fortes de la Salle et de Roquenègre (XIIIe, XVIe, XIXe siècles).

Rions

Charmante petite cité médiévale fortifiée, Rions a su conserver ses remparts et ses portes d'accès en très bon état. Sa position stratégique lui valut de nombreuses invasions : à chaque combat, les remparts étaient rasés puis reconstruits. Les murs actuels datent du XIVe siècle, tout comme la très belle tour de Lhyan à l'entrée de la ville. A l'intérieur du village, se perdre dans les petites ruelles pour découvrir la citadelle du XIVe siècle, tournée vers les vignes, et sur la Place du Repos une maison de marchand du XVIe siècle, ainsi que la Halle aux petits pois. S'arrêter également à la grotte de Charles VII, appelée aussi fontaine des Dames. L'église d'origine romane possédait, pour l'époque, une taille imposante. Il reste du bâtiment du XIIe siècle l'abside, deux absidioles et l'ancien transept. Les nefs ont été reconstruites au XIVe siècle, le clocher à bulbe date du XVIIIe et les deux cloches classées sont de 1542 et 1622. A l'intérieur, il faut voir le bas-relief figurant la crucifixion (du XVe siècle), un très beau retable en stuc du XVIIIe siècle, une Vierge en bois doré et plusieurs statues du XVIIIe siècle. Visites guidées du village (2,29 €) sur rendez-vous auprès de l'OT de Cadillac (05 56 62 12 92).

Sadirac

Cette ville a une tradition multiséculaire de poterie et ce depuis l'époque gallo-romaine, avec son apogée vers 1744 où 150 potiers exerçaient alors leur métier dans le bourg. Cette tradition a fait l'objet d'importantes recherches historiques, ethnologiques et archéologiques, dont le résultat est exposé au musée.

Maison de la Poterie. Sadirac ✆ 05 56 30 60 03- Fax 05 56 23 74 84. *Ouvert toute l'année (sauf le lundi), le mardi et mercredi de 14 h à 18 h, le jeudi, vendredi et samedi de 10 h à 12 h et de 14 h à 18 h, le dimanche de 15 h à 18 h. Démonstration d'un potier lors de la visite sur réservation de groupes uniquement (10 personnes). Fête annuelle de la poterie le 2e week-end de juin.* Cette exposition de 200 pièces de poteries et de céramiques sadiraquaises retrace les aspects archéologiques, ethnologiques, techniques et historiques de cette activité au travers de panneaux simples à comprendre et de nombreux objets de fouille ou de reconstitution. Un véritable four du XIXe est d'ailleurs inclus dans le bâtiment, servant lors de journées démonstration ou lors des stages qui sont par ailleurs proposés pour enfants et adultes. Et l'on peut bien sûr acheter sur place les productions actuelles ou passer commande…

Saint-Ferme

Abbaye de Saint-Ferme. Saint-Ferme ✆ 05 56 61 62 10. *Visites guidées du 1er juin au 30 septembre, tous les jours, sauf le mardi de 10 h à 12 h et de 14 h à 19 h. Le reste de l'année du mercredi au samedi de 9 h à 12 h et de 14 h à 18 h. Fermé le 1er dimanche du mois. Service religieux le dimanche à 9 h 30.* Située à moins de 10 km au nord de Sauveterre, l'abbaye de Saint-Ferme a été fondée par les moines noirs aux VIIe et VIIIe siècles et ce n'est qu'en 1080 qu'elle est investie par les Bénédictins y bâtirent une église abbatiale (XIIe) et des bâtiments conventuels (à partir du XIIIe siècle). Au fil des guerres, le monastère sera fortifié et cette abbaye connaîtra un important rayonnement sur toute la région, notamment auprès des pèlerins de Saint-Jacques-de-Compostelle qui y font halte. Les bâtiments claustraux gothiques, aujourd'hui occupés par la mairie et le presbytère, sont en partie ouverts à la visite. Quant à l'église abbatiale du XIIe siècle, elle est en parfait état grâce à plusieurs restaurations (XIIIe, XVIIe et XVIIIe siècles). Les chapiteaux historiés sont tout à fait remarquables (prévoir 1 € pour la lumière) et on en profitera pour rêver devant un trésor de 1 300 monnaies romaines, trouvé non loin de l'abbaye en 1986.

Saint-Macaire

Classé « village ancien » Saint-Macaire est un splendide site médiéval entouré de remparts. Appelée Ligena durant l'Antiquité, la cité a pris le nom du saint venu l'évangéliser et s'est développée autour de son abbaye.

L'ensemble de la cité est intéressant et on se garera à l'extérieur pour la parcourir à pied : voir tout d'abord la porte de Benauge du XIVe siècle (appelée aussi de l'Horloge, de l'hôtel de ville ou de Cadillac), qui synthétise admirablement l'entrée fortifiée du village, puis au centre, la place du Mercadiou, considérée comme la plus belle du département avec ses arcades de pierre blonde, ses façades du XIVe au XVIe siècle et son ancien relais de poste Henri IV de style Renaissance (musée de La Poste à l'intérieur), avec son escalier à vis. Le village renferme par ailleurs de nombreuses maisons anciennes (XIIIe au XVIIIe siècle), dont les plus belles sont celles de Tardes, La Roque, Eyquem ou Baritault, Flous, maisons rue Carnot. L'église prieurale Saint-Sauveur est une imposante construction romane remaniée à plusieurs époques (XIIIe, XVe, XVIIe siècles), dont la principale curiosité réside dans un ensemble de peintures murales inspirées de l'Apocalypse et qui ornent l'abside. Originaires du XIVe siècle, elles ont été malencontreusement restaurées au XIXe siècle. Attenant à l'église, le prieuré bénédictin domine les remparts, mais de l'ancien monastère, il ne reste plus que l'aile sud du cloître avec sa colonnade, le puits marquant le centre de ce cloître. Quant aux remparts des XIIe-XIVe siècles, ils comportent de hautes murailles particulièrement bien conservées, notamment du côté sud, près de l'église et en direction de la Garonne. Une jolie promenade permet de les longer depuis le bas, avant de remonter par la porte du Thuron (XIVe siècle) et sa barbacane ou la porte Rendesse (tour de défense du XIVe siècle).

Sainte-Croix-du-Mont

Ce petit village perché sur un coteau entre Cadillac et Saint-Macaire ne manque pas de curiosités : la vue sur la vallée de la Garonne, son église, le château de Tastes, aux murailles crénelées du XIVe siècle et fortement remanié au cours des âges. Mais, le plus spectaculaire, ce sont ses falaises formées d'immenses bancs d'huîtres fossilisés, qui datent de l'ère tertiaire, soit de plusieurs dizaines de millions d'années. Cette falaise est ponctuée de grottes, s'étendant sur une centaine de mètres et où l'on a aménagé des caves et même une chapelle. Un décor hors du commun que le syndicat viticole de Sainte-Croix a choisi pour vous faire déguster son vin moelleux.

Syndicat Viticole de Sainte-Croix-du-Mont. Terrasse des Grottes ✆ 05 56 62 01 54 - Fax 05 56 62 08 04. *Ouvert du 1er avril au 15 octobre, de 14 h 30 à 19 h le lundi, mardi, jeudi et vendredi, et de 10 h à 12 h 30 et de 14 h 30 à 19 h 30 le samedi, dimanche et jours fériés.* Aménagé dans une grotte d'huîtres fossilisées, l'endroit est suffisamment original pour mériter la visite, et un cadre idéal pour découvrir le fameux vin liquoreux de Sainte-Croix-du-Mont, qui utilise largement le cépage sémillon pour sa capacité à développer la pourriture noble. Parmi les 80 producteurs de l'appellation, une vingtaine de châteaux sont proposés à la dégustation (et à la vente) à l'intérieur de la grotte.

Les remparts de Saint-Macaire

Sauveterre-de-Guyenne

D'abord prieuré bénédictin au IXe siècle, la cité s'érige en bastide en 1281, sous domination anglaise puisque c'est Edouard Ier qui en décide la création. Changée dix fois de nationalité, elle ne redevient française qu'en 1451, à l'approche de la fin de la guerre de Cent Ans. Sauveterre a été construite suivant le plan classique des bastides: des rues en damier partent de la place centrale à arcades, et la ville était ceinte de remparts, qui furent détruits au XIXe siècle, sauf les quatre portes d'accès. L'église a été reconstruite au XIXe siècle, mais a gardé un très beau chœur gothique polygonal. A ne pas manquer non plus: les maisons du Moyen Age restaurées, la cave du XVIe siècle ainsi que celle, datant du XIIIe siècle de la maison du Sauveterrois et la galerie d'art de l'Office de tourisme.

Office de Tourisme. 2, rue Saint-Romain ✆ 05 56 71 53 45- Fax 05 56 71 59 39. Ouvert du mardi au vendredi de 10h à 12h et de 14h à 18h. Samedi et dimanche de 9h à 12h et de 15h à 18h. Exposition d'artisanat d'art en novembre.

Verdelais

Au XIe siècle, un chevalier de la région, Géraud de Graves, partit pour une première croisade. Pris dans une embuscade, il fit le vœu de vouer sa vie à la Vierge s'il survivait. Il survécut et se retira à Verdelais où il mena une vie d'ermite et construisit un petit oratoire avec une statue de la Vierge sur le modèle de celle qu'il aurait vue à Bethléem.

A sa mort en 1159, les seigneurs de la région ne voulant pas que le culte s'arrête, firent venir des religieux de Limoges: les Grandmontains. Selon la légende, c'est au XIIe siècle que la comtesse de Foix retrouva la statue, alors cachée par les paysans pour échapper à la profanation, sous le pas de sa mule. Cette Vierge à l'Enfant en bois polychrome, surnommée la Vierge rouge (et cependant estimée du XIVe siècle) a la réputation d'être miraculeuse. Dans la basilique, la niche de la Vierge est insérée dans un très beau retable en marbre rouge rehaussé d'or et orné de six colonnes de marbre. Verdelais est devenu le plus important centre de pèlerinage de la Gironde. Le pèlerinage fut soutenu par les religieux, Grandmontains d'abord, Célestins ensuite, puis Maristes et aujourd'hui Passionistes. Le bourg a aussi gardé un remarquable alignement de façades du XIXe, vestiges des anciens établissements hôteliers qui accueillaient les pèlerins, fort nombreux à l'époque. Son ancien cloître célestin est aujourd'hui occupé par des administrations.

Basilique Notre-Dame-de-Verdelais ✆ 05 56 76 70 45. *Ouverte tous les jours de 9h à 12h et de 14h à 19h.* Bâtie en plusieurs étapes, ses fondations datent du XIIe, mais d'importants travaux furent effectués au XVIIe siècle sous François de Sourdis, puis au XIXe siècle avec le cardinal Donnet, qui relança le pèlerinage. L'intérieur est richement décoré. Le retable baroque dans lequel est incorporée la statue de Notre-Dame a pris son aspect actuel en 1666. La nef et le chœur sont enrichis de peintures naïves du XVIIe et du XVIIIe siècle ainsi que de nombreux autres ex-voto (bateaux, cœurs, décorations militaires...). La basilique est le théâtre de pèlerinages réguliers qui ont lieu le 1er dimanche du mois de mars à novembre. Ceux du 15 août et du 8 septembre sont les plus importants.

Chemin de Croix. Un monumental chemin de croix a été tracé depuis le cimetière jusque sur la colline de Cussol au milieu du XIXe siècle. Il évoque toutes les scènes de la Passion du Christ, et du haut de la colline, s'étend un superbe panorama, non loin duquel trône un ancien moulin, tout près des vignobles du Château Mémoires. Dans le cimetière, repose le peintre Henri de Toulouse-Lautrec, mort à 37 ans dans son château voisin: le château de Malromé à Saint-André-des-Bois.

Musée des Arts Religieux. Les Allées ✆ 05 56 62 02 04 - 05 56 62 02 06. *Ouvert tous les jours de 15h à 19h en juillet et août; de Pâques à juin et de septembre à octobre: du mercredi au dimanche de 15h à 19h; de novembre à Pâques: uniquement sur rendez-vous. Visite guidée sur demande. Entrée: 3,05 €, groupe de plus de 15 personnes: 1,52 €, gratuit pour les - de 13 ans.* Cet étonnant musée, unique dans la région, expose divers objets liés au culte religieux qui sont le témoignage de la ferveur des pèlerins au fil des siècles: rare collection d'ex-voto peints, maquettes de bateaux, pièces d'orfèvrerie sacrée, ornements liturgiques, manteaux de la Vierge et de l'Enfant, tableaux, maquettes de bateaux... Des expositions temporaires sont organisées au rez-de-chaussée.

LIBOURNAIS ET HAUTE GIRONDE

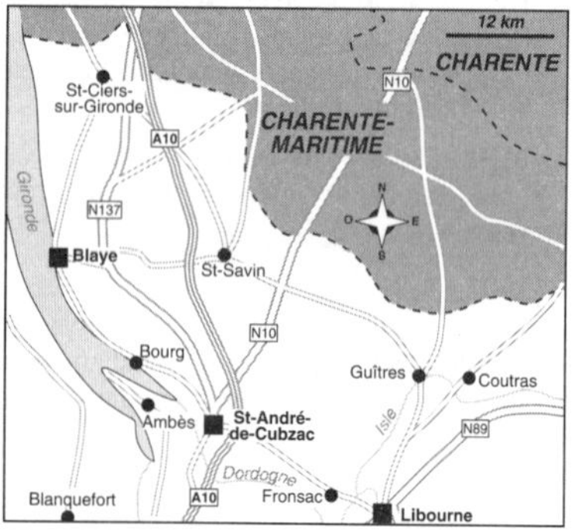

BLAYE ET LA HAUTE-GIRONDE

HEBERGEMENT

Au Bon Accueil. 77, cours Bacalan 33390 Blaye ✆ 05 57 42 12 98 - Fax 05 57 42 28 28. *33 chambres de 36 à 42 €.* A la sortie de Blaye, à 150 m de la Gironde, en direction de Bourg-sur-Gironde, l'hôtel est un lieu idéal pour visiter le nord de la Gironde. De construction récente, l'établissement offre des chambres meublées en chêne massif et dotées de tout le confort moderne.

Auberge du Porche. 5, rue Ernest-Reignier 33390 Blaye ✆ 05 57 42 22 69- Fax 05 57 42 82 83. *Fermé le mercredi. Fermeture annuelle 1 semaine fin octobre et 1 semaine en mars. 8 chambres de 42 à 52 €. Petit-déjeuner 5,34 €. Menus de 9 à 23 €.* Qu'on la repère à son porche ou à sa carte alléchante, cette auberge est une halte où l'on privilégie la cuisine régionale en même temps qu'un hôtel à l'accueil familial, à proximité du centre-ville, du jardin public et du bac reliant le Médoc. Les 8 chambres aux noms floraux (camélias, fougère, orchidée, lilium, verveine…) sont équipées de salle de bains, W.-C., TV, minibar et téléphone direct. Papiton du Périgord (médaillon de foie gras entouré de maigre de porc), tête de veau ravigote, escalope de foie frais de canard aux pommes, anguilles à la persillade, sandre à la fondue de poireaux ne sont là que quelques-unes des propositions de la carte, relayées par des formules complètes et un choix de galettes, crêpes et glaces à venir déguster pour un repas rapide. Une trentaine de vins locaux au choix.

Campings

Le Relais de Chavan. Laruscade ✆ 05 57 68 63 05. *Ouvert du 1er juin au 31 août.* Un camping au cœur d'une forêt de chêne, où passer des vacances « en toute sérénité » puisque de spacieux emplacements de 100 m² avec haie privative sont à choisir en pleine exposition ou ombragé, selon son degré de résistance au soleil ! On peut aussi y louer des bungalows en bois de grand confort pour 4 à 6 personnes, certains étant équipés de toilettes et douches chaudes. Situé à 1 h 30 de la mer et à 30 minutes de Bordeaux ou Saint-Emilion, à proximité des pistes cyclables, ce camping privilégie les loisirs-détente : minigolf, piscine de 20 m avec bassin pour enfants (du 1er juillet au 31 août), minigolf, baby-foot, billard, tir à l'arc, animations… Sur place, alimentation, pain artisanal, plats cuisinés, machine à laver.

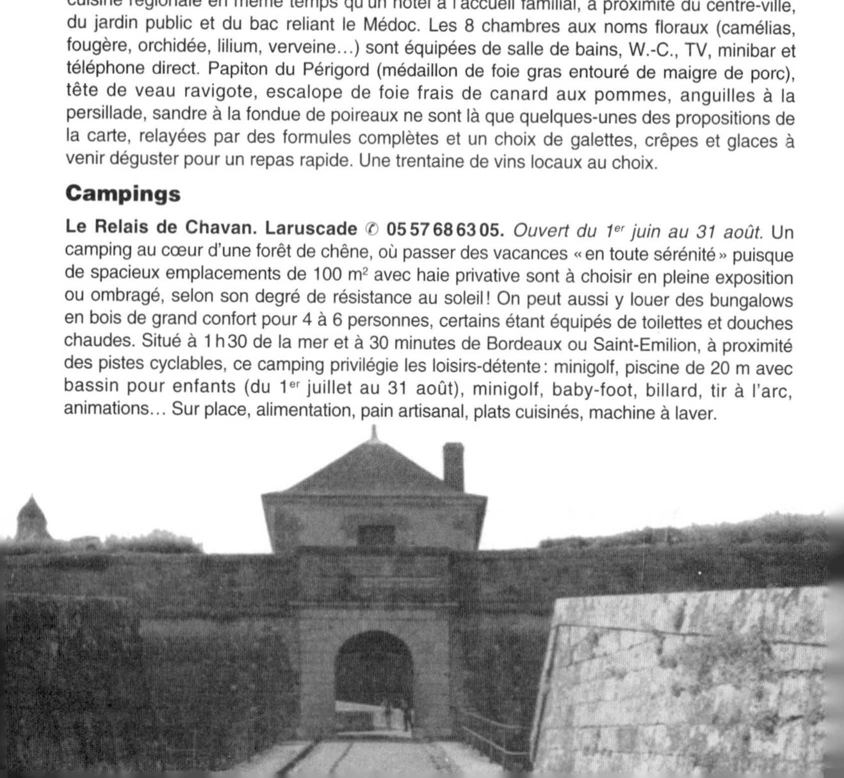

RESTAURANTS

La Renaissance. Saint-Seurin-de-Cursac ✆ 05 57 42 94 28 - Fax 05 57 42 32 81. *8 chambres de 35 à 45 €. Petit-déjeuner 5 €. Menus de 10 à 30 €. Carte 20 €.* Une halte à ne pas négliger puisque, à la partie hôtel, avec ses chambres rénovées, se rajoute un restaurant fort intéressant, tenu par un homme (Gérard Martin) qui ne se laisse pas aller à la routine gustative. C'est qu'en plus d'être restaurateur, il est artisan-conserveur, et que l'on ne trouve chez lui que des préparations maison, cuisinées à base de produits naturels de qualité. Alors à table comme pour emporter, on fait un sort à son confit de canard cuit dans sa graisse, aux asperges du Blayais sauce verte, à la lamproie à la bordelaise, à la soupe de poisson, au foie gras de canard ou au civet d'agneau... Et en nouveauté cette année, à apprécier dans la salle du restaurant aux murs jaune clair et aux nappes safran, l'assiette « tout au canard », pour se changer du bœuf en un plat copieux regroupant magret séché, rillettes, cou farci, manchons confits et gésiers). A accompagner d'un vin de propriétaire, local bien évidemment.

POINTS D'INTERET

Office de tourisme. Allées marines 33390 Blaye ✆ 05 57 42 12 09.

Véritable ville dans la ville, la citadelle de Blaye est le point fort de cette cité installée sur un site qui était déjà stratégique lorsqu'un castrum romain y défendait l'accès à Bordeaux. Fortifiée au Moyen Age, la ville conserva un rôle défensif important, ce qui explique qu'elle fut âprement disputée entre Anglais et Français.

C'est entre 1686 et 1689 que la citadelle actuelle fut construite par Vauban, pour participer au plan de défense du fleuve avec fort Pathé et fort Médoc. La citadelle, qui n'a toutefois soutenu qu'un siège de courte durée en 1814, n'a donc jamais été prise. Lieu de passage obligé jusqu'en 1830 pour les pèlerins en route vers Compostelle, Blaye est aussi un port où embarquaient et débarquaient de nombreuses marchandises, comme les vins ou les produits de la Charente voisine.

On continue d'ailleurs d'y embarquer, à destination de Lamarque, de l'autre côté de l'eau, ou plus loin vers Le Verdon et Royan. Au printemps, c'est aussi l'occasion d'y assister au débarquement de la pêche faite dans l'estuaire, à retrouver d'ailleurs à la carte des restaurateurs de la région : lamproies, aloses, anguilles, mulets, mais aussi chevrettes, ces petites crevettes blanches qui se dégustent parfumées à l'anis.

Citadelle. On y pénètre, après avoir stationné sur la place des Cônes, en franchissant la première demi-lune. La porte royale, frappée du symbole des trois fleurs de lys, se dresse juste en face. Martelée à la Révolution, elle fut resculptée à la Restauration. Le pont Royal est aujourd'hui en pierre (1780), mais il était autrefois en bois pour être brûlé rapidement en cas de danger. Passé cette porte, on en aperçoit une seconde fermée par deux portails à doubles vantaux et une herse. Ce bâtiment abritait une prison. En prenant à droite, on passe la porte médiévale de Liverneuf qui accède aux vestiges du château des Rudel. Bâti en 1140, il fut occupé par Jaufré Rudel, prince de Blaye, avant qu'il ne partît à la rencontre de la princesse Melissande. L'histoire a inspiré de nombreux poètes. Habité jusqu'à la fin du XVIIIe siècle, il hébergea Saint-Simon, Louvier, Le Tellier et probablement Richelieu, Louis XIV et Marie-Thérèse. En surplomb du château, on accède à la table d'orientation (belle vue sur l'estuaire d'un côté et sur Blaye de l'autre). Puis, on longe le mur d'enceinte jusqu'à la tour de l'Eguillette qui fut reconstruite au XVe siècle. Par là, on atteint l'estuaire et ses rives boueuses. En poursuivant le tour des remparts, on arrive à la place d'Armes où s'élève le couvent des Minimes depuis 1610. Il a été occupé par des moines d'origine italienne jusqu'en 1790. Aujourd'hui transformé en salle municipale, le couvent et son cloître abritent des expositions et des manifestations. A côté, se trouve la poudrière du XVIIe siècle, restaurée en 1811, et sur la gauche, plusieurs bâtiments du début du XVIIe siècle, crépis de rose. C'est là qu'habitaient les militaires. En contrebas, on peut descendre jusqu'à l'hôpital, aménagé en souterrain. Il n'a heureusement jamais servi, les conditions d'hygiène auraient été désastreuses ! Après une visite du musée, on ressortira par la porte Dauphine.

VISITES AUX ARTISANS DE LA CITADELLE

En saison touristique, on profitera de la visite de la citadelle pour s'arrêter, au détour de ses rues, chez les nombreux artisans qui ont élu domicile dans d'anciens bâtiments, y installant leurs ateliers et faisant revivre d'une manière pacifique ce lieu militaire : peinture sur soie, bois tourné et céramique, cuir, ébénisterie d'art, poterie, soufflage de verre (un des seuls souffleurs de verre de Gironde), mais aussi bouquiniste, il y a là de bonnes idées de cadeaux.

Basilique Saint-Romain ✆ 05 56 58 54 49. Visite sur rendez-vous, le samedi et dimanche. Ses vestiges sont visibles sur le glacis à l'extérieur de la citadelle, et si des fouilles récentes ont permis d'en dégager le tracé, on a du mal à s'imaginer comment elle était à l'époque où Roland de Roncevaux (pair de Charlemagne) y fut enseveli en 778.

La Manutention. Citadelle - Place d'Armes ✆ 05 57 42 80 96. *Ouvert de mai à novembre, tous les jours de 13h à 19h, en juin, juillet, août.* Construit en 1677 pour abriter la prison de la citadelle et de la ville, ce bâtiment carré qui servit par la suite de boulangerie, de magasin et de manutention, accueille désormais les expositions du Conservatoire de l'estuaire et de l'Association archéologique « Blaye, 7 000 ans d'Histoire ».

Citadelle de Blaye, échauguette

Musée de la Boulangerie. Pour ceux qui ne savent plus que le véritable pain se prépare au levain et se fait cuire au four à bois, ce musée leur rafraîchira la mémoire en évoquant l'histoire du pain et de la boulangerie de l'Antiquité au XXe siècle. Une histoire présentée autour de deux superbes fours construits par les militaires dans les sous-sols de l'ancienne prison désaffectée, où furent emprisonnés des prêtres réfractaires durant la Révolution.

SHOPPING

Musée des Vins des Premières Côtes de Blaye. 11, cours Vauban - Blaye ✆ 05 57 42 91 19. *Ouvert du lundi au samedi de 8h30 à 12h15 et de 14h à 18h30 (jusqu'à 19h en juillet et août).* Créé en 1987, c'est l'officiel des vins du Blayais, puisque sur les quelque 450 producteurs de l'appellation, on retrouvera ici environ 280 références de vins. Le choix y est donc plus que complet, qu'il s'agisse des rouges à la robe rouge intense, souples en bouche, ou des blancs à la robe jaune pâle, avec en prime une présentation des bouteilles très soignée, un accueil des plus chaleureux et de très utiles conseils de dégustation. Un petit guide des Premières-Côtes-de-Blaye y est d'ailleurs offert gratuitement aux visiteurs. En juillet et août, des séances gratuites d'initiation à la dégustation y sont organisées les mardis, jeudis et vendredis à 16h45 (sur rendez-vous, durée 1 h), dans une salle spécialement aménagée.

Cave des Hauts de Gironde. La Cafourche - Marcillac ✆ 05 57 32 48 33 - Fax 05 57 32 49 63. La plus jeune (1974) des caves coopératives de Gironde est parmi les premières, côté qualité, puisque ses vins d'appellation Premières-Côtes-de-Blaye et bordeaux accumulent médailles et distinctions diverses lors de concours régionaux et nationaux. Il faut dire que ses 300 viticulteurs adhèrent tous à la démarche qualité de la Cave, qui met tout en œuvre pour s'assurer un avenir radieux, à l'image d'un regain d'intérêt pour les cépages disparus, comme le petit verdot replanté actuellement à titre expérimental. A déguster sur place notamment, l'Excellence de Tutiac rouge ou blanc - Premières-Côtes-de-Blaye- vieillis en fûts de chêne, le Duc de Tutiac rouge, la Chapelle de Tutiac ou la Duchesse de Tutiac, un sauvignon à boire jeune (3,81 € le 2001). Egalement des vins mousseux rosés ou blancs.

Cave Coopérative de Générac. 1, bois de Girau - Générac ✆ 05 57 64 73 03- Fax 05 57 64 57 30. *Fermé le lundi. Ouvert du mardi au vendredi de 8h30 à 12h30 et de 14h à 18h et le samedi de 9h à 12h30 et de 14h30 à 18h. Vente directe et dégustation.* Créée en 1934, cette société coopérative vinicole regroupe les viticulteurs de Générac, Saint-Paul, Saint-Girons, Berson, Campugnan et Cartelègue afin de mieux promouvoir leur travail, c'est-à-dire leurs vins des appellations Côtes-de-Blaye et Premières-Côtes-de-Blaye. En rouge, comme en rosé ou en blanc, cette production est commercialisée depuis 1988 sous la marque « Chevaliers d'Aliénor », en hommage à la grande reine Aliénor d'Aquitaine, femme d'Henri de Plantagenêt. A découvrir et à déguster sur place, des Premières-Côtes-de-Blaye rouges et blancs aux tarifs très attractifs (de 2,97 € la bouteille pour le 98, à 3,96 € pour le 95) ainsi que des bordeaux rosés et des vins travaillés selon les méthodes champenoises (blanc demi-sec ou brut et rosé demi-sec, environ 3,81 € la bouteille). Egalement des Premières-Côtes-de-Blaye en vrac (1,98 € le litre en rouge, 1,34 € le sec), des magnums, un large choix de coffrets cadeaux et la possibilité d'expédition.

LOISIRS

Sorties en Gabare ✆ 05 57 42 12 09. *Sorties en juillet et août. Adultes 12,50 €. Apéro-gabare 17 €. Réservation auprès de l'Office de tourisme.* La gabare « Deux Frères », construite en 1892 et restaurée entre 1991 et 1994, navigue aujourd'hui entre Blaye et Bourg, unique témoin à flot de l'époque florissante des gabares de Gironde, qui sillonnaient par centaine nos deux fleuves jusqu'à l'estuaire, voguant vers Bordeaux au rythme des marées pour y porter leurs précieux chargements : barriques de vin, pierres de construction, futailles, osier, bois de merrain, denrées alimentaires... C'est cette ambiance, ce riche patrimoine mais aussi l'environnement spécifique des îles de l'estuaire que l'on nous invite à découvrir au cours de ces balades d'une durée de 3h, durant lesquelles on peut s'initier à la voile traditionnelle. La balade du soir est plus originale encore : c'est un apéro-gabare au coucher de soleil, avec dégustation de produits régionaux : vins de Côtes-de-Blaye et Côtes-de-Bourg, grenier médocain, crevettes de l'estuaire...

DANS LES ENVIRONS

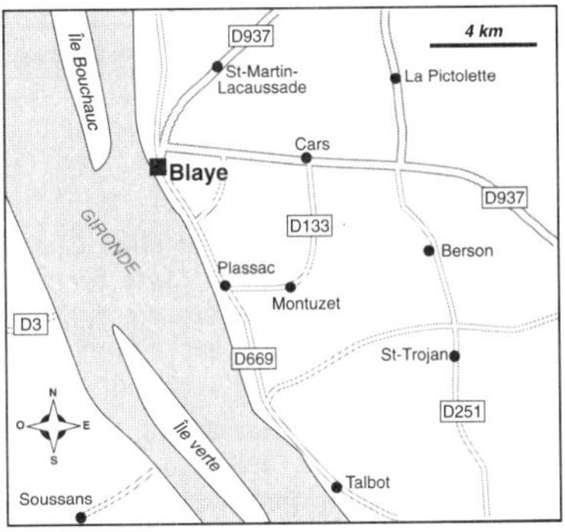

Plassac

La terminaison du nom du village en « ac » est le signe d'une occupation au début de notre ère, les Gallo-romains ayant sans doute apprécié la douceur du site. Juste à côté de l'église a en effet été découverte une villa gallo-romaine ayant appartenu à l'évêque du Mans (Berthechramnus) au VIe siècle. Dix-sept salles ont été dégagées (il en existerait une trentaine) et cinq d'entre elles possédaient des mosaïques polychromes. En profiter pour visiter l'église, agrandie au XIXe siècle et qui renferme une statue en bois du XVIIe siècle représentant Notre-Dame-de-Montuzet. Sur le portail d'entrée, trône la statue de saint Charlemagne.

Conservatoire Vinicole ✆ 05 57 42 82 49. *Ouvert de mi-juin à mi-septembre, du mardi au dimanche de 15h à 19h et sur rendez-vous hors saison. Entrée 1,52 €. Enfants 0,76 €.* Installé dans un chai centenaire, ce conservatoire de la mémoire vinicole explique tout sur la vinification, la tonnellerie, le commerce du vin blayais d'antan...

Musée Archéologique. Rue Chardonnet ✆ 05 57 42 84 80. *Ouvert du 1er avril au 30 octobre de 9h à 12h et de 14h à 19h (18h en avril et octobre), sur rendez-vous le reste de l'année. Tarifs : adultes 2,29 €, groupes à partir de 5 personnes et enfants de 10/15 ans 1,22 €, gratuit pour les moins de 8 ans.* Le musée présente le mobilier archéologique mis à jour au cours des fouilles de la villa gallo-romaine, dont les vestiges s'étendent en contrebas de la rue, sur un terrain accolé à l'église. Des objets remontant jusqu'au Ier siècle y sont exposés : fresques, céramiques peintes, sigillées, bijoux, objets de culte, statuettes en bronze, monnaies, outillages.

Saint-André-de-Cubzac

A 30 km de Bordeaux, cette bourgade a divers attraits de visites avec notamment le plus ancien monument de la commune, son l'église romane. Construite par les Bénédictins de la Grande-Sauve au XIIe siècle elle fut remaniée aux XVe et XVIe siècles et restaurée en 1837 par l'architecte Durand qui a réussi à sauver la nef et le clocher roman à quatre étages, le dernier datant du XVIe siècle. L'église renferme une petite pietà d'albâtre datant de la fin du XIVe siècle. Au hasard des rues de Saint-André-de-Cubzac, vous verrez au numéro 83, de la rue Nationale, la maison natale du commandant Jacques-Yves Cousteau (aujourd'hui une pharmacie), le cloître des Cordeliers construit en 1626 sur les ordres de François de Sourdis (archevêque de Bordeaux) et qui est devenu la bibliothèque municipale, l'ancien port de pêche de Plagne et le château Robillard du XVIe siècle, à l'entrée duquel pousse un platane âgé de plus de 300 ans, classé depuis 1936 à l'inventaire des Sites Naturels.

Château du Bouilh ✆ 05 57 43 01 45- Fax 05 57 43 91 96. *Visites intérieures guidées du 1er juillet au 30 septembre de 14h30 à 18h30, les jeudis, samedis et dimanches. Visites extérieures, non accompagnées, toute l'année. Possibilité de recevoir des groupes sur rendez-vous en dehors des horaires mentionnés. Vente de vin.* Ou comment joindre l'agréable à l'agréable puisque ce majestueux et imposant monument du XVIIIe siècle, bâti par l'architecte Victor Louis sur les ordres du marquis de La Tour du Pin pour y recevoir Louis XVI, est ouvert à la visite et que l'on peut de surcroît y acheter du vin. Et même si cette somptueuse demeure est restée inachevée pour cause de Révolution (en témoignent les colonnes abandonnées à l'arrière du château), on y découvrira de somptueux intérieurs, où le très bel escalier de Louis et une suite de pièces d'apparat offrent aux visiteurs de nombreux souvenirs des hôtes passés du château : la duchesse de Berry, Lamartine, Mac Mahon... En accès libre toute l'année, les jardins offrent une très belle vue sur la vallée de la Dordogne. On ne manquera pas non plus de s'intéresser aux vins du domaine. Plusieurs fois médaillé d'or, ce Bordeaux-Supérieur a la particularité et l'avantage de vieillir en fûts dans des chais souterrains, creusés dans le roc et qui ne sont autre qu'une ancienne carrière souterraine.

BOURG-SUR-GIRONDE

HEBERGEMENT

Château de Gourdet. M. et Mme Chartier 33620 Saint-Mariens ✆ 05 57 58 05 37. *3 chambres de 40 à 50 €. Carte bancaire non acceptée.* On appréciera l'atmosphère apaisante de cette vaste demeure du XVIIIe siècle. Située au sommet d'une colline, elle offre une vue imprenable sur la forêt et les vignes. Les chambres, spacieuses, ont été refaites à neuf et sont toutes équipées de salles d'eau et de toilettes.

La Bergerie. 4, les Trias 33920 St-Christoly-de-Blaye ✆ 05 57 42 50 80. *4 chambres à 61 €. Petit-déjeuner 4 €. Carte bancaire non acceptée.* Deux maisons d'hôtes avec cuisine équipée dans un parc à l'anglaise avec étang et piscine. Le mobilier est ancien et les tissus sont élégants. Le jardin fleuri vous ravira.

Château l'Escarderie. Mme Claverie 33240 St-Germain-la-Rivière ✆ 05 57 84 46 28 - Fax 05 57 84 46 28. *4 chambres de 50 à 55 €. Carte bancaire non acceptée.* D'une indéniable noblesse, ce château, situé au cœur du vignoble du Fronsadais, est entouré d'un vaste parc boisé et vallonné. Chaque chambre dispose d'une salle d'eau ou de bains et est dotée de meubles anciens restaurés avec talent. Pour les hôtes : terrasse et entrée indépendante donnant accès à un vaste séjour.

Chambres d'Hôtes du Château de la Grave ✆ 05 57 68 41 49- Fax 05 57 68 49 26. *3 chambres de 53 à 69 €.* Ou comment se payer une tranche de « vie de château », dans cette belle exploitation vinicole qui dispose, à son étage, de 3 chambres délicieusement meublées à l'ancienne, restaurées et aménagées avec cabinet de toilette pour 2 d'entre elles (lavabo, douche, toilettes) et salle de bains (baignoire, douche, toilettes) pour la troisième. Un vrai bonheur, qui se prolonge par le petit-déjeuner, servi dans la grande salle à manger en pierre blanche, et sous une terrasse couverte en été, rappelant de vieilles halles de marché.

RESTAURANTS

Le Plaisance. Port de Bourg ✆ 05 57 68 45 34. *Carte 20 €.* En bas de la cité bourquaise, ce bar-restaurant PMU ne désemplit pas au moment du déjeuner, les connaisseurs optant pour la salle disposant d'une grande baie vitrée en pointe (on dirait un bateau), tournée vers le port. Le lieu est animé et on y trouvera son compte entre la vingtaine de pizzas, les plats du jour, les spécialités d'escalopes (parisienne à la crème et aux champignons, plaisance au whisky et crème), les grillades (magret sauce au poivre) et les poissons (filet de loup à l'espagnole), sans compter la cave à vin d'importance de la maison, où l'on ira choisir soi-même son cru parmi une quarantaine de vins de viticulteurs, vendus au prix de la propriété. Ils sont d'ailleurs disponibles en vente à emporter. Bon choix de vins au verre et desserts maison (crème brûlée à la cannelle, millefeuille, tiramisu).

Le Troque Sel. 1, place Jeantet - Bourg ✆ 05 57 68 30 67. *Fermeture annuelle une semaine en hiver. Fermé le dimanche soir et le lundi. Menus de 5,34 à 23,63 €. Carte 24,24 €.* A l'entrée du village, on viendrait bien troquer du sel contre une table dans ce restaurant à la devanture discrète, mais qui n'en attire pas moins une clientèle de gourmands. Dans une salle claire à la mise en table impeccable, Le Troque Sel sert avec un soin rare une cuisine élaborée à partir de produits frais, qu'on se contente de la formule d'entrée de gamme ou des suivantes, le menu à 19,06 € étant un modèle du genre avec ses six huîtres de Marennes-Oléron ou sa salade de caille et de gésiers confits, son filet de St Pierre à l'oseille ou son faux filet de bœuf au vin des Côtes de Bourg, son chèvre chaud puis le blanc manger aux fruits et son coulis. En spécialités à la carte, le magret aux cèpes, le foie gras et le filet d'esturgeon au beurre citronné.

Restaurant du Fourat. Le Fourat 33810 Ambès ✆ 05 56 77 10 38. *Menu à 9,74 €. Petit-déjeuner 2,74 €.* Du tout simple dans une ambiance familiale, avec son menu du jour, ses petits prix et sa cuisine de tradition. Assiettes généreuses, bon accueil et bonne franquette.

Auberge de la Vieille Chapelle 33240 Lugon et l'Ile du Carnay ✆ 05 57 84 48 65 - Fax 05 57 84 40 28. *Fermeture annuelle du 15 janvier au 4 février et du 16 septembre au 3 octobre. Fermé le dimanche soir et mardi et le mercredi d'octobre à avril. Menus de 16 à 50 €. Carte 35 €.* Ce restaurant, chapelle du XIIe siècle entièrement rénovée, fournit un cadre reposant et agréable. L'intérieur ne manque pas de charme car il respecte l'architecture du lieu. Chaleureusement accueillis, la cuisine est l'occasion de découvrir les produits du terroir : duo de pieds et langues de cochon craquant aux cèpes, vinaigrette de lentilles du Puy, lard frais et pistaches, poitrine de pigeon perlée dans la cheminée, pastilla d'abattis et raisins confits, tanin de Bordeaux aux épices, entre autres.

POINTS D'INTERET

Office de tourisme. Hôtel de la Jurade - Place de la Libération ✆ 05 57 68 31 76 - Fax : 05 57 68 30 25.** *En hiver, ouvert tous les jours, sauf le lundi de 15 h à 18 h, les week-ends et jours fériés de 10 h à 12 h 30 et de 15 h à 18 h. De Pâques à fin septembre, ouvert tous les jours de 10 h à 12 h 30 et de 15 h à 19 h.* Installé dans un superbe bâtiment ancien derrière lequel part un vaste escalier menant au port, l'Office de tourisme organise du 15 juin au 15 septembre, les mardis, jeudis et samedis de 15 h à 18 h 30, des visites guidées des monuments de Bourg (ville, musée, syndicat viticole avec dégustation : 6 €).

Avec sa ville basse qui longe la Dordogne, ses yoles de pêcheurs amarrées à la halte nautique, ses vieux quais où se jouait jadis la troque du sel et du blé, son joli lavoir de 1828, puis sa falaise, ses remparts, ses rues abruptes et ses hauteurs d'où l'on embrasse ensemble le Médoc et l'estuaire... Bourg-sur-Gironde offre des charmes enthousiasmants. La grande diversité des styles architecturaux donne au village une richesse supplémentaire : maisons fortifiées, façades XVIIIe et XIXe (voir celle du n° 31 rue Valentin-Bernard), jolie halle (c'est là que se tient le marché), étonnante villa mauresque qui aurait été bâtie par un fonctionnaire colonial en retraite (à voir depuis le lavoir) et ravissant quartier médiéval. Ancienne résidence gallo-romaine, la citadelle a quant à elle, cédé la place à une chartreuse dont les superbes jardins ouverts au public dominent le fleuve.

Au Temps des Calèches. Parc du château de la citadelle ✆ 05 57 68 23 57. *Ouvert de mi-septembre à fin mai le week-end et sur rendez-vous en semaine, en juin tous les jours, sauf le mardi et du 1er juillet à mi-septembre tous les jours de 10h à 13h et de 14h à 19h. Entrée: adultes 4,57 €, tarifs réduits 3,05 €, enfants 1,52 € (gratuit pour les - de 6 ans), tarifs spéciaux groupes.* C'est dans le cadre du château de la citadelle qu'on s'attardera devant cette collection de 40 voitures hippomobiles du XIXe siècle (landaus, sociables, coupés, cabriolets, gigs, charrettes), collection unique en Aquitaine (et en fort bon état) et judicieusement complétée par de nombreux accessoires: colliers, harnais, éperons de dressage... Depuis le musée, on pénétrera dans un souterrain cavalier datant du XVIe siècle et débouchant aujourd'hui sur d'immenses cuves à pétrole construites par les Français sous la surveillance des Allemands pendant la Seconde Guerre mondiale. La visite se poursuivra par la découverte des salles souterraines de la citadelle, qui surplombent l'estuaire de la Gironde.

PROMENADE DANS LE PARC DE LA CITADELLE

Juste à côté du musée des calèches, le parc de la Citadelle (entrée libre, ouvert tous les jours sauf le lundi d'octobre à juin) offre au promeneur ses belles allées verdoyantes en même temps qu'une très belle vue en surplomb sur la cité et la Gironde (on aperçoit même une épave !) En dessous, pièce d'eau avec des cygnes et jeux pour les enfants.

Ecomusée du Bourgeais. Rue des Religieuses ✆ 05 57 68 42 48/05 57 68 31 76. *Ouvert tous les jours du 15 juin au 15 septembre de 15h à 19h, le reste de l'année visite sur rendez-vous. Entrée: 2 €, gratuit jusqu'à 12 ans.* On doit ce musée à un Bourquais d'adoption, Maurice Poignant, ancien artisan ébéniste et conseiller municipal. Défenseur du patrimoine local, son musée a trouvé une place de choix dans cette maison du XVIe siècle, ancienne dépendance du couvent des Ursulines. L'intérêt du musée est triple: l'espace François Daleau (préhistorien régional, 1845-1927) est consacré à l'archéologie et à l'histoire du Bourgeais, de la préhistoire au Moyen Age; la partie baptisée « arts et traditions populaires » ressuscite la vie et les vieux métiers du pays bourgeais depuis le XVIIIe siècle et le dernier espace est dédié à Emile Couzinet, cinéaste bordelais originaire de Bourg (1894-1964), grâce à quelques pièces de son œuvre cinématographique et des témoins du début du cinéma en Gironde.

SHOPPING

Maison du Vin des Côtes de Bourg. Place de l'Eperon ✆ 05 57 68 22 28 - Fax 05 57 94 80 21. *Ouvert du lundi au vendredi de 9h à 12h30 et de 14h à 18h hors saison, tous les week-ends à partir de Pâques de 10h à 13h et de 14h30 à 19h, et du 1er juillet au 31 août tous les jours de 10h à 13h et de 14h30 à 19h.* L'appellation Côtes-de-Bourg (créée en 1920 et homologuée 16 ans plus tard), rassemble 536 viticulteurs sur 3 760 ha de vignoble. C'est actuellement la seule appellation regroupée à l'intérieur d'un même canton. Vitrine de l'appellation Côtes-de-Bourg, cette maison des plaisirs du vin réunit une centaine de crus de l'appellation Côtes-de-Bourg, ce qui permet de faire son choix parmi des bouteilles à prix raisonnables (moins de 8 € la bouteille en moyenne), présentées dans une belle cave voûtée. On trouvera également sur place une boutique d'accessoires, pour parfaire la cérémonie du vin: tabliers, tee-shirts, verres, tire-bouchons, stop-gouttes, présentoirs à bouteilles, etc. A connaître également: chaque jour en été, un viticulteur de la région vient y faire découvrir et déguster le vin de sa propriété (horaires sur demande).

LOISIRS

La Gabare de Gironde ✆ 05 57 68 31 76 (Office de tourisme). Une copie de gabare classée monument historique assure des balades entre Bourg et Blaye en saison. Voir détails à la ville de Blaye.

Poney-club Paradis. 1595, route de Salignac, Saint-André-de-Cubzac ✆ 05 57 43 93 44. Cette association propose des randonnées à la demi-journée, des week-ends repas et bivouac avec promenade dans les vignobles. Toutes les activités se font sur réservation, au moins 48 heures à l'avance pour les randonnées, 24h pour les promenades avec un moniteur diplômé.

DANS LES ENVIRONS

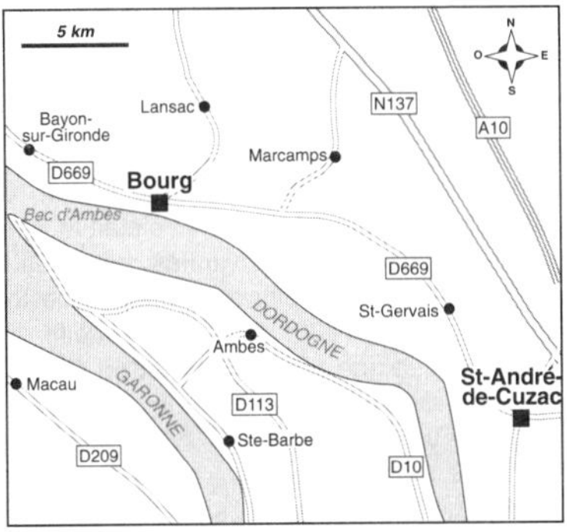

Bayon-sur-Gironde

En suivant la route de la corniche longeant le fleuve, une halte s'impose à Bayon. Remarquable représentante de l'architecture romane poitevine en Gironde, son église XIIe présente une très intéressante abside décorée d'arcatures ainsi qu'un tableau représentant la Sainte Famille (école de Poussin). Le plus original est cependant son clocher surmonté d'une vierge, dont la tête est ornée de pointes pour faire fuir les pigeons ! Les clés sont à demander à la maison d'en face. Les châteaux Falfas et des Eyquem (XVIIe-XVIIIe) et l'étonnant château Tayac, construit au XIXe siècle sur l'emplacement supposé d'une dépendance du Prince Noir, ne manquent pas non plus d'attraits.

Château Falfas ✆ **05 57 64 80 41- Fax 05 57 64 93 24.** *Visite et dégustation du lundi au vendredi de 9h à 12h et de 14h à 18h, de préférence sur rendez-vous. Groupes uniquement sur rendez-vous.* Si aux XIVe et XVe siècles, le domaine appartenait aux seigneurs de Lansac et que leur position de fidèles à la couronne d'Angleterre facilita l'entrée des vins du château à la cour des Edouard, la propriété fut acquise par les sires de Riveaux qui y firent construire en 1612 le château et les chais que nous connaissons actuellement. Aujourd'hui, le château est toujours une exploitation viticole, dont les 22 ha de vignobles (figurant parmi les premiers crus du Bourgeais) sont travaillés depuis 1988 selon la méthode de la biodynamie, c'est-à-dire sans aucun apport chimique et dans le respect du rythme des saisons et de la biologie du sol. Allié à des vignobles exposés au sud, à des vendanges manuelles et à un élevage en barriques, il en ressort un excellent château Falfas Côtes-de-Bourg rouge (9,15 €), doublé du château Falfas le Chevalier (14,50 €) et des Demoiselles de Falfas (jeunes vignes, 6,10 €). Des vins aux nombreuses médailles, déjà cités dans l'édition de 1850 de « Bordeaux et ses vins ».

Gauriac

La route de la corniche longe le fleuve et, de Gauriac à Roque-de-Thau, se succèdent cabanes à carrelets, maisons de pêcheurs et maisons troglodytes, dont quelques-unes sont toujours habitées (point de vue au chemin de Marmisson). Ces demeures sont aménagées dans d'anciennes carrières creusées dans la falaise calcaire, d'où les pierres étaient extraites puis emmenées sur le fleuve. Sur cette jolie portion de route, de nombreux chemins permettent d'escalader la falaise et d'arriver dans une campagne totalement différente des rives du fleuve (chemins de la Vierge, sentier pédestre de découverte du Mugron, circuit VTT...). Si l'ensemble du site recèle plusieurs abris-sous-roche de la Préhistoire, au lieu-dit « Roque-de-Thau », demeurent les vestiges d'un château médiéval. Peu avant, on remarquera l'épave lugubre d'un navire émergeant de l'eau, et un peu plus loin sur la droite, l'une des 132 mines sous-marines laissée dans le Mugron par les Allemands, et déminée en 1990.

Prignac et Marcamps

Un village où la pierre prend toute son importance, qu'il s'agisse de descendre sous terre admirer des œuvres d'arts vieilles de 30 000 ans, ou de parcourir les carrières qui eurent leurs heures de gloire au XVIIIe siècle au moment de la construction des plus beaux édifices de Bordeaux, tel son Grand Théâtre.

Carrières de Pierre. On profitera de son passage dans le village pour voir, sur la route de Marcamps, d'immenses carrières encore exploitées pour extraire les pierres jaunes de la région, dont l'une est étrangement surmontée d'un vieux moulin, et qui servirent de décor lors du tournage des Misérables de Robert Hossein. Certaines carrières encore en activités ne sont pas ouvertes au public, mais les plus courageux chausseront de bonnes chaussures pour partir à la visite de celles qui sont désaffectées.

Grotte de Pair-non-Pair ✆ **05 57 68 33 40.** *Fermé les 1er janvier, 1er mai, 1er et 11 novembre, 25 décembre. Visite commentées tous les jours du 15 juin au 15 septembre à 10 h, 10 h 45, 11 h 30, 12 h 30, 13 h 30, 14 h 30, 15 h 30, 16 h 30 et 17 h 30 ; du 16 septembre au 14 juin à 10h, 10h45, 11h30, 14h30, 15h30 et 16h30. Tarifs : adultes 2,29 €, gratuit pour les moins de 18 ans, les chômeurs et Rmistes. Réservation recommandée la veille en haute saison.* C'est comme souvent par un pur hasard que cette grotte a été découverte : c'était le 6 mars 1881, lorsque François Daleau partit à la recherche d'une de ses vaches malencontreusement tombée dans l'une des cheminées de la grotte. Après plusieurs années de fouilles et d'études, elle fut classée monument historique dès 1900. A l'heure actuelle, la grotte de Pair-Non-Pair est la seule grotte préhistorique que l'on peut visiter en Gironde et elle fait partie des grottes ornées les plus remarquables du paléolithique supérieur. Si les premières traces de la présence de l'homme y sont estimées à 80 000 ans (elle a donc l'avantage de l'âge sur Lascaux), les gravures les plus intéressantes dateraient de quelque 25 000 à 30 000 ans avant Jésus-Christ (un record). Avec l'aide précieuse du guide, on arrive à discerner des bouquetins, des bovidés, des chevaux (certains représentés par paires, fait rarissime), des mammouths et surtout un mégacéros (un ruminant aujourd'hui disparu et dont la ramure pouvait atteindre 3 m d'envergure) qui n'est représenté qu'une douzaine de fois dans les différentes grottes connues au monde. Une visite incontournable en Gironde !

LIBOURNE

HEBERGEMENT

Brasserie Hôtel Decazes. 22, place Decazes ✆ **05 57 25 18 70 - Fax 05 57 25 19 59.** *Ouvert toute l'année, sauf le dimanche en été. 10 chambres de 38 à 47 €. Petit-déjeuner 4,60 €. Menus de 11 à 15 €.* Voilà une brasserie comme les hôtels devraient se doter plus souvent ! Non loin de la gare, cet établissement confortable (chambres avec bain, toilettes, télévision) dispose en effet d'une salle de restaurant au décor bistrot-pub agrémenté de publicités anciennes, où l'on fera un sort en même temps que les habitués à la tête de veau, au petit salé aux lentilles, aux 9 huîtres saucisse ou aux anguilles. Viser également le menu dégustation, avec son bavarois de poivrons rouges et sa fondue de tomates, le confit de canard ou le saumon grillé, et la crème brûlée. Bon choix de vins. On évitera cependant les deux petites tables coincées près du bar, situées dans le passage des serveurs.

Hôtel Henri IV. Place du 8 mai - Coutras ✆ **05 57 49 34 34 - Fax 05 57 49 20 72.** *14 chambres de 39 à 48 €.* En centre-ville et face à la gare, ce charmant hôtel qui a accueilli une nouvelle direction fort agréable, a élu domicile dans une maison girondine du XIXe siècle en pierre de taille et entourée de deux jardins… De quoi venir confortablement évoquer Henri IV, puisque les chambres sont insonorisées et équipées de salle de bain ou douche privées, de toilettes et télévision (Canal + et Canal satellite), et que le bar de l'hôtel est décoré de délicieux fauteuils en velours. Au matin, on profitera du gourmand petit-déjeuner, à base de jus de fruits frais, fromages et produits laitiers, fruits, baguette et autres savoureuses viennoiseries…

Chambres d'hôtes

Château le Baudou. 7, le Baudou 33230 Coutras ✆ **05 57 49 16 33.** *3 chambres de 55 à 59 €. Carte bancaire non acceptée.* Cette belle exploitation vinicole est tout à fait charmante : les chambres (2 d'entre elles disposent d'un cabinet de toilette et la troisième bénéficie d'une salle de bains) sont meublées à l'ancienne tandis que le petit-déjeuner est servi dans une grande salle à manger en pierre blanche ou sous une terrasse couverte en été.

Bonnet Michel. La Petite Glaive 33620 Lapouyade ✆ **05 57 49 42 09 - Fax 05 57 49 40 93.** *3 chambres de 27 à 42 €. Menus de 15 à 29 €. Carte bancaire non acceptée.* La ferme est située en pleine forêt dans un grand jardin avec piscine. C'est une maison ancienne à colombages et moellons. Le style ancien n'enlève rien au confort des chambres. Cuisine familiale et authentique selon les saisons et les productions de la ferme.

RESTAURANTS

Le Bistrot Chanzy. 16, rue Chanzy 33500 Libourne ✆ 05 57 51 84 26 - Fax 05 57 51 84 89. *Fermeture annuelle du 17 au 24 février et du 11 au 25 août. Fermé le samedi midi, dimanche, lundi soir. Menus de 13,50 à 15 €. Carte 25,15 €.* Tout près de la gare, un restau-bistrot aux propositions actuelles, influence méditerranéenne et régionale : ravioles de langoustines à la nage d'étrilles, noisettes de lapereau à la sauge, suprême de pintade au cidre, dorade royale en croûte d'herbes, tarte fine aux figues. Service rapide et efficace. Menus bien calibrés avec les plats du jour.

Chez Servais. 14, place Decazes 33500 Libourne ✆ 05 57 51 83 97 - Fax 05 57 51 83 97. *Fermeture annuelle 15 jours en août. Fermé le dimanche soir et lundi. Menus de 15,24 à 37 €. Carte 30 €.* Simple et pratique, un bistrot-restau spécialisé dans le poisson, assiettes soignées, préparations simples et bien faites sur des produits de terroir ou de prestige : fricassée d'oreilles de porc, salade de langoustines et copeaux de foie frais, tête de veau ravigote, aiguillettes de canette et sa cuisse en ragoût aux cèpes, pain de Gênes au chocolat et fruits rouges.

La Guinguette. Quai du Général Amade - Libourne ✆ 05 57 51 87 87 - Fax 05 57 74 72 03. *Menu 11 € (midi). Plat du jour 7 €. Carte 15 €.* Aux bords de l'Isle et de la Dordogne, cette Guinguette a tout de l'endroit convivial, où l'on savourera de venir s'attabler dès les beaux jours arrivés, sur la grande terrasse couverte au bord du fleuve. Dès lors, on se contentera largement d'une carte où apprécier en toute simplicité les salades géantes (Provençale au chèvre chaud mariné et poivrons, Vitamine aux crevettes roses, saumon fumé et pamplemousse, mais encore Gourmande ou Végétarienne), les grillades à la plancha et les brochettes, les anguilles, les moules-frites à accompagner d'un sauvignon, les huîtres, tapas et autres crêpes ou glaces. Le tout pouvant être accompagné de simples pichets de rosé mais aussi de vins de Pomerol, Saint-Emilion ou Pessac-Léognan.

Porte du Grand-Port

POINTS D'INTERET

Office de Tourisme. 40, place Abel-Surchamp ✆ 05 57 51 15 04- Fax 05 57 25 00 58 - E-mail : contact @libourne-tourisme.com. *Ouvert du lundi au samedi de 9h30 à 12h30 et de 13h30 à 18h (19h en juillet et août).* L'Office de tourisme organise des visites guidées de la ville en juillet et août, le mardi à 16h30, le jeudi et le samedi à 10h30 (tarifs : 3,05 €, gratuit - de 14 ans). On peut aussi y réserver une promenade en calèche dans la lande de Pomerol, visiter les châteaux de Vayres et de Branda.

Lovée au confluent de l'Isle et de la Dordogne, Libourne est un carrefour important. Sa situation lui vaut en effet d'être la porte d'entrée des plus grands vignobles comme les Saint-Emilion, Fronsac, Pomerol et Lalande-de-Pomerol. Comme elle possède une ouverture sur l'Océan (la Dordogne se jette dans la Gironde qui finit dans l'Atlantique), la cité libournaise a très tôt réussi à se hisser au rang de ville bourgeoise grâce à un commerce florissant, et au fait que, filleule de Bordeaux jusqu'à la Révolution, elle en suivit la politique jusqu'au départ des Anglais en 1453. De son passé, elle a par ailleurs conservé son sens du commerce avec ses trois marchés hebdomadaires fort animés, se tenant sur la belle place centrale entourée d'arcades. Erigée en 1270 sur ordre du prince Edouard, fils du roi Henri III d'Angleterre, Libourne a pris le nom de son bâtisseur : Richard de Leyburn. Il ne reste que peu de bâtiments du Moyen Age (porte du Grand-Port, maison de l'avocat Belliquet, rue du Président-Carnot...) et l'ensemble a évolué au fil des siècles, notamment aux XVIIIe et XIXe, et dernièrement, avec la rénovation du centre piétonnier. Débuter la visite par la place centrale entourée de passages couverts et sur laquelle on voit plusieurs maisons du XVIe siècle. Faire également un détour par le vieux port, à proximité duquel se tient la porte du Grand-Port, flanquée de deux tours rondes et qui constitue le plus important vestige de la muraille qui entourait Libourne (XIVe). Revenir ensuite vers l'hôtel de ville (du XVe et rénové au XIXe) dans lequel il ne faut pas hésiter à entrer pour en apprécier l'architecture (musée des Beaux-Arts au 2e étage).

Musée des Beaux-Arts René Princeteau. Place Abel-Surchamp ✆ 05 57 55 33 44 - E-mail : contact@musees-libourne.org. *Ouvert du lundi au vendredi de 10h à 12h et de 14h à 18h. Tarifs : adultes 3,15 €, sans emploi et enfants : gratuit. Entrée gratuite le 1er mercredi de chaque mois. Billet jumelé avec la visite de la Chapelle du Carmel.* C'est un peintre animalier libournais, ami et maître de Toulouse-Lautrec, qui a donné son nom à ce musée dont l'intérêt réside surtout dans les tableaux présentés, et notamment de belles toiles des écoles : flamande, allemande, française et italienne, visibles dans une grande salle dont le parquet craque agréablement sous les pas. Petite collection archéologique, assez disparate.

Chapelle du Carmel. 45, allées Robert Boulin ✆ 05 57 51 91 05 - E-mail : contact@musees-libourne.org Ouvert tous les jours, sauf le lundi et jours fériés de 10h à 12h et de 14h à 18h. Tarif : 3,15 €, gratuit pour les sans emploi (billet jumelé avec le musée). Entrée gratuite le 1er dimanche de chaque mois. Visites commentées le 1er et 3e samedi du mois à 15h. Expositions temporaires.

SHOPPING

Tout pour le Chai. 16, rue Victor Hugo ✆ 05 57 51 01 44. *Ouvert du mardi au samedi de 8h30 à 12h et de 14h à 19h (18h le samedi).* Non loin du port et dans le quartier des anciens chais, cet irrésistible magasin peut à la rigueur se visiter comme un musée. Installé dans une maison du XVIIIe siècle, on y vend « tout pour le chai » et beaucoup plus. C'est un plaisir qu'y détailler les marchandises, entreposées là comme il y a cent ans et d'où l'on repartira avec un panier en osier ou en bois, une barrique d'occasion (75 €), un garde-manger, un tonnelet à alcool ou un vinaigrier (à partir de 70 €).

Vins

Maison des Vins de Fronsac. Chemin du Tertre - Fronsac ✆ 05 57 51 80 51 - Fax 05 57 25 98 19. *Du lundi au samedi de 10h30 à 12h30 et de 14h à 18h.* La vitrine de l'appellation Fronsac est un lieu de passage obligé avant de partir à la découverte de ses châteaux, dans cette région viticole s'étendant sur 1 100 ha et regroupant les vins d'appellation Fronsac (800 ha) et canon-fronsac (300 ha). De bons conseils, et la possibilité de découvrir et d'acheter plus de 80 crus du Fronsadais, au prix de la propriété. A savoir, le conseil des vins de Fronsac a prévu pour les années 2000 à 2002, l'élaboration d'une cuvée spéciale haut de gamme appelée Nouvelle Ere, vinifiée à partir de l'ensemble des terroirs composant l'appellation Fronsac. Une cinquantaine de viticulteurs (soit 60 % des viticulteurs de l'appellation) auraient d'ores et déjà adhéré à ce projet qui devrait voir naître un très grand vin (charte technique très qualitative), limité à une production d'environ 8 000 bouteilles. A suivre...

Maison du Vin des Graves de Vayres. Place du Général-de-Gaulle - Vayres ✆ 05 57 74 86 42 - Fax 05 57 84 94 86. *Ouvert du lundi au vendredi de 8h à 12h et de 14h à 18h.* C'est en 1931 que fut officialisée l'appellation des Graves-de-Vayres, utilisée depuis le XIXe siècle. Elle s'étend sur les communes de Vayres et d'Arveyres et regroupe des blancs secs, des rouges et même des moelleux, issus d'un vignoble qui existait déjà à l'époque gallo-romaine et qui couvre à l'heure actuelle 700 ha. La maison du vin, inaugurée en 1986, propose 25 crus différents de cette appellation d'origine contrôlée à l'unité, par coffrets de 3 à 12 bouteilles et même en magnums pour certains.

Maison des Grands Vins de Pomerol. 86 rue de Catusseau - Pomerol ✆ 05 57 74 18 18 - Fax 05 57 74 01 00. Spécialisée dans les plus grands crus de Pomerol, la boutique de Jacques Soulat sait émerveiller les amateurs de bons vins. Elle propose en effet une très belle palette de châteaux d'AOC Pomerol et de vieux millésimes pour les collectionneurs invétérés et les grands amateurs de vins. Pétrus (millésimes 1945 à 1998), château Le Pin, Eglise Clinet, La Conseillante, Gazin, et château Lafleur sont quelques-uns des grands noms que les initiés prennent plaisir à découvrir dans la maison. Les plus petits budgets y trouveront aussi leur compte puisque la gamme débute aux alentours de 4,57 €, avec des crus de tout le bordelais.

LOISIRS

Golf de Bordeaux-Cameyrac. RN89, Saint-Sulpice et Cameyrac ✆ 05 56 72 96 79. C'est à 15 km de Bordeaux (sortie 5 sur la voie rapide vers Libourne) que se trouve le seul golf 18 trous (par 72) et 9 trous (par 28) du Libournais. Practice, pro shop, club-house, restaurant et piscine... rien ne manque.

La Ferme aux Oiseaux, Lagorce ✆ 05 57 49 13 02. Avec toute son humilité, la Ferme aux Oiseaux recèle néanmoins la plus importante collection ornithologique du Sud-Ouest. Plus de 250 espèces d'oiseaux exotiques du monde entier peuvent y être admirés en semi-liberté dans un parc de 4 ha. La visite dure de 1 h à 2 h selon le degré d'intérêt qu'on éprouve pour les emplumés. Le spectacle est en tout cas superbe.

La Carambole. 30, rue Michel Montaigne, Libourne ✆ 05 57 51 93 45. Ce complexe où l'on peut venir se détendre jusque tard le soir met plusieurs jeux à la disposition de ses clients : un snooker, 5 billards américains, 7 pools. Un espace de jeux vidéo saura aussi ravir les amateurs.

DANS LES ENVIRONS

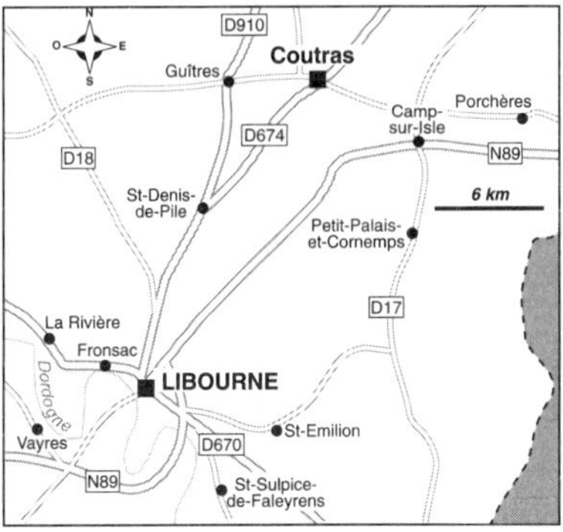

Cadillac-en-Fronsadais

Outre le très beau château de Cadillac construit vers 1520 et désormais ouvert au public depuis juin 2000, on se rendra à la fontaine Sainte-Ruffine où se dresse une Vierge à l'Enfant en albâtre (XIVe), qui tient dans ses bras un oiseau.

Château Branda ✆ 05 57 94 09 20- Fax 05 57 94 09 30. *Ouvert tous les jours de 10 h à 18 h. Entrée 5,34 €.* Si Branda nous était conté, il faudrait certainement plus d'une soirée pour en faire le tour. C'est que ce superbe château médiéval, bâti sur un éperon rocheux dominant la plaine alluviale de la Dordogne, est en quelque sorte un vrai petit miracle. Il y a encore peu en ruine, il a été parfaitement restauré sous l'impulsion de son propriétaire (Jean-Jacques Lesgourgues) qui a redonné aux corps de logis (XVe et XVIe) et aux murailles la majesté de leur passé, pour ouvrir le lieu au public en juin 2000. Mais là où la magie intervient (l'esprit Branda) c'est dans l'interpénétration de l'Histoire, de l'architecture, de l'art et du vin, qui a fait de ce lieu quelque chose d'unique. Car Branda n'est pas qu'un monument, c'est aussi un jardin clos, libre interprétation d'un jardin du Moyen Age, parsemé d'œuvres d'art contemporaines au fil des thèmes de la vigne, de l'osier et de l'eau. L'exposition d'art se poursuit dans trois des tours rondes du château, et n'est que le prélude à un autre moment de plaisir, celui de la visite de l'exposition « l'âme du vin », qui n'est pas un musée de la vigne de plus mais un espace de plaisir et d'émotions où le visiteur aura l'instant d'un moment l'impression de se transformer en grains de raisin… Le vin, c'est aussi ceux qui sont produits sur les vignobles de J.-J. Lesgourgues, à savoir le château Cadillac-Lesgourgues (Bordeaux-Supérieur vieilli 12 mois en fûts), le château Cadillac-Branda et le château Haut-Selve (Graves rouge et blanc). A découvrir dans l'espace-boutique du château, où ont lieu les dégustations et où l'on trouvera par ailleurs une gamme d'armagnacs et de nombreux objets liés au vin.

Coutras

Station verte de vacances située au confluent de l'Isle et de la Dronne, Coutras possède une longue histoire : appelé « Cotterate » à l'époque romaine, le bourg fut le terrain d'une âpre bataille le 20 octobre 1587, quand les troupes d'Henry de Navarre (le futur Henri IV) défirent l'armée catholique du duc de Joyeuse, qui y fut tué. De cette époque, il reste un puits dit de « Henri IV », seul vestige du château Renaissance bâti en 1551 et démoli en 1731 sur ordre du Maréchal de Richelieu.

Emblème de la ville, le puits porte la devise du Maréchal de Saint-André : « nodos virtute resolve » : la vérité se joue des difficultés. Au sein de la ville, subsistent de nombreuses maisons bourgeoises des XVIIIe et XIXe siècles, construites avec les pierres du château : maison du général Soulé au 71, rue Gambetta, chartreuse de Ségur Boiral au 4, rue de la République, maison du Sénéchal au 206, rue Pierre Brossolette, maison de l'Hospital au 233 rue P. Brossolette, hôtel de ville, place Ernest Barraud. Voir aussi le site panoramique, « Les Jourdennes », qui domine la vallée de l'Isle et de la Dronne.

Office de Tourisme du Pays de Coutras. 17, rue Sully ✆ 05 57 69 36 53 - Fax 05 57 69 36 43. *Ouvert du 16 septembre au 14 juin du lundi au vendredi de 10h à 12h et de 14h à 17h, le samedi de 10h à 12h; du 15 juin au 15 septembre, du lundi au samedi de 9h30 à 12h et de 15h30 à 19h, le dimanche en juillet et août de 10h à 12h.* Un circuit guidé de la ville est possible sur réservation. Location de vélos de juin à septembre.

Fronsac

Fronsac occupe une position de choix, le site disposant d'un tertre offrant un superbe panorama sur la vallée de la Dordogne. C'est là que fut établi un oppidum gaulois puis gallo-romain, avant qu'un château carolingien y soit bâti, détruit par la suite sur ordre de Richelieu. On y visitera l'église romane, bâtie sur une nécropole antique et qui possède un bénitier réalisé dans un chapiteau antique, un trône de bois sculpté du XVIIe et une belle grille en fer forgé du XVIIIe. Mais Fronsac c'est aussi le vin, avec un terroir très proche de ceux de Pomerol et de Saint-Emilion. Et si aujourd'hui l'appellation Fronsac n'est pas aussi réputée que celle des deux appellations voisines, ce n'était pas le cas au XVIIIe siècle, lorsque Richelieu fit bâtir à Fronsac une « folie », demeure à l'architecture extravagante qui fut le théâtre de fête galantes qui propulsèrent le vin de Fronsac à la cour de Versailles...

Château de la Rivière. La Rivière ✆ 05 57 55 56 56 : 05 57 24 94 39 - E-mail : info@ chateau-de-la-riviere.com. *Visite gratuite de juin à mi-septembre, tous les jours de 10h à 12h et de 14h à 17h, sur rendez-vous le reste de l'année.* A l'ouest de Libourne et à quelques minutes de Fronsac, ce château qui a fière allure domine les méandres de la Dordogne. C'est vers 1560 que Gaston de l'Isle fit bâtir cette vaste demeure seigneuriale, sur les ruines d'un château carolingien. Rénové par Viollet-le-Duc, le château offre un lieu de visite très agréable aux amateurs d'architecture ancienne, en plus de posséder un vin de qualité d'AOC Fronsac. C'est un plaisir que de franchir les immenses grilles en fer forgé du portail où trônent les armoiries de la demeure pour emprunter ensuite le chemin boisé qui conduit au château, flanqué de deux tours carrées cernées de mâchicoulis. Les 59 ha de vignes du domaine, exposées sud-sud-ouest et d'une moyenne d'âge de 35 ans, produisent un vin élevé entre 12 et 15 mois en barriques de chêne, dont le tiers est renouvelé chaque année. Après une visite des caves, anciennes carrières souterraines du XVIIe siècle où vieillit le vin en barriques, on passera à la dégustation de ce Fronsac château de La Rivière, médaille d'or à Bruxelles en 98, à Paris et à Bruxelles en 97 et à Blaye-Bourg en 96.

Porchères

Cette petite commune, dont les mottes féodales furent sans doute le siège d'un édifice féodal important, sera une halte importante pour les amateurs de plantes, qui pourront y visiter une rare safranière. On y visitera par la même occasion la minoterie du barrage, encore en service.

Safranière du Petit Musset. A. et M. Pierronnet - Le Petit-Musset ✆ 05 57 69 80 34. *Visite de la safranière en fleurs du 15 octobre au 5 novembre.* Voilà une visite on ne peut plus originale, surtout quand on sait que le safran (le mot vient de l'arabe « za'faran ») est une des épices les plus chères au monde ! On y apprendra beaucoup de choses sur cette plante de la famille du crocus, dont le stigmate fournit une poudre d'un superbe et éclatant jaune orangé, utilisée aussi bien en teinture qu'en cuisine.

Minooterie du Barrage ✆ 05 57 49 63 01. *Visite tous les jours sur rendez-vous.* Ce moulin familial du XIXe siècle produit de la farine de boulangerie et de pâtisserie. Il se visite de préférence l'après-midi, lorsqu'il ne tourne pas. Mais la découverte des rouages même arrêtés est aussi instructive sous les commentaires de ses propriétaires.

Musée des Porchères. Lieu-dit « Larret » ✆ 05 57 49 63 32. *Ouvert de mai à septembre les week-ends et fériés de 15h à 18h, le jeudi et le vendredi en juillet et août. Entrée gratuite.* Situé à Larret, sur la D10 entre Coutras et Montpon-Ménestérol, cet insolite musée s'est installé dans une ancienne maison du XVIIe siècle entièrement restaurée et dont l'ancienne fonction reste encore aujourd'hui une énigme. Les splendides cheminées de pierre monumentales datant probablement d'Henri IV et les vestiges d'un souterrain aujourd'hui comblé ne font que renforcer le mystère. Toujours est-il que cette maison de caractère abrite un musée évoquant le passé de la commune, à travers documents, archives, photos, outils anciens et la reconstitution d'un intérieur d'autrefois... Chaque année, on peut aussi y voir une exposition temporaire à thème.

Vayres

Seigneurie mentionnée dès le XIe siècle, propriété des Albrets puis des Gourgues, la ville de Vayres marque surtout par son château, dont la beauté architecturale et des jardins fait peut-être oublier qu'un massacre y fut accompli lors de la Fronde... Chaque année, de juin à octobre, à marée basse et les jours de gros coefficients de marée, le mascaret, ce fort courant remontant le fleuve sur près de 150 km, passe devant le port de Saint-Pardon-de-Vayres, qui en est devenu LE spot français, car c'est l'endroit où le mascaret est le plus long et le plus accessible. C'est alors l'occasion pour les surfeurs et autres fêlés de la glisse (il n'est pas rare de trouver plus de 100 personnes dans l'eau les meilleurs jours), de s'en payer une bonne tranche sur ces bien étranges vagues et parfois sur de non moins étranges embarcations (surfs, mais aussi planches à voile sans voile, kayaks...).

Château de Vayres. ✆ **05 57 84 96 58 - Fax 05 57 84 96 67.** *Visites guidées du château et des jardins de 14h à 18h, tous les jours du 1er juillet au 15 septembre, les dimanches et fériés de Pâques au 30 juin et du 15 septembre à la Toussaint. Spectacles de fauconnerie de juillet à septembre, dans le cadre des visites.* Cet ancien château fort du XIIIe siècle, ex-propriété d'Henri IV, a été remanié à plusieurs occasions, d'où sa partie Renaissance bâtie vers 1600 par Ogier de Gourgue ainsi que la façade à l'italienne et l'escalier monumental, construits après la Fronde par monseigneur de Gourgue, évêque de Bazas. Ses superbes jardins à la française accèdent directement aux rives de la Dordogne et méritent presque à eux seuls, le détour. Le château, meublé d'époque, est le théâtre de deux fêtes annuelles à thème : la fête du printemps, les 13 et 14 mai et une journée chasse et cheval début septembre. A la suite des visites, entre juillet et septembre, on assiste à d'étonnantes démonstrations de fauconnerie. Quant à ceux qui seraient tombés sous le charme du château, ils pourront toujours en louer une des salles lors d'une réception. (Locations 05 57 84 96 59).

SAINT-EMILION

Tour du Roy

HEBERGEMENT

Chambres d'hôtes

Le Refuge du Peintre. Lavagnac 33330 Sainte-Terre ✆ **05 57 47 13 74.** *3 chambres à 52 €. Carte bancaire non acceptée.* Maison girondine située au cœur d'un parc arboré et fleuri sur les rives de la Dordogne. La décoration est soignée et personnalisée. Une grande terrasse fait le tour de la maison.

Chambres d'Hôtes Opsahl. 18, chemin de Courbestey - Lavagnac 33350 Sainte-Terre ✆ **05 57 47 13 02.** *Fermeture annuelle du 1er octobre au 14 avril. 3 chambres de 30 à 39 €. Carte bancaire non acceptée.* Maison girondine rénovée située dans un grand jardin arboré avec terrasse et pergola. Les chambres, à l'étage ou au rez-de-chaussée sont décorées à la mode scandinave. Salon d'accueil, kitchenette et cheminée à disposition de tous les hôtes.

Château de Courtebotte. Michel Morteyrol 33420 Saint-Jean de Blaignac ✆ **05 57 84 61 61 - Fax 05 57 84 68 68.** *5 chambres de 100 à 180 €. Menu à 45 €. Carte bancaire non acceptée.* Installé au bord de la Dordogne, dans un cadre verdoyant, un ravissant château édifié sous Henri IV. Les chambres ont une décoration soignée, et le lit à baldaquin participe au charme de l'endroit. Elles sont véritablement ravissantes. Quant à la cuisine, elle est centrée sur les bons produits : foie gras, coq au vin, lapin à la moutarde.

Camping

Domaine de la Barbanne. Route de Montagne - Saint-Emilion ✆ 05 57 24 75 80 Fax 05 57 24 69 68. Au beau milieu des vignes de Saint-Emilion, longeant la Dordogne, le camping La Barbanne offre tous les services d'un camping 3 étoiles. Avec ses 160 emplacements, majoritairement ombragés, en bordure d'un lac de 5 ha, il met à la disposition de chacun un service de location de caravanes, une aire de service de camping-cars, et de nombreuses activités gratuites : pêche, un minigolf, un tennis, deux piscines (dont une avec toboggan et une chauffée), des pédalos et canoës, des aires de jeux pour les enfants mais aussi une épicerie de dépannage, un snack, un club enfants durant les mois de juillet et août et des animations, dont des visites culturelles dans les châteaux et monuments de la ville. Une formule spécialisée camping-car propose une aire de service ainsi qu'une navette gratuite pour le village. Egalement une formule hôtelière avec possibilité de location à la nuit en motel (service petit déjeuner et ménage comme à l'hôtel, avec accès gratuit aux activités).

RESTAURANTS

Chez Dominique. Rue de la Petite-Fontaine - Saint-Emilion ✆ 05 57 24 71 00 - Fax 05 57 74 42 96. *Fermeture annuelle de mi-décembre à fin janvier. Fermé le dimanche soir et le lundi hors saison. Menus de 11 à 21 €.* Au cœur de la vieille ville et à deux pas de l'église monolithe, voilà un des meilleurs rapports qualité/prix de la cité. Le cadre est celui d'une ancienne forge aux poutres XVIe encore noircies par la suie, où l'on est servi dans une salle voûtée en pierres de taille. La plupart des clients se contentent de la formule d'entrée de gamme, déjà fort complète avec ses frittons et grattons du pays, le confit de canette maison ou la darne de saumon grillé tartare puis le fromage ou le dessert. A 14 €, c'est encore mieux (6 huîtres saucisse, entrecôte grillée marchand de vin, fromage et pavé au chocolat) mais on peut aussi décider de manger plus léger à la carte (émincé de magret de canard au Sauternes et matelote d'anguille bordelaise). Quant aux vins, le choix est vaste (bouteilles à partir de 8 € et demi-bouteilles), le restaurant possédant sa propre boutique sise juste au coin de la rue.

Le Médiéval. Place de la Porte-Bouqueyre - Saint-Emilion ✆ 05 57 24 72 37 - Fax 05 57 24 62 94 - E-mail : lemedieval@free.fr *Fermeture annuelle en décembre et janvier. Fermé le lundi soir. Menus de 14 à 23 €.* Juste au pied de la cité et à deux pas des parkings, avec ses grands parasols blancs et sa terrasse en rotin, Le Médiéval fait d'une pierre deux coups entre sa brasserie du rez-de-chaussée, et son restaurant situé à l'étage. Josette et sa petite équipe sont aux petits soins pour les clients, qui s'y attableront devant une cuisine régionale préparée par un chef ayant 30 années de métier : de quoi apprécier l'entrecôte à la bordelaise et sa sauce au Saint-Emilion, les filets de canard au miel d'acacia, le foie gras au torchon maison, le coq au vin ou encore les carpaccios de marget de canard. Les gens pressés y trouveront également croque-monsieur ou salades, gaufres ou crêpes maison servies au salon de thé. Et si l'un des vins dégustés a plu, il est toujours possible de l'acheter à l'autre adresse de la maison : la cave de la Grande Fontaine, située un peu plus haut au 18, de la rue de la Porte-Bouqueyre.

Le Vieux Presbytère. Place de l'Eglise - Montagne ✆ 05 57 74 65 33 - Fax 05 57 74 51 04. *Menus de 12,04 à 29,73 €.* Juste à côté de la Maison des Vins de Montagne, cette nouvelle adresse affiche déjà une belle réussite. Le cadre soigné y est pour beaucoup (murs aux pierres apparentes, carreaux de Gironde, tables joliment dressées, mais la cuisine en est l'élément clé, avec un jeune chef qui nous vient du Tertre à St Emilion, et qui élabore une cuisine de goût, à base de produits frais (les petits pains maison sont délicieux) et d'assiettes savamment présentées. La formule d'entrée de gamme est basique (salade de gésiers, poulet rôti, dessert) et on pourra lui préférer celle à 17,53 €, avec sa salade d'aiguillettes de canard chaudes et de magret, puis le coq au vin de Montagne aux pâtes fraîches ou le poison du jour (cette fois là un filet de merlan au beurre blanc) et un bon bavarois aux framboise maison. Une bonne table, loin de l'agitation touristique de St Emilion.

Index général à la fin de ce guide

POINTS D'INTERET

Office de Tourisme. Place des Créneaux ✆ 05 57 55 28 28 Fax 05 57 55 28 29. E-mail: st-emilion.tourisme@wanadoo.fr. *Ouvert tous les jours, toute l'année: de novembre à mars de 9h30 à 12h30 et de 13h45 à 18h, d'avril à mi-juin et de mi-septembre à fin octobre de 9h30 à 12h30 et de 13h45 à 18h30, de mi-juin à fin juin et du 1er au 15 septembre de 9h30 à 19h, en juillet et août de 9h30 à 20h. Location de vélos (9.14 €) la demi-journée, (13.72 €) la journée, au-delà de deux jours: (10.67 €) la journée.* La chapelle de la Trinité ainsi que les trois monuments souterrains de Saint-Emilion (l'église monolithe, la grotte de l'Ermitage et les catacombes) ne peuvent être visités que dans le cadre de circuits guidés proposés par l'Office du tourisme, tous les jours de l'année.

Cette magnifique cité médiévale fut fondée au VIIIe siècle, par un moine breton: Emilian. Né dans le Morbihan, ce boulanger fort croyant œuvrait au service d'un puissant seigneur. Ce dernier lui reprocha un jour de faire des aumônes trop généreuses. Dieu intervint alors pour transformer les pains qu'il cachait sous son manteau en morceaux de bois. Ce miracle le rendit célèbre et Emilian choisit de fuir la notoriété. Il se rendit à Royan où il devint moine bénédictin. Il vint ensuite s'installer sur la route de la Dordogne, dans une grotte où il vécut 17 ans. D'autres hommes se joignirent à lui et fondèrent l'actuelle cité. Ainsi, dès le IXe siècle, les Bénédictins se sont mis à creuser l'église monolithe, une œuvre monumentale qui demanda trois siècles de travail. Au XIIe siècle, Saint-Emilion est devenue une puissante cité, ardemment défendue par 2 km de remparts, six portes et un donjon-citadelle qui porte aujourd'hui encore le nom de tour du Roy. A cette époque déjà, ses vins connaissaient une grande renommée, notamment auprès de la couronne d'Angleterre. Les guerres franco-anglaises, puis de Religion, n'ont pas épargné les monuments de la ville. La Révolution a marqué la fin de la domination religieuse, très forte à Saint-Emilion. Aujourd'hui, ce bourg fortifié, construit en amphithéâtre dans une combe calcaire, reste tout à fait exceptionnel par la richesse de son architecture. Vous pourrez le constater depuis la terrasse de la tour Saint-Georges qui domine la cité et le vignoble. Le classement de la juridiction de Saint-Emilion et ses huit communes est une première mondiale. Le remarquable ensemble de paysages viticoles et de monuments historiques symbolise admirablement l'histoire de la région et permet de découvrir des sites qui ont su traverser les temps en gardant leur caractère d'origine.

Au hasard des rues

En arrivant par la route de Bordeaux-Libourne, stationner à proximité de la grande muraille et entrer dans Saint-Emilion par la porte Bourgeoise. Vous êtes alors dans la ville haute où vous découvrirez la vue sur l'incomparable ensemble médiéval de Saint-Emilion. En déambulant au fil des rues, vous découvrirez la place du Marché, la porte de la Cadène, le couvent des Jacobins ainsi que maisons, boutiques, lavoirs et halles typiques. Son appellation de « joyau de pierre » n'est pas usurpée. Vous vous arrêterez plus longuement devant:

- l'église monolithe entièrement creusée entre le VIIIe et le XIIe siècles, dans la masse de la falaise calcaire. Cette église souterraine est la plus grande d'Europe.
- les catacombes, véritable cimetière souterrain utilisé entre le IXe et le XVe siècle par les moines pour y enterrer leurs morts, lieu probable de la sépulture primitive de saint Emilion.
- la grotte de l'Ermitage, le monument le plus ancien de la cité, creusée dans le rocher, abrita au VIIIe siècle le moine breton Emilion, fondateur de la ville.
- la chapelle de la Trinité élevée à l'intention de saint Emilion, elle est l'une des plus jolies productions du XIIIe siècle en Gironde.
- l'église collégiale et son cloître. La splendide église à nef romane et chœur gothique des XIIe et XVe siècles permet de découvrir des fresques ainsi que de nombreuses sculptures. Le cloître, extrêmement bien conservé, offre un cadre privilégié pour les manifestations culturelles ou une promenade en toute sérénité.
- le clocher, le plus haut de la Gironde après la flèche Saint-Michel à Bordeaux. La base date du XIIe siècle alors que la flèche est gothique (XVIe). L'ascension des 198 marches de l'escalier en colimaçon permet de découvrir un splendide panorama sur Saint-Emilion. Pour les visites, se renseigner à l'office de tourisme.
- le cloître des Cordeliers du XIVe siècle. Il est moins bien conservé que le cloître de la Collégiale mais offre néanmoins une balade agréable autour de ses fines colonnes.
- la tour du Roy qui fut construite en 1237 sur ordre de Henri III, roi d'Angleterre en même temps que duc d'Aquitaine. Ce donjon carré roman s'élève sur deux étages au-dessus d'une cavité souterraine qui permet d'y accéder.

• et la tour Saint-Georges : œnothèque, place Mercadieu (✆ 05 57 51 64 88). Ici, vous êtes chez J.-N. Boidron, producteur du Château Corbin Michotte à Saint-Emilion. Le vin repose dans une cave voûtée du XIIe siècle dont la température ne dépasse jamais 17 °C. Au calme, vous pouvez vous concentrer sur la dégustation, rencontrer les producteurs, choisir votre vin préféré. Surplombant cette cave, un très bel escalier à vis déploie son éventail de pierres blondes. Découvrez la naïve beauté des sculptures romanes qui le décorent, rencontrez des artistes dans la salle d'exposition, admirez la cité et les vignobles depuis la terrasse.

Initiation à la dégustation. Apprécier un vin est une chose, savoir en parler en termes appropriés en est une autre. L'école du vin de la maison du vin de Saint-Emilion propose chaque année des initiations à la dégustation, de mi-juillet à mi-septembre, tous les jours à 11 h et au tarif de 17 €. Cette formation menée par œnologue dure une heure et permet d'avoir un aperçu global du vignoble de Saint-Emilion, sur la base d'une dégustation commentée. Possibilité de formations plus poussées (2 h, demi-journée, journée). (Rens. au 05 57 55 50 55).

Musée Souterrain de la Poterie. Hospices de la Madeleine - 21, rue André Loiseau ✆ 05 57 55 51 65- Fax 05 57 55 51 61. *Ouvert tous les jours de 10 h à 19 h (et même en nocturne sur accord téléphonique). Entrée adultes 3,05 €, étudiants et groupes 1,52 €, gratuit pour les - de 12 ans.* Exceptionnel par le nombre des poteries anciennes exposées (plus de 600, du Ier au XIXe siècle) ce musée l'est aussi par la présentation amusante de documents qui nous dévoilent comment nos ancêtres aquitains se chauffaient, s'éclairaient, lavaient leur linge, cuisinaient et conservaient leur viande sous l'huile avant l'invention du réfrigérateur, préparaient leurs soupes et leurs bouillies. Le musée de la poterie est aussi remarquable par son site, probablement la plus ancienne carrière de Saint-Emilion, celle dont les pierres servirent à construire le château du roi et les remparts de la ville aux XIIe et XIIIe siècles. A ces documents historiques s'ajoute une fresque en 50 tableaux créée par le céramiste Daniel Piron, copie exacte des gravures des XIIe et XIIIe siècles, réalisée selon les techniques de l'époque et racontant la vie des Aquitains sous les Plantagenêts.

Clos Fourtet, Saint-Emilion

Château Corbin-Michotte ✆ 05 57 51 64 88 - Fax 05 57 51 56 30. *Visite et dégustation sur rendez-vous.* Propriétés de la famille Boidron, les vins des châteaux Corbin Michotte et Calon sont élaborés dans le plus grand soin. Le château Corbin-Michotte est un grand cru classé provenant d'un vignoble de 7 ha planté de vieilles vignes, que de constants soins et un élevage en fûts de chêne neufs ont élevé de nombreuses fois au titre de vin médaillé (médailles d'or or en 98 et 99 à l'International wine-spirit competition et en 2000 à la China wine-spirit competition). Recommandé par les plus grands guides de vins, il est épaulé par le château Calon, planté (cépages merlot, cabernet-franc, cabernet-sauvignon et malbec) à Montagne, sur un site panoramique jalonné de 5 moulins à vent datant du XVe siècle. Le domaine produit également un second vin, un montagne-Saint-Emilion nommé Château Fonguillon, fruité frais et élégant, à déguster de suite.

Château Coutet ✆ 05 57 74 43 21- Fax 05 57 74 40 78 - E-mail : coutet@chateau-coutet.com *Visite, vente et dégustation toute l'année du lundi au samedi de 9 h à 12 h et de 14 h à 18 h sur rendez-vous.* A 800 m à l'ouest du clocher de la cité médiévale, le château Coutet, belle chartreuse du XVIIIe siècle construite dans le style du célèbre architecte Victor Louis, compte l'un des plus anciens vignobles de Saint-Emilion, puisque déjà connu sous ce nom au XVIe siècle. C'est depuis 8 générations que la famille David-Beaulieu cultive ces 12 ha de vignes, âgées en moyenne de 38 ans. Pour élaborer ce Saint-Emilion grand cru, les propriétaires sont restés attachés aux méthodes traditionnelles, notamment les vendanges manuelles et un élevage en fûts durant 12 mois. Il en résulte un vin se prêtant bien à la garde, de 5 à plus de 30 ans pour les grands millésimes. Voir également en second vin le château Belle-Cimes Saint-Emilion.

Château Grand Corbin d'Espagne ✆ 05 57 51 08 38 - Fax 05 57 51 29 18. *Visite, vente et dégustation gratuites tous les jours sur rendez-vous de 8 h à 12 h 30 et de 14 h à 18 h.* Le nom de Despagne est attaché à la terre Saint-Emilionnaise depuis plus de cinq siècles et aujourd'hui, avec François Despagne, la 7e génération du nom travaille ce domaine de près de 27 ha, qui s'inscrit au nord de l'appellation Saint-Emilion, juste à côté du vignoble Pomerol. Avec des vignes âgées en moyenne de 36 ans, le vignoble de Grand-Corbin-Despagne produit des vins au pourcentage de merlot plus élevé que la moyenne (75 % merlot, 20 % cabernet-franc et 5 % malbec cabernet-sauvignon), du fait de la constitution du sol où ce cépage croît particulièrement bien. Les vendanges manuelles, la rénovation totale des 27 cuves, l'utilisation de pressoirs verticaux traditionnels et le vieillissement en barriques durant 12 à 18 mois font que tout est mis en œuvre pour tirer le meilleur potentiel de la vigne, en la respectant. De quoi produire un Saint-Emilion grand cru (21,8 € le 96, 18,5 € le 97, 22,87 € le 98 et 19 € le 99) aux couleurs profondes, avec un nez d'une grande complexité et une belle structure tannique. Voir aussi le second vin du domaine, le Petit Corbin-Despagne, ainsi que le château Reine Blanche, un Saint-Emilion grand cru à découvrir également lors de la visite, menée par un œnologue diplômé.

Clos des Menuts. Place du Chapitre (face à La Poste) ✆ 05 57 74 45 77/05 57 24 70 59 - Fax 05 57 55 59 51. Saint-Emilion étant renommé pour ses caves, c'est un réel plaisir que de descendre sous terre après avoir traversé la partie émergée du négoce avec ses bouteilles aux couleurs lumineuses et chatoyantes soigneusement rangées dans leurs écrins de bois. Ces caves monolithes creusées de mains d'hommes abritent en effet une multitude de bouteilles à l'état brut, couvertes de poussière mais empilées avec le plus grand soin et la plus grande régularité. C'est là que sont conservés à parfaite température les vins de la maison Rivière, une famille de viticulteurs présente à Saint-Emilion depuis 4 générations. Une fois remonté des entrailles de la terre, c'est assis sur des barriques vernies aménagées en sièges qu'on aura la joie de passer à la dégustation de ce Saint-Emilion grand cru.

Cloître des Cordeliers - Crémant de Bordeaux Cloître des Cordeliers ✆ 05 57 24 72 07 - Fax 05 56 39 94 42 - E-mail : lescordeliers@libertysurf.fr. Visite guidée gratuite du cloître et des caves tous les après-midi, y compris dimanche et jours fériés. On vous recommande tout particulièrement de visiter ce magnifique cloître ruiné, lieu magique où l'on découvrira un vin effervescent, toujours produit selon la méthode traditionnelle en 1892... Ce crémant-de-bordeaux vieillit de 16 à 24 mois dans les caves souterraines d'un ancien cloître du XIVe siècle, à 17 m de profondeur, dans une totale obscurité et à une température constante de 12 °C. Ces vins plusieurs fois primés depuis 1995 (crémant blanc, brut ou demi-sec : 7€ la bouteille, frais de port gratuits à partir de 24 bouteilles) sont issus des cépages sémillon, sauvignon, muscadelle, ugni blanc, cabernet et merlot. Légers, frais et aux bulles très fines, ils ont de quoi enchanter les palais des visiteurs, qui après la descente dans les caves, iront déguster une bouteille sur une des tables installées à même la pelouse, au milieu des ruines.

SHOPPING

Pâtisserie Macarons Blanchez. Rue Guadet ✆ 05 57 24 72 33 Fax 05 57 24 61 70 *Fermeture annuelle de la 2e semaine de novembre à début décembre, la dernière semaine de janvier et la première de février. Ouvert tous les jours de 8 h (8 h 30 en hiver) à 13 h et de 15 h à 19 h.* Il est quasiment impossible de résister à ces petits gâteaux moelleux et croquants à la fois, qui sont après le vin, la seconde spécialité gourmande de Saint-Emilion. Ce sont les sœurs Ursulines (communauté implantée à Saint-Emilion en 1620) qui en seraient les créatrices : ces petits délices seraient en effet l'expression de la gratitude de nonnes pendant la Révolution, pour le courage et la générosité manifestés par les bourgeois à leur égard en cette période troublée. Les petits macarons de Saint-Emilion furent même servis à l'Exposition universelle de 1867... Fidèle à la recette authentique des religieuses, Madame Blanchez en perpétue la tradition en veillant à n'employer ni colorant ni conservateur, seulement des produits naturels tels que sucre, amandes douces et amères et blancs d'œufs. A découvrir sans tarder (5 € la boite de 24).

Vins

Cave de la Grande Fontaine. 18, rue de la Porte-Bouqueyre ✆ 05 57 24 75 56 - Fax 05 57 24 62 94. *Ouvert de 9 h à 19 h, sauf en décembre et janvier, de 10 h à 18 h.* Dégustations sur rendez-vous pour les particuliers. Une cave où il fait bon promener les yeux devant les nombreux grands crus et grands crus classés de la région bordelaise avec, situation géographique oblige, une légère préférence pour le Saint-Emilion et ses satellites... Au programme, bien des trésors et breuvages prestigieux, appellations célèbres qui ont su fabriquer l'incontournable réputation de la région. Enfin, côté rencontres, on ne manquera pas de lier connaissance avec M. Gallot, issu d'une longue lignée de viticulteurs et grand connaisseur, qui n'est pas avare de conseils dès lors que l'on souhaite se faire guider parmi tant d'éclectisme. Et pour les adeptes de la déco vineuse, des étampes de grands châteaux (plaques de bois de caisse de vin) sont à vendre de 3,81 € à 7,62 €.

Maison du Vin de Saint-Emilion. Place Pierre Meyrat ✆ 05 57 55 50 55- Fax 05 57 55 53 10 - E-mail : webmaster@vins-saint-emilion.com *Ouvert du lundi au samedi de 9 h 30 à 12 h 30 et de 14 h à 18 h 30, le dimanche et les jours fériés de 10 h à 12 h 30 et de 14 h 30 à 18 h 30, de décembre à février tous les jours de 10 h à 12 h 30 et de 14 h à 18 h, en août tous les jours de 9 h 30 à 19 h.* Voilà sans doute le meilleur endroit pour avoir un aperçu global de la richesse des vins de l'appellation. Non seulement on trouve ici un très grand panel de crus de Saint-Emilion au prix de la propriété, mais on y verra en outre une belle exposition qui relate en photos le processus de fabrication du vin. Ne pas hésiter à demander conseil, il y a tellement de vins qu'on ne sait plus où donner de la tête !

LOISIRS

Train des Grands Vignobles ✆ 05 57 51 13 76. En avril les samedis et dimanches selon le temps, et de Pâques au 11 novembre. Départs toutes les 45 minutes de 10 h 30 à 18 h 30. Tarif : enfants 3,35 €, adultes 4,57 €. Avec ce vrai-faux petit train touristique, qui a délaissé les rails pour le bitume, on partira pour 45 minutes d'excursion commentée entre coteaux, vignobles et châteaux aux noms illustres. Le départ se fait à la collégiale.

DANS LES ENVIRONS

Castillon-la-Bataille

La ville est célèbre par la bataille de Castillon, remportée en 1453 par Charles VII contre les Anglais et qui mit un terme définitif à la guerre de Cent Ans (qui en dura d'ailleurs 116). Chaque année, cette épopée guerrière haute en couleur revit à l'air libre en juillet et août, offrant un spectacle son et lumière grandiose aux touristes (500 acteurs, 70 cavaliers). A l'époque, la bataille se déroula dans la plaine de Colly, près du confluent de la Dordogne et de la Lidoire : Notre-Dame-de-la-Victoire, monument commémoratif, rappelle ces événements et indique le lieu où fut tué le général Talbot. D'avant cette époque, on verra par ailleurs la porte de Fer, vestiges des fortifications des XIe et XIIe siècles, le centre-ville, l'hôtel de ville (ancien hospice) et l'église XVIIIe, tous deux édifiés sur les vœux du maréchal Turenne. L'église mérite une attention particulière pour sa décoration intérieure : abside, nef, fresques du chœur réalisées par un peintre libournais au XIXe siècle, lutrin en bois peint du XVIIIe siècle, toiles de Mondan, élève d'Ingres, du XIXe siècle et un bénitier en marbre rose du XVIIe siècle.

Office de Tourisme. ✆ 05 57 40 27 58- Fax 05 57 40 49 76. Fermé le mercredi, dimanche et fériés. Ouvert de juin à septembre de 9 h 30 à 12 h et de 14 h à 18 h, ouvert le dimanche et fériés en juillet et août de 9 h à 12 h, d'octobre à mai, ouvert le lundi et samedi de 10 h à 12 h et de 14 h à 17 h, le mardi, jeudi, vendredi de 14 h 30 à 17 h 30.

Montagne

Commune ayant fusionné avec les villages de Saint-Georges et de Parsac en 1973, Montagne est une des appellations clés du St Emilionais. Au Nord Ouest, les moulins de Calon constituent une curiosité dans la région : groupés par cinq sur une colline, ces moulins à vent du XVe siècle dominent la vallée et témoignent du passé céréalier de ce secteur. Deux d'entre eux ont été intégralement restaurés par le producteur du château Calon, et en grimpant dans un de ceux qui sont ouverts à tous vents, on dispose d'une belle vue sur la vallée. Ne pas manquer de visiter l'église Saint-Martin de Montagne, bel édifice du XIIe siècle jouxtant la Maison des Vins.

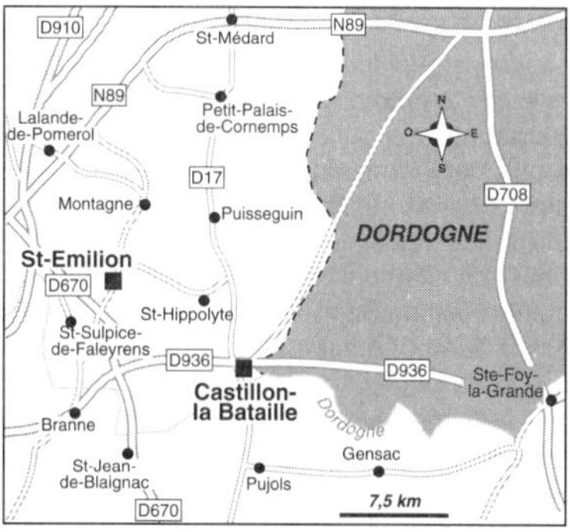

Ecomusée du Libournais. Le Bourg ✆ 05 57 74 56 89 - Fax 05 57 55 21 01 - E-mail : ecomusee.libournais@educagri.fr *Ouvert tous les jours de 10h à 12h et de 14h à 18h, sauf du 20 décembre au 20 mars. Entrée : 4,57 € (adultes), 3,05 € (réduit étudiants et chômeurs), 1,98 € (enfants).* Ce musée retrace sur 5 000 m² et avec de belles reconstitutions de lieux de vie et de travail, la civilisation de la vigne et du vin d'hier à aujourd'hui. A voir, le musée du temps pour évoquer l'histoire d'un territoire, le musée du vigneron relatant la vie d'autrefois (maison, chai, étable, ateliers), l'espace audiovisuel pour se familiariser avec les innovations vitivinicoles et le parc ethnobotanique interprétant les relations hommes/plantes et où l'on découvrira d'étranges plantes « météo » et autres plantes « jouets ». S'y ajoutent un sentier viticole et des randonnées vigneronnes offrant un parcours au cœur des vignes pour une découverte grandeur nature. A noter, les nombreuses animations à thème qui y sont organisées de mars à novembre : l'osier en fête, les oiseaux migrateurs, la pierre, plantes et « savoir vert », vins, marchands et bateliers...

Château Calon ✆ 05 57 51 64 88- Fax 05 57 51 56 30. *Visite gratuite du lundi au vendredi de 8h à 11h et de 14h à 17h.* Ce vignoble, constitué au cours des trois derniers siècles, est rassemblé autour du coteau de Calon qui domine le vignoble Saint-Emilionnais. Le domaine représente au total 65 ha parmi lesquels on compte 35 ha de vignes qui produisent un montagne-Saint-Emilion élevé en cuves et en barriques durant un an et demi, plusieurs fois médaillés (CVF or 97, Master d'or 98, médaille d'argent à Shanghai en 99, prix d'excellence aux Vinalies 95). S'y rajoutent d'autres crus, le Saint-Georges Saint-Emilion, un Saint-Emilion grand cru classé et un Pomerol. Divers millésimes sont à disposition (depuis l'année 1988), avec des tarifs à partir de 5 € la bouteille. A proximité, on ira contempler les deux moulins à vent du XVe siècle entièrement restaurés par le producteur et d'où l'on dispose d'une magnifique vue panoramique. Le site d'une rare beauté est aussi un lieu de décollage de montgolfières lors des dimanches ensoleillés.

Maison des Vins du Saint-Emilion. ✆ 05 57 74 60 13 - Fax 05 57 74 60 61 - E-mail : info@montagnesaintemilion.com *Ouvert tous les jours de 9h à 12h et de 14h à 18h.* Situé juste à côté de l'église du village, cette maison des vins est du pain bénit pour les amateurs des crus du St Emilionais, à savoir les Montagne, Puisseguin et Lussac St Emilion. On trouvera sur place environ 80 crus différents proposés à la vente, et on ne manquera pas d'aller profiter des dégustations gratuites qui y sont organisées tous les week-ends et jours fériés du 1er mai au 31 octobre (de 10h à midi et de 14h à 18h). C'est sans doute le meilleur moyen de se familiariser avec les différents crus de l'appellation.

Calon-Montagne, Saint-Emilion

Puisseguin

Le nom de Puisseguin vient de l'Association de Puy (qui signifie Mont) à celui de Seguin, qui était le nom d'un lieutenant de Charlemagne qui choisit ce tertre naturel dominant la Barbanne pour construire un imposant château aux alentours de l'an 800. Le village situé à une demi-douzaine de kilomètres au nord-est de Saint-Emilion, possède un château des XIV et XVIIe siècles (pas de visite, propriété privée), qui dispose d'un châtelet d'entrée formé de deux tours coiffées de toits en poivrière. Puisseguin vaut surtout le détour pour son vignoble d'appellation puisseguin-Saint-Emilion, qui couvre 730 ha de collines au nord-est de Saint-Emilion, représenté par 130 viticulteurs. Ce vignoble prit un véritable essor durant l'Ancien Régime sous l'influence de Pierre Combret de la Nauze, pionnier de l'agronomie viticole qui y fit planter des cépages nobles en 1762.

Château Fayan © 05 57 74 63 49 Fax 05 57 74 54 73. *Visite, vente et dégustation gratuites tous les jours de 10 h à 12 h et de 14 h à 18 h. Accueil camping-cars France Passion.* Dans cette jolie demeure bien entretenue et à deux pas du point culminant de la Gironde, les Mounet se prêteront volontiers à une visite de leurs vignobles, depuis les vignes jusqu'à la dégustation dans une salle toute en pierre apparente, en passant par le cuvier, le chai à barriques et l'unité d'embouteillage. Propriété familiale depuis 1735, le château Fayan est un puisseguin-Saint-Emilion reconnu massivement par la profession et salué par de nombreux guides. Disponible dans les millésimes 97, 98 et 99, il est épaulé par un autre cru, d'appellation côtes-de-castillon, Les Arpents du Bourg-Dieu, à apprécier sur des mets puissants (gibiers, fromages, grillades...) et disponibles dans les mêmes années. Dans l'attente de la cuvée spéciale millenium créée sur les deux appellations, on en profitera pour admirer les expositions organisées au château : tableaux en été mais aussi exposition privée de maillots et trophées sportifs...

Château Soleil. Le Cros © 05 57 74 63 46- Fax 05 57 74 50 66. *Visite, vente et dégustation de 9 h à 12 h et de 14 h à 17 h 30, sur rendez-vous de préférence en semaine, le samedi et dimanche sur RV uniquement.* Voilà un château où l'on sait ce que cultiver la vigne signifie : propriété familiale et viticole depuis 1799, exploitée aujourd'hui depuis plus de 30 années par Jean Soleil, ce domaine de 20 ha est planté à 70 % de merlot, 15 % de cabernet-sauvignon et 15 % de cabernet-franc. Les vignes âgées de 35 à 40 ans croissent sur un sol argilo-calcaire au sous-sol très rocheux, et bénéficient d'une exposition sud-sud-ouest. Des conditions qui alliées à une vinification traditionnelle et à un élevage en fûts de chêne, produisent un puisseguin-Saint-Emilion de garde, dont le millésime 2 000 était très attendu. Sont aujourd'hui disponibles à la vente, le château Soleil (99 à 8,50 €, 2 000 à 98 €), la Cuvée Prestige vieillie en fûts neufs (de 13 € à 14 €, millésimes 97 à 2000) et le Rayon de Soleil 99, le second vin du château, vendu 6 €. Egalement du vin en vrac en cubitainer ou BIB.

Les Producteurs Réunis de Puisseguin et Lussac © 05 57 55 50 40- Fax 05 57 74 57 43. *Ouvert du lundi au vendredi de 8 h 30 à 12 h 30 et de 14 h 30 à 18 h 30 et le samedi de 9 h à 13 h.* A 9 km au nord de Saint-Emilion, cette grande cave coopérative créée en 1937 accueille les récoltes de 140 viticulteurs des régions de Lussac, Puisseguin et limitrophes, représentant 925 ha de vignes. Les quelque 55 000 hectolitres de vin qui en résultent sont alors élevés en cuves et en fûts pour certains, dans un chai de 600 barriques où ils se bonifient pendant 12 à 18 mois. Outre les nombreux conseils de cette cave, son intérêt est de proposer une bonne palette de crus à des tarifs diversifiés. Vente de vin en vrac.

Sainte-Foy-la-Grande

A l'extrême limite de la Gironde, cette ville propose une agréable balade mêlant l'Histoire à de nombreuses possibilités de loisirs verts. Active station verte de vacances représentant 8 000 habitants avec l'agglomération de Pineuilh et de Port-Sainte-Foy, la bastide fut fondée au XIIIe par Alphonse de Poitiers (frère de Saint Louis). Cité protestante au XVIe siècle, elle a subi nombre d'influences successives. On commencera par emprunter les ruets de la cité et les promenades le long de la Dordogne, avant de poursuivre intra muros, pour y découvrir les restes d'enceintes (murs et tours), les arcades typiques des bastides de la jolie place centrale, et de nombreuses maisons à colombages du XVe siècle, avoisinant les hôtels particuliers du XVIIIe siècle. Voir particulièrement la maison à façade de bois sculptée juste à côté de l'Office de Tourisme, ainsi que l'ancien bâtiment à tourelle d'angle, au croisement des rues de la République et Victor-Hugo.

Office de Tourisme. 102, rue de la République ✆ 05 57 46 03 00. E-mail : ot.sainte.foy@wanadoo.fr *Ouvert hors saison du lundi au samedi de 9h30 à 12h30 et de 14h30 à 17h30 et du 15 juin au 15 septembre du lundi au samedi de 9h30 à 12h30 et de 15h à 18h30, le dimanche de 10h à 12h (du 14.07 au 31.08).* L'Office de tourisme propose sur rendez-vous des visites guidées de la ville d'une durée de 1 h environ (forfaits groupes : 5 à 10 personnes 16 €, de 10 à 20 personnes 25 € et de 20 à 30 personnes 30 €) et vend une brochure (2 €) autoguidée pour les individuels. Les amateurs de balades à pied ne manqueront pas d'y réclamer aussi le guide fort complet de 15 circuits pédestres, vendu, 2,5 €. Judicieusement commentés, ces circuits assez courts (4 km à 15 km) sont bien balisés et empruntent des sentiers ruraux ou privés. Au rez-de-chaussée, remarquer la maquette de la cité et au 1er étage, ne pas manquer de visiter le petit musée d'archéologie (silex et pierres taillées de la Préhistoire, poteries et monnaies gallo-romaines...), regroupant des objets exhumés dans la région, ainsi que des copies de quelques objets marquants, telle la Vénus de Brassempouys (entrée gratuite aux horaires d'ouverture).

Eglise Notre-Dame. *Ouvert tous les jours de 8h à 11h30 et de 14h30 à 18h30, sauf le dimanche après midi.* Construite au XIIIe siècle par les Templiers, détruite en 1561, reconstruite entre 1622 et 1686, puis agrandie en 1850, elle a subi un fort « lifting » intérieur (gommages des voûtes et des piliers) et bénéficie d'une mise en lumière révélatrice de par ses beaux vitraux.

La Maison du Fleuve. Port de Sainte-Foy-sur-Dordogne ✆ 05 53 61 30 50. *Ouvert tous les jours en juillet et août de 14h à 18h, en mai, juin, septembre et octobre, tous les jours, sauf le lundi de 14h à 18h et sur rendez-vous toute l'année.* Les collections se présentent sous forme de diaporama sur la vie du fleuve à la fin du XIXe siècle, d'une collection de maquettes, d'objets réels de la batellerie, d'une vidéo sur « le dernier batelier », d'un aquarium de poissons de Dordogne, de la description des techniques de pêche en rivière, d'un atelier de tonnellerie et du cellier des Vignerons de Montravel.

Saint-Hippolyte

Château Monlot-Capet. ✆ 05 57 74 49 47- Fax 05 57 24 62 33. E-mail : mussetrivals@belair-monlot.com *5 chambres d'hôtes à partir de 55 € petit déjeuner compris. Visite et dégustation gratuite tous les jours de 9h à 18h. Vente toute l'année (en français, anglais et allemand).* A 3 km de Saint-Emilion, ce grand cru s'étendant sur 7 ha met à la disposition des amateurs de vin, 5 belles chambres d'hôtes, meublées à l'ancienne (belles armoires de style) et de tout confort (salle de bains et W.-C.). De quoi prendre le temps de se faire expliquer l'origine de ce château, situé au pied du versant sud du coteau de Saint-Emilion et qui faisait partie de la maison noble et de la seigneurie de Capet. Aujourd'hui propriété de Béatrice et Bernard Rivals, le domaine produit un Saint-Emilion grand cru, le Château Monlot-Capet Cuvée Prestige, médaillé d'or à Bruxelles pour le millésime 1998 (20,55 € la bouteille) et médaillé d'argent à Macon pour le 97 (18,30 €). Dans la pure tradition, les vendanges sont réalisées à la main et l'élevage se fait en fûts de chêne pendant 18 mois. Voir aussi le Château Monlot-Capet 2 000 (primeurs livrables en juin 2002 : 15,25 € la bouteille) et 1997 (médaille de bronze à Blaye-Bourg) à 16 € la bouteille, ainsi que le vin d'une autre propriété : le château Belair, un AOC Lalande de Pomerol (cuvée Alice à 20,55 € le 98, cuvée réservée à 15,25 € le 2000, 16 € le 99 et 16,75 € le 98). Sur réservation, le château organise des repas de groupes (20 à 40 personnes) sur la base d'une cuisine régionale (foie gras, brochettes de magret de canard cuites aux sarments) accompagnée des vins de la propriété, et une superbe salle Bacchus (26 personnes) est à la disposition des entreprises pour la réalisation de leurs séminaires.

SUD GIRONDE

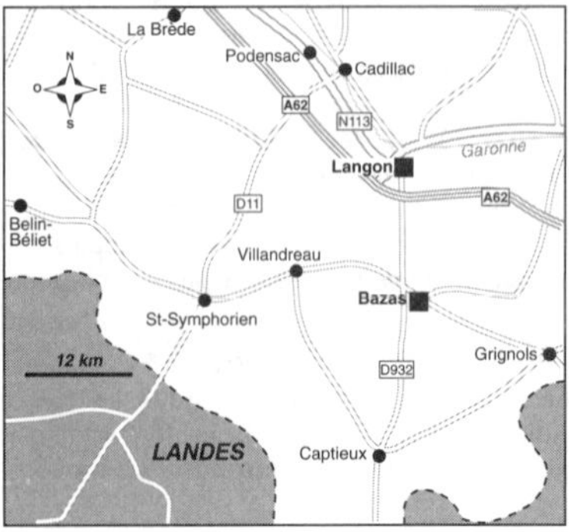

LANGON, LE LONG DE LA GARONNE

HEBERGEMENT

Hôtel Les Ormeaux. 16, place de la Mairie Sauternes ✆ - Fax 05 56 76 61 19. *7 chambres de 26 à 30 €. Petit-déjeuner 4 €.* En plein cœur de Sauternes, ce petit hôtel de campagne vous attend pour une halte fort sympathique au milieu des vignes du Sauternais. Les chambres au nom d'illustres appellations sont confortables avec double vitrage mais simples avec cabines de douche (3) ou lavabo (4) et offrent une vue sur le vignoble. Les toilettes sont sur le palier. Les petits déjeuners se prendront dans le salon de réception où les amoureux de brocante découvriront la passion des propriétaires. L'hôtel fait également bar-tabac-presse et propose de la vente à emporter ou des petits encas comme le foie gras avec son verre de Sauternes, ses sandwiches variés ou la salade les Ormeaux à déguster sur la terrasse ombragée.

Les Sources de Caudalie. Chemin de Smith Haut-Lafitte 33650 Martillac ✆ 05 57 83 83 83 - Fax 05 57 83 83 84. *40 chambres de 175 à 240 €. Menus de 30 à 55 €. Carte 60 €. Petit-déjeuner 15/20 €.* Les soins par le raisin, vous n'y croyez pas? pourtant, voilà le spa de vinothérapie Caudalie, unique au monde, dans le cadre prestigieux d'un domaine de 65 ha, ajoutés aux 55 ha de vignes du célèbre château Smith Haut-Lafitte. Chambres et suites remarquablement décorées comme dans les magazines spécialisés (où l'on peut les voir régulièrement), table de haut niveau qui se décline en deux modèles, le Grand Vigne, gastronomique, et la Table du Lavoir, version bistrot chic, qui propose un menu bien plaisant à 30 €.

Chambres d'hôtes

Domaine du Ciron. 3-4 Parropis 33210 Sauternes ✆ 05 56 76 60 17 - Fax 05 56 76 61 74. *4 chambres de 39 à 60 €. Menu à 16 €. Carte bancaire non acceptée.* Dans un jardin arboré de 4 000 m² avec piscine, maison du milieu du XVIIIe siècle avec véranda. Les chambres sont très correctes. La table d'hôte vous propose: confit, foie gras, magret et entrecôtes.

Château Commarque 33210 Sauternes ✆ 05 57 31 04 67. *5 chambres. de 42,68 à 36,59 €.* Au cœur du Sauternais et entouré de vignes, M. et Mme Gevaert vous accueillent dans le château Commarque bâti au XVIIIe siècle et situé dans un endroit privilégié d'espace et calme au cœur d'un parc de 5 hectares. Les chambres au cachet différent avec mezzanine sont entièrement équipées avec salle de bain et toilettes privées. Le petit-déjeuner, composé essentiellement de produits biologiques est servi dans la petite salle à manger de 8h à 10h. Vous apprécierez la grande salle de séjour commune avec télévision, coin lecture et jeux.

RESTAURANTS

Hôtel-restaurant Darroze. 95, cours du Général-Leclerc - Langon ✆ 05 56 63 00 48. *17 chambres de 50 à 85 €. Petit-déjeuner 11 €. Menus de 34 à 70 €. Carte 60 €.* Une adresse hautement gastronomique, tenue d'une main de professionnel par le chef Claude Darroze, qui a fait de son établissement une référence gastronomique plus que régionale. Dans cette grande bâtisse à la façade austère mais aux chambres très confortables, on est transporté dans un monde de poésie et de couleurs. Selon les saisons, la généreuse Garonne offre à ce cuisinier hors pair les matières premières de son art, à savoir les pibales et les aloses relevées d'une pointe d'ail ou les lamproies au vin de Graves. Une cuisine de marché, où le frais est le maître mot (truffes d'été, girolles, homards, gratin d'agrumes au Sauternes...), et s'accompagne d'une carte des vins exceptionnelle (200 bordeaux rouges), qui n'a d'égale que la sélection de bas-armagnacs millésimés de 1900 à 1986.

La Table du Sauternais. Boutoc 33210 Preignac ✆ 05 56 63 43 44. *Fermeture annuelle 1re semaine de février et 1re semaine de juillet. Fermé le lundi, sauf sur réservation. Menus de 10 à 32 €.* Le chef, Paul Daney, est un enfant du pays, qui après avoir travaillé pendant 14 ans chez l'illustre Darroze à Langon, a réalisé son rêve en ouvrant il y a une douzaine d'années, sa propre affaire dans son pays natal. Bien à l'écart de la nationale et au milieu des vignes, il s'est installé dans ce qui fut autrefois le siège d'un « cercle », et dont l'atmosphère de convivialité perdure. Une fois installé entre la pendule et une belle armoire du Sud-Ouest, on prend le temps de vivre autour d'une cuisine régionale qui épouse les saisons, en compagnie du foie gras chaud aux pommes et raisons, de la garbure, de la noisette d'agneau à l'estragon, des gambas sautées au Sauternes et de la pomme fruit caramélisée. Service tout en douceur et bonne carte des vins, avec notamment le Sauternes produit par Jean-Francis Daney, le frère du restaurateur.

Le Rapin. RN 113 33640 Portets ✆ 05 56 67 51 31. *Fermeture annuelle pendant deux semaines après le week-end du 15 août. 6 chambres de 26 à 32 €. Menus de 9,60 à 28 €.* La générosité de cette table a gagné une telle notoriété qu'il convient de réserver même pour y dîner en semaine. Fort complète, la formule du midi (buffet d'entrées à volonté, plat, buffet de desserts, vin et café) remporte un vif succès parmi les gros mangeurs, tandis que la soirée ou le week-end laissent la place aux menus plus élaborés. Les samedis et dimanches, un vent du large souffle sur les menus, à travers trois formules s'agençant autour d'un buffet de fruits de mer à volonté (soupe de poissons, crevettes, bulots, langoustines, tourteaux...) La formule à 17 € inclut en plus un plat chaud et celle à 19 € y ajoute le buffet des desserts ! Après pareils festins, une promenade en bordure de la Garonne s'impose !

Le Saprien. Rue Principale - Sauternes ✆ 05 56 76 60 87. *Fermeture annuelle pendant les vacances de Noël et de février. Fermé le dimanche et le lundi ainsi que le mercredi soir de septembre à avril. Menus de 19,67 à 30,34 €.* Juste en face de l'office du tourisme, le Saprien fait souffler un vent de gastronomie sur le village. C'est qu'on est choyé dans cette grande salle toute en pierre et boiseries, avec ses carreaux de Gironde bicolores, ses confortables chaises et ses tables soignées, auxquels se rajoute aux beaux jours une délicieuse terrasse, avec vue directe sur les vignes de Guiraud. La cuisine remporte les suffrages enthousiastes des gourmets de passage, louvoyant entre tradition et inventivité (le chef manie particulièrement bien les épices), autour de l'escalope de foie gras frais poêlé en salade tiède, des grillades aux sarments, et de menus bien calibrés, à l'image du 19,67 €, qui propose soupe de moule au safran ou terrine de lièvre à la confiture d'oignons, puis dorade royale rôtie au pistou ou joue de porc braisée aux olives et épices, et le délicieux nougat glacé maison aux pistaches et amandes. Très belle carte des vins, et service attentionné autant qu'efficace.

POINTS D'INTERET

Office de Tourisme. 11, allées Jean-Jaurès - Langon ✆ 05 56 63 68 00 - Fax 05 56 63 68 09 - E-mail : office-du-tourisme-langon@wanadoo.fr Ouvert du lundi au samedi de 9h00 à 12h30 et de 14h00 à 18h30, le dimanche de 09h30 à 12h30. En juillet-août, ouvert du lundi au samedi de 09h00 à 19h00 et le dimanche de 10h00 à 13h00. A noter qu'un Point information situé à la sortie du péage de Langon est ouvert en juillet et août ainsi que pendant les vacances scolaires.

Ancien castrum appelé « Alingo », Langon a vu son église fondée au IVe siècle par saint Paulin, évêque de Nole, originaire de Bordeaux. S'il ne reste que peu de traces des fortifications qui entouraient la ville au XIIe siècle, on verra au cours d'une promenade dans la vieille ville plusieurs maisons anciennes, notamment dans la rue Maubec, n° 24 (maison XIXe de style troubadour), n° 32 (maison bourgeoise) et n° 51 (décoration sculptée d'époque Henri IV). Sous-préfecture active au centre-ville refait, Langon possède une longue rue piétonne menant aux bords de la Garonne, où l'on méditera sur les caprices du fleuve devant la surprenante échelle des crues de la rue Laffargue (la dernière grosse crue en date est celle de 1981, avec 11,14 m, à comparer avec les 13 m de 1770, indiqués par erreur en 1774). C'est également en partie sur ces quais que se tient le grand marché du vendredi, particulièrement vivant avec ses producteurs venus des villages alentour comme des départements voisins. Quant aux admirateurs de François Mauriac, ils pourront toujours aller se recueillir devant le caveau familial, situé dans le cimetière de Langon...

Promenade sur la Garonne

Eglise Saint-Gervais. Son intérêt principal est d'abriter une toile de Zurbaran intitulée l'Immaculée Conception, partie d'un triptyque du peintre espagnol. Le tableau, qui date de 1661, a été entièrement restauré (désinfection, rentoilage et restauration picturale) et s'admire maintenant derrière une vitrine de protection climatisée.

SHOPPING

Maison du Sauternes. Place de la Mairie ✆ 05 56 76 69 83 - Fax 05 56 76 68 69. *Ouvert tous les jours de l'année de 9h à 19h. Vente à distance, expéditions France et étranger.* Sur la coquette place centrale de Sauternes, on reconnaît cette maison à ses stores jaunes, entrée en matière à l'or du vin que l'on y propose. Aux horaires d'ouverture plus qu'étendus (c'est ouvert 365 jours par an!), s'ajoute un accueil très avenant, et l'on prend le temps de discuter sans se presser, accoudé au grand comptoir de bois soutenu par des barriques. Association de 70 viticulteurs, la maison du Sauternes est la vitrine de l'appellation qui compte 1 premier cru supérieur, 11 premiers crus et 14 seconds crus classés. On trouvera ici des Sauternes à partir de 11,90 € (Duc de Sauternes) et jusqu'à beaucoup plus pour les grands crus de l'appellation (dont l'unique premier cru supérieur qu'est château d'Yquem) et les millésimes anciens (à partir de 1976). Le plus, c'est qu'on peut y déguster le vin que l'on souhaite s'offrir, et que certaines bouteilles sont aussi disponibles en demies (37,5 cl), en 0,50 l et en magnum.

Cave du Sauternais. Place de la Mairie Sauternes ✆ 05 56 76 62 17. *Ouvert 7j/7 de 10h à 18h en hiver et jusqu'à 19h30 en été. Climatisation. Vente de vin avec dégustation.* C'est véritablement une rencontre avec l'univers du Sauternes qui attend le visiteur chez ce caviste professionnel, où l'accueil est à la hauteur du choix proposé. Après un petit tour par le joli petit musée de la vigne où sont exposés des outils anciens, on passera à la boutique pour y découvrir une sélection de crus tout particulièrement choisis par la maîtresse des lieux pour leur qualité et leur personnalité. Tous les grands crus classés du Sauternais sont là (12 grands crus classés sur les 14 existants et 12 1er crus), joliment alignés, avec un choix depuis le petit producteur jusqu'au célébrissime château d'Yquem, en passant par quelques Sauternes encore plus rares comme « l'Extravagant » de Doisy Daëne ou le château Gilette (un Sauternes mis en vente après 20 années de cuve!). Plusieurs châteaux sont disponibles en fi bouteilles (coffrets cadeaux) et en 0,50 l et il y a également quelques vins rouges (Graves, St Emilion, Pomerol, Fronsac, Margaux, St Estèphe), des produits régionaux à base de Sauternes (pour certains spécialement réalisés pour la maison: foie gras de canard, fricandeau d'esturgeon, gelée de vin) et des cadeaux liés au vin (verres, tire-bouchons, beaux livres). A découvrir sans tarder!

DANS LES ENVIRONS

Cérons

Sous l'Antiquité, cette commune sise à mi-chemin entre Portets et Langon se nommait Sirione. Depuis les terrasses du château La Tour, la vue sur la Garonne et le port ancien est magnifique. L'église romane du XIIe siècle, agrandie au XVIIIe et remaniée au XIXe, conserve son abside d'origine. Un curieux portail mouluré est décoré de quadrupèdes. Voir à l'intérieur un Christ en croix du XVIIIe siècle et le retable de la Vierge de la même époque.

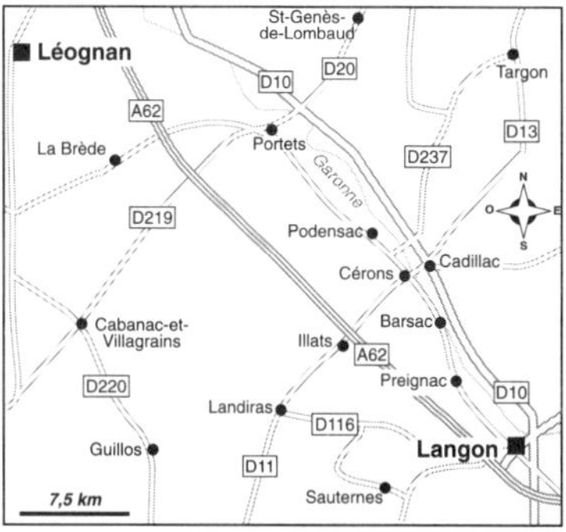

Syndicat des Grands Vins de Cérons ✆ **05 56 27 01 17 ou 05 56 27 01 13.** Site privilégié, à 35 km au sud-est de Bordeaux, Cérons (du latin « Sirione ») a donné son nom à la rivière le Ciron qui s'y jetait autrefois dans la Garonne. Le Ciron sépare les croupes graveleuses de Sauternes, Bommes, et Preignac des plateaux de Barsac et Cérons. Le micro-climat qu'il provoque est le véritable auteur du miracle des Vins d'Or du Sauternais. L'appellation « Cérons » englobe trois communes : Cérons, Illats et Podensac. Le sol silico-graveleux avec sous-sol de calcaire donne un terroir exceptionnellement favorable à la production des vins de haute qualité. Trois cépages exclusifs du Sauternais : le Sémillon, le Sauvignon et la Muscadelle, concourent à la typicité complexe de ces vins. D'une antique renommée, très fruités, corsés, nerveux, agréables, ils joignent à la race de leur sève d'origine, la finesse, l'arôme et le moelleux des Vins du Sauternais. Parenté due sans doute au terroir, aux cépages et au micro-climat, mais aussi à l'influence déterminante d'une même cueillette manuelle par tris successifs. Un syndicat des producteurs assure depuis 1921 la gestion de l'appellation Cérons et veille à son authenticité. Plusieurs crus sont à découvrir chez les propriétaires. N'hésitez pas à contacter le syndicat des Grands Vins de Cérons qui vous renseignera.

La Brède

Siège de l'une des plus importantes baronnies de Sud-Gironde, Labrède est surtout renommée pour être la ville natale de Montesquieu, qui y naquit un siècle avant la Révolution. Dans le cimetière de l'église du bourg, considérablement remaniée au XIXe siècle, on peut d'ailleurs voir plusieurs pierres tombales, dont celle du grand-père de Montesquieu, Jean de Secondat. Le syndicat d'initiative organise des randonnées pédestres tout au long de l'année (de 8 à 20 km).

Syndicat d'Initiative des Graves de Montesquieu. Hôtel de Ville ✆ **05 56 78 47 72.** Ouvert toute l'année de 9h à 12h et de 13h30 à 18h, le mercredi de 9h à 12h, le vendredi de 13h30 à 18h et le samedi de 9h30 à 12h.

Château de la Brède ✆ **05 56 20 20 49.** *Ouvert le week-end de 14h à 18h du 3 avril au 30 juin, et du 1er juillet au 30 septembre tous les jours, sauf le mardi de 14h à 18h. Visite guidée 5,34 €.* Montesquieu y naît en 1689, et s'il part étudier à Paris en 1700, il revient régulièrement au château où il réside souvent. C'est que l'auteur de l'Esprit des Lois aime aussi s'occuper de ses terres et produit du vin, en grande partie en Entres-Deux-Mers au château Ramonet. Le château de La Brède, classé monument historique, est un pittoresque manoir fortifié, entouré de douves et dont les parties les plus anciennes remontent aux XIIe et XVe siècles. Il a subi d'importantes transformations, notamment aux XVIe et XVIIe siècles. Le bâtiment est resté superbe, entouré d'eau, doté d'un pont-levis et d'un donjon du XVIIIe siècle et planté au milieu d'un vaste parc de verdure. La visite des intérieurs mène à la bibliothèque de l'écrivain, où l'on verra sa chambre entièrement meublée d'époque.

Index général à la fin de ce guide

Léognan

Léognan, avec Pessac, est situé sur le territoire des Graves (nom de la terre qui recouvre le sol) au sud-est de Bordeaux. Le vignoble a ici 2000 ans, ce qui en fait le plus ancien de Bordeaux. Ses vins rouges et blancs qui appartiennent à la toute jeune appellation Pessac-Léognan (créée en 1987) ont une belle aptitude au vieillissement. Quelques illustres châteaux: Haut- Brion, Pape Clément V, Carbonnieux (château du tout début du XVIIe siècle construit par Asdrubal de Ferron), Olivier (petit castel reconstruit au XVIe siècle, entouré de douves, et restauré en 1845 par l'architecte Louis Garros).

Château La Louvière ✆ 05 56 64 75 87- Fax 05 56 64 71 76 - E-mail: andre.lurton@wanadoo.fr *Visites sur rendez-vous tous les jours, sauf week-end et jours de fêtes, de 9h à 12h30 et de 13h30 à 18h. Visite-dégustation: 3,05 €. Vente au château.* C'est au XIIIe siècle que remonte le vignoble de La Louvière, créé sous l'impulsion d'une famille de parlementaires. En bons moines viticulteurs, l'ordre religieux des Chartreux dirigea ensuite le domaine jusqu'à la Révolution. Devenu propriété du négociant et maire de Bordeaux J.-B. Mareilhac à la fin du XVIIIe, le château actuel fut construit à sa demande sur les plans du célèbre architecte François Lhote entre 1791 et 1797, et la décoration confiée à François-Louis Lonsing, peintre flamand qui mourut de saturnisme en peignant le plafond! C'est Pierre Lacour qui fut chargé d'achever son travail. Tombée dans l'oubli au début du XIXe au moment de la crise viticole, la propriété est rachetée en 1965 par André Lurton, qui redonna amoureusement au site la beauté qu'il inspire aujourd'hui. Il entreprit alors -et les poursuit aujourd'hui- de grands travaux dans le vignoble (actuellement de 48 ha), le château (classé monument historique en 1991) et le parc. Cet homme de passion et travailleur acharné fit renaître l'appellation des Graves, et après un long combat, il créa avec ses amis, l'appellation Pessac-Léognan en 1987. Au fil des années, il acquiert dans cette appellation de belles propriétés viticoles dont les châteaux Couhins-Lurton (cru classé des Graves), de Cruzeau et de Rochemorin. Les vins de La Louvière, d'appellation Pessac-Léognan, grand vin de Graves, produisent un vin blanc sec et nerveux, élégant, fruité et d'une grande complexité (cépages sauvignon et sémillon). Le rouge, issu du cabernet-sauvignon et du merlot, est un vin corsé, ferme, bouqueté où à la puissance s'allient le charme et la finesse, qualités qui se développent au vieillissement. Egalement un second vin: le L de Louvière.

Château de Fieuzal. 124, avenue de Mont-de-Marsan ✆ 05 56 64 77 86 - E-mail: narbe@narbe.com Au XVIIe siècle le domaine appartenait à l'écrivain La Rochefoucauld. A l'abandon pendant la Révolution, la fin du Premier Empire lui donne un second souffle marqué encore aujourd'hui par l'abeille -un des emblèmes de l'Empire napoléonien- qui orne les capsules des bouteilles. Jean Ricard, négociant bordelais et déjà propriétaire à Léognan rachète le domaine en 1892 à Alfred de Griffon. L'année suivante, le château de Fieuzal reçoit une consécration prestigieuse, en devenant fournisseur des caves du Vatican. Nous sommes sous la papauté de Léon XIII. Entre 1945 et 1973, le domaine sera géré par le Suédois Erik Bocke, ancien directeur de L'Alhambra de Bordeaux, époux de la fille d'Abel Ricard. En 1973, Georges Negrevergne, en confie les rênes à son gendre Gérard Gribelin, qui le cède à un banquier irlandais en 2001. Classé grand cru des Graves pour son rouge depuis 1959, le château de Fieuzal compte aujourd'hui 48 ha, majoritairement en cépages rouges, âgés en moyenne de 30 ans. Le domaine produit également, en rouge et en blanc, l'Abeille de Fieuzal, un second vin remarquable qui bénéficie des mêmes soins que son aîné. Le château Haut-Gardère, propriété mitoyenne de Fieuzal donne enfin des vins rouges et blancs dans la lignée de son illustre voisin.

Martillac

Château Latour-Martillac ✆ 05 57 97 71 11 - E-mail: latour-martillac@latour-martillac.com *Visite et dégustation du lundi au vendredi de 10h à 11h30 et de 14h à 17h et le samedi de 10h à 12h, sur rendez-vous.* Ce château, qui appartient à la même famille depuis 1929, doit son nom à la tour du XIIe siècle qui trône au milieu de la cour d'honneur de la propriété, seul vestige d'un fortin construit par les ancêtres de Montesquieu. Il fait partie des rares châteaux à avoir deux grands crus classés dans deux « catégories » de Graves différentes (rouge et blanc). Une particularité à laquelle les propriétaires s'attachent en misant toujours plus sur l'amour du travail bien fait (vendanges manuelles, table de tri après vendange, vinifications traditionnelles.). L'étiquette des bouteilles, barrée « d'or et de sable », est devenue une véritable institution depuis qu'elle fut consacrée par le millésime 1929 rouge, servi au palais de Buckingham en 1936 lors du couronnement de George VI d'Angleterre. La propriété compte 60 ha dont 30 ha en cépages rouges et 10 ha en blancs, avec une pièce de 1884!

Château Smith Haut-Laffite. ✆ **05 57 83 11 22 - Fax 05 57 83 11 21 - E-mail: smith-haut-lafitte@smith-haut-lafitte.com** *Visite, vente et dégustation tous les jours sur rendez-vous.* Au cours de la visite, Daniel et Florence Cathiard, qui ont racheté le domaine fin 90 au négociant bordelais Eschenauer, ne manqueront pas d'évoquer le passé du lieu: Haut-Lafitte signifie haut butte en vieux bordelais, et les fleurs de lys ornant le blason du domaine remontent au temps des Croisades, époque où débute l'histoire du château. C'est un navigateur écossais, Georges Smith, qui s'y installa au XVIIIe siècle, suivi par le maire de Bordeaux, M. Duffour-Dubergier. Depuis que Daniel Cathiard (ex-membre de l'équipe française olympique de ski et fondateur des magasins Go Sport) œuvre à la résurrection du domaine (55 ha de vigne dont 44 ha en rouge et 11 ha en blanc 100% sauvignon), tout est fait pour lui redonner vie: rénovation de la chartreuse du XVIIIe, création d'une tonnellerie, culture raisonnée du vignoble (par abandon du désherbage chimique et utilisation de compost «maison» pour la fertilisation), vendanges manuelles, fermentations malolactiques en barriques depuis 1994, et depuis 1998 en foudres de bois de 100 hl en remplacement des cuves Inox. Autant dire -et les experts s'accordent sur le sujet- que ce vignoble, dont le rouge fait partie des crus classés des Graves Pessac-Léognan depuis 1959, s'est réveillé depuis cette reprise en main. L'avis des œnologues: Château Smith Haut-Lafitte, Pessac-Léognan 97. Belle robe jaune d'or, se distingue par son nez brioché aux notes d'abricot finement boisées et fumées. Bon volume en bouche.

Podensac

Au cœur du pays des vins de Graves, ce bourg fut occupé dans l'Antiquité, des vestiges gallo-romains du IIe siècle ayant été mis à jour place de la Halle (mosaïques). De l'époque médiévale, il reste une tour et une poterne du château des seigneurs de Podensac, qui restèrent d'une grande fidélité aux Plantagenêts ce qui valut la destruction du château en 1295 par Philippe le Bel.

Château de Labrède Montesquieu

Parc Municipal du Château Chavat. *Bords de Garonne. Entrée libre.* Le parc municipal du château Chavat -bien qu'assez peu entretenu- est un vrai régal pour les amateurs de sculptures en bronze et de folies d'inspiration antique. On y découvrira au hasard de ses pas, de jolies fontaines surmontées de bronzes inspirés de l'Antiquité, une fausse grotte, un beau gladiateur ayant perdu son trident et déclarant «Ave cesar, morituri te salutant» et un très étrange groupe de statues en marbre («Le mystère de la vie»), placé dans un bassin et auquel on peut accéder par des dalles disséminées dans l'eau... Un lieu de promenade original, avec une jolie vue sur la Garonne et des bancs pour profiter de la belle saison.

Lillet. RN113 ✆ **05 56 27 41 41** *Visites du 15 juin au 15 septembre tous les jours de 9h à 19h, le reste du temps en semaine de 9h à 16h30 (sur rendez-vous de préférence). Visite et dégustation gratuites.* On a souvent connaissance de cet apéritif régional par les vieilles publicités peintes ou sur tôles émaillées qui bordent certaines routes, Lillet s'y écrivant parfois avec un seul «L». En blanc ou rouge, cet apéritif né en 1887 a su évoluer avec son temps, pour proposer aux amateurs ses multiples saveurs, faites de vins sélectionnés (à hauteur de 85%) et de liqueurs de fruits (à hauteur de 15%), affichant en bouche une personnalité marquée, dont le vieillissement de huit mois en foudres de chêne bénéficie du même suivi que les plus grands Bordeaux. A découvrir sur place pour une visite guidée des plus agréables, où l'on découvrira une ancienne salle de distillation et de très nombreux documents anciens sur la Maison Lillet, notamment des affiches, objets publicitaires et étiquettes des années 1900-1930.

Portets

Château de Mongenan. Musée XVIIIe - Jardin Botanique. 16, rue de Mongenan ✆ 05 56 67 18 11. *Ouvert tous les jours du 15 février au 31 décembre, de 14h à 18h pour le musée et toute la journée pour la vente de vin. Visite du musée et du jardin: adultes 6 €, gratuit pour les enfants de - 12 ans, 5 € pour les groupes (minimum 10). Animations et conférences régulières au château de Mongenan.* Délicieuse folie d'époque Louis XV, le château Mongenan (classé monument historique depuis 1986) est à ne manquer sous aucun prétexte. Le visiteur y partira tout d'abord à la rencontre de deux écrivains, à commencer par Jean-Jacques Rousseau qui y séjourna après une période tumultueuse et fut l'inspirateur de l'actuel jardin botanique (créé en 1741), où admirer plus de mille variétés de roses, de plantes et de légumes anciens, d'arbres fruitiers, de plantes tinctoriales et médicinales. Le second écrivain à avoir marqué Mongenan est Florence Mothe, romancière et actuelle propriétaire du domaine: elle a choisi d'ouvrir Mongenan au public pour lui faire découvrir le XVIIIe siècle à travers un charmant musée, qui présente sur une succession de 8 salles, des tableaux, toiles de Beautiran, costumes, documents, faïences et, chose rare, un temple maçonnique riche en objets d'époque... Enfin, le château Mongenan compte 6 ha de vignes produisant des graves rouges et blancs secs vieillis en barriques, que l'on pourra déguster conjointement au vin d'un autre domaine, celui du château Majereau La Lagune situé à Virelade (bordeaux rouge, 6,10 €).

Château Lagueloup. 2-4, rue de la Liberté ✆ 05 56 67 13 90 - Fax 05 56 67 25 82. *Entrée gratuite, couplée avec la visite du château de Mongenan. Dégustation et vente de vin sur place.* A quelques centaines de mètres du château de Mongenan, celui de Lagueloup offre un autre regard sur la vigne, de par ses immenses chais (trois niveaux de 1 650 m^2 chacun!) bâtis au XIXe siècle par l'ingénieur Samuel Wolf pour abriter une véritable « usine à vin », aux raffinements techniques des plus étonnant pour l'époque: cuves de 300 hl en ciment verré, pressoir à vapeur, égrappoir sur wagons... Acquis par Florence Mothe en juillet 2000, le château a fait l'objet d'une admirable rénovation qui a eu cœur de préserver la totalité du patrimoine technique ancien, qui est en parfait état de fonctionnement. La visite en surprendra plus d'un (belle « mise en scène » et surface d'exposition de 800 m^2) et l'on ne manquera pas de rendre visite également à la Maison de négoce Alfred Frémiot – contiguë au musée - et qui vous fera découvrir différents crus, lors de petits déjeuners gourmands organisés le week-end... A découvrir sans tarder!

Preignac

Bâtie par tranches au XVIIIe siècle et de style classique, l'église Saint-Vincent abrite le tombeau Renaissance de Pierre Sauvage, seigneur d'Armajan décédé en 1572. Tout près de là on découvre les premières luxueuses demeures bâties aux XVIIe et XVIIIe siècles par de riches propriétaires: le château Suduiraut, premier cru classé en 1855, se distingue par son exceptionnel parc dessiné par Le Nôtre, le château d'Armajan-des-Ormes, construit sur l'emplacement d'un château médiéval vaut un détour curieux (propriété privée): le bâtiment moderne a été construit aux XVIIe et XVIIIe siècles. Sa façade décorée est majestueuse avec ses fenêtres ornées de sculptures. Il a accueilli Charles IX en 1565 et le duc et la duchesse de Montpensier en 1846.

Château de Malle ✆ 05 56 62 36 86/05 56 76 82 40 - E-mail: chateaudemalle-@wanadoo.fr *Visite du château et des jardins tous les jours du 1er avril au 31 octobre de 10h à 12h et de 14h à 18h30. Entrée 7,50 €, dégustation possible.* Superbe demeure de style italien (classée monument historique), le château de Malle mérite autant la visite pour ses vins que pour son architecture. Second cru classé en 1855, il est habité par la même famille depuis sa construction au XVIIe siècle par Jacques de Malle. Il fut largement embelli par le comte de Lur-Saluces qui entre dans la famille en épousant Jeanne de Malle en 1702. Les façades du pavillon portent d'ailleurs encore les armes de celui-ci. La propriété possède 50 ha de vignes qui s'étendent sur 3 communes, ce qui est plutôt rare dans la région. Cette particularité permet au château de produire quatre grands vins prestigieux: château de Malle, un Sauternes grand cru classé en 1855, M. de Malle, un Graves blanc sec, château de Cardaillan, un Graves rouge et château Tour de Malle, un autre Graves rouge. Bâti en « U », le château possède un pavillon central dévoilant un intérieur remarquable, resté fidèle à ses décors et son mobilier ancien, mais où trône également une collection unique de silhouettes peintes grandeur nature. Au bout des ailes du bâtiment, jaillissent deux tours rondes coiffées de dômes d'ardoise à l'impériale. L'une des deux abrite la chapelle et des peintures retraçant la vie de la Vierge. De l'extérieur, l'ensemble prend encore plus d'ampleur grâce aux superbes jardins italiens agrémentés de statues.

Sauternes

C'est à une petite dizaine de kilomètres à l'ouest de Langon que s'étendent les terres de l'un des vins les plus connus au monde : le Sauternes. Une appellation que les seules communes de Sauternes, Barsac, Fargues-de-Langon, Bommes et Preignac ont le droit de porter. Le plus prestigieux de ces vins liquoreux est produit au château d'Yquem : inabordable pour le commun des mortels, on peut lui préférer d'autres châteaux, dont le rapport qualité/prix sera plus « terrestre ». A voir au cœur du village, l'église de Sauternes, qui possède une jolie abside romane.

Office de tourisme. 11, Rue Principale ✆ 05.56.76.69.13 - Fax : 05 57 31 00 67 - E-mail : Sauternes@wanadoo.fr - Internet : www.sauternes.com. Ouvert en juillet et août du Lundi au Samedi de 9h30 à 12h30 et de 14h à 19h et le Dimanche de 9h30 à 13h30. Hors saison du mardi au samedi de 10h à 12h30 et de 14h à 17h30. Location de vélos et mise à disposition de cartes de randonnées pédestres et de cartes de circuits VTT en libre service.

Château d'Yquem ✆ 05 57 98 07 07. *Visites du 1er septembre au 31 juillet, sur rendez-vous uniquement, pris par écrit un mois avant. Elles ont lieu du lundi au vendredi à 14h30 ou 16h à l'exception de la période des vendanges où il n'y a qu'une visite par jour.* Qui ne connaît Château d'Yquem, le plus prestigieux des vins de l'appellation Sauternes. Classé en 1855, il est le seul et l'unique Premier Cru Supérieur de l'appellation. D'architecture simple, le château a pour base une ferme fortifiée du XVe siècle. Au cours des ans, il fut largement remanié. Il se caractérise par ses tours rondes dont l'une était à l'origine un colombier. La famille Sauvage a acquis ce bien de la couronne en « tenure simple » en 1593. C'est en 1711 que Léon de Sauvage racheta la « tenure noble » de la propriété. Yquem est apporté par mariage à la famille Lur-Saluces en 1785. Le comte Alexandre de Lur-Saluces représente la sixième génération de Lur-Saluces à assumer le destin de cette propriété.

Château Filhot ✆ 05 56 76 61 09. *Visites sur rendez-vous tous les jours de 9h à 12h30 et de 14h à 18h.* Ce domaine de 350 hectares dont 60 sont consacrés à la vigne fut créé au XVIIe siècle. Il se distingue par son magnifique parc à l'anglaise surplombant un plan d'eau. Dessiné par Louis-Bernard Fischer, créateur du jardin public de Bordeaux, le parc est le théâtre d'expositions de peinture toute l'année. Le château, quant à lui, fut créé en 1709 par Romain Filhot, conseiller au parlement de Bordeaux. Ce Second Cru classé en 1855 se vendait au siècle dernier presque aussi cher qu'Yquem. Les 60 ha du vignoble du château Filhot sont plantés à 60 % en Sémillon, 36 % en Sauvignon et 4 % en Muscadelle. Les coteaux, situés au sud du village de Sauternes, sont orientés sud-sud-ouest et sont constitués de grave, argile et sable sur plateau calcaire. Bordé par le massif forestier des Landes et traversé par une petite rivière locale (le Ciron), le domaine de Filhot bénéficie de conditions microclimatiques idéales au développement de la pourriture noble sur les raisins. La production avoisine chaque année quelque 100 000 bouteilles. Le château appartient aujourd'hui à la famille Vaucelles, héritiers des filhot, et le Comte Henri de Vaucelles le gère avec son fils Gabriel et son épouse.

Château la Tour-Blanche. Bommes-Sauternes ✆ 05 57 98 02 73. *Ouvert toute l'année même pendant les vendanges. Visites en semaine de 9h à 12h et de 14h à 17h.* Ce château, qui fut classé premier des premiers crus de l'appellation Sauternes en 1855, a une histoire un peu particulière. Son dernier propriétaire, Daniel Iffla dit Osiris en fit don à l'état en 1907. Ce mécène éclairé, qui travailla notamment avec Pasteur sur les micro-organismes dans les chais, avait demandé en contrepartie que soit créée sur le site une école de viticulture et d'œnologie populaire et gratuite. Ce qui fut fait dès 1911. C'est ainsi qu'aujourd'hui, un petit chai pédagogique jouxte celui de l'exploitation dans lequel une équipe de professionnels élabore le célèbre nectar. Ainsi, le Château La Tour Blanche reste avant tout un domaine viticole de 36 hectares. L'encépagement est constitué de 78 % de Semillon, 16 % de Sauvignon et de 6 % de Muscadelle. Ici, comme dans tout le Sauternais, les vendanges se font par « tries successives », c'est-à-dire qu'à chaque passage (4 à 6 suivant les années), les vendangeurs ne cueillent que les grains, voire les parties de grappes, sur lesquels le Botrytis cinerea, ce champignon qui provoque la pourriture noble, a eu une action suffisante. La vinification et le vieillissement (20 mois en moyenne) se font chaque année en barriques neuves de chêne merrain. Et si le millésime n'est pas jugé assez bon, il peut arriver qu'il n'y ait pas de mise en bouteille. C'est pourquoi on ne trouve pas de Château La Tour Blanche 1992 et 1993. La gamme de Château la Tour Blanche est constituée du 1er grand cru (environ 40 € la bouteille pour les millésimes récents) et du second vin, les Charmilles de tour Blanche (environ 20 € la bouteille).

BAZAS

HEBERGEMENT

Domaine de Fonpeyre - Bazas. ✆ 05 56 25 98 00 - Fax 05 56 25 16 25 - E-mail : domainedefompeyre@wanadoo.fr *37 chambres de 50 à 129 €. Hôtel et restaurant fermés le dimanche soir du 15 octobre au 15 avril. Menus de 29 à 39 €.* Piscine extérieure et centre aquatique avec piscine couverte chauffée, sauna, hammam, jacuzzi. Parc arboré. Tennis. Practice de golf. Billards. Bowling. A quelques minutes des vignobles des Graves et du Sauternais, le domaine de Fompeyre, situé sur une colline face aux remparts de Bazas, offre un ensemble de prestations de haut vol. Le bâtiment de pierre, situé au milieu d'un parc de 4 ha, dissimule des équipements de luxe pour un séjour au repos bien mérité : chambres de grand confort, superbe piscine intérieure avec nage à contre courant, sauna, hammam et jacuzzi, piscine extérieure, tennis, billard et bowling piano bar… Restaurant gastronomique de cuisine régionale.

Hostellerie Saint-Sauveur. 14, cours du Général de Gaulle - Bazas ✆ 05 56 25 12 18. *Fermé pour 10 jours en octobre et les dimanches hors saison. 10 chambres de 28 à 45 €. Petit-déjeuner 5,34 €.* Situé à l'entrée de Bazas, cet hôtel est à l'origine, un ancien monastère où vécut Grégoire de Saint-Sauveur, Evêque de Bazas. Aujourd'hui, c'est la « princesse », Sophie, 6e génération de fille qui trône sur ce même royaume avec un accueil toujours aussi remarquable. La plupart des chambres portent le nom des personnages issus des contes de Charles Perrault (Cendrillon, La Belle au Bois Dormant, Barbe Bleue ou le Petit Chaperon Rouge…). Vous serez surpris par la décoration particulière des chambres très confortables avec lit à baldaquin. Celles avec vue sur le jardin et la prairie offrent plus de calme. Tout le monde se retrouve au bar » Le Saint Sô » où règne une ambiance conviviale à la Pagnol. Le décor très fleuri de ce bar où vous apercevrez même un avion tout en bois fixé au plafond et d'autres objets insolites vous transportera dans un autre univers… Pas de plats mijotés sur place mais Sophie vous préparera un de ses sandwichs variés dont le plus fameux est fait avec du Pâté de Campagne de Bazas.

Château d'Arbieu. D655 33430 Bazas ✆ 05 56 25 11 18 - Fax 05 56 25 90 52. *Fermeture annuelle du 16 février au 4 mars. 4 chambres de 68 à 95 €.* Les propriétaires de ce château tout proche de la cité historique de Bazas vous accueilleront chaleureusement. Les chambres, toutes équipées de salle de bains ou de douche, sont dotées de meubles de famille et ont chacune leur propre style. Pour votre détente, billard français et baby-foot sont à disposition.

Ch. d'hôtes du domaine de Londeix 33840 Captieux ✆ 05 56 65 68 83 - Fax 05 56 65 61 27. *2 chambres à 45 €. Menu à 16 €. Carte bancaire non acceptée.* Ancienne ferme entièrement rénovée typique de la région. Les chambres sont spacieuses et décorées avec vue sur les champs de maïs et la forêt du domaine. Les menus sont élaborés à partir de produits fermiers.

Cabirol 33430 Gajac-de-Bazas ✆ 05 56 25 15 29 - Fax 05 56 25 15 29. *Fermeture annuelle du 15 novembre au 15 février. Chambres de 45 à 49 €. CB non acceptée.* La propriété comporte un grand jardin paysager avec vaste piscine. Salle de séjour, terrasse, ping-pong, salle de jeux agrémenteront votre séjour. Les 2 chambres et la suite font partie d'une belle demeure.

Campings

Camping Le Grand Pré. « Castagnolle » Route de Casteljaloux - D655 ✆ 05 56 65 13 17- Fax 05 56 25 90 52. *Ouvert du 1er avril au 31 octobre. Camping 3 étoiles de 28 emplacements « grand confort ». Forfait 1 ou 2 personnes en caravane ou camping-car de 7,65 € à 18,30 € la nuit selon la saison et de 7,65 € à 15,60 € pour 1 ou 2 personnes en tente avec voiture. Personne supplémentaire 2,30 € à 3,82 €. Gratuit pour les moins de 10 ans. Location de mobil-homes 2/4 personnes de 213,50 € à 427 € par semaine selon la saison, location à 47,26 € par nuit pour 2. Piscine. Bar. Aire de jeux. Location de VTT.* Situé dans un cadre de verdure et sur un domaine agricole proche du château d'Arbieu, le site offre une jolie vue sur la campagne et sur la cathédrale de Bazas. Ce camping trois étoiles conviendra à ceux qui n'aiment pas être entassés, avec des emplacements « grand confort » de 200 m² chacun (avec branchements eau, électricité et tout à l'égout), des mobil-homes de 27 m avec deux chambres, salle d'eau et terrasse privative, et des prestations de nature à rendre le séjour agréable autant que paisible : gardiennage jour et nuit, piscine et pataugeoire, sanitaires modernes avec salle de bains pour enfants, plate-forme pour plein d'eau et vidange des camping-cars, bar et salle de détente (télévision, lecture...) sans compter encore les diverses activités sportives (ping-pong, volley) sur l'aire de jeux.

RESTAURANTS

Le Bistrot Saint-Jean. 42, place de la Cathédrale ✆ 05 56 25 18 53. *Menus de 14 à 18 €.* Sous les arcades et juste en face de la cathédrale, le Saint-Jean est de fait la seule terrasse de restaurant disponible alentour, et on vous prévient, les places y sont chères ! C'est de surcroît une bonne adresse, qu'on s'y attable pour y boire un coup (la café y est toujours servi accompagné de mini pâtisseries) ou pour y partager une cuisine régionale à base de bons produits, à l'image du bœuf de Bazas (entrecôte bazadaise, pavé de bœuf), du magret de canard sauce trois poivres, de la brochette de cœur de canard et d'une kyrielle de dessert gourmands (île flottante, tarte tatin). La terrasse est un vrai plaisir, et on y reviendra également pour le goûter, avec par exemple deux crêpes au chocolat et leur verre de cidre pour 4,50 €.

POINTS D'INTERET

Office de Tourisme. 1, place de la Cathédrale Bazas ✆ 05 56 25 25 84 - Fax 05 56 25 25 84 - E-mail : office-de-tourisme@ville-bazas.fr Ouvert d'octobre à mai du lundi au samedi de 9h30 à 12h et de 14h à 17h30, de juin à septembre de 9h30 à 12h30 et de 14h à 18h30, le dimanche de 15h à 18h30.

Occupée très tôt, l'antique Cossio était située sur l'ancienne voie romaine Bordeaux-Toulouse, et fut la ville natale du père du poète latin Ausone. Une église y est fondée dès l'Antiquité, la légende rapportant qu'il s'agissait d'y abriter une relique : un linge trempé dans le sang de saint Jean-Baptiste. Place forte dès le IVe siècle et évêché dès le Ve, Bazas dispose très tôt d'un édifice religieux d'importance, et au XIe siècle le pape Urbain II vient consacrer un nouveau lieu de culte. Au XIIIe siècle, c'est au tour du puissant évêque Arnaud de Pins de restaurer la cathédrale dans le style gothique. Centre de commerce important, la cité fut au Moyen Age une étape sur les chemins de Saint-Jacques-de-Compostelle, en même temps qu'un enjeu entre Anglais et Français durant la guerre de Cent Ans. Dévastée par les Huguenots en 1561 (guerres de Religion), la cathédrale devra son salut à Arnaud de Pontac, évêque de l'époque qui paya un tribut de 10 000 écus d'or pour sauver les trois portails et en assurer la reconstruction. Ville pleine de charme (grand marché le samedi matin), Bazas est une étape clé en Sud-Gironde et mérite une visite poussée...

Remparts et la vieille ville. Une promenade au cœur de la vieille ville mènera aux remparts, et plus particulièrement à la porte du Gisquet, qui date du XIIIe siècle. Sur le chemin, on découvre plusieurs maisons anciennes, dont certaines à colombages. Le tour de Bazas passe également par la promenade des remparts sud, sous lesquels on pourra pique-niquer le long d'une allée piétonne en terre, plantée d'arbres et ombragée.

Place à arcades. C'est la place du Marché, particulièrement animée lors du marché du samedi matin et ce depuis une période antérieure à 1340 (convention rappelant une tradition immémoriale passée entre évêques et jurats). La plus prestigieuse maison est située au n° 23, c'est la maison de l'Astronome. Bâtie au XVe siècle, sa façade est ornée d'astres. Il faut détailler également la façade du n° 32 occupé par une pharmacie (façade XVIIe), l'ancien présidial du XVIIIe siècle, les halles placées derrière un groupe de maisons au sud de la place...

Jardin du Chapitre. Les fouilles ont mis à jour des vestiges datant du VIIe siècle avant Jésus-Christ. Attenant à la cathédrale, ce jardin offre une jolie vue sur la vallée du Beuve: longer les murs de la cathédrale (on passe dans une succession de petites pièces puis le long des remparts) pour ressortir dans une petite rue située derrière.

Cathédrale Saint-Jean-Baptiste. *Ouverte tous les jours de 9h à 12h et de 14h à 17h en hiver, jusqu'à 20h ou 20h30 en été.* 66 évêques ont gouverné le diocèse de Bazas du Ve siècle jusqu'à la Révolution. Cet imposant édifice de 83 m de long (inscrit au patrimoine mondial de l'humanité par l'Unesco) offre à la vue ses trois portails richement sculptés: celui du centre est dédié à saint Jean-Baptiste et les portails latéraux à saint Pierre et à la Vierge. Le clocher, à gauche de la bâtisse, est formé à la base des plus anciennes pierres de l'église, peut-être du Ve siècle. En y pénétrant, on est impressionné par la taille de la nef et la légèreté de l'ensemble. Le chœur est composé de cinq absides, des tableaux ornent les chapelles (quatre sont signés du peintre Lemoine). Une vierge dorée du XIIIe siècle trône au-dessus de l'autel. Les vitraux, tous du XIXe siècle, sont également intéressants. Lors des fiestas bazadaises, la cathédrale est admirablement mise en lumière, et c'est de là qu'est tiré un des plus beaux feux d'artifice de la région.

Musée et l'Apothicairerie de l'Hôpital Saint-Antoine. Rue Saint-Antoine ✆ 05 56 25 25 84. *Ouvert toute l'année du lundi au samedi de 10h à 12h30 et de 15h à 18h30 et le dimanche en été. Prix: 1,52 €.* L'apothicairerie réunit une splendide collection de pots à pharmacie en verre ou en faïence de l'hôpital Saint-Antoine, établissement construit pour les pèlerins de Saint-Jacques-de-Compostelle. Le musée municipal est installé dans le palais présidial dont les parties les plus anciennes datent du XVe siècle. Ce musée d'histoire locale réunit plusieurs pièces découvertes durant les fouilles: sarcophages, souvenirs de l'ancien évêché, pietà du XVe siècle et une remarquable maquette de la ville en 1650.

Cathédrale de Bazas

SHOPPING

Conserverie Artisanale Lamigeon. 26, place de la Cathédrale - Bazas ✆ 05 56 25 08 53 - E-mail: conserves_ alamigeon@ yahoo.fr *Ouvert du mardi au samedi de 9h à 12h30 et de 14h à 19h.* Juste sur la place et sous ses arcades, on tombe nez à nez avec une vitrine appétissante, où sont affichés sans détour les tarifs de ces conserves artisanales, élaborées juste derrière: de quoi se monter un garde-manger gourmand à base de confits de porc, de poule ou de canard, de langues, saucisses ou gésiers confits, pâtés, rillettes et foies gras variés, salmis de palombes, civet de chevreuil sans oublier le dernier-né de la gamme, le pâté de campagne au vin de Sauternes... Toutes ces conserves et ces salaisons artisanales sont aussi disponibles en vente par correspondance.

Ferme pédagogique de Gipon. 1 Gipon, route d'Auros, Bazas ✆ 05 56 25 15 11. *Ouvert tous les jours du 1er mars au 31 octobre et sur rendez-vous mercredi et dimanche. Boutique d'accueil: entrée libre de 11h à 18h; visite guidée de l'exploitation à 15h; toute l'année sur réservation.* Mohair, fromage et produits fermiers voilà ce que l'on trouve chez Christine David-Goedert sur son site d'accueil. La visite de l'exploitation présente, vidéo à l'appui, ce qu'est l'élevage des chèvres angora et des chèvres laitières et sont ensuite abordées les filières « fromage » avec une onctueuse dégustation et « mohair » avec démonstration de cardage, filage, tissage, teintures végétales. Labellisée par le réseau « Bienvenue à la Ferme": « Ferme de Découverte », la Ferme de Gipon permet, dans un cadre traditionnel, d'organiser pour les scolaires des journées à thèmes (les thèmes fondamentaux, la transformation du lait et du mohair) en s'appuyant sur la visite de l'élevage et sur des ateliers pédagogiques (de la traite à la fabrication du fromage, de la toison au produit fini). Une visite très pédagogique...

LOISIRS

Centre d'Activité et de Découverte de la Trave. Préchac ✆ 05 56 65 27 16 - Fax 05 56 65 27 49. E-mail: cad.la.trave@wanadoo.fr *Ouvert toute l'année (sauf entre Noël et le 1er de l'An), du 1er octobre au 31 mars de 10h30 à 12h30 et de 13h30 à 17h30, du 1er avril au 30 septembre de 9h30 à 12h30 et de 13h30 à 18h30.* Situé à côté des ruines du château de la Trave, en bordure des gorges du Ciron, ce centre est à la fois un lieu d'exposition et d'information permanente sur le patrimoine naturel et culturel local. Une équipe d'animateurs est à votre service pour vous orienter et vous conseiller sur les différentes activités: location de canoë-kayak (à partir de 10,67 € par personne pour la descente Préchac-Villandraut de 2h) et de VTT (sans accompagnement), animations ludiques et thématiques, randonnées à thèmes avec accompagnateur, week-end organisé, éveil à l'environnement...

Centre d'activité et de découverte de La Trave La Trave-Prechac ✆ 05 56 65 27 16 - Fax 05 56 65 27 49 - E-mail: cad.la.trave@wanadoo.fr - Internet: http://perso.wanadoo.fr/cad.la.trave. *Ouvert toute l'année (sauf entre Noël et le 1er de l'An), du 1er octobre au 31 mars de 10h30 à 12h30 et de 13h30 à 17h30, du 1er avril au 30 septembre de 9h30 à 12h30 et de 13h30 à 18h30.* Situé à côté des ruines du château de la Trave, en bordure des gorges du Ciron, ce centre est à la fois un lieu d'exposition et d'information permanente sur le patrimoine naturel et culturel local. Une équipe d'animateurs est à votre service pour vous orienter et vous conseiller sur les différentes activités: location de canoë-kayak (à partir de 10,67 € par personne pour la descente Préchac-Villandraut de 2h) et de VTT (sans accompagnement), animations ludiques et thématiques, randonnées à thèmes avec accompagnateur, week-end organisé, éveil à l'environnement...

Domaine Départemental des Sports et de Loisirs d'Hostens - Hostens ✆ 05 56 88 53 44 (accueil) - 05 56 88 55 65 (base nautique) - Fax 05 56 88 50 41. *Ouvert toute l'année. Entrée gratuite.* Au sein du parc naturel des Landes de Gascogne, le domaine d'Hostens couvre 550 ha et c'est un site des plus fréquentés en saison pour y pratiquer des activités de pleine nature. Dans ce superbe espace de verdure, d'eau et de bois, tout est prévu pour accueillir le public: sentiers de randonnée, jeux et structures en bois pour enfants, buvettes, et surtout les plans d'eau avec leurs deux plages de sable fin, pour y pratiquer la baignade (surveillée en été), la pêche, le pédalo, la planche à voile ou le canoë-kayak (location de 3,2€ à 4,8€ la demi-heure). On pourra aussi goûter aux plaisirs de l'escalade, du tennis, du minigolf, du badminton, de l'équitation, des échasses, des courses d'orientation ou du tir à l'arc en activités encadrées. Et puis grâce à ses 240 km de pistes VTT balisées, le domaine d'Hostens propose 7 circuits VTT, classés par niveau de difficulté, qui serpentent entre les lacs et les espaces boisés du domaine.

DANS LES ENVIRONS

Auros

Construit dans la partie de la basse cour de l'ancien château féodal (propriété privée), le bourg domine la vallée de la Beuve et compte encore plusieurs maisons des XVe, XVIIe et XVIIIe siècles. Dans l'église, on verra des stalles de l'abbaye du Rivet située non loin et occupée depuis 1933 par des Trappistines. Voir également le sentier des orchidées, qui permet de partir à la découverte d'une quinzaine de variétés d'orchidées locales.

Abbaye du Rivet ✆ 05 56 65 05 30. *Boutique ouverte tous les jours. Messe tous les jours à 8h et le dimanche à 11h. Possibilité de retraite spirituelle sur réservation.* La fondation de ce très ancien lieu monastique remonterait à Charlemagne... En 1189, la communauté est affiliée à l'ordre de Cîteaux, par l'abbaye de Pontaux (Landes). Après la guerre de Cent Ans, les guerres de Religion, de la Fronde et enfin après la Révolution, les derniers moines furent exilés, et ce n'est qu'en 1938 que des moniales cisterciennes de Blagnac (Haute-Garonne) viennent s'y installer. L'église, très restaurée, comporte des murs et des colonnes du XIIIe siècle ainsi que des chapiteaux et des corbeaux de l'époque mérovingienne. On peut acheter sur place des produits monastiques: poulets fermiers, confitures, miels, entremets, bonbons, chocolats, K7 et CD de chants religieux, livres religieux, confection d'ornements liturgiques, cartes diverses, etc.

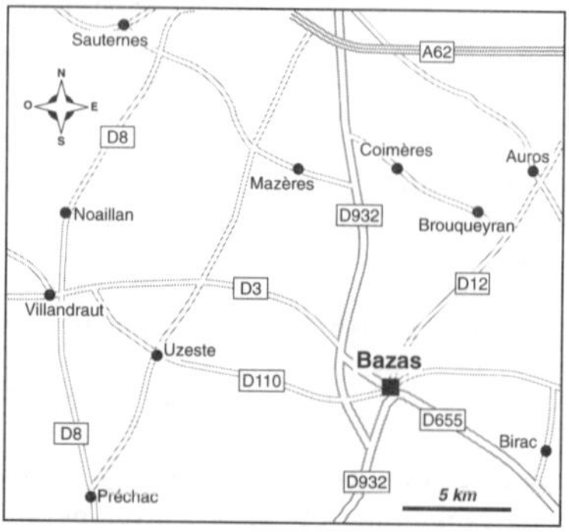

Mazères

En 1306, le cardinal Gaillard de la Mothe, neveu du pape Clément V, y construisit le château de Roquetaillade. C'est encore aujourd'hui le principal attrait de Mazères, à mi-chemin entre Langon et Bazas.

Château de Roquetaillade. ✆ **05 56 76 14 16 - Fax 05 56 76 14 61 - E-mail : roquetaillade@hotmail.com** *Ouvert l'après-midi : de la Toussaint à Pâques les dimanches, jours fériés et vacances scolaires ; tous les jours de Pâques à la Toussaint. En juillet et août, ouvert tous les jours de 10 h 30 à 19 h. Visite guidée. Entrée : château seul : adultes 6,10 €, étudiants/enfants 4,60 € ; château + musée : adultes 7,60 €, étudiants/enfants 5,35 €. Musée seul : 3 €. Gratuit pour les moins de 6 ans. Restaurant La Métairie de Roquetaillade (05 56 76 16 72) ouvert en saison.* Incroyable mais vrai : Roquetaillade est un château fort habité depuis 700 ans par la même famille ! D'aspect sévère, le bâtiment du XIVe siècle a très peu souffert des guerres et a surtout été restauré au XIXe siècle par le célèbre Viollet-le-Duc. A l'intérieur, on admirera particulièrement la superbe cheminée Renaissance (1635) de la grande salle, le grand escalier gothique du XIXe siècle, les décors et le mobilier créés par Viollet-le-Duc (qui viennent d'être classés Monument Historique), la cuisine et ses cuivres étincelants (elle sert toujours). Le château a d'ailleurs servi de décor à plusieurs films, et en dernier lieu à plusieurs scènes du Pacte des Loups. A l'ouest, il reste quelques vestiges du vieux château (XIIe et XIIIe), et à quelques pas de là se trouve une chapelle au décor néo-gothique remarquable et au très riche mobilier, également restaurée par Viollet-le-Duc. Voir aussi la « Métairie » de Roquetaillade, ferme bazadaise d'il y a 150 ans, transformée en musée de la vie rurale : pigeonnier du XIIe siècle, four à pain, chais, décor d'intérieur d'il y a 100 ans (restaurant sur place, cuisine gasconne, sandwichs et salades).

Préchac

C'est à une vingtaine de kilomètres au sud-ouest de Langon que nous entrons au pays de Bertrand de Got. On y rencontrera naturellement l'un de ses châteaux dits « clémentins » : le château de la Trave. Celui-ci fut érigé en 1306 par Arnaud-Bernard de Preyssac, parent du pape Clément V.

Cette vaste forteresse était protégée d'un côté par le Ciron, assez encaissé à cet endroit, et de l'autre par des fossés. Le bâtiment s'organisait autour de 4 tours carrées et d'un donjon au centre. Totalement en ruine, le château est libre d'accès. Non loin de Préchac, à Insos, on trouve une curieuse église romane dédiée à saint Pierre et qui fut construite au XIe siècle (abside d'origine) et modifiée au XIIe siècle (ajout de deux absidioles).

Aux XVe et XVIe siècles, l'augmentation de la population a obligé à des transformations importantes (création d'arcades sur la nef par exemple). Les arcatures qui décorent l'abside sont particulièrement intéressantes et son clocher est soigné. A proximité, il existe un cimetière protestant.

Le moulin de Caussarieu, datant du XVe siècle et entouré de ruines médiévales, est un site perdu sur les rives du Ciron qui est seulement accessible à pied ou en canoë. C'est un lieu très plaisant pour un pique-nique improvisé.

Château de la Trave. Le long du Ciron et sur la route d'Uzeste, le château de la Trave nous rappelle que nous sommes dans le pays de Bertrand de Goth, le pape Clément V. Il s'agit donc d'un château dit « clémentin », érigé en 1306 par Arnaud-Bernard de Preyssac, parent du pape. Cette vaste forteresse était protégée d'un côté par le Ciron, assez encaissé à cet endroit, et de l'autre par des fossés. Le bâtiment s'organisait autour de quatre tours carrées et d'un donjon au centre. Totalement en ruine, le château est libre d'accès.

Château de Cazeneuve. ✆ **05 56 25 48 16 - E-mail : cazeneuve@chateaude cazeneuve.com** *Ouvert de Pâques à la Toussaint le week-end et jours fériés de 14h à 18h, du 1er juin au 30 septembre tous les jours de 14h à 18h. En juin, juillet, août et septembre, ouvert tous les jours de 14h à 18h (parc ouvert à partir de 11h). Visite guidées des intérieurs. Tarifs : adultes 7 €, enfants (7/12 ans) 4 €, groupes (10 personnes au moins) 6,10 €. Visite possible toute l'année sur réservation. Possibilité de réceptions. Aire de pique-nique sur place et vente de boissons fraîches.* En parfait état, ce très beau château est un haut lieu du tourisme girondin pour avoir été la propriété du roi Henri IV et de son épouse la reine Margot, qui empruntait dit-on un souterrain pour donner de galants rendez-vous à ses amants dans les grottes situées le long du Ciron. Ayant toujours appartenu à la famille d'Albret, dont la famille ducale de Sabran-Pontevès qui occupe actuellement le château est un descendant, le château actuel a été bâti au XIIIe siècle, puis remanié au XVIe pour transformer le château féodal en résidence agréable. Construit en bordure du Ciron et entièrement meublé de pièces de mobilier d'époque, ce château royal mérite vraiment le détour : les amateurs de meubles de style seront ravis, ceux d'architecture aussi, puisque le château possède de très belles caves et même une nymphée gallo-romaine. Son parc et sa bambouseraie sont eux-mêmes classés, et l'on peut s'y promener librement (et même y pique-niquer !), à la découverte notamment des grottes bordant le Ciron, accessibles ou non suivant le cours de la rivière.

Villandraut

Situé à 7 km de Sauternes et sur les rives du Ciron, Villandraut était une étape sur le chemin de Saint-Jacques-de-Compostelle. Ce fut surtout la ville natale de Bertrand de Got, devenu premier pape d'Avignon sous le nom de Clément V.

Office de Tourisme. Place du Général-de-Gaulle ✆ **05 56 25 31 39.**

Ouvert toute l'année du mardi au samedi de 9h30 à 12h30 et de 14h à 18h et le lundi de 14h30 à 17h30.

Château Fort ✆ **05 56 25 87 57 Fax 05 56 25 86 78.** *Ouvert tous les jours de mai à septembre de 10h à 12h30 et de 14h à 19h, en juillet et août tous les jours de 10h à 19h et d'octobre à avril tous les jours de 14h à 17h30. Fermé du 23 décembre au 4 janvier. Entrée : adultes 3,05 €. Visite guidée de 1h environ ou visite libre.* En dehors des horaires d'ouverture, visite sur rendez-vous. Construit en 1305 sur ordre de Bertrand de Goth, devenu le pape Clément V, ce palais forteresse se caractérise par six monumentales tours rondes encore sur pied (l'une d'elles étant très endommagée) de 26 m de haut et d'un diamètre de 11 m, ainsi que par une enceinte en très bel état, dont les courtines percées d'archères en croix pattées sur deux étages, comptent parmi les plus anciennes de ce type en France. Les dimensions du château donnent une idée de la puissance de son propriétaire et de la place de l'architecture militaire française de l'époque : enceinte de 52 m sur 43 m, chemin de ronde, ainsi que de rares douves pavées de 15 m de large et de 6 m de profondeur. La visite guidée, fort intéressante (n'oubliez pas le guide !), ne laisse rien au hasard, ni les caractéristiques architecturales (on a accès aux tours sur trois niveaux), ni les petits à côtés amusants, comme ces latrines dont l'ouverture donne directement au-dessus des douves ! Les amateurs d'architecture médiévale pourront également prendre rendez-vous pour la visite du château Clémentin de Budos, situé non loin de là.

Abbaye du Rivet à Auros

LE MEDOC

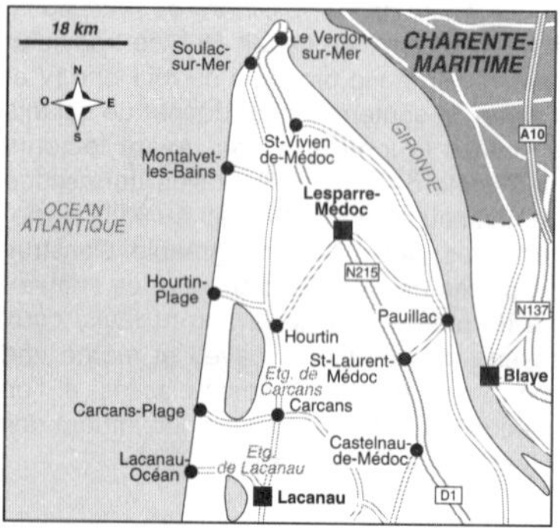

PAUILLAC ET LA ROUTE DES VINS

HEBERGEMENT

Hôtel de France et d'Angleterre. 3, quai Albert-Pichon - Pauillac ✆ 05 56 59 01 20. *Fermé du 20 décembre au 10 janvier. Hôtel 2 étoiles. 29 chambres de 53 € à 74 € en haute saison et de 49 € à 68,6 € en basse saison. Petit déjeuner 6,9 € Demi-pension de 50 € à 67 €. Restaurant fermé samedi et dimanche d'octobre à Pâques. Menus 8,4 € (enfants), formule à 14 € (entrée, plat et café ou plat, dessert et café), formule à 18,3€ et 23 €. Menus 34 € et 56,5 € pour le menu dégustation. Carte : 30 €. Salle pour séminaires.* Face au port de Pauillac, cette belle bâtisse de pierre blonde abrite un hôtel depuis le début du siècle. Les modernisations sont intervenues sans rien défigurer et l'établissement propose à ses hôtes une multiplicité de services. Les 29 chambres rénovées portent le nom d'illustres appellations de crus bordelais et l'on peut prendre le frais dans le patio. Mais il est possible aussi (et recommandable) de savourer la cuisine gastronomique du chef, si possible en terrasse aux beaux jours. Au menu : soufflé au pistou et son pain de mie à l'anis étoilé, foie gras en feuilleté de poireaux, rosette d'agneau de Pauillac, filets de rougets aux poivrons confits, bar au pistil de safran, macaron tendre aux framboisines ou tarte fine granité de lillet... de quoi découvrir la cuisine traditionnelle de la région que l'on peut évidemment accompagner de subtils bouquets puisque la carte est également bien fournie en grands vins de la région.

La Renaissance. 43, rue du Général-de-Gaulle 33112 Saint-Laurent du Médoc ✆ 05 56 59 40 29. *Ouvert toute l'année. Huit chambres de 30 € à 36,6 €. Demi-pension 25 €, pension complète 33 €. Petit déjeuner 4,6 €. Restaurant ouvert du lundi au samedi. Menus : 10,4 €, 14,5 €, 21,4 €, 30 €. Carte : 30 €. Parking privé. Service traiteur pour repas de fête.* Sans pour autant remonter... à la Renaissance, voilà une adresse de tradition, dans le respect authentique des valeurs gourmandes de la région. C'est que le chef-propriétaire – Thierry Ribes - se fait un plaisir de cuisiner longuement et avec soin des plats en sauce, avec une prédilection pour le gibier en saison. On croisera ainsi au fil de la carte, les palombes en salmis, le canard colvert, le sanglier, le chevreuil, et autre gibier de choix, les cèpes à la bordelaise. Côté poisson, goûter aussi à l'anguille persillade, à la salade tiède de morue ou le pavé de lotte en robe de magret, qu'on apprécie particulièrement dans ce cadre rustique. Impressionnante carte des vins (tant par la qualité que par la diversité), et huit chambres simples, calmes et confortables pour se poser quelque temps.

Château Pomys. Leyssac - Saint-Estèphe ✆ 05 56 59 73 44 (hôtel) et 05 56 59 32 26 (château) - Fax 05 56 59 30 25. *10 chambres de 56,40 à 86,40 €. Petit-déjeuner 6,10 €.* Pour allier avec charme les plaisirs du vin et du séjour dans une demeure ancienne, le château Pomys et son parc parfaitement entretenu ont des atouts de choix. Logé dans l'une des chambres avec vue sur le parc, les vignes ou la rivière, on y trouve calme, quiétude et repos au beau milieu du vignoble médocain. Sur place, on découvre les deux appellations de la famille Arnaud : le château Pomys, classé cru bourgeois supérieur, élevé sur 12 ha de vignes d'un âge moyen de 25 ans, et le château Saint-Estèphe, classé cru bourgeois en 1932, sur 13 ha de vignes comprenant 5 % de petit verdot et de malbec.

Hôtel des Vieux Acacias. 4, rue du Docteur-Donèche - Queyrac ✆ 05 56 59 80 63- Fax 05 56 59 85 93 - E-mail : hotel@vieuxacacias.com. *Fermeture annuelle du 15 décembre au 15 janvier. 18 chambres de 34 à 50 €. Petit-déjeuner 6 €.* Le cadre extérieur est magnifiquement fleuri et les chambres sont coquettes et offrent tout le confort avec douche ou bain, téléphone, TV avec Canal + ou satellite. Celles du premier disposent d'un balcon et donnent directement sur le jardin et la terrasse où l'on prendra son copieux petit-déjeuner avec une excellente confiture de melon à l'ombre des vieux acacias. L'hôtel met à disposition des boules de pétanque et dispose à proximité d'un tennis, d'un garage privé et accepte les animaux. Mais le plus intéressant, c'est que l'hôtel est dans une situation stratégique. Il est en effet à la frontière du Médoc des vins et de ses châteaux et du Médoc bleu et de ses plages océanes à 15 minutes. Sur place, l'hôtel dispose d'une petite piscine qui vous ouvrira l'appétit afin de mieux apprécier la table d'hôte et la cuisine traditionnelle que l'on vous apportera avec un service et un accueil toujours agréables.

Le Château Layauda 33340 Gaillan-en-Médoc ✆ 05 56 41 26 83 - Fax 05 56 41 19 52. *Fermeture annuelle février. 7 chambres à 100 €. Menus de 25 à 70 €. Carte 70 €. Petit-déjeuner 10 €.* Dans un parc d'un hectare situé au cœur du vignoble, c'est une maison bourgeoise de la fin du XVIIIe siècle qui abrite cet hôtel de style Louis XV. Les chambres sont très confortables. Au restaurant, vous pourrez notamment apprécier : sauté de homard printanier, truffes du Périgord, pavé de foie gras au vinaigre de framboise. L'océan atlantique est à 10 kilomètres.

Chambres d'hôtes

Ch. d'hôtes Les Poulards. 15, chemin des Poulards 33340 Gaillan en Médoc ✆ 05 56 41 01 96 - Fax 05 56 41 18 52. *Fermeture annuelle du 30 octobre au 1er mai. 2 chambres à 77 €. Carte bancaire non acceptée.* A 15 minutes des châteaux de Médoc, à proximité de la plage et des étangs, la maison de maître en pierre de taille, datant de deux cents ans, offre un lieu de calme absolu, agrémenté d'une belle décoration rustique. L'ancienne grange est aménagée en salon de repos, ouvrant sur le parc. La suite La Sève, de 100 m^2, comprend une bibliothèque avec un bureau Renaissance.

Château du Foulon 33480 Castelnau-de-Médoc ✆ 05 56 58 20 18 - Fax 05 56 58 23 43. *Fermeture annuelle du 15 décembre au 2 janvier. 4 chambres de 69 à 92 €. Carte bancaire non acceptée.* Cet élégant château datant du XIXe siècle se situe au sein d'une propriété boisée de 50 hectares traversée par un cours d'eau. Les chambres sont grandes et équipées de salles de bains. Les appartements comprennent en plus un séjour et une cuisine équipée. Divers vignobles et châteaux se situent à une dizaine de kilomètres.

Château Cap Léon Veyrin. Donissan 33480 Listrac-Médoc ✆ 05 56 58 07 28 - Fax 05 56 58 07 50. *5 chambres de 42 à 54 €. Carte bancaire non acceptée.* Maison bourgeoise du XIXe siècle dans une exploitation viticole. 5 chambres d'hôte tout confort avec vue sur le jardin. Visite des caves de l'exploitation et dégustation sont possibles.

RESTAURANTS

La Maison du Douanier. Port de St-Christoly-de-Médoc ✆ 05 56 41 35 25 - Internet : www.maisondudouanier.com - E-mail : maisondudouanier@wanadoo.fr. *Fermé le mardi en semaine et fermé et le mercredi d'octobre à Pâques. Fermeture de début janvier à mi-février. Menus : 19,8€, 25,15 €, 50,3€ (menu dégustation). Terrasse. Jardin. Chaise bébé.* C'est sur cette ancienne maison de douaniers qu'Yves et Marie-José Di Tullio ont jeté leur dévolu, transformant ce lieu de tracasserie fluviale et maritime en une symphonie gourmande des plus agréables. A quelques pas du charmant petit port de St-Christoly et face à la Gironde, les larges baies vitrées, la terrasse de plein air et le raffinement de la décoration en font une halte impeccable pour l'épicurien du paysage (les bateaux et les échassiers passent sous nos yeux...) et de la cuisine. Dans le menu à 130 F, la terrine de canard maison est suivie d'un excellent cabillaud aux tomates fines et aux herbes, puis d'une quenelle au roquefort et d'un subtil dessert du jour, l'Indulgent au calvados. On reviendra goûter aux filets de bar aux poireaux et aux huîtres chaudes, au caviar d'Aquitaine, au carré d'agneau de Pauillac aux épices et au miel, arrosé d'un vin du Médoc.

L'Escale. Port de Lamarque - Lamarque ✆ 05 56 58 92 21. *Fermé le mercredi et tous les soirs hors saison, sauf sur réservation le vendredi, samedi et dimanche soir. Menus: 4,6€ (enfants), 9,15 €, 15 €, 19 € et 22 €.* A quelques mètres de l'embarcadère pour Blaye, ce nouveau venu nous vient de Soulac, où il était installé en front de mer. On retrouvera avec plaisir l'accueil chaleureux de son propriétaire, qui se propose une fois encore de nous ensoleiller l'existence avec des plats conviviaux, comme les mixed brochettes, le pavé de bœuf à la texane, le poulet mariné au citron, les fajitas poulet ou bœuf, les crevettes de l'estuaire ou les gambas grillées. Un endroit convivial, où l'on a envie de s'attarder sans compter le temps qui passe.

Le Petit Poêlon. 15, cours du Général-de-Gaulle - Lesparre ✆ 05 56 41 68 78. *Fermé le samedi et le dimanche. Menus 8,8 € (le midi). Plat du jour 6,25 €. Carte: 18,3 € environ.* Le Petit Poêlon de Gilles et Geneviève est la bonne adresse dès lors qu'on a envie d'un restaurant de tradition où le décor compte autant que la cuisine, qui est une histoire de cœur autant que de famille. Pimpant et gai avec ses tons jaunes clairs, ses plats inscrits à l'ardoise, ses murs couverts des tableaux naïfs réalisés par Geneviève et d'une batterie de casseroles en cuivre, on renoue dans ce restaurant avec des plats ayant mijotés longuement, et donc interdits aux cuisinières pressées. Blanquette de veau, filet de canette au vin miellé, confit de poule au jus de citron, cassolette aux trois fromages, cabecou chaud au magret fumé, foie gras de canard aux raisins, le choix est large et on ne partira pas sans faire honneur aux desserts, entre les trois tartes du jour et la crème brûlée pour ne citer qu'eux.

Le Blé Noir. 1, route de Lesparre - RN215 Gaillan ✆ 05 56 41 63 08 - Fax 05 56 73 43 21. *Ouvert tous les jours de mai à fin septembre; fermé le mercredi d'octobre à fin avril. Menus de 13 à 22 €.* A seulement deux kilomètres de Lesparre, ce restaurant installé dans une belle bâtisse de pierres de tailles partage sa cuisine et ses goûts entre cuisine traditionnelle et spécialités de fondues, de grillades et de galettes bretonnes. C'est devant la carte et dans un intérieur de style (grande salle aux poutres apparentes et haute de plafond) qu'on fera plus facilement son choix, au fil des saisons et entre les parfaits de foies de volailles sur coulis de tomates, le magret de canard au gros poivre, les viandes grillées, les raclettes, fondues bourguignonne ou savoyarde, et de copieuses galettes composées, ainsi que des crêpes sucrées ou glacées aux nombreux parfums. On y mange dans une bonne ambiance, qui se prolonge lors de l'organisation de soirées à thème.

Le Méric. 4, route de Soulac - Gaillan ✆ 05 56 41 87 02. *Hors saison, fermé le lundi et le mardi (midi). Menus de 15 à 32 €.* Avec son faux air de moulin et le papagayo coloré de son enseigne, Le Méric s'affiche comme une table « autre » puisqu'elle organise en fin de semaine des soirées animées à thèmes variables (ex: soirée flamenco, des Iles, cabaret ou tzigane), avec des repas-spectacles tout ce qu'il y a de plus festifs sous la houlette du sympathique « Jeff ». En semaine, c'est dans l'ambiance plus calme de son cadre rustique qu'on s'y attable devant des spécialités ne manquant pas -elle non plus- d'originalité. La carte accueille en effet un filet de kangourou à la moutarde et un pavé d'autruche sauce groseille ou l'antilope aux oignons, alors que le menu à 15 € délivre des propositions plus régionales: moules farcies au beurre d'échalotes ou les huîtres du Bassin en entrée, puis magret sauce forestière ou turban de sole à l'effilochée de poireaux en plats et côté desserts, la crème brûlée, la tarte au citron meringuée ou le gâteau Grand-Mère au chocolat.

Château Cordeillan-Bages. Route des Châteaux 33250 Pauillac ✆ 05 56 59 24 24 - Fax 05 56 59 01 89. *Fermeture annuelle du 15 décembre au 31 janvier. Fermé le samedi midi, lundi, mardi midi, pour le restaurant. Chambres de 125,77 à 223,34 €. Menus de 44,97 à 74,70 €. Carte 84 €. Petit-déjeuner 15,24/18,29 €.* Sur le domaine viticole qui produit un cru bourgeois réputé, un château XVIIe entouré de jardins fleuris. Luxe et calme souverain, accueil et prestation de haut niveau, donnant l'occasion de fréquenter ces châteaux bordelais secrets et inaccessibles. Les chambres sont très jolies, parfaitement équipées, et à tarifs logiques compte tenu du standing. Quant à la cuisine de Thierry Marx, chef talentueux dont l'itinéraire est suivi par les spécialistes depuis longtemps, c'est tout simplement l'une des plus passionnantes d'Aquitaine, juste, limpide, utilisant les meilleurs produits dans des mariages à bon escient: foie gras chaud simplement poêlé sur pêches confites et cordon de porto réduit, crémeuse de concombre et caviar d'Aquitaine, pressé d'anguille fumée toast de céréales et pommes acidulées, brillants desserts à la mode du temps présent, comme l'aubergine cristallisée au sucre et crème de badiane et sorbet basilic.

POINTS D'INTERET

Maison du Tourisme et du Vin de Pauillac. La Verrerie - Pauillac ✆ 05 56 59 03 08 - Fax 05 56 59 23 38 - E-mail : tourismeetvindepauillac@wanadoo.fr *Ouvert tous les jours, toute l'année, week-ends et jours fériés compris. Initiation à la dégustation le mercredi matin de juillet à mi-septembre. Visite de chais sur réservation. Location de vélos et VTT. Salles d'exposition et de séminaires.* Une maison du tourisme incontournable et vraiment pas comme les autres (elle a d'ailleurs reçu sa 4e étoile, rare distinction qui ne touche que 58 Office de tourisme en France) puisqu'elle dispose d'une véritable boutique de vente de vins, avec près de 300 crus issus des 8 appellations du Médoc, vendus à l'unité et au prix des châteaux. On pourra par ailleurs y déguster quelques médoc au verre (possibilité d'initiation à la dégustation) avant de choisir un cadeau utile ou un souvenir lié au vin dans la boutique qui lui est dédiée (tire-bouchons, carafes, verres et accessoires, étiquettes personnalisées, librairie, etc.)

A mi-chemin entre Bordeaux et la Pointe de Grave (50 km de chaque côté), à 30 km des stations balnéaires, cette bourgade se partage entre deux pôles indissociables : le vignoble et le fleuve. Posée au bord de la Gironde, Pauillac abrite en effet 36 propriétés viticoles dont 18 crus classés et 3 premiers crus classés mondialement connus (châteaux Lafite-Rothschild, Latour et Mouton-Rothschild), dont certains méritent vraiment la visite. Mais Pauillac a aussi une longue tradition de navigation qui se perpétue dans son ravissant port de pêche et de plaisance (150 places, le seul sur la rive gauche de la Gironde), qui a d'ailleurs obtenu le Pavillon Bleu en 1999 et 2000 pour son respect de la nature et de l'environnement. Depuis la superbe façade XVIIIe des quais de la ville, on aperçoit les carrelets (les typiques cabanes de pêcheurs), les bateaux « libellules » partant à la pêche et les îles disséminées au milieu de l'estuaire. La lumière de la presqu'île médocaine est si particulière que chaque jour et chaque saison offrent des paysages différents.

Grotte d'Artigues. Le détour par Artigues, un hameau près de Pauillac, vous mènera à une grotte. S'il est étrange de trouver ici une réplique de la grotte de Lourdes, l'histoire raconte qu'elle aurait été édifiée en hommage à la Vierge par les pieuses demoiselles Averous, propriétaires de vignobles à Pauillac au siècle dernier. Chaque année, elles seraient parties troquer un tonneau de vin en échange d'eau bénite destinée à arroser la vigne. Aujourd'hui lieu de pèlerinage, la grotte est aussi une halte sympathique pour pique-niquer à l'ombre de grands arbres.

Château Lafite-Rothschild - Pauillac ✆ 05 56 73 18 18 - Fax 05 56 59 26 83. *Fermé en août, septembre, octobre, les week-ends et jours fériés. Visite en français ou en anglais sur rendez-vous et uniquement pour les groupes de 15 personnes maximum au 01 53 89 78 00, du lundi au jeudi de 9h à 11h30 et de 13h30 à 16h30, 15h30 le vendredi.* Les vins de la maison noble Lafite ont certainement pris leur envol lorsqu'un médecin bordelais prescrit au roi Louis XV ce vin comme étant « le meilleur et le plus agréable des toniques ». Par la suite servi à la cour du roi (et très apprécié de la Pompadour), il acquit ainsi une renommée qui n'a jamais décrue. Après une histoire mouvementée et des changements de propriétaires fréquents, le domaine fut racheté par le baron James de Rothschild en 1868. Et si aujourd'hui cette bâtisse du XVIIIe siècle est ornée d'un riche mobilier Napoléon III, la principale curiosité des lieux sont les chais de 2e année, réalisés en 1988 par l'architecte Ricardo Bofill. Alliant esthétique et fonctionnalité, les bâtiments de travail font la renommée mondiale de Lafite-Rothschild classé premier grand cru en 1855 et dont le vignoble de 100 ha est uniquement entretenu par des apports d'engrais organique. Les vendanges sont réalisées à la main et les vins élevés 18 à 20 mois en barriques de chêne.

Château Mouton-Rothschild ✆ 05 56 73 21 29 - Fax 05 56 73 21 28. *Visite sur rendez-vous du lundi au jeudi de 9h30 à 11h et de 14h à 16h, jusqu'à 15h le vendredi. Ouvert en semaine seulement de novembre à mars, le week-end et les jours fériés d'avril à octobre. Entrée 4,57 €. Dégustation payante.* La renommée de ce domaine tient à la personnalité du baron et de son épouse. Dans un superbe parc à l'anglaise, les bâtiments s'organisent autour d'une cour en « U » où se trouve le « grand chai » réalisé par l'architecte Charles Siclis. Véritable « théâtre du vin », comme se plaisait à dire le baron Philippe, ce bâtiment en impose par sa taille et par l'alignement parfaitement rectiligne des barriques de chêne où vieillit ce premier grand cru classé. A côté, la famille Rothschild a exposé sa collection personnelle d'œuvres d'art ayant trait à la vigne et au vin depuis l'Antiquité à nos jours, c'est son musée du vin dans l'art, ce qui explique le coût d'une visite qui ne manque pas d'attraits, notamment pour l'exceptionnelle collection d'étiquettes qui depuis 1945 sont réalisées par les plus grands artistes, et où l'on reconnaîtra entre autres les signatures de Picasso, Warhol ou Cocteau…

SHOPPING

Le Petit Musée des Automates. 3, rue Aristide Briand ✆ 05 56 59 02 45. *Ouvert de 10h30 à 12h30 et de 14h30 à 19h du mardi au samedi en mai, juin et septembre, de 10h30 à 19h en juillet et août et pour le reste de l'année, les jeudis, vendredis et samedis de 10h30 à 12h30 et de 14h30à 19h ou sur rendez-vous. Entrée : adultes 3 €.* Ouvert en 1996 au centre de Pauillac, cet étonnant « théâtre de la mécanique » perpétue une vieille tradition française de construction d'automates. On s'émerveillera dans la partie musée, devant les automates réalisés dans l'atelier maison, évoquant un monde fantastique où les animaux s'imaginent à la place des humains... Mais ce musée se double aussi d'une boutique de vente fourmillant d'idées de cadeaux (à partir de 4,57 €) avec en particulier des rééditions récentes de jouets en mécaniques anciennes (petits robots de science-fiction, bateaux, autos, circuits...) de fabrication chinoise, américaine ou tchèque, mais aussi des objets de collection dans le style début de siècle, des jouets optiques...

Médoc Autruche - Domaine de Listran, Jau-Dignac-Loirac ✆ 05 56 09 55 86- Fax 05 56 09 58 70. *Visite gratuite de 15h à 19h en juillet-août ; sur rendez-vous les week-ends et jours fériés à partir de septembre.* En ces temps de vache folle, pourquoi l'alternative ne serait-elle pas à l'autruche ? Viande d'une qualité nutritive exceptionnelle (20 à 22 de protéines), faible en calories et pauvre en matière grasse, l'autruche est de plus en plus prisée par les amateurs de viande rouge et tendre. Sur 20 hectares de verdure, on découvre avec curiosité ces oiseaux géants, leur mode de vie, leurs imposants œufs er les curieux autruchons dont cette exploitation s'est fait la spécialiste de la production. Les plus audacieux en repartiront avec pavés, steaks ou rôtis, mais aussi terrines, saucissons et rillettes, voire pourquoi pas du cuir d'autruche ou un œuf décoré. Une visite qui change radicalement de celle des vignes et des chais !

Pralinerie Michel Noyez. 1, La Landette ✆ 05 56 09 03 09- Fax 05 56 09 05 33. *Fermé dimanche et jours fériés. Visite en juillet et août du lundi au samedi à 14h30, 15h30, 16h30 et 17h30, sur rendez-vous le reste de l'année. Ouvert toute l'année pour les achats du lundi au samedi de 9h à 12h30 et de 14h30 à 18h30.* Après l'agneau de Pauillac et les vins du Médoc, pourquoi ne pas s'octroyer un petit plaisir sucré ? Les noisettines du Médoc sont une spécialité unique s'obtenant en plongeant une grosse noisette dans un sirop pour légèrement la confire, et une fois séchée à l'enrober de caramel blond. Et si Edith et Michel Noyez nous reçoivent chez eux en costumes d'époque, c'est pour mieux nous rappeler que ces petites douceurs sont issues d'une recette ancienne. Plusieurs fois primées, elles obtinrent la célèbre récompense des Lauriers d'or européens en 1994, puis la Marmite d'or en 1997 et en 1998. Raison de plus pour ne pas s'en priver, d'autant plus qu'à la chaleur de l'accueil et de la visite de la fabrique, où luisent de beaux chaudrons en cuivre, viendra s'ajouter un verre de bienvenue des plus agréables.

Vins

• Haut-Médoc

Les Viticulteurs du Fort-Médoc. 105, avenue du Haut-Médoc, Cussac-Fort-Médoc ✆ 05 56 58 92 85. *Ouvert tous les jours du 15 juin au 15 septembre du lundi au dimanche de 9h30 à 18h et du 16 septembre au 14 juin du lundi au samedi de 9h30 à 12h30 et de14h à 18h.* Cette coopérative distribue quatre principaux crus (Fort du Roy, Château Grand-Merrain, Chevaliers du Roi Soleil et Fort-Médoc), issus de la récolte manuelle d'une quinzaine de viticulteurs de Cussac, mettant en commun leur savoir-faire et leurs raisins pour produire en moyenne 3200 hectolitres de haut-médoc. On trouve aussi dans cette cave une bonne sélection de vins blancs d'Alsace, ce qui s'explique par le jumelage de la commune de Cussac avec le village de Sigolsheim.

• Margaux

Maison du Vin de Margaux. Place la Trémoille, Margaux ✆ 05 57 88 70 82. Tous les vins de l'appellation Margaux y sont représentés. Vous n'avez plus qu'à faire votre choix parmi les Grands Crus classés en 1855, les Crus exceptionnels, les Crus Grands Bourgeois, les Crus Bourgeois et les Crus Artisans de la prestigieuse appellation. Vous y trouverez aussi des renseignements sur les possibilités touristiques de la région et des hôtesses pour vous renseigner.

• Médoc

Cave Saint-Jean. 2, route de Canissac, Bégadan ✆ 05 56 41 50 13. *Vente et dégustation du lundi au vendredi de 8h30 à 12h30 et de 14h à 18h (17h le vendredi) et samedi de 8h30 à 12h. Visite sur rendez-vous. En juillet et en août du lundi au vendredi de 8h30 à 20h et le samedi de 8h30 à 12h et de 14h à 18h.* La Cave Saint-Jean propose à ses visiteurs une immense diversité de terroirs, de variétés de sols, de sous-sols et de cépages, permettant une multiplicité de combinaisons. Ainsi, la cave peut honorer la réputation mondiale de l'appellation Médoc, ce qu'elle s'évertue à faire depuis sa naissance, en 1934. Avec un effectif de 120 adhérents, elle s'étend à elle seule sur les communes de Valeyrac, Civrac et Bégadan soit environ sur 400 hectares. Avec tout le savoir-faire qui la caractérise, elle sait parfaitement allier les notions de tradition et de modernité dans son travail et en tire des vins de qualité. Deux catégories sont cependant à distinguer : les vins de marque issus de sélections rigoureuses et les vins de châteaux issus quant à eux d'un domaine bien précis. Il vous faudra ensuite passer à l'étape la plus difficile : choisir un vin parmi les nombreux médaillés de la maison...

Château Gaumaran. 18, chemin du Pigot, Jau-Dignac-Loirac ✆ 05 56 09 47 32. *Visite et dégustation gratuite tous les jours mais si possible sur rendez-vous.* Ce château est un des derniers nés en appellation Médoc : ses propriétaires, Claudette et Alain Sarrazin, l'ont créé en 1984, avec des cépages qui pour certains datent de 1964. On y est accueilli avec gentillesse et simplicité pour une visite de cette propriété de 10 hectares comprenant vigne et bovins, et où l'on vous fera déguster cette appellation Médoc. Les vendanges traditionnelles font de ce vin à « taille » humaine, un vin très agréable pour le plaisir de nos papilles. La récolte est entièrement emmenée à la cave de Queyrac où deux cuves leur sont réservées garantissant la qualité de leur production.

• Moulis

Maison du vin et du tourisme de Moulis. 1137, Le Bourg - Moulis ✆ 05 56 58 32 74 - Internet : www.moulis.com - E-mail : chateaux@moulis.com. *Ouvert toute l'année du lundi au vendredi de 8h30 à 12h30 et de 14h à 18h, et du 15 juin au 15 septembre du lundi au samedi de 8h30 à 12h30 et de 14h à 19h. Dégustation des crus de Moulis pendant la période estivale (de 3,03 € à 4,55 €).* Avec ses 50 producteurs de vins, Moulis a de quoi faire partager ses passions, à travers la vente de vins de l'appellation, de 6,10 € à 35,52 € la bouteille. Et si la dégustation permet d'emporter gratuitement son verre gravé (un cru différent de Moulis à déguster chaque jour pendant la période estivale), on trouvera là également une boutique de souvenirs liés au vin : tablier de sommelier, panier de vendangeur en bois, tire-bouchon... Par ailleurs, un chemin pédestre balisé permet aux visiteurs de découvrir par eux même les châteaux de l'appellation.

• Pauillac

Maison du Tourisme et du Vin de Pauillac. La Verrerie ✆ 05 56 59 03 08. La maison propose une large palette de services : un dépôt-vente de près de 300 vins des huit appellations du Médoc vendus à l'unité et à prix châteaux ; une boutique d'objets utiles ou de souvenirs liés au vin ; une librairie viticole, un service de réservation individuelle pour la visite des chais, un itinéraire dans les vignobles avec dégustations (du 6 juillet au 15 septembre, tous les vendredis après-midi), la location d'une cassette « Les Châteaux de Pauillac » pour un circuit autoguidé, un questionnaire type rallye pour une découverte amusante du Médoc viticole et un service réceptif pour l'organisation de séjours et circuits pour groupes ou individuels. Elle propose également des projections vidéo gratuites sur les vins, le Médoc et l'estuaire de la Gironde. On peut encore trouver là une carte géante du Médoc en relief ou louer un carrelet médocain pour une partie de pêche en famille. Les amateurs de vin peuvent y profiter des dégustations au verre ainsi que des initiations à la dégustation en français ou en anglais (organisées le mercredi matin à 11h du 5 juillet au 13 septembre) ou des soirées découvertes, des sessions de dégustation gratuite d'une quinzaine de vins avec rencontre des propriétaires (les jeudis 20 et 27 juillet, 3, 17 et 24 août). La Maison du tourisme et du vin dispose aussi d'un plan-guide pour les randonnées pédestres et cyclotouristiques à travers les vignobles, les marais et les forêts de Pauillac et ses alentours. On peut d'ailleurs louer sur place des VTT à la demi-journée ou davantage. Des salles d'exposition, de réunion, de séminaire ou de repas peuvent enfin y être louées. Bref, cet Office de tourisme se révèle incontournable pour une bonne visite du Médoc. Le personnel y est, pour ne rien gâter, d'une patience et d'un sourire d'ange.

Cave des Mets d'Oc. 68, rue du Maréchal-Joffre - Pauillac ✆ 05 56 59 15 91 - Fax 05 56 59 29 46 - E-mail: infos@metsdoc.com *Ouvert tous les jours de 8h30 à 20h (21h de mai à mi-octobre). Dégustation gratuite.* Le nom de cette cave ne pourrait être plus explicite, et son contenu ravira ceux qui veulent offrir de la mémoire à leurs papilles, à travers toute la gamme des appellations médocaines (margaux, saint-estèphe, pauillac, médoc et haut-médoc en crus classés, bourgeois ou artisans...), à des prix de propriété, en bouteilles à l'unité, en cartons et même en vins en vrac (rouge à partir de 1,07 € le litre, blanc à 1,37 €). En tout plus de 400 références en matières de vins, « du petit Bordeaux à 3,50 € la bouteille au Petrus 1982 à 1900 € la bouteille, en passant par les vieux millésimes... ». Et les plaisirs de la bouche ne s'arrêtent pas là puisqu'il y a aussi de quoi se constituer un pique-nique royal avec des foies gras, confits, rillettes, greniers médocains, bouchons de Bordeaux, garbure et autres miels de pays. Egalement des alcools de choix (armagnathèque avec millésimes de 1942 à 1982) et une foule d'accessoires et de cadeaux liés aux thèmes du Médoc et du vin, notamment à l'approche des fêtes.

• Saint-Estèphe

Maison du Vin de Saint-Estèphe. Place de l'Eglise - Saint-Estèphe ✆ 05 56 59 30 59 - Fax 05 56 59 73 72. *Ouvert 7j/7 du 1er juillet au 15 septembre de 10h à 19h. Ouvert du 16 septembre au 31 octobre et du 1er avril au 30 juin de 10h à 12h et de 14h à 18h du lundi au vendredi, le samedi de 14h à 18h. Ouvert du 1er novembre au 31 mars de 10h à 12h et de 14h à 17h du lundi au vendredi. Anglais et Allemand parlés.* Née l'année d'un très bon millésime (1966), la maison du vin suscite l'intérêt d'y trouver rassemblés tous les vins de l'appellation Saint-Estèphe, rassemblés pour certains d'entre eux dans une cave souterraine et vendus au prix de la propriété, avec plus de soixante châteaux disponibles et une vaste palette de millésimes et de prix, à partir de 8 € la bouteille. En plus de ces trésors en bouteilles -pour certains entreposés dans une cave souterraine- on y trouvera également des propositions de circuits découvertes « vins-châteaux-vignobles », des expositions de peinture et de photos tout au long de l'année, et en juillet et août l'organisation sur place de dégustations animées par un œnologue diplômé. On peut alors y découvrir trois vins différents par jour, ce qui donne bien entendu envie d'y revenir très vite, d'autant plus que l'accueil est très agréable.

LOISIRS

Golf du Médoc. Chemin de Courmateau, Louens ✆ 05 56 70 11 90. *Ouvert toute l'année. De 8h à 20h d'avril à septembre et de 8h à 19h d'octobre à mars.* A une longueur de drive du vignoble médocain, les deux parcours du golf du Médoc (« les Vignes » en forêt et « les Châteaux » links, tous deux 18 trous par 71) sont classés parmi les plus beaux d'Europe continentale. S'il accueille régulièrement des manifestations de prestige nationales et internationales, rien n'empêche les amateurs ni même débutants de venir s'y exercer au practice ou de se payer un green fee.

Cycles Peugeot Deyres. Route de Soulac, Lesparre ✆ 05 56 41 22 18. Ce vendeur et réparateur de cycles assure également la location de vélos de route et de VTT pour des durées très variées. Caution demandée.

DANS LES ENVIRONS

Bégadan

Château la Tour de By, Bégadan ✆ 05 56 41 50 03. *Visite du lundi au vendredi de 8h à 12h et de 13h30 à 17h30 (16h30 le vendredi), en juillet et août se renseigner directement à la propriété pour les week-ends.* Au centre d'un vignoble de 73 hectares, vous découvrirez le superbe château, bâti en 1876, qui fait face à la Gironde. Du haut de la tour du même nom, et édifiée en 1825, s'offre une magnifique vue sur l'estuaire. C'était un ancien phare construit sur les ruines d'un moulin à blé. La visite vous mènera également vers le cuvier en bois, le chai à barriques, l'exposition de vieux outils et bien sûr à la dégustation du Château La Tour de By, un Cru Bourgeois de l'appellation Médoc. Appellation et millésimes proposés Médoc - Cru Bourgeois actuellement disponible: Château La Tour de By 1997 et 1998. Vous avez également la possibilité d'acheter le vin 1999 en primeur avec contrat de réservation et livraison en 2001. Egalement disponible à la vente directe: le Château Cailloux de By et La Roque de By.

Castelnau-de-Médoc

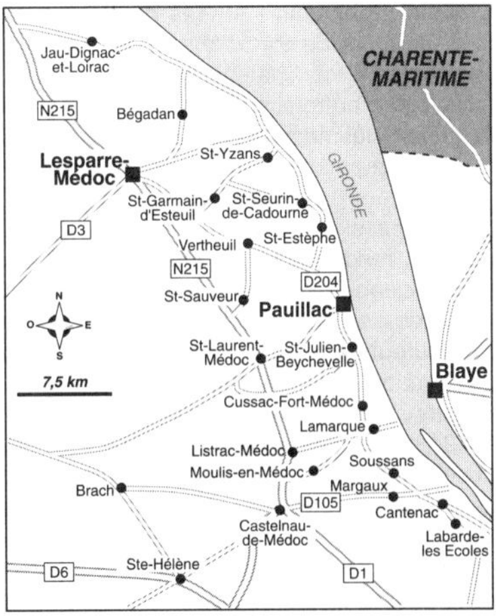

Cette jolie petite ville, à égale distance de Bordeaux et de l'Océan (une trentaine de kilomètres), doit son nom à son fondateur, le comte Roland de Castro Novo dont le nom évolua au cours des siècles en Castelnéou, Château-Neuf pour devenir enfin Castelnau, qui est l'une des plus anciennes seigneuries du Médoc. C'est ce même Roland qui fit ériger en 1108 le château, dont il reste peu de vestiges aujourd'hui, et la chapelle castrale Saint-Jacques de Castelnau.

Eglise Saint-Jacques. Elle mérite la visite puisque la chapelle de gauche et le chœur au chevet plat sont du XIIe siècle, tandis que la chapelle de droite est bâtarde entre le style roman et gothique et peut être datée de 1676. Son clocher fut érigé en 1736 et dans l'abside, on remarque un magistral vitrail (4,50 m x 2,20 m) de la première moitié du XVe siècle ainsi qu'un retable et une splendide statue de la Vierge à l'Enfant en bois de 1691. En 1994, les fenêtres claires qui éclairaient les fenêtres latérales ont été remplacées grâce à des dons, par des vitraux de style contemporain figuratif.

Cussac-Fort-Médoc

Fort Médoc ✆ 05 56 58 98 40. Fort construit par Vauban dès 1660, il fait partie du système de défense du fleuve avec le fort Pathé, où s'installa sa garnison en 1661, et la citadelle de Blaye. Il ne reste aujourd'hui que les ruines de ce glorieux bâtiment où les soldats devaient subir les attaques de moustiques. Malgré cet inconfort, le touriste pourra toujours apprécier la vue sur le fleuve, les vestiges des remparts et la très belle porte ouest. Surmontée d'un fronton triangulaire, elle est ornée d'un soleil royal et d'un écusson. Le château est le théâtre, chaque été durant trois soirées, du Festival de jazz Fort Médoc.

Château Aney. 6, avenue du Haut-Médoc ✆ 05 56 58 94 89. *Visite, vente et dégustation du lundi au samedi de 9h à 12h et de 14h à 18h, le dimanche de 8h à 12h. Sur rendez-vous le week-end.* Le château Aney doit son nom au premier maître des lieux qui fut à l'origine du vignoble dans les années 1850. La propriété fut agrandie et reconstruite en 1880. La vigne, laissée à l'abandon depuis le milieu du siècle, a été reprise ainsi que la propriété par Jean et Jean-Pierre Raimond en 1972. Cultivé sur 22 ha de graves, le château Aney est un haut-médoc cru bourgeois de cépages cabernet-sauvignon, merlot, cabernet-franc et petit verdot bénéficiant d'un terroir aux conditions exceptionnelles. Entre visite des chais et dégustation, ne pas manquer la collection de vieux matériels agricole et viticole exposée dans la propriété. L'avis des œnologues. Château Aney, haut-médoc 94. Ce cru bourgeois présente une robe rubis aux reflets d'évolution, un nez aux senteurs de fruits rouges vifs (groseilles, framboises), de girofles et d'herbes aromatiques, et une bouche à l'attaque fruitée. Château Aney, haut-médoc 95. Robe rubis brillante. Un nez aux notes fumées, animales, vanillées et de truffes. La bouche est soyeuse, équilibrée, d'une belle finesse aromatique. Château Aney, haut-médoc cru bourgeois 96. Ce vin présente une teinte rubis brillante, un nez aux arômes de cèdre, de violette, de cuir. La bouche est fruitée et équilibrée.

Château Tour du Goua. 13, rue Bois-des-Andrés ✆ 05 56 58 90 68 - Fax 05 56 58 98 68. *Visite, vente et dégustation du lundi au samedi de 9h à 18 ou 19h. Sur rendez-vous pour les groupes.* Situés à proximité du vieux Cussac, les 14 ha de vignes du château sont composés de cépages cabernet-sauvignon et merlot produisant un médoc cru artisan et un bordeaux qu'il est possible d'aller déguster en compagnie de la famille Blanchard, propriétaire du domaine. L'avis des œnologues. Château Tour du Goua, haut-médoc cru artisan 1996. Voilà un vin au caractère rustique, paré de notes de fruits rouges, et de tanins bien présents.

Château Lanessan - Musée du Cheval, Cussac-Fort Médoc ✆ 05 56 58 94 80. *Ouvert tous les jours de 9h à 12h et de 14h à 19h. Entrée: 5,34 € adultes, gratuit pour les enfants.* A la fois château viticole et musée, Lanessan offre une visite charmante autant qu'atypique au regard des traditionnels parcours touristiques. Bâti à la fin du XIXe siècle, le château lui-même s'entoure d'un parc planté à l'anglaise et s'accompagne d'une serre hollandaise ainsi que d'une roseraie, tous ouverts aux visiteurs. Mais beaucoup de ceux qui viennent à Lanessan y viennent pour le musée du Cheval. En hommage à Jean Delbos, passionné par les chevaux qui acheta le château en 1793, les propriétaires ont, en effet, rendue publique une collection extraordinaire de voitures hippomobiles dont la plus ancienne (un Phaéton) date de 1884. On les découvre au fil d'une balade qui nous mène des superbes écuries (mangeoire en marbre des Pyrénées, boules en cuivre, distributeurs d'avoine...) à la remise des voitures en passant par la sellerie, la salle d'astiquage et le lavoir des chevaux. Mais Lanessan n'a pas encore livré là tous ses secrets... Restent à découvrir le cuvier et l'histoire des domaines Bouteiller. En 1961-1962, le père des actuels propriétaires a en effet acquis les châteaux de Sainte-Gemme et de Lachesnaye, contigus à Lanessan. Le domaine familial s'organise depuis lors autour de ces 380 ha de terres. D'appellation Haut-Médoc, le Château Lanessan est, pour ce qui le concerne, un très bon Cru Bourgeois supérieur vendu de 12 € (1992) à 16 € (1996) la bouteille en vente directe. Les visiteurs ont d'ailleurs le plaisir d'en appréhender les parfums puisqu'une dégustation dans les chais clôt la balade...

Château Beaumont. ✆ 05 56 58 92 29 - Fax 05 56 58 90 94. *Visite et dégustation toute l'année sur rendez-vous. Fermé au mois d'août et entre Noël et le jour de l'an.* A quelques centaines de mètres du bourg de Cussac, le château Beaumont édifié en en 1854, est un joyau d'architecture à la Mansart. Avec ses élégantes façades flanquées de tourelles octogonales, et ses fenêtres encadrées de sculptures, il compte parmi les plus jolies demeures du Haut-Médoc. Le château tiendrait son nom de Louis de Beaumont qui s'appropria les terres du seigneur de Cussac, pendant la guerre de Cent Ans. Les vignes s'étendent sur 105 ha d'un seul tenant et permettent d'obtenir des vins élégants, harmonieux et bien charpentés. Vous pourrez déguster ou acheter ce cru bourgeois membre de l'académie du vin de bordeaux et de l'union des grands crus. Et si vous rêvez de la vie de château, il est à louer pour des séminaires résidentiels (12 chambres). Pour de plus amples informations, veuillez téléphoner au 05 57 88 85 98.

Jau-Dignac-Loirac

Le phare de Richard, Jau-Dignac-Loirac ✆ - Fax 05 56 09 53 18. *Visite entre 14h30 et 18h30 de Pâques à la Toussaint, de 11h à 19h en juillet et août, tous les jours sur rendez-vous hors de ces périodes et pour les groupes. Tarif: 0,76 €.* Géré par une association communale, le Phare de Richard (qui semble avoir poussé sur une petite maison) offre une magnifique vue panoramique sur les « polders de hollande » du XVIIe siècle de l'estuaire le plus vaste d'Europe. Son musée décrit la vie estuarienne et la navigation locale. Le site est accessible par voies terrestre et maritime (à marée haute) et dispose d'une aire de pique-nique, d'une table d'orientation et un télescope touristique installés sur la digue. Ne manquez pas les différentes manifestations organisées: la fête annuelle (animation, promenades sur l'estuaire, feu d'artifice avec embrasement du phare), la journée porte ouverte et les journées du patrimoine. Un détail visible et amusant pour vous indiquer le Phare de Richard, c'est la grosse bouée de haute mer qui a « échoué » sur la départementale 2, la prestigieuse route des vins du Médoc.

Confitures Maison et Gelée de Vin Christiane Valet. 72, route de Valeyrac ✆ 05 56 41 51 45 - E-mail: gerard.valet@tps.fr *Ouvert 7j/7 toute l'année. Fermeture annuelle en janvier et février.* Depuis 1987, Christiane Valet, producteur de fruits, fabrique artisanalement des confitures pour le plus grand plaisir des gourmands. A découvrir, une soixantaine de variétés de confitures (confiture de cassis au vin du Médoc, 4,12 € le pot de 500 g), fabriquées à l'ancienne dans une grande bassine de cuivre, avec 70 % de fruits et 30 % de sucre de canne. On y trouvera aussi des gelées de vin dont elle est le 1er fabricant (récompensées par un master d'or européen 2 000), des vinaigres de fruits et des chutneys parfaits à déguster sur de la viande froide. Pour la petite histoire, la célèbre Maïté utilisait les produits de Christiane Valet dans son émission « La cuisine des mousquetaires ». Tous ces produits sont à retrouver par ailleurs en vente au marché de Montalivet en saison.

Labarde

Château Giscours, Labarde ✆ 05 57 97 09 09. *Ouvert hors saison du mardi au samedi de 9h à 12h30 et de 14h à 18h. Tous les jours de juin à septembre.* L'histoire commence dès 1330 mais prend de l'importance à partir de 1552, année où le domaine fut reconnu comme vignoble. Son activité et sa production sont alors de plus en plus appréciées et la renommée du château gagne même la cour du roi Louis XIV. Pendant la Révolution, il est confisqué et devient « bien national ». De nombreux propriétaires se sont succédé depuis. Le classement de 1855 le reconnaît comme 3e Grand Cru Classé de l'appellation Margaux. Le vignoble s'étend sur quatre « croupes » (collines) : 82 hectares dans un environnement de 300 ha de prairies, de forêts et d'étangs. Des arbres centenaires sont les garants de la mémoire du lieu. La vendange, manuelle, est naturellement fidèle à la tradition, la vinification l'est aussi et le vieillissement (de 16 à 22 mois selon les millésimes) se fait logiquement en barriques de chêne fabriquées par les plus grands tonneliers. Outre le Château Giscours, le domaine produit d'autres crus : Sirène de Giscours, Haut-Médoc de Giscours, La Houringue. Le château est le théâtre de matchs de polo (samedis et dimanches après-midi de septembre) et on peut même organiser des repas dégustation de 10 à 2 000 personnes.

Château Siran ✆ 05 57 88 34 04 - Fax 05 57 88 70 05 - E-mail : chateau.siran-@wanadoo.fr *Visite, vente et dégustation tous les jours, week-ends et jours fériés compris, de 10h à 18h. Accès handicapés.* Voilà un château réclamant une visite à plus d'un titre. Pour la petite histoire, ce château dont les origines remontent en 1428, fut au XVIIIe siècle la propriété du comte de La Roque-Bouillac, maire de Labarde, qui l'apporta en dot à sa fille Jeanne-Adèle lorsqu'elle épousa le comte de Toulouse-Lautrec Monfa, arrière-grand-père de Henri de Toulouse-Lautrec. Depuis 1848, le domaine appartient à la même famille, qui peut s'enorgueillir de produire des vins rares puisqu'à la qualité des crus se rajoute celle des bouteilles, le château Siran s'habillant en effet chaque année d'une nouvelle étiquette illustrée par un peintre (Folon en 1981, Miro en 1982...). A la visite des chais et du cuvier traditionnel, se rajoute avec plaisir celle du parc de cyclamens (de fin août à début octobre), du cabinet de porcelaines chinoises, d'une collection de bouteilles anciennes des XVIIe et XVIIIe siècles et de faïences du XIXe siècle de la manufacture bordelaise Vieillard, une exposition de gravures (Rubens, Vélasquez, Boucher et Daumier), de peintures et de sculptures... N'en oublions pas le vin pour autant, avec en vedette le château Siran, grand cru de Margaux (20,50 € le 99), le S de Siran issu des vignes jeunes de Siran (13,80 € le 99), le Bel Air de Siran (Haut-Médoc : 7,60 € le 98), le château Saint-Jacques (Bordeaux Supérieur : 6,10 € le 98) et le Rosé de Siran (5,50 € le 2 000).

Lamarque

Lamarque, c'est avant tout le port où l'on embarque à destination de Blaye. En bord de Gironde, c'est aussi le lieu où venir faire son marché le dimanche matin pour y acheter du poisson tout frais, et une halte gourmande où l'on vient en toute saison déguster des crevettes en attendant le prochain bac.

Syndicat d'initiative. 8, rue des Ecoles ✆ 05 56 58 98 05. Ouvert du 15 juin au 30 septembre du lundi au samedi de 9h à 12h et de 15h à 19h, le dimanche en juillet et août.

Bac Lamarque - Blaye ✆ 05 57 42 04 49. Tarifs : piéton 2,8 €, voiture 11,2 €, vélo 1,4 €, cheval 6,4 €. Durée de la traversée : 20 minutes à 30 minutes.

Château Médiéval. ✆ 05 56 58 90 03 - Fax 05 56 58 93 43 - E-mail : chdelamarque@aol.com *Visite des chais (excepté durant les vendanges, du 15 septembre au 15 novembre) toute l'année sur rendez-vous du lundi au vendredi de 9h à 12h et de 13h30 à 17h.* Bâti au XIe siècle pour résister à l'invasion normande, repris au XVI et XVIIe puis remanié au XIXe siècle, le château fort de Lamarque en impose au visiteur de par ses épaisses et hautes murailles, son beau châtelet d'entrée et son donjon à salle basse voûtée d'ogive, flanqué de deux tours et d'une chapelle castrale. S'il est étonnant de voir un château fort en plaine, entouré de marécages en guise de douves, c'est qu'à l'époque le danger ne pouvait venir que du fleuve. Ancien édifice militaire, il est peu à peu devenu, depuis ses premières vignes au XVe siècle, une propriété viticole, restée dans la même famille depuis 1841. Dirigée par Gromand d'Evry, héritier des marquis d'Evry et des comtes de Fumel, elle produit le château de Lamarque, un cru bourgeois de l'appellation Haut-Médoc (millésimes de 94 à 99, de 12,20 € à 15,24 € et autres millésimes anciens), un second vin, le D de Lamarque, issu de jeunes vignes (98 et 99, 6,86 €) et un rosé de saignée, « Noblesse Oblige » (5,34 €). A découvrir en même temps que la devise du château : « Mon fer vainc, mon vin convainc ».

Lesparre

Si certains auteurs anciens citent Lesparre comme étant la capitale des Bituriges-Vivisques (tribu celtique), il est en tout cas certain que ce fut la première seigneurie du Médoc, avant d'en devenir la capitale économique et la sous-préfecture. Citée dès le XIe siècle, Lesparre appartient aux maisons d'Albret, de Foix, de Clève, de Matignon, d'Epernon et de Gramont. Une belle brochette de seigneurs, qui devaient se sentir bien protégés derrière le puissant donjon, seul vestige des fortifications de la ville. Assez animée grâce à sa taille, la ville est bien pourvue en rues commerçantes et attire les inconditionnels des emplettes en plein air lors de son grand marché mensuel. Ne pas manquer non plus la traditionnelle Foire aux Vins du Médoc, 52e édition du genre en 2002.

Office de Tourisme. 37, cours du Maréchal-de-Lattre-de-Tassigny ✆ 05 56 41 21 96. Ouvert toute l'année, sauf le dimanche, de 9h30 à 12h30 et de 14h30 à 18h30.

Tour d'Honneur. ✆ 05 56 41 06 75. *Ouvert du 15 juin au 15 septembre du lundi au samedi de 10h à 12h et de 14h à 18h, sur rendez-vous le dimanche et hors saison. Entrée : 2,29 €, 6 à 12 ans 0,76 €. Aire de pique-nique au pied de la tour. Expositions saisonnières.* La tour d'honneur de Lesparre n'est autre que le dernier vestige des fortifications de la ville, donjon témoignant par ses 30 m de hauteur et ses 12 m côtés, de la puissance de cette ville dont l'influence au Moyen Age s'étendait sur toute la moitié nord de la presqu'île du Médoc. Couronné de mâchicoulis et accosté d'une tourelle d'angle servant d'escalier (plutôt étroit, il permet d'accéder à une terrasse), l'un de ses côtés est même muni de quatre latrines en bretèche. La tour abrite un petit musée d'histoire locale avec outils anciens, tonnellerie et objets provenant de fouilles archéologiques.

Vignoble

Listrac

Le nom de Listrac vient du romain « Lista » - « listra » qui signifie lisière, limite. La commune est en effet à cheval sur la ligne de partage des eaux, les unes se jetant dans la Gironde et les autres dans les lacs du bord de l'Atlantique. L'église de Listrac fut construite au XIIIe siècle et largement restaurée au XIXe siècle. Son chœur roman est classé et abrite une statue de pierre du XIVe siècle et la chaire en bois sculpté.

Margaux

Ce si petit village possède une notoriété internationale. Il faut dire qu'un tiers des grands crus classés sont réunis sur cette langue de terre ne représentant qu'un dixième du vignoble médocain. Fleuron des vins de cette appellation : le Château Margaux, 1er Grand Cru classé en 1855.

Château Lascombes. 1, cours de Verdun, Margaux ✆ 05 57 88 70 66/05 57 88 76 15. *Visite, vente et dégustation tous les jours de 9h à 12h et de 14h à 16h30 sauf le premier week-end de chaque mois en hiver.* Qui n'a jamais rêvé de se familiariser avec l'appellation Margaux ? Le Château Lascombes en offre l'occasion en proposant des visites de ses chais, des données explicatives mais aussi, et surtout, la possibilité de déguster l'un des vins de la propriété. Des 83 hectares qui constituent le domaine, 50 sont à l'origine du Château Lascombes (Grand Cru classé en 1855) et le reste sert à composer le second vin : Chevalier de Lascombes. Les mots d'ordre sont ici sensibilité, intransigeance, rigueur de procédure et respect des traditions médocaines. On préfère d'ailleurs privilégier la qualité à la quantité, c'est sûrement pour cela que ce vin est commercialisé à travers le monde. Il ne faut pas oublier de tester le Château Segonnes dont la superficie est de 33 hectares. Autre vin de la maison, son vignoble est âgé de 20 à 25 ans et est issu de l'association de divers cépages : Cabernet-Franc, Merlot et Cabernet-Sauvignon, mais est produit selon les mêmes principes que les précédents. Enfin, nous ne serions pas complets si nous omettions de vous parler du quatrième vin de la propriété, un rosé. N'oubliez tout de même pas de remarquer la splendide demeure. Au XVIIe siècle, elle fut la propriété du chevalier Antoine de Lascombes dont elle conserve aujourd'hui le nom.

Château Margaux, Margaux ✆ 05 57 88 83 83 - E-mail : chateau-margaux@chateau-margaux.com *Visite sur rendez-vous du lundi au vendredi de 10h à 12h et de 14h à 16h, sauf le week-end, les jours fériés, en août et durant les vendanges.* Pas de vente directe. Ce château est l'édifice néoclassique le plus important du Bordelais : conçu par l'architecte Louis Combes en 1810, il s'élève sur quatre niveaux généreusement éclairés par de larges baies. Sur la façade, le fronton triangulaire est soutenu par quatre colonnes, et autour, un jardin contraste avec la sévérité anguleuse des bâtiments. Le Château Margaux est un des plus grand vins de bordeaux en premier grand cru classé de l'appellation portant son nom, et le vignoble du château couvre 87 ha sur un domaine qui en totalise 262, avec un élevage de 18 à 24 mois en barriques et une production de 200 000 bouteilles. S'y rajoutent le Pavillon Rouge du château Margaux (2e vin) et le Pavillon Blanc. On y visitera les chais et les installations, mais sans dégustation ni vente directe puisque la vente du Margaux ne se fait que par l'intermédiaire du négoce…

Moulis-en-Médoc

Château Biston-Brillette. Petit Poujeaux ✆ 05 56 58 22 86 - Fax 05 56 58 13 16 - Internet : www.chateau bistonbrillette.com - E-mail : contact @chateaubistonbrillette. com. *Visite du lundi au vendredi de 9h à 12h et de 14h à 19h, le samedi de 10h à 12h (sur rendez-vous l'après-midi).* C'est au début du XIXe siècle, lorsque M. Biston, propriétaire de quelques hectares de vignes sur la commune de Moulis associe son nom au lieu-dit « Brillette », que naît le château Biston-Brillette. Après le phylloxéra et plusieurs changements de propriétaire, les 5 ha de vignes furent rachetés en 1930 par M. Lagarde. Michel Barbarin, son successeur depuis 1963, puis ses fils ont remanié le domaine qui compte aujourd'hui 22 ha en appellation Moulis. On découvre l'élevage traditionnel du vin à l'occasion de la visite des installations, du chai et du cuvier, commentée par l'un des propriétaires. Elle s'achève par la dégustation du château Biston-Brillette (10,25 € le 99, 10,55 € le 98) ou du château Biston, le second vin du domaine (6,10 € le 99 et 6,25 € le 98). Les tarifs 2002 devraient engendrer une augmentation de 0,30 à 0,70 € par bouteille. Un excellent rapport qualité/prix pour ces AOC Moulis-en-médoc.

Château Moulin à Vent. Bouqueyran ✆ 05 56 58 15 79 - Fax 05 56 58 39 89 - E-mail : hessel@moulin-a-vent.com *Visite du lundi au vendredi de 9h à 12h et de 14 à 17h30, le week-end sur rendez-vous.* Cru bourgeois d'appellation Moulis-en-Médoc figurant au classement officiel de 1932, le château Moulin à Vent (dont le bâtiment d'habitation est une chartreuse XVIIIe) s'étend sur 25 ha de vignes. Exposé sur les plus hautes croupes de Moulis, le vignoble profite des qualités d'un très bon terroir composé de Graves (60 %) et d'argilo-calcaire (40 %). La culture de la vigne et l'élaboration du vin sont conduites dans le respect de la tradition et sans concessions aux modes, avec comme double objectif la qualité et l'authenticité. Dotés d'une belle robe foncée, ses vins se caractérisent par un bouquet délicat, de la souplesse et beaucoup d'élégance. Comme tous les grands Médoc, ils possèdent une bonne aptitude au vieillissement. Avec des tarifs aux alentours de 11 € à 13 € selon millésimes (94 à 99) il y a de quoi trouver son bonheur, avec la possibilité supplémentaire de commander certains vieux millésimes. Quant au très prometteur millésime 2000, il sera disponible en septembre 2002.

Château Maucaillou. Musée des Arts et Métiers de la Vigne et du Vin. ✆ 05 56 58 01 23 - Fax 05 56 58 00 88. *Ouvert tous les jours de l'année de 10h à 12h et de 14h à 18h. Du 1er octobre au 30 avril, visites à 10h, 11h, 14h, 15h et 16h. Tarifs : musée et dégustation 6,86 €, musée seul 4,57 €. Table d'hôtes pour le dîner et le week-end sur réservation (6 personnes minimum et 25 maximum). Menus : 27,45 € et 34,30 € (vin et visite comprise).* « Maucaillou », qui vient de « mauvais caillou » car impropre à la culture des céréales, a bien su retourner la situation, cette propriété de 82 ha étant un des monstres sacrés dans le monde du vin. Situé juste entre Margaux et Saint-Julien, ce château XIXe ocre et roux offre une visite réellement instructive grâce à son musée du vin, mettant en scène de façon pédagogique et complète tout ce qui a trait à ce monde, parfois de manière originale et unique : travail du tonnelier, du verrier, du fabricant de bouchons, machines à soufrer et à embouteiller, pressoir ancien, le tout sur 2 500 m² d'exposition, avec projection d'un film, utilisation d'un appareil à tester son odorat et visite commentée des chais. Et, comme de bien entendu, une dégustation (on remportera en souvenir un verre gravé) de ce cru bourgeois de l'appellation Moulis, clôture le tout. Le château Maucaillou propose par ailleurs sa table d'hôte (cadre exceptionnel), ses repas dégustation, ses visites du vignoble en hélicoptère et son école du vin pour s'initier ou se perfectionner à la dégustation. Le château Maucaillou offre plusieurs salles de réception aux charmes différents, lieu idéal pour les séminaires, congrès et mariage : la salle des Notables (de 210 à 250 personnes), est installée dans l'ancienne tonnellerie du château et l'autre salle, le Cuvier offre une vue exceptionnelle sur les barriques.

Saint-Estèphe

Une de ces communes mondialement renommées pour ses monuments de délectation que sont ici les vins de l'appellation Saint-Estèphe. Située au milieu des vignes, le bourg est dominé par son église et on se rendra jusqu'à l'ancien port pour admirer le vaste panorama sur la Gironde.

Saint-Germain-d'Esteuil

C'est l'une des plus anciennes communes du Médoc, ses divers vestiges gallo-romains en sont le témoignage parlant. D'ailleurs ce sont eux qui attirent les visiteurs. L'ordre de Malte y avait un hôpital au XVIIIe siècle.

Site archéologique de Brion ✆ 05 56 09 02 07. Le site gallo-romain de Haut-Brion est implanté au fond du marais de Reysson. Les vestiges visibles sont ceux d'une ville gallo-romaine construite vers le milieu du premier siècle de notre ère. Selon toute vraisemblance, ce fut celle que le savant grec Ptolémée citait sous le nom de Noviomagus, l'une des quelque 20 villes d'Aquitaine romaine. Une implantation urbaine à cet endroit semble aujourd'hui insolite, mais il y a 2 000 ans le site se trouvait sur une île, au fond d'une vaste baie de communication avec la Gironde. Elle avait une économie prospère et notamment une importante métallurgie du bronze. Ce site fut longtemps ignoré et ce n'est qu'entre 1985 et 1990 qu'un chantier-école fut mis en place. Il mit à jour un théâtre, un temple de tradition celtique (fanum), des bâtiments publics, des habitats, du mobilier, des monnaies, des parures et divers objets. Une visite fort instructive.

Château Livran, Saint-Germain d'Esteuil ✆ 05 56 09 02 05. *Visite, vente et dégustation du lundi au vendredi de 9h à 12h et de 14h à 17h (jusqu'à 18h de mi-juin à fin août).* Tout au bout de l'allée entourée de vignes, à la sortie de Saint-Germain d'Esteuil, vous trouverez cette grande demeure aux volets blancs, couverte de lierre, où vous serez accueilli fort gracieusement. Vous pénétrez alors dans un domaine dont le château est, d'après les archives, connu depuis 1310. Mais parlons plutôt du vin de la propriété. Tiré d'une superficie de 52 hectares de vignes, le vin est réalisé pour être mis en cuves inox ou béton pendant 3 à 5 semaines, suivant les années, pour être ensuite placé à vieillir pendant 12 mois dans des barriques en chêne merrain. C'est plus tard que les propriétaires actuels, Robert-Yves et Olivier Godfrin accueillent visiteurs et amateurs pour conseils, vente et dégustation d'un des deux vins de la propriété : Château Livran ou Château Moulin de Livran. Alors, tout comme, avant vous, l'ont fait le comte d'Armagnac, le chevalier Arnaud Garcie de Goth, frère de Clément V et bien d'autres, une halte s'y impose.

Saint-Julien-de-Beychevelle

Château Beychevelle, Saint-Julien-de-Beychevelle ✆ 05 56 73 20 70. *Visite gratuite sur rendez-vous (pour les groupes à partir de 10 personnes, sinon sans rendez-vous) du lundi au vendredi de 9 h 30 à 11 h 30 et de 13 h 30 à 17 h.* Le duc d'Epernon, que nous retrouvons à Cadillac, hérita du château du Médoc à la fin du XVIe siècle. Ayant le titre d'amiral de France, les bateaux qui passaient au large baissaient leurs voiles en signe de salut. En Gascon, baisser les voiles se dit « becha vela » qui devint Beychevelle. La propriété telle qu'elle existe aujourd'hui fut bâtie à la fin du XVIIIe et remaniée au XIXe siècle. Les jardins s'étendent jusqu'au fleuve et la légende dit que le pré d'à côté, le prat lauret, au niveau du pont de l'Archevêque, sert de lieu pour le sabbat des sorcières... La visite laisse découvrir les chais à barriques et, chose exceptionnelle en Médoc, une cave souterraine où vieillit à merveille ce Saint-Julien classé Grand Cru en 1855.

Château Léoville-Barton - Château Langoa, Saint-Julien-de-Beychevelle ✆ 05 56 59 06 05. *Visite, vente et dégustation toute l'année sur rendez-vous.* Installés sur le prestigieux territoire de Saint-Julien, les châteaux Léoville-Barton et Langoa disposent déjà d'un merveilleux atout. Ajoutez à cela une forte proportion de vieilles vignes, des cépages composés de Cabernet-Sauvignon, de Merlot, et de Cabernet-Franc, un mode de culture et de vinification traditionnels et vous obtiendrez deux vins aux caractères bien définis d'où émanent richesse et excellence, Second et Troisième Grands Crus classés en 1855 auxquels il faut ajouter les seconds vins : Saint-Julien, Lady Langoa et la Réserve Léoville-Barton. Mais le château Langoa, c'est aussi une magnifique demeure de style bordelais du XVIIIe siècle, représentative du passé passionnant et chargé d'aventures de la famille Barton qui l'acquit en 1821, complétée cinq ans plus tard par le domaine voisin de Léoville. Demandez plutôt, une fois sur place, pendant la rituelle séance de dégustation, à ce que l'on vous raconte le passionnant récit de cette famille arrivée d'Irlande en 1722 qui, dès lors, trouva sa voie dans le commerce du vin. D'ailleurs, en plus d'être producteurs, les Barton sont encore aujourd'hui négociants puisqu'ils proposent à leurs visiteurs une remarquable palette de grands crus. Vous l'aurez compris, les vins sont ici chargés d'une longue tradition, de tout un héritage qu'Anthony et sa fille Lilian se chargent de perpétuer. Que cela ne vous empêche pas de jeter un œil, en repartant, au parc composé de jardins à la française, personnalisés par-ci par-là d'une touche anglaise, plus naturelle.

Saint-Laurent-du-Médoc

C'est au bord d'une voie romaine, construite sous César (56 ans avant Jésus-Christ) pour relier Castelnau à Lesparre, qu'est bâtie la commune de Saint-Laurent-du-Médoc où l'on apprécie le vin depuis 1407. Ce qui n'empêche pas qu'on accorde aussi certaines vertus à l'eau, et à celle de la fontaine de Bernos en particulier. Les jeunes filles, en effet, y jettent une épingle pour savoir si elles se marieront dans l'année. On dit qu'une fée, qui s'y désaltère pendant ses séjours terrestres, revient « tester » la sincérité des amoureux grâce à cette épingle. On visitera, en attendant le verdict, la jolie église à abside romane et clocher gothique de plan carré. Mais on peut également faire le détour jusqu'au château Balac, restauré par Victor Louis en 1776. Au lieu-dit Benon, à 5 kilomètres à l'ouest de Saint-Laurent, on peut encore visiter une église templière passée aux chevaliers de Saint-Jean-de-Jérusalem. La bâtisse, fortifiée et voûtée, date du XIIe ou du XIIIe siècle. A l'est de Saint-Laurent, au cœur des vignes, il reste les épaisses murailles et un donjon du XVIe siècle ainsi que les douves entourées d'eau du château la Tour Carnet, appelé autrefois château Saint-Laurent. On y voit aussi les anciennes fortifications et la tour carrée du château de Sémignan qui appartenait aux seigneurs d'Albret et Gaston de Foix.

Saint-Sauveur

Château du Junca. 4, route Junca, Saint-Sauveur ✆ 05 56 59 56 35. *Fermeture annuelle au mois d'août. Visite, vente et dégustation du lundi au samedi sur rendez-vous.* Dans ce pays de grands crus, il faut absolument découvrir le haut-médoc. Ainsi, au château du Junca, M. Serge Tiffon cultive et produit un Cru Bourgeois. Avec toute la gentillesse et l'amabilité qui le caractérisent, il vous présentera gracieusement le vin de sa propriété, vous proposera de le déguster et vous en parlera avec humour et passion. Au-delà même de ses qualités propres, le Château du Junca présente en plus un très intéressant rapport qualité/prix 8,38€ la bouteille de 1995, 7,62 € le 1996 et 7,71 € le 1997. Pourquoi se priver ?

Saint-Seurin de Cadourne

Château Verdus. Saint-Seurin de Cadourne ✆ 05 56 59 71 10 - Fax 05 56 73 17 32 - E-mail : contact@château-verdus.com *Visite des chais, du musée et du Colombier de Bardis. Ouvert du lundi au samedi de 9h à 12h et de 14h à 18h, le dimanche de 15h à 18h. Fermé le jour de Pâques, le 15 août, les 24, 25 et 26 décembre et du 30 décembre au 2 janvier. Entrée : 3,05 € (gratuit en dessous de 16 ans et si achat de vin). Tarifs groupes sur rendez-vous.* Cette ancienne forteresse qui servit de garnison à la capitainerie de Lamarque appartient à la même famille depuis le XVe siècle. Laprès s'être garé à l'ombre dans un parc ombragé, on y découvrira un très intéressant château-musée, où sont exposés de nombreux documents d'époque ainsi que du matériel de culture et de chai retraçant l'histoire du Médoc du XVe à nos jours. On en profitera pour visiter le colombier de Bardis (l'un des plus beaux d'Aquitaine avec une magnifique vue sur la Gironde) et terminer la visite par les chais et une dégustation de ce château Verdus cru bourgeois Haut-Médoc (de 8 à 11 € la bouteille), issu de 13 ha de vignes composées à 65 % de cabernet sauvignon.

Saint-Yzans

Château Loudenne. Saint-Yzans ✆ 05 56 73 17 80. *Visite, vente et dégustation toute l'année du lundi au vendredi de 9h30 à 12h30 et de 14h à 17h30, et samedi, dimanche et jours fériés sur rendez-vous.* « Tout dépasse nos premières impressions... » Ainsi s'exprimaient en avril 1875 Walter et Alfred Gilbey, les nouveaux propriétaires du domaine de Loudenne. Séduits par la rareté du site bordant la Gironde et la ravissante chartreuse rose élevée au XVIIe siècle, les fondateurs londoniens d'une société de négoce en vins et spiritueux pressentaient la bonne destinée. Le fait que plus d'un siècle après, Loudenne continue d'allier l'élégance française à l'inimitable british way of life. Récemment racheté par le négociant Jean-Paul Lafragette, PDG du CCS à Bordeaux, le Château perpétue une tradition de qualité en produisant un Château Loudenne rouge Cru Bourgeois A.O.C. Médoc (de 10,4 € à 13,7 €), un Château Loudenne blanc A.O.C. Bordeaux (de 9 € à 9,6 €), un rosé de Loudenne (5,5 €) et un Pavillon de Loudenne (de 6,4 € à 7,92 €) ; tous vins régulièrement médaillés. Après une balade dans les beaux jardins, un tour au musée des Outils de la Vigne et du Vin, l'exposition permanente intitulée "Victoriens en Médoc « se dévoile aux yeux des visiteurs, après quoi l'on peut se consacrer au vin. Pendant la visite, sont évoqués les différents cépages, la culture de la vigne et les vendanges avant d'appréhender, dans les grands chais de Loudenne, la vinification et l'élevage des vins blancs et rouges. Sans oublier bien sûr, la dégustation. Noter, enfin, que la vente par correspondance est possible.

Soussans

Château la Galiane, Soussans ✆ 05 57 88 35 27. *Visite, vente et dégustation du lundi au vendredi de 9h à 12h et de 14h30 à 18h, le week-end et jours fériés sur rendez-vous.* Exploitation familiale depuis plusieurs générations, le château La Galiane servit au XVe siècle de base de commandement au général anglais Galian (d'où son nom actuel), alors que l'Aquitaine était sous domination anglaise. Il étire son vignoble sur 5 ha de vignes composées de merlot, cabernet-sauvignon, cabernet-franc et de petit verdot, cultivées de façon manuelle dans la plus pure tradition médocaine, et avec un vignoble labouré et non désherbé chimiquement. C'est ce qui nous est expliqué durant la visite et la dégustation, où l'on découvrira ce grand vin de Margaux (château La Galiane : 12,50 € le 99, 12,20 € le 98, 11,89 € le 97), issu comme le second vin de la propriété, le château Charmant (même tarifs), de pieds de vignes dont certains sont centenaires.

Château Bellevue de Tayac. Hameau de Tayac ✆ 05 57 88 34 29 - Fax 05 57 88 70 19. *Vente directe et dégustation gratuite. Ouvert les week-ends et en semaine pendant la saison touristique. Possibilité de visite toute l'année sur rendez-vous. Gîte rural de 7 places à Saint-Laurent du Médoc.* Une exploitation viticole où l'on est reçu avec gentillesse par M. et Mme Saux, qui prennent le soin de tout expliquer sur la fabrication de leur vin, depuis l'élevage de bovins, dont le fumier est utilisé comme engrais naturel pour la vigne jusqu'au vieillissement de leur AOC Margaux en fûts de chêne, en passant par le vignoble de 3,5 ha, planté de merlot et de cabernet-sauvignon. A savoir : ceux qui auront été conquis par la dégustation pourront toujours adopter la solution économique suivante, qui est d'acheter le vin en primeur. En réservant dès aujourd'hui le nouveau millésime (à partir de 12 bouteilles) qui vous sera livré au mois de juin suivant, on bénéficie ainsi de tarifs préférentiels (offre valable dans la limite des disponibilités).

Vertheuil

Abbaye de Vertheuil ✆ 05 56 73 30 10. L'ancienne abbaye Saint-Pierre fut construite au Moyen Age par les chanoines de Saint-Augustin. La tradition veut que ce soit Charlemagne qui ait voulu l'édification d'une abbaye à Vertheuil. Détruite par les Huguenots en 1572, elle fut largement remaniée aux XVIIIe et XIXe siècles. Il reste de nombreux vestiges : tour de donjon roman à mâchicoulis du château de Vertheuil, superbe église romane à trois nefs dont les dimensions témoignent de la prospérité des moines au Moyen Age, clocher du XIIe, bâtiments abbatiaux du XVIIIe... On remarquera notamment que sous les voussures du portail, de drôles de vieillards de l'Apocalypse se tiennent la barbe. Des expositions sont organisées durant l'été dans l'abbaye.

SOULAC-SUR-MER ET LE MEDOC BLEU

HEBERGEMENT

Hôtel des Pins. L'Amélie 33780 Soulac-sur-Mer ✆ 05 56 73 27 27. *Fermé du 10 janvier au 15 mars et 15 jours en novembre. Logis de France 2 étoiles et 2 cheminées. 31 chambres de 35 € à 50,3 € en basse saison et de 51,8 € à 70,13 € en haute saison. Demi-pension de 35,83 € à 44,21 € en basse saison et de 51,8 € à 62,5 € en haute saison. Petit déjeuner de 6 € à 6,86 €. Menus à 8,4 € (enfants), 15 €, 20,6 €, 25,15 € et 35,83 €.* Alentour, la dune et les vagues d'un côté, la forêt de l'autre... Hors saison, on semble avoir été propulsé au bout du monde. Le décor, l'environnement de l'hôtel et ses hôtes sont en tous points enchanteurs. D'une amabilité exceptionnelle, Mme Moulin donne à l'établissement un côté chaleureux et familial. Loin de l'usine à touristes, on fait tout ici pour le bien-être de chacun. La table, traditionnelle, est de qualité aussi : salade de Saint-Jacques, lamproie à la bordelaise... que l'on peut accompagner d'une sélection de grands crus vendus au verre. La salle de restaurant est décorée avec soin et, sur chaque table, un petit bouquet contribue à l'harmonie du lieu. En saison, réservez votre table en terrasse. Les chambres, enfin, sont aménagées avec goût. Chacune a son cachet, dans des tons et des styles différents. Parfaitement entretenues, elles présentent une diversité et un choix qui permet à chacun de trouver son compte. Certaines possèdent des balcons. Un parking privé, surveillé l'été, est aussi à la disposition des clients.

Océan Hôtel Loisirs. L'Amélie 33780 Soulac-sur-Mer ✆ 05 56 09 78 05 - Fax 05 56 09 75 41. *Ouvert du 1er avril à novembre. Chambres de 47 € à 70 € pour 1 personne, de 56 € à 78 € pour 2, de 89,95 € à 112,8 € pour 4. Petit déjeuner 6,86 €. Dîner 8,4 € (enfants de 3 à 8 ans) et 16 €.* La proximité des plages aurait suffit, peut-être, à séduire la clientèle de cet hôtel de l'Amélie. Mais l'Océan Hôtel Loisirs a voulu offrir davantage, et en plus de l'élégante sobriété des bâtiments, de la douceur accueillante de la décoration, du confort général et du grand jardin entouré de pins, l'établissement offre entre autres des aires de jeux pour les enfants, une piscine et une salle de fitness. Après s'être adonnés aux activités internes ou extérieures à l'hôtel, les vacanciers peuvent également profiter du bar et d'un restaurant où sont proposées de bonnes formules de buffets.

Hôtel Résidence Aplus. Route du Baganais - Lacanau Océan ✆ 05 56 03 91 00 / 05 56 03 92 00. *Fermé en décembre, janvier et février. 55 chambres et 2 suites de 46 à 80 €. Petit-déjeuner 8,50 €. Appartements et villas de 294 € la semaine (4 personnes en basse saison) à 1190 € (villa 7 à 9 personnes en haute saison).* Ah, les veinards qui passent leurs vacances dans cette résidence ! En plein cœur de la forêt et à seulement quelques kilomètres du centre-ville, c'est là une parfaite communion avec la nature, qu'on opte pour la formule chambre d'hôtel, pour un appartement ou même une villa. Dans tous les cas on peut profiter des multiples activités du lieu, avec une prédilection pour le cheval, qui est ici le roi, avec des possibilités de promenades en forêt ou en bord de mer, des leçons d'équitation en manège... Et après une bonne cavalcade, pourquoi ne pas profiter de la balnéothérapie, avec bains bouillonnants, douches américaines, massages et autres méthodes de relaxation (sophrologie, qi-gong et Mezières pour les problèmes de dos) ainsi que de l'espace forme avec la piscine intérieure, le hammam, le solarium et la salle de fitness. Les vacances vont être chargées !

Campings

Camping Airotel de l'Océan. Rue du Repos - Lacanau-Océan ✆ 05 56 03 24 45 - Fax 05 57 70 01 87 - Internet: www.airotel-ocean.com. *Ouvert du 14 avril au 23 septembre. Accueil de 8h à 20h. Bureau de change. Camping 4 étoiles de 550 emplacements.* Ce camping de grand confort a fêté dignement ses 40 années d'existence: l'âge de raison pour un camping tout confort, où les 4 étoiles sont largement méritées au vu de son emplacement et des qualités des prestations. Sur 9,5 ha boisés et à 600 m de la plage, c'est presque un centre de loisirs, où l'on a l'embarras du choix entre le minicomplexe aquatique et ses multiples toboggans, le ping-pong, le tir à l'arc, le tennis, la « fitness room », les structures à escalader pour les enfants, le volley et le basket. Sans compter que durant les mois de juillet et d'août, de nombreuses animations pour adultes et enfants sont organisées, sans oublier la discothèque « Le Havana » où, dès 23h, ambiance et bonne humeur sont assurées. Pour ce qui est de la location, il existe des formules adaptées aux besoins de chacun: location de caravanes, bungalows-toiles meublées, mobil-homes ou chalets O'Hara et ce à la nuit, au week-end, à la semaine ou au mois. Toutes commodités sur place avec: restaurant pizzeria Le Paradis, bar en bord de piscine (la terrasse y a été agrandie), crêperie, pizzas et plats à emporter, supermarché, boulangerie, presse, laverie, location de vélos... Possibilité de vacances à crédit sous forme de « compte loisirs ».

Camping des Lacs. Route des Lacs ✆ 05 56 09 76 63- Fax 05 56 09 98 02 - E-mail: info@camping-les-lacs.com *Ouvert de Pâques à fin septembre. Camping 4 étoiles de 152 emplacements. Forfait à la journée de 13 € à 20 € selon saison (pour 2 personnes, 1 tente ou 1 caravane et 1 voiture ou un camping car). Forfait location à la semaine pour une caravane de 5/6 places de 160 € à 380 € selon saison. Forfait location à la semaine de mobil-homes 5/6 places de 290 € à 556 € selon saison. Accès handicapés. Chèques vacances acceptés. Des prestations de qualité pour ce camping 4 étoiles à échelle humaine, où les campeurs démunis de tente peuvent bénéficier en basse saison d'un forfait journalier de location de mobil-home pour 4 personnes à 40 € (7,62 € par personne supplémentaire).* Possibilité de location de vélos, et tout le confort nécessaire avec les douches chaudes, le minibar, une épicerie, un restaurant (pizzas et plats à emporter et dépôt de pain) ainsi que de multiples installations de loisirs: aire de jeux pour enfants (avec structure à escalader), deux belles piscines entourées de petits palmiers (dont une couverte et chauffée), volley-ball, boulodrome et minigolf, mais aussi aquagym et balnéo. Les animations (dont l'incontournable karaoké) fleurissent en été pour une atmosphère résolument conviviale.

Camping la Pointe du Médoc. Avenue de la Pointe-de-Grave 33123 Le Verdon-sur-Mer ✆ 05 56 73 39 99 - Fax 05 56 73 39 96. *Ouvert de Pâques à la Toussaint.* Ouvert depuis un an, ce complexe situé à 1 km des plages de l'estuaire et des plages de l'océan, se veut davantage une hôtellerie de plein air qu'un camping. Aux 300 emplacements de ce domaine verdoyant de sept hectares, viennent en effet se greffer une trentaine de chalets de 23 à 28 m² bien équipés, 40 mobil-homes et un vrai complexe de loisirs comprenant une piscine chauffée avec transats, cascade, terrain de beach volley, basket, pétanque, ping pong et minigolf, jeux d'intérieur (baby foot, billards) et en saison de nombreuses activités allant du yoga à la relaxation sub-aquatique en passant par la sophrologie, les soirées dansantes, la peinture ou la mosaïque... Bref, les vacances promettent d'être chargées en activités de toutes sortes et vous trouverez sur place: location de vélo, un bar, un restaurant et plat à emporter et une laverie.

Camping municipal. Avenue de l'Europe 33930 Vendays-Montalivet ✆ 05 56 73 32 02/ 05 56 09 33 45 (saison). *905 emplacements.* En plein cœur de la forêt, face au parcours de santé communal, s'étend sur 30 hectares le camping municipal de Montalivet. En plus des services et loisirs habituellement rencontrés dans un camping 3 étoiles, vous bénéficierez et profiterez de la poissonnerie, de la boucherie-charcuterie, d'un point presse relativement bien fourni en presse étrangère et du snack-bar du complexe « Le Gallic ». Vous circulerez sur les 30 kilomètres de pistes cyclables qui sont au départ du camping, vous pourrez aller vous baigner à la mer, tout près, ou partir visiter et déguster les vins dans les caves du Médoc. Enfin, vous découvrirez avec joie ce fameux marché de Montalivet, typique, coloré et folklorique, qui vous séduira, sans aucun doute. Et si vous désirez laisser d'avance votre caravane pour l'année prochaine, sachez qu'ici, c'est tout à fait possible.

Résidence

Résidence Arts et Vie. 33121 Carcans-Maubuisson ✆ 05 56 03 97 00 - Fax 05 56 03 47 82 - Internet: www.artsvie.asso.fr - E-mail: mpouget@artsvie.asso.fr. *Ouvert d'avril à fin septembre. Semaine du dimanche au dimanche en formule hôtelière de 164,64 € à 236,3 € en 1/2 pension. week-end avec 1 nuit en demi-pension: 33,6 € par personne (hors vacances scolaires). Semaine en location (chalet ou appartement 7 personnes) de 198 € à 609 € selon la saison.* Au bord du plus grand lac littoral de France, en plein cœur de la forêt des landes girondines et à seulement 3 km de l'océan, cette agréable résidence propose l'alliance de la détente et du confort. Tandis qu'on profite dans la journée de l'immense base omnisports et nautique de Bombannes (à quelques minutes du complexe), on savoure au restaurant, le soir, les spécialités de notre belle région avant de terminer la soirée par une partie de billard. Le mode d'hébergement se décline en une alternative: classique chambre d'hôtel (100 chambres ou appartements) ou chalet pour 7 personnes. Les deux sont équipés de TV, téléphone, salle de bains et chauffage électrique. La résidence dispose en outre d'une salle de conférences avec le matériel nécessaire pour les séminaires et un jardin d'enfants durant les vacances scolaires.

RESTAURANTS

Hôtel de France. Place de l'Eglise - Vendays 33930 Vendays-Montalivet ✆ 05 56 41 70 34- Fax 05 56 41 74 33. *Fermeture annuelle durant les vacances de février. Fermé le dimanche soir et le mercredi toute la journée hors saison. 8 chambres à 39,64 €. Restaurant fermé le dimanche soir, mardi soir et mercredi en hiver. Menus de 10,52 à 22,71 €. Carte 24,39 €. Petit-déjeuner 4,57 €.* A l'intérieur des terres et sur la petite place animée de Vendays, l'Hôtel de France offre une halte au calme et une jolie petite terrasse à l'ombre d'un érable. On y dort comme des loirs dans chacune des chambres aux couleurs et thèmes personnalisés et décorées de meubles peints par la maîtresse de maison. La cuisine de Gilles et l'accueil de Marika n'ont rien à envier à de plus coûteuses tables, et l'on s'y délectera d'une cuisine d'hier aux goûts d'aujourd'hui, basée sur des produits frais et en constant renouvellement, pour une découverte aromatique des plus intéressantes, autour par exemple du flan de foie gras au jus d'huîtres, du millefeuille de tricandilles, du croustillant de magret d'oie aux senteurs des îles et du chaud froid au chocolat et son croustillant de caramel. Une halte fort agréable dans ce restaurant à la décoration rustique et chaleureuse où le « soleil » s'impose sur toutes les tables.

Hôtel-Restaurant de la Plage. Av. de l'Océan - Front-de-Mer 33930 Vendays-Montalivet ✆ 05 56 09 31 13 – Fax 05 56 09 39 97. *Fermeture annuelle de mi-décembre à mi-janvier. Chambres de 27,5 € à 58 €. Lit supplémentaire 12,2 €. Petit-déjeuner 5,34 €. Restaurant ouvert tous les jours en saison. Menus: 6,1 € (enfant), 13,6 €, 22,9 €. Carte: 25,9 €. Aire de jeux pour enfants.* Des « hôtels de la plage », il doit y en avoir quelques centaines sur les côtes françaises, et celui là mérite bien son appellation, avec sa vaste terrasse panoramique couverte, ouverte sur les dunes et la mer et décorée de jolies jarres en céramique bleue vernissée. A l'intérieur, entre les expositions de tableaux et d'objets marins, on nage toujours en milieu maritime, sous la houlette de M. Pommier, qui avec sa barbe de capitaine veille au bon déroulement des manœuvres gourmandes. C'est qu'à l'hôtellerie de tradition s'ajoute un restaurant où souffle le vent du large: salade de St-Jacques au Xérès, mouclade charentaise au Pineau, filet de bar de ligne, pavé de saumon au foie gras et magret, dorade rôtie au fenouil, véritable bouillabaisse... Bref, de quoi y prendre ses quartiers de maître!

Hôtel L'Oyat. Front de Mer ✆ 05 56 03 17 77 - Fax 05 56 03 17 77. *Fermeture annuelle de début novembre fin mars. 30 chambres de 63 à 98 €. Petit-déjeuner 7,10 €. Menu 21 €. Carte 30 €.* C'est quasiment les pieds dans l'eau que vous séjournerez face à la mer et à la grande plage, avec une des plus belles vues du front de mer et pour toile de fond les rouleaux, les surfeurs ou les pêcheurs au fil des marées. A 200 mètres du centre-ville, cet établissement moderne propose -en plus d'une vue splendide du haut de la dune- 30 chambres équipées de toilettes, salle de bain privée et TV Canal + et satellite. Côté restaurant, la mer domine (fondue marine, véritable bouillabaisse, fruits de mer, avec arrivage journalier de poissons et coquillages...), mais on pourra aussi y manger des glaces à tout moment de la journée, avant d'aller pourquoi pas profiter des animations musicales organisées en soirée en saison (groupes de musique africains, brésiliens...)

Le Kayok. 2, allée Pierre-Ortal - Lacanau ✆ 05 56 03 20 75- Fax 05 56 03 11 10. *Menus de 18 à 30 €.* Malgré son architecture passe partout, voilà sans nul doute la meilleure terrasse de Lacanau, avec une vue directe et plongeante sur la mer et les surfeurs. Idéal pour aller prendre l'apéro entre amis (des pare vents y sont même installés quand le zef souffle trop fort), mais aussi pourquoi pas pour prolonger le tout d'un repas, avec une cuisine servie dans une salle panoramique en cas. Au menu des plats brasserie (6 huîtres + saucisse 7 €, moules, pizzas) ou une cuisine marine plus élaborée (filet de barbue sauce hollandaise, escalope de flétan au beurre de poivrons, filet de rascasse en tapenade).

Plage du Médoc

La Pêcherie. Embarcadère de la Pointe-de-Grave ✆ Le Verdon sur Mer ✆ 05 56 09 60 32 - Fax 05 56 73 70 16. *Fermeture annuelle en janvier. Menus de 14 à 37 €.* En attendant le départ du bac pour Royan, on s'octroie de bons moments gourmands dans cet établissement à la capacité d'accueil étonnante. Et tans pis si on rate le bateau, il y en a toutes les demi-heures en saison! Alors en terrasse, dans la grande véranda (vue directe sur la mer) ou dans la salle, on fait un sort à l'un des menus, où la formule à 17 € apparaît comme une bonne affaire, avec la soupe de poissons maison ou les huîtres, la friture de céteaux ou le fameux mulet et sa sauce verte. A la carte, on ira pêcher la lotte au poivre vert, la simple grillade de sardines, les fruits de mer, le crabe de l'océan ou le homard du vivier, sans manquer de terminer par une crème brûlée fort bien réussie. Egalement un bar, pour les gens pressés qui n'ont que le temps de prendre un verre avant d'embarquer.

POINTS D'INTERET

Office de Tourisme. 68, rue de la Plage - Soulac ✆ 05 56 09 86 61 - Fax 05 56 73 63 76 - E-mail: tourismesoulac@wanadoo.fr *Ouvert du lundi au samedi de 9h à 12h30 et de 14h à 17h30, et en juillet et août tous les jours de 9h à 19h non-stop.* Organise tous les jours en juillet et en août, des visites guidées et commentées du village ancien, pour partir rêver devant ces villas aux noms si poétiques: Rayon d'Or, le Rêve de ma vie, le Bercail, les Asphodèles, Villa Solitude, le Bocage, la Savane... A découvrir également en vente à l'Office de tourisme, une série de reproductions d'affiches et de cartes postales anciennes très arts décoratifs, ainsi que des livres et CD-Rom.

Soulac est le prototype même de la station balnéaire née dans la seconde moitié du XIXe siècle avec l'explosion formidable de la mode du bord de mer. En quelques décennies a surgi de terre la nouvelle agglomération avec sa gare, le casino, le marché couvert, les hôtels, les établissements de bains et de nombreux chalets ou villas de style néocolonial (il y en a environ 500). La ville classée village ancien, possède un cachet sans pareil et Soulac est en ce sens un peu la sœur d'Arcachon, en plus paisible et avec une ouverture en pente douve vers l'océan. Mais la ville possède également une histoire ancienne particulièrement riche, puisque Soulac fut occupée à l'époque gallo-romaine (c'est d'ailleurs là que Ptolémée y situe le port antique de Noviogamus) et que sa basilique fondée au Xe siècle est un des plus beaux édifices religieux de Gironde. Un autre site étonnant est celui des piscines, qui fut édifié en 1930 et de 1956 à 1964 dans le but de protéger cette partie de la côte contre l'érosion marine.

Basilique Notre-Dame-de-la-Fin-des-Terres. ✆ **05 56 09 86 61.** *Ouvert tous les jours de 9h à 18h. Visite gratuite.* Cette surprenante abbatiale a connu une histoire assez mouvementée. Ce prieuré bénédictin fut fondé au Xe siècle par les moines de Sainte-Croix-de-Bordeaux et la légende soutient qu'à l'origine, sainte Véronique y avait dédié un sanctuaire à la Vierge. Mise à sac par les huguenots du seigneur de Castets-en-Dorthe en 1622, puis partiellement ensablée au XVIIIe siècle, elle ne fut remise à jour et rouverte au culte que 120 ans plus tard, en 1860. L'édifice, qui est sans doute un des plus beaux de cette taille en Gironde, comporte une magnifique nef à quatre travées du XIe siècle, un chœur du XIIe siècle, un clocher gothique du XIVe siècle et surtout de magnifiques chapiteaux historiés très travaillés. Située sur le chemin de Saint-Jacques-de-Compostelle, Notre-Dame-de-la-Fin-des-Terres a été inscrite au patrimoine mondial de l'humanité par l'Unesco en 1998.

Dune de l'Amélie ✆ **05 56 09 86 61.** *Visite commentée et gratuite du 15 juin au 15 septembre sur rendez-vous à l'Office du tourisme, accès libre en individuel.* Autre site naturel protégé du Médoc Bleu et propriété du conservatoire de l'Espace littoral des rivages lacustres, la dune de l'Amélie et sa forêt littorale abritent des plantes originales (oyats, chardons et immortelles), des insectes, des chênes verts... Partez à la découverte de la faune et de la flore en compagnie d'un guide naturaliste. Vous y approcherez plus facilement la tourterelle des bois, le goéland marin, le lézard vert, l'oyat ou bien encore le cochevis huppé. Une superbe balade.

Musée d'Art et d'Archéologie. Avenue El-Burgo-de-Osma ✆ **05 56 09 83 99.** *Ouvert en avril et juin et du 1er au 15 septembre tous les jours de 15h à 18h; ouvert en mai le week-end de 15h à 18h; ouvert en juillet-août tous les jours de 15h à 19h. Entrée: 1,52 €. Musée d'arts et expositions temporaires au 1er étage.* Ce petit musée bien agencé regroupe du mobilier archéologique provenant de fouilles locales mais aussi plus lointaines (belle série de pierres taillées d'Afrique du Nord), abordant à travers ses vitrines l'époque de la Préhistoire jusqu'à celle du Moyen Age en passant par la période gallo-romaine, assez riche localement. En vedette, un superbe sanglier gaulois en bronze aux formes stylisées, qui fut certainement une enseigne militaire, des fossiles d'éléphant trouvés sur la plage de l'Amélie (la dernière trouvaille en date est une énorme molaire!) des silex, pointes de flèches, poteries, haches à rebord, monnaies... Des panneaux expliquent la manière dont d'anciens sites habités ont été recouverts par les dunes, puis mis à jour par l'Océan. Par ailleurs, chaque été, une exposition d'art contemporain réunit au 1er étage du musée des artistes aquitains de renommée nationale ou internationale, venant exposer à côté d'artistes régionaux.

SHOPPING

Golf de l'Ardilouse. Lacanau-Océan ✆ **05 56 03 92 98.** *Ouvert toute l'année de 7h30 à 20h en haute saison et de 8h30 à 18h en basse saison.* C'est avec autant de plaisir dans les yeux que dans le corps que l'on peut aller swinguer sur ce superbe golf international, dessiné par John Harris et s'étendant sur 77 ha de greens et de pinèdes. Le parcours 18 trous par 72 déroule ses pelouses sur près de 6000 m par 72, ce qui a de quoi satisfaire les joueurs confirmés. Les débutants pourront toujours se joindre aux cours dispensés par un professeur diplômé d'Etat.

Philippe Brun. 25, avenue de la Libération, Lacanau-ville ✆ **05 56 03 52 10.** Le parc dispose de 100 vélos et VTT. Vous avez largement de quoi faire votre choix pour parcourir les 120 kilomètres de pistes cyclables qui sillonnent la côte Atlantique.

Ski nautique club. Base de Bombannes, Carcans-Maubuisson ✆ **05 56 82 67 19.** Le lac de Carcans, par sa superficie, offre un bon « terrain » pour la pratique du ski nautique. Ce club ouvert à tous donne la possibilité de faire un tour de piste pour 18,50 €. Le tour dure dix minutes. Si vous accrochez vous pourrez passer à l'échelon supérieur et opter pour les cartes d'abonnement de cinq tours 85 € ou de dix tours (150 €).

Surf Sans Frontières. Lacanau-Océan 05 56 03 27 60. *Ouvert d'avril à novembre.* C'est en front de mer directement aux départs des cours « résidence Horizon Marin » ou dans la jolie Villa « Margalex » blanche et bleue, au 9, boulevard de la Plage, que les fans de surf et de bodyboard se retrouvent à travers des formules non-stop durant 8 mois pour tous âges, tous niveaux et pour tous les goûts. Formules avec ou sans hébergement: initiation à partir de 24 €, formule de 5 jours sans hébergement à partir de 116 €, 5 jours-6 nuits en pension complète à partir de 283 €, club Mousses pour les 5 à 11 ans... Et comme le surf est aussi une histoire de copains, tout le monde vient se retrouver au club-house, pour prendre repas et petits déjeuners et commenter les sensations partagées sur les vagues.

Parachutisme

Ecole de Parachutisme de Soulac. Aérodrome de la Runde, Soulac ✆ 05 56 73 60 53. *Ouvert d'avril à fin septembre.* Cette école de parachutisme sportif permet aux débutants comme aux confirmés de faire le grand saut au-dessus du Médoc Bleu. Vue imprenable et sensations fortes garanties. Des sauts en tandem avec moniteur, des sauts jusqu'à 4 000 mètres, des stages découverte ou de formation accélérée, tout est affaire de goût et de choix mais est remarquablement bien assuré par cette école. Attention, un certificat médical obligatoire vous sera automatiquement demandé.

Cordouan Air Club. Aérodrome de la Runde - Soulac/Mer ✆ 05 56 09 84 89- Fax 05 56 09 83 11. *Ouvert du mardi au dimanche de 9 à 12h et de 14 à 19h. Fermé le lundi.* Si vous souhaitez vous la jouer à la Yan Arthus-Bertrand et vous payer « Le Médoc vu du Ciel », pourquoi ne pas partir pour un baptême de l'air d'une durée de 20 minutes environ. Le prix n'est que de 16,70 € par personne et si le ciel est au beau temps, vous aurez toutes les chances d'en ramener de belles photos. Egalement des cours de pilotage (heure de vol de 76,22 à 91,46 € selon les appareils). Ne pas oublier de tourner à droite lorsque vous apercevrez le panneau de l'aérodrome de la Runde sur la RN 215.

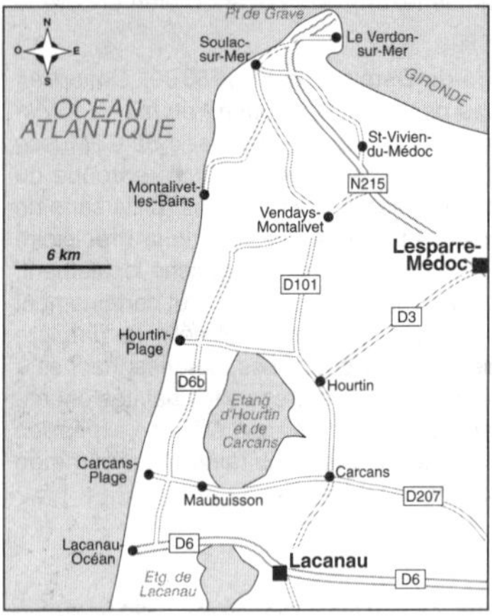

DANS LES ENVIRONS

Carcans-Maubuisson

Cité balnéaire campée sur les bords du plus grand lac de France, Carcans-Maubuisson a tout aménagé pour accueillir les touristes, dans une débauche d'activités de loisirs pour toute la famille et avec en prime de nombreuses régates à suivre tout au long de l'année. Et vue l'étendue des lieux, c'est en toute tranquillité qu'on ira se promener dans sa vaste forêt, plantée de pins, de chênes verts, de chênes-lièges, d'arbousiers et de mimosas, ou bien se dorer au soleil de ses longues plages de sable fin.

Office de Tourisme. Maison de la Station - 127, avenue de Maubuisson ✆ 05 56 03 34 94 - Fax 05 56 03 43 76 - E-mail : tourisme @carcans-maubuisson. com *Ouvert en hiver du lundi au vendredi de 9h à 12h et de 14h à 18h et le samedi de 9h à 12h. Du 1er avril à fin juin, ainsi qu'en septembre, du lundi au samedi de 9h à 12h30 et de 14h et 18h30, le dimanche de 10h à 12h30 et de 14h30 à 18h. En juillet et août, tous les jours de 9h à 19h30.* L'Office de tourisme organise de juin à septembre des excursions en voiture particulière dans les vignobles et châteaux du Médoc sous la conduite d'un accompagnateur. Au programme : visite d'un grand cru classé, d'un cru bourgeois et d'une cave. En juillet et août, on ira aussi découvrir la sylviculture et la transformation du bois dans une scierie en compagnie d'un guide de l'O.N.F. ou visiter la dernière briqueterie du Médoc, avec un panorama complet de ses produits et techniques, avec en point d'orgue le travail du potier et du céramiste.

Réserve Naturelle de l'Etang de Cousseau. Route de Lacanau - Carcans ✆ 05 56 03 21 01. *Se renseigner pour les visites commentées à l'Office de tourisme. Accès libre depuis le parking en bordure de la D 6E au lieu-dit « Marmande ».* Ce site protégé n'étant accessible ni en voiture ni même à vélo, il vous faudra parcourir plusieurs kilomètres à pied avant de pouvoir profiter du calme et de la beauté de cette réserve naturelle créée en 1976. Sur une surface relativement réduite (610 ha) on y découvre en effet un échantillonnage des principaux milieux naturels des landes de Gascogne : la flore (pins maritimes, arbousiers, fougères aigle, nénuphars, iris des marais...) y est aussi variée que la faune et avec beaucoup de patience, vous aurez peut-être la chance de surprendre un des oiseaux nicheurs (70 espèces) ou migrateurs (grues cendrées et sarcelles), mais aussi pourquoi pas une loutre d'Europe (la vedette des lieux malgré sa discrétion), une tortue cistude, un crapaud des joncs, des chevreuils, sangliers, 30 espèces de libellules ou le très rare papillon baptisé œdipe ou fadet des laîches. Un petit paradis naturel où jumelles et discrétion sont indispensables, surtout lorsqu'on aborde la terrasse panoramique créée spécialement pour l'observation des animaux...

Maison des Arts et Traditons Populaires. ✆ **05 56 03 41 96.** *Ouvert du 15 juin au 15 septembre du lundi au vendredi de 15h à 19h, sur réservation pour les groupes hors saison au 05 56 03 33 69. Entrée: 3,05 € adultes, 1,52 € enfants.* Créé en 1975 par des habitants soucieux de préserver le patrimoine local, ce musée nous fait voyager à travers l'histoire et l'exploitation de la Lande médocaine: formation des lacs, plantation de la forêt landaise, gemmage, vieux métiers typiques, apiculture, travail de la vigne ou épopée du chemin de fer dans le Médoc. Tout est remarquablement illustré à travers les ateliers du menuisier, du sabotier ou du tonnelier, l'exposition de vieux outils et de machines agricoles anciennes, et même la reproduction d'un intérieur médocain d'autrefois.

Lacanau

Ancienne bourgade d'origine gauloise ayant abrité par la suite un port gallo-romain, son nom proviendrait de « Canau », signifiant « chenal ». Mais Lacanau a une autre particularité: elle est exactement sur le 45e parallèle, à égale distance du pôle Nord et de l'équateur. C'est aussi la plus ancienne station balnéaire du secteur, point d'arrivée au début du siècle des « trains de plaisance » en provenance de Bordeaux, qui ne sont pas ce que vous croyez mais tout simplement des trains remplis de citadins avides de découvrir la mer et ses plaisirs. De cette fastueuse époque, il subsiste une centaine de villas balnéaires dont on peut découvrir une partie à travers une brochure de l'Office de tourisme, regroupant 4 circuits de découverte (en vente 3,05 €). Entre mer et Océan, Lacanau offre des dizaines de kilomètres de pistes cyclables, des sentiers pédestres balisés et des plages immenses dont les vagues de l'Océan sont le théâtre du célèbre Lacanau-Pro, compétition internationale de surf au mois d'août, relayée depuis peu par une compétition de fly surfing en septembre. Ne vous étonnez donc pas de voir des surfeurs en combinaison courir dans la ville leur planche sous le bras! Côté baignade, attention quand même à la puissance des vagues: ce n'est pas pour rien que les pompiers sont en 4x4 sur la plage, prêts à intervenir en jet-ski...

Office de Tourisme. Place de l'Europe - Lacanau Océan ✆ **05 56 03 21 01 - Fax 05 56 03 11 89.** Ouvert toute l'année. Fermé le dimanche en dehors des vacances scolaires. Ouvert tous les jours du 1er septembre au 30 juin de 9h à 12h et de 13h à 17h30, et tous les jours en juillet et août de 9h à 19h non-stop. En juillet et août, une annexe de l'Office de tourisme est mise en place à Lacanau-Ville, de 9h à 12h et de 13h à 17h.

Musée de la Mémoire Canaulaise. 77, avenue de la Libération ✆ **05 56 03 53 73/ 05 56 03 56 46/05 56 03 59 26/05 56 03 53 56.** *Ouvert pendant les vacances scolaires du lundi au vendredi de 14h30 à 17h30 et hors saison le jeudi aux mêmes heures, sur rendez-vous pour les groupes. Entrée gratuite.* Ouvert en août 1996 et installée dans une maison d'habitation du XVIIIe siècle, ce musée relate l'histoire de la station balnéaire et offre à la vue des curieux une série d'objets et d'outils domestiques anciens faisant revivre les métiers d'antan: menuisier, bourrelier, sommelier, résinier, échassier, scieur de long, charbonnier, forgeron...

Le Verdon

Dernière commune sur l'estuaire et la plus au nord du département, Le Verdon symbolise la fin des terres. Ville essentiellement animée par son port de commerce et celui de la Pointe de Grave d'où partent les bacs à destination de Royan, ses longues plages de sable fin surveillées, en saison (celle de 3 km du côté de l'estuaire est bien abritée du vent) en font une station balnéaire des plus agréables. Dominée par le clocher de 38 m de Notre-Dame-de-Bon-Secours, c'est une ville qui vivait de la pêche aux huîtres. C'est aujourd'hui l'élevage de fruits de mer, avec notamment celui des gambas, qui est le plus rentable.

Office de Tourisme. 22, rue François-Le-Breton ✆ **05 56 09 61 78 - Fax 05 56 09 61 32.** Ouvert tous les jours de 11h à 12h et de 15h à 16h hors saison. En juillet, août et septembre de 10h à 12h et de 15h à 18h. Un bureau d'accueil est ouvert tous les jours à la Pointe de Grave en juillet et août (05 56 73 70 04).

Service des Bacs Le Verdon-Royan. 19, avenue du Phare-de-Cordouan - Pointe de Grave ✆ **05 56 73 37 73 Fax 05 56 73 37 70.** *Tarifs pour un aller: piéton 2,90 € auto 19,82 €, vélo 1,37 €, chevaux 9,15 €, moto 9,15 €.* Avec des départs toute l'année et des rotations toutes les 30/40 minutes en juillet et août depuis la Pointe de Grave (c'est de là également que partit Lafayette pour les Etats-unis en 1777), ces bacs sont l'occasion de faire une jolie traversée de l'estuaire pour partir à la découverte de Royan, et un peu plus loin pour ceux qui sont motorisés, du zoo de la Palmyre et du phare de la Coubre (365 marches!), un des derniers phares non automatisé où officie encore un gardien, M. Thomas.

Phare de Cordouan. (par la vedette La Bohème II) ✆ 05 56 09 62 93. *Visite d'avril à octobre. Sur réservation. Sortie en mer de 4h environ.* Ce phare est non seulement le plus ancien d'Europe mais c'est aussi l'un des plus beaux, et le premier à avoir été équipé de lentilles de Fresnel. Edifié sur un plateau calcaire, il se dresse au milieu de l'Océan à 7 km de la terre, soit à égale distance des côtes girondines et charentaises. Si son origine remonterait au XIe siècle, ce n'est qu'au XIVe siècle que des documents témoignent de la présence d'une construction polygonale au sommet de laquelle on entretenait un feu. Le Prince Noir, alors gouverneur de la Guyenne anglaise, serait à l'origine de cet édifice qui fut remplacé au XVIe siècle par un phare plus moderne. Les plans sont signés par Louis de Foix, ingénieur-architecte qui conçut cet ermitage à la gloire de la Royauté. Haut de 67,50 mètres et fort de ses 311 marches, on y visite la plate-forme, le rez-de-chaussée, les appartements royaux, la chapelle pavée de marbre et la lanterne (superbe panorama), à laquelle on accède par le Grand Escalier, dont les pierres sont si bien ajustées qu'on ne peut -dit-on- glisser une lame de couteau entre leurs joints. Ceux qui n'ont pas le pied marin ou le porte-monnaie assez plein pourront toujours couper court à la visite et se rabattre sur celle du musée du phare (c'est aussi un phare, de 108 marches à gravir), qui retrace l'histoire du phare de Cordouan, monument classé historique dès 1862 (musée du phare, phare de Grave - 05 56 09 61 78 - ouvert en juillet et août de 10h à 12h et de 14h à 18h, en juin et septembre de 14h à 18h, entrée 1,52 €, gratuit jusqu'à 12 ans.)

Découverte du Marais - Curuma. Lieu-dit « Le Proutan » ✆ 05 56 09 65 57. *Ouvert tous les jours de 9h à 20h, sauf le lundi en été. Hors saison du lundi au vendredi de 8h à 12h30 et de 14h à 18h. Tarifs : de 1,52 à 6,10 € selon âge et activité.* Derrière ce nom venant du japonais (curuma signifiant « crevette ») se cache un centre d'initiation à l'environnement maritime et de promotion des activités aquacoles. Avec lui vous découvrirez un écosystème méconnu au cœur des marais du Conseiller : parcours botaniques, visites guidées d'une ferme d'élevage de gambas, histoire et écologie du marais, présentation d'aquariums, de vivariums, de faune et de flore halophiles, ateliers sur l'aquaculture, initiation à la pêche en marais... Alors en bottes ou en short, l'appareil photo et le carnet de notes en main, on n'hésite surtout pas !

Vendays-Montalivet

Si cette station touristique est réputée pour ses centres naturistes (Euronat est l'un des plus grands d'Europe), elle l'est aussi pour son marché, qui en saison estivale à Montalivet-les-Bains offre un déballage de plus de 200 stands dans une débauche de couleurs et de produits, dont notamment de l'artisanat, des spécialités régionales et des stands de vin. Si l'église du XIXe siècle de Vendays mérite une petite halte pour sa belle chaire sculptée, ne pas manquer non plus de s'arrêter devant la pittoresque gendarmerie de Montalivet, installée dans une maison typique avec son toit symétrique en pente, son balcon et ses jolies découpes en bois.

Son bleu tirant sur le vert émeraude ne fait pas très réglementaire ! Avec ses 3 plages surveillées et ses nombreuses activités sportives, Montalivet est enfin un paradis pour les vacanciers en mal de loisirs, sur terre comme sur mer : pistes cyclables, sentiers de randonnée, char à voile, bodyboard, surf, kayak des vagues, speed-sail, fly surf, baptêmes de l'air et parachutisme en été, karting et quad...

Office de Tourisme. 62, avenue de l'Océan 05 56 09 30 12 - Fax 05 56 09 36 11 - E-mail : infos@ot-vendays-montalivet.fr Ouvert d'octobre à mars du lundi au samedi de 14h à 17h, tous les jours aux mois d'avril, mai, juin et septembre de 10h à 12h30 et de 14h à 19h et du 1er juillet au 31 août de 9h à 19h sans interruption.

BASSIN D'ARCACHON

ARCACHON

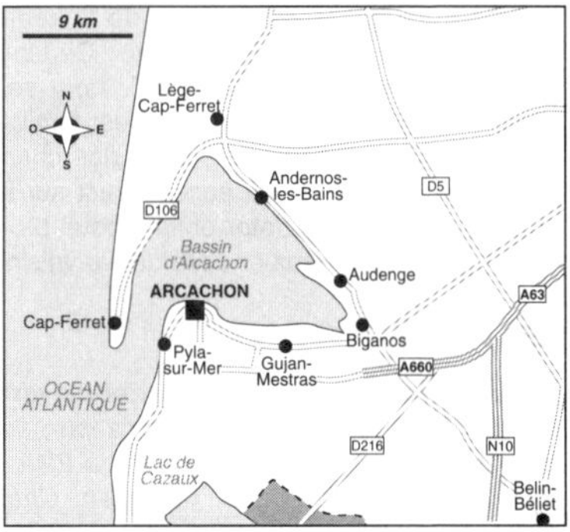

Histoire

L'origine de la ville remonterait au passage d'un moine franciscain : Thomas Illyricus en 1520. Venu se recueillir sur la colline arcachonnaise, il aperçoit un jour deux navires prêts à sombrer dans la tempête. Il se met en prière, ce qui calme la fureur des eaux.

Quelque temps plus tard, l'ermite trouve sur la plage une statue en albâtre de la Vierge. Il fonde alors une chapelle pour abriter la précieuse relique. Plusieurs fois détruite et reconstruite, Notre-Dame d'Arcachon protège aujourd'hui encore les marins. Vous la repérerez depuis tout le Bassin grâce à son clocher culminant à 66 m. Rattachée au Captalat de La Teste, Arcachon ne devient commune indépendante qu'en 1857.

La dernière moitié du XIXe siècle va voir Arcachon exploser littéralement grâce à l'action conjuguée de Jean Hameau nommé « Monsieur Bains de Mer », à l'arrivée du chemin de fer, à Emile Pereire qui achète 100 ha de dunes boisées qui deviendront la Ville d'Hiver et grâce à Aldalbert Deganne, maire de la commune, qui construisit le château. Il voulait ainsi prouver que l'on pouvait édifier un établissement imposant sur une matière sablonneuse. Ledit château, transformé en casino en 1903, fut d'ailleurs offert à Napoléon III qui le refusa en prétextant que les coûts d'entretien seraient trop élevés !

HEBERGEMENT

Le Dauphin. 7, av. Gounod 33120 Arcachon ✆ 05 56 83 02 89 - Fax 05 56 54 84 90. *43 chambres de 30 à 75 €. Petit-déjeuner 7 €.* Une maison arcachonnaise installée au cœur d'un parc arboré, dans un environnement des plus calmes. Les chambres, claires et bien agencées, sont bien équipées (Canal +, mini-bar). A 5 kilomètres, la dune du Pyla.

Orange Marine. 35-37, boulevard Chanzy ✆ 05 57 52 00 80 - Fax 05 57 52 00 78. *Fermeture annuelle du 15 novembre au 15 janvier. 21 chambres de 34 à 70 €.* C'est du côté du port de plaisance, à un kilomètre environ des agitations du centre-ville et à 50 m de la plage qu'il faut dénicher ce charmant hôtel, dont la façade de briques rouges anciennes est joliment rehaussée d'une frise de carreaux de faïence. Derrière, se cache un patio luxuriant où se distribuent les chambres bien au calme, avec pour certaines une vue sur le bassin. L'accueil y est convivial et l'on peut y prendre ses quartiers sous la forme d'une demi-pension, dans la partie restaurant qui offre une cuisine mariant la simplicité aux saveurs du sud, avec des spécialités comme la cassolette de calamars ou le steak de thon à la provençale.

Le Point France. 1, rue Grenier ✆ 05 56 83 46 74 - Fax 05 56 22 53 24. *34 chambres de 95 à 120 €. Petit-déjeuner 9 €.* En front de mer et à quelques mètres du casino, on peut faire de cet hôtel moderne son point de ralliement, qu'on soit amateur du tapis vert comme du tapis de sable. Rénovées au début de l'année 2000, les chambres au décor contemporain sont aussi impeccables que spacieuses, climatisées et disposent d'une terrasse orientée vers le soleil levant ou couchant, sans compter les équipements de confort comme la TV satellite, le lit bébé mis gracieusement à disposition, et un veilleur de nuit pour rentrer à toute heure du jour ou de la nuit.

Index général à la fin de ce guide

La Pergola. 40, cours Lamarque-de-Plaisance ✆ 05 56 83 07 89 - Fax 05 56 83 14 21. *Fermé du 1er novembre au 15 mars. Hôtel 2 étoiles. 20 chambres de 42,7 € à 68,6€ pour 2 personnes en haute saison, de 30 € à 48,8 € en moyenne saison et de 27,4 € à 42,7 € en basse saison. Chambres familiales 3 à 4 personnes de 44,2 € à 86,9 € selon la saison. Petit déjeuner 5,34 €. Accueil de groupes. Animaux acceptés.* Avec son architecture balnéaire typique de la région, La Pergola est l'un des hôtels les plus charmants du centre arcachonnais. Certaines des chambres disposent d'une terrasse et elles sont toutes dotées d'une TV pour se reposer confortablement après le dur labeur d'une journée de plage. L'accueil est familial et le prouve en proposant des tarifs adaptés aux familles en villégiature, avec des chambres adaptées pour 3 à 4 personnes. Si de l'hôtel, on bénéficie d'un accès direct sur la ville commerçante, la mer n'est par ailleurs qu'à 150 m de là. A noter enfin, l'hôtel propose 7 studios et 2 appartements de 13 m² à 32 m² en location dans une résidence voisine.

RESTAURANTS

La Taverne du Pêcheur. 84bis, boulevard de la Plage Arcachon ✆ 05 56 83 78 33 - Fax 05 56 83 52 42. *Fermé dimanche soir et lundi. Ouvert tous les jours en saison. Service de 12h à 14h et de 19h à 22h. Menus: 7,62 € (enfant), 12,96 €, 20,58 €, 27,14 €. Carte: 22,87 €. Terrasse. Chaise bébé. Climatisation. Salle pour groupe. Banquets et repas à thème sur commande.* A une cinquantaine de mètres du petit port de plaisance, cette taverne affiche une forte personnalité, à commencer par celle du chef, qui affiche trente années de carrière, dont dix ans passés aux fourneaux de la Taverne. Ici c'est la mer toute l'année mais sans les embruns et les coups de vents (ni les coups de chaud: c'est climatisé) et à grands renforts de produits frais et de cuissons justes: saumon fumé et foie gras maison, méli-mélo de poissons et crustacés, marmite du pêcheur, dorade royale au four, et la fameuse bouillabaisse, sur commande. En dessert, on craque toujours pour leurs fraises rôties aux épices...

Villa Régina, ville d'hiver

Au Petit Marseillais. 88, boulevard de la Plage ✆ 05 56 83 11 65. *Fermé du 15 novembre au 15 décembre. Fermé le mercredi. Menus de 7,47 à 21,34 €.* A quelques encablures du port de plaisance, voilà un rayon de soleil marseillais transposé à Arcachon depuis 1961. A défaut de boucher le port, la sardine occupera ici les assiettes, et l'on prendra le temps de dénicher la cigale provençale, dans ce joyeux décor où alternent chapelets de piments et d'ail, filets de pêche et autres tuilmes à huîtres. Et c'est un vrai marseillais qui œuvre en cuisine pour nous offrir le meilleur de la mer, à travers le plat du jour (poivrons farcis à la morue par exemple), la carte et ses spécialités (zarzuela, véritable bouillabaisse maison, lotte persillée ou aux poivrons del piquillo, parillada, sauté de crevettes à l'ail, gambas, fruits de mer...) et des menus attractifs comme celui à 14,48 €, qui propose un quatre plats très marin: huîtres du Bassin suivi de moules marinières, puis solette du Bassin et dessert. Bonne ambiance et service très agréable.

POINTS D'INTERET

Office de Tourisme Esplanade Georges-Pompidou - Arcachon ✆ 05 57 52 97 97 - Fax 05 57 52 97 77 - E-mail: tourisme@arcachon.com En juin, ouvert du lundi au samedi de 9h à 12h30 et de 14h à 18h, le dimanche de 10h à 13h, en juillet et août du lundi au samedi de 9h à 19h, le dimanche de 10h à 13h, en septembre du lundi au samedi de 9h à 12h30 et de 14h à 18h, le dimanche de 1h à 13h, d'octobre à mai du lundi au samedi de 9h à 12h30 et de 14h à 17h.

Ville d'hiver

L'origine de ce site vient des vertus curatives des pins maritimes, reconnues par le Docteur Jean Hameau au XIXe siècle. Bienfaisante dans les cas de tuberculose, l'odeur balsamique des pins va attirer la plus haute aristocratie. Néanmoins, conscients de l'impact de la publicité, les Pereire vont convier des hôtes de marque à séjourner à Arcachon: Napoléon III, mais aussi Elisabeth d'Autriche (Sissi), les ducs de Russie et tous les artistes célèbres du moment. Station mondaine, Arcachon se dote des plus belles villas, souvenirs d'une époque architecturale confuse et d'une vie fastueuse. Vous pouvez choisir entre une visite guidée de l'Office de tourisme ou une promenade au gré du vent. Dans ce dernier cas, ne manquez pas la passerelle Saint-Paul et l'observatoire Sainte-Cécile d'où la vue est magnifique, le Parc mauresque où existait, jusqu'en 1977, un casino, la place Brémontier (l'homme qui fixa les dunes) d'où partaient les chasses à courre, la place des Flemming avec son kiosque à musique et la chapelle Notre-Dame qui renferme la Vierge d'Arcachon.

Ville d'automne

Cette partie englobe le port de pêche, le port de plaisance créé en 1965 et le collège Saint-Elme, premier collège à enseigner l'art de naviguer, et, où fut construit le premier navire-école: le Saint-Elme. Le collège doit son existence au révérend père Baudran, dont le buste trône toujours dans la cour de l'établissement.

Ville d'été

Là se trouvent les jetées et la promenade en front de mer: Arcachon compte 5 km de façade avec accès direct à la plage et il fait bon y flâner à toute heure. En s'avançant sur les jetées, la vue sur le bassin est magnifique. C'est là également que s'installent les pêcheurs et les bateliers qui proposent leurs promenades sur le bassin. Arrêtez-vous au château Deganne transformé en casino en 1903. Construit en 1853, il ressemble au château de Boursault au bord de la Marne. Il s'est vu adjoindre en 1991 une nouvelle infrastructure: le Palatium ou Palais des Congrès.

Ville de printemps

C'est certainement la partie la plus sereine de la ville avec le parc Pereire, la source des Abatilles, le complexe sportif, les plages des Arbousiers, du Moulleau ou Pereire. Au Moulleau, sur la petite place du Front-de-Mer, un canon rappelle le dispositif de défense contre les Anglais.

Eglise Notre-Dame-des-Passes au Moulleau. Elle fut construite en 1864 pour protéger les marins du grand large qui devaient entrer dans le bassin par les chenaux d'accès au bassin, endroit souvent dangereux par mauvais temps. Sa singularité tient au fait qu'elle abrite l'un des trois spécimens de Vierge en état de grossesse existant en France. Sculptée au siècle dernier, elle provient de la maison mère des Filles de la Charité située à Paris.

Source Sainte-Anne des Abatilles. L'eau Abatilles est captée à une profondeur de 465 m, ce qui en fait la source la plus profonde de France. Elle jaillit en pleine nature, à proximité de la dune du Pilat et de la forêt des Landes. Le griffon constitue un lieu de visite agréable.

SHOPPING

Croustières Gourmandes. 51, boulevard du Général-Leclerc ✆ 05 56 83 21 82. *Fermé le mardi en hiver.* C'est bien simple, on se damnerait pour ces délicieuses tourtières et autres croustières à l'Armagnac, qu'on n'hésite pas à dévorer aussi bien au petit-déjeuner (qu'importe l'armagnac) qu'en dessert ou au goûter! On a d'ailleurs bien du mal à résister lorsqu'on assiste en direct au rituel de leur fabrication, dont la recette n'a pas changé depuis des lustres et qui est un enfer à réaliser chez soi. Mais les spécialités maison ne s'arrêtent pas là, il y a aussi le gâteau basque, les cannelés, les brioches gourmandes, les nougats glacés et autres galettes aux amandes...

Marquet. 11, avenue Gambetta ✆ 05 56 83 64 33. *Ouvert tous les jours de 8h à 19h30 excepté le lundi hors saison.* A la fois pâtissier, chocolatier, glacier, et traiteur, le lieu est très prisé des Arcachonnais et de ceux qui ont goûté à ses délices sucrés. Les cannelés, c'est le top pour le quatre heures avec un café, mais les pâtisseries en petit ou grand module sont également fondantes à souhait (hum les financiers et autres macarons chocolat ou café!), sans compter les spécialités régionales que sont la dune du Pilat, la pinasse glacée ou les dunettes, ces petits biscuits en pâte d'amandes parfumée à la fine de Bordeaux, aux pignons de pins et au chocolat. Et il y a aussi les glaces, ainsi que la nouvelle adresse du Moulleau, qui propose en outre un service restauration le midi, et un salon de thé.

Poissonnerie de l'Aiguillon. 51, boulevard de Mestrézat ✆ 05 56 83 70 53 - Fax 05 56 52 08 43. *Ouvert tous les jours de 8 h à 13 h et de 15 h 30 à 19 h 30 (jusqu'à 20 h en été), sauf le dimanche après-midi. Magasin climatisé.* Une des meilleures poissonneries de la ville, dont la jolie façade agrémentée de fresques en mosaïques agit sur les clients comme un phare sur des navires passant au large. Les étals se garnissent au fil des arrivages journaliers (plus on arrive tôt, plus il y a de choix!) et c'est le fin du frais en matière d'huîtres, bulots, amandes, bigorneaux, palourdes, clams, bouquets, tourteaux, langoustines ou homards pour se constituer un plateau royal. Quant aux poissons de toutes sortes, tout respire la mer et le large, avec de quoi satisfaire les plus tatillons en matière de fraîcheur et de qualité.

LOISIRS

Aquariums

L'Aquarium Tropical. 8, allées José-Maria-de-Hérédia ✆ 05 56 83 19 52 - Fax 05 56 83 18 29. *Ouvert de 14 h à 18 h, sauf dimanche et jours fériés. Visite le matin pour les groupes sur réservation.* Afrique, Asie, Amérique et Pacifique, les hôtes de l'aquarium d'Arcachon se jouent des frontières et des eaux pour nous proposer une symphonie de couleurs et de formes, à travers des bacs d'eau douce, d'eau de mer ou d'eau saumâtre. La visite guidée permet de se faire une meilleure opinion quant à leur alimentation, leur reproduction et leur habitat, avec en prime, quelques tortues Floride, elles aussi bonnes nageuses. Les plus passionnés pourront d'ailleurs revenir pour s'initier aux techniques aquariophiles (les vendredis soir pour les adultes et les mercredis et samedis pour les enfants).

Le Musée Aquarium. 2, rue du Professeur-Jolyet ✆ 05 56 83 33 32/05 56 22 39 03. *Ouvert de mars à novembre. De 9 h 30 à 12 h 30 et de 14 h à 19 h de février à juin, de 9 h 30 à 12 h 30 et de 14 h à 20 h en juillet et août, de 10 h à 12 h 30 et de 14 h à 19 h en septembre, et de 10 h à 12 h 30 et de 14 h à 18 h en octobre et novembre. Entrée: adultes 4 €.* Il s'agit de l'un des plus anciens aquariums au monde puisqu'il a été créé en... 1865. Bien sûr, les hôtes des différents aquariums présentés ici n'ont pas l'âge des murs, mais on peut y admirer beaucoup plus confortablement qu'en mer les espèces les plus diverses de la faune marine régionale: congres, tortues, pieuvres, hippocampes... La visite, non guidée, dure d'une demi-heure à une heure.

Location de vélos

Dingo Vélos. Rue Grenier ✆ 05 56 83 44 09. *Ouvert de Pâques à fin septembre. Ouverture tous les jours jusqu'à minuit en juillet-août. Location de vélo ville à partir de 10 € la journée (VTT et VT 12 €, VTT enfant 10 €, vélo enfant 6 €). Location de dingo vélos à partir de 4 € par place pour 30 minutes* Voilà certainement le plus dingue des loueurs de vélo! La petite reine n'aura jamais été aussi folle puisqu'on peut louer ici aussi bien des vélos classiques que des tandems, triplos, quadros et même quintuplos pour 5 passagers! Mais il y a encore plus fou, avec un tandem dos à dos, une triplette où les trois conducteurs sont de face, des patinettes kangourou, et en nouveauté des trotinettes électriques « city bug » qui font fureur dans les rues de la cité, sans odeur et sans un bruit de moteur... Très bon accueil.

Locabeach 33. 326, boulevard de la plage ✆ 05 56 83 39 64. *Ouvert de mi-février à mi-novembre du mardi au dimanche matin et jours fériés, ouvert 7j/7 de 9 h à 21 h en juillet et août.* Des locations de vélos (9 € le vélo et 12 € le VTT à la journée), mais aussi la possibilité de louer aussi des cyclos, scooters 50, 80, 125 ainsi que des motos de 125 cm^3.

Loisirs nautiques

Arcachon Croisière Océan. Jetée d'Eyrac ✆ 05 56 54 36 70 et 05 57 52 24 77 - Fax 05 56 54 32 19. *Ouvert toute l'année. De mai à octobre pour les particuliers et hors saison pour les groupes.* Avec sa flotte de bateaux récents et modernes (de 60 à 160 places), Arcachon Croisières Océan propose tout à la fois des sorties découvertes sur le Bassin (Iles aux oiseaux et ses contours: adultes 12,50 €, enfants 9,50 €; découverte du grand littoral 13,50/10 €; journée pique-nique au banc d'Arguin 15/10,50 €; balade au coucher du soleil 12,50/9,50 €), et de à la pêche au gros sur le plus gros navire de pêche d'Arcachon (20 m), avec un équipage de pêcheurs professionnels. Au large du bassin et avec une moyenne de 400 kg de prise par sortie, on pourra selon sa chance y pêcher des migrateurs -maquereaux, chinchards, sardines, vives, grondins etc- (55 € par personne la sortie) et même des requins (85 € la sortie). Tout le matériel est fourni et la balade dure huit heures (de 6 h à 14 h ou de 14 h à 22 h).

Union des Bateliers Arcachonnais. 76, boulevard de la Plage ✆ 05 57 72 28 28 - Fax 05 56 83 21 50 - E-mail : lesbateliers@wanadoo.fr - Internet : www.bateliers-arcachon.asso.fr. Corporation d'artisans de la mer (pêcheurs et ostréiculteurs), ces Bateliers disposent d'une flotte de 26 bateaux des plus récents (1999) aux plus traditionnels (pinasses et vedettes) pour vous faire découvrir le bassin au départ des jetées Thiers et Eyrac. Au menu le tour de l'île aux Oiseaux (adulte 12,2€, enfant 9,15€), le grand circuit du littoral (12,2€/9,15€), la visite commentée des parcs à huîtres (10,7€/7,62€), la presqu'île du Cap Ferret avec escale (12,2€/9,15€), une journée au Banc d'Arguin (à partir de 13€/9,15€) et en nouveauté des randos-découverte mêlant promenade à pied, en vélo et en bateau, pour découvrir la route de l'huître et le patrimoine maritime du Bassin (à partir de 20,6€/14,5€). Egalement des liaisons transbassin Arcachon/Cap-Ferret, Archachon/Andernos, Cap-Ferret/Dune du Pyla, ainsi qu'un service nocturne.

AUTOUR DU BASSIN

Placée sous le signe de la nature, la région sud-ouest de la Gironde possède un patrimoine unique, si exceptionnel qu'il a été en partie classé parc naturel régional. La pignada (forêt de pins), la dune du Pyla (elle détient le record de hauteur en Europe), les villages ostréicoles et les réserves naturelles aussi diverses que le banc d'Arguin, le parc ornithologique du Teich, le domaine de Certes, ou les prés salés d'Arès feraient presque oublier un patrimoine architectural ancien qui s'est estompé au fil des siècles, mais que l'on sent encore bien présent dans les belles constructions XIXe d'Arcachon, les cabanes tchanquées ou les alignements de cabanes en bois des petits ports de pêche. Bien sûr, les charmes du bassin d'Arcachon sont ceux de toute station balnéaire : baignade, sports nautiques, plages, pêche, collecte de coquillages, restaurants et lieux de fête... Mais si le bassin est célèbre pour sa station balnéaire d'Arcachon (haut lieu touristique en saison), il a su conserver parfaitement intact son patrimoine naturel : cette échancrure de sable fin qui s'ouvre sur 83 km de mer intérieure offre en effet un caractère sauvage en bien des endroits. Grande région productrice d'huîtres, immense réserve naturelle et terre d'accueil des oiseaux migrateurs... on y partira à la découverte d'une flore et d'une faune originales, tout particulièrement dans le très intéressant site du delta de l'Eyre. C'est là tout le contraste du bassin : en quelques kilomètres seulement, on peut passer des alignements de restaurants, des terrasses bondées et des boîtes de nuit dernier cri à une nature la plus sauvage qui soit. La région est donc tout à la fois idéale pour les randonneurs, les amateurs de canoë-kayak, les surfeurs, les fainéants qui préfèrent buller sur la plage, les dévoreurs d'huîtres et les adeptes de la vie nocturne.

HEBERGEMENT

Hôtel du Cap - Restaurant L'Arrimeur. 58, avenue de l'Océan ✆ 05 56 60 60 60 (hôtel) et 05 56 60 46 26 (restaurant) - Fax 05 56 60 63 59 - Internet : www.legecap ferret.com. *Fermé dimanche soir et lundi de septembre à juillet. Fermeture annuelle en janvier. Accueil de 8h à 22h. 13 chambres : single de 30,5 € à 41,15 € en hiver et de 39,6 4€ à 59,5 € en été, double de 33,6€ à 42,7 € en hiver et de 42,7 € à 62,5 € en été. Soirée étape 52 € (hors saison). Petit déjeuner 5,34 €. Restaurant ouvert du mardi au dimanche midi. Service de 12h à 13h30 et de 19h à 21h en hiver, 20h à 22h30 en été. Menus : 8,99 € (le midi, sauf week-ends et fériés), 12,9 €, 20,6 €. Plat du jour 6,86 €. Terrasse ombragée et jardin. Chaise bébé.* Pour partie installé dans une belle maison traditionnelle aux volets et aux poutres peints en bleu et entièrement rénovée, cet hôtel-restaurant de charme accueille les clients au milieu d'un joli jardin fleuri d'hortensias et de rosiers, à seulement 200 mètres de la plage océane. Les chambres sont confortables (toutes avec toilettes. privés, salle de bains, Canal + et satellite), calmes et l'on prolongera volontiers le plaisir par la découverte de la cuisine basque, avec des plats typés comme l'est ce coin de France : salade de calamars aux poivrons sautés, encornets farcis à la basquaise, toro (une soupe à base de merlu, lotte, moules et langoustines) et, bien entendu, le traditionnel fromage de brebis à la confiture de cerises noires, qu'on appréciera en fromage... ou en dessert.

Hôtel de la Plage - Chez Magne. L'Herbe - Lège-Cap-Ferret ✆ 05 56 60 50 15. *Fermé en janvier. 8 chambres de 30,49 à 33,54 €. Menus de 15,24 à 24,40 €. Petit-déjeuner 4,57 €.* Juste à l'entrée du village de L'Herbe (où la circulation est désormais réservée aux riverains), l'hôtel de la Plage évoque de l'extérieur celui des « Vacances de monsieur Hulot », avec son architecture rétro, ses deux pavillons et ses balcons de bois sur lesquels s'ouvrent les chambres. Entièrement refait, l'intérieur a su conserver le meilleur de l'ancien : vieux comptoir en bois, chaises bistrot, petite pièce faisant office d'épicerie au milieu, et une terrasse des plus agréable, pour profiter d'une cuisine où le poisson est roi. Alors dans les menus ou à la carte, on se laisse facilement tenter par le pavé de morue fraîche au coulis de poivrons (10,67 €), la mule du Bassin grillée sauce verte (10,10 €), la raie sauce vigneronne (9,15 €), les céteaux meunières, les petits rougets en fiture aux poireaux, le thon frais aux oignons... A arroser d'un Entre Deux Mers bien fruité.

La Belle Vie. 20, avenue Thiers - Andernos ✆ 05 56 82 02 10- Fax 05 56 82 37 08. *15 chambres de 30 à 48 €. Petit-déjeuner 4,50 €.* Tout est presque dit dans son nom, car c'est effectivement la belle vie dans cet hôtel installé dans une ancienne maison typique des villas du bord de mer, parfaitement rénovée et qui accueille chaque année des innovations supplémentaires. Cet établissement qui a de quoi attirer les vacanciers, avec sa situation légèrement en retrait de la route principale mais à seulement 5 minutes du centre-ville et de la jetée et juste en bordure de la piste cyclable, qui lui confère un calme des plus précieux. A l'accueil chaleureux et personnalisé et au confort douillet des chambres au décor maritime (toutes sont équipées de toilettes et salle de bains privés, TV et téléphone), on fera suivre le plaisir d'un véritable petit déjeuner gourmand, où l'on se régalera notamment des confitures maison. Le week-end, possibilité de randonnées pédestres ou cyclistes pour découvrir avec un guide local le milieu naturel, les sites et les cultures du Bassin (petits groupes, sur réservation).

La Guérinière. 18, cours de Verdun 33470 Gujan-Mestras ✆ 05 56 66 08 78 - Fax 05 56 66 13 39. *Fermé le samedi toute l'année, et le dimanche soir d'octobre à mai (restaurant). 25 chambres de 60 à 115 €. Menus de 26 à 60 €. Carte 35 €. Petit-déjeuner 9 €.* Un agréable lieu de séjour en centre ville, bonne base de vacances pour explorer les alentours du bassin d'Arcachon. Une construction moderne, régulièrement entretenu et rafraîchi (façade refaite récemment) aux chambres bien équipées, climatisées, la plupart avec la vue sur la piscine. Jolie salle de restaurant au cadre stylé, intéressante cuisine actuelle : marinière d'huîtres tièdes au sauternes, morue à l'arcachonnaise et huile vierge, agneau de lait de Pauillac jus au thym.

Hôtel-restaurant Côte du Sud. 4, avenue du Figuier 33115 Pyla sur Mer ✆ 05 56 83 25 00 - Fax 05 56 83 24 13. *Fermeture annuelle de mi-novembre à début février. 8 chambres de 53,35 à 106,71 €. Menus de 18,29 à 25,15 €. Carte 38,11 €. Petit-déjeuner 7,62 €.* Hôtel de charme avec jardin terrasse exotique à 2 pas de la plage. Confort et raffinement sont au rendez-vous dans les chambres avec balcons et vue sur la mer. Au restaurant, vous apprécierez une cuisine savoureuse qui allie merveilleusement les produits de la mer et les vins bordelais.

La Corniche. 46, avenue Louis Gaume 33115 Pyla-sur-Mer ✆ 05 56 22 72 11 - Fax 05 56 22 70 21. *Fermeture annuelle de la Toussaint à Pâques. Fermé le mercredi (sauf juillet et août). 15 chambres de 30,49 à 76,22 €. Menus de 11,43 à 22,71 €. Carte 30,49 €. Petit-déjeuner 6,86 €.* Une situation idéale sur la plage, tout près de la grande dune, avec une terrasse les pieds dans l'eau. Un intérieur chaque année modernisé, des chambres de bon confort, toutes sauf trois offrant la vue sur l'océan. On profite du calme, du soleil et de la mer pour savourer une simple cuisine marine, avec les plateaux de fruits de mer, les piquillos farcis, la lamproie à la bordelaise et le méli-mélo de poissons.

Chambres d'hôtes

Couget Gilbert. 17 bis, rue des Ecoles - Les Tilleuls 33380 Mios ✆ 05 56 26 67 85 - Fax 05 56 26 49 35. *Fermeture annuelle du 1er novembre au 1er mai. 3 chambres de 43 à 47 €. Carte bancaire non acceptée.* Au cœur du Parc Naturel des Landes de Gascogne et à une vingtaine de kilomètres de l'océan, vous logerez dans une maison de style arcachonnais avec terrasse et véranda. Chaque chambre, dont l'une avec suite, dispose de sanitaires privés. Un grand salon avec télévision et bibliothèque est également à disposition. Table d'hôtes uniquement sur réservation.

M. et Mme Malfere. 10, boulevard de Verdun 33510 Andernos les Bains ✆ 05 56 82 04 46 - Fax 05 56 82 04 46. *Ouvert toute l'année. 3 épis et 3 chambres, de 55 € à 65 € (petit déjeuner). Terrasse. Jardin. Cuisine d'été avec barbecue à gaz. Salle de repassage. TV satellite dans chaque chambre. Animaux non admis.* Avec une situation privilégiée à 150 m de la plage et du port de plaisance du Betey, ces chambres d'hôtes nouvellement agrées par les Gîtes de France offrne tun confort maximum. La chambre « Safari », avec ses 22 m^2, sa moustiquaire, sa grande salle de bains (et douche), son minibar, son bureau et son dressing, est la mieux dotée, mais les chambres « Mer » (bain et toilette) et « Romantique » (douche et toilette) n'ont rien à lui envier côté confor. Un cadre appréciable (beaux meubles d'époque), qui allié à une nuit fort calme débouche le matin sur un copieux autant que raffiné petit déjeuner (crêpes, brioches, oeufs...), sans oublier les conseils futés des époux Malfere pour visiter la région. En saison, on profitera par ailleurs du jardin avec ses transats et de la cuisine d'extérieur.

Pierrette Fortin. 79, avenue de l'Océan 33970 Cap Ferret ✆ 05 56 60 67 85 - Fax 05 56 60 67 85. *Fermeture annuelle du 15 septembre au 30 avril. 3 chambres de 61 à 76 €. Carte bancaire non acceptée.* De belles chambres d'hôtes à 300 m de l'océan dans un chalet en bois indépendant ou dans la maison des propriétaires (accès indépendant et cuisine aménagée).

Campings

Pleine Forêt. Avenue de Bordeaux ✆ 05 56 82 17 18- Fax 05 56 26 01 65. *Ouvert toute l'année. Camping 3 étoiles de 300 emplacements. 18 € pour 2 personnes, 1 caravane et 1 voiture.* Comme son nom l'indique, le camping Pleine Forêt semble totalement communier avec les pins et la nature environnante. Bien ombragé, il dispose entre autres d'une piscine gratuite avec un petit bain pour les enfants, d'une aire de jeux, d'un snack-bar, d'une crêperie, d'une épicerie de dépannage. Non loin de là, se situent tennis, complexe omnisports et centre hippique. Si vous recherchez une ambiance calme et détendue, vous ne regretterez pas votre séjour à Pleine Forêt. Et si vous ne disposez pas de matériel de camping, on peut y louer un chalet en bois ou un Mobil-home au week-end, à la semaine ou à l'année (du 1er avril au 30 septembre).

Camping de la Dune. Route de Biscarrosse - Le Pyla ✆ 05 56 22 72 17 - Internet: www.campingdeladune.fr - E-mail: campingdeladune@wanadoo.fr. *Ouvert de début mai à début octobre. Camping 3 étoiles de 325 emplacements. Forfait 2 personnes, une tente et une voiture de 10,67 € à 15,24 € en basse saison et de 18,29 € à 21,34 € en haute saison. Forfait 2 personnes, une caravane et une voiture de 13,72 € à 18,29 € en basse saison et de 21,34 € à 24,39 € en haute saison. Personne supplémentaire de 3,05 € à 7,62 € selon saisons.* Au beau milieu de la forêt et au pied de la dune du Pyla (ou Pilat, c'est selon) l'endroit est merveilleusement bien situé pour qui souhaite communier avec ciel, sable, soleil et Océan (à 500 m seulement). La piste cyclable passe juste devant l'entrée du camping, qui est par ailleurs très bien équipé: épicerie, boutique, piscine, tennis, garderie d'enfants, laveries, miniclub, restaurant La Paillote, bar-club La Cabane Bambou... sans oublier la location de mobil-homes et de chalets pour 4 à 6 personnes (pour 4 personnes: de 228,67 € à 518,29 € par semaine selon saison). En soirée, distractions nocturnes assurées, pour faire des rencontres en terrasse au bar du camping, La Cabane à Bambou. Bref, de quoi se mettre les pieds en éventail et se la couler douce, et tout ça aux portes des plus belles plages océanes et tout près de la grande dune.

Ker Helen RN650 - Le Teich ✆ 05 56 66 03 79 - Fax 05 56 66 51 59 - Internet: www.kerhelen.com - E-mail: camping.kerhelen@wanadoo.fr. *Ouvert du 1er mars au 30 novembre. Camping 3 étoiles de 140 emplacements. Tarifs de 11 € à 15,55 € selon la saison, pour 2 personnes, 1 véhicule et 1 emplacement. Accès handicapés.* Un nom très bretonnant pour ce camping de taille moyenne mais qui met cependant à disposition des campeurs une belle piscine (ouverte du 1er mai au 30 septembre), un minigolf, une aire de jeux, un bar et un restaurant (avec animations nocturnes), le tout dans un cadre bien fleuri et avec 80 emplacements (sur les 140 au total) étant estampillés « grand confort ». Possibilité de location de tente, de chalet ou de Mobil-home. Animations payantes sur demande: initiation équitation, canoë, sortie en bateau.

Camping international Le Truc Vert. Route du Truc-Vert – Lege-Cap-Ferret ✆ 05 56 60 89 55 - Fax 05 56 60 99 47 - Internet: www.trucvert.com - E-mail: camping.truc-vert@worldonline.fr. *Ouvert du 1er mai au 30 septembre, de 9h à 21h. Camping 4 étoiles de 480 emplacements. Emplacement pour 2 personnes: 14,5€ hors saison, 18,3€ en saison. Possibilité de forfait saison, de mai à septembre.* Le Truc Vert, ce n'est pas un truc de publicitaire pour vanter les mérites d'un camping, c'est tout simplement le nom local donné à ce vaste espace naturel (truc = butte, dune de sable), à cette immense forêt de pin bordée par les plages atlantiques. Créé en 1977, ce camping est sans nul doute celui qui est le plus en relation avec la nature environnante: rien que la route pour y accéder est une vraie bouffée d'air et de verdure! A 300 m des plages, c'est au beau milieu de 10 ha de forêt que vous planterez votre tente, en respirant profondément l'odeur des pins et de l'air marin. On est vraiment ailleurs, ce qui n'empêche pas de bénéficier de tout le confort nécessaire: emplacements 4 étoiles, restaurant et brasserie, plats cuisinés, supérette et presse et bien sûr un bar animé et des soirées disco pour faire la fête avant d'aller se reposer pour profiter, le lendemain, des plages surveillées, du centre équestre (promenades sur la plage), des aires de jeux pour enfants ou des vélos en location.

Fontaine Vieille. 4, boulevard du Colonel-Wurtz Andernos ✆ 05 56 82 01 67 - Fax 05 56 82 09 81 - Internet: www.fontaine-vieille.com - E-mail: fontaine-vieille-sa@wanadoo.fr. *Ouvert de début avril à fin septembre. Camping 3 étoiles de 840 emplacements. 17,53€ en haute saison et 12,2€ en basse saison pour 2 personnes, une caravane et une voiture. Accueil handicapés.* Equipé de toutes les commodités d'un camping 3 étoiles (lave-linge, télévision), Fontaine Vieille est le plus vaste camping d'Andernos avec 13 ha, est idéalement situé au bord du bassin. Pas besoin de prendre la voiture pour aller se baigner. Et, quand la marée est basse, on peut pleinement profiter de la multitude d'activités proposées par le camping: piscine, tennis, pétanque, animations en tout genre. Des chalets et des mobil-homes sont également à louer sur place. Très bien équipé (supérette, restaurant...), ce complexe est un petit paradis pour ceux qui aiment goûter au véritable farniente.

RESTAURANTS

Les Deux Ecluses. 58, route des Lacs - La Hume ✆ 05 56 66 77 12 - Fax 05 56 66 73 73. *Fermé le lundi et le mardi soir. Service de 12h à 14h30 et de 19h30 à 22h. Menus: 9,15 € et 11,4 € (le midi, tout compris), 16 €, 22,11 €. Carte 22,87 €. Terrasse. Jardin. Accès handicapés. Salle pour groupes.* Avec sa terrasse couverte et à l'ombre de beaux arbres feuillus et massifs, sa petite pelouse et son massif de bambous, cette table sera à l'extérieur comme dans sa salle bien claire, un havre de quiétude et de gastronomie. Ici, le temps du repas prend des dimensions de vacances supplémentaires, devant des assiettes bien préparées, où la terre côtoie la mer. Viser les spécialités à la carte (huîtres farcies, pigeonneau au foie gras, sole aux cèpes...) ou la formule à 19,82 pour découvrir une véritable cuisine de chef avec la croustade de foies au beurre de poireaux, la noisette de bœuf aux morilles et foie gras ou le dos de morue fraîche à la croûte de thym, puis la terrine aux trois chocolats à l'infusion de café. Soirées à thème régulières en saison estivale.

Les Tamaris. 2, place Louis-David - Andernos ✆ 05 57 76 10 20 et 05 56 82 54 78 - Fax 05 57 76 10 21. *Ouvert tous les jours de l'année. Menus: 9 € (enfant), 18,14 €, 27,29 €, 37,96 €, 44,06 € (menu gastronomique). Terrasse.* Tout près de la jetée, à quelques mètres de l'eau et du sable, Les Tamaris étirent leur terrasse et embrassent tout le bassin depuis leur salle panoramique. Le cadre moderne et raffiné nous offre un indice de ce que nous réserve la table, à travers la finesse des préparations et de la présentation des assiettes et la fraîcheur des produits utilisés, où ceux de la mer sont tout particulièrement à l'honneur, à travers ses poissons, coquillages et fruits de mer.

Restaurant l'Escale. 2, avenue de l'Océan 33970 Cap-Ferret ✆ 05 56 60 68 17 - Fax 05 56 03 77 93. *Fermeture annuelle du 11 novembre au 4 janvier. Menus de 15 à 20,65 €. Carte 19 €.* Sur la rue piétonne et au bord de l'eau, au pied du débarcadère, une jolie table de circonstance, moderne et avenante, qui propose une astucieuse cuisine de la mer, bien actuelle, prolongée par un bar à tapas. Petits calamars grillés à l'espagnole, thon frais grillé à l'huile de noix, bar grillé à l'échalote douce, carré d'agneau laqué à l'ail confit.

Huîtres Serge Castaing. Village de L'Herbe - Lège-Cap-Ferret ✆ 05 56 60 52 26. *Fermeture annuelle d'octobre à Pâques. Formules dégustation : 7,50 € (12 huîtres du Bassin « petites » + pain, beurre, citron et verre de blanc), 9 € (même formule mais huîtres « grosses »), 8 € (même formule mais huîtres du Banc d'Arguin).* C'est quasiment les pieds dans l'eau que cet ostréiculteur vous attend à l'entrée du village de L'Herbe, avec ses parcs à huîtres à portée de main et sa terrasse surélevée permettant de bien voir au loin, vers l'île aux oiseaux et Arcachon. Chez Castaing -père ou fils- la bonne humeur est toujours au rendez-vous, et en deux temps trois mouvements on vous aura ouvert une douzaine d'huîtres, pour une dégustation on ne peut plus fraîche, avec un verre d'un délicieux Entre Deux. Un plaisir tout simple et vraiment divin, à tout moment de la journée !

POINTS D'INTERET

La Teste de Buch

Avec ses 18 000 ha (dont 14 000 ha de forêts) de superficie, la Teste-de-Buch constitue l'une des plus vastes communes de France, à laquelle sont rattachées les agglomérations de Cazaux et Pyla. Et si la Teste-de-Buch peut s'enorgueillir d'être une station balnéaire pavillon bleu d'Europe depuis 13 années consécutives, grâce à la propreté de ses 27 km de plages continues.

C'est aussi une station de vacances comportant de nombreux autres centres d'intérêt : ses plages océanes, les cabanes tchanquées des ports ostréicoles, les parcs à huîtres (l'ostréiculture reste la vocation économique traditionnelle de la commune), les marchés (les plus grands du Bassin), une immense forêt où croissent chênes, acacias et arbousiers, et en vedettes incontestées : la dune du Pilat, le banc d'Arguin, le lac de Cazaux et l'île aux Oiseaux.

Office de Tourisme. Pl. Jean-Hameau - La Teste de Buch. ✆ 05 56 54 63 14- 05 56 54 45 94. E-mail : ot.la.teste.de.buch@wanadoo.fr *Ouvert du lundi au vendredi de 9 h à 12 h 30 et de 14 h à 18 h, samedi de 9 h à 12 h et de 14 h à 17 h.* En été, une annexe est ouverte place du Marché, tous les jours, sauf le lundi de 9 h 30 à 13 h. Ouverture place du Marché en juillet et août du mardi au dimanche de 10 h à 13 h.

La Teste et Pyla-sur-Mer

Cette station créée dans les années 20 par une société immobilière est réputée pour ses magnifiques villas de style arts décoratifs ou contemporain.

Les plus photographiées sont sans doute la villa Téthys, particulièrement typique, ainsi que la villa Rothschild. On les aperçoit en longeant la côte en bateau ou bien en arpentant les rues, bien qu'elles soient dissimulées derrière de hautes haies. Pyla-sur-Mer doit surtout sa notoriété à sa grande dune, la célèbre dune du Pilat ou Pyla.

Office de Tourisme. Rond-point du Figuier - Le Pyla ✆ 05 56 54 02 22. Ouvert du lundi au vendredi de 9 h à 17 h (10 h à 17 h le vendredi) jusqu'aux vacances de Pâques et tous les jours d'avril à août de 10 h à 13 h et de 15 h à 19 h.

Dune du Pyla

Elle est le résultat d'un extraordinaire accident de la nature, aussi insolite qu'inattendu. La formation de la dune actuelle, dont la hauteur est passée en un siècle de 60 à 118 m, provient de la destruction d'un énorme banc de sable qui s'étendait au XVIIIe siècle en avant de la côte actuelle et de l'apport constant de sable par le vent, notamment en provenance du Banc d'Arguin. Longue de 2700 m, large de 500 et forte de 60 millions de mètres cubes de petits grains empilés, son altitude varie entre 102 et 105 m. Idéale pour pratiquer le deltaplane et le parapente, c'est la dune la plus importante d'Europe et de ce fait elle a été classée grand site national en 1978.

Ce rang de choix lui vaut le passage de plus d'un million de visiteurs chaque année et les aménagements qui vont avec: vastes parkings payants (3,05 € la journée), boutiques de souvenirs à gogo, buvettes et escaliers en bois pour gravir la colline de sable (bien pratique pour les personnes âgées cependant!). Arrivés au sommet, si vous ne jouissez pas de la tranquillité, vous pourrez toujours profiter de la magnifique et unique vue qui s'étend de la vaste forêt de pins jusqu'au Cap-Ferret avec en pointe, le banc d'Arguin.

Le Banc d'Arguin

Cette île sableuse mouvante, se formant et se déformant au gré des vents et des vagues, n'est accessible qu'en bateau. Cette étonnante réserve naturelle est le domaine des oiseaux de mer car même si peu d'espèces y nichent, les migrateurs aiment s'y arrêter pour se reposer et se nourrir dans les eaux poissonneuses. Les naturalistes y ont donc logiquement installé un petit point d'information expliquant l'écologie de la réserve ainsi que des postes d'observation. Ce site présente un intérêt international car c'est la terre d'élection de la plus importante colonie de sternes caujek au monde. Ces oiseaux rares sont venus pondre leurs œufs sur cette langue de sable dès 1966, puis plus régulièrement dans les années 70. A cette époque, certains venaient sur le site au moment de la ponte pour organiser des batailles d'œufs. Cet acte a bien failli avoir des conséquences dramatiques pour la colonie de sternes caujek. Classé réserve en 1974 et sévèrement gardé, le banc d'Arguin accueille maintenant régulièrement les sternes. 5000 couples venaient y nicher à la fin des années 80, soit 15 % de la totalité de ces oiseaux en Europe.

L'Ile aux Oiseaux

Cette île déserte (au sens où elle n'est pas habitée) est toutefois fort fréquentée: par les visiteurs tout d'abord qui, en saison, y abordent en bateau, par les ostréiculteurs ensuite qui y élèvent leurs huîtres, par les chasseurs enfin qui y pratiquent la chasse à la tonne. Son nom d'île aux Oiseaux vient des nombreux volatiles qui s'y posent et s'y nourrissent, notamment dans les herbiers. Au siècle dernier, des barques accostaient, tirant des chevaux à demi sauvages. Les éleveurs venaient les y dresser avant de les vendre. Resté sauvage, cet îlot est occupé par les cabanes tchanquées, maisons en bois montées sur pilotis qui tirent leur nom des tchanques, nom local des échasses utilisées jadis par les bergers.

Dune du Pyla

La Teste et Cazaux

L'histoire de Cazaux remonte au moins au XIe siècle, mais un événement de taille a modifié son destin : l'implantation en 1914 d'une base aérienne militaire. Puis en 1959, les sociétés pétrolières ont découvert un gisement dans ce sol aride.

Autour des puits, un véritable complexe s'est créé qui ne manque pas d'attirer la curiosité de nombreux touristes. Son église a, elle aussi, connu un destin peu commun. Implantée au bord du lac entre le XIe et le XIIe siècle, elle fut démolie, transportée puis reconstruite par les habitants à son emplacement actuel. Inaugurée en 1850, elle possède une cloche du XVIe siècle classée monument historique. Le bourg de Cazaux est également réputé pour son lac, immense plan d'eau douce de 5 800 ha, le second en France après celui du Bourget. Cazaux s'est doté d'une superbe halte nautique et d'un cercle de voile de qualité.

SHOPPING

Ceramica. 7, avenue du Général-de-Gaulle - Andernos ✆ 05 57 70 21 30. Presque au bout de la rue piétonne, cette boutique étale sur plusieurs mètres les coloris divers de ses céramiques et porteries décoratives : plats, assiettes, bol, pots, cruches, jarres ou potiches, il y en a de toutes sortes, pour garnir son vaisselier ou ses murs avec des coloris terre naturelle, ou d'inspiration espagnole ou provençale. On peut s'y faire plaisir à petit prix, avec des petits plats à la crème brûlée et des carreaux de faïence décorés main à partir de 1,52 €.

Chez François. 25, rue du Général-de-Gaulle ✆ 05 56 26 28 73. L'épicerie de M. François Tabutiaux est un vrai régal pour les gourmands, avec de quoi se préparer un vrai pique-nique de roi : c'est en salivant qu'on hésite entre la charcuterie basque, les grattons de Lormont (préparés selon la même recette depuis 1824), le grenier médocain farci, les conserves régionales, le foie gras, le saumon fumé et les vins fins. Reste à acheter le pain un peu plus loin, à sortir son Laguiole et direction la jetée pour… se jeter sur tout ça.

Brocantes

Antic Art Déco. 75 bis, route de Bordeaux - Petit Piquey ✆ 05 56 60 91 02. *Ouvert de 10h à 12h30 et de 15h30 à 19h30.* Un magasin panachant le neuf et l'ancien, et où le thème marin prend toute son importance à travers de superbes maquettes de bateaux, récentes mais réalisées de main de maître par un maquettiste (de la pinasse au galion), et pour les nostalgiques des objets ayant réellement couru les mers : compas en cuivre, poulies, lampes-tempête, cuivres… Egalement des meubles en bois exotique et d'inspiration coloniale, des boîtes décoratives…

Le Grenier du Cap. 65, route de Bordeaux - Petit-Piquey ✆ 05 56 03 66 68. *Fermé le mercredi, sauf en été. Ouvert de 10h à 12h30 et de 15h à 19h.* Les antiquités, Nathalie Gautier est tombée dedans quand elle était petite ! Venez fouiller tout à loisir dans son grenier bien aménagé, où depuis 1988 l'accueil est à la hauteur du choix : le magasin a été agrandi et on y dénichera encore plus de vaisselle ancienne, d'argenterie, de verres et de céramique, ainsi que des meubles de style ou de métier, des bibelots décoratifs du siècle passé, des objets de marine authentiques (longue-vue, vieilles poulies patinées par le temps, maquettes de bateaux).

LOISIRS

Union des bateliers arcachonnais. Jetée de Bélisaire ✆ 05 56 03 72 06. Au départ de la jetée de Bélisaire, qui s'avance si majestueusement au-dessus de l'eau, les bateliers arcachonnais vous proposent de nombreuses promenades en bateau et liaisons maritimes, à commencer par la liaison Cap-Ferret - Arcachon (aller-retour adultes 9,15 €, enfants 5,34 €), Cap-Ferret - Le Moulleau et en nouveauté une liaison Cap-Ferret - dune du Pyla (10,67 € et enfants 7,62 €). Et pour vous évader en mer, optez pour le tour de l'île aux oiseaux (11,43 € et enfants 8,38 €), le grand circuit du littoral (11,43 € et enfants 8,38€), une journée au banc d'Arguin (10,67 € et enfants 7,62 €, prévoir le pique-nique), une visite des parcs à huîtres (11,43 € et enfants 7,62 €) et même la remontée de la Leyre durant quatre heures (18,3 € et enfants 15 €).

Casino Miami. Avenue de Bordeaux ✆ 05 56 82 00 65 - Fax 05 56 82 50 12 - E-mail: casino.miami@wanadoo.fr *Salle des machines à sous, ouverte hors saison de 10h à 3h du dimanche au jeudi, de 10h à 4h les vendredis, samedis et veilles de jours fériés. En été, tous les jours de 10h à 5h. Jeu de boule ouvert de 21h à 3h en semaine, de 21h à 4h les vendredis, samedis et veilles de jours fériés. Ouverture supplémentaire dimanche de 17h à 19h. Restaurant ouvert tous les jours, sauf le mardi, de 19h30 à 0h30 et à 1h30 les vendredis, samedis, veilles de jours fériés. Club Corvette ouvert vendredi et samedi de 23h30 à 4h, en juillet et août de 23h30 à 5h.* Faites vos jeux, rien ne va plus! Ou plutôt si, tout va bien dans ce casino au style moderne, très tendance USA (avec ses palmiers, il ne déparerait pas à Miami ou Las Vegas), et où l'on peut se livrer corps et âme au démon du jeu. Boule ou machines à sous (les fameux « bandits manchots »), on peut y pratiquer le jeu de son choix, avant d'aller se rassasier ou fêter le jackpot au bar, à la brasserie, ou encore plus classe, au restaurant l'Art des Connaisseurs, qui dispose aussi d'une piscine. Enfin, le night-club du casino (le club privé « La Corvette ») accueille les noctambules pour terminer la nuit et enflammer la piste de danse jusqu'à 5h du matin (4h hors saison estivale).

Parcs de loisirs

Aqualand. Parc de loisirs de La Hume ✆ 08 92 68 66 13 (2,23 F/mn)/05 56 66 39 39. *Ouvert tous les jours du 10 juin au 10 septembre de 10h à 19h. Entrée: adultes 15 €, enfants de 2 à 12 ans 13 €.* C'est sans conteste le meilleur parc d'attractions du coin, où l'on en a pour son argent dès lors qu'on y passe la journée, à travers les 8 ha de délires aquatiques en tout genre: toboggans divers, descente en radeau de 4 personnes ou en bouée monoplace, courses de raft, piscine à vague, etc. Et s'il n'y a pas assez de soleil, on peut toujours aller se dorer au solarium! Et puis, pas de panique, les piscines sont surveillées, il y a un espace pour les plus petits (et une table à langer), de quoi se restaurer et même une boutique au cas où vous auriez oublié votre maillot de bain.

Kid Parc. Parc de La Hume - Routes des Lacs ✆ 05 56 66 06 90. *Ouvert tous les jours de 14h à 20h du 27 mai au 30 juin, de 10h à 20h du 1er juillet au 3 septembre. Les week-ends et fériés de 14h à 19h du 4 septembre au 31 octobre. Tarifs: 11 € (enfants de 2 à 14 ans), 5,50 € (adultes). Aire de pique-nique. Accès handicapés.* Ce nouveau miniparc d'attractions est tout spécialement destiné aux petits. La preuve, c'est d'ailleurs que les adultes y paient moins cher leur entrée! Réalisé à l'échelle des enfants, il leur réserve tout un ensemble de jeux, manèges, carrousel, tir à eau, mur d'escalade, rivière de canoës, vaisseau fantôme, bateau pirate, toboggans et autres chaises volantes. Bref, de quoi les envoyer tôt au lit le soir!

Banc d'Arguin

Réserves naturelles

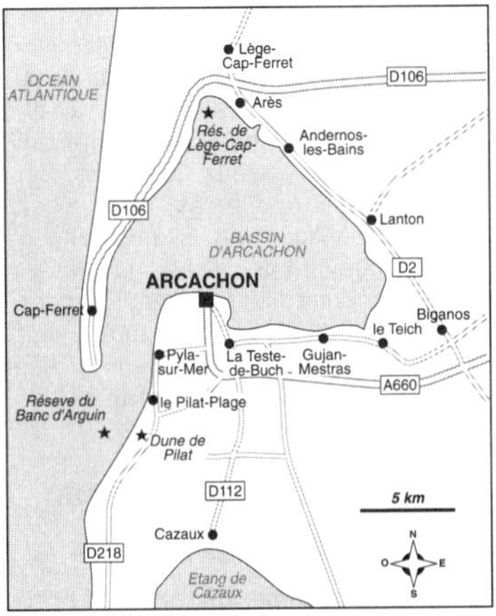

Domaine de Certes. ✆ 05 56 26 95 97. *Visites libres toute l'année. Visites guidées gratuites du 5 juin au 15 septembre par les guides naturalistes du conseil général, sur inscription à l'Office de tourisme.* Bien qu'il ne reste plus rien du premier château du domaine, édifié sur une motte au Moyen Age, l'emplacement vit l'édification d'un second château fort en pierre au XVe siècle. Incendié sous la Fronde au début du XVIIIe siècle, il fut rebâti en 1770 par le marquis de Civrac, qui décida de transformer les prés salés en marais salants (il était alors exempté de la Gabelle, situation qui ne dura pas). Vers 1850, une nouvelle demeure vit le jour à la même place : c'est celle que nous connaissons aujourd'hui, à quelques modifications près effectuées au début de notre siècle (pas de visite mais réfection en projet). C'est à cette époque que le domaine fut réaménagé pour la pisciculture par M. de Boissières. Ce superbe site naturel de 396 ha, le plus grand sur le rivage atlantique que possède le Conservatoire de l'espace littoral et des rivages lacustres, se compose d'immenses bassins-réservoirs ceinturés de digues et d'écluses, de terres agricoles et de forêts. Il abrite bon nombre d'espèces animales et végétales, à venir observer en respectant leur lieu de vie : spatules, gorges bleues, canards souchet, visons, tamaris, salicornes, anguilles, crabes enragés... Le sentier du littoral permet de découvrir sur 14 km, cet immense et magnifique endroit, et l'on aura tout intérêt à n'oublier ni ses jumelles, ni son casse-croûte et sa bouteille d'eau. A noter que des ventes d'anguilles se font en direct à la première cabane d'éclusier rencontrée sur le chemin (de 10 h à 12 h 30 en saison estivale).

Parc Ornithologique du Teich. Rue du Port - Le Teich ✆ 05 56 22 80 93 - Fax 05 56 22 63 43. *Ouvert 365j/an, de 10 h à 18 h, et en été de 10 h à 19 h. Tarifs : 5,50 € (adultes) et 3,81 € (enfants). Visites guidées sur rendez-vous pour les groupes. Restauration sur place.* Sur la rive la plus sauvage du bassin d'Arcachon, entre le delta de la Leyre et la lisière de l'immense forêt de Gascogne, les 120 hectares du Parc Ornithologique du Teich jouent un rôle majeur pour l'accueil des oiseaux migrateurs depuis sa création en 1970. Situé sur une des plus importantes voies de migration, environ 260 espèces différentes s'y côtoient, pour quelques heures ou quelques mois selon leur caractère sédentaire ou non. Certaines années, ils sont sans doute plus de 300 000 oiseaux à se croiser dans le parc, au gré des différents flux migratoires : le printemps est la saison des oiseaux nicheurs (cigogne, aigrette, rossignol...), l'automne et l'hiver celle des hivernants (spatule, bécasseau, busard, sarcelle), et le printemps et l'automne la saison des migrateurs (loriot, oie cendrée, martin pêcheur, canard pilet). L'été n'est peut-être pas le meilleur moment (il y beaucoup de monde), mais au gré de la balade sur les 6 km de sentiers aménagés, on découvrira de toute façon de nombreux oiseaux, au fil de la vingtaine de postes d'observation couverts, dont quatre ont été aménagés en hauteur avec une vue sur le bassin et le parc. Inutile de préciser qu'il est préférable d'apporter ses jumelles, même si on peut en louer à l'entrée pour 3 € environ. Ceux qui auront loupé leurs photos pourront toujours aller s'approvisionner dans la jolie boutique du parc : on y trouve des souvenirs intelligents, comme ces livres permettant de reconnaître les espèces. Une salle multimédia devrait par ailleurs voir le jour.

Réserve des Prés Salés d'Arès. A la manière des prés salés du Mont Saint Michel, Arès offre au promeneur de découvrir ces prés très particuliers, qui s'étendent sur 350 ha d'un marais côtier situé dans l'angle mort du bassin, marais se recouvrant périodiquement par l'eau de mer au fil des marées. Dans cet espace naturel qui invite à la promenade, on a dénombré environ 200 espèces végétales endémiques et 145 espèces d'oiseaux, ainsi que de nombreux mammifères, reptiles et amphibiens. Totalement libre d'accès, cette réserve naturelle protégée n'a d'égal ni autour du bassin ni en Aquitaine. Elle est longée par le GR8 et par le sentier du littoral qui part vers Claouey, et des visites guidées y sont organisées du 15 juin au 15 septembre, le lundi, le mercredi et le samedi (rendez-vous sur place à 9h30, durée 2h30 environ). Pour y accéder, prendre la rue qui fait l'angle à droite avec celle se dirigeant vers la plage et la poste. L'entrée de la réserve se situe à quelques mètres du petit port d'Arès. Jumelles de rigueur pour observer les oiseaux ! Renseignements au 05 56 60 18 07.

DANS LES ENVIRONS

Andernos-les-Bains

Office de Tourisme. ***Esplanade du Broustic © 05 56 82 02 95 - Fax 05 56 82 14 29 - E-mail : otandernos@ aol.com.*** *Ouvert du lundi au samedi de 9h à 12h et de 15h à 18h et les Dimanche et Jours fériés de 10h à 12h. Ouvert tous les jours en juillet et août de 9h à 19h non-stop.* Occupée dès le paléolithique et le néolithique, Andernos était une importante bourgade à l'époque gallo-romaine, comme en atteste la villa du IVe siècle mise à jour à côté de l'église. Ville rendue agréable par ses nombreuses allées de platanes et les superbes tamaris près de la jetée, il est intéressant d'aller flâner sur le « circuit des villas » pour y découvrir la villa Tijuka, la villa Magali, la villa Eureka (ancienne villa de Sarah Bernhardt, remplacée aujourd'hui par la « résidence des Vacances ») et villa la Ignota (actuelle maison Louis-David). A compléter par une promenade le long du sentier du littoral et sur le site des Quinconces : cette réserve naturelle est restée très sauvage et abrite des pins centenaires isolés dans une belle chênaie, des tamaris en bord de plage, et surtout d'anciens réservoirs à poissons creusés en 1840 sur l'emplacement d'antiques marais salants. De là, vous rejoindrez les prés salés d'Arès. Saviez-vous que les Quinconces étaient la promenade préférée de Sarah Bernhardt lors de sa retraite à Andernos-les-Bains ? N'oubliez pas non plus d'aller vous balader sur la jetée, qui avec ses 232 m de promenade, elle est la plus longue de tout le bassin. Elle a d'ailleurs été récemment rénovée et dotée d'une halte nautique pour les bateaux qui peuvent y accéder quelle que soit la marée.

Eglise Saint-Eloi. L'église Saint-Eloi date des XIe et XIIe siècles même si l'édifice actuel a depuis longtemps remplacé l'église primitive romane qui se dressait au milieu de l'ancien cimetière d'Andernos. Elle possède de jolies peintures du XVe siècle dédiées à sainte Quitterie et des vitraux de R. Mirande. Sur le côté, on découvre les vestiges qui furent longtemps considérés comme les ruines d'une des premières basiliques chrétiennes de la Gaule antique. A la suite de très récentes études, il s'avère que le bâtiment de la période gallo-romaine, n'est pas un lieu de culte, mais une petite partie d'une immense villa. Le reste est donc encore sous terre… ou sous le sable, ce qui ne manquera pas de titiller les chercheurs de trésors sommeillant en certains d'entre nous.

Maison Louis Davis. 14, avenue Pasteur ✆ 05 56 82 02 95. *Ouvert du 1er mai au 30 septembre de 10h à 12h et de 15h à 19h. Autres périodes sur rendez-vous. Entrée gratuite.* Dans ce musée sont regroupés les objets trouvés (poteries, sarcophages…) lors des fouilles de la villa gallo-romaine réalisées en 1904 juste à côté de l'église, ainsi que des manuscrits et plans attestant des origines de la commune. Cette maison baptisée aussi Villa Ignota (c'est-à-dire « inconnue ») et qui a appartenu à Louis Théodore David, maire d'Andernos de 1920 à 1929, accueille également d'avril à août, de nombreuses expositions de peinture et d'arts plastiques. On pourra profiter en outre de son parc fleuri.

Arès

Cette station balnéaire, située entre Andernos et Lège-Cap-Ferret, comptait au XIXe siècle cinq moulins. Aujourd'hui, on peut voir les restes de l'un d'entre eux, bâti en 1840, face à l'esplanade Georges-Dartiguelongue.

Tour ronde crénelée, elle semble veiller sur Arès, seule commune de France à porter ce nom très personnel dont l'origine est obscure et très ancienne. Ne pas manquer d'aller voir le petit port de pêche, qui jouxte la réserve naturelle des prés salés, unique en son genre en Aquitaine.

Office de Tourisme. Esplanade George-Dartiguelongue ✆ 05 56 60 18 07- Fax 05 56 60 39 41 - E-mail : office-tourisme-ares@wanadoo.fr Ouvert d'octobre à avril, du lundi au vendredi de 8h30 à 12h et de 13h30 à 18h (17h le vendredi), au mois de mai du lundi au samedi et les jours fériés et du 1er juin au 30 septembre du lundi au samedi de 8h30 à 19h et le dimanche de 10h à 12h et de 15h à 19h.

Gujan-Mestras

Office de Tourisme. 19, avenue de Lattre-de-Tassigny ✆ 05 56 66 12 65. *Ouvert hors saison du lundi au samedi de 8h30 à 12h et de 14h30 à 18h, et en saison de 8h30 à 12h30 et de 14h30 à 19h30. Dimanche et jours fériés de 9h à 12h.* Sachez que vous êtes ici chez « lous barbots », autrement dit les coccinelles. Ce surnom remonte au début du siècle, lorsque les vignes furent ravagées par un petit coléoptère : l'eumolpe de la vigne. Un arrêté du conseil général du canton de La Teste du 21 floréal an VI et un autre du maire de La Teste du 17 juin 1824 prescrivent ainsi la chasse « aux barbots ». Nombre de croyances se développèrent alors, et l'on organisa même des messes et autres processions, de quoi attiser la moquerie des voisins qui surnommèrent les Gujanais « les Barbots ». Aujourd'hui le barbot est entré dans les armes de la commune, mais à travers les symboles de la coccinelle, beaucoup plus agréable à l'œil que l'eumolpe d'origine. La coccinelle orne donc les maillots des sportifs gujanais, décore véhicules, panneaux indicateurs… Bref, il est devenu le symbole de la ville. Derrière cette façade de ville de tradition, Gujan-Mestras se pare d'atouts touristiques indéniables, à l'image d'Aqualand et de l'incontournable foire aux huîtres (la 34e du genre en 2002), la plus importante de France avec 150 000 adeptes, et tous les deux ans au port de Larros, la fête des bateaux en bois et des cabanes.

Gujan-Mestras, capitale de l'huître

La ville de Gujan-Mestras est sans conteste la capitale ostréicole du bassin, avec 55 % de la production des 18 000 tonnes annuelles d'huîtres du bassin, 190 magasins d'expédition et quelque 600 cabanes ostréicoles ! Son économie est résolument tournée vers la mer, avec ses 8 chantiers de construction ou de mécanique navale, ses 5 hangars à bateaux, ses 270 bateaux armés pour la pêche et ses quelque 350 marins embarqués et 500 autres pensionnés…

Gujan-Mestras ne compte en outre pas moins de 7 ports pittoresques qui se succèdent en enfilade : La Hume avec sa plage bordée de tamaris et de pins francs et où arrive le canal de Cazaux, le port de Meyran qui de 1925 à 1935 servait de terminal à une ligne de chemin de fer, le port de Gujan où coule le ruisseau du Bourg, le port de Larros qui est le plus ancien et qui fut jusqu'en 1855 un port de pêche important, le port du Canal avec son écluse en chasse d'eau qui en fait l'un des plus propres de Gujan, le port de la Barbotière qui était le port des pêcheurs à la courtine (les paliqueys) et qui possède aujourd'hui des complexes ostréicoles modernes, et enfin le port de La Molle qui borde les réservoirs à poissons du Teich, mais malheureusement plus difficile d'accès.

Inutile de s'évertuer à visiter ces petits ports en voiture, mieux vaut se garer pour les parcourir à pied, ce qui est le meilleur moyen pour tomber sur un producteur en plein travail au détour d'une cabane ou pour s'arrêter déguster des huîtres à tout moment de la journée.

Maison de l'huitre - Musée ostréicole Port de Larros ✆ 05 56 66 23 71. *Ouvert de 10h à 12h et de 14h30 à 18h30, tous les jours du 1er avril au 30 septembre; et du lundi au samedi du 1er octobre au 30 mars. Ouvert toute l'année sur rendez-vous pour les groupes. Fermeture du 23 décembre 2001 au 3 janvier 2002. Adultes: 2,60 €, enfants 1,80 €. Tarif réduit pour les groupes. Visite commentée avec projection vidéo.* Envie de partir à la découverte d'un de nos plus précieux coquillages? Une visite s'impose pour vous. Depuis de nombreuses années, Larros, un des plus typiques de nos ports ostréicoles, est l'écrin le plus naturel de ce musée entièrement dédié à l'huître et à ceux qui jour après jour lui apportent tous leurs soins. Grâce à un documentaire (disponible en anglais, allemand, espagnol) sur les techniques d'élevage et une visite commentée, l'entrée au musée permet de passer un moment agréable et riche d'enseignement. La visite terminée, libre à chacun de flâner sur les ports, pousser la porte des ostréiculteurs et déguster leurs produits dans un climat convivial. Accueil chaleureux et personnalisé.

La Vigne

Contrairement à ce que l'on pourrait penser, le nom du bourg ne provient pas des vignes (dont les cépages provenaient du château Margaux en Médoc) qu'avait plantées Léon Lesca sur les déblais des réservoirs à poissons, mais d'une dune qui s'appelait Lavigne.

Le Canon

Le site du Canon offre côté dune de jolies villas de style basque bâties en amphithéâtre, et côté bassin un village de pêcheurs très sympathique. Ne pas manquer d'admirer le canon de marine situé devant l'ancienne poste et provenant vraisemblablement d'une des nombreuses batteries installées autour du bassin pendant les guerres de la Révolution et de l'Empire.

Le Teich

L'occupation du territoire est ancienne comme en attestent les vestiges préhistoriques retrouvés à Lamothe et les traces d'une villa gallo-romaine à Boïens. C'est d'ailleurs autour du Teich que ce serait organisé le centre de la cité antique du Boï. Le bourg fut également le siège des Ruat, derniers seigneurs du Captalat de Buch. Leur château, large bâtisse à la toiture d'ardoise flanquée de pavillons et de tourelles est encore visible aujourd'hui (en bordure de la D650) mais est fermé aux visites car c'est une propriété privée. L'église Saint-André, de 1924, se signale par son architecture sobre et surtout par sa décoration intérieure faite de pommes et d'aiguilles de pins. Mais, le premier attrait du Teich, c'est son capital nature. Le delta de l'Eyre, véritable Camargue miniature, offre des paysages uniques en Gironde, depuis les prairies du delta jusqu'à la sombre forêt-galerie, ainsi qu'une faune ornithologique unique. A découvrir sur les sentiers de randonnées et lors de la visite du parc ornithologique.

Office de Tourisme. Place du Souvenir ✆ 05 56 22 80 46. Ouvert hors saison du lundi au vendredi de 10h30 à 12h30 et de 14h à 16h et en saison du lundi au samedi de 10h30 à 12h30 et de 14h à 19h et le dimanche de 10h à 12h30. En dehors des heures d'ouverture de l'Office de tourisme, un point accueil est à votre disposition à l'entrée du parc ornithologique (05 56 22 80 93). Il est ouvert toute l'année, du lundi au dimanche, de 10h à 18h.

Le Port. Le petit port du Teich est à connaître pour sa grande aire de pique-nique, sa butte offrant un vaste panorama sur les environs, son point d'eau où il est possible de se baigner et les nombreux sentiers pédestres qui partent à la découverte du littoral et des rives du delta.

Parc Ornithologique du Teich. Rue du Port ✆ 05 56 22 80 93- Fax 05 56 22 63 43. Voir plus haut.

Lège-Cap-Ferret

Office de Tourisme. 1, avenue du Général-de-Gaulle - Claouey ✆ 05 56 03 94 49. *Ouvert en juillet et août, du lundi au samedi de 9h à 18h30 et le dimanche de 10h à 13h et de 15h à 18h30. En septembre, du lundi au samedi de 9h à 12h30 et de 14h à 18h30. D'octobre à juin, du lundi au samedi de 9h à 12h et de 14h à 18h.* Langue effilée vêtue de sable et de pins, la presqu'île de Lège-Cap-Ferret, déroule 25 km d'une succession de paysages pris entre l'Océan, la forêt et le bassin d'Arcachon. Côté Atlantique, défilent les immenses plages océanes du Grand Crohot, du Truc-Vert et de l'Horizon, semées de blockhaus effondrés et paradis des surfeurs, des amateurs de pêche sportive et de sensations fortes. A l'est, les eaux plus paisibles du bassin d'Arcachon offrent le paysage magique de l'île aux Oiseaux, à découvrir en yole de mer, kayak de mer ou autre embarcation traditionnelle. Puis, en vedette, ou en pinasse, cap sur le banc d'Arguin ou, sur l'autre rive, la dune du Pilat. Mais la presqu'île, c'est aussi pour près de la moitié une immense forêt domaniale, dont les quelque 4 500 ha offrent un réseau de pistes cyclables et de sentiers de randonnée de plus de 30 kilomètres. Et pour ce qui est de joindre la nature et l'homme, il y a l'huître : amoureusement entretenus, les quartiers ostréicoles des Jacquets, de Piquey, de Piraillan, du Canon, de L'Herbe et du Cap-Ferret sont inscrits à l'inventaire des sites classés. Leurs ruelles étroites jouent avec la couleur des maisons et cabanes en bois, avec la coquetterie des petits jardins bordés de fleurs aux teintes vives et de plantes exotiques. La promenade, le nez au vent, suivie de la dégustation d'une douzaine d'huîtres dans une cabane d'ostréiculteur prennent ici l'allure de précieux moments d'échange et de convivialité.

Cap-Ferret

Le Phare ✆ 05 56 03 94 49. *Visites guidées de 30 minutes En juillet, août et septembre, visite tous les jours, sauf le mardi, de 10h à 19h. Groupes toute l'année sur rendez-vous.* Haut de 53 m, reconstruit en 1947 et doté d'une lentille tournante d'une portée de 50 km, le phare du Cap offre un point de vue dominant sur tout le bassin, les parcs à huîtres, les passes, la dune du Pilat, l'Océan. Mais pour en profiter il faudra d'abord partir à l'assaut de ses 258 marches, ce qui est encore peu à côté des 365 de son confrère de Royan, La Palmyre. Dans le hall d'entrée, remarquer les mosaïques et le buste de l'ingénieur hydrographe Beautemps-Beaupré.

Bassin d'Arcahon vue depuis le phare du Cap-Ferret

L'Herbe

Typique avec ses cabanes d'ostréiculteurs en bois, le village de L'Herbe, qui est classé à l'inventaire des sites, est peut-être celui qui a le plus conservé son authenticité. Mais c'est sans doute parce que, coincé entre la plage et la dune, ce village modèle réduit aux maisons de bois colorées ne fait pas la part belle à la circulation automobile. Les ruelles étroites mènent directement à la plage où il fait bon s'attabler devant quelques huîtres et un verre de blanc. A ne pas manquer non plus : la villa « algérienne », ou plutôt ce qu'il en reste, puisque cette construction de style mauresque bâtie il y a 150 ans par Léon Tresca, bâtisseur du port d'Alger, a malheureusement été détruite en 1965 : à sa place, trône un immeuble « pâté » des années 70, offrant un sacré contraste avec la toute proche chapelle « orientale » réalisée par Eugène Ormières, où se côtoient la croix et le croissant et où l'on célèbre toujours la messe en été. Chaque jeudi matin du 6 juillet au 7 septembre, des visites guidées des lieux (4,57 € par personne, gratuit au-dessous de 15 ans) sont organisées par l'Office de tourisme (05 56 03 94 49).

Piraillan

Marché tous les jours de 8h à 13h. En 1845 un maître de barque de La Teste, nommé Bouzat, possédait une cabane sur la côte et on le surnommait « Pit ralhan », oiseau bavard. Il aurait ainsi donné son sobriquet à la commune. Piraillan nous offre ses anciens réservoirs à poissons, son village de pêcheurs et de nombreux chais centenaires dont un qui fut transformé en pigeonnier. A remarquer au milieu du port, deux îles artificielles aménagées pour les besoins de l'ostréiculture.

Grand Piquey

Grand Piquey signifie grande dune, le mot gascon piquey désignant un monticule formé par le sable transporté par le vent du large. Jean Cocteau, Raymond Radiguet, Jean Marais, Le Corbusier et quelques autres célébrités s'arrêtèrent à l'hôtel Chanteclerc, aujourd'hui reconverti en résidence. Mais ce qu'il ne faut surtout pas manquer, c'est la Pointe aux Chevaux qui offre une superbe vue sur le bassin. C'est là que les éleveurs rassemblaient des chevaux encore sauvages avant de les emmener sur l'île aux Oiseaux pour les dresser. Ces chevaux appartenaient à une race landaise rustique, très appréciée dans ces contrées arides, qui a depuis disparu.

Petit Piquey

Petit Piquey signifie petite dune. Le site est des plus agréables lorsqu'on suit le tracé de l'ancienne piste forestière (avenue du Truc-Vert) bordée aujourd'hui d'aires de pique-nique et d'une maison forestière. Pour ceux que ça intéresse, l'impasse du Grand-Coin est l'endroit le plus chaud de la presqu'île.

Les Jacquets

Cet ancien marais fut un lieu traditionnel de chasse aux oiseaux, ainsi que l'indique un acte de 1626, en le désignant comme un lieu propre « à mettre ou établir des rets pour faire chasse à prendre les dits oiseaux ». Il est intéressant de flâner dans le port ostréicole et le port du Four, et d'y découvrir un chantier naval. Ce dernier fut construit en 1889 et servait de chai car au XIXe siècle, la presqu'île exploitait des vignes.

Claouey

Marché tous les matins de 8h à 13h. On dit que le bourg doit son nom à un artisan cloutier qui y avait établi sa forge... Il est très agréable de se promener dans son petit port pour notamment y rencontrer les ostréiculteurs, profiter de ses plages et de sa Fête de la presqu'île, au mois d'août.

Lège

Le bourg a dû faire face à trois reprises à l'invasion du sable et s'est vu dans l'obligation de reculer avant de trouver sa place actuelle. Son nom « leyge », « liège » pourrait provenir des chênes-lièges dont il reste encore des spécimens dans la commune. Flâner à Lège c'est découvrir des demeures chargées d'histoire : anciennes fermes, granges, maisons bourgeoises, l'ancienne gare, la première mairie datant de 1860, une fournière (maison de pauvres) et surtout une cité ouvrière signée Le Corbusier. A voir également, la maison forestière du cousteau de la machine, accrochée à flanc de dune et repérable par ses briques roses, bâtie au XIXe siècle pour servir de logement aux gardes forestiers.

LANDES

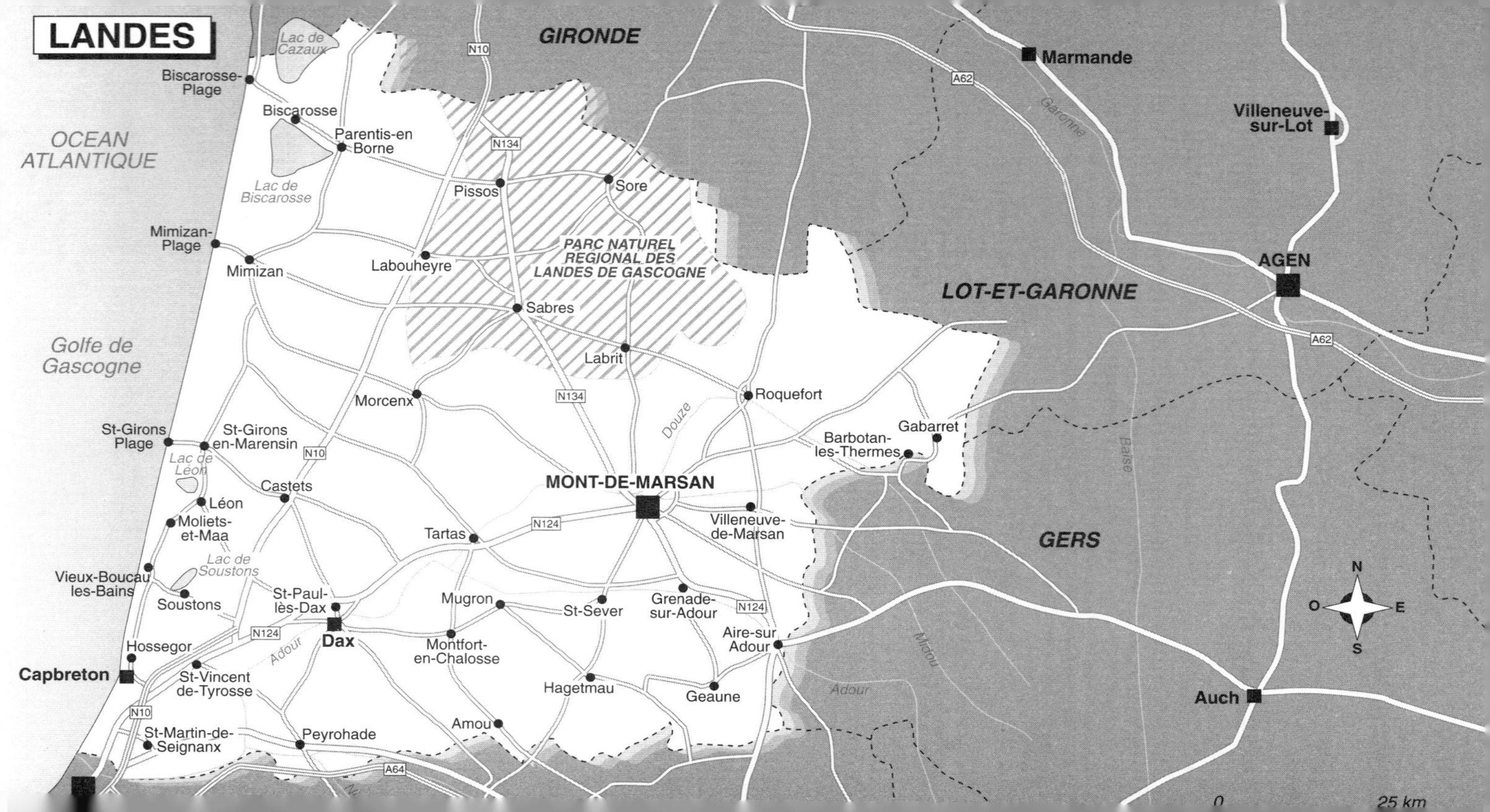
LANDES
GIRONDE
LOT-ET-GARONNE
GERS
OCEAN ATLANTIQUE
Golfe de Gascogne
PARC NATUREL REGIONAL DES LANDES DE GASCOGNE
Lac de Cazaux
Lac de Biscarosse
Lac de Léon
Lac de Soustons
Biscarosse-Plage
Biscarosse
Parentis-en Borne
Pissos
Sore
Mimizan-Plage
Mimizan
Labouheyre
Sabres
Labrit
Morcenx
Roquefort
Gabarret
Barbotan-les-Thermes
St-Girons Plage
St-Girons en-Marensin
Castets
Léon
Moliets-et-Maa
MONT-DE-MARSAN
Villeneuve-de-Marsan
Tartas
Vieux-Boucau les-Bains
Soustons
St-Paul-lès-Dax
Dax
Mugron
St-Sever
Grenade-sur-Adour
Aire-sur Adour
Hossegor
Capbreton
St-Vincent de-Tyrosse
Montfort-en-Chalosse
Hagetmau
Geaune
Amou
Peyrohade
St-Martin-de-Seignanx
Marmande
Villeneuve-sur-Lot
AGEN
Auch
Garonne
Baïse
Douze
Midou
Adour
N10
N134
N124
A62
A64
N
O
E
S
0
25 km

MONT-DE-MARSAN

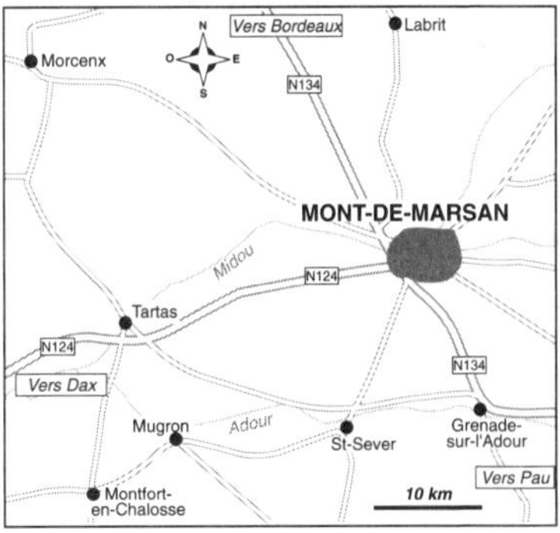

Histoire

Le castelnau de Mont-de-Marsan fut fondé vers 1135-1140 par Pierre de Lobaner, vicomte de Marsan. La région du Marsan fut rattachée par mariages à la maison de Foix-Béarn. Gaston Fébus (1346-1391) proclama sa neutralité dans le conflit franco-anglais de la guerre de Cent Ans (1337-1453). Grâce à cela, Mont-de-Marsan ne fut jamais saccagée au Moyen Age et la ville conserve quelques maisons médiévales, notamment rue Maubec et rue des Fossés. Mont-de-Marsan était un important port fluvial.

Au XVIe siècle, la ville a souffert des guerres de Religion. Les églises et les couvents furent détruits entièrement ou partiellement en particulier le couvent des Clarisses.

Au siècle des Lumières, le port où transitait l'armagnac apportera aux marchands des ressources qui feront changer de visage la ville. Des maisons bourgeoises ont été construites autour de la place Joseph Pancaut et le long de la rue Dulamon. Dans cette rue, signalons l'hôtel particulier Dupeyré dont on attribue la construction à l'architecte bordelais Victor Louis.

En 1791, Mont-de-Marsan devient chef-lieu des Landes. L'architecte Panay a dessiné plusieurs édifices officiels dans le style néo-classique de l'époque comme la préfecture, la gendarmerie ou la Rotonde.

Le port de Mont-de-Marsan fut fermé en 1903. En 1912, la base d'entraînement de Mont-de-Marsan vit le jour. Cette base constitue toujours un maillon capital de la défense aérienne nationale.

HEBERGEMENT

La Siesta. 8, place Jean Jaurès 40000 Mont-de-Marsan ✆ 05 58 06 44 44. *Fermé le dimanche soir de la Toussaint à pâques. 17 chambres de 23 à 47 €. Menus de 11 à 26 €. Petit-déjeuner 5,50 €.* Un lieu convivial en centre ville, à cinq minutes de la gare, où les habitués viennent trouver des viandes de qualité cuites au feu de bois, mais aussi des plats régionaux, pas mal faits et généreusement servis : foie gras mi-cuit, magret de canard aux figues rôties, filet de rouget à la tapenade. Chambres simples à petits prix.

Chez Zanchettin. 1565, avenue de Villeneuve 40000 Mont-de-Marsan ✆ 05 58 75 19 52 - Fax 05 58 85 92 04. *Fermeture annuelle du 15 août au soir au 10 septembre au matin. Fermé le dimanche soir et lundi. 9 chambres de 31,50 à 44 €. Menus de 10,40 à 24,50 €. Carte 18 €. Petit-déjeuner 4,50 €.* Ambiance familiale et tarifs avantageux chez Zanchettin, chambres simples au confort correct (TV, téléphone) donnant sur le beau jardin, salle rustique prolongée d'une agréable terrasse sous les platanes, pour goûter en toute quiétude la carte traditionnelle de la maison : galantine de dinde, asperges des Landes, confit de canard, crêpes maison.

Hôtel des Pyrénées. 20, avenue du 34e RI 40000 Mont-de-Marsan ✆ 05 58 46 49 49 - Fax 05 58 06 43 57. *Fermé le vendredi soir et dimanche soir. 22 chambres de 21,35 à 36,60 €. Menus de 11,30 à 30,20 €. Carte 15,30 €. Petit-déjeuner 4,60 €.* Un établissement bien tenu près de la gare, hôtellerie fonctionnelle, chambres simples et agréables, table de tradition sous influence sud-ouest, avec les chipirons à l'américaine, la dorade à l'espagnole, la brochette de cœurs de canard, les confits, de porc ou de canard, le salmis de pigeon. Quelques bonnes bouteilles en cave, un service très prévenant.

Chambres d'hôtes

Ch. d'hôtes Béatrice de Monredon. Lamolère 40090 Mont-de-Marsan ✆ 05 58 06 04 98 - Fax 05 58 06 04 98. *4 chambres de 33,50 à 44,21 €. Menu à 100 €. Carte bancaire non acceptée.* Une rivière, des arbres centenaires, une belle allée de platanes, une chapelle du XIIe siècle plantent le décor de ce domaine de caractère composé de 4 chambres joliment aménagées. Une table d'hôte familiale et savoureuse selon le marché et l'humeur de la maîtresse de maison.

RESTAURANTS

Auberge de la Pouillique. 656, chemin de la Pouillique - Route de Villeneuve 40090 Mazerolles ✆ 05 58 75 22 97 - Fax 05 58 06 20 39. *Fermeture annuelle du 20 au 30 août, du 2 au 10 janvier. Fermé le dimanche soir, lundi. Menus de 15,25 à 25,95 €. Carte 27,50 €.* C'est la bonne table du coin, ancienne ferme rénovée au cadre rustique, avec poutres et cheminées, dans son parc aux chênes centenaires. La cuisine est bien typique, généreuse et bien faite, avec le feuilleté aux asperges, les pimientos farcis, le filet de merlu aux gambas et le magret fourré aux petits légumes.

Hôtel-restaurant Abor. Route de Grenade - Saint-Pierre du Mont 40280 Mont-de-Marsan ✆ 05 58 51 58 00 - Fax 05 58 75 78 78. *68 chambres de 48 à 56 €. Menus de 11 à 24 €. Carte 27 €. Petit-déjeuner 7 €.* Tout proche de la forêt, cet hôtel vous séduira par ses chambres fonctionnelles, bien équipées, insonorisées et climatisées, mais aussi par sa terrasse et sa piscine. A proximité : randonnées pédestres, golf et chasse à la journée. La table propose des grillades au feu de bois (un espace grillade a récemment été aménagé sur la terrasse, près de la piscine), des produits du terroir et un buffet.

La Ferme de Coumassotte. N124 40280 Saint-Pierre-du-Mont ✆ 05 58 75 28 98. *Fermé le mardi soir et mercredi. Menus de 10,50 à 28 €. Carte 22,50 €.* Nichée dans un parc de deux hectares, une bâtisse au style ancien, joliment décorée de bibelots et souvenirs de voyage, et surtout une table intéressante, où un chef adroit propose une cuisine élaborée, sur les produits régionaux et poissons nobles : tatin de foie frais aux épices miellées, médaillon de lotte aux noisettes, roulade de magret aux herbes, sauce au miel de sapin, queues de homard et gambas, sauce légère.

Restaurant Didier Garbage. Au Bourg 40090 Uchacq-et-Parentis ✆ 05 58 75 33 66 - Fax 05 58 75 22 77. *Fermeture annuelle 10 jours début janvier et du 1er au 15 juillet. Fermé le dimanche soir et lundi. Menus de 11,50 à 55 €. Carte 38 €.* A trois kilomètres de Mont-de-Marsan, cette vielle maison landaise respire l'authenticité du sud-ouest. Le parc verdoyant fournit un cadre agréable et un grand calme environnant. L'accueil chaleureux vous fera apprécier la cuisine du terroir.

POINTS D'INTERET

Office de Tourisme. 6, place du Général Leclerc BP 305 40011 Mont-de-Marsan Cedex ✆ 05 58 05 87 37.

Mont-de-Marsan est la préfecture des Landes. C'est « la ville aux trois rivières ». La Douze et le Midou se rejoignent à Mont-de-Marsan et forment la Midouze.

Eglise de la Madeleine. L'église Sainte-Marie Madeleine remplace une église gothique du XIVe siècle qui s'est effondrée en 1821. L'édifice a été reconstruit dans un style néo-classique par l'architecte Arthaud. Le maître-autel date de 1775. Il a été réalisé par les frères Mazzetty. Les marbres du tombeau du maître-autel ont une grande richesse de teint. La vie de Sainte-Marie Madeleine a été peinte par Mme Grimard-Baudet aidée de son mari et d'un doreur italien.

Eglise Saint-Jean d'Août. Elle possède une statue polychrome Notre-Dame de Saint-Jean d'Août de la fin du XVe siècle.

Eglise Saint-Médard. Sa construction remonte au XIe siècle. Elle fut restaurée au XVIIe siècle à la suite de l'incendie causé par les protestants. L'église possède une belle porte en bois sculptée, un retable en bois et une descente de croix donnée par Napoléon III.

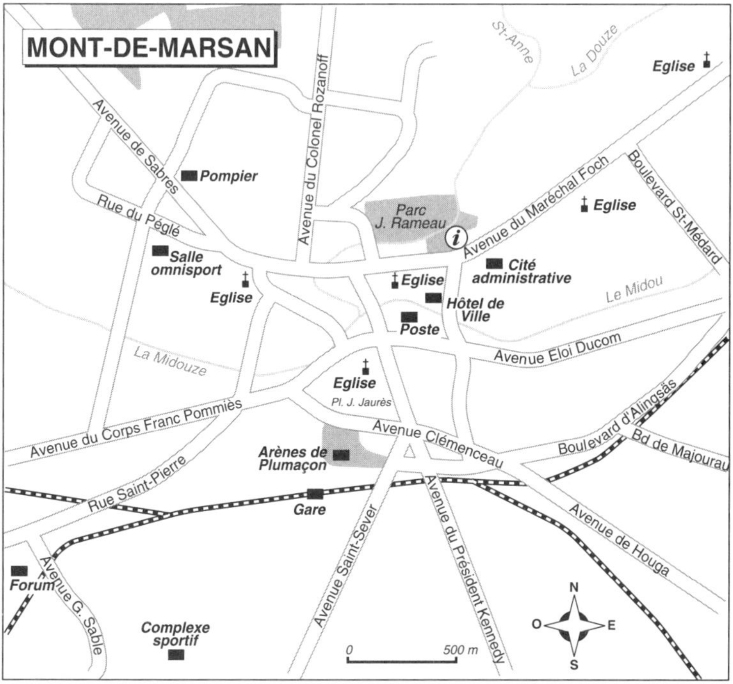

Rives du Midou

Donjon Lacataye. Place Marguerite de Navarre. Il a été construit, semble-t-il, au début du XIIIe siècle pour protéger le côté sud-est de la ville. Le donjon appartenait à un ensemble fortifié. C'était une maison-forte, un poste d'observation sur le Midou. C'est une tour crénelée monumentale, édifiée en pierre coquillière. En 1860, le maire de Mont-de-Marsan, Antoine Lacaze, restaure le Donjon et en fait don à la ville pour y installer une garnison. Depuis 1962, il abrite le musée Despiau Wlérick.

Musée Despiau-Wlerick. Place Marguerite de Navarre. *Ouvert tous les jours de 10h à 12h et de 14h à 19 heures sauf le mardi et les jours fériés. Gratuit le lundi pour tous. Visite commentée pour les groupes sur rendez-vous.* Les collections du musée sont abritées dans un cadre architectural du Moyen Age : le donjon Lacataye, la maison et la chapelle romanes. L'œuvre des sculpteurs montois Charles Despiau et Robert Wlérick est à l'origine des collections du musée. Despiau (1874-1946) et Wlérick (1882-1944) faisaient partie de la « bande à Schnegg » composée de Lucien et Gaston Schnegg, Pompon, Drivier, Dejean, Halou et Arnold. Ces artistes, présentés au musée, représentent un courant important de la sculpture française du XXe siècle, celle du retour de la sculpture figurative dans les années trente. Pour eux, être traditionaliste c'est être moderne. Leur mentor est Rodin, bien que leurs arts aillent vers quelque chose de plus serein, réfléchi et plus calme. Ils cherchent des volumes simples. Wlérick a reçu de nombreuses commandes de l'Etat. Il fonda le Salon des Tuileries avec Bourdelle, Dejean et Maillol. Il fut très apprécié pour ses nus vigoureux et sensuels. Despiau était un très grand bustier. Il tendait à exprimer les états d'âmes et la sensibilité des portraits qu'il exécutait. Ses portraits étaient surtout féminins. Il a sculpté le monument aux morts de Mont-de-Marsan en 1921. Le musée réunit les œuvres maîtresses d'une centaine d'artistes.

Centre d'Art Contemporain Raymond Farbos. 3, rue Saint-Vincent de Paul. Le musée d'Art contemporain est géré par l'Association « Les amis de Charles Despiau et Robert Wlérick ». L'ancien entrepôt à grains est un lieu idéal d'exposition. Le musée propose des expositions d'artistes contemporains. Il cherche à faire la promotion de jeunes artistes comme celle de Jofo, artiste dacquois, en 1997 dont l'exposition a eu un grand succès.

Parc Jean Rameau. Le parc a été dédié à Jean Rameau poète et romancier landais qui l'inaugura et écrivit ces quelques vers : La Douze serpente dans le parc aux nombreuses sculptures.

« Chêne altier, sapin bleu, platane séculaire,
Vous êtes tous à moi. Je suis le titulaire.
Ces fleurs, ces nids, ces bancs, c'est le parc Jean Rameau ».

Parc de Nahuques. Avenue de Villeneuve. Le parc autour du château s'étend sur 23 ha. Il abrite des animaux en semi-liberté : chevreuils, lamas, chèvres naines.

Arènes du Plumacon. Elles furent construites en 1889 après l'incendie des arènes de bois de Saint-Roch et agrandies en 1932. C'est le théâtre des corridas pendant les fêtes de la Madeleine. Les arènes contiennent 7000 places, visite gratuite sur rendez-vous au 05 58 75 06 09.

SHOPPING

Denis Daubos. 1, place Abbé Bordes 40000 Mont-de-Marsan ✆ 05 58 75 00 81. L'artiste au ruban bleu intersuc a obtenu le premier prix des spécialités régionales de France au Salon International de la Confiserie. Il a réalisé des pièces en chocolat magnifiques comme la porte du domaine d'Ognoas à Arthez d'Armagnac (2, 30 m de haut sur 4, 50 m de large). Allez rendre visite à sa boutique, vous vous régalerez et vous rencontrerez un homme de grand talent.

LOISIRS

Golf. Pessourdat 40090 Saint-Avit ✆ 05 58 75 63 05. A Saint-Avit, dans la direction Agen-Périgueux, le golf de 18 trous a été dessiné par l'architecte Jean Garhialde. Il a remplacé en 1993, le golf de 9 trous, dans une campagne magnifique aux alentours de Mont-de-Marsan. Le practice est ouvert à tout le monde. Vous pourrez vous restaurer sur place. Olivier Beaufranc donne des cours individuels et collectifs, il organise des stages.

DAX ET LE PAYS D'ORTHE

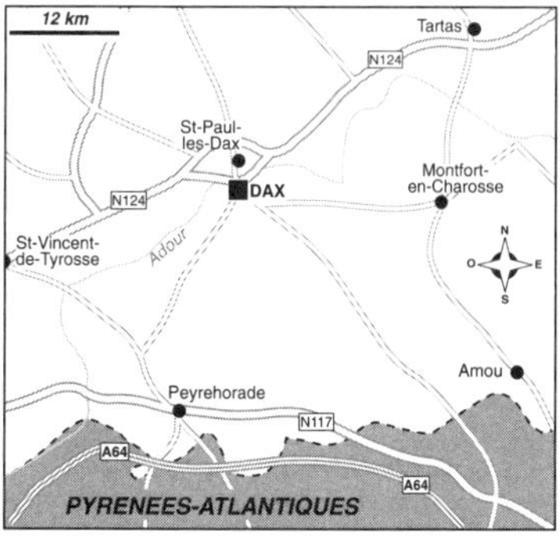

DAX ET SON PAYS

Histoire

Vers les années 50-55 avant JC, les romains atteignirent le site où s'élève de nos jours la ville de Dax. Dans l'Antiquité, Dax s'appelait Aquae Tarbellicae, c'est-à-dire l'eau des Tarbelles. Les Tarbelles étaient un peuple indigène établi dans la région. La ville fut sans doute fondée à l'époque augustéenne à proximité des sources chaudes aux vertus curatives bien connues. Les sources thermales se regroupaient dans le bas fond marécageux de la rive gauche de l'Adour. Le noyau initial s'établit dans le secteur de l'actuelle cathédrale. Durant le IIe siècle après JC, les ingénieurs romains isolèrent un vaste terrain marécageux compris entre le noyau urbain et la rive gauche de l'Adour. C'est à cette époque que d'importants monuments publics furent édifiés : le bassin de la Nehe (la fontaine chaude), les Thermes, le « temple » de l'îlot central (dont les fondations se visitent avec le musée de Borda). C'est l'apogée de Dax, la romaine.

Pendant le Bas Empire, un nouvel urbanisme naît : le castrum. Dax, au IVe siècle, se nomme Civitas Aquensium. C'est à cette époque, en 380 après JC, que furent élevées d'importantes murailles défensives. Les remparts ainsi que le château fort médiéval, qui était situé à l'emplacement actuel de l'hôtel du Splendid, furent démolis au XIXe siècle pour que la ville s'ouvre et se développe. On peut en voir des vestiges au parc Théodore Denis et à la place des Salines.

LA FONTAINE CHAUDE

La Nehe est une source thermale d'eau chaude. Elle sort de terre à 64 °C. Au IIe siècle après Jésus-Christ, un bassin fut construit autour de cette source. Au XIXe siècle, on édifia, sur les fondations de l'ancien bassin, les murs de la Fontaine Chaude.

HEBERGEMENT

Relais des Plages. 158, avenue de l'Océan 40990 St-Paul les Dax ✆ 05 58 91 78 86 - Fax 05 58 91 85 13. *Fermé le dimanche soir et lundi (restaurant, sauf juillet et août). 9 chambres de 39 à 54 €. Menus de 16 à 30 €. Carte 30 €. Petit-déjeuner 6,50 €.* Une étape classique, une prestation complète dans de bonnes conditions, cadre mêlant ancien et rustique, avec des chambres stylées Louis XIV, correctement équipées (TV, mini-bar), cuisine généraliste réalisée avec application : foie gras, saumon fumé, confits et magrets, ris de veau financière et poire Belle Hélène.

Hôtel-restaurant Jean le Bon. 12/14, rue Jean le Bon 40100 Dax ✆ 05 58 74 29 14 - Fax 05 58 90 03 04. *Fermeture annuelle du 20 au 30 décembre. Fermé le samedi et dimanche d'octobre à mars. 27 chambres de 31 à 40 €. Menus de 11,43 à 30,50 €. Carte 38 €. Petit-déjeuner 5,50 €.* Un hôtel pratique et confortable, aux chambres accueillantes aux tissus fleuris, bonne base pour séjourner dans la cité thermale. Une prestation impeccable à tarifs accessibles, avec piscine et table traditionnelle de qualité : feuilleté de saint-jacques aux asperges, foie gras poché au raisin, salade landaise au foie gras, magret de canard aux goldens, tourtière flambée.

Résidence les Thermes. Cours de Verdun 40100 Dax ✆ 05 58 56 42 42 - Fax 05 58 56 48 10. *Fermeture annuelle du 1er janvier au 3 mars et en décembre. 90 studios chambres de 61 à 70 €. Menu à 13 €. Petit-déjeuner 6 €.* Cet hôtel de style contemporain avec jardin intérieur est un bel exemple d'architecture moderne. Situé dans le centre ville, il offre des studios tout équipés.

Chambres d'hôtes

Capcazal de Pachioü. 606, route de Pachioü 40350 Mimbaste ✆ 05 58 55 30 54 - Fax 05 58 55 30 54. *4 chambres de 42 à 56 €. Menu à 17 €. Carte bancaire non acceptée.* Les chambres d'hôtes sont situées dans une maison du XVIIe siècle au milieu d'un parc de 2 hectares. Lits à baldaquin et cheminée dans les chambres, bassin d'agrément dans le parc. Table d'hôtes aux saveurs régionales.

RESTAURANTS

Le Val Fleuri. 20, chemin de Masson 40465 Pontonx-sur-l'Adour ✆ 05 58 57 20 75 - Fax 05 58 57 25 60. *Fermeture annuelle mi-janvier. Fermé le dimanche soir, lundi. Menus de 15 à 23 €. Carte 30 €.* Sur la N124, une auberge rustique et traditionnelle pour retrouver sans souci une cuisine classique et généreuse : salade de saumon et foie frais, filet de bar au fenouil, pigeonneau farci aux champignons, fruit défendu aux framboises. Création, depuis l'an passé, côté bar, d'une rôtisserie.

Auberge la Chaumière. Route de Bayonne - Quartier Hardy 40990 Saint-Paul-les-Dax ✆ 05 58 91 79 81 - Fax 05 58 91 37 66. *Fermeture annuelle première quinzaine de décembre et première quinzaine de janvier. Fermé le lundi soir et mardi. Menus de 15 à 36 €. Carte 26 €.* C'est la tradition, et particulièrement des foies gras de haute qualité, que vous rencontrerez dans cet ancien relais de poste de 1868 à colombages, avec sa déco rustique et sa grande cheminée. Rendez-vous de toreros et d'aficionados, mais aussi de tous les bons mangeurs du coin autour du cou de canard farci au foie gras, du txangurro (gratin de crabes), de la morue rôtie à l'ail et piment d'Espelette, du pied de cochon aux têtes de cèpes et de la tourtière de foie gras aux pommes. Ambiance chaleureuse, prix contenus, bonne cave.

La Table de Pascal. 4, rue de la Fontaine Chaude 40100 Dax ✆ 05 58 74 89 00. *Fermeture annuelle 2 semaines en octobre, 3 semaines en février. Fermé le dimanche et lundi. Carte 22,90 €.* Un bistrot bouchon accueillant et animé, joli décor, en plein centre-ville et petits plats sympas : œuf cocotte au foie gras, poule au pot farcie, pot-au-feu, aiguillette de canard farcie au foie gras.

Auberge des Pins. 86, avenue Planté - Quartier du Gond 40100 Dax ✆ 05 58 74 22 46 - Fax 05 58 56 05 62. *Fermeture annuelle du 15 décembre au 15 janvier. Fermé le vendredi soir (sauf de juin à septembre inclus). 14 chambres de 37 à 46 €. Menus de 10 à 20 €. Carte 22 €. Petit-déjeuner 4,80 €.* Pour séjourner sereinement et à petits prix dans la cité thermale, dans le cadre d'une maison de style basque, bien équipée, avec ses chambres néo-rustiques modernes et claires. Véranda, terrasse sous les platanes, bassin à poissons, autant d'agréments prolongés par une table de tradition régionale : axoa d'Espelette, merlu koskera, zikiro d'agneau, entrecôte aux cèpes.

Au Fin Gourmet. 3, rue des Pénitents 40100 Dax ✆ 05 58 74 04 26. *Fermeture annuelle du 15 décembre au 15 janvier. 19 chambres de 38 à 45 €. Menus de 13 à 28 €. Carte 22 €. Petit-déjeuner 6 €.* Bonne étape et bonne table, maison réputée en centre-ville, à 50 m de la Fontaine chaude. Belles chambres cosy contemporaines, parfaitement insonorisées et bien équipées. Cuisine bourgeoise généreuse et bien faite, avec la tête de veau ravigote, le pavé de saumon aux morilles, l'omelette aux cèpes, le tournedos Rossini aux truffes.

L'Amphitryon. 38, cours Galliéni 40100 Dax ✆ 05 58 74 58 05. *Fermeture annuelle du 26 août au 6 septembre, du 2 au 26 janvier. Fermé le dimanche soir, lundi, samedi midi. Menus de 18 à 30 €. Carte 30 €.* Dans un décor d'inspiration marine, on apprécie les tons bleu et blanc qui confèrent à l'ensemble une atmosphère chaleureuse. La table se garnit de plats qui mettent en valeur les saveurs locales : chipirons sautés à la plancha au piment d'Espelette, tournedos de pintade fermière des Landes, tulipe aux amandes et romarin glace à la vanille bourbon.

POINTS D'INTERET

Office de tourisme. Place Thiers BP 177 40104 Dax Cedex ✆ 05 58 56 86 86.

Cathédrale Notre-Dame. La cathédrale a été réédifiée au XVIIe et XVIIIe siècle dans un style néo-grec. L'église gothique s'est effondrée en 1638 et 1645. Il reste tout de même le splendide portail sculpté du XIIIe siècle, un des joyaux de l'art gothique dans les Landes. Au XVIIIe siècle, les frères Mazzetty ont œuvré dans la cathédrale. En 1751, ils ont sculpté le maître-autel en marbre. En 1765, ils ont réalisé l'autel de la Vierge dans le croisillon sud du transept.

Eglise Saint-Vincent de Xaintes. Selon la tradition, Saint-Vincent de Xaintes, martyr, aurait été le premier évêque de Dax, au IVe siècle. L'église de l'ancienne paroisse de Saint-Vincent conserve dans le chœur des mosaïques gallo-romaines ainsi que des colonnes de marbre.

Les arènes. Elles ont été construites au début du siècle, par l'architecte landais Albert Pomade dans un style hispano-mauresque. Elles ont été inaugurées le 11 mai 1913. Elles ont remplacé les arènes de bois. On accède à la porte principale par le parc Théodore Denis. A l'origine, le cirque accueillait 5 500 personnes. Les arènes furent agrandies en 1932 et 8 200 places sont à la disposition des aficionados aujourd'hui. Elles sont le théâtre des corridas de la Féria en Août et de Toros y Salsa en septembre.

LA LEGENDE DU CHIEN DE DAX

Un légionnaire en garnison à Dax avait un chien qui souffrait de rhumatismes. Ayant reçu l'ordre de quitter la ville, le soldat se résolut à noyer le chien, qui ne pouvait avancer, dans l'Adour. Le courant entraîna le chien sur la berge et il se trouva au milieu des boues thermales. Il reprit des forces et ses rhumatismes furent soulagés. Lorsque le légionnaire revint à Dax, quelle ne fut pas sa surprise et sa joie de retrouver son chien guéri. Quand le soldat rentra à Rome, il conta le fait. L'impératrice voulut venir dans la cité thermale. La tradition rapporte la venue aux eaux de Dax de l'empereur César Auguste et de sa fille Julia en 27 avant Jésus-Christ.

L'Atrium. Il a été édifié en 1929 par les architectes Granet et Expert. C'est un chef-d'œuvre de l'Art Déco avec des mosaïques et ses stucs représentant des masques et des danseurs à l'antique. Aujourd'hui, l'Atrium sert de salle de spectacles ou pour les conférences de « Connaissance du monde ». La salle de spectacles au décor doré est à voir.

Splendid. Un incendie, en 1926, ravagea le casino et Dax Salins thermal, construits en 1891, par Raphaël Millès-Lacroix, maire de Dax. Sur cet emplacement, dans les années 30, fut construit le Splendid Hôtel. Les plans et les décorations ont été conçus par André Granet, Albert Pomade et Jean Prunetti, dans le style Art-Déco. Les volumes, les décors et les éclairages donnent à cet hôtel des allures de palace. C'est la volonté d'Eugène Milliès-Lacroix de faire de Dax une station thermale « moderne et modèle » qui a permis d'élever cet édifice : c'est « un monument thermal moderne, complet et confortable », fierté des dacquois.

Thermes. Cette résidence hôtelière a été conçue par un des plus grands architectes de France d'aujourd'hui : Jean Nouvel. Le Verre et les persiennes de bois jouent avec la lumière et la transparence. Ces matériaux s'opposent à l'acier et au béton. Le bâtiment se reflète dans l'eau de l'Adour. La végétation est à l'extérieur et à l'intérieur, les barrières sont abolies.

Parc du Sarrat. Rue du Sel de Gemme. Le parc a été légué à la ville, en 1989, par René Guichemerre, architecte-paysagiste. Il est inscrit à l'inventaire supplémentaire des Monuments Historiques. Le jardin botanique aux essences rares, dans lequel se profile une maison à l'architecture des années soixante, a été conçu par l'ancien propriétaire. Ce jardin où règne le calme vaut le détour.

Sablar. C'est le quartier au nord de Dax. Cette partie était inondable. Le Bas-Sablar était le port de Dax. On embarquait les barriques de colophane, les chandelles de résine, le vin et le liège en gabardes qui avaient remonté les pierres de Bidache. Tout le quartier commerçant était au Sablar. Il existait un atelier de résineux, une bourse de résineux et des bois.

Musée de Borda. Le musée de Borda est installé dans un hôtel particulier du XVIIe siècle. A l'entrée se trouvent des objets médiévaux tels que les chapiteaux de la cathédrale de Dax détruite ou des statues polychromes. Ce musée présente des vestiges gallo-romains de Dax, ancienne cité romaine appelée Aquæ Tarbellicæ. Les bronzes datant du début de notre ère sont de véritables joyaux. Une salle est consacrée à la course landaise et autre à la tauromachie. A gauche de l'escalier vous visiterez, une salle dédiée à Jean-Charles de Borda, navigateur et mathématicien dacquois. Dans cette salle vous admirerez également des objets africains ramenés par le Dacquois Raphaël Millès-Lacroix, ministre des colonies au siècle dernier. En regardant les tableaux accrochés sur les murs de la cage d'escalier, vous accéderez au palier où sont exposées des céramiques chinoises et de la faïencerie de Dax. La visite de la crypte archéologique est guidée. Ce sont les fondations d'un temple gallo-romain érigé au IIe siècle après Jésus -Christ. Elles ont été découvertes à la fin des années 70.

La Chapelle des Carmes. 11, rue des Carmes. Cette ancienne chapelle a été achetée récemment par la ville de Dax et rénovée notamment avec l'aide de Mme Gischia pour accueillir des expositions temporaires. L'exposition Léon Gischia en 1997 a inauguré ce splendide espace réservé à l'expression contemporaine. Cette annexe du musée de Borda ouvre entre autres ses portes au festival d'Art Sacré de Dax en octobre.

Musée Georgette Dupouy. 25, rue Cazade. Ce musée est dédié à l'artiste dacquoise Georgette Dupouy. Vous découvrirez son art inspiré par Utrillo ou Suzanne Valadon. De nombreuses expositions sont organisées tout au long de l'année.

Musée de l'aviation légère, de l'armée de terre et de l'hélicoptère. Base Navelet - 58, avenue de l'Aérodrome 40100 Dax ✆ 05 58 74 66 19. Reconnu Musée de Tradition de l'Armée de Terre depuis 1984, le musée de l'ALAT et de l'hélicoptère est situé à Dax, siège de l'EAALAT, école de formation des pilotes militaires d'hélicoptères. Un vaste hangar abrite actuellement une vingtaine d'avions et d'hélicoptères de combat anciens. Dans la nouvelle galerie, un nombre important d'objets, de documents et de maquettes témoigne de la vie et de l'action des hommes qui ont œuvré ou servent encore au sein de l'Aviation Légère de l'Armée de Terre. La récupération et la remise en état des appareils anciens se poursuivent.

SHOPPING

Boucherie Aimé. 3, avenue de la IVe République, Dax ✆ 05 58 74 24 37. L'entreprise familiale a pignon sur rue depuis 70 ans et Michel Aimé s'applique avec son épouse à pérenniser son caractère artisanal. Il est le promoteur de l'Association des Producteurs de Bœuf de Chalosse. L'Association a dix ans et le label garantit l'origine de l'élevage. Le Bœuf de Chalosse a été sélectionné pour représenter les meilleures viandes du terroir français au Parlement Européen. Il est sur les meilleures tables chez Ducasse, Dutournier à Paris, Guérard à Eugénie-les-Bains, Cousseau à Magescq.

Les Madeleines de Dax. 6, rue de la Fontaine Chaude, Dax ✆ 05 58 74 26 25. Quand vous franchirez le pas de la porte de cette charmante boutique du début du siècle, vous penserez à Proust... La renommée des madeleines de Dax n'est plus à faire et une fois qu'on en a goûtée une, on ne pense plus qu'a ça! Les madeleines sont faites tous les jours et peuvent être expédiées dans toute la France. Alors arrêtez-vous dans la boutique pour voir le décor et goûter à une madeleine pour le même prix qu'un croissant.

LOISIRS

Le Piano Club. Casino Caesar Palace, Saint-Paul-les-Dax. C'est peut-être ici que vous viendrez finir vos soirées. L'affluence est sans nul doute au rendez-vous. Et, la boîte ne désemplit pas. Vous danserez au son de la musique que vous aimez et parfois entrecoupée par un groupe qui vient animer les soirées.

Piscine ludique des Thermes Borda. 30, rue des Lazariste, Dax ✆ 05 58 74 86 13. Vous pourrez vous décontracter dans une eau à 33 °C. Deux piscines, l'une intérieure et l'autre extérieure, vous feront profiter de multiples aménagements : bains californiens, cascades, cols de cygnes, geyser, nage à contre courant, banquettes bouillonnantes... C'est le dépaysement exotique avec son îlot de palmiers, ses colonnes et sa verrière. Vous vous amuserez et passerez un bon moment!

DANS LES ENVIRONS

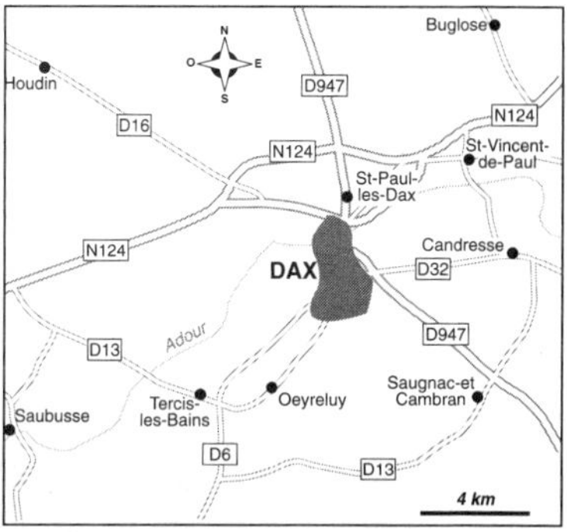

Oeyreluy

Eglise. L'église de Oeyreluy a un magnifique portail roman du XIe siècle. Le portail est encadré par deux colonnes aux chapiteaux sculptés. Le linteau est décoré de cercles noués et au-dessus d'un chrisme. Il a été inscrit à l'inventaire supplémentaire des Monuments historiques.

Saint-Paul-lès-Dax

Au lieu-dit Sébastopol, une source thermale sort à 47 °C et débite 400 m^{3} à l'heure. Les eaux chlorosulfatées bicarbonatées sodiques et calciques sont employées pour les traitements de rhumatologie et phlébologie. Saint-Paul-lès-Dax a deux lacs : le lac de Christus et le lac de Poustagnacq. Le lac artificiel de Christus est alimenté par les eaux de l'étang d'Abesse. Au moulin de Poustagnacq se trouvait l'ancien moulin à grains des Barnabites. Au XIXe siècle, il devint annexe des forges d'Abesse.

Eglise. L'église de Saint-Paul-lès-Dax est édifiée à l'extrémité d'une plate forme naturelle à l'endroit d'où partait à l'époque gallo-romaine l'aqueduc d'eau froide qui alimentait Dax, car Dax ne possédait que de l'eau chaude. Le chevet composé d'une abside semi-circulaire date du XIIe siècle, le reste de l'édifice est du XIXe siècle. Jusqu'en 1920, on pouvait voir à l'intérieur de l'église des peintures du XIVe et XVe siècle. L'intérieur du chevet est composé d'une arcature aveugle en arc plein cintre qui repose sur un soubassement. Au-dessus, trois fenêtres en plein cintre s'ouvrent. L'abside est magnifiquement ornée à l'extérieur. On retrouve une arcature aveugle qui repose sur des colonnes aux chapiteaux sculptés. Au-dessus deux fenêtres sont décorées par deux colonnes et un arc en plein cintre. Au pied de ces ouvertures, onze plaques de marbre sont finement sculptées. L'ensemble de la frise figure un cycle du Salut, de la Cène qui annonce la passion jusqu'au triomphe définitif de Jésus symbolisé par la victoire de Samson sur le lion.

Forges d'Abbesse. Le domaine d'Abesse s'étend sur 230 hectares. Les plus anciennes traces connues aujourd'hui remontent au néolithique. Au XVIIe siècle, les forges d'Abesse sont exploitées par Barthélemy Dartiguelongue qui s'était marié avec Catherine de Fabars, fille du seigneur d'Abesse. Le minerai de fer se trouvait sur place avec la garluche et le ruisseau de la Herrère fut canalisé pour alimenter la forge en eau. La forge fonctionna pendant plus de trois siècles et s'arrêta au début du XXe siècle comme beaucoup de forges landaises. Les forges ont donné du travail à la population saint pauloise. L'histoire d'Abesse est retracée par Laurence Puyoo et Iñaki Zubillaga dans les Bulletins de la Société de Borda.

Saint-Vincent-de-Paul

La commune de Saint-Vincent-de-Paul s'appelait jusqu'en 1828 Pouy. Vincent de Paul naquit sur cette commune en 1581. Sa maison natale typiquement landaise a été reconstituée au quartier du Berceau. En 1625, il institua la congrégation des Lazaristes et en 1633 celle des Filles de la Charité. Il mourut en 1660, il fut béatifié en 1729 et canonisé en 1737. A Saint-Vincent de Paul, seul le chêne encore debout de 12,30 m de circonférence a connu Vincent, car il aurait 800 ans ! La chapelle du Berceau a été édifiée au XIXe siècle.

Hameau de Buglose. Buglose est l'annexe de Saint-Vincent de Paul. Le hameau qui se situe à 4 kilomètres au Nord, donne l'impression d'être une commune à lui seul. C'est un lieu de pèlerinage pour les chrétiens. La statue en pierre de Notre-Dame-de-Buglose « si chère aux cœurs landais » date du XVe siècle. Elle a été retrouvée dans un marais par un berger en 1620. Elle se trouve dans la chapelle du Rosaire de la basilique. La basilique a été édifiée au XIXe siècle dans un style « néo-roman ». Elle a été bâtie sur un terrain marécageux et s'appuie sur 500 troncs de pins. Les quatre anges dorés, exécutés aux forges d'Uza, en haut de la tour carrée ont été offerts par la marquise de Lur-Saluces. Le carillon de Buglose aux 59 cloches fut imaginé par l'abbé Maisonnave professeur du petit séminaire d'Aire. Il est actionné comme un harmonium avec des touches. Derrière la basilique, vous pourrez voir un oratoire et une fontaine.

Saubusse

Eglise. Saubusse se situe au bord de l'Adour. L'église de Saubusse date de l'époque romane mais elle a été remaniée. L'église est orientée. La nef unique à quatre travées se termine par un chevet à trois pans. Chaque pan est perçé d'une fenêtre en plein cintre encadrée par des colonnettes. Une tour carrée à l'ouest sert de clocher. Nous remarquerons une belle voûte d'ogives à liernes et tiercerons et la belle tribune à l'Ouest de la nef.

Au bord de l'Adour, l'ancien château qui appartenait à la famille Ducros de Bellepeyre conserve en façade une tour ronde du Moyen Age.

Port. Le port de Saubusse était très important. En 1579, lors du détournement de l'Adour, le poids public est transféré d'Hossegor à Saubusse. La pesée s'effectuait pour les produits forestiers, résineux et les vins de Tursan ou de Chalosse. Au XVIIe siècle, Colbert fait installer un entrepôt de goudron. Au XVIIIe siècle, Saubusse est le deuxième port important sur l'Adour après Dax, à cette époque les 2/3 des habitants sont mariniers. Aujourd'hui, c'est le port d'attache de quelques pêcheurs qui dirigent le « couralin » pour la pibale, la lamproie ou l'alose. C'est le départ des promenades en bateau mouche.

Fontaine chaude de Dax

Tercis-les-Bains

Site géologique de Tercis. Les affleurements calcaires de Tercis sont connus depuis 150 ans. Ils se situent au lieu-dit Mur de Bédat sur la rive gauche de l'Adour. Une partie du site géologique a été exploitée par la société Calcia pour les Ciments Français. Le site de Tercis a été choisi comme Point Stratotype Global, c'est-à-dire que le terrain est pris comme coupe de référence mondiale. Les affleurements de Tercis exposent des calcaires fossilifères de la fin du Secondaire et ont permis une meilleure connaissance de certaines limites d'étages comme pour le Campanien et le Maastrichtien, les deux derniers étages du Crétacé (secondaire). Ils sont liés à des déformations plissées et faillées au front de la chaîne des Pyrénées. Les eaux chaudes remontant le long des failles sont exploitées pour le thermalisme. La coupe de Tercis est une donnée précieuse à étudier pour que l'on comprenne un jour les extinctions de la faune et notamment celle des dinosaures entre le Secondaire et le Tertiaire. Très peu de sites dans le monde possèdent un passage aussi complet entre le Secondaire et le Tertiaire. De nombreux silex taillés ont été retrouvés à Tercis. C'est un site géologique majeur.

Sources thermales. Les fontaines thermales de Tercis ont un débit de 350 000 litres par jour et ont une température de 37, 5 °C. Elles ont des propriétés diurétiques, antitoxiques et antiseptiques. Au XVIIIe siècle, la princesse Marie-Anne de Neubourg, veuve de Charles II, roi d'Espagne fit de nombreux séjours à Tercis.

PEYREHORADE ET LE PAYS D'ORTHE

HEBERGEMENT

Hôtel Central. Place Aristide Briand 40300 Peyrehorade ✆ 05 58 73 03 22 - Fax 05 58 73 17 15. *Menus de 12 à 34 €. Chambres de 50 à 63 €.* Au cœur du centre-ville, cette parenthèse gastronomique bien connue du Pays d'Orthe a changé de propriétaire. C'est désormais Michel Mugica qui gère avec brio cet établissement réputé. Venu tout droit du Pays Basque, il cuisinait beaucoup de poissons dans son ancien restaurant et, de ce fait, le Central en profite bien. Sur la carte, en effet, se trouvent plus de produits de la mer travaillés finement comme le merlu à l'espagnol, les plateaux de fruits de mer... Les produits de la terre y ont leur place également, on ne va pas oublier le canard qui trône fièrement dans les assiettes. Accueil aussi charmant que le cadre est raffiné.

Chambres d'hôtes

Moulin de Larribaou 40390 Saint-Martin-de-Hinx ✆ 05 59 56 37 97 - Fax 05 59 56 93 26. *Chambres à 55 €. Menu à 20 €. Carte bancaire non acceptée.* Dans un cadre agréable et verdoyant, venez découvrir ce moulin du XVIe siècle récemment restauré. Vous trouverez le repos aussi bien dans les chambres que dans le petit salon ou dans la piscine intérieure couverte et fermée. La table d'hôte est servie sur demande et propose aussi bien de la cuisine landaise que des grillades au barbecue.

RESTAURANTS

Le Moulin à Vent. Route de Dax 40300 Bélus ✆ 05 58 73 14 26. *Menus de 9 à 19 €.* Impossible de rater cette étape gourmande. Une grande enseigne jaune, un parking souvent plein, sur la route des plages, Capbreton et Hossegor, une pause s'impose. Les spécialités du chef : ris de veau sauce financière, côte de bœuf, cochon de lait, la spécialité du Gave-Adour, anguilles persillées et aillées, tête de veau, gras double, pieds de cochon. Egalement un service traiteur pour vos fêtes de famille (anniversaires, repas de groupes, mariages).

La Vieille Auberge. Place de l'Eglise - Port-de-Lanne 40300 Peyrehorade ✆ 05 58 89 16 29 - Fax 05 58 89 12 89. *Fermeture annuelle de septembre à début juin. 10 chambres de 49 à 69 €. Menus de 18,50 à 28,50 €. Petit-déjeuner 7 €. Carte bancaire non acceptée.* Une ambiance sincère, et le cadre historique d'une très ancienne auberge répertoriée à l'Inventaire des monuments et richesses de la France, tout en bénéficiant d'un confort moderne, d'une rénovation de qualité et d'un intérieur vraiment charmant. Chambres agréables, aux tons coordonnés, vastes et bien équipées, cuisine de tradition dans un décor rustique très soigné : omelette aux cèpes, éventail de magret, gigot d'agneau...

POINTS D'INTERET

Peyrehorade se situe le long des Gaves Réunis. Les vicomtes d'Orthe résidaient au château d'Aspremont dótruit et abandonné au profit du château de Montréal vers 1569.

Château de Montreal. Le château était le château de plaine des vicomtes d'Orthe. Il appartient à la commune. L'ouvrage actuel fut commencé vers 1515-1520 sous la direction d'un ingénieur italien : Ridolfo Marmorini da Lombardo. Le corps de logis est quadrangulaire, il est flanqué de quatre tours rondes. Le corps de logis à trois travées comprend un rez-de-chaussée et deux étages. Le château fut dépouillé de son décor, il reste seulement une partie des boiseries du salon de Diane. Les belles écuries de l'autre côté de la route forment un hémicycle. Des expositions ont lieu parfois dans les caves du château.

Cimetières juifs. Peyrehorade a trois cimetières juifs. La région a reçu de nombreux juifs à la fin du XVe siècle lors des persécutions en Espagne et au Portugal. Ils se fixèrent à Bayonne (Saint-Esprit), à Bidache, à Peyrehorade et à Labastide-Clairence. En 1747, une synagogue fut construite. En 1898, elle fut démolie pour percer une rue. L'église et l'hôtel de ville furent construits au XIXe siècle. L'Hôtel de Ville abrite les halles où se déroule le marché de la volaille le mercredi et le samedi matin.

SHOPPING

La Tradition Landaise. Castagnet ✆ 05 58 73 64 65. Marie-Pierre Dulucq vous accueillera à la « tradition landaise ». Vous pourrez vous approvisionner en foie gras d'oie ou confit d'oie, rillettes, mis en conserve traditionnellement pour des prix très intéressants.

Maison Montauzer. Rue Alsace-Lorraine, Peyrehorade. Tous les mercredis et les samedis matin, jours de marché, la Maison Montauzer de Guiche a pignon sur rue, à Peyrehorade. Vous devrez vous armer de patience car vous vous croirez en période de restrictions tant la file d'attente est grande à certaines heures. Il faut dire que tout est excellent, les boudins, les saucisses, les rillettes, les tripes et le fameux jambon Ibaïona.

LOISIRS

Fêtes des Brocs. Le plus grand rassemblement de la brocante du Sud-Ouest a lieu tous les 15 août. Deux kilomètres d'exposants et 20 000 visiteurs viennent chiner et dénicher un objet introuvable ailleurs.

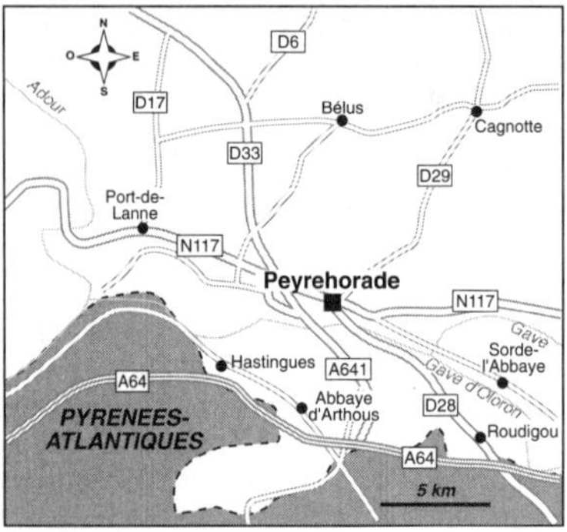

DANS LES ENVIRONS

Bélus

Le terroir est devenu célèbre grâce aux découvertes scientifiques de l'instituteur du village : François Baco (1865-1947). L'hybride « 22 A » sauva au début du XXe siècle le vignoble français attaqué par le phylloxera. Un monument est érigé à sa gloire dans le bourg. Il est dans un style académique de la première moitié du XXe siècle, il a été exécuté par le prix de Rome Jacques Dulau.

A côté, l'église domine un panorama exceptionnel sur la chaîne des Pyrénées et sur les coteaux de Chalosse. En 1897, Jean Rameau lui dédia La Demoiselle à l'ombrelle mauve : « Au vieux clocher de Bélus, d'où la vue est si belle sur les Pyrénées, hommage d'un passant ».

Cagnotte

L'abbaye Notre-Dame de Cagnotte aurait été fondée par l'abbé Salvius en 812. Elle fut ruinée par les Normands. Au XIIe et XIIIe siècle, elle a connu une période de prospérité. Elle était le lieu de sépulture des vicomtes d'Orthe. La crypte funéraire se situe sous le chœur. L'abbaye et l'église furent en partie détruites lors des guerres de Religion. Aujourd'hui, l'église, construite au milieu du XIIe siècle, a une nef terminée par un chevet plat.

Hastingues

Hastingues est une bastide qui fut créée, en 1289, par acte de paréage entre l'abbé d'Arthous et John Hastings, le sénéchal d'Edouard Ier. La bastide fut édifiée entre 1303 et 1305, elle prit le nom de son fondateur. C'était un endroit idéal situé en face des Pyrénées pour surveiller la vallée des Gaves réunis. La porte de la bastide était encadrée par un rempart de terre qui ceinturait le village.

La maison des Jurats donne sur la place. Elle a des fenêtres à meneaux et semble dater du XVe ou XVIe siècle. Le bourg d'Hastingues est à visiter car il recèle de beautés architecturales.

Abbaye d'Arthous ✆ 05 58 73 03 89. *Visite toute l'année, de 9h à 12h et de 14h à 18h sauf le mardi et jours fériés. Entrée: 1,52 €.* L'église abbatiale Saint-Marie d'Arthous se situe à 2 km au sud de Peyrehorade en prenant la route de Bidache (CD 19), puis à 1,5 km prendre à droite la route d'Arthous. Vers 1160, des prémontrés de la Case-Dieu, dans le diocèse d'Auch, se sont installés à Arthous. L'église se compose d'une nef unique, d'un transept terminé par une abside flanquée de deux absidioles. Le décor extérieur du chevet est un riche ensemble décoratif sculpté roman. Cette église date de la fin du XIIe siècle et du début du XIIIe siècle. Le couvent a été reconstruit au XVIIe siècle.

Musée départemental d'Archéologie. Il est situé dans deux salles des bâtiments monastiques de l'abbaye. Il présente des objets provenant des sites antiques notamment de la grotte de Duruthy à Sorde l'Abbaye.

Musée de Saint-Jacques-de-Compostelle. Aire Autoroutière A64. *Ouvert toute l'année. Entrée gratuite. De 9h à 18h (début octobre à fin avril), 8h à 20h30 (début mai à fin septembre).* Non loin d'Ostabat, où tous les chemins de Saint-Jacques-de-Compostelle se réunissaient au Moyen Age, ce centre d'exposition propose de découvrir les chemins de Saint-Jacques-de-Compostelle.

Port de Lanne

C'est à Port de Lanne au lieu-dit « Bec du Gave » que l'Adour et les Gaves réunis (Gave de Pau et Gave d'Oloron) s'unissent. A cet endroit, vous pourrez voir un superbe château.

Eglise. L'église paroissiale Sainte Madeleine fut construite au XIVe siècle, semble-t-il. La nef est flanquée de bas-côtés et se termine par un chevet à pans. Les bas-côtés et la nef sont couverts de voûtes d'ogives à liernes et tiercerons. L'église a un superbe décor sculpté qui vaut le détour !

Sorde l'Abbaye

Eglise et couvent ✆ 05 58 73 04 83 (mairie). *Visites guidées du 7 juin au 13 septembre les mardis et dimanches. Départ 15h. Durée environ 1h30. Rendez-vous place de l'église. Sur rendez-vous l'hiver. Pour information téléphonez à la mairie : 05 58 73 04 83. Tarifs : moins de 14 ans : gratuit. Adultes : 2,29 €. Groupe plus de 8 adultes : 1,52 € par personne. Réservations pour les groupes : Office de tourisme de Peyrehorade : 05 58 73 00 52. Programme de la visite : église Saint-Jean, ancien hôpital des pèlerins, remparts médiévaux, échelle à poissons, maisons anciennes..., vestiges et lieux de curiosité.* L'église Saint-Jean Baptiste de Sorde est une église abbatiale. Les origines de Sorde sont anciennes, pourtant il faut attendre 1060 pour voir la première mention du premier abbé connu : Guillaume de Goron. Sorde fut très prospère au Moyen Age. En 1523, la ville fut détruite par les Espagnols puis le monastère fut brûlé par les Huguenots. Au XVIIe siècle, l'église et le monastère furent remontés par la congrégation de Saint-Maur. L'église se compose d'un chevet à 3 absides, d'un transept précédé par une nef à bas-côté. Le chevet semble dater de la première moitié du XIIe siècle. On peut voir dans le chœur de splendides mosaïques du XIe siècle ou XIIe siècle. Le maître d'autel a été exécuté par les frères Mazzetty au XVIIIe siècle, sculpteurs d'Avignon. Le transept a été remanié au XIIIe siècle. C'est sans doute de cette époque que date le portail du bras nord. Par sa composition et son iconographie, le portail rappelle le portail du clocher du prieuré de Mimizan. La nef a été remaniée de nombreuses fois au XIVe siècle, XVIIe siècle et XIXe siècle.

Au sud de l'église se trouvent les bâtiments monastiques. Ils ont été reconstruits au XVIIe siècle mais ils sont aujourd'hui en ruines. Ces bâtiments sont à visiter ainsi que le logis abbatial du XVIe siècle.

Le logis abrite aujourd'hui une série de mosaïques du IVe siècle retrouvées dans la cour de l'édifice et provenant d'une villa gallo-romaine. Dans le logis abbatial, une installation thermale gallo-romaine a été mise à jour.

CHALOSSE, TURSAN ET ARMAGNAC

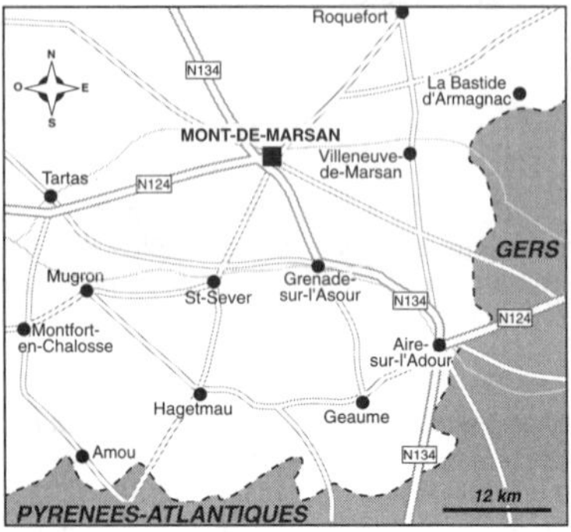

SAINT-SEVER ET LA CHALOSSE

HEBERGEMENT

Relais du Pavillon Costedoat. Route de Grenade 40500 Saint-Sever ✆ 05 58 76 20 22 - Fax 05 58 76 25 81. *Fermeture annuelle du 8 au 22 janvier. Fermé le dimanche soir et le lundi. 12 chambres de 42 à 46 €. Menus de 17 à 34 €. Carte 38 €. Petit-déjeuner 6,10 €.* La façade de cet établissement s'est refait une beauté. Halte gastronomique incontournable de la cité, le chef Eric Costedoat fait preuve de maturité en concoctant une carte complète, alliant avec brio les spécialités maritimes à celles du terroir profond. Un savoureux aperçu de la carte: blanc de poulet de Saint-Sever en chaud-froid, salade d'asperges des Landes aux pignons grillés, les abignades d'oie à la façon de nos grands-mères, le bouquet final avec le millas landais à l'armagnac et pignons grillés. La salle à manger est agréable, ouverte sur la terrasse avec vue sur la piscine.

Hôtel-restaurant Jambon. 245, avenue Carnot 40700 Hagetmau ✆ 05 58 79 32 02 - Fax 05 58 79 34 78. *Fermeture annuelle fin octobre, début novembre. Fermé le dimanche soir, lundi. 7 chambres de 38 à 92 €. Menus de 17 à 27 €. Carte 38 €. Petit-déjeuner 6 €.* Une tranquille maison bourgeoise, aux chambres sobres et bien tenues, certaines nouvelles au bord de la piscine. Carte de tradition aux tarifs sages: salade gourmande au foie de canard, médaillon de ris d'agneau, soufflé chaud au Grand Marnier.

Hôtel-restaurant Aux Tauzins. Route d'Hagetmau 40380 Montfort-en-Chalosse ✆ 05 58 98 60 22 - Fax 05 58 98 45 79. *Fermeture annuelle en janvier et du 1er au 15 octobre. Fermé le dimanche soir et lundi sauf en juillet et en août. 16 chambres de 48 à 51 €. Menus de 17,50 à 33,50 €. Petit-déjeuner 6,50 €.* Construction moderne qui n'empêche pas le sens du terroir et l'attachement à sa région. Un calme parfait, des chambres confortables, une bonne ambiance pour séjourner, dans un cadre néo-rustique soigné. Parmi les formules, intéressantes et bien calibrées, la salade de magret fourrée au foie gras, la garbure, la pièce de canard chalossais, le coq fermier au madiran. On boit le vin de Chalosse ou du Béarn.

RESTAURANTS

Le Commerce. Place de la Poste 40330 Amou ✆ 05 58 89 02 28 - Fax 05 58 89 24 45. *Fermeture annuelle 3 semaines en novembre. Fermé le lundi. 17 chambres de 38 à 47 €. Menus de 14 à 37 €. Carte 30 €. Petit-déjeuner 6 €.* Chez les Darracq, la tradition d'accueil n'est pas un vain mot: cet hôtel, modernisé au fil des ans, est tout simplement l'un des plus chaleureux du département, chambres vastes et soignées, cuisine généreuse, dans le style régional et rustique. La gamme des menus permet d'orienter le choix, mais il est indispensable de faire confiance au chef sur ses spécialités régionales: pibales et lamproies, foie gras, confits et magrets, gibiers en saison.

Les Arcades. 1, avenue Victor Hugo 40700 Hagetmau ✆ 05 58 79 30 77. *Fermé le lundi soir. Menus de 12,50 à 23 €.* Au cœur de la ville, à 2 pas de la mairie, ce resto est branché « spécialités espagnoles ». Sur les vitres, des peintures représentent la région: échassiers, basket, toros... Ainsi, on déguste des chipirons à la plancha, une assiette de la mer - tout à fait recommandée (gambas, noix de saint-jacques, saumon fumé, avocats) -, la parrillada des Arcades à la plancha, le lomo pimientos à l'ail, les anchois marinés, l'omelette à l'espagnol, etc.

POINTS D'INTERET

Office de tourisme. Place du Tour de Sol 40500 Saint-Sever ✆ 05 58 73 34 64.

Saint-Sever, « Cap de Gascogne », doit son nom à Severus, envoyé par le Pape pour évangéliser la Novempopulanie (une des provinces d'Aquitaine). Il fut martyrisé par les Vandales, au début du Ve siècle. Sur son tombeau fut édifié un monastère bénédictin ruiné par les invasions au IXe et Xe siècles. En 982, Le duc de Gascogne, Guillaume-Sanche, fonda l'actuelle abbaye. L'abbaye devint au Moyen Age une étape importante de la via Limousina, sur les chemins de Saint-Jacques de Compostelle. En 1028, Grégoire de Montaner, moine clunisien, fut appelé par le fils du duc de Gascogne à diriger l'Abbaye. Son abbatiat dura une cinquantaine d'années. C'est sous son abbatiat que fut commentée et enluminé, par le moine Béatus, l'Apocalypse de Saint-Sever, conservée à la Bibliothèque Nationale. La construction de l'église et du monastère s'étendit du milieu du XIe siècle jusqu'au XIIIe siècle. L'abbaye fut ruinée lors des guerres de Religion par les troupes du comte de Montgomery. En 1645, les bâtiments conventuels et l'église furent restaurés, lors de leur affiliation à la Congrégation de Saint-Maur. L'église abbatiale offre un exemple remarquable de développement du chevet « bénédictin », à l'image de Cluny, avec ses six absidioles échelonnées et son abside principale. La nef a deux collatéraux qui ouvrent sur un transept. La moitié des chapiteaux de l'église de Saint-Sever ont été remaniés ou restaurés au XIXe siècle. Les plus anciens se situent dans les parties Nord du chœur.

Cloître des Jacobins. Le couvent des Frères Prêcheurs fut créé en 1280-1282. Les dominicains furent appelés à Saint-Sever par Garsie-Aliénor, sœur d'Alphonse de Castille. Ce couvent bénéficia des dons du roi d'Angleterre, du Cardinal Guillaume de Godin, qui en 1335 légua un tiers de sa fortune, et de l'aide des couvents de Morlanne et Orthez. Au XVIIIe siècle, la restauration du couvent, engagée après le passage des troupes protestantes de Montgomery, s'achève. L'utilisation durable du couvent comme école puis comme collège sous la Révolution lui a permis de parvenir jusqu'à nous. Les bâtiments conventuels et l'église se développent autour d'un cloître. Le bâtiment oriental et l'église sont d'époque médiévale, le reste de l'édifice date du XVIIe siècle.

L'église est un bâtiment rectangulaire. La nef est couverte d'une charpente. Un clocher octogonal est monté sur un contrefort en briques, au nord. Le chevet plat est éclairé par une fenêtre gothique à remplage. La façade occidentale est munie d'un portail avec piédroits à colonnettes aux chapiteaux-frise, et des voussures plein cintre. L'aile orientale du cloître possédait plusieurs salles construites en maçonnerie de briques. Dans l'angle nord-est se trouvait la salle capitulaire. Au sud, se trouve une vaste pièce où l'on remarque contre le mur Est une chaire de lecteur et sur le mur ouest une peinture.

Musée des Jacobins ✆ 05 58 76 01 38. Quatre salles ont été aménagées au deuxième étage du cloître du couvent des Jacobins. Vous verrez des documents sur l'histoire de Saint-Sever et le site de Morlanne. Un musée lapidaire précède la salle de l'Apocalypse : vous découvrirez les copies des enluminures du célèbre Béatus de Saint-Sever, montées sur des écrans lumineux par le docteur Paul Dubedat.

SHOPPING

La Ferme du Luy. Poudenx ✆ 05 58 79 04 66. En venant d'Hagetmau, vous gagnerez Poudenx par le D 56. Vous trouverez la ferme située non loin du Luy. Vous pourrez vous approvisionner en foie gras entier de canard, confits et plats cuisinés. La ferme a une vue panoramique elle peut vous héberger dans ses chambres d'hôtes et vous pourrez ainsi profiter de la piscine.

LOISIRS

Foie Gras Raymond d'Artigues, Pomarez ✆ **05 58 89 87 76.** Au bout d'un chemin bucolique, en pleine campagne, les établissements Foie Gras Raymond d'Artigues affichent dès l'extérieur la modernité de l'entreprise. Etre artisan en l'an 2000 n'est pas si évident. Cela suppose des règles strictes qui passent par l'hygiène, la qualité mais aussi par la satisfaction du client. Aussi Raymond d'Artigues a-t-il choisi la transparence : il vous propose de visiter son atelier grâce à un couloir de visite vitrée, vous voyez comment évolue le produit de la salle de découpe du canard en passant par la salle de fabrication jusqu'à la salle d'expédition. Dans un autre bâtiment, vous serez reçu à la boutique. Vous pourrez déguster les produits de votre choix dans une cuisine blanche et bleue avec sa charmante cheminée et ses rideaux à carreaux. Vous goûterez les confits, les rôtis, les magrets fumés, les foies dont l'origine de fabrication est garantie aux normes européennes. Vous quitterez les lieux en ayant conscience d'avoir rencontré un artisan qui travaille avec son temps.

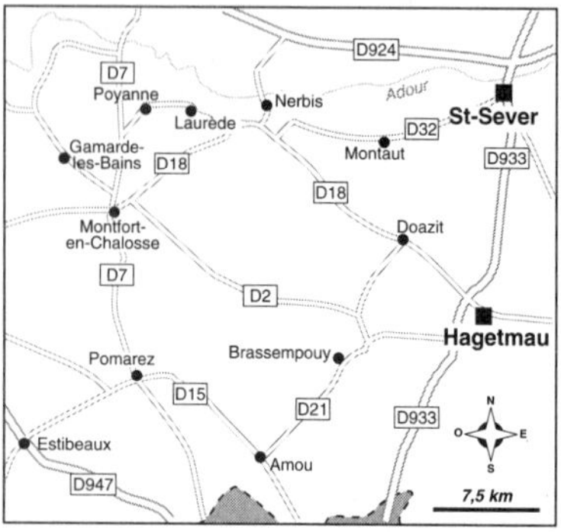

DANS LES ENVIRONS

Amou

Eglise. Le premier édifice a été élevé à l'époque romane, au XIIe siècle. Il a été remanié à plusieurs reprises notamment au XVIIIe siècle et XIXe siècle. A l'ouest, la tour semble dater du XIVe siècle ou du XVe siècle. Au XVIIe siècle, une chapelle Saint-Léonard abritait le mausolée des Caupenne d'Amou, seigneurs du lieu. Le mobilier (maître-autel et tabernacle) provient de l'Abbaye Saint-Jean de la Castelle, près d'Aire-sur-l'Adour. C'est Mme de Pontac, fille du marquis d'Amou, qui en fit don à l'église vers 1825.

Château. Le fief d'Amou s'est transmis en filiation directe depuis la fin du XIIe siècle. Elie de Caupenne, en 1278, reçoit le droit de construire un fortalicium. Deux édifices ont précédé le château actuel, l'un fut incendié en 1411 et l'autre en 1576. Le château que nous voyons aujourd'hui date de la fin du XVIIe siècle. Le bâtiment est de style classique et parfaitement homogène, exceptionnel pour la région. On attribue généralement le plan à François Mansart. La façade sud a onze travées avec un léger avant corps de trois travées. Au nord, deux courtes ailes forment un fer à cheval.

Brassempouy

Eglise. L'église Saint-Sernin est classée monument historique. A l'époque romane, l'église avait une nef unique terminée par une abside. Au XIIIe siècle, la tour-porche a été édifiée. Cette tour a été couronnée par un clocher à flèche octogonale décorée de crochets en feuille de choux enroulées, à la fin du XVe siècle. A la même époque, on a construit au sud et au nord une chapelle. Sur les murs de la chapelle Nord, on distingue les traces d'une litre funéraire avec les armoiries d'un seigneur de Brassempouy du XVIIIe siècle. Le chevet et la nef ont été voûtés d'ogives au XVIe siècle. Une des clés de la première travée de la nef porte la date de 1535.

Musée de la Dame de Brassempouy ✆ **05 58 89 21 73.** *Ouvert tous les jours (sauf le lundi, d'octobre à juin) du 1er avril au 1er novembre : 15h à 18h. Du 1er novembre au 1er avril de 14h30 à 17h30. Autres périodes : prendre rendez-vous à la mairie. Tarif : 2,29 €. Enfant : 0,76 €.* Les Landes et la Chalosse, plus particulièrement, sont peuplées depuis fort longtemps. La dame de Brassempouy fut mise à jour dans la grotte du Pape en 1894. C'est la plus ancienne représentation connue d'un visage humain. La « femme à la capuche » est une tête féminine, sculptée en ivoire. Elle mesure 3,65 cm. Elle est conservée au Musée des Antiquités Nationales de Saint-Germain en Laye. La dame de Brassempouy date du paléolithique supérieur (périgordien v. 32 000-20 000 av. JC). Vous trouverez au musée des reproductions de statuettes féminines ainsi que des objets trouvés lors des fouilles. Les fouilles se sont arrêtées pendant 80 ans et ont repris depuis 1980.

Doazit

Trois églises. Le village a trois églises: l'église Notre-Dame, l'église Saint-Jean d'Aulès et l'église Saint-Martin du Mus. L'église du Mus est la plus petite. Elle a une nef romane agrandie à la fin du XVe ou au début du XVIe siècle par un bas côté qui a reçu de belles voûtes gothiques. Elle conserve également un beau portail. L'église Notre Dame est l'église du bourg. Elle a été déclarée église paroissiale au XIXe siècle. Le collatéral de l'église était la chapelle primitive de la bastide érigée au XIIIe ou au XIVe siècle.

L'église Saint-Jean d'Aulés était le siège de l'archiprêtré de Chalosse qui englobait vingt-sept églises paroissiales. L'abside romane date du XIIe siècle. Le clocher fortifié doit dater du XIVe siècle. Le porche a une chapelle et abrite un beau portail gothique.

Château de Candale. Les seigneurs de Doazit sont connus depuis le Xe siècle. Au XIIIe siècle, le château pour lequel Odon de Doazit rend hommage au roi d'Angleterre devait se situer à l'emplacement de la motte, près de l'église Notre-Dame. La lignée des barons de Doazit s'éteint au milieu du XVe siècle. Gaston de Foix possesseur du fief voisin de Mus achète en 1439 une partie de la seigneurie et la passe à second fils le comte de Candale. Au XVIe siècle, Jacques de Foix-Candale construit le château actuel. Le corps de logis est flanqué de pavillons carrés plus élevés d'un demi-étage. La façade principale est ouverte au Sud sur une cour bordée de communs et fermée par un portail à pilastres.

Gamarde

Gamarde se nommait Gamarde-les-Bains car jusqu'en 1930, un établissement thermal fonctionnait. Il était au bord du Louts. Il soignait les maladies de peau et les maux de gorge.

Château du Rau. Le château est mentionné dès le XIVe siècle, car en 1313, Bertrand du Rau rend hommage à Amanieu d'Albret, vicomte de Tartas. Pendant trois siècles, le château a appartenu à la famille Defos du Rau. Il domine un petit vallon. La façade Sud a conservé l'aspect d'une construction du début du XIVe siècle avec un corps de logis à deux niveaux et une importante tourelle au centre. Cette construction fait penser à l'architecture des châteaux gascons comme par exemple à Parleboscq, en Gabardan. Au nord, un bâtiment de cinq travées a été édifié vers le milieu du XIXe siècle. Les pièces de la partie ancienne conservent des lambris du XVIIIe siècle. Des panneaux peints d'un des salons sont conservés au musée de Saint-Petersburg en Floride. Le château peut vous accueillir car c'est un gîte de France.

Gaujacq

Château de Gaujacq. Le château est classé Monument Historique. Le premier seigneur connu de Gaujacq est Archambaud de Caupenne écuyer seigneur de Caupenne, Gaujacq, Brassempouy, chambellan de Gaston Fébus. Au XVIe siècle Madeleine de Caupenne porte la baronnie de Gaujacq à la famille de Foix Carmain. Son arrière petite fille Jeanne de Montluc épouse Charles d'Escoubleau, marquis de Sourdis et d'Alluyes, frère du Cardinal de Bordeaux. C'est leur fils François qui fit bâtir le château au XVIIe siècle sur un site gallo-romain et médiéval.

Quatre corps de logis en rez-de-chaussée ouvrent sur un jardin intérieur par des arcades. Les dimensions des façades sont inégales. Mais une régularité s'impose en hauteur. La décoration architecturale se concentre au milieu des façades Sud, Ouest et Est. La porte sud reçoit un décor de pilastres ioniques et donne dans un vestibule alors que les portes Ouest et Est donnent accès directement à la cour. La galerie à l'italienne est charpentée. Les appartements nobles se situaient dans une partie de l'Est et dans l'aile Sud. A l'intérieur, vous trouverez de splendides appartements décorés du XVIIe et XVIIIe siècle. Gaujacq est un exemple d'architecture provinciale sous Louis XIV.

Elle servait de lieu de villégiature, de maison de campagne destinée au plaisir de son bâtisseur. Des séminaires et des mariages peuvent être organisés dans ce splendide cadre.

Plantarium de Gaujacq et Pépinières ✆ 05 58 89 24 22. *Ouvert tous les jours de l'année de 14h30 à 18h30. Fermé le mercredi hors saison.* Le plantarium est un jardin botanique paysager planté à l'anglaise. Il a été conçu pour la conservation végétale, l'expérimentation et l'hybridation. La pergola abrite plusieurs collections nationales de glycines, hortensias. Les camélias de Gaujacq sont très réputés car Jean Toby, le concepteur du plantarium, appartient au Centre de Recherche des Camélias en Aquitaine. Vous pourrez acheter des plantes dans ce cadre calme donnant sur les majestueuses Pyrénées.

Hagetmau

Eglise. L'église supérieure Saint-Girons d'Hagetmau fut démolie en 1903. Il ne reste aujourd'hui que la crypte romane qui a subi de nombreuses restaurations au cours du siècle. La crypte a une abside à 5 pans datant de l'époque gothique. Huit colonnes engagées et 4 colonnes centrales soutiennent les voûtes. Le voûtement a été refait au début du XXe siècle : on substitua des voûtes d'ogives à des voûtes d'arêtes. Les 12 colonnes ont des chapiteaux au décor intéressant. On reconnaîtra sur quelques chapiteaux, notamment les chapiteaux situés au bas des escaliers, l'influence de la sculpture du chevet de Saint-Sever. On note aussi l'influence d'église de l'Agenais dans la sculpture comme à Mezin, Vianne et Saint-Pierre de Buzet. Un chapiteau associe 2 scènes bibliques. Sur une face on voit Lazare nu allongé aux pieds du mauvais riche et de ses compagnons.

Sur l'autre, Lazare se tient debout entre deux anges et le mauvais riche est couché et d'un geste suppliant, montre sa langue desséchée par la soif. C'est la figuration du châtiment de l'avarice. Sur ce même chapiteau, on voit une représentation de la vie de Daniel. Daniel tue le serpent vénéré des Babyloniens en lui jetant dans la gueule des boulettes faites de poix, de graisse et de crin. Si ces deux thèmes : le mauvais riche et l'épisode de la vie de Daniel sont représentés sur le même chapiteau, c'est qu'on a voulu dire que le dieu du mauvais riche était le serpent de Babylone. On retrouve le même thème dans l'abside de l'abbaye de la Sauve Majeure (Gironde).

Crypte Saint-Girons à Hagetnau

Laurède

Eglise. Laurède était le siège de l'ancien archiprêtré d'Auribat. L'église Saint-Jacques appartient au gothique tardif des XVe et XVIe siècles. A l'intérieur de l'église les frères Mazzetty ont œuvré. Ils ont réalisé le maître-autel du chœur en marbre ainsi que ceux des deux chapelles latérales (dédiées à la Vierge est à saint Michel). Ils ont également effectué la décoration du chœur en stuc. Le portail classique de pierre à l'entrée doit dater des environs de 1700.

Port. Il connut un trafic dense au XVIIe siècle. On y transitait des vins de la Chalosse et du Béarn jusqu'à Bayonne avec des gabares, ces bateaux à fond plat. Il subsiste toujours un entrepôt celui de Larribere. L'activité du port a cessé au XIXe siècle.

A Laurède, le château Castetmerle fut détruit à la Révolution. Il en reste une motte et un pin parasol. Le pin parasol signifiait que l'on se trouvait sur une terre de franc-aleu, c'est-à-dire un domaine libre.

Maison Capcazaliere, Peyne. La maison est inscrite à l'inventaire supplémentaire des Monuments Historiques. Elle date du XVIIe siècle. Il semblerait que le chantier de Poyanne ait influencé les artisans locaux qui travaillaient à Peyne. Vous pourrez voir dans cette belle bâtisse du mobilier d'époque.

Montaut

Le bourg de Montaut est d'origine médiévale. Mais on sait, d'après les silex retrouvés, que le hameau de Brocas était occupé dès la préhistoire. Edifié sur les hauteurs, le village même de Montaut était sans doute destiné à contrôler la route de crête qui domine le cours du Gabas. Au XVIe siècle, Montaut était une place forte importante. En 1569, les troupes protestantes ravagent le bourg. L'église est vite restaurée.

Porte du bourg. Elle donne un cachet pittoresque à ce village. Elle a été édifiée semble-t-il peu après la construction de l'église du bourg au XIVe siècle. C'est une tour indépendante mais liée à l'église par laquelle on peut accéder par la nef. Une porte située à l'étage de l'église donne dans une tourelle d'escalier bâtie en encorbellement. La tour est coiffée de mâchicoulis.

Eglise du bourg. L'église Sainte Catherine est longtemps restée l'église du bourg. L'église principale était l'église Saint-Pierre de Brocas. L'église est composée d'une nef et d'un collatéral au Nord. La nef a un chevet plat, le collatéral a un chevet à cinq pans. Au XIVe siècle, à l'époque de la construction, l'église avait une nef unique. Elle était voûtée. On note les balbutiements du voûtement dans la première travée à l'est de la nef. A la fin du XVe siècle ou au début du XVIe siècle, le collatéral nord a été édifié. Les nervures ne reposent pas sur des chapiteaux comme dans la nef, mais pénètrent directement dans les supports. Le décor sculpté de l'église est très beau. Au XVIIe siècle, une chapelle, dédiée à la vierge de l'Annonciation, a été construite au sud. Elle abrite un autel et un retable de la première moitié du XVIIIe siècle. Dans le chœur, le splendide retable du maître-autel semble dater de la fin du XVIIe siècle. Le pavage de l'église a été réalisé par les frères Mazzetty en pierre de Bidache (Pyrénées Atlantiques), en 1786-1787.

Eglise Saint-Pierre de Brocas. L'église Saint-Pierre se situe au hameau de Brocas, au sud du bourg de Montaut, en prenant la direction de Saint-Aubin. Classée monument historique, l'église se rattache à un noyau d'habitat historique. Elle était église paroissiale jusqu'en 1685. L'église se compose d'une nef bordée par un collatéral. La nef, terminée par une abside, est romane. A l'intérieur, le sanctuaire roman est doublé par une arcature et couvert d'une voûte en cul de four et d'un berceau. Pendant la guerre de Cent Ans, l'église romane a été fortifiée à l'ouest par une tour massive. Le collatéral a été construit au XVIe siècle et a été couvert par de belles voûtes d'ogives. Un portail monumental renaissance s'ouvre à l'entrée du bâtiment. Saint-Pierre de Brocas est une église à voir absolument.

Montfort-en-Chalosse

Montfort se situe en haut d'un coteau. Il semblerait que ce soit une bastide. L'église date du XIIIe siècle. L'abside est romane, elle a une double arcature. Le clocher a été fortifié. Il a une base carrée et une tourelle. L'orgue a été exécuté au XVIIe siècle par le dacquois Caular.

Musée de la Chalosse. Domaine de Carcher ✆ 05 58 98 69 27. *Ouvert du 1er mars au 30 novembre. Visites tous les jours de 14 h à 18 h 30. Groupes toute l'année sur rendez-vous. Tarif adultes : 4,76 € enfants : 2,29 €.* Le musée se compose de la maison de maître, de la maison du métayer, des chais, du jardin du métayer, de l'étable, de la loge à porc, du four à pain, du conservatoire de la vigne, de l'écurie et des outils du maréchal ferrant. Le musée retrace la vie en Chalosse autrefois et nous montre une société dans la société. La maison de maître est une maison capcazalière du XVIIe siècle. Le domaine appartenait aux Planter, dont l'hôtel particulier dacquois est aujourd'hui le siège de l'Hôtel de Ville. La splendide maison de maître nous dévoile son mobilier, ses objets. Vous verrez des animaux : les cochons, les bœufs. Le pain peut être fabriqué sous vos yeux. Le chai est en fonctionnement le jour de la fête des vendanges, en octobre. Le conservatoire a des plants de vignes dont certains ont disparu aujourd'hui comme le « Baco 22 A ». Vous pourrez découvrir la Chalosse et la ruralité dans la Médiathèque à travers 2 000 ouvrages, des périodiques et des films vidéo. Le musée organise souvent des animations : renseignez-vous.

Poyanne

Château. Dès 1315, Edouard II autorise le sire de Poyanne à construire une maison forte mais le seigneur de Poyanne avait déjà en 1308, érigé une forteresse sans l'autorisation royale. La fille héritière de Poyanne va épouser au XIVe siècle Auger de Baylenx, qui appartenait à la branche cadette des Poudenx. Bernard de Poyanne, lieutenant général du roi de Navarre, fit reconstruire le château actuel, vers 1624. Nous connaissons l'architecte du bâtiment : Gratien de Lerm. Il est né à Cadillac (Gironde) et a fait son apprentissage auprès de Pierre Souffron, architecte du duc d'Epernon. L'édifice est conçu comme souvent au XVIIe siècle, par une juxtaposition de pavillons. Le pavillon central à trois travées est flanqué de part et autre d'un corps de logis de trois travées et d'un pavillon à deux travées. Les pavillons ont trois niveaux et les corps de logis deux du côté sud. La façade est parfaitement rythmée et nous rappelle Cheverny. Au-dessus de la porte d'entrée encadrée par des pilastres, se trouve un balcon soutenu par des consoles. La toiture est en ardoises. Quelques décors ont été conservés à l'intérieur comme des moulures de cheminées ou des tableaux au-dessus des portes. Le château appartient aujourd'hui au Conseil Général.

AIRE-SUR-L'ADOUR ET LE TURSAN

HEBERGEMENT

Adour Hôtel. 28, avenue du 4 septembre 40800 Aire-sur-l'Adour ✆ 05 58 71 66 17 - Fax 05 58 71 87 66. *Fermeture annuelle novembre. 31 chambres de 34 à 38,50 €. Petit-déjeuner 6 €.* Cet hôtel, situé sur les berges de l'Adour, a récemment changé de direction. Son équipement, de qualité, lui, demeure: satellite, douche ou baignoire et toilettes dans chaque chambre, piscine, parking surveillé par vidéo et garage. Cerise sur le gâteau: l'établissement est désormais entièrement climatisé.

Chambres d'hôtes

Domaine Myredé 40270 Grenade-sur-l'Adour ✆ 05 58 44 01 62 - Fax 05 58 44 01 62. *Fermeture annuelle de la Toussaint à Pâques. 2 chambres de 50 à 57 €. Carte bancaire non acceptée.* Dans le parc de 12 hectares de ce manoir restauré (datant du XIVe siècle), vous découvrirez notamment des chênes séculaires. Vous vous reposerez sur la terrasse et profiterez du barbecue ou de la bibliothèque. Les chambres, confortables, possèdent des sanitaires privés. L'appartement possède en plus une cuisine et un séjour.

Goudine Nicolas et Georgette. Maison Matilon 40320 Buanes ✆ 05 58 51 12 82 - Fax 05 58 51 12 82. *Fermeture annuelle janvier. Fermé le dimanche (table d'hôtes uniquement). 4 chambres de 35 à 46 €. Menu à 17 €. Carte bancaire non acceptée.* Calme et repos garantis dans cette confortable maison du XVIIIe siècle entourée d'un grand parc arboré avec piscine et nombreuses terrasses. Confits, terrines, magrets de canard, fromages du terroir, vins fins de la région font de cette table d'hôte un rendez-vous délicieux.

RESTAURANTS

Chez l'Ahumat. 2, rue Pierre Mendès France 40800 Aire sur l'Adour ✆ 05 58 71 82 61. *Fermeture annuelle 15 jours fin mars et 15 jours début septembre. Fermé le mercredi. 12 chambres de 20,60 à 33,55 €. Menus de 9,80 à 24,40 €. Carte 19 €. Petit-déjeuner 4,30 €.* Un indémodable classique dans cette petite ville calme où les habitués et les familles se retrouvent ici depuis trois générations. Les classiques de la maison sont toujours aussi bien faits, la salade de gésiers, le foie gras mi-cuit, les confits et magrets. Chambres simples au confort rustique.

Pain Adour et Fantaisie. 14-16, place des Tilleuls 40270 Grenade sur Adour ✆ 05 58 45 18 80 - Fax 05 58 45 16 57. *Fermeture annuelle vacances de février. Fermé le dimanche soir, lundi, mercredi midi (du 14 juillet au 15 août, lundi midi et mercredi midi). 10 chambres de 64,02 à 121,95 €. Menus de 27,44 à 82,32 €. Carte 48,78 €. Petit-déjeuner 11,43 €.* C'est une maison superbe dans le village, en deux bâtiments parfaitement restaurés XVII et XVIIIe, avec terrasse au bord de l'Adour. La tradition de haute gastronomie perdure avec le chef actuel, qui propose une très intelligente et très séduisante lecture de son terroir: thon mi-cru à l'huile de Maussanne et mesclun d'herbes, piccata de foie gras grillé et légumes au bouillon de garbure, fondant croustillant au sorbet cacao nougatine chocolatée et sirop de thé earl grey. Chambres de grand confort, décorées avec un goût très sûr, vastes et luxueusement équipées (jacuzzi, climatisation) avec vue sur le jardin, la rivière ou le village.

Restaurant Jean-Jacques Bernadet. 6, place des Tilleuls 40270 Grenade-sur-l'Adour ✆ 05 58 45 19 02 - Fax 05 58 45 11 48. *Fermeture annuelle 1re quinzaine de janvier. Fermé le dimanche soir, lundi et jeudi soir. Menus de 11,43 à 33,54 €. Carte 20 €.* Une table traditionnelle de qualité sur la place des Tilleuls. Jean-Jacques Bernadet propose de visiter la région à sa manière, avec la Grande assiette du Noble landais, le carpaccio de magret de canard vinaigrette balsamique, dos de merlu et gambas à la crème de vin blanc, escalopes de foie gras chaud aux pommes. Belle carte de douceurs, avec la tourtière landaise aux pommes en chaud-froid à l'armagnac et le flan maison caramélisé aux amandes grillées.

Restaurant le Moulin Gourmand. Route de Bordeaux 40800 Aire-sur-l'Adour ✆ 05 58 71 84 15 - Fax 05 58 71 84 15. *Fermeture annuelle vacances de la Toussaint. Fermé le dimanche soir, lundi. Menus de 11,50 à 30 €. Carte 19 €.* Dans une salle contemporaine au mobilier rénové, ce restaurant est une étape confortable. La terrasse en été est également appréciable, la propriété étant dotée d'un parc fleuri et verdoyant. C'est dans ce cadre bucolique que l'on savoure une cuisine traditionnelle agrémentée de spécialités locales.

POINTS D'INTERET

Office de tourisme. Place du Général de Gaulle BP 155 40800 Aire-sur-l'Adour ✆ 05 58 71 64 70.

Aire se situe sur l'Adour au Sud-Est du département. En 56 av. J.-C., Aire-sur-l'Adour, sous la domination romaine, prit le nom de Vicus Julii. Au IVe siècle, l'Aquitaine est divisée en trois circonscriptions, dont la Novempopulanie (province des neuf peuples) auquel Aire appartenait. Aire s'appelait Atura et était la capitale du peuple des Tarusates. En 506, Alaric II, roi des Wisigoths, publie à Aire son bréviaire, un code inspiré du droit romain. La même année, le représentant de l'évêque d'Aire-sur-l'Adour Marcellus est au concile d'Agde.

Eglise Sainte-Quitterie. L'église du couvent de Sainte-Quitterie se situe sur la colline du Mas, au sud-ouest de la ville. Sainte-Quitterie était, d'après la légende, une princesse gothe, martyrisée en 476. C'est sur ses reliques qu'aurait été bâtie la première basilique. Un splendide sarcophage paléochrétien qui dit-on a enfermé les reliques de la sainte, est conservé dans la crypte. Il ne reste plus que l'église abbatiale. Elle est composée d'une nef flanquée de collatéraux et divisée en 3 travées. A l'Est, s'élèvent un transept et le chevet avec une abside principale et deux absidioles. L'église a une crypte qui a le même plan que le chevet (une abside centrale flanquée de deux absidioles). La crypte et le chevet datent de la fin du XIe siècle ou du début du XIIe siècle. A la suite d'un incendie, une partie du transept, la nef et le massif occidental furent reconstruits au XIVe siècle, en briques. L'intérieur de l'église a été refait au XVIIIe siècle. Le chevet a gardé une partie ses superbes sculptures romanes et fut doté de trois retables des frères Mazzety. La sculpture gothique du portail a été dilapidée par les troupes de Montgomery pendant les guerres de Religion. L'église Sainte-Quiterrie a été influencée dans la sculpture du chevet et dans l'emploi de la brique par l'église Saint-Sernin de Toulouse car ces deux édifices se trouvaient sur un des chemins de Saint-Jacques-de-Compostelle.

Cathédrale Saint-Jean Baptiste. La construction primitive de la cathédrale Saint-Jean-Baptiste est attribuée à Pierre Ier, évêque d'Aire-sur-l'Adour de 1060 à l092. L'édifice a une nef de trois travées, flanquée de deux collatéraux, et un transept. Le chevet est composé d'une abside centrale et de part et autre d'une abside semi-circulaire et une abside à chevet plat. L'abside centrale a été remaniée au XVIIIe siècle. A l'ouest s'élève la façade. Au sud du bras sud du transept, s'ouvre la salle capitulaire. La partie la plus ancienne est le chevet qui date du XIIe siècle. Le côté sud, la nef et la partie basse de la façade date du XIIIe siècle. A l'époque médiévale, l'église avait un vaisseau unique. Au XIXe siècle on rajouta les bas cotés actuels. Les voûtes de la nef ont été détruites pendant les guerres de Religion, elles ont été finies en 1615. La façade est hétérogène, la partie basse est du XIIIe siècle, la partie centrale du XIVe siècle, et la partie haute date du XVIIIe siècle. La salle capitulaire est splendide. La maison de l'official, le juge ecclésiastique, se situe rue Labeyrie, à deux pas.

SHOPPING

Ferme de Marsan, Miramont-Sensacq ✆ 05 58 79 94 93. Bernard et Dominique Darnaudery vous accueilleront à la ferme de Marsan près de l'étang de Miramont sur le ruisseau du Bahus. Ils vous feront découvrir leur élevage, le gavage et vous pourrez vous approvisionner en conserves faites maison. Ils proposent des foies gras entiers de canard, des confits, des magrets fourrés, des cous farcis, des cassoulets, des rillettes ou des pâtés.

Index général à la fin de ce guide

LOISIRS

La Ganaderia de Michel Agruna. Route de Latrille, Aire sur-l'Adour ✆ 05 58 71 98 39. Michel Agruna, ancien écarteur, a été champion de France. Sa passion pour la course landaise l'a amené à reprendre la ganaderia de René Lacouture. Aujourd'hui, le troupeau, que vous pourrez voir, fournit des vaches pour les concours formels de la course landaise. C'est un des six troupeaux de course formelle.

Espace thermal Thermes d'Eugénie, Eugénie-les-Bains ✆ 05 58 05 06 07. Il continue à dispenser les soins dans son bel établissement et depuis l'année dernière, la Ferme Thermale s'est établie à partir de trois mobiles : la passion des squares, la passion de la nature et la passion de la beauté. Le thermalisme de l'an 2000 est ici sophistiqué et touche à la sagesse. Le fameux bain d'apesanteur dans une boue immaculée qui ressemble à de la crème pâtissière blanche est à essayer !

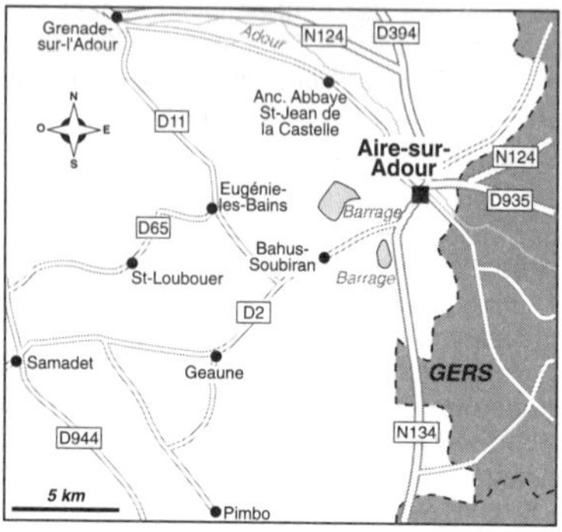

DANS LES ENVIRONS

Eugénie-les-Bains

Les sources thermales d'Eugénie faisaient partie autrefois de la commune de Saint-Loubouer. En 1861, la commune d'Eugénie-les-Bains, composée de la réunion des communes d'Espérons et d'une partie de Damoulens et de Saint-Loubouer, a été créée sous le parrainage de l'Impératrice Eugénie. Les vertus des eaux sulfatées calciques et sodiques étaient connues des romains mais la première installation thermale date du XVIe siècle.

Geaune

La bastide de Geaune fut fondée par acte de paréage entre Pierre de Castelnau et un sénéchal génois, Antoine Pessagne, au service du roi d'Angleterre, en 1318. Le nom de Geaune vient sans doute du nom de la ville de Gênes d'où venait le sénéchal.

Eglise paroissiale. L'église paroissiale fut construite entre 1401 et 1451, à l'initiative de Raymond-Bernard de Castelnau. Elle est composée d'une nef unique terminée par un chevet à cinq pans. A l'Ouest, s'élève le clocher-porche. Comme on peut le voir sur l'inscription qui court sur les piliers du clocher, les piliers et la voûte du clocher ont été construits par Jean de Castelnau, évêque de Bayonne en 1451. Il fit aussi édifier la chapelle baptismale à côté du porche où il fut enterré.

Couvent. Le couvent des Ermites de Saint-Augustin a été créé par Raymond-Bernard de Castelnau, en 1401. Il devint lieu de sépulture des Castelnau. Jean de Castelnau avait été tué devant Tunis et enterré dans un couvent des Augustins à Catane. Pour obtenir le retour de ses cendres, Raymond-Bernard s'engagea à construire un couvent des Augustins à Geaune. Montgomery, en 1569, lors des guerres de Religion, saccagea le couvent sauf la chapelle où étaient enterrés les Castelnau, car ils s'étaient convertis au calvinisme. L'église fut détruite à la Révolution. Il ne reste aujourd'hui que le clocher et quelques belles sculptures.

Samadet

Il existe au sud du bourg un camp préhistorique et les vestiges d'une villa gallo-romaine. C'est là que fut construite la chapelle romane Saint-Jean. Elle était jusqu'en 1826 église paroissiale. Des mosaïques ont été mises au jour mais l'édifice sert aujourd'hui de grange. Le bourg de Samadet est édifié sur un coteau. Son histoire est liée à la faïencerie. Elle fut fondée par l'abbé Roquépine en 1732 et fonctionna jusqu'à la moitié du XIXe siècle. En 1785, la faïencerie fut achetée par Jean Dyzez, qui fut député sous la Convention. Après la Révolution, la production déclina.

Musée municipal de Samadet. 12, rue de l'Eglise ✆ 05 58 79 11 56 (mairie). Cette très belle collection de faïences permet de vous informer davantage sur la production traditionnelle de Samadet. Vous serez séduits par les différents émaux et la décoration des objets usuels.

Musée de la Faïencerie. Route d'Hagetmau ✆ 05 58 79 13 00. Le musée a été monté par le docteur et Mme Boredon qui ont travaillé dans les archives pour connaître l'histoire de la manufacture Royale de la Faïencerie de Samadet. Le docteur Boredon vous fera une démonstration des techniques de fabrication d'une pièce sur émail cru. Vous verrez une magnifique collection de Samadet au décor bleu ou au chardon, à la rose au fond bleuté et jaune. Vous suivrez les différentes étapes historiques à travers la fabrication des pièces. A côté, un musée des traditions rurales retrace la vie en Chalosse dans les maisons et les jardins pendant les siècles derniers. Vous pourrez admirer une belle collection de Céladons et, avant de partir, vous pouvez acheter des livres ou des porcelaines.

LA BASTIDE D'ARMAGNAC

HEBERGEMENT

Hôtel de France. Place des Tilleuls 40240 Saint-Justin ✆ 05 58 44 83 61 - Fax 05 58 44 83 89. *Fermeture annuelle du 15 octobre au 15 novembre. Fermé le dimanche soir, lundi, jeudi soir. 8 chambres de 35,10 à 45,73 €. Menus de 19,10 à 39,64 €. Carte 27,44 €. Petit-déjeuner 6,10 €.* Une maison classique et accueillante sur la place de cette belle bastide XIIe. Chambres simples, de bon confort, table astucieusement régionale, bons menus : assiette de poissons marinés et crème acidulée aux aromates, pavé de morue pochée piquillo farci à la brandade, émincé de magret de canard grillé et ballotin croustillant de cèpes. Bons menus, service attentif.

Chambres d'hôtes

Domaine de Paguy. Darzacq Albert et Paulette - Betbezer-d'Armagnac 40240 La Bastide d'Armagnac ✆ 05 58 44 81 57 - Fax 05 58 44 68 09. *Fermé le mercredi. 4 chambres de 38 à 46 €. Menus de 16 à 28 €. Carte 19 €. Carte bancaire non acceptée.* Au cœur de l'Armagnac, les chambres sont belles et agréables avec vue sur le vignoble. Piscine, animations variées vous satisferont. La cuisine landaise est préparée avec attention par Albert et Paulette.

RESTAURANTS

Hôtel-restaurant Hervé Garrapit. Place de la Boiterie 40190 Villeneuve-de-Marsan ✆ 05 58 45 20 08 - Fax 05 58 45 34 14. *8 chambres de 69 à 138 €. Menus de 31 à 58 €. Carte 54 €. Petit-déjeuner 13 €.* C'est une maison de cocagne au luxe discret et romantique, un havre de douceur pour amoureux et une table majuscule. Chez Maïthé et Hervé Garrapit, le bon goût règne, les chambres sont ravissantes, vastes, stylées ou plus cosy, toutes d'un confort parfait, ouvrant sur le parc et la piscine. Le chef dessine sa carte selon l'inspiration du moment et du marché, bases traditionnelles habillées avec esprit : terrine de foie gras et petite gelée de poires au pacherenc moelleux, filets de rougets coulis vanillé, suprême de volaille crème mijotée au blanc sec et cèpes, tourtière des landes aux pommes et confiture de pastèque.

POINTS D'INTERET

Le comte d'Armagnac, Bernard VI passa une transaction avec Arnaud-Guillaume de Mauvezin pour la fondation de Labastide d'Armagnac vers 1291. Cette bastide se situe sur la rive gauche de la Douze, non loin de Saint-Justin. C'est une place pour défendre la frontière entre les Armagnac et les Foix-Béarn. Jusqu'en 1860, Labastide appartenait au département du Gers. La bastide était entourée à l'époque médiévale d'un rempart de briques dont il subsiste une partie, rue du portail. Vous découvrirez sa place royale et ses arcades, les maisons au charme inexprimable.

Eglise. L'église date du XIIIe siècle, le clocher du XVe siècle. Il est soutenu par de robustes contreforts. L'intérieur a été restauré au XVIIIe siècle. Dans le chœur on peut voir un trompe l'œil du peintre Céroni de 1831. Il y a aussi dans l'église une belle pietà en bois polychrome du XVe ou XVIe siècle.

Château du Prada. Jean de Bouglon, procureur du roi et gouverneur d'Eauze, épouse, en 1728, la fille d'un bourgeois de Labastide. Leur fils fait ériger la terre du Prada en seigneurie et fait construire le château vers 1764. Au XIXe siècle, Barbey d'Aurevilly séjourne dans le château. Le corps de logis a deux niveaux et 9 travées de fenêtres aux encadrements de pierre. De chaque côté de la cour, se trouvent les communs.

Temple des Bastides ✆ 05 58 44 81 42. *En saison: tous les jours de 10h30 à 12h30 et de 14h30 à 18h30, durée de la visite: 40 minutes tarifs individuels: 3,05 €.* La bâtisse est un ancien temple protestant. Le portail date de 1607. C'est aujourd'hui un lieu d'exposition consacré au phénomène des bastides.

Ecomusée de l'Armagnac. Château Garreau ✆ 05 58 44 88 38. *Ouvert tous les jours de 9h à 12h et de 14h à 19h. D'avril à novembre, ouvert le dimanche à 15h. Du 1er novembre à fin mars de 14h à 18h. Adulte: 3,81 €.* L'Ecomusée regroupe le Centre de Recherches Appliquées du Terroir d'Armagnac, le conservatoire des Arts et Traditions Populaires, un centre de formation et de tourisme culturel. Le domaine de 80 hectares a été réservé pour les recherches scientifiques sur la viticulture, la distillation, l'aquaculture, la mycologie, les arbres, les plantes médicinales et aromatiques. Vous découvrirez le musée du vigneron d'Armagnac, une maison de vigneron du XVIIe siècle: la ferme armagnacaise, le musée des alambics, le chai, un arboretum, un parc ornithologique. Des conférences se déroulent dans l'auditorium de l'écomusée. L'écomusée a créé un bois pour la culture des cèpes. Vous pourrez vous arrêter à la boutique culturelle et gourmande où se trouvent les bons produits du terroir (armagnac, floc, vin, foie gras, confits...).

Place Royale

SHOPPING

Domaine de Maouhum. Le Frèche ✆ 05 58 45 24 98. La belle ferme de style armagnacais vous dévoilera ses produits: armagnacs millésimés, floc de Gascogne blanc et rouge. Vous pourrez visiter le chai de vieillissement si vous prenez rendez-vous. La dégustation est gratuite. Les produits du domaine de Maouhum se trouvent également à la Maison des Paysans de Vieille Saint-Girons.

Ferme du Petit Toula. Saint-Gein ✆ 05 58 03 30 08. Situé à Saint-Gein au bord de la D934, vous découvrirez la belle ferme armagnacaise du XIXe siècle avec sa cour intérieure. Vous trouverez des foies gras entiers de canards, canards fourrés au foie gras, des cous farcis, des confits et des pâtés au foie gras faits maison.

LOISIRS

La Ganaderia de Buros. RD 656, Gabaret ✆ 05 58 44 92 50. Quatre générations de la famille Barrère se sont succédées à la ferme d'élevage de vaches sauvages pour la course landaise. Jean Barrère, écarteur pendant dix ans, vous invite à partager sa passion d'éleveur pour la course landaise. Il vous accueille sur son cheval et vous montrera une projection vidéo de 1938 vous initiant au noble jeu landais. Vous pourrez observer les animaux en toute sécurité dans la nature. La visite qui dure environ 1h30, se terminera par la « galerie du souvenir ». Vous avez la possibilité de passer une demi-journée sur le site en vous restaurant, vous pourrez assister, si vous le demandez, à une démonstration de course landaise dans les arènes pour entraînement, ainsi qu'à des jeux taurins. Des soirées à thème, des séminaires, des banquets ou des mariages sont organisés avec la possibilité d'avoir un traiteur.

DANS LES ENVIRONS

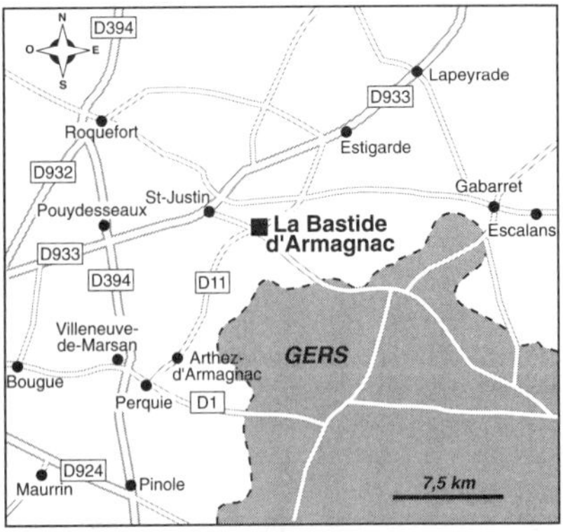

Arthez d'Armagnac

La bastide d'Arthez a été fondée par acte de paréage entre Jeanne d'Artois, veuve de Gaston Ier de Foix, et Arnaud d'Ognoas, en 1320

Eglise. Elle a une maçonnerie entièrement en briques. Elle semble dater du XIVe siècle. A l'origine, l'église avait une nef charpentée à chevet plat. Il semblerait qu'elle ait eu le même plan que l'église de Villeneuve de Marsan. Au XIXe siècle, on a construit une abside semi-circulaire, en perçant le mur est, et on a voûté l'édifice. A l'ouest, s'élève un clocher qui doit dater du XVe ou XVIe siècle. A l'intérieur de l'église, deux peintures, l'une du XIVe siècle et l'autre du XVIe siècle, ont été mises à jour.

Escalans

Eglise Saint-Jean Baptiste. L'église Saint-Jean-Baptiste d'Escalans dépendait du monastère clunisien d'Eauze qui était rattaché à l'abbaye de la Sauve Majeure (Gironde). Le chevet date du XIIe siècle. Il se compose d'une abside construite en moyen appareil et de deux absidioles. L'absidiole nord a été remplacée au XVIe siècle par une chapelle rectangulaire. L'abside principale conserve une arcature qui retombe sur dix colonnettes engagées. La sculpture historiée des chapiteaux (lions réunis par la gueule, Daniel entre les lions) a été influencée par la sculpture de l'abbaye de la Sauve Majeure. Les chapiteaux décorés de feuillages s'apparentent à la sculpture de la crypte de Saint-Eutrope de Saintes (Charente-Maritime). Le transept et la nef datent de l'époque gothique. La façade occidentale est couronnée d'un clocher-mur. Ce clocher comporte une chambre forte de 1,50 m de profondeur, percée de meurtrières. A la fin du XVe ou au début du XVIe siècle, une tourelle d'escalier à l'angle sud-ouest et le portail au décor appartenant au gothique flamboyant ont été édifiés.

Eglise Sainte-Meille. L'église Sainte Meille, qui appartient à la commune d'Escalans, se situe à quelques kilomètres au nord du bourg. L'église a été construite, semble-t-il, à la fin du XVe siècle. Elle se compose d'une nef unique terminée par un chevet à cinq pans. Le mur occidental est encadré par deux contreforts reliés par un arc en briques. Cet arc devait former une bretèche défendant la porte. La porte a été murée au XVIIIe siècle lorsque le portail fut ouvert au sud.

Perquie

Château de Ravignan ✆ 05 58 45 22 04. *Visite du château et du chai : 4,76 €. Visites guidées de mai à octobre sur rendez-vous. En juillet, août, septembre et les week-ends de 14 h à 19 h.* Pour accéder au Château, prenez la RD1 de Mont-de-Marsan à Perquie puis, la route de Perquie, à droite à l'église. Perquie à la fin du XIIIe siècle était le centre d'une baylie. La seigneurie au début du XVIe siècle appartient à une branche de la famille Mesmes. Le nouveau château est reconstruit, en 1663, après les guerres de Religion par Alcibiade de Mesmes à côté d'un vieux bâtiment. En 1723, la famille Lacroix, de Bayonne, entreprend l'achèvement du château à partir de 1855. Ils démolissent le vieux château et construisent un second corps de logis. En 1902, le parc est dessiné par le paysagiste Buller. La partie centrale et la partie Est datent donc du XVIIe siècle et la partie Ouest du XIXe siècle. Le pavillon central à travée unique est encadré de part et autre par les deux travées des corps de logis et les deux travées des pavillons des extrémités. On retrouve presque la même articulation architecturale à Poyanne. La porte centrale sculptée est datée de 1663. Vous visiterez l'intérieur du château ainsi que le chai.

Roquefort

Eglise. Notre-Dame de Roquefort dépendait jusqu'en 1665, de l'abbaye de Saint-Sever. La première église datait de l'époque romane. Il ne reste aujourd'hui que le chevet de l'époque romane. Au XIVe siècle, l'ensemble fut remanié. La nef fut reconstruite au XVe siècle puis remaniée au XVIIIe siècle. Au XVe siècle, un portail gothique flamboyant a été appliqué sur le mur nord. Il est flanqué du blason de la ville : trois étoiles et trois rocs. Il fut mutilé par les troupes huguenotes de Montgomery. Au XVIe siècle, le clocher fortifié fut élevé. Depuis l'église, on peut admirer les enceintes des remparts et l'Estampon, qui collecte les eaux des plateaux boisés. C'est à Roquefort que se forme la Douze, avec la Douze supérieure ou Doulouze et l'Estampon.

Rue Crohare. La bâtisse qui se trouve après l'église, a reçu François Ier en 1530. Le roi s'était marié avec Eléonore, la sœur de Charles Quint, dans les Landes au lieu-dit Beyries sur la commune du Frêche. De belles demeures du XVIIIe siècle se trouvent dans cette rue. Le foyer municipal se trouve non loin de l'hôtel de ville. Il a été réalisé en 1939. Sa façade est un bel exemple d'architecture. Il accueille des manifestations très diverses. La ville de Roquefort a des arènes qui ont été inaugurées en 1951. Tous les ans, les fêtes patronales de Roquefort se déroulent pendant quatre jours consécutifs avec course landaise, novillada et féria andalouse.

Place Royale de la Bastide d'Armagnac

Saint-Justin

Saint-Justin est une bastide. Elle fut fondée en 1280 par acte de paréage entre les hospitaliers de Caubin et la vicomtesse de Béarn, Constance. L'église datait du XIIIe siècle. Elle fut reconstruite en 1856. Non loin de l'église, on voit une des tours, vestiges de remparts. La place des Tilleuls est charmante. Tout autour, on peut voir de belles demeures comme le manoir. Elles ont des pans de bois, fenêtres à meneaux.

Musée du Paysan Landais ✆ 05 58 44 83 88. Le chai de Soube. A la porte de Saint-Justin en venant de Mont-de-Marsan, vous visiterez le musée du paysan landais et son chai. Le musée, situé dans une ancienne bergerie, rassemble près de mille objets se rapportant à la vie des paysans armagnacais et landais. Les fûts de chêne du chai conservent un armagnac fin et subtil. Ces armagnacs sont produits par Claude Escoubet. Vous pourrez les déguster, ils sont millésimés et primés depuis 1970. Vous goûterez également au miel produit sur l'exploitation.

Villeneuve-de-Marsan

Eglise Sainte-Catherine. L'église est entièrement construite en briques. Elle a été édifiée au début du XIVe siècle. Elle a une nef unique terminée par un chevet plat. A l'origine, l'église était charpentée. Elle a le plan type des églises des ordres mendiants. On retrouve le même plan à l'église du cloître des Jacobins de Saint-Sever. Au XVIe siècle, l'église a été voûtée d'ogives quadripartites reposant sur des pilastres. Le clocher a été refait en 1832 et six chapiteaux ont été encastrés sous le porche. Des fresques du XIVe siècle, représentant l'enfance du Christ et du XVIe siècle, représentant le martyr de Sainte Catherine ont été découvertes dans l'église. Elles garantissent le parti originel de l'édifice. Le plan de l'église de Villeneuve de Marsan a rayonné aux alentours en armagnac, notamment à l'église de Perquie dans le quartier de Gaube.

COTES LANDAISE
ET FORET LANDAISE

CAPBRETON ET LA COTE SUD

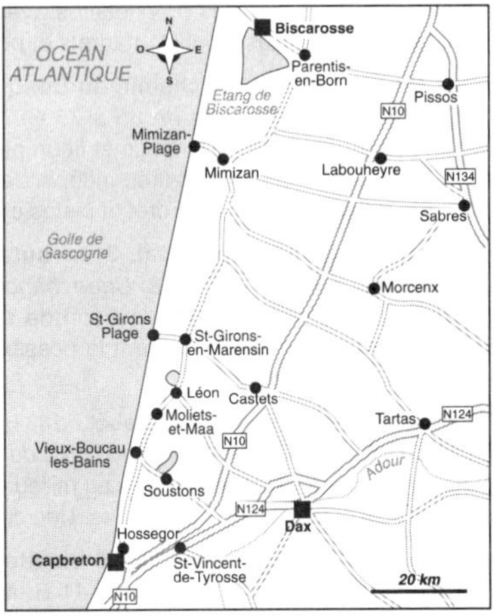

Histoire

• Au Moyen Age

Les Capbretonnais ont harponné la baleine dans le golf de Gascogne, mais ils la poursuivirent jusqu'à Terre-Neuve.

Un marin de Capbreton, Cabarrus aurait conduit le premier navire, accostant en Amérique bien avant Christophe Colomb et aurait baptisé l'île « Cap-Breton ». Cette île porterait le nom européen le plus ancien de tout le continent américain.

Henri IV, roi de Navarre, est venu plusieurs fois à Capbreton, une de ses lettres est conservée à la mairie de Capbreton le prouvant. Il connaissait les maisons anciennes de la grand-rue et il a été reçu dans la maison du magistrat municipal le jurat de Ponteils en compagnie du prince de Condé en 1583. Depuis cette demeure s'appelle « Maison du Rey », magnifiquement restaurée par les soins de Jean-François Costabadie.

L'estacade est un cadeau de Napoléon III. Venu trois fois à Capbreton surveiller les travaux du port avec son épouse, il réalise la difficulté d'accoster.

• Querelles historiques

Il y aurait beaucoup à dire sur les rivalités installées entre Bayonnais et Capbretonnais. Par ordonnance royale, Charles VIII (1572) ordonnait que Bayonne soit le lieu où aboutirait l'Adour. Le fleuve fut détourné en 1579. Que de Bayonnais et de Capbretonnais ont alors été écorchés et pendus aux vergues de leurs navires.

■ HEBERGEMENT

Hôtel de l'Océan. 85, avenue Georges Pompidou 40130 Capbreton ✆ 05 58 72 10 22 - Fax 05 58 72 08 43. *Fermeture annuelle du 12 novembre au 6 décembre. 25 chambres de 41 à 81 €. Menus de 15 à 20 €. Carte 25 €. Petit-déjeuner 8 €.* Situé sur le port de Capbreton, cet hôtel offre des chambres tout confort dont certaines sont équipées de meubles landais. A la Brasserie de l'Océan : fruits de mer, poissons du port de Capbreton mais aussi magrets, confit de canard aux pêches, cerises ou nature, magret de canard aux pignons, croustade aux pommes... Un autre restaurant, Le Piccolo, propose des spécialités italiennes.

Hôtel de la Paix. 128, avenue de l'Océan 40990 Herm ✆ 05 58 91 52 17 - Fax 05 58 91 34 25. *Fermé le dimanche soir et lundi soir hors saison. 10 chambres de 30 à 53 €. Menus de 12 à 34 €. Carte 17 €. Petit-déjeuner 5 €.* Dans la forêt landaise, mais pas loin de la mer, une étape simple pour profiter d'une immense quiétude, comme son nom l'indique. Cuisine de tradition pour accompagner dans la sobriété.

Les Hortensias du Lac. 1578, avenue du Tour du Lac 40150 Hossegor ✆ 05 58 43 99 00 - Fax 05 58 43 42 81. *Fermeture annuelle du 4 novembre au 31 mars. 25 chambres de 85 à 145 €. Petit-déjeuner 14 €.* A quelques minutes du centre ville d'Hossegor, hôtel de charme avec bar américain et fumoir. Des appartements de prestige (chambres, suites et duplex) en bordure du lac.

Chambres d'hôtes

Chambres d'hôtes Montjean. Route de Montjean 40140 Soustons ✆ 05 58 41 51 52. *Fermé le samedi hors saison. 4 chambres à 39 €. Menu à 15 €. Carte bancaire non acceptée.* La maison, de construction récente, au milieu d'un parc traversé par une rivière, est à 7 km de l'Océan et à 20 km des parcs nationaux. Les chambres d'hôte, de 20 à 25 m², sont agrémentées d'un décor à thème (mer, forêt et campagne). Les repas sont élaborés par les soins des propriétaires avec les produits du jardin et ceux, bien connus, de la région : asperges, confits, magrets et poissons notamment.

M. et Mme Castets. 202, chemin du Bosquet 40170 Lit-et-Mixe ✆ 05 58 42 83 94 - Fax 05 58 42 83 94. *2 chambres de 65 à 75 €. Carte bancaire non acceptée.* Cette maison récente située dans un parc boisé et fleuri peut accueillir une famille de 4 personnes dans ses 2 chambres jumelées. Entrée indépendante, terrasse et salon de jardin à disposition. La plage est à 7 kilomètres. Forêt et pistes cyclables à proximité.

Chambre d'hôtes le Cassouat. 314, route d'Herm 40140 Magescq ✆ 05 58 47 71 55. *2 chambres de 41,16 à 50,31 €. Carte bancaire non acceptée.* On appréciera le lac (avec pédalos) tout proche de cette maison de style contemporain et entourées de chênes. Deux des quatre chambres offrent la possibilité de cuisiner et le gîte rural peut accueillir de deux à quatre personnes.

Ty-Boni. Boniface Bernard et Babet - 1831, Rte de Capbreton 40150 Angresse ✆ 05 58 43 98 75 - Fax 05 58 43 98 75. *4 chambres de 40 à 58 €. Carte bancaire non acceptée.* Une maison récente à caractère landais au milieu d'un parc de pins et de chênes. Piscine, étang d'un hectare et la plage à 4 kilomètres. Une cuisine équipée est à la disposition des hôtes.

Carrère. M. et Mme Hargues 40390 Biaudos ✆ 05 59 56 70 56. *Fermé le dimanche (table d'hôtes hors saison). 3 chambres à 41 €. Menu à 14 €. Carte bancaire non acceptée.* Dans 4 hectares de bois et de prairies, cette ancienne ferme rénovée du XVIIe siècle dispose de 3 chambres très coquettes donnant vue sur la campagne. Magrets, gésiers ou champignons sont des éléments incontournables de la table d'hôte.

Campings

Les Acacias. Quartier Delest 40660 Messanges ✆ 05 58 48 01 78. Une structure familiale vous accueille dans un site agréable. Cent vingt-huit emplacements avec des installations sanitaires, des cabines téléphoniques, des aires de barbecue, une alimentation et des produits régionaux. Le camping propose aussi des forfaits à l'année.

Camping Lou Pignadz 40660 Messanges ✆ 05 58 48 03 76. A 1,5 kilomètre de l'océan, dans une pignada de 8 hectares, ce camping dispose d'un grand nombre d'équipements : vastes équipements sanitaires, tables de repassage, machine à laver, sèche linge, supérette, tabac, bar, restaurant, pizzeria, journaux, téléphones, coffre fort et location de frigos. La nuit, le camping est surveillé par des vigiles. Trois piscines dont une couverte, une pataugeoire pour les enfants ; deux toboggans aquatiques, un jacuzzi animent le cœur de la pignada. Elles sont le prélude à d'autres activités : sauna, tennis, volley-ball, gymnastique en salle de musculation. Un vrai programme de remise en forme !

Les Cigales. Avenue de l'Océan 40660 Moliets-et-Mâa ✆ 05 58 48 51 18. A lui seul, le nom « les cigales » évoquent l'été, l'insouciance, le soleil ! Le camping situé dans une pinède est à 300 mètres de l'océan. Mais ce n'est pas tout, vous serez au centre de toutes les activités sportives de Moliets. L'aire du camping s'étale sur 23 hectares de liberté. Des prestations de qualité vous sont offertes : vous trouverez tout sur place : un bar, un restaurant, une alimentation et un tabac-journaux. Vous avez une laverie à votre disposition, vous pourrez louer des blocs réfrigérants, des coffres-forts, des vélos. Enfin, les enfants disposeront de nouveaux jeux aux normes européennes.

Lou Puntaou. Au Bord du Lac 40550 Léon ✆ 05 58 48 74 30. Dans la douceur climatique du lac de Léon, le Puntaou est un camping particulièrement bien situé. Son bois de chênes apporte une ombre rafraîchissante, ses piscines et ses animations assurent un séjour réussi et confortable. Ses structures spacieuses de confort ont classé le camping aux normes quatre étoiles. En camping ou en location vous aurez un grand choix d'emplacements. Enfin, la proximité du lac vous permettra de vous adonner éperdument à la planche à voile, au dériveur ou à la pêche.

Camping club Eurosol. Saint-Girons Plage 40560 Vieille Saint-Girons ✆ 05 58 47 90 14. A 700 mètres de la plage dans les pins, le camping Eurosol vous offre une infrastructure neuve. Du coup, un nouvel élan est donné a tout son environnement. Le centre commercial avec son supermarché, son bureau de tabac, son bar, son snack est accueillant et crée une ambiance sympathique. Les emplacements sont spacieux et offrent tout le confort d'un camping quatre étoiles sur 15 ha. Vous serez ravi par le complexe sportif : deux piscines, deux tennis, un mini golf, un terrain de volley-ball, un terrain de basket, un centre équestre, une aire de jeu aménagée. Enfin, Eurosol est le point de départ de superbes balades sur de longues pistes à travers la forêt landaise.

RESTAURANTS

Hôtel-restaurant le Bellevue. Avenue Georges Pompidou 40130 Capbreton ✆ 05 58 72 10 30 - Fax 05 58 72 11 12. *Fermeture annuelle janvier, et du 4 novembre au 31 décembre. 11 chambres de 25,92 à 44,21 €. Menus de 15,09 à 23,93 €. Carte 26,37 €. Petit-déjeuner 5,34 €.* Bonne étape familiale, avec ses chambres bien équipées (TV satellite, téléphone) et sa table aux sympathiques plats régionaux et de prestige : foie gras mi-cuit et magret séché, poêlée de saint-jacques aux cèpes, civet de homard au loupiac, magret de canard entrelardé de foie gras frais.

Restaurant l'Estanquet. 37, route du Gémié - Mixe 40170 Lit-et-Mixe ✆ 05 58 42 83 97 - Fax 05 58 42 83 97. *Fermeture annuelle d'octobre à fin mars. Fermé le lundi (de juillet à septembre inclus). Menus de 13 à 18 €. Carte 20,50 €.* Vieille maison typique de la région, l'Estanquet ne manque pas de charme avec ses colombages. Dans un cadre verdoyant, on peut profiter de la jolie terrasse lorsque le temps le permet. La salle du restaurant est décorée dans le style campagnard et beaucoup d'objets apportent une petite touche particulière. Au menu : jambon de pays poêlé à l'ancienne aux oignons, délice de canard au vinaigre d'échalote, tourtière landaise aux pommes, et autres plats plus traditionnels.

Dieters Biergarten. 2, lot. le Tourt 40560 Vielle-Saint-Girons ✆ 05 58 42 92 99 - Fax 05 58 42 94 41. *Fermeture annuelle du 24 décembre au 31 janvier. Fermé du lundi au vendredi midi inclus, sauf jours fériés (tout cela hors saison). Menus de 9,91 à 12,96 €. Carte 15 €.* Le Jardin à Bières (en français dans le texte) a apporté une jovialité certaine avec ces spécialités venues d'Allemagne, plats à la bière et grosses choucroutes. C'est vivant, roboratif et toujours convivial, et les produits sont superbes, notamment les salaisons fumées. A goûter donc, la choucroute royale, le goulasch de bœuf, le rôti de porc, les brochettes et toute la charcuterie. Ne manquez pas, en octobre, la fête de la bière version landaise. Cadre sympathique, agréable véranda.

SORTIR

Lou Traouc. Route de Vieux-Boucau, Seignosse ✆ 05 58 43 31 85. Située au cœur de la forêt landaise sur la route de Vieux Boucau, cette ancienne bergerie, autrefois restaurant, est un haut lieu des chaudes nuits d'été. Ses terrasses en plein air, et sa piscine, ses bars extérieurs en font un endroit très prisé qui s'adresse aux 20/35 ans.

POINTS D'INTERET

Office de tourisme. Avenue Georges Pompidou 40130 Capbreton ✆ 05 58 72 12 11.

Capbreton est le port le plus ancien des Landes. Il est l'unique halte portuaire entre Bayonne et Arcachon. Il existe à 800 mètres du rivage, une curiosité géologique ; la faille du Gouf : c'est une fosse marine qui se rattache à un important réseau de failles sous-marines de formation tectonique. L'étroitesse de sa base forme un véritable canyon. Le Gouf a joué ainsi un rôle d'attraction des cours d'eau comme le prouvait l'embouchure de l'Adour à Capbreton pendant de nombreuses années.

Maisons des XVe et XVIe siècles. La grand'rue piétonne avec ses maisons émouvantes à pans de bois du XVe et XVIe vous séduira. La maison la plus spectaculaire se trouve dans le boulevard Jean Lartigau qui rejoint la place de l'église : la maison du Rey Henri IV.

Eglise. L'église Saint-Nicolas fut construite en 1865. On note à l'intérieur deux beaux crucifix en bois du XVe ou XVIe siècle et une pietà en bois polychrome du XVe sous le porche. Sa tour de guet permettait autrefois de surveiller les déplacements des baleines.

Estacade et Front de mer. En partant de la capitainerie, vous irez jusqu'au bout de l'estacade construite sous Napoléon III. C'est la promenade classique des Landais.

Criée. Au pied de la Capitainerie, vous pourrez acheter tous les jours le poisson que les marins viennent de pêcher. Grâce à la loi Colbert, les pêcheurs ont le droit de vendre directement leur pêche au public. Si vous devez voyager avec vos emplettes, vous pourrez acheter un sac de glaces pillées sur place à 1,50 € pour transporter vos achats sans encombre.

Ecomusée de la Mer. Casino municipal ✆ 05 58 72 40 50. Vous aurez une vue exceptionnelle de ce musée au dernier étage du casino, face à la mer dans un cadre entièrement vitré. Une superbe terrasse panoramique donne sur les Pyrénées. M. Faré a voulu promouvoir une meilleure connaissance de l'océan. Dans la salle de vidéo, trois films vous relateront la pêche locale, notamment la pêche à la pibale, la vie des pêcheurs, les exigences de ce métier. Plusieurs aquariums abritent une multitude de poissons, vous reconnaîtrez des rascasses, des daurades, des pageots, des bars, des hippocampes. Tout au long de la visite, vous pourrez revivre l'histoire de Capbreton à l'aide de panneaux, de photos et de commentaires. Le squelette d'une baleine offre une sculpture impressionnante à cet écomusée qui s'agrandit d'années en années.

Port de plaisance de Capbreton

SHOPPING

Viviers de Bellevue. Quai Pompidou, Capbreton ✆ 05 58 72 10 30. Vous trouverez des plateaux de fruits de mer à emporter sur simple appel de 9 h à 21 h 30 mais vous pourrez commander d'autres produits maison, tel que du foie gras mi-cuit, l'assiette gourmande, l'assiette de saumon marné, la soupe de poissons et des poissons cuisinés.

Rip Curl Surf Shop. 412, avenue du Touring Club, Hossegor ✆ 05 58 43 93 94. La Société Frog's Rip Curl, créée en 1985 par François Payot, alors capitaine de l'équipe le France de surf bien cachée dans les pins à Soorts-Hossegor possède une usine de 1 000 m², de 60 personnes employées à temps plein. Vous trouverez des combinaisons, des planches : tout pour pouvoir surfer sur les vagues landaises.

LOISIRS

La Féerie des Automates. Place des Arènes, Soustons ✆ 05 58 41 31 22. *Ouvert tous les jours. En été du 1er juillet au 31 août de 10 h à 20 h non-stop. Du 1er septembre au 30 juin de 10 h à 12 h et de 14 h à 19 h.* Sous le signe de l'imagination, de la féerie et du fantastique, Martine Morand et Jean-Jacques Achache vont vous faire déambuler dans un long couloir du merveilleux qu'ils ont installé à Soustons, à côté des Arènes. Ces deux magiciens du rêve ont mille tours dans leur sac qui s'appuient sur de solides compétences professionnelles et sur une perception originale du monde. Nos deux facteurs d'automates travaillent avec acharnement et passion à animer leurs personnages dans un univers envoûtant de couleur, d'étoffes, de musiques et mouvements incessants. Vous serez emporté par un phénomène étrange de lévitation et paradoxalement vous retrouverez des racines dans ce monde imaginaire.

Bowling du Port. Avenue Maurice Martin, Capbreton ✆ 05 58 72 33 72. *L'été, ouvert de 17 h à 3 h du matin (à partir de 15 h en cas de pluie). L'hiver, fermé le dimanche soir et le lundi. Mardi, mercredi, samedi et dimanche de 15 h à 2 h du matin, jeudi et vendredi de 17 h à 2 h du matin.* Le bowling propose huit pistes, une salle de billard (français et américains), des jeux électroniques, un bar. En hiver, vous pourrez participer à des tournois et tout l'été l'ambiance bat son plein.

Casino de Capbreton. 2, rue des Corsaires, Capbreton ✆ 05 58 72 13 75. Géraldine Grun, Bernard Gasquy et une équipe d'une trentaine de personnes animent, l'été, le Casino de Capbreton. Face à l'estacade, le Casino, a retrouvé une grande effervescence avec l'arrivée des machines à sous sonnantes et trébuchantes ! Mais vous pourrez vous adonner aux jeux plus traditionnels de la boule, la roulette anglaise ou le black jack.

Centre de loisirs équestres du Gaillou. Boulevard des Cigales - Parc de Loisirs du Gaillou, Capbreton ✆ 05 58 41 80 30. Au cœur d'un centre de loisirs bien structuré qui accueille déjà un club de tennis et un parcours de quad, le centre équestre de Patrick Bareyre bénéficie d'un cadre exceptionnel en pleine nature. Que vous soyez débutant ou confirmé, venez monter 15 à 35 chevaux (selon la saison) avec le guide accompagnateur Patrick. Pas de déception, selon vos capacités et le temps dont vous disposez, vous pourrez faire de petites balades ou de longues randonnées de week-end entre forêt et océan, dans les secteurs les plus sauvages de cette belle côte.

Surf

Capbreton Surf Club. Boulevard François Mitterrand, Capbreton ✆ 05 58 72 33 80. Le Club a ouvert ses portes depuis avril 1997 et ne désemplit pas. Toutes sortes d'options de stages sont offertes. N'hésitez pas à vous renseigner !

Hossegor Surf Club. 22, impasse de la Digue Nord, Hossegor ✆ 05 58 43 80 52. Ce club est né en 1994 grâce à 4 anciens clubs prestigieux d'Hossegor et des environs (le Sea Bird, Lou Surfou, Hossegor and Skate Patrol et Littoral Sport). En s'alliant, ils ont créé un nouvel élan à la pratique du surf. L'Hossegor Surf Club est aujourd'hui dirigé par Gérard d'Avezac. Il a voulu aussi créer une structure permettant une pratique sportive liée à l'océan avec un encadrement compétent : cinq moniteurs diplômés d'état et deux détenteurs du brevet fédéral. Le palmarès 97 est brillant : Marie-Pierre Abrail est vice-championne de France. Mickaël Picon est vainqueur du circuit professionnel européen (EPSA) 1er de la coupe de France catégorie juniors. Grand vainqueur pro-Junior Capbreton. Si les vagues d'Hossegor se font attendre, grâce à des moyens de transports toujours disponibles, les responsables amènent les surfeurs à les chercher ailleurs, même à l'étranger, au Portugal, aux Caraïbes.

DANS LES ENVIRONS

Hossegor

Office de tourisme. Place des Halles BP 6 40150 Hossegor ✆ 05 58 41 79 00.

En 1901, Rosny découvre Hossegor. Il attire dans cette « contrée vierge » plusieurs écrivains comme Paul Margueritte, Maxime Leroy, Gaston Chereau, Serge Barranx, Charles Derennes, Léon Blum. Par la suite, Paul Valéry, Gabriele d'Annunzio, André Gide et les musiciens Maurice Ravel et Francis Planté vont les rejoindre.

Style neo-basque. Dans les années 20, cet eden d'artistes va devenir une station balnéaire. De nombreux édifices ont été construits par les célèbres architectes : Henri Godbarge, les frères Gomez, Robert Maurice et Louis Lagrange. Ils ont créé un nouveau style architectural régional : le « style néo-basque ». Le « Sporting-Casino », le club-house du golf, la « place des Landais » sur la plage et des villas notamment celle du peintre Sourgen « Rêver, Peindre, Chasser » sont des exemples de cette architecture.

Ostréiculture. Le comte de Saint-Martin, maire de Capbreton, vers 1876 a été le promoteur de l'élevage l'Ostrea Edulis la fameuse huître plate disparaîtra dans les années 1900. En 1920, l'ostréiculture apparaît sur le lac. Cette fois ce sont des restaurateurs qui donneront l'impulsion : Naverre, Vergez (le Rond-Point), Cotis (Huîtrières du Lac), Valentin (Pavillon Landais), Pontet venu du Cap-Ferret. Ils élèveront l'huître creuse, l'espèce « Crassostrea Gigas » portugaise soit Angulata, destinée essentiellement à la restauration. Aujourd'hui, la profession se structure en quête de professionnalisme et d'une réglementation sans faille, avec un agrément réel. C'est l'ère des Vergez, Labadie, Harmand et Lupuyau : avec eux, la station de purification a vu le jour. Réunis en coopérative, les ostréiculteurs du lac s'occupent activement de leurs 5 concessions d'huîtres sur plusieurs hectares, les seuls dans les Landes.

Lac Marin. Le lac d'Hossegor fut relié à l'océan en 1880 par un canal. Il fut ainsi sous l'influence des marées du même coup, les ostréiculteurs s'installèrent sur les bords du lac.

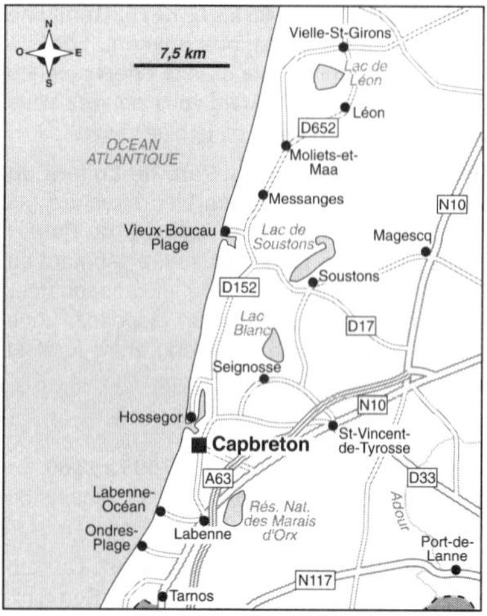

Plages. Hossegor offre une diversité appréciable de plages : quatre plages sur le lac, la plage blanche, la plage du ray, la plage du parc et la plage des Chênes-lièges et quatre plages sur l'océan : la plage sud, la plage centrale, la gravière et la plage naturiste. Elles sont toutes surveillées du 17 mai au 30 septembre.

Labenne

Réserve Naturelle du Marais d'Orx. Maison du Marais - Domaine du Marais d'Orx ✆ 05 59 45 42 46. A quelques mètres de la maison Beziers, cette maison a été restaurée en 1991, pour donner les informations nécessaires à une bonne découverte du Marais d'Orx. Les premiers documents afférents à ce site datent du Moyen Age. Les habitants du Marais étaient propriétaires de leurs terres et avaient le droit de pêche et de chasse sur les zones humides. Une lutte acharnée pour gagner des terres arables sur le marais s'engagea pendant plusieurs siècles. Ce n'est qu'au milieu du XIXe siècle que les travaux de M. Lefebvre-Beziers aboutiront à une belle réussite : ils libérèrent de grandes surfaces cultivables grâce à la création d'un canal de ceinture du Marais. L'empereur Napoléon III s'intéresse au devenir du Marais d'Orx et l'offre au comte Walewski. Il va mettre en place en 1863 des pompes, frappées aux armes de l'empereur, qui maintiendront les terres à sec, en évacuant l'eau par le canal de ceinture. Cinquante ans plus tard, la famille Coyola devient le nouveau propriétaire du Marais et entreprend de grands travaux. Le domaine va produire les premiers maïs et sa prospérité va grandissante jusqu'en 1970. Les surcoûts de production vont toutefois laisser la nature regagner ses droits. En 1989, le conservatoire du littoral a acquis une grande partie du domaine, ses 800 hectares sont classés en Réserve Naturelle et le site est géré par un syndicat mixte. Le Marais d'Orx est redevenu peu à peu un territoire sauvage. Des centaines d'espèces d'oiseaux, des mammifères rares, des reptiles et des insectes ont repris leur droit de cité. Le site est aussi un lieu d'hivernage privilégié, une étape migratoire de premier plan au niveau européen.

Pinède des singes. Parc Zoologique - Route du Lac d'Yrieux ✆ 05 59 45 43 66. En vous promenant dans la forêt, vous irez à la rencontre de troupes de singes en liberté ! Vous reconnaîtrez des macaques de Java. Vous serez conquis par leurs attitudes, leurs mimiques... ils ne manqueront pas de vous étonner. Il faut compter au minimum trente minutes pour la visite, mais vous pourrez vous attarder plus longtemps pour observer vos amis, vous avez même le droit de les photographier, ils sont très cabots !

Léon

Réserve naturelle. Elle est formée par le lac de Léon, le courant d'Huchet et leurs abords. Le lac de Léon a une superficie de 339 hectares. Au sud-ouest, il se déverse par le courant d'Huchet dans l'océan, à Moliets. Le courant mesure 8 kilomètres du lac à l'Océan. Les bateliers sont les seuls à pouvoir naviguer sur le courant. En descendant le courant, guidé par les bateliers et leur longue perche, on effectue un « raid de beauté » comme disait Maurice Martin (1861-1951), rédacteur de la Petite Gironde. On admire une flore remarquable, l'hibiscus, l'iris, le cyprès chauve et l'osmonde royale, sous une « pergola » de saules argentés, aulnes ou de chênes-lièges noueux. Les rives du courant où règne le calme ont été classées en 1934. Elles attirent des animaux sauvages.

Le marais de la pipe se situe à l'endroit où le courant d'Huch ; et commence à longer le littoral. En 1832, c'était l'ancienne embouchure d'Huchet. Il a été asséché en 1962, puis remis en eau en 1985. Cela a été bénéfique pour la flore et la faune si fragiles.

Le marais du cout de mountagne se situe au sud du lac de Léon. Il correspond au comblement du lac de Léon. Le marais est bordé de saules et aulnes où vivent des canards. On peut y voir aussi des hérons cendrés, des bihoreaux, oiseaux proches du héron ou des butors étoilés, un oiseau échassier. La dune littorale d'Huchet à Moliets appartient aussi à la réserve naturelle. A partir de 1828, elle a été fixée par la plantation d'oyats. Elle présente deux sols : la dune de sable pur et mobile et la dune grise qui comporte un peu d'humus. C'est un milieu fragile.

Vous pouvez donc descendre le courant d'Huchet avec des bateliers jusqu'au « bains d'Huchet ». Il existe également des sentiers de visite à effectuer à pied.

Lit et Mixe

Les deux communes de Mixe et Lit furent réunies en 1826. Au Moyen Age, Lit et Mixe faisaient partie des seize paroisses qui composaient la baronnie du Marensin. Les autres paroisses étaient Saint-Girons-du-Camp, Saint-Girons-de-l'Est (qui réunies ont formé Vielle Saint-Girons), Vielle, Léon, Moliets, Maa, Messanges, Vieux Boucau, Linxe, Castets, Taller, Saint-Michel, Escalus et Azur. Au nord de Lit, le courant de Contis sépare le Marensin du pays de Born. Au XIXe siècle, un étang situé à cheval entre Lit et Saint-Julien a été asséché. Il avait une superficie de 500 hectares.

Eglise de Lit. L'église date du XIIe siècle. Le clocher fortifié date du XVe siècle. La porte en bois est classée par les Beaux Arts. Elle date de 1493-1495. Quant à l'église de Mixe, comme de nombreux édifices au bord du littoral, elle a été engloutie au XIXe siècle par les sables. Elle a totalement disparu.

Musée des Vieilles Landes. Place de l'Eglise. ✆ 05 58 42 85 77. *Ouvert tous les jours en juillet août de 10h à 12h et de 16h à 18h30 (sauf les dimanches). Entrée gratuite.* En 1981, M. et Mme Goalard avaient monté une rétrospective de la vie dans le Marensin et avaient fait une exposition pendant deux jours à Lit et Mixe. L'idée d'un musée est née à partir de cet événement. M. Lataste, avec l'aide du club du troisième âge, a créé une collection remarquable qui vous est proposée : la partie sur l'artisanat autour du liège et des résiniers est très intéressante. Vous comprendrez le principe du gemmage, vous découvrirez le « Hapchot » avec « lou Pitey », l'échelle du résinier, la « couarte » que les femmes portaient sur la tête, la barrique de résine, la jarre de térébenthine. Vous verrez les différents types d'architecture dans les Landes : Marenne, Marensin, Seignanx, Haute Lande et Marsan, Bas Adour et Pays d'Orthe, Chalosse et Tursan. Enfin, les objets et costumes, témoignages d'un autre mode de vie, vous émerveilleront par leur finesse et leur raffinement. Il faut signaler que toute l'exposition a été constituée par des dons.

Messanges

Sur le chemin des Romains : le « Camin Arriu », il est signalé en 1289 à Messanges une hostellerie de l'ordre de Malte pour les pèlerins de Saint-Jacques de Compostelle.

L'église Saint-Clément date de 1630.

La commune s'étend sur 3 400 hectares de forêt de pins. L'étang de Moisan, au sud de Messanges est le vestige du port actif avant le détournement de l'Adour. Son nom viendrait de celui du navire échoué lors du retrait des eaux lorsque fut établie la nouvelle embouchure de l'Adour.

L'étang de la Prade au nord, à trois kilomètres du bourg doit aussi être un ancien vestige du lit de l'Adour. Le GR8, un sentier, passe devant ces deux étangs, et vous pourrez les visiter à vélo ou à cheval. Deux circuits pédestres ont été aménagés.

Messanges a cinq kilomètres de sable fin. Deux baignades sont surveillées à la plage sud après le Port Vieux et à la plage Nord où vous pourrez voir le Sémaphore de 72 mètres de haut de la Marine Nationale pour la surveillance de la mer.

Moliets et Maa

Moliets et Maa étaient deux paroisses distinctes. Elles appartenaient à la baronnie du Marensin. Au Moyen Age, des documents d'archives de l'ordre des frères de l'Hopital Saint-Jean de Jérusalem, qui deviendra l'ordre souverain de Malte, attestent l'existence d'une commanderie des templiers à Moliets. Elle se situerait sur une dune élevée au « Tuc de la Citadelle ». Une partie de la paroisse de Maa fut engloutie par les sables.

La place du village de Moliets avec son fronton, son église et ses maisons basses typiques du Marensin, en briques, est pittoresque. Le courant d'Huchet se jette dans l'océan à Moliets.

Il y a deux lacs sur la commune : l'étang de Moliets, près du bourg et l'étang de La Prade, à cheval sur la commune de Messanges.

La nouvelle station de Moliets s'est développée depuis 1953 sous l'impulsion de la Satel et de l'action de l'ancien maire Michel Destouesse.

Chapelle du Maa. Au quartier du Maa, la chapelle Saint-Laurent est au milieu de la forêt. Elle est précédée d'un porche en bois qui abritait une pierre creuse. On dit qu'elle daterait de l'époque carolingienne.

Service d'Animation de la Réserve Naturelle. Chalet d'Accueil - Léon ✆ 05 58 49 21 89. La réserve naturelle du courant d'Huchet s'étend sur trois communes : Moliets, Léon et Saint-Girons. Si vous voulez parcourir les sentiers de pistes dans la réserve naturelle ou descendre le courant d'Huchet depuis Léon, utilisez cette adresse.

Ondres-Plage

La situation géographique d'Ondres-plage est privilégiée, trait d'union entre le Pays Basque et les Landes elle est à la sortie de l'autoroute 6. Ondres est à 8 km de Bayonne, 5 km de Saint-Martin de Seignanx et 7 km de Capbreton.

Château de Larroque. Au-dessus de l'étang de Garros se dresse majestueusement le château de Larroque. C'est une ancienne forteresse du XIIe siècle où séjournèrent les rois d'Angleterre. Au Moyen Age, elle eut un rôle important de surveillance et de défense de la côte. L'édifice actuel a été remanié à la Renaissance et a perdu l'austérité dûe au caractère défensif de l'édifice.

Seignosse

Ses origines sont fort anciennes comme l'attestent les haches de l'âge du bronze et les nombreux débris de poteries mis à jour sur son territoire. Elle connut la conquête romaine, les invasions barbares, l'occupation anglaise lors de la guerre de Cent Ans. Elle appartint, successivement, aux vicomtes de Maremne aux sires d'Albret, aux ducs de Bouillon puis aux Brugères-Chalabre. La fixation des dunes et le développement de l'industrie du pin maritime devaient assurer son renouveau économique.

De nos jours, Seignosse présente deux aspects : le vieux bourg situé dans la forêt, entre l'étang Blanc au nord et l'étang Noir au sud-est et la station balnéaire du Penon, créée sur le front de mer au milieu d'une belle pinède.

Réserve naturelle L'Etang Noir. Avenue Penon, Seignosse ✆ 05 58 72 85 76. La nature à l'état pur : c'est la réserve de l'Etang noir. La patience est-elle une de vos qualités premières ? La nature sait-elle vous séduire ? Avez-vous le don de l'observation ? Si oui, allez découvrir ce lieu magique : vous serez séduit par la densité végétale des bois de 59 hectares au bord d'un plan d'eau de 20 hectares. Ici les animaux vivent libres et cachés. Au milieu d'une forêt galerie de saules et d'aulnes, aux troncs enchevêtrés dans les marécages. Vous pourrez admirer, l'osmonde royale, ces fougères dont les pieds peuvent avoir 300 ans qui poussent, des mousses qui abritent les droseras, ces plantes carnivores minuscules et spectaculaires. Vous verrez des rats musqués, des visons d'Europe, des loutres, des libellules et des hérons cendrés. Tout à l'Etang Noir est un peu magique, l'atmosphère étrange et envoûtante.

Soustons

Située au cœur d'une forêt de 6000 hectares, la commune s'étend de la mer à l'axe routier Bordeaux-Bayonne sur 11000 hectares. Elle possède une plage de sable fin : la plage du courant de 5 kilomètres sur l'océan. Elle a aussi 5 lacs : le grand lac de 700 ha est réservé aux sports nautiques et à la location de barques, l'étang de Pinsolle qu'animent le parcours et le practice de golf, le lac blanc, la partie nord du lac est souvent investie par les planches à voile, enfin l'étang Hardy, le plus sauvage et le plus pittoresque. Soustons surnommé « la perle de Marensin » fut le fief du liège avant de devenir une ville industrielle et commerciale plus diversifiée.

Pendant plus de 30 ans, Soustons fut la ville résidentielle de vacances du président de la République Française : François Mitterrand. Il séjournait à « Latché », une ancienne bergerie, située dans la forêt près d'Azur. En mai 1996, la ville a fait ériger un mémorial devant l'office de tourisme. Aussi a-t-on la surprise de le voir sur la pelouse, plus vrai que nature avec sa vareuse, sa canne et son chien, au milieu d'un paysage qu'il aimait, planté de chênes, de pins, de magniolas et de tilleuls.

Tarnos

Sur un littoral de cinq kilomètres de sable fin, la commune a aménagé deux plages surveillées : la plage de la Digue et la plage du Métro.

A la plage de la Digue vous ne manquerez pas de voir la jetée de 1 000 m. Elle a été construite en 1967 pour améliorer l'entrée du port où se profile majestueusement « Le Titan », grue unique en Europe utilisée pour conforter la digue.

Vous accéderez à la plage du Métro par le centre de Tarnos. Un grand parking a été aménagé. De la dune, la piste piétonne qui mène à la plage vous dévoilera un magnifique panorama sur le littoral basque et sur la Rhune.

Cette commune comporte de multiples facettes, son territoire est varié, bordé par la côte océane, les barthes de l'Adour et la forêt. Véritable carrefour des Landes et du Pays Basque, Tarnos offre aussi un pôle attractif commercial d'envergure tout le long de la N10. Le centre-bourg a été récemment aménagé, il propose des animations et des boutiques, vous admirerez au passage, les mosaïques de Danielle Justes de Gamarde.

Eglise Saint-Vincent. Au centre du bourg, datant du XIIe siècle, l'église a un cachet bien particulier. Elle aurait été vraisemblablement construite par les Chevaliers de l'ordre de Malte, ordre issu de l'hôpital Saint-Jean de Jérusalem. Elle a été fortifiée puis remaniée à plusieurs reprises. La dernière restauration en 1970 a fait apparaître des fresques du XVe siècle dans le chœur.

Cité des Forges et Eglise des Forges. A côté de l'église des Forges construite au XIXe siècle vous pourrez voir la Cité des Forges qui est un bel exemple architectural du coron ouvrier. Il ne faut pas oublier que les Forges de l'Adour, complexe sidérurgique unique en France, employaient suivant les périodes de 1 500 à 2 000 personnes. Cette usine a fortement contribué à l'urbanisation du Seignanx.

Musée Expo « Au royaume de Lilliput ». 41, RN 10 ✆ 05 59 64 20 28. Avec ses 1 000 m² d'exposition ses pièces de trois mètres de long ou trois mètres de large, le monde de Lilliput est sous vos yeux ! M. Ruau qui a organisé le musée, mentionne que la plupart des maquettes ont été réalisées par des particuliers. Ces pièces sont prêtées pendant un certain temps ce qui explique le changement assez fréquent des décors. Vous verrez des pièces rares comme ce requin sous-marin ou la reproduction du Normandy. Plus loin vous aurez l'impression d'être dans une fête foraine d'antan. La visite dure une heure mais il n'est pas interdit de rêver plus longtemps.

Uza

Uza est le domaine des Lur-Saluces. Vers la fin du XVe siècle, Jean de Lur, vicomte d'Uza épousa Charlotte de Saluces. Après l'extinction de la lignée mâle des Saluces, les comtes d'Uza et de Lur-Saluces, prirent le nom de marquis de Saluces. Uza fut érigée en commune en 1874.

Forges. Les forges ont été fondées par les Lur-Saluces. Ce sont les plus anciennes forges du département et ce sont les seules qui aient continué leur activité jusqu'à la première guerre mondiale. Avant la révolution, les forges employaient 200 personnes, venues de Franche-Comté ou d'Alsace-Lorraine. Le personnel était logé, chauffé, soigné et même indemnisé en cas d'accident. C'est à partir des forges que l'agglomération d'Uza s'est créée. Une école, une poste, une mairie et l'église ont été construites pour les ouvriers des forges. Les forges produisaient pour l'Aquitaine, par exemple des boulets de canons pour l'arsenal de Bayonne ou pour le château Trompette de Bordeaux qui n'était pas encore rasé.

Eglise. Elle a été construite en 1869. Elle appartenait aux Lur-Saluces jusqu'en 1986, date à laquelle la famille en fait don à la commune. L'église se trouve dans un site gazonné à l'anglaise où règne le calme. Le décor de l'église exécuté par le peintre C. Vincent en 1890 nous renseigne sur la vie de la commune et de ses alentours à l'époque. Dans l'église, on peut voir trois statues en bois polychrome : Notre-Dame de Contis, Sainte Anne (XVIe siècle) et Sainte-Marie Madeleine (XVe siècle) qui porte un vase de parfums et coiffé avec le voile et la mentonnière des femmes du Moyen Age. Ces statues ornaient l'ancienne chapelle de Contis, détruite en 1855. Depuis plus d'un siècle, la statue de Notre-Dame de Contis, habillée à la manière des vierges espagnoles, revenait à Contis du mois de juin au mois de septembre. Son déplacement était toujours célébré le lundi de Pentecôte. Aujourd'hui la statue ne quitte plus Uza. Sainte-Madeleine était célébrée le 22 juillet et Sainte-Anne le 26 juillet.

Château. Le ruisseau de Pouc de Boucq (le Vignac) dessert le lac d'Uza et passe entre le château du marquis de Lur-Saluces et les forges. Le château est édifié sur un mamelon qui domine le confluent du Vignac et du Pas de Kaa. Le castrum fut fondé par Richard Cœur de Lion. Il fut rebâti en 1618. Il fut très fortement remanié en 1926 dans un style italien. L'édifice a un toit en terrasse. Il est flanqué de quatre tours.

Bords de l'étang. La Fédération de Chasse a aménagé une prairie au fond de l'étang pour attirer les oiseaux migrateurs. On peut pêcher sur l'étang des brochets et des carpes.

Vieille Saint-Girons

Saint-Girons a deux noms, deux bourgs : Vielle Saint-Girons et Saint-Girons Plage, un lac, le courant d'Huchet et sa réserve naturelle et des kilomètres de sable fin. Deux paroisses furent réunies entre 1790 et 1792 pour ne former qu'une seule commune.

Cet endroit privilégié était une sauveté au Moyen Age. Une borne dans le lotissement des chênes l'atteste. L'église date du XIIIe siècle. Une statue de la Vierge à l'Enfant daterait de l'époque romane. A Vielle Saint-Girons, l'Hôtel des Voyageurs a sur sa façade un panneau en bois sculpté du XVIIIe siècle provenant d'un bateau anglais échoué. Jean-Roger Sourgen, célèbre peintre landais, est né à Saint-Girons le 13 juillet 1883. Comme la plupart des communes de la côte landaise, Saint-Girons passe de 850 habitants l'hiver à 20 000 habitants au mois d'août (soit vingt fois le village !). « C'est tellement grand que personne ne se gêne » dit M. Lapeyrade, président de l'Office de Tourisme. Entre le lac, l'océan et la forêt vous trouverez des immenses espaces de solitude et de calme où vous retrouverez des signes de civilisation : cabane de résinier, un four à charbon de bois, un pot de résine…

Vieux-Boucau

Comme son nom l'indique, Vieux-Boucau par opposition à Boucau (neuf), port de Bayonne, était une des embouchures de l'Adour avant que le fleuve ne soit détourné en 1579. Avec Capbreton, Vieux-Boucau avait un rôle d'avant port de Bayonne. Les armateurs bayonnais voulant écarter la concurrence demandèrent que l'on frayât à l'Adour un débouché direct dans l'océan. Port d'Albret a repris son nom au moment des aménagements résidentiel au bord du lac marin.

BISCARROSSE ET LES GRANDS LACS

HEBERGEMENT

Le Saint-Hubert. 588, avenue Latécoère 40600 Biscarosse ✆ 05 58 78 09 99 - Fax 05 58 78 79 37. *16 chambres de 38 à 61 €. Petit-déjeuner 6 €.* Entre lac et océan, vous serez séduits par cette maison landaise proche du centre ville qui se situe au cœur d'un parc fleuri. Chacune des chambres offre calme et confort.

La Caravelle. 5314, route des Lacs 40600 Biscarrosse ✆ 05 58 09 82 67. *Hôtel ouvert toute l'année. Restaurant ouvert de mi-février au 1er novembre. 15 chambres de 30 à 65 €. Menus 14 à 38 €.* Ce petit hôtel dispose d'une situation exceptionnelle et l'accueil y est chaleureux. A bord de la Caravelle, vous viendrez vous régaler d'une cuisine essentiellement régionale avec du foie gras, du magret ou du confit. Votre choix pourra aussi se porter sur des poissons variés selon l'arrivage. Pendant votre repas, vous pourrez profiter de la vue sur le lac (pensez-y au moment de réserver).

Chambres d'hôtes

L'Oustau. Quartier Baxentes 40210 Luë ✆ 05 58 07 11 58 - Fax 05 58 07 13 99. *Fermeture annuelle de fin septembre à début mai. 4 chambres à 41 €. Carte bancaire non acceptée.* Une belle maison de maître dans un parc de 3 hectares. Les chambres sont spacieuses et toutes équipées d'une salle d'eau et de toilettes privés, chacune possède son propre style.

Lou Pitarray. Quartier Medous 40210 Luë ✆ 05 58 07 06 23 - Fax 05 58 07 06 23. *2 chambres de 31 à 39 €. Carte bancaire non acceptée.* Cette ancienne maison de maître entourée de très vieux chênes située dans un petit parc au cœur de la forêt landaise est propice au calme et à la détente. 2 chambres et un salon sont réservés aux hôtes. La plage est à 25 km.

Camping

Camping Bimbo. 179, chemin du Bimbo 40600 Biscarrosse ✆ 05 58 09 82 33. A quelques mètres de la mer, au bord du lac, le camping Bimbo s'abrite sous l'ombrage des pins et des chênes. Il dispose de 177 places et offre tous les éléments de confort d'un quatre étoiles. Les animations sportives sont très variées.

RESTAURANTS

Le Restaumer. Avenue de la Plage 40600 Biscarosse ✆ 05 58 78 20 26. *Fermé du 11 novembre au mois de mars. A la carte à partir de 12 €.* Un établissement qui a fait des produits de la mer son cheval de bataille. Fraîcheur, qualité et générosité sont les maîtres mots de la maison. Jolie terrasse ombragée pour profiter des cigales de mer, langoustes et huîtres.

Au Bon Coin du Lac. 34, avenue du Lac 40200 Mimizan-Bourg ✆ 05 58 09 01 55 - Fax 05 58 09 40 84. *Fermeture annuelle du 1er au 28 février. Fermé le dimanche soir et lundi. 4 chambres de 60,22 à 99,09 €. Menus de 24,39 à 53,36 €. Carte 53,36 €. Petit-déjeuner 9,90 €.* Une jolie maison paisible sur le lac, comme un luxueux rendez-vous de pêche, très agréablement décoré dans un style rustique modernisé, salle de restaurant stylée, chambres agréables et lumineuses, très confortables dans un calme absolu. La cuisine de Jean-Pierre Caule est justement réputée, à tarifs élevés, jouant sur les fondements traditionnels pour exprimer des saveurs authentiques : marmite de chipirons façon pibale, sole soufflée aux langoustines, barigoule d'artichauts aux cèpes et escalope de foie gras, gratin de fraises aux orangettes.

POINTS D'INTERET

Office de tourisme. 55, place de la Fontaine BP 1 40600 Biscarrosse ✆ 05 58 78 20 96.

Biscarrosse est une station balnéaire jeune, c'est la troisième ville du département des Landes, en nombre d'habitants. La superficie de cette commune de 19 308 hectares fait de Biscarrosse la commune la plus étendue des Landes. Elle offre à ses habitants et aux vacanciers des milliers d'hectares de forêt et trois lacs (lac de Cazaux-Sanguinet, le petit lac et le lac de Biscarrosse-Parentis). Il y a trois agglomérations à Biscarrosse : Biscarrosse bourg, Biscarrosse plage et Biscarrosse lac, en bordure du lac Cazaux-Sanguinet.

En février 1997, l'étude d'un alignement de petits piquets en bois de pin, réalisé par la main de l'homme et révélé par « la marée du siècle », a permis de montrer la trace de présence humaine sur la plage de Biscarrosse en 1800 avant J-C, soit au début de l'Age du Bronze.

A l'époque romaine, la voie romaine Bordeaux-Dax traversait Biscarrosse à l'Est. Petit à petit, les hommes ont mis en place un système agricole et pastoral. Biscarrosse viendrait du gascon biscarra qui signifie tondre les moutons. Au XIXe siècle, la plantation de pins pour fixer les dunes a favorisé le gemmage et l'exploitation de la résine. Biscarrosse-Plage voit le jour vers la fin du siècle dernier. Dans les années cinquante, Biscarrosse devient un centre important de l'hydraviation.

Eglise Saint-Martin. L'église a un chevet à cinq pans et une nef flanquée de collatéraux. Elle semble dater de la fin du XVe siècle et est construite en garluche, briques et pierres. La plupart des voûtes ont des voûtains en briques. Les clés de voûte d'ogives à liernes et tiercerons de la travée la plus à l'ouest de la nef représentent le Christ bénissant entouré du tétramorphe (l'aigle de Saint-Jean, le taureau ailé de Saint-Luc, l'ange de Saint-Mathieu et le lion de Saint-Marc). Cette travée devait abriter à l'origine le porche. En 1932, on a agrandi l'église à l'ouest et on a ajouté à chaque bas-côté une travée. L'ancien porche était ainsi englobé dans l'église.

Château de Montbrun. Dans la première moitié du XIVe siècle, Biscarrosse relève de la vicomté de Fronsac. Selon la tradition, le prince Noir, Edouard, à la tête de la « principauté d'Aquitaine », aurait fait construire le château de Biscarrosse. Il servait de garnison aux soldats anglais Le château actuel, que l'on peut voir depuis la place de l'église, date du XVIe siècle. Le corps de logis à deux niveaux est encadré par deux tours en façade. Les fenêtres à meneaux du rez-de-chaussée ont été transformées au XIXe siècle, celles de l'étage sont intactes. La cour est fermée par deux bâtiments latéraux plus bas que le corps de logis. De grandes cheminées de pierre du XVIIe et du XVIIIe siècle ont été conservées au rez-de-chaussée.

Musée de l'Hydravion. 332, rue Louis Bréguet ✆ 05 58 78 00 65. *Ouvert tous les jours de 14 h à 18 h du 1er octobre au 31 mars, de 15 h à 19 h du 1er avril au 30 septembre et de 10 h à 19 h sans interruption en juillet et août. Adulte : 3,81 €. Enfant : 0,76 €.* Le musée est un musée historique et international de l'hydraviation puisque Biscarrosse est la capitale mondiale de l'hydraviation. Le musée est divisé en zones qui relatent chacune un épisode de l'histoire de l'hydraviation des inventeurs aux hydravions contemporains. Des archives, des souvenirs de grands pilotes, des maquettes sont conservés ainsi que plusieurs hydravions authentiques restaurés par le musée. Un film vidéo « Naissance et crépuscule des hydravions géants » est projeté avant la visite. Un centre de documentation, une bibliothèque, une photothèque et une vidéothèque sont à la disposition des chercheurs.

Musée de l'Histoire et des Traditions. Site Latécoère ✆ 05 58 78 20 96 (Syndicat d'initiative). *Ouvert tous les jours en été de 10 h à 12 h et de 15 h à 19 h. En hiver de 10 h à 12 h et de 14 h à 18 h sauf le lundi. Entrée : 3,05 € tarif réduit.* Le musée présente des objets et des documents qui reconstituent l'histoire de Biscarrosse. Vous découvrirez la présentation de l'exploitation de la résine et la vie du résinier ou les différentes façons de pêcher ou chasser dans notre région.

LA LEGENDE DE L'ORME

Au XVe siècle, une jeune bergère était courtisée par un soldat anglais en garnison au château. Comme elle repoussait ses avances car elle s'était jurée de rester fidèle à son fiancé parti faire fortune, le soldat déclara l'avoir vue en galante compagnie. Malgré sa bonne réputation, le Conseil des Anciens la condamna à être exposé nue devant l'orme pendant toute la journée.

Au coucher du soleil, la jeune fille mourut de honte et de chagrin. Le lendemain, à l'endroit où la malheureuse avait sa tête, une couronne de fleurs blanches, semblable à celles des jeunes mariées au passé virginal, fleurit sur le tronc de l'orme. C'est une légende mais, tous les ans, une couronne fleurit sur le tronc noueux et creux du vieil orme multicentenaire, qui règne au centre du bourg. Un tableau de Philippe long, peintre bordelais, est à la mairie. Il illustre cette légende.

SHOPPING

Pin Décor. Zone artisanale, Sanguinet ✆ 05 58 78 64 09. Vous pourrez acheter dans cette usine des écorces de pins décoratives. Ces écorces de pins que l'on met autour des plantes permettent une meilleure croissance des plantes en évitant le compactage du sol, une économie d'arrosage car l'eau s'évapore moins et les mauvaises herbes ne se développent pas à travers les écorces. Ces écorces de pin ont différentes tailles et sont faites à partir de Pin Maritime du massif forestier des Landes de Gascogne. Elles sont très pratiques.

LOISIRS

La Marina. Mimizan Plage ✆ 05 58 09 34 25. Le Marina propose des cours d'initiation, des leçons, des promenades sur la plage ou en forêt. Il existe des stages et des week-ends avec logement et repas. En bordure d'océan, ce centre possède deux terrains de cross. Le but est d'inculquer des bases solides avec un encadrement diplômé aux cavaliers qui disposeront de vingt chevaux et dix poneys. On peut faire une promenade ou une randonnée d'une journée ou de trois jours et bien d'autres choses.

Golf de Biscarrosse. Route des Lacs ✆ 05 58 09 84 93. Le golf s'adresse aux débutants comme aux confirmés. En effet, il offre deux parcours : un 9 trous et un 18 trous entre lac et forêt.

Maeva Surf Club. Avenue de la Côte d'Argent - Mimizan Plage ✆ 05 58 82 44 42. Mimizan est connu pour ses champions de surf et de bodyboard. Alors, si vous aussi vous voulez vous adonner à ces sports, venez faire des stages d'initiation ou de perfectionnement, avec des moniteurs d'Etat, quelque soit votre âge.

DANS LES ENVIRONS

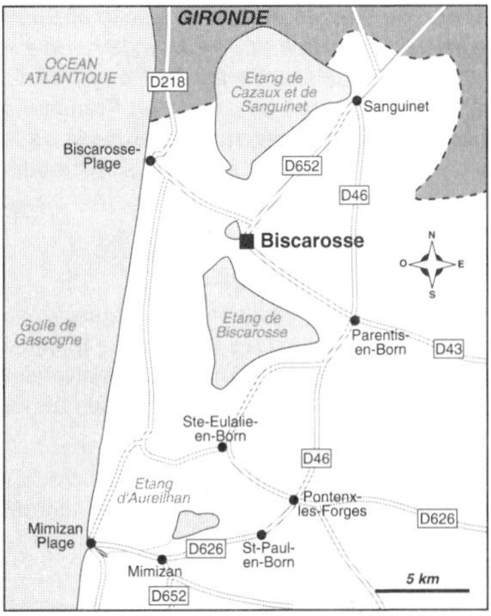

Mimizan

Office de tourisme. 38, avenue Maurice Martin BP 11 40202 Mimizan Cedex ✆ 05 58 09 11 20.

Mimizan est une grande commune, il existe Mimizan bourg et Mimizan Plage. Le courant de Mimizan part du lac d'Aureilhan et se jette dans l'océan Atlantique à Mimizan Plage. Le district de Mimizan regroupe cinq communes qui sont: Mimizan, Aureilhan, Bias, Pontenx les forges et Saint-Paul en Born.

Certains historiens ont situé l'ancienne cité romaine de Segosa à Mimizan, mais cette hypothèse est controversée. Il semblerait plutôt dans l'état actuel des fouilles que Ségosa se trouvait à l'emplacement même du tuc de l'église de Saint-Paul le vieux à Saint-Paul en Born, village voisin de Mimizan.

Au Moyen Age, Mimizan était une sauveté, c'est-à-dire qu'elle bénéficiait de privilèges. Neuf bornes délimitaient le périmètre de la sauveté. Il en reste aujourd'hui cinq, inscrites à l'inventaire supplémentaire des monuments historiques. Au centre de la sauveté se situe l'ancienne église. Deux circuits le premier d'un kilomètre et l'autre de deux kilomètres permettent de faire le tour de la sauveté. Le point de départ est le musée de Mimizan. Renseignements à la mairie, à la maison du district et au musée.

Un monument sur la dune nord de Mimizan Plage commémore le souvenir d'un exploit: la traversée par les trois aviateurs Assolant, Lotti et Lefèvre de l'Atlantique Nord. Ils se sont posés à Mimizan le 16 juin 1929.

Prieuré Notre-Dame. Il dépendait de l'abbaye de Saint-Sever. Les Bénédictins s'établirent à Mimizan vers 1009, une première église fut construite. L'église fut reconstruite, en briques, à la fin du XIIe siècle et au début du XIIIe siècle. Il ne reste aujourd'hui plus que le clocher-porche. Les Bénédictins quittèrent Mimizan au XVIIe siècle. L'église tomba en ruines et fut démolie en 1898 après la construction de la nouvelle église du bourg. La tour-porche abrite un portail sculpté qui est avec celui de la cathédrale de Dax, le plus riche portail gothique du département. Par sa structure et l'iconographie des voussures (parabole des vierges sages et des vierges folles, les prophètes, les signes du zodiaque et les occupations des mois), ce portail s'apparente à celui de Sorde l'Abbaye. Le style des sculptures se rapproche de la sculpture du nord-ouest de l'Espagne, et nous rappelle que Mimizan était sur la route de Saint-Jacques-de-Compostelle.

Musée du Vieux Bourg. Rue de l'Abbaye ✆ 05 58 09 00 61 (mairie). *Ouvert du 1er juillet au 30 septembre, du lundi au samedi de 10h30 à 19h. Fermé le dimanche. Visite hors saison s'adresser à la mairie 05 58 09 44 44.* Le musée retrace l'histoire de Mimizan. Il présente des objets préhistoriques ou des éléments de la voie romaine ainsi que les traditions populaires ou des artistes locaux, entre autres choses. C'est le point de départ des deux circuits des bornes de la sauveté. Au musée, on peut voir une salle dédiée au gemmage. Ce travail du pin est exécuté par d'anciens gemmeurs les jeudis à 10h de juin à septembre à la forêt domaniale de Mimizan au lieu-dit Leslurges. Le gemmage est effectué au « hapchot ».

Parentis-en-Born

Eglise Saint-Pierre. L'église a une nef flanquée de collatéraux. Elle a un chevet à cinq pans. A l'ouest, le clocher date des années 20. La nef est voûtée d'ogives quadripartites dont les voûtains sont en briques. Les clés de voûtes représentent des armoiries et des motifs floraux. La dernière travée à l'est du collatéral sud a une voûte d'ogive à liernes et tiercerons. L'une des clés représente les deux clés de Saint-Pierre, patron de l'église. L'église Saint-Pierre par son plan et son matériau (garluche, briques et pierre) rappelle l'église de Biscarrosse construite à la même époque.

Musée du Pétrole. Route du Lac ✆ 05 58 78 41 03 (mairie). *Ouvert en juillet août tous les jours de 10h à 12h et de 15h à 19h. Pour les groupes du 15 mars au 15 novembre, sur rendez-vous.* Parentis est le « pays de l'or noir ». En 1954, Esso découvre le plus important gisement de pétrole en France. Le forage s'effectue sous le lac de Parentis et Biscarrosse qui représente 3 365 hectares. L'exposition du musée retrace l'histoire de la découverte du pétrole à Parentis. A travers des documents vidéo, vous apprendrez la genèse du pétrole, la prospection, le travail des géologues et la production pétrolière, les techniques de forage.

Pontenx-les-Forges

Les forges de Pontenx sont les plus anciennes du département. Elles ont été créées avant la Révolution. On trouve du fer sous le sable des Landes. Les forges s'installaient sur un ruisseau pour avoir une force motrice et laver les minerais. A Pontenx, les forges se situaient sur le ruisseau Canteloup. L'église semble dater du XVe siècle. Les peintures de l'intérieur ont été restaurées récemment.

La Maison du Pin ✆ 05 58 07 49 23. Vous trouverez à la maison du pin l'histoire de la forêt de Landes de Gascogne et les différents produits que l'on peut fabriquer à partir du pin. La maison du pin organise des sorties nature accompagnées d'une animatrice diplômée.

Saint-Paul-en-Born

A Saint-Paul-en-Born, des vestiges gallo-romains ont été mis à jour en 1977. On a acquis la certitude que l'antique Ségosa que certains situaient à Mimizan, se trouvait à Saint-Paul en Born.

Eglise. La chapelle Saint-Michel de Paynsas est devenue l'église paroissiale en 1678. L'église au petit porche semble dater de la fin du XVe siècle. Le toit pyramidal rappelle les toits des églises des alentours (Pontenx les Forges, Aureilhan).

Sanguinet

Au XIXe siècle, l'implantation de la forêt landaise a changé la physionomie de la région des grands lacs. On ne peut s'imaginer l'ancien visage de cette région et la richesse qu'ont montré les fouilles du lac de Sanguinet. Les fouilles subaquatiques sont exécutées par le CRESS (Centre de Recherches et d'Etudes Scientifiques de Sanguinet) depuis 1976. Le lac de Sanguinet a son origine dans la mise en place du massif dunaire qui borde la côte Aquitaine de l'estuaire de la Gironde à l'Adour et qui constitue un barrage. Les indices archéologiques sont nombreux pour démontrer que l'homme a vécu dans la région depuis la plus haute Préhistoire. Des fouilles dans le lac de Sanguinet ont permis de mettre au jour des objets datables du néolithique (5 000 avant Jésus-Christ -3 000 avant Jésus-Christ). Le lac de Sanguinet s'est étendu au cours des millénaires, c'est pourquoi on retrouve dans le lac des traces de présence humaine et notamment le village de pêcheurs : Put Blanc repéré par la présence d'une pirogue monoxyle. A l'âge de bronze et à l'âge de fer, les bords des rivières côtières témoignent de la permanence d'une occupation humaine au sud du bassin d'Arcachon.

Au Ier siècle avant Jésus-Christ, Les Boiates et les Cocosates occupaient le pays de Born. Sur la voie romaine qui partait de Bordeaux (Burdigala) à Dax (Aquae Tarbellicae), existait un village : Losa. En 1970, des plongeurs bordelais ont découvert les restes de Losa à cinq mètres de profondeur. Losa était un gîte d'étape où le voyageur pouvait se restaurer et se reposer. Le village était installé sur un petit plateau de la rive gauche de la rivière de la Gourge. Il s'articule autour d'un temple construit en garluche. Il a dû naître au Ier siècle de notre ère à l'époque où la voie romaine du littoral a été aménagée. L'arrivée de la voie romaine a entraîné un bouleversement dans la vie des hommes qui jusque-là étaient coupés du monde. La voie était un lieu d'échanges et de commerce. Les Boiates vont connaître la poix, obtenue par la distillation du bois de pin. Elle permet le calfatage des navires et protège de la corrosion. Losa était un important centre de production de poix au Ier siècle. La production de poix dans les pays de Born et de Buch a perduré jusqu'au XIXe siècle.

Musée archéologique municipal. Place de la Mairie ✆ 05 58 78 67 72 (office de tourisme). Le musée municipal de Sanguinet se trouve à côté de la mairie. Le musée présente de belles collections archéologiques. Les collections sont les objets qui ont été trouvés sur les divers sites sublacustres par le CRESS sur le site de l'Estey du large, du Put Blanc et de Losa. Un diaporama permet de suivre les plongeurs archéologues et raconte l'histoire de la plus ancienne de cette région des lacs landais.

Au Paradis du Papillon. 1748, route de Bordeaux ✆ 05 58 78 67 42. Le musée se situe à trois kilomètres du bourg de Sanguinet. Pour y accéder, il faut prendre la direction de Mios. Des centaines de papillons sans cage ni filet volent en toute liberté. Les espèces aussi spectaculaires les unes que les autres viennent du monde entier (d'Amérique du Sud et centrale, de Madagascar, d'Asie et de Papouasie) et vous envoûtent par leur beauté.

SABRES ET LA FORET LANDAISE

HEBERGEMENT

Auberge des Pins. Rue de la Piscine 40630 Sabres ✆ 05 58 08 30 00 - Fax 05 58 07 56 74. *Fermeture annuelle du 6 au 21 janvier. Fermé le dimanche soir et lundi hors saison. 25 chambres de 57,93 à 121,96 €. Menus de 19,82 à 60,98 €. Carte 38,11 €. Petit-déjeuner 7,62 €.* Une très belle demeure landaise au milieu des pins, où le bois et le rustique domine, dans les salles et salons, dans les chambres cosy, très calmes et confortables. On fait un séjour très régénérant dans cette maison forestière qui invite à la détente. La table suit le mouvement, belle carte régionale, plats bien conçus, belles présentations : aumônière de pieds de porc sur compotée d'oignons, escalope de foie frais au raisin, sole meunière farcie aux cèpes, confit de canard maison, pigeonneau rôti et truffé risotto de légumes, tourtière landaise à l'armagnac.

Chambres d'hôtes

Congoste Michel. Bos de Bise 40630 Luglon ✆ 05 58 07 50 90 - Fax 05 58 07 50 90. *Fermeture annuelle d'octobre à avril. 1 chambre à 45,73 €. Carte bancaire non acceptée.* Charmante propriété, une maison landaise du XVIIIe siècle. La chambre est confortable et dispose d'une terrasse privée de 25 m². A une dizaine de kilomètres se trouve le musée Napoléon III.

Campings

Camping Le Clavé. 860, route de Rion 40110 Morcenx ✆ 05 58 07 83 11. Il n'y a pas un pin dans ce camping des Landes. De belles essences, magnolias, camélias, cèdres plus que centenaires, entourent le parc d'une maison ancienne. Le camping organise différentes activités et des soirées dansantes une fois par semaine.

Camping municipal. 259, route de Mimizan 40110 Onesse et Laharie ✆ 05 58 07 30 49. Ce sympathique camping est abrité par des chênes, des bouleaux et des érables. Il offre 70 places et le confort d'un trois étoiles. A l'accueil, une crêperie vous proposera des petits plats et vous pourrez y regarder la télévision. Des aires de jeux ont été aménagées pour les enfants. Il se situe à quelques kilomètres de l'axe routier Bordeaux-Irun.

RESTAURANTS

Chez Maïté. Rue Charles Despiau 40370 Rion-des-Landes ✆ 05 58 57 18 05. *Fermé le dimanche soir. Menus de 10 à 28 €.* C'est ici, dans son village, que Maïté a ouvert son restaurant. Tout proche de la voie ferrée où elle a tant de souvenirs, elle évolue dans l'entreprise familiale avec aisance. L'ambiance est simple et chaleureuse tout comme elle. On peut enfin déguster les vrais produits du terroir, le fameux foie gras, le magret, le confit, la garbure.

POINTS D'INTERET

Eglise. L'église, d'origine romane, a été restaurée au XVe siècle. Elle a un clocher mur à pinacles, flanqué d'une tourelle cylindrique. Le splendide portail gothique flamboyant a des voussures en anse de panier surmonté d'un gâble à crochets. L'écrivain Bernard Manciet a immortalisé ce site avec « l'enterrement à Sabres ».

Ecomusée de la Grande Lande. Parc Régional des Landes de Gascogne - Route de Solferino ✆ 05 58 08 31 37. A quelques kilomètres de Sabres, le train, ses voitures du début du siècle et sa locomotive à vapeur, classée Monument Historique vous amèneront en 10 minutes, dans un quartier isolé de la Grande Lande. Vous arriverez sur l'airial ombragé de chênes où vous verrez des maisons de maîtres, des brassiers ou des métayers avec leurs bergeries, leurs fours à pain, et leurs moulins. Vous ne ferez jamais la même visite car suivant la saison, vous découvririez chaque tempo de la culture du seigle, du millet ou de l'élevage des brebis. C'est une merveilleuse fresque vivante ! Vous verrez les techniques de gemmage du pin, l'apiculture des plantes sauvages ou cultivées, les techniques de construction des murs en torchis et les métiers se rapportant au bois.

SHOPPING

Maison des Artisans. Arial Artisanal, Pissos ✆ 05 58 08 90 66. A côté de la bergerie du souffleur de verre, une ancienne ferme landaise démontée et remontée en l'état abrite des artisans d'art regroupés en association. Ils sont une quarantaine à exposer leurs œuvres, de terre, de bois, de cuir, de cuivre, de textiles travaillés. Vous pourrez acheter des produits régionaux : du vin, du miel, des confitures et de l'armagnac. Le cadre est fleuri l'été et très accueillant.

Les Cuisines des Sœurs Ryvoire. 87, route de Mimizan 40110 Onesse et Laharie ✆ 05 58 07 32 10. La conserverie a été créée par les deux sœurs passionnées de cuisine, après la publication de « la cuisine landaise ». La préface a été écrite par Christine de Ryvoire dans laquelle elle raconte la vie de Marie Lacoste, entrée au service de leur arrière grand-mère et qui leur légua de précieuses recettes. Vous pourrez acheter des conserves de foie gras et les fameuses terrines de foie gras à la gelée à l'armagnac.

LOISIRS

Base de Plein Aire de Mexico. Mairie, Commensacq ✆ 05 58 07 05 15. La base de plein air propose des promenades à cheval, du tir à l'arc, du VTT et du canoë-kayak. Des moniteurs diplômés encadrent ces activités. La descente de la Leyre peut se faire en totalité en partant de la base de Mexico : 86 kilomètres se font en quatre jours avec guide ou sans. A chaque étape, vous aurez une base nautique avec logement en dur ou sous des tentes.

Base nautique de Testarouman, Pissos ✆ 05 58 08 91 58. A partir de la base nautique créée par la municipalité, plusieurs activités sportives sont proposées : canoë-kayak, VTT, randonnées pédestres, le tir à l'arc et la piscine.

DANS LES ENVIRONS

Arengosse

Château de Castillon. Jean-Bertrand de Baffoigne fit construire le château actuel en 1625 comme l'atteste la porte d'entrée datée. Ces travaux sont contemporains de ceux du château de Poyanne, en Chalosse, et on peut en attribuer la construction au même architecte : Gratien de Lerm. L'édifice a un corps de logis flanqué de deux pavillons latéraux. La façade principale s'ouvre au Nord. Les fenêtres ont des chaînages en harpe. Toute la décoration de la façade est concentrée sur la porte. C'est d'ailleurs le plus riche décor de portail pour cette période dans les Landes. La haute toiture en croupe, inscrite à l'inventaire supplémentaire des Monuments Historiques, est couverte de tuiles en écaille. En 1886, le château est acheté par le baron Gérard qui supprime toutes les dépendances formant une cour autour de la demeure. Il construit une nouvelle aile à l'Ouest et le jardin à la française est dessiné par le paysagiste André.

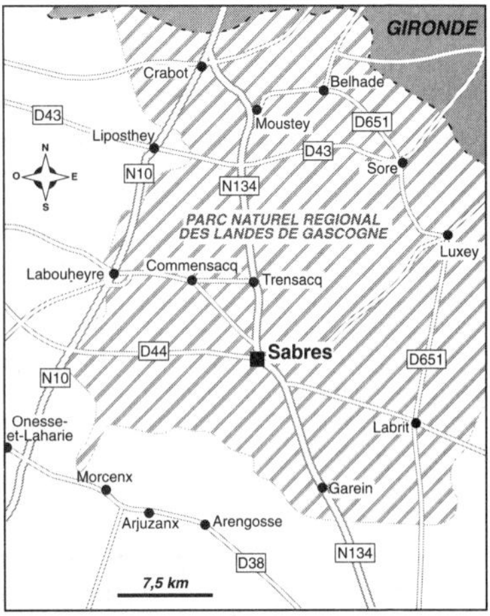

Jardin des Plantes de nos Grand-mères. D38 ✆ 05 58 51 79 79. Le jardin se situe sur la route qui va de Morcenx à Mont-de-Marsan. L'association « Vivre à Arengosse » fondée en 1995, a réussi la création du jardin en 1996 grâce à 15 bénévoles. Tout s'articule autour de la nature et de la poésie qui s'en dégage. Vous visiterez deux jardins insolites implantés dans la forêt qui vous feront connaître les plantes médicinales, au milieu des fleurs, des sources et des ruisseaux. Vous pourrez acheter des plantes pour faire des infusions.

Arjuzanx

Arjuzanx fut un lieu fortifié par les Romains. Au Moyen Age, Arjuzanx était la capitale du Brassenx et le roi Edouard III, en 1338, y publia ses Fors et Coutumes du Brassenx. Elle était chef-lieu de canton avant d'être détrônée par Morcenx à la fin du siècle dernier, lors de l'arrivée du chemin de fer.

Eglise. L'église romane Saint-Jean Baptiste date du XIIe siècle. Ces hauts murs fortifiés en garluche et briques sont raidis par de puissants contreforts. Les murs du clocher-porche sont percés de meurtrières. A l'intérieur, on remarque de beaux chapiteaux sculptés dans l'abside, une chaire Renaissance et un Christ en Bois du XVIIIe siècle. Ce crucifix passait pour guérir les maux de la peau des petits enfants. A l'extérieur, entre les deux contreforts du chevet, se situe un des plus vieux calvaires monolithes des Landes.

Lac d'Arjuzanx. De 147 hectares, il a été aménagé à la suite de l'exploitation de la lignite extraite pour faire fonctionner la centrale EDF de Morcenx, aujourd'hui fermée. La plage est surveillée du 15 juin au 30 août.

Arjuzanx est la patrie du poète Ferdinand Bernède (1869-1963), « lou troubadou qui canta le lane et l'Adou ».

Belhade

Eglise. L'église Saint-Vincent de Belhade appartenait au diocèse de Bazas. Elle était composée, à l'époque romane, d'une nef unique terminée par une abside. Elle est édifiée en petits moellons de grés ferrugineux. Au XIVe siècle, l'église fut voûtée. Au XVe siècle, une chapelle rectangulaire fut construite et fut prolongée ensuite par un bas côté de même longueur que la nef. Un clocher-mur et un porche s'élèvent à l'Ouest. Le portail qui s'ouvre à l'Ouest est remarquable. Sur les corbeilles des chapiteaux du portail, on reconnaît les thèmes de la tentation d'Eve, David jouant de la viole, des oiseaux perchés sur des lions et une scène représentant semble-t-il Ulysse et un de ses compagnons en face d'une sirène. On retrouve l'iconographie d'Ulysse sur un des chapiteaux du chevet de la Sauve Majeure (Gironde). Le thème des oiseaux sur les lions est un thème messianique. Selon la prophétie d'Isaïe, quand le messie arrivera, il y aura la paix entre les hommes et les animaux, ce sera la concorde universelle. Ce thème est directement influencé par les chapiteaux de la croisée du transept de Saint-Eutrope de Saintes (Charente-Maritime). Le portail de Belhade est emprunt de la sculpture de la Saintonge. L'église est inscrite à l'inventaire supplémentaire des Monuments Historiques.

Château de Rochefort-Lavie. Le mur d'enceinte et les tourelles de l'entrée datent de l'époque médiévale. Les bâtiments s'ordonnent autour d'une cour. Le bâtiment principal est composé d'un corps rectangulaire à deux niveaux et sa façade est encadrée à l'ouest par deux tours polygonales. La disposition intérieure du bâtiment date du XIXe siècle, lorsque le château appartenait à la famille Rochefort.

Index général à la fin de ce guide

Luxey

Eglise. L'église a été édifiée il n'y a pas très longtemps. Elle conserve une pyxide du XIIIe siècle : c'est une boîte à paroi de verre dans laquelle on plaçait l'hostie consacrée.

Les Amis de la Maison de l'Estupe Huc ✆ 05 58 04 70 70 (mairie). Le feu depuis tout temps est le fléau de notre forêt landaise. Dans le cadre traditionnel de la maison landaise, vous découvrirez toutes les techniques mises pour lutter contre le feu. Le 1er étage est consacré à la lutte actuelle. L'estupe huc signifie « éteins le feu ».

Ecomusée de la Grande Lande ✆ 05 58 08 01 39. Jacques et Louis Vidal, propriétaires-négociants, fondent l'atelier des produits résineux en 1859. C'était l'âge d'or. Les cours de la résine avaient augmenté pendant la guerre de Sécession en Amérique vers 1860, car ce pays n'exportait plus de résine jusqu'en 1864. L'industrie de la forêt prenait le pas sur l'agriculture. Les ateliers de distillation de résine se multiplient. Autour de cette activité, toute la région se développe, avant de s'éteindre vers 1954, alors qu'arrivent les résines de synthèse. Ce deuxième site de l'écomusée se veut le reflet de ces mutations tant sur le plan des paysages que des coutumes et des relations sociales et économiques.

Forêt de pin

Morcenx

Morcenx-bourg est le noyau primitif de Morcenx, Morcenx-ville s'est développé avec la construction du chemin de fer. Dans la deuxième moitié du XIXe siècle, Morcenx, avec la construction de la voie ferroviaire est devenue une station importante qui permit de développer les industries du bois et scieries. Morcenx se situe sur la voie Paris-Irun. C'est le rail qui a fait sa fortune.

En 1959, l'implantation de la centrale thermique EDF a créé de nombreux emplois. La centrale s'est arrêtée en 1992. Elle consommait du lignite, extrait de la mine locale d'Arjuzanx, à ciel ouvert. La réserve naturelle qui attire une faune variée est l'une des plus grandes d'Europe.

L'église a un beau porche Renaissance et quelques sculptures intéressantes. Le bourg a conservé des maisons à colombages. Le cinéma et le marché couvert sont décorés de bas-reliefs art-déco exécutés, en 1940 par l'artiste landais Lucien Danglade.

Ils représentent les sports favoris des Landais de l'époque : la boxe, le tennis, le rugby, la natation, la pelote basque et la course landaise. Ce sculpteur est né à Biarritz en 1891 et mort à Ondres en 1951. Il était élève de Despiau, le sculpteur montois.

Onesse-Laharie

Les deux villages d'Onesse et Laharie distants de 5 kilomètres furent réunis en 1833. Laharie est le siège d'une ancienne seigneurie. Elle se situait sur un chemin de Saint-Jacques de Compostelle. L'église d'Onesse conserve une tourelle du XVe siècle.

Onesse-Laharie est le berceau des fontaines. La houn Sen Yan (la fontaine Saint-Jean) se situe à 1 kilomètre du bourg d'Onesse. Elle soigne les rhumatismes. Elle a un aspect rougeâtre et irisé due à sa teneur en fer. La houn Magdeleune (la fontaine Saint-Madeleine), à 100 mètres au-dessous de l'église, a une teneur en soufre qui lutte contre les maux d'intestins, et chasse les verrues et les affections dermatologiques.

Moustey

Eglises de Moustey. Le bourg de Moustey a deux églises. Elles ont été édifiées à la fin du XVe ou au début du XVIe siècle. L'église Saint-Martin est l'église paroissiale. Elle a un clocher à pinacles et fleurons mutilés. Les piles de la nef et les colonnes ont reçu un décor sculpté datant du gothique flamboyant. On remarquera la belle porte sculptée du XVIIIe siècle. C'est dans l'église Notre-Dame que le musée des croyances populaires et du patrimoine religieux est installé. A l'extérieur, une pierre sculptée en forme de pommeau d'épée émerge de la toiture. Cela signifie peut-être que l'église appartenait à un seigneur ou une communauté religieuse et ceci expliquerait que les deux églises aient été construites à côté à la même époque. A l'intérieur, la clef de voûte date du XVIe siècle.

Eglise de Biganon. Le village de Biganon a été rattaché à Moustey en 1965. L'église appartenait au diocèse de Bazas comme l'église de Belhade. Elle est construite en petits moellons. Elle date du XIe siècle. Le chevet est composé d'une abside flanquée de deux absidioles, voûtées en cul-de-four. L'abside principale est semi-circulaire à l'intérieur et polygonale à l'extérieur. Un clocher-mur a été élevé à l'ouest à la fin du Moyen Age.

Ecomusée de la Grande Lande ✆ 05 58 07 70 01. Dans l'ancienne église Notre-Dame, l'écomusée de la Grande Lande présente en alternance deux expositions consacrées aux croyances populaires et au patrimoine religieux. Cette année, le musée accueille une nouvelle exposition « pèlerins et paroissiens ».

Parc Naturel des Landes de Gascogne

Le parc naturel des Landes de Gascogne est un territoire qui se situe dans les vallées de la Leyre. La petite et la grande Leyre s'unissent dans le val de Leyre jusqu'au Bassin d'Arcachon. Leur découverte mène dans des forêts galeries par des chemins d'eau, utilisés pour le flottage des bois au siècle dernier. Le parc Naturel Régional s'étend de la grande Lande au bassin d'Arcachon. Il regroupe trente-quatre communes des Landes et de la Gironde. Il est né en 1970.

La partie girondine est davantage consacrée à la découverte du patrimoine naturel régional avec le parc Ornithologique du Teich, la maison de la nature du bassin d'Arcachon, le centre d'animation du Graoux à Belin et l'atelier gîte de Saugnacq et Muret.

La partie landaise concerne l'histoire des hommes qui peuplèrent le pays avec l'écomusée de la Grande Lande à Sabres. Sur l'airail de Marquèze à Sabres, la vie en Grande Lande est retracée au siècle dernier dans un quartier traditionnel restauré. L'atelier des produits résineux de Luxey évoque le gemmage dans une distillerie de résine. L'église Notre-Dame de Moustey fait état des croyances et des pèlerinages dans les Landes de Gascogne.

La motivation du projet de la Marquèze a été de privilégier les sciences humaines et une approche naturaliste.

Parc Naturel des Landes de Gascogne. Route de Solférino 40630 Sabres ✆ 05 58 08 31 37.

Entrée de l'éco-musée de Marquèze, Sabres

Les bonnes adresses en
France
sont sur
petitfute
.com

LOT ET GARONNE

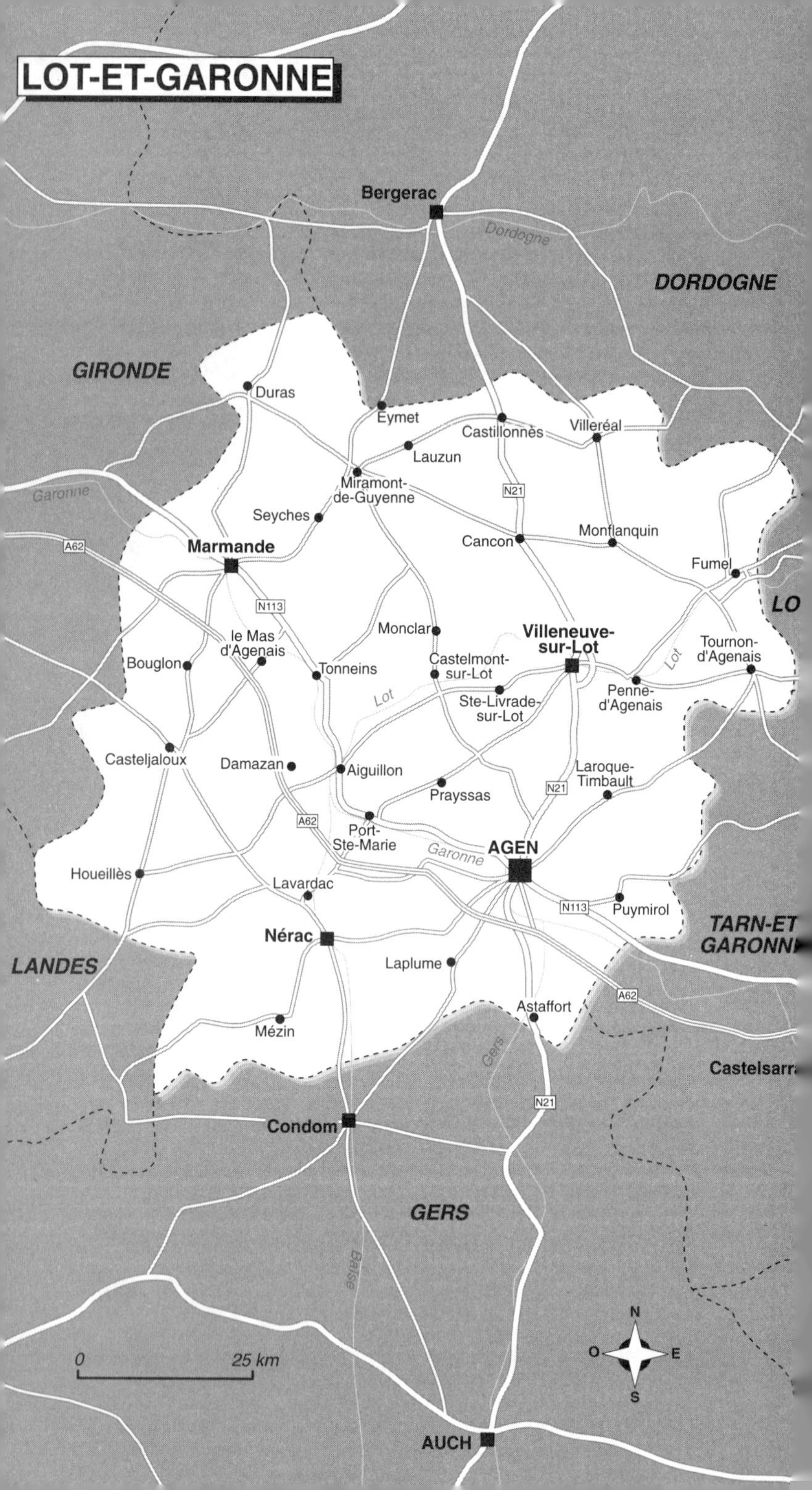

LOT-ET-GARONNE
Bergerac
Dordogne
DORDOGNE
GIRONDE
Duras
Eymet
Castillonnès
Villeréal
Lauzun
Miramont-de-Guyenne
Garonne
N21
Seyches
Monflanquin
Cancon
A62
Marmande
Fumel
LO
N113
Monclar
Villeneuve-sur-Lot
Tournon-d'Agenais
le Mas d'Agenais
Castelmont-sur-Lot
Bouglon
Tonneins
Lot
Penne-d'Agenais
Ste-Livrade-sur-Lot
Casteljaloux
Damazan
Aiguillon
Laroque-Timbault
Prayssas
A62
Port-Ste-Marie
AGEN
Garonne
Houeillès
Lavardac
N113
Puymirol
TARN-ET-GARONNE
Nérac
LANDES
Laplume
A62
Astaffort
Mézin
Gers
Castelsarra
N21
Condom
GERS
Baïse
N
O
E
S
0
25 km
AUCH

AGEN

AGEN

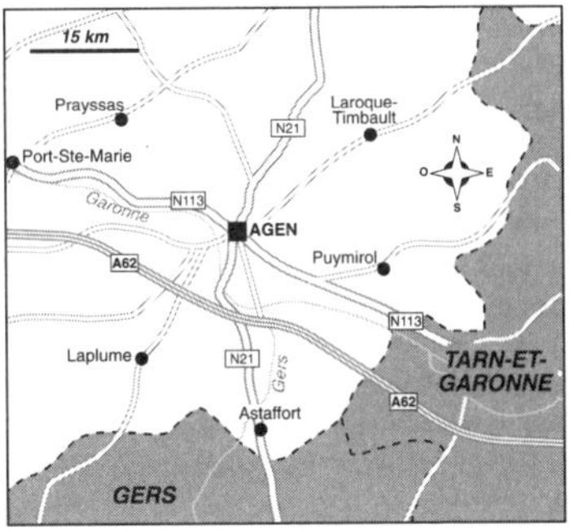

HEBERGEMENT

Hôtel Royal. 129, boulevard de la République 47000 Agen ✆ 05 53 47 28 84 - Fax 05 53 47 79 04. *Fermeture annuelle du 23 décembre au 23 janvier. 17 chambres de 27 à 49 €.* Deux bâtiments entourent le patio aux couleurs chaleureuses, lieu de convivialité pour le petit-déjeuner ou la détente. L'établissement propose des chambres bien équipées et calmes.

La Provence. 22, cours du 14 juillet 47000 Agen ✆ 05 53 47 39 11 - Fax 05 53 68 26 24. *20 chambres à 55 €. Petit-déjeuner 6 €.* Les chambres sont toutes climatisées et insonorisées dans cet hôtel du centre d'Agen. L'ambiance y est familiale et chaleureuse. A 2 pas : restaurants, brasseries, shopping...

Atlantic Hôtel. 133, avenue Jean Jaurès 47000 Agen ✆ 05 53 96 16 56 - Fax 05 53 98 34 80. *Fermeture annuelle du 22 décembre au 2 janvier. 44 chambres de 44,21 à 50,31 €. Petit-déjeuner 5,34 €.* Sur la route de Toulouse, à 2 minutes du centre d'Agen, un établissement de qualité avec les équipements les plus modernes. Piscine et bar en terrasse, salle de réunion, chambres insonorisées et climatisées rendront votre séjour des plus agréables.

Hôtel des Ambans. 59, rue des Ambans 47000 Agen ✆ 05 53 66 28 60 - Fax 05 53 87 94 01. *8 chambres de 26 à 30,50 €. Petit-déjeuner 4 €.* Un établissement installé dans une maison accueillante, au calme, à seulement 400 mètres de la gare d'Agen. Un hôtel sans prétention, aux chambres simples mais confortables. Ambiance conviviale.

Restaurant le Colombier du Touron. 187, route des Landes 47310 Brax ✆ 05 53 87 87 91 - Fax 05 53 87 82 37. *10 Chambres de 38 à 70 €. Menus de 15 à 38 €.* Dans un cadre de verdure à 5 mn. du centre, vous trouverez un établissement à l'accent du pays, une restauration de qualité où l'on vous proposera une cuisine de spécialités régionales et du marché, un service prévenant dans une salle ouverte sur le parc où à l'ombre sur la terrasse.

Campings

Le Château d'Allot. Rte de Layrac 47550 Agen-Boë ✆ 05 53 68 33 11 - Fax 05 53 68 33 05. *Ouvert toute l'année. 90 emplacements.* Un camping ombragé comprenant des emplacements de grand confort et proposant des animations sportives et culturelles. Restaurant, bar, piscine, toboggan aquatique, mini-golf, tennis, jeux d'enfants, tir à l'arc, pêche... Location de caravanes et mobil-homes.

RESTAURANTS

L'Aubade. 3, place Notre-Dame-du-Bourg 47000 Agen ✆ 05 53 66 63 83. *Fermé le dimanche. Menus de 9,91 à 24,29 €. Carte 15,24 €.* Dans une maison XIIIe au chaleureux décor moderne intégré aux vieilles pierres, avec une accueillante terrasse, une cuisine de brasserie, simple et actuelle, salades, galettes, röstis et plats régionaux, blanquette d'encornets, entrecôte, magret rôti aux pêches.

Le Nostradamus. 40, rue des Nitiobriges - Vallon de Verone 47000 Agen ✆ 05 53 47 01 02 - Fax 05 53 47 01 02. *Fermeture annuelle 15 premiers jours de septembre. Fermé le dimanche soir et lundi. Menu à 21 €. Carte 28,87 €.* Du simple et direct, plats simples et grandes assiettes, dans le cadre d'une maison du XVIe siècle, avec sa belle terrasse ombragée : assiette Nostra (saumon fumé, magret fumé), foie gras, escargots, confits, volailles fermières, magret au caramel.

La Bohème. 14, rue Emile Sentini 47000 Agen ✆ 05 53 68 31 00 - Fax 05 53 68 03 21. *Fermeture annuelle 1re semaine des vacances scolaires de février, 1re semaine des vacances scolaires d'avril et 2 semaines en septembre. Fermé le mercredi soir et samedi midi en hiver, dimanche toute la journée. Menus de 12 à 27 €. Carte 35 €.* En voie piétonne, une jolie table, fraîche et moderne, où une équipe pleine d'entrain s'agite, en cuisine comme dans la salle pour offrir un moment de bon vivre. Une bonne gamme de Menu à prix calibrés, une carte actuelle qui propose des simples plats de bistrot (et les plats du jour sur ardoise) et des assiettes plus élaborées : terrine de petit salé aux lentilles, carpaccio de canard à l'huile de cèpes, onglet de veau et croustade de champignons, tarte aux fines aux pommes. Et un menu antillais pour le dépaysement.

Las Aucos. 33, rue Voltaire 47000 Agen ✆ 05 53 48 13 71 - Fax 05 53 48 13 71. *Fermeture annuelle mardi et samedi midi. Menus de 10 à 45 €. Carte 34 €.* Une petite table pimpante dans un immeuble en pierre apparente classé. On y croise une cuisine de terroir bien actualisée, qui garde la générosité et l'accent régional : duo de magrets (séché et fumé), anguilles poêlées verjus du Périgord, frites de foie gras frais sur salade, grand cassoulet d'oie. Très bon menu terroir à 23 €, service charmant, bonne cave sud-ouest et bordeaux.

Mariottat. 25 rue Louis Vivent 47000 Agen ✆ 05 53 77 99 77-Fax 05 53 77 99 79. *Fermeture annuelle 1re semaine de février (zone c). Fermé samedi midi, dimanche soir, lundi. Menus de 17 à 47 €. Carte 55 €.* Mariottat reste l'une des meilleures tables du département. La magnifique salle à manger, la cuisine qui oscille toujours entre tradition et modernité, les bons produits : tout concourt à faire de cette adresse une table incontournable.

L'Aubergade. 52, rue Royale 47270 Puymirol ✆ 05 53 95 31 46 - Fax 05 53 95 33 80. *Fermeture annuelle vacances scolaires de février. Fermé le lundi midi, en saison, dimanche soir, lundi, mardi midi, hors saison. 11 chambres de 138 à 267 €. Menus de 51 à 104 €. Petit-déjeuner 19 €.* Michel Trama est depuis des lustres l'un des grands chefs régionaux, avec sa personnalité, sa recherche sur les produits et le goût juste, et une remise en question permanente qui lui permet de progresser encore. Esprit inventif (les larmes de chocolat griottines, expérimentées il y a une quinzaine d'années, c'est lui !), il donne à chaque carte son empreinte et son talent : mille-feuille de légumes confits aux anchois, cornet de langoustines au sésame parfumé au curry, bar en enveloppe citron coriandre et croquant de fenouil, pigeonneau rôti aux épices, mille-feuille de figue aux amandes. De très bons menus, pas si coûteux pour ce niveau, un service évidemment parfait dans un cadre de pierre très soigné. Les Loges, c'est aussi une hôtellerie de luxe dans cette ancienne bastide XIIIe qui appartint aux comtes de Toulouse, avec son patio autour du jacuzzi et de belles chambres spacieuses, parfaitement équipées.

POINTS D'INTERET

Office du Tourisme. 107, bd Carnot 47000 Agen ✆ 05 53 47 36 09 - Fax 05 53 47 29 98. L'Office du Tourisme propose diverses visites guidées, un circuit touristique pédestre d'une heure et demie environ, et le Balad'Agen, qui vous permet, à l'aide d'un baladeur, de visiter la ville à votre guise et à votre rythme.

Réputée pour ses pruneaux, la préfecture du Lot-et-Garonne s'enorgueillit du titre de ville d'art, avec un riche patrimoine : l'église des Jacobins, qui est la plus ancienne église gothique du Midi, la cathédrale Saint-Caprais (XIIe-XIVe), et ses hôtels particuliers. Un exceptionnel musée des Beaux-Arts, logé dans les hôtels d'Estrades, de Vaurs, Vergès et Montluc, présente un panorama complet des arts et de l'histoire régionale depuis la préhistoire, expose sa Vénus gallo-romaine, sans bras et sans tête et s'intéresse de près à Goya. Voir aussi le musée de la Résistance et de la Déportation, avec documents, trophées, etc. A proximité, le parc d'attractions Walibi, et surtout Puymirol, une très belle bastide, avec promenade le long des remparts.

Les deux célébrités agenaises sont Montesquieu, qui y passa son enfance et Michel Serres, le philosophe érudit, capable aussi bien d'analyser nos facultés sensorielles que de comparer l'œuvre de Zola aux signaux de brume pour les marins.

Balade en ville

Un centre animé, avec rues piétonnes, rue Santini, rue Molinier, quelques rues anciennes à arcades (rue des Cornières) et une agréable place du marché (place Jean-Baptiste Durand). Un agréable quartier calme, derrière la place de l'hôtel de ville et du musée, en particulier en allant vers les Jacobins, avec quelques maisons de pierre à encorbellement. L'animation s'articule autour de la grande artère qui traverse la ville, le boulevard de la République.

Au cours de la balade, on ne manquera pas la rue de Beauville (maisons à colombages), la rue Richard Cœur de Lion, avec ses maisons anciennes et l'hôtel particulier Montesquieu-Suffolk XVIIIe, avec un escalier à double révolution ; dans la rue Puits du Saumon, la maison du Sénéchal XIVe, et rue Floirac l'hôtel Amblard et ses portes XVIe-XIXe. A voir encore, place Armand Fallières, légèrement excentrée, la préfecture, dans un ancien palais épiscopal XVIIIe, le palais de Justice, par l'architecte de l'Elysée (1869), avec son escalier monumental de 27 marches et les ponts sur la Garonne : pont de Pierre, construit sur ordre de napoléon (1812 - 1827), la Passerelle, dont les chaînes cédèrent en 1840, engloutissant 20 personnes dans le fleuve et le Pont Canal, spectaculaire construction aux 23 arches, de 549 m de long, achevé en 1843.

Eglise Sainte-Foy. Elle est moins spectaculaire, dans un style proche, utilisant la brique, que la cathédrale de Villeneuve, mais possède un attrait certain, notamment par les superpositions des différentes époques architecturales. Piliers refaits, mais certains murs à arcades sont anciens.

Cathédrale Saint-Caprais. Une construction romane classique, qui a évolué au fil des siècles. On visite la salle capitulaire (par l'Office du Tourisme) et l'on trouve à l'intérieur des reliques de martyres agenais.

Cathédrale Saint-Caprais

Eglise Notre-Dame du Bourg. Un bel édifice, l'un des plus beaux de sa catégorie dans la préfecture. Brique et pierre, sobre et fine, dans le style gothique de transition (XIIIe). On note son clocher porche à baies campanaires.

Eglise des Jacobins. Place des Jacobins. Cette église dominicaine est l'une des deux en France, avec celle de Toulouse, construite sur ce plan de la « cella » romaine. C'est en cette église que le roi de France Philippe le Hardi rendit l'Agenais aux Anglais en 1279. Elle fut prison sous la terreur et a été récemment rénovée. On remarquera ses fresques gothiques en trompe l'œil.

Musée des Beaux-Arts. Place du Docteur Esquirol 47000 Agen ✆ 05 53 69 47 23 - fax 05 53 69 47 77. Il rassemble des collections diverses d'archéologie préhistorique et gallo-romaine, de l'orfèvrerie du Moyen Age et de la Renaissance, des toiles du XVIe au XIXe siècle. Egalement des céramiques, mobilier, tapisseries. Parmi les sculptures antiques, remarquer la Venus du mas d'Agenais, de style hellénistique, en marbre blanc, et la tête de cheval, en bronze, du Ve siècle avant J.-C. Dans la salle médiévale, voir le tombeau d'Etienne de Durfort et de Françoise de Montpezat. L'originalité et la richesse du musée résident cependant dans les tableaux de Goya, qui constituent une collection unique. Cinq tableaux ont été donnés par le fils du peintre, Don Javier Goya à une académie madrilène, puis acquis par l'ambassadeur de France qui en fit don au musée (legs Chaudordy). Parmi les plus étonnantes, le ballon, aux couleurs sublimes dans le style du peintre. On notera une reproduction du tableau la Promenade, dont l'original est à Madrid, et où l'on reconnaît, dit-on, le peintre et la duchesse d'Albe. Parmi les autres toiles du musée, des tableaux de l'école flamande, dans le style de Brueghel, et des natures mortes françaises. Enfin, une salle présente une très belle collection de faïences françaises, espagnoles et italiennes, notamment les régionales de Samadet (Landes) et un plat de Bernard Palissy.

SHOPPING

Le marché couvert. Place des Laitiers - Boulevard de la République. Depuis le printemps 2000, les Agenais bénéficient d'un marché couvert entièrement rénové, avec plus de 24 commerçants exposants, représentant l'essentiel de la production locale, volailles et viandes (Blonde d'Aquitaine), pruneaux, fromages, huîtres et fruits de mer, charcuterie, gibiers...

Patrick Rissel. Rue Molinier. Un fromager de bon goût dans la rue prolongeant la voie piétonne Emile Santini, où l'on trouve de nombreuses spécialités du département et de Gascogne, et des produits d'épicerie fine : croquants de Cordes, vins et fromages bien sûr.

Création du Mobilier Fer. La Mothe Bezat 47550 Boe ✆ 05 53 47 32 33. Des modèles créés et fabriqués par le maître des lieux. Soudure, meulage et peinture sur forge.

Alcools

Le Cellier du Brulhois. Cave de Goulens. RN 21 47390 Layrac ✆ 05 53 87 01 65 - Fax 05 53 87 03 31. Vente de vin AOC Buzet, AOVDQS Côtes du Brulhois, cuvée des Anciens Prieurés, vin de pays de l'Agenais et produits régionaux.

L & L. Musset Jean Claude. ZI de Boé 47550 Boé ✆ 05 53 77 44 77 - Fax 05 53 96 36 70 Cette société produit et commercialise des cocktails. Mélange de Cognac et de jus de fruits de la passion. Possibilité de visionner un film sur les modes de fabrication, et dégustation.

Boisson. 20, rue Grande Horloge ✆ 05 53 66 20 61 - Fax 05 53 87 76 64. Pruneaux, armagnacs, floc de Gascogne et produits divers dans cette maison de grande tradition de plus d'un siècle et demi. A votre disposition, un diaporama sur l'histoire du pruneau, la fabrication. Pruneaux naturels, fourrés, mi-cuits à l'armagnac par un artisan qui suit la lignée familiale. A déguster encore, les galets de Garonne, les délices d'Agen ou les pépites gasconnes, alliances du pruneau et du chocolat.

Baeza. Place Jean-Baptiste Durand 47000 Agen ✆ 05 53 66 12 76. Cognac et armagnac, coufidous, et vins de la région, fruits au sirop. A noter une large collection de mignonnettes.

Pâtisserie/confiserie

Valérie et Pierre Raynal. 165, boulevard Carnot 47000 Agen. Un pain de qualité, ainsi que d'excellents chocolats. Parmi les souvenirs à emporter, les coufidous, pruneaux fourrés produits à Sainte-Livrade. Parmi les gâteaux grand format, goûtez le Victoria, une génoise aux amandes et ganache chocolat, la tourtière aux pommes, la frangipane.

Maison Caban. 57, rue Molinier ✆ 05 53 48 03 49. Un confiseur réputé, fabrication artisanale, chocolats et pruneaux fourrés. Vidéo et dégustation gratuite, réception de groupes sur réservation. Egalement des produits d'épicerie fine.

LE PRUNEAU D'AGEN

Il provient exclusivement d'une variété, la prune d'Ente, cultivée particulièrement en Lot-et-garonne et quelques départements limitrophes. La spécificité du terroir, argilo-calcaire, et un climat favorable expliquent la prédominance d'Agen pour l'élaboration du pruneau. Les prunes sont ramassées à la fin de l'été, puis séchés. Il faut de 3 à 4 kg de prunes pour donner un kilo de pruneaux. La réussite du produit, outre son goût suave et plein de caractère, réside dans ses grandes qualités diététiques et nutritives : sucres facilement assimilables, emploi aisé dans toutes sortes de préparations salées ou sucrées, avec les viandes, comme avec les fromages ou les desserts.

Index général à la fin de ce guide

LOISIRS

Comité départemental du Tourisme Equestre de Lot-et-Garonne. 7, rue Etienne Dolet 47000 Agen ✆ 05 53 48 02 28 - Fax 05 53 69 44 75. Organisation de rallyes, de randonnées et de manifestations équestres afin de promouvoir ce loisir.

Golf Agen Bon Encontre. Rte de St-Fénéol 47240 Bon-Encontre ✆ 05 53 96 95 78 - Fax 05 53 96 00 63. Un golf à 9 trous. Leçons particulières données par un professeur agréé ou encore cours collectifs.

Walibi Aquitaine. Château de Caudouin 47310 Roquefort ✆ 05 53 96 58 32 - Fax 05 53 96 58 47 - Internet: www.sixflagseurope.com. *Tarifs: adulte 21,5 euros, enfant de 3 à 11 ans 16 euros et gratuit pour les enfants de - 2 ans.* A proximité immédiate d'Agen et de la sortie d'autoroute. Le parc d'attractions est situé sur 30 hectares de verdure dominés par un superbe château du XVIIIe siècle. Frissonnez et vivez des sensations en dévalant les loopings du Boomerang, en essayant les envolées du Fandango ou les descentes du Drakkar. L'excitation est également au rendez-vous sur les flots tumultueux de la Radja River ou dans les nombreux spectacles colorés proposés par le parc. Et 2002 sera à marquer d'une pierre blanche puisque Walibi Aquitaine fête son 10e anniversaire. Pour célébrer comme il ce doit cet événement unique, de nombreuses surprises attendent les visiteurs: une nouvelle attraction familiale aux virages très serrés le ZIG ZAG, le célèbre cirque Il Florilegio qui plantera son chapiteau de lumière dans l'enceinte du parc de mi-juin à mi-août, le nouveau spectacle des otaries à partir du mois de mai, les Semaines Spectaculaires en juillet (avec des animations, spectacles de danse, une exposition de voitures américaines, le spectacle de basket acrobatique du Crazy Dunkers Show) etc. !

Saint-Louis Lac. Lamontjoie 47000 Agen-Boë ✆ 05 53 95 12 19 - Fax 05 62 28 83 99. Ouvert du 15 avril au 1e week-end de septembre. 50 emplacements. Un camping situé au pied de la Bastide Saint-Louis de Lamontjoie. Un grand espace de verdure rafraîchi par un lac de 13 ha. Baignade aménagée, pêche, pédalos, aire de jeux enfants, buvette, restaurant, salle de jeux avec billard, flipper, baby-foot... Des soirées à thème sont aussi organisées.

Centre d'Etude et de Découverte des Paysages et du Patrimoine. Site Agropôle, Bât Alfagro porte A Rdc, BP 217 47931 Agen Cedex 9 ✆ 05 53 77 24 82. Des sorties « découverte » du paysage et du patrimoine, des conférences sont organisées sur demande. L'activité essentielle reste la mise en place des visites du Château de Gavaudun.

L'Agenais. Port de Plaisance d'Agen 47000 Agen ✆ 05 53 87 51 95 ou 06 11 48 97 45 - Fax 05 53 87 27 42. L'Agenais propose une promenade fluviale d'1 h30 avec passage du pont du canal et d'une écluse. La visite est commentée.

DANS LES ENVIRONS

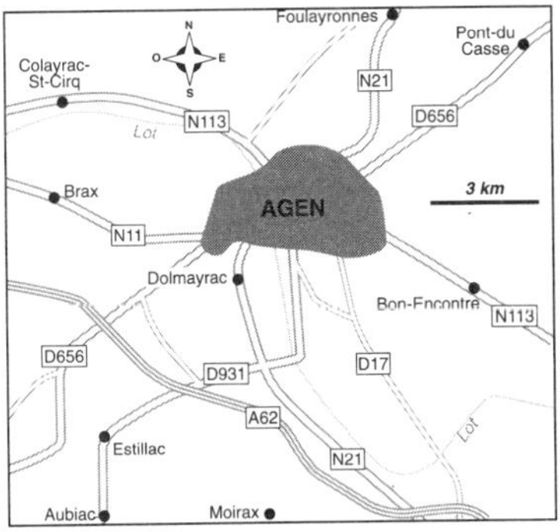

Bon Encontre

Les sportifs connaissent la commune pour les exploits du club de rugby agenais, qui fut champion de France à maintes reprises.

C'est la découverte d'une statue de la Vierge (une « bonne-encontre ») par un jeune berger qui donna, au XVIe siècle, son nom à la commune. Après plusieurs miracles, elle devint l'objet de pèlerinages importants et réguliers. La statue existe toujours, bien sûr, elle se trouve enfermée dans un reliquaire, derrière le maître-autel d'un petit oratoire érigé à l'endroit où fut trouvée la statue. La basilique Notre-Dame XVII - XIXe est édifiée à l'emplacement d'une ancienne chapelle royale. La Vierge du Coteau, d'une hauteur de 16,80 m a été érigée en 1861, et restaurée en 1880.

A proximité, le château de Castelnoubel, l'église de Sainte-Radegonde XIe, la plus ancienne de Bon-Encontre, construite sur un ancien site gallo-romain. Des fouilles ont permis d'y découvrir une mosaïque du Ier siècle. Dans un joli site, le Paradou, un ancien prieuré devenu exploitation agricole.

Estillac

Un château fortifié (XVIe), ancienne résidence d'un maréchal de France, Blaise de Montluc.

Madaillan

Château de Madaillan 47360 Madaillan ✆ 05 53 87 56 23. *Hors saison, ouvert toute l'année le dimanche après-midi, les weekends à partir de Pâques, et tous les jours en août. Tarifs : 5 euros (adulte), 2 euros (enfants), tarif spécial groupe.* Madaillan est un château féodale juché sur un éperon de roche calcaire. Le château est un très haut lieu de l'histoire (guerre de 100 ans et guerre de religion) qui a été assiégé 16 fois... A la belle saison des concerts sont organisés et en août se tiendra une exposition sur les artistes d'Amérique du Sud.

Eglise romane de Moirax

Moirax

Prieuré roman fondé en 1049 et considéré comme l'un des plus parfaits joyaux de l'art roman.

LAROQUE-TIMBAUT

HEBERGEMENT

Le Prince Noir. Route de Mont-de-Marsan 47310 Sérignac-sur-Garonne ✆ 05 53 68 74 30 - Fax 05 53 68 71 93. *Fermé le dimanche soir, et vendredi soir en hiver. 23 Menus de 16 à 36 €. Carte 28 €. Petit-déjeuner 6 €.* Un grand complexe hôtelier sur les bases d'une ancienne bâtisse en pierre apparente avec un pigeonnier XVIIIe. Tout est fait pour la détente du touriste ou du voyageur de passage, les séminaires et des groupes. Chambres toutes différentes, certaines avec un mobilier contemporain, d'autres plus romantiques (la Chambre Nuptiale), avec vue sur le jardin, la piscine ou la cour intérieure. Cinq d'entre elles ont un accès handicapés. Cuisine classique et régionale, escalope de foie gras frais aux pruneaux, lamproie à la bordelaise, cèpes à la persillade, émincé de bœuf au floc de Gascogne. Menus bien étudiés, service impeccable.

Chambres d'hôtes

Domaine de Bernou 47340 La Croix Blanche ✆ 05 53 68 88 37. *3 chambres à 60 €. Menus de 15 à 20 €. CARTE BANCAIRE non acceptée.* De nombreuses activités dans cette belle propriété de 25 hectares : promenades à pied, à cheval, en 4x4, pêche, ping-pong, billard... Les chambres sont spacieuses et équipées de salles d'eau. A noter qu'en été 4 petites chambres, avec salle de douche commune, sont disponibles (30 € la chambre). La table d'hôtes se veut inventive et se compose notamment de lapin aux olives et de foie gras sous différentes formes.

RESTAURANTS

Hôtel le Square Restaurant Michel Lattrille. 5/7, place de la Craste 47220 Astaffort ✆ 05 53 47 20 40 - Fax 05 53 47 10 38. *Fermeture annuelle 15 jours en janvier et 1re semaine de mai. Fermé le restaurant : dimanche soir, lundi et mardi midi - hôtel : dimanche soir. 14 chambres de 54 à 110 €. Menus de 21 à 56 €. Carte 43 €. Petit-déjeuner 9 €.* Cet établissement se décline selon une belle palette de couleurs. L'ensemble est chaleureux et respire la gaieté. Sur la route du Gers et des Pyrénées, c'est une étape confortable avec des chambres bien équipées et agréablement personnalisées. Michel et Sylvie Latrille vous réservent leur meilleur accueil au sein du restaurant : filets de rougets cuits en salamandre, tomates confites, caviar d'aubergine, huile de basilic, moelleux au café, sauce arabica, glace café.

Une Auberge en Gascogne. 9, faubourg Corne 47220 Astaffort ✆ 05 53 67 10 27 - Fax 05 53 67 10 22. *Fermeture annuelle du 1er au 21 novembre. Fermé le mercredi, jeudi midi. 8 chambres de 38 à 42,70 €. Menus de 18,36 à 43 €. Carte 45 €. Petit-déjeuner 6,10 €.* Maison de village du XVIIIe située à 15 km d'Agen dans un cadre très calme et verdoyant. La décoration des chambres est contemporaine. Une grande terrasse vous accueillera dehors l'été. Quelques spécialités du restaurant : copeaux de foie gras relevé d'huile d'olive, tranche de lotte rôtie au chorizo...

Ferme-auberge

Ferme-auberge la Clef des Chants. La Tuilière 47360 Saint-Sardos ✆ 05 53 95 03 45 - Fax 05 53 95 03 45. *Fermeture annuelle février et novembre. Fermé le dimanche soir au vendredi midi (sauf groupes). Menus de 20,60 à 36 €.* Dans une ferme familiale située en pleine campagne sur les coteaux de Saint Sardos, cette ancienne demeure marie agréablement le bois, la pierre, l'authenticité et le confort d'aujourd'hui. Au menu de la table d'hôtes : galantine de faisan, volaille à la broche, tourière aux pommes et hypocras (vin médiéval). Vous aurez en outre la possibilité de participer à des soirées à thème.

POINTS D'INTERET

Au cœur de l'arrière-pays agenais, ce petit bourg vaut surtout pour le calme de ses rues et pour la très jolie halle du XIIe siècle qui trône dans le centre. Une balade dans les rues adjacentes s'impose, à la découverte de quelques vieilles demeures.

En descendant dans le vallon Saint-Germain, on s'arrêtera devant la fontaine qui, selon la légende, aurait guéri l'armée de Roland. Pour les amateurs, les églises de Norpech et de Saint-Pierre-d'Orival (dans la direction de Cauzac) méritent le détour.

SHOPPING

Elevage d'escargots Festigri. Hameau de Serres 47480 Bajamont ✆ 05 53 67 54 53 - Fax 05 53 67 54 53. Des escargots, encore des escargots, toujours des escargots, un bel élevage de petits gris avec reproduction. La visite est instructive. Une partie de l'élevage se fait en salle chauffée, une autre en parc extérieur. Vente directe.

Tidou Miel. Blaymont 47470 Beauville ✆ 05 53 95 45 16. Le miel à toutes les sauces. Goûter ou redécouvrir les plaisirs et les propriétés de ce nectar et toutes ses saveurs. Retrouver les pains d'épices de son enfance... Visite et dégustation gratuite pour en apprendre davantage sur le miel et ses vertus.

Jardin Botanique de Darel. Route de Cassous, Centre de Loisirs de Darel 47480 Pont du Casse ✆ 05 53 48 26 36 ou 05 53 77 83 37. 2 hectares de plantes des prairies et des cultures du terroir. Orchidées sauvages, plantes médicinales, bulbeuses, condimentaires, messicoles.

La Ferme de Carolis. Carolis 47310 La Plume ✆ 05 53 95 10 92. Des produits maison en vente directe à la ferme. Des foies gras, confits, rillettes, pâtés, cous farcis, cassoulets, buzetines d'oie aux pruneaux d'agen, cuisinés selon des recettes traditionnelles.

C.A.T Lamothe Poulin. Domaine du Serbat 47340 Laroque Timbaut ✆ 05 53 95 71 07. Situé sur un coteau dominant, ce centre d'aide au travail propose en dégustation et à la vente ses vins de pays de l'Agenais rouge et rosé.

LOISIRS

Les Vallons de Marennes. Marennes 47340 Laroque-Timbault ✆ 05 53 95 97 32. Un musée vivant de la volaille qui plaira à tous.

Walibi Aquitaine. Château de Caudouin 47310 Roquefort ✆ 05 53 96 58 32 - Fax 05 53 96 58 47 - Internet : www.sixflagseurope.com. A proximité immédiate d'Agen et de la sortie d'autoroute. Le parc d'attractions qui fêtera ses 10 ans d'existence en 2002 est situé sur 30 hectares de verdure dominés par un superbe château du XVIIIe siècle. Frissonnez et vivez des sensations en dévalant les loopings du boomerang, en essayant les envolées du Fandango ou les descentes du Drakkar. L'excitation est également au rendez-vous sur les flots tumultueux de la Radja River ou dans les nombreux spectacles colorés proposés par le parc. Un spectacle d'otaries se déroule également dans le somptueux décor d'un amphithéâtre gréco-romain où vous assisterez à la représentation acrobatique d'otaries bien malicieuse. Enfin, le restaurant du château vous offre une touche d'atmosphère régionale qui séduira aussi bien les jeunes que les moins jeunes pour une journée de détente inoubliable.

Base ULM Saint-Exupery 47360 Montpezat ✆ 05 53 95 08 81 - Fax 05 53 71 84 13. Pour ceux qui souhaitent passer leur baptême de l'air, ou bien effectuer un circuit touristique en ULM. Formation de pilote assurée.

Equitation

Ferme Equestre Crinière au Vent. Bouillon 47340 Monbalen ✆ 05 53 95 18 61 ou 06 70 68 79 92. Une jolie ferme équestre à l'accueil chaleureux et convivial. Chevaux et poneys sont à la disposition des apprentis cavaliers et des plus expérimentés. Balades et randonnées sont organisées pour le plaisir de tous. Hors période estivale, des week-ends en bivouac sont prévus sur demande.

Poney Club de Darel en Agenais. Darel 47480 Pont-du-Casse ✆ 05 53 96 90 33. Equitation pour enfants et adultes. Promenades et stages randonnée dans un superbe site boisé à 5 km d'Agen.

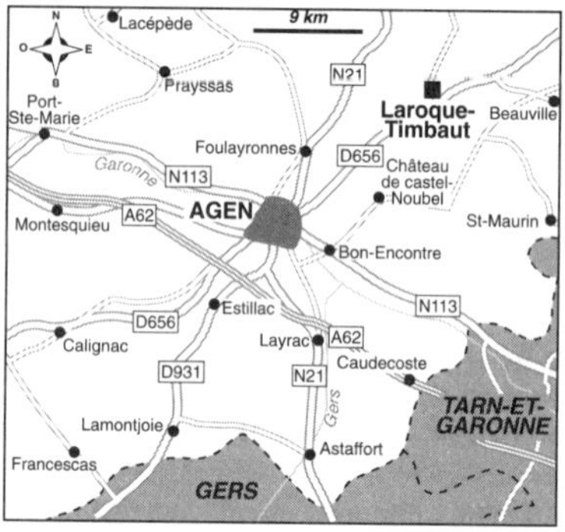

DANS LES ENVIRONS

Astaffort

Sur les premières collines de la Lomagne, Astaffort marque, dans l'architecture des habitations, un changement assez net avec les villes du pays de Serres et de la plaine. Ici, la pierre calcaire remplace la brique ce qui donne un côté plus chaleureux aux constructions.

En flânant dans cette petite ville des bords du Gers, on découvre quelques jolies maisons à colombages, les restes des remparts mais aussi quelques anciennes maisons fortes. Sur la rive du Gers, on découvre le moulin fortifié de Roques.

Beauville

Cette bastide XIIIe est un beau village fleuri qui conserve quelques vestiges notables, la place aux cornières, les maisons à pans de bois XVe et son église XVIe. Le château, une demeure privée XVIe, est en cours de restauration.

A proximité, Cauzac et son église Sainte-Eulalie, au bord de l'eau, dans un très joli site. Voir également, à Blaymon, au nord de Beauville, les églises romanes de Sainte-Foy et Notre-Dame.

Castell

Grottes de Fontirou 47340 Castella ✆ 05 53 41 73 97 ou 05 53 40 15 29 - Fax 05 53 41 73 97. Les grottes de Fontirou, à Castell, sont datées de 30 millions d'années, et possèdent de nombreuses concrétions. On visite le site, sur un parcours de 40 minutes En nouveauté, la reconstitution d'une scène de peinture rupestre. Sur place, un bar champêtre, un mini-golf, un baby-kart.

Caudecoste

Une jolie bastide, très bien conservée, fondée au XIIIe siècle, dotée d'une charte des Coutumes en 1273. Les murailles furent renforcées au XVIe siècle par le seigneur d'Astugues.

Caudecoste conserve de nombreux souvenirs de son histoire, maisons anciennes à pans de bois, belle place des cornières à couverts sur piliers de bois. Voir également l'église paroissiale et son clocher, l'ancien foirail, avec son mail de platanes, ainsi que l'école de style Jules Ferry.

A proximité, Saint-Nicolas de la Balerme et son pont suspendu sur la Garonne XIXe.

Musée de l'Abbaye de Saint-Maurin ✆ 05 53 95 36 45. Ce musée retrace la vie des villageois au début du XXe siècle. Présentation de métiers anciens et de scènes de la vie familiale du paysan.

Lacépède - Lac du Salabert

Une promenade nature au cœur du pays de Serres. Exposition à la Maison de la Nature. Journée guidée avec l'association L.E. H.E.R.O.N. (Mairie de Lacépède ou ✆ 06 14 57 04 83). Le matin, accueil à la Maison de la Nature, au bord du lac, observation des oiseaux, découverte de la faune et de la flore, projections vidéo, identification des espèces observées. L'après-midi, diverses possibilités de découvert des produits régionaux (goûter à la ferme, musée du pruneau, visite d'un élevage de chèvres angora...).

Prayssas

Château de Madaillan ✆ 05 53 87 56 23. *Visites guidées du vendredi au lundi de mai à octobre, le dimanche de novembre à avril, et tous les jours en août.* Un château médiéval XIIIe-XVe qui représente un bel exemple d'architecture de défense, et qui fut souvent attaqué au cours des affrontements de la Guerre de Cent Ans

Port Sainte-Marie

Ce port sur la Garonne eut longtemps une activité fluviale importante. En face sur l'autre rive, Saint-Laurent était un village de mariniers. L'occupation est ancienne puisque l'on a décelé des vestiges gallo-romains, notamment d'une ancienne voie qui reliait Port Sainte-Marie à Clermont-Dessous.

Voir l'église paroissiale XVe, dédiée bien sûr à Sainte-Marie qui donne son nom à la cité : on y trouve le « bateau des processions », cher aux mariniers, et les bâtons de procession des anciennes confréries de pénitents.

A proximité, le château de Bazens, qui fut résidence épiscopale jusqu'au XVIIe siècle.

La fameuse Reine Margot, ainsi que sa mère Catherine de Médicis, résidèrent quelques semaines à Port Sainte-Marie.

Saint-Maurin

Les vestiges de l'abbaye romane sont classés. C'est à partir de cette abbaye que s'est développé ce village, dans la vallée de l'Escorneboeuf. Elle fut édifiée à l'endroit même où avait été enterré le martyr saint Maurin, au XIe siècle, à l'emplacement d'une première basilique.

L'église Saint-Martin d'Anglars est également classée. Datée du début du XVIe siècle, elle remplaça une construction XIIIe qui avait été incendiée par le Prince Noir.

Le musée de l'abbaye est consacré aux traditions populaires et à l'artisanat.

Sérignac

L'église présente la curiosité de son clocher hélicoïdal. Voir aussi les maisons anciennes, à colombages.

Pruniers en fleurs

VALLEE DU LOT

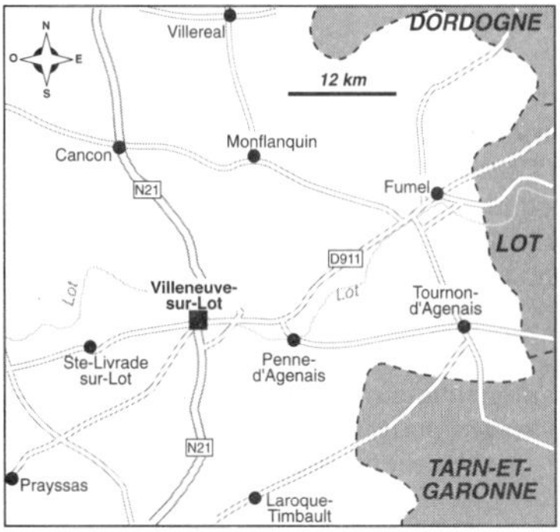

Le pruneau et les bastides sont sans aucun doute les deux emblèmes les plus connus et les plus marquants de la vallée du Lot. Ramenée de Palestine, selon la légende, par les Templiers, la prune règne en effet sans partage dans les vergers. On trouve également un grand nombre de bastides (construites pour la plupart sur décision d'Alphonse de Poitiers, par les comtes de Toulouse ou par les Anglais), toujours construites en surplomb de la vallée. Ces bastides étaient l'objet de toutes les convoitises et changeaient régulièrement de « propriétaire » au gré des conflits. Aujourd'hui, elles constituent des sites touristiques privilégiés grâce au charme de leurs petites ruelles, de leurs vieilles maisons de pierre, de leurs églises fortifiées et grâce aux panoramas qui s'ouvrent, de place en place, sur le Lot.

VILLENEUVE-SUR-LOT

HEBERGEMENT

Hôtel des Chênes. Bel Air 47300 Pujols ✆ 05 53 49 04 55 - Fax 05 53 49 22 74. *Fermeture annuelle du 30 décembre au 6 janvier. 21 chambres de 64 à 69 €. Petit-déjeuner 7 €.* Des chambres confortables et à la décoration soignée, certaines avec balcons, d'autres équipées depuis peu de terrasses privatives. Pour toutes : vue panoramique sur la cité médiévale. Vous pourrez profiter de la piscine et pourquoi pas vous rendre au célèbre parc Walibi situé à une vingtaine de kilomètres.

Hostellerie du Rooy 47300 Villeneuve-sur-Lot ✆ 05 53 70 48 48 - Fax 05 53 49 17 74. *Fermeture annuelle les premières semaines des mois de janvier, mai et novembre. Fermé le dimanche soir et lundi. Menus de 16,46 à 33,54 €. Carte 36,59 €.* Une maison XIIIe dans un beau parc aux arbres centenaires, une table sûre et régulière, jolie vaisselle et déco personnalisée. Annie et Jean-Michel Brouat proposent une carte élaborée sur les produits de saison, mode actuelle et terroir, avec les ravioles de langoustines au citron vert, le filet de canard rosé aux pêches fraîches, le cabécou rôti au miel d'acacia et le flan aux pruneaux à la vieille prune. Bons menus, service prévenant.

Chambre d'hôtes

Chambre d'hôtes les Huguets 47300 Villeneuve-sur-Lot ✆ 05 53 70 49 34 - Fax 05 53 70 49 34. *5 chambres de 60 à 70 €. Menu à 25 €. Carte bancaire non acceptée.* Ancienne ferme restaurée avec belle piscine, terrasse ombragée et sauna au cœur de 20 hectares de bois et de prairies. Les chambres sont spacieuses et confortables. La table d'hôte sert des spécialités de la région.

RESTAURANTS

Auberge Lou Calel. Pujols 47300 Villeneuve sur Lot ✆ 05 53 70 46 14 - Fax 05 53 70 49 79. *Menus de 13 à 32 €. Carte 35 €.* Une ravissante auberge, couverte de vigne vierge, à l'orée du village médiéval, au cœur de la vallée du Lot. On profite de la magnifique vue sur la rivière tout en appréciant une cuisine centrée sur le terroir.

Restaurant la Toque Blanche. Pujols 47300 Villeneuve-sur-Lot ✆ 05 53 49 00 30 - Fax 05 53 70 49 79. *Fermeture annuelle du 4 au 19 mars, du 17 juin au 2 juillet et du 25 novembre au 2 décembre. Fermé le dimanche soir, lundi, mardi midi. Menus de 18,29 à 68,60 €. Carte 44,21 €.* Dans un cadre élégant, ce restaurant offre une ambiance feutrée. Mobilier d'époque et style contemporain s'harmonisent pour un intérieur raffiné. L'accueil est soigné et attentif. En plus de la très belle cave, la cuisine se compose d'un grand éventail de plats : risotto crémeux aux champignons et cuisses de grenouilles sautées, morue fraîche rôtie en tapenade, épaule de sanglier en civet, au vin de pays.

Auberge la Résidence. 12, avenue Saint-Jean 47440 Casseneuil ✆ 05 53 41 08 08 - Fax 05 53 41 12 70. *Fermé le samedi et dimanche. 11 chambres de 18,29 à 30,49 €. Menus de 9,15 à 18,29 €. Petit-déjeuner 3,81 €.* Au calme, en retrait de la route d'ailleurs peu fréquentée, une jolie maison de tradition avec sa terrasse ombragée sous les arbres. C'est la simplicité qui domine, ce qui n'empêche pas une prestation de bon niveau, des chambres spacieuses avec télé, une table de plats classique, avec les indispensables salades de gésiers et confits.

L'Oustal. 24, rue de la Convention 47300 Villeneuve-sur-Lot ✆ 05 53 41 49 44 - Fax 05 53 41 49 44. *Fermeture annuelle du 15 septembre au 8 octobre, et du 23 février au 8 mars. Fermé le mardi soir, dimanche soir (et dimanche midi du 9 septembre au 30 février). Menus de 11 à 25,15 €. Carte 22,71 €.* L'Oustal est un restaurant qui se distingue par son style baroque. Dans ce cadre agréable, on met à votre disposition une cuisine du terroir au travers de différents menus : menu mer et rivière, menu basque, menu découverte et menu terroir. Une agréable découverte en toute convivialité.

Chez Caline. 2, rue Notre-Dame 47300 Villeneuve-sur-Lot ✆ 05 53 70 42 08. *Menus de 12 à 18 €.* Une table mignonnette et branchée, qui fait du tout venant pour le touriste avec des petits plats actuels. Petite terrasse sur les bords du Lot.

Brasserie la Mine. 36-38, place La Fayette 47300 Villeneuve-sur-Lot ✆ 05 53 01 46 61. *Menus de 6 à 8 € et plat du jour.* Sur la place, un rendez-vous sympathique et haut en couleurs. Goûtez les préparations simples et bien faites à tarifs modérés : carpaccio aux lardons, cabécou confit, côte de bœuf, fondue bourguignonne.

Clocher de la cathédrale Sainte-Catherine

L'Entracte. 30, boulevard de la Marine 47300 Villeneuve-sur-Lot ✆ 05 53 49 25 50. *Fermé le mercredi. Menus de 12 à 24 €. Carte 26 €.* Pour s'initier gentiment à la gastronomie locale, dans le bon esprit d'une cuisine personnalisée : dodine de caneton farci au foie gras frais, confit maison, magret de canard aux herbes, entremets chocolat.

POINTS D'INTERET

Une superbe cathédrale romane d'influence byzantine. On découvre en centre ville une cité animée et propice à la promenade. Le musée Gaston Rapin se consacre à l'archéologie, la paléontologie et les beaux-arts depuis le Moyen Age. A proximité, à la Jardinerie de la Plaine, à Bias, une très belle collection de papillons tropicaux. Et aussi, la maison de l'airial, ou le bois dans tous ses états. On regarde, on touche, on sent, on écoute, on assemble et on construit. Découvrez plus de 100 essences de manière ludique. Un peu plus loin, sur une butte, Pujols, très beau village médiéval, classé parmi les plus beaux villages de France.

Une balade dans les vieux quartiers, calés contre les berges du Lot, à la découverte du patrimoine de la ville est incontournable. Empruntez par exemple la rue de la Convention, ou la rue des Elus. La jolie place Lafayette (ou place des Cornières), avec sa fontaine, est toujours animée et ce, depuis la création de la bastide. De cette place, vers laquelle convergent toutes les rues de la ville, vous rejoindrez l'église Sainte Catherine en traversant le centre commerçant de la ville.

On découvrira également les portes jumelles de Paris et de Pujols qui sont les seuls vestiges des remparts du XIVe siècle.

Sur la rive gauche du Lot, la chapelle des Pénitents Blancs, de style baroque, est le lieu de culte d'une confrérie qui pratique la charité envers les malades et les nécessiteux. On remarquera, à l'intérieur, le magnifique plafond en bois incrusté de verrerie et les nombreux bâtons de procession.

Le Pont-Vieux, qui enjambe le Lot, était autrefois surmonté de trois tours défensives. Celles-ci, construites au XIIIe siècle, furent détruites au XVIe. En revanche, la « Chapelle du Bout du Pont » s'élève toujours là où, selon la légende, trois bateaux furent arrêtés par une statue de la Vierge qui gisait au fond de l'eau.

Musée Archéologique d'Eysses. Villeneuve-sur-Lot ✆ 05 53 70 65 19. *Ouvert en juillet-août de 14 h 30 à 18 h 30. Tarifs : adulte 1,52 €, enfant 0,76 €.* Ce musée a été conçu pour aider le visiteur à mieux comprendre l'histoire et la vie quotidienne des habitants de la ville gallo-romaine d'Excisum. Cette ville, idéalement située sur les grands carrefours économiques d'alors, connut un grand essor économique au Ier siècle après Jésus-Christ. Elle fut même désignée par Rome pour servir de camp militaire. Après avoir été la propriété de l'Abbaye bénédictine Saint-Gervais-Saint Protais, la ville d'Eccisum, devenue Eysses, vit se construire juste à côté d'elle, par décision du Roi de France, une « ville neuve » sur les berges du Lot qui deviendrait plus tard Villeneuve-sur-Lot après avoir porté les noms de Villeneuve d'Eysses et Villeneuve-d'Agen.

SHOPPING

Elisabeth et Michel Armillac. Ferme de la Gourre 47300 Le Lédat ✆ 05 53 01 75 53 - Fax 05 53 41 15 33. De la conserve fine et pleine de saveurs. Galantine de poularde à l'ancienne, pâté de volaille à l'Armagnac, poulet en gelée. Les éleveurs vous accueillent à la ferme pour une dégustation. Vente de volailles prêtes à cuire.

Serge et Louise Compte. Bois de Pech Brut 47300 Le Lédat ✆ 05 53 01 65 19 - Fax 05 53 01 68 90. Elevage traditionnel d'oies et de canards gavés et cuisinés par les éleveurs, d'après des recettes régionales. Foies gras, confits, magrets pâtés... Visite de l'élevage et dégustation sur demande.

Table et Terroir. Hélène et Benoit Lefevre. Saint-Germain 47300 Villeneuve-sur-Lot ✆ 05 53 40 26 42. En direct de la ferme des spécialités sucrées et salées : pruneaux mi-cuits à la chair dorée, crème de pruneaux, miels et confitures maison, fromage de vache. Une belle enseigne pour les gourmands.

Perles de Gascogne. Annie et Jean-Pierre Clavie. Feme de Vidalou 47300 Pujols ✆ 05 53 70 21 55. Une ferme sur les coteaux de Pujols dont les produits sont élaborés à partir de la production de noisettes et de noix. Noisettes grillées au chocolat, huile de noisette, noix noires, vin de noix... Vente directe à la ferme.

La boutique des pruneaux. Porte de Paris Villeneuve. Une épicerie fine qui se consacre aux produits régionaux et aux bonnes idées cadeaux gourmandes. Tous les alcools du coin, les préparations à base de pruneaux, de très belles présentations.

LOISIRS

Loisirs Sports Evasion. Laboissière Sainte-Radegonde 47300 Villeneuve-sur-Lot ✆ 05 53 41 92 99 - Fax 05 53 49 45 88. Des randonnées pédestres, cyclotourisme, canoë, ski sont organisées chaque semaine.

Base Lot Elec Aventure. ✆ 06 71 80 05 27. A bord d'un « Gabarot », petite embarcation fluviale à propulsion électrique, on flâne en toute tranquillité sur le cours du Lot. Six personnes peuvent prendre place à bord. Outre la base de Villeneuve-sur-Lot, Lot Elec Aventure est également implanté à Fongrave, Casseneuil et Penne d'Agenais.

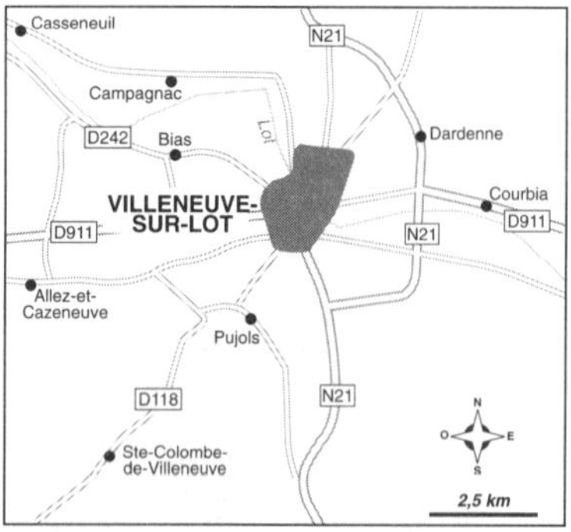

DANS LES ENVIRONS

Pujols

Ce vieux bourg s'est développé sur le site d'une ancienne bastide construite au milieu du XIXe siècle par Alphonse de Poitiers. On pénètre dans le bourg par une porte fortifiée qui, désormais, tient lieu de clocher à l'église Saint-Nicolas. Sur la place de l'église, on flâne sous des halles qui servaient autrefois de préau pour les écoliers. Dans la rue principale, quelques jolies maisons anciennes (XVe siècle) donnent une bonne idée de l'architecture de la fin du Moyen-Age. On sortira du bourg par la « Porte des Anglais » à côté de laquelle se dresse l'ancien pilori.

Sainte-Colombe-de-Villeneuve

Grottes de Lastournelle © **05 53 40 08 09 - Fax 05 53 95 70 08.** *Ouvert tous les jours de 10h à 12h et de 14h à 19h en juillet-août et tous les dimanches hors saison. Tarifs : 5 € (adulte), 3,50 € (enfants). Tarifs groupe.* 40 minutes de visite sur 300 mètres. De magnifiques grottes naturelles composées au total de 7 salles aux multiples stalactites et stalagmites. A proximité, il y a un chemin pédestre dédié à la botanique autour d'un lac de 11 hectares où vous découvrirez un magnifique lavoir et un bélier hydraulique au cours de votre promenade.

Rue de Pujols

FUMEL

HEBERGEMENT

Le Compostelle.47140 Penne d'Agenais © **05 53 41 12 41.** *Chambres de 45 à 75 €. Menu 19 €. Carte 36 €.* Pas facile à dénicher, cette adresse à l'écart, dans un quartier semi-résidentiel (mais le fléchage est correct). Pourtant l'adresse, la meilleure du coin, est bien connue des voyageurs d'affaires de la région. Chambres modernes dans un cadre contemporain, table correcte, gastronomie calibrée et actuelle.

Chambres d'hôtes

Hecquet Paul et Philippa. Château de Rodié 47370 Courbiac de Tournon © **05 53 40 89 24 - Fax 05 53 40 89 25.** *5 chambres de 70 à 100 €.* Un cadre prestigieux que ce château du XIIIe siècle et restauré au XVIe siècle pour des chambres d'hôtes de charme. Les chambres sont spacieuses, habillées de meubles anciens et offrent une vue superbe sur l'ensemble du domaine. Tranquillité assurée.

RESTAURANTS

Bistrot du Barry. 11, rue du Barry 47500 Fumel ✆ 05 53 49 28 78. *Carte 17 €.* A proximité de la place centrale, dans le quartier piétonnier, une table bien sous tout rapport pour un bon repas en toute simplicité.

La Braise. 1, rue des Mimosas - Route de Gaillard - Au-dessus du Cimetière 47510 Foulayronnes ✆ 05 53 47 34 65 - Fax 05 53 48 25 71. *Fermé samedi midi. Menus de 12 à 34 €. Carte 21 €.* Une magnifique situation, une belle terrasse et un chef qui maîtrise parfaitement son sujet dans une cuisine un peu touche-à-tout.

POINTS D'INTERET

Une ville industrielle assez importante avec une grande zone commerciale. Pas exactement un centre touristique, mais une activité certaine et une position importante, en frontière avec le Quercy, et donc avec la région voisine.

Sur le Lot, un bourg historique, animé, avec le château féodal, reconstruit au XVIIIe siècle et dont les terrasses descendent jusqu'à la rivière. Promenades en gabare, pour découvrir l'ancien port de Condat, le moulin fortifié de Garrigues, l'écluse d'Orgueil et ses vestiges du Moyen Age. A proximité, voir le château de Bonaguil.

SHOPPING

Tissage d'Art, Création, Formation. 1, rue Bombecul 47140 Penne d'Agenais ✆ 05 53 36 68 66 - Fax 05 53 41 31 94. Des étoffes uniques fabriquées sur des métiers à tisser à bras. Des ateliers textiles et des stages professionnels sont organisés pour acquérir les rudiments du métier.

Christian Boncour. Au Bourg 47370 Anthé ✆ - Fax 05 53 40 72 14. Cet atelier propose, à l'exposition et à la vente, toutes sortes d'objets en osier confectionnés sur place à partir de matières premières locales. On peut également y faire réparer ses propres objets ou suivre des stages d'initiation.

Fumel

Poterie

Atelier Terre Bleue. Les Garennes 47140 Tremons ✆ 05 53 41 28 56 ou 05 53 01 70 24. Production artisanale de poteries en terre vernissée mais aussi poterie raku à grès, sculpture et création de mosaïques.

Poterie du Feu Follet. 13, rue de l'Argentière 47140 Penne d'Agenais ✆ 05 53 41 29 02 ou 05 53 49 38 76 ou 06 67 82 32 69. Poteries de grès tournées à la main utilitaires ou pièces uniques, sculptures et émaux.

Produits régionaux

Marché paysan à la Ferme. Siège social à Souleilles 47140 Frespech ✆ 05 53 41 23 24 - Fax 05 53 41 31 90. 15 agriculteurs vous feront apprécier les meilleurs produits du terroir sur des fermes différentes. Jambon, escargots cuisinés sur place, ail, poulets grillés à la ficelle, pruneaux, tourtières, fromage, vin, foie gras, vous pourrez tout emporter.

SARL Vergnes « Les Vergers d'Escoute ». 47140 Penne d'Agenais ✆ 05 53 41 25 42 - Fax 05 53 41 76 63. Cette ferme est ouverte toute l'année aux visiteurs et propose, outre l'accès à la boutique de produits régionaux, de visionner une vidéo expliquant la vie de l'exploitation.

La Ferme du Brelan. Françoise et Christian Fantin 47370 Anthe ✆ 05 53 40 74 77 - Fax 05 53 40 72 74. Une ferme située à la limite du Lot, en bordure de la départementale Agen-Cahors. Les propriétaires proposent leurs conserves artisanales de produits du terroir.

Raymonde et Jacques Novotny. La Grèze - Saint-Georges 47370 Tournon d'Agenais ✆ 05 53 40 80 18. Visite de la ferme, explications sur le gavage des canards, du caneton à l'animal adulte. Vente de foie gras, confit, canard gras.

La ferme du Buguet. Bruno Lacoste 47500 Sauveterre-la-Lemance ✆ 05 53 40 64 28. La Ferme du Buguet sait mettre en valeur les produits du terroir par une belle cuisine traditionnelle du Périgord. Foies gras, confits d'oie et de canard satisferont les plus fins gourmets.

Pruneau d'Agen Confiserie. Roucadil, Les Vergers de Ladhuie BP 34 47500 Saint-Vite ✆ 05 53 71 22 15 - Fax 05 53 71 14 01. Visite des vergers et des antigels. Parcours dans l'usine pour découvrir les différentes étapes de fabrication. Dégustation au magasin.

Fromagerie de la Lémance. Route de Périgueux 47500 Fumel ✆ 05 53 41 74 06 - Fax 05 53 40 28 43. Du fromage fabriqué à partir de lait de chèvre ou de vache. Frais ou affiné, sur une belle tranche de pain de campagne, le fromage se mange sans faim. Dégustation gratuite de spécialités du terroir.

LOISIRS

Randonnée botanique à Penne d'Agenais. Office du Tourisme. Rue du 14 juillet 47140 Penne d'Agenais ✆ 05 53 41 37 80 - Fax 05 53 49 38 37. Une randonnée à la découverte de la flore de la Znieff du plateau Saint-Michel. Vous apprendrez aussi à lire les paysages de la vallée du Lot et du plateau du pays de Serres.

Aventure Bike Complice Centre VTT-FFc du Quercy Agenays. Cadamas 47500 Monteyral ✆ 05 53 36 07 00 - Fax 05 53 40 72 14. Un parc de location VTT, un atelier de dépannage, un encadrement qualifié, 434 km de chemins balisés. Des stages et des séjours itinérants.

DANS LES ENVIRONS

Anthé

Petit commune rurale, le village d'Anthé semble presque se dissimuler au fond de la vallée de Ressegayre. Les habitations et l'église sont blotties à flanc de coteau et sont dominées par les ruines du château de Biron, donnant aux lieux une atmosphère presque lugubre.

Ce décor un peu inquiétant est peut-être d'ailleurs à l'origine des légendes qui courent dans le village et qui, dit-on, signaleraient la présence de quelques loups-garous dans le bois situé face au château…

Bourlens

Au nord-ouest de Tournon, ce petit village de moins de 400 âmes mérite le détour. Regroupées autour de l'église, il reste quelques anciennes maisons, vestiges d'une ancienne résidence, fortifiée à l'origine, des évêques d'Agen. On peut d'ailleurs voir des restes de fortifications au niveau de l'église. A quelques enjambées du village, au Pech de l'Estelle, on pourra découvrir les restes d'un château détruit pendant la Croisade contre les Albigeois.

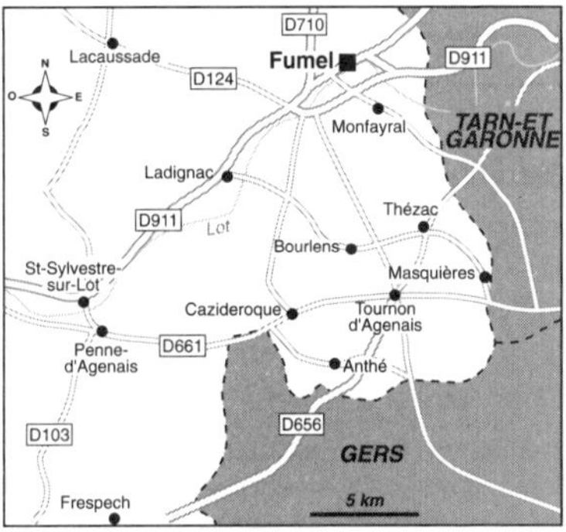

Cazideroque

A 6 kilomètres à l'ouest de Tournon, ce petit village construit à flanc de coteau est dominé par la masse imposante d'un château dont les premières pierres furent posées au cours du XIIIe siècle. Face à lui, on distingue sans peine le château de Puycalvary. En flânant dans les rues du village, on détaillera les façades des maisons traditionnelles qui ont été, pour la plupart, restaurées tout comme l'église.

Frespech

Musée du foie gras. Yves et Geneviève Boissière 47140 Frespech ✆ 05 53 41 23 24 - Fax 05 53 41 31 90. *Ouvert toute l'année, sauf en janvier, de 15h à 19h (de 10h à 19h du 15 juin au 30 septembre). Tarifs: 4 € (adulte), 2 € (groupes de 10 personnes).* Le musée du foie gras, situé dans le Ferme de Souleilles, retrace l'histoire de ce produit de choix, de l'antiquité à nos jours.

Masquières

Petit village situé à cinq kilomètres environ à l'est de Tournon, à la limite du département, Masquières occupe un site manifestement occupé depuis l'époque préhistorique comme le démontrent les nombreuses découvertes effectuées dans les proches vallées de Lartel et de Lasgonies. Une grotte, à proximité du village, renferme d'ailleurs des sépultures remontant au néolithique. L'église du village présente l'originalité de posséder une charpente en bois contrairement aux canons du style roman qui veulent que les charpentes soient en pierre. Au-dessus du village, on visitera les vestiges du château du Bosc, daté du XIIIe siècle. Dans la forêt environnante, on peut découvrir les vestiges du « Tombeau des Géants », une allée couverte.

Penne d'Agenais

Ancienne place forte sur un éperon dominant la vallée du Lot, Penne d'Agenais est un lieu de pèlerinage fréquenté. On flânera dans les ruelles très escarpées jusqu'à la basilique Notre Dame de Peyragude depuis laquelle on profite d'un large panorama sur la vallée.

Foire à la tourtière en juillet. Vers Agen, une base de loisirs (sur D103).

Thézac

Bien que d'origine gallo-romaine, le village de Thézac n'a connu un véritable essor qu'au XIXe siècle, à l'époque où le vignoble local s'est développé. D'ailleurs, la plupart des maisons du village ont été construites à cette époque. Elles sont le plus souvent en pierres. On remarquera tout de même quelques maisons plus anciennes (XVIIe siècle). Le vignoble local connut son heure de gloire à l'époque où Fallières était président de la République. Il se rendit dans le village en compagnie du Tsar de Russie et lui fit goûter le vin de Thézac. La cave coopérative du village porte d'ailleurs le nom de cave du Tsar.

Tournon d'Agenais

A mi-chemin d'Agen et de Cahors, ce village de 800 habitants fut autrefois bastide royale. Fondée en 1270 par Raymond VII, Comte de Toulouse, elle domine la vallée du Boudouyssou depuis un superbe et impressionnant promontoire rocheux. Contrairement à certains villages perchés de la vallée du Lot, Tournon d'Agenais a le privilège d'avoir conservé ses remparts.

Dans le centre, on ne manquera pas de visiter l'ancienne résidence des Evêques d'Agen. Le beffroi, édifié en 1637, constitue l'un des principaux attraits du village. Se dressant sur la place des Cornières, il est agrémenté d'une horloge et d'un cadran lunaire. Enfin l'église, terminée en 1880, présente un intéressant clocher-château d'eau.

SAINTE-LIVRADE-SUR-LOT

HEBERGEMENT

Hôtel du Midi Sainte-Livrade. 1, rue Malfourat 47110 Sainte-Livrade-sur-Lot ✆ 05 53 01 00 32 - Fax 05 53 49 43 97. *Menus de 13 à 21 €. Chambres de 22 à 39 €. Fermé en novembre.* Un hôtel-restaurant classique, accueillant et tenu par une famille basque qui n'oublie pas le pays dans une carte très tournée vers les spécialités de là-bas.

Chambres d'hôtes

Château de la Seiglal. 47380 Monclar d'Agenais ✆ 05 53 41 81 30 - Fax 05 53 41 85 10. *5 chambres à 45 €. Menus 15 €. Petit-déjeuner 4,60 €.* Située entre Saint-Livrade et Miramont, cette adresse de charme jouit d'une situation privilégiée, puisqu'elle occupe un élégant château du XIXe. Les chambres sont spacieuses et confortables et ce sont les produits de la ferme que l'on retrouve sur sa table. Au cœur d'un cadre champêtre, on appréciera en famille son calme et ses équipements (piscine, lac privé).

Massias Gisèle et Aimé. Caussinat 47320 Clairac ✆ 05 53 84 22 11. *5 chambres de 36 à 45 €.* Des chambres d'hôtes au cœur d'une ferme céréalière et maraîchère. Le bon air et l'ambiance de la campagne pour un séjour revigorant. Une famille à l'accueil aimable et attentif. Sur place, ping-pong, prêt de vélo, pique-nique, piscine...

Le Relais de Compostelle. 11, rue de la Fosse 47320 Clairac ✆ 05 53 79 77 11. *3 chambres à 39 €. Menu à 15 €. Petit-déjeuner 3,50 €. Carte bancaire non acceptée.* Ces chambres d'hôtes sont installées dans un ancien relais du XVIIIe siècle au milieu d'un parc arboré de 4 000 m². A votre disposition l'été : piscine et grande terrasse panoramique. La table d'hôte propose des plats traditionnels à prix raisonnables.

Manoir de Cabirol. Bouchinet Dominique 47380 Saint-Pierre-de-Caubel ✆ 05 53 01 77 25 - Fax 05 53 71 40 36. *6 chambres à 54 €. Carte 19,90 €. Carte bancaire non acceptée.* Cette ancienne chartreuse du XVIIe siècle en pierre de pays dispose de 6 grandes chambres de charme avec entrée indépendante. Une cour fermée avec bananiers, palmiers, piscine et pigeonniers borde la maison. La table d'hôtes élabore sa cuisine à partir des produits du terroir : foie gras maison, lapin confit aux pruneaux, cassoulet aux six cuissons, magrets de canard au poivre rose, pot au feu de la mer...

Camping

Clairac-Plage 47320 Clairac ✆ 05 53 84 22 79 ou 05 53 84 34 48. *Ouvert de mars à novembre. 50 emplacements.* Un camping situé dans une peupleraie ombragée en bordure du Lot. Des emplacements bien conçus, un cadre qui plaira aux petits et aux grands. Sur place, restaurant, animations diverses, piscine, location de bateaux sans permis, promenade en bateau mouche sur le Lot.

RESTAURANTS

La Belle Epoque. 55, rue Nationale 47110 Sainte-Livrade-sur-Lot ✆ 05 53 71 11 79 - Fax 05 53 41 37 60. *Fermeture annuelle 15 jours en hiver. Fermé le lundi (hors saison). Menus de 10,50 à 30 €. Carte 22,50 €. Petit-déjeuner 5/7 €.* Un cadre agréable, une atmosphère traditionnelle pour cet établissement qui fut fermé pendant deux ans et réouvert à l'automne dernier. Saluons et encourageons la reprise, sur une carte de bons plats classiques, le canard confit aux cèpes, la bouillabaisse au homard, le cassoulet aux trois confits.

Hôtel-restaurant du Nord. Le Bourg 47380 Tombebœuf ✆ 05 53 88 83 15 - Fax 05 53 88 25 28. *Fermeture annuelle du 5 au 20 janvier. Fermé le vendredi soir et dimanche soir (sauf juillet-août). 13 chambres de 32,07 à 39,64 €. Carte 13,72 €. Petit-déjeuner 4,57 €.* Un bon Logis de France à l'atmosphère familiale, aux chambres bien tenues, correctement équipées, avec une jolie vue sur la campagne pour certaines. Prestation classique également à table, avec une cuisine de tradition Sud-Ouest, le magret de canard au poivre vert, le magret farci au foie, le confit, la croustade aux pruneaux. Agréable terrasse ombragée, piscine.

Ferme auberge

Ferme-auberge Roussy - M. et Mme Jean-Jacques Roy. Pontillou 47380 Monclar ✆ 05 53 41 82 10. *Fermé dimanche soir. Menus de 10 à 22 €.* L'accent du Lot-et -Garonne sur les lèvres et dans les assiettes. Une ferme-auberge où les produits de l'exploitation se retrouvent sur la table : poulets fermiers et autres agneaux grillés.

POINTS D'INTERET

A une dizaine de kilomètres à l'ouest de Villeneuve-sur-Lot, Sainte-Livrade est née d'une ancienne bastide fondée à la fin du XIIIe siècle par les Anglais, à l'emplacement même d'un prieuré bénédictin. Outres les quelques ruelles typiques et les maisons anciennes, on s'arrêtera devant la tour de l'ancien château (XIVe siècle), on visitera l'église paroissiale et, depuis l'esplanade Saint-Martin, on fera une petite pause en regardant le Lot en contrebas.

SHOPPING

Fromagerie de Broc 47110 Le Temple-sur-Lot ✆ 05 53 84 90 24 - Fax 05 53 84 81 17.*En juillet-août, projection, tous les mercredis après-midi de 14 h à 18 h, d'un film présentant la fabrication des fromages. Dégustation des produits tous les jours sauf le dimanche et jours fériés de 9 h à 12 h et de 14 h à 18 h.* Cette fromagerie a été fondée en 1928 par C. Baechler, immigrant suisse venu apporter son savoir-faire et un troupeau de « Brune des Alpes » dans la vallée du Lot. Il s'installa en tant que fromager et exploitant agricole et a transmis son bien jusqu'à la cinquième génération qui officie aujourd'hui. Parmi la production, on citera la tome d'Aquitaine, à la pâte très tendre, le bocardo (nature ou au poivre) prévu pour être consommé râpé ou le bleu du Temple, une pâte persillée très douce.

GAEC Gravet des Coteaux. Gravet de Coteaux 47320 Clairac ✆ 05 53 79 22 97 - Fax 05 53 79 22 40. Tous les plus beaux fruits de saison se sont donné rendez-vous dans cette ferme aux senteurs de vergers. De la fraise à la cerise, en passant par l'abricot, sans oublier brugnon, reine claude, pomme, poire, coing, noisette et pruneaux d'Agen… Jus de fruits et pétillants sont maison, bien entendu. De la viande blonde d'Aquitaine et des veaux sous la mère sont aussi proposés sur commande.

Produits de la ferme

Le Chaudron Magique. Lavoyer Martin et Marie Pascale 47260 Brugnac ✆ 05 53 88 80 77 - Fax 05 53 88 91 63. Une ferme d'élevage plus vraie que nature. Cochons, vaches, chèvres, lapins évoluent en toute liberté. Vous pourrez donner à manger aux animaux, faire téter les chevreaux, apprendre à traire et à fromager, voir même fabriquer votre fromage. Une dégustation fermière est prévue, avec exposition et aussi, vente de Mohair.

SARL Calmels M. ✆ A. Labarthe 47260 Coulx ✆ 05 53 88 85 05 - Fax 05 53 79 34 83. Vous pourrez avant tout, visiter l'exploitation et visionner un film vidéo. Cette ferme fabrique une grande variété de produits qu'elle propose ensuite à la vente. Vous saurez tout sur la production et la transformation des pruneaux.

La Ferme des Tuileries. Tuilerie 47260 Fongrave ✆ 05 53 01 33 91 - Fax 05 53 71 59 76. Un goûter à la ferme accompagné de pâtisseries savoureuses, de fruits juteux, de produits issus de la ferme, c'est ce que proposent Lucienne et Pierre Chauvel. Venez voir la démonstration de tourtières ou encore la collection de nids d'oiseaux. Fruits, légumes et pâtisseries sont en vente à la ferme.

EARL de Sarboise 47260 Coulx ✆ 05 53 88 80 50. Rien ne se perd, tout se transforme. Ce pourrait être l'adage de cette exploitation céréalière où leurs produits sont élaborés à partir de leur production fermière de canards gras, foie gras, pâtés, rillettes, confits. L'élevage d'oies et de canards est impressionnant.

LOISIRS

Le Village Sportif de Lembrun 47110 Le Temple sur Lot ✆ 05 53 40 50 50 - Fax 05 53 40 50 51. Un centre de loisirs présentant de nombreuses activités sportives et culturelles. Du VTC au tir à l'arc en passant par les arts martiaux et le ski nautique…

Equitation

La Chevauchée de Vignaux. Les Vigneaux de Secrétary 47320 Clairac ✆ 05 53 79 74 03. Pour les amoureux de l'équitation, quel que soit le niveau de compétence, une excellente adresse pour découvrir la vallée pendant une heure ou même une journée. A partir de 10 € de l'heure par adulte.

Centre Equestre Missandre 47380 St-Pierre-de Caubel ✆ 05 53 41 87 66. Des promenades à l'heure, à la journée, le week-end ou la semaine. Circuit autour des Bastides et points de vue sur le Lot.

Golf

Golf de Barthe. Route de Villeneuve 47380 Tombebœuf ✆ 05 53 88 83 31 - Fax 05 53 88 81 54. Les amateurs de golf trouveront leur plaisir dans ce parc spécialement aménagé et proposant, en plus du golf, d'autres activités sportives.

Golf de Castelnaud. 47290 Castelnaud de Gratecambe ✆ 05 53 01 60 19. 9 trous, par 27. 18 trous, par 78.

Tourisme fluvial

Connoisseur. Port Lalande 47260 Castelmoron ✆ 05 5 3 49 58 17. Location de house boat et de bateaux promenade.

Lot Evasion. La Plage 47320 Clairac ✆ 05 53 84 34 48. Pour ceux que la croisière en bateau mouche tente, l'Epervier vous mènera le long du canal avec passage de l'écluse. Location de bateaux sans permis à l'heure, à la demi-journée et à la journée.

DANS LES ENVIRONS

Clairac

Abbaye des Automates. 4, place de l'Eglise 47320 Clairac ✆ 05 53 79 34 81 - Fax 05 53 84 07 66. *Ouvert tous les jours, de 10h à 18h, du 1er avril au 31 octobre seulement le mercredi, le samedi et le dimanche le reste de l'année. Entrée: adulte 8 €, enfant 5 €. Tarif des 3 sites comprenant l'Abbaye, musée du Train et la Forêt Magique: adulte 10 € enfants 7 € et 8 € (groupes de 10 personnes) et 4 € (groupe d'enfants).* Une extraordinaire abbaye des automates, qui, avec ses 250 personnages animés, montre la vie quotidienne des moines et abbés au Moyen Age, par une évocation aussi réelle que possible. Voir aussi le musée du Train.

Castelseigneur

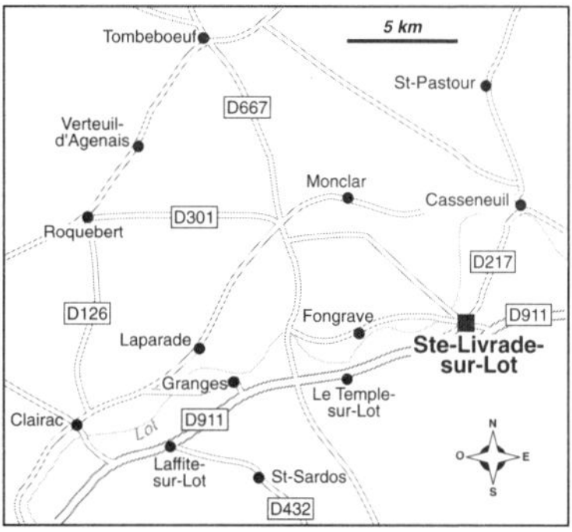

A mi-chemin entre Castelmoron et Clairac, cette ancienne place forte protestante, fondée par Alphonse de Poitiers en 1269, a vu ses remparts être détruits en 1622 à la suite des guerres de religion. Seule la partie située en surplomb du Lot a échappé aux destructions ce qui permet au visiteur d'aujourd'hui de profiter d'un panorama magnifique sur la rivière.

Fongrave

A quelques kilomètres à l'ouest de Sainte-Livrade, ce petit village blotti sur la rive droite du Lot était autrefois le siège d'un monastère royal dépendant de l'abbaye de Fontevraud. Bien qu'en partie détruite par les protestants au milieu du XVIe siècle, elle a gardé une très belle allure. Elle passe ainsi comme possédant le plus beau retable sculpté de l'Agenais. Un petit plan d'eau, à la sortie du village, permet de pratiquer quelques activités nautiques.

Granges-sur-Lot

Musée du Pruneau Gourmand. Famille Bérino-Martinet 47260 Granges-sur-Lot ✆ 05 53 84 00 69 - Fax 05 53 84 03 83. *Ouvert tous les jours de 9h à 12h et de 14h à 19h (18h30 du 1er novembre au 31 mars et seulement de 15h à 19h les dimanches et jours fériés). Fermé la deuxième quinzaine de janvier.* Le musée de la Prune et du Pruneau reconstitue une « fournière », atelier du début du siècle destiné à la fabrication des pruneaux. Documents, archives, depuis le XVIIIe siècle. En été, un labyrinthe végétal, le « Dédal-Prune », permet de s'amuser en cherchant le « pruneau perdu ».

Laparade

Ce magnifique village perché sur un promontoire domine le Lot de plus de 150 mètres. En flânant dans les rues du village, on pourra profiter, de place en place, de superbes points de vue sur la vallée et même, par temps clair, sur la chaîne des Pyrénées. Le meilleur panorama dont on peut jouir depuis le village est celui du jardin public (où s'élevait autrefois le château-fort). Tôt le matin, si le ciel est dégagé, le regard peut porter jusqu'à 50 kilomètres.

Laparade possède également une très jolie bastide dont on pourra arpenter les rues à la découverte du passé du village. Une halle à très belle charpente (milieu du XVIIIe siècle), des maisons à colombage, un temple néo-classique et une jolie place carrée abritant deux puits. Par endroits, on découvrira des pans des anciens remparts du château ainsi que des vestiges des douves.

Monclar

Surplombant la vallée du Lot, ce joli village est né autour d'une bastide construite au milieu du XIIIe siècle par Alphonse de Poitiers, alors comte de Toulouse. De vastes panoramas s'ouvrent çà et là sur le Lot et le Tolzac. En déambulant dans les ruelles, on remarquera quelques jolies maisons à encorbellement datées du XIIIe siècle, l'église Saint-Clair et son porche classé et la place du marché, toujours animée.

Le Temple-sur-Lot

Rafraîchissement botanique, du jardin des Nénuphars, dans l'établissement Latour-Marliac, et la Pivoineraie.

Jardin des Nénuphars. La plus ancienne et la plus prestigieuse pépinière aquatique au monde. Collection Nationale Française pour les Nympheas. On peut aussi y admirer une très belle collection de lotus et la plus ancienne collection de bambous datant de 1860. Le site a inspiré au peintre impressionniste Claude Monet ses célèbres tableaux intitulés « les nymphéas ».

Tombeboeuf

Juste à côté, le golf, dont le domaine s'étend jusqu'au bord de la route. Méfiance donc pour les swings maladroits.

Laparade

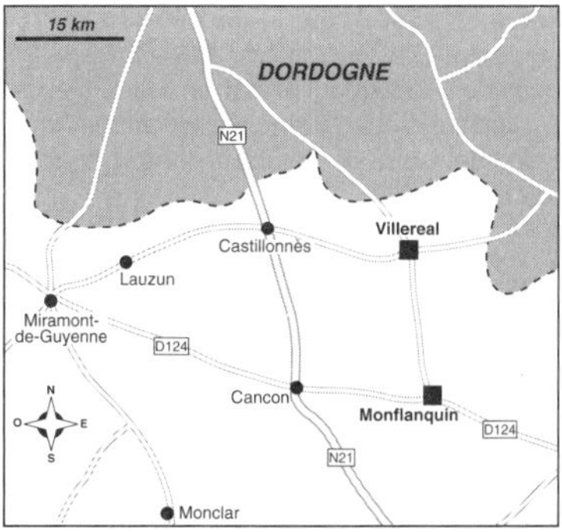

GUYENNE ET HAUT-AGENAIS

Cette région, spécialisée dans la polyculture, la viticulture et l'élevage, se délimite géographiquement par la Gironde, le Lot et la Dordogne.

C'est la région des bastides, des maisons à empilages, de la forêt, des châtaignes, des noix et des champignons.

MONFLANQUIN

HEBERGEMENT

Manoir du Soubeyrac. Le Laussou 47150 Monflanquin ✆ 05 53 36 51 34 - Fax 05 53 36 35 20. *Fermeture annuelle du 1er octobre au 30 avril. 7 chambres de 105 à 120 €. Menu à 28 €. Petit-déjeuner 9 €.* Une maison à l'ambiance familiale, pour se sentir comme chez soi dans ce manoir XVIIe, avec porches et salon Louis XV, au fond d'un parc arboré et fleuri. Chambres de style, avec lithos et objets d'art, aux détails de confort étudiés (peignoirs, algues et huiles essentielles, salles de bain avec jacuzzi). Cuisine bourgeoise élaborée sous influence régionale, terrine de brochet aux morilles, mille-feuille de foie gras aux pommes et caramel de brou de noix, magret aux poires et quinze épices, charlotte aux fraises des bois.

Chambres d'hôtes

Ferme-auberge de Tabel 47150 Monflanquin ✆ 05 53 36 30 57 - Fax 05 53 36 30 57. *3 chambres de 22,81 à 25,92 €. Menus de 10,31 à 20,13 €. Petit-déjeuner 5,18 €. Carte bancaire non acceptée.* Vous serez bien accueilli dans cette ferme en activité datant en partie du XVIIIe siècle. Située à proximité de différents châteaux et villages médiévaux, vous y dégusterez les produits de la ferme: confits, daubes, magrets…

La Renarde - Denise Coufignal. Lieu-dit La Renarde - Sauvetat-sur-Lède 47150 Monflanquin ✆ 05 53 41 90 34 - Fax 05 53 41 90 34. *3 chambres à 35,06 €. Menu à 10,67 €.* Cette maison de campagne est située au sein d'une exploitation agricole calme et tranquille. Les chambres comme la cuisine vous satisferont pleinement.

Binou. Seffals Geneviève 47150 Montagnac-sur-Lede ✆ 05 53 36 32 62 - Fax 05 53 41 65 57. *3 chambres de 44 à 71 €. Menu à 14 €. Carte bancaire non acceptée.* Dans un parc fleuri de 5 000 m², cette maison offre tout le confort dont vous rêvez, que ce soit avec ses chambres spacieuses et coquettes ou avec sa piscine à cascade. L'endroit est très calme, en pleine campagne. La cuisine est assez classique mais non moins délicieuse.

L'Ormeraie 47150 Paulhiac ✆ 05 53 36 45 96 - Fax 05 53 36 45 96. *Fermeture annuelle Noël. 5 chambres de 67,08 à 110,52 €. Carte bancaire non acceptée.* Ce petit manoir situé en pleine campagne propose 5 chambres d'hôtes dont une suite. Une piscine chauffée vous attend dans le parc. Un salon de jardin et des hamacs sont également à votre disposition.

Famille Beyeler. Lieu-dit La Panterre 47210 Tourliac ✆ 05 53 36 07 41 - Fax 05 53 36 07 41. *4 chambres à 38 €. Menus de 11 à 22 €. Carte bancaire non acceptée.* Confort et détente au rendez-vous. Les chalets se situent dans une chênaie à 100 mètres de la piscine et les maisons sur une petite colline au sein d'un grand parc. Chalets et maisons sont loués tout équipés avec les produits du petit-déjeuner (sauf pour la location à la semaine). Sur place: jeux, poneys et chevaux de selle. Une cuisine régionale vous attend également.

Manoir de Roquegautier. Beaugas 47290 Cancon ✆ 05 53 01 60 75 - Fax 05 53 40 27 75. *Fermeture annuelle d'octobre à mars. 6 chambres de 43 à 51 €. Menu à 20 €. Carte 20 €. Petit-déjeuner 5 €. Carte bancaire non acceptée.* Roquegautier est un vieux manoir restauré très bien exposé, entouré d'un parc arboré débouchant sur un magnifique panorama. Les chambres équipées confortablement sont situées soit dans le manoir même, soit dans les dépendances à l'intérieur du parc.

RESTAURANTS

Les Bons Enfants. M. et Mme Latourelle 47500 Bonaguil ✆ 05 53 71 23 52 - Fax 05 53 71 31 13. *Fermeture annuelle du 15 novembre au 15 mars. 3 chambres de 36,58 à 53,36 €. Menus de 9,14 à 30,53 €. Carte 15,30 €.* Situé en face du très visité château de Bonaguil, l'Auberge des Trois Enfants dispose de chambres simples mais correctes. La table est à dominante régionale : assiette quercynoise, salade de gésiers, foie gras poêlé, etc.

Bastide de Montflanquin

Le Jardin. Place des Arcades 47150 Monflanquin ✆ 05 53 36 54 15. *Fermeture annuelle octobre et mars. Menus de 15 à 20 €. Carte 22 €.* Une des terrasses convoitées, idéalement placée sous les cornières, maison médiévale à colombages. L'accueil est souriant, l'ambiance agréable et quelques soirées musicales sont organisées en saison. La cuisine prend de multiples influences, régionale avec les escargots sauce aux cèpes et le foie gras frais, franchement exotiques avec les plats épicés, massalé ou curry.

La Tonnelle. Place du 8 mai 47150 Monflanquin ✆ 05 53 71 63 54 - Fax 05 53 41 79 93. *Fermeture annuelle de janvier à mi-février. Fermé le dimanche soir, lundi et mardi hors saison. 6 chambres de 25,15 à 25,92 €. Menus de 15,24 à 18,29 €. Petit-déjeuner 4,57 €.* Une auberge traditionnelle en vieilles pierres du siècle dernier, au pied de la bastide, dans un grand parc ombragé et fleuri. Les propriétaires actuels ont tout transformé, à leur arrivée il y a deux ans, pour donner une allure plus moderne et accueillante. Chambres simples et de bon confort, honnête cuisine classique, avec le foie gras, le confit, l'escargolade, l'escaudon et les gibiers en saison. Agréable terrasse sous la tonnelle.

POINTS D'INTERET

Office de Tourisme. ✆ 05 53 36 40 19 - Fax 05 53 36 42 91.

La bastide du XIIIe siècle est sans doute la plus belle du Lot-et-Garonne. Elle vaut évidemment le détour par sa place des Arcades, fréquentée, mais de grand charme. Depuis les murs de la cité, une vue exceptionnelle sur la campagne. On peut visiter le musée des Bastides qui présente quelques jolies maquettes, des sculptures et des scénographies permettant de mieux comprendre l'époque des bastides (renseignements à l'office de tourisme).

SHOPPING

La Ferme du Plessis. Le Plessis 47150 Saint-Aubin ✆ 05 53 70 64 90. Visite des vignes et des vergers, des étuves avec explications sur l'utilisation du matériel. Vente de produits fermiers, pruneaux, crème... Présentations autour des pruneaux.

Produits du terroir

EARL de Terre Blanque. Terre Blanque Moulinet 47290 Cancon ✆ 05 53 01 72 46 - Fax 05 53 01 72 46. Sylvain Jaffrenou, propriétaire de cette exploitation, produit des céréales et pratique l'élevage des veaux sous la mère mais aussi de porcs nourris aux céréales. Il propose à la vente charcuterie fraîche, salaisons et conserves.

Guy Durgueil. Les Renardières 47150 Monflanquin ✆ 05 53 36 45 44. De délicieux produits du terroir élaborés toujours avec le même sérieux: foies gras, confits, magrets, cous farcis. Visite de la ferme.

Lardel-Simard. Aliette et Hubert Lardel. Mitras 47150 Saint-Aubin ✆ 05 53 41 66 01 ou 05 53 41 74 78. De savoureuses recettes sucrées à découvrir, la tourtière du pays, les confitures maison. Démonstration de fabrication de tourtière tous les samedis de Pâques à fin septembre.

Gilberte et Claude Doumares. Monredon 47150 Saint-Aubin ✆ 05 53 41 66 08. Des pruneaux sous toutes les formes: moelleux, fourrés, chocolat, crème de pruneaux... Mais aussi camping à la ferme avec 6 emplacements, une grande salle et des jeux pour enfants à disposition.

LOISIRS

P'Arc-en-Ciel. Moulin-de-Courrance 47150 Lacapelle-Biron ✆ 05 53 71 84 58 - Fax 05 53 71 84 13. Un petit détour par le P'arc en ciel réjouira petits et grands. Une façon sympathique de découvrir la nature. Des animaux, des jardins (aquatiques, botaniques, thématiques), des jeux pour enfants, des fontaines et des cascades.

Equitation

Les Ecuries du Téron. Route de Cancon ✆ 05 53 36 51 37. *Ouvert tous les jours de juillet à mi-septembre, de 9h à 21h.* Ce centre équestre propose, uniquement en été, des balades à cheval dans les environs de Monflanquin.

Asinerie de Pinseguerre. 47330 Douzains ✆ 05 53 36 92 35 - Fax 05 53 36 89 07. Une asinerie ouverte tous les jours de l'année (sur rendez-vous sauf en été) et qui propose d'effectuer des promenades sur des ânes attelés. Il est possible de visiter l'élevage d'ânes et de partir en randonner avec l'un d'eux pendant plusieurs jours.

DANS LES ENVIRONS

Bonaguil

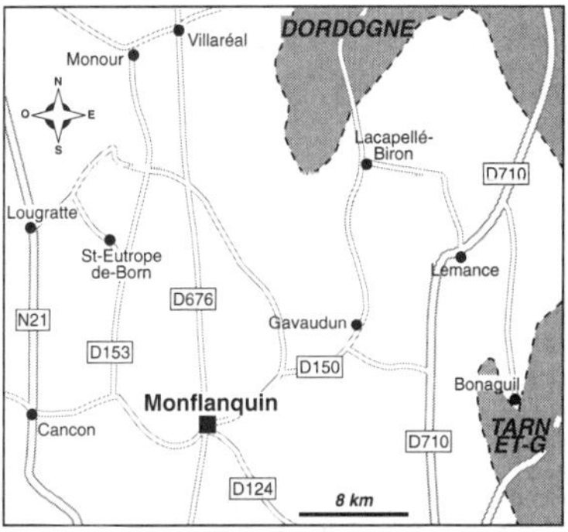

Château de Bonaguil. Commune de Saint-front 47500 Fumel ✆ 05 53 71 13 70 - Fax 05 53 71 40 91. *Formé en janvier. Ouvert tous les jours de 10h30 à 12h et de 14 h 30 à 16 h 30 (17 h en juin et 17h45 en juillet-août). De février à juin, octobre et novembre de 10h30 à 12h et 14h30 à 16h30, en décembre pendant les vacances scolaires de 14h à 16h30. Entrée: adultes 4,58 €, enfants 3,05 €.* Le beau château de Bonaguil, ancienne place forte (XIIIe-XVIe), remarquablement situé avec son point de vue sur la région. Construit par Béranger de Roquefeuil entre 1480 et 1520, il possédait 13 tours, avait un périmètre de 350 m, et ne fut jamais attaqué. Le donjon (35 m), mais aussi de nombreuses tours et murs sont encore intacts. S'y déroule le Festival de Bonaguil, un intéressant festival de théâtre. Bien que placé dans le pays du Haut-Agenais Périgord, il appartient à la commune de Fumel (Vallée du Lot).

Cancon

Capitale française de la noisette (presque toute la production du pays est regroupée par la coopérative Unicoque de Cancon), ce bourg d'un peu plus de 1 300 habitants possède un joli quartier ancien avec quelques maisons à colombage. On découvrira les restes du mur d'enceinte médiéval, une halle de style Baltard sous laquelle s'abrite le marché.

Gavaudun

Le château du XIIe, reconstruit au XIVe, dont il subsiste le donjon (la « tour de Gavaudun »), intact, haut de 70 m. Voir aussi le musée de la Préhistoire.

Lacapelle-Biron

Cette ville est née au XVIIIe siècle par la volonté du Marquis de Biron qui, dans son château, ne supportait plus les désagréments causés par la proximité du marché du village. Une jolie fontaine (la fontaine du Curé), quelques pigeonniers et la maison de Bernard Palissy constituent les principaux centres d'intérêt du village.

Bonaguil

Saint-Avit

Patrie de Bernard Palissy, ce très accueillant village restauré après la guerre, rend hommage au grand savant qui inventa la céramique, avec un musée qui expose la vie et les œuvres du maître, ainsi qu'un aperçu historique de la commune. Saint-Avit fut chef-lieu de paroisse jusqu'à la révolution, remplacée alors par Lacapelle-Biron. Bernard Palissy, protestant, fut arrêté durant les guerres de Religion qui allaient amener Henri IV sur le trône. Il mourut en 1589 (ou 1590) à la Bastille.

Musée Bernard Palissy. Saint Avit 47150 Lacapelle-Biron ✆ 05 53 40 98 22 - Fax 05 53 41 15 70. *Ouvert toute l'année. Entrée : adultes 3,20 €, enfants 1,60 €.* Outre la présentation de différentes œuvres de Bernard Palissy qui fut, rappelons-le, un savant, écrivain et céramiste émérite au XVIe siècle.

A voir encore, l'église romane, dont la crypte contient les restes d'un évêque et le caveau d'un général espagnol, qui mourut non loin de là.

DURAS ET SON PAYS

HEBERGEMENT

L'Auberge du Château. Place du Château 47120 Duras ✆ 05 53 83 70 58 - Fax 05 53 93 95 64. *Fermeture annuelle janvier. Fermé mercredi. 8 chambres de 27,45 à 39,65 €. Petit-déjeuner 4,88 €. Dernière commande 21 h 30 en hiver, 22 h 30 en été.* Un décor rustique et familial pour une auberge accueillante. A table, cuisine simple et plaisante : soupe de poissons maison, dos de colin bonne femme, faux filet grillé, confit de canard garni forestière, ris de veau braisé façon de l'auberge.

Hostellerie des Ducs Boulevard Jean Brisseau 47120 Duras ✆ 05 53 83 74 58 - Fax 05 53 83 75 03. *Ouvert toute l'année. 15 chambres de 34 à 84 € (1 personne). Petit-déjeuner : 7 €. Piscine, salle de billard.* Cet ancien couvent a été rénové pierre par pierre. C'est aujourd'hui un havre de paix et de charme parfaitement équipé et très accueillant. Les chambres sont très confortables et parfaitement insonorisées. Vous découvrirez une cuisine de tradition sur les produits du pays à accompagner avec les vins des Côtes de Duras.

A proximité

Hôtel des Remparts. 26, rue de la Paix 47330 Castillonès ✆ 05 53 49 55 85 - Fax 05 53 49 55 89. *Chambres de 37 à 50 €. Menus de 15 à 26 €.* Une jolie maison au-dessus de la Nationale, installée contre les anciens remparts. Beaucoup de charme, un très agréable jardin, des chambres confortables et bien tenues. Menus bien composés, cuisine actuelle et pleine de saveur sur des produits frais : tartare de tomates mozzarella et jambon cru, fricassée de supions à l'huile d'olive, filet de doré poêlé au beurre de pécharmant, escalope de saumon au basilic et jus de poisson, confit de canard de la ferme, escalope de veau aux asperges vertes, suprême de pintadeau rôti, sauce au chèvre du Lot, craquant aux abricots, charlotte aux fruits rouges. Les menus sont composés avec des plats de la carte. On boit les vins du Sud-Ouest, le pécharmant ou le gaillac.

Chambres d'hôtes

Michel Chaugier. Botte 47120 Duras ✆ 05 53 83 81 27 - Fax 05 53 83 81 27. *Fermeture annuelle du 1er novembre au 1er avril. 3 chambres à 40 €. Menus de 14 à 24 €. Carte bancaire non acceptée.* La propriété s'étend sur 3 000 m² et dispose d'un jardin d'agrément, un jardin potager et de nombreux arbres fruitiers. Au milieu, se dresse une vieille maison en pierres restaurée. Salon de jardin, pergola et barbecue ont été installés dehors. Les 3 chambres sont accessibles aux personnes handicapées et un salon commun avec télévision, bibliothèque et documentation est réservé aux hôtes. Cuisine traditionnelle du Sud-Ouest : volaille fermière, confit de canard, spécialités à base de pruneaux d'Agen.

Château de Ricard 47210 Villeréal ✆ 05 53 36 61 02 - Fax 05 53 36 61 65. *Fermeture annuelle du 1er octobre au 30 avril. 5 chambres de 90 à 122 €. Menu à 29 €. Carte bancaire non acceptée.* Les 3 chambres, avec vue sur la piscine ou sur le parc de trois hectares, de ce petit château du XIXe siècle disposent toutes de WC, salle de bains, téléphone et télévision. Les 2 duplex disposent du même confort plus un salon et une terrasse privée au bord d'un étang de pêche. Bibliothèque, billard et terrain de tennis complètent le remarquable équipement de cette propriété traversée par une rivière. La table d'hôtes vous fera découvrir les spécialités régionales.

Jacquot Thérèse. Le Capy 47330 Douzains ✆ 05 53 36 83 68 - Fax 05 53 36 83 68. *Fermeture annuelle de novembre à mars (sauf réservation). 3 chambres de 33,54 à 36,59 €. Menu à 11,43 €. Carte bancaire non acceptée.* Maison de maître de 1858 située sur un ancien domaine viticole aujourd'hui transformé en ferme d'élevage de bovins. Vous pourrez profiter de la sérénité des lieux aussi bien dans le jardin arboré et fleuri que sur la terrasse de votre chambre. Tourin à l'ail, gâteau aux noix, confit de canard dont quelques-unes des spécialités de la table d'hôtes.

Pazzaglia Jocelyne. Domaine du Pech 47120 Baleyssagues ✆ 05 53 83 33 52. *3 chambres de 46 à 67 €. Menu à 16 €. Carte bancaire non acceptée.* Cette maison de caractère entièrement rénovée dispose de tout le confort moderne. Un jardin et une piscine ont été aménagés dans la propriété. Les chambres spacieuses sont décorées de meubles anciens et de vieilles pierres. Un salon avec télévision est à disposition des hôtes. Salade de gésiers confits, confit de canard et tarte aux pruneaux, voilà un avant goût de ce qui vous attend à la table d'hôtes.

Lys de Vergne. Vergne 47210 Villeréal ✆ 05 53 36 61 54 - Fax 05 53 36 61 54. *Fermeture annuelle de la Toussaint à Pâques (sauf réservation). 3 chambres de 40 à 49 €. Menu à 13 €. Carte bancaire non acceptée.* Située dans un jardin arboré et fleuri avec piscine, cette maison périgourdine du XIXe siècle dispose d'un grand séjour de 55 m² avec salon, cheminée et bibliothèque. Les chambres sont toutes de style différent, meublées de façon moderne ou plus ancienne. Saveurs et produits du terroir au programme de la table d'hôtes : poulet fermier, canard gras, chèvre chaud, nèfle, framboise, figue, noisette…

M. et Mme Aurélien. Frémauret 47800 Roumagne ✆ 05 53 93 24 65. *1 chambre de 46 à 52 €. Menu à 14 €. Carte bancaire non acceptée.* Calme et repos assurés dans cette belle maison située au cœur d'un parc fleuri. La suite, disposant d'une entrée particulière, est dotée de meubles anciens et se compose d'une chambre, d'une salle de bains attenante et d'un petit salon. Cuisine familiale rythmée par les saisons.

Lemarchand Françoise et Christian. Monplaisir 47330 Cavarc ✆ 05 53 36 84 91 - Fax 05 53 36 82 82. *Fermeture annuelle Noël et une semaine en septembre. 5 chambres à 42,68 €. Menu à 12 €. Carte 12 €. Carte bancaire non acceptée.* Une ferme traditionnelle et pédagogique. Les chambres d'hôtes, installées dans un joli bâtiment à colombages, sont confortables et douillettes. Table d'hôte alléchante : omelette aux cèpes, foie gras poêlé, magret grillé à la sarladaise.

Campings

Le Cabri. Route de Savignac 47120 Duras ✆ 05 53 83 81 03 - Fax 05 53 83 08 91. *Camping ouvert du 1er juin au 30 septembre et parc résidentiel ouvert de Pâques à la Toussaint. 6 emplacements pour le camping à la ferme. Location de chalets de 2 à 6 personnes.* Une bonne adresse pour les séjours en famille. Piscine, ping-pong, baby foot, mini-golf séduiront petits et grands.

Camping du lac de Castelgaillard - Saint-Sernin-de-Duras ✆ et Fax 05 53 94 78 74. Camping ouvert d'avril à octobre 1984 emplacements à proximité du lac. Location de caravanes ou mobilhomes.

Château de Fonrives 47210 Rives ✆ 05 53 36 63 38 - Fax 05 53 36 09 98. *Ouvert de mai à octobre. 160 emplacements.* Confort et espace sur 20 ha de nature protégée. Piscine, pataugeoire, lac aménagé, mini golf, aires de jeux enfants, animations diverses, soirées dansantes... Bar, restaurant, plats cuisinés, épicerie. Location de chalets bois, mobil homes, bungalows de toile, chambres d'hôtes.

RESTAURANTS

Hostellerie des Ducs. Boulevard Jean Brisseau 47120 Duras ✆ 05 53 83 74 58 - Fax 05 53 83 75 03. *Fermé le samedi midi, dimanche soir et lundi d'octobre à juin, samedi midi et lundi midi de juillet à septembre. 15 chambres de 47 à 84 €. Menus de 13,50 à 40 €. Carte 44 €. Petit-déjeuner 7 €.* Accueillante hôtellerie de tradition, dans un ancien couvent XIXe rénové avec ses toits de tuile et sa tourelle, et bien aménagée : chambres contemporaines confortables, climatisation et sèche cheveux, salle de billard, jardin fleuri et piscine. Cuisine de terroir actualisée, utilisant volontiers les produits de prestige : feuillantine de pigeon au foie gras et truffes, fondant de pintade au vin de Duras, viennoise d'esturgeon de Montpon aux petits légumes, croustillant de râble de lapin aux poires. Très bon menu à 33 €, accueil souriant, séjour agréable, dans le calme et le bien-être.

Auberge du Château. Place Jean Bousquet 47120 Duras ✆ 05 53 83 70 58 - Fax 05 53 93 95 64. *Fermeture annuelle janvier. 10 chambres à 39,64 €. Menus de 11,44 à 23,63 €. Carte 18,30 €. Petit-déjeuner 5,34 €.* Cet hôtel se partage entre tradition et modernité. La terrasse ombragée est très agréable l'été. La vue des chambres s'étend jusqu'au château. La cuisine du restaurant se veut aussi bien traditionnelle que classique.

A proximité

Café le Moderne. 2, place de la Halle 47210 Villeréal ✆ 05 53 36 60 40. *Fermeture annuelle dernière semaine de septembre. Menu à 9,91 €. Carte 10 €. Petit-déjeuner 4,57 €.* Moderne et animé : sur la place de la halle, au cœur de la bastide, un lieu de rencontre on ne peut plus convivial, dans un nouveau décor promis pour 2002. Grandes salades, foie gras mi-cuit, magret, confit, à petits prix.

Hôtel-restaurant de la Poste. 31, place Martignac Miramont-de-Guyenne ✆ 05 53 93 20 03 - Fax 05 53 89 64 55. *Chambres de 25 à 41 €. Menus 14 à 36 €.* Sur le rond-point menant au centre ville, un établissement de province Logis de France solide et raisonnable. Une petite terrasse agréable, un endroit accueillant, une restauration sans souci sur des bases classiques.

POINTS D'INTERET

Office de tourisme du Pays de Duras. Boulevard Brisseau - 47120 Duras ✆ 05 53 93 71 18 - Fax 05 53 93 96 20 - Internet : www.paysdeduras.com - E-mail : contact@ paysdeduras.com.

Un territoire de 20 communes, avec son château du XIVe-XVIIe, rendu vivant par la mise en scène des personnages de l'époque, avec son et lumière. Le musée du château présente des collections d'archéologie, et d'arts et traditions populaires.

Château. Il fut édifié au début du XIVe siècle par le cousin de Bertrand de Goth sur une première construction XIIe. Doté d'un plan quadrangulaire à six tours rondes, il fut remanié au XVIIe siècle par les trois ailes autour de la cour intérieure. On admirera le double portique, de la même époque. Voir également le musée vivant du Parchemin et de l'Enluminure, histoire et l'évolution des techniques (démonstration d'écriture, feuille d'or) installé auparavant à Miramont de Guyenne.

Château de Duras

Château des Ducs de Duras 47120 Duras ✆ 05 53 83 77 32 - Fax 05 53 64 97 99. *Ouvert tous les jours en visites libres ou commentées. En avril et mai de 10h à 12h et de 14h à 18h, en juin et septembre de 10h à 12h30 et 14h à 19h, en juillet et août 10h à 19h, en octobre et vacances d'hiver de 10h à 12h et de 14h à 18h, de novembre à mars de 14h à 18h. Tarifs : 4,27 € (adulte), 2,29 € (enfant), 3,35 € (étudiants et groupes), 1,98 € (scolaires). Visite guidée 2,30 €.* Edifié en 1137 par Guillaume de Bézaumes et transformé en forteresse imprenable en 1308 par Bertrand de Goth, neveu du Pape Clément V. Demeure de plaisance à la fin du XVIIIe, la résidence des Durfort, duc de Duras, a gardé l'empreinte de Duguesclin, Jeanne d'Albret et Lakanal. A travers le dédale de ses 35 pièces restaurées, le château offre des splendeurs témoignant de 8 siècles d'histoire. Collection ethnologique témoin de la vie rurale. Panorama exceptionnel du haut de la Tour.

SHOPPING

Me Manfe. Domaine Les Bertins. Saint Astier de Duras ✆ 05 53 94 77 34. Foie gras, confits, gésiers, rillettes...

Le Cabri - Jean Devaud. Route de Savignac. Duras ✆ 05 53 83 81 03 - Fax 05 53 83 08 91. Jean Devaud est éleveur de chèvres et producteur de fromages. Il propose ses produits sur les marchés de la région mais également en vente directe à la boutique d'accueil, sur son exploitation.

Etablissement Guinguet. Les Cavales. Duras ✆ 05 53 83 72 47. *En juillet et août, chaque mardi et vendredi à 10h, visite de l'entreprise de transformation de pruneaux et de la confiserie, suivie d'une dégustation.* Toutes spécialités à base de pruneaux et autres chocolats Maison, pâtes de fruits, confitures à l'ancienne, fruits à l'Armagnac, confection de colis gourmands et idées cadeaux. La prune est un produit de qualité qui fait honneur à la solide réputation gastronomique du pays de Duras.

Artisanat d'Art

Atelier du vitrail. Porte de l'horloge. Duras ✆ 05 53 93 72 51. Ouvert toute l'année. Visite sur rendez-vous.

Bougies artisanales. l'Etincelle. Allemans ✆ 05 53 83 72 61. *Ouvert tous les jours de 10h à 20h pendant l'été. du mardi au dimanche de 10h à 20h hors saison.* Fabrication de bougies artisanales. Exposition et vente de produits artisanaux et régionaux.

Vins

Maison du vin. Duras ✆ 05 53 83 81 88 - Fax 05 53 20 82 85. Le vignoble des Côtes de Duras est l'un des premiers à avoir obtenu l'appellation d'origine contrôlée (en 1937). Ce Label constitue l'une des plus sûres garanties pour identifier un vin parfaitement typique de son terroir. Venez découvrir et déguster le vin blanc sec à la robe très claire, le vin blanc moelleux à la robe éclat or, le vin rouge vif et charnu ou le vin rosé bouqueté, fruité tout en nuance.

Cave de Berticot. Route de Ste Foy la Grande. Duras ✆ 05 53 83 75 47 - Fax 05 53 83 82 40. *Visite, vente et dégustation. En été, ouvert 7/7 jours.* C'est ici à Duras, qu'est conçu et élevé un des meilleurs vins blancs de la région : le Berticot Sauvignon à découvrir absolument. Vous serez charmé par la dégustation des vins de la cave Berticot.

LOISIRS

Lac de Castelgaillard. 47120 Saint-Sernin de Duras ✆ et Fax 05 53 94 78 74. *Ouvert d'avril à octobre.* La base de loisirs est aménagée sur un lac de 10 hectares. Un toboggan aquatique géant de 13 mètres de hauteur est gratuit pour un grand plouf. Autour du lac, les activités pour petits et grands ne manquent pas : pédalo, kayak, mini-golf, équitation, VTT, ping-pong, spéléologie, randonnée, pêche…

Michel Fonvielhe. Domaine de Durand. Saint Jean de Duras ✆ 05 53 89 02 23. Offrez vous un moment de vie intense : un vol en montgolfière, un cadeau inoubliable. Sur réservation et suivant le temps (de préférence 48 heures avant). *Tarifs de 150 € à 190 € par personne pour 30 minutes ou 1 heure de vol.* Survol du vignoble des Côtes de Duras en montgolfière au départ du domaine de Durand.

Randonnées pédestres. 10 circuits de 6 à 19 km de petites randonnées entretenus et balisées permettent de découvrir le Pays de Duras à pied, à cheval ou à VTT. Vignobles des Côtes de Duras, châteaux, villages de caractère, pigeonniers typiques… au détour d'un chemin, pour une flânerie de quelques heures ou une balade à la journée, mille et une curiosités vous attendent comme nulle part ailleurs. Un topo guide de promenade et randonnée est en vente dans les Offices de Tourisme.

Centre équestre

Les Ecuries du Dropt. Centre équestre Poney Club. Saint Pierre du Dropt ✆ 05 53 83 84 14. *Ouvert tous les jours (sauf le lundi hors saison).* Enseignement et stage tous niveaux. Equitation sur poney, promenade, accueil de groupes.

Lac de Castelgaillard. Saint Sernin de Duras ✆ 05 53 94 78 74. Activité équestre en juillet et août. (pas de cours). Balades équestres « tour du lac ». Possibilité de randonnées extérieures sur réservation.

Château de Lauzun

DANS LES ENVIRONS

Allemans du Dropt

Ce petit village doit son nom à un événement tragique qui se produisit au VIe siècle, l'invasion des lieux par une triban germanique, des Alamans.

Eglise. Reconstruite au XIXe siècle après de nombreuses blessures, elle affiche un style néo-gothique d'un classicisme certain. C'est pourtant l'intérieur qui retient l'attention, avec des fresques remarquables (fin XVe-début XVIe), redécouvertes au XXe siècle par le sonneur de cloches, sur le mur droit de la nef.

Castillonnès

Une agréable place centrale à arcades, avec l'hôtel de ville et l'office de tourisme, un bourg calme aux accents médiévaux.

Esclottes

Eglise du XIe siècle. Joyaux de l'Art Roman tant au point de vue du style que de l'harmonie de la décoration (l'une des plus anciennes de la région). Chapiteaux sculptés représentant un Christ en gloire, le Tétramorphe, une Adoration des mages, un lion ailé, Tobio et le poisson. Très belles arcades.

Monteton

Eglise romane Notre-Dame. Du XIIe. Restaurée avec un portail du XVe (l'une des églises les plus intéressantes). A l'intérieur : jolis chapiteaux sculptés, horlogerie en fer du XVIIe. Traces d'anciens remparts. Panorama dit « des 13 clochers ».

Soumensac

Musée de l'outil ancien. Le bourg ✆ 05 53 93 85 46. *Ouvert du 1er juin au 31 août de 14h à 20h. Visite gratuite.* Collection personnelle de plus de 1 000 outils ancestraux.

Eglise romane. Eglise romane à nef unique du XIIe restaurée au XIXe siècle. Restes de l'enceinte fortifiée du XIIIe siècle où l'on a un magnifique panorama (chemin de ronde). Menhir connu sous le nom de « Pierre du Diable ». Buste du célèbre Professeur Lagrange sur la place.

Lauzun

Sur le circuit des bastides, cette petite ville possède un remarquable château ducal construit au XVIe siècle. Une de ses ailes, de style Renaissance, est classée ainsi que plusieurs cheminées monumentales. En flânant dans les petites venelles du quartier historique, on remarquera quelques maisons à cariatides.

Miramont-de-Guyenne

Cette ancienne bastide royale fut détruite par les Anglais pendant la guerre de Cent Ans. Il reste néanmoins une très belle église, des cornières et, à proximité, le joli lac du Saut du Loup.

Sérignac

Entre Lauzin et Castillonès, un coin peu touristique mais sympathique.

Un camping bien équipé pour des vacances calmes et détendues.

Villeréal

Agréable bastide (fondée en 1267 par Alphonse de Poitiers), avec sa vieille halle XIIe sur piliers de bois, surmontée d'une curieuse charpente. Outre la place des Cornières, on découvrira une église fortifiée du XIIIe siècle.

La Maison de Campagne. Place Jean Moulin 47210 Villeréal ✆ 05 53 36 65 14 - Fax 05 53 68 23 11. Ici, on vous parle de la campagne. On vous présente aussi le patrimoine naturel du Lot-et-Garonne, l'espace rural et son histoire. Au lac de Brayssou vous pourrez observer la faune et la flore.

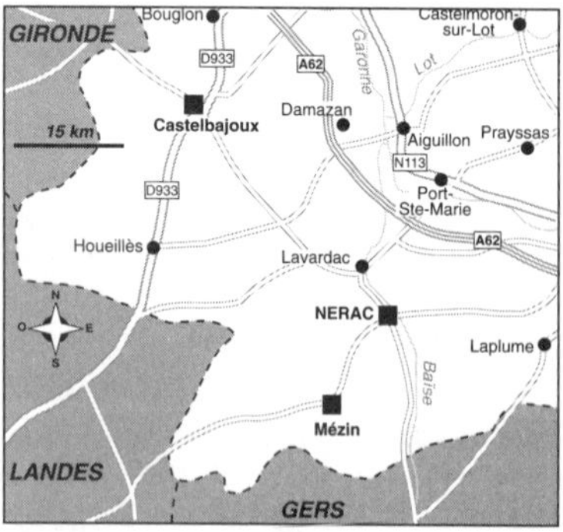

ALBRET ET LANDES DE GASCOGNE

NERAC

HEBERGEMENT

Hôtel du Château. 7, avenue de Mondenard 47600 Nérac ✆ 05 53 65 09 05 – Fax 05 63 65 89 78. *16 chambres de 30 à 39 €. Menus de 10 à 38 €. Fermé vendredi soir, samedi midi, dimanche soir. Fermeture annuelle du 1er janvier au 19 janvier.* Une bonne adresse en plein centre, équilibrée en tarifs, bonne halte pour l'étape. Confort de bon niveau, et table sympathique, avec une cuisine de tradition sans souci et des petits menus bien composés.

Chambres d'hôtes

Pope Isabelle. Domaine du Cauze 47600 Nérac ✆ 05 53 65 54 44 - Fax 05 53 65 54 44. *Fermeture annuelle du 1er novembre au 28 février. 4 chambres de 48,05 à 51,10 €. Menus de 15,25 à 18,30 €.* Etablissement accueillant et chaleureux situé dans un parc arboré avec piscines. Cette ancienne ferme a été restaurée avec des meubles d'époque. Un grand salon offre télévision satellite, piano et billard. La maîtresse de maison vous propose des plats typiques de la région.

Camping

Camping du Lac. Lieu-dit Gabaston 47160 Damazan ✆ 05 53 79 44 14 - Fax 05 53 79 26 92. *Ouvert de juin à septembre. 66 emplacements.* Un cadre des plus agréable puisque ce camping est au bord d'un lac. Largement ombragé, il présente tout le confort souhaité. Sur place de nombreuses activités sont possibles. De la baignade surveillée, à la planche à voile, au canoë, en passant par le tir à l'arc, le VTT… D'autres animations sportives et culturelles sont organisées.

RESTAURANTS

La Cheminée. 28, allée du Centre 47600 Nérac ✆ 05 53 65 18 88 - Fax 05 53 65 18 88. *Fermé le mercredi. Menus de 9,90 à 22,90 €. Carte 25 €.* La Cheminée possède une jolie salle chaleureuse avec ses pierres et ses poutres apparentes. La terrasse se situe au calme dans une ruelle piétonne. L'accueil y est sympathique, et l'on peut y manger une cuisine traditionnelle : tarte aux fruits de mer, filet de moruette aux poireaux, faux-filet grillé échalote, pavé d'autruche aux noisettes, magret de canard à la confiture d'oignons.

L'Escadron Volant. 7, rue Henri IV 47600 Nérac ✆ 05 53 97 19 04. *Formule à 9,50 €.* Une crêperie bar à bière très courue par les locaux. Petits prix, grosse ambiance et d'excellentes galettes.

La Table du Meunier. Moulin des Tours 47230 Barbaste ✆ 05 53 97 06 60. *Menus à 14 à 19 €.* Tout près des tours de Barbaste, une excellente étape touristique pour visiter les richesses locales. Pour la petite histoire (ou la grande), sachez que le « Meunier de Barbaste » n'est autre que Henri IV, qui aimait ainsi se surnommer.

Le Cristallin. Place des Marronniers 47230 Vianne ✆ 05 53 65 26 66. *Carte autour de 15 €.* Un petit restau avenant qui fait crêpes, glaces et plats du jour.

Carte du Lot-et-Garonne en page 302

POINTS D'INTERET

Vieille ville de Nérac

Cette cité gallo-romaine (vestiges d'une villa à l'entrée de la Garenne), ne manque pas d'arguments touristiques, historiques et architecturaux, pour retenir l'attention sur les bords de la Baïse. C'est là que Marguerite d'Angoulême écrivit l'Heptaméron, que Jeanne d'Albret s'installa et que, plus tard, son fils Henri de Navarre, futur Henri IV, fit du château son quartier général, de 1580 jusqu'en 1588. La Reine Margot fit ainsi de Nérac l'un de ses résidences favorites Le baron Haussmann, enfin, avant de rénover l'agencement des voies principales de Paris, fut sous-préfet de Nérac. Il reste du château, édifié par la famille d'Albret à la fin du XVe siècle, l'aile Nord, qui possède une remarquable galerie Renaissance à colonnes torses.

Voir également l'église Saint-Nicolas au style néo-classique.

Balade dans le parc de la Garenne, le long de la Baïse, avec ses chênes centenaires, ses fontaines, face aux anciens jardins du château. Le Pavillon des Bains du Roy (XVIe), classé, participe à la beauté de l'endroit, premier site classé du département.

Emprunter le vieux pont (XVIe) et les vieilles ruelles de la rive droite. Aux environs, voir, sur la route de Mézin, sur la droite à quelques kilomètres, le beau château médiéval de Tasta.

Musée. Il retrace l'histoire de la cité, et du château, et présente une collection archéologique (préhistoire, époque romaine).

SHOPPING

Les délices de Fleurette 47600 Nérac. Une belle pâtisserie salon de thé, sur la place, avec les spécialités locales, bien faites et d'une parfaite fraîcheur.

Alcools

Ferme de Titoy. Le Bourg 47130 Bazens ✆ 05 53 87 20 56. Les amateurs d'alcools distillés auront l'embarras du choix. Distillation de Poire Williams, production de jus, d'apéritifs, de liqueurs, d'eau de vie.

Henry Gros. Distillerie 47130 Bazens 05 53 87 20 56. Visite de la distillerie pour comprendre les mille et un secrets de l'élaboration des alcools. Vente et dégustation de jus, apéritif, liqueur, eau de vie de poire William, liqueurs aux arômes de fleurs sauvages.

Foie gras

Maison du canard. 8, rue Marcadieu 47600 Nérac. C'est le temple du gras dans la cité d'Albret. Beaux produits joliment présentés, recettes alléchantes.

GAEC de la Borde. SARL La Maison du Canard-A Pérès 47600 Nérac ✆ 05 53 65 01 01 - Fax 05 53 65 73 48. Vente de conserves traditionnelles de foie gras, confits et autres spécialités. Produits raffinés pour palais avertis.

Produits de la ferme

Ferme Roques. Le Vacqué 47130 Montesquieu ✆ 05 53 68 60 39 - Fax 05 53 68 71 58. Les fruits sont l'élément de base des produits fabriqués dans cette ferme. Les pruneaux sont bien représentés. Des alcools de prunes sont fabriqués, des jus de pommes, des crèmes, des confitures... De belles saveurs sucrées au goût maison. D4

Jean-Pierre Caillau. La Ferme de Laffite 47230 Montgaillard ✆ 05 53 65 95 58 - Fax 05 53 97 00 85. Des produits issus de canards élevés avec soin au maïs de la ferme. Foie gras, confits, pâtés, rillettes... Visites et dégustation tous les jours.

LOISIRS

Conservatoire Végétal Régional d'Aquitaine. Barolle 47130 Montesquieu ✆ 05 53 47 29 14 - Fax 05 53 95 26 67. Un verger musée qui répertorie des variétés anciennes d'arbres fruitiers, avec exposition de fruits et dégustations. Pépinière fruitière. Stages d'initiation à l'arboriculture, films explicatifs.

Golf d'Albret. Le Pusocq 47230 Barbaste ✆ 05 53 65 53 69 - Fax 05 53 65 61 19. Parcours de golf de 18 trous situé à l'orée de la forêt Landaise et des coteaux de Gascogne. C'est un ancien monastère qui sert de cadre au club house.

Pisciculture Générale de Caillaout 47130 Bruch ✆ 05 53 66 16 68 - Fax 05 53 66 68 92. Lac de Pasquier 47210 Villeréal ✆ 05 53 66 16 68 - Fax 05 53 66 68 92. Découvrir la pêche et les milieux aquatiques. Expositions, aquariums, visite de piscicultures, pêche de la truite et à la mouche.

Croisières du Prince Henry. Capitainerie du Port 47600 Nérac ✆ 05 53 65 66 66 - Fax 05 53 65 06 44. Promenade commentée à bord d'une gabare en bois verni de 75 places, sur la Baïse à Nérac, avec passage de l'écluse. En été, croisière dégustation.

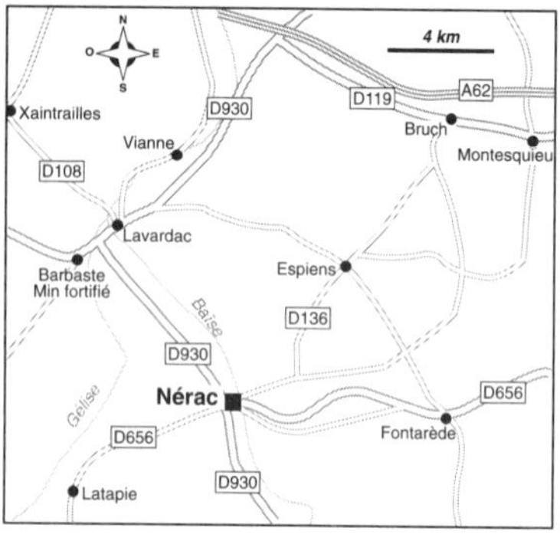

DANS LES ENVIRONS

Barbaste

Une station verte, sur une ancienne voie romaine, près de Nérac. Voir le pont roman, qui annonce le moulin fortifié, dit moulin Henri IV.

Ce moulin possède quatre belles tours, dominant la Gélise. La légende veut que l'un des meuniers de Barbaste avait quatre filles et qu'il fit bâtir ces tours, de dimensions différentes, en pensant à ses filles. C'est Henri IV qui devint par la suite propriétaire du moulin et « meunier de Barbaste ».

Lavardac

Juchée au-dessus de la Baïse, Lavardac se trouve sur l'ancienne oie romaine dite la Ténarèze, qui reliait la Garonne aux montagnes pyrénéennes. Alphonse de Poitiers y édifia une bastide en 1258, et la cité passa, selon les guerres, dans le camp anglais ou dans le camp français. Lavardac fut longtemps un port prospère, symbole de la batellerie au bon temps des gabariers.

Montesquieu

Près de la Garonne et du canal latéral, un village agréable dans une campagne fertile. On y visite le domaine de Barolle et ses vergers.

Conservatoire Végétal régional d'Aquitaine. Domaine de Barolle 47130 Montesquieu. *Ouvert tous les matins du 1er avril au 31 octobre.* C'est un véritable musée de plein air qui est installé ici, verger construit patiemment durant une quinzaine d'années pour présenter non seulement les espèces mais surtout la façon de les élever, les plantations et les méthodes, la génétique végétale au sein d'une station d'expérimentation. 7 hectares où sont rassemblées 1 300 variétés fruitières : le public les découvrira dans le verger-musée, qui en rassemble environ 550, y compris les cépages, à travers une visite guidée ou libre. Expositions temporaires, vente de fruits, jus de fruits et de légumes, plants.

Vianne

A 4 kilomètres au nord de Barbaste, une des plus belles bastides du département, sur la Baïse. D'origine anglaise, elle fut édifiée par Jourdain de l'Isle pour le compte d'Edouard Ier d'Angleterre en 1284, à la frontière avec les territoires français. Ses quatre tours aux anciennes portes et deux des cinq tours de l'enceinte sont encore intactes. Voir l'église à chœur et nefs romans et une partie gothique. La ville est aussi réputée aujourd'hui pour sa cristallerie et verrerie d'art, une des plus importantes manufactures du monde, employant 400 personnes (verre soufflé à l'ancienne et seule verrerie française de luminaires).

Xaintrailles

Comme La Hire, haute figure de Francescas, Pothon de Xaintrailles fut compagnon de Jeanne d'Arc et a ainsi donné des titres de gloire à sa cité. On y verra le château, avec son donjon XIVe, et l'église XVe, ainsi que la passionnant musée de l'Abeille.

Musée de l'Abeille ✆ 05 53 65 90 26. *Ouvert l'après-midi, tous les jours en juillet-août, sur RV les autres mois.* Un musée didactique, qui plaira beaucoup aux enfants, mais qui apprendra sans doute également aux grands. La vie des abeilles et leur fonctionnement social, dans des ruches vitrées, l'extraction du miel et son utilisation. Une vaste expo sur l'apiculture et une vidéo de 30 minutes illustrent encore davantage l'étude de ces productifs insectes. Parmi les petits secrets à découvrir, comment devient-on reine des abeilles, ce qui permet de vivre beaucoup plus vieux que ses sujets, et pourquoi 80 % des apiculteurs n'ont que des filles… On trouvera sur place diverses variétés de miel.

MEZIN

HEBERGEMENT

Hôtel-Restaurant Le Phare. Place de la Mairie 47600 Moncrabeau ✆ 05 53 65 42 08. *8 chambres de 41 à 65 €. Petit-déjeuner 5,30 €. Menus de 17 à 28 €. Carte 30 €.* Une jolie auberge au centre du village. Très bon confort hôtelier, chambres fraîches et proprettes. Cuisine impeccable, de bons produits et une cave qui vaut le détour. Sans mentir…

Le Postillon. Place Delbousquet 47170 Sos en Albret ✆ 05 53 65 60 27. *Fermeture annuelle février. Chambres de 26 à 30,50 €. Menus de 9 à 20 €. Carte 25 €. Petit-déjeuner 3,50 €. Carte bancaire non acceptée.* En pays d'Albret, le village est charmant et le Postillon est la bonne adresse pour faire étape. Cadre paisible et élégant d'une ancienne forge restaurée, chambres coquettes récemment rénovées ; et bonne table classique et sans surprise, autour de sympathiques recettes gasconnes, les écrevisses, le magret de canard aux champignons et la marquise au chocolat.

RESTAURANTS

Le Relais de La Hire. Au Bourg 47600 Francescas ✆ 05 53 65 41 59 - Fax 05 53 65 86 42. *Fermé le dimanche soir et lundi. Menus de 22 à 30 €. Carte 40 €.* Aucun doute, cette table distinguée dans une très belle maison de maître XVIIIe est bien l'une des meilleures du département. Jean-Noël Prabonne travaille son terroir avec une rare acuité, beaucoup de précision et une belle maîtrise technique. Les produits sont superbes, les présentations soignées : artichaut soufflé au foie gras jus de canard, dos de sandre et cèpes au plat, agneau au sautoir et curry épicé, palombe rôtie désossée jus lié au foie gras, ananas en ravioli crème au vieil Armagnac. Les menus sont bien constitués, l'accueil de l'épouse du chef est parfait. Belle cave avec les vins régionaux.

Le Relais de Gascogne. 1, route Nationale 47170 Mézin ✆ 05 53 65 79 88. *Menus de 9 à 18 €.* Des chambres tout à fait suffisantes pour passer un bon séjour, une table honnête affichée à petits prix.

Café du Commerce. Place Armand Fallières ✆ 05 53 97 07 91. *Menus à partir de 8 €.* Un bar-pizzéria, parfaitement bien placé sur la place. Du menu à 8 € en appel, des pizzas, des grillades, de pâtes, en accompagnant du vin de Mézin.

Ferme-auberge

Ferme-auberge du Boué 47170 Sainte-Maure-de-Peyrac ✆ 05 53 65 63 94. *Menus de 14 à 22 €.* La gastronomie régionale sur votre table. Dans cette auberge conviviale, on vous invite à savourer le foie gras au pain maison traditionnel et les rillettes entre autres petites gâteries. Possibilité de séjourner sur place et vente des produits en direct.

POINTS D'INTERET

Office de tourisme ✆ 05 53 65 77 46. Une belle cité médiévale, patrie d'Armand Fallières, né sur la place de l'église romane, et Saint-Jean Baptiste (XIe-XIIIe), et qui fut président de la République de 1906 à 1913. Le musée retrace sa carrière. La ville fut aussi un carrefour important sur la route des pèlerins vers Saint-Jacques de Compostelle.

Le centre est toujours la place de l'église, jolie et animée.

Autour, en Mézinais, de nombreux circuits balisés ont été tracés, permettant aux randonneurs, à pied ou en VTT, d'arpenter cette région verdoyante.

Musée du Liège et du bouchon. Rue du Puits Saint Côme 47170 Mézin ✆ 05 53 65 68 16. *Ouvert de juin à septembre tous les jours (sauf dimanche matin et lundi matin) de 10 h à 12 h 30 et de 14 h à 19 h, de février à mai et en octobre sauf le lundi de 14 h à 18 h 30, et l'après-midi de 14 h à 18 h 30 les week-ends et vacances scolaires de novembre à janvier. Fermé les jours fériés sauf le 14 juillet et 15 août. Tarif : 3,05 € (adulte), gratuit enfants de - 18 ans, 2,30 € (groupe).* Depuis le XVIIe siècle, la ville s'est fait une spécialité du bouchon de liège. Le musée, inauguré en 1999 après réorganisation complète, retrace l'histoire et la fabrication, à l'aide de documents, outils anciens, machines. La vie quotidienne d'une famille de bouchonniers a été reconstituée, dans un espace sonorisé.

Eglise Saint-Jean-Baptiste. Cette construction romane, au centre de la ville, a évolué au fil des siècles, avec une nef gothique sur six piliers inclinés. Le chœur et l'architecture extérieure sont d'origine.

SHOPPING

Ebénisterie. Remazeilles Gilles. Quartier des Anges 47170 Gueyze ✆ 05 53 65 64 99 - Fax 05 53 65 96 82. Tout un savoir-faire au service de l'Art du bois. Copie et restauration de meubles anciens, agencements, cuisines et salles de bains.

Alcools

Cave des Côteaux du Mézinais. 1, bld du Colomé 47170 Mézin ✆ 05 53 65 53 55 - Fax 05 53 97 16 73. Pour s'initier aux cépages locaux, sous divers assemblages, avec les producteurs du cru réunis dans cette cave très intéressante : des vins de terroir, des vins de caractère, et des petits prix pour de vraies découvertes.

GAEC de Janin. Janin 47170 Sainte-Maure-de-Peyriac ✆ 05 53 65 66 62 - Fax 05 53 97 04 58. Une présentation détaillée et précise de la culture de la vigne, de la plantation à la récolte. Dégustation et visite de chai. Vente de Floc de Gascogne, d'Armagnacs millésimés et de pruneaux à l'Armagnac.

Château de Lagrangerie 47170 Lannes ✆ 05 53 65 70 97 - Fax 05 53 65 88 97. Un ancien monastère du XIIe siècle autour duquel s'épanouit un grand domaine viticole. Floc de Gascogne, Armagnac, pruneaux d'Agen à l'Armagnac sont produits au château.

Produits de la ferme

Produits de la Ferme. Les 4 Chemins 47170 Gueyze ✆ 05 53 65 60 79 - Fax 05 53 97 06 96. Des produits issus de l'exploitation en vente directe. Asperges, Légumes divers, fruits rouges, confitures et élevage ovin.

Ferme de Gagnet 47170 Mezin ✆ 05 53 65 73 76 - Fax 05 53 97 22 04. Une invitation au pays de la Gascogne à travers des produits de terroir authentique et particulièrement soignés. Viticulteur et éleveur de canards, les produits sont travaillés et cuisinés comme la tradition l'exige. Confit et foie gras, floc de Gascogne, Armagnac, pruneaux à l'eau de vie.

LOISIRS

Base de Loisirs de Lislebonne 47170 Mezin-Réaup-Lisse ✆ 05 53 65 65 28 - Fax 05 53 97 15 28. Vous pourrez découvrir la forêt Landaise et son patrimoine à pieds ou à vélo. ou participer à des jeux, concours, concerts, pièces de théâtre et cinéma en plein air prévus pour animer la base de loisirs.

Ferme Equestre du Petit Galopin. Serres 47170 Lannes ✆ 05 53 65 89 02. Une façon agréable de découvrir la région en promenades et en randonnées à cheval ou à poneys.

Archers de la Tenareze et du Gabardan. Le Bourg 47170 Sainte-Maire-de-Peyriac ✆ 05 53 65 62 11 - Fax 05 53 65 58 46. Se prendre, l'espace d'une heure pour Robin des Bois ou Ivanhoë, en s'initiant au tir à l'arc en plein air.

Végétales Visions-Serres exotiques. RNUS. 51, av. de la Libération 47450 Colayrac Saint-Cirq ✆ 05 53 67 07 77 - Fax 05 53 67 65 01. Des serres exotiques présentant des échantillons des 5 continents : cactus, orchidées, palmiers, bonsaï, oiseaux exotiques. A voir aussi, le jardin potager exotique et les différentes animations.

Eglise Saint-Jean-Baptiste

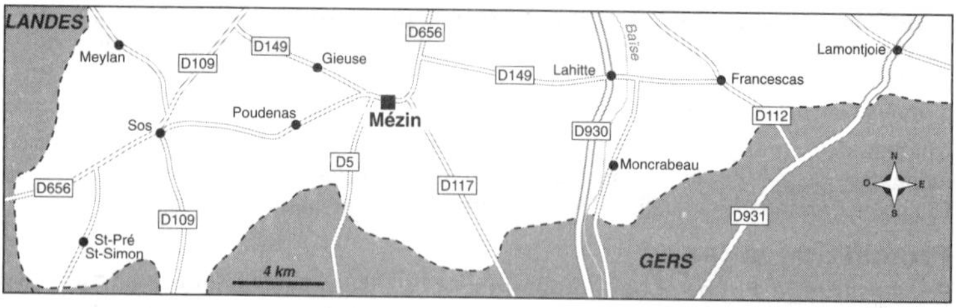

DANS LES ENVIRONS

Cieuse

Un site ancien, comme en témoignent les mosaïques gallo-romaines et les sarcophages mérovingiens. L'église XIIIe fut longtemps un important centre de pèlerinage. Voir, au Moulin de Cieuse, un chêne dont la circonférence atteint 7 mètres. A proximité, Montesquieu et son château.

Francescas

Un bourg paisible qui fut une ancienne bastide édifiée par les Anglais en 1286. Elle a conservé une place à couverts et quelques maisons à colombages et pans de bois.

A voir l'église, dont la première construction remonte au XIIIe siècle, et qui fut remaniée au XIXe siècle, et la demeure de La Hire, compagnon de Jeanne d'Arc que connaissent tous les joueurs de cartes, puisqu'il n'est autre que le valet de cœur.

Musée de la Boîte Ancienne en Fer Blanc. Place du Centre 47600 Francescas ✆ 05 53 65 40 16 - Fax 05 53 65 49 58. *Ouvert le mercredi, samedi et dimanche de 15 h à 18 h et sur rendez-vous les autres jours. Entrée gratuite.* Le tour du monde dans une boîte en fer ou presque. C'est toute une collection de boîtes enfer blanc que vous découvrirez dans ce musée original.

Lamontjoie

Une bastide royale sur le chemin de Saint-Jacques, édifiée par Philippe le Bel, qui la baptisa La Montjoie de Saint-Louis et offrit aux habitants une relique du saint roi, qui est encore exposée chaque année, le 25 août. Voir l'église qui lui est consacrée, avec la châsse émaillée, la pietà en bois doré et le retable. Balade sur la belle place à arcades et, à proximité, le lac et sa base de loisirs.

Meylan

En Pays mézinais, près de la frontière avec le pays des Landes de Gascogne, Meylan possède un riche patrimoine, qui remonte à la préhistoire : La « Pierre seule » (Peyro solo) est un monument mégalithique d'importance.

Le bourg possède également une église fortifiée, l'église Saint-Jean (XIIIe) et, alentour, quelques très beaux points de vue sur la vallée de la Gueyze. La forêt landaise est proche, on peut voir aux environs des arbres remarquables (chênes notamment) et les premiers pins gemmés.

Au nord, autre vestige préhistorique, les Neuf Pierres (las naou Peyros), un cromlech qui porte témoignage d'un culte solaire.

Juste à côté du site des Neuf Pierres, une curiosité naturelle, le Lac sans fond, une résurgence de la Gueyze.

En revenant sur Meylan, on visitera la belle église de Saint-Pau (XIe) restaurée en 1986, ainsi que le château de Réaup.

Moncrabeau

La ville est célèbre dans le monde entier pour sa fête des Menteurs.

Elle est fort ancienne, puisqu'on y trouve des vestiges gallo-romains. Elle possède en outre une église intéressante. Il faut aussi voir le château de Pomarède (XVIIe-XVIIIe), avec son superbe parc et son grand escalier.

LES MENTEURS DE MONCRABEAU

Leur histoire commence au XVIIIe siècle, avec moine qui venait régulièrement de Condom, et dont l'imagination débordante lui faisait raconter aux fidèles des histoires étonnantes qu'il inventait à la demande. Sa popularité fut telle que les notables de la cité décidèrent de fonder une « Académie des menteurs » qui devait rassembler les plus beaux raconteurs d'histoires, la règle pour en devenir membre étant fort explicite : « tous les hâbleurs, menteurs, nouvellistes qui s'exercent dans le bel art de mentir finement sans porter préjudice à autre qu'à la vérité, dont ils font profession d'être des ennemis jurés ».

La tradition s'est perpétuée et l'académie compte aujourd'hui une quarantaine de membres. Chaque année, le 1er août, une fête des Menteurs est organisée, avec un concours international, à l'issue duquel le roi des menteurs est désigné et sacré.

La municipalité n'est pas en reste, puisqu'elle a aménagé dans le bourg un « circuit des menteurs » qui donne des renseignements précieux sur l'histoire de Moncrabeau et l'origine des noms de rues.

Académie des Menteurs 47600 Moncrabeau ✆ 05 53 65 42 79 ou 05 53 97 24 50 ou 05 53 65 43 27 - Fax 05 53 65 67 74. Vous devez parcourir un circuit fléché façon Menteurs. Tous les ans, le premier dimanche d'août élection du Roi des Menteurs.

Poudenas

Le château XIIIe, dans un beau parc arboré, fait l'orgueil de la cité, installée sur les bords de la Gélise, mais on verra également avec intérêt l'église XIIIe-XVe, ainsi que le Moulin, qui fut aménagé en auberge de charme et fut longtemps, grâce à sa cuisinière, un phare gastronomique de la région (La belle Gasconne).

Château de Poudenas 47170 Poudenas ✆ 05 53 65 70 53 - Fax 05 53 65 87 37. Email : jeandenadaillac@hotmail.com *Ouvert du 14 juillet au 31 août (sauf lundi) de 15 h à 18 h. Toute l'année sur rendez-vous pour les groupes. Tarifs : 4 € (adulte), gratuit pour les enfants de -18 ans, 3 € (groupes de 20 personnes).* Vous pourrez effectuer une visite guidée de ce château, intérieur et extérieur, construit au XIIIe et remanié au XVIIe siècle.

Saint-Pé Saint-Simon

A l'extrême sud du département, à la frontière avec le Gers et en bordure de la forêt landaise, c'est un village à découvrir pour ses deux églises, la belle église romane de Saint-Pé et celle de Saint-Simon, romane également, du XIIe siècle.

Pour le panorama, il faut se rendre au lieu-dit Beauvallon pour admirer le point de vue sur la vallée de la Gélise.

Sos

Cet ancien site gaulois (patrie des Sotiates) est une cité tranquille dominant la jolie vallée de la Gélise. On y verra quelques belles demeures anciennes à colombages et une charmante place, où se trouve le syndicat d'initiative. Près de la mairie, un petit musée lapidaire de plein air.

A proximité, se rendre à Gueyze pour admirer l'église XI-XIIe aux remarquables bas-reliefs et chapiteaux romans de type corinthiens. On y trouve également un château XIIe et un moulin XVe sur la Gueyze.

CASTELJALOUX

EDMOND ROSTAND ET CASTELJALOUX
(extrait de Cyrano de Bergerac)

Ce sont les cadets de Gascogne
De Carbon de casteljaloux
Bretteurs et menteurs sans vergogne
Ce sont les cadets de Gascogne
Parlant blason, lambel, bastogne
Tous plus nobles que filous
Ce sont les cadets de Gascogne
De Carbon de Casteljaloux

HEBERGEMENT

Hôtel des Cordeliers. 1, rue des Cordeliers 47700 Casteljaloux ✆ 05 53 93 02 19. *24 chambres de 20 à 45 €.* Un hôtel calme et bien tenu, agréablement aménagé dans un confort moderne à prix tranquilles. Ascenseur, parking, garage privé.

Château de Hautelande-Ruffiac. Ruffiac 47700 Casteljaloux ✆ 05 53 93 18 63 - Fax 05 53 89 67 93. *Fermeture annuelle janvier et février. Fermé le tous les midis pour le restaurant. 22 chambres de 47 à 100 €. Menus de 26 à 40 €. Carte 30 €. Petit-déjeuner 8 €.* Ancienne demeure cléricale, cet hôtel-restaurant est doté d'un parc et d'une piscine. Les 22 chambres sont de grand confort et joliment personnalisées. Outre la dégustation des grands crus régionaux, on pourra savourer la cuisine du terroir et ses foies gras, confits et pruneaux à l'Armagnac. Une très bonne adresse.

Hôtel Le Cassissier*. Place Jean Jaurès 47700 Casteljaloux ✆ 05 53 93 03 38 - Fax 05 53 93 28 92. *9 chambres de 31 euros (1 personne) à 39 Euros (2 personnes). Petit déjeuner 6 euros (7 euros en chambre). Hors saison, réduction de 20 % sur tarifs chambres si dîner au restaurant. Formules : Etape Gasconne pour 2 personnes 74 euros, comprenant le dîner régional avec vin du pays et le petit déjeuner. Etape VRP : 43 euros comprenant l'apéro et 4 menus au choix avec _ de vin et le petit déjeuner.* Les chambres sont bien équipées et confortables avec double fenêtre. Certaines chambres ont vues sur les étoiles avec le vélux.

Le Maquis Landais. 47420 Houeillès ✆ 05 53 83 48 74 - Fax 05 53 89 09 06. *7 chambres de 10,06 à 25,92 euros. A 15 km de Casteljaloux. Hôtel-restaurant avec une cuisine traditionnelle et gastronomique.*

Les Gîtes du Golf de Casteljaloux. Rte de Mont de Marsan 47700 Casteljaloux ✆ 05 53 93 51 60 - Fax 05 53 20 90 98. *Possibilité de louer un bungalow (de 2 à 5 personnes) pour une semaine (à partir de 300 euros) ou la formule weekend (du jeudi au lundi) à partir de 230 euros.* Les gîtes (3 personnes) comprennent 1 chambre, 1 salle de séjour et 1 terrasse. Les bungalows sont pour 5 personnes avec cuisine, salle de séjour, 2 chambres, salle de bains et WC séparés. L'ensemble a été rénové durant l'hiver pour un meilleur confort. La vue donne sur le parcours de golf ou le lac (au loin).

Résidences hôtelières

La Résidence des Bains. La Bartère 47700 Casteljaloux ✆ 05 53 98 38 96. *Ouverture en juillet 2002. Tarifs studio : 1 nuit en semaine 40 € et en week-end 50 € ; la semaine (6 nuits) 210€ ; week-end (2 nuits) 80 €. Tarifs T2 : 1 nuit en semaine 50 € et en week-end 60 € ; la semaine (6 nuits) 255€ ; week-end (2 nuits) 100 €* Cette nouvelle Résidence hôtelière*** de 40 appartements entièrement équipés (kitchenette, TV...) répartis en studios et en T2 vous permettra d'accéder en peignoir de votre chambre aux Thermes et à l'espace thermoludique.

Village de vacances

Résidence Forestière la Taillade. La Taillade Réunion 47700 Casteljaloux ✆ 05 53 93 00 93 - Fax 05 53 93 15 45. Internet : www.la-taillade.com - E-mail : info@la-taillade.com. *Tarifs : pension complète gîte 30,50 euros (adulte) 22 euros (enfants de 6 à 12 ans), 16,50 euros (enfants de moins de 6 ans), demi-pension 26,70 euros (adulte), 19,60 euros (enfants de 6 à 12 ans), 14 euros (enfants de moins de 6 ans). Pension complète landette 24, 30 euros (adulte), 18 euros (enfants de 6 à 12 ans), 13,30 euros (enfants de moins de 6 ans). Location du gîte à la semaine hors saison 251 euros (6 personnes) et 282 euros (8 personnes) et en saison (juillet et août) 447 euros (6 personnes) et 479 euros (8 personnes). Location nuit 59 euros (gîte de 6 ou 8 personnes). Facilité pour personnes handicapées. Menu unique midi et soir 10 euros (adulte), 6 euros (enfants de 6 à 12 ans), 5,50 euros (enfants de moins 6 ans). Petit déjeuner 3,60 euros. Buanderie publique. Possibilité de séminaires.* Comme son nom l'indique, cette résidence de vacances très familiale est en pleine forêt et parfaitement intégrée à la nature. Les gîtes forestiers peuvent accueillir jusqu'à 8 personnes (commodité pour les personnes en fauteuil roulant) et sont bien équipés : cuisine, chambres spacieuses, salle de bains et sanitaire, terrasse et salon de jardin. Les landettes sont une solution alternative au camping et conviennent bien aux jeunes ou aux sportifs. Les repas sont pris en pension complète et deux ensembles sanitaires chauffés sont à proximité. L'aire naturelle de camping comporte 30 emplacements. Le village dispose d'un bar, d'un salon détente et un restaurant panoramique où est servi une cuisine collective et régionale. Sur place, différentes animations vous sont proposées comme le VTT, baby-foot, mini-golf, randonnée pédestre, parcours d'orientation, tir-à-l'arc... Durant les vacances scolaires estivales, une équipe d'animateurs s'occupent de vos chérubins en toute sécurité. Votre entrée du lac à proximité est gratuite. La Taillade, c'est le bonheur en pleine nature.

Chambres d'hôtes

Nicole et François Thollon-Pommerol. Cantelause 47420 Boussès ✆ 05 53 65 92 71. *2 chambres 36,59 €, petit déjeuner 4,57 €. Table d'hôte sur réservation de 19,82 à 24,39 €.* Situées à 18 km de Casteljaloux et au cœur de la forêt landaise, deux agréables chambres d'hôtes. Stages de cuisine et de golf.

Corinne et Alain Rouleau. Valorme 47250 Bouglon ✆ et Fax 05 53 93 51 81. *3 chambres 30 € avec petit-déjeuner (1 personne) et 39 € (2 personnes). Table d'hôtes sur réservation à 13 €.* Au cœur du village de bouglon, 3 chambres dans une maison de caractère avec jardin et piscine.

Domaine de Montfleuri. Dominique Barron 47250 Bouglon ✆ 05 53 20 61 30. *5 chambres de 49 à 60 €. Menu à 17 €. Carte bancaire non acceptée.* Découvrez le site enchanteur de Montfleuri, dans une demeure de charme du XVIIIe siècle aux chambres claires, spacieuses et confortables. Merveilleusement située sur une colline dominant la vallée, la propriété offre en plus des jardins fleuris et parfumés, un parc arboré et un verger, des terrasses ombragées et une piscine. La cuisine végétarienne élaborée à partir des légumes du jardin et de produits naturels est à l'honneur du côté de la table d'hôtes. Pour le confort de chacun, on ne fume pas dans la maison.

Camping

Camping et Chalets de Clarens. Route de Mont-de-Marsan 47700 Casteljaloux ✆ 05 53 93 07 45 - Fax 05 53 93 93 09. *Ouvert de juin à septembre pour le camping et d'avril à octobre pour les chalets. 100 emplacements (camping) et 15 chalets entièrement équipés. Forfait emplacement de 4,27 à 4,73 € selon la saison (tente ou caravane, une personne et une voiture). Chalets 5 personnes de 274,41 à 411,61 € la semaine. Chalet à la nuit : 45,73 € (1 nuit), 2 nuits 76,22 €.* Le camping et les chalets très confortables sont aménagés dans la forêt Landaise face au Lac de Clarens et offrent des espaces ombragés ou ensoleillés bien au calme. Le complexe touristique du Lac de Clarens dispose d'un vaste champ d'activités compte tenu de l'étendue des lieux (vélo, pédalo, tennis, mini-golf...). Sur place ou à proximité, vous apprécierez restaurant, snack-bar et une petite épicerie ainsi que le terrain de pétanque et l'aire de jeux pour enfants. Un animateur assure l'animation pour les petits (à partir de 6 ans) et les grands. Un vrai coin de paradis pour les amoureux de la nature et une grande plage de sable fin pour bronzer et nager !

CASTELJALOUX

Camping de la piscine. Chemin de la ceinture 47700 Casteljaloux ✆ 05 53 93 48 00 ou 05 53 93 54 58 - Fax 05 53 89 13 25. *Ouvert de mai à octobre. 48 emplacements.* Un camping familial, bien ombragé, au cœur de la ville. Proche des commerces et de la piscine municipale, les plus jeunes apprécieront de pouvoir patauger aux heures de grande chaleur. Restaurant, snack et terrain de pétanque à disposition.

RESTAURANTS

Le Cassissier*. Place Jean Jaurès 47700 Casteljaloux ✆ 05 53 93 03 38 - Fax 05 53 93 28 92. *Menus à 10,37, 15, 20, 23, 25, 38 euros. Ouvert tous les jours sauf dimanche soir et lundi.* Une bonne table régionale qui lorgne également vers la Bourgogne avec quelques spécialités bien menées: les Délices du Sud-Ouest (plat unique à 22 euros) où en un seul voyage, on savoure le canard. Autres spécialités à base de poissons: Gratinée de poissons mélangés (22 euros) ou la Reine des Océans à 20 euros (soupe de poissons où l'on retrouve 7 variétés de poissons. Et pour terminer le repas en douceur: la tourtière aux pommes avec un sorbet prune à l'Armagnac ou le sorbet Vigneron (inspiré de la Bourgogne). Le cadre est pimpant et chaleureux, une étape agréable pour les voyageurs, privés et professionnels.

La Vieille Auberge. 11, rue Posterne 47700 Casteljaloux ✆ 05 53 93 01 36 - fax 05 53 93 18 89. *Menus de 18,50 à 38,20 €. Carte 34 €. 3 chambres de 30,50 à 36,60 €. Petit-déjeuner 5,5 €. Fermé du 15 février au 24 février et du 24 juin au 7 juillet et du 18 novembre au 1er décembre. Fermeture hebdomadaire le dimanche soir, mardi soir et mercredi.* Fondée en 1852 et située dans l'une des plus anciennes rues de la ville, c'est l'adresse dont on parle dans le pays, une bonne table au service d'une gastronomie personnalisée, d'un chef inspiré par sa région: escalope de foie gras poêlées aux pommes (21,40 €), salade landaise (14,50 €), le filet de bœuf aux morilles (20,60 €), le magret de canard périgourdin (15,25 €) et terminer par une douceur avec la Craqueline à la mousse de caramel (6,10 €). Belle carte de vins et des desserts soignés. Les 3 chambres sont simples mais confortables et surtout très calmes.

Le Provençal. Rue Saint-Raphaël. 47700 Casteljaloux ✆ et Fax ✆ 05 53 93 01 28. *Menus de 9,60 à 20,50 €. Ouvert tous les jours sauf mardi et mercredi soir.* Une cuisine régionale et provençale: bouillabaisse, paëlla, plateau de fruits mer sur commande.

Restaurant Les Terrasses du Lac. Base de Clarens 47700 Casteljaloux ✆ 05 53 94 19 34 - Fax 05 53 64 94 27. *Ouvert toute l'année et tous les jours de juin à septembre. De septembre à mai, fermé le dimanche soir, lundi soir et mardi toute la journée. Menu spécial midi 11 € et autres menus: 16, 20, 23, 25, 28 et 37 €.* Installé, comme on pouvait le deviner, en bordure du lac, le restaurant offre une grande et très belle terrasse sur pilotis avec vue sur le lac de Clarens ainsi qu'une salle chaleureuse. De ses différents voyages avec le Club Med, le chef vous propose un savant mélange entre cuisine gastronomique et traditionnelle. Différents menus vous sont proposés mais vous apprécierez le foie frais poêlé, le croustillant d'escargots aux petits St-Jacques, la pièce de veau grillé, le loup de mer ou le carré d'agneau rôti aux herbes. Et pour terminer avec douceur cette croisière gastronomique, le gratin de fraises des bois au citron ou le Diplomate aux pruneaux. A découvrir sans tarder!

Le Bar de la Plage. Base de Clarens 47700 Casteljaloux. *Ouvert tous les jours en saison et l'après-midi pour le mercredi, samedi et dimanche (de février à juin). Formule, restauration rapide, snacks et glaces.* La plage de sable fin et le lac, le Bar de la Plage est un agréable lieu de détente les pieds dans l'eau et quand une petite faim vous vient, plusieurs possibilités de restauration vous sont proposées. Les différentes animations (dont l'incontournable karaoké) fleurissent en été pour une atmosphère résolument conviviale et ne manquez surtout pas le concert organisé chaque semaine.

A proximité

Les Landes. 47420 Houeillès ✆ 05 53 89 10 10. *Menus de 7,62 à 14,48 €.* La simplicité au service d'une cuisine pour la détente gourmande: des préparations naturelles sur de bons produits, une tradition généreusement servie dans le cadre d'une grange typique, propice aux grands repas de famille.

La Croûte de Pain. 40310 Rimbez ✆ 05 58 44 94 02. *Ouvert toute l'année. fermé le dimanche soir et lundi. Menus de 16,77 à 33,54 €.* A 20 minutes de Casteljaloux en direction de Mont-de-Marsan, ce restaurant offre une cuisine gasconne et landaise de tradition préparée à la manière de nos grands-mères.

POINTS D'INTERET

Casteljaloux est une ville qui mérite le détour. Le nom claque dans un vers de Cyrano, et Edmond Rostand a donc contribué à rendre célèbre la cité. Le château était propriété des ducs d'Albret. Une ville tournée vers les loisirs (lac de 17 hectares aménagé au milieu des pins, un golf de 18 trous, piscine olympique, centre équestre, des circuits de randonnée, etc.) et vers le thermalisme et la remise en forme (un centre thermal « Les Bains de Casteljaloux » qui traite principalement les rhumatismes et les séquelles de traumatisme ostéo-articulaire et un centre thermo-ludique pour la remise en forme).

Office de Tourisme du Pays de Casteljaloux. Maison du Roy 47700 Casteljaloux ✆ 05 53 93 00 00 - Fax 05 53 20 74 32 - Internet : www.casteljaloux.com - E-mail : office-tourisme@casteljaloux.com. *Ouvert toute l'année du lundi au samedi de 9h à 12h et de 14h à 18h et 19h en été.* L'Office de Tourisme propose différents produits touristiques avec les ballades à la journée, des randonnées pédestres commentées, des week-ends forêt, chasse ou insolite (autour de la fête de l'asperge)...etc.

Agenda : « Faîtes la fête »

- 3e dimanche d'avril : fête de l'asperge à Fargues sur Ourbise
- 2e samedi de juillet : journée de la gastronomie à Villefranche du Queyran
- 14 juillet : fête du 9e centenaire
- 4e samedi de juillet : festival de la chanson française
- 3e samedi d'août : fiesta des Bandas
- soirée historique tous les jeudis en été au château de Malvirade à Grezet Cavagnan
- juillet/août : gala de course landaise
- avril et septembre : finale du championnat de France de quad à Antagnac
- dernier dimanche d'août : fête du chien et de la chasse, etc.

Maison du Roy. Elle doit son nom aux divers séjours qu'y firent Louis XIII et Louis XIV (passage lors de son mariage à St Jean de Luz), et abrite aujourd'hui l'Office du Tourisme (✆ 05 58 93 00 00). Le lieu a été bien préservé et mis en valeur, et il s'y tient des expositions régulièrement.

Cloître des Cordeliers (XIVe-XVe). Des moines franciscains de l'ordre des cordeliers s'installèrent à Casteljaloux au XVe siècle et fondèrent ce cloître aux lignes sobres, qui a été entièrement rénové pour devenir un centre médical pour personnes âgées, mais dont on devine encore l'allure ancienne.

Eglise Notre-Dame. D'une origine médiévale (XII-XIIIe) elle subit les Guerres de Religion et fut reconstruite à l'aide des pierres de fortifications. Son originalité réside dans l'inscription républicaine « Liberté, Egalité, Fraternité », posée sur le fronton.

A voir aussi. On se promènera dans le parc du château, très agréable, et dans la vieille ville, où l'on trouve encore des maisons à pans de bois et encorbellement.

A proximité, voir Fargues-sur-Oubise, sa belle église fortifiée (XVIe) et la tour d'Avance qui fut un rendez-vous de chasse du futur Henri IV, Villefranche-du-Queyran, bastide érigée par Edouard Ier en 1280, et qui possède encore quelques remparts, un château et une belle église.

SHOPPING

Les produits à caractère gascon ont un logo et un label « Cadet de Gascogne de Casteljaloux » que vous trouverez chez les commerçants. N'hésitez pas à ramener chez vous un peu de la belle Gascogne !

Armagnac et Floc de Gascogne. Eric Kauffer. Domaine de Cazeaux. Lannes ✆ 05 53 65 73 03. Armagnac est l'eau-de-vie Gascon de la région. 4 cépages composent l'Armagnac : le Bacco, l'Ugni, La Folle Blanche et le Colombard. Il est élevé et vieilli dans des fûts de chêne neufs de la région. Aucun Armagnac n'a le même degré. Il y a le degré naturel de 52 à 58 ° (aucune addition d'eau) et le dilué (Armagnac ramené à 40 °). La perte de degré naturel se fait en fonction de la température et de l'humidité (de 0 à 1° par an). La région de l'Armagnac regroupe le Gers, les Landes et le Lot et Garonne. A consommer avec modération. Le Floc de Gascogne (rosé ou blanc) est le jus de raisin additionné d'armagnac. A boire très frais. Le Floc de Gascogne est élaboré dans la région de production de l'armagnac.

Patrick Bourlet. Rue des Veyries 47700 Casteljaloux. ✆ 06 15 62 94 70. C'est l'artiste peintre qui a dessiné le cadet de Gascogne, image du pays de Casteljaloux. Il sait à merveille saisir les mouvements de la tauromachie. Retrouvez ses œuvres dans son atelier ou sur : www.lot-et-garonne.com/patrick-bourlet

Le béret traduit l'humeur de celui qui le porte : « haut sur la tête », c'est vouloir en mettre plein la vue ; « en arrière », c'est celui du je m'en foutiste. Bérets en vente à l'office du Tourisme.

Bernard Cantau. Le Bourg 47420 Houeillès ✆ 05 56 89 11 19. M. Cantau vous propose ses conserves de salmis de palombe et toute une gamme de préparation à base de gibiers. La chasse à la palombe n'est pas une chasse comme les autres. Elle obéit à un rituel typiquement gascon lié au respect de la nature. Les lieux de chasse dit « Palombière » sont des endroits surprenants... Pour découvrir tout cet art de vivre, l'Office de Tourisme vous proposera des circuits.

La Ferme du Ciron. Patrice et Maryse Astre - Pisciculture de Trêbelèbe 47420 Allons ✆ 05 53 89 15 55 - Fax 05 53 89 60 46. Vente sur place et par correspondance de conserves artisanales de poissons : œufs de truite nature, filets de truite fumés au bois de chêne, terrines, rillettes, émincés de truite.

Boutique 111. 53, Grand'Rue. 47700 Casteljaloux ✆ 05 53 93 01 46. Cette marque de vêtement 111 créée par Philippe Sella (ancien grand joueur de rugby et natif du Lot et Garonne) porte le nombre de sélections en équipe de France.

Fonderie Faro. Chemin Noir 47700 Casteljaloux ✆ 05 53 93 57 37. Cette fonderie sculpte sur des plaques de cheminées gasconnes des scènes de tauromachie ainsi que des scènes de chasse et la Gascogne.

Maison Pedron. Grand'rue 47700 Casteljaloux ✆ 05 53 93 00 63. Spécialisée dans la vaisselle depuis 1946, vous apprendrez l'art de vivre gascon et comment déguster un bon Armagnac.

Canard

Il n'y a pas de Gascogne sans gastronomie... Nos producteurs de canard gras vous ouvrent leur ferme pour vous faire découvrir l'art de cuisiner le canard :

Ferme de Cassagneau à Argenton ✆ 05 53 83 23 10

Ferme Jean Cousin à Casteljaloux ✆ 05 53 93 01 75. Foies gras, magrets séchés, confits, gésiers, aiguillettes, cœurs, saucisses, cassoulets, rillettes, pâtés, etc., vous attendent.

Gâteau

Le Délice de Casteljaloux. Place Jean-Jaurès 47700 Casteljaloux ✆ 05 53 93 03 46. Ce gâteau a été créé par un basque d'origine : à découvrir dans sa boutique sans oublier le gâteau basque.

La Tourtière. Jean-Michel Heynard. 27, avenue du Lac 47700 Casteljaloux ✆ 05 53 93 58 92. Ce gâteau aux pommes, aux raisins secs ou aux pruneaux se déguste légèrement tiède.

LOISIRS

Lac de Clarens. A 2 km du centre ville de Casteljaloux, lac de 17 ha dans 130 ha de verdure. Ouvert toute l'année. Plage de sable fin, jeux pour enfants. Du 15 juin au 1er septembre, la baignade est surveillée. Pédalos, tennis, golf miniature, restaurant, snack...

Centre équestre Casteljaloux. Avenue du Lac 47700 Casteljaloux ✆ 05 53 93 74 75. *Ouvert tous les jours.* Chevaux, poneys. Possibilité de promenades.

Randonnée. Randonnée (137 km de piste sur l'ensemble des 3 cantons). Vente du topo guide à l'Office de Tourisme (05 53 93 00 00) et organisation de circuits touristiques, accueil de groupes et séminaires, congrès, incentives, visites commentées, circuit VTT à la journée, animations diverses.

Piscine municipale 4 bassins. Casteljaloux. *Ouverte de mi-juin à début septembre. Tarif 1,52 €.* Une piscine olympique de 50 m, une fosse à plongée, un bassin de 25 m et une pataugeoire.

Golf de Casteljaloux. Route de Mont de Marsan 47700 Castejaloux ✆ 05 53 93 51 60 - Fax 05 53 20 90 98. *Tarif été : 15,24 € (9 trous), 23 € la semaine (18 trous) et 27 € le week-end. Practice, putting-green. Leçon collective ou individuelle. Bar et brasserie sur place. Menu à 12,50 €.* Surplombant le lac de Clarens, le superbe golf de Casteljaloux permettra aux plus expérimentés et aux novices de faire leurs armes sur ce 18 trous. Proshop et location de matériel sont à disposition des visiteurs. Après votre jolie et sportive ballade, une halte s'impose au bar/brasserie. Et si vous aimez l'endroit, possibilité de louer un bungalow (de 2 à 6 personnes) pour une semaine ou la formule week-end (du jeudi au lundi). L'accueil est agréable car le golf appartient à un jeune anglais de 30 ans amoureux de la France et du golf.

Les Bains de Casteljaloux. La Bartère 47700 Casteljaloux ✆ 05 53 98 38 96 - Internet : www.eurothermes.com - Email : thermes.casteljaloux@eurothermes.com *Ouverture du nouveau complexe en juillet 2002. Tarifs promotionnels ouverture (jusqu'au 30 septembre 2002) : Ticket Entrée Public pour 2 h 00 adulte 12 € ; enfants (6 à 14 ans) 10 €. Ticket Entrée pour ceux héberger à la Résidence des Bains : pour 2 h adulte 10 € ; enfants (6 à 14 ans) 8 €. Tarifs complets sur demande : Possibilités d'abonnement ; forfait week-end ; forfait semaine ; soins à l'unité etc.* Ce nouveau complexe, dédié au bien-être du corps, crée de toute pièce se fondra avec harmonie dans l'environnement et s'appuient sur un ensemble de 3 composantes communiquant entre elles, soit : la résidence hôtelière, les Thermes de Casteljaloux et le centre thermoludique. Les thermes traiteront les curistes dans le cadre scientifique et réglementaire du thermalisme thérapeutique. Ils sont agrées en rhumatologie et séquelles de traumatismes ostéo-articulaires avec des eaux aux vertus antalgiques et anti-inflammatoires. Tarif de la cure sur demande. Le centre thermoludique, de concept récent, ce centre capitalise l'utilisation de l'eau thermale à des fins de bien-être et de remise en forme. Les Bains de Casteljaloux vous proposeront un programme original de différentes combinaisons de l'eau et de la chaleur, issues de plusieurs civilisations, toutes dédiées au bien-être du corps : bains japonais, hammams turcs, saunas finlandais, jacuzzis le tout autour de deux bassins d'eau thermale équipés d'hydromassage variés.

Pêche

Le Lac du Poisson d'Argent. 47160 Villefranche du Queyran ✆ 05 53 79 40 47. *Ouvert toute l'année tous les jours.* Pêche sans permis. Un lac de pêche pour taquiner la truite.

Le Moulin de Campech. 47160 Villefranche du Queyran ✆ 05 53 88 72 43. *Ouvert toute l'année tous les jours.* Pêche sans permis. Un lac de pêche pour taquiner la truite.

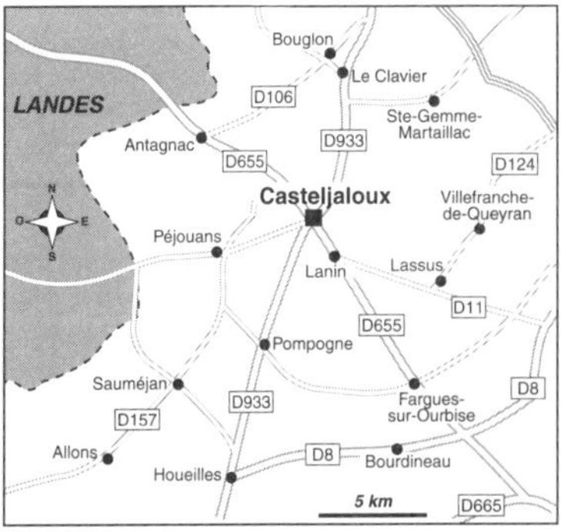

DANS LES ENVIRONS

Allons

Sur l'étendue de la commune, quelques beaux monuments, les églises de Gouts et d'Allons, les châteaux de Capchicot et Tourneuve, la chapelle de Lubans. Jolie balade au long du Ciron, sous les frondaisons, en barque, à pied ou en VTT.

Bouglon

Au centre d'un canton riche de quelques belles pierres et d'une agriculture dynamique. C'est ainsi que vous ferez la balade jusqu'à Cocumont et sa cave célèbre, qui diffuse de très bons vins dans toute la France sous l'appellation côtes-du-marmandais.

A Romestaing, ancienne cité templière, voir l'église fortifiée XIe et sa nef, récemment restaurée. A Guérin, la chapelle d'Esquerdes XIIe, son autel et son retable classés, et la chapelle de Fontet, aux fresques et cimetière également classés. A Grêzet-Cavagnan, l'église paroissiale XVIe, pour ses vitraux, et le château de malvirade XV-XVIIe. Ruffiac possède une belle maison cléricale XIVe qui a été aménagée en hôtellerie de charme et l'église de Poussignac, juste à côté, est classée, et en cours de réfection.

Durance

Une ancienne bastide réputée comme rendez-vous de chasse des rois de Navarre et de leurs hôtes prestigieux. On y trouve les vestiges d'une demeure d'Henri IV.

Houeillès

Houeillès, au sud-ouest du département, annonce déjà les Landes et son étendue forestière. C'est donc tout pour la nature, et les balades y sont particulièrement revigorantes, en humant l'air des pins.

Quelques pierres sont néanmoins à fréquenter dans le canton.

La Réunion

Son Château et son four à pain.

Pompogne

Son église et son cimetière fortifié ont évolué au fil des siècles, entre roman et gothique. On remarque le clocher-pignon (où un pin a poussé sur son clocher) et les arcs à ogives.

Eglise en ruine de Saint-Geny, près de Casteljaloux

MARMANDAIS

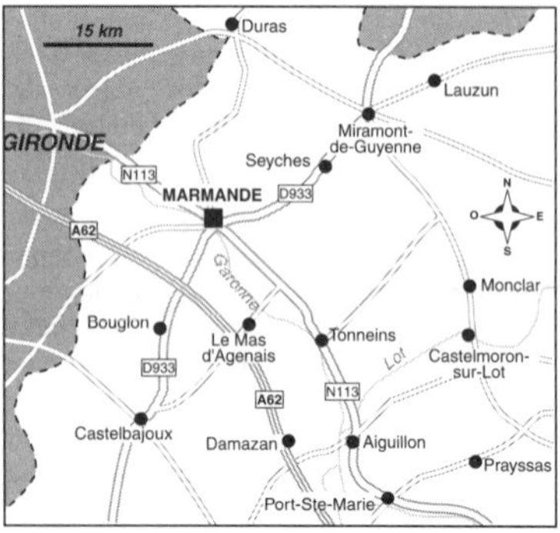

MARMANDE

HEBERGEMENT

Hôtel Capricorne - rest. Trianon. Avenue Hubert Ruffe 47200 Marmande ✆ 05 53 64 16 14 / 05 53 20 80 94 - Fax 05 53 20 80 18. *Fermeture annuelle du 1er au 6 janvier et du 20 décembre au 5 janvier. Fermé le samedi midi, dimanche et lundi midi (restaurant). 34 chambres à 49 €. Menus de 20 à 45 €. Carte 45 €. Petit-déjeuner 7 €.* Une hôtellerie moderne à la sortie de Marmande, une maison qui semble banale et fonctionnelle, mais qui s'avère très bien équipée (chambres d'un confort parfait, avec climatisation et TV satellite, agréable piscine), avec de spacieux salons et une table d'une bonne réputation. Bon menu à 24 €, avec la barigoule d'artichaut au basilic ou le carpaccio de foie gras au sel de Guérande, le gigotin d'agneau braisé au vinaigre balsamique ou le rôti de canard au poivre de Széchuan, l'amandine à la poire caramélisée. Belle cave de vins régionaux, service impeccable.

Chambres d'hôtes

M. et Mme Constant. La Chabirante - Bas de Beaupuy 47200 Marmande ✆ 05 53 64 31 57 - Fax 05 53 64 31 57. *4 chambres à 30,50 €. Carte bancaire non acceptée.* Un accueil chaleureux est réservé aux hôtes dans cette maison. Vous pourrez prendre le petit-déjeuner sur la grande terrasse et profiter du parc et du jardin particulièrement fleuri.

RESTAURANTS

Auberge le Lion d'Or. 1, rue de la République 47200 Marmande ✆ 05 53 64 21 30 - Fax 05 53 64 77 39. *35 chambres de 41,50 à 46 €. Menus de 10 à 37 €. Petit-déjeuner 5,50 €.* L'hôtel du Lion d'Or est très bien situé à proximité de la vieille ville. Les chambres sont très bien équipées. 2 salles de restaurant et une salle de billard accueillent les clients. Les spécialités culinaires sont diverses et variées, des produits du terroir aux poissons de mer et aux rivières.

Auberge du Moulin d'Ané 47200 Virazeil ✆ 05 53 20 18 25 - Fax 05 53 20 18 25. *Fermé le mardi (et mercredi sauf juillet-août). Menus de 22,86 à 33,54 €.* Un moulin bien restauré transformé en table de charme, lieu touristique bien animé en saison. On y propose une cuisine bien calibrée à la mode régionale, croustillant de gambas, médaillon de veau caramélisé au citron et polenta aux olives noires, rumsteck de blonde d'Aquitaine aux épices, parfait à l'Izarra.

Brasserie Les Neuf Fontaines. Ilôt des Neuf Fontaines 47200 Marmande ✆ 05 53 20 89 37. Sur la place de l'hôtel de ville, une agréable terrasse pour l'été, un bar-glacier fréquenté où il fait bon se reposer en regardant passer la ville.

Le Don Quichotte. 16, rue du Gal de Gaulle 47200 Marmande ✆ 05 53 20 26 42. *Formule à 10 €.* Le rendez-vous de la jeunesse marmandaise, qui vient surtout prendre un verre et discuter. Il y a cependant une formule rapide à moins de 10 € avec une pièce de bœuf.

L'Atlantide. 36, rue Leopold Faye 47200 Marmande ✆ 05 53 20 29 77. *Carte autour de 11 €.* A côté des cinémas Comoedia, la crêperie d'avant ou après spectacles : galettes tranquilles et bien faites, petits prix.

La Trattoria. 29, rue Leopold Faye 47200 Marmande ✆ 05 53 64 66 59. *Pizzas autour de 6 à 7 €.* En face des cinémas, la pizzeria la plus animée, au débit régulier : pâte fraîche bien travaillée, garnitures généreuses.

POINTS D'INTERET

Sa très belle église (XIIIe) avec son cloître Renaissance, les vestiges de remparts, les vieilles rues et les petites chapelles, constituent le patrimoine de cette ville agréable sur la Garonne, surnommée « Marmande la Jolie ». C'est la troisième ville du département en nombre d'habitants (un peu plus de 18 000), réputée dans toute la France pour ses cultures maraîchères, en particulier ses tomates.

Un joli centre, une belle animation qui redonne le goût de la ville et la foi en une organisation humaine de la cité. A Marmande, on vit avec le sourire, les complexes ne sont pas gigantesques, il n'y a pas de FNAC, mais des vrais disquaires et des cinémas, qui diffusent les mêmes films qu'ailleurs et en même temps, en plein centre.

On ne manque pas la rue piétonne, rue Toupinerie, et sa belle maison de pierre. Le centre névralgique, c'est la place de l'hôtel de ville, avec la fontaine et le magasin de vêtements pour homme « A l'homme de fer ».

Musée Albert Marzelles. 15, rue Abel Boyé 47200 Marmande ✆ 05 53 64 42 04 - Fax 05 53 64 28 81. Exposition sur l'histoire du développement économique de Marmande. Et aussi des expositions temporaires de peinture.

SHOPPING

Distillerie Christian Labeau 47180 Meilhan sur Garonne ✆ 05 53 94 31 29 - Fax 05 53 94 36 40. Une entreprise familiale qui perpétue la tradition. Une eau de vie de poires William parfumée, résultat de fruits riches en sucre gorgés de soleil. Dégustation et vente sur la propriété.

Boucherie Chez Dominique. Ets A Maury. Rue Gal de Gaulle Marmande. Pour retrouver la blonde d'Aquitaine et autres produits, savoureux et irréprochables, chez un boucher traiteur aux nombreuses préparations.

Erick Castaing. Rue de la Libération Marmande ✆ 05 53 64 02 91. A côté de la poste, un bon artisan chocolatier qui propose ses créations cacaotées en petit ou en grand format, mais de bons gâteaux de pâtissier (notamment une fameuse chiboust aux pommes).

Chèvrerie de Lanauze Monique Valenti 47200 Virazeil ✆ 05 53 20 15 31. Un élevage composé d'une quarantaine de chèvres Alpines pour la production de fromage de chèvre fermier. Fromage frais ou affiné, cabécou, tome, yaourt, des produits de qualité élaborés avec soin. Pour une dégustation, téléphoner.

Les ruchers du Moulin à Vent 47200 Beyssac ✆ 05 53 64 33 71 - Fax 05 53 64 35 52. Une famille d'apiculteurs qui vous fera visiter leur moulin du XVIIIe siècle et leur exposition sur les abeilles. Vente des produits de l'exploitation : miels, pollen, cire, hydromel, vinaigre, spiritueux…

Tannerie Artisanale. Lescouzeres Henry. 7, impasse Léon Foucault. Z. A Michelon 47200 Marmande ✆ 05 53 64 69 95. Tannage à façon, vente de toutes peaux d'animaux, confection de chaussons en mouton, gilets, couvertures, poufs…

Foie gras

D. Regaud Sarl. Mauvezin-sur-Gupie 47200 Marmande ✆ 05 53 94 20 48 - Fax 05 53 94 28 67. Des foies gras maison des produits régionaux de qualité, tout pour les amateurs gourmands. Un petit détour par le musée de la conserve vous révélera les secrets de fabrication, de mise en valeur et de conservation de produits dont la réputation n'est plus à faire.

Cathy et Jacques Mathieu. Peyre-Haut Mauvezin-sur-Gupie 47200 Marmande ✆ 05 53 94 25 31 - Fax 05 53 94 39 95. Pour tout savoir sur le canard, de l'élevage à l'assiette, les propriétaires vous font visiter leur élevage et vous expliquent la transformation du produit. Production de confit, foie gras, plats cuisinés.

Vin

Château de Beaulieu. Robert et Agnès Schulte Viticulteurs 47180 Saint-Sauveur-de-Meilhan ✆ 05 53 94 30 40. Un vignoble situé sur un terroir d'exception. Un vin élevé en barrique, qui vous révèle ses arômes les plus subtils. Visite des chais, dégustation et vente. Un habitué du « Petit futé des Vins ».

Cave de Beaupuy. Sté Coopérative Vinicole des Côtes du Marmandais 47200 Beaupuy ✆ 05 53 76 05 10 - Fax 05 53 64 63 90. *Visite des chais ouverte au public.* Production, vinification, élevage de vins AOC Côtes du Marmandais avec mise en bouteilles et distribution en France et à l'export.

Cave Coopérative de Cocumont. 1, rue Vieille Eglise 47250 Cocumont ✆ 05 53 94 50 21 - Fax 05 53 94 52 84. Production et commercialisation des vins AOC Côtes du Marmandais et Bordeaux. Des vins à l'image du pays qu'ils représentent, généreux et sincères.

LOISIRS

Club Hippique du Marmandais. Les Barthes 47200 Montpouillan ✆ 05 53 93 65 82 - Fax 05 53 64 78 70. Initiation, perfectionnement, balades, compétition et loisir, poneys, chevaux, attelages.

Golf de Marmande. Levant de Carpete BP 182 47200 Marmande ✆ 05 53 20 87 60 - Fax 05 53 20 83 45. Découverte, enseignement, perfectionnement et pratique du golf. Parcours compact, parcours compétition, club house.

Tourisme fluvial

Promenade en Gabare sur la Canal Latéral. Maison du Tourisme. Ponts des Sables 47200 Fourques-sur-Garonne ✆ 05 53 89 25 59 ou 06 87 71 86 21 - Fax 05 53 64 40 91. Balade découverte sur le canal latéral à la Garonne avec dégustation de produits du terroir. Animation aux écluses et visites du patrimoine à proximité du canal.

Crown Blue Line. 47430 Le Mas d'Agenais. ✆ 05 53 89 50 80. Location de houses boats.

DANS LES ENVIRONS

Grezet-Cavagnan

Château de Malvirade 47250 Grezet-Cavagnan ✆ 0553206131. *Ouvert du 1er mai au 30 juin le samedi et dimanche de 14 h 30 à 17 h 30, tous les jours (sauf lundi) en juillet et août de 14 h 30 à 17 h 30 et sur rendez-vous pour les groupes en hors saison. Tarifs : 5 euros (adulte), gratuit (enfant), tarifs spécial groupe.* Visite guidée et commentée de ce château Renaissance. Des soirées historiques, des spectacles et des conférences sur la Renaissance sont régulièrement organisées.

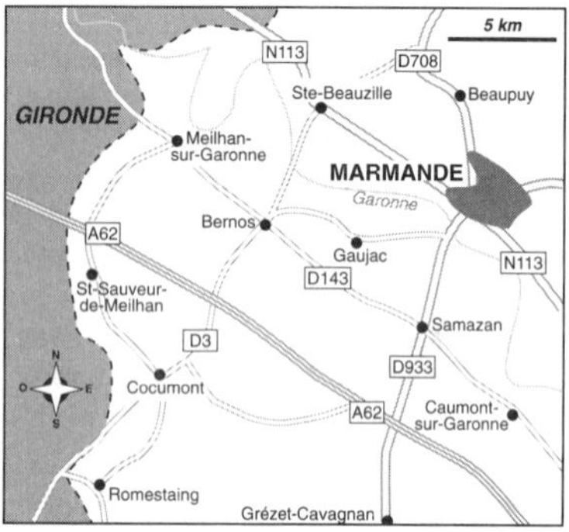

Meilhan-sur-Garonne

En aval de Marmande, mais sur la rive droite, et même sur la rive droite du canal latéral, Meilhan est un bourg agréable et verdoyant, de 1 500 habitants environ. Depuis l'esplanade du Tertre, le panorama est superbe sur toute la vallée et le site est d'ailleurs classé. A voir, outre l'église XIXe, quelques souvenirs du passé, le château Jarrousse de Sillac, les vestiges d'une ancienne citadelle et l'aqueduc du canal.

Meilhan est réputé pour ses cultures maraîchères et ses vins des Côtes du Marmandais. Sur le canal, une halte nautique est aménagée.

Sainte-Bazeille

Le site, sur les bords de la garonne, fut occupé dès l'Age de Fer. Les fouilles entreprises ont ainsi révélé une occupation régulière, ce qui a conduit à la création du musée archéologique. On a ainsi mis à jour des vestiges de thermes, de fours à poterie, de mosaïques et de sépultures mérovingiennes.

Index général à la fin de ce guide

Musée archéologique André Larroderie. Route des Landes, place René Sanson 47180 Sainte-Bazeille ✆ 05 53 94 40 28. *Ouvert toute l'année sur rendez-vous et le dimanche de 14h30 à 18h. Ouvert tous les jours, de 14h30 à 18h30, en juillet et août.* Ce remarquable musée présente des collections très diverses, provenant des fouilles effectuées en pays marmandais au fil des décennies. Il balaye ainsi l'histoire régionale depuis la préhistoire jusqu'au Moyen Age, les sites de fouilles s'étendant de Sainte-Bazeille, à la frontière de la Gironde, jusqu'à Aiguillon au Sud, et aux confins du Périgord, au Nord. C'est ainsi plus de 700 objets qui sont présentés, de manière thématique et chronologique: poteries, monnaies, mosaïques, sculptures, bijoux... Une vidéo permet de mieux comprendre les méthodes de fouilles et les techniques de l'archéologie moderne. Expositions temporaires, animations et ateliers

TONNEINS ET CONFLUENT

HEBERGEMENT

Côté Garonne. 36-38 cours de l'Yser 47400 Tonneins ✆ 05 53 84 34 34-Fax 05 53 84 31 31. *Fermé dimanche soir, lundi. 4 chambres 130 €. Menus de 26 à 65 €. Carte 55 €. Petit-déjeuner 13 €.* Confort et décor irréprochables pour cet hôtel aux teintes terre et soleil. Un charme incomparable. Côté cuisine, gastronomie et produits de terroir se marient à l'exotisme des épices venues d'ailleurs De magnifiques plats de foie gras, un service parfait et une cave à la hauteur.

La Terrasse de l'Etoile. 8, cours d'Alsace Lorraine 47190 Aiguillon ✆ 05 53 79 64 64 - Fax 05 53 79 46 48. *17 chambres de 29 à 49 €. Menus de 12 à 25 €. Carte 21 €. Petit-déjeuner 5 €.* L'hôtel situé dans une rue semi-piétonne du centre ville d'Aiguillon propose 17 chambres personnalisées aménagées dans une maison en pierre du XVIIe siècle. Vous disposez en outre d'une piscine et d'une terrasse ombragée à l'extérieur. Menu à prix raisonnable: côtelette de canard sauce madère, moules demi coquille gratiné au délice forestier, suprême de pintadeau au porto.

Chambres d'hôtes

Château de Coustet. Lieu-dit Coustet 47160 Buzet-sur-Baïse ✆ 05 53 79 26 60 - Fax 03 53 79 14 16. *Fermeture annuelle janvier. 4 chambres de 59,10 à 62,74 €. Menu à 14,50 €.* Idéalement située à une trentaine de kilomètres des grandes villes touristiques (Agen, Marmande, Villeneuve sur Lot), la propriété de style Napoléon III vous propose plusieurs belles chambres claires et fraîches dans un parc paysager, Piscine, balades. Possibilité de venir en famille grâce au duplex 5 personnes. Table d'hôtes à la gastronomie du terroir (magrets, confits et... pruneaux!).

Clos Muneau. 28, rue Victor Hugo 47190 Aiguillon ✆ 05 53 79 59 84 - Fax 05 53 79 59 83. *Chambres à 50 €. Menu à 19 €. Carte bancaire non acceptée.* Bouffée de campagne dans la ville, le clos Muneau vous accueille dans 4 chambres à la décoration personnalisée et toutes équipées de sanitaires privés. Vous vous reposerez au bord de la piscine tout en profitant du jardin et d'une vue unique sur la plaine de la Garonne. Et, sur réservation, Danièle, la maîtresse de maison, vous fera déguster les spécialités régionales.

RESTAURANTS

Le Vigneron. Boulevard de la République 47160 Buzet ✆ 05 53 84 73 46. *Menus de 14 à 40 €.* Dans la voie centrale, près du centre, une solide auberge, au décor soigné, et à la cuisine fort bien construite, autour de la production régionale. Cuisine régionale classique, quelques bonnes idées et un bon tour de main de la part du chef. Une véranda très agréable.

Auberge du Goujon qui Frétille. Rue Gambetta 47160 Buzet ✆ 05 53 84 26 51. *Menus de 14 à 24 €.* Au cœur du village, dans une des deux rues parallèles menant à la place, une jolie maison, une salle avenante avec sa terrasse sur l'arrière, et une cuisine recherchée, sur les thèmes régionaux brillamment défendus. De l'enthousiasme, un brin de sophistication, et une ambiance détendue dans un décor soigné.

Le Stendhal. 11, allée Charles de Gaulle 47190 Aiguillon ✆ 05 53 79 77 16. *Carte autour de 13 €.* Du rapide bien fait, carte brasserie bien appliquée, pleine de bonnes idées : salades, grillades et plats du jour.

POINTS D'INTERET

Espace Exposition A Garonna. Quai de la Barre 47400 Tonneins ✆ 05 53 79 22 79 - Fax 05 53 79 39 94. La cité, par l'intermédiaire de son Office de Tourisme, s'est spécialisée dans la miniature de collection. Les particuliers présentent donc ici des collections très intéressantes, modèles réduits d'automobiles, maquettes de bateaux et d'avions et divers jouets en bois. Les divers objets couvrent une période 1910 à 1960.

SHOPPING

Galerie d'Exposition, atelier de fabrication de céramiques et de peintures. 5, place Jean Moulin 47400 Tonneins ✆ 05 53 84 57 21. Les livres et les stages proposés sont là pour vous apprendre à maîtriser les techniques de fabrication de la céramique. Pratique du tournage de la terre, pétrissage, émaillage, décoration, enfournement et cuisson.

Ferme de Ramon. Lagarrigue 47190 Aiguillon ✆ 05 53 88 11 88 - Fax 05 53 84 37 32. Vous pourrez faire le tour de l'exploitation, visiter l'élevage, voir l'atelier où les produits sont élaborés et également visionner une vidéo retraçant toutes les étapes de fabrication. Ce producteur de foie gras propose du frais et des conserves. Dîner le vendredi soir en été.

Produits de la ferme

Les Fermes Buissonières. Ferme de Ramon 47190 Aiguillon ✆ 05 53 88 11 88 - Fax 05 53 84 37 32. Juste le temps de s'arrêter pour faire ses achats de produits de premier choix, et de consommer une grillade. Des produits du Sud-Ouest proposés par les agriculteurs dans leur ferme. Participez à une visite pour vous initier à la dégustation du foie gras.

Moulin de Coutié. Régis Bessonnet 47400 Hautes Vignes ✆ 05 53 88 82 34 - Fax 05 53 88 10 39. Souci de la qualité et canards de la ferme préparés dans la tradition de la cuisine paysanne caractérisent les produits que propose Régis Bessonnet. Foie gras, confits et autres spécialités.

LOISIRS

Moulin de Gibra. Chemin du Gal de Cambes 47400 Gontaud de Nogaret ✆ 05 53 83 42 46 ou 05 53 83 47 78 - Fax 05 53 83 08 29. Un moulin à vent du XVIIIe siècle rénové en 1981 en état de marche. Si les conditions atmosphériques sont favorables il peut moudre le grain.

Randonneurs des Remparts. Chez M. Richon Au Bourg 47400 Lagruere ✆ 05 53 89 53 69. Des randonnées pédestres encadrées et commentée. Découverte des paysages du patrimoine de l'Eglise Saint-Vincent et de son Rambrandt. Visite d'une palombière...

Association de la Palombière. Launay 47430 Mas d'Agenais ✆ 05 53 89 00 22 ou 06 83 53 17 61. Une agréable visite guidée et commentée de la palombière, avec vidéo explicative et exposition de champignons.

Tourisme fluvial

Aquitaine Navigation. Port de Buzet 47160 Buzet-sur-Baïse ✆ 05 53 84 72 50. Location de House boats et de bateaux promenade.

Société Nautic 47160 Damazan ✆ 05 53 79 59 39. Location de house boats.

DANS LES ENVIRONS

Aiguillon

Bourg vivant et chaleureux, idéalement située à la confluence du Lot et de la Garonne, cette bastide a été fondée au tournant des XIIIe et XIVe siècles par Philippe le Bel. Le quartier médiéval, dont le point d'orgue est le château de Lunac (XIIe siècle), vaut vraiment le détour.

Buzet-sur-Baïse

Une halte nautique importante, sur la Baïse, qui constitue aussi un site touristique ravissant, dans un décor de verdure, avec la rangée de platanes.

Buzet, c'est aussi une appellation viticole d'origine contrôlée. 27 communes composent ce terroir d'appellation. La cave coopérative, qui regroupe la plupart des vignerons, possède un chai de plus de 4 000 barriques. On visite, et bien sûr, on déguste.

Damazan

Tout proche de Buzet, Damazan est une ancienne bastide fondée en 1259 par Alphonse de Poitiers. L'enceinte, avec ses tourelles, a été conservée, tout comme la place centrale à cornières.

Damazan est classée station verte de vacances.

Mas d'Agenais

Voir principalement l'église romane, qui contient un véritable trésor : une toile de Rembrandt. C'est un armateur dunkerquois, originaire du mas, qui en fit l'acquisition lors d'une vente aux enchères et en fit don à la commune en 1873. Les biens de l'église et de l'Etat n'étant, à l'époque, pas encore divisés, le tableau « Le visage du Christ en croix », vint prendre place naturellement dans l'église.

Saint-Eutrope-de-Born

Vous vous trouverez plongés dans l'histoire et les légendes du château de Born au travers d'un diaporama. Un agréable saut dans le passé alliant mythes et réalités.

LES BASTIDES

Cette organisation rigoureuse de la ville, qui prévalut dans le Sud-Ouest, sous domination anglaise ou française, entre le XIIe et le XIVe siècle, a donné naissance à près de 300 villes. Le département du lot-et-Garonne est le plus riche des 14 départements concernés, avec plus de 40 bastides, dont la plupart ont conservé de nombreux éléments d'époque, et dont voici la liste :

Aiguillon - Castelmoron - Castelnau-sur-Gupie - Castelnau de Gratecambe - Castillonnès - Caudecoste - Damazan - Durance - Francescas - Granges-sur-Lot - Hautesvignes - Labastide Castel Amouroux - Lagruère - Lamontjoie - Laparade - Lasserre - Lavardac - Le Rayet - Lévignac de Guyenne - Le Temple sur Lot - Libos Monsempron - Miramont-de-Guyenne - Monclar d'Agenais - Monflanquin - Montjoi - Montpouillan - Montpezat d'Agenais - Nicole - Puymirol - Saint-Julien de Capourbise - Saint-Pastour - Saint-Pé Saint-Simon - Saint-Pierre de Londres - Saint-Sardos - Saint-Sauveur de Meilhan - Sainte-Livrade-sur-Lot - Sérignac-sur-garonne - Tournon d'Agenais - Vianne - Villefranche du Queyran - Villeneuve-sur-Lot - Villeréal

A voir le musée des bastides à Monflanquin.

PYRENEES ATLANTIQUES

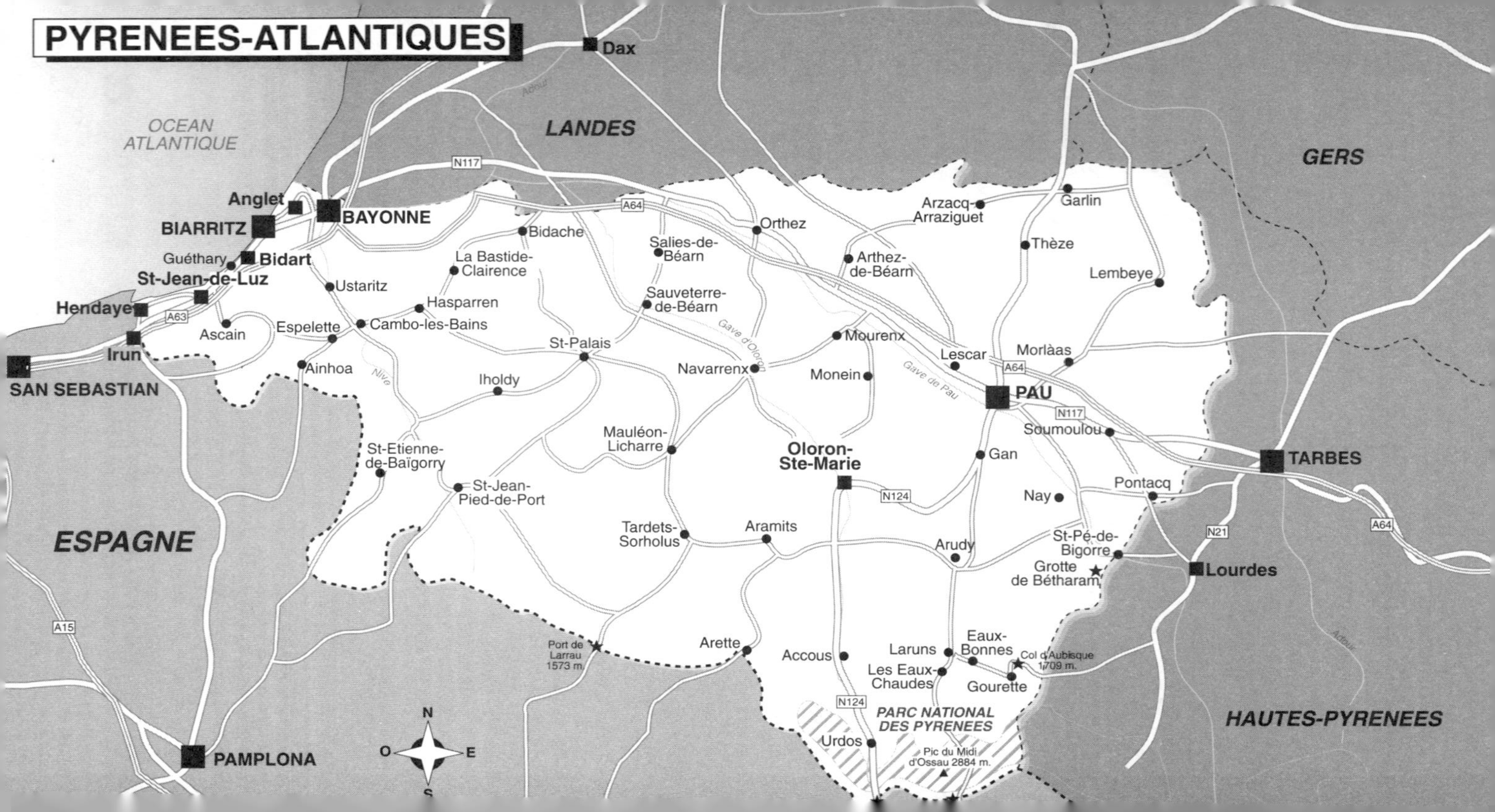

PYRENEES-ATLANTIQUES
Dax
OCEAN ATLANTIQUE
LANDES
GERS
N117
Anglet
BIARRITZ
BAYONNE
A64
Orthez
Arzacq-Arraziguet
Garlin
Bidache
Salies-de-Béarn
Thèze
Guéthary
Bidart
La Bastide-Clairence
Arthez-de-Béarn
Lembeye
St-Jean-de-Luz
Ustaritz
Hendaye
Hasparren
Sauveterre-de-Béarn
A63
Cambo-les-Bains
Espelette
Ascain
Gave d'Oloron
Mourenx
St-Palais
Irun
Lescar
Morlàas
Ainhoa
Navarrenx
Gave de Pau
SAN SEBASTIAN
Nive
Monein
Iholdy
PAU
N117
Soumoulou
Mauléon-Licharre
St-Etienne-de-Baïgorry
Oloron-Ste-Marie
Gan
TARBES
St-Jean-Pied-de-Port
N124
Pontacq
Nay
ESPAGNE
Tardets-Sorholus
Aramits
A64
N21
Arudy
St-Pé-de-Bigorre
Grotte de Bétharam
Lourdes
A15
Port de Larrau 1573 m.
Arette
Accous
Laruns
Eaux-Bonnes
Col d'Aubisque 1709 m.
Les Eaux-Chaudes
Gourette
N124
PARC NATIONAL DES PYRENEES
HAUTES-PYRENEES
Urdos
N
O
E
S
PAMPLONA
Pic du Midi d'Ossau 2884 m.

PAYS BASQUE
LA COTE ET LE LABOURD

BAYONNE

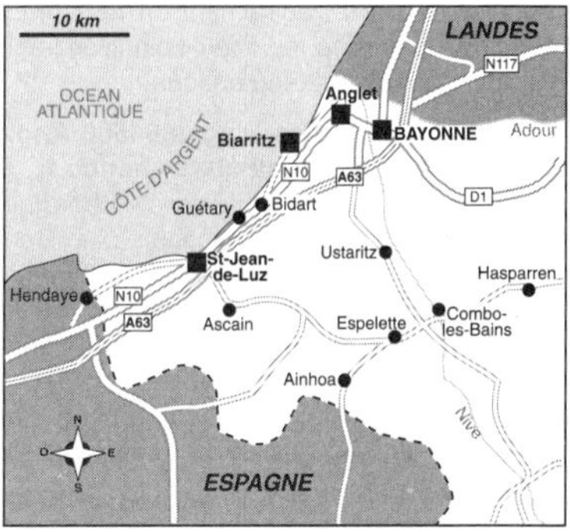

Riche de ses traditions basques, la ville est réputée pour sa gastronomie et sa tauromachie, les aficionados lui accordant la première place de leur ferveur, à égalité avec Nîmes, le prestige touristique de la Côte Basque en plus. Et ce mois de Juin verra l'inauguration du Musée Basque, le fleuron désormais de la capitale basque.

HEBERGEMENT

Hôtel Frantour Loustau. 1, place de la République 64100 Bayonne ✆ 05 59 55 08 08. *Ouvert toute l'année. Chambres de 60 à 70 €.* A 5 minutes de la gare et du centre-ville, cette étape 3 étoiles recommandée borde l'Adour en contrebas du pont Saint-Esprit. La plupart des chambres donnent sur le fleuve, confortables, reposantes, climatisées, elles sont sur 5 étages, avec bain ou douche. A noter: le cachet chaleureux semi-mansardé du dernier étage. Le Clos Saint-Esprit, salle de restaurant aux pierres apparentes avec vue sur le fleuve, est un cadre parfait pour se régaler d'une cuisine classique et inventive avec quelques suggestions intéressantes: louvine rôtie au sabayon safrané, cassolette de saint-jacques et de langoustines au Noilly, cœur d'entrecôte et son escalope de foie gras, et bien d'autres délicatesses.

Le Grand Hôtel. 21, rue Thiers 64100 Bayonne ✆ 05 59 59 62 00 - Fax 05 59 59 62 01. *Fermeture annuelle février pour le restaurant. Fermé le samedi et dimanche hors saison pour le restaurant. 54 chambres de 64 à 114 €. Menus de 15 à 22 €. Carte 15 €. Petit-déjeuner 10 €.* Au cœur de la ville, un établissement fort agréable, construit sur un ancien couvent, dans lequel il fait bon séjourner. Les chambres, dont certaines « Prestige », rénovées récemment, sont de très belle facture, claires et bien agencées. La salle de restaurant est originale et très agréable. Le chef, Georges Secouet, propose une cuisine soumise à diverses influences, régionale et plus moderne: médaillons de lotte poêlés au citron, piquillos de morue coulée de safran, gambas sautées zeste d'agrumes et vinaigre de framboise.

Hôtel Mercure. Avenue Jean Rostand 64100 Bayonne ✆ 05 59 52 84 20. *Ouvert toute l'année. 109 chambres de 70 à 80 €. Petit-déjeuner 8 €.* Le Mercure de Bayonne s'est forgé au fil des ans une belle personnalité. De fait, sa situation stratégique, non loin des remparts et des arènes, l'a amené à vibrer au rythme de nombreuses manifestations. Ainsi, les amateurs de jazz ne manqueront pas de s'y retrouver, à partir de 24h, après les spectacles traditionnels au cloître ou aux remparts, pour des « Mercure Jam Sessions » jusque tard dans la nuit. A d'autres époques, c'est le monde de la tauromachie qui investit l'hôtel. En permanence, un intéressant métissage donc, dans ce vaste hôtel du Groupe Accor qui présente comme ses petits frères confort et convivialité. Un site chaleureux et vivant, bien équipé avec des chambres gaies, tout confort, une piscine, un restaurant de qualité. Un hôtel où l'on se sent bien, qui a su allier l'incontournable confort de la chaîne à des prestations originales et à un accueil personnalisé, dans le vent de l'actualité culturelle bayonnaise.

Adour Hôtel. Place Sainte-Ursule 64100 Bayonne ✆ 05 59 55 11 31 - Fax 05 59 55 86 40. *12 chambres de 41 à 54 €. Menu à 14 €. Petit-déjeuner 6 €.* Une belle demeure à l'architecture basque entièrement refaite l'an dernier qui offre des chambres tout confort, chacune selon un thème, la corrida, le golf. à la table de tradition. Une étape sympathique pour séjourner en terre bayonnaise et une table de tradition.

Dans les environs

Résidence hôtelière Anglet-Biarritz-Parme. 28, route de Maignon 64600 Anglet ✆ 05 59 52 87 65 - Fax 05 59 63 59 19. *71 chambres de 51,83 à 60,98 €. Menus de 13,72 à 18,29 €. Carte 15,24 €. Petit-déjeuner 6,10 €.* Un complexe hôtelier moderne, articulé autour de la piscine, fait pour les vacances en famille dans un grand parc boisé de 1 ha. Studios (25 m^2) et appartements (35 m^2) très bien équipés, agréables à vivre et pas très chers. On y trouve également un restaurant très honnête, qui donne à petit prix un bel aperçu de la cuisine régionale : piquillos farcis à la morue, axoa de veau d'Espelette, côtes d'agneau grillées, gâteau basque.

Atlanthal. 153, bd des Plages 64600 Anglet ✆ 05 59 52 75 75 - Fax 05 59 52 75 13 - E-mail : thalasso.atlanthal@wanadoo.fr. *Chambres simples à partir 97 € et double à 245 € selon catégorie et saison.* Au bord de l'eau, 3 belles structures dans ce complexe, 2 hôtels et une résidence, assortis d'un Centre de thalassothérapie ultra-moderne. Room service, baby sitting sur demande, petit déjeuner Buffet. Bar « Le Zaldia » avec animation en soirée. 99 chambres confortables, toutes identiques, très vacances donnant sur mer ousur la verdure du parc. Sur place, un centre de thalassothérapie intégré, une piscine, un restaurant gastronomique et un autre Bio allégé en salle ou sur l'immense terrasse. Lorsqu'on sait qu'un petit chemin mène directement à la plage, on imagine aisément la qualité de l'endroit, sa situation de rêve et son potentiel.

Novotel Biarritz - Anglet - Aéroport RN 10 - 68, avenue d'Espagne ✆ 05 59 58 50 50 - Fax 05 59 03 33 55. *Chambres simples de de 73 € à 84 €, doubles de 83€ à 97 €. Petit déjeuner : « Le Grand bonjour » : 8,7 € - Croissant : 3 €.* Vous entrez dans cet hôtel du groupe Accor et surprise ! Vous vous retrouvez sur une place basque... 121 chambres, climatisées, spacieuses, avec un grand lit en 180 et un canapé - lit, TV Canal Satellite, Téléphone et la plupart avec mini-bar. L'aéroport est tout proche, la plage à 5 km, de quoi satisfaire tourisme d'affaire et tourisme traditionnel.

Hôtel de Chiberta et du Golf. 104, boulevard des plages 64600 Anglet ✆ 05 59 58 48 48 - Fax 05 59 63 57 84. *92 chambres de 74,70 à 208,09 €. Menu à 28,96 €. Carte 25,92 €. Petit-déjeuner 9,14 €.* Lac naturel, immense forêt de pins, parcours de golf en bordure de l'océan, chambres très confortables (certaines viennent d'être rénovées) : tels sont les atouts de cet hôtel somptueux, de style espagnol, avec patios et terrasses. La cuisine savoureuse et raffinée est empreinte de tradition basque : ravioles de morue et coulis de poivrons rouges ; paupiette de pintadeau aux cèpes, échalotes confites ; chaud-froid de poires infusé à la menthe sauce chocolat.

Les Terrasses d'Atlanthal. 153, bd des Plages 64600 Anglet ✆ 05 59 52 58 58 - Fax 05 59 52 58 00. *Chambres de 72 à 170 €.* Cet hôtel est relié au précédent par une galerie couverte. Il assure uniquement l'hôtellerie, l'espace thalasso se trouvant dans le premier. Une salle de restaurant lumineuse donne sur une terrasse débouchant également sur les greens. Un jaccuzi extérieur chauffé avec bar complète l'ensemble ; suivant les forfaits séjour, l'accès à l'espace de remise en forme et au centre de thalassothérapie est prévu. Dans les deux hôtels, il est possible de combiner des forfaits Forme et Santé (6 jours), Forme et Beauté, Spécial Homme, Antistress, Antitabac, Bien vivre son dos, Future maman, Sénior et Golf Thalasso (6 jours).

Campings

Camping de Parme. Quartier Brindos 64600 Anglet ✆ 05 59 23 03 00. Agréable camping digne d'un trois étoiles par ses prestations et son emplacement sur 37 000 m^2 ombragés. Un peu éloigné de la plage, derrière l'aéroport... mais un bus vous y emmènera, ce qui est pratique car vous n'aurez pas, en saison, à passer par la dure épreuve de la recherche de place de parking. Sur ce lieu de séjour, vous avez de nombreux loisirs : une piscine, un court de tennis, voilà pour les sportifs et pour tous, restaurant, bar, snack et le soir venu, des animations avec jeux à thème, danse pour tous les âges et tous les goûts, du rock au tango.

RESTAURANTS

Auberge du Cheval Blanc. 68, rue Bourgneuf 64100 Bayonne ✆ 05 59 59 01 33. *Menu du pays : 21 €, menu entre amis : 30 €, menu d'automne 50 €.* Situé à côté de l'église Saint-Martin, ce restaurant à la réputation bien établie affiche une cuisine classique aux accents du terroir revisités par le maître Jean-Claude Tellechea, qui n'est autre que le chef étoilé de la maison. Il est jeune et tonique comme sa cuisine qui se veut inventive, même avec discrétion : merlu rôti à l'émincé d'oignons dorés, jus de volaille et poivrons doux, raviole de sanglier, carottes et petits oignons confits, ttoro, xamango façon parmentier au jus de veau truffé, une de ses spécialités, gros raviolis de tripes labourdines à accompagner de vins triés sur le volet (dans une carte qui sait aussi mettre l'accent sur les vins de la région). La cuisine est excellente, l'ambiance sereine et le cadre à cette image, sobre et élégant, dans un style typiquement basque avec des fresques de la vie quotidienne aux murs. Une table dont on se souvient !

Miura. 24, rue de Marengo 64100 Bayonne ✆ 05 59 59 49 89. *Menus de 18 à 28 €.* Une des meilleures tables de Bayonne. Discrètement, façade voilée, dans un ancien couvent, le chef concocte des plats subtils : nage de coquillages et poissons du jour parfumés au safran et tuiles aux grains de sésame, homard et goujonnette de lotte aux artichauts et bouquet d'épinards, petits calamars en salade tiède aux deux poivrons, rognons de veau à la fondue d'échalotes et vinaigre de xérès pâtes fraîches, etc. Ne vous privez pas de dessert ! Les gourmets choisiront par exemple le feuilleté de mousse au chocolat à la crème anglaise parmi d'autres délices sucrés. Sur la carte de vins variée, on trouve quelques belles surprises dont un Château Pouyanne particulièrement bon. Plats à emporter.

Le Bayonnais. 36, quai des Corsaires 64100 Bayonne ✆ 05 59 25 61 19. *Menu à 15 €. Carte de 28 à 32 €.* Suggestions du jour sur ardoise. Christophe Pascal est jeune et débordant d'enthousiasme. Il vit son métier avec une passion intacte, « s'éclate » à inventer une recette, à en peaufiner une autre, à travailler avec une rare facilité le décor de ses assiettes... Une tête bien faite, une belle flamme pour ce métier et une mémoire toujours enrichissante de ses passages chez ses maîtres, Robuchon, Dutournier, Parra, 5 ans à l'Ambroisie... voilà un cocktail détonnant ! Avec son épouse, omniprésente en salle, il a conservé à ce restaurant bien connu des gens du cru son passé, au travers d'un cadre rustique de qualité, tout de bois et de carrelages, animé de photos anciennes et réchauffé d'un nappage basque, et lui a donné une nouvelle impulsion, celle de la jeunesse et du talent. Sa carte est à la fois inventive et locale : selon les saisons, le persillé de tête de porc pommes tièdes rivalise avec la sole aux lentilles, l'agneau de lait, le gaspacho, la pastilla aux figues, le gras double à la labourdine, une valeur sûre, sans oublier les suggestions du chef qui ne travaille que des produits frais, va tous les jours au bateau chercher ses poissons, fait son pain (une autre petite merveille, top secret). Cet hiver, le pot-au-feu de foie frais aux truffes était une pure merveille... Des plats à accompagner d'une palette de vins bien choisie, non pas forcément parmi des grands crus mais de belles étiquettes à prix intéressants, avec quelques exceptions tout à fait inattendues comme cet Opus One 1995 Napa Valley, 1er grand vin franco-américain (Baron Philippe de Rotschild et Robert Mondavi) à 1 100 F ! Service impeccable. Que demander de plus, sinon que ce jeune pro du monde fermé de la cuisine soit très vite reconnu au niveau qu'il mérite !

Au Peïta. 7, avenue du Capitaine Resplandy 64100 Bayonne ✆ 05 59 25 41 35 - Fax 05 59 25 41 35. *Fermeture annuelle du 20 décembre au 8 janvier. Fermé le dimanche soir et lundi.* Une table gourmande située le long de l'Adour, juste en face du club nautique. Plats régionaux, bonne ambiance, et service souriant.

Le Farniente. 5, rue Victor Hugo 64100 Bayonne ✆ 05 59 59 02 86. *Menus de 14 à 29 €. Carte de 20 à 40 €.* Amarré le long de la Nive, d'extérieur vert foncé, ce restaurant a fière allure. Cyril Loustalot, ancien chef de l'Operne à Biarritz, est aux fourneaux avec Patrick pour vous servir. Joli intérieur, couleurs douces, décoration raffinée avec expositions de peintures aux murs. Un bon moment de saveurs gustatives en perspective... On se laissera tenter par un rôti de lotte sur fondue de poireaux, les chipirons sautés au piment d'Espelette, le filet de louvine grillé à la provençale ou encore le pot-au-feu de morue fraîche. En dessert, le gratin de fruits frais n'aura rien à envier à la galette feuilletée en golden caramélisée, bref des gâteries sucrées qui passent bien. Service plaisant et décontracté.

Le Chistera. 42, rue Port-Neuf 64100 Bayonne ✆ 05 59 59 25 93 - Fax 05 59 59 25 93. *Fermeture annuelle une semaine en mai. Fermé le lundi, mardi soir, mercredi soir. Menu à 14 €. Carte 20 €.* Sympathique table régionale dans l'une des plus anciennes maisons des arceaux, à 150 m de la cathédrale. Une cuisine simple, directe à juste prix, avec les gambas à la plancha, le merlu koskera, la morue biscayenne, la piperade et les tripes à la basquaise. Bon petit menu, service empressé.

Restaurant Itsaski. 43, quai Jauréguiberry 64100 Bayonne ✆ 05 59 46 13 96. *Menu: 18,3 €, carte: 39 €. Ouvert tous les jours de mai à octobre. Fermé le dimanche soir hors-saison.* Embarquement immédiat sur le pont de ce restaurant. Accueilli par la souriante Denise au style marin. Ici tout est frais. N'indiquez pas la spécialité maison le txanguro (crabe farci très réussi), la soupe de poisson avec sa rouille, les fruits de mer valent le détour...

Le Moulin à Poivre. 4, rue Maubec 64100 Bayonne ✆ 05 59 50 16 77. Pascal Lecalvez est un autodidacte de la cuisine. Il est donc arrivé devant les fourneaux par passion et cela se sent. Il a fait ses classes au Bistrot des Halles à Biarritz et en a ramené l'envie de faire une cuisine qui reste classique et traditionnelle. En trois petites années, avec son épouse Nathaly en salle, ils confirment un travail de qualité, à base de produits frais et signent ainsi la politique maison. Ainsi en est-il des saumons à la plancha, du thon piperade, des chipirons à l'encre, de la morue poêlée à l'ail en chemise et filet de vinaigre de Xérès, de l'axoa, la pièce du boucher, etc. Le pain aussi est maison comme le petit pot de grand-mère, un régal. Le service est bien enlevé et le cadre insolite: le restaurant est près de la gare, alors, coïncidence ou non, c'est dans un compartiment de train intime que vous déjeunerez. Original et sympa.

Rôtisserie du Roy Léon. 8, rue de Coursic 64100 Bayonne ✆ 05 59 59 55 84 - Fax 05 59 59 55 46. *Fermé le samedi midi et dimanche. Menus de 20,58 à 25,15 €.* Une jolie maison de pierre, une atmosphère conviviale, la bonne porte pour goûter une cuisine régionale à tarifs justes.

Le Bistrot de l'huître. Halles Centrales 64100 Bayonne ✆ 05 59 46 10 10. *Fermé le dimanche soir et lundi. La bourriche du midi: 13 €. Carte 15 €.* Allergiques aux huîtres, s'abstenir: ici huîtres à gogo! Adresse originale, sous les arceaux face au pont Pannecau. C'est tout petit mais il y a quelques places en terrasse où l'on vous servira des huîtres de Marennes ou de Quiberon à la bonne franquette. Si vous préférez les déguster tranquillement à la maison, on vous les prépare pour le même prix, emballées dans leur lit d'algues fraîches.

Le Bistrot St Cluque. 9, rue Hugues 64100 Bayonne ✆ 05 59 55 82 43. *Fermeture annuelle octobre. Fermé le lundi. Menus de 9 à 14,50 €. Carte 16,50 €.* Bon bistrot-restaurant près de la gare, à l'accueil engageant et aux petits prix. Plats du répertoire, magret au miel et au citron, entrecôte au foie gras et plats d'influence ibérique pour la convivialité: paella, zarzuela.

Dans les environs

La Concha. 299, avenue de l'Adour 64600 Anglet ✆ 05 59 63 49 52. *Ouvert tous les jours midi et soir. Carte 38 €.* Carte exclusivement mais menus pour groupes (12 personnes au moins). Spécialités de poissons et viandes grillés au feu de bois, fruits de mer. A l'embouchure du fleuve Adour – aux premières loges de l'activité portuaire de la capitale voisine – et directement face à l'océan, la vaste salle du restaurant (200 couverts) est magnifiquement située! Typiquement basque, avec ses piments séchés au plafond, carreaux de grès en guise de nappe (mais serviettes et sets en toile), cendrier assorti au pichet d'eau en faïence blanche signés « La Concha »... Si vous êtes plutôt marin, vous opterez pour le plateau de fruits de mer (attention, il est copieux) ou l'assiette de l'écailler, à moins que vous ne soyez très tenté par les occupants du vivier qui vous ont accueilli à l'entrée: crabes, homards... Nous vous recommandons les fameux poissons grillés (dorades, soles, merlus), les gambas ou les éperlans et anchois en friture, la côte de bœuf que les cuisiniers cuisent à la plancha devant les clients. Une très bonne table, à la hauteur de sa réputation! Les tout-petits enfants ont un espace jeux réservé.

Le Gulf Stream-Atlanthal. 153, Bd des Plages 64600 Anglet ✆ 05 59 52 75 00. *Menu-carte : 29 €. Carte : 15 € à 24,4 €.* Il porte le nom doux et chaud de « Gulf Stream », le restaurant de l'immense complexe hôtelier Atlanthal ! Au rez-de-chaussée du premier hôtel (« les Terrasses » dispose aussi d'un restaurant sous forme de buffet), dans la salle vitrée, vous êtes au bord du golf et l'océan roule ses flots en horizon. Cela sent la mer, la cuisine du chef ! Bruno Lalouelle la privilégie pour l'équilibre et le bien-être de la clientèle de l'hôtel mais, sachez-le, le restaurant est ouvert à tous les publics. Intéressants, les deux menus bio ou allégé, renouvelés chaque jour (le nombre de calories de l'assiette est précisé). Les pensionnaires ont accès au même menu. A midi, vous pouvez déjeuner d'une salade de courgettes et carottes à l'orange, d'une truite de Banca à la nage et au cerfeuil et finir avec une compote de pommes et poires meringuées : moins de 1 000 calories, c'est compté ! Dans la carte des entrées, nous vous conseillons le caillé de brebis sur toast et vinaigrette à la confiture de cerises noires, frais et subtil mélange ! Dans les viandes, nous retenons le filet d'autruche poêlé à la rhubarbe et en plat marin, pourquoi pas le pot-au-feu de saumon et gambas au magret fumé. Les desserts sont originaux et légers. Le Gulf Stream est vraiment une histoire d'eau... d'eaux pour être exact, puisqu'il consacre sur la carte une page aux eaux minérales, avec moult détails. Plus attractive, tout de même, la carte des vins, sur quatre volets ! Toutes les régions de France sont présentes sans exception ainsi que les vins étrangers. Un restaurant purement et sainement gastronomique ! Un moment à savourer en terrasse ou au bord de la piscine (eau de mer) dès les premiers rayons de soleil.

Restaurant la Fleur de Sel. 5, avenue de la Forêt 64600 Anglet ✆ 05 59 63 88 66. *Fermeture annuelle du 12 novembre au 12 décembre. Fermé le dimanche soir, lundi midi et mercredi. Menu du jour : 14 €. Menu à 23,63 €. Carte 27,44 €.* Installé depuis peu, à l'écart de la foule, au coeur de la forêt, ce petit restaurant s'est déjà fait une place au soleil. Une petite salle pimpante, une table conviviale dans un quartier résidentiel, au rez-de-chaussée d'une villa. La cuisine est actuelle, astucieuse et plaisante, sur les bases du terroir : risotto de queues d'écrevisses, salade de pieds et oreilles de cochon, bar cuit à la pâte de sel, tournedos de canard clouté au foie gras et pruneaux.

La Taverne de Maître Kanter. 66, avenue de Bayonne - Le Busquet 64600 Anglet ✆ 05 59 58 02 02 - Fax 05 59 58 02 03. *Menus de 9 à 21 €. Carte 15 €.* La brasserie coutumière et indispensable pour trouver les parfums de l'Alsace sur la côte basque. Fruits de mer, choucroutes et tartes flambées dans une ambiance soutenue. Service dynamique et efficace.

Le Poisson à Voile. 118, avenue de l'Adour 64600 Anglet ✆ 05 59 63 16 22. *Fermé le lundi hors saison. Menus 10 à 24 €.* Passez le petit port de plaisance d'Anglet « brise-lames » en bordure d'Adour et, avant d'atteindre la Barre, vous découvrez ce restaurant les pieds dans l'eau. La terrasse domine l'entrée du port de Bayonne et d'un œil vous pouvez suivre son animation. Dans un tel cadre, mieux vaut choisir un thème marin pour le menu : dans la gamme des poissons, la dorade en papillote, le bar façon espagnole, les filets de sole, les éperlans en friture, ou pour changer, de délicieux beignets de calamars ou des gambas fricassées à l'ail. Une virée en mer le temps d'un repas, arrosée d'un blanc de pays.

La Zarzuela. 36, avenue des Dauphins 64600 Anglet ✆ 05 59 03 70 06. *Menus à 13 à 15 €. Cartes de 17 à 22 €.* C'est un peu la cabane du pêcheur : les filets sont accrochés et sèchent, un poisson est encore pris au piège ! Un petit restaurant où il fait bon manger les produits de la pêche, spécialités du patron en cuisine. « Zarzuela » signifie d'ailleurs en espagnol, quand on ne parle pas d'une danse, un plat de poissons en sauce. Le poisson suit les saisons : l'été, le thon grillé basquaise a toujours son petit succès ainsi que la parillada de l'océan. Pour l'heure, régalez-vous d'une assiette de fricassée de chipirons et piquillos à la brandade de crevettes ; la dorade à l'espagnole, ce sera pour une prochaine fois comme la choucroute de poissons (original) et la paella espagnole que nous vous recommandons. Place ensuite à un autre péché mignon du chef : la pâtisserie faite comme à la maison : la tatin aux fruits ou la crêpe à l'Izarra et sa glace. Rejoignez le rivage, il est à 50 mètres...

POINTS D'INTERET

Office du tourisme. Place des Basques 64100 Bayonne ✆ 05 59 46 01 46.

Cathédrale Sainte-Marie. Place Mgr Vansteenberghe ✆ 05 59 59 17 82. Sur la route de l'Espagne et de Saint-Jacques-de-Compostelle, elle a contribué à l'expansion de l'art religieux du Moyen Age. Edifié sur la butte du Grand Bayonne, le fleuron du patrimoine architectural de la ville est au cœur même de la vieille cité. Inscrite au patrimoine de l'UNESCO, de style gothique, elle est élevée à l'emplacement d'une cathédrale romane incendiée. Les travaux ont débuté en 1258 et se sont achevés à la fin de la guerre de Cent Ans. On peut contempler le chevet de la cathédrale, admirable par l'harmonie et la répartition de ses masses. Les superbes vitraux des hautes fenêtres ont été bien restaurés, en particulier dans la chapelle Saint-Jérôme, sans doute le plus beau vitrail de la cathédrale (1531), le Christ y chasse le démon du corps de la Cananéenne (il s'en échappe sous la forme d'une chauve-souris). Remarquez un beau heurtoir du XIIIe qu'il suffisait de saisir pour ne pas être arrêté après avoir commis quelque larcin, il était baptisé « l'anneau d'asile ».

Cloître. Place Pasteur ✆ 05 59 46 11 43. *D'octobre à mai de 9h30 à 12h30 et de 14h à 17h, de juin à septembre jusqu'à 18h. Entrée libre. Visite guidée de la tour sud de la Cathédrale (juin, juillet, août). Panorama sur la ville et historique de Bayonne.* Accolé au flanc sud de la cathédrale, c'est l'un des plus spacieux de France, presque tout y rappelle le gothique rayonnant du XIIIe siècle. Lieu de vie communale et religieuse, il possède de nombreux enfeus et pierres tombales, dont le tombeau de Léopoldine de Lorraine, dame d'honneur de la reine d'Espagne, dans la galerie ouest.

Eglise Saint-André. Quartier du Petit Bayonne. *Messe en basque chaque dimanche à 10h30.* Cette église de style néo-gothique du XIXe abrite une œuvre du peintre Léon Bonnat.

Eglise Saint-Esprit. Quartier Saint-Esprit. De style gothique, à découvrir à l'intérieur un beau groupe en bois sculpté du XVe, représentant la fuite en Egypte.

Musée Bonnat. 5, rue Jacques Laffitte ✆ 05 59 59 08 52. *Tous les jours sauf mardi et jours fériés, de 10h à 12h15 et de 14h à 17h45. Gratuit le premier dimanche de chaque mois.* Au cœur de la cité, ce musée rassemble les chefs-d'œuvre du peintre du même nom. Natif de Bayonne, Léon Bonnat (1833-1922) offrit en 1891 d'y déposer à sa mort, la collection de peintures, dessins et sculptures du XIVe au XIXe qu'il avait constitué depuis 1870. Dernièrement enrichi par le legs de Jacques Petithory, ce musée est parmi les grands et son cabinet de dessins est de réputation mondiale. Ainsi l'on peut contempler des créations dues à Rubens, Watteau, Raphaël, Degas, Rembrandt, Le Greco... La collection Bonnat est impressionnante : 610 antiquités, sculptures et médailles, 379 tableaux, 60 objets d'art et 1 800 dessins.

Musée Basque. 37, Quai des Corsaires ✆ 05 59 46 61 90 - E-mail : info@musee-basque.com - Site : www.euskal-museeoa.com. *Tarifs : 5,4 €, groupe : 4,6 €. Ouvert du 1er avril au 31 octobre de 10h à 18h30 et du 1er novembre au 31 mars de 10h30 à 12h30 et de 14h à 18h.* Installé à nouveau dans la Maison Dagourette, ce musée ethnographique est dans un splendide édifice. C'est le musée de l'identité basuqe, un témoin et un acteur de la culture du cru que l'on retrouve dans chacune des salles : architecture, agropastoralisme...

Jardin botanique. Allée des Tarides (dans les remparts). Surplombant le square Simonet, ce ne sont pas moins de mille espèces ou variétés de plantes et de fleurs étiquetées, dans un décor japonisant. Agréable balade pédagogique sur 3 000 m².

Remparts de Mousserolles. Proches du château neuf, ils ont été aménagés en une séduisante promenade avec plan d'eau, théâtre de la nature, aire de jeux. Construits au temps de Vauban, ces remparts réunissent trois systèmes de fortification édifiés au cours des siècles. Dans la ville haute, on note une double ceinture de vieilles pierres. Porte d'Espagne, un mur romain puis médiéval avec ses tours, des Deux Sœurs et du Bourreau, un mur du XVIe, dit de François 1er. Au Petit Bayonne, on trouve la porte de Mousserolles avec son pont-levis.

Square chanoine Dubarat. Face à la cathédrale, près de la bibliothèque municipale. Ce jardin, créé par le paysagiste William Kent est un lieu « romantique et anglais » qui s'inspire de la nature par opposition aux jardins à la française. Les plantes ont pour origine historique la Chine, le Japon, l'Inde, l'Himalaya et l'on peut y admirer des azalées, camélias, hortensias, rhododendrons et érables palmés. Les bancs de bois ont un faux air de ceux des parcs londoniens.

Loreztia. 8, rue des Prés - Quartier Saint-Esprit ✆ 05 59 55 49 14. Le monde fascinant des abeilles. Une salle fait découvrir différents types de ruches et l'histoire de l'apiculture en Pays Basque. La vie de l'abeille vous sera commentée ainsi que les produits de la ruche. Après avoir visité le laboratoire avec extraction du miel, la fabrication de confitures et confiseries que vous pourrez déguster, sûr que vous repartirez avec ces douceurs bénies de la nature sous le bras.

SHOPPING

Maison Berrogain S.A. Usine d'Hardoy - bd du BAB 64600 Anglet ✆ 05 59 57 31 31. Une belle boutique de linge de maison qui conjugue à loisir le passé et le présent, la tradition et la modernité. Elle présente un choix considérable de grande qualité de linge de table, des modèles « Créations Berrogain », tissés à l'ancienne, en coton retors chaîne et trame, inspirés du monde de l'art ou du folklore mais aussi du sur – mesure au prix de la confection industrielle : nappes pour petits déjeuners champêtres ou romantiques, fleuries, en dentelle, ou piqué, des nappes, napperons et serviettes en damassé satin uni ou fantaisie, en dacron anti-tâches, etc. avec les motifs de votre choix, encadrement ou inscriptions tissées… Pour la cuisine, vous trouverez là matière à richement décorer avec torchons, liteaux, tabliers avec broderie, sérigraphies diverses.

HISTOIRE DU JAMBON DE BAYONNE

1. de Louis XI à nos jours. C'est à Salies de Béarn que débute l'histoire de la conservation du jambon de Bayonne. Un sanglier abattu par Gaston Phoebus au XIVe siècle, tombé dans les sources d'eau salée de Salies aurait été retrouvé en bon état l'année suivante par des chasseurs. Le sel de Salies avait donc des vertus exceptionnelles. C'est lui qui sert à saler le célèbre jambon de Bayonne qui, soit dit en passant, n'est pas fabriqué à Bayonne même mais dans les villages voisins de l'axe Adour - Gaves. Et s'il prit le nom de la capitale des Basques, c'est uniquement parce qu'il était systématiquement acheminé du port de Bayonne vers l'Europe. Vendu dès 1462, sous Louis XI, lors de foires devenues célèbres, il se taille une belle réputation - alors qu'au départ il ne devait servir qu'à nourrir les paysans en périodes difficiles - et fait le bonheur des chroniqueurs, se faisant l'écho, au cours des siècles, de voix célèbres, le poète Piron, Rabelais, Henri IV, le roi d'Espagne, Marie-Anne de Neubourg (exilée à Bayonne), Raymond Poincaré, Vincent Auriol, etc.

2. La Confrérie. Elle est née de chevaliers plus connus pour leur coup de fourchette que pour leurs exploits guerriers et se réunit lors du chapitre annuel, le samedi de Pâques pour introniser de nouveaux membres, l'occasion d'organiser un défilé haut en couleurs, sur l'air… de la Marche du Jambon, et de goûter, tester et affirmer toujours plus fort son attachement à ce produit du terroir. Alain Lamassoure, Maïté, Marie Darrieussecq, etc...ont été adoubés par le Grand Chancelier, Georges Dupiot !

3. L'IGP. Toute la profession s'est battue pour obtenir qu'une IGP (Indication Géographique Protégée) identifie les seuls vrais jambons de Bayonne. Elle sera effective seulement en 1998. Pour cela un cahier des charges a été établi : les meilleures races ont été sélectionnées, le salage doit être réalisé exclusivement avec du sel des salines locales, comme celles de Salies et l'affinage doit être de 7 mois ou plus.

4. La Foire au Jambon de Bayonne. Dans le cadre de cette foire mythique qui depuis 500 ans constitue la vitrine du savoir-faire des salaisonniers des Pays du Bassin de l'Adour, le Consortium du Jambon de Bayonne organise des rencontres franco-italiennes, « Le jambon européen sous le signe de la qualité », avec la participation de professionnels italiens venus de San Daniele et de Parme

Conserverie Artisanale du Jambon de Bayonne - Pierre Ibaïalde. 41, Rue des cordeliers 64100 Bayonne ✆ 05 59 25 65 30 - Fax 05 59 25 61 54. Visites de groupes (50 à 60) et dégustations gratuites toute l'année du lundi au samedi de 9h à 12h30 et de 14h à 18h du 1er octobre au 30 avril.

Maison Montauzer. 17, rue de la Salie 64100 Bayonne ✆ 05 59 59 07 68. Ouvert du lundi au samedi de 7h30 à 12h30 et de 15h30 à 19h30.

Chocolat

Sept professionnels composent la Guilde des chocolatiers, 2 chocolatiers et 5 chocolatiers - pâtissiers qui s'attachent dans un esprit très traditionnel presque « intégriste » à travailler du chocolat noir, avec chacun sa recette et ses crus de chocolat, sans concurrence sauvage. Séparés dans leur atelier, ces artisans sont unis par une même éthique et ont une étiquette commune lors des Journées du Chocolat ou lors d'opérations commerciales diverses qui font revivre l'histoire bayonnaise du chocolat, du chocolat du XVIe à nos jours. Arrivée en 1585, une première cargaison de cacao débarque à Séville, en provenance de Véracruz, alors que les premiers échos et premières découvertes du cacao en Europe remontent à Christophe Colomb en 1502 et à Hernan Cortès, après son débarquement au Mexique en 1520. C'est donc d'abord en Espagne puis ensuite en Italie qu'on le trouve. Dans la cité bayonnaise, on raconte qu'au XVIIe siècle, ce sont les juifs espagnols, chassés du Portugal et émigrés à Bayonne qui firent le premier chocolat sur le sol de France, chocolat adulé par la suite par l'épouse espagnole du jeune roi de France, etc...En tout cas les premiers textes parlant du chocolat à Bayonne, dans les archives de la ville remonteraient 1670. Au XVIIIe siècle, serait donc née une Corporation des chocolatiers, marquant sans nul doute le début de l'ère industrielle. Au XIXe siècle, Bayonne reste la ville du chocolat avec 21 entreprises de fabrication en 1822 et 28 en 1856 et se taille un beau succès lors de l'Exposition internationale franco-espagnole en 1864.

Sept artisans de la Guilde des Chocolatiers :

Pâtisserie Andrieu. 33, boulevard Alsace-Lorraine ✆ 05 59 55 00 15. Fermé le lundi. Ouvert du mardi au dimanche de 9 h à 12 h 30 et de 15 h à 19 h 30.

Chocolats Cazenave. 19, rue Port-Neuf ✆ 05 59 59 03 16. Ouvert tous les jours sauf dimanche et lundi de 9 h à 12 h et de 14 h à 19 h. Petit-déjeuner servi de 9 h 15 à 12 h. Ouvert le lundi pendant les vacances scolaires.

Chocolats Daranatz. 15, Rue du Port-Neuf ✆ 05 59 59 03 55.

Pâtisserie Barrere. 47, rue du Port-Neuf ✆ 05 59 59 01 75. Fermé le lundi. Ouvert du mardi au dimanche de 8 h 45 à 19 h.

Pâtisserie Heynard. 8, rue des Gouverneurs ✆ 05 59 59 19 63. Fermé le dimanche. Ouvert lundi de 10 h à 13 h et de 15 à 19 h, du mardi au samedi de 10 h à 19 h.

Saveurs et chocolats. 66, rue d'Espagne ✆ 05 59 59 20 86. Ouvert du mardi au samedi de 8 h à 12 h 30 et de 15 h à 19 h 30, le dimanche de 8 h à 13 h.

Eglise de Bayonne

BALADE

Barthe d'Ilbarritz. Avenue d'Ilbarritz, Bayonne ✆ 05 59 59 05 01. Sur le boulevard d'Aritxague, direction Cambo. Pour prendre un bol d'air tout en s'instruisant, ce parcours de 1 500 m permet de faire connaissance de la faune et la flore de ce pays merveilleux entre montagne et océan. Onze panneaux de bois avec la description précise de chaque plante : son nom français, son nom latin, sa famille, ses usages, sa silhouette et un index de position pour l'identifier sur le terrain.

Visites guidées de Bayonne. Place des Basques, Bayonne ✆ 05 59 46 01 46. Tarifs : 3,8 €/pers., 2 h, groupes sur rendez-vous. Du 3 juillet au 23 septembre, visite individuelle du lundi au samedi à 10 h par thème (remparts, cathédrale, cloître). 4,6 €/pers.

Arènes municipales. Avenue des fleurs, Bayonne ✆ 05 59 25 48 19. *Ouvert du lundi au vendredi de 9 h à 12 h et de 13 h 30 à 18 h. Visite gratuite.* Ces arènes de style néo-mauresque ont été inaugurées le 30 juillet 1893. C'est à un particulier passionné et tenace, Marcel Dangou, que l'on doit la pérennité de la tradition taurine et ce n'est qu'en 1985 que les arènes deviennent municipales. Une place taurine renommée !

LOISIRS

La Pompe. 7, rue des Augustins, Bayonne ✆ 05 59 25 48 12. Une envie de bouger vous démange et vous êtes en plein centre-ville ? Restez-y, car la boîte branchée du coin c'est La Pompe. La musique est un bon mélange de styles, et même quand on a besoin de souffler un peu, inconsciemment on remue encore, c'est dire la bonne ambiance qui règne ici. Aux murs, des vieilles pierres. C'est tout petit, mais ne dit-on pas que ce qui est petit est joli ?

Golf de Chiberta. 104, bd des Plages 64600 Anglet ✆ 05 59 52 51 10. *Fermé le jeudi hors saison, ouvert 7 juillet jours en saison.* Un parcours de pleine nature, l'un des rares où l'on puisse jouer toute l'année car il est entièrement construit sur du sable, en bord de mer et en forêt.

GOLF PASS

Une nouveauté qui ne manque pas d'opportunité. Son but ? Faire connaître tous les golfs de la région, ceux qui sont tournés vers la mer et les autres, tournés vers la montagne.

Golf Pass 5 parcours : 170 € à 230 € (entre 10 juillet et 31 août).

Golf Pass 2 parcours : 70 € (1er janvier au 9 juillet et 1er septembre au 31 décembre).

Participent les golfs d'Arcangues, Bassussar-Biarritz, Moliets et Seignosse (✆ 05 58 48 54 65). Des forfaits séjours inclus sont mis en place avec demi-pension (voir clubs).

Festival Jazz aux Remparts. Bayonne. Dans la cité basque, ça swingue durant 6 jours du mois de juillet, grâce à des spectacles de qualité, avec des pointures du jazz qui se font parfois rares et que l'on retrouve avec plaisir. Le principe du festival a aussi comme objectif de favoriser la jonction avec le blues, et aussi, depuis 2 ans, d'avoir une soirée clôture aux arènes municipales. Le festival propose une affiche d'exception plus ouverte, avec des dérivés du jazz, tout en ayant une réelle logique musicale. C'est toute la ville qui vibre pendant ces six jours. A midi, devant le théâtre, l'apéro se prend en musique (gratuit), à 18 h, c'est au cloître que le son d'un piano s'élève dans ce lieu mythique, et le soir aux remparts.

Atlanthal. 153, bd des Plages. Anglet ✆ 05 59 52 75 55. *Forfait remise en forme : demi-journée : 16,8 € une séance, 125 € les 10, cure forme et santé et cure à thème : 435 € pour 6 jours.* Superbe complexe avec plusieurs piscines, et dans un cadre très iodé, des cabines d'application d'algues et de boue, des baignoires multi-jets, une salle de shiatsu, de cardio-training, un institut de beauté, une salle de musculation, des bains bouillonnants, hammam, jacuzzi, parcours hydro-marin... Séjour spéciaux pour futures mamans, anti-stress, anti-tabac. Nurserie gratuite pour les enfants des mamans en cure, Txiki club pour les plus grands.

Evolution 2 Pays Basque. Forêt de Chiberta ✆ **05 59 42 03 06/05 59 41 18 81 - Fax 05 59 41 18 88.** *Fonctionne du 15 mai au 1er novembre. 3 parcours : Castor 5-10 ans, Crocket plus de 10 ans et Indiana (adolescents et adultes sportifs). Environ 25 €/pers.* Ecole de sports et d'aventure : pour autres activités les contacter. Ce parcours a débuté l'été 2000 dans un grand succès : à une quinzaine de mètres de hauteur, ponts de singe, filins, passerelles, tyroliennes, filets, etc., permettent d'évoluer d'arbre en arbre, de pin en pin au-dessus du vide. Moyen de se dépasser, occasion de dominer sa peur ou d'épater les copains ? Il faut être assurément casse-cou pour grimper si haut... même si les règles de sécurité sont sévères (vous serez sanglés, harnachés et reliés à un câble). L'encadrement est assuré par des professionnels diplômés d'Etat : toutefois, ne comptez pas y déposer vos enfants et partir en course... La présence d'un parent ou d'un adulte responsable est souhaitée ! Autres possibilités : escalade (initiation enfants 5-12 ans), progression en falaises, canyoning. Pour des frissons tout au long de l'année !

Surf

Pays du surf et des bonnes vagues, le littoral basque propose bien sûr des écoles de qualité pour découvrir les joies de la glisse. Les amateurs pourront se perfectionner en bodyboard, en waveski, en longboard, en skimboard ou le skateboard. Si ces noms vous semblent barbares, inscrivez-vous pour épater les copains, histoire d'en savoir plus sur votre séjour sur la Côte basque. 3 adresses à Anglet :

Anglet Cap Glisse. 12, rue du Yémé ✆ 05 59 23 60 48

Ecole de Surf Côte Basque. Place des Docteurs Genthile ✆ 05 59 74 19 10

Sport Ecume. 19-21, avenue de la Chambre d'Amour ✆ 05 59 03 54 67

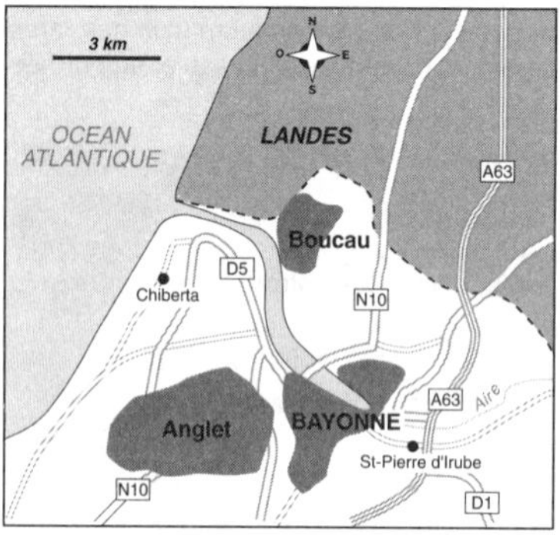

DANS LES ENVIRONS

Anglet

Couvent des Bernardines ✆ **05 59 52 81 30.** *Chapelle primitive et cimetière, visites le mardi et le jeudi de 10 h à 12 h, en juillet août, entrée libre.* En face de Notre-Dame-du-Refuge, trône le monastère de Saint-Bernard avec sa chapelle primitive d'origine en paille de 1856, le cimetière sur le sable et ses petites tombes ornées de coquillages où sont enterrées les servantes de Marie et bernardines et les parents de l'abbé. Elise de Cestac repose devant l'entrée du cimetière. Dans une cellule, à l'intérieur du monastère, un petit musée retrace l'histoire de celui-ci avec photos, objets retrouvés dans la chapelle, une plaque commémorative de la première visite de Napoléon III et de l'impératrice Eugénie à la solitude de Saint-Bernard, le 17 août 1854. A côté du musée une petite cellule où vécut quelque temps Elise de Cestac. A la fin de la visite, vous pourrez acheter fleurs, légumes, œufs et volailles de l'exploitation agricole du monastère, et quelques objets souvenirs réalisés par les sœurs.

Grotte de la Chambre d'Amour. Il était une fois, selon la légende, un pauvre orphelin Laorens et la fille d'un riche cultivateur, Saubade. Ils s'aimaient d'amour tendre mais leur différence sociale était mal acceptée par leur famille. La passion étant la plus forte, ils se voyaient en cachette dans cette fameuse grotte et s'étaient promis fidélité. Un beau jour, l'orage gronda dans le golfe de Gascogne, et l'océan de méchante humeur inonda la grotte, ils périrent tous les deux. La légende se propagea et attira des hôtes illustres comme la reine Hortense ou la duchesse de Berry et aujourd'hui les amoureux et les curieux de la planète.

Index général à la fin de ce guide

Lac de Chiberta. Situé à proximité de l'océan et de la barre de l'Adour, ce lieu naturel offre de belles balades dans la pignada. Cette grandiose forêt de pins de 235 ha où se trouve une aire pour pique-niquer avec jeux pour enfants, un parcours actif de 2,5 km, tennis, un des plus grands golfs d'Europe, permet de passer un agréable moment en famille. Interdit toutefois de se promener autour du lac.

Musée Gascon. Domaine de Baroja - 19, rue des Quatre Cantons ✆ 05 59 03 34 78. *Toute l'année du mercredi au samedi de 15h à 18h. Entrée libre.* Excellente initiative que ce musée, avec des expositions pour découvrir la langue, la culture, l'histoire et le patrimoine gascons. La vie de l'époque est représentée par des objets : meubles, outils, vêtements, jeux, documents, comme la toponymie de Bayonne, Biarritz, Anglet, l'histoire de la Gascogne et ses surprises, les grands personnages du pays... Une exposition originale sur le Gascon et la Gascogne avec les premières sources historiques locales (livre d'or, livre des établissements, registres gascons).

Notre-Dame du Refuge ✆ 05 59 03 99 52. *Chapelle : visite tous les jours de 9h à 12h et de 13h à 19h en juillet et août. Le musée historique du père E. Cestac : en saison le mardi, mercredi, jeudi de 15h à 18h, le reste de l'année sur demande.* Ce domaine a été acheté en 1838 par le père Cestac pour offrir l'hospitalité, dans une maison à la campagne, à de jeunes prostituées désireuses de s'en sortir. Vous pourrez visiter librement ces lieux chargés d'histoire ou en visite guidée pour avoir le maximum d'informations sur la chapelle, le musée historique et la tombe du père Cestac, les stèles, évocation de l'œuvre du fondateur et l'exploitation agricole. La chapelle actuelle fut consacrée en 1886, par Mgr Ducellier, évêque de Bayonne. Au-dessus du fronton de la façade, une statue de Marie rappelle qu'elle veille sur tout le domaine. A l'intérieur, Marie est invoquée sous le vocable de Notre-Dame-du-Refuge. Cette statue préside depuis l'origine, l'œuvre du père Cestac.

BIARRITZ

Histoire

Le développement de Biarritz commence réellement au Moyen Age, avec l'activité portuaire. Les pêcheurs chassent la baleine, présente dans le golfe à cette époque et en tirent de conséquentes richesses. Port baleinier jusqu'au XVIIe siècle (après qu'on l'eut bien massacrée, la baleine, comme dans toutes les mers du monde, disparaît), Biarritz devient port d'importance, par les qualités de ses marins, experts à naviguer dans les tempêtes, mais aussi par sa position stratégique pour défendre les côtes de France : il s'arme pour parer à toute attaque. A la fin du XIXe siècle, la vie de Biarritz prend sa tournure de villégiature impériale. La belle Eugénie de Montijo, qui avait l'habitude de passer ses étés à Biarritz lorsqu'elle était enfant convainc son mari Napoléon III d'aller y poser la caravane impériale pendant les congés payés. Les campings étant moins bien aménagés qu'aujourd'hui, ils s'installent dans une bicoque toute simple, la villa Eugénie, à partir de 1854. La maison brûle en 1903, et au même emplacement est édifié deux ans plus tard l'Hôtel du Palais. Mais la mode des vacances chic à Biarritz est lancée depuis longtemps. Toute la noblesse internationale y prend l'air marin et malin à partir du milieu du XIXe siècle. Depuis l'après-guerre, les roturiers qui sont parvenus à une richesse matérielle proche de l'apparente fortune espèrent venir y perdre quelques liasses avec suffisamment d'élégance pour y gagner, avec leur blazer marine à boutons dorés et leurs pantalons de soie blancs, une petite mine aristocratique.

■ HEBERGEMENT

Altess Hôtel. 19, avenue de la Reine Victoria 64200 Biarritz ✆ 05 59 22 04 80 - Fax 05 59 24 91 19 - E-mail : altess@wanadoo.fr - Site : www.altesshotel.com. *De 56 € à 131 € et 145 € en duplex avec kitchinette. Petit-déjeuner 6 à 10 €. Parking : 6 à 10€. 43 chambres climatisées, modernes et confortables avec mini bar, tV avec Canal Satellite, téléphone.* Un cadre dépaysant pour cet hôtel, admirablement bien placé sur cette belle avenue qui mène directement à la plage et aux plus belles artères de la ville. Tenu de main de maître par un couple sympathique. une originalité de la maison : 3 duplex climatisés adorables.

Tonic Hôtel - restaurant la Maison Blanche. 58, avenue Edouard VII 64200 Biarritz ✆ 05 59 24 58 58 - Fax 05 59 24 86 14. *Fermé le dimanche soir et lundi, de novembre à avril inclus. 63 chambres de 65 à 135 €. Menus de 19,70 à 39 €. Carte 30 €. Petit-déjeuner 10 €.* Un établissement contemporain, très bien équipé, à l'architecture évoquant l'époque victorienne, à deux pas de la grande plage et du casino. Les chambres, vastes et agréables à vivre, bénéficient d'un jacuzzi et de la climatisation, d'un mini-bar et d'une insonorisation parfaite. La table offre une prestation de haut niveau, avec la cuisine actuelle et régionale du chef Christophe Le Borgne et le service parfait dirigé par Jean-Marc Mauberna : ravioles de langoustines à la fondue de poireaux, parillada de poissons à la vapeur au bouillon de basquaise, gâteau tiède au chocolat sauce capuccino.

Château du Clair de Lune. 48, avenue Alan Seeger - Route d'Arbonne 64200 Biarritz ✆ 05 59 41 53 20 - Fax 05 59 41 53 29. *17 chambres de 68,60 à 114,30 €. Petit-déjeuner 9,14 €.* Une superbe villa dans un parc de 7 ha parfaitement entretenu, un lieu de rêve à l'intérieur romantique, décoré luxueusement et chaleureusement en même temps : une atmosphère de grand charme, par les coloris et les parfums, des petits déjeuners soignés, et des équipements contemporains.

Hôtel Christina. 38, avenue de Verdun 64200 Biarritz ✆ 05 59 24 26 17 - Fax 05 59 24 66 08. *Fermeture annuelle du 20 décembre au 20 janvier. 18 chambres de 47 à 55 €. Petit-déjeuner 6 €.* En plein centre ville, toutes les chambres sont équipées de douche ou bain, télévision avec canal satellite et téléphone direct. La décoration est contemporaine. Le palais des festivals n'est qu'à 800 m tandis que la plage et le casino se trouvent à 400 m.

Le Petit Hôtel. 11, rue Gardères 64200 Biarritz ✆ 05 59 24 87 00 - Fax 05 59 24 32 34. *12 chambres de 40 à 80 €. Petit-déjeuner 4/7,25 €.* 12 chambres joliment décorées sont à votre disposition dans cet hôtel chaleureux situé en plein centre ville, à 30 m de la plage et du casino.

Hôtel Maitagaria. 34, avenue Carnot 64200 Biarritz ✆ 05 59 24 26 65 - Fax 05 59 24 27 37. *Fermeture annuelle 1re semaine de décembre. 17 chambres de 47,30 à 56,40 €. Petit-déjeuner 5,80 €.* Calme et détente sont au rendez-vous dans cet ancien hôtel particulier du XIXe siècle situé au cœur du centre ville à 450 m de l'Océan. Un petit jardin avec une terrasse vous attend à l'entrée.

Hôtel du Palais. 1, avenue de l'Impératrice 64200 Biarritz ✆ 05 59 41 64 00 - Fax 05 59 41 67 99 - Site : concorde-hotel.com. *156 chambres de 275 à 740 €. Petit-déjeuner 25/30 €. 3 restaurants.* Luxe et volupté. Un parc et une bêtisse d'exception, un site d'exception, face à l'océan. L'extraordinaire côtoie le précieux, le féérique le faste pour un résultat à la hauteur d'un vrai palace. Plaisir des yeux et plaisir des sens, plaisir du palais aussi avec une brigade extraordinaire animée par un chef de grande qualité.

Hôtel Saint-Charles. 47, avenue de la Reine Victoria 64200 Biarritz ✆ 05 59 24 10 54 - Fax 05 59 24 56 74. *Fermé de décembre à février. Chambres de 38 à 70 €. Petit-déjeuner 6 €.* Une nouvelle direction dans cet hôtel de charme. Et un changement dans la continuité. Vieille et belle demeure de maître, dans un quartier calme, au cœur d'un grand jardin envahi de verdure... voici pour l'extérieur. Dedans, le petit salon comme la salle de petit-déjeuner, ont été rafraîchis avec des tissus gais, des nappes colorées animant les vieux meubles toujours en place. Dans les chambres, des tapisseries nouvelles et des tissus gais ont réactualisé une base déjà riche d'un beau mobilier ancien, de cheminées au diapason et des fenêtres acoustiques assurent un calme, au demeurant déjà existant dans ce quartier. A noter, la 2 a une belle terrasse.

Hôtel Régina et du Golf. 52, avenue de l'Impératrice 64200 Biarritz ✆ 05 59 41 33 00 - Fax 05 59 41 33 99 *Chambres à partir de 106 €. Forfait 1/2 pension à partir de 122 €.* On se croirait dans un paquebot ! Un paquebot de luxe : au rez-de-chaussée, impressionnant patio traité comme un grand jardin d'hiver où vous prendrez l'apéritif ou dînerez autour d'un buffet. Nobles étoffes drapées, riches lustres en cristal, fresques marines et aquariums... un site insolite et dépaysant et une cuisine classique, de marché essentiellement. Bien présenté, bon et rapidement servi. Une merveille d'originalité et de charme !

Le Plazza. 10, av. Edouard VII 64200 Biarritz & 05 59 24 74 00 - Fax 05 59 22 22 01. *3 étoiles. Tarifs : à partir de 80 € en haute saison. Petit déjeuner : 10 €.* L'hôtel classé monument historique conserve le style des années 1930. L'entrée est majestueuse et les chambres sont toutes insonorisées et meublées de ce mobilier Art déco. Restaurant ouvert à tous avec un bar spécialisé dans les cocktails.

Café de Paris. 5, place Bellevue 64200 Biarritz ✆ 05 59 24 19 53 - Fax 05 59 24 18 20. *Tarifs: de 100 (single) à 200 €. en double, selon la taille et la configuration. Petit-déjeuner: 13 €.* La place Bellevue va faire peau neuve, avec un jardinet et... plus de voiture, ce qui n'est pas fait pour déplaire aux hôtes du très beau Café de Paris, cet hôtel de luxe qui a su allier le grand confort à la décontraction chère aux vacances, dans un site d'exception, au cœur de la cité et face à l'Océan. Luxe dans les prestations dans des chambres pleines de charme et deux restaurants. Décontraction et convivialité dans la manière de traiter l'environnement et dans sa diversité. Sur 4 étages, vous aurez le choix entre des chambres classiques et confortables au mobilier art déco en loupe, aux tissus de grands créateurs gais et lumineux, avec des salles de bains de marbre parfaitement équipées, avec ou sans balcon ou bien des espaces plus structurés, superbes avec d'amusantes et confortables mezzanines, de vrais studios au mobilier de rotin et salles de bains plus modernes. Quelques suites "junior" encore, comme la 31, au style un peu mexicain, dans les tons de jaune et orange ou la 34, or et bleu avec son petit canapé de cuir blanc... Dans toutes les chambres, un dénominateur commun, leur vue imprenable sur l'océan, des balcons, de grandes terrasses au 3e étage ou des baies vitrées jusqu'au sol. Partout jeux de lumière, jeux de glace (dans une chambre, reflet de l'Océan au fond de la chambre), jeux de tapisserie... Un cadre bien pensé pour un séjour au diapason et à la disposition d'une clientèle gâtée un bistrot à la cuisine simple ou un restaurant gastronomique, étoilé Michelin, tenu par deux esthètes en la matière, Didier Oudil et Edgar Duhr. Séminaire possible, de la journée d'étude au séjour.

Hôtel Miramar. Hôtel Sofitel et institut de thalassothérapie. 13, rue Luison Bobet 64200 Biarritz ✆ 05 59 41 30 00. *Tarifs: de 159 € à 369 €. 126 chambres. Forfait demi-pension: de 188 € à 300 €. Salons de beauté, espace Thalasso, école de cuisine, salle de gym sous véranda et 2 restaurants.* Ce 4 étoiles, haut lieu de la santé et de la forme a de quoi séduire, avec son emplacement et le charme qui émane de l'alliance du passé et du présent. Entièrement rénové, il devrait faire l'unanimité. A l'extérieur, une piscine d'eau de mer et une terrasse où l'on peut déjeuner.

Tulip Inn, Biarritz Louisianne. 1, rue Guy Petit & 05 59 22 20 20 - Fax 05 59 24 95 77. *Tarifs de 43 € à 75 € selon la saison. Petit déjuener: 7 €. Forfait golf et Thalasso.* Les chambres refaites avec goût donnent une nouvelle impulsion à cet établissment 3 étoiles. Construit dans un quartier récent, l'hôtel est le seul au centre ville à posséder une piscine. Il possède également un restaurant mexicain.

Le Windsor. Grande Plage et boulevard du Général de Gaulle 64200 Biarritz ✆ 05 59 24 08 52 - Fax 05 59 24 98 90. *Tarifs de 55 € par jour la chambre à 130 € selon vue sur mer ou sur cour, douche ou bain.* Par où, entrez-vous? Par la ville? Alors vous pénétrez directement dans la salle à manger de l'établissement et vous devez descendre pour atteindre l'accueil par l'escalier ou l'ascenseur. Par la rue qui longe la Grande Plage? Alors vous arrivez par le petit bar sympathique aux salons de cuir et la salle de petit-déjeuner, véritable épine dorsale de cet ensemble sur fond d'Océan qui dessert les 7 étages de chambres, dont 23 dans les derniers étages sur les 50 ont une très belle vue sur la mer, donnant l'impression d'être en bateau. Une configuration surprenante donc et un emplacement de rêve! Ascenseur pour les plus paresseux ou très bel escalier ancien recouvert de chaudes moquettes et de tapis et vous êtes dans les chambres, des chambres insonorisées de plusieurs catégories, dont la plupart, à ce jour, ont été refaites. Elles sont toutes différentes, au 2e étage par exemple, meubles anciens, fauteuils et dessus de lit aux couleurs gaies, originaux tours de lit surmontés d'immenses glaces... certaines communiquent... toutes les salles de bains sont impeccables, partout TV câblée, téléphone direct et minibar. Restaurant sur place ouvert à tous, avec des menus pensionnaires.

L'Atalaye. 3, avenue des Goëlands - Plateau de l'Atalaye 64200 Biarritz ✆ 05 59 24 06 76 - Fax 05 59 22 33 51. *Chambres de 38 à 60 €. Petit-déjeuner: 5,60 €. Ascenseur et parking gratuit.* Marie-Valérie Ferran est pleine de charme, dynamique et entreprenante en diable. C'est elle qui a repris cet hôtel, mais papa et maman sont toujours là. Elle a fière allure d'ailleurs cette belle bâtisse, avec sa petite tour-guérite sur toute la hauteur de la façade qui donne pour partie sur l'Océan et abrite 24 chambres au charme du passé, revues et corrigées par la demoiselle qui a amené un peu de sa personnalité dans une décoration plus contemporaine donnant à chacune un style différent. Certaines minuscules sont amusantes, d'autres plus grandes peuvent accueillir 3 ou 4 personnes, toutes sont assorties de salles de bains avec douche ou bain, les salles de bains installées dans la tour, valant assurément le détour par leur pittoresque! Sympathique salle de petit-déjeuner et petit coin TV, au rez-de-chaussée.

L'Auberge du relais. 44, av. de la Marne 64200 Biarriz ✆ 05 59 24 85 90. *Tarifs: de 37 € pour un single avec douche à 54 € pour un double avec bain. petit déjeuner: 6 €* Un petit hôtel 2 étoiles au charme familial. Une douzaine de chambres simples avec bain ou douche. La numéro 15 consituée de 2 pièces peut accueillir une famille. Egalement un restaurant de qualité prisé des Biarrots hors saison.

Dans les environs

Hôtel-villa l'Arche. Chemin Camboénéa 64210 Bidart ✆ 05 59 51 65 95 - Fax 05 59 51 65 99. *Fermeture annuelle de mi-novembre à mi-février. 9 chambres de 80 à 145 €. Petit-déjeuner 11 €.* L'établissement de style néo-basque offre un accès direct à la plage. Les chambres sont équipées de mini-bar, coffres et chaînes satellites, la plus petite chambre fait 20 m².

Hôtel-restaurant Ypua. Rue de la Chapelle 64210 Bidart ✆ 05 59 54 93 11 - Fax 05 59 54 95 14. *12 chambres de 39,65 à 53,36 €. Menus de 15,25 à 32,02 €. Carte 32,02 €. Petit-déjeuner 7,63 €.*Grande maison basque de style rustique avec de petites chambres équipées très coquettes. Le jardin, la piscine et le jacuzzi vous assurent un grand confort. La situation est exceptionnelle: un cadre de verdure entre Biarritz et Saint Jean de Luz, non loin des plages, aux portes de l'Espagne et à 2 pas des centres de thalassothérapie. Des spécialités originales sont proposées par le restaurant: la marmite du mareyeur au vinaigre balsamique et à l'ail confit (moules, crevettes, gambas, lotte, langoustines), la planche Ypua (poissons ou viandes grillées, sauce tartare et garniture), l'éventail de magret de canard à la royale (foie gras, cèpes et pommes fondantes).

Chambres d'hôtes

Irigoian. Avenue de Biarritz 64210 Bidart ✆ 05 59 43 83 00. *5 chambres de 76 à 107 €. Petit-déjeuner 8 €. Carte bancaire non acceptée.* Ancienne ferme basque construite au XVIIe siècle. Une partie de la propriété a été transformée en golf. Les 5 chambres situées à l'étage disposent d'un confort digne d'un hôtel 3 étoiles. A 400 m des plages, à 800 m de l'institut de thalassothérapie des thermes et du centre équestre.

Campings

Camping Berrua 64210 Bidart ✆ 05 59 54 96 66. Situé à deux pas de la RN10, de l'aéroport, de la gare, de l'autoroute et des plages, ce camping est fort agréable. Bien équipé, il possède cours de tennis, piscine et propose de nombreuses activités pour les petits et les grands. Un animateur organise des tournois de tennis ou de pétanque. Les enfants ne sont pas oubliés et, entre 3 et 10 ans, ils peuvent être confiés sans problème à un animateur ou une animatrice qui leur fera passer des moments chaleureux. Depuis ce « village » camping basque, tout proche de l'océan, vous aurez une magnifique vue sur la Côte basque et les Pyrénées. De plus, le cadre est sublime, calme, ombragé et verdoyant. Nombreuses festivités pendant l'été. Bar-restaurant-pizzeria, ouvert à tous.

Le Ruisseau. Les Castels 64210 Bidart ✆ 05 59 41 94 50 - Fax 05 59 41 95 73. 440 emplacements sont mis à la disposition du visiteur qui trouvera dans ce camping, toutes les solutions les plus séduisantes. Il a le choix de réserver les classiques mobil - home de type 4 (5x3, 4 pers., salle de séjour, 2 chambres, un coin cuisine et une salle de bains), de type 6 (une banquette en plus dans le coin salon) mais aussi, plus original en pareil lieu, des résidences Castel. En dur, elles sont de belle facture, à savoir sur 34 m² + 9 m² de terrasse, elles possèdent un séjour avec canapé, 2 chambres, une cuisine et une salle de bain. 15 hectares de parc, à 2 km des plages de Bidart, paysagers et animés, avec un espace aquatique d'envergure de 1 100 m² et ses toboggans, sa piscine couverte, non loin de deux lacs pour la pêche et le canotage. Dans l'enceinte, le vacancier trouvera aussi deux tennis, un mini-golf, une salle de musculation avec jacuzzi, sauna et UV, des terrains de volley, football, basket, boules, ping-pong et enfin une aire de jeux pour les enfants, etc...ainsi qu'une superette, bars, restos et laverie.

RESTAURANTS

Bien et pas cher

Auberge de la Négresse - Chez Panchoa. 6, boulevard Marcel Dassault 64200 Biarritz ✆ 05 59 23 15 83 - Fax 05 59 23 84 66. *Fermeture annuelle juin. Fermé le lundi soir. Menus de 9,50 à 28 €. Carte 23 €.* Une maison accueillante, entièrement refaite il y a deux ans, ouverte sur la terrasse donnant sur un jardin fleuri. C'est un endroit convivial apprécié de nombreux habitués, les patrons sont dynamiques et le service est très souriant. Classiques régionaux et de toujours, anguilles persillées, foie gras frais mi-cuit, dorade à l'espagnole, côte de bœuf.

Table et Hostellerie des frères Ibarboure. Chemin de Ttalienea 64210 Bidart-Guéthary ✆ 05 59 54 81 64/05 59 47 58 30 - Fax 05 59 54 75 65. *1 étoile. Fermeture annuelle du 15 novembre au 5 décembre et du 5 au 20 janvier. Fermé le mercredi et dimanche soir (sauf du 1er août au 10 octobre). 8 chambres de 114,35 à 182,94 €. Menus de 32 à 57,95 €. Carte 55 €. Petit-déjeuner 12,20 €.* C'est autour d'un immense patio qui sont distribuées les 8 chambres au confort et à l'originalité rare : une chambre, un style. Autour de cette table étoilée, Martin et Philippe en cuisine et leurs épouses en salle, dans un cadre élégant et raffiné. Un large panel de menu dont « le coup de coeur » du chef ou dégustation « Plaisir de déguster » sauraont vous séduire : déclinaison des truites des Aldudes, mariné, de crabe printanier et galette de Séchouan, courgette au basilic... Superbe !

Auberge l'Hacienda. Route d'Ahetze - Chemin de Bassilou 64210 Bidart ✆ 05 59 54 92 82 - Fax 05 59 26 52 73. *Fermeture annuelle de mi-novembre au 1er avril. 10 chambres de 61 à 138 €. Menu à 23 €. Carte 25 €. Petit-déjeuner 10 €.* Une auberge typique, au style espagnol, au cœur du Pays Basque. Les chambres sont ravissantes, toutes différentes, donnant sur la campagne, le cadre est rustique soigné. La piscine est venue apporter un supplément d'agrément. La table est bien dans la tradition basque, avec le foie gras maison, les chipirons aux senteurs basques, le merlu koskera, le carré d'agneau.

La Ferme Ostalapia. 2621, chemin Ostalapia 64210 Ahetze ✆ 05 59 54 73 79 - Fax 05 59 54 98 85. *Fermeture annuelle 15 jours en novembre et 15 jours en février. Fermé le mercredi hors saison. 5 chambres de 60 à 138 €. Carte 30 €.* Tout près de Saint-Jean-de-Luz, une ferme XVIIe qui perpétue la tradition d'accueil puisqu'elle servit de relais sur la route de Saint-Jacques de Compostelle. Des chambres campagnardes très jolies, pierres apparentes, revêtement de coco, lin naturel et vieux meubles, de grand confort et dans un calme parfait. La table réserve d'autres bonnes surprises dans un cadre tout aussi authentique, pour goûter, dans la simplicité, à la morue fraîche, au boudin, aux chipirons à la plancha et à la côte de bœuf.

Hôtel les Dunes - Auberge d'Ilbarritz. Quartier Ilbarritz 64210 Bidart ✆ 05 59 23 00 28 - Fax 05 59 23 68 20. *Fermeture annuelle une semaine à la Toussaint et 15 jours pour les fêtes de fin d'année. Fermé le dimanche soir et lundi. 12 chambres de 38,11 à 60,98 €. Menus de 13,72 à 22,87 €. Carte 27,44 €. Petit-déjeuner 4,57 €.* Dans cette auberge de style basque : 12 chambres tout confort (salle de bain, télévision, téléphone), dont une équipée pour recevoir des handicapés et cuisine du terroir ainsi que spécialités régionales de fruits de mer et de poissons servies dans 2 salles au cadre rustique.

Kandela. 901, avenue du Général de Gaulle 64210 Guéthary ✆ 05 59 47 77 57 - Fax 05 59 47 77 57. *Menus de 17 à 23 €.* Un agréable restaurant à la façade en pierres, qui propose une cuisine classique autour de bons produits : chipirons au piment, moule kandela, poêlée de gambas, magret aux cèpes, dorade grillée.

Cenitz Ostatua. Plage de Cenitz 64210 Guéthary ✆ 05 59 26 59 16 - Fax 05 59 26 54 01. *Fermeture annuelle d'octobre à mi-avril. Carte 23 €. Carte bancaire non acceptée.* Ce restaurant bénéficie d'une situation exceptionnelle. La terrasse extérieure située en surplomb au bord de la plage et de la mer permet de profiter d'une très belle vue sur l'Espagne. On apprécie le calme environnant de ce site encore sauvage. Spécialisé dans les grillades à la plancha et les produits frais de la mer.

Le Bistrot Bellevue. 5, place Bellevue 64200 Biarritz ✆ 05 59 24 19 53. *Carte de 22 à 45 €.* Mitoyen au restaurant étoilé de Didier Oudil et Edgar Dhur, ce bistrot qui leur appartient bénéficie dans un cadre simple d'une cuisine élaborée par les 2 chefs qui s'attachent à donner à ce restaurant une qualité irréprochable à des propositions souvent originales, terrine paysanne du vieux garçon, recuite de légumes et de thon confit à l'huile d'olives...

Le Café de la Grande Plage. Casino Municipal de Biarritz ✆ 05 59 22 77 88. *Menu-carte : 22 €. Carte de 24 à 36 €.* Face au casino, les promeneurs viennent à tout heure prendre un verre ou y manger. Des suggestions faites par le chef tous les jours, vous pouvez également choisir entre la trilogie de la mer, ses plateaux de fruits de mer, ses homards et des menus plus classiques…

Côté Cour. 5, rue Gardères 64200 Biarritz ✆ 05 59 24 28 28. *Menu à 15 € et 18 €. Carte à 22 €. Fermé hors saison le mercredi midi et le mardi.* Un restaurant chaleureux dans un petit coin de cour, une terrasse verdoyante. Le soir, la salle est illuminée par les arbustes. Des sets jaunes et des nounours porteur de plusieurs ardoises miniatures qui présentent les menus et la carte… Tout est bon, les soupières, des salades dicerses, parillada… et la terrine d'agrumes, une petite merveille !

Bonne table

La Goulue. 3, rue Etienne Ardoin 64200 Biarritz ✆ 05 59 24 90 90. *Menus à 12 à 22 €. Carte 29 €.* Dès l'entrée, c'est un enchantement : le cadre est coquet, vivant, ensorceleur, rétro à loisir avec cette petite touche d'intimité malgré l'animation qui règne… Imaginez les années folles et un style Art Déco à la Toulouse-Lautrec : souvenirs, gravures, bibelots anciens, lumières douces tamisées par des appliques de l'époque, dentelles, etc. Un cadre de théâtre à conseiller aux amoureux ! Eric Lacouture, le maître de ces lieux magiques, propose des plats hors du commun, les huîtres artisanales d'un ostréiculteur médaillé au concours agricole à Paris, les œufs cocotte agrémentés de gésiers et de cubes de foie gras ou encore et surtout la fameuse tête de veau sauce Gribiche et les poissons de ligne grillés à la plancha. Pour terminer en beauté, vous sombrerez dans « les péchés de la Goulue » avec des nectars que Laurent, le gentil sommelier, vous conseillera efficacement.

L'Operne. 17, avenue Edouard VII 64200 Biarritz ✆ 05 59 24 30 30 - Fax 05 59 24 37 89. *Fermeture annuelle 10 jours fin janvier. Fermé le lundi hors saison. Menus de 23,17 à 28,97 €. Carte 25,88 €.* Une table intéressante à plus d'un titre : le cadre d'une villa en pierre du siècle dernier face à la plage, que l'on contemple depuis la terrasse ou les baies vitrées de la salle rustique, le confort et la décoration, climatisation, salon rénové, et enfin la cuisine, bien ancré dans son terroir, avec de bonnes idées qui plaisent au nombreux public touristique : piperade basquaise à l'ibaïona, feuilleté croustillant aux anchois de Socoa, merlu de Biscaye à l'espagnole, farandole de saint-jacques aux cèpes d'Iraty, pigeon braisé et confit d'échalotes au vin d'irouléguy.

Petit port de Biarritz

Chez Albert. Port des Pêcheurs 64200 Biarritz ✆ 05 59 24 43 84 - Fax 05 59 24 20 13. *Fermeture annuelle du 1er au 15 décembre et du 10 janvier au 10 février. Fermé le mercredi (sauf en juillet-août). Menu à 27,44 €. Carte 35 €.* Une table de très bon niveau sur le port de pêche, face à l'océan, avec son décor marine et sa terrasse ouvrant sur le large. La cuisine est naturellement orientée par les courants atlantiques, avec la dorade grillée à l'espagnole, le saint-pierre au sel de Guérande, les chipirons sautés aux piments et une excellente paella. Belles présentations d'assiettes, service dynamique, toujours souriant et efficace, cave régionale accessible (jurançon, pacherenc, irouléguy) renforcée par quelques vins espagnols et chiliens.

El Picador. 5, rue du Centre 64200 Biarritz ✆ 05 59 22 21 94. *Carte sur ardoise de 20 à 34 €. Un plat de 9 à 16 €.* Le picador, en tauromachie, est celui qui pose les banderilles et prépare le taureau... Richard Cazaubon, en salle, et Xavier Campet, en cuisine, se présentent comme de parfaits maîtres d'œuvre, eux aussi, à leur manière. Ils ont imaginé leur nouveau restaurant, avec classe et sobriété, dans une ambiance propre à la corrida : tête de taureau grandeur nature, histoire de rappeler qu'on est ici au Picador et que pour l'heure le taureau est le maître, tableaux illustrant la tauromachie et, à l'entrée du bar, des tonneaux pour que l'on n'oublie pas qu'autour de la corrida, il y a toujours une ambiance festive si chère à nos voisins espagnols ! Le cadre est planté ! On ne peut imaginer une cuisine autre que basque... espagnole. Voilà, c'est bien ce que nous concocte le chef. La plancha est reine ici, c'est là que dorent poissons et viandes. D'ailleurs, les hommes de la maison adorent le poisson, le poisson frais qu'ils cuisinent : louvine à l'espagnole, parillada de la mer, morue biscayenne, marmitako, bref, tous les grands classiques. Auparavant vous aurez goûté à une assiette de foie gras, à des crevettes à la Rioja ou à des poivrons farcis à la morue. Mais les inconditionnels de viande auront une parillada de viandes (excellente), des cœurs de canard ou du lomo à la plancha. Pour tous les goûts ! Avec, sans supplément, une petite musique d'ambiance fort sympathique et, avec un petit supplément, un vin espagnol bien sûr. Service impeccable. Une immersion réussie.

Plaisir des Mets. 5, rue du Centre 64200 Biarritz ✆ 05 59 24 34 66. *Fermé mardi soir et mercredi toute la journée. Ouvert les autres jours midi et soir (services jusqu'à 14 h et 22 h). Menu à 20 €. Carte 31 €.* Voici un restaurant intimiste tranquillement installé dans une petite rue donnant sur les halles. Charme discret et décor « salon » : ici, on consomme de la grande cuisine ! Le chef, Jean Noël Aguerre, vient de passer quelques années au célèbre Miramar. Sa cuisine est raffinée et fait preuve de beaucoup de recherche et d'imagination. La carte est d'ailleurs renouvelée tous les trois mois, par délicatesse pour les fidèles mais aussi pour coller avec les saisons. On vous conseille l'exquis pigeon fermier de Souraïde rôti sauce civet aux oignons grelots (18 €) ou le gigot et épaule d'agneau cuisinés aux deux façons. En saison, choisir la Saint-Jacques dans tous ses états : en brochette, en salade aux asperges et artichauts 11 €. On cuisine le poisson à 80 %, précise ce restaurateur, surtout les soirs d'été. Les produits de la mer n'ont pas fini de séduire !

Sidreria Pantaleon. 36, avenue de Verdun 64200 Biarritz ✆ 05 59 24 09 69. *Service de 19 h à 2 h du mat. Ouvert 7 J/7. Fermé hors saison le lundi. Menu Pantaléon : 25 €. Carte de 18 à 28 €. Menu enfant : 6,10 €.* Avant de passer la porte de bois sombre et massive, on se laisse aisément porter par l'ambiance ibérique. Un endroit désormais réputé sur la côte pour son atmosphère de classique cidrerie. Des tables en bois, barriques, piments d'Espelette, peintures de corridas, des carrelages représentant des élevages de taureaux, une tête de taureau grandeur nature... Espagne oblige avec ses trésors de culture tauromachique et son ambiance à nulle autre pareille. Derrière le bar, le fameux breuvage traditionnel coule à flot, le vrai cidre. Sur la table, un éventail de tapas, des viandes et poissons grillés (nouveau) sur la braise, du cochon de lait (un délice), des côtes de bœuf traditionnelles, une merveilleuse daube de taureau en saison de corridas et du cidre bien sûr, servi au tonneau, tout comme là-bas, mais pour les inconditionnels, de bons vins espagnols aussi ! A noter des animations, certains soirs, des danseuses sévillanes tous les jeudis toute l'année, des soirées flamenco les vendredis et samedis ou sur réservation et des soirées basques de temps à autre.

Index général à la fin de ce guide

Le Clos Basque. 12, rue Barthou 64200 Biarritz ✆ 05 59 24 24 96. *Fermeture annuelle deuxième quinzaine de février et d'octobre, 10 jours fin juin. Fermé le dimanche soir, lundi (hors saison). Menu à 22,50 €.* C'est une gentille petite maison basque, accueillante avec sa terrasse arborée, l'intérieur en pierres est agréable. Pourtant, Béatrice Viateau ne se contente pas, loin de là, de réciter son terroir. Intéressant menu carte à 22,5 euros, avec la tartine feuilletée aux pommes et aux magrets séchés, la morue fraîche au four à l'huile d'olive, le bar grillé aux mangues et à la purée de patate douce, la concassée de veau au chutney de tomate à la coriandre, le carpaccio d'ananas à l'infusion de thé au jasmin.

Le Callejon. 15, place Clemenceau 64200 Biarritz ✆ 05 59 24 99 15. *Réservation le soir à partir de 17h. Service de 20h à 2h du matin non-stop, ouvert dimanche, lundi, mardi, fermé mercredi, réouverture jeudi 17h30. Fermé le midi.* Superbe entrée dans cette petite rue qui descend à la plage, avec ses fenêtres et portes surmontées d'élégantes bâches bleu marine. Pas de déception dans la salle, c'est l'Espagne et son ambiance festive qui vous saute aux yeux. Dans un joyeux brouhaha, au milieu d'une foule d'habitués, vous saurez trouver une petite place sur l'une des grandes tables de bois, aidé par le patron, omniprésent. Là vous serez vite dans l'ambiance ! Sangria ou autre apéritif pour se mettre dans le bain et un choix difficile dans une carte complète et originale : Cazuelas froides ou chaudes, à toutes les façons, beignets de crevettes, croquettes de morue, tortillas Bacalao, chipirons à la plancha, etc., charcuteries diverses et excellentes comme le fameux pata negra, des poissons, plein de poissons, pot-au-feu de morue fraîche, pibales, parillada... Service rapide, plats annoncés par la cloche qui vibre à chaque arrivée, comme dans les cidreries espagnoles, vins espagnols de qualité. Rendez-vous des habitués et des touristes en toutes saisons, c'est aussi pendant la période des corridas, du 15 au 30 septembre, le rendez-vous de l'aficion... Là, le ttoro est le roi de la fête du palais : en daube, en chuleta, en côte, pavé ou filet... Typique !

La Tantina de Burgos. 2, place Beau Rivage ✆ 64200 Biarritz ✆ 05 59 02 23 24. *Carte : 26 €. Fermé le dimanche.* Changement dans la continuité, dans un cadre toujours aussi charmeur, véritable fresque du Pays Basque. Toujours la même tête de taureau pour présenter la carte et ses bons petits plats, les moules à la plancha, les chipirons à l'ail, le boudin basque... et le riz « olé ». Service tout sourire et une ambiance du tonnerre certains soirs.

Luxe

Campagne et Gourmandise. 52, avenue Alan Seeger 64200 Biarritz ✆ 05 59 41 10 11 - Fax 05 59 43 96 16. *1 étoile. Menu carte unique : 29 €* Une cuisine élégante, autour des produits de la mer et du terroir, bien travaillée : terrine de crustacés en marinière de moules aux aromates, filets de poisson cuits à la plancha, pigeon cuit en cocotte à la tranche de foie gras sauce Bécassine, baba imbibé au rhum et ses pommes rôties. La terrasse est particulièrement agréable l'été.

Les Platanes. 32, avenue Beausoleil 64200 Biarritz ✆ 05 59 23 13 68. *1 étoile Menus à 24 à 60 €. Carte de 59 à 45 €.* Fermé lundi et mardi hors saison. Du 14 juillet au 21 août, fermé à midi le lundi, mardi, mercredi, jeudi ; ouvert tous les soirs, dîner à partir de 20h. Un nom seulement accroché sur le tronc du platane le plus proche : « Les Platanes ». Un nom de restaurant fort banal pour une table qui ne l'est pas... Vous êtes bien chez Arnaud Daguin, fringant étoilé Michelin. Il faut donc pousser la porte et s'installer dans un confort bourgeois sans ostentation ! Le salon de la maison a conservé sa cheminée de marbre gris, les tables rondes sont habillées de nappes damassées blanches... voilà pour le classicisme du lieu ! Les murs sont orange, les boiseries bordeaux et les rideaux vert amande, à l'image sans nul doute de la fresque contemporaine qui anime tout un pan de mur... Voilà pour le non-conformisme du lieu ! En bienvenue, une coupelle de quenelle d'alose à la fleur de cresson. La couleur est annoncée : ici la cuisine n'est pas banale. Le chef non plus ! Arnaud Daguin en personne décide du menu avec son client : ses goûts ? ses envies ? Quelle est la pêche du jour ? Le dialogue est entamé et la commande peut partir... fi de la carte sous plexiglas ! Viennent alors les délectables foies gras, frais ou chauds, les pigeonneaux désossés à l'ancienne (les favoris) ou l'émincé de maigre aux légumes primeurs assortis. Les desserts offrent la même finesse. Si vous venez à 6 (pas plus 9 couverts à la même table), Arnaud et son épouse Véronique vous proposeront le menu. Vous êtes là chez un chef qui n'est pas prêt de se laisser prendre par la routine.

La Villa Eugénie à la Rotonde. 32, av. Beausoleil 64200 Biarritz ✆ 05 59 41 64 00. *1 étoile. Menu de 43 à 60 €. Carte de 59 à 92 €.* D'immenses baies vitrées donne sur une vue exceptionnelle sur l'océan.Dans un cadre somptueux, vous dégusterez la cuisine raffinée du chef, Jean-Marie Gautier, meilleur ouvrier de France 1991

POINTS D'INTERET

Office du tourisme. Square d'Ixelles - Javalquinto 64200 Biarritz ✆ 05 59 22 37 00.

Eglise Saint-Martin. 4, rue Saint-Martin ✆ 05 59 23 05 19. Construite vers le milieu du XIIe siècle, Saint-Martin est la première église biarrote. Restaurée en 1541, elle présente un chœur gothique flamboyant et une nef à arcades basses. L'orgue, de facture récente, est un des beaux instruments de la région. L'église vient d'être restaurée et les travaux se sont achevés il y a quelques mois.

Eglise Sainte-Eugénie. Place Sainte-Eugénie. Née en 1856, elle n'était qu'une chapelle de style romano-byzantin. L'actuel édifice (de style Renaissance) date de la fin du XIXe siècle et a été ouvert au public en 1903. Les murs à l'intérieur sont en pierre bleue d'Arudy et en pierre d'Angoulême à l'extérieur. La crypte abrite la tombe du curé Gaston Larre, premier curé de la paroisse en 1884 et qui avait décidé la modification de la petite chapelle originelle. Sainte-Eugénie est la patronne de l'Impératrice des Français.

Chapelle impériale. Rue Pellot ✆ 05 59 22 37 00. *Toute l'année: du 15 avril au 15 juillet et du 16 septembre au 15 octobre: mardi, jeudi et samedi; du 16 juillet au 15 septembre, du lundi au samedi, de 15h à 19h et du 15 octobre au 31 décembre, le jeudi de 15h à 17h. Sur réservation pour les visites de groupes.* L'Impératrice a voulu que cette chapelle voit le jour dans le parc de la Villa Eugénie. C'était en 1864. Construite par un élève de Viollet-le-Duc, Emile Boeswillwald, dans un style romano-byzantin et hispano-mauresque, caractéristique des tendances artistiques du Second Empire, et décorée par Denuel et Steinheil, elle est d'une rare beauté avec son exceptionnelle polychromie, ses azulejos sur les murs extérieurs, son mobilier d'époque. Elle fut classée monument historique en 1981 et propriété de la ville de Biarritz l'année suivante. Depuis, elle ne célèbre que des messes commémoratives, 4 par an, pour la mort de l'Empereur en janvier, pour le prince héritier en juin, pour l'Impératrice en juillet, pour Notre-Dame-de-la-Guadalupe en décembre.

Phare et cadran solaire analemmatique. Avenue de l'Impératrice. *Visite vendredi, samedi et dimanche de 14h à 17h30. Entrée: 1,52 €.* Erigé en 1834, haut de 73 mètres au-dessus du niveau de la mer et fier de ses 248 marches, le phare, équipé d'une lanterne dioptrique et de lentilles Fresnel d'époque, domine le cap Hainsart, ainsi dénommé en raison des chênes qui l'entouraient et qui ont été remplacés par des tamaris. Ce cap marque la limite séparant la côte sablonneuse des Landes de la côte rocheuse du Pays Basque. N'hésitez pas à grimper tout en haut, la vue y est superbe! Cependant, avis aux paresseux, non loin de là, de l'esplanade Elisabeth II, vous pouvez avoir un aperçu de ce que l'on voit du sommet du phare. Le cadran solaire: juste à quelques mètres du phare de Biarritz, ce cadran en pierre se trouve à la pointe Saint-Martin. Géré par la Société d'astronomie de la Côte basque, il indique bien évidemment le Nord et donne l'heure solaire locale. Un jeu d'enfants! Pour cela, placez-vous sur l'axe de la dalle centrale, face au Nord, en positionnant les talons à l'emplacement de la date du jour (l'axe médian égrène les différents mois de l'année). Votre ombre indiquera l'heure solaire locale.

Port des pêcheurs. Impossible de séjourner ici sans aller faire un tour dans ce lieu magnifique. Un lieu non loin du centre-ville donc très accessible à pied. Il a été créé après l'abandon, en 1870, des travaux du port du Refuge et grâce au reliquat de la donation impériale. Il reçoit des pêcheurs et des plaisanciers. Lieu pittoresque et coloré, avec des boutiques d'artisans, des bistrots et des restaurants à la mode...

Rocher de la Vierge. Imposant rocher que Napoléon III décide d'utiliser comme point d'ancrage de la digue du port du Refuge qu'il voulait créer. Aussi, ce rocher a été relié à la terre par un pont en bois (actuellement par une passerelle métallique due à Eiffel) et percé d'un tunnel pour permettre l'acheminement des blocs de pierre destinés à la construction de la digue. Ce rocher doit son nom actuel à la statue de la Vierge érigée à son sommet en 1865. Le soir venu, les spots installés tout autour permettent d'avoir sur fond d'océan, un aperçu de la fougue des célèbres vagues de la cité.

Asiatica - Musée d'Art Oriental. 1, rue Guy Petit ✆ 05 59 22 78 78. *Fermé lundi, et mardi journée continue de 10h30 à 19h. Ouvert du mercredi au vendredi de 10h30 à 13h et de 14h30 à 19h, le samedi de 14h30 à 22h et le dimanche de 14h30 à 19h. Tarifs : adultes : 6,86 €, jeunes.* C'est à Michel Poster et son épouse Zhu Xintian, passionnés d'art oriental que l'on doit ce musée. Après une quarantaine d'années d'achats sur le marché international d'œuvres d'art émanant de l'Inde, du Népal, du Tibet et de Chine, les voici à la tête d'une impressionnante collection. De l'idée de la création d'un musée à la réalité, il n'y avait plus qu'un pas, franchi à Biarritz, avec Asiatica. Mille objets sont ainsi présentés, de la préhistoire à nos jours, sculptures en pierre, bronze et bois représentant des divinités du bouddhisme et de l'hindouisme, terres cuites, miniatures, textiles, bijoux en or et argent, livres anciens, masques, magnifiques Thangka, ces peintures tibétaines sur toile de soie, illustrant des lamas, des divinités farouches, des mandalas. De même sont proposées des expositions de peintures, photos et sculptures, toujours accompagnées de rencontres avec l'artiste. Ainsi Mme Xintian Zhu a déjà proposé des photos d'Asie, des peintures sur soie, M. Peyret des photos sur le Rajasthan.

Le Rocher de la Vierge

Musée de la Mer. Plateau de l'Atalaye ✆ 05 59 24 02 59. *Infos et réservations pour groupes à Biarritz Tourisme 05 59 22 37 00. Tous les jours (sauf du 4 au 10 janvier inclus, le matin de Noël et du 1er janvier) de 9h30 à 18h sans interruption pendant les vacances de février et de Noël, de 9h30 à 19h pendant les vacances de Pâques, les week-ends et jours fériés d'avril et mai et tous les jours du 1er au 15 juin, de 9h30 à 20h du 16 au 30 juin, du 1er au 13 juillet et du 1er au 30 septembre, de 9h30 à minuit du 14 juillet au 31 août. En saison, ouverture continue. Adultes : 7 €.* Il est l'un des premiers établissements de ce style en France et fête ses 65 ans. Avec, au fil des ans, des innovations et notamment une rénovation en 1992 qui a permis de lui conserver son originalité architecturale et de le doter d'équipements d'aquariophilie et de muséologie modernes. Ce qui a aussi permis de revaloriser ses collections. Visiter le musée, c'est entreprendre une aventure. Sur place, on peut vous proposer des itinéraires de visites thématiques, la vie marine, par exemple, qui vous fera découvrir l'aquarium. Au niveau 1, les moulages et squelettes de cétacés, dans l'escalier central vous pourrez comparer le moulage de la tortue luth à la caouanne. Au niveau 2, profitez de la vision subaquatique des phoques et des informations sur les pinnipèdes. En terrasse, retrouvez les phoques et leurs ébats et la galerie d'ornithologie. Autre thème de visite, l'homme et la mer. Dans ce cas, passage obligé à l'aquarium, puis au niveau, intéressez-vous à la plongée, à l'histoire de l'océanographie, de l'épopée baleinière. Au niveau 2, interrogez l'ordinateur relié à la station météo, offrez-vous une séquence rétro, avec l'histoire des bains de mer, la première planche de surf et en terrasse admirez le panorama...

Musée historique de Biarritz. Rue Broquedis ✆ 05 59 24 86 28. *Ouvert de 10h à 12h et de 14h30 à 18h30 sauf jeudi et dimanche. Tarifs : adultes : 2,29 €, enfants : 0,76 €, pour les tarifs de groupes, téléphoner.* Près des halles, dans l'enceinte de l'église Saint-Andrew's, le musée dont la première pierre a été posée par la reine Frederika de Hanovre permet de plonger dans l'histoire fort riche de Biarritz. Inauguré, en 1986, par l'association des Amis du vieux Biarritz, ce lieu fait revivre les trois principales époques de la cité : le Moyen Age, quand la ville était un port baleinier, le XIXe siècle marqué par la famille impériale, et les années folles qui ont connu des réceptions somptueuses données par des familles anglaises, russes, espagnoles.

Musée du chocolat. 14, avenue Beaurivage ✆ 05 59 41 54 61. *Fax: 05 59 41 54 65. Ouvert, hors vacances, du mardi au samedi, de 10h à 12h et de 14h30 à 18h, pendant les vacances scolaires, tous les jours de 10h à 12h et de 14h30 à 19h et pour les groupes, sur rendez-vous. Tarifs de 3,05 à 4,76 € adultes. Tarifs groupes.* Nouvelle adresse sur la Côte basque, nouveau look dans la bâtisse classée qui abritait jusqu'alors les anciens ateliers de la chocolaterie Henriet, désormais à Bidart. C'est une visite gourmande à multiples facettes, celle du chocolat, depuis son arrivée dans le port de Bayonne jusqu'à nos jours, celle de la création avec des artisans de qualité, celle d'un mariage sacré, du beau et du bon, celle de la forme, celle enfin de son enjeu économique. Vidéocassettes, dégustations, boutique et salle d'accueil sur l'océan pour expositions, réunions, cocktails... Une visite libre (1 heure) de la maison s'orchestre en 3 parties : projection de documentaires, visite et dégustation ou visite guidée qui comporte le même parcours avec auparavant la dégustation d'un chocolat chaud...

SHOPPING

Chocolaterie Henriet. Zone de Bassilour 64210 Bidart ✆ 05 59 47 58 58. Dans la bâtisse classée qui abritait autrefois les anciens ateliers de la chocolaterie Henriet, s'élève le musée du Chocolat. Visite éducative, alléchante, à multiples facettes, celle du chocolat, depuis son arrivée dans le port de Bayonne jusqu'à nos jours. Cette balade gourmande dure environ 1 heure et comprend 3 parties : la projection d'un documentaire, la visite libre du musée à la découverte de la collection et l'exposition des sculptures en chocolat et bien sûr, le meilleur pour la fin, une dégustation du chocolat. Pour les groupes, un débat est organisé. Une agréable boutique propose différentes gâteries chocolatées, un bon souvenir à ramener aux amis. Et puis un conseil, si vous avez aimé, complétez cette immersion dans le monde du chocolat par une visite à l'entreprise même de M. Couzigout à Bidart (Voir plus loin, chapitre Bidart), le patron de la célèbre Maison Henriet qui ne cesse d'étonner depuis qu'il a repris les rênes de cette maison mythique.

Produits régionaux

Maison Arostéguy. 5, avenue Victor Hugo ✆ 05 59 24 00 52. *Ouvert du lundi au samedi de 9h30 à 13h et 15h à 20h.* Incontournable depuis 1875, la Maison Arosteguy, 5 générations de maîtres épiciers spécialisés au service de la qualité, c'est une affaire qui marche. 5 000 articles des 5 continents et produits régionaux, bien sûr, les fameux produits basques, piment d'Espelette, fromage, chorizo... On peut trouver tout ce qu'on ne trouve pas ailleurs, des produits français font évidemment partie du décor tandis que d'autres pays sont représentés à travers des spécialités dont la réputation n'est plus à faire de quoi varier les plaisirs dans les assiettes. On se contentera d'en évoquer certains, comme le curry ou le chutney importés de Bombay pour l'Europe, ou encore les vins du monde, issus d'une recherche permanente, crus classés de bordeaux ou bourgogne côtoyant le nectar, par exemple ce « vin de glace », également plus de 180 thés « Mariage », un spectaculaire mur... de boîtes, d'un bleu dur profond, voulu par le maître des lieux et repris sur la façade. Livraisons et expéditions dans le monde entier.

Crémerie de Saint-Charles. 17, rue de la Bergerie ✆ 05 59 24 40 55. *Fermé le lundi. Ouvert de 8h à 12h30 et de 16h à 19h30.* Livraisons à domicile possible. Depuis 12 ans, Patrick Bernal a fait de sa petite boutique une référence. Quand un étudiant en droit, avec un sens inné de la communication, qui plus est, décide de devenir « crémier », l'entreprise est sans nul doute un challenge. Eh bien pour ce jeune juriste qui décida très vite de se former puis de se perfectionner, c'est un pari réussi. Il communique plutôt bien, c'est sûr, il a du goût, c'est évident, son adorable petite boutique l'atteste avec ses collections de boîtes de fromages, son camion-citerne que ce bricolo a construit avec des boîtes de thé et surtout il opère un choix draconien dans ses produits. Ainsi la plupart de ses fromages sont artisanaux, au lait cru, ses charcuteries sont de qualité, ses excellents saumons arrivent tout droit de chez le Béarnais Casteig, ses foies du Landais Dartigues, ses thés en vrac sont bien choisis et ses produits frais triés sur le volet. Les yaourts ont été fabriqués à la ferme des Peupliers, ses pâtes fraîches sont faites maison... Et sur commande, il vous prépare de superbes plateaux de charcuterie ou de fromages, prédécoupés et décorés de fruits ou légumes de saison.

BALADE

Le lac Marion. Rue de Larreguy - Quartier de la Négresse. *Du 1er avril au 30 septembre de 7h30 à 21h30; du 1er octobre au 31 mars de 7h30 à 18h30.* Au début du siècle, cette promenade était appréciée puis, peu à peu, complètement abandonnée. Le site a recouvré une seconde jeunesse et est à nouveau ouvert au public. D'une superficie de 20 ha avec un plan d'eau de 5 ha, le lac Marion est un site naturel boisé (beaucoup de hêtres), avec des allées en sable, des espaces de détente, des prairies de fleurs sauvages, un verger, une petite pépinière. Une promenade dans un espace qui continue à bouger et à s'organiser. Depuis le centre-ville, accessible en voiture ou en bus par la ligne n° 2 (descendre gare de la Négresse et faire quelques pas à pied).

LOISIRS

Casino municipal. 1, avenue Edouard VII ✆ 05 59 22 77 77. Il a été créé en 1901 par le peaussier Henri Chevalier, avec un restaurant, « Le Ritz », une salle de jeu et une salle de spectacle de 600 places dans laquelle s'étaient produits Sarah Bernard et Lucien Guitry, sur le site des Bains Napoléon, de style mauresque, construits par Alphonse Bertaud. Fermé puis rouvert, après travaux, sur les plans de l'architecte Laulhé, en style Art déco, il vit passer les vedettes de l'époque, Piaf, Montand ou Trenet. En 1957, un incendie et une inondation endommagent la bâtisse, une énième fois retravaillée par une équipe d'architectes qui s'emploiera à recréer et restaurer la verrière et les mosaïques, le hall et la façade étant classés monuments historiques. Ainsi sur un espace de 12000 m², géré par la Ville (théâtre, Ambassadeurs, Prisme et piscine) et le casino (restaurant « Le Café de la Grande Plage », salles de jeu et restaurant Baccara, machines à sous, boule et discothèque « Le Flamingo »), il accueille une foule de manifestations : déjeuners, goûters dansants, dîners dégustations, cocktails, mariages, défilés de modes, événements sportifs, congrès et séminaires. Projet grandiose, dépendant de l'arrivée de 70 machines à sous supplémentaires, d'un « Espace Animations » qui proposerait en non-stop, des animations culturelles l'après-midi, des apéritifs avant le dîner et, à partir d'une certaine heure jusqu'à l'aube, des soirées dansantes.

Le Caveau. 4, rue Gambetta ✆ 05 59 24 16 17. C'est une institution. La façade blanche éclairée par un néon dans la nuit est connue de tous les noctambules. Le bar attenant est bondé chaque fin de semaine, et dans la boîte, ce n'est guère mieux... Il est impossible d'y glisser une épingle.

Golf du Phare. Avenue Edith Cavell ✆ 05 59 03 71 80 et le Centre d'entraînement d'Ilbarritz Bidart. Créé par des Britanniques et inauguré en 1888 par la Princesse Frédérika de Hanovre, avec 18 trous pour les messieurs et 8 pour les dames, il fut revu et corrigé par des architectes anglais qui ont inclus sur certains trous, une fissure sur l'Océan, the « Chasm » (le gouffre) lui donnant des allures sportives.

Plage de Biarritz

Surf

Où surfer ?

Plage de Marbella : vague de sable composée d'une gauche principalement, une vague qui peut être creuse selon les jours et les conditions.

Côte des Basques : c'est là que se déroule le « Biarritz Surf Festival ». C'est le « spot » le plus connu, celui qui a vu le premier surfeur en Europe, chasse gardée des longboarders.

La Grande Plage : ici aussi un « spot » mondialement connu, non seulement pour sa vague technique mais aussi pour le Biarritz Surf Masters.

Ecole de surf Christophe Reinhardt. Siège : Villa Askenia - Rue Chuchuenia 64210 Bidart ✆ et Fax 05 59 54 78 81. Point d'accueil : Restaurant Surf Hot 64210 Guéthary ✆ 06 86 15 70 56. Christophe Reinhardt est un waterman complet puisqu'il a baigné dans le monde du surf, dès son plus jeune âge, alors que son père était le pionnier en la matière. Autour de ces deux villages proches que sont Guéthary, ce champion de France 1978, 5e au Championnat du monde Longboard 1996, 2e Tandem Biarritz Surf Festival 1994, vainqueur Surf Session Big Wave 1998, se transformera en saison en moniteur. Breveté d'Etat, section Haut niveau Fédération Française de Surf, il organise des cours de 2 heures de surf dans l'eau avec une équipe solide, mais aussi d'autres activités comme le bodysurf, la pirogue Hawaïenne, baptême ou initiation tandem… Possibilité d'hébergement pour les majeurs.

Ecole de surf Taïba. Centre commercial Zirlinga 64210 Bidart ✆ 05 59 54 83 41 / 06 81 39 22 71. Outre des cours de surf et de bodyboard, encadrés par des moniteurs diplômés d'état, cette école, la première du genre installée dans ce secteur en 1988 propose de s'expatrier au Costa Rica pour quelques jours d'aventure hors du commun pour les amateurs d'horizons nouveaux, dans la province de Guanacaste sur la côte pacifique. Logement à Tamarindo, village de pêcheurs. Surf et aussi randonnées pédestres et équestres, pêche au gros, plongée… (Contact Jean-Luc Capdepont ✆ 05 59 41 87 08 / 06 14 01 13 11).

Thalassothérapie

Les Thermes marins. 80, rue de Madrid 64200 Biarritz ✆ 05 59 23 01 22. *Ouvert du 24 janvier au 31 décembre. Cures à partir de 400 € les 6 jours. Forfait week-end : 72 €.* Entre Biarritz et Bidart, ce centre médicalisé possède un service de rééducation fonctionnelle et un espace pour la détente. En tout 2 300 m² dont 350 m² de bassins (rééducation, gym aquatique, multi jets, phlébologie, nage à contre courant, sièges à bulles, enveloppement d'algues, massage sur coussin d'air, pressothérapie, cryothérapie, sauna, institut de beauté…). et salle de repos avec vue panoramique sur l'eau.

Thalassa Biarritz à l'hôtel Miramar et au régina. 52, av. de l'Impératrice 64200 Biarritz ✆ 05 59 41 33 00. *4 étoiles Forfait journée cure hors hébergement : 69 à 89 €.* Tous les attraits de la thalasso avec hydrothérapie marine, applications d'algues, kinébalnéothérapie et rééducation en piscine, massage…

DANS LES ENVIRONS

Arcangues-Arrangoitze

Syndicat d'initiative ✆ 05 59 43 09 43 / 05 59 43 05 50. Ouvert tous les jours de 10h à 19h en saison.

Le nom du village remonte au début du XIe siècle. Ce bourg est à quelques kilomètres de Biarritz. On y pratique la polyculture de type urbain et l'élevage avec une fabrication relativement intensive de fromages. Le village très proche des agglomérations n'a pas d'industries. Le cœur du bourg est le plus visité avec son fronton, son groupe scolaire (magnifique et campagnard) et son église que l'on doit en partie à la ténacité et à l'esprit avant – gardiste de Pierre d'Arcangues qui fut maire dès 1923. Par beau temps, le panorama est grandiose avec une vue unique de toute la chaîne des montagnes jusqu'à la mer. Cerné par la nature, il a des sentiers intéressants et plus particulièrement un ancien chemin communal qui franchit la colline (frontière entre Arcangues et d'autres villages) et qui aboutit à l'église d'Arbonne, en passant par un petit bois agréable. Mais ce chemin n'est pas toujours aisé car la végétation est très présente.

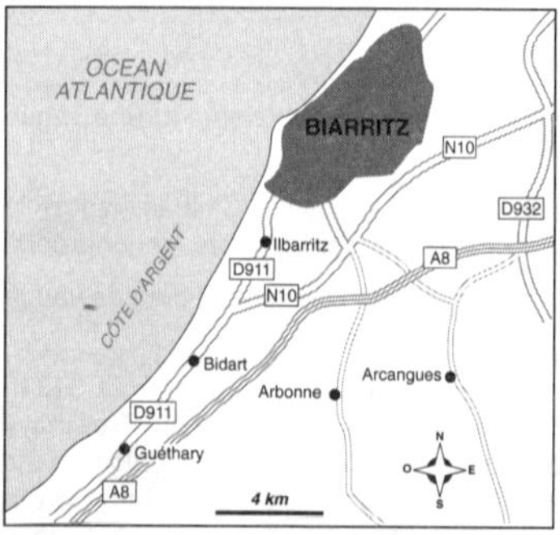

Eglise Saint-Jean Baptiste. Elle date, affirme l'historien Paul Labrouche de la fin du XIIe ou du début du XIIIe, si l'on se réfère aux caractères architectoniques de sa porte originale et a sans doute été remaniée au début du XVIe. Les galeries en bois sculpté (traditionnelles dans les édifices religieux du Pays Basque) sont sans doute parmi les plus belles de la région. Les peintures à l'intérieur de l'église ont été rafraîchies et mettent en valeur le retable doré à panneaux sculptés et le chemin de croix en céramique. A gauche du chœur s'élève une chapelle autrefois réservée à la famille d'Arcangues, sous laquelle la plupart de ses membres sont enterrés. A voir, un bas – relief espagnol du XVIIe, trois grands tableaux de José Antonio de la Pena, deux bas – reliefs polychromes, un grand lustre en bois doré de style empire, un bas – relief du XIIe, représentant – chose rare - un ange mâle et un ange femelle tenant les deux anneaux de Dieu, etc.

Cimetière. Agrandi de façon spectaculaire, face à la chaîne des Pyrénées et à la mer, ce cimetière construit à l'origine selon la tradition basque, avec les tombes regroupées autour de l'église comme les moutons autour de leur berger, ce cimetière surprend le visiteur par la beauté de ses pierres tombales, toutes simples, ses multiples croix anciennes et stèles discoïdales originaires des trois provinces du Pays Basque, Labourd, Basse Navarre et Soule, ses trois fontaines... bref par sa sobriété. Il abrite les tombes de plusieurs célébrités, Pierre d'Arcangues, écrivain, poète et ancien maire de la commune, Luis Mariano, chanteur, Joseph – Ermand Bonnal, compositeur et organiste, élève de Gabriel Fauré, Alexandre Guilmant et Charles Tournemire au Conservatoire de Paris, directeur du Conservatoire de Bayonne et titulaire de l'orgue de Sainte Clotilde à Paris, Yvan Chouklin, peintre et sculpteur russe, Juan Antonio de la Pena, baron de Forna, peintre espagnol, Mariano Andreu Estany, peintre catalan, ami de Picasso et Pablo Casals, etc.

Château. Francis Jammes avait écrit de cette bâtisse qu'« elle était flanquée de deux ailes bleues, le ciel et la mer... ». Rebâti en 1900 par la famille d'Arcangues. On dit que Wellington, au moment des batailles de la Nive, l'habita et après sa reconstruction, une période de fastes amena des hôtes célèbres, la reine Nathalie de Serbie, Le roi Alexandre, le roi Edouard VII d'Angleterre, Pierre Loti, Edmond Rostand, etc. Plus tard, encore, dans les années 30, Pierre d'Arcangues, alors président du Comité des Fêtes de Biarritz, y organisa des soirées d'anthologie. Occupé pendant la guerre, il retrouva sa vie d'antan dans les années 50 et aujourd'hui, il est le cadre de séminaires, dîners de prestige, mariages, etc. Il est aujourd'hui inscrit à l'Inventaire des Monuments Historiques.

Place. Après une surprenante montée vers le bourg où vous trouverez un banc aux motifs de danseurs basques dû au céramiste Cazaux, vous arriverez sur cette spectaculaire place, avec l'église, le fronton, la mairie et la vieille auberge d'Achtal. Puis en contrebas de la mairie, se trouve le Théâtre de la Nature conçu par l'architecte bayonnais, Cazamayou sous l'égide de Pierre d'Arcangues, illustrée à l'intérieur par une fresque du peintre Ramiro Arrue, représentant le village. Enfin, de l'autre côté, il y a la Fontaine aux Dauphins avec de grands bancs en pierre.

Bidart

Au bord de l'océan, au pied des Pyrénées est un village basque typique, sur la mer. Ce village pittoresque, situé entre Biarritz et Saint-Jean-de-Luz (RN10), est riche de traditions : maisons aux couleurs vives, église avec les voix des chorales basques. Une infrastructure touristique au point : six plages, un tennis, un golf... Son nom signifie « au milieu du chemin » et son histoire remonte au XIIe siècle. Bidart était un relais pour le service de la poste à cheval. Ce service empruntait la vieille route du Plateau par le centre. C'est ce même chemin qu'a emprunté Louis XIV pour se rendre à Saint-Jean-de-Luz pour son mariage. Historiquement, comme ses voisines, Bidart a longtemps vécu de la pêche et a reçu de nombreuses personnalités royales, comme Nathalie de Serbie qui y avait fait bâtir une magnifique demeure, se nommant aujourd'hui « les Ailes ».

Charmant village qui possède aussi une belle église du XVIe et un surprenant château. Pour mieux savourer tous ses charmes, il convient d'arpenter ses rues à pied, afin d'y découvrir la petite place centrale avec son vieux fronton et ses antiques chapelles. La devise de Bidart est : « Au carrefour, le chemin le plus droit est le meilleur ».

Visite guidée de la ville ✆ **05 59 54 91 99.** *Participation libre. A compter du 22 juin : les mardis et vendredis. Point de rendez-vous : devant la mairie à 10 h 30. Visite des principaux points importants de la cité.* Un ancien médecin, André Pain, aujourd'hui résident à Bidart, a un jour proposé à la mairie d'organiser des visites de la petite cité. Pris pour un hurluberlu au départ, lui et son initiative sont aujourd'hui salués et annoncés très officiellement par l'Office du Tourisme. La visite dure environ 2 h : « J'adore expliquer, je suis un ancien enseignant et je suis tourné vers la transmission du savoir… ». Trois temps dans la visite : le centre de la place avec une description de l'église, de la mairie, du fronton. Le cimetière et la chapelle de la Madeleine (son panorama - le plus beau, selon André, pour voir la côte -). Passionnant et passionné, André entraîne son monde à la découverte d'un paysage, d'une histoire au travers de ses livres, de ses vieilles cartes postales et d'un nombre impressionnant de diapositives. Si bien qu'en plus des visites, il fait dans les écoles, dans les campings, les hôtels, les VVF des diaporamas sur le Pays Basque, le Labourd plus précisément. Tout y passe : Ascain, Sare, Aïnhoa, Cambo-les-Bains, la côte et la Croix de Mouguerre… votre conférencier enfilant parfois pour la circonstance une tenue de berger. Il a adapté un conte basque et c'est devenu un beau « Laminak et la vieille », pour le plaisir d'un public conquis et charmé. Une activité bénévole mais qui mérite un petit soutien de la part des spectateurs car cela représente un sacré investissement.

Eglise. *Entrée libre.* Dédiée à l'assomption de la Sainte Vierge, l'église, fortifiée avec de puissants contreforts, date du XVIe siècle et, selon l'antique tradition, orientée vers l'Est. Avant d'y pénétrer, il convient de passer sous le porche supportant la salle capitulaire, où se réunissaient les chefs de maisons pour élire les jurats chargés de gérer les affaires de la paroisse. A l'intérieur, un splendide retable baroque, doré, d'influence espagnole, un christ en bois du XVIe siècle, une statue de Saint-Jacques en costume de pèlerin, en chêne massif. Notons aussi les fonts baptismaux serbo-croates, don de la reine Nathalie de Serbie.

Chapelle de la Madeleine. Chère aux pèlerins de Compostelle, la chapelle offre une magnifique perspective sur le littoral et les monts basques. Elle a été entièrement détruite en 1817 par un ouragan et reconstruite trois ans plus tard.

Chapelle Saint-Joseph. Historiquement réservée aux lépreux, son vaste porche avec un bénitier en est la preuve. Ce lieu était en effet la section qui recevait les « cagots » (descendants des lépreux). La chapelle trône sur Parlementia.

Chapelle d'Ur Onea. Ur Onea signifie « lieu de la bonne eau » et cette chapelle est un lieu de pèlerinage. D'après une légende locale, la statue de la Vierge qui est exposée serait revenue seule à cet endroit-là, alors que des gens l'avaient emportée 24 heures plus tôt. La source contiguë à la chapelle (aujourd'hui non potable) était réputée bonne pour les maladies de la peau.

SAINT-JEAN-DE-LUZ

HEBERGEMENT

Le Grand Hôtel. 43, bd Thiers 64500 Saint-Jean-de-Luz ✆ 0559 26 35 36 - Fax 05 59 51 99 84 - E-mail: direction@luzgrandhotel.fr - Site: luzgrandhotel.fr *4 étoiles. De 145 à 460 € en saison. Petit déjeuner 18 €.* La promenade du front de mer de Saint-Jean a retrouvé un palace perdu depuis vingt ans. L'impertinente façade Belle Epoque se dresse royale sur le boulevard de la mer. En bas, face à l'océan, un exceptionnel centre de remise en forme et un restaurant de qualité ouvert à tous.

Hôtel de Chantaco. Route d'Ascain 64500 Saint-Jean-de-Luz ✆ 05 59 26 14 76. *4 étoiles. Hôtel ouvert de Pâques au 1er novembre et restaurant à partir du 1er juin. Tarifs en haute saison à partir de 170 €. Petit déjeuner: 12 €.* A côté du golf de Chantaco, un hôtel qui affiche élégance, luxe et sobriété avec des lits en 180 et des salles de bain en marbre. Fraîcheur des couleurs, charme de l'anien, prestance d'un bâtiment original, féérie des grands volumes, des plafonds hauts... Bref, beaucoup de classe!

Hôtel la Devinière. 5, rue Loquin 64500 Saint-Jean de Luz ✆ 05 59 26 05 51. *Ouvert toute l'année. 3 étoiles. 11 chambres de 100 à 130 €. Petit-déjeuner 9 €.* Etonnant et ravissant hôtel de Charme! La Devinière porte bien son nom: il est insoupçonnable dans la rue piétonnière du centre-ville (à deux pas du casino) mais lorsqu'on le connaît, on ne peut l'oublier. L'accueil se déroule dans la bibliothèque, enfoncez-vous, vous êtes dans le salon douillet, au fond, le jardinet. Un piano, de profonds canapés de cuir, une belle cheminée prête à s'enflammer... pour la clientèle! A l'étage, des chambres meublées à l'ancienne, garnies, décorées: la classe! La plus belle est sans doute (la plus vaste) celle du dernier étage avec sa salle de bains carrelée en noir. Toutes sont différentes, mais chacune dispose d'une jolie salle de bains contemporaine (elles viennent d'être refaites). Deux obstacles. qui ne sont pas insurmontables: La Devinière ne dispose pas de parking (le parking municipal couvert n'est pas loin) et vous n'avez la possibilité de vous faire déposer en voiture qu'avant 10 h (voie piétonne) enfin, il n'est pas équipé en ascenseur. Dans ce cadre délicieux, oserait-on dire à l'anglaise, vous avez au rez-de-chaussée un adorable salon de thé... qui se transporte l'été au jardin... pour 4 € environ, un thé ou un chocolat à la mode « bonne-maman » sera servi par une jeune et très charmante jeune femme (toasts, petits fours, gâteaux de chez Adam à la demande).

La Marisa. 16, rue Sopite 64500 Saint-Jean de Luz ✆ 05 59 26 95 46. *Chambres de 75 à 130 € selon catégorie et saison. Petit-déjeuner: 8 €. 9 places de parking: 8 € la place. Chambres handicapés.* Belle image du raffinement dans cet hôtel de charme, revu de bien belle manière par Jacques Lombard de Buffières et son épouse qui ont décidé de poser leurs bagages à Saint-Jean-de-Luz. Un coup de foudre pour cette demeure et les voilà Luziens, déclinant dans leur hôtel le thème de la Marisa. La Marisa, vous la retrouverez partout, sur la façade, dans les couloirs, sur les portes en azulejos. Le corsaire Sopit sur son bateau, le fameux chasseur de baleine, hante la maison et veille sur ses pensionnaires. Ascenseur, couloirs, cimaises et portes sont habillés de boiseries chaleureuses, souvent sculptées. Une première approche qui vous laisse imaginer le confort et la beauté des chambres luxueuses et décorées avec goût. Tous les meubles sont d'époque, quelques pièces rares, comme ces têtes de lit ou ces fenêtres chinoises dorées à l'or fin, animent les murs. De très beaux tableaux, lampes et bibelots décorent les meubles, coiffeuses, commodes et tables de nuit... Réactualisation du coin salon cette année et toujours plein de trouvailles sympathiques que ce couple, passionné de décoration et d'antiquités ramène de leur promenade régulièrement. En bas, vous pourrez prendre votre petit-déjeuner dans la salle ou dans le patio miniature à la belle saison.

Hôtel du Prado - Hôtel Magenta. Place de la Pergola 64500 Saint-Jean de Luz ✆ 05 59 51 03 71 - Fax: 05 59 26 27 61.*Tarifs: de 38 à 86 € selon saison. Petit déjeuner: 6 €* Deux hôtels près de la plage, une même propriétaire, Christine Guyot, qui a inové, tout en conservant un esprit familial réconfortant. On peut prendre son petit déjeuner dans la cours du Magenta, installé dans une belle bâtissse Napoléon III. Le Prado, clair et lumineux a été récemment remanié et possède un petit air de vacances.

Hôtel du Parc Victoria. 5, rue Cépé 64500 Saint-Jean-de-Luz ✆ 05 59 26 78 78. *4 étoiles. Chambres à partir de 130 €. Petit déjeuner: 14 €.* Ce merveilleux hôtel du siècle dernier, situé à côté des plages, propose 8 chambres et 4 suites raffinées avec jardin privatif. Elles sont superbes ces chambres, confortables et d'une rare originalité, avec un mobilier Art déco. Restaurant gastronomique.

Hélianthal. Place Maurice Ravel 64500 Saint-Jean-de-Luz ✆ 05 59 51 51 51. *100 chambres dont 6 chambres familles (pour 4 personnes). Chambre confort ou grand confort de 11 à 150 €. Chambre privilège de 130 à 180 €. Chambre famille de 17 à 240 €. Lit supplémentaire: 15 €. Animaux: 15 € (pâtée comprise). Petit-déjeuner: 12 €. Portes ouvertes tous les mercredis à 18h30 du 6 juin au 26 septembre.* Cette année toutes les chambres auront été redécorées dans un style Art déco avec des espaces pensés pour de longs séjours. L'hôtel Hélianthal ne brille pas par son architecture extérieure (qu'on finit par oublier puisqu'elle s'est transformée en esprit paquebot, caché par de nombreuses plantes) mais son aménagement intérieur n'en finit pas de séduire: beaucoup de rangements, des murs-miroirs, de l'espace. A l'origine, conçu pour être un 4 étoiles, il est aujourd'hui un excellent 3 étoiles avec un confort qui n'en finit pas de séduire: portier, chauffeur, air conditionné dans les chambres, minibar, coffre-fort, room service entre autres. Et puis par ailleurs, on peut accéder à la thalasso de l'intérieur du bâtiment, pratique quand on se trouve à demi-nu, hammam oblige. Côté cuisine, L'Atlantique, une table gastronomique et panoramique.

Dans les environs

Hôtel la Caravelle. Boulevard Pierre Benoît 64500 Ciboure ✆ 05 59 47 18 05 - Fax 05 59 47 30 43. *20 chambres de 40 à 70 €. Petit-déjeuner 7 €.* Issu de la réunion de deux maisons de pêcheur du XIXe siècle, cet hôtel propose des chambres à thème (la mer bien sûr mais aussi le surf, la pelote basque...), certaines avec vue sur l'océan, toutes avec sanitaires privés. Non loin de là on peut découvrir les grottes de la Sare ou faire une escapade en Espagne.

hôtel Lehen Tokia. Chemin Achotarreta 64500 Ciboure ✆ 05 5947 18 16 - E-mail: info@lehen.com - Site: www.tokia.com. *3 étoiles. Tarifs de 16 à 145 €, suites de 183 à 214 € selon saison. Petit déjeuner: 9 €. Fermé du 15 novembre au 15 décembre.* Une demeure étonnante, classée, avec des vitraux de Jacques Gruber. Une petite merveille du genre réactualisée par un amoureux des belles choses. Un petit salon dévoile un jardinet en pointe s'échappant vers la baie. Les chambres ont toutes un mobilier commun, années 1930, certaines possèdent des vitraux, de lourdes tentures...

Hôtel-restaurant Bakéa. Le Bourg 64700 Biriatou ✆ 05 59 20 76 36 - Fax 05 59 20 58 21. *Fermeture annuelle du 26 janvier au 28 février. Fermé le dimanche soir et le lundi du 1er octobre à fin mars. Menus de 28 à 55 €. Carte 43 €. Petit-déjeuner 7,93 €.* Une maison exemplaire, à la solide réputation, et qui, dans son cadre naturel enchanteur, avec la vue sur la vallée de la Bidassoa, représente un modèle d'hôtellerie à la mode basque. Deux jolies maisons typiques, l'une abritant sept chambres et le restaurant, l'autre (les Jardins de Bakea) incluant les 23 autres chambres, toutes remarquablement soignées et équipées. La table est très fréquentée par les locaux, ce qui est bon signe, la cuisine suivant une ligne de tradition régionale évolutive, avec la lasagne d'anchois frais marinés au basilic, le gigot de lotte rôtie à la paysanne, le dos de louvine au coulis de piperade, le perdreau rôti au jus, le parfait glacé aux pruneaux et à l'armagnac.

Hôtel Ibaïa. 76, avenue des Mimosas 64700 Hendaye ✆ 05 59 48 88 88. *4 étoiles. Chambre à partir de 76 €, 1/2 pension à partir de 100 €. Cures de thalassothérapie à partir de 176 €. petit déjeuner 7 à 8 €. Animaux, 5 €* Plusieurs bâtiments traditionnels pour cet hôtel ddde 61 chambres de 2 catégories.A 30 m de la plage. Barbecue et bodega ouverte à tous, décorée de filets de pêche et de bateaux pour plus de 100 personnes. Elle est très près de la piscine avec son petit pont en bois et ses cabines, comme à Deauville.

Hôtel Serge Blanco 64700 Hendaye ✆ 05 59 51 35 35. *3 étoiles. Chambre à partir de 76 €, 1/2 pension à partir de 111€. Petit déjeuner: 7 €.Cure de thalassothérapie.* 90 chambres dont 11 suites animent cet hôtel confortable, installé au-dessus du superbe centre de thalasso de Serge Blanco. Des chambres identiques, équipées d'un coffre-fort, d'un mini-bar, TV cablée. L'accueil dessert le centre de thalassothérapie, l'institut de beauté, les restaurants et le bar, doublé d'un immense atrium, lumineux et chaleureux.

Chambres d'hôtes

Château d'Urtubie 64122 Urrugne ✆ 05 59 54 31 15 - Fax 05 59 54 62 51. *Fermeture annuelle du 15 novembre au 15 mars. 10 chambres de 60 à 130 €. Petit-déjeuner 10 €.* De superbes chambres d'hôte dans ce cadre exceptionnel qu'est le Château d'Urtubie. Les chambres sont superbes, immenses, aux hauts plafonds, au mobilier d'époque Louis-Philippe, Louis XVI, Napoléon III, etc...aux chaudes moquettes, aux tissus magnifiques, certaines possédant de grandes cheminées, d'autres des salles de bain ultra-modernes ou au contraire anciennes avec vasques et baignoires de l'époque. Toutes sont climatisées et ont des doubles vitrages.

Camping

Camping Sascoenea. Hendaye-Plage 64700 Hendaye ✆ 05 59 20 05 44. Verdoyant, luxuriant, boisé et à quelques centaines de mètres de toutes les activités sportives et commerciales, ce camping est une vraie réussite. En tout, il y a plus de 300 emplacements délimités qui offrent une belle vue sur la mer, sur le port et sur les montagnes. Sur place, snack-bar avec une grande terrasse, salle de télévision, ping-pong, aire de jeux pour les enfants, une bibliothèque. De quoi passer de bonnes vacances dans ce camping qui est gardé jour et nuit.

■ RESTAURANTS

Bien et pas cher

Bodega chez Kako. Place du marché 64500 Saint-Jean de Luz ✆ 05 59 85 10 70. *Fermeture annuelle en mars. Menu à 25 €. Carte de 24 € à 5 €.* QUelle ambiance ! C'est animé, coloré, on se croiraît en Espagne… Si vous décidez au dernier moment de sortir, voilà une adresse où l'on saura vous recevoir, même à une heure tardive entre accords andalous et chants basques entonnés par la salle. Dans vos assiettes rayées bleu et rouge ou jaune, du serrano et pain à l'ail, fricassée d'anguilles, salades de gambas… Une cuisine haute en couleurs !

Le Brouillarta. 48, promenade Jacques Thibault 64500 Saint-Jean de Luz ✆ 05 59 51 29 51. *Fermé le dimanche soir et lundi hors saison. Fermé de mi-novembre à mi-décembre et le mois janvier. Menu enfant : 6 €. Plat du jour : 8 € le midi. Carte de 25 € à 37 €.* Une vue sublime sur l'océan. Un accueil chaleureux, un service bistrot, des serveurs souriants, attentionnés et charmants. Un décor très marin casse d'avec les ambiances traditionnelles du coin. Un restaurant jeune, pour amateurs d'ambiance aimée, ou pour boire un verrre en journée ou en fin de soirée : les soirées au Brouillarta ont très bonne réputation.

Restaurant le Kanttu. 2, rue de l'Eglise - Le Kanttu 64500 Saint-Jean de Luz ✆ 05 59 51 28 11. *Fermé le lundi (et dimanche de septembre à juin). Menus de 10 à 15 €. Carte 24 €.* Une petite table sympathique et bien placée, une ambiance plaisante et de bons petits plats pour fréquenter avec plaisir le Pays Basque : salade de cèpes au saumon frais, cassolette de morue à la biscayenne, jambon piperade, axoa d'Espelette pommes vapeur.

Restaurant-grill Irrintzina. 5, rue St Jean 64500 St-Jean de Luz ✆ 05 59 51 15 63. *Fermé le dimanche soir et lundi. Menu à 14,50 €. Carte 20 €.* Un restau-grill avenant pour manger simple et copieux dans une bonne ambiance les chaleureuses spécialités du lieu : merlu koskera, dorade à l'espagnole, magrets sauce pêche, paella… et selon la période de pêche, le thon et les sardines grillées au feu de bois.

Pil Pil Enea. Rue de Sallagoiti 64500 St-Jean de Luz ✆ 05 59 51 20 80. *Fermé le dimanche et le mardi soir hors vacances scolaires ; menu pour 2 à 21 €. Carte de 16 € à 24 €.* En basque, enea signifie maison et pil pil, sauce piquante. Une décoration qui rafraîchit, des détails typiques. La spécialité maison, la morue à l'ancienne et sauce verte (au pil pil) et le merlu de ligne ; en dessert, du gâteau basque ou de la crème brûlée maison. Une très bonne cave. L'accueil est attentif et personnalisé.

Le Grand Grill Basque. 32, boulevard Thiers 64500 St-Jean de Luz ✆ 05 59 26 00 02 - Fax 05 59 26 00 02. *Fermeture annuelle février. Fermé le dimanche soir, mardi soir et mercredi. Menu à 18 €. Carte 24 €.* Un établissement de qualité où l'on goûtera une cuisine régionale bien préparée : poêlée d'anchois, chipiron, morue fraîche biscaïna…

Ramuntcho. 24, rue Garat 64500 Saint-Jean de Luz ✆ 05 59 26 03 89. *Fermé de mi-novembre à février. Menus de 15 à 25 €.* Quel plaisir de déguster une cuisine où le chef est une femme. Pourtant difficile de faire la différence quand on est à table hormis quelques indices : c'est ce qu'on mangerait à la maison le dimanche, si on avait le temps et si on était d'ici... On retrouve des recettes moins touristiques qui ressemblent à ce qu'on pourrait retrouver dans l'arrière Pays Basque : filet de julienne sauce crevette, confit de poule aux cèpes, soupe de poisson et salade paysanne. Les desserts sont faits maison et encore une fois ça se sent. En poisson, un petit goût de revenez-y avec la lotte à la fondue de poireaux et la sole grillée. Dans la salle claire et large, on se croirait dans un bistrot sympathique, mais les tables sont soignées, et le service de Christophe, le mari de Nicole Marty, est conseilleur, puisqu'il offre les commentaires d'un sommelier amateur, certes, mais pas néophyte.

La Casa Amaia. 13, place Louis XIV 64500 Saint-Jean de Luz ✆ 05 59 51 24 51. *Fermé le lundi soir et le mardi. Carte de 23 € à 28 €.* L'adresse tendance du moment. Véritable cuisine basque en plein centre, dans un décor chaleureux, et avec un accueil et un service engageants. Plats typiques et arrivage du jour, chipirons à la luzienne, axoa d'Espelette et autres friandises régionales.

Petit Grill Basque - Chez Maya. 2, rue Saint-Jacques 64500 Saint-Jean-de-Luz ✆ 05 59 26 80 76 - Fax 05 59 26 80 76. *Fermé le mercredi et jeudi midi. Menus de 17,50 à 24,40 €. Carte 26 €.* Autrement appelé le petit grill basque, cette vieille maison familiale est l'occasion de partager une ambiance conviviale et sympathique. La cuisine est simple, à l'image du lieu : omelettes, croquettes de volaille, piquillos farcis à la morue, rognons de veau en brochette, sole meunière, foie gras de canard maison, gâteau basque.

Chez Pablo. 5, rue Mademoiselle Etcheto 64500 Saint-Jean de Luz ✆ 05 59 26 37 81. *Fermeture annuelle 15 jours en juin, 15 jours en novembre. Fermé le mercredi. Menus de 16,5 à 21 €. Carte 15 €.* C'est presque une figure légendaire, en tout cas une table indispensable à fréquenter pour approcher le véritable esprit basque, à travers l'ambiance, survoltée et authentique, et les plats luziens et basques, poissons de la pêche du jour, la morue en particulier, la piperade, l'omelette basquaise et les chipirons à l'encre.

Bonne table

La Ruelle. 19, rue de la République 64500 Saint-Jean de Luz ✆ 05 59 26 37 80. *Menus de 11 à 23 €.* Les prix de la Ruelle n'ont pas tendance à s'envoler malgré une réputation qui ne cesse de grandir. Alors pourquoi un tel engouement ? Parce qu'à l'origine, la formule est bonne : le lieu est idéal, dans une rue qui ne se veut consacrée qu'à la restauration, au pied de la digue de Saint-Jean-de-Luz. De fait, l'idée est originale, on est loin des chichis, ici en entrée, c'est un « petit truc pour commencer », et pourquoi s'embarrasser de noms alambiqués et de descriptions pompeuses quand on peut faire simple. Les plats sont typiques de la région basque (de part et d'autre de la frontière) : txangurro, serrano, marmitako, parillada et enfin l'accueil y est chaleureux, avec un patron impliqué, el señor Guy Sylvestre. Côté décoration, à l'intérieur, c'est coquet et inattendu, une petite ruelle avec ses petits volets, ses fleurs, mais quel plaisir aussi de s'asseoir sur la petite terrasse, regarder les passants ou se laisser griser par le son des sérénades de musiciens ambulants.

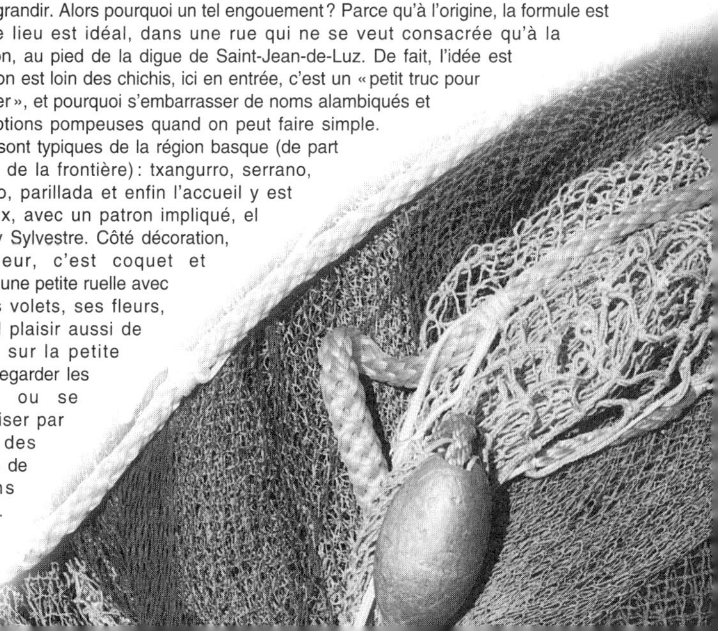

La Taverne Basque. 5, rue de la République 64500 Saint-Jean de Luz ✆ 05 59 26 01 26. *Fermé le lundi et mardi, hors saison. Menus de 17 à 23 €.* Nouveau positionnement pour La Taverne qui s'est refait une beauté en mars dernier. Le décor est très réussi. Les murs ont été badigeonnés style chaux avec un jaune mousseux très intimiste, des photos 1900, portraits en pied de la bourgeoisie basque, des fleurs fraîches, du bois décapé clair et chaud, de la lumière et des pierres apparentes. Une Taverne qui n'a rien d'une caverne. Au niveau des prix, on passe dans le haut de gamme, sauf le midi où le menu à 20 € est plus que parfait. Benoît Sarthou, le chef, craque au printemps pour la verdure, dans ses consommés veloutés ou avec le poisson. Une présentation stylée, des serveurs qui le sont tout autant, un moment délicieux. Suggestion : un rizotto moelleux à l'encre de calamars, chipirons sautés à l'ail. Filet de canette rôtie, jus réduit parfumé à l'orange, galette de pommes de terre et pour finir, un sablé craquant aux fraises, mousse au chocolat blanc. Exquis, fin, une bonne petite table qui cherche à faire sa place parmi les grandes, et qui pourrait bien la trouver.

La Txalupa. Place Louis XIV 64500 Saint-Jean de Luz ✆ 05 59 51 85 52. *Menu à 23 €. Plateau de fruits de mer « Géant Royal » 85 € pour deux.* Quel que soit le côté d'où vous arrivez, vous ne pouvez rater la Txalupa de maître Maillharo. Au cœur de la cité, non loin de la mairie, il a construit un superbe vaisseau bien amarré. Le Suisse, le Madrid, la Txalupa... c'est tout pareil ! Un emplacement de rêve avec vue sur le port, face à la criée pour ce restaurant qui est un appel du large. Au choix, pour déjeuner ou dîner, la véranda sympa, ou l'adorable petite salle à côté. Véritable aquarium avec des murs de glaces animées de poissons, des hublots, un plafond en coque de bateau, un nappage bleu océan, et pointe de raffinement, les canapés et les petits fauteuils recouverts de cuir bleu glycine gansé de rouge : un havre de paix dans l'agitation de la station balnéaire. L'idéal pour goûter à une cuisine basque de grande qualité à choisir sur une carte particulièrement fournie et pleine de trouvailles : crème de lentilles et sa tranche de foie gras poêlée, vinaigrette de pommes tièdes à l'effeuillée de morue paysanne, pavé de merlu à la croûte de sel, panaché de l'Océan à la plancha... Sans oublier que vous sont aussi proposées quelques belles spécialités, souvent pour 2, un bar en croûte au sel, une parillada de poissons à la plancha, un homard breton (14 € les 100 g) et une palette de desserts originale, parfait au chocolat noir, sauce chocolat au rhum et grain de café chocolaté, passionata aux fruits rouges, crème anglaise au kirsch. Très belle carte de vins avec une douzaine de références prestigieuses. Aux beaux jours, réservez votre place sur la terrasse, il s'y déroule des concerts de jazz, rockabilly, chants traditionnels basques, péruviens, mexicains dans une ambiance de fête.

Le Patio. 10, rue Abbé-Onaindia 64500 Saint-Jean de Luz ✆ 05 59 26 99 11. *Fermé le lundi toute la journée et le jeudi midi. Fermeture annuelle : 2 semaines en novembre. Tarfis de 18 à 55 €.* La cuisine du Patio marie des saveurs locales très fortes avec subtilité dans un esprit gastronomique traditionnel. L'ambiance est raffinée et recherchée. Musique, accords méditerranéens déclinés autour du patio et de l'olive, qui inspire la cuisine d'Olivier Bouzerand. La carte évolue avec les saisons. La cave climatisée comporte de très belles étiquettes.

La Tourasse. Rue Tourasse 64500 Saint-Jean de Luz ✆ 05 59 51 14 25. *Menus à partir de 11 € le midi et 14 € le soir. Fermé la 2e quinzaine de février. Fermeture hebdomadaire le mercredi.* On lui prédit un brillant avenir. Le jeune chef appartient à cette vague orientée vers la nouvelle cuisine basque : des produits locaux mariés de façon originale, beaucoup de couleur, une présentation finie. Au menu dégustation, par exemple, marbré de poireaux au foie gras et caramel de vinaigre balsamique, bar dans un jus de corail de crustacés, tatin de banane, sirop de rhum ambré et vanille gousse. Carte des vins très judicieuse.

Luxe

Les Lierres-Hôtel du Parc Victoria. 5, rue Cépé 64500 Saint-Jean de Luz ✆ 05 59 26 78 78. *Menus à partir de 34 €. carte de 38 à 60 €.* Discrète, charmeuse, luxueuse... telle est cette halte gastronomique hors du commun. Un cadre de rêve, une cuisine parfaitement maîtrisée, un service au diapason. Avec pour cadre selon la saison, la terrasse, la piscine, la pegola ou la salle à manger. La cuisine est signée Olivier Millet, jeune cuisinier talentueux.

Dans les environs

Chez Mattin. 63, rue Baignole 64500 Ciboure ✆ 05 59 47 19 52 - Fax 05 59 47 05 57. *Fermeture annuelle du début janvier au 20 février. Fermé le lundi et dimanche soir (hors saison et vacances scolaires). Carte 25 €.* Un établissement de qualité, indéniablement tourné vers les plats régionaux : ttoro (la spécialité de la maison), chipirons, tripes basquaises. Pas de menus, mais une carte motivante, et un service agréable.

Arrantzaleak. 18, avenue Jean Poulou 64500 Ciboure ✆ 05 59 47 10 75. *Fermeture annuelle du 15 décembre au 20 janvier. Fermé le lundi (et dimanche soir hors saison). Menu à 24,50 €. Carte 34 €.* Une vraie auberge de pêcheurs sur le port, où le poisson est toujours impeccablement frais, l'accueil toujours souriant. Surveillez l'arrivage et achetez les yeux fermés, les crevettes du pays sautées à la persillade, les brochettes de lotte, la daurade ou le bar au feu de bois, les langoustines grillées au beurre citronné.

Chez Dominique. 15, quai Maurice-Ravel 64500 Ciboure ✆ 05 59 47 29 16. *Menu à 23 €. Carte de 35 à 45 €.* Chez Dominique, on sait qu'on va bien manger. Pour Dominique, l'essentiel c'est le poisson, un poisson frais en belles portions avec sa touche personnelle, le piment d'Espelette. Mais là où il est le plus fort, c'est au dessert, imaginez ses truffes glacées au thym frais ganache fondue violettes cristallisées.

Cidrerie Ikaztegia. 17, rue d'Irandatz 64700 Hendaye ✆ 05 59 20 16 29. *Ouverture à partir de 20 h toute l'année. Fermé hors saison lundi et mardi. Pas de menu. A la carte : 20 à 31 € environ.* Vous trouverez cette cidrerie sur les hauteurs de la ville, à la limite de Biriatou (à côté de Champion pour être plus précis !) de l'extérieur, elle paraît bien modeste mais à l'intérieur, surprise... Un cadre insolite et chaleureux bâti au coup de cœur par un collectionneur passionné, Jacques Samora, le patron, qui a ramené de ses balades fouineuses, une insolite collection de tire-bouchons accrochée sur les murs, un cheval de manège, de vieux outils sur la mezzanine. Bref, un air de brocante bien organisée qui égaye cet endroit basque pour une demeure où l'on se sent bien ! d'ailleurs une petite phrase vous interpelle : « Dans le monde, il y a plein de bons endroits. Mais le cœur les ramène à Ikartegira » signé Xalbador. Et pour cause, on est dans un restaurant-cidrerie comme savent si bien les tenir nos voisins espagnols. Alors la musique est basque et la cuisine aussi, naturellement ! Un régal, les poissons sont remarquablement préparés, les viandes excellentes, le cidre aussi. Bref, que vous choisissiez les piquillos à la morue, le chorizo au cidre, la louvine grillée, les chipirons à la plancha, la côte de bœuf pour deux personnes et même le riz au lait de nos grands-mères ou le gâteau basque, vous serez ravi. Et puis un conseil, si vous aimez le cidre basque, goûtez, pourquoi pas, à l'apéro, au kir au cidre.

La Bergerie. Quartier Bithola 64122 Urrugne ✆ 05 59 20 45 55. *Fermé 5 semaines en Janvier et première semaine de février. Hiver, fermé dimanche soir et lundi, en saison estivale, tous les jours. Menu de 24 à 32 €. Carte : de 18 à 31 €.* Perdue tout au bout d'un long chemin, après le parc Florenia, La Bergerie, de l'extérieur ressemble à n'importe quelle maison rustique de la campagne basque. Mais lorsqu'on entre, on hésite ! Est-ce une auberge de campagne classique ? Est-ce une cidrerie avec ses grandes tables et ses bancs ? Sans doute un peu des deux à la fois... En tout cas, c'est authentique, gai et chaleureux ! Le sol et les nappes sont rouges, les murs ont conservé leurs pierres sèches, les meurtrières, les poutres, la charpente et la grande cheminée d'origine. Les lanternes tombent des poutres, l'une d'elles s'échappe d'un arbre... Un charme fou se dégage de cette ancienne bergerie qui propose une cuisine de qualité à prix doux. Le foie gras est à la carte comme les entrées classiques du coin, piquillos, omelettes, gambas les poissons sont le plus souvent grillés, les soles aux cèpes, l'agneau à la broche. Cadre authentique, cuisine authentique. Bref, un bon moment aux parfums de simplicité et de charme. Les vins sont régionaux essentiellement en bouteille de 75 cl, 25 cl et même en magnums ! Pour les repas de groupe, à côté deux immenses salles tout aussi agréables avec leurs petits rideaux écossais rouges et blancs, dans le même esprit pour 100 et 140 personnes.

Auberge Hiribarren. Le Bourg 64700 Biriatou ✆ 05 59 20 61 83. *Fermé le dimanche soir et lundi hors saison. Menus de 15 à 28 €. Carte 16 €.* Du pur basque, accueillant et direct, dans un site classé. Simplicité et franchise, service chaleureux, pour apporter l'axoa de veau, la piperade au jambon, les piquillos farcis à la morue, et la paella sur commande.

Chez Margot. Au port de Socoa 64122 Urrugne ✆ 05 5947 18 30. *Menu-carte 25 €. Carte de 23 à 34 €.* Une affaire de famille qui tourne rondement depuis 1930, chaque génération ammenant son petit plus. La réputation s'est faite autour de la soupe de poisson et s'est élargie avec le ttoro. Une carte bien pensée avec les produits de la mer, la paëlla... Quelques petits plats du terroir servis avec le sourire et rapidement même aux heures de pointe, dans uncadre rustique, désuet à souhait... Une maison qui traverse les années sans ride !

POINTS D'INTERET

Office du tourisme. Place du Mal Foch 64500 Saint-Jean-de-Luz ✆ 05 59 26 03 16.

Située aux portes de l'Espagne, ouverte sur l'océan, Saint-Jean-de-Luz a toujours eu un rôle historique et a été très tôt le domaine des pêcheurs dont elle protégeait les bateaux. En effet, dès la préhistoire, ses habitants vivaient de la pêche et au XIe siècle, la chasse à la baleine a assuré la prospérité et la réputation de la cité. Le XVIIIe voit la fin de la chasse à la baleine et un net déclin de la pêche morutière. La sardine a pris le relais, elle-même détrônée par le thon au milieu des années 1900. Saint-Jean-de-Luz-Ciboure est devenue le premier port thonier de France grâce à l'utilisation d'appâts vivants. Aujourd'hui, chaque été, les Luziens fêtent le thon avec reconnaissance et bonne humeur. Malheureusement, de la période faste de la pêche à la baleine, il ne reste aucun écrit. La situation géographique de la ville a provoqué quelques déboires : la commune a connu les assauts de la nature et a été victime de tempêtes et de raz-de-marée successifs en 1680, 1749 et en 1789. Si bien que de la ville historique, il ne subsiste qu'une partie. Pour se protéger de telles catastrophes, les occupants ont décidé, au début du XIXe, de s'abriter derrière des digues et ont bâti le « seuil de garantie » : perré arc-bouté dominant la plage que les Luziens appellent « la jetée » et qui est devenue leur lieu de promenade. Un front de mer bordé par des maisons à colombages, des grands hôtels et des petites pensions dans lesquelles sont descendus des écrivains et des artistes. Historiquement, la ville a connu son heure de gloire avec le mariage royal de Louis XIV et de l'infante Marie-Thérèse d'Autriche, le 9 juin 1660, en l'église Saint-Jean-Baptiste. Depuis le début du siècle, dans le sillage de Biarritz, Saint-Jean-de-Luz est devenue une station balnéaire réputée et très visitée par les touristes qui apprécient son patrimoine et le paysage : la baie de Saint-Jean-de-Luz est entourée par les montagnes du Labourd et du Guipuzcoa. De plus, la ville compte quelques événements importants tels que le Festival des jeunes réalisateurs qui attirent du monde. La cité, qui a élu comme maire Michèle Alliot-Marie en 1995, est habitée par environ 13 000 habitants.

Place de Saint-Jean

Port. Un lieu charmant et pittoresque avec ses bateaux de pêche en bois, tous peints avec des couleurs vives. Il n'a été édifié qu'au XIIe siècle, lorsque l'ensablement du fleuve l'Adour a réduit considérablement les activités du port de Bayonne. Les maisons qui longent ses quais sont de style labourdin.

Eglise Saint-Jean Baptiste. Rue Gambetta ✆ 05 59 26 08 81. *Ouverte tous les jours de 8h30 à 12h et de 14h à 19h. Entrée libre.* Dans cet édifice, qui a été brûlé en 1419 lors des incursions espagnoles et reconstruit par étapes, a été célébré le mariage royal. La partie la plus ancienne de l'église date du XVe siècle. L'intérieur spectaculaire se compose d'une nef unique et s'orne de trois étages de superbes galeries en bois. A découvrir aussi, l'œuvre du sculpteur Martin de Bidache : un grand retable du XVIIe siècle qui se compose de trois registres, ornés d'une profusion de statues nichées entre des colonnes torses. En 1999, la façade a été ravalée.

Maison Louis XIV. Place Louis XIV ✆ 05 59 26 01 56. *Du 1er juillet au 31 août de 10h30 à 12h et de 14h30 à 18h30. Du 1er au 30 juin et du 1er au 30 septembre de 10h30 à 12h et de 14h30 à 17h30. Fermée dimanche matin et jours fériés. Visite pour groupes sur rendez-vous du 1er avril au 1er novembre.* Entourée de tourelles en encorbellement, elle présente une belle façade en pierre parée de balcons, en pierre également, aux balustrades en fer forgé. Elle a abrité le jeune Louis XIV lors de son mariage en 1660. A l'intérieur, un magnifique escalier de bois mène au premier étage, dans un salon orné de portraits de famille et dans une salle à manger aux boiseries peintes. Depuis la galerie, il y a une très belle vue sur Ciboure et les Pyrénées.

Maison de l'Infante. Rue de l'Infante ✆ 05 59 26 01 56. Pas très loin de la place Louis-XIV, cette demeure a reçu l'infante Marie-Thérèse d'Autriche lors de son mariage avec le roi. L'histoire dit qu'elle n'y a passé que deux nuits. Sa façade rosée, en brique et en pierre rappelle les charmants palais italiens. Elle a été construite grâce à l'apport d'un armateur fortuné, Johannot de Haraneder. Depuis la demeure, il pouvait surveiller le mouvement de ses navires de commerce et de chasse à la baleine. Ses armes sont gravées au-dessus de la porte d'entrée. Au premier étage, il y a un salon magnifiquement décoré, selon l'art du XVIIe siècle. Cependant, la signification de toutes les œuvres d'art qui se trouvent dans la maison n'a pas été encore totalement explicitée.

Musée Grévin. Pavillon de l'Infante - 3, rue Mazarin ✆ 05 59 51 24 88. *Tous les jours d'avril à octobre de 10h à 12h et de 14h à 18h30. Ouvert tous les jours de l'année sur réservation (groupes). Ouvert tous les week-ends toute l'année et les vacances scolaires de 14h à 18h.* Vivre et remonter le temps au travers de plus de 50 personnages en cire, grandeur nature. A deux pas de la place Louis-XIV, au pavillon de l'Infante, ce musée fait redécouvrir l'histoire de la région (la signature du traité des Pyrénées, le mariage de Louis XIV, les chasseurs de baleines, les mousquetaires de Mazarin). C'est le seul endroit de ce type dans le département.

Ecomusée de la ferme Barrain. RN10 ✆ 05 59 51 06 06. *Tous les jours sauf le 25 décembre, le 1er janvier et les dimanches hors saison. Des visites sont possibles au départ de l'office de tourisme.* Imaginez un saut dans le passé... Vous vous retrouvez au cœur du Pays Basque au siècle dernier! Grâce à la ferme Barrain, vous entrez dans la légende du lin. Une histoire étonnante que Jean Vier a voulu partager, faire revivre dans son écomusée.

SHOPPING

Maison Adam. 6, place Louis XIV - 49, rue Gambetta, Saint-Jean de Luz ✆ 05 59 26 03 54. Les macarons de la Maison Adam, c'est quelque chose... Depuis plus de trois siècles, tous les gourmands et gourmets se sont pressés chez ces artisans qui confectionnent avec brio ces merveilleux petits macarons. Simples, assemblés par de la pâte d'amande ou au chocolat, mais la recette est top secret... Ils sont vendus à l'unité ou par boîtes de 6 à 72. A l'heure du goûter avec un petit chocolat ou un petit jus, c'est exquis.

Le Confit d'Ascain. 75, rue Gambetta, Saint-Jean de Luz ✆ 05 49 26 68 41. Ce n'est qu'une vitrine de la fabrique qui, elle, se situe à quelques kilomètres de là, à Ascain. Mais il s'agit d'une vitrine riche et bien garnie en produits du terroir. Les foies gras et les magrets ne sont plus à vanter tant les connaisseurs en parlent entre eux et assurent un bouche à oreille porteur. Pour savoir ce qu'est un vrai confit ou un vrai foie, ne pas hésiter à pousser la porte de ce commerce qui a pour symbole un petit palmipède souriant. Possibilité de commander et de recevoir par la poste toutes sortes de conserves.

LOISIRS

Casino La Pergola. Place Maurice Ravel, Saint-Jean de Luz ✆ 05 59 51 58 58. Il convient d'être en tenue correcte et de ne pas être mineur pour pénétrer dans ce « Las Vegas » de la Côte basque. Les fameux bandits manchots connaissent un succès fou. Un parking est à votre disposition sous le casino de même qu'un restaurant.

Golf de Chantaco. Route d'Ascain, Saint-Jean de Luz ✆ 05 59 26 14 22. Au pied de la Rhune, et en bordure de la rive droite de la Nivelle, ce très ancien parcours débute dans une forêt légèrement vallonnée pour revenir ensuite sur une partie plus plate comportant des obstacles d'eau. A noter le trou n° 2, par 4 de 375 m, étroit, au milieu des bois et avec un green à double plateau. Au trou n° 5, par 4 de 385 m, en léger dog-leg droite, prenez garde au dévers. Enfin au trou n° 13, par 5 de 488 m, il faudra vous méfier de l'eau... Des heures agréables en perspective, même si le résultat n'est pas acquis, dans ce parcours réputé pour ses difficultés... Courage !

Florenia. RN10 ✆ 05 59 48 02 51. *Ouvert tous les jours de Pâques à la Toussaint, sauf le lundi, de 10 h à 19 h en continu. Tarifs : adultes : 5,56 €.* Florénia est un des plus beaux parcs du Pays Basque. Sur 18 ha, vous parcourez un monde merveilleux à la découverte des fleurs, de leurs senteurs et de leur milieu. Il faut environ 2 h pour découvrir l'ensemble du domaine, fort bien entretenu et balisé. D'ailleurs, pour les plus jeunes, il y a un parcours découverte avec la fiche « sur la piste de Florène ». A signaler, les incontournables : la clairière aux pins avec un sous-bois et plus de 600 hortensias, la roseraie, le jardin de curé, le jardin aquatique avec des tortues de Floride et une allée de jeunes bananiers. De plus, nombreuses animations son et lumière avec plusieurs jeux d'eau. A noter, possibilité de se restaurer sur place et vente de plantes fleuries.

Complexe de Thalassothérapie Serge Blanco. 125, boulevard de la Mer 64700 Hendaye ✆ 05 59 24 20 80. 18 000 m², c'est la taille du Complexe Serge Blanco. C'est dire si l'entreprise est à même de proposer, sous un seul toit, de nombreuses possibilités : un hébergement et une restauration de qualité, et un centre de thalassothérapie réputé. Au programme, que vous logiez ou non à l'hôtel, une classique cure ou une simple remise en forme. Dans le premier cas, dans un cadre raffiné, bleu et blanc, avec une vue exceptionnelle sur le port ou la plage, de la piscine ou du hammam, seront à votre disposition, un personnel qualifié au Centre de rééducation fonctionnelle, une grande piscine d'eau de mer, à 34° qui propose 50 activités, spectaculaire avec ses cascades, ses cols de cygne... et tous les soins mouillés (pédiluve, grands jets, bains multi - jets, affusions, fangothérapie et algothérapie, aquagym) ou secs (massages, pressothérapie, physiothérapie, mécanothérapie, drainage lymphatique, ionisation, cardiotraining). Au choix aussi, une simple cure confort avec 4 soins d'hydrothérapie par jour, une cure santé beauté qui associent soins d'hydrothérapie et soins esthétiques, une cure Thalasso - golf, soit 3 soins/jour et 5 greens fees, une cure Jambes lourdes, etc...Enfin, en matière de remise en forme, piscine, hammam, saunas, gymnastique, etc...Une manière de « bouger, respirer, retrouver l'harmonie, sortir de la routine et apprendre à vivre autrement... », le credo de Serge Blanco et de son équipe !

Txopinondo Cidrerie, Urrugne ✆ 05 59 54 62 34. Pendant le reste de l'année, après la saison traditionnelle, le Sagarnoa, ce vin de pommes, plus communément appelé du cidre, sera mis en bouteille et vendu. Sur les 15 000 litres, 10 000 seront embouteillés et 5 000 mis en fût sous pression de 25 l. pour des cafés, hôtels et restaurants, avec un habillage spécial Txotx pour... utilisation festive. En bouteilles, sous forme de pack de 3 ou caisse de 12 bouteilles, vous pourrez l'acheter sur les marchés de Ciboure, le dimanche, d'Urrugne, le mercredi, aux Halles de Saint Jean de Luz... Ou directement au chai Txopinondo, à la saison estivale, les mardi et vendredi de 10 à 12 heures et de 17 à 19 h. A ce moment-là, Dominic Lagadec se fera un plaisir de vous familiariser avec cette potion magique, vous fera visiter son chai et vous expliquera comment on fait le fameux jus à Txopinondo. Les pommes déchargées et nettoyées sont installées sur un tamis puis passées dans un broyeur avant de macérer de 2 à 12 h. Une fois pressées dans un pressoir... breton, elles sont enveloppées d'un linge faisant office de tamis, puis mises en clayettes sur 6 épaisseurs avant d'être soumises à la torture des Torquemada Urrunar. Coule alors un jus brun qui part 3 mois environ dans la Kupela pour la fermentation alcoolique puis malolactique sous contrôle thermique. Une visite instructive !

Le Spot - Ecole de Surf. 16, rue Gambetta, Saint-Jean de Luz ✆ 05 59 26 07 93. Au 16 de la rue Gambetta, vous avez un magasin dédié au sport-roi de la Côte, le surf : matériel et vêtements s'affichent, présentant toutes les marques représentatives. Mais c'est aussi le siège de l'Ecole de surf du même nom, une école qui se veut ludique, animée par des moniteurs diplômés d'Etat, enseignant toutes les spécialités : longboard, bodyboard, bodysurf, skimboard, paddleboard. De 7 à 77 ans, tout le monde peut essayer. Ainsi il y aura d'abord une découverte de l'eau, de l'élément et de la station debout sur l'eau, puis, pour les accros, le perfectionnement qui les mènera vers les joies d'un sport aux mille attraits. Dans des cours de 8 élèves, vous travaillerez de site en site, d'Hendaye à Biarritz, selon les vagues, le niveau des élèves...

DANS LES ENVIRONS

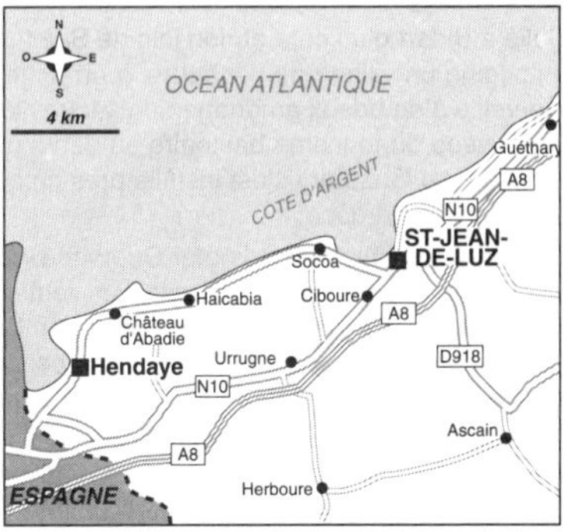

Ciboure

Ciboure, cité des corsaires, pays des artistes. Les superbes façades à colombages sont visibles depuis le port de Saint-Jean-de-Luz. Ce village n'était à l'origine qu'un simple quartier d'Urrugne. Erigé à l'extrémité du pont de la Nivelle, Ciboure, dont le nom en basque « Ziburu » signifie tête de pont, est un lieu remarquable entre l'océan et la colline de Budegain

Paroisse en 1555, le lieu n'a acquis son indépendance administrative qu'au tout début du XVIIe. L'histoire de Ciboure est bien évidemment liée à la mer, car longtemps la ville fut le repère des flibustiers, des corsaires et des chasseurs de baleines. Une image peu appréciée par les Luziens et particulièrement les bourgeois qui à cette époque-là refusaient l'entrée dans leur ville aux personnes considérées comme inférieures et étrangères : les bohémiens, les vagabonds et certaines gens de la mer.

Un temps heureusement révolu. Aujourd'hui les liens entre Ciboure et Saint-Jean-de-Luz sont apaisés et Ciboure est devenue un passage obligé pour les visiteurs sur la Côte basque, car le lieu est fort charmant et typique. Il faut faire un détour pour arpenter les rues étroites, voir la maison natale de Maurice Ravel, qui domine le port, ou encore le fort de Socoa. Un port qui d'ailleurs est un pôle économique capital pour la cité puisque la pêche de l'anchois et du thon demeure la principale activité de Ciboure.

Maison Ravel. Quai Maurice Ravel. Elle est située en face du port et son fronton est unique dans la région, il est hollandais et date du XVIIe siècle. Le cardinal de Mazarin y aurait habité, mais ce n'est pas une certitude.

Couvent et cloître des Recollets. Edifiés au XVIIe siècle sur l'îlot qui sépare Saint-Jean-de-Luz et Ciboure, afin de mettre fin aux bisbilles permanentes qui déchiraient les deux villes. Le cardinal de Mazarin a légué une importante somme d'argent pour la construction d'un puits qui se trouve au centre du parvis du couvent, dédié, lui, à Notre-Dame-de-la-Paix.

Eglise Saint-Vincent. Rue Pocalette. Tous les jours. Entrée libre. Elle date du XVIe siècle et son parvis est en tout point magnifique. Mais ce qui retient l'attention est l'originalité de son clocher octogonal, unique dans la région. Après le parvis, empruntez le petit escalier qui offre une vue splendide sur la baie de Saint-Jean-de-Luz-Ciboure. Dans le plus pur style basque, à l'intérieur, il y a trois étages de galeries.

Fort de Socoa. Il date du XIIe siècle et est propriété du ministère de la Jeunesse et des Sports ! Il se présente comme une gigantesque tour circulaire d'allure médiévale. La digue de protection, construite à la fin du XVIIe siècle, a été décidée par Vauban. Pour y accéder, longer le port de Ciboure et arriver jusqu'à la plage de Socoa.

Guéthary

Collé à Bidart d'un côté et non loin de Saint-Jean-de-Luz de l'autre, le village de Guéthary, à l'origine un village de pêcheurs, a un riche passé culturel qui se conjugue aujourd'hui à merveille à de beaux aménagements touristiques. Tout comme ses grandes voisines, avec la poussée du tourisme balnéaire au début du siècle, le bourg s'est peu à peu transformé. Le nouveau Guéthary s'est installé près du port, à la fois pittoresque et sauvage, avec une architecture Art déco.

En rappel de l'histoire, « l'hôtel Guetharia » des architectes Hiriart, Tribout et Beau, avec ses ferronneries signées Schwartz, ses verrières à motifs géométriques de Grüber ou encore « l'hôtel-casino Itsasoan » dû à l'architecte Brana, construit au-dessus des bains froids, à l'emplacement des anciens bains mauresques, et relié à la terrasse panoramique par le pont d'H. Godbarge, œuvre singulière du champion du régionalisme.

Aujourd'hui encore, ces bâtiments gardent tout le charme de ces années folles. Charme d'autant plus fort que le village a encore en mémoire le passage de poètes, d'artistes : Saint-John Perse en 1903 ou encore le sculpteur Georges-Clément Swiecinski qui a fait don de son œuvre au village. Comment ne pas songer à Debussy, à Ravel, qui ont séjourné à Guéthary ? Enfin, à l'écrivain Paul-Jean Toulet dont la stèle, à proximité de sa maison, borde l'avenue du Général-de-Gaulle. D'un point de vue architectural, c'est un authentique village basque dont la situation géographique est un autre de ses atouts... Un village en bordure de l'océan, en parfaite osmose avec la nature. Dommage que la voie ferrée brouille par endroit ce paysage de carte postale.

Guéthary est l'archétype de l'organisation spatiale du village basque, une configuration qui lui donne toute sa singularité, avec son fronton qui borde, de façon tout à fait étonnante et unique, la mairie. De fait, la construction du chemin de fer, en 1864 a provoqué le déplacement des éléments structurants. Au-dessus du port se trouvait le vieux jeu de paume du XIXe siècle qui fut déplacé plus haut alors que la mairie, initialement installée dans le presbytère, occupa le premier étage de la maison Cazenave puis « Lamikenia-Durquety ». Etrangement ces deux éléments vont se rencontrer, lorsque l'architecte Brana édifie la nouvelle mairie à proximité immédiate du fronton. L'ensemble mairie-fronton-eskualduna de Guéthary est remarquable tant au plan architectural qu'à celui de l'urbanisme. Il structure ainsi la place ancestrale chargée d'une imagerie idyllique que Loti aurait sûrement utilisée comme décor à une partie de pelote ou de fandango.

Eglise et village de Guéthary

Eglise Saint-Nicolas. Sobre et massive à l'extérieur avec son porche couvert et son clocher-fronton, elle possède une richesse intérieure intéressante : décor peint des poutres de la charpente, retables et statues, balustrades sculptées et poteaux en Y taillés chacun dans un seul chêne. Et puis clin d'œil à la vocation maritime de Guéthary, le petit voilier suspendu au-dessus de la nef.

Musée Saraleguinea. Parc municipal ✆ 05 59 54 86 37. *De mai à septembre de 15h à 19h. Fermé le mardi.* Guéthary a toujours reçu des artistes et le musée d'Art contemporain, grâce à la donation Swiecinski, perpétue la tradition d'accueil en exposant des œuvres de jeunes artistes du Pays Basque, ainsi que des artistes historiques qui ont marqué l'art du XXe, comme récemment Hans Arp, contemporain de Swiecinski. On peut y admirer aussi la collection Swiecinski, bronzes, terres cuites, intéressante série de céramiques, un fonds littéraire de Paul-Jean Toulet, un fonds romain, préhistorique. Enfin, chaque année, le musée organise des expositions d'art contemporain, d'artistes de réputation internationale et de la région, des sculptures du comte Swiecinski qui a vécu à Guéthary une quarantaine d'années.

Parc Saraleguinea. En son centre se trouve le musée d'Art contemporain. Un parc municipal très agréable et calme qui est idéal pour une petite pause détente. D'autant qu'il est très arboré, si bien que vous pourrez y trouver un peu de fraîcheur l'été. Aire de jeux pour les enfants.

Hendaye

Ville frontière, la ville d'Hendaye est à deux pas de l'Espagne. Le nom d'Hendaye viendrait de deux mots basques : handi (grand) et baya (baie) ; son orthographe a varié et n'a pris sa forme actuelle qu'à la fin du XVIIIe siècle. A l'origine simple quartier d'Urrugne, Hendaye doit son « indépendance » au roi Louis XIV.

La ville a longtemps été riche et prospère grâce à la pêche à la baleine. D'ailleurs, sur les armoiries de la ville, les harpons symbolisent ce passé glorieux. La cité, située à l'extrémité sud de la côte basque, a connu de nombreux déboires historiques. Du XVIe au XVIIIe siècle les villes d'Hendaye, Irún et Fontarabie (Espagne) étaient continuellement en guerre. Même si la plus grande partie du XVIIIe siècle a été marquée par une période de paix, en 1793, les Hendayais ont dû fuir. Malheur à ceux qui sont restés...

Pendant de longues années encore, la vie à Hendaye a été rythmée par des différends fréquents avec la commune d'Urrugne et le reste de l'Espagne. Une fois cette période troublée terminée, la reconstruction de la ville a demandé des années. L'arrivée du chemin de fer a été le véritable salut d'Hendaye. En effet, le train, présent à partir de 1864, a facilité les échanges, en permettant à la ville de connaître une nouvelle ère de prospérité grâce à un essor commercial puis très vite par une politique touristique.

Château d'Antoine Abbadie. Route de la Corniche ✆ 05 59 20 04 51. *Du 1er février au 31 mai et du 1/10 au 15 décembre, du lundi au vendredi, visite libre de 10h à 12h, visite guidée à 15h et à 16h. Du 1er juin au 30 septembre, du lundi au samedi, visite libre de 10h à 14h, visite guidée de 15h à 17h30 toutes les 30 minutes Ouvert de juin à septembre : visite découverte (1 heure) : du lundi au samedi à 11h, 15h, 16h et 17h. Visite passion (1h45) : du lundi au samedi à 10h. D'avril à mai et octobre : visite découverte (1h) : mardi, jeudi et vendredi à 15h. Tarifs : visite découverte adultes : 5,56 €, enfants : 2,30 €.* Fils d'une famille d'origine basque émigrée en Irlande, Antoine d'Abbadie a mené une vie d'aventurier. Passionné de voyages, il a parcouru le monde entier et notamment l'Egypte où il réalise à partir de 1840 une œuvre conséquente. De ce pays, il a ramené une collection de manuscrits éthiopiens, une collection d'armes, de sculptures et d'objets qui ornent son château qu'il a fait construire entre 1860 et 1870. Correspondant, membre puis président de l'Académie des sciences, section géographie et navigation, il lui lègue son domaine après sa mort en 1897. Plantée sur la lande, la demeure vous accueille avec, au-dessus du porche, une inscription en irlandais : « Cent mille bienvenues ». Invitation au voyage dans une demeure dominant l'océan et qui a été créée par l'architecte Viollet-le-Duc : une chapelle avec de très beaux vitraux, une chambre d'honneur avec lit à baldaquin, mobilier d'influence médiévale, tissus peints tendus, une salle à manger aux murs illustrés des messages du maître dans une quinzaine de langues à décrypter, sa devise étant : « Plus être que paraître ». Le grand salon bleu et or, le repos après le voyage, la chambre nuptiale. Et partout, des vers, des messages inscrits. La partie scientifique comporte quant à elle une bibliothèque sur deux niveaux de 10 000 manuscrits et un observatoire scientifique.

Eglise Saint-Vincent. 7, rue du Vieux Fort ✆ 05 59 48 82 80. Edifiée en 1598, elle a épousé les heurts historiques connus par Hendaye. L'église, plusieurs fois incendiée et bombardée en raison de sa position géographique stratégique entre l'Espagne et la France, a été transformée au cours des siècles et complètement repensée il y a trente ans. L'édifice renferme de nombreux objets d'art, des tableaux de l'école espagnole et un précieux crucifix du XIIIe siècle.

Domaine d'Abbadia ✆ 05 59 20 37 20. Propriété du Conservatoire de l'Espace littoral et des Rivages lacustres, le domaine est un site naturel protégé qui se trouve au pied des Pyrénées, sur de hautes falaises découpées qui surplombent l'océan. Ici, la montagne affronte l'eau, la géographie de ce domaine est un résumé de la côte basque. Sur le domaine se trouve le château, mais aussi plusieurs constructions qui témoignent de l'activité agricole ancienne : la maison « larretxea » ou la maison de la lande abrite les locaux d'accueil et d'exposition ; près du verger se trouve la ferme « nekatoenea » qui sert de logement et d'atelier aux artistes et scientifiques. Elle est de style basque. Enfin et surtout, le domaine permet d'observer plusieurs milieux très différents : des parcelles cultivées, des prairies de fauche, landes à fougères et buissons, des chênes. C'est aussi une halte pour des oiseaux migrateurs et pour d'autres qui y ont élu domicile. Le spectacle est merveilleux au moment du passage des palombes et des tourterelles. C'est l'un des sites naturels d'intérêt majeur de la côte.

Ile des Faisans. Sur cette île qui trône au milieu de la Bidassoa, il n'y a jamais eu de faisans mais des canards ! Appelée aussi l'île de la Conférence puisqu'en 1659 a été signé le traité des Pyrénées qui mit fin à la longue période de guerre entre la France et l'Espagne. Juridiquement, cette île est sous autorité française pendant un semestre et les six mois suivants, elle devient espagnole et ainsi de suite. Pour la petite histoire, il est amusant de savoir que sur cette île, en 1904, Paul Déroulède et Jean Jaurès se sont battus en duel.

Urrugne

Huit kilomètres de côtes aux hautes falaises sauvages, dont une grande partie est protégée par le conservatoire d'Aquitaine, bordent le petit village d'Urrugne qui regroupe les quartiers de Béhobie, Socoa, Kechiloa et d'Olhette… Véritable écrin entre l'océan Atlantique et les premiers contreforts de la chaîne pyrénéenne, elles offrent un spectacle naturel, fascinant tant le site est splendide. Dans ce village-rue qui double sa population en pleine saison, il y a de nombreux monuments historiques et sites naturels : la Rhune, le mont du Calvaire (200 m), le col d'Ibardin, le chemin botanique de la Corniche. Une particularité, outre le col d'Ibardin, Urrugne a sur sa commune une partie de la commune de Socoa.

Hendaye

Eglise Saint-Vincent. La construction de cette église, dédiée à Saint-Vincent de Xaintes, remonte à la moitié du XVIe siècle. Le bâtiment est massif et défensif avec des hautes murailles et meurtrières à mousquet. L'église a été rénovée au XVIIIe siècle et les ouvertures qui éclairent le chœur sont récentes. A l'intérieur se trouvent les fameuses galeries de bois sculpté. A l'extérieur, notons que sur le clocher, rénové, il y a un cadran solaire rectangulaire avec les heures gravées en chiffres romains et avec, pour inscription, une devise un peu cynique : « Toutes les heures blessent, la dernière tue ».

Château d'Urtubie. RN10 ✆ 05 59 54 31 15. *Monument historique. Visite du parc et du château. Ouvert du 1er avril au 31 octobre, tous les jours sauf le mardi, de 14h à 19h + une visite le matin à 11h. Dernier départ de visite à 18h. Pour les groupes, ouverture exceptionnelle sur demande, déjeuners et dîners possibles sur réservation toute l'année. Adulte : 5,56 @ et enfants : 3,05 €.* Au pied du col d'Ibardin, l'ancienne maison forte d'Urtubie impose ses 6 siècles d'histoire. Avec ses tours aux dômes en forme de casque à pointe, sa toiture d'ardoises taillées en forme d'écailles, l'architecture du château porte le sceau de ses maîtres, de 1931 à nos jours... Des Tartas d'Urtubie, Sault et Montréal, Alzaté, Lalande, Larralde-Diustéguy... jusqu'aux comtes de Coral, les contemporains. C'est en 1733 que le château prend son allure actuelle, lorsque Ursule de Salvat épouse Pierre de Lalande-Gayon, avec le corps de bâtiment correspondant au salon actuel, la terrasse, l'escalier Louis XV, une partie du châtelet d'entrée et l'orangerie. Pierre-Eloi de Lalande, arrière-petit-fils d'Ursule cède, en 1830, les domaines d'Urtubie et de Fagosse à François III de Larralde-Diustéguy, son cousin. Ledit François, maire d'Urrugne, rénove en 1819 les pièces de réception du château. Il transmettra le château au plus jeune de ses fils, Henri, maire d'Urrugne pendant 56 ans et conseiller général des Pyrénées-Atlantiques pendant 40 ans. Henri, célibataire, laisse Urtubie à sa sœur Gabrielle, mariée à Jules Labat, maire de Bayonne et député des Basses-Pyrénées qui reçut chez lui, à Biarritz, l'empereur Napoléon III et son épouse, venus en 1854 suivre les travaux du Palais Impérial. En 1911, c'est la comtesse Paul de Coral qui aménage le château pour y vivre. Après elle, c'est son fils aîné, le comte Bernard de Coral, maire d'Urrugne de 1929 à 1945 et de 1947 à 1965, député des PA de 1934 à 1941 et conseiller général de Saint-Jean-de-Luz de 1951 à 1963, qui s'installe à Urtubie avec sa femme. Ils ont obtenu l'inscription de la propriété à l'inventaire supplémentaire des Monuments Historiques. Et c'est aujourd'hui leur fils, le comte Paul-Philippe de Coral avec son épouse qui a ouvert le château à la visite et aménagé des chambres d'hôtes. Visite aussi du musée.

CAMBO-LES-BAINS ET LE LABOURD

HEBERGEMENT

Hôtel du Fronton. La Place 64250 Itxassou ✆ 05 59 29 75 10 - Fax 05 59 29 23 50. *Fermeture annuelle du 1er janvier au 15 février et du 12 au 18 novembre. Fermé le mercredi. 25 chambres de 30,50 à 48 €. Menus de 13 à 23 €. Carte 38 €. Petit-déjeuner 6 €.* Dans la capitale de la cerise, l'hôtel du Fronton est l'étape sérieuse et gourmande, intérieur néo-rustique très réussi, jolies chambres, sobres et élégantes, donnant sur la campagne, agréable piscine bien isolée, terrasse panoramique agrandie. La cuisine de Jean-Paul Bonnet sait se rapprocher de son terroir tout en gardant une touche de personnalité, avec les standards très bien faits, la piperade, le merlu koskera et le gâteau basque.

Hôtel Txistulari. Ancienne route de St-Jean Pied de Port 64250 Itxassou ✆ 05 59 29 75 09 - Fax 05 59 29 80 07. *Fermeture annuelle du 14 décembre au 7 janvier. Fermé le dimanche soir (réservation obligatoire pour le restaurant le soir). 20 chambres de 27,45 à 38,15 €. Petit-déjeuner 5 €.* Au cœur d'un petit village du pays basque, ancienne maison entièrement rénovée selon les normes européennes à 25 km de la mer et à 3 km de la cure thermale de Cambo Les Bains. Chambres calmes et confortables, certaines donnent sur le jardin. Quelques plats caractéristiques du restaurant : omelette aux cèpes, anguilles persillées, salmis de Palombes, piquillos farcis à la morue...

Hôtel-café du Trinquet. Rue du Trinquet 64250 Cambo-les-Bains ✆ 05 59 29 73 38 - Fax 05 59 29 25 61. *Fermeture annuelle du 4 novembre au 3 décembre. Fermé le mardi hors saison. 12 chambres de 21,50 à 33,50 €. Petit-déjeuner 4,50 €. Carte bancaire non acceptée.* Dans la station thermale située à 20 km de la mer et 15 km de la frontière espagnole, l'hôtel café du trinquet offre un excellent rapport qualité/prix. Les chambres sont spacieuses et tout confort. Certaines sont avec terrasse.

Hôtel-restaurant Patoula. Rue Principale 64480 Ustaritz ✆ 05 59 93 00 56 - Fax 05 59 93 16 54. *Fermeture annuelle du 20 au 27 octobre et du 5 janvier au 5 février. Fermé le lundi et vendredi midi (et le dimanche soir hors saison). 9 chambres de 65 à 90 €. Menu à 20,35 €. Carte 35 €. Petit-déjeuner 10 €.* Très belle maison de maître XVIIIe au bord de la Nive, jolie terrasse et salle rustique. Chambres de bon confort, dans un calme parfait, table intéressante, cuisine de terroir bien actualisée, belles présentations : palombe rôtie flambée au lard et tartelette aux cèpes, morue à la biscaïenne et croustillant de xingara, poêlée de chipirons sautés aux piments verts, tourtière de figues, sauce au vinaigre balsamique.

Le Trinquet 64250 Louhossoa ✆ 05 59 93 32 54 - Fax 05 59 93 34 76. *Fermeture annuelle février. Fermé le mardi soir et mercredi soir. 14 Menus de 12 à 25,50 €. Carte 22 €. Petit-déjeuner 5,30 €.* L'hôtel propose des chambres simples mais fonctionnelles. Un petit jardin d'agrément est à disposition des clients ainsi qu'une terrasse couverte. La cuisine traditionnelle faite avec les produits de la maison est servie dans un cadre rustique.

Argi-Eder. Route de la Chapelle 64250 Aïnhoa ✆ 05 59 93 72 00 - Fax 05 59 93 72 13. *Fermeture annuelle du 11 novembre au 1er avril. Fermé le dimanche soir et mercredi. 32 chambres de 61 à 115 €. Menus de 19,50 à 37 €. Carte 30 €. Petit-déjeuner 8 €.* Un hôtel de bonne et ancienne réputation, typique maison basque à l'atmosphère familiale, avec ses vieux meubles et ses chambres de caractère, spacieuses avec balcon ou terrasse ouvrant sur le jardin ou le village. C'est aussi une étape gourmande pour fréquenter la gastronomie basque, avec des menus explicites et bien calibrés : omelette au thon luzien et piment d'Espelette, cassolette de morue basquaise aux piquillos, salmis de cuisse de canard à l'irouléguy, xilindron d'agneau, fromage de brebis à la confiture de cerises noires.

Chambres d'hôtes

Bereterraenea. Arrauntz 64480 Ustaritz ✆ 05 59 93 05 13 - Fax 05 59 93 27 70. *4 chambres de 44 à 47 €. Carte bancaire non acceptée.* Cette belle bâtisse du XVIIIe siècle surplombant forêt et rivières est située dans un cadre paisible et verdoyant à une dizaine de km de l'océan. Les chambres se partagent la chaleur du bois et l'austérité de la pierre. Grand séjour pour les petits déjeuners et coin repos dans le jardin.

Maison Sainbois. Rue Notre-Dame 64240 La Bastide-Clairence ✆ 05 59 29 54 20 - Fax 05 59 29 55 42. *4 chambres de 54,89 à 64,04 €. Menu à 22,11 €. Petit-déjeuner 5,35/9,11 €.* La maison traditionnelle, du XVIIe siècle, a conservé ses poutres apparentes et ses colombages. Les chambres, d'une surface moyenne de 22 m^2, ont reçu une décoration personnalisée et sont agrémentées de meubles anciens.

Ferme de Pinodieta. M. Massonde - 1069, chemin de Kostatzu 64250 Souraïde ✆ 05 59 93 87 31 - Fax 05 59 93 87 31. *Fermeture annuelle du 5 novembre au 1er mars. 5 chambres à 38,50 €. Carte bancaire non acceptée.* Cette ferme du XVIIIe siècle, de style basque met à votre disposition jardin d'agrément, paillote et barbecue. Les chambres sont simples et décorées dans le style régional et possèdent toutes du double vitrage qui garantit le calme des lieux.

Chambres d'Hôtes Irazabala. Mendiko Bidea 155 - Quartier Laharketa 64250 Espelette ✆ 05 59 93 93 02 - Fax 05 59 93 93 02. *2 chambres à 54 €. Carte bancaire non acceptée.* Une maison basque agrémentée d'un grand jardin. Les chambres spacieuses sont confortables et décorées avec soin. La maison organise des randonnées à cheval avec guide diplômé.

Domaine de Silencenia 64250 Louhossoa ✆ 05 59 93 35 60 - Fax 05 59 93 35 60. *5 chambres à 60 €. Menu à 20 €. Carte bancaire non acceptée.* Vous goûterez le calme dans cette maison aux belles boiseries d'époque. Les chambres, à thème, vous feront découvrir les passions des propriétaires. Dotées de lit à baldaquin et de sanitaires privés, elles ont vue sur le parc ou le lac. Vous profiterez de la piscine et jouerez au billard, ping-pong ou baby-foot. Si vous le désirez, des plats savoureux et raffinés vous seront servis.

Campings

Camping - caravaning Hiriberria. RD 918 64250 Itxassou ✆ 05 59 29 98 09. *180 emplacements.* Une nouveauté récente dans ce camping déjà bien équipé : des chalets, dans cette nature accueillante, devant des paysages débordant de beauté, montagnes à l'entour, frontons, traditions, vie quotidienne des Basques. Sur le plan des loisirs, tout est là : une piscine privée de 200 m², un terrain de basket et de football, un lieu pour pratiquer la pétanque, des jeux pour les enfants, une table de ping-pong, une salle de réunion avec télévision, une salle de jeux avec billard, flippers, baby-foot et enfin des blocs sanitaires bien entretenus avec douches séparées.

RESTAURANTS

Restaurant Bellevue. Rue des Terrasses 64250 Cambo-les-Bains ✆ 05 59 93 75 75 - Fax 05 59 93 75 85. *Fermeture annuelle du 15 novembre au 1er décembre et du 20 décembre au 4 janvier. Fermé le dimanche soir et lundi. 26 chambres de 43,45 à 60,22 €. Menus de 14,94 à 26,68 €. Carte 26,68 €. Petit-déjeuner 5,49 €.* Belle maison basque à colombages avec parc, jardins, terrasses et piscine à l'extérieur. Un bel escalier conduit jusqu'aux chambres décorées à l'ancienne. Au restaurant, Gilles Fontanille vous propose une cuisine inventive qui mêle avantageusement terroir et tradition.

Hôtel-restaurant Oppoca. Place du Fronton 64250 Aïnhoa ✆ 05 59 29 90 72 - Fax 05 59 29 81 03. *Fermeture annuelle du 15 novembre au 15 décembre. Fermé le dimanche soir, lundi. 12 chambres de 38 à 49 €. Menus de 15 à 28 €. Carte 28 €. Petit-déjeuner 5,50 €.* Un classique indémodable. Oppoca c'est une adresse renommée, un hôtel familial installé dans un relais de poste XVIIe, avec jardin et terrasse. Chambres agréables avec terrasse ou balcon donnant sur la montagne, l'une d'entre elles pouvant accueillir cinq personnes. Table régionale de qualité qui ne manque pas d'idées, pour goûter le dos de morue grillée et piqué au saumon fumé, l'axoa de veau purée et croustade de pommes de terre, la poire pochée au jus de sangria et glace au piment d'Espelette.

Hôtel-restaurant Euzkadi. 285, Karrika Nagusia 64250 Espelette ✆ 05 59 93 91 88 - Fax 05 59 93 90 19. *Fermeture annuelle du 1er novembre au 20 décembre. Fermé le lundi (et mardi hors saison). 32 chambres à 45 €. Menus de 14,50 à 27 €. Carte 27 €. Petit-déjeuner 6 €.* Au cœur du pays basque, en plein centre d'Espelette, l'hôtel dispose de 32 chambres avec tennis, piscine et jardin d'agrément. Situation idéale à 20 minutes de Saint-Jean-de-Luz, Biarritz, Bayonne. Vous découvrirez au restaurant toute la richesse de la gastronomie basque : axoa, tripoxa, piquillos, ttorro, piperade.

Le Fronton. Quartier Ibarron 64310 Saint-Pée-sur-Nivelle ✆ 05 59 54 10 12 - Fax 05 59 54 18 09. *Fermeture annuelle du 15 février au 15 mars. Fermé le lundi et mardi d'octobre à avril. Menus de 20,50 à 36,65 €. Carte 40 €.* Du typique traditionnel dans un village purement basque : la maison porte haut les couleurs régionales, sur la place du fronton, avec la vue sur les montagnes. Agréable terrasse pour dîner sous les platanes en se consacrant aux douceurs roboratives de la carte : têtes de cèpes au foie gras rôti, louvine de ligne au jambon serrano, merlu rôti aux piquillos et palourdes, agneau de lait du pays au sakari, croustillant de chèvre. Bon menu, service attentif, dans la convivialité et grand choix de desserts, avec de bons macarons fraises framboises et glace au fromage blanc, ou la tarte tiède au chocolat amer.

Hôtel Ithurria. Place du Fronton 64250 Aïnhoa ✆ 05 59 29 92 11 - Fax 05 59 29 81 28. *Fermeture annuelle de la Toussaint à Pâques. Fermé le mercredi. 26 chambres de 106 à 122 €. Menus de 28 à 43 €. Carte 46 €. Petit-déjeuner 9 €.* Un véritable mas de cocagne que cette typique maison basque, ancien relais de Saint-Jacques de Compostelle, au confort toujours amélioré au fil des ans (7 chambres refaites pour cette année, toutes climatisées et personnalisées, une très agréable piscine, une déco rustique très soigné), à l'atmosphère familiale toujours aussi chaleureuse. Sur les bases régionales, une cuisine intéressante et généreuse, très bien réalisée: petits piments rouges farcis à la morue sauce brune au jurançon, escalope de daurade royale poêlée à l'espagnole, cassoulet basque aux haricots rouges, blanc de pintade fermière sauté au bacon jus de truffes et lentilles vertes, délice à l'Izarra et à la cerise d'Itxassou. Impressionnante cave de grands crus à prix imbattables.

Auberge de la Galupe. Pont d'Urt 64240 Urt ✆ 05 59 56 21 84. *Fermeture annuelle de mi-janvier à fin février. Fermé le dimanche soir et le lundi, sauf été ouvert pour le dîner. Menus de 38 à 85 €. Carte 90 €.* Le restaurant de Christian et Anne-Marie Parra, au nom qui sonne si bien dans ce petit coin, non loin de l'ancien chemin de halage, à quelques encablures du port de Bayonne, est une étape gastronomique reconnue. Du haut de gamme qui affiche sereinement un spectaculaire retour aux sources, du merveilleux dans une assiette qui chante le terroir, pas n'importe lequel, celui pour qui le chef fond d'une rare passion, le Charnegou, ce fameux pays charnière entre Pays Basque, Landes et Béarn. De l'exceptionnel qui sonne si vrai... L'homme de la Galupe, Christian Parra, c'est tout cela à la fois, c'est l'honnêteté à l'égard du produit, c'est la simplicité d'un abord chaleureux et convivial, c'est le respect de l'autre... Dans ce petit coin de paradis, à son image et celle de son épouse, omniprésente à ses côtés et en salle! Le cadre pour commencer: imaginez une placette au bord d'un fleuve riche en histoire, des berges environnantes bordées de splendides demeures et une belle maison, aux murs épais de pierres, une maison de « Galupier », les galupes étant les bateaux traditionnels de ce fleuve. A l'intérieur, l'ambiance est au charme rustique d'une sobre élégance: poutres, cheminée, nature morte, ça sent l'encaustique. Et dans l'assiette, un festival de trésor! Le fruit de la rivière d'abord, le saumon sauvage de l'Adour, de la mer (les anchois, le ventre de thon, les rougets... de la criée, les langoustines grillées à la plancha), les spécialités de la maison, les ris d'agneau (profitons-en) panés accompagnés d'une poêlée d'artichauts aux petits croûtons, tous les produits qui dérivent « du cochon bien élevé »... l'Ibaïona, le bœuf de Chalosse, le pigeonneau du pays (une merveille) et seule petite entorse au terroir basque, l'agneau de Castille... Un repas d'anthologie arrosé des meilleurs crus de la précieuse cave dont on se souvient! Service de grande qualité!

POINTS D'INTERET

Office du tourisme. Parc public BP 15 64250 Cambo-les-Bains ✆ 05 59 29 70 25.

Cambo-les-Bains, ville thermale et climatique, est une cité idéalement située. Agrémenté de grands jardins et de prairies, cet antique port fluvial est très prisé pour son climat doux en hiver et frais en été. Station thermale ou climatique selon les époques, la « patrie » de Rostand est un cadre idéal pour les curistes. L'endroit a été le théâtre de passages célèbres, de têtes couronnées dont le roi espagnol Alphonse XIII qui se régalait en faisant de nombreuses balades en bateau sur la Nive. Le personnage le plus illustre et le plus marquant est bien évidemment Edmond Rostand qui a décidé de faire construire à Cambo la maison Arnaga, aujourd'hui transformée en musée et qui est classée monument historique. Cambo c'est aussi la ville d'origine du célèbre pelotari Joseph Apesteguy, plus connu sous le nom de « Chiquito de Cambo ». La ville est divisée en quatre quartiers principaux: le haut-Cambo, le bas-Cambo, Basseboure (ces deux quartiers sont les plus habités), et le quartier des Thermes qui a été marqué par de nombreuses batailles pour la libre circulation sur la Nive. Les établissements médicaux nombreux se concentrent dans ce dernier quartier. Le haut-Cambo mérite le détour à cause des magnifiques villas qui y ont été construites, mais aussi parce que c'est là, sur la rive gauche, que se trouve l'église Saint-Laurent.

Eglise Saint-Laurent. Elle date du XVIIe siècle et se trouve sur la rive gauche de la ville. De style labourdin, elle renferme un joli retable en bois doré représentant le martyre de son saint patron.

Musée Arnaga ✆ **05 59 29 70 57.** *Ouverture des vacances de février au 31 mars : samedi et dimanche de 14h30 à 18h30, du 1er octobre aux vacances de la Toussaint : tous les jours de 14h30 à 18h30, du 1er avril au 30 septembre : tous les jours de 10h à 12h30 et de 14h30 à 18h30, du 14 juillet au 15 septembre : nocturne le mardi à 21h30, en juillet et août : visite commentée des jardins, le vendredi à 10h30. Durée de la visite guidée du musée : 30 minutes.* Cette demeure du célèbre poète et auteur (académicien) a été classée monument historique. Il s'agit d'un chef-d'œuvre de pierre et de verdure, une belle maison blanche entourée de jardins à la française. Cyrano de Bergerac, l'œuvre la plus connue de Rostand, dont on vient de fêter le centenaire en 1997, a été plusieurs fois portée à l'écran. Le film de Jean-Paul Rappeneau, la dernière adaptation à l'écran, a eu un accueil public triomphal et a obtenu 10 césars dont celui du meilleur acteur décerné à Gérard Depardieu, qui lors de la cérémonie des césars a déclaré : « J'aimerais remettre ce césar au musée Edmond Rostand, parce que je pense que sans lui, je ne serais pas là ».

Vieux quartier du Bas-Cambo. Ce quartier est très pittoresque avec ses maisons traditionnelles, mais il faut reconnaître que les activités, relativement peu nombreuses en nocturne (il y a surtout des curistes), se situent surtout au centre-ville, près de la mairie et dans les rues adjacentes.

SHOPPING

Ohantzia. 28, rue de l'Ursuya, Hasparren ✆ **05 59 70 20 26.** Tranquille et ouvert à la conversation, le patron de cette petite boutique a réuni tous les objets de décoration du Pays Basque qui peuvent faire de magnifiques souvenirs de vacances. Grand choix d'objets en bois, de figurines et d'horloges sur lesquelles sont peintes, à la main, des croix basques, des piments, des cerises. En somme tous les symboles ou presque des Basques. Il y en a une multitude avec des coloris variés (en tout plus d'une quarantaine). Les prix sont du reste abordables.

Confiserie

Confiserie-pâtisserie Saint-Geours. 33, rue du Docteur-Jean-Lissar, Hasparren ✆ **05 59 29 46 29.** La grand-mère de l'actuelle âme des lieux avait inventé des petits sablés très croquants qu'elle appela les « kurruska ». Ils sont toujours là et ont depuis quelques années repris du poil de la bête, devenant le dessert phare de la maison. Présentés à l'unité, en sachets ou en boîtes hermétiques en fer, ils sont absolument divins. La recette est jalousement gardée et ne se transmet qu'oralement. Les « kurruska » sont fabriqués sans colorant, sans conservateur et avec du beurre non raffiné. Leur nom signifie « au milieu des chênes » et cet arbre est le logo que l'on retrouve sur toutes les boîtes de ces sablés. Excepté cette petite merveille, vous pourrez manger de très bons gâteaux basques maison, avoir un choix varié de tourons et de friandises, avec notamment des caramels très réussis.

Pâtisserie Haranea - Musée du gâteau basque. Quartier Lehenbiscay - Route de Vera Bidassoa 64310 Sare ✆ **05 59 54 22 09.** *Entrée gratuite. Visite, dégustation, et fabrication à la demande. Durée : 1 heure. Visites du lundi au vendredi.* Dans le quartier Leherbiscay, non loin d'un petit ruisseau, vit une maison pas comme les autres. Une descente rapide et vous vous retrouvez à Haranea chez un esthète, un pâtissier de talent, Vincent Marichular, pigeon voyageur impénitent, formé chez les plus grands, en France, à New-York et Singapour. De retour au pays, il crée une pâtisserie haut de gamme pour servir entre autres les restaurateurs de la région et bien sûr des particuliers. Parallèlement, il imagine avec son épouse passionnée d'histoire un musée autour du fameux gâteau basque et récupère ainsi tout ce qui a pu depuis la nuit des temps servir à sa fabrication, dans un cadre authentique de vieux meubles, vieilles pierres, etc. avec la participation d'habitants du cru. Une visite instructive mêlant à loisir histoire et gastronomie, saveurs du passé et effluves du présent.

LOISIRS

Cocktail Aventure. Résidence Laminak 64310 Saint-Pée sur Nivelle ✆ 05 59 54 18 69. 3 centrales de réservations: Saint-Pée-sur-Nivelle, Saint-Jean-de-Luz (05 59 26 07 93), Bidarray (05 59 37 76 24). Nouvelles sensations, nouvelles aventures avec la nature: «On ne commande à la nature qu'en lui obéissant», disait Bacon. Avec Cocktail Aventure, le but est de vivre à un rythme très soutenu tout en respectant son corps et les sites. Les moniteurs sont tous diplômés d'Etat et assurent un encadrement efficace. Au programme de ce cocktail détonant: rafting sur la Nive, à Bidarray pour les amoureux des sensations en eaux vives. Le Pays Basque en 4X4, à bord de véhicules débachables, équipés de radio Carte bancaire, et sous l'égide d'un guide, vous parcourez les sentiers du fin fond du Pays Basque. En une journée, vous pourrez parcourir plus de 100 km et aller dans différents villages français et espagnols avec une petite pause repas dans une venta. Le canyoning vous permettra de découvrir des paysages sauvages, de faire quelques descentes en rappel, de savourer quelques baignades dans des rivières presque sauvages. Autre ingrédient de ce cocktail, le catamaran au départ du port d'Hendaye et enfin, l'activité parapente sera un décollage immédiat pour la 3e dimension. Copiloté par un professionnel, vous aurez une vue aérienne du Pays Basque.

Promenade du Pas de Roland. Itxassou. A deux pas du bourg (c'est bien indiqué), se trouve le fameux «Pas de Roland» qui est un rocher fendu. La légende dit que c'est l'œuvre des sabots du cheval de Roland. Cependant, d'autres versions assurent que c'est le valeureux Roland qui aurait lui-même fendu ce rocher avec son épée. La promenade vous amène au ravin de Laxia avec des mines abandonnées. Après 7 km de marche, un chemin sinueux et tortueux mène aux monts Artzamendi et Mondarrain. Deux sites qui dominent le paysage et particulièrement les villages d'Itxassou et d'Espelette. Le sommet de ce mont est très fréquenté par les alpinistes.

Haras d'Ainhoa, Hasparren ✆ 05 59 31 70 99. L'un des élevages les plus prestigieux d'Europe et le premier en France, composé de foals, yearlings, étalons entre autres, parmi les chevaux présents. Au total, plus de trente champions batifolent en toute liberté. Un véritable spectacle pour tous ceux qui sont épris de ce bel animal qu'est le cheval. Ce sont des champions en «show» que vous avez là, des étalons, des poulinières, des poulains et pouliches de tous âges, futurs champions à choisir. Chaque année, au début du mois d'août, le haras fait la fête au cheval arabe, le plus pur des pur-sang, sélectionné depuis des milliers d'années pour faire la guerre avec furie et survivre grâce à sa souplesse, son intelligence et ses qualités esthétiques, en lui consacrant deux journées. La passion du cheval, un dada.

Le petit train de la Rhune. Col de Saint-Ignace ✆ 05 59 54 20 26 - Fax 05 59 47 50 76 - E-mail: trainrhune@aol.com *Du 18 mars au 12 novembre, tous les jours à partir de 9h. En été: 8h30. Départ toutes les heures environ. Service régulier depuis la gare SNCF de Saint-Jean-de-Luz.* Sa carte d'identité: 45 locomotives et locotracteurs, 17 autorails, 3 ateliers ferroviaires. Dénivelé: 764 m, 204 km de voie, 1 m d'écartement des voies, rampe de 25%, 225 poteaux caténaire, courant d'alimentation, en triphasé 50 Hz sous une tension de 3000 volts, vitesse: 8 km/h, durée de la montée: 30 minutes Nombre de kms parcourus depuis 1924: 350 000 km. Personnel: 450 personnes. 4 trains de 150 places peuvent être mis en place ensemble, pour 600 pers/h. Matériel d'époque: la toiture en sapin des Pyrénées, le plancher en pin des Landes, le lambris en châtaignier de l'Ariège, la plateforme en iroco, bois exotique imputrescible d'Afrique.

Les Grottes de Sare ✆ 05 59 54 21 88 - Fax 05 59 54 20 69. *Ouvert toute l'année; en juillet et août, de 9h30 à 20h; de novembre à Pâques, de 14h à 17h. Tarifs: adultes 5 €, enfants 2,29 €.* 45 000 ans de préhistoire et 2 000 ans d'histoire grâce à un spectacle son et lumière. Diaporama dans le musée de la grotte. Un voyage dans les entrailles de la terre, dans les canyons souterrains et dans les méandres érodés et sculptés par la fonte des gigantesques glaciers quaternaires. Une approche ludique, mais qui reste didactique, de la vie de nos ancêtres, de leurs modes de vie en milieu naturel. C'est un pharmacien ariégeois qui obtint après la guerre de 14-18, les droits d'exploitation de la grotte à des fins touristiques. «C'est un ouvrage longuement effectué dont il convient d'admirer les formes et de les respecter comme une œuvre d'art», dit-on en son sein. L'histoire de cette grotte vous sera contée lors de la visite fort enrichissante, sachez en tout cas que plus récemment Lezea était un lieu de refuge idéal, notamment pendant la guerre civile de 1876. C'était en outre un relais sur le «couloir d'Hendaye», le long duquel s'acheminaient dans un sens les blessés et dans l'autre les munitions pour l'Espagne.

Centre de Vol à Voile. Aérodrome, Itxassou ✆ 05 59 29 75 12. Neuf planeurs plus des planeurs de compétition et de voltige sont à la disposition des membres de ce club, fondé en 1959 et présidé par Daniel Aleman. Il est urgent d'aller faire un tour du côté de ce centre où des vélivoles se mettent en quatre pour vous expliquer comment tout cela fonctionne et vous encourager à goûter aux sensations que l'on peut ressentir en l'air. L'initiation dure à peu près une vingtaine de minutes. Elle est assurée par des diplômés.

DANS LES ENVIRONS

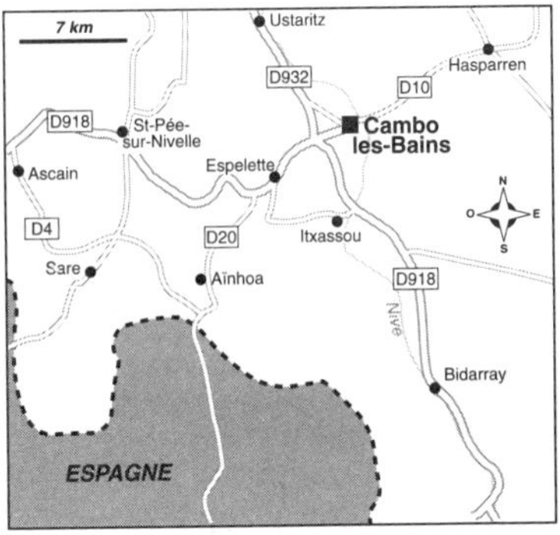

Ainhoa

Tout près de la frontière espagnole sur la route de Pampelune, cet ancien relais hospitalier vers Compostelle, fondé par les prémontrés au XIIe siècle présente l'originalité d'une bastide basque regroupée autour d'une rue. Ce « Plus Beau Village de France » aux maisons sagement alignées, enjolivées de somptueux colombages et encorbellements, contient d'autres trésors, comme son église (XIVe, XVIe-XVIIe) avec un très beau retable, les curieuses stèles en forme de disque au cimetière, et des quartiers pittoresques, comme celui des Bananiers. Les faubourgs sont cernés de montagnes, où culmine le Pic de Gorospil.

Village d'Ainhoa

Ascain

Village coquet, au bord de la rivière, au pied de la Rhune entre Saint-Jean de Luz et Saint-Pée/Nivelle. Petit pont romain à 3 arches. La cascade de « Zuretta » et la source des 3 fontaines. C'est à Ascain, que Pierre Loti écrivit le célèbre Ramuntcho.

Bidache

Petit port au bord de la Bidouze, il garde les vestiges des seigneurs de Grammont grâce à son château qui donne chaque année lieu à une reconstitution historique.

Château. D936. Le château de Bidache est la propriété des seigneurs de Grammont depuis 1040. En 1549, Antoine 1er de Grammont accueille à Bidache Antoine de Bourbon, duc de Vendôme, époux de Jeanne d'Albret. La reine Jeanne d'Albret le nommera en 1564 lieutenant général de Navarre, Béarn, Foix, Bigorre, Marsan Gabardan et Nebouzan. C'est dire l'importance historique de cette demeure grandiose qui offre à travers une fresque historique un spectacle incomparable, au cours des soirées d'été.

Château de Guiche. D253 Guiche. La forteresse de Guiche élève encore de nos jours les vestiges de sa puissance au-dessus de la vallée de la Bidouze. Elle conserve certaines parties de l'ancienne forteresse, en particulier une impressionnante tour ronde du XIVe siècle. Les ruines appartiennent toujours au duc de Grammont dont le fils aîné est duc de Guiche.

Espelette

Coquet village qui a acquis une réputation « mondiale » pour ses fameux piments séchant sur les façades des maisons. C'est également un centre d'élevage de pottocks, ces petits chevaux sauvages de la montagne. Espelette, dont le nom viendrait de « Ezpela » qui signifie « buis », est un village entouré de collines relativement basses et son économie repose sur l'élevage des ovins, des bovins, ainsi que sur la culture du maïs et des pommes de terre. Le tourisme a bien entendu modifié la donne puisque, depuis l'arrivée massive des visiteurs, le village, situé idéalement à mi-chemin entre la mer et la montagne, a ouvert plusieurs hôtels, un camping et des restaurants. Un village, avec ses petites maisons blanches (de style labourdin) qui attire les curieux et qui saura se faire encore plus apprécier lorsque la déviation prévue pour 2001 sera effective.

Château. Les restes du manoir des barons d'Ezpeleta, vassaux des princes anglais d'Aquitaine jusqu'au XIVe, rappelle la forteresse primitive. Détruit une première fois, il fut reconstruit et fortifié par Bertrand d'Ezpeleta, puis menacé de destruction par Henri V, roi d'Angleterre. C'est alors que le seigneur labourdin en appela de cette décision et obtint gain de cause en 1414 auprès du comte de Dorcester. En 1462, Louis XI érigea la seigneurie en baronnie. En 1637, lorsque la baronnie fut confisquée par Louis XIII, les habitants rasèrent le château mais furent condamnés à 20 000 livres de dommages et intérêts par le parlement de Bordeaux. En 1694, Dona Juliana, baronne d'Ezpeleta, légua le château à la paroisse pour servir de presbytère et ce jusqu'en 1967. Et depuis 1880, il sert aussi de mairie. Il s'étendait sur tout le quartier qui en entoure aujourd'hui les vestiges, réduits à une tour d'angle de plan Barlong se terminant en demi-cercle. A partir du second niveau, trois bandeaux délimitent des étages de plus en plus bas, le dernier servant de corniche. Aux troisième et quatrième niveaux, des bouches à feu s'ouvrent vers le nord-ouest et sud-ouest, une échauguette partiellement détruite subsistant au second niveau. Dans son état actuel, la tour doit dater du XVIe. Le corps de logis, maison forte, qui remonte au XIe la prolonge, présentant un fragment de muraille avec le même mélange de blocage et de pierres taillées, certaines ouvertures plus récentes distribuées irrégulièrement. Au nord, sur une terrasse, le bâtiment à deux niveaux, quoique bien mutilé, présente des restes d'organisation. La porte d'entrée au centre, à pilastres, est surmontée d'un grand tableau nu.

Hasparren

Le village d'Hasparren est au cœur de bois et de châtaigneraies. L'ensemble est une zone de petits coteaux qui ne dépassent guère les 100 mètres de hauteur. Situé à la limite de la Basse-Navarre, le paysage est plutôt vert en raison des pluies abondantes. D'un point de vue historique, le village a été marqué par le soulèvement des femmes qui s'est produit en 1784. Celles-ci ont pris les armes (fourches, faux) car elles avaient décidé de se battre contre une rumeur qui laissait penser que le village devrait désormais s'acquitter du paiement de la gabelle. Leur lutte a été relayée par le curé de la paroisse qui a servi d'intermédiaire entre ces révoltées et les troupes de l'intendant arrivées dans le village. Ce mouvement eut pour conséquence l'emprisonnement de plusieurs personnes dans les geôles de Bayonne et surtout la destruction du clocher de l'église afin que nul ne puisse plus sonner le tocsin. Ce « pauvre » clocher n'a été reconstruit qu'en 1817.

Economiquement, le village a bien sûr tiré ses richesses de son environnement. Les prairies qui entourent le bourg ont permis le développement d'une activité basée sur l'élevage, celui des ovins plus particulièrement. D'ailleurs un marché aux bestiaux a lieu toutes les semaines (le mardi). Pendant plusieurs décennies, le village a tiré sa richesse de l'agriculture et, aujourd'hui encore, ce secteur est important avec notamment le commerce de la viande et du lait. De plus, dans le village, une école d'agriculture forme les exploitants dans les filières agriculture - élevage et horticulture - et floriculture. Un dynamisme qui n'a pas échappé à la chambre d'agriculture du département qui a installé ici son antenne pour le Pays Basque. Outre l'agriculture, le village a longtemps vécu de son savoir-faire artisanal en tannerie et dans la fabrication de chaussures. Hélas, depuis quelques années, ce secteur a été touché par la crise, ce qui a provoqué la fermeture de nombreuses usines. Cependant, Hasparren a su faire face et a diversifié son industrie.

Actuellement, la commune est divisée en quartiers avec des habitations labourdines. Un village qui bien sûr possède un fronton et qui, tourisme oblige, s'est doté de campings et autres infrastructures nécessaires à l'accueil des vacanciers.

Le village compte plus de 5 000 habitants qui peuvent emprunter le chemin de croix qui mène à la colline du Calvaire, de laquelle la vue sur les montagnes et les alentours est assez remarquable. On parle d'ailleurs du Pays d'Hasparren, un pays qui compte 9 villages voisins répartis au pied des monts de l'Urtsuia et du Baigura. Ce sont les bourgs de Hélette, Saint-Esteben, Ayherre, Isturitz, Saint-Martin d'Arberoue, Mendionde, Bonloc et Briscous. Tous ont au moins un site ou une tradition qui méritent d'être connus. Ces villages sont classés dans cette partie par ordre alphabétique.

Eglise Saint-Jean Baptiste. L'église a acquis sa renommée grâce à une stèle romaine, trouvée sur l'autel au milieu du XVIIe siècle, sur laquelle on peut lire un texte expliquant qu'un dénommé Vérus remercie le génie local pour avoir obtenu la séparation entre la partie ibérique et la partie celtique de l'Aquitaine. Ces écrits ont apporté la preuve que cette scission a eu lieu au milieu du IIe siècle et qu'elle a été menée à bien par Auguste, grâce à un remodelage administratif adéquat.

Itxassou

Fort lointain ce temps-là, mais Itxassou fut marqué dès le début du XVIIe siècle par la sorcellerie. Loin d'être un inconvénient, c'est une image de marque pour le Pays Basque, terre bien-aimée des sorcières ! Plus sérieusement, le nom du village viendrait du mot basque « itsas » avec le suffixe « tsu » qui signifie « genêt abonde ». Le village se situe dans une zone accidentée de la vallée de la Nive. Il est plutôt rustique, malgré le tourisme, très important depuis quelques années, nécessitant de nombreuses infrastructures. Le village est divisé en deux centres autour de la mairie et se situe à 2 km de la colline d'Urzumu avec un panorama sublime, où se trouvent le terrain d'aviation et le camp de vacances vol à voile avec sa piste balisée.

Eglise. *Entrée libre.* Elle date du XVIIe siècle et est du plus pur style basque. Trois étages de tribunes, une chaire sculptée et dorée et un très beau retable central en bois doré très travaillé. Petit détail à voir : au départ de la rampe d'escalier menant aux galeries, le buste sculpté d'un homme qui tient dans ses mains une règle et une paire de ciseaux. A l'intérieur, un tableau de Murillo.

LA CERISE NOIRE D'ITXASSOU

Sans conteste la reine des produits du terroir dans ce petit village, c'est la cerise noire. Chaque jour, un marché lui est consacré au mois de juin. En effet, lors de la première semaine de juin, tous les habitants fêtent les belles cerises réputées bien au-delà des limites géographiques du village. De plus, tous les ans, du 15 mai au 15 juin, Itxassou honore la cerise. Une cerise qui en confiture accompagne merveilleusement bien le fromage de brebis. De nombreux restaurants vous proposent ce mélange étonnant. Les liens étroits entre le fromage de brebis et les cerises noires sont quasiment ancestraux. En effet, l'association de ces deux saveurs est née quand le fromage, fabriqué par les bergers sur les hauteurs, mettait beaucoup de temps avant de descendre dans les vallées. Il était assez sec si bien que les cerises permettaient de l'adoucir. De type Xapata ou Peloa, ce sont quelque 1 300 cerisiers qui fleurissent à Itxassou. Une activité économique qui est capitale pour ce petit village. Afin de mieux défendre ce produit précieux, un groupement d'intérêt économique (GIE) a été créé. Un GIE dont la présidence est assurée par une autochtone, Mademoiselle Elissalde qui a eu envie de redonner du punch à cette si chère et si goûteuse cerise noire.

Sare

« Sare, on a le temps », affirme un vieux proverbe entendu dans ce village qui a vu passer tant de gens illustres : Napoléon III et Eugénie, Edouard VII et Winston Churchill, Pierre Loti et Luis Mariano. En tout cas, se cache, dans ce bourg entouré de nombreux pics, à une huitaine de kilomètres de l'océan, un village authentique dont les fêtes sont très réputées. Toute l'année, est marquée par des moments typiques, ceux consacrés aux « bertsulari », les fameux improvisateurs basques, ceux réservés aux écrivains basques, celui des marcheurs, avec « le sakaro itzulia », le tour du village à pied. Et puis il y a des sites réputés pour la chasse à la palombe, le plus populaire, à Sayberri près des grottes. Bref, un village classé parmi les 130 plus beaux villages de France.

La Rhune. Lieu sacré, lieu de croyances, lieu chargé d'histoire, lieu touristique... Ainsi peut se définir la Rhune qui du haut de ses 900 m domine les sommets avoisinants dans la province du Labourd. La silhouette de la Rhune lui a toujours conféré une valeur de symbole. Les bergers continuent à se repérer grâce aux dolmens édifiés par leurs prédécesseurs et, dans le passé, les marins ont été nombreux à y construire des chapelles votives. C'est une sorte de montagne « sacrée » pour les Basques et qui a été le théâtre de bien des batailles (les affrontements entre les troupes napoléoniennes et l'armée du duc de Wellington notamment). Sur un des plateaux de la Rhune, on peut voir un curieux cercle de pierres posées à plat sur l'herbe. Au mont Larrun, se trouve une chapelle qui laisse aller l'imagination : on raconte qu'un ermite y priait les jours d'orage pour éloigner la foudre et la grêle. Croyances, croyances... Il faut ajouter que de nombreux sorciers et sorcières se réunissaient là, il y a fort longtemps. Depuis le belvédère, vous avez une vue superbe sur les sept provinces basques et la côte depuis Bayonne jusqu'à Saint-Sébastien. Pour y accéder, emprunter le charmant petit train à crémaillère qui vous mène jusqu'au col de Saint-Ignace à Sare, Ascain. Possibilité de se restaurer sur place, et il n'y a aucune difficulté d'accès pour les personnes âgées ou handicapées.

L'Habitat. L'habitat est loin d'être négligeable dans ce village. Pour avoir un aperçu des lieux, il est nécessaire de poser sa voiture et d'arpenter les rues afin d'admirer les différentes maisons. Toutes sont à colombages (vert, rouge ou bleu) et possèdent des encadrements en pierre (portes et fenêtres) qui sont tous ornés de symboles, de croix basques, de soleils, avec des dates et des inscriptions racontant l'histoire de chacune d'elles. Les maisons sont souvent bourgeoises et très anciennes. Notamment celle « d'Ibarrat » avec sa porte ogivale. Un village qui est entouré par 21 chapelles.

Carte des Pyrénées Atlantiques en page 358

BASSE-NAVARRE ET SOULE

SAINT-JEAN-PIED-DE-PORT

Histoire

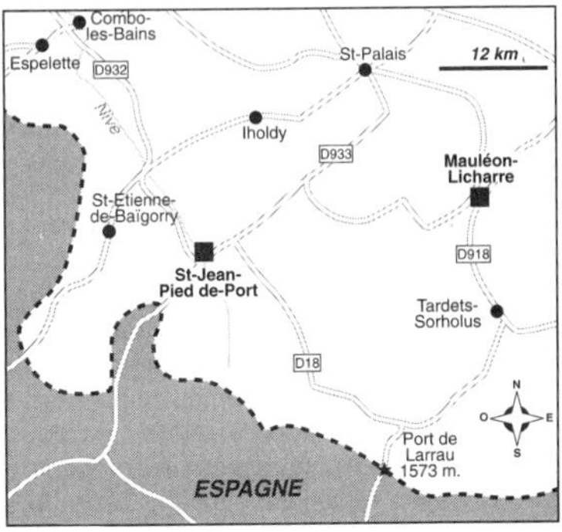

Longtemps escale pyrénéenne privilégiée des Romains, et passage obligé vers les Asturies, Donibane Garazi, nom basque de Saint-Jean signifiant « pays du Dieu Garus » deviendra la convoitise de tous ceux qui passeront par là : Barbares, Wisigoths, Sarrasins et Francs lui faisant subir attaques et destructions. Il fallut bien, en particulier, que le neveu de Charlemagne, l'intrépide Roland, passe par Saint-Jean pour aller souffler une dernière fois dans sa corne et construire une légende, de l'autre côté de la montagne, dans le défilé de Roncevaux.

Devenue capitale, au IXe siècle, d'un des états du Royaume de Navarre, la cité verra alors l'édification d'un premier château, à l'emplacement du fort romain. Guigné par plusieurs assaillants au cours des siècles, il sera détruit par Charles Quint en 1530. Incendiée pendant les guerres de religion, la cité devra attendre la reconnaissance de possession française par les Espagnols au Traité des Pyrénées en 1605 pour retrouver un peu de calme.

Les habitants de Saint-Jean-Pied-de-Port (il s'agit du port de Cize, Portus Caesarus des Romains) pourront recommencer à dormir tranquille, Richelieu, puis Louis XIV par l'intermédiaire de son fidèle Vauban étayant sa défense par une robuste citadelle, que les guerres napoléoniennes éprouveront à nouveau. Cette citadelle abrite aujourd'hui un collège.

HEBERGEMENT

Hôtel Continental. 3, avenue Renaud 64220 Saint Jean Pied de Port ✆ 05 59 37 00 25 - Fax 05 59 37 27 81. *Fermeture annuelle du 15 novembre à Pâques. 18 chambres de 64 à 75 €. Petit-déjeuner 8 €.* L'hôtel Continental est une bonne étape qui offre tout le confort digne d'un trois étoiles. Les 18 chambres sont toutes bien équipées, mais sans excès (salle de bains, douche, toilettes, télévision). Celles qui possèdent un balcon donnent sur l'arrière de l'hôtel ; les autres, en façade, ont vue sur la montagne. Côté pratique : un parking privé.

Hôtel des Remparts. 16, place Floquet 64220 Saint -Jean-Pied-de-Port ✆ 05 59 37 13 79 - Fax 05 59 37 33 44. *Fermeture annuelle décembre et janvier. Fermé le week-end en hiver. 14 chambres de 35,83 à 41,16 €. Menus de 9,76 à €. Carte 16,80 €. Petit-déjeuner 5,50 €.* Des chambres simples mais très correctes dans une vieille demeure de 1643 à l'entrée de Saint-Jean Pied de Port face au jardin public. Le cadre est rustique, l'accueil est chaleureux.

Les Pyrénées. 19, place du Général de Gaulle 64220 Saint-Jean-Pied-de-Port ✆ 05 59 37 01 01 - Fax 05 59 37 18 97. *Fermeture annuelle du 5 au 28 janvier et du 20 novembre au 20 décembre. Fermé le mardi.* Les Pyrénées offrent un confort hôtelier de très haut niveau. Installé dans un cadre magnifique, cet établissement est l'occasion d'une halte agréable et élégante. La table se garnit de plats élaborés avec soin mettant à l'honneur une cuisine du terroir raffinée. Le chef s'autorise cependant quelques escapades du côté de l'Atlantique avec quelques spécialités de poissons. Une adresse à ne pas manquer pour qui aime les plaisirs de la table.

Hôtel Central. 1, place Charles de Gaulle 64220 Saint-Jean-Pied-de-Port ✆ 05 59 37 00 22 - Fax 05 59 37 27 79. *Fermeture annuelle du 15 décembre au 1er mars. 14 chambres de 52 à 64 €. Menus de 17 à 38 €. Carte 29 €. Petit-déjeuner 8 €.* Installé au cœur de la ville, l'hôtel allie confort et modernité. Certaines chambres donnent sur la Nive. A la table, on appréciera une traditionnelle cuisine régionale: poulet sauté basquaise, agneau de lait du pays, gâteau basque.

Hôtel-restaurant Ramuntcho. 1, rue de France 64220 Saint-Jean Pied de Port ✆ 05 59 37 03 91 - Fax 05 59 37 35 17. *Fermeture annuelle du 15 novembre au 22 décembre. Fermé le mercredi. 17 chambres de 41,18 à 57,93 €. Menus de 10,68 à 25,15 €. Carte 32 €. Petit-déjeuner 6,50 €.* Haut perché à Saint-Jean-Pied-de-Port, cet hôtel propose un séjour en toute simplicité. La demeure est imposante de l'extérieur, et l'intérieur, classique, possède un certain charme. Les 17 chambres, réactualisées en permanence, sont bien équipées et coquettes. Cinq sont dotées de balcons. La cuisine est à l'image de cet établissement, simple et généreuse: piperade au jambon, chipirons à l'armoricaine, poulet basquaise, salmis de palombe à l'armagnac.

Dans les environs

Hôtel-restaurant Barberaenea. Place de l'Eglise 64780 Bidarray ✆ 05 59 37 74 86 - Fax 05 59 37 77 55. *Fermeture annuelle du 15 novembre au 15 décembre. Fermé le mardi et mercredi (de novembre à mars). 9 chambres de 28,20 à 52,59 €. Menus de 14,48 à 21,04 €. Carte 26,53 €. Petit-déjeuner 6,40 €.* Belle et typique maïson de Basse-Navarre sur la place du village, avec comme décor naturel le superbe cirque des montagnes pyrénéennes. Décor également authentique, murs blancs et meubles rustiques, jusque dans les chambres, sobres et jolies, parquets anciens et vieux meubles, très correctement équipée. Agréables terrasses ombragées pour les beaux jours, cuisine simple et actuelle sur les bases régionales: salade tiède de cailles au Patxaran, truitelles du Bastan à la navarraise, chipirons et compote d'oignons, axoa de veau, confit de canard au four.

Artzaïn Etchéa. Route d'Iraty 64220 Estérençuby ✆ 05 59 37 11 55 - Fax 05 59 37 20 16. *Fermeture annuelle février. Fermé le mercredi hors saison. 17 chambres de 29 à 44 €. Menus de 11,50 à 27,50 €. Carte 27 €. Petit-déjeuner 5 €.* Dans le calme d'une petite vallée, au creux de la rivière, un accueillant établissement au cadre rustique. Chambres bien tenues, table traditionnelle, autour des plats de toujours et du terroir, omelette aux cèpes, friture d'anguilles à la persillade, magret de canard, civet de sanglier ou salmis de palombe.

Le Pont d'Enfer. Chez Anny 64780 Bidarray ✆ 05 59 37 70 88 - Fax 05 59 37 76 60. *Fermeture annuelle dernière semaine de novembre, et du 15 décembre au 15 janvier. Fermé le mercredi midi. 17 chambres de 23,63 à 52,59 €. Menus de 11,43 à 25,61 €. Carte 18,29 €. Petit-déjeuner 5,79 €.* Maison de style basque avec salle toute en poutres et meubles rustiques. Chambres confortables et paisibles, certaines avec balcon ou terrasse. Jardin en bord de rivière avec terrasse la surplombant. Cuisine aux saveurs régionales.

Chambres d'hôtes

M. et Mme Landaburu. Chemin Taillapaldé 64220 Saint Jean Pied de Port ✆ 05 59 37 08 05 - Fax 05 59 37 08 05. *Fermeture annuelle janvier et février.2 chambres de 35 à 38 €. Carte bancaire non acceptée.* Calme et repos sont de mise dans cette villa de style basque perchée sur une colline avec vue panoramique sur les montagnes et la vallée de le Nive. Les chambres disposent d'une salle de bain privée et les hôtes peuvent disposer d'un réfrigérateur et d'un micro-ondes.

Ferme Etxeberria. M. Monguy - Ispour 64220 Saint-Jean-Pied de Port ✆ 05 59 37 06 23. *Fermeture annuelle de novembre à janvier. 4 chambres de 39 à €. Carte bancaire non acceptée.* A 800 m de Saint-Jean Pied de Port, de jolies chambres d'hôtes dans une demeure qui dispose d'une très belle terrasse et un jardin. Bon accueil.

Campings

Europ'Camping. Bide Ondo Beheria Bourg 64220 Ascarat ✆ 05 59 37 12 78. Sur 1,6 ha, ce camping en pleine nature, dans un cadre très champêtre, possède des emplacements spacieux de 100 m² avec eau et électricité, des blocs sanitaires complets, avec notamment des lavabos en cabine. En son sein, une piscine et un terrain de jeux, mais aussi un restaurant où les locataires peuvent dîner le soir ou encore venir chercher des plats tout prêts à emporter. Un plus, pour préserver le calme de l'endroit, à partir de 22 h 30, les voitures sont interdites à l'intérieur.

RESTAURANTS

Hôtel-restaurant Eskualduna - Chez Katina 64780 Saint Martin d'Arrossa ✆ 05 59 37 71 72 - Fax 05 59 37 73 39. *Menus de 10 à 30 €.* A l'entrée du village mais à l'écart du centre, le grand restaurant est attaché au patrimoine gastronomique du terroir: truites, chipirons et piperades... de la meilleure fraîcheur, comme le veut l'enseigne des Logis de France.

Hôtel-restaurant les Sources de la Nive 64220 Esterençuby ✆ 05 59 37 10 57 - Fax 05 59 37 39 06. *Fermeture annuelle janvier. Fermé le mardi hors saison. 26 chambres à 33,54 €. Menus de 12,20 à 27,44 €. Carte 12,20 €. Petit-déjeuner 4,57 €.* Une belle maison basque dans un environnement superbe et verdoyant. L'accueil de la famille Tihista fait aussi beaucoup pour rendre le séjour attrayant. Aménagements de qualité (terrasse, piscine), chambres simples et bien tenues, lumineuse, au confort modernisé, table chaleureuse, qui met en valeur les recettes régionales: anguilles à la persillade, piperade jambon, piquillos à la morue, gâteau basque. En accompagnant, bien sûr, d'Irouléguy, avec modération.

Hôtel-restaurant Arcé. Route du Col d'Ispéguy 64430 Saint-Etienne-de-Baïgorry ✆ 05 59 37 40 14 - Fax 05 59 37 40 27. *Fermeture annuelle de mi-novembre à mi-mars. Fermé le lundi midi du 1er septembre au 30 juin (sauf vacances scolaires et jours fériés). 23 chambres de 104 à 144 €. Menus de 20 à 32 €. Petit-déjeuner 8,50 €.* Des chambres tout confort avec meubles anciens et tableaux dans une ancienne demeure basque restaurée de style raffiné et campagnard. Le jardin fleuri et ombragé au bord de la rivière, la piscine découverte chauffée et le cours de tennis en terre battue complètent le confort des chambres. Au restaurant, les menus changent tous les mois selon le marché et la saison: turbot sauvage grillé au fenouil, émincés de dos de canard rôti aux figues avec flan de châtaignes, garbure basquaise au chamano, ravioles de langoustine au gingembre...

POINTS D'INTERET

Office du tourisme. Place Charles-de Gaulle 64220 Saint-Jean-Pied-de-Port ✆ 05 59 37 03 57.

Capitale de la province de la Basse-Navarre, Saint-Jean-Pied-de-Port, cité préhistorique et ville épiscopale, est distante de 55 km de Biarritz et Bayonne et à quelques encablures (8 km) de l'Espagne. Son nom est venu de sa situation géographique: au pied du « port » ou au « col » de Roncevaux. Historiquement, la cité a vu l'armée de Charlemagne déboucher après le désastre de Roncevaux. Comme sa grande consœur, Bayonne, la ville a été longtemps considérée comme une place stratégique. D'ailleurs, la forteresse de grès rouge a été remaniée par Vauban. Et c'est vrai que le site est la clef de toute la Navarre. Moncey s'y est retranché en 1794 et le général Blondeau y a arrêté les Espagnols au début du XIXe siècle. Plus pacifiquement, la ville a été marquée et garde la trace du passage des pèlerins du Moyen Age sur le chemin de Saint-Jacques-de-Compostelle. Actuellement, riche de ce passé, la cité accueille de nombreux touristes qui viennent admirer le magnifique pont romain, l'église gothique, la prison des Evêques, les remparts... Ou acheter dans les boutiques du linge basque fabriqué par les filatures locales, expertes en la matière. Ou simplement goûter les plats typiques puisque Saint-Jean-Pied-de-Port est le haut lieu de la gastronomie. Des visiteurs qui peuvent profiter de la nature puisque des randonnées sont possibles dans les alentours et une station de ski de fond est à une demi-heure en voiture. Les fêtes locales, les pratiques sportives (pelote notamment), sont un attrait supplémentaire pour cette ville capitale qui compte un millier d'habitants (plus de 6000 en comptant les cantons qui dépendent administrativement de la ville).

Hôtel de Ville. 13, place Charles de Gaulle. Appelé aussi « Maison Mansart », l'hôtel de ville est une belle bâtisse de style Louis XIV. Sa façade est en pierre d'Arradoy. Le mur de soutènement porte le bas-relief de Juan de Huarte, médecin, philosophe et précurseur de l'orientation professionnelle. Ce bas-relief est visible place du Jaï-Alaï.

Pont de la Nive. C'est tout simplement le point de vue idéal pour contempler la ville. Depuis ce pont, vous pouvez admirer les anciennes maisons navarraises baignant dans la Nive, avec leurs balcons de bois. Ce vieux pont est ouvert dans la tour-clocher et les contreforts de l'église.

Citadelle de Vauban. Surplombe la cité, elle a été édifiée à l'emplacement du château médiéval. Une rampe pavée conduit à l'arc monumental (porte du Roy) et à la demi-lune. Une halte permet d'y admirer un panorama merveilleux sur la vallée et son cirque de montagnes. Si le temps est beau, vous pouvez emprunter un chemin de ronde intérieur avec un escalier-poterne de 269 marches. A noter que la porte Notre-Dame a gardé ses lourds vantaux cloutés avec leurs serrures et leurs gonds, leurs barres de verrouillage. C'est la porte la plus complète de l'enceinte.

Prison des Evêques. Rue de la Citadelle. C'est un lieu chargé d'histoire, la date de 1584 est incrustée sur la maison des Evêques qui est séparée par un jardin du bâtiment dit « prison des Evêques ». Saint-Jean-Pied-de-Port a été à trois reprises, entre 1383 et 1417, résidence épiscopale alors que le Pape résidait en Avignon. L'entrée, au pavage de galets, s'ouvre sur le corps de garde suivi de cellules disciplinaires et sur l'escalier d'accès à une impressionnante salle souterraine de forme ogivale.

Notre-Dame du Bout du Pont. Située juste en face de la porte de Navarre, l'église gothique du XIVe siècle a un portail à colonnettes et un grand mur-pignon triangulaire. Les premières assises semblent remonter à l'église primitive construite en 1212. L'intérieur, avec une large nef, deux bas-côtés et deux étages de tribunes, présente un ensemble élancé de piliers et colonnes en grès rose. De part et d'autre du chœur les deux triangles ont reçu des vitraux aux armes de la ville et de la province de Navarre.

Porte de Navarre. Percée dans la muraille, la porte de Navarre a gardé l'allure caractéristique des portes d'enceinte du XIIIe siècle. Passé la voûte, à gauche montée d'une courette, un escalier d'accès au chemin de ronde puis, deux belles demeures typiques à étages en encorbellement. A droite, la première maison garde le souvenir de l'apôtre des Indes. La maison contiguë, la seconde, dont la construction remonte à la fin du XVIIIe (1796 précisément), a sur sa façade, entre deux étoiles, un bonnet phrygien stylisé (symbole de la République naissante).

Rue de la Citadelle. Face à l'église, armez-vous de courage car c'est une rue en pente raide. Mais la balade est à faire : la rue est en effet composée de maisons aux façades quasi exclusivement en pierres, avec une alternance de couleurs. Les avant-toits débordants sont à poutrelles ouvragées. Les linteaux sont ciselés d'inscriptions enjolivées de dessins géométriques ou de symboles religieux. Au milieu de la rue à peu près, se trouve la porte de France avec son escalier droit conduisant au chemin de ronde et qui débouche sur la place du Marché.

Vue depuis la Citadelle Saint-Jean Pied de Port

LE CHEMIN DE SAINT-JACQUES EN PAYS BASQUE, D'OSTABAT À RONCEVAUX PAR SAINT-JEAN PIED DE PORT

Sachez que le pèlerinage date de 900 après Jésus-Christ, quand Saint-Jacques est parti pour évangéliser l'Espagne. Assassiné, son corps a été enterré par les apôtres à Saint-Jacques de Compostelle, près de la Cathédrale, et de là est né ce pèlerinage qui est parcouru par des centaines de milliers d'Européens chaque année. Un parcours de 850 km pour atteindre le but du pèlerinage. En général, il faut 31 jours pour effectuer le voyage.

Les voies de Tours, Vézelay et le Puy en Velay se réunissent à Ostabat en Pays Basque. Niché dans les vallons verdoyants de la Basse Navarre, ce petit village a gardé en mémoire son prestigieux passé, la Stèle de Gibraltal, sur le Mont-Saint-Sauveur où se réunissent les 3 grands chemins avec une stèle indiquant leur orientation et la Chapelle Saint-Nicolas d'Arambels, cet « hospitale Sancti Nicolai de Arambels » cité au XIIe siècle accueillant les pauvres et les pèlerins de passage. De ce prieuré, demeure une chapelle, propriété indivis de 4 familles du hameau, descendants des Donats, communauté assurant au Moyen Age l'hébergement des Jacquets. Il y a bien sûr le bourg d'Ostabat qui possède un gîte d'étape, l'ospitalia.

Deuxième et dernière étape française, Saint-Jean Pied de Port, capitale de la Basse Navarre, sur le chemin de Saint-Jacques de Compostelle, au pied du col de Roncevaux. C'est de la porte Saint Jacques qu'il faut reprendre l'ancienne pérégrination. On débouche sur la rue de la Citadelle et au N° 55, on y note un refuge proposé par l'Association des Amis de Saint Jacques, au N° 27. Au bas de la rue, l'église Notre-Dame de la Rue du Bout du Pont puis le pont et la Nive. Un paysage et un dernier répit avant le col d'Ibaneta en Espagne par une route harassante, vers les montagnes redoutées des Jacquets. Là, l'un des chemins les plus difficiles du circuit commence, vers le Port de Cize, avec 8 milles à monter et autant à descendre et Roncevaux, site de la fameuse bataille livrée par l'arrière-garde de Charlemagne.

SHOPPING

Les Cadrans Solaires. Rue de la Citadelle, Saint-Jean-Pied-de-Port. De nombreux cadrans solaires sont en vente et c'est réellement original. Les enfants, mais aussi les adultes, peuvent s'en donner à cœur joie en découvrant et en découpant les innombrables maquettes en carton de cadrans solaires qui sont en vente. Des cartons joliment décorés. N'ayez pas peur, vous ne perdrez pas votre temps précieux en pénétrant dans cette boutique du temps qui passe.

La Maison du Gâteau Basque, Bidarray ✆ 05 59 37 71 09. Une référence que cette boutique bien cachée dans le village. On susurre même ici qu'il s'y fait le meilleur gâteau basque du pays. Sans aller jusque-là, on peut dire que ce gâteau créé et fabriqué par Marie Olçomendi, il y a 50 ans, est particulièrement bon. Gaby a hérité de la recette de la mamie, top secret bien sûr, et vend donc ces petites merveilles sur place mais aussi à Biarritz et Bayonne, dans des pâtisseries et... chose assez rare, dans des boucheries.

Produits régionaux

Le jambon des Aldudes. Un enfant du pays, Pierre Oteiza a relancé l'activité porcine avec la race « pie-noire » qui avait été menacée de disparition. La « pie-noire » se nourrit essentiellement pendant plusieurs mois de châtaignes et de glands. Ce porc basque donne un jambon très original et très apprécié voire préféré au jambon de porc blanc. Le charcutier Pierre Oteiza a créé la « Gastronomie de la vallée des Aldudes » qui est une référence en salaisons et en conserves. Une entreprise qui bénéficie de l'appellation « montagne ». Outre le jambon, cette petite entreprise a tout une gamme de charcuteries du pays, les saucissons, chorizos, pâtés sont particulièrement goûteux. Un vrai festival de produits du terroir qui ont tous un léger goût d'y revenez-y !

Le Fumoir de la Vallée, Bidarray ✆ 05 59 37 74 41. Chez Jérôme de Johanto où vous pourrez acheter ses spécialités : magrets de truite ou de saumon d'ailleurs, à servir en tranches, frais, avec citron ou crème fraîche ou grillé côté peau, sur un lit de pommes de terre mais aussi en confit, inattendu et délicieux aussi, sur une salade de pommes de terre ou de tomates, en terrine, etc. Et ces terrines peuvent varier. Elles sont en principe réalisées avec de la truite ou du saumon mais aussi avec des huîtres de chez un ostréiculteur ami du Bassin. Et sur place (ou par correspondance), vous pourrez encore acheter des produits plus classiques, anchois marinés, œuf de truite, anguille fumée, ventrèche roulée, boudin basque, tripes à la basquaise... C'est petit mais plein de surprises !

Vin

Domaine Brana. Saint-Jean-Pied-de-Port et Ispoure ✆ 05 59 37 00 44. La Maison Brana est née à Ustaritz en 1897 de la passion d'Etienne-Pierre Brana pour les vins du terroir. En 1920, son fils Jean, professionnel accompli et fin dégustateur, installe l'entreprise familiale à Saint-Jean-Pied-de-Port. C'est en 1974 que naît la première distillerie artisanale. Il distille donc depuis longtemps et fait une excellente eau-de-vie de poires williams, mais il est aussi négociant, et achète pour ce faire des récoltes de qualité, à des petits producteurs, qu'il élève et vinifie. Et le Domaine Brana, c'est aujourd'hui, et ce depuis 1987, un vignoble à part entière. En 1987, le maître incontesté du domaine plante 9,5 ha de rouge et 4,5 ha de blanc sur les hauteurs d'Ispoure, sur un terroir exceptionnel, en terrasses étroites permettant une densité supérieure à 3 000 pieds/ha. Aujourd'hui et après le décès du créateur, c'est son fils Jean qui a repris son bâton de pèlerin pour la vinification, et sa fille Martine qui distille, une des rares femmes dans cette branche... Le domaine à Ispoure se visite en juillet et août sur RV.

Cave d'Irouléguy. Route de Saint-Jean-Pied-de-Port 64430 Saint Etienne de Baïgorry ✆ 05 59 37 41 33. *Ouvert toute l'année. Visites : 10 h et 16 h 30. Tarif : 1,52 €.* Au cœur du Pays Basque profond, dans un cadre merveilleux sur fond de montagne, au pied du col d'Ibaneta (Roncevaux), le vignoble d'Irouleguy, installé le plus souvent en terrasse sur la commune d'Irouléguy (qui lui donna son nom) et celles des cantons de Saint-Etienne de Baïgorri et de Saint-Jean Pied de Port, bénéficie d'un site hors du commun, avec des pentes atteignant parfois 60 %. Domptées par des viticulteurs entreprenant, ces vignes, ainsi disciplinées en espaliers, furent regroupées au sein de la Cave après la seconde guerre mondiale, sous la présidence d'Alexandre Bergouignan. Ce n'est qu'en 1953 que les vins d'Irouleguy accèdent à l'AOVDQS et en 1970 à l'AOC. Un vaste programme de replantation voit le jour pour cette appellation encépagée selon l'arrêté de 1953 en mansengs, courbu pour les blancs et tannat et cabernet pour les rouges. A la Cave, en grande distribution et dans les magasins spécialisés comme sur les tables des restaurateurs, vous trouverez une gamme très large, parmi lesquels on notera, le Domaine des Terrasses de l'Arradoy, le Premia rouge, le Gorri d'Ansa ; l'Argi d'Ansa, le Xuri d'Ansa, etc. Une visite à la cave s'impose, vous pourrez même envisager une découverte du vignoble sur le terrain et déguster sur place. A ne pas rater !

Village Saint-Jean Pied de Port

LA BOUTIQUE DE LAURENT PETRICORENA, À SAINT-ETIENNE DE BAÏGORRY

Laurent Petricorena fit ses classes chez son boucher de père, mais l'appel du large le titillait, sans doute craignait – il de se retrouver vite dans une impasse, ce en quoi, il n'avait pas tort avec l'arrivée des grandes surfaces. C'est alors qu'il décide de se singulariser et crée son propre produit, la fameuse sauce Sakari qui valut au célèbre butteur de rebot à la pelote basque, son surnom, une sauce basque bien sûr à base d'huile végétale, de vinaigre, de sel, de poivre, piment et 8 autres condiments jalousement gardés secrets.

Un tremplin sans doute mais aussi l'envie de bouger, de se frotter à autre chose et le voilà sur une autre voie, la commercialisation de produits de la Noureppe. Pour revenir enfin, dans le berceau familial et acheter pour s'y installer l'Hôtel Cortea qu'il baptisera tout naturellement l'Etape Gourmande. Là, il perpétuera la tradition de la charcuterie à l'ancienne, fabriquera son jambon de Bayonne qu'il fera sécher à l'air libre sur la terrasse d'une de ses maisons au village, préparera des conserves de ses spécialités, les traditionnels, chipirons à la navarraise, l'axoa d'Espelette… et toujours de nouvelles préparations, la fricassée de canard à la basquaise, le Txistu au foie gras…

Le Pays Basque dans votre assiette, à découvrir sur place ou à faire venir par correspondance, à moins que vous n'ayez fait connaissance avec cet intrépide charcutier – conserveur – restaurateur – hôtelier… au travers de l'un des articles de la presse qui l'a souvent consacré comme une référence en Pays Basque, dans Santé Magazine, l'Ami des Jardins, le Monde, l'Express, le Particulier Pratique, Gault Millau, Saveurs, Vins et Gastronomie, etc. Médiatique notre homme, sans doute, mais aussi proche du terrain !

LOISIRS

La région est un lieu de passage des oiseaux migrateurs et la chasse est une activité ancestrale dans le coin. Les « palombières » bien sûr, depuis lesquelles les chasseurs attendent pour tirer les oiseaux en plein vol. Mais ce qui est aussi à voir, c'est une autre technique : la chasse à l'aide de filets verticaux appelés les « pantières ». Certains hôteliers assurent à leurs clients la possibilité de chasser chaque jour en leur louant des postes sur des cols privés.

Trinquet Garat. 7, place du Trinquet, Saint-Jean-Pied-de-Port ✆ 05 59 37 09 34. Tous les lundis, s'y déroulent, dans une ambiance électrique, des parties de pelote basque à main nue.

DANS LES ENVIRONS

Bidarray

Aux confins de la Basse-Navarre, à la limite du Labourd, frontalier avec la vallée du Baztan, Bidarray, petit village, se niche entre les monts Artzamendi, Baigura et les crêtes de l'Iparla. A l'origine, Bidarray est le nom donné à la commanderie des moines de Roncevaux, érigée en 1132 au milieu des monts d'Ossès et le composé Bide-Arrai, évoque sans doute le « chemin dans les épineux ». En 1132, est érigé un prieuré dont la chapelle est l'église actuelle, une commanderie qui appartient à l'origine aux Augustins de Roncevaux, pour accueillir, dit-on, les pèlerins de Saint-Jacques ou pour profiter des privilèges accordés par les rois de Navarre. Mais c'était aussi un petit hôpital ou simple abri pour les pèlerins pauvres. En 1790, 140 citoyens actifs se réunirent dans leur église, sous l'assistance de leur jurat, pour discuter du droit récent de se constituer en municipalité. Et le premier maire de Bidarray sera Domingo Larralde. L'histoire de Bidarray est riche. Entre autres et aussi exceptionnel que cela puisse paraître, le coin a possédé une exploitation d'or au pied du Gorramakil et l'orpaillage a été pratiqué dans l'Arizakun et l'Urrizate. Dans un autre domaine, parmi les quelques figures célèbres qui ont illuminé le ciel de la commune, Jean Anchordoki, dit Ganix de Macaye, le plus célèbre des contrebandiers, authentique Bidarraitar a fait l'objet de nombre de parutions, souvent contestées, et diverses légendes lui collent à la peau.

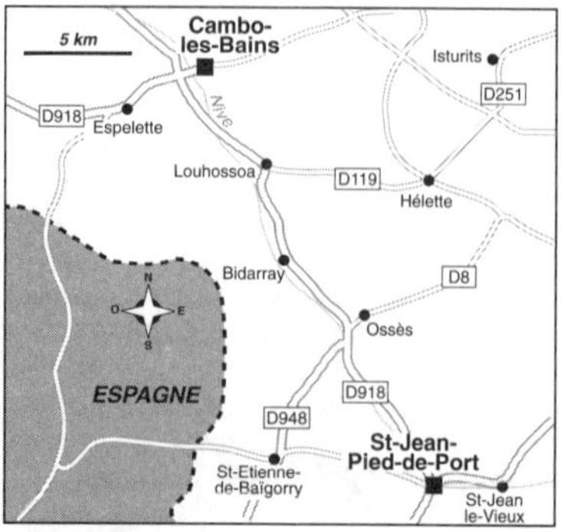

Eglise Notre-Dame. Réputée pour être l'une des plus remarquables du Pays Basque, cette église romane en grès rouge, issue de l'ancien prieuré, a été plusieurs fois remaniée : nef allongée en 1625, ensemble rehaussé au XIXe avec restauration de la nef, des tribunes et du porche, mise à jour de poteries creuses dans les murs et installation des armes de Roncevaux sur le parvis. En 1925, l'église a été classée monument historique, son cimetière contenant des stèles discoïdales et des croix navarraises.

Pont Noblia. Ce pont médiéval, à trois arches, une en plein cintre et les arches latérales en arc brisé, daterait du XIVe et aurait permis aux pèlerins de passer la Nive. Il y a en réalité une 4e arche, surplombant la terre ferme et dont le passage aboutit sous le parking de l'hôtel du Pont d'Enfer, et probablement y avait-il une 5e arche, détruite lors de la construction de la ligne de chemin de fer.

La Maison du Pottok et l'Association Française du Pottok originel. Hasparren 64780 Bidarray ✆ 05 59 52 21 14. *Ouvert du 1er juillet au 31 août, tous les jours de 11 h à 18 h, le reste de l'année sur rendez-vous. Visite guidée sur la réserve.* Vous avez là, dans son milieu naturel le premier Troupeau Conservatoire et la pépinière d'étalons avec le programme de protection, de conservation et de réintroduction mise en place depuis 1993, en collaboration avec l'association française du Pottok de type originel. C'est un site qui est géré par le Conservatoire des races primitives. De fait sur le site, survit en totale liberté un poney primitif appelé Pottok, ce qui signifie « petit cheval » en langue basque. Fin, anguleux, de robe brune ou noire et de petite taille, en raison de la pauvreté de son alimentation et de l'acidité du sol, le type Originel est menacé de disparition, à la suite de croisements pratiqués avec des chevaux de trait dont les poulains plus lourds sont malheureusement vendus à la boucherie. Une des raisons de la création de cette association dont le but a été d'entreprendre une démarche conservatoire en constituant au départ, un premier troupeau de 20 juments et de 4 étalons. Quelques années plus tard, l'association compte une dizaine d'étalons pour une cinquantaine de juments, réparties sur des massifs différents pour éviter la consanguinité. Elle est ainsi en mesure de proposer à la vente un jeune poney dont le coût est de 300 €. environ. Sur la réserve, visites guidées au milieu des animaux en liberté, circuits pédestres aussi de 4 km. En montagne, centre d'informations sur place, exposition, projections de films en permanent et buvette.

Isturitz

Grottes préhistoriques d'Isturitz et d'Oxocelhaya. Site naturel de la colline de Gaztelu ✆ 05 59 29 64 72/05 59 47 07 06. *Périodes d'ouverture : visites guidées du 15 mars au 15 novembre. En mars, avril, mai, octobre et novembre, visites à 14 h 30, 16 h et 17 h. En juin et septembre, visites à 11 h, 12 h, 14 h, 15 h, 16 h, 17 h. Et en juillet et août, visites de 10 h à 12 h et 13 h à 18 h avec des départs toutes les 1/2 heures. Durée de la visite, 45 minutes Groupes, visites sur réservation toute l'année. Visites spéciales tous publics, préhistoire et géologie, tous les dimanches à 11 h.* Ça bouge aux grottes préhistoriques d'Isturitz et d'Oxocelhaya, classées monuments historiques, sanctuaires du paléolithique. Les bâtiments d'accueil ont été refaits, une salle d'exposition a été créée, ainsi qu'une boutique avec des livres, minéraux et produits dérivés des grottes. Ces grottes ont été habitées dès 50 000 av. J.-C. Pour témoin, une gravure de rennes superposés sur un pilier stalagmitique. C'est aussi une curiosité naturelle, « une véritable cathédrale de l'imaginaire » avec une succession de salles ornées de concrétions (amas minéral), de stalagtiques et stalagmites : piliers travaillés, statues aux formes soudain familières, la chouette, le temple de Bouddha, le père Capucin. Un guide vous fera apprécier ce site le plus important du sud de l'Europe occidentale, un site emblématique de la préhistoire, grâce à la vitalité de ses responsables et des bons résultats des fouilles qui ont permis de situer son occupation humaine à tous les âges de la préhistoire et de découvrir une abondance inestimable d'objets (45 000). Vente sur place de documentation et de copies d'objets archéologiques. Couvrez-vous car la température intérieure est de 14 °C. Un troisième réseau Erberua est réservé à la recherche scientifique et a été découvert en 1975.

Saint-Etienne-de-Baïgorry

C'est un village niché au creux d'une vallée pastorale en plein cœur du Pays Basque. Les principales sources de revenus des habitants proviennent de l'agriculture, de l'élevage et, ces dernières années, du tourisme qui s'est énormément développé et a permis au village de reprendre des couleurs. Des touristes qui apprécient la richesse de l'architecture marquée par de nombreuses maisons majestueuses et quelques fermes authentiques, avec une alternance de grès bicolores et de pans de bois, aux balcons de bois tourné. Saint-Etienne-de-Baïgorry a su garder toutes les traces de son passé avec encore des dolmens, menhirs, cromlechs, les chapelles d'Occos, d'Urdos du XVIIe, le pont romain datant de 1661. Fort et fier de sa culture, le village est le théâtre de fêtes traditionnelles: la noce basque 1900, la force basque avec les bûcherons, le fandango, les chœurs basques, la pelote.

Eglise. L'église aurait été construite au XIe siècle et est de style romano-byzantin. Les seuls vestiges de ce lieu de culte sont deux colonnes avec chapiteaux sur lesquelles reposait l'arc royal qui surplombait la table sainte, et deux galeries dont les bordures sont sculptées, soutenues par des supports en bois, et peut-être aussi l'arc de la chapelle d'Etxauz. L'église a été remaniée avec notamment le haussement des murs en 1728 et l'édification de la voûte en briques en 1733. Le clocher date de la fin du XVIIIe. De nombreux travaux de réfection ont été entrepris entre 1979 et 1981.

Château d'Etchaux ✆ 05 59 37 48 58. *Visites de 10h à 12h et de 14h à 17h30. Fermé le lundi.* Le château date des XIe et XVIe siècles et a appartenu à la famille d'Etchaux qui s'est distinguée à la cour de Navarre puis à la cour de France. Au milieu du XIXe, le château a été vendu à la famille d'Abbadie d'Arrast si bien que le cinéaste Charlie Chaplin y est venu très souvent Harry d'Abbadie d'Arrast étant un de ses amis et son scénariste. Propriété aujourd'hui des époux Pierné, ce château peut être aujourd'hui visité. Après un tour dans la grande salle d'armes aux nombreuses collections, on accède aux combles par un escalier médiéval pour découvrir l'extraordinaire charpente, œuvre compagnonnique de toute beauté du XVIe.

MAULEON ET LA SOULE

HEBERGEMENT

Hôtel-restaurant du col d'Osquich. Col d'Osquich 64130 Mauléon ✆ 05 59 37 81 23 - Fax 05 59 37 86 81. *Fermé le lundi en juin et septembre. 18 chambres de 24,39 à 33,54 €. Menus de 10,67 à 27,44 €. Carte 27,44 €. Petit-déjeuner 4,57 €.* Une situation de rêve au col, dans l'immensité pyrénéenne et verdoyante, une grande bâtisse basque, accueillante et chaleureuse pour un séjour pleine nature. Chambres simples et correctement équipées. Fronton, jardin, balançoire, et bien sûr des balades superbes alentour. Conviviale salle rustique pour savourer les classiques régionaux, les anguilles persillées, les ris d'agneau aux cèpes, le magret et la tarte fine chaude.

Hôtel de la Paix. 33, rue du Jeu de Paume 64120 Saint-Palais ✆ 05 59 65 73 15 - Fax 05 59 65 63 83. *Fermeture annuelle du 26 décembre au 20 janvier. Fermé le vendredi soir et samedi midi. 27 chambres de 44,50 à 46,50 €. Menus de 10,30 à 26,50 €. Carte 22 €. Petit-déjeuner 5,50 €.* L'hôtel est situé sur une place avec un petit jardin derrière. Les chambres sont équipées correctement: 7 donnent sur le jardin et toutes les autres donnent sur une place. Salon, bar, solarium et jardin sont des endroits ou il fait bon se retrouver entre amis. La cuisine du restaurant met à l'honneur les produits régionaux: filet de canette aux raisins, civet de biche, cazuela de saint-jacques aux langoustines, gambas flambées au whisky...

Hôtel Bidegain. 13, rue de la Navarre 64130 Mauléon ✆ 05 59 28 16 05 - Fax 05 59 19 10 26. *Fermeture annuelle du 27 novembre au 15 décembre. Fermé dimanche soir, lundi hors saison. 22 chambres de 36 à 55 €. Menus de 10 à 15 €. Carte 23 €. Petit-déjeuner 7 €.* Un ancien relais de diligence, belle demeure de caractère. Un style Belle Epoque pour une hôtellerie qui cultive l'art de vivre et le bon accueil. D'excellentes prestations.

Hôtel Despouey 64560 Larrau ✆ 05 59 28 60 82. *Fermeture annuelle 1er novembre. 10 chambres de 25 à 31 €. Petit-déjeuner 5 €.*Dix chambres d'un côté et des appartements non loin de là, juste refaits et un gîte labellisé Gîte de France, voici ce que proposent les Despoueys, propriétaire de cet hôtel centenaire. Tout ici est rustique et le mobilier est authentiquement ancien, comme la cheminée, les pendules, les cuivres, etc. La petite salle à manger aussi comme les coins et recoins, et bien sûr les chambres aux très belles armoires et vieilles glaces. Deux catégories avec lavabos seulement, douche ou bain très sympa. Pension possible pour les résidents.

Campings

Camping Uhaitza Le Saison. Route de Libarrenx 64130 Gotein Libarrenx ✆ 05 59 28 18 79. Voici un des sept campings de charme en terre basque. Installé sur un hectare, au bord du Saison, cette belle rivière torturée et sauvage à cet endroit précis. Une aire possédant des emplacements de 105 m² en moyenne pour camping-cars, caravanes ou tentes, 37 donnant sur la rivière et 13 un peu plus haut, particulièrement bien aménagés. Côté détente, mini-plage avec plongeoir naturel, pêche à la truite, coin jeux pour enfants. Côté pratique, sanitaires complets à l'entrée, cabine nursery avec douche, baignoire bébé et table à langer, cabine à trois lavages et deux sèche-linge... Un site de repos.

RESTAURANTS

Restaurant des Pyrénées. Place Centrale 64470 Tardets ✆ 05 59 28 50 63 - Fax 05 59 28 72 85. *Fermeture annuelle du 12 au 30 novembre. Menus de 14,48 à 18,29 €. Carte 33,54 €.* Une table simple au pied des montagnes, au cœur de la petite ville, sous les arcades. De franches spécialités, bien servies, dans une ambiance authentique : truite soufflée, tatin de foie frais de canard gras, agneau du pays.

Ühaltia - Hôtel-restaurant du Pont d'Abense. Abense de Haut 64470 Tardets ✆ 05 59 28 54 60 - Fax 05 59 28 75 91. *Fermeture annuelle janvier. Fermé mercredi soir, jeudi. 10 chambres de 34 à 49 €. Menus de 15 à 30 €. Carte 30 €. Petit-déjeuner 6,10 €.* Une enseigne rustique au confort familial. Les propriétaires sont fières de leur maison. L'accueil y est chaleureux et vivant. La carte, elle, change au gré des saisons, des arrivages et des choix du chef. Une belle cuisine de terroir : piquillos farcis à la morue coulis de tomates parfumé, croustillant de jarret de porc au vin rouge, filet de canette rôti aux pommes sauce au miel et aux épices, tartelette tiède aux pommes et poires glace vanille.

Hôtel-restaurant du Fronton 64 Barcus ✆ 05 59 28 91 88. *Fermé en février. Chambres de 34 à 45 €. Petit-déjeuner 5,60 €.* Voici une belle structure qui se diversifie sans cesse. A l'hôtel, une vingtaine de chambres, sur deux étages dont un mansardé, rustiques à loisir. Au restaurant deux formules, la grande salle chaleureuse qui offre aux visiteurs une cuisine de terroir gastronomique, et donnant sur la rue, le bar - grill, tout en bas, assorti d'un dépôt de presse, agrandi et restructuré cette année, affiche comme son nom l'indique, une cuisine plus rapide. A la carte du restaurant plus traditionnelle, sont au programme de vos agapes, l'agneau, le saumon, le merlu, le fameux Ttoro, une des spécialités de la maison, les chipirons, les ris d'agneau aux cèpes, etc. à déguster avec quelques petits vins de pays. Tout ici est possible, dans cette belle salle qui peut contenir jusqu'à 200 personnes et être le cadre de réunions de famille, de soirées dansantes, etc. Une maison qui bouge et qui annonce de gros travaux de rénovation, la création d'une piscine, etc.

Restaurant d'Iraty. Chalet d'Iraty 64560 Larrau ✆ 05 59 28 55 86. Lui s'appelle Pierre et ce n'est autre que le président du Syndicat de Soule. Elle, elle s'appelle Josy et ce n'est autre que la sœur de Pierre Etchemaïté, le restaurateur bien connu de Larrau. Ce couple sympathique Arrossagaray tient depuis 4 ans ce petit chalet plein de charme installé au cœur de la forêt d'Iraty. Depuis trente ans réservé au berger, il a été certes réactualisé mais a conservé la tradition de la cheminée centrale en bas et en haut, un billard a modernisé l'endroit. Au programme de vos agapes montagnardes, la garbure bien sûr, la vraie et tous les plats à l'ancienne qu'adoraient faire nos grands-mères, le jarret, le pot au feu, la poule au pot, confit, aiguillettes, côtelettes de canard, les cèpes, etc. Un esprit convivial, une cuisine de terroir et des spécialités de montagne, le refuge rêvé des montagnards mais aussi des randonneurs, des bergers à la saison et des chasseurs encore et toujours.

Etchemaïté 64560 Larrau ✆ 05 59 28 61 45 - Fax 05 59 28 72 71. *Fermeture annuelle du 13 janvier au 5 février. Fermé le dimanche soir et lundi hors saison. 16 chambres de 41,20 à 58 €. Menus de 15 à 30,50 €. Carte 30,50 €. Petit-déjeuner 7,30 €.* L'hôtel dispose de 16 chambres redécorées avec vue sur les montagnes ou sur le village. Le verger et le jardin autour de l'hôtel sont très agréables. Dans une salle de restaurant de style rustique, vous pourrez goûter des plats élaborés tels que l'œuf poché sur sa galette de pomme de terre aux cèpes ou le foie gras rôti sur sa galette de maïs.

POINTS D'INTERET

Mauléon est la capitale souletine et son histoire se confond en grande partie avec celle de la Soule. De son passé, il lui reste, le château fort, l'hôtel de Maytie d'Andurain du XVIIe, l'hôtel de Montréal, actuel hôtel de ville, du XVIIIe, vestiges d'une époque riche avec un marché prospère au Moyen Age, une activité économique intense au XIXe siècle liée à la fabrication d'espadrilles.

Aujourd'hui, la cité veut retrouver dynamisme et prospérité. Son premier magistrat, M. Lougarot s'y emploie avec son équipe.

Château d'Andurain. Place du Fronton - 1, rue du Jeu de Paume ✆ 05 59 28 04 18. *Du 1er juillet au 15 septembre, tous les jours de 11 h à 12 h et de 15 h à 18 h, sauf les jeudis et le matin des dimanches et des jours de fête. Ouvert toute l'année pour les groupes, sur demande.* Edifié par Pierre de Maytié, à la fin du XVIe siècle, après la dure épopée des guerres de religion, ce château de style Renaissance, avec des fenêtres à meneaux et à frontons, des lucarnes ouvragées, des macarons sur les façades et sur les tours, possède un immense toit de bardeaux et d'ardoises soutenu par une surprenante charpente en triple carène de navire renversé. A l'intérieur les cheminées sculptées, les escaliers à volées droites ajourées sont assez remarquables, comme le mobilier des XVIIe, XVIIIe et XIXe siècles ou les livres rares de la bibliothèque.

Château Fort de Mauléon. *Tous les jours du 15 juin au 15 septembre, le week-end, de Pâques au 15 juin et du 15 juin au 30 septembre. Tarifs : adultes 2,29 €, gratuit pour les enfants de moins de 7 ans.* Résidence du vicomte de Soule, cette bâtisse, construite sur un camp protohistorique, véritable place forte du XIVe, a été ruinée plusieurs fois. Subsiste cependant un édifice très intéressant composé de tours accessibles par un pont-levis. Perché sur les hauteurs de Mauléon, il est aujourd'hui l'occasion de belles promenades et de visites guidées, essentiellement l'été, avec le commentaire notamment d'une exposition retraçant l'histoire mouvementée du château.

SHOPPING

Espadrilles

Mauléon, capitale de l'espadrille. Au XIXe siècle, l'espadrille se fabrique à Mauléon en grande quantité et curieusement à domicile. C'est à la famille Beguerie que revient la première initiative importante en matière d'organisation de la vente, ce qui autorise le passage du stade artisanal au stade préindustriel, lesdites sandales se fabriquant toujours par des ouvriers à domicile, payés à la pièce, qui piquent, cousent et montent les espadrilles à la main. Ce n'est qu'à partir de 1880 que la fabrication se fait en usine à l'aide de machines de plus en plus perfectionnées. Ce sera une période de grande prospérité, son usage se répandant dans les mines du nord de la France où l'on use une paire par semaine, d'où la nécessité de créer à ce moment-là une trentaine d'usines en Soule, avec une main-d'œuvre espagnole (les « Hirondelles », ce sont les jeunes filles), les locaux n'y faisant plus face. 1 585 ouvriers en 1911, plus du double qu'une quarantaine d'années plus tôt. Après la guerre, changement de donne, l'engouement s'estompe et pour donner le change, les Mauléonnais transforment la classique sandale d'autrefois qui devient alors chaussure de détente et de loisir, voire accessoire de mode ou de grands couturiers, l'exigence qualité se faisant jour au travers de cette nouvelle demande.

Index général à la fin de ce guide

Prodiso Espadrilles. Zone Artisanale, Mauléon ✆ 05 59 28 28 48. *Visite de l'atelier possible, sur rendez-vous pour les groupes ou tous les mardis de 10 h à 12 h pour une 1/2 heure à 3/4 d'heure de visite. Vente dans les boutiques et par correspondance.* « Les espadrilles Prodiso, insiste le patron, sont des articles uniques dans leur genre car elles allient l'expérience traditionnelle du sandalier à un produit mis au goût du jour, conçu et réalisé de façon artisanale dans notre atelier de Mauléon. » Tout y est entièrement fait à la main avec des matériaux naturels, écologiques, biodégradables, tels que le jute, le coton et le cuir, ce que vous pourrez voir lors de la visite, à tous les stades, de la fabrication de la tresse à la découpe des toiles sur un patron en carton, en passant par la mise en forme de la semelle sur une mouleuse ou la couture de la semelle sur une machine vieille de 3 générations... Mais attention, la sandale d'antan, si elle existe toujours, se présente aussi dans des formes rajeunies, en toile et même en cuir, dans une trentaine de modèles et six couleurs différentes. Il y a même des sandales d'intérieur en peausserie de veau doublée de pure laine. Une entreprise familiale qui affiche une belle santé avec sept employés qui continuent à fabriquer artisanalement, depuis 1977, avec des ingrédients basques, de la tannerie d'Espelette ou de Villefranque par exemple.

Les célèbres espadrilles

Produits régionaux

La Ferme Souletine. Viodos ✆ 05 59 28 09 46. Vente frais ou sous vide, sur place, sur les marchés de Mauléon le samedi et de Tardets le lundi, sur les foires du coin.

Il est un village souletin discret, non loin de Mauléon, qui cache une ferme modèle. C'est à Viodos que le couple Sagaste et leur fils Benat, jeune et intrépide international de rugby, ont créé une entreprise qui se diversifie au fil des ans. Les canards y sont rois certes, mais aussi les poulets et la blonde d'Aquitaine. Qu'il s'agisse des poulets ou des canards, ils sont achetés petits puis élevés sur place, 6 semaines dans des bâtiments prévus à cet effet et ensuite dehors en liberté. Les canetons sont gavés au maïs puis abattus dans un laboratoire moderne, avant d'être transformés (pour l'instant ailleurs). A la propriété, le fer de lance demeure le canard frais, un produit d'excellence décliné en côtelettes (une spécialité maison), en aiguillettes et magrets bien sûr, mais aussi farci. Désossé puis fourré de chair à saucisse et de foie gras, ce produit peu commun, doré à la poêle puis cuit à four très chaud 10 minutes puis à four moyen pendant encore une heure, rafle tous les suffrages. Les Sagaspe vivent de projets et s'ils envisagent de transformer sur place dès l'an prochain, ils vont aussi pour cet été, agrandir les locaux afin de collaborer avec les Gîtes de France à « Bienvenue à la Ferme » et ainsi faire visiter la ferme tout en prévoyant une dégustation des produits.

LOISIRS

Forêt d'Iraty. Sur place, randonnées, tennis (2 courts), club équestre, VTT, la pêche qui peut aussi être pratiquée, à 2 km du col d'Hégui-Zouri, l'été, sur 2 petits lacs artificiels, avec camping de 200 places, aire de bungalows et chalet forestier. Et l'hiver, le ski de fond, sur des pentes de 7 % environ, assez difficiles et balades en raquettes. Plusieurs itinéraires balisés, au pic des Escliers (2 h 30), au Cayolar de Cihigolatze (1 h 30) ou à Hegui-Xouri (4 h).

DANS LES ENVIRONS

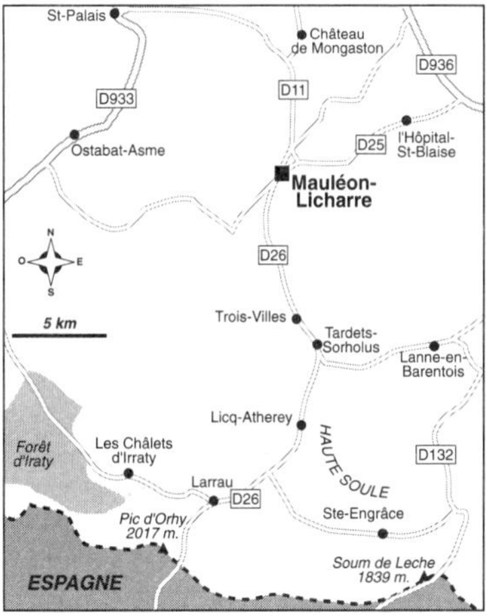

Forêt d'Iraty

1 327 m d'altitude, au cœur de la plus vaste forêt de feuillus d'Europe occidentale, Iraty cumule la beauté et la sérénité d'un cadre majestueux, avec par grand beau temps, une vue unique sur les montagnes de la Haute-Soule et des vallées d'Aspe et d'Ossau. L'été, promenades diverses, l'hiver, ski de fond sur 45 km de pistes de fond tracées, réparties en 6 pistes de niveaux différents. Balades en raquettes aussi.

L'Hôpital-Saint-Blaise

Minuscule commune de la Soule, L'Hôpital-Saint-Blaise aurait pu passer totalement inaperçue dans le paysage souletin, si ce n'était la passion d'une poignée d'hommes qui décidèrent un jour de la tirer de sa léthargie. Comment ? En décidant de restaurer l'église et par là même de tenter de la faire inscrire au patrimoine universel... C'est aujourd'hui chose faite, et si cette inscription au patrimoine universel est une récompense méritée, c'est aussi un atout pour la commune qui prend une autre dimension, en devenant « village d'accueil », avec ses restaurants, son hôtel, ses chambres d'hôtes. Elle peut également prétendre à de nouveaux crédits le moment venu, pour une septième tranche plus sereine. Elle peut aussi s'inscrire dans un cadre touristique plus précis, et envisager une communication plus large, avec certains autres sites (Sites et Musées en Pays Basque et Béarn, par exemple), en s'intégrant à des circuits diversifiés, incluant culture, gastronomie et pourquoi pas loisirs sportifs. Autant d'éléments favorables pour accueillir en cette année jacquaire (la fête de la Saint-Jacques étant le 25 juillet), officiellement déclarée doublement année sainte, un potentiel de visiteurs plus important encore : ce millésime devrait voir sur l'ensemble des routes de Saint-Jacques-de-Compostelle quelque dix millions de visiteurs, les statistiques prouvant que déjà l'an dernier 34 nationalités se sont croisées sur ces chemins, 99 % d'Européens et quelques Américains du Nord et du Sud qui s'embarquent pour une expérience généralement spirituelle. Il est loin le temps où la commune était le centre d'un petit pèlerinage où l'on cherchait à guérir de simples maux de gorge. Aujourd'hui lieu de culte certes, c'est aussi le cœur d'une culture à part entière pour touristes et amateurs d'art, une étape de charme incontestée sur le chemin de Saint-Jacques-de-Compostelle.

Eglise. Un monument espagnol en terre française : récemment inscrit au patrimoine universel, ce monument est le seul vestige d'une fondation hospitalière médiévale accueillant les pèlerins de Saint-Jacques, l'une des plus exceptionnelles, sinon la plus exceptionnelle, trace d'architecture hospitalière sur les routes du pèlerinage. Sur le versant nord des Pyrénées, d'une grande simplicité, bâti dans le schiste local aux tons fauves, avec des éléments de grès jaune ou ocré pour la sculpture ancienne ou la mouluration. « C'est un monument espagnol en terre française », selon l'abbé Haristoy au Xe siècle, à la charnière de deux pays effectivement, d'une rare originalité. La coupole octogonale, nervée sur tambour qui diffuse un éclairage subtil et raffiné et couvre la croisée du transept de sa stellaire géométrie, ses 8 pans étant soutenus par des arcs entrecroisés formant une étoile à huit branches, est de fait un exemple de l'architecture musulmane à Cordoue ou Tolède, comme les corniches en bois de son chevet, remarquables, sculptées de billettes et de motifs hispano-mudejars dont l'origine peut remonter à la fin de l'époque romaine et dont il n'existe plus aucun exemple en Espagne ni en France. Originale, cette église l'est à plus d'un titre. Son plan centré en croix grecque étonne - de la croisée du transept partent les quatre branches de la croix de longueur égale que sont la nef, les deux bras du transept et le chœur - comme le chevet à pans éclairés de longues fenêtres étroites ou les claustras dans notre pays de vitrail ou encore les toitures en bardeaux ou « essentes », en plaquettes de chêne...

Trois-Villes

Jean de Peyrer, héritier du domaine Elizabide, comte de Trois-Villes (Tréville en prononciation française de l'époque), deviendra le capitaine des Mousquetaires du roi Louis XIII, un personnage que Dumas a repris dans son célèbre roman « Les Trois Mousquetaires ». C'est aussi dans ce village que vécut le poète basque, Etxahun, créateur renommé de pastorales.

Château du Comte de Tréville ✆ 05 59 28 54 01. *Du 1er avril au 30 septembre, le 14 juillet, samedi, dimanche et lundi de 14h30 à 19h. Fermé du 10 au 30 juin et tout le mois d'août. Entrée : 3,05 €.* Cette demeure construite en 1635 par le comte de Trois-Villes, capitaine des Mousquetaires du roi, rendu fameux par le roman d'Alexandre Dumas, sur les bords du Saison, a été réalisée selon les plans de Mansart, dans le plus pur style Louis XIII, avec un parc à l'anglaise doublé plus tard d'un jardin à la française.

Saint-Palais

C'est la première étape en Pays Basque en venant d'Orthez. Cela transparaît dans les couleurs des maisons, façades blanches et volets rouges, mais aussi dans le paysage et l'atmosphère. Les Pyrénées commencent à chanter au vent d'Espagne.

Le bourg se concentre autour d'une charmante place centrale. On visite le musée de Basse-Navarre pour appréhender et respecter les coutumes locales.

Sainte-Engrace

Gorges de Kakouetta. *Tarifs entrée : 3,81 € adultes, 3,20 € enfants et 3,05 € groupes de 20 personnes.* Un canyon à découvrir seul ou entre amis, au cœur d'une flore spectaculaire, dans une nature vierge, par des sentiers et des passerelles. Un site sauvage et prestigieux, aujourd'hui protégé, avec des parois vertigineuses et ruisselantes dont la longueur atteint jusqu'à 1 000 m et la profondeur varie entre 30 et 350 m. Après une heure à deux heures d'expédition, on atteint la cascade qui chute d'une vingtaine de mètres et dont l'origine demeure inconnue. Non loin de là, la grotte du lac, ornée de stalactites et stalagmites géantes est impressionnante. « L'Amazonie des latitudes tempérées, dit-on ici, au cœur de la montagne basque. » 54 419 entrées en 1999...

Tardets

Au cœur du Saison, Tardets est une ancienne bastide construite selon le modèle cher aux gens du Sud-Ouest, avec une place centrale à arcades donnant naissance à un faisceau de petites rues. La commune aurait été fondée simultanément à l'édification du Temple de Vénus sur le mont de la Madeleine qui culmine au loin à 800 m, avec la chapelle de la Madeleine, lieu sacré de pèlerinage au XVe siècle.

Fronton Saint-Palais

LE BEARN
AUTOUR DE PAU ET ORTHEZ

PAU ET SES ENVIRONS

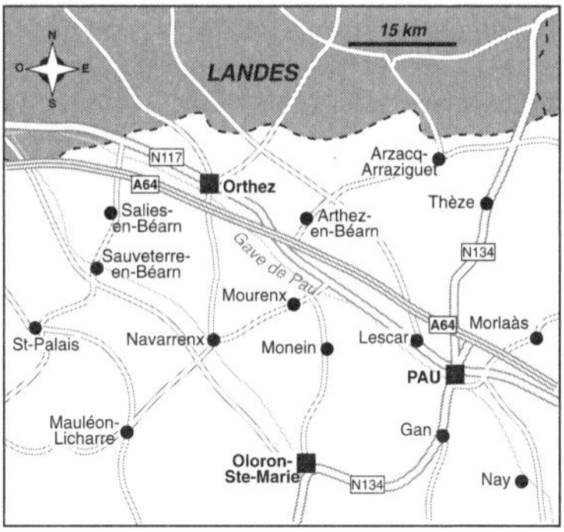

Histoire

La cité naquit des intérêts convergents des Seigneurs du Béarn et des grands pasteurs transhumants de la Vallée d'Ossau. Ceux-ci avaient pris l'habitude depuis des siècles, de passer à gué le gave et d'emprunter un ravin qui les conduisait à une vaste lande située au nord de la ville actuelle. Ils rassemblaient leurs troupeaux avant de partir vers les grandes Landes, l'Entre-deux-Mers (Gironde) et l'Agenais. Vers le XIe siècle, le Vicomte de Béarn implantait un poste fortifié pour contrôler et tirer parti de ce nœud de communication. Il est vraisemblable que le nom de la ville tire son origine des palissades de bois, appelés paü en béarnais, qui servaient de fortifications au château primitif... C'est au XIVe siècle, sous l'impulsion de Gaston Fébus, que le château devint une puissante citadelle. Le titre de capitale fut accordé à la ville en 1464 par pure décision politique. Néanmoins, dernière en date des capitales du Béarn après l'antique Bénéharnum (Lescar), Morlaas et Orthez, Pau restera jusqu'à la fin du Moyen Age une très modeste bourgade.

Cour des rois de Navarre... Haut lieu de la Réforme. C'est à partir du XVIe siècle que les Vicomtes devinrent Rois de Navarre. La famille d'Albret donna un lustre exceptionnel à cette cité qui devenait la capitale d'un pays souverain. La Chambre des Comptes, l'atelier de frappe de la monnaie, le Conseil Souverain, furent dès lors installés à Pau. Le château reçut son décor Renaissance pour abriter la brillante cour que tinrent désormais Henri d'Albret et son épouse Marguerite d'Angoulême, sœur du roi de France François Ier. Marguerite, sans délaisser pour autant sa foi catholique, fut sensible aux idées de la Réforme. Elle reçut à sa cour Calvin et Clément Marot. C'est dans ce climat de tolérance religieuse que grandit sa fille unique Jeanne d'Albret, qui devint petit à petit protestante. Aussi, quand le titre de Reine de Navarre lui revint, elle imposa son culte au Béarn tout entier, qui fut soumis à la religion protestante. Jeanne gouvernait avec fermeté son Etat et entendait bien garder son Indépendance. Elle plaça tous ses espoirs dans son fils Henri, futur Henri IV, qui naquit le 13 décembre 1553 dans une des chambres du château.

Les temps de la réunification... Lorsque Henri IV devint Roi de France, il rétablit partiellement le culte catholique en Béarn, mais ce fut son fils qui rendit Pau à l'Eglise Catholique Romaine. En 1620, Louis XIII vint lui-même à Pau, où il publia un édit d'union entre Béarn et la France. Ce voyage eut une importance décisive pour la croissance de la ville. En rétablissant le catholicisme, le roi favorisa l'implantation d'ordres religieux qui transformèrent le visage de la cité. Par ailleurs, en créant une Cour Souveraine de Justice, la ville devint un centre de « gratte-papier » : huissiers, procureurs, avocats et plaideurs en tous genres.

Des temps révolutionnaires à l'Empire... Les Palois accueillirent avec joie l'abolition de la monarchie qui marqua définitivement le rattachement du Béarn à la France. Il y eut, néanmoins, peu d'excès de violence. C'est dans ce contexte qu'il faut évoquer la fabuleuse destinée d'un jeune Palois, Jean-Baptiste Bernadotte qui engagé à l'âge de 17 ans comme simple soldat, devint roi de Suède et de Norvège sous le nom de Charles XIV, et dont la dynastie règne encore. La venue de Napoléon Ier détermina une nouvelle étape du développement de la ville qui, jusqu'alors, avait vécu repliée sur elle-même.

Pau, station climatique, ville anglaise... Les Anglais, combattant l'Empereur, découvrirent cette cité, la douceur de son climat, la beauté de son panorama. Les guerres terminées, de riches insulaires britanniques vinrent alors s'installer à Pau, y recréant leur propre style de vie (fondation d'un hippodrome, d'un cercle anglais, du premier golf du continent...). Quand, en 1863, le chemin de fer atteignit Pau, on y accourut de toutes parts. Pau devin la grande station à la mode ; les personnages les plus célèbres y séjournèrent : Victor Hugo, Lamartine, Stendhal... La ville ne cessa'de s'embellir. De luxueux hôtels s'édifièrent, le commerce se développa, le tourisme cosmopolite devint une source de revenus et d'emplois. Cependant, si la notoriété de Pau était bien établie, les bouleversements de la Première Guerre Mondiale allaient disperser cette riche clientèle étrangère...

Pau entrait dans une ère nouvelle... Au début des années 50, la découverte du gaz de Lacq et le développement de l'agro-biologie (pour la culture du maïs notamment) vont attirer une population d'actifs. L'agglomération paloise compte aujourd'hui 140000 habitants, et la ville elle-même, 89928 habitants, au 47e rang national. Seconde ville d'Aquitaine et Capitale des Pays de l'Adour, Pau est aussi une ville qui se positionne pleinement dans la dynamique du développement européen. Sa situation-clef aux portes de la Péninsule Ibérique lui confère un rôle majeur, qui se traduit par la modernité de ses équipements, tant sur le plan réceptif que culturel ou des services. Point dominant du commerce sud-pyrénéen, les dernières grandes réalisations comme le Palais des Sports (8000 places), lieu des exploits de l'équipe de basket de Pau-Orthez, ou le Zénith (6500 places) en font une destination sportive, culturelle et ludique de premier plan. Pourtant, cette expansion s'est effectuée sans altérer la beauté de cette cité-jardin qui, classée 4 fleurs depuis 1984, a reçu récemment le grand prix national du fleurissement, distinction suprême décernée par le Ministre du Tourisme, et garante de qualité de vie.

Personnalités ayant marqué la vie paloise. Hormis Henri IV et Bernadotte, de nombreuses personnalités ont goûté un moment le charme de la ville. En particulier des hommes de lettres : Alfred de Vigny, Lamartine, Victor Hugo, Maurice Barrès, Anna de Noailles, des poètes : Paul-Jean Toulet, Saint-John Perse, Francis James, des hommes politiques : Louis Barthou et des aviateurs : les frères Wright, Louis Blériot.

HEBERGEMENT

Hôtel-restaurant Balladins. RN 117 - Route de Bayonne 64000 Pau ✆ 05 59 62 82 00. *Chambres à 40,5 €. Petit déjeuner à 5,5 €.* Une équipe dynamique vous accueille dans cet établissement de 42 chambres modernes, insonorisées, équipées de TCV couleur avec Canal +, téléphone direct et prise minitel. Une valeur sûre : les buffets, y compris pour les petits déjeuner.

Hôtel Central. 15, rue Léon-Daran 64000 Pau ✆ 05 59 27 72 75 - Fax 05 59 27 33 28. *2 étoiles. Tarifs de 28,2 € pour une personne à 47€ pour 2 et 54 € pour 3. Peit déjeuner : 5,5 €.* L'hôtel offre de nombreuses prestations de qualité au cœur de la ville et à proximité du parc et du palais Beaumont. Les chambres, récemment réaménagées, sont insonorisées et bénéficient de double vitrages, de la télévision avec Canal + et un branchement internet. Un nouveau salon ou salle de réunion complètent les nombreux services offerts par l'hôtel, avec notamment un salon de billard et un local internet. Pleins de petites attentions sympathiques.

Hôtel Ibis. Route de Bayonne - Lescar ✆ 05 59 62 90 90. *Tarifs de 35 € à 54 € selon la saison. Petit déjeuner : 5,5 €.* 60 chambres qui offrent un équipement confortable et fonctionnel, avec téléphone, TV. quelques petits plus, dans les chambres, des lavabos avec système digital et le chauffage géré par informatique. Un bar et un salon confortable, un restaurant avec ses sympathiques buffets.

Hôtel Kyriad. ZAC du MAil, route de Bordeaux - Lons ✆ 05 59 72 74 00. *Tarifs à partir de 45 €. Petit déjeuner : 5,5 €.* Un établissement tout en hauteur avec à l'intérieur, une salle de restaurant et ses classiques buffet. 58 chambres calmes et impeccables. Séminaires dans 4 salles.

Hôtel le Postillon. 10, cours Camou 64000 Pau ✆ 05 59 72 83 00 - Fax 05 59 72 83 13. *3 étoiles. 28 chambres de 39 à 51 €. Petit déjeuner 5,5 €.* L'hôtel est installé dans un ancien relais de poste. Les chambres de 12 à 15 m² ont vue sur le jardin où est servi le petit-déjeuner l'été. Jardin intérieur, bar, salon de lecture et de télévision sont au service de votre détente. La ville et les centres d'affaires ne sont pas loin.

Hôtel Continental. 2, rue du Maréchal Foch 64000 Pau ✆ 05 59 27 69 31. *Chambres de 61 € à 92 €. Petit déjeuner de 6 € à 9,15 €.* Situé en plein centre ville, un grand hôtel de prestige de 80 chambres rénovées avec style dans l'esprit du siècle dernier. C'est le charme du passé qui ressort. Salles de bain au diapason. Séminaires dans plusieurs salons parfaitement équipés. Restaurant ouvert à tous.

Hôtel Mercure. 106, avenue de l'Europe 64000 Pau ✆ 05 59 84 29 70 - Fax 05 59 84 56 11. *92 chambres de 98 à 125 €. Menus de 12,19 à 20,58 €. Carte 29 €. Petit-déjeuner 10 €.* Dans un cadre de verdure avec terrasse ombragée et piscine chauffée durant l'été, 92 chambres climatisées et insonorisées (3 chambres équipées pour recevoir des handicapés, certaines chambres non-fumeur) avec téléphone, radio, réveil automatique, télévision, minibar. 7 salons de séminaires. Au restaurant : gâteau provençal et ses piquillos rôtis, filets de truite des Pyrénées à la crème d'oseille, tarte fine aux myrtilles.

Novotel. Route de Bayonne - RN 117 - Lescar ✆ 05 59 13 04 04. *Tarifs de 78 à 87 €. Petit déjeuner 9 €.* Le parc et la piscine sur lesquels donnent de nombreuses chambres de l'hôtel, constituent un véritable havre de paix, assez inattendu dans le secteur. Un magnifique salon rouge et or, une salle de restaurant donnant sur l'immense terrasse. La décoration des chambres est chaleureuse. Elles sont très bien éequipées, mini-bar, radio, TV, prise PC.

Hôtel-restaurant le Renaissance. 1, passage de l'Europe 64000 Pau ✆ 05 59 14 14 14 - Fax 05 59 14 14 10. *36 chambres de 106 à 165 €. Menus de 19,06 à 22,87 €. Carte 30,49 €. Petit-déjeuner 10 €.* Les 36 chambres de cet hôtel, situé dans un cadre de verdure à 500 mètres du Zénith et du Palais des Sports et à 10 minutes du centre ville, sont spacieuses, confortables et climatisées. Autre atout de cet établissement : ses 6 salons de séminaires très bien équipés. Cuisine savoureuse au restaurant, désormais ouvert toute la semaine : charlotte de crabe et langoustines, sauce pistou ; poêlée de noix de saint-jacques au whisky ; mousse au chocolat façon Lenôtre et sa salade d'oranges.

Hôtel Roncevaux. 25, rue Louis Barthou 64000 Pau ✆ 05 59 27 08 44 - Fax 05 59 27 08 01 - Internet : www.hotel-roncevaux.com - E-mail : contact@hotel-roncevaux.com. *Tarifs de 59 à 68 €. Petit déjeuner : 7 à 8 €.* Un bel hôtel de charme pas très loin du château, qui est en train de conquérir ses lettres de noblesse. Une salle de petit déjeuner avec son adorable véranda et un salon aux couleurs douces, mobilier de fer forgé… Même esprit dans les chambres toutes différentes, les plus récentes avec un mobilier lazuré, des baldaquins modernes, des tonalités chaudes, les plus anciennes avec un mobilier de style.

Boulevard des Pyrénées à Pau

Dans les environs

Hôtel Vieux Logis. Route des Grottes 64800 Lestelle-Betherram ✆ 05 59 71 94 87 - Fax 05 59 71 96 75. *Fermeture annuelle du 25 janvier au 5 mars et du 27 octobre au 10 novembre. Fermé le dimanche soir, lundi hors saison. 35 chambres de 35 à 50 €. Menus de 20 à 28 €. Carte 30 €. Petit-déjeuner 8 €.* Un ensemble hôtelier installé au pied de la montagne. On appréciera particulièrement la piscine, la terrasse et le parc. Accueil des plus agréables. Les chambres donnent sur la montagne, disposent d'un balcon, et sont bien agencées. A la table, on goûtera une cuisine classique : sole aux cèpes, garbure béarnaise, grenadin de veau aux girolles.

Alysson Hôtel. Boulevard des Pyrénées 64400 Oloron-Sainte-Marie ✆ 05 59 39 70 70. *Fermeture annuelle du 24 décembre à la 3e semaine de janvier. Fermé le samedi midi (et vendredi du 1er octobre au 15 mai). 34 chambres de 67,80 à 88,42 €. Menus de 20,58 à 39,64 €. Carte 39,60 €. Petit-déjeuner 7,62 €.* Au centre d'une belle propriété verdoyante avec piscine, cet hôtel-restaurant est de style contemporain et entièrement insonorisé. Les 34 chambres sont de grand confort, sobres et ont vue sur les montagnes. Le restaurant, récemment rénové, offre un cadre reposant, avec un service prévenant. Au menu : salade de lapereau aux mille légumes et langoustines en carapace, le rouget-barbet en deux façons au fumet d'aneth, parfait glacé au café et macaron au chocolat.

Hôtel de la Paix. 24, avenue Sadi Carnot 64400 Oloron-Sainte-Marie ✆ 05 59 39 02 63 - Fax 05 59 39 98 20. *Fermeture annuelle du 15 au 30 novembre. Fermé le dimanche (sauf en saison). 24 chambres de 34 à 40 €. Petit-déjeuner 4,50 €.* Le dynamique Jean-Paul Miramon continue à donner un coup de jeune à cet hôtel bourgeois, tout près de la gare, depuis son arrivée il y a deux ans. Sur les 24 chambres auxquelles on accède par un vieil escalier plein de charme vert amande, une douzaine ont été refaites, dans un style tonique, avec des dessus de lit colorés, des petits fauteuils assortis, des salles de bain flambant neuves et des doubles vitrages.

Hôtel-restaurant le Béarn. 14, avenue de Lasbordes 64420 Soumoulou ✆ 05 59 16 08 08 - Fax 05 59 16 08 01. *Fermé le dimanche soir et lundi (de mi-septembre à Pâques). 13 chambres à 44,21 €. Menus de 16,46 à 38,11 €. Petit-déjeuner 5,79 €.* Dans cette maison traditionnelle de 13 chambres insonorisées avec 3 salles de restaurant et un bar, vous trouverez tout le confort souhaitable à vos séjours de vacances ou d'affaires. A l'extérieur, un grand jardin arboré et une piscine vous assurent des moments de calme et de détente. La cuisine aux saveurs régionales est de grande qualité avec entre autres noisettes de biche au gingembre, garbure béarnaise et granité à la folle blanche d'armagnac.

Chambres d'hôtes

La Lanne de Bezing. Route de Lourdes par Bétharram 64510 Boeil-Bezing ✆ 05 59 53 15 31 - Fax 05 59 53 15 21. *5 chambres de 35 à 40 €. Carte bancaire non acceptée.* Sur la route de Lourdes, cette grange restaurée vous accueillera pour des mariages, réceptions, banquets, séminaires, goûters d'anniversaire... Elle met à votre disposition sur place VTT, tennis et tir à l'arc. Commerces et centre médical se trouvent à proximité.

Monique Ranque. Castéide-Cami 64170 Artix ✆ 05 59 77 03 40 - Fax 05 59 77 03 40. *2 chambres à 32 €. Menu à 12 €. Carte bancaire non acceptée.* Au cœur de la campagne béarnaise, cette maison respecte le style de la région. La propriété est tenue par d'anciens agriculteurs retraités. La plupart des menus sont préparés à base de produits de la ferme et du potager. Activités sur place : boules, pétanque, beach-volley, quilles de six et chemins de randonnée.

Maison Cantérou. Marie-Josée Nousty - Quartier Laquidée 64360 Monein ✆ 05 59 21 41 38 - Fax 05 59 21 28 96. *5 chambres de 43 à 51 €. Menu à 15 €. Carte bancaire non acceptée.* La maison construite en galets est d'architecture typiquement béarnaise et dispose d'une cour carrée fermée. Les 5 chambres sont toutes différentes autant dans l'ameublement que dans la décoration. Visite des vignes de la propriété et dégustation de Jurançon avec Daniel. La cuisine préparée par Marie-Jo est faite de spécialités locales : Garbure béarnaise, poule au pot, boudin aux pommes, confit, gratin de courgettes, tarte aux myrtilles...

Château de Pau

Maison Palu. Lucienne et Jean-Paul Saint-Paul 64800 Asson ✆ 05 59 71 05 05. *5 chambres à 35,06 €. Petit-déjeuner 2,30 €. Carte bancaire non acceptée.* Les 5 chambres ont été aménagées dans la dépendance d'une ferme béarnaise du XIXe siècle et offrent une vue splendide sur la chaîne des Pyrénées. A disposition des hôtes : salle à manger avec coin cuisine, lave-linge et sèche-linge. Aux alentours, les excursions ne manquent pas : petit train d'Artouste, grottes de Bétharam, cirque de Gavarnie, château de Pau...

Camping

Camping du Stade. Chemin de Lagravette 64400 Oloron ✆ 05 59 39 11 26 - Fax 05 59 36 12 01. *A 1 km du centre d'Oloron, à proximité du complexe sportif.* D'une capacité de 170 emplacements pour camping et caravaning, 10 chalets de 4 à 6 personnes, bien conçus, exposés plein sud, en location toute l'année, un snack-bar avec grill, aires de barbecue. Possibilité d'accueil de groupe en pension complète ou en demi-pension. Le camping propose des activités sur son site, rafting, kayak, hydro-speed, randonnées pédestres et équestres, etc.

RESTAURANTS

Bien et pas cher

La Michodière. 34, rue Pasteur 64000 Pau ✆ 05 59 27 53 85 - Fax 05 59 27 53 85. *Fermeture annuelle du 27 juillet au 26 août. Fermé le dimanche. Menus de 12 à 22 €. Carte 25 € à 45 €.* Classique et agréable, ce restaurant est une maison de ville, ancienne maison béarnaise. On apprécie la qualité du service et la sincérité de l'accueil. L'équipe Michaud, en cuisine et en salle, n'est pas en reste pour concocter des plats d'inspiration régionale aux saveurs délicates : petits poivrons doux de Piguillos farcis sur leur coulis, rouelles de saumon au gingembre et pleurotes, rossini sauce périgourdine aux truffes, éventail de magret aux pommes et sa sauce parfumée au Calvados.

Chez Olive. 9 et 11, rue du Château 64000 Pau ✆ 05 59 27 81 19. *Menus de 16 à 29 €. Carte de 31 € à 38 €.* Dans la famille depuis 1947, cette maison ancienne du XIIe siècle, constitue une étape de qualité. On connaît l'art de recevoir, Chez Olive, et l'on est accueilli en toute convivialité. A proximité du château de Pau et du boulevard des Pyrénées, vous pourrez vous y arrêter pour déguster un grillé de foie de canard au suc de pruneaux, une composition gourmande océane, un magret de canard au jus d'Armagnac, une poule au pot Henri IV.

La Concha. 36, rue de Liège 64000 Pau ✆ 05 59 27 55 09. *Carte entre 23 € et 39 €.* Un patio surprenant mène à une petite terrasse où l'on peut manger en saison et à une immense salle hispanisante. Une halte où l'on se dépayse, c'es l'Espagne du Sud. Les cuisiners s'activent avec la pêche du jour... Un peu à l'écart, crabes et homards évoluent dans le vivier...

Vue des Pyrénées

Le Marquis. 2 rue du Hédas 64000 Pau ✆ 05 59 27 68 65. *Carte de 23 à 31 €, menu à 16 €.* Incontournable, et les habitués en redemandent. Laissez le patron et son fils choisir pour vous. Vous pourrez goûter aux grands classiques béarnais comme le foie gras, l'escalope de veau au Jurançon. Les 2 complices excellent dans la préparation des poissons et de quelques spécialités italiennes, secrets de leurs racines.

Brasseries

L'Aragon. 18, bd des Pyrénées 64000 Pau ✆ 05 59 27 12 43. *Menu de 8 à 14 €. Carte de 18 € à 50 €.* Rendez-vous incontournable des Palois, l'Aragon demeure une valeur sûre. Excellents plateaux de fruits de mer, huîtres seules, presque à toute heure, pur les inconditionnels ou quelques-uns des bons petits plats proposés par le chef bordelais, soupes de poissons, gambas grillées, têtes de veau sauce ravigote... Sans oublier les tartes maisons et autres desserts, exposés sous cloche...

Taverne de maître Kanter. 5, rue Alfred-de-Laussence 64000 Pau ✆ 05 59 83 76 80. *Menus à partir de 10,5 €.* Le décor est convivial et feutré dans un cadre grand siècle et un grand aquarium luxueux. La cuisine y est savoureuse et copieuse. Cuisine alsacienne bien sûr mais aussi une traditionnelle cuisine de terroir, comme la brochette de cœurs de canards sauce poivre vert. Service impeccable avec un patron omniprésent en salle.

Bonne table

Au bord de l'eau. Rte de la Gravière. Billère ✆ 05 59 62 15 62. *Fermé le dimanche. Carte de 31 € à 46 €.* Pas de menus, les éléments de la carte sont préparés devant vous à l'entrée. 9a sent bon la mer... OUtre les plateaux de fruits de mer très alléchants, vous pourrez goûter à du poisson d'une rare fraîcheur... On n'y mange que du poisson cuisinés à toutes les sauces.

Au fin gourmet. 24, av. Gaston Lacoste 64000 Pau ✆ 05 59 27 47 71. *Formule à 23 €. Menus à 15 € le midi, 28 € et menu découverte à 54 €.* 45 ans de bons et loyaux services dans la restauration ça se fête! Une affaire de famille dans une belle demeure. La cuisine? Chaque plat est un voyage dans l'imaginaire du chef. Avec un menu dégustation de 6 plats qui se termine par 2 desserts... Carte des vins superbe!

Castel du Pont d'Oly. 2, av. Rausky - RN 134 - Jurançon ✆ 05 59 06 13 40 - E-mail: castel.oly@wanadoo.fr. *Menu du terroir: 24 €, de saison: 25,15 €, menu à thème: 56 €.* Dans une belle demeure, « un havre de gourmandise », le chef, Christian Marcoux, formé à l'Ecole de France vous invite à déguster une cuisine sobre et raffinée dans une carte régulièrement renouvelée. « La tradition revisitée par un zeste de personnalité et la quête du bon produit... » le credo du chef. Tout ici est fait sur place, même le pain... Service impeccable.

Les Pyrénées les bien-pensants. Place Royale 64000 Pau ✆ 05 59 27 07 75. *Fermé le dimanche et lundi. Menu à partir de 21 €. Sugestions de 21 à 25 €.* Un vrai bar à vins. Et dans l'assiette, une agréable surprise, la fameuse gastronomie « sur pain » typique des bars à vins, à partir de produits nobles installés sur des pains originaux. Un livre de cave vous met au parfum rapidement pour les vins: quelques 120 à 140 références... Suggestions classiques et un menu de saison pour les inconditionnels.

Chez Pierre. 16, rue Barthou 64000 Pau ✆ 05 59 27 76 86 - Fax 05 59 27 08 14. *Fermeture annuelle du 2 au 16 janvier et du 1er au 15 août. Fermé samedi midi, dimanche. Menu 31 €. Carte 45 €.* Un intérieur cossu, boiseries acajou, tissus tendus, bar anglais. Une cuisine qui joue la subtilité et l'association de saveurs étonnantes. Chez Pierre reste l'une des meilleures adresses de la ville.

Chez Ruffet. 3, avenue Charles Touzet 64110 Jurançon ✆ 05 59 06 25 13. *1 étoile. Menus de 21 à 42 €. Carte 53 €.* Une table réputée, très joliment rénové. Elégantes et sobres, les pièces centenaires conservent le charme du passé revu et corrigé, avec des poutres lazurées de blanc cassé, illustrées de quelques frises, des murs tendus d'une toile de même ton, des fenêtres égayées de tissus de grands éditeurs aux pittoresques coqs... Les plats, beau métissage des saveurs et senteurs de chaque saison, y sont simples et raffinés à la fois, à partir de produits d'une exceptionnelle fraîcheur, toujours présentés avec un sens artistique inné.

Le Fer à Cheval. 1, av. des Martyrs du Pont - Long ✆ 05 59 32 17 40. *Menu à partir de 37 €. Carte à partir de 35 €.* Un cadre charmeur et surranné, décor du siècle dernier avec à l'extérieur un jardin à la française et une terrasse très agréable à la belle saison. Des recettes d'antan, avec 2 menus complets, la Garbure et la Poule au pot. Intéressant retour à la tradition ! A midi, un menu du marché.

La Terrasse. Lescar ✆ 05 59 81 02 24. *Menu midi à 15 €, de saison de 22 €. Carte de 26 € à 35 €.* Une cuisine qui ressemble à la patronne-chef : une vision simple de la gastronomie « manger pour se faire plaisir en mettant en avant le bon produit ». Elle forme, avec Eusbio Exposito, un duo de choc pour séduire une clientèle fidèle, avec des incontournables, la crème de haricots tarbais, la soupe de potimaron à l'effilochée de canard confit... ou le gratin de rhubarbe aux fraises. Un repère de fins gourmets !

Le Viking. 33, bd Tourasse ✆ 05 59 84 02 91. *Formules à midi : 15 et 24 €, menus de 20 € à 34 €. Fermé samedi midi et dimanche soir.* Sérieux et régularité, 2 qualités indéniables de Philippe Maré et son épouse qui ont onstallé leur restaurant dans le peloton de tête de la gastronomie paloise. Dans un cadre classique, le chef propose de belles spécialités, lasagnes de foie frais, fricassée de cèpes... Une carte qui bouge sans cesse, aux accents du terroir métissés de quelques notes impertinentes.

Dans les environs

Château Lamothe. Quartier Uchaa 64360 Monein ✆ 05 59 21 20 80. Emmanuel Cochet, le chef de la Reine Jeanne à Orthez, a investi les cuisines. L'homme a de l'expérience, il se plait à « considérer le client comme un ami »... Il décline le canard dans tous ses états, il aime le poisson et les pâtisserie sont son pêché mignon ! Parmi ses spécialités, le turbot cuit sur l'arête et sa béarnaise de homard, langoustines rôties... A déguster dans l'une des 3 superbes salles à manger. Egalement 8 superbes chambres, piscine et tennis.

Auberge Chez Lazare. Les Labasséres - Route de Lys Arudy 64800 Nay ✆ 05 59 61 05 26 - Fax 05 59 61 25 11. *Fermé le dimanche. 7 chambres de 32,01 à 36,59 €. Menus de 11,43 à 15,25 €. Carte 23 €. Petit-déjeuner 4,88 €.* Etape pratique et calme dans une maison typiquement béarnaise en pleine campagne. Chambres simples et bien équipées, avec vue sur la nature et la forêt, cuisine classique sans souci, jambon de Bayonne, garbure, confit de porc, confit de canard.

Restaurant le Chaudron. 18, avenue de Lattre de Tassigny 64400 Oloron-Sainte-Marie ✆ 05 59 39 76 99 - Fax 05 59 39 28 15. *Fermeture annuelle du 2 au 15 mai, et du 5 au 30 août. Fermé le mardi soir, samedi midi et dimanche. Menus de 15 à 27 €. Carte 27 €.* Un établissement accueillant qui dispose d'une terrasse et d'une véranda. A la table, de bons produits bien travaillés (magret de canard au xérès et au miel). A découvrir, l'assiette Tout au canard.

Restaurant le Tucq. Route de Rebenacq 64290 Gan ✆ 05 59 21 61 26. *Fermeture annuelle du 17 septembre au 11 octobre. Fermé le mardi, mercredi (sauf l'été). Menus de 11,50 à 17 €. Carte 22,86 €.* A proximité de Pau, une maison béarnaise avec un joli jardin d'agrément et la terrasse donnant sur la rivière. Convivialité dans l'accueil et l'ambiance, plats du répertoire régional : garbure béarnaise, foie gras de canard, sole aux cèpes, magret de canard.

Restaurant le Biscondau. 7, rue de la Filature 64400 Oloron-Sainte-Marie ✆ 05 59 39 06 15. *Fermé le lundi. Menus de 9,15 à 24,39 €. Carte 19,36 €.* Ancienne maison du XIXe siècle ayant appartenu à un baron puis au poète Supervielle, ce restaurant se situe à 5 minutes du quartier Sainte-Croix. En été, on peut manger en terrasse. L'endroit est simple et convivial pour passer de bons moments de détente. Au menu, une cuisine sans esbroufe et de qualité : coquilles saint-jacques à l'ancienne, magret de canard aux pêches, filet de dorade au jurançon accompagné de riz.

Auberge Labarthe. Rue Pierre Bidau 64290 Bosdarros ✆ 05 59 21 50 13 - Fax 05 59 21 68 55. *Fermeture annuelle du 6 au 28 janvier. Fermé le dimanche soir, lundi et mardi. Menus de 19 à 54 €. Carte 43 €.* Typique maison béarnaise, accueillante et classique, à un quart d'heure de Pau. La cuisine s'oriente vers une tradition remise à la mode du jour, avec les saint-jacques poêlées au beurre d'orange, le pigeonneau cuit en cocotte à la goutte de sang et feuille à feuille de foie gras, le craquelin de figues fraîches au vin de Madiran. Très jolie salle rustique aux tons chauds, tarifs justes, jusqu'à la cave, très bon accueil.

La Vieille Auberge Lavigne. Lacommande 64360 Monein ✆ 05 59 82 70 29 - Fax 05 59 82 74 99. *Fermé le mercredi. Menus de 13 à 24 €.* Bonne tradition béarnaise et simplicité à 50 m d'une église du XIIe siècle : saumon au jurançon, caneton au vinaigre de framboise, ris d'agneau aux cèpes.

SORTIR

Café Show. Bar spectacles expositions - 38, rue du 14 juillet, Pau ✆ 05 59 06 90 67. Pas de secret : rencontre heureuse entre un lieu, une programmation et un public. Le lieu, un ancien dépôt de presse immense, fait de recoins et haut de plafond, noir et sang, flippers, juke-box, billards, lumières tamisées ou vives est divisé en trois salles. Dans la première, un long bar, tables bistrots, fauteuils bas pour les concerts en semaine, presque dans l'intimité, une soixantaine de personnes les mercredis et jeudis, à l'écoute de la chanson française ; au fond, une grande salle d'exposition aux éclairages soignés, mise à la disposition d'artistes régionaux et à droite, après la porte à deux battants, les lumières s'allument sur la salle de spectacle (400 m^2 et une scène de 35 m^2) pour de la musique, éclectique, du texte, des rythmes, de la salsa ou du flamenco ; toujours à guichets fermés. Vassiliu, Blanchard, Rafaël Fayes, Sandoval... de grands moments. En quelques mois, la clientèle s'est fidélisée. Pari réussi pour ce cabaret.

POINTS D'INTERET

Office du tourisme. Place Royale 64000 Pau ✆ 05 59 27 27 08.

Musée National du Château de Pau. Château d'Henri IV ✆ 05 59 82 38 00. *Ouvert tous les jours de 9h30 à 12h15 et de 13h30 à 17h45. Visite guidée en français, espagnol et anglais (durée 1 heure). Tarif individuel : 3,81 €, tarif réduit : 2,50 € (groupes de plus de 60 ans), entrée gratuite aux enfants jusqu'à 18 ans.* De l'établissement militaire installé au XIIe siècle au palais national tel qu'il s'offre aujourd'hui au regard du visiteur, des siècles de transformations se succédèrent. Au XIVe, la forteresse médiévale, déjà rénovée par Gaston Phébus, fut transformée en château Renaissance par les vicomtes de Béarn, devenus rois de Navarre. Berceau du roi Henri IV qui y vit le jour en 1553, une longue absence de souverains suivit son règne. Une fois appelé au trône de France, il fit transférer une part des richesses au Louvre, transfert poursuivi par son fils Louis XIII. Ce n'est que sous Louis-Philippe et au second Empire que le château retrouva son lustre passé : restauré dans le goût de la Renaissance, il fut sauvé de la ruine. Vous y découvrirez une collection d'œuvres d'art liées à l'histoire et à la légende d'Henry IV, dont le berceau en écailles de tortue où naquit le vert galant, Nouste Henric, comme le nomment les Béarnais.

Vous verrez de magnifiques tapisseries des Flandres et des Gobelins des XVIe, XVIIe et XVIIIe siècles, provenant du Garde-Meuble royal et choisies pour compléter le décor conçu par les architectes de Louis-Philippe. Le musée constitue un témoignage de la décoration et de l'ameublement des styles Napoléon III et du second Empire. Le château de Pau fait partie des 34 musées nationaux français : l'accession du roi de Navarre au trône le fit réintégrer les biens de la couronne. Palais national, très marqué par l'empreinte de Henri IV, il fut aménagé puis visité et, très rapidement, sollicité pour accueillir des collections. Tout naturellement, il se transforma en musée. La visite est toujours guidée ; la meilleure façon, sinon la seule, de comprendre la logique du musée. L'ordinaire côtoie l'exceptionnel : organisation de visites conférences à la découverte d'une discipline particulière ou d'un centre d'intérêt (architecture, tapisseries, art décoratif) ou encore d'expositions.

Haras national. Avenue du Général Leclerc - Gelos ✆ 05 59 06 60 57. *Ouvert tous les jours sauf dimanche, de juillet à septembre de 10h à 12h et de 14h à 17h. Durée visite : 2h. Tarif : 3,81 €.* Intimement liée à la création de la race anglo-arabe, l'histoire du haras de Pau débute avec la venue de Napoléon Bonaparte au château de Gelos en 1808. Depuis cette époque, Pau-Gelos constitue l'un des plus beaux dépôts français où, dans un parc de 13 hectares, le charme classique du château se conjugue à la sobriété des écuries. Toutes les heures, une visite guidée présente l'historique du lieu, les écuries (attelages, étalons), forge, sellerie, paddocks, laboratoire d'insémination.

Musée BMusée des Parachutistes. Camp Astra ✆ 05 59 72 52 18. Créé il y a quelques mois, ce musée national retrace le parcours de ces soldats en trois volets : de Léonard de Vinci à la fin de Seconde Guerre mondiale, de l'Indochine à la fin de l'Algérie française et enfin, le monde contemporain. Des projections vidéo réalisées à partir de documents d'archives sont projetées pendant la visite, d'environ 1 h 30.

ernadotte. Rue Tran ✆ 05 59 27 48 42. *Ouvert tous les jours sauf lundi, de 10h à 12h et de 14h à 18h. Tarifs : adultes 1,52 €.* Etroite, modeste comme si elle voulait se faire oublier malgré ses balcons et, cependant, élégante, la maison natale de Jean-Baptiste Bernadotte témoigne de l'architecture béarnaise de la ville. Vous découvrirez dans cet appartement, - dépeint par André Labarrère -, où vécut le futur Charles XIV, l'univers d'un personnage hors du commun, sergent pendant la Révolution, nommé maréchal de France par Bonaparte avant de devenir roi de Suède. De très belles peintures ainsi que des objets de la vie quotidienne ornent les différentes pièces, qui retracent le destin prestigieux de cet homme. Avec son vaisselier et sa cheminée, la cuisine est typiquement béarnaise. La visite, commentée à la demande, dure environ 45 minutes.

Musée des Beaux-Arts. Rue Mathieu Lalanne ✆ 05 59 27 33 02. *Ouvert tous les jours sauf mardi, de 10h à 12h et de 14h à 18h. Tarifs : adultes 1,52 €, enfants et groupes 0,76 €.* « L'originalité des musées ne réside-t-elle pas dans ce savoureux mélange de grands et petits maîtres, d'œuvres abusivement attribuées à des phares et d'anonymes obscurs, à supposer d'ailleurs qu'il y ait encore une hiérarchie au paradis muséal ? ». Une question à laquelle M. Comte, conservateur du Musée des Beaux-Arts, a trouvé une réponse, lui qui préfère voir le sol de son musée foulé par des curieux spontanés que par la foule des boulimiques de vedettes. Aussi propose-t-il de parcourir le musée comme l'on parcourt un jardin ; cela suppose la plus intime disponibilité de l'amateur, capable de négliger un chef-d'œuvre pour s'attarder sur les vertus ignorées d'un petit maître. La visite d'un musée est apprentissage, mieux, exercice de la liberté. Ici, le visiteur ou plutôt le promeneur peut découvrir, parmi les collections de provenances diverses, une trentaine de tableaux de maîtres du XVIIIe siècle, legs du docteur Louis La Caze, des tableaux de l'école française, dite moderne, achetés grâce à un don du Palois Noulibos. Collection de peintures des primitifs aragonais, Le Greco, Rubens et des écoles flamandes, hollandaises et anglaises.

Parc de Beaumont

Le Palais Beaumont. Centre de Congrès de Pau - Parc Beaumont ✆ 05 59 11 20 00 - Fax 05 59 11 20 01. Le nouveau Centre de Congrès palois, le Palais Beaumont dresse sa superbe face aux Pyrénées. Grandiose et fonctionnel, pharaonique aussi, cette splendide structure aux innombrables possibilités qui reprend l'esprit du Palais d'hiver 1900 érigé dans le Parc Beaumont, œuvre du célèbre architecte Emile Bertrand et s'inspire largement du Casino 1930 dont il reproduit notamment à l'identique la façade sud vers les Pyrénées, s'adresse, avec ses 8 500 m^2 de superficie et de salles de réunion, à un public varié. Sur le plan esthétique, c'est à l'architecte François Lombard que l'on doit cette merveilleuse réussite que nul ne peut ignorer dès qu'il foule l'épaisse moquette du hall d'entrée, référence à la nature comme tout cet immense hall. Quoi de plus exceptionnel que la Salle des Ambassadeurs, dont la hauteur de plafond est de 7 m, en rotonde, prolongée par une magnifique terrasse de 200 m^2 au cœur du Parc, que les deux magnifiques jardins d'hiver, prolongée par une terrasse de 400 m^2 dominant le lac face aux Pyrénées, que les deux auditoriums, entièrement équipés, Alfred de Vigny, 550 places et Alphonse de Lamartine, 200 places, avec une grande salle d'exposition, « Henri Faisans » de 900 m^2, etc. Le Palais d'hiver, cœur de la vie fastueuse paloise de la belle époque revit ainsi de ses cendres, avec une autre image, toujours aussi féerique mais plus contemporaine aussi, un beau métissage de deux époques : le Palais Beaumont est né, fierté du premier magistrat de la ville, André Labarrère, son sauveur et des Palois qui ont retrouvé leur joyau ! C'est en tout cas, un outil d'exception qui fera de Pau une destination prisée non plus seulement pour son climat ou ses sites mais aussi pour ses équipements.

BALADE

Après la visite du château, vous pourrez faire un tour dans le quartier. Là, vous rencontrez brocanteurs et antiquaires et de nombreux restaurateurs. Vous ne pourrez quitter Pau, qu'après avoir « fait » le boulevard des Pyrénées.

Géographiquement, le boulevard des Pyrénées est une magnifique promenade qui relie le château d'Henri IV au casino municipal.

En 1827, les édiles de Pau qui voulaient éviter de payer un mur de soutènement cédèrent une partie de la promenade pour y installer un établissement de bains qui dénatura le paysage jusqu'en 1884. La municipalité, consciente des dégâts commis et dénoncés déjà par Stendhal en 1838, racheta les terrains afin de les aménager pour en faire une splendide terrasse ornée d'une magnifique vasque (aujourd'hui remplacée par la fontaine Alfred de Vigny) au milieu d'espaces fleuris surplombant un petit casino devenu Pavillon des Arts.

L'ensemble du boulevard des Pyrénées était au XIXe siècle le lieu de prédilection des grands hôtels qui regorgeaient de touristes fortunés.

Les hôtels Gassion, du Palais, Beauséjour en étaient les fleurons.

Après la Seconde Guerre mondiale, la plupart de ces hôtels ont disparu, remplacés par des immeubles résidentiels admirablement placés face aux Pyrénées, mais sans grand cachet.

Les fastes de la fin du XIXe siècle s'effacèrent peu à peu et dans les années 1960, le versant s'étalant au pied du boulevard des Pyrénées entre le Pavillon des Arts et le château était devenu un immense dépotoir.

En 1971, la nouvelle municipalité élue réhabilita cet espace et créa les sentiers du Roy, ravissantes promenades où se mêlent l'eau, les arbres et les essences rares.

Dernièrement, la ville vient d'implanter des palmiers le long du boulevard, ce qui lui confère un air de croisette face aux Pyrénées, achevant de lui donner un caractère « *de plus belle vue de terre comme Naples est la plus belle vue de mer* », comme le disait avec nostalgie Lamartine ; le panorama est fantastique et on peut admirer la chaîne sur une centaine de kilomètres.

SHOPPING

Féérie Gourmande à Uzos ✆ 05 59 35 05 56 et Boutique Francis Miot. 48 rue du Maréchal Joffre à Pau ✆ 05 59 27 69 51. Un des maîtres de la confiserie et de la chocolaterie paloise. Un endroit totalement novateur! Cet espace à la fois artistique, touristique et pédagogique va s'inscrire désormais sur la route des Musées, du fioe gras, du béret, de Betharram... Une remontée dans le temps qui se termine par une exposition merveilleuse de sculptures en chocolat et en sucre. Un hymne au beau et au bon. Ecole de goût aussi pour adultes et scolaires et verger conservatpore à l'extérieur.

Casino de Pau. Parc Beaumont, Pau ✆ 05 59 27 06 92. Les accros des bandits manchots sont satisfaits: le Casino poursuit sa politique de confort et de modernisme. Un cadre chaleureux: chaudes moquettes, éclairages de qualité, insonorisation de l'ensemble... L'extension du parc des machines à sous se poursuit régulièrement, et l'on trouvera toute une gamme d'appareils en tout genre, des classiques engins à levier aux gadgets les plus extravagants en passant par les derniers à effets spéciaux... de quoi satisfaire les utilisateurs de ces appareils qui fonctionnent en permanence.

Chocolat

Le Club des Chocolatiers Palois. 6, rue des Druides, Pau ✆ 05 59 32 14 38. Faire connaître le chocolat de qualité à travers un certain nombre d'animations, tel est le but du Club des Chocolatiers palois, créé en 1988, à l'initiative de Guy Verdier. Une des premières fut la confection du plus gros chocolat du monde, une autre fut de réaliser un chocolat représentant le Béarn, aux armes de Pau. Pendant l'année l'équipe du club s'investit en organisant des conférences, en participant à des journées portes ouvertes, rencontres dans les écoles, fête du chocolat en octobre et à Pâques.

9 maîtres chocolatiers Palois:

Andrieu, place Gramont ✆ 05 59 27 51 12 • Blasco, rue Pasteur - Bizanos ✆ 05 59 27 00 51 • Chadeuf Bouzoum, 6, rue Henri IV ✆ 05 59 27 71 88 • Cuyala, 25, rue Lasbordes - Soumoulou ✆ 05 59 04 60 19 • Josuat, Rue Serviez et rue Maréchal Joffre ✆ 05 59 27 65 67 • Mercader, 25, rue du Général Leclerc - Jurançon ✆ 05 59 06 27 01 • Pallu, rue Carnot ✆ 05 59 02 40 67 • Thibaud, 52, boulevard Tourasse ✆ 05 59 30 45 55 • Verdier, 6, rue des Druides ✆ 05 59 32 14 38.

Produits régionaux

Boutique de la Fromagerie des Chaumes ✆ 05 59 82 50 00. *Ouvert de 9h à 13h et de 15h à 19h30.* Beau, hygiènique et convivial. Si la crémière appuie sur un bouton, les dômes de verre se soulèvent pour laisser apparaître les fromages. Sur place, toute la gamme de la fromagerie et du pôle national « Chaumes ». Plateaux de fromages, plateaux de fête ou de repas.

La Table de Don Quichotte. 30, rue du Maréchal Joffre ✆ 05 59 98 40 73. Piments d'Espelette, ail, saucissons et jambons à foison dans cette minuscule boutique qui a pris les couleurs du Pays Basque espagnol. Diversité et originalité de nos voisins avec une charcuterie sèche espagnole de choix: le jambon rabugo, le serrano, le pata negra, la saucisse sèche catalane, le chorizo pamplonica, l'iberica, le lomo de cochon noir, etc. fièrement disposés au milieu des vins espagnols, des liqueurs, des conserves, des huiles d'olive. Trois maisons françaises ont droit de cité: Massonde, Barthouil et Lafargue et le célèbre confiturier d'Issor avec son jus de sorcière... Pour les cadeaux, c'est original, imaginez: vous offrez un jambon entier sur son socle ou un coffret composé à la demande!

Béarn Gourmand. Halles de Pau ✆ 05 59 27 50 78. Créée en 1946, l'entreprise Biraben, forte d'une trentaine de salariés, dont 6 ou 7 membres de la famille, défend la qualité en créant avec quelques autres le Comité Renaissance, afin de faire respecter et valoriser le terroir du Sud-Ouest. Il s'agit donc de vendre uniquement ces produits dans la boutique de la rue Bonado ou sur le stand des Halles. Au cœur du magasin, les produits frais sont mis en évidence: foies frais sous vide, entiers ou escalopés, accompagnés de tous les dérivés de la cuisine du canard, des plats cuisinés tels ces paupiettes de poulet, ces volailles désossées, avec une fine farce aux prunes, aux raisins ou aux pruneaux, aux olives ou au foie gras. Sur des rayonnages, quelques bouteilles de vin de la région, de l'épicerie fine Jacquelin, des alcools et des thés. Et les conserves Biraben, produits fers de lance de la boutique: le foie gras, les lentilles à la béarnaise, la piperade basquaise, le cassoulet aux manchons, la garbure, la poule au pot, les civets, les salmis, etc.

LOISIRS

Vin

La Route des Vins de Jurançon. Le vignoble d'Henri IV: le Jurançon. Les premiers écrits concernant une transaction viticole à l'abbaye de Saint-Vincent (Lucq-de-Béarn) date de 988. En 1552, Henri II d'Albret acheta une vigne en Jurançon, mais c'est le 12 décembre 1553 que le jurançon eut son heure de gloire, en entrant dans l'histoire, grâce au baptême au jurançon du futur roi de France Henri IV. De 1650 à 1704, les crus de jurançon étaient classés par le parlement de Navarre. Mais l'appellation d'origine contrôlée jurançon ne fut créée qu'en 1936, l'une des premières en France, et en 1975 pour le jurançon sec.

Le vignoble: il s'étend sur 600 ha, dans une zone de coteaux d'une étendue de 40 km. Souvent planté en terrasses ou en amphithéâtre, sur des sites pentus, il est composé de sols silico-argileux riches en galets.

Les cépages: le gros manseng (75%), cépage de base du jurançon sec et des jurançons moelleux jeunes, le petit manseng (25%), cépage à petites baies, apte au "passereillage" et en petite quantité courbu, camaralet, etc.

Ses caractéristiques: aptes au vieillissement, ces jurançons ont pour caractéristique essentielle en bouche une subtile alliance de rondeur et de fringante pointe acide, avec des arômes de fleurs blanches, de vanille, miel, grillé.

UN TRAVAIL D'ENVERGURE

Une association est née, créée par les vignerons indépendants de l'aire d'appellation. Quelques siècles plus tard donc, ces vignerons fidèles à une tradition ancestrale, forts d'un bagage œnologique contemporain, se sont associés pour que vive cette belle région. Ainsi réunis autour de la route européenne des vignobles, c'est une communication large qu'évoquent les défenseurs du jurançon. Pour ce faire, un travail d'envergure a été réalisé: panneaux sur toute l'ère d'appellation, dépliants avec le tracé de la route (en 8), légendée avec l'ensemble des 51 domaines numérotés, et différentes portes d'entrée pour les rallier, création de La Commanderie à Lacommande, vitrine de l'appellation, association à d'autres producteurs du terroir « terroir et Art de vivre » par exemple, dans le cadre de manifestations d'envergure, dans la région et à paris, etc.

Pour tout renseignement complémentaire sur la « Route des Vins » et les curiosités locales, s'adresser soit à la Maison du Tourisme, 58, rue du commerce à Monein, 05 59 21 29 28, soit à la commanderie de Jurançon à Lacommande au 05 59 82 70 30.

Le vignoble à pied. C'est au syndicat de Lasseube-Jurançon que l'on doit, avec la fédération de la randonnée pédestre, le balisage et le label du circuit. Plus de 70% du parcours s'effectue sur des chemins non goudronnés, une idée intéressante que de vouloir mettre en valeur le vignoble par des sentiers. Ainsi dès la fin de l'année 2001, l'appellation pourra être visitée non seulement en voiture mais également à pied, à cheval et en VTT.

La Route des Vins de Madiran. Le Vic Bilh, dans le Nord-est du Béarn, le vieux pays abrite en son sein l'appellation Madiran, marquée par les bénédictins qui fondèrent, au premier siècle avant notre ère un vignoble bien connu qui donne aujourd'hui deux excellents vins, le madiran en rouge et le pacherenc en blanc et créèrent au XIe siècle, l'abbaye de Madiran, superbe bourgade qui donna son nom au vin.

Ce n'est qu'en 1948 que le madiran devint A.O.C. Aujourd'hui, c'est la première appellation en France à s'imposer le contrôle de la qualité par la délivrance d'un label après analyse et dégustation.

Le vignoble: aux confins des trois départements du Gers, des Pyrénées-Atlantiques et des Hautes-Pyrénées, il occupe 1 300 hectares pour une production moyenne de 60 000 hectolitres pour le madiran et 4 500 hectolitres pour le pacherenc.

Les cépages: le cépage roi du madiran qui en assure sa typicité est le tannat, associé aux cabernet franc et sauvignon et au pinenc. Celui du pacherenc est l'arrufiat associé aux petit et gros manseng et au courbu.

Ses caractéristiques: très riche en tannins, il est corsé dans sa jeunesse et devient donc un bon vin de garde jusqu'à 20 ans.

Sports

Hippodrome de Pau. Societe d'encouragement des Pyrénées-Atlantiques C'est le 1er hippodrome de province dans la spécialité du parcours d'obstacles, il a 161 ans et compte à ce jour 25 journées de courses par an et un meeting d'hiver de 21 réunions de portée nationale, mobilisant 20 salariés à plein temps et 15 saisonniers. 30 000 spectateurs/an. Tribunes de 3 500 places. Un Centre d'Entraînement de Sers de 50 hectares, classé dans les trois premiers, avec 15 kilomètres de pistes gazonnées, 8 km de pistes sablés, 600 chevaux à l'entraînement, 150 salariés, un foyer des lads jockeys de 51 chambres individuelles employant 14 personnes, une tribune de 1 785 places et un restaurant de 450 places. L'hippodrome palois, géré par la Société d'Encouragement des Pyrénées Atlantiques est en bonne santé. On notera dans les aménagements récents d'envergure, la réalisation de la piste de plat en sable avec adjonction d'éléments de cohésion de 2 200 mètres de long par 20 mètres de large dans les lignes droites et 15 mètres dans les courbes, plus trois bretelles de départ, comprenant l'installation de lisses, et l'arrosage automatique, utilisable par - 6 degrés et ainsi l'augmentation notoire des courses de plat, soit 28 en meeting d'hiver 2001. Le développement de l'activité se traduit par une augmentation du nombre de réunions qui dès 2002 bénéficieront toutes du label PMU. Une belle vitalité et des investissements d'envergure ont permis d'accueillir le Championnat d'Europe de Concours Complet International à l'automne 2001, un événement en Béarn, avec près de 30 000 spectateurs.

Golf d'Artiguelouve. Blue Green ✆ 05 59 83 09 29. *Tarifs : cotisation annuelle, individuelle 990,92 €/6 500 F, couple 1 448,27 €. Tarif jeunes et étudiants. Enseignement débutant et tous autres niveaux. Stages Découvertes blue green premier : 3 heures pour découvrir et ensuite 5 h + 1 green fee, 77,75 €, 7 heures 109,76 €. Green Fees : 28,97€/ à 35,83 €. Parcours 6 trous école : 7,62 €/. Nouveau : la Carte Avantages +, à 73,18 € qui propose selon les saisons de 25 à 35 % de remise sur l'ensemble des greens-fees. Blue Green.* Le Golf d'Artiguelouve, l'un des 22 golfs de la chaîne européenne Blue Green (dont 4 en Aquitaine), fort de ses 440 membres a des allures floridiennes. Dessiné par Jean Garaïalde dans un site qui a pris de la personnalité au fil des années, il est très large et très long, avec quelques lacs, des palmiers, des bosquets, etc. Il s'adresse à tous, débutants ou joueurs confirmés, sans discrimination aucune. Outre des conditions financières attractives, le club s'attache à installer les débutants, en situation sur le terrain pour une découverte gratuite et après quelques heures de cours (payantes), les met en contact avec d'autres. On se détend certes mais on se frotte aussi aux autres lors de compétitions, à l'école de golf pour les plus jeunes, au Grand Prix d'Artiguelouve pour tous, etc. Et puis il y a Carte Avantages + qui est un produit intermédiaire pour la personne qui ne rentabilise pas un abonnement à l'année. Idéal pour 15 à 30 green fees annuels ! Et puis, boutique à l'entrée, sportswear et matériel de golf. A l'étage bar à l'ambiance décontractée à côté d'un restaurant de qualité (voir rubrique). Et séminaires pour les entreprises.

Pau Golf Club. Rue du Golf - Billère ✆ 05 59 13 18 56. *18 trous, par 69, 5 312 mètres, homologué par la Fédération Française de Golf. Tarifs green fee pour adultes, de 34 € à 43 € selon saison. Cotisations individuelles : 1 082,39 €, cotisation pour couple : 1588 €. Possibilité de payer en plusieurs fois.* Fondé en 1856, le Pau Golf Club est le pus ancien du continent européen. Golf privé typiquement britannique, il est accessible à tous et organise des compétitions ouvertes aux joueurs classés et non classés. Il étale ses fairways au pied des Pyrénées, a proximité du Château de Pau, dans un cadre privilégié de verdure et de lumière. Son parcours de 34 ha, a été récemment agrandi et partiellement redessiné. Pour s'entraîner, les golfeurs ont à leur disposition un practice de 15 places dont 5 couvertes, 2 putting-greens, 3 greens d'approche avec bunkers et un Pitch and Putt de 3 trous. Et après l'effort, le réconfort grâce au Club-House qui a su conserver tout le charme de son style victorien, avec bar-restaurant, salon de bridge, vestiaires modernes et pro-shop. Enfin, pour s'initier ou se perfectionner, 2 professeurs diplômés d'Etat assurent cours individuels, collectifs et même des stages (sur demande).

Index général à la fin de ce guide

DANS LES ENVIRONS

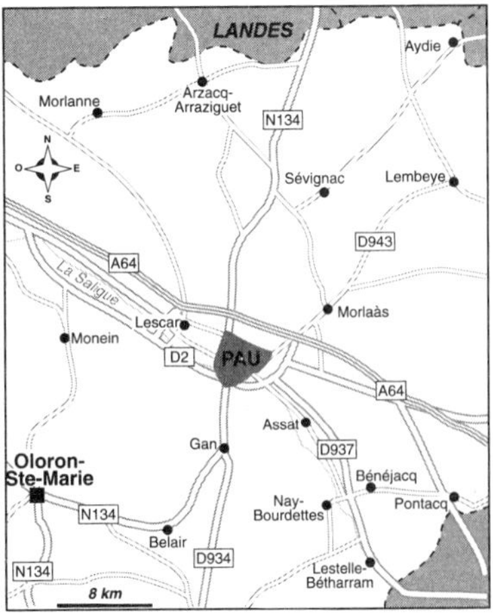

Arzacq

Il lui reste de son passé, une grande place à arcades, une tour de Peich et quelques belles demeures comme la maison Donnay avec ses fenêtres à meneaux et ses sculptures du XVIe siècle, ou cette gentilhommière du XVIIe siècle au Marcadieu qu'est la demeure Minbielle, avec son balcon de bois. C'est un canton dynamique qui fait des recherches sur son passé : des études ont été entreprises sur l'abbaye de Larreule, sur le patrimoine et sur les poteries en Soubestre (voir plus loin), sur le développement culturel, notamment à travers le livre.

Aydie

Ses paysages ont été maintes fois décrits par le romancier Joseph Peyré, dont le château est aujourd'hui propriété de la famille Laplace. Dominant le quartier du château, des traces de fossé rappelant un camp retranché ont été découvertes, ainsi que plusieurs haches polies. Vestiges romains, restes de fortifications, mottes constituent l'essentiel du patrimoine historique du village.

Bénéjacq

Musée du Foie Gras et Espace vente de la maison Laguilhon.177 rue des Pyrénées - rond-point Monplaisir 64800 Bénéjacq ✆ 05 59 61 90 90 - Fax 05 59 61 90 99. *Ouvert tous les jours sauf le dimanche de 9h à 12h et de 15h à 19h. Tarifs : 3,05 €, enfant 1,52 €. Visite de 45 minutes environ.* Les couleurs du Béarn ont été défendues dignement au Salon de l'agriculture l'année dernière, puisque la conserverie Laguilhon, a obtenu pour ses foies gras de canard entier en conserve la médaille d'argent du concours général agricole. Décidément une conserverie qui bouge sans cesse tout en prônant la qualité. Boutique et musée ont vu le jour l'an dernier sur le rond – point de Bénéjacq où la famille Laguilhon propose un voyage muséographique où patrimoine et modernité se rencontrent dans la transparence des décors. Dans la boutique, tous les produits dérivés du canard et les amis du foie gras, le vin bien sûr, le jurançon et le pacherenc, le linge béarnais, la vaisselle, le blé, l'orge, le piment et les produits cuisinés de la maison.

Musée du Foie Gras. Une belle réalisation mise en scène par Pierre Laguilhon, créateur de l'entreprise du même nom et son fils Jean. Immense et réalisé en matériaux de qualité, alliant le bois blond, l'acier et le verre, le Musée, le premier de cette envergure en France n'a pas d'égal. Ni dans l'esthétique ni dans la mise en scène, le thème travaillé jonglant entre gastronomie, littérature, photographies et peintures illustrant le foie gras, mais peignant aussi son berceau, le Béarn, ses personnages célèbres et ses richesses. Vous avez tout sur le foie gras : des premiers gavages en Egypte aux bocaux présentés à la boutique. De très belles structures en bois blond et verre, exposées face à face, content l'histoire du foie gras : elles amènent tour à tour à découvrir, la terre béarnaise, des photos des tapisseries du château de Pau affichant les tables du roi par exemple, une reproduction d'un tableau de Paul Mirat « le Souper de minuit de Gaston Phoebus » ou encore des textes de Laborde-Balen, « l'Oie héroïque de Pontacq », de Babet énonçant la recette de la poule au pot d'Henri IV, Urbain Dubois et son saucisson d'oie de Navarre. Plus loin sera évoquée l'économie agricole autour du foie gras, le rôle de la femme à cette époque-là... Enfin, vers la fin de la visite, vous aurez droit au foie gras... dans tous ses états, tout ce qui entoure sa fabrication depuis la nuit des temps jusqu'à l'aube de ce XXIe siècle, sans oublier les recettes ancestrales comme celle du « confit de Jeannette », la fameuse Jeannette qui a transmis à l'héritier des Laguilhon, son savoir-faire et son parler franc.

Entreprise Birabenet sa boutique. Espace Pyrénées gourmandes - Rond Point Montplaisir ✆ 05 59 61 01 08 Autres adresses: Béarn Gourmand, Halles de Pau. La gastronomie du Sud-Ouest est mise en avant chez les Biraben, depuis longtemps. C'est en 1946, année de leur mariage, qu'Odette et Joseph Biraben fondent la "Maison Biraben". Aujourd'hui, ce sont leurs fils qui font partager cette tradition au travers d'une charte de qualité " le Comité Renaissance ". Même si le canard est roi, avec des récompenses éloquentes – médaille d'or au concours National et de bronze pour le magret au Concours Général Agricole de Paris, on trouve dans leur superbe boutique de Bénéjacq, bien d'autres produits triés sur le volet, d'artisans locaux, charcuteries signées Lacoste, vice-champion de France pour son saucisson, Abadie, champion de France pour son boudin, Bordenave, avec l'andouille, Basile Lassus, avec la ventrèche ou Thierry Maracq, avec le jambon, des vins du cru aussi, les fromages de chez Pardou, dans la vallée d'Ossau et... quelques sucreries des vedettes béarnaises, Miot, Verdier. Et d'excellents plats cuisinés par eux.: cassoulet au confit de canard, coq au vin, poule au pot, poulet basquaise, daube béarnaise, garbure béarnaise aux ailerons confits, haricots, cèpes, etc...

Lescar

Luttant pour ne pas devenir au fil des années, une simple banlieue de Pau, Lescar garde une personnalité forte, fière de son riche passé et de ses monuments. Citadelle dès le IIIe siècle, elle fut saccagée par les Maures en 732 et détruite par les Normands en 841. Sa cathédrale la Saint-Denis des Rois de Navarre classée Monument Historique en 1840 a vu le commencement de son édification en 1125 par l'Evêque Guy de Lons, achevée et dédiée à Notre-Dame en 1145. Son chevet est un des plus beaux du sud-ouest. Ses mosaïques ont fait l'objet de nombreuses études dans le monde entier. Ses orgues Wenner avec un buffet du XVIIe siècle.

Lestelle-Bétharram

Grotte de Bétharram ✆ 05 62 41 80 04 - Fax 05 62 41 87 25. *Ouvert du 25 mars au 25 octobre tous les jours de 8h30 à 12h et de 13h30 à 17h30, (août de 9h à 18h). Du 3 janvier au 25 mars, du lundi au vendredi à 14h30 et sur rendez-vous pour les groupes. Tarifs: 8 €, enfant 4 €. La visite dure 1h20. A 2,5 km à la sortie sud du village, par la D152.* Les grottes de Bétharram sont parmi les plus belles et les plus curieuses à visiter, car elles livrent, dans la variété de leurs aspects, la clef de la formation de presque toutes les grottes mortes ou en pleine activité. Elles comprennent 5 étages superposés comme ceux d'une maison, étages creusés à des époques différentes. Découvertes en 1819, elles seront étudiées par plusieurs membres du club alpin français de Pau et cent ans plus tard les premiers aménagements permettant leurs visites sont mis en place... Aujourd'hui, c'est une excursion unique où l'on traverse la montagne en train et en bateau, des explications sonorisées en 9 langues sont à la disposition des visiteurs, ainsi qu'une vidéo sur la formation des grottes et une exposition sur la préhistoire. Fantastique assuré!

Sanctuaire de Bétharram. Pour y accéder un pont en pierre enjambe le gave de Pau, il porte la date de 1687.

Le sanctuaire de Bétharram, dont l'origine remonte au XVe siècle, se compose des vastes bâtiments conventuels abritant aujourd'hui la congrégation des prêtres du Sacré-Cœur de Jésus, fondée par Michel Garicoits en 1835, natif du pays basque, et son collège, d'une chapelle du XVIIe siècle, et d'un chemin de croix (sur la colline du calvaire, dominant la chapelle, 14 chapelles du 19e s. c'est aussi un lieu panoramique sur la plaine du gave de Pau).

La chapelle Notre-Dame a une façade en marbre gris, sa décoration est de style classique. L'intérieur est décoré dans un goût baroque, la polychromie est reine, il y a peu de place pour rajouter un décor! En entrant à gauche, une Vierge de maternité, allaitant, est en bois polychrome du XIVe siècle, à gauche, un Christ à la colonne du XVIIIe siècle. Au maître-autel la statue en plâtre de Notre-Dame de Bétharram, date de 1845. Enfin, adossée au chevet, la chapelle-rotonde de Saint Michel Garicoits contient la châsse de ce prêtre.

Musée des Pères de Bétharram. Sanctuaire Notre-Dame ✆ 05 59 71 92 30. *Ouvert du 1/4 au 15 octobre, de 14h à 18h. Le reste de l'année, samedi et dimanche de 14h à 17h. Tarifs 1,52 €, gratuit pour les enfants.* Dans des bâtiments d'un monastère des XVIIe et XVIIIe siècles. Différentes grandes collections de monnaies, billets de banque, minéraux et fossiles, préhistoire et industrie lithique, broderies... La grande majorité des objets exposés sont en relation avec l'histoire de Bétharram et les pays où travaillent les membres de la congrégation.

Nay

Les limites actuelles de la commune sont récentes (1856) et ont été formées de la réunion de deux unités administratives distinctes : Claracq sur la rive droite et Nay sur la rive gauche. Ce n'est qu'en 1972 que la commune agricole de Bourdette fut rattachée à Nay par arrêté préfectoral, constituant ainsi le prolongement suburbain de la ville qui offre la particularité d'être le chef-lieu de deux cantons. Quelque 25 ans plus tard et tout récemment donc, le divorce est prononcé entre Nay et Bourdette, chaque partie ayant repris son indépendance après moult rebondissements. Aujourd'hui, Nay a trouvé un équilibre entre la vie rurale, l'urbanisation et l'industrialisation.

Bastide de Nay. Si, à l'origine du village, on note la présence des bénédictins, en 1302, la comtesse Marguerite, fille de gaston VII de Moncade fonda la bastide qui devait avoir une fonction militaire et commerciale, car il était important pour les vicomtes de Béarn de tenir le défilé de Coarraze-Nay qui formait la limite de la souveraineté et de contenir les attaques venues de Bigorre. La bastide fut édifiée selon un plan classique : au centre, une place carrée avec les halles pour entreposer les marchandises et aux quatre angles, des rues aboutissant à angle droit, les maisons la bordant au premier étage en surplomb sur le rez-de-chaussée, formant une galerie couverte, les embans.

Eglise Saint-Vincent. Le XVe siècle fut marqué par la conduite du baron de Coarraze, bandit de grand chemin, à qui fut confisquée la baronnie et, autre coup du sort, un incendie détruisit entièrement la ville. Grâce à l'action des autorités béarnaises et à leurs subsides, la ville fut reconstruite ainsi que l'église. Remarquable par ses dimensions et ses proportions, cette église typiquement béarnaise, de style gothique, d'une hauteur de 40 m a des murs construits en pierre d'Arros et un clocher, véritable donjon carré d'abord, puis octogonal. A l'intérieur, bénitier du XVIe, clefs de voûte historiées et buffet d'orgue du XVIIe.

La Maison Carrée. *Ouverture en avril, mai, juin, septembre et octobre, du mardi au samedi, de 10h à 12h et de 14h à 18h. En juillet et août, mardi, mercredi et jeudi, de 10h à 12h et de 14h à 18h et les vendredi, samedi et dimanche jusqu'à 19h. Du 1er novembre au 31 mars, sur réservation.* Cette belle maison abrita la souveraine du Béarn et valut à la commune, un premier prix national des villes et villages. L'intérêt majeur de la bâtisse réside dans ses trois étages de galeries voûtées, donnant sur la cour intérieure, type classique de l'architecture de la Renaissance. Désormais, elle abrite les plus belles pièces issues du Musée béarnais ; ce musée associatif, anciennement hébergé au château de Pau, dispose du 1er étage de la Maison Carrée : mobilier en bois exposé dans les règles de l'art muséographique moderne, chaque pièce étant identifiée et munie d'une fiche explicative. Au sud, la salle Aragon expose des instruments agraires anciens et toutes sortes d'outils. Au deuxième étage, la salle Navarre se fait l'écho de celle du premier étage, en présentant des meubles contemporains, réalisés par le lycée professionnel de Coarraze, montrant si nécessaire que la tradition d'ébénisterie se perpétue dans la plaine de Nay.

Oloron-Sainte-Marie

Oloron, carrefour et confluence... Au carrefour de trois vallées, de la montagne et de la plaine, du Béarn et du Pays Basque, de la France et de l'Espagne, la ville est par vocation lieu d'échange et de passage. Tradition aussi vieille que la toute première « Iluro », ibéro-romaine (ou protobasque ?), détruite par les Normands au IXe siècle. Sur le haut oppidum, Oloron réapparaît au XIe siècle, proue géante navigant sur la confluence des gaves. Son bastion vicomtal constitue alors une étape vers la guerrière Reconquista et sur les mystiques chemins de Compostelle. Elle est proche sœur de l'aragonaise Jaca, dont elle adopte partiellement la charte, échange le peuplement et avec laquelle elle commerce. Marchés et foires prennent une importance considérable au XIVe siècle et l'artisanat textile se développe au XVIe. Mais dès le XIe siècle, les évêques s'étaient installés au pied d'Iluro, autour de la chapelle Sainte-Marie, puis édifiaient la cathédrale au XIIe siècle. Cette bourgade épiscopale grandit et devint rivale d'Oloron. Ce n'est qu'en 1858 que l'impératrice Eugénie met fin à cette concurrence en unifiant les deux cités devenues alors Oloron-Sainte-Marie. Aujourd'hui, cette dernière s'enorgueillit de 15000 habitants, de ses marchés et foires réputés, d'une industrie textile toujours vivace (béret), et d'activités plus récentes : industries chocolatière, métallurgique, aéronautique...

Eglise de Nay

Quartier Sainte-Croix. Perché entre les gaves, le quartier Sainte-Croix dessine face aux vents son ovale médiéval en pente. A son faîte, l'église du XIe siècle imprime sur fond de Pyrénées son clocher carré, fortifié tardivement. On y pénètre par un portail roman en forme de coquille; dans la pénombre, des chapiteaux ouvragés soutiennent les voûtes en berceau; le transept est surmonté d'une coupole hispano-mauresque. Dehors, les maisons à arcades de bois parlent de l'ancien marché aux grains. En se laissant descendre, on croise, rue Cujas, une maison du XIIIe siècle ou, rue Dalmais, un édifice à arcades en ogive, puis la Maison du Patrimoine et la tour de Grède (XIVe s.).

Cathédrale Sainte-Marie. Gaston IV le Croisé en fit entreprendre la construction en 1102, à son retour de Jérusalem. L'édifice roman a subi à plusieurs époques des dommages et des restaurations successives. Le chevet et une partie de la nef sont de style gothique (XIVe); les guerres de religion en ont rasé le cloître; les chapelles latérales ont été rajoutées au XVIIIe siècle. La cathédrale a une allure extérieure massive, presque guerrière. L'intérieur possède le seul déambulatoire à chapelles rayonnantes du Béarn. Mais sa véritable richesse s'abrite sous le porche (XIIIe s.): le portail sculpté du XIIe siècle a superbement conservé un tympan de marbre blanc ouvragé et, sur ses voussures, des vieillards musiciens et des noces de Cana « façon béarnaise ». Depuis 1999, Sainte-Marie est inscrite au patrimoine mondial.

ORTHEZ ET LE PAYS DES GAVES

Histoire

L'ère de Fébus. Après avoir fait partie de la vicomté de Dax, Orthez devint définitivement béarnaise en 1194. Ce fut alors l'une des 4 villes les plus importantes du Béarn et le lieu de résidence de Gaston VII. De cette époque date les fortifications, les remparts à l'ouest, au nord et à l'est, tandis qu'au sud, la ville était défendue par le gave. Il semblerait que le pont n'ait eu qu'une seule arche et deux tours crénelées. Le mystère plane sur l'époque à laquelle furent établies les 4 arches du pont actuel. Certes, Orthez connut les fastes de la cour de Gaston Fébus et avec eux le régime autoritaire qu'il fit régner: c'est une période de prospérité et de tranquillité, alors qu'en France règne la guerre de Cent Ans.

L'ère de Jeanne d'Albret. Si jusque vers le milieu du XVe siècle, Orthez demeura le cadre des actes les plus importants de la vie politique, peu à peu elle fut désertée au profit de Pau. Un siècle plus tard, Jeanne d'Albret créa une académie protestante, redonnant ainsi à Orthez une raison d'exister. Les guerres de religion sévirent et avec elles l'invasion du Béarn par Catherine de Médicis, mettant la ville à feu et à sang. Après une première capitulation, le lieutenant de Jeanne d'Albret, Montgomery, reprit la ville et l'on se souvient notamment de l'épisode le plus connu, la défenestration des prêtres au Pont-Vieux. La ville met ensuite du temps à se reconstruire et ce n'est qu'au XVIIIe siècle que le noyau primitif « éclate » et que la ville s'agrandit hors murs, vers l'est et vers l'ouest avec de belles demeures d'époque. Malgré la fermeture du collège protestant, les huguenots restèrent là nombreux, et la ville fut encore longtemps un grand centre commerçant. Et c'est le choc entre les troupes anglo-espagnoles de Wellington, et celles du maréchal Soult qui marqua, en 1814, avec la défaite, la fin d'un règne.

HEBERGEMENT

Hôtel-restaurant Maugouber 64300 Maslacq ✆ 05 59 38 78 00 - Fax 05 59 38 78 29. *Fermeture annuelle du 23 décembre au 2 janvier. Fermé le vendredi soir et samedi du 1er octobre au 30 avril, et les jours fériés (restaurant). 22 chambres de 48,78 à 56,41 €. Menus de 9,50 à 27,44 €. Carte 18,30 €. Petit-déjeuner 5,34 €.* Un établissement accueillant, régulièrement modernisé au fil des ans, avec jardin et piscine, des chambres simples et gaies dans un décor cosy, à l'équipement très correct (TV satellite), une table de tradition régionale dans une ambiance encore familiale: foie frais aux pommes, omelette aux cèpes, merlu koskera, tournedos Rossini.

Hôtel au temps de la reine JeanneL. 44, rue du Vieux Bourg ✆ 05 59 67 00 76. *Tarifs demi-pension : 39,64 € à 41,92 €. Chambre simple : 36,59 € à 45,73 €. Chambre double : 44,97 € à 48,78 €. Petit déjeuner 5,03 €. week-end Jazz : 42 €.* Didier Couture, le propriétaire des lieux, aime vivre de ses passions. La tauromachie, l'Espagne et le jazz animent son quotidien au point d'en avoir imprégné son étbalissement : dans le bar, animé de gravures de toréadors, dans le patio aux résonances andalouses, dans l'entrée de l'hôtel où trône une superbe cape, une vraie. A l'étage d'un côté, c'est l'Espagne encore et toujours. Avec sa galerie et ses chambres originales du XVIIIe siècle, à portes à caissons et meubles de là-bas. Dans une autre aile, surprise encore, c'est la France du XIXe avec mobilier et lustrerie ancienne.

Hôtel du Commerce. Place des Casernes 64190 Navarrenx ✆ 05 59 66 50 16 - Fax 05 59 66 52 67. *Fermeture annuelle janvier. 28 Menus de 10 à 24 €. Carte 20 €. Petit-déjeuner 6 €.* Une demeure béarnaise authentique, au cœur de la cité bastionnée, face aux remparts, une atmosphère plaisante, dans la tradition d'accueil régionale. Des chambres confortables, aux normes Logis de France Trois cheminées, certaines vastes pour toute la famille, certaines avec vue sur les remparts. Table de cuisine classique, dans un joli décor néo-rustique, terrasse ombragée pour l'été : jambon Serrano, garbure de chamango, pavé de cabillaud au vinaigre de xérès, jarret d'agneau braisé dans la très bonne formule à 16 euros.

Chambres d'hôtes

L'Aubèle. 4, rue de la Hanti 64190 Lay Lamidou ✆ 05 59 66 00 44 - Fax 05 59 66 00 44. *2 chambres de 42 à 46 €. Menu à 16 €. Carte bancaire non acceptée.* Cette maison béarnaise entièrement restaurée est entourée d'une grande et belle terrasse. L'endroit est calme avec grand parc arboré et vue sur les Pyrénées. Les chambres très confortables disposent de beaux meubles anciens. Tarte tatin au magret de canard, tourte au jambon de Bayonne, poulet basquaise sont des spécialités de la maison.

Campings

Camping de la Source. Boulevard Charles de Gaulle 64300 Orthez ✆ 05 59 67 04 81/ 05 59 69 37 50. 28 emplacements sur 2 ha. Calmes et ombragés avec des aires de jeux pour les enfants, un tennis de plein air et couvert à 200 m, location de VTT...

Camping-restaurant à la ferme La Bulle 64300 Argagnon ✆ 05 59 67 67 31/ 05 59 67 64 37. 40 emplacements dans ce camping au milieu des chênes avec tout le confort, une aire de jeux, un mini golf, un terrain de squash et la vente de produits régionaux. Et même un bar et un restaurant.

Camping municipal Beau Rivage 64190 Navarrenx ✆ 05 59 66 10 00. Ce camping a été créé dans un cadre exceptionnel, au-dessus du gave et à quelques mètres à peine de l'église de la cité, dans un très beau site de verdure, aménagé, avec la piscine et les tennis de la ville. D'un côté, une soixantaine d'emplacements de camping, de l'autre 8 « huttes » en bois, de petits chalets individuels de 4 ou 5 personnes, petites miniatures dans lesquelles outre les couchages et d'astucieux rangements, on trouve un coin cuisine et dans les plus grands, une minuscule mezzanine. Sanitaires communs et laverie.

RESTAURANTS

Auberge Saint-Loup. 20, rue Pont-Vieux ✆ 05 59 69 15 40 - Fax 05 59 67 13 19. *Menu du jour : 15€ - Menus : de 6 à 20 €.* Dans le vieux quartier d'Orthez, cette auberge aux allures hugoliennes, tout droit sortie de notre littérature, avec ses vieilles poutres, ses vitraux aux tons de soleil, ses murs de pierre sèche... qui accueillait jadis les pèlerins, ouvre ses portes aux fins palais. Patrick Brossé, formé chez les grands chefs étoilés, a acquis une sacrée maturité que l'on retrouve dans ses spécialités. Des menus cartes seulement, une bonne idée pour suivre le marché et les saisons et une très belle carte des vins avec de grandes étiquettes comme ce Château Yquem 1981 ou ces Margaux 73 ou 75 qui côtoient une palette intéressante de vins du cru. Quelques exemples hivernaux, la galette de gésiers confits aux lentilles, au jus crémeux de foie gras, soupe crémeuse de langoustines aux amandes et pignons, poitrine de canard rôti aux épices à la polenta de fruits secs et foie frais poêlé, etc... Une ardoise affiche les coups de coeur du jour. Le service est impeccable.

Restaurant au temps de la reine Jeanne. 44, rue du Vieux Bourg ✆ 05 59 67 00 76. *Menu du jour: 10,21€, et menus de: 14,48€ à 29,73€. Carte: 28,97€ en moyenne.* Le restaurant des Couture affiche un cadre accueillant et raffiné où l'on retrouve le charme des vieilles demeures et une cuisine de terroir, revue et corrigée par le nouveau chef, Christophe Rose qui arrive de la côte Basque. Et ce n'est pas tout à fait par hasard que nous est proposé un Menu Tout Poisson, un poisson de Saint Jean de Luz, bien sûr, avec une tarte fine à la tomate et anchois marinés, un dos de cabillaud bohémienne et biscuit glacé aux pruneaux. Menu de saison, menu – carte et menu dégustation offrent enfin un large panel. Quelques exemples pour vous mettre l'eau à la bouche: croustillant de gambas à la mangue fraîche, aumônière d'andouille à la moutarde, déclinaison d'agneau, huîtres (une nouveauté), etc... Service impeccable. Ne pas oublier de réserver pour les fameuses soirées Jazz.

Orthez

Dans les environs

Auberge de la Fontaine. 4, place de la Mairie 64390 Laas ✆ 05 59 38 59 33. *Fermé le mercredi en saison. L'hiver, se renseigner. Menus 14 à 40 €. Carte 25 €.* La salle est chaleureuse et reposante, d'un beau rustique revu et corrigé par Alain Darroze. Dans son jardinet, on y redécouvre les fruits d'antan, pâtissons et autres trouvailles du même genre et bien sûr le haricot – maïs qu'il a remis au goût du jour. Nul ne s'étonnera donc dans son authentique « Auberge de la Fontaine » de trouver quelques valeurs sûres comme sa croustade de foie gras aux fruits, son cul d'artichaut farci et son chapeau de foie gras ou sa devenue célèbre Maïzza, sorte de pizza agrémentée de produits du terroir sur fond de basquaise, son millassou, ce dessert de nos grands – mères, élégamment présenté tel un champignon sur arabesques de chocolat ou encore ses menus à thème, Garburade ou Havolade au gibier de saison, 1/2 palombe confite, chevreuil, saucisse de sanglier ou encore perdreau façon poule au pot, tranché !

Restaurant de l'hotel du Parc ✆ 05 59 38 31 31. *Formule bistrot le midi, Suggestions du chef de 10,40€ à 13,70 €. Menus 18,30€. et 19,80 €. Assiette de l'écailler: 14,95 €.* Pousser la porte de l'Hôtel du Parc et de son casino est un enchantement. La belle bâtisse, de l'extérieur laisse imaginer la classe des pièces, à l'intérieur. La surprise est grande lorsqu'on pénètre dans la grande salle de restaurant, avec ses plafonds très, très hauts, ses immenses baies vitrées drapées de lourds rideaux or comme les murs. C'est le fief du chef, Alain Iber – Jorgi, arrivé l'an dernier, dès l'ouverture. Désormais désireux de donner à ce restaurant une certaine dimension, pour une clientèle extérieure au casino, il ne perd cependant pas de vue la vocation première de la belle demeure et s'investit aussi dans les animations du casino, repas dansant, soirée Karaoké, cocktails, repas de groupe, etc... Foie gras au torchon, confiture de figues, pissaladière d'escargots en tapenade, anguilles poêlées, chuleta à la plancha, flan de thé de Chine, crème de réglisse, etc... animent la carte. Nouveau, le menu du dimanche midi à 20 €. avec un Khir offert. Nouveau encore, l'assiette de l'écailler, le jeudi soir. Très belle carte des vins, champagne et digestifs.

Restaurant la Terrasse, 2 rue Loumé ✆ 05 59 38 09 83. *Plusieurs formules, le plat du jour à 6,71€, menus de 13,42 € à 20,96 €, le menu du dimanche, entre 18,45 € et 26,83€, la carte à 30,18 €.* Le lit du Saleys, la Venise Béarnaise... et au – dessus une grande terrasse, savamment et artistiquement habillée, par temps frais, abrite un restaurant bien connu, mené de main de maître par un passionné qui a plus d'un tour dans son sac, Yves Larrouture, le dynamique président de l'hôtellerie rurale et saisonnière. Un cadre de rêve, un restaurant plein de charme, avec ses boiseries en chêne taillé en pointes de diamant, ses cheminées... et un chef qui se plait à mettre en valeur sa culture rurale. Bon vivant, chaleureux et convivial, il fait une cuisine à son image, faisant rimer à loisir qualité et originalité. On ne peut oublier ses célèbres Coustou tout droit sortis sous vos yeux du grill de la salle – un régal --, pas plus que son filet de morue à l'espagnole, ses ris d'agneau aux cèpes et piquillos ou son devenu célèbre magret en croûte de sel, superbe et délicieux ! A accompagner, qui plus est, d'une pléïade de vins dans une carte qui se peaufine tous les ans, à l'image de celle qu'il a déjà installé dans son autre restaurant de Bérenx. En salle ou en terrasse, service sympa.

POINTS D'INTERET

Office du tourisme. Maison Jeanne d'Albret - Rue du Vieux-Bourg 64300 Orthez ✆ 05 59 69 02 75.

Eglise Saint-Pierre. Cet édifice du XIIIe siècle, massif, à l'allure quasi militaire, avec les gros murs de la nef, percés d'étroites ouvertures et soutenus par de puissants contreforts, est quelque peu adouci par l'abside de la fin du XIIIe siècle aux nombreuses fenêtres, comme son élégant petit chœur et sa vaste nef, nue et majestueuse, de type languedocien. Plusieurs fois restaurée, elle a aussi été agrandie en 1865, lorsque son clocher a été transféré au-dessus de la porte d'entrée. Orgue de Cavaillé-Coll et tableau de Léon Bonnat : « La décollation de Saint-Denis ».

L'orgue du temple. Rue du Général Foix ✆ 05 59 69 01 18. L'église réformée d'Orthez possède depuis 1996 un nouvel orgue, installé dans le premier temple construit après la révocation de l'édit de Nantes. Il est composé d'un grand-orgue, d'un positif et d'un pédalier, soit 25 jeux. Conçu sur le modèle des orgues baroques de l'Allemagne du Nord, il permet de jouer le répertoire antérieur au XIXe siècle. Avec un buffet peint et rehaussé à la feuille d'or, il est tout à fait remarquable et M. Chapuis le considère comme l'un des meilleurs instruments de France.

Maison Francis Jammes ✆ 05 59 69 11 24. *Ouvert tous les jours du lundi au vendredi de 8h45 à 12h45 et en juillet et août de 8h45 à 12h45 et de 14h à 18h. Visites personnalisées et pour groupes.* Ancienne maison Chrestia, elle est devenue la mémoire vivante du poète Francis Jammes qui y habita de 1897 à 1907, écrivit beaucoup, et dont l'œuvre maîtresse est sans doute « De l'Angelus de l'Aube à l'Angelus du Soir ».

Maison Jeanne d'Albret. Gentilhommière du XVe siècle, elle était la propriété d'Arnaud de Gachissans qui, pour recevoir des lettres de noblesse en fit don aux rois de Navarre, Jeanne d'Albret et Antoine de Bourbon. En 1580, Henri III de Béarn en fit don à son secrétaire, à charge pour celui-ci de tenir la maison ornée pour recevoir sa majesté : c'était une riche demeure avec une tour d'escalier, des fenêtres à meneaux et un colombier. Vous y trouverez aujourd'hui, l'office du tourisme et à l'étage le musée du Protestantisme.

Musée du Protestantisme béarnais. Maison de Jeanne d'Albret ✆ 05 59 69 14 03. *Ouvert tous les jours, sauf le dimanche et les jours fériés de 10h à 12h et de 14h à 18h. Tarifs : adultes : 1,52 € et enfants : 0,76 €.* Belle vitesse de croisière pour le jeune musée du Protestantisme béarnais. A son actif, les dernières journées du livre d'Orthez, une communication plus importante avec l'extérieur, dans la presse notamment, une boutique proche des visiteurs avec l'émission d'une carte postale représentant l'intérieur du musée, une autre série avec 11 cartes postales représentant les 11 gravures de Lucas de Leyde et les deux gravures de Dürer, et en projet des reproductions des trois gravures d'Abraham Bosse, également la traduction des catalogues en anglais, espagnol et allemand, la vente de croix huguenotes. Des découvertes au fil des salles...

Itinéraires protestants en Béarn (CEPB) : se procurer la plaquette auprès du Centre d'études du protestantisme béarnais ✆ 05 59 02 67 06.

La Tour Moncade. *Ouvert de 10h à 12h et de 15h à 18h30, sauf le dimanche matin et le lundi, d'avril à octobre, géré par l'office de tourisme.*C'est Gaston IV qui fit construire le château Moncade avec l'argent reçu en 1242 des mains du roi d'Angleterre à Bordeaux, après la bataille de Taillebourg. Une construction qui durera 20 ans. Gaston Fébus réaménagera les 3 étages supplémentaires au donjon et y installera la cour jusqu'en 1464. A cette époque, désertion de la cour au profit de Pau, puis vers 1569, ce sont les guerres de Religion et l'incendie du château. Vers 1620, le gouverneur militaire l'habitera, puis ce sera l'oubli, puis la vente et la démolition par les acquéreurs, à la révolution. Il n'en restera que l'escalier et la base du mur. Le château sera alors repris en main en 1845 par la municipalité Raymond Planté, et des travaux seront entrepris. Aujourd'hui, la tour, seul vestige de l'immense bâtisse est un monument de 32 m de haut, ouvert au public, dans laquelle il est possible de monter (141 marches). Accueilli à l'entrée par les statues géantes de Gaston Fébus et Agnès de Navarre, au pied de l'escalier, vous commencerez la visite... Belle vue sur Orthez et la région.

Mémorial de la Résistance et de la déportation. Inauguré le 18 juin 1992 par la municipalité, il est l'œuvre du maître ferronnier Guy Pendanx, 6, rue des Aiguilletiers à Orthez. En mai 1993, un comité du mémorial d'Orthez fut fondé, avec pour but de veiller à la défense et à la pérennité de la mémoire collective, de sensibiliser la jeunesse sur cette période tragique de notre histoire, de dénoncer toutes nouvelles formes d'atteinte à la démocratie et à la liberté, d'agir contre le racisme et l'antisémitisme et pour le respect des droits de l'homme.

SHOPPING

Produits du terroir

Jean Lafargue – Artisan boucher, produits régionaux Place des Casernes ✆ 05 59 66 50 10 - Fax 05 59 66 50 00. *Ouvert toute l'année (sauf dimanche et lundi) de 8h à 12h30 et de 15h à 18h. Visite gratuite de 30 minutes environ. Salle d'exposition attenante à la boutique).* Jean Lafargue est un esthète... un artisan reconnu par la profession. Longtemps lui a collé à la peau l'image médiatique du roi de l'andouille béarnaise, après le réputé concours de Jalgeau. Son saucisson aussi fut plusieurs fois primé. Mais on l'a compris, il ait aujourd'hui une autre facette de son talent qui lui colle à la peau, celle du passionné, toujours prêt à défendre son terroir et la qualité. En boucherie, au travers de l'Association des Gaves et de l'Adour des producteurs basques et béarnais " AGAEBB ", ou du " bœuf de tradition bouchère ", issu des producteurs du canton et suivi dans son superbe laboratoire, avec une traçabilité du produit: certificat d'authenticité, fiche produit, etc... Et en charcuterie, en se diversifiant au maximum, avec conserves, plats cuisinés (marmite de blonde d'Aquitaine au Madiran, tripes béarnaises, andouille béarnaise à l'ancienne, etc...) et salaison. Sans oublier de porter la bonne parole, au travers notamment de l'Association " Terroir et Art de vivre " Boutique attenante.

Verger Pelanne EARL - « Devant la France » 64300 Sault-de-Navailles ✆ 05 59 67 50 08. *Ouvert au public pour visites guidées ou non, de début septembre à avril, de 8h à 12h et de 14h à 19h. Fermé le dimanche.* 12 hectares de verger, où les pommes, les poires et les kiwis sont les plus nombreux. Et ce verger vaut réellement le détour. Dans les allées fléchées et panneautées, les visites guidées sont instructives, car la propriété dans certains secteurs est bucolique à souhait, surtout là où les arbustes les plus fragiles apparaissent drapés d'élégants filets contre les agressions extérieures. Avec un dernier petit tour par la boutique, vous partirez comblé.

La Ferme la Motte. Saliès-de-Béarn ✆ 05 59 38 22 22. *Visite de la production, tous les mardis en juillet et août de 10h à 13h ou sur rendez-vous.* A l'entrée et dans les couloirs, quelques photos informent le curieux des différentes étapes de la fabrication avant la visite des secteurs, salle d'abattage, d'éviscération, de gavage, de froid, de salage au sel de Salies, et de transformation, etc.avec en clôture, la traditionnelle dégustation des produits. Une visite constructive, tous les après-midi du 1er mai au 30 septembre et sur rendez-vous l'hiver, en individuel et en groupe. Avec le Label « Bienvenue à la ferme » ! Vente sur place aussi.

Pâtisserie Lavignasse. 8, rue du Jardin Public, Saliès-de-Béarn ✆ 05 59 38 17 57. Franck Lavignasse, chocolatier désormais reconnu dans la profession, a pris ses marques dans la pâtisserie familiale depuis qu'il a succédé à son père. Dans sa petite boutique, le classique côtoie l'exceptionnel, du gâteau pour le dessert à l'excellent Petit Béarnais, une exclusivité maison qui pourrait bien tout simplement devenir l'emblème des Béarnais, porteur d'une image, en passant par le chocolat aux noms évocateurs, Délices de Mouquetaire, Brésilien, Domino Café... Un artiste est né !

Vin

Domaine de Guilhemas. 52, avenue des Pyrénées, Saliès-de-Béarn ✆ 05 59 38 10 02 - Fax 05 59 38 03 98. Pascal Lapeyre est un phénomène, à plus d'un titre mais déjà parce qu'il est le seul indépendant de l'aire d'appellation Béarn, à côté de la cave de Bellocq, qui fait du béarn-bellocq. Une énième Médaille d'or au Concours Agricole de Paris pour son Lapeyre rosé 1999, récompense pour la sixième fois au moins ce jeune Salisien plein de ressources, une d'or aussi à Mâcon pour le rouge 1998 confirme l'authentique rigueur de la maison.

Produits de l'artisanat

Créations Jean Goardère. Route de Biron Magasin d'usine ✆ 05 59 69 90 22 - Fax 05 59 69 28 03. *Horaires d'ouverture: du lundi au vendredi de 9h à 13h et de 14h à 18h30.* Depuis plus d' 1/2 siècle, les Créations Jean Goardère, sont installées à Biron. Leader européen des articles d'Art de la table, cadeaux, décorations en étain, Jean Goardère, cet orfèvre de l'étain, est partout en Europe, Amérique du Nord et Asie. Meilleur ouvrier de France, il a obtenu la Coupe d'or du bon goût pour ses superbes créations. On y découvre 4 collections prestigieuses. La Phoebus, haut de gamme, faite main, finition brillante est obtenue de façon artisanale par le travail de feuilles d'étain au marteau. La Traditionnelle avec vases, coupes, soupières, etc... repoussés au tour puis patinés. La Privilège, noble, avec des porte-bouteilles, des seaux à champagne, chandeliers, etc... Enfin, la dernière, d'étain et cristal avec ses carafes par exemple, réalisées pour les plus grands sommeliers. Chacune des pièces est frappée du poinçon Jean Goardère afin de certifier de leur qualité d'étain massif à 95%. Sur place, magasin d'usine à des prix intéressants et journées promotions. A ne pas manquer!

Gaves d'Oloron

Guy Pendanx. 22, rue des Aiguilletiers ✆ 05 59 67 06 06. Artisan et artiste, ce maître ferronnier, meilleur ouvrier de France en 1994, formé chez le dinandier Jean Goardères d'Orthez, puis aux forges du Roy à Paris, fut initié à la technique du feuilletage par le repoussage du métal, avant de se lancer dans les réalisations de prestige à l'hôtel Ritz et au Palais de justice de Paris, dans le vieux Nîmes, au cloître de Bayonne, chez les joailliers Morabito, Chaumette, chez Christine et Michel Guérard, etc... Aujourd'hui, il sévit à Orthez, et s'il y a réalisé des oeuvres d'art qui décorent la ville, il travaille aussi pour le particulier. Et il a un projet qui lui tient à cœur depuis une dizaine d'années, celui de créer un Musée de la Forge. Un pari en partie gagné puisque de nombreuses instances se sont mobilisées autour de ce projet unique, Chambre des Métiers, municipalité, office de tourisme, d'autres ateliers et des particuliers. A suivre!

Les Tissages Moutet. Route de Biron ✆ 05 59 69 14 33. *Vente en boutique (solde en Novembre et Mai) et par correspondance. Devis personnalisés en 24 heures. Par fax: 05 59 69 18 58. Visite de l'entreprise par groupe sur rendez-vous.* Avec un dynamisme étonnant, Mme Moutet fait vivre avec ses associés cette belle structure. En amenant toujours ce plus qui fait la différence. Un magasin d'usine de belle envergure, affiche de très beaux produits, ceux – là mêmes qui courent le monde. Mis en situation, dans cet endroit intemporel, gai et coloré, vous irez à la découverte de ces matières qui font rimer qualité, originalité et élégance. Ces torchons, nappes, serviettes, longères, etc... sont signés Gouny et Marange, Robert le Héros, Hilton Mc Connico, etc... Un concept plus largement " maison " a pris forme: la laine des Pyrénées de notre enfance entre les mains de Catherine Gouny et Juliette Marange ou bordée de la rayure d'Hilton Mc Connico devient matière à création: plaids, rideaux, coussins, sacs, etc... L'entreprise Moutet se positionne dorénavant comme le spécialiste de l'authentique Jacqu'Art... à ne plus jamais confondre avec le " jacquard ", l'autre... ", une confidence de Catherine Moutet, l'artiste du renouveau! Boutique à Saint Jean de Luz et Biarritz!

BALADES

Promenades à travers la ville. Office du Tourisme de Saliès-de-Béarn ✆ 05 59 38 00 33. Visites guidées de la ville de saliès-de-Béarn: une initiative que l'on doit à l'office de tourisme: tous les mardis de 16h à 18h, visite guidée de la ville et des musées: 3,81 € par personne (inscription à l'office jusqu'à 12h). Et tous les vendredis, visites à thème au cours d'une promenade: 3,81 € par personne.

Le Béarn des gaves à vélo. Rue des Bains BP26 64270 Saliès-de-Béarn ✆ 05 59 38 00 33 - Fax 05 59 38 02 95. Grâce au carnet de route et à la carte fournis, vous parcourez le Béarn des Gaves en découvrant ses multiples richesses historiques. Vous pédalerez 4 jours sur des petites routes (45 km maximum) vous conduisant aux hébergements où vos bagages vous attendront.

LOISIRS

Base de plein air et de loisirs. Route de Biron, Orthez ✆ 05 59 67 08 31. Vocation de repos, dépaysement et loisirs, dans un cadre de verdure exceptionnel pour les 120 000 visiteurs par an qui peuvent apprécier, sur 70 hectares d'acquisitions foncières, les 20 000 m² de pelouses arborées de 500 arbres et entourées d'une réserve cynégétique clôturée de 5 hectares, un parcours sportif de 3,6 km, ainsi qu'un lac de 30 ha. De quoi satisfaire amateurs de farniente, de pêche ou les sportifs. Plage de 5 000 m² surveillée en saison, pour les passionnés de sports nautiques, pratique du pédalo ou du ski nautique, port miniature avec le Brittany- Ferries, les Chalutiers, les Vapeurs du Mississippi... A l'entrée, un chalet d'information est là pour vous renseigner sur les multiples possibilités qu'offre cette structure, et une cafétéria vous proposera ses services de 10 h 30 à 22 h.

Casino Hôtel du Parc, Saliès-de-Béarn ✆ 05 59 38 31 31. Voici plus de 20 ans que le Casino d'antan, au Chalet, avait disparu. C'est donc dans les murs du fastueux hôtel du Parc qu'il a ressuscité. C'est un outil magnifique doté de deux salles de jeu (boule, roulette anglaise et black jack), d'un restaurant d'une soixantaine de couverts et d'un bar. Il appartient désormais au groupe « Européenne de Casino » et aujourd'hui il est le 17e en France. Une bien belle manière de sauver l'édifice, en en faisant un lieu d'animation, avec l'espoir dans un avenir proche de voir arriver les fameuses et tant attendues... machines à sous. Ce devrait être rapidement chose faite puisque l'enquête publique de cette fin d'année s'est avérée favorable !

Poney-club La Cavalière. Quartier Lavie - Chemin de Caumia, Salies-de-Béarn ✆ 05 59 65 07 65. Dans 15 hectares de bois et de prairies, l'enfant sera roi et pourra assimiler par cet apprentissage quasi naturel, en vivant avec le poney, la culture équestre comme la santé du poney, sous la forme de jeux permettant de connaître les différentes disciplines équestres, voire de participer à des compétitions nationales. Week-end détente, 1/2 journée, journées ou séjours de vacances... tout est possible.

Golf-club de Saliès-de-Béarn. Domaine Hélios, Saliès-de-Béarn ✆ 05 59 38 37 59 - Fax 05 59 38 16 41. Parcours technique et varié (ruisseau du Saleys, colline du Pain de Sucre), ouvert aux débutants comme aux joueurs confirmés, qui comporte 12 trous et un practice couvert.

La Saligue aux Oiseaux. Biron ✆ 05 59 67 14 22. *Ouvert toute l'année, en été de 10 h à 19 h et en hiver du mercredi au dimanche de 10 h à 18 h. Ouvert les jours fériés. Tarifs : adultes 4,76 €, enfants de 6 à 12 ans 1,52 €.* C'est Isabelle Hernandez qui vous fera vivre la Saligue grandeur nature. Aux quatre saisons, amoureux des larges horizons, ne vous en privez pas. Vous y apprendrez que l'histoire de ce parc est intimement liée au marais comme son nom l'indique. Asséché jusqu'à ce que la Fédération de chasse décide de le remettre en eau afin de recevoir les oiseaux qui l'habitaient à l'époque, il est aujourd'hui ouvert au public qui peut, outre découvrir cette réserve naturelle aux 95 espèces différentes, faire une pause instructive au musée, installé dans une vieille ferme béarnaise. Là, on découvre des oiseaux de toutes sortes, mammifères prédateurs, empreintes et des écrans vidéo grâce auxquels on vit le marais en direct, des caméras y étant cachées. Visite du marais dedans donc, confortablement installé ou dehors, à la découverte de la bernache du Canada, la bécassine, l'avocette à nuque noire, du balbuzard pêcheur, de l'aigrette garzette... tout un monde mystérieux où dénicher dans le sentier découverte les cabanes de chasse, monter dans une palombière mirador, admirer les 4 plans d'eau consacrés aux espèces d'anatidés fréquentant la région.

Détente aquatique en eau salée. Les Therme, Saliès-de-Béarns ✆ 05 59 38 10 11 - Fax 05 59 38 05 84. Fer de lance de cette belle structure, « Les destinations remise en forme » aux Thermes de Salies-de-Béarn ont fait l'objet d'une étude précise. Dans un cadre mauresque, l'ensemble est de grande classe avec d'agréables cabines de déshabillage, dans un secteur tout de verrières et boiseries, une salle de repos en musique aux douces tonalités... En matière de soins, le programme idéal proposé comporte 6 à 8 pratiques par jour, définies le 1er jour sur avis médical, parmi la vingtaine de soins mis à la disposition de la clientèle. Et, bien sûr, en dehors des horaires de programmation des soins, la piscine de détente aquatique, superbe avec ses mosaïques et ses fontaines intérieures est ouverte à tous.

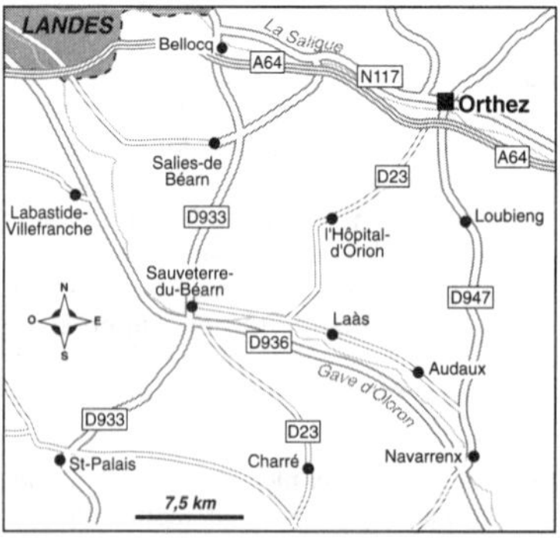

DANS LES ENVIRONS

Bellocq

Bastide. L'itinéraire conseillé, permet de voir les divers édifices et de découvrir quelques rares fenêtres à meneaux, seuls vestiges des maisons-plasses d'origine. La porte cochère était autrefois le seul accès à celles-ci, les habitants logeant d'un côté de la grange centrale, le bétail et le chai étant de l'autre côté, le fourrage et les grains stockés à l'étage.

Château. Une tuile pour les Amis du Vieux Bellocq, il a été interdit par arrêté préfectoral de visiter le château et de se promener alentour, par mesure de sécurité, car ce n'est plus qu'une ruine qui résiste bon an, mal an. Classé aux monuments de France en 1997, il a résisté, mais le doute sur la santé de la forteresse s'installe. Un budget d'un million de francs est semble-t-il programmé par la DRAC.

Son histoire: le château actuel a dû être construit entre 1250 et 1280 sur l'emplacement d'une forteresse plus ancienne (fouilles au fond de la cour). Réaménagé par Gaston Fébus (1343-1391), il a été démantelé en 1621 sur l'ordre de Louis XIII, venu avec une armée pour réduire le Béarn protestant. Le château dont la surface intérieure est de 4914 m² n'a pas de donjon, et avait pour vocation de recueillir la population de la bastide et ses biens au cas où celle-ci aurait été envahie par un ennemi. Un dernier réduit, composé des tours 5 et 6, aurait pu servir de refuge aux ultimes défenseurs, ceux-ci pouvant quitter le château par un escalier menant au gave (tour 6) et fuir en barque.

Tours de guet. La tour de guet de Lascadeutrouilh et celle du Séré sont les derniers vestiges avec les remblais, des défenses sud du village. La porte ouest (Lo Portau) a été démolie en 1805, et les matériaux ont servi à la reconstruction du temple. Les tours de guet ont été arasées lors des restaurations des deux maisons. Les escaliers en colimaçon menant au premier subsistent cependant, et on aperçoit de l'extérieur, l'arrondi des tours. Ces deux maisons dominent les postelles, poternes permettant de sortir du bourg et d'y rentrer sous les yeux de la garnison.

Eglise. Elle remonte au dernier quart du XIIIe siècle. Elle faisait partie intégrante des défenses de la bastide (les fenêtres actuelles datent de 1860). Le clocher était un véritable donjon face à l'ouest. L'église a été restaurée avec beaucoup de réussite en 1969. On peut admirer sa nef, les portails, les pierres tombales des familles nobles de Bellocq.

Temple. Reconstruit en 1805 sur l'emplacement de l'ancien temple détruit par ordre de Louis XIV en 1685 (révocation de l'édit de Nantes), le temple est entouré d'un cimetière imposé de haute lutte aux autorités en 1788, dès l'entrée en vigueur de l'édit de Tolérance. Il y a dans le temple un orgue de facture anglaise de 1864: un des 36 orgues du Béarn.

Charre

Château de Mongaston. Charre ✆ 05 59 38 64 56. Situé sur la commune de Charre, dans le canton de Navarrenx, il dresse ses murs dans un écrin de verdure, sur une butte qui domine la vallée du Saison. Restauré grâce à la ténacité de sa propriétaire, il a retrouvé tout son lustre et est ouvert au public. On peut y voir un remarquable musée de la figurine historique, une reconstitution d'une halte des pèlerins de Saint-Jacques-de-Compostelle et pour la première fois, cette année, un jardin médiéval.

Laàs

A 9 km de Sauveterre, dans la plaine du gave d'Oloron, Laàs est un vieux village mentionné pour la première fois par les textes de 1205. En 1385, il comptait 20 feux. C'est en 1610 que fut érigée la baronnie de Laàs, vassale de la vicomté de Béarn. L'ancienne résidence des barons a été reconstruite au XVIIIe siècle par le marquis de Lataulade qui fut gouverneur de la forteresse de Navarrenx. C'est l'actuel château de Laàs.

Laàs fut célèbre par son artisanat, avec ses 70 tailleurs de pierre et ses 38 potiers. A l'heure actuelle, le village se cherche et le retour aux sources n'est pas forcément évident. Alors que le trésor du village reste le château, rouvert après des travaux d'embellissement, la Maison d'Artisalies ne fut qu'un feu de paille. Pourtant, les artisans restent attirés par ce village serein et agréable à vivre, avec son terrain de tennis, son fronton et sa plage naturelle au bord du gave. Ils sont cinq à l'avoir investi avec la ferme intention de le faire vivre et ils méritent le détour. Et puis l'année 2000 a vu l'arrivée du fameux labyrinthus.

Château de Laàs ✆ **05 59 38 91 53.** *Ouvert du 3 juillet au 31 octobre, tous les jours sauf le mardi, de 10h à 19h. Tarifs de 0,76 € étudiants à 3,05 € entrée adulte. Gratuit pour les enfants de moins de 14 ans.* Ce manoir béarnais du XVIIe siècle, repris par Louis Serbat et sa femme, riches amateurs d'art du nord de la France, peut aujourd'hui s'enorgueillir de posséder de précieuses collections qu'il a léguées à l'Etat en 1951. Parmi les trésors accumulés au cours des ans dominent l'art flamand, les souvenirs napoléoniens et surtout l'inestimable livre d'heures de Philippe le Bon, duc de Bourgogne. L'entrée du château est grandiose, avec sa conciergerie et son jardin d'hiver XVIIIe, habité désormais par un salon de thé jouxtant la billetterie, œuvre de Darrigan et Henry.

Du carrousel pour les enfants, aux berges du gave bordées par une bambouseraie, le long d'un chemin d'interprétation, en passant par le musée du Maïs, tout ici est prétexte à flâneries et rêveries. Une mise en condition extraordinaire pour pénétrer les arcanes de l'histoire du château. Dès lors, nous vous laissons la surprise de la découverte.

Chapelle Saint-Barthélémy. Depuis sept ans, les guides de France, lors de camps-chantiers, se sont attachés à redonner son lustre à cet édifice du XIIe siècle, une restauration qui se termine cette année en beauté. « Pendant ce lieu s'est peu à peu détruit, en l'An 2000, on l'a reconstruit, c'est pour qu'il vive », dira le maire, Jacques Pédehontaà. Cette chapelle qui est bien sûr ouverte à ses bâtisseuses en permanence devrait sinon être à la fois lieu de spectacle et de création. Avec une tribune, sa capacité avoisinera les 168 places. Aussi pourrait – il s'établir des partenariats divers, avec Geneviève Clément du groupe « La Novem » qui pourrait y amener un groupe de recherche et de création polyphonique, Monique Lucion, une troupe de violonistes, Philippe Armary, un studio d'enregistrement, etc. Une longue et riche vie en perspective !

Musée du Maïs. *Ouverture du 1er avril au 31 octobre de 10h à 19h tous les jours, et du 1er novembre au 30 mars sur réservation.* Le seul musée français consacré au maïs est installé à Laàs depuis 1984. En 1994, année du 500e anniversaire de la première mise en culture du maïs en Europe, le conseil général des Pyrénées-Atlantiques a décidé de donner une « nouvelle jeunesse » à ce musée en proposant une présentation actualisée des collections, en liaison avec l'Association Générale des Producteurs de Maïs (AGPM) qui a impulsé, à proximité, la création d'une œuvre éphémère confiée au sculpteur et photographe Nils-Udo. Cette oeuvre-tableau, dont la terre est la palette et le maïs la couleur, a déroulé pendant les trois mois de l'été 94 une immense spirale dans un champ de deux hectares que chacun aura pu découvrir depuis les terrasses du château de Laàs, ou parcourir une fois le gave franchi. 5 salles sont à visiter.

Ruines de Bellocq

Labyrinthus. *Ouvert de 10h à 20h. Animations de 11h à 13h et de 14h30 à 19h. Entrée en scène des comédiens toutes les 10 minutes. Durée de la promenade, de 2 heures à la journée.* Implanté dans le parc du château, en plein air, cette réalisation éphémère se veut pérenne, chaque année un thème nouveau étant choisi avec une création artistique nouvelle. Grâce au maïs, une plante historique en Béarn et dans l'ensemble des pays de l'Adour, Laàs aura vu naître un Labyrinthe sur plus de 5 hectares avec le Minautore et donc l'histoire !

Navarrenx

L'une des plus anciennes villes de la province (dès le Ier siècle de l'ère chrétienne), dont l'histoire connue commence sous le règne de Contulle IV. Erigée en bastide au XIIIe siècle, elle vit se construire un pont que l'on peut imaginer aujourd'hui, retouché bien sûr. Du lieu-dit, « le moulin de la Casterasse », dit La Mouline dont il ne reste que quelques pierres, une vue magnifique s'offre aux regards sur les arches du pont. Ce n'est qu'à l'époque du règne d'Henri d'Albret que l'on songea à fortifier Navarrenx, et les travaux semblent avoir commencé en 1538, proposés par un architecte italien. Terminées en 1546, ces fortifications donnèrent à Navarrenx la première place bastionnée construite en France sur le type italien. Remarquable construction dont les vestiges confèrent à Navarrenx un charme certain. Si vous l'examinez, vous voyez qu'il y avait deux portes, l'une vers l'Espagne, la porte Saint-Antoine, l'autre vers la France, la porte Saint-Germain. Bastionnée des six côtés, il y avait un pont-levis dont les chaînes existent toujours. Une plate-forme à créneaux conduit à une petite tour et à une muraille percée de meurtrières. A voir aussi les bastions. Abîmées, mais pas détruites par les guerres de Religion, ces fortifications rendirent de nombreux services jusqu'au XVIIe siècle. L'église, dont l'intérieur est classée, mérite aussi le détour.

Eglise Saint-Germain. Navarrenx, lieu de culte protestant échappa à la destruction en 1962, lorsque Charles IV envoya ses troupes pour conquérir le Béarn et le ramener au catholicisme. En 1620, Louis XIII vint y rétablir le culte. En février 1790, Navarrenx est choisi comme chef-lieu du département au grand dam du district de Pau jusqu'au 29 novembre de la même année. Pillée, puis transformée en réduit défensif et saccagée, l'église a été restaurée de 1987 à 1993, elle fut classée monument historique en 1921 et son clocher en 1988. L'intérieur mérite une attention particulière : les voûtes sont tramées de liernes et de tiercerons, les arcs sont décorés à la base de têtes sculptées et peintes, les quatre tableaux au fond sont des reproductions de Murillo, Van Dick et L. Carrache offerts par l'empereur Napoléon III et son épouse Eugénie de Montijo venus consulter le médecin de la cité.

L'arsenal. Ancienne demeure des rois de Navarre, elle pouvait héberger, si nécessaire, 500 hommes de troupe, mais son véritable rôle était le stockage des armes, des munitions et des vivres. Devenu propriété privée depuis le déclassement de la place en 1868, il a été acheté par la municipalité de Navarrenx en 1992 et restauré pour devenir le centre culturel et touristique de la cité.

Salies-de-Béarn

Station thermale et de remise en forme, Salies est aussi la cité du sel. Véritable jardin de santé, de calme et de détente, elle resplendit de l'héritage architectural gascon, à mi-chemin entre les sommets pyrénéens et la typique côte basque. Salies est aussi terre de légendes et de gastronomie.

Musée des Arts et Traditions locales. Place du Bayaà ✆ 05 59 38 00 33. *Ouvert de 15h à 18h du 15 mai au 30 septembre, du mardi au samedi. Tarif : 1,52 € par personne.* Dans la première pièce de ce musée, reconstitution d'une salle à manger béarnaise avec cheminée, table dressée, meubles de l'école salisienne. Avec des vitrines représentant des scènes de la vie quotidienne, le « pèle-porc » par exemple ou des témoignages divers, poèmes, lettres, etc. Dans la deuxième pièce, se trouvent essentiellement des outils relatifs à des métiers artisanaux et disparus (tonneliers, sandaliers...).

Musée du Sel. Maison Darrémoundine - Rue des Puits-Salants. *Ouvert du 15 mai au 15 octobre.* L'association des « Amis du Vieux Salies » a fait restaurer une maison typique de la première moitié du XVIIe siècle au toit de tuiles Picon, au pan de bois encadré par deux murs en avancée sur encorbellement, croisée de pierre et couledé, pour y installer le musée du Sel, véritable chronique des temps passés, avec un atelier authentique de façonneur du sel. Une belle et grande aventure.

Sauveterre-de-Béarn

Que reste-t-il aujourd'hui de la cité des vicomtes? Des ruines et de superbes vestiges épargnés par le temps, tout un ensemble médiéval entouré de mystères et de légendes; le pont fortifié et le jugement de Dieu subi par la jeune vicomtesse Sancie, la porte de Datter, les belles fortifications de l'arsenal, du fort de Tolose, de la tour Montréal, du château vicomtal, et surtout de l'église.

Le château construit au XIe siècle par les vicomtes de la maison de Moncade, particulièrement par Gaston IV « le croisé ». Le château fut réparé et agrandi en 1365 par Gaston Fébus qui mourut là. Peu de vestiges, d'autant qu'une partie de l'enceinte s'est effondrée dans le gave, mais des ruines classées monuments historiques.

La tour Montréal, énorme, crénelée, rectangulaire de 4 étages qui date du XIIIe siècle (33 m de hauteur sur 13,70 x 9,80). Belles archères et grandes ouvertures sur la face sud.

L'église, élevée sous le vocable de Saint-André dans la 2e moitié du XIIe siècle, participait au système de défense avec son clocher en forme de tour féodale. De style roman, mais l'origine s'y montre dans une partie des voûtes et dans les 3 fenêtres de l'abside principale; plan en croix latine avec 3 nefs, 3 absides, un curieux portail en plein cintre, décoré de bas-reliefs.

Le pont de la légende et sa légende: si l'on en croit une vieille chronique rapportée par l'abbé Menjoulet, qui l'a tirée lui-même d'un récit de Baluze, une souveraine du Béarn, l'infante Léofas, plus connue sous le nom de Sancie, veuve de Gaston V, subit à Sauveterre, dans le gave, le « jugement de Dieu par l'eau ». Gaston V était mort sans héritier, en 1170, mais à ce moment, sa femme attendait un enfant qui naquit difforme et mourut aussitôt. La malignité publique faisant son œuvre, Sancie fut accusée d'avoir tué son enfant. Le roi de Navarre, Sanche, frère de Sancie, estima que la princesse ne pourrait être justifiée qu'étant soumise à l'épreuve de l'eau. Le jugement eut lieu en présence de trois mille personnes groupées aux abords du pont. Pieds et points liés, l'accusée fut jetée au gave. Le peuple attendait, angoissé, que la souveraine fut engloutie. Il n'en fut rien. Sancie resta à la surface et le courant la porta doucement vers la berge « à trois portées de flèches du pont ». Sancie était donc innocente et fut acclamée par la foule soulagée et transportée de joie.

PYRENEES BEARNAISES
LES TROIS VALLEES

ARETTE ET LA VALLEE DE BARETOUS

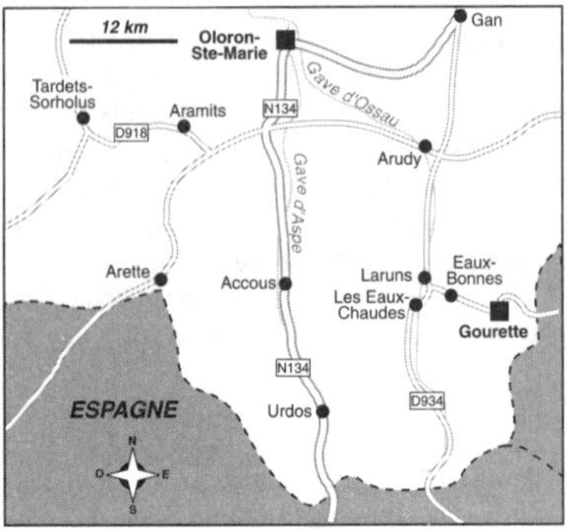

HEBERGEMENT

Hôtel Saliès. 8, place de l'Eglise 64570 Arette ✆ 05 59 88 90 78 - Fax 05 59 88 94 37. *15 chambres à 32 €. Petit-déjeuner 4,60 €.* Les chambres à la décoration contemporaine sont confortables : bain ou douche, WC, téléphone, télévision. Jardin privé et vue sur la montagne achèvent de faire de cet hôtel un lieu agréable. Frontière espagnole et station de ski à proximité.

Hôtel Lacassie 64570 Lanne en Barétous ✆ 05 59 34 62 05 - Fax 05 59 34 62 05. *Fermeture annuelle dernière semaine de septembre et du 26 décembre au 15 janvier. Fermé lundi. 6 chambres 30 €. Menus de 10 à 24 €. Carte 16 €. Petit-déjeuner 3,50 €.* Un hôtel de tourisme dont les prestations sont à la mesure des tarifs. Côté cuisine, des plats traditionnels : garbure, foie gras maison.

Chambres d'hôtes

La Lanne de Bezing. Route de Lourdes par Betharram 64510 Boeil-Bezing ✆ 05 59 53 15 31 - Fax 05 59 53 15 21. *5 chambres de 35 à 40 €.* Dans un village très au calme longé par le Gave de Pau, au milieu d'un parc, une grange restaurée où sont aménagées des chambres confortables. Une salle de séjour, des salons privés, une salle de jeux et un coin cuisine sont à la disposition des clients.

RESTAURANTS

Restaurant Gouaillardeu 64570 Arette ✆ 05 59 88 90 84. *Menus de 8 à 15 €.* Un restaurant simple et net, idéal pour une pause rustique et agréable. A la carte, essentiellement les bons petits plats régionaux. Le service est rapide et assuré par un personnel souriant. Egalement, pour les plus pressés, sandwiches, omelettes et autres en-cas. Une halte gastronomique et économique.

Tables d'hôtes

Gérard et Thérèse Honthaas-Glemo. Quartier Bascoute - Route de Montors 64570 Lanne en Barétous ✆ 05 59 34 65 26. *2 chambres à 34,30 €. Menu à 11,80 €. Carte bancaire non acceptée.* Cette maison de caractère vous propose 2 chambres. Vous trouverez le repos dans un grand jardin ombragé avec terrasse et salon de jardin. Les spécialités locales et maison ne manquent pas au menu.

POINTS D'INTERET

Office de tourisme d'Arette - La Pierre-Saint-Martin. 64570 Arette ✆ 05 59 88 95 38.

A la découverte de l'arboretum du calvaire. Ce sentier de découverte de la mâture du bois de Calvaire a été aménagé en forêt communale d'Arette par l'Office national des forêts. Il y a une visite d'arboretum (arbres de tous âges certains de plus de 300 ans), et un parcours thématique (dépliant disponible à l'office du tourisme) avec des plaques signalétiques des 57 essences forestières. Intéressante pour tous, cette réalisation a été permise grâce aux aides de la CEE, de la Région et du Département.

Centre sismologique d'Arette. Office du Tourisme ✆ 05 59 88 95 38. Créé à côté de l'office du tourisme à Arette en 1978 par l'INSU, suite au tremblement de terre le 13 août 1967, le réseau sismologique comprend 9 stations réparties de la vallée d'Ossau aux Arbailles (Pays Basque), toutes reliées par radio au centre d'enregistrement d'Arette. Celui-ci permet, en cas d'événements ressentis, d'apporter des informations précises sur l'épicentre, la magnitude du séisme et l'évolution des mises sismologiques, car pour ceux qui ne le sauraient pas encore, Arette fut sinistré, après le tremblement de terre du 13 août 1967, avec des secousses enregistrées d'une intensité de 6-7 pour la première et de 8-9 pour la seconde, faisant beaucoup de dégâts.

Maison de Baretous. Office de Tourisme de la Vallée ✆ 05 59 88 95 38. *Ouvert du mardi au samedi de 9h à 12h et de 14h à 18h. Tarifs: adultes 1,52 €, gratuit jusqu'à 12 ans.* « Alimentation en Baretous », c'est le troisième volet d'ordre ethnographique présenté par l'association culturelle de Baretous. Les thèmes sont toujours en rapport avec le patrimoine local. De plus, c'est la population du Baretous qui prête au musée pour les expositions temporaires. La première salle est en marge de l'exposition, puisqu'elle est permanente. Elle est consacrée au plus vieux traité d'Europe encore en vigueur: la Junte de Roncal. Cet accord pastoral de 1375 est renouvelé chaque année le 13 juillet entre Français et Espagnols. Il laisse aux pasteurs du Baretous un droit de pacage en territoire espagnol contre une redevance de trois génisses livrées à la vallée de Roncal (aujourd'hui, c'est une grande fête entre les habitants des deux pays et tous les curieux sont invités).

Eglise. Détruite lors du tremblement de terre, elle a été reconstruite et inaugurée en 1973. Un très beau lutrin datant du XVIe et le retable furent sauvés, ils côtoient des éléments nouveaux, les vitraux que l'on doit à un Arettois, M. Ambille, prix de Rome.

SHOPPING

Fromagerie de Barétous, Ance ✆ 05 59 34 62 53. 2 millions de litres de lait de vache et autant de brebis collectés dans la vallée de Baretous et alentour vers Esquiule, Joos, Navarrenx, Les Aldudes, servent à la fabrication de 520 tonnes de fromages transformés dans l'entreprise familiale qui fait vivre aujourd'hui 17 foyers. Sont proposés ainsi au public sur place, ou dans le commerce, du fromage « pur brebis » dont vous connaissez l'appellation contrôlée Ossau-Iraty, et des fromages mixtes et pur vache. Peut-être aurez-vous la possibilité de jeter un œil sur la chaîne de fabrication, si vous passez au bon moment. Dans tous les cas, une halte à la fromagerie vous permettra d'avoir la joie de déguster sur place ou le soir chez vous un fromage de qualité, le fromage du pays.

LOISIRS

PAN - Pyrénées Aventures Nouvelles. Bourg 64570 Aramits ✆ 05 59 34 10 70/ 05 59 66 13 39. A quelques kilomètres à peine d'Oloron et sur la route de la vallée de Baretous, voici une structure sportive réalisée par des sportifs pour des sportifs PAN; c'est 8 ans de professionnalisme, avec une équipe de diplômés qui habitent la région et un matériel complet et adapté pour chaque activité, sans hébergement sur place. Les responsables d'ailleurs travaillent autant avec des vacanciers que des amateurs d'émotions fortes en séminaire dans les hébergements du secteur. Leur spécialité est bien sûr l'eau vive et ils proposent un service de renseignements par téléphone et un site d'accueil pour les camps et séjours sans tentes. Un excellent moyen de découvrir la vallée de Baretous et le Pays Basque!

Station de ski de fond et de VTT. Issarbe ✆ 05 59 36 00 26. De Lanne, superbe montée vers Issarbe. Là, surprise, vous découvrirez tout au long d'une petite route escarpée, au grand dénivelé, un site enchanteur, dans une nature vierge. Presque surréaliste que cette montée vers Issarbe, avec pour seul bruit le roulement des eaux du gave, le tintement des cloches des vaches ou le gazouillis des oiseaux. Une ère nouvelle faite de liberté, à l'image de ces vaches qui paissent tranquillement l'herbe de fourrés ou de ces plantureux pottocks qui investissent la route, goguenards, mais prudents sur votre passage. Une nature envahissante qui enveloppe la surprenante terre rouge alentour. A ne pas rater, été comme hiver! Une promenade sur le site vous fascinera, l'hiver à ski de fond, l'été à pied, voire en VTT: c'est une trentaine de kilomètres de pistes balisées, dans un paysage superbe.

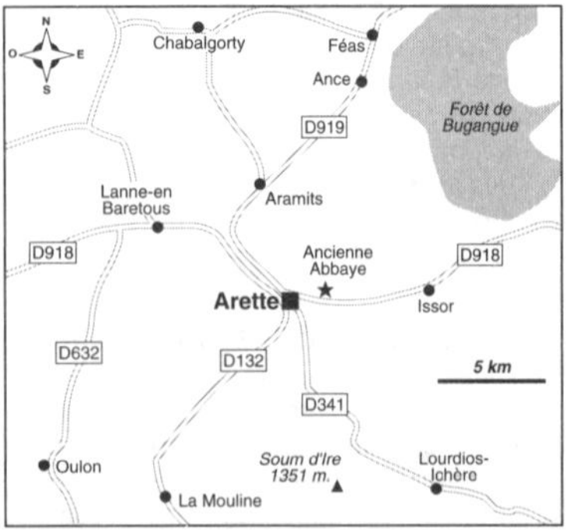

DANS LES ENVIRONS

Aramits

Ancienne capitale du Baretous, ce village, béarnais de par sa situation géographique au confluent du Vert de Barlanés et du Vert d'Arette, a été influencé par la proximité du Pays Basque, tant dans la nomenclature toponymique que par les types morphologiques. Le XVIIe siècle apportera un peu d'équilibre après des années de luttes intestines entre Basques et Béarnais.

Le château de Labadie, en très mauvais état, demeure de la famille d'« Aramis », admis dans la compagnie des mousquetaires du Roi.

L'abbaye laïque et l'église ont conservé leur portail extraordinaire surmonté d'un fronton, seul reste avec de belles peintures signées Castaing.

Edification d'une cabane de berger : inaugurée en septembre 1999. Une authentique cabane de berger a été édifiée dans les règles de l'art, sur les ruines d'une ancienne construction de ce type. Juste à proximité du terrain des sports où se déroule régulièrement le concours international de chiens de bergers. Rien ne manque au décor de cette architecture, faite de bois et de pierres sèches, son intérieur se compose d'une petite mezzanine avec la couche, en dessous un saloir et la pièce principale avec la table et la chaise, la barette, la corbeille à foin, le picot, les ciseaux de tonte, sans compter le petit banc de pierre à l'extérieur ; l'ensemble apporte une véritable âme pastorale à ce lieu.

Lanne-en-Barétous

Avec un peu plus de 500 habitants, elle est la dernière commune barétounaise avant la Soule, ce qui lui valut un passé chargé d'histoire, et une légende. Aujourd'hui, il en reste une église, l'ancienne chapelle du château attenant où résida Isaac de Porthau, le Porthos des trois mousquetaires (ce qui reste à prouver) et de nombreux propriétaires.

Au XIVe siècle, Lannes-en-Baretous, avec ses 15 feux actifs devait avoir 80 habitants. Avec les Basques du quartier de Barlanès, la population augmente. Au recensement de 1804, il y a 160 foyers pour 910 habitants, en 1845 on a atteint 1 423. Mais l'exode vers la ville commence.

Quelques dates clés nous informent des moments marquants : en 1878 l'ouverture de la première école primaire, 1899 la chapelle, en 1897 le groupe scolaire, en 1904 la gare, en 1933 l'électrification… jusqu'en 1967 le tremblement de terre.

Ruines de Bellocq

ACCOUS ET LA VALLEE D'ASPE

A 15 km d'Oloron, le défilé d'Escot ouvre la route de la vallée d'Aspe jusqu'au Somport et l'Espagne. Epoustouflante, cette vallée l'est à plus d'un titre, ce couloir sauvage, seulement entaillé par le gave, se disputant la primauté du paysage avec la ligne du chemin de fer Pau-Canfranc, aux merveilleux ouvrages patinés par le temps et envahis par une végétation luxuriante. Voie de passage entre la France et l'Espagne, la vallée vit défiler envahisseurs puis commerçants, marchands et pèlerins.

Longtemps occupés par la seule activité pastorale, au demeurant fortement réglementée, les valléens ne connurent le déclin qu'avec la perte de vitesse de celle-ci. Depuis ils se cherchent. Et si l'on est sous le charme de ces petits villages, aux belles maisons blotties les unes contre les autres et longées par des ruelles étroites souvent sans issue, on sait que les 3/4 de la population ont fui vers la ville.

L'éventuelle remise en service de la voie de chemin de fer, l'hypothétique autoroute, aideront-ils cette merveilleuse vallée, ô combien médiatique, à sortir de son engourdissement économique ?

HEBERGEMENT

Restaurant des Cols. Rue Gén. Loustaunau 64490 Aydius ✆ 05 59 34 70 25. *Fermeture annuelle une semaine fin août. Fermé dimanche soir hors vacances scolaires. 3 chambres à 33 €, petit-déjeuner compris. Menus de 9 à 20 €.* 3 chambres à l'étage, aménagées au-dessus d'une auberge de campagne. Sanitaires privés communicants (lavabo, douche, toilettes). Petit jardin. Entrée indépendante. Possibilité de repas à l'auberge (cuisine régionale).

Hôtel de l'Auberge Cavalière de la Vallée d'Aspe. RN 134 64490 Accous ✆ 05 59 34 72 30 - Fax 05 59 34 51 97. *Chambre à 37 €. Petit-déjeuner 4,76 €.* Ici, cavaliers ou non, vous aurez le choix entre plusieurs havres de paix : sur place, dans l'adorable auberge simple, mais coquette et confortable, où vous résiderez en paix ; ou bien si vous acceptez de faire, certains soirs, une petite entorse au confort de la sacro-sainte civilisation, dans le refuge de montagne, au-dessus d'Accous que possède aussi la famille, pouvant accueillir de 20 à 30 personnes. A l'auberge, 6 chambres confortables de 3 à 4 personnes chacune.

Chambres d'hôtes

Chambres d'hôtes Larrayade. Rue Darre Chichette 64490 Accous ✆ 05 59 34 53 65. *5 chambres de 34 à 37 €.* Dans le village, à 600 m de la route nationale, la maison Larrayade possède 5 chambres aménagées aux 1er et 2e étages. Avec un accès indépendant, elles sont équipées d'une salle de bains avec douche et toilettes. Dans la salle commune, quelques originalités : de la documentation touristique et surtout un coin cuisine où les pensionnaires peuvent préparer leurs repas ou casse-croûte pour les randonneurs, nombreux à venir dans cette maison. C'est bien sûr dans cette pièce ou dans le jardin, que tout le monde se retrouve pour le petit-déjeuner où l'on étale sur ses tartines de la confiture faite maison ou du miel de la vallée. Parfois, en fin de journée, hôtes et pensionnaires s'installent dans le jardin pour un moment de convivialité autour d'un verre, et parfois une partie de boules s'improvise.

Chambres d'hôtes La Curette 64490 Aydius ✆ 05 59 34 78 18 - Fax 05 59 34 50 42. *Chambres à 37 €. Repas 13 €.* Avant d'arriver tout en haut du village, sur la gauche, vous allez laisser s'envoler la civilisation : la montée est raide, étroite et spectaculaire, avec quelques lacets qui vous mènent à la maison d'Eliane et Christian Caton, une maison neuve, à la vue imprenable sur le pic du Bergon, dans une nature vierge. C'est dans un cadre original que vous serez hébergé : en bas, une chambre totalement indépendante, avec sortie individuelle, à 2 lits et à l'étage, 4 chambres accueillantes. Télévision et téléphone. A la table d'hôte, sandwiches pour les promeneurs et repas sur place à la table d'hôte l'hiver, réservée aux pensionnaires. Vous est ici servie une cuisine traditionnelle avec des produits du terroir, le potage du pays, l'omelette aux cèpes, la truite grillée, la daube maison, les magrets, les confits, les grillades et les desserts maison : les tartes, les confitures...

Chambres d'hôtes du Restaurant des Cols. Rue du Général Loustaunau 64490 Aydius ✆ 05 59 34 70 25. *Chambres 32 €.* A 780 m d'altitude, chez les Casteignau, la route s'arrête, vous n'irez pas plus loin, en tout cas en voiture, et le spectacle alentour, où que se pose le regard, est exceptionnel. Paulette Casteignau a le sens de l'accueil: à l'étage, la petite terrasse de l'an dernier, réservée uniquement aux locataires, s'est couverte et le jardin de poupées, ombragé, complètent le cadre de verdure des 3 chambres grandes et bien étudiées, avec des sanitaires superbes, dans lesquelles le bois règne en maître. Le panier casse-croûte est prévu pour les marcheurs et le repas au restaurant pour ceux qui prendront le temps. Vous y apprécierez le jambon du pays, les truites, le gigot d'agneau, les magrets, sans oublier la célèbre garbure aydiusienne, dans des menus simples et copieux ou plus sophistiqués. Une carte de spécialités vous propose salade de chèvre chaud, salade landaise au foie, poule au pot, civet, ris de veau, cèpes...

RESTAURANTS

Hôtel-Auberge le Permayou. RN 134 64490 Accous ✆ 05 59 34 72 15. *Chambres de 35 à 42 €. Ouvert toute l'année le midi et de fin octobre à début avril, fermé le soir. Fermeture hebdomadaire, l'hiver le dimanche soir à 18h et le lundi. Menus de 9 à 17 €. Carte 15 €.* L'hôtel dispose de 7 chambres agréables, bien aménagées avec de belles salles de bains, le téléphone et la TV. Quant à la salle du restaurant, entourée de baies vitrées, elle est très lumineuse, les murs blancs accentuant cet effet. Dans une ambiance simple mais conviviale la cuisine du terroir est à l'honneur: salade béarnaise, garbure, côtelettes grillées, tranche de gigot de broutard, boudins béarnais, confits, cuisses de canard au madiran.

Auberge Cavalière. RN134 64490 Accous ✆ 05 59 34 72 30 - Fax 05 59 34 51 97. *Menus de 11 à 21 €. Carte 25 €.* Vous êtes ici dans une véritable entreprise familiale, madame à la cuisine, monsieur aux grillades et le fils aux écuries... Ancien lieu d'étape des bergers, cette demeure s'intègre au paysage, à l'intérieur la grande cheminée, les murs de pierres sèches confortent l'esprit rustique. C'est sur des tables aux nappes blanches que pourrons vous être servis des charcuteries maisons, une terrine de lièvre, une charcutière au boudin frais, du cassoulet maison, une longe de porc confite, des petits gris à la catalane, des «mijotades» (civets, gras double, boudin noir aux pommes), une garbure paysanne et pourquoi pas des truitelles fraîchement pêchées accompagnées de jambon de Bayonne juste poêlé.

Hôtel des Pyrénées. Bourg 64490 Etsaut ✆ 05 59 34 88 62 - Fax 05 59 34 86 96. *15 chambres de 33,54 à 36,59 €. Menus de 12,50 à 18,29 €. Carte 20,12 €. Petit-déjeuner 5,34 €.* Un bon établissement de montagne, en vallée d'Aspe, accueillante façade fleurie, cadre rustique montagnard, chambres simples à petit prix, table typique aux spécialités béarnaises, garbure, charcuterie, cuisse de canard confite, coq au vin de jurançon dans un impeccable menu à 15,2 euros.

Brasserie le Chalet. Col du Somport 64490 Urdos ✆ 05 59 36 00 60. *Ouvert en hiver du 1er décembre au 1er mai et en été, juillet et août. Menus de14 à 19 €. Carte 23 €.* Tout en haut, dominant le site du Somport, ce restaurant-brasserie s'intègre au paysage, avec sa carapace de rondins de bois, ses tables et bancs rustiques, sa cheminée et ses petits rideaux verts. Là, on vous proposera plusieurs formules, à toute heure ou presque: boisson chaude et crêpes sur la minuscule terrasse ou à l'intérieur, salade sur le pouce pour les sportifs ou repas gastronomique pour ceux qui ont envie de faire une pause. Vous serez alors surpris de la qualité des mets proposés. La garbure est toujours au rendez-vous, ainsi que la quiche lorraine maison, les gambas à la plancha, la terrine chaude aux champignons et les salades composées, du Somport ou gourmande au foie gras, le tournedos de boeuf à ma façon, sauce au foie gras ou encore le civet de sanglier. Avec pour clore cet épisode gourmand une tarte Tatin ou une tourtière gasconne.

Index général à la fin de ce guide

POINTS D'INTERET

Ancien lieu de passage pour les croisés et les pèlerins, (la chapelle de Jouers semblant l'attester) et sans doute le plus important de la vallée dès 1385, Accous est aujourd'hui encore un village dynamique qui s'investit pleinement et s'organise depuis quelques années pour que vive la culture au cœur de la montagne. A l'origine de cette initiative, le premier magistrat de la commune, Gaston Larrensou et l'animatrice de l'association des gîtes communaux, Laurence Theron qui, entourés d'une solide équipe, ont imaginé l'an dernier des Colloques et Entretiens en Aspe et cette année ont décidé de fêter le tricentenaire du poète, Cyprien Despourrins.

Chapelle Saint-Saturnin-de-Jouers. Edifiée à proximité de l'antique voie romaine, sur une terrasse, elle est la plus ancienne chapelle connue en vallée d'Aspe, Jouers devant représenter autant un lieu de prières qu'un abri pour ceux qui se dirigeaient vers l'Espagne. La construction de son chevet remonterait au XIIe siècle, dans un ensemble de construction traditionnelle romane, avec le plan d'une église rurale classique qui se réduit à l'abside semi-circulaire prolongée par la nef ; le mur occidental se termine par un pignon et une campane, avec une porte à chrisme aujourd'hui murée, une charpente à chevrons simples, avec cependant un ensemble de onze sculptures dont au moins cinq présentent un intérêt certain : la tête d'un monstre s'apprêtant à dévorer un homme, la femme contorsionnée, dite « acrobate », un agneau dans une position de sacrifice. Détruite en 1569, elle restera en ruines plusieurs décennies, dans un délabrement total et ne fut restaurée qu'à partir de 1850, sur la volonté de Pierre Larrose d'abord, et fut réellement prise en charge en 1989 pour être terminée en 1992, après avoir été inscrite à l'inventaire des monuments historiques en 1986.

Chapelle de Saint-Christophe. Aület. A 1 heure de l'église d'Accous et ses fontaines. Démolie elle aussi à la Révolution, sa restauration a été entreprise en 1858 et l'on y trouve des fontaines dont les eaux opéraient des guérisons prodigieuses sur fièvres, sciatiques, cataractes, migraines, gales, lèpre... Dans le quartier d'Apalus, une fontaine salée, la fontaine du Saliet, fournissait autrefois un sel d'une qualité exceptionnelle pour l'alimentation des brebis et la salaison des fromages ; les bergers de la vallée venaient s'y approvisionner de droit, mais aussi ceux des vallées d'Ossau et du Lavedan.

Eglise Saint-Martin d'Accous. Le sanctuaire remonterait au XIVe siècle. Démoli au XVIIIe, le corps principal fut remplacé par l'actuel, de style plein cintre.

Espace Musée de la coopérative fromagère. Ecomusée de la Vallée d'Aspe - RN134 ✆ 05 59 34 70 75. *Visite gratuite.* Avant de visiter le saloir, les curieux pourront assister dans une salle, au décor d'actualité - murs blancs latéraux, envahis par les Pyrénées toutes proches - à un diaporama sur écran géant, véritable kaléidoscope de diapos, évoquant par le témoignage des bergers, la vie dans la montagne, le savoir-faire ancestral (fabrication des fromages, du caillé à la tome), et à l'autre bout de la chaîne l'adhésion plus récente de ces derniers à la Coopérative ; cette dernière est garante pour eux de qualité, d'hygiène, synonyme aussi de normes indispensables apprises avec les techniciens transformés en conseillers appréciés et reconnus. Ensuite, ils iront jeter un œil au saloir par la fenêtre créée à cet effet et passeront au point de vente pour déguster la pléiade de fromages, avec les conférenciers.

SHOPPING

Terres d'Aspe, Osse-en-Aspe & 05 59 34 50 22. Emballée par les Pyrénées, Isabelle Pruvost qui nous vient de Corrèze a installé là, dans cet adorable petit village, son atelier de poterie. Elle y fabrique des faïences, essentiellement dans des tons de bleu avec des terres de toutes provenances, d'Aspe ou d'Espagne, de Limoges, du nord de la France, et excelle dans le « nériage », de savants mélanges de couleurs. Elle réalise aussi des grès avec beaucoup de bleu encore et des émaux cristallisés, une pratique récente chez elle, et des porcelaines. Chaque pièce est unique chez cette jeune artiste qui recherche sans cesse des terres différentes pour satisfaire son goût de la création, ou qui court les stages, le dernier en date chez le grand céramiste Pierre Bayle. Cet hiver, elle créait des amphores et des vases, cet été, surprise... un détour s'impose.

Fromage de chèvre fermier. Marc et Odile Vandaele, Aydius ✆ 05 59 34 77 23. Insolite structure que celle de ce couple qui a posé ses bagages dans le pittoresque village d'Aydius, il y a quelques années, dans le but de faire revivre là, l'ancestrale activité des chevriers. Au sous-sol de leur maison construite sur une hauteur, les 120 chèvres avec leurs chevreaux sont les reines pendant l'hiver : vous pourrez les voir avec les maîtres des lieux qui se feront un plaisir de vous faire visiter la bergerie et de vous expliquer la fabrication du fromage dans le labo particulièrement bien équipé, l'affinage et la vente des tomes de chèvre à pâte pressée. Sachez que les chèvres ne quittent la chaleur de la bergerie qu'à la belle saison, pour investir les vallons tout proches.

LOISIRS

Séjours équestres. L'Auberge Cavalière, Accous ✆ 05 59 34 72 30. Si vous êtes cavaliers donc, tous les jours à partir de l'Auberge Cavalière ou du Refuge des Ecuyers Montagnards, vous pourrez découvrir un nouveau site, avec un cheval harnaché et l'un des trois guides de la maison. Et si vous êtes vraiment mordu, vous aurez là l'occasion de tenter l'aventure à cheval, avec les 20 chevaux du fils Bonnemazou, à la découverte de la flore, de la faune, du folklore ou de la gastronomie française ou espagnole, sur plusieurs jours.

Abelio. Accous ✆ 05 59 34 58 07/05 59 39 32 49. Les nouveaux locaux de l'école (professionnelle) de vol libre « Abelio », installés à mi-chemin de la RN134 et du village, possèdent désormais 95 m² de multi-activités, réservés à l'accueil, les contacts et les réservations ainsi qu'un magasin-vente de matériel de vol libre, de sport en général, axé sur la montagne et même des produits régionaux. Avec plusieurs salariés, elle propose plusieurs activités : une école de vol libre, des week-ends découverte, des baptêmes biplaces, des stages performance et des voyages à l'étranger.

Au lac d'Arlet. A partir d'Oloron, direction du Somport. Avant Urdos, prendre la route derrière l'usine électrique du Baralet. Ensuite direction Aubise, jusqu'au hameau de la Mourane (parking). Prendre le large sentier qui part du parking et mène à la bergerie. Un pont traverse le torrent : poursuivre jusqu'à la cabane de la Recq, retraverser le torrent et monter vers le col, puis descente vers le lac. En tout, 3 heures de randonnée. D'une superficie de 3 ha, très peu profond, ce lac se prête bien à la pratique de la mouche. Possibilité de dormir au refuge ou de camper dans les prairies. Montée longue, mais facile.

Sur le gave. Assez facile d'accès, le long de la RN 134. Déjà à 13 km d'Oloron au lieu-dit le pont d'Escot se trouve une première pause.

VTT Vallée d'Aspe - M. Gandon, Accous ✆ 05 59 34 75 25. Double activité ici chez M. Gandon : vente de VTT et location bien sûr pour randonneurs seuls, sans accompagnant, avec un parc de VTT de toutes tailles et toutes options, mais aussi possibilité de circuits encadrés par des professionnels (titulaire d'un BE).

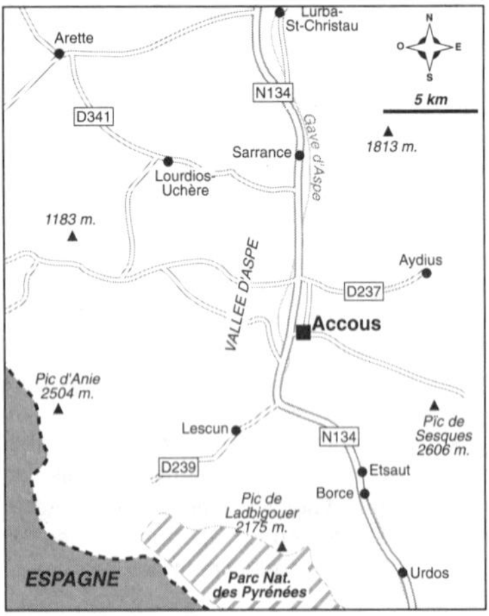

DANS LES ENVIRONS

Aydius

La route vers Aydius est pittoresque. Pour grimper le petit vallon du Gabarret, vous rencontrez cascades et bosquets, et découvrez un village perché sur un piton dominant la vallée, et offrant du haut de ses 780 m une vue panoramique exceptionnelle. C'est le plus petit village de la vallée. Vous n'irez pas plus haut, c'est un cul de sac !

Eglise. De style néoroman, elle a été très restaurée et ne présente plus qu'un porche gothique du XIVe siècle.

Village des chevriers. A la fin du XVIIIe siècle, un chevrier du nom de Loustaunau s'embarqua pour les Indes où il devint général d'un rajah marathe. Il accumula une grande fortune, revint en France au moment de la Révolution, mais sous le directoire, ruiné, veuf, il repart tenter sa chance en Orient. Pris par les pirates barbaresques, esclave puis libéré, il disparaît au Liban au début du XIXe siècle. Au XXe siècle, la plupart des éleveurs ont quitté le village pour se fixer dans la plaine. La population qui comptait 900 habitants affiche aujourd'hui 75 âmes. Mais depuis 1975, 4 chevriers se sont installés pour maintenir à Aydius sa vocation pastorale.

Borce

Voici encore un typique village de cette vallée, anciennement occupé par les Maures, auquel on arrive par l'ancien chemin vicomtal qu'empruntèrent les croisés béarnais et les pèlerins de Saint-Jacques. Il a un caractère semi-médiéval avec ses deux tours de défense du XIVe siècle (dont l'une est à moitié détruite), ses maisons serrées les unes contre les autres, comme pour mieux se protéger; l'une est une demeure armoriée, résidence d'un notable du XVe siècle, Bernard de Salafranque. Ces maisons semblent identiques, avec leurs balcons de bois, leurs ruelles étroites, souvent en cul-de-sac.

Eglise. Elle semble avoir été remaniée dans le courant du XVIIe siècle. On y pénètre par un beau porche surélevé et un encadrement de portail en pierres du pays. L'intérieur contient des pierres tombales du même siècle, un bénitier garni de coquilles de Saint-Jacques.

Eglise de Borce

Le Clos aux Ours. Borce ✆ 05 59 34 88 88. *Ouvert mercredi, samedi et dimanche toute l'année et pendant les vacances scolaires, de 14h à 18h, et sur rendez-vous. L'été, tous les jours du 1er juin au 30 septembre de 10h à 12h et de 14h à 19h. Tarifs: adulte 2,29 €, et enfants 1,52 €.* Nés dans un parc animalier, puis placés dans un zoo, Antoine et Ségolène vivent désormais sous vos yeux. Ils sont les successeurs de Jojo, l'ourson abandonné dans la montagne de Belonce et recueilli pendant 20 ans au foyer Clair Matin de Borce. L'année 96 fut marquée par la naissance d'une oursonne, le 10 janvier exactement, Myrtille, prénommée ainsi après un concours proposé aux élèves des écoles.

Etsaut

Blotti au pied de la tour des Maures, tour de défense du bourg datant du XIVe siècle, et du clocher de son église restaurée, Etsaut regroupe de vieilles maisons à portes de granges en ogives, et une très belle maison médiévale de l'ours qui a survécu à l'incendie.

C'est sur le territoire de la commune que se trouve le célèbre chemin de la Matûre, surplombant à pic le gave de Sescoué. Cette étonnante gouttière, qui conduit à la forêt du Pact, est l'œuvre de l'ingénieur Leroy des Ponts et Arsenaux de la Marine royale qui dirigea en 1675 l'exploitation des forêts.

Maison du Parc National. Etsaut ✆ 05 59 34 88 30. *Ouvert en saison.* Un des six parcs nationaux français parmi les 1 500 dans le monde. Il ouvre les extrémités sud des vallées d'Aspe et d'Ossau dans le département des Pyrénées-Atlantiques et celles d'Azun, Cauterets, Barèges et Aure. En son sein, vous trouverez des informations sur les réseaux de sentiers, les refuges, les gardes-moniteurs. Expos, projections, conférences, publications, etc.

Fort du Portalet

Le fort du Portalet en impose. On ne peut pas passer par là, sans voir les restes impressionnants de cette gigantesque bâtisse qui dresse ses ruines vers le ciel, quand elles ne se reflètent pas dans le gave 150 m en dessous. Pour l'atteindre, 258 marches sont à grimper pour relier les 3 couloirs de ronde. Fortin militaire au XIe siècle, transformé en redoute au XVIe siècle, il devint prison après la Seconde Guerre mondiale, sans jamais avoir eu à jouer un quelconque rôle militaire.

En revanche, il eut des prisonniers célèbres Daladier, Blum, Reynaud, Mandel, le maréchal Pétain, etc. Acheté en 1966 par un particulier Jacqueline Fraimon de Saint-Georges-de-Didonne, il agonisa lentement sans que la dame ait eu pour lui le moindre égard. Pillé, taraudé par le temps, le fort n'est plus, aujourd'hui, que l'ombre de lui-même. Le site, après l'ouverture d'une enquête publique, est classé monument historique depuis 1992 et donc fermé au public.

Lescun

Au cœur d'un imposant cirque de 5 900 ha répartis entre 479 m et 2 420 m d'altitude, avec les Orgues d'Oueillarisse au nord, le massif de l'Anie et du Billare à l'ouest, les aiguilles d'Ansabère et les crêtes aragonaises au sud, ce village, éloigné de tout axe routier, est un point de départ réputé pour des randonnées à pied. Il rassemble des maisons percées d'ouverture datant souvent des XIVe et XVe siècles, au pied d'une tour de défense du XIVe un peu dégradée et de l'église à clocher carré et à meurtrières dont le porche est voûté en ogives. Avec 200 habitants environ à l'heure actuelle, alors qu'il en possédait 1 500 il y a 100 ans, ce village qui a subi l'exode rural vit essentiellement à la belle saison au travers de ses touristes. Ainsi une trentaine de gîtes ont vu le jour, un camping, un hôtel et un refuge qui a accueilli l'an dernier plus de 8 700 personnes et bientôt une Maison de la vallée.

En 1959, lors de la démolition d'un mur, a été découvert un véritable tréso : 4 686 pièces de monnaie de billon des XVIe et XVIIe siècle, datant pour la plupart du règne de Louis XIII.

Lourdios

Après Issor, quelques kilomètres superbes par le col d'Ichère pour arriver à Lourdios, petit village de moyenne montagne dominée par les pics de Lourdios (1 242 m) et de Loyens (1 625 m) ; départ de très belles excursions, à la recherche d'edelweiss, notamment dans la forêt d'Issaux.

Lourdios Ichere « Un Village se Raconte » ✆ 05 59 34 44 84/05 59 34 41 58. *Tarifs : adulte 3,81 €, enfants 2,29 €, étudiants : 3,05 €. Carte Pass (réductions), se renseigner dans chaque site. Visite de 1 h à 1 h 30. Ouvert l'été tous les jours de 10 h à 12 h et de 14 h à 19 h. Hors saison de 14 h à 18 h le week-end et pendant les vacances scolaires.* « Mon nom est Jean Barthou. Je suis né à Lourdios en l'an 1796. J'y ai exercé les fonctions d'instituteur et de secrétaire de mairie... » Une profession alliée à la passion de la découverte ont fait de cet instituteur, l'homme de Lourdios et des documents qu'il a laissés, une mémoire vivante. Ainsi, à partir de ses écrits, ont été créés cet écomusée et une exposition permanente. A aussi été réparti dans le village pour une belle promenade, un chemin de découverte, illustré de bornes explicatives que vous pourrez faire après avoir visionné sur vidéo la fabrication des cloches chez le dernier fabricant nayais. En une ligne, « une plongée originale et vivante dans le pastoralisme d'hier et d'aujourd'hui ».

Sarrance

Niché au creux de la montagne, Sarrance a beaucoup de charme. Dès que vous quittez la nationale, vous débouchez par une ruelle sur une place assez grande. Là, une fontaine ronde, un lavoir, une église, un cloître et un musée.

Eglise Notre-Dame-de-Sarrance. Vers 1800, une série de travaux lui redonnait vie. C'est un des rares exemples de l'architecture classique du Béarn, précieux donc par sa rareté et son homogénéité. Son clocher est sans doute l'élément le plus remarquable, un clocher porche qui abrite un vestibule qui supporte des orgues. La nef et les collatéraux offrent, malgré le temps et les destructions, quelques vestiges du passé, la chaire notamment antérieure à la Révolution. A noter l'orgue de Sarrance dont le buffet a conservé des parties dorées à la feuille (XVIIe siècle), avec au sommet des plates-bandes de beaux aigles royaux en bois sculpté ; dans l'une des chapelles, deux bas-reliefs racontent la légende de Sarrance : le berger et le pêcheur.

Le cloître. En 1893, c'était une ruine sans cachet. Aujourd'hui, on le considère comme un exemple unique d'architecture conventuelle en Béarn : deux péristyles superposés supportent autant de toits qu'il y a d'arceaux. La galerie haute est ornée d'une balustrade, et de balustrades carrées en poires. A voir, la pièce sans doute la plus intéressante, l'ancien réfectoire des prémontrés.

Ecomusée de la Vallée d'Aspe. Notre-Dame-de-la-Pierre ✆ 05 59 34 55 51. *Tarifs : adulte : 3,81 €, enfants : 2,29 € (gratuit pour les moins de 10 ans). Réductions groupes et étudiants. Carte Pass, se renseigner sur le site. Ouvert du 1er juillet au 15 septembre tous les jours de 10h à 12h et de 14h à 19h. Hors saison ouvert samedi, dimanche et vacances scolaires de 14h à 18h.* Le musée d'art sacré, créé en 1985 dans la vallée d'Aspe, n'existe plus, il a été remplacé par un écomusée, contant la légende de Sarrance, l'omniprésence de l'eau et de la pierre et les fastueux pèlerinages des années 30. A son origine, Guy Brun, muséographe, qui a imaginé une visite dynamique : le spectateur est convié à un véritable son et lumière. Entrée dans un tunnel noir, dans un joyeux brouhaha en fond sonore ; par un jeu de miroir, l'image du visiteur est démultipliée et renvoyée au côté des mannequins figurant les pèlerins du sanctuaire de Sarrance. Le spectateur devient alors acteur. Puis, c'est la salle de projection, et Marcel Amont, originaire de là, raconte la légende de Sarrance. Vient ensuite la salle de la maquette qui montre un pays d'eau et de pierres, les deux éléments de la légende et enfin l'exposition de bas-reliefs, petites sculptures, objets de culte, dans les deux pièces suivantes, raconte l'histoire du village…

Urdos

Dernier village de la vallée, à 760 m d'altitude, Urdos a un passé très ancien : l'occupation des Romains y a laissé les traces d'une voie romaine. Près de cette voie, on trouve mentionné « un Espitau de Peyrenere », sans doute la dernière halte sur le chemin de Saint-Jacques, au XVIe siècle, le défilé d'Urdos était barré par un fortin « Lou Pourtalet », où devait être acquitté un droit de péage. De 1823 à 1824, Alfred de Vigny y fut cantonné. Le fort actuel est une propriété achetée par la communauté des communes de la vallée en 1999 ; y furent incarcérés des ministres de la IIIe République et en 1945, le maréchal Pétain. Entre Urdos et le col du Somport, des tas de scories et de minerais de Peyranère sont tout ce qui reste des forges d'Abel, construites par un ancien chevrier d'Aydius.

LARUNS ET LA VALLEE D'OSSAU

HEBERGEMENT

Hôtel le Biscaü. Sabers 64440 Laruns ✆ 05 59 05 31 37 - Fax 05 59 05 43 23. *Fermé le dimanche soir et lundi. 17 chambres de 32 à 40 €. Menus de 9,15 à 12,20 €.* A 50 km de Pau, un établissement sympathique qui disposent de chambres agréables, avec balcon et vue sur la montagne.

L'Ayguelade. Route de Laruns 64260 Bielle ✆ 05 59 82 60 06 - Fax 05 59 82 61 17. *Fermeture annuelle du 9 au 31 janvier. Fermé le mardi soir, mercredi hors saison. 10 chambres de 37 à 46 €. Menus de 12 à 30 €. Carte 30 €. Petit-déjeuner 6 €.* Cet hôtel avec jardin privé se situe dans un parc ombragé. Les chambres ont un bon niveau de confort (télévision, WC, salle de douche ou de bains) et une décoration personnalisée. Au restaurant : menu terroir (15 euros), nougat de foie gras maison, feuillantine de saint-jacques et ses gambas aux baies roses, magrets de canard aux cèpes…

Hôtel-restaurant Dhérété. Route de Pau-Laruns 64260 Louvie Juzon ✆ 05 59 05 61 01 - Fax 05 59 05 79 25. *Fermeture annuelle du 15 octobre au 15 décembre (sauf réservations). Fermé le dimanche soir et lundi (restaurant). 17 chambres de 27,45 à 53,36 €. Menus de 13,42 à 30,18 €. Carte 17,53 €. Petit-déjeuner 5,79 €.* Belle maison de maître XIXe, au fond de son parc, aménagée en hôtel classique, avec des chambres rustiques de bon confort, une agréable véranda et une salle également rustique pour une cuisine tranquillement classique : cassolette de ris d'agneau aux cèpes, truite d'Ossau aux amandes, sole meunière, salmis de palombe, confit de canard.

Hôtel-restaurant de la Poste 64440 Eaux-Bonnes ✆ 05 59 05 33 06. *Chambres de 31 à 45 €. Menus de 14 à 30 €.* L'établissement qui donne sur la place principale réserve une surprise à l'intérieur : un patio intérieur, surmonté d'une verrière, donne sur 3 étages de galeries impressionnantes. Un décor refait à neuf cette année. Les 18 chambres de l'hôtel offrent un confort différent selon la catégorie : du cabinet de toilette à la salle de bains complète avec WC séparés. Mais elles sont toutes équipées d'une télévision. Le restaurant, avec une belle et grande salle tout en longueur, se situe au rez-de-chaussée. Confortablement installé on y savoure la cuisine du patron, typiquement régionale accompagnée d'un assortiment de desserts que le chef-pâtissier réussit particulièrement bien : la mousse aux fruits, la trilogie au chocolat ou la célèbre tarte aux myrtilles.

Hôtel-restaurant le Valentin. Rue de la Cascade 64440 Eaux-Bonnes ✆ 05 59 05 31 57. *Chambres de 17 à 32 €. Menus de 9 à 19 €.* Après le bar et le petit salon, on entre dans la salle de restaurant, claire et lumineuse grâce aux fenêtres qui donnent une vue panoramique sur les Pyrénées et qui peut accueillir une quarantaine de personnes. A la carte, une cuisine familiale concoctée avec des produits régionaux : confit, foie gras, cèpes, truite, jambon de la Vallée d'Ossau, pâté, etc. Les confits, foies gras et cèpes sont produits par Laguilhon de Bénéjacq. Pour accompagner, des vins de toutes les régions tels le jurançon, le madiran, le corbières,... L'hôtel quant à lui, comprend 8 chambres, modestes mais soignées, réparties sur 3 étages, au confort divers : cabinet de toilette (fermé ou pas), cabine de douche ou pas (dans ce cas, il y a une salle de bains avec douche à l'un des étages), WC sur le palier. Pour petits budgets et ceux qui ne veulent pas consacrer un budget trop élevé à la chambre.

Hôtel-restaurant la Boule de Neige. Gourette 64440 Eaux-Bonnes ✆ 05 59 05 10 05. *Ouvert du 15 décembre au 25 avril et du 1er juillet au 15 septembre. Menus de 13 à 20 €.* Implanté sur le site d'une ancienne cabine de téléski, l'hôtel a été construit en 1972, par les parents de l'actuelle propriétaire. La conséquence : une situation d'exception, au pied des pistes, sans aucun moyen de locomotion mais pas d'inquiétude, un scooter portera vos bagages. A l'intérieur, bois blond et mobilier montagnard de style autrichien assurent une ambiance chaleureuse, avec par exemple, le petit coin cheminée où quelques personnes peuvent s'asseoir autour de l'âtre tout à fait charmant. La vingtaine de chambres est répartie sur quatre niveaux, toutes équipées de télévision et d'une salle de bain avec bain ou douche et WC séparés. Elles peuvent accueillir jusqu'à 4 personnes et disposent toutes d'un coffre-fort individuel. Un petit plus bien charmant : certaines possèdent une mezzanine où sont installés deux lits. Les clients ont également à leur disposition une salle de détente comprenant des appareils de fitness et musculation, un sauna et surtout un jacuzzi. L'établissement est aussi un restaurant et une brasserie. En terrasse ou à l'intérieur, soit une capacité de 50 à 60 personnes, les skieurs pressés commandent pâtes, omelette et salades. Les moins pressés s'installent dans la salle de restaurant, lieu paisible aux grandes baies vitrées. Aux fourneaux, deux nouveaux chefs et une nouvelle carte à découvrir. En dévalant les pistes on passe devant, alors pourquoi ne pas y faire une pause !

Laruns

Chambres d'hôtes

Chambres d'hôtes Ambielle. Quartier Gêtre-Bellevue 64440 Laruns ✆ 05 59 05 46 57 - Fax 05 59 05 46 57. *Fermeture annuelle octobre. 5 chambres à 40 €. Menu à 15 €. Carte bancaire non acceptée.* Anne-Marie et Jean-Louis Ambielle ont aménagé 5 chambres avec vue imprenable sur les Pyrénées. Elles sont agréables et bien équipées. Bon accueil et convivialité, autour du repas composés de plats régionaux (il faut prévenir à l'avance).

Chambres d'hôtes du Youkoulele. Rue du Général de Gaulle 64440 Laruns ✆ 05 59 05 35 60. *Chambres à 34 € pour une personne, et 8 € pour lit supplémentaire. Possibilité de demi-pension au restaurant du même nom, sur place.* Francis Villenave, aidé de son épouse, a remis en état les deux étages de leur demeure pour en faire des chambres d'hôtes. Le résultat est à la hauteur de leurs espérances et si pour l'heure, en novembre, trois chambres étaient seulement terminées, pour l'été, il y en aura 5. Au niveau confort, tout a été prévu, TV, téléphone et des salles de bain ultra-modernes.

Campings

Camping du Rey. Route de Lourdes 64260 Louvie-Juzon. Superbe est le cadre de cette structure, dans une nature vierge à deux pas de Louvie-Juzon, au pied des Pyrénées : 4 ha pour 52 emplacements réservés, et depuis trois ans, 3 chalets de 4 places à louer (formule Campitel), conçus dans l'esprit du mobile home de luxe, présent également sur les lieux. Et puis, ici, tout concourt à faire de l'endroit... un endroit pas comme les autres. Car si Eric Ferigo vous loge bien, sa centrale pyrénéenne de loisirs saura occuper vos vacances, avec la pléiade d'activités qu'elle propose : canyon, rafting, hydrospeed, canoë, VTT, spéléo, parapente, avec des moniteurs diplômés, et la possibilité de louer sur place le petit matériel, dans son tout nouveau magasin du village. Des vacances sans souci.

RESTAURANTS

Auberge Bellevue. 55, rue du Bourguet 64440 Laruns ✆ 05 59 05 31 58 - Fax 05 59 05 39 08. *Fermeture annuelle 15 jours fin novembre-début décembre, et 15 jours en mars-avril. Fermé le mardi soir et mercredi (sauf du 10 juillet au 31 août). Menus de 10,52 à 27,44 €. Carte 30 €.* Le restaurant se situe au rez-de-chaussée d'un grand chalet. On peut également choisir de s'installer en terrasse, si le temps le permet, et en profiter pour admirer la très belle vue. Les menus se font l'écho de la cuisine régionale en mettant à l'honneur les produits locaux : garbure, fagot d'asperges au jambon de pays, chipirons à l'encre, garbure béarnaise avec manchon de canard, terrine de foie de porc maison truffée.

Hôtel-restaurant Le Lorry. Route des Cols 64440 Laruns ✆ 05 59 05 31 22 - Fax 05 59 05 30 41. *Fermeture annuelle du 15 novembre au 15 décembre. Fermé dimanche soir et lundi. 17 chambres de 34 à 28 €. Menus 11 à 31 €. Carte 22 €. Petit-déjeuner 6,10 €.* Dès le premier coup d'œil, on s'aperçoit de la formidable situation de l'hôtel Lorry : cadre verdoyant, vue panoramique sur la superbe vallée d'Ossau, construction à flanc de montagne sont autant d'atouts de charme. Cuisine à base de produits locaux bien mis en valeur par des recettes simples.

Restaurant d'altitude le Bezou. Plateau du Bezou 64440 Gourette ✆ 05 59 05 12 82. *Fermeture annuelle d'avril à fin novembre. Carte à partir de 6,25 €.* Au bord des pistes, un restaurant d'altitude avec sa grande terrasse panoramique pour bronzer tranquillement, avec des assiettes on ne peut plus classiques gentiment et copieusement servies : jambon braisé au jurançon, tripes béarnaises, jarret de veau, poule au pot.

Hôtel-restaurant le Tremplin. Place Sarrière 64440 Gourette ✆ 05 59 05 11 36 - Fax 05 59 05 15 13. *Fermeture annuelle à la fin de la saison hivernale. 10 chambres de 37,40 à 42 (demi-pension) €. Menus de 9,90 à 12,96 €. Carte 16,77 €.* Etape de montagne, chaleureuse et simple, au pied des pistes. Chambres coquettes et fonctionnelles, table agréable avec terrasse panoramique et grande capacité d'accueil, sympathiques plats de convivialité (parilladas, fondue au jurançon, pierrades...).

L'Arriutort. Place de la Mairie 64440 Laruns ✆ 05 59 05 45 68. *Ouvert l'été seulement. Menus 10 et 13 €. Carte 17 €.* Désormais ouvert aussi l'hiver, ce petit restaurant tenu par le couple Navarret propose une cuisine diversifiée qui met en avant au jour le jour les produits du marché. Pour un apéritif entre amis, les spécialités espagnoles sont à l'ordre du jour, avec les tapas au bar accompagnées d'une bonne sangria. Et lorsque vous décidez de passer à table, poissons et viandes sont traités d'égale manière, les premiers se déclinant sous forme de parilladas, de cassolettes de saint-jacques, de gambas à l'ail confit..., les secondes, selon les grands classiques, le canard de toutes les manières, le carré d'agneau... Et l'hiver, nouveauté, raclettes et fondues ont fait leur apparition. A noter en particulier, une originale fondue au chocolat. Une belle cuisine régionale, qui peut être servie à la belle saison sur la petite terrasse, directement sur la pittoresque place du village.

POINTS D'INTERET

Office de tourisme. Maison de la Vallée d'Ossau64440 Laruns ✆ 05 59 05 31 41.

Le nom de la commune vient de l'Ibère « lar » - lande - suivi du suffixe « uns » ayant un sens d'appartenance : une superficie de plus de 42 317 ha, dont plus de la moitié fait partie du territoire de la seule commune de Laruns. Laruns, dernière agglomération avant la frontière espagnole, sait tirer profit de l'essor touristique de la région. L'église, quant à elle, a peu d'intérêt, mais contient un bénitier en marbre blanc du XVIe siècle. Devant le sanctuaire, figure le buste du maréchal des logis Guindey qui, à la bataille de Iéna, tua le prince héritier de Prusse.

La Vallée aux Cinq Sens. Maison de la Vallée d'Ossau-Laruns ✆ 05 59 05 31 41. « Voir, écouter, sentir, toucher et savourer », tel est l'ambitieux programme qui vous est proposé, à la Maison de la Vallée, à l'entrée de Laruns. Dans une architecture contemporaine, le visiteur est invité à découvrir de façon inédite l'une des plus belles vallées pyrénéennes. « La Vallée aux Cinq Sens » qui présente les richesses de l'Ossau dans une mise en scène moderne et ludique. Un espace qui risque fort de bouger dans les mois ou les années à venir, nous affirme le premier magistrat de la commune.

SHOPPING

Potier Céramiste Suzanne Le Gallou. Route du Col-de-Marie-Blanque, Bilhères-en-Ossau ✆ 05 59 82 61 20. Perché tout en haut d'une côte, juste avant l'adorable petit village de Bilhères-en-Ossau, l'atelier exposition-vente de Suzanne Le Gallou propose des créations originales en grès et porcelaine. Des pièces uniques faites à la main, des objets décoratifs tels que des poupées, des lampes, des vases originaux : flacons et bouteilles à la rose. Depuis des années, Suzanne Le Gallou se passionne pour son métier. Et nouveauté, des sculptures de terre, toutes nouvelles dans la gamme de l'artiste, vous feront apercevoir une autre facette de sa créativité : des silhouettes stylisées qui vous plairont sûrement.

Saloir de Gabas - M. Laborde, Gabas ✆ 05 59 05 31 37. Les trois salles qui constituent le saloir de M. Laborde méritent d'être visitées. D'abord parce qu'il s'agit d'un saloir naturel qui piège l'air à 1 000 m, climatisé en hiver (humidité constante), car les bergers programment maintenant leur troupeau pour faire du lait d'hiver et de printemps. C'est un saloir important, puisque M. Laborde tourne sur les deux vallées et va chercher les fromages l'été en montagne, et l'hiver en plaine. Et si vous prenez le temps d'une visite guidée, il vous expliquera que tous les fromages installés là ont de 4 mois à un an d'affinage, une durée nécessaire pour le haut de gamme qu'il désire proposer aux fromagers affineurs réputés de la région comme sire Bachelet, soit un produit racé et traditionnel. Tout en visitant la cave, vous saurez qu'il a obtenu une médaille d'or pour son fromage Ossau-Iraty au dernier concours international de Grenoble, et qu'il défend avec quelques autres l'image de marque du fromage de l'Ossau. Naturellement, il vend aussi sur place.

LOISIRS

De Louvie-Juzon vous pouvez, en 5 heures de marche, grimper la montagne du Rey, le premier sommet qui surgit de la plaine (1 349 m et 800 m de dénivelé). Départ de ce petit col à 1,5 km du village sur la route de Lourdes.

Le petit train d'Artouste, Artouste ✆ 05 59 05 36 99. L'excursion du train d'Artouste (ligne de chemin de fer construite en 1924, lors de la construction du barrage) permet de découvrir un panorama exceptionnel jusqu'au lac d'Artouste à 2 000 m. C'est toujours grâce aux télécabines, depuis le lac de Fabrèges que l'on accède au train, en 12 minutes L'aller en train dure 50 minutes. Temps libre au lac 1 h 26 et pourquoi ne pas penser à prendre un pique-nique, le temps est largement suffisant ! Le retour se fait en 50 minutes également. Balade de 3 h 30.

Casino des Eaux-Bonnes-Gourette. Avenue Castellane, Eaux-Bonnes ✆ 05 59 05 31 30. Repris en mains par le groupe Tranchant, le casino a ouvert en août 2000. Les amateurs de jeux peuvent désormais s'adonner à leur passe-temps favori.

Multisports

Le lac de Castet, Castet-en-Ossau ✆ 05 59 05 82 28. Depuis 1992, les habitants du secteur attendaient l'aménagement du lac ; c'est chose faite et c'est l'entreprise CPL qui assure l'animation de cet espace naturel aquatique, muséographique et nautique, à partir de « la Maison du Lac » qui offre un centre d'accueil, un départ de promenades, un relais info-touristique et un musée-boutique : visite de l'espace muséographique, découverte de la saligue, confection d'un herbier, observation des oiseaux avec prêt de jumelles et de longues-vues, mise à disposition de livres spécialisés pour groupe de 40 personnes minimum encadrées par un guide naturaliste, avec en option diaporama pédagogique. Possibilité de grouper les visites du lac et de la falaise aux Vautours.

Promenades à pied ou à vélo (location sur place). « Le chemin du halage », avec des stations d'interprétation sur les thèmes du pastoralisme, de l'hydrologie et de la tour de Castet, « le sentier de la presqu'île » appelé le chemin de la Saligue, avec son jardin botanique, « le sentier sauvage », laissé à l'état naturel, avec seulement quelques balises en pierre, qui peut devenir un sentier de découverte à but pédagogique. Quelques modules de bois, ainsi qu'une aire de pique-nique seront en service cet été.

Espace muséographique. Dédié à l'eau sous toutes ses formes et à la vie dans la saligue, il possède un parcours rythmé par des sous-espaces thématiques qui développent tour à tour, l'eau, la faune, la flore particulière aux zones humides, des ambiances sonores, des décors différents, en tout, 6 stations avec 6 animations interactives.

Sports nautiques. En barques ou en canoës, vous pourrez découvrir, seul ou accompagné par un guide le lac : raft, miniraft, canoraft, airyak, frenzy, hydrospeed, mégabouées.

Randonnée. Le pic de Males Ores (alt. 1728 m, déniv. 228 m) 2 heures A/R, sommet d'accès rapide et facile, relief karstique caractéristique avec doline et lapiaz, départ du refuge pastoral de l'Escala. Le Moulie de Jaüt (alt. 2. 050 m, déniv. 550 m), 2 h 30 A/R, courte et belle ascension pour randonneur confirmé. Attention, pentes herbeuses finales très raides nécessitant de bonnes chaussures et un bâton de marche ! Panorama de la côte landaise aux coteaux du Gers, départ du col de Jaüt au-dessus de Castet. Documentation : Guide 100 Randos Pyrénées-Atlantiques de G. Véron. Ed. Randonnées Pyrénéennes.

Ski

A Artouste. Face au célèbre Pic du Midi d'Ossau, la station d'Artouste-Fabrèges compte un domaine skiable de 150 hectares, 13 pistes dont 2 vertes, 6 bleues, 4 rouges, 1 noire, 9 remontées mécaniques, 10 km de pistes de fond et raquettes au Pont de Camps et 1 snowpark situé à 2 100 m d'altitude au Col de l'Ours, c'est un espace réservé aux surfeurs pour la pratique du free style, il comprend une succession de bosses et obstacles tels que le quarter pipe, le fun box, le gap, le hand rails et le half pipe. C'est par des télécabines de 6 places, depuis le village (à 1 250 m) que l'on accède aux pistes, en 10 minutes.

Créé en 1994, l'espace réservé aux surfeurs pour la pratique du free style, sur le domaine skiable, situé au col de l'Ours à 2100 m d'altitude, en bordure de la piste des Perdrix et au départ de la piste noire des Isards, comprend une succession de modules, de bosses et d'obstacles permettant d'enchaîner des figures, dans un langage de... surfeurs à décoder. L'accès au snowpark est inclus dans les forfaits. En projet, un Border Cross et un demi-tube en cours de conception.

A Gourette. Sur la route du fameux col de l'Aubisque, la station de Gourette offre à ses pieds 30 pistes de 1400 m à 2400 m d'altitude, dont 9 vertes, 7 bleues, 13 rouges, 1 noire, 26 remontées mécaniques, 1 snowpark, 20 kilomètres de pistes de fond à l'Aubisque et enfin 50 canons à neige qui garantissent la neige, comme ce fut le cas en mars 2000, pour finir à bien et pour le bonheur de chacun, la saison hivernale. Classée quatrième dans le top 15 des stations pyrénéennes, en l'an 2000, la station peut se vanter d'accomplir tous les efforts nécessaires pour rendre celle-ci performante. L'accès est rendu facile grâce aux navettes « ski-bus » depuis le parc à voitures de 2300 places à 2 km de la station. Nouveau : un téléski 6 places.

Ski de Fond. Avec 20 km de pistes au Col de l'Aubisque, le skieur de fond s'offre à 1700 m d'altitude un cadre de rêve et une vue panoramique sur les vallées d'Ossau et d'Arrens. Ce domaine est toutefois dépendant de l'ouverture de la route depuis Gourette. C'est 4 catégories de pistes qui vous sont proposées pour satisfaire tous les niveaux.

Thermes

Les Thermes des Eaux-Bonnes. Rue du docteur Greignou, Eaux-Bonnes ✆ 05 59 05 34 02 - Fax 05 59 05 39 64. Site web : www.eurothermes.com *Ouverts du 14 mai au 15 octobre et quelques jours en saison hivernale.* Les propriétés curatives des eaux thermales sont connues depuis des siècles mais c'est aux XVIIe, XVIIIe et XIXe qu'elles ont surtout été mises à l'honneur. En France, c'est à un médecin, Théophile de Bordeu, que l'on doit la renommée des eaux, qui en a vanté les bienfaits auprès de la cour. Rois, reines et notables ont très rapidement adopté cette activité, comme par exemple, l'impératrice Eugénie de Montijo, épouse de Napoléon III. Aujourd'hui, sur les 9 sources des Eaux-Bonnes, seulement 2 sont exploitées : la Source Vieille, au pied de la butte au trésor, à 44 degrés et La Source Froide, captée au cœur de la station à 13 degrés. Les eaux thermales sont sulfurées, chlorurées, sodiques et calciques, riches en soufre, en silice et en oligo-éléments ; des caractéristiques qui leur donnent des propriétés curatives, une action antalgique, cicatrisante, décongestionnante et anti-allergique, qui permettent de soulager et traiter les voies respiratoires, les rhumatismes et les séquelles de traumatisme.

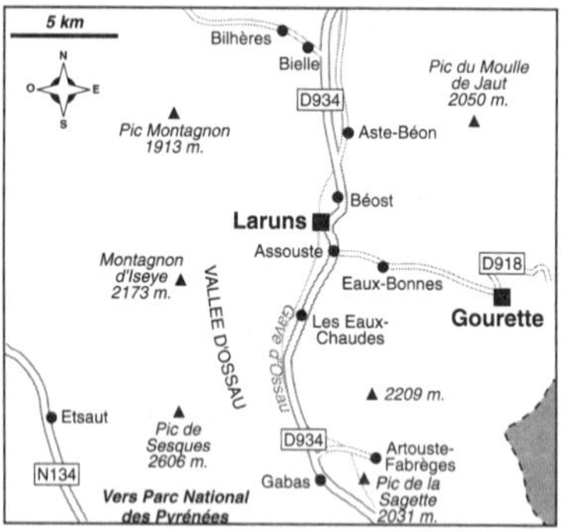

DANS LES ENVIRONS

Artouste

Après Gabas, vous monterez sans grand dénivelé à Artouste, en passant par Fabrèges et le site grandiose de son lac. Une fois contourné le lac, vous serez à Artouste village.

Aste-Béon

Aste signifie « rocher » et Béon « lac, eau ». Sur cette rive droite du gave, Béon fut l'une des seigneuries créées par les Moncade, où naquirent un Lanusse-Ferrier grand justicier du royaume d'Aragon, et Arnaud de Béon, évêque d'Oloron. A Béon demeure la résidence seigneuriale du XVIIe siècle, l'église qui fut reconstruite après le passage des protestants et l'ermitage de Saint-Julien. « A Aste é a Biou qu'es marriden à Lou », un dicton qui rappelle l'endogamie pratiquée ici, comme ailleurs, en vallée d'Ossau.

La Falaise aux Vautours ✆ 05 59 82 65 49. A 35 km de Pau. Ouvert tous les jours, de début avril à fin septembre, sinon se renseigner pour les périodes de vacances scolaires et pour les groupes. Réductions groupes et familles nombreuses.

Des vautours... oui, dans l'azur du ciel au-dessus de la falaise calcaire aux parois abruptes et accidentées, sur les hauteurs d'Aste-Béon. Vous les apercevrez, ces silhouettes familières qui glissent lentement en hordes silencieuses. C'est au pied de l'une de ces falaises de nidification, au cœur du village d'Aste-Béon, que l'on a construit la Falaise aux Vautours, cet espace muséographique original qui propose une approche multiple des vautours fauves et de leur territoire de vie. Une caméra installée sur la falaise, à proximité des nids et télécommandée depuis le bas, retransmet en direct et sur un écran des images étonnantes des vautours et de leurs poussins au nid, des images commentées par un guide ornithologique. Tout l'été, randonnées avec un accompagnateur diplômé d'Etat.

Bilhères-en-Ossau

Trois kilomètres d'une belle route en lacets vous amèneront au pittoresque village de Bilhères-en-Ossau. En haut, garez votre voiture et accordez-vous à pied la visite du village, situé en zone de moyenne montagne Vous allez grimper, grimper encore et toujours, les trois quartiers du village aux noms d'origine prélatine avec une signification hydronymique : Ourdos, Lies et Arrous, là où abondent les sources nécessaires aux besoins des hommes, des troupeaux, comme les lavoirs encore en service. Vous verrez de vieilles maisons des XVe et XVIe siècles, l'église Saint-Jean-Baptiste, avec son baldaquin en bois polychrome, et à l'entrée du plateau du Benou, la chapelle votive de Notre-Dame-des-Fontaines.

Eaux-Bonnes

Aujourd'hui, les fastes du siècle dernier sont oubliés et la station qui avait atteint la célébrité, sous la monarchie de Juillet et le second Empire, a du mal à recouvrer un certain lustre. Déjà, des travaux d'envergure, dont la démolition d'un immeuble, ont redonné un peu d'oxygène au cœur de ce petit village tout en longueur qui se termine tout en haut par un cul de sac verdoyant, point de départ de promenades grandioses qui, pour la plupart, avaient été organisées pour l'impératrice Eugénie.

Gabas

Montée encaissée sur Gabas, avec une unique rue sur la route d'Artouste où se disputent l'espace, les saloirs de fromages et les restaurants. Etonnante disposition !

Refuge de Pombie. Guy Serandor, gardien du refuge, vous accueille depuis vingt ans. Pombie est un lieu de passage, de pèlerinage, un point de convergence pour des milliers de personnes. Situés au pied de l'Ossau, lac et refuge reçoivent la visite de pyréneistes. De part et d'autre du refuge construit en 1967, on découvre le col de Suzon (d'où démarre la classique ascension vers le pic du Midi), ou le lac et la grimpette vers Peyreget, ou alors, la vue plongeante sur la cabane du Puchéou et loin devant, le Palas. Quelle vue ! Avec 3500 nuitées en moyenne réparties sur 4 mois (début juin à fin septembre) le refuge héberge (4 dortoirs dont 50 places), bon nombre d'amoureux de la montagne. Les menus proposent une cuisine simple, familiale, préparée par Guy, devenu cuisinier en chef.

Gourette

Station de sports d'hiver digne d'intérêt, c'est aussi l'été, un lieu de résidence agréable, point de départ de nombreuses promenades, au rythme de tous les villages du même type qui accueillent des passionnés de nature, de randonnées et d'air pur !

Louvie-Juzon

Sur la place de Louvie-Juzon, vous réalisez que c'est dans ce secteur que démarre la vallée d'Ossau. Ce village semble une plaque tournante pour le promeneur. En effet, cinq routes s'ouvrent à lui, il n'y a que l'embarras du choix. Le village, racontent les gens d'ici, il doit son nom à la présence des loups. L'agglomération aurait été le siège d'une domengeadure que se disputèrent en 1597, Bertrand d'Espalungues et Jacques de Montaut, pour avoir droit au titre de seigneur de Louvie-Juzon. C'est le dernier représentant mâle de ces familles, Pierre-Pascal d'Espalungues qui a rendu, s'accorde-t-on à dire, le plus de services à la vallée natale : c'est notamment grâce à lui qu'elle conserva la propriété du Pont-Long et qu'elle parvint à mettre un terme aux multiples usurpations de terrain dont elle était la victime. Vous apercevrez quelques vieilles maisons, dont celle des Espalungues, et pourrez vous arrêter à l'église dominée par un clocher octogonal en pierre et habitée par une belle chaire supportée par une atlante, un calvaire et des détails d'architecture intéressants.

RMC INFO
partout en France
et dans votre région
RMC
info
AM 216 Khz
104.2
Bordeaux
La radio qui vous donne la parole
PAU 104.3 - MONT-DE-MARSAN 104.5 - BIARRITZ 104.3 - PERIGUEUX 105.9 -
PARIS 103.1 - Lyon 104.2 - Marseille 104.3 - Nice 98.8 - Côte d'Azur 98.5 - Toulouse 104.3 -
Bordeaux 104.2 - Rennes 106 - Tours 107.2 - Orléans 107.3...
Plus d'info sur www.rmcinfo.fr

INDEX

A

Accous 453
Agen 303
Aiguillon 355
Ainhoa 403
Aire-sur-l'adour 274
Albret 334
Allemans du Dropt 333
Allons 349
Amou 270
Andernos-les-Bains 248
Anglet 368
Anthé 318
Antonne 82
Aramits 452
Arcachon 235
Arcangues-Arrangoitze 381
Arengosse 296
Arès 249
Arette 450
Arjuzanx 297
Arthez d'Armagnac 279
Artouste 464
Arzacq 435
Ascain 403
Astaffort 310
Aste-Béon 464
Auros 209
Aydie 435
Aydius 456

B

Barbaste 336
Basse-Navarre 407
Bassin d'Arcachon 235
Bastide d'armagnac 277
Bayonne 359
Bayon-sur-Gironde 183
Bazas 206
Beaumont 119
Beauville 310
Bégadan 218
Bègles 161
Belhade 297
Bellocq 446
Bélus 266
Bénéjacq 435
Bergerac 110
Beynac 95
Biarritz 369
Bidache 403
Bidarray 413
Bidart 382
Bilhères-en-Ossau 465
Biron 119
Biscarrosse 290
Blanquefort 162
Blaye et la Haute-Gironde 176
Bon Encontre 307
Bonaguil 327
Borce 457
Bordeaux 137
Bouglon 349
Bourdeilles 123
Bourg-sur-gironde 180
Bourlens 319
Brantôme 120
Brassempouy 270
Bruges 162
Buzet-sur-Baïse 355

C

Cadillac 169
Cadillac-en-Fronsadais 187
Cadouin 101
Cagnotte 266
Cambo-les-bains 397
Campagne 101
Cancon 328
Capbreton 281
Cap-Ferret 251
Carcans-Maubuisson 232
Carlux 95
Carsac-de-Gurson 116
Casteljaloux 342
Castell 310
Castelmoron d'Albret 170

Castelnau-de-Médoc 219
Castelseigneur 323
Castillon-la-Bataille 194
Castillonnès 333
Caudecoste 311
Cazideroque 319
Cendrieux 102
Cérons 201
Chalosse, Tursan 268
Chambres d'hôtes 274
Champeaux 132
Chancelade 83
Chapelle Saint-Fiacre 132
Chapelle-Pommier 132
Charre 446
Château-l'Evêque 123
Cherveix-Cubas 84
Chourgnac d'Ans 84
Ciboure 393
Cieuse 340
Clairac 322
Claouey 252
Corgnac sur l'Isle 85
Côtes landaise 281
Coutras 187
Créon 170
Cussac-Fort-Médoc 219

D

Damazan 355
Dax 259
Doazit 271
Domme 96
Dune du Pyla 244
Durance 349

E

Eaux-Bonnes 465
Echourgnac 88
Entre-deux-Mers 164
Escalans 279
Esclottes 333
Espadrilles 417
Espelette 404
Estillac 308
Etsaut 457
Eugénie-les-Bains 276
Excideuil 127
Eymet 113

F

Fongrave 323
Fontet 170
Forêt d'Iraty 419
Forêt de Lanmary 82
Foret landaise 295
Fort du Portalet 458
Fouleix 88
Francescas 340
Frespech 319
Fronsac 188
Fumel 316

G

Gabas 465
Gamarde 271
Gaujacq 271
Gauriac 183
Gavaudun 328
Geaune 276
Gourette 465
Gradignan 162
Grand Piquey 252
Granges-sur-Lot 323
Grezet-Cavagnan 352
Grignols 88
Guéthary 394
Gujan-Mestras 249
Gujan-Mestras 249
Guyenne 325

H

Hagetmau 272
Hasparren 405
Hastingues 266
Hautefort 85
Hendaye 395
Hossegor 285
Houeillès 349

I

Ile aux Oiseaux 244
Issac 114
Issigeac 114
Itxassou 405

J

Jau-Dignac-Loirac 220
Javerlhac 132
Jumilhac-le-Grand 127

L

L'Herbe 252
L'Hôpital-Saint-Blaise 419
La Brède 201
La Cassagne 107
La Chapelle-Faucher 123
la Réole 164
La Réunion 349
La Sauve 171
La Teste de Buch 243
La Teste et Cazaux 245
La Teste et Pyla-sur-Mer 243
La Tour-Blanche 124
La Vigne 250
Laàs 446
Labarde 221
Labenne 286
Lacanau 233
Lacapelle-Biron 328
Lacépède 311
Lamarque 221
Lamontjoie 340
Lamothe-Montravel 116
Langon 198
Lanne-en-Barétous 452
Lanouaille 128
Lanquais 114
Laparade 323
Laroque-Timbaut 308
laruns 459
Laurède 272
Lauzun 333
Lavardac 336
Le Banc d'Arguin 244
Le Béarn 421
Le Bugue 102
Le Canon 250
Le couteau de Nontron 131
Le Labourd 397
le Médoc 212
Le Teich 250
Le Temple-sur-Lot 323
Le Verdon 233
Lège 252
Lège-Cap-Ferret 251
Léognan 202
Léon 286
Les Eyzies 97
Les Jacquets 252
Lescar 436
Lescun 458
Lesparre 222
Lestelle-Bétharram 436
Libournais 176
Libourne 184
Limeuil 103
Listrac 222
Lit et Mixe 287
Lormont 163
Loupiac 171
Lourdios 458
Louvie-Juzon 465
Luxey 298

M

Madaillan 308
Manaurie 103
Mareuil-sur-Belle 133
Margaux 222
Marmandais 350
Marmande 350
Marquay-Sireuil 96
Martillac 202
Mas d'Agenais 355
Masquières 319
Mauleon 415
Mazères 210
Médoc bleu 227
Meilhan-sur-Garonne 352
Mérignac 163
Messanges 287
Meylan 340
Meyrals 103
Mézin 337
Mimizan 293
Miramont-de-Guyenne 333
Moirax 308
Moliets et Maa 287
Monbazillac 114
Monclar 323
Moncrabeau 340
Monflanquin 325
Monpazier et le sud-est 117
Monségur 172
Montagne 194
Montaut 272
Montcaret 116
Mont-de-Marsan 255
Montesquieu 337

Monteton 333
Montfort 96
Montfort-en-Chalosse 273
Montignac-lascaux 105
Montpon-Ménestérol 89
Morcenx 298
Moulis-en-Médoc 223
Moustey 299
Mussidan 89

N

Navarrenx 448
Nay 437
Nérac 334
Neuvic-sur-l'isle 89
Nontron 130

O

Oeyreluy 263
Oloron-Sainte-Marie 437
Ondres-Plage 288
Onesse-Laharie 298
Orthez et le pays des gaves 439

P

Parc Naturel des Landes de Gascogne 299
Parentis-en-Born 293
Pau 421
Pauillac 212
Pays Basque 359
Pellegrue 172
Penne d'Agenais 319
Périgueux 79
Perquie 279
Pessac 163
Petit Piquey 252
Peyrehorade 265
Peyzac-le-Moustier 107
Piegut-Pluviers 133
Piraillan 252
Plassac 179
Podensac 203
Pompogne 349
Pontenx-les-Forges 294
Porchères 188
Port de Lanne 267
Port Sainte-Marie 312
Portets 204
Poudenas 341
Poyanne 273
Prayssas 311
Préchac 210
Preignac 204
Prignac et Marcamps 183
Puisseguin 196
Pujols 316
Pyrénées bearnaises 450

R

Rauzan 172
Ribérac 124
Rions 173
Roquefort 280
Rouffignac 104

S

Sabres 295
Sadirac 173
Saint-André-de-Cubzac 180
Saint-Astier 86
Saint-Aulaye 124
Saint-Avit 328
Saint-Avit-Sénieur 114
Saint-Crépin de Richemont 125
Sainte-Bazeille 352
Sainte-Colombe-de-Villeneuve 316
Sainte-Croix-du-Mont 174
Sainte-Engrace 420
Sainte-Eulalie d'Ans 86
Sainte-Foy-la-Grande 196
Sainte-Livrade-sur-Lot 320
Saint-emilion 189
Sainte-Mondane 97
Saint-Estèphe 224
Saint-Etienne-de-Baïgorry 415
Saint-Eutrope-de-Born 355
Saint-Ferme 173
Saint-Genies 108
Saint-Georges-de-Montclar 89
Saint-Germain-d'Esteuil 224
Saint-Jean-de-Côle 128
Saint-Jean-de-Luz 384
Saint-Jean-Pied-de-Port 407
Saint-Julien-de-Beychevelle 225
Saint-Just 125
Saint-Justin 280
Saint-Laurent-du-Médoc 225
Saint-Léon-sur-Vézère 108
Saint-Macaire 174

Saint-Martin-de-Gurson 116
Saint-Maurin 312
Saint-michel-de-montaigne 115
Saint-Palais 420
Saint-Pardoux-la-Rivière 133
Saint-Paul-en-Born 294
Saint-Paul-lès-Dax 263
Saint-Pé Saint-Simon 341
Saint-Pierre-de-Côle 128
Saint-Sauveur 225
Saint-Seurin de Cadourne 226
Saint-sever 268
Saint-Vincent-de-Paul 263
Saint-Yzans 226
Salies-de-Béarn 448
Salignac-Eyvigues 108
Samadet 276
Sanguinet 294
Sare 406
Sarlat 90
Sarrance 458
Saubusse 264
Sauternes 205
Sauveterre-de-Béarn 449
Sauveterre-de-Guyenne 175
Savignac-Ledrier 129
Seignosse 288
Sergeac 108
Sérignac 312
Sérignac 333
Sorde l'Abbaye 267
Sorges 83
Sos 341
Soulac-sur-mer 227
Soule 415
Soumensac 333
Soussans 226

Soustons 288
Sud gironde 198

T

Tardets 420
Tarnos 289
Tercis-les-Bains 264
Terrasson 109
Teyjat 133
Thermes 464
Thézac 319
Thiviers 125
Thonac 109
Tombeboeuf 323
Tonneins 353
Tournon d'Agenais 319
Trois-Villes 420
Tursac 104

U

Urdos 459
Urrugne 396
Uza 289

V

Vallée d'Aspe 453
Vallée d'Ossau 459
Vallée de Baretous 450
Vallée du Céou 96
Vallée du Lot 313
Varaignes 134
Vayres 189
Vélines 116
Vendays-Montalivet 234
Verdelais 175
Vertheuil 227
Vézac 97
Vianne 337
Vieille Saint-Girons 290
Vieux-Boucau 290
Villandraut 211
Villars 129
Villefranche-de-Lonchat 117
Villefranche-du-Périgord 119
Villeneuve-de-Marsan 280
Villeneuve-sur-Lot 313
Villeréal 333

X

Xaintrailles 337

AQUITAINE 2002

Collaborez à la prochaine édition

Comme le disait déja au XIXe siècle, notre illustre prédécesseur Baedeker : *"Les indications d'un guide du voyageur ne pouvant pas prétendre à une exactitude absolue, l'auteur compte sur la bienveillance des touristes et les prie de bien vouloir lui signaler les erreurs ou omissions qu'ils pourraient rencontrer, en lui faisant part de leurs observations qui seront reproduites dans la prochaine édition".*

Aussi n'hésitez pas à communiquer au Petit Futé les adresses qui ont retenu votre attention et plus précisément vos trouvailles, récits de vos expériences, découvertes, bons tuyaux, adresses inédites ou futées qui méritent d'être publiées... Envoyez-nous vos commentaires par courrier en utilisant éventuellement le dos de cette page (joignez, si vous le souhaitez, un complément d'information sur papier libre) et en joignant les cartes de visite ou les factures comportant les coordonnées de l'établissement. Sur vos indications, le Petit Futé effectuera vérifications et tests nécessaires

N'oubliez pas, plus particulièrement pour les hôtels, restaurants et commerces, de préciser avant votre commentaire détaillé (5 à 15 lignes) l'adresse complète, le téléphone et les moyens de transport pour s'y rendre ainsi qu'une indication de prix.

Signalez-nous les renseignements périmés, incomplets ou qui ont, selon vous, changé, en précisant le pays, la date d'achat et la page du guide.

Nous offrons gratuitement la nouvelle édition à tous ceux dont nous retiendrons les suggestions, tuyaux et adresses inédites ou futées, et dont les courriers seront insérés signés (initiale et nom complet) dans les prochaines éditions.

Nom et prénom ....

....

Adresse et coordonnées complètes ....

....

....

Date de votre voyage ....

Afin d'accuser réception de votre courrier, merci de retourner ce document avec vos coordonnées soit par courrier, soit par fax, soit par internet à l'adresse suivante :

LE PETIT FUTE/COUNTRY GUIDE
18, rue des Volontaires • 75015 PARIS • FRANCE
Fax : 01 42 73 15 24 • E-mail : info@petitfute.com

AQUITAINE 2002

AQUITAINE 2002

AQUITAINE 2002

AQUITAINE 2002

AQUITAINE 2002

AQUITAINE 2002

ECRIRE DANS LE PETIT FUTÉ
Pourquoi pas vous ?

Pour compléter et corriger la prochaine édition du **Petit Futé de AQUITAINE**, améliorer les guides du Petit Futé qui seront utilisés par de futurs voyageurs et touristes, nous serions heureux de vous compter parmi notre équipe afin d'augmenter le nombre et la qualités des enquêtes.

Pour cela, nous devons mieux vous connaître et savoir ce que vous pensez, très objectivement, des guides du Petit Futé en général et de celui que vous avez entre les mains en particulier.

Nous répondons à tous les courriers qui nous sont envoyés dés qu'ils sont accompagnés d'au moins une *adresse inédite ou futée* qui mérite d'être publiée...
(voir modèle au dos de ce questionnaire)

1 Qui êtes-vous ?

Nom et prénom ....

Adresse ....

....

Quel âge avez-vous ? ....

Avez-vous des enfants ? ❏ oui (combien ?) .... ❏ non

Comment voyagez-vous ? ❏ seul ❏ en voyage organisé

2 Comment avez-vous connu les guides du Petit Futé ?

❏ par un ami ou une relation ❏ par un article de presse

❏ par une émission à la radio ❏ à la TV

❏ dans une librairie ❏ dans une grande surface

❏ par une publicité, laquelle ? ....

3 Durant votre voyage,

vous consultez le Petit Futé environ .... fois

combien de personnes le lisent ? ....

4 Vous utilisez ce guide surtout :

❏ pour vos déplacements professionnels

❏ pour vos loisirs et vacances

5 Comment avez-vous acheté le Petit Futé ?

❏ vous étiez décidé à l'acheter

❏ vous n'aviez pas prévu de l'acheter

❏ il vous a été offert

6 Utilisez-vous d'autres guides pour voyager ?

❏ oui si oui, lesquels ? ....

❏ non

AQUITAINE 2002

7 Comptez-vous acheter d'autres guides du Petit Futé ?

❑ oui, lesquels :

❑ City Guides ❑ Guides Week-End ❑ Guides de région ❑ Country Guides

❑ non si non, pourquoi ? ....

8 Le prix du Petit Futé vous paraît-il ?

❑ cher ❑ pas cher ❑ raisonnable

9 Quels sont, à votre avis, ses qualités et ses défauts ?

qualités ....

défauts ....

10 Date et lieu d'achat ....

Testez vos talents de "critique" en apportant aux guides du Petit Futé une adresse inédite ou futée qui mérite d'être publiée... en nous retournant cette page à l'adresse ci-dessous :

Nom de l'établissement ....

Adresse exacte et complète ....

....

Téléphone .... Fax ....

Votre avis en fonction de l'établissement :

	Très bon	Bon	Moyen	Mauvais
Accueil :	❑	❑	❑	❑
Cuisine :	❑	❑	❑	❑
Rapport qualité/prix :	❑	❑	❑	❑
Confort :	❑	❑	❑	❑
Service :	❑	❑	❑	❑
Calme :	❑	❑	❑	❑
Cadre :	❑	❑	❑	❑
Ambiance :	❑	❑	❑	❑

Etes-vous un habitué de cette adresse ? ❑ oui ❑ non

Remarques et observations personnelles. Proposition de commentaire. Faites-nous part de vos expériences et découvertes sur papier libre. N'oubliez pas, plus particulièrement pour les hôtels, restaurants et commerces, de préciser avant votre commentaire détaillé (5 à 15 lignes) l'adresse complète, le téléphone et les moyens de transport pour s'y rendre ainsi qu'une indication de prix.

LE PETIT FUTE COUNTRY GUIDE

18, rue des Volontaires 75015 Paris